|제4판|
공립유치원교사 임용고시 대비

이동건의 유아임용
유아교육 각론 1
이동건 편저

핵심 & 가독성 읽기 쉽고 명확하게 구성하여, 합격에 필요한 모든 핵심 내용을 한눈에 파악할 수 있습니다.
정의 완성 [역대 최초] 시험장에서 바로 적용할 수 있도록 개념의 핵심 정의를 첫 줄에 배치했습니다.
기출문제 [역대 최초] 29년간의 기출문제(유아특수 포함)를 철저히 분석해 지문 속에 완벽히 반영했습니다.

dm 동문사

Preface

이동건의 유아임용 '유아교육 각론 1'의 특징

1 임용에 꼭 필요한 핵심 내용을 담았습니다.
- 29년간 출제되지 않았으며, 앞으로도 출제될 가능성이 없는 불필요한 내용을 과감히 덜어 냈습니다.
- 2,000여 권의 전공서를 철저히 분석하여 임용시험에 반드시 출제될 핵심 내용만을 선정했습니다.

2 [역대 최초] 정의 완성
- 시험장에서 바로 쓸 수 있도록 개념의 핵심 정의를 첫 줄에 배치하였습니다.
- 핵심 정의는 파란색 칼라로 구분하여 가독성을 높이고 즉각적으로 파악할 수 있게 하였습니다.
- 첫 줄에서 핵심 정의를 파악하면 이후 부연 설명도 자연스럽게 이해할 수 있습니다.
- 암기 부담을 최소화하고, 오래 기억에 남도록 간결하고 쉬운 용어로 정의를 완성했습니다.
- 핵심 키워드를 포함하면서도 쉽게 암기될 수 있도록 수차례 고민과 수정을 거쳐 탄생한 정의입니다.

3 가독성과 디자인
- 우리의 뇌는 시각적으로 아름다운 정보를 더 오래 기억합니다.
- 기본서 내용을 사진처럼 머릿속에 저장할 수 있도록 깔끔하고 체계적인 디자인에 집중했습니다.
- 대부분의 내용을 표로 구성하여 읽기 쉽고, 기억하기 쉽게 만들었습니다.
- 하나의 단계는 한 장에 완결되도록 구성하여, 학습 내용이 머릿속에 이미지처럼 저장되도록 설계했습니다.

4 논리적 구성
- 논리적인 흐름은 이해와 암기를 극대화합니다.
- 다양한 전공서를 면밀히 분석하여 최적의 목차와 논리적 흐름을 구성했습니다.
- 비문을 최대한 제거하고 문장 하나하나를 명확하고 체계적으로 재구성하여 학습 효율을 높였습니다.

머리말

5 [역대 최초] 기출문제 녹이기
- 29년간의 기출문제(유아특수 포함)를 철저히 분석해 지문 속에 완벽히 반영했습니다.
- 기출문제는 문제집에서 풀고, 기본서에서는 핵심 지문을 기본서 지문과 함께 학습하도록 구성했습니다.
- 역대 최초로 기출문제를 완벽히 녹여낸 기본서로, 기출과 이론을 동시에 학습할 수 있습니다.
- 기출 표시를 기로 표시하여, 중요 영역을 시각적으로 바로 확인할 수 있게 했습니다.

6 장학 자료(연수 자료)
- 임용고시 필수 장학(연수) 자료까지 체계적으로 통합했습니다.

7 수험생의 입장에서 썼습니다.
- 실제 고시 생활의 경험을 반영하여 수험생의 입장에서 고민하고 구성했습니다.
- 조망수용능력과 감정이입을 바탕으로, 수험생이 어떤 교재에서 가장 높은 가독성과 암기 효율을 경험했는지 깊이 고민했습니다.
- 선생님의 시간을 아껴 최단기 합격을 목표로 모든 내용을 체계적으로 정리했습니다.

이 기본서는 단순한 학습 자료를 넘어, 선생님의 합격을 위한 가장 확실한 동반자가 될 것입니다.
고된 고시 생활이 반드시 결실로 이어지도록, 최단기 합격을 위한 모든 준비를 이 책에 담았습니다.
선생님의 노력과 이 기본서가 만나
반드시 빛나는 결실을 맺을 수 있도록 끝까지 함께하겠습니다.
선생님의 최종 합격을 진심으로 응원합니다.

2025. 2. 5
이동건 유아교육연구소(주)
대표 이동건 올림

Information

■ 기출문제 유형 분석

기출연도		1교시	2교시		3교시
		논술	주관식(논술)	객관식	주관식
3년	1997	교직 논술	교육과정 8문항(주)	교육과정 30문항(객)	
	1998	교직 논술	교육과정 8문항(주)	교육과정 30문항(객)	
	1999	교직 논술	교육과정 8문항(주)	교육과정 30문항(객)	
9년	2000	교직 논술	교육괴정 11문항(주)		
	2001	교직 논술	교육과정 10문항(주)		
	2002	교직 논술	교육과정 11문항(주)		
	2003	교직 논술	교육과정 12문항(주)		
	2004	교직 논술	교육과정 11문항(주)		
	2005	교직 논술	교육과정 12문항(주)		
	2006	교직 논술	교육과정 12문항(주)		
	2007	교직 논술	교육과정 12문항(주)		
	2008	교직 논술	교육과정 13문항(주)		
4년	2009	교직 논술	교육과정 A 4문항(주)	교육과정 50문항(객)	교육과정 B 4문항(주)
	2010	교직 논술	교육과정 A 4문항(주)	교육과정 50문항(객)	교육과정 B 4문항(주)
	2011	교직 논술	교육과정 A 4문항(주)	교육과정 40문항(객)	교육과정 B 4문항(주)
	2012	교직 논술	교육과정 A 4문항(주)	교육과정 40문항(객)	교육과정 B 4문항(주)
13년 (15회)	2013	교직 논술	교육과정 A 4문항(주)		교육과정 B 4문항(주)
	2013추	교직 논술	교육과정 A 4문항(주)		교육과정 B 4문항(주)
	2014	교직 논술	교육과정 A 4문항(주)		교육과정 B 4문항(주)
	2015	교직 논술	교육과정 A 4문항(주)		교육과정 B 4문항(주)
	2016	교직 논술	교육과정 A 4문항(주)		교육과정 B 4문항(주)
	2017	교직 논술	교육과정 A 4문항(주)		교육과정 B 4문항(주)
	2018	교직 논술	교육과정 A 4문항(주)		교육과정 B 4문항(주)
	2019	교직 논술	교육과정 A 4문항(주)		교육과정 B 4문항(주)
	2019추	교직 논술	교육과정 A 4문항(주)		교육과정 B 4문항(주)
	2020	교직 논술	교육과정 A 4문항(주)		교육과정 B 4문항(주)
	2021	교직 논술	교육과정 A 4문항(주)		교육과정 B 4문항(주)
	2022	교직 논술	교육과정 A 4문항(주)		교육과정 B 4문항(주)
	2023	교직 논술	교육과정 A 4문항(주)		교육과정 B 4문항(주)
	2024	교직 논술	교육과정 A 4문항(주)		교육과정 B 4문항(주)
	2025	교직 논술	교육과정 A 4문항(주)		교육과정 B 4문항(주)
배점(100점)		20점	40점		40점

목차

머리말 ··· 2

CHAPTER 01 신체운동

Ⅰ. 동작교육의 기초 ·· 18
   1. 동작교육의 개념 ··· 18
   2. 발달의 원리 ··· 19
   3. 동작교육의 목적 ··· 19
   4. 동작교육 내용선정의 원칙 ··· 20
   5. 운동 능력의 발달 단계(phases of motor development) ······························ 20

Ⅱ. 동작의 (구성) 요소(움직임의 요소) ·· 24
   1. 신체 인식(body awareness) : WHAT - 무엇이 움직이는가? ······················· 26
   2. 공간 인식(space awareness) : WHERE - 어디로 움직일 수 있는가? ········· 28
   3. 노력(effort) : HOW - 동작의 힘이 어떻게 확장되는가? ······························· 32
   4. 관계(relationship) : WHOM - 누가 혹은 무엇과? ······································· 34
   5. 지각운동 발달 구성요소 ··· 36

Ⅲ. 기본동작(fundamental movement) ·· 42
   1. 비이동 동작(안정 동작, non-locomotor movement) ··································· 44
   2. 이동 동작(locomotor movement) ·· 46
   3. 조작 동작(manipulative movement) ··· 50
   4. 전문적 동작 기술(체조 기술) ··· 52
   5. 기본 움직임 기술 발달 ·· 53
   6. 기본동작의 구체적 예시 ··· 57
   7. 기본동작, 리듬 동작, 창의적 동작(이희자 외, 2014) ·································· 59

Ⅳ. 체력 요소 ··· 64
   1. 체력의 개념 ··· 64
   2. 체력의 요소 ··· 64
   3. 체육교육 : 체력의 요소 ··· 66
   4. 체력 운동의 원리 ··· 70
   5. 체력 측정 ··· 70
   6. 체력 측정 내용 ··· 71
   7. 소도구 활용의 필요성 및 중요성 ··· 71

Contents

   8. 지도 방법 ·· 72
   9. 안전 지도 방법 ··· 73

Ⅴ. 동작 교수-학습 방법 ··· 74
   1. 직접적 교수 방법(Direct teaching method) ·· 74
   2. 안내-발견적 방법(Guided-discovery method) ·· 76
   3. 탐색적 방법(Exploratory method) ·· 78

Ⅵ. 동작교육 접근법 ·· 80
  제1절 신체적 접근법 ··· 80
   1. 갤라휴(Gallahue)의 개념적 동작교수법 ·· 81
   2. 길리옴(Gilliom)의 문제해결식 동작교수법 ·· 82
   3. 신체적 동작교수법의 공통점과 Laban의 극적 접근법에 대한 입장 ········ 84
  제2절 극적 접근법 ··· 85
   1. 리츤(Ritson)의 창작무용 체계적 동작 교수법 ··· 85
   2. 에머슨과 레이(Emerson & Leigh)의 상상·환상 중심 동작교수법 ········· 88
  제3절 리듬적 접근법 ··· 89
   1. 와이카트(Weikart)의 리듬적 동작교수법 ·· 89
   2. 몬수어, 코헨, 린들(Monsour, Cohen, Lindel)의 음률 중심 동작교수법 ········ 92
   3. 브라운(Brown)의 리듬 중심 동작교수법 ·· 93
  제4절 통합적 접근법 ··· 95
   1. 슬레이터(Slater)의 기초·응용 통합교수법 ··· 95
   2. 캐츠와 차드(Katz, Chard)의 프로젝트 통합교수법 ··································· 95

CHAPTER 02　의사소통

Ⅰ. 언어의 구조 및 기능 · 98
  1. 언어의 특성 · 98
  2. 언어의 개념 · 100
  3. 언어학적 기초 · 102
  4. 한글의 구조적 특성 · 114
  5. 한글 해독과정에서 사용되는 책략 · 116
  6. 민스코프(Minskoff, 2005)의 언어의 형태 · 117
  7. 언어와 사고(인지발달) · 118
  8. 언어와 뇌 발달 · 118
  9. 언어와 기능 · 120

Ⅱ. 언어 발달 이론 · 129
  1. 행동주의 · 129
  2. 생득주의 · 132
  3. 상호작용주의 · 136
  4. 요약 : 언어 발달 이론 · 146

Ⅲ. 음성언어의 발달 · 149
  1. 언어 이전 시기 · 149
  2. 언어 시기 · 150

Ⅳ. 문자언어의 발달 · 166
  1. 문식성(literacy) 발달 · 166
  2. 읽기 발달 단계 · 178
  3. 쓰기 발달 단계 · 192

Ⅴ. 언어교육 접근법 · 201
  1. 발음중심 (언어) 접근법(code emphasis language approach) · 201
  2. 의미 중심 (총체적) (언어) 접근법(meaning centered language approach) · 206
  3. 균형적 접근법(balanced language approach) · 213
  4. 언어 경험 접근법 · 222
  5. 문학적 접근법 · 225
  6. 언어교육 접근법의 장단점 · 229

Ⅵ. 유아 언어교육의 영역별 지도 · 230
  1. 듣기 지도 · 230
  2. 말하기 지도 · 237
  3. 읽기 지도 · 241

Contents

  4. 쓰기 지도 ·· 260
  5. 통합적 지도 ·· 260
Ⅶ. 유아 문학교육 ·· 262
  1. 그림책 ··· 262
  2. 전래동요 ··· 272
  3. 동시 ··· 273
  4. 전래동화 ··· 275
  5. 환상동화 ··· 278
  6. 사실동화 ··· 280
  7. 정보 그림책 ··· 281
  8. 패러디 동화 ··· 282
  9. 글 없는 그림책 ··· 286
  10. 전기(전기 그림책) ·· 287
  11. 로젠블렛(L. M. Rosenblatt)의 독자반응 접근 ······································· 288
  12. 매니와 와이즈만(Many & Wiseman, 1992)의 문학적 접근법 ············· 290
  13. 반응중심 문학교육 ··· 291
  14. 랑어(Judith, A. Langer, 1994)의 4가지 지침 ·· 294
  15. 랑어(Judith, A. Langer, 1994)의 심미적 읽기 수업 모형 ···················· 295
  16. 인드리사노와 파라토르(Indrisano & Paratore, 1992)의 반응 중심 문학 활동의 유형 ······· 295
  17. 콕스(Carole Cox)의 심미적 읽기(Aesthetic Response to Literature) ·········· 296
  18. 퍼브슨과 몬슨(Purves & Monson, 1984) ··· 297
  19. 사이프(L. R. Sipe, 2000)의 독자 반응 이론 ·· 298

Ⅷ. 장학자료 - 유아를 위한 언어교육 활동(1990) ··· 301
  1. 유아의 언어발달 ··· 301
  2. 유아 언어교육의 내용 및 방법 ··· 303

Ⅸ. 장학자료 - 유아 언어교육 활동자료(1996) ··· 305
  1. 언어교육의 중요성 ··· 305
  2. 유아 언어 교육의 목표 ··· 305
  3. 통합의 개념 ··· 305
  4. 교사의 역할 ··· 306
  5. 음성 언어의 발달 ··· 308
  6. 읽기·쓰기 발달에 대한 연구들의 결론 ··· 310
  7. 유아 언어교육을 위한 환경 구성 ··· 311
  8. 각 활동 영역의 환경 구성 ··· 313
  9. 유아 언어교육을 위한 활동 구성의 원리 ··· 314

목차

CHAPTER 03 유아사회교육 I

- Ⅰ. 유아 사회교육의 접근방식 ·············· 316
  - 1. 사회생활 접근방식(The Social Living Approach, 1920~1930년대) ·············· 317
  - 2. 직접 환경 접근방식(The Immediate Environment Approach, 1930년대) ·············· 318
  - 3. 공휴일 접근방식(The Holiday Approach, 1930년대 이후) ·············· 319
  - 4. 사회 과학 개념의 구조화 접근방식(1960년대) ·············· 320
  - 5. 사회문화적 환경 접근방식(1960년대 이후) ·············· 321
  - 6. 다문화 교육 접근 방식(1990년대 전후) ·············· 322

- Ⅱ. 유아 사회교육을 위한 교수·학습 모형 ·············· 324
  - 1. 인지 발달 모형 ·············· 324
  - 2. 사회적 탐구 모형 ·············· 324
  - 3. 문제해결학습 모형 ·············· 326
  - 4. 개념습득 모형 ·············· 327

- Ⅲ. 자아개념 ·············· 328
  - 1. 자아개념 ·············· 328
  - 2. 쿠퍼스미스(Coopersmith)의 자아개념 교육의 내용 ·············· 333
  - 3. 자아발달 이론 ·············· 334

- Ⅳ. 애착 ·············· 336
  - 1. 애착의 개념 및 애착행동의 유형 ·············· 336
  - 2. 보울비의 애착이론(John Bowlby, 1907~1990) ·············· 336
  - 3. 애착 형성의 3요소 ·············· 338
  - 4. 애착 발달에 대한 이론적 관점 ·············· 339

- Ⅴ. 성역할 개념 ·············· 340
  - 1. 성역할 개념 ·············· 340
  - 2. 성역할 발달이론 ·············· 341
  - 3. 요약 : 성역할 개념 발달에 관한 콜버그(Kohlberg) 등의 인지발달론적 관점 ·············· 342
  - 4. 성역할 개념 발달에 관한 콜버그(Kohlberg) 등의 인지발달론적 관점 ·············· 343

- Ⅵ. 양성평등 교육 - 유아를 위한 양성평등 교육활동 지도자료(2004) ·············· 344
  - 1. 양성평등교육의 필요성 및 목적 ·············· 344
  - 2. 양성평등교육의 개념 ·············· 344
  - 3. 양성평등교육의 개념(생애주기별 양성평등의식교육, 한국양성평등교육진흥원, 2012) ·············· 345
  - 4. 양성평등교육의 목표 및 내용 ·············· 349
  - 5. 양성평등교육의 실현방안 ·············· 350
  - 6. 양성평등 관련 헌법과 법률(생애주기별 양성평등의식교육, 한국양성평등교육진흥원, 2012) ·············· 351

Ⅶ. 정서 ·· 352
1. 정서의 정의 ··· 352
2. 정서의 발달 ··· 352
3. 정서 지능(emotional intelligence)의 개념 ·· 354
4. 정서 지능(emotional intelligence)의 구성요소 ··································· 354

Ⅷ. 마음 이론(theory of mind) ··· 366
1. 마음 이론의 정의 ··· 366
2. 마음 이론의 발달 ··· 369

Ⅸ. 친사회적 행동 ··· 374
1. 친사회적 행동의 개념·이점·특징 ·· 374
2. 친사회적 행동의 형성 이론 ··· 375
3. 콜버그(Kohlberg, 1969)의 친사회적 행동 발달 단계 ······················· 376
4. 바탈(Bar-Tal, 1979)의 친사회적 행동 발달 단계 ···························· 377
5. 호프만(Hoffman, 1993)의 공감 능력의 발달 ··································· 378
6. 친사회적 행동을 위한 지도 방법 ·· 380

Ⅹ. 우정 ·· 382
1. 우정의 발달 단계 ··· 382
2. 우정의 의미 ··· 384

Ⅺ. 공격성 ·· 385
1. 공격성 형성 이론 ··· 385
2. 공격성의 유형 ·· 388
3. 공격성의 발달 ·· 390
4. 코스텔닉 등(M. Kostelnik et al.)의 갈등 중재 모델 ······················· 392

Ⅻ. 도덕성 ·· 395
1. 도덕성의 정의 ·· 395
2. 도덕성 발달에 대한 이론적 관점 ·· 395
3. 피아제의 도덕성 발달 이론 ··· 396
4. 콜버그(Kohlberg, 1984)의 도덕성 발달 이론 ··································· 399
5. 길리건(Gilligan, 1982)의 배려지향적 도덕성 발달 이론(보살핌의 윤리학) ······· 403
6. 아이젠버그(Eisenberg, 1987)의 친사회적 도덕성 발달 이론 ··········· 404
7. 튜리엘(Turiel, 1983)의 영역 구분 모형 ·· 409
8. 데이몬(Damon, 1990)의 공정성 추론 이론(분배 개념 발달) ··········· 410
9. 크로그와 램(Krogh & Lamme, 1983)의 유아의 나누기 행동의 발달 단계 ······· 412
10. 데이몬(Damon, 1983)의 권위 개념의 발달 6단계 ·························· 413

XIII. 유아 사회교육의 내용 · 419
1. 가치와 태도 · 421
2. 가치 습득을 위한 전략 · 422
3. 유아사회교육의 내용 : 전미사회교육위원회(NCSS, National Council for the Social Studies) · 429

CHAPTER 04 유아사회교육 Ⅱ

Ⅰ. 다문화 교육 ··· 432
    1. 다문화 교육의 개념 및 필요성 – 유아를 위한 세계 이해 및 다문화교육 활동자료(2008) ········· 432
    2. 다문화 지도를 위한 이론적 접근 ··· 433
    3. 뱅크스(Banks, 2002)의 다문화 교육 접근방법 ·· 434
    4. 뱅크스(Banks, 2002)의 다문화 교육 접근방법의 구체적 내용 ··························· 435
    5. 다문화 교육의 내용 ·· 442

Ⅱ. 세계 시민교육과 민주 시민교육 – 유아 세계 시민교육 활동자료(2008) ············· 447
    1. 세계 시민교육의 개념 ··· 447
    2. 세계 시민교육의 목표 ··· 448
    3. 유아 세계 시민교육의 내용 ·· 448
    4. 유아 세계 시민교육 활동 방법 ·· 451
    5. 시민의식 ··· 452
    6. 민주 시민교육 ··· 453

Ⅲ. 경제·소비자교육 – 유치원 기본과정 내실화를 위한 경제 소비자교육 프로그램(2011) ··· 456
    1. 경제·소비자교육의 개념 및 필요성 ·· 456
    2. 경제 개념 ··· 457
    3. 경제교육의 내용 ·· 461
    4. 프로그램 교수학습 방법 ··· 461

Ⅳ. 지리 – 교사와 유아를 위한 유아 사회교육 활동자료(2007) ······························ 462
    1. 지리 교육의 개념 및 필요성 ·· 462
    2. 학자별 지리 교육의 내용 ··· 462
    3. 지리 교육의 내용 ·· 463
    4. 지리 교육의 교수·학습 방법 ·· 467
    5. 지리 탐구 기술 ··· 468
    6. 지리 탐구 기술(요약 – 기능 습득의 예) ·· 471
    7. 지리적 질문하기 ·· 472

Ⅴ. 역사 – 유아를 위한 역사교육 활동자료(2005) ··· 473
    1. 역사교육의 필요성 및 목적 ·· 473
    2. 역사교육에 대한 입장 ··· 474
    3. 유아 역사교육의 목표 ··· 475
    4. 유아 역사교육 내용의 선정 기준 ··· 475
    5. 유아 역사교육의 개념 ··· 476
    6. 유아 역사교육의 개념 예시 ·· 478
    7. 유아 역사교육의 접근방법 ·· 479

목차

Ⅵ. 자연체험 - 유아를 위한 자연체험 활동자료(2003) ·········· 480
1. 유아교육에서 자연체험의 중요성 ·········· 480
2. 자연체험을 위한 교사의 역할 ·········· 482
3. 자연체험을 위해 교사가 기억해야 할 점 ·········· 483
4. 자연체험을 위한 환경 ·········· 485

Ⅶ. 인성교육 - 유치원 기본과정 내실화를 위한 인성교육 프로그램(2011) ·········· 492
1. 인성교육의 등장 배경 및 향후 교육정책의 방향 ·········· 492
2. 인성교육의 중요성 ·········· 493
3. 유아 인성교육 프로그램 개발 배경 ·········· 494
4. 인성교육의 정의 ·········· 495
5. 인성교육의 목적 ·········· 496
6. 인성교육의 내용 ·········· 497
7. 인성교육의 덕목 ·········· 497
8. 요약 : 인성교육의 덕목 ·········· 499
9. 유아 인성교육의 교수학습 방법 ·········· 500
10. 유아 인성교육을 위한 교사의 역할 ·········· 501

Ⅷ. 협동활동 - 유아의 사회성 발달을 돕는 협동활동 프로그램(2006) ·········· 502
1. 협동활동의 개념 ·········· 502
2. 교육적 의의 ·········· 502
3. 협동활동의 적용원리 ·········· 504
4. 협동활동의 절차 ·········· 506
5. 교사의 역할 ·········· 509

Ⅸ. 유아 한국문화 정체성 교육 프로그램(2009) ·········· 510
1. 한국문화 정체성의 개념 ·········· 510
2. 유아 한국문화 정체성 교육의 필요성 ·········· 511
3. 유아 한국문화 정체성 교육의 방향 ·········· 511

Contents

CHAPTER 05 건강교육

Ⅰ. 유아 건강교육 · 514
  1. 건강의 개념, 목적 및 필요성 · 514
  2. 건강교육의 접근방법 · 515
  3. 안전교육 접근법 · 516
  4. 건강교육 · 안전교육 교수법(교수 · 학습방법) · 517

Ⅱ. 유치원 급식 운영 · 영양관리 – 유치원 운영 · 영양관리 안내서(2021) · 518
  1. 유치원 급식 운영관리 · 518
  2. 유치원 급식 영양관리 – 영양 관리의 필요성 · 522
  3. 영양관리 계획 · 524
  4. 유치원 급식 식단 계획 및 관리 · 532
  5. 유아 식생활 관련 영양 정보 – 급간식 운영관리 지침서(2017),
     유치원 운영 · 영양관리 안내서(2021) · 537

Ⅲ. 위생 안전관리 – 유치원 급식 운영관리 지침서(2012) · 557
  1. 위생 관리의 필요성 · 557
  2. 작업 위생관리 · 560
  3. 시설 · 설비 기준 · 561
  4. 개인위생 · 562
  5. 구매 및 저장 · 563
  6. 조리 · 564

Ⅳ. 유아 질병과 감염병 관리 · 566
  1. 건강진단 · 566
  2. 투약-『유아 보건교육프로그램(2012)』, 『6차 유치원 교육과정』, 『2007년 유치원 교육과정』 · 566
  3. 감염병 관리 · 감염병 예방 조치 – 건강 · 안전 관리 길라잡이(2015) · 568

CHAPTER 06 안전교육

Ⅰ. 안전교육의 기초 ··· 570
   1. 안전교육의 개념 ·· 570
   2. 안전교육의 필요성 ··· 570
   3. 아동복지법 : 아동의 안전에 대한 교육 ··· 571
   4. 아동복지법 시행령 별표 6 : 교육기준 ·· 571
   5. 아동복지법 시행령 별표 6 : 교육방법 ·· 572
   6. 학교안전교육 실시 기준 등에 관한 고시 [시행 2023. 10. 16.] ··········· 573

Ⅱ. 안전교육의 내용 ··· 576
   1. 유치원 시설 안전 – 유치원시설안전관리메뉴얼(2015) ······················· 576
   2. 교통안전 ·· 582
   3. 실종·유괴의 예방·방지 ··· 589
   4. 약물 오용·남용 예방 ··· 593
   5. 성교육 및 성폭력 예방 ··· 594
   6. 아동학대 예방교육 ·· 600
   7. 재난대비 교육 ··· 611
   8. 전자미디어 교육 ·· 615
   9. 응급처치 ·· 618

참고문헌 ··· 645

Chapter 01

신체운동

Ⅰ. 동작교육의 기초
Ⅱ. 동작의 (구성) 요소(움직임의 요소)
Ⅲ. 기본동작(fundamental movement)
Ⅳ. 체력 요소
Ⅴ. 동작 교수-학습 방법
Ⅵ. 동작교육 접근법

Ⅰ. 동작교육의 기초

1 동작교육의 개념

동작교육의 개념		• 동작교육에 대한 관심은 1930년대 독일의 라반(Rudolf Laban)으로부터 시작되었으며, 우리나라에서는 율동, 유희, 무용, 신체 표현 활동, 움직임 교육, 음률활동, 창의적 표현 활동 등 다양한 용어로 사용되고 있다. 이 모든 용어에는 '동작'이라는 개념이 내포되어 있으며, 동작교육의 기반이 된 체육은 신체 교육에서 신체를 통한 교육으로 변화한 후, 오늘날 동작교육으로 발전하였다. • **라반(Laban)의 정의** : 동작이란 인간이 신체라는 도구를 통해 움직이며, 자기 나름대로의 유연하고 자연스러운 움직임을 사용하여 효과적으로 움직이는 방법에 대한 지식을 발전시키는 것이다. • 라반의 연구에 이어 **동작교육에 대한 학자들의 정의**는 다음과 같다.
	신체적 능력의 인식	• 동작교육은 영유아가 일상생활에서 자신의 신체적 능력을 인식하고 그 신체를 효율적으로 사용하도록 가르치는 방법이다(Marion North, 1973). • 영유아 자신의 **신체를 어떻게(how), 어디로(where) 움직일 수 있는가 하는 기본 움직임**과 **자신의 신체 능력이 어느 정도인가를 탐색**하는 것이다(Bentely, 1970).
	움직임의 기본 원리	• 동작교육은 **신체의 움직임에 대한 기본 원리를 이해**하여 운동 발달과 능력을 효율적으로 발달시킬 수 있는 문제해결의 한 방법이다(Demaria, 1974). • 따라서 동작교육에서 영유아가 신체 움직임의 기본 원리를 이해하는 것이 우선시 되어야 한다.
	인간 발달과의 관련성	• 동작교육은 동작을 위한 학습과 동작을 통한 학습으로 나뉘며 각각은 인간의 발달 영역에 영향을 미친다(Gallahue, 1996).
	└ 동작을 위한 학습 (learning to move)	▶ **기본 동작**을 가르쳐 자기 발견을 강조하며 (체육 교육의 일부로서) **기능적 움직임**을 강조한다. • 즉, 영유아는 동작 경험을 통해 숙달감, 자신감 등을 갖게 되고 이러한 능력은 보다 예술적인 무용이나 고난이도의 체육 활동 등을 할 수 있는 기초를 형성하도록 돕는다.
	└ 동작을 통한 학습 (learning through movement)	▶ **전인 발달**을 목적으로 다양한 동작을 탐색하고 경험하게 하는 교육으로 자신의 감정, 생각을 나타내는 **표현적 움직임**을 강조한다. • 즉, 영유아는 동작 경험을 통해 내적으로 자연스럽게 자신의 감정을 표현하고 외적으로 신체적 운동 기능을 발달시키도록 돕는다. 기 유아 동작 교육은 '동작을 위한 교육'과 '동작을 통한 교육'으로 구분할 수 있는데, 동작 교육 활동계획안은 '동작을 통한 교육'에 속한다. 교육 활동계획안의 내용을 예로 들어 그 이유를 쓰시오.[특19]
	전인적 발달	• 동작교육은 **자아 개념, 협동심, 창의력, 심미감 등을 발달**시킬 뿐만 아니라, 영유아 자신의 신체를 보다 다양하고 복합적인 방법으로 활용하는 능력과 상징적으로 표상화할 수 있는 능력을 기르는 것이다(Gerhardt, 1973; Seefeldt, 1987). • 따라서 동작교육은 영유아의 신체 발달, 사회성 발달, 정서 발달, 인지 발달 등을 강조하여 전인적 교육이 이루어지도록 해야 한다.

2 발달의 원리

발달의 원리

- 영유아기에 있어서 가장 급속히 이루어지는 발달 형태 중의 하나는 신체 근육을 조절할 수 있는 동작 능력의 발달이다. 이러한 동작 능력의 발달은 다음의 원리에 따라 이루어진다.
  ① **동작 능력은 뇌에서 가장 가까운 부분부터 발달한다.**
    - **눈 운동과 머리 운동, 손의 협응 동작이 먼저** 이루어지고 **그 후에 서고 걷기의 다리 동작**이 이루어진다.
  ② **동작 능력은 중심 부분에서 말초 부분으로 발달한다.**
    - 신체 중심 부분의 동작 능력이 먼저 발달하고 말초 부분은 나중에 발달한다.
    - 영유아가 **물체를 손으로 잡을 때 먼저 어깨와 팔꿈치가 움직**이고 **다음에 주먹이나 손가락**이 움직인다.
  ③ **동작 능력은 대근육에서 소근육으로 발달한다.**
    - 영유아가 놀잇감을 가지고 놀 때 **몸 전체 근육**을 움직인 다음 **팔 근육**을 그리고 **손목과 손가락 근육**을 움직여 놀잇감을 만진다.
  ④ **동작 능력은 양방에서 일방으로 발달한다.**[특16]
    - 영유아의 신체 구조는 **생리적으로 상·하 양방 관계로 균형**을 이루고 있으나 점차 **어느 한쪽 위주로 발달**하게 된다. 즉, 처음에는 양손 모두를 사용하다가 초등학교 입학 시기쯤에는 어느 한쪽 손을 주로 사용하게 된다.
  ⑤ **동작 능력은 수평적인 동작에서 수직적인 동작으로 발달한다.**[특16]
    - 영유아는 **걷거나 달리는 수평적인 동작**을 학습한 후에 **두 발 모아 뛰기나 앙감질과 같은 수직적인 동작**을 학습하게 된다.
    - 따라서 영유아기의 동작 능력 발달은 신경 조직의 성숙과 병행해서 유전적 성숙 계획에 따라 이루어진다. 또한 동작 능력의 발달은 대부분 그 순서가 비슷하지만 발달의 시기에는 개인차가 있을 수 있다.
  - 기 ㉠~㉣ '㉠ 평가 결과에 근거해 운동 영역의 개별화 교육계획을 작성하려고 해요, ㉡ 운동 기능은 수직적인 동작에서 수평적인 동작으로 발달하지요, ㉢ 운동 능력은 양방에서 일방으로 발달한다, ㉣ 발달 영역 간에는 상호 관련이 있어서 운동발달을 이해하기 위해서는 전체 발달 상황을 알아야 해요.' 중 동호를 지도할 때 고려해야 할 사항으로 잘못된 것을 찾아 ① 기호를 쓰고, ② 바르게 수정하여 쓰시오.[특16] **㉡, 운동기능은 수평적인 동작에서 수직적인 동작으로 발달한다.**

3 동작교육의 목적

동작교육의 목적

- 기본동작 능력으로 비이동, 이동, 조작 동작 능력을 발달시킨다.
  - 2~7세까지의 유아는 기본동작 기술을 성숙하게 발달시켜 나갈 수 있는 잠재력을 지니며 기본동작 기술을 습득하기에 가장 이상적인 시기이다.
- **신체적 능력 발달**을 위해 체력을 증진시킨다.
- **지각운동 능력을 발달**시킨다.
- 동작교육을 **통하여** 학문적 개념(수학·과학·언어·사회·정서·음악·미술 등)을 발달시킨다.
- 동작교육을 **통하여** 정서적 능력과 긍정적 자아 개념을 확립시킨다.
  - 동작 활동은 좌절, 분노, 욕구불만과 같은 억압된 감정을 자연스럽게 표출함으로써 긴장을 완화시켜 주어 정서를 순화시켜 주는 배출구가 될 수 있다.
- 타인과의 관계에서 원만한 사회적 기술을 발달시킨다.
- 동작교육을 **통하여** 심미감과 창의적 표현력을 발달시킨다.

4. 동작교육 내용선정의 원칙

발달 적합성의 원리	• 유아 **신체 발달을 고려**한 동작교육의 내용과 활동이 제공되어야 한다.
생활 중심의 원리	• **동심원의 원리**로서 유아에게 가장 직접적이고 구체적이며 **일상과 밀접한 내용**부터 시작한다.
학습 계열화의 원리	• **나선형의 원리**로서 유아들이 반복하기를 좋아하는 특성을 고려한 것으로 **반복성과 위계**를 지닌 동작교육의 내용으로 이루어져야 한다.
다양성과 통합성의 원리	• **균형과 조화의 원리**로서 **다양한 동작교육**의 내용이 **통합**되어 경험되도록 한다.

5. 운동 능력의 발달 단계(phases of motor development)

- 유아의 신체발달과 관련해 Gallahue(1995)는 인간의 운동기능의 발달단계를 연령에 따라 다음과 같이 4단계로 구분하였다.

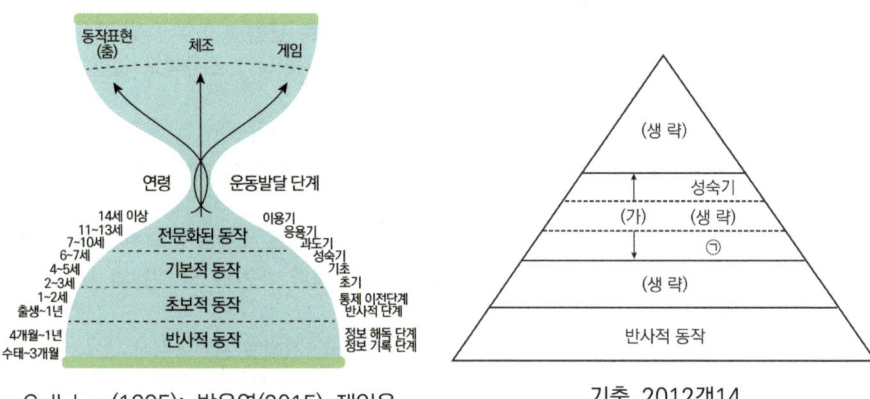

Gallahue(1995); 방은영(2015) 재인용   기출 2012객14

▶ 만 3세 I 수준 유아들의 꽃님 반 김 교사는 유아들이 (가)의 ㉠에 해당된다고 보았다. (가) 단계의 명칭은?[12]

제1단계 반사적 동작 (reflexive movement, 신생아)	▶ (신생아에게 나타나는) 최초의 운동 발달 특징으로, 외적인 자극에 따라 **무의식적**으로 신체가 **움직여지는 것**을 말한다. ① **빨기 반사** : 입술에 무언가가 닿으면 빠는 반사작용 ② **방향 반사** : 뺨에 손가락을 대면 그것을 찾아 머리를 돌리는 반사작용 ③ **바빈스키 반사** : 발바닥에 자극을 주면 발가락을 부채 모양으로 쫙 폈다가 오므리는 반사작용 ④ **모로 반사** : 자극적인 소리에 깜짝 놀라 팔·다리를 벌렸다가 손을 오므려 잡으려 하는 반사작용 ⑤ **잡기 반사** : 손바닥에 자극이 느껴지면 손을 오므려 잡으려 하는 반사작용
제2단계 초보적 동작 (rudimentary movement, 0-2세)	▶ **의도적인 신체운동이 시작**되는 주요한 시점으로 기본적인 이동 동작, 비이동 동작, 조작동작 등이 상호작용하여 발달하지만, **생존에 필요한 기초 수준**에 머문다. • 반사적 행동이 점차 감소되면서 불완전해 보이는 기초 움직임이 나타난다. • **비이동동작** : 목, 머리, 몸을 조절하면서 **앉고 서기** 가능 • **이동동작** : 기기, 기어가기, 걷기 가능 • **조작동작** : 사물에 손을 뻗치는 것, 물건을 **잡았다가 놓기** 가능

제3단계 기본적 동작 (fundamental movement, 2~7세)		▶ 다양한 **기본 동작을 성숙하게 수행**할 수 있는 단계이지만, **세분화되거나 정확한 기술적 움직임은 발달되지 않**은 상태이다. • 기본적 동작능력이 발달하는 시기이다. 2단계에서 획득한 안정된 직립자세로 원하는 장소로 이동할 수 있고 발달된 조작능력으로 많은 사물을 탐색, 실험해 볼 수 있으므로 안정감 있게 뛰고, 달리고, 올라가고, 공을 던지거나 잡을 수 있게 된다. • 만 3세에서 5세에는 개인차가 존재하지만 두 발 번갈아 뛰기(skipping)와 뛰어넘기(leaping)만을 제외한 대부분의 기본 동작이 가능하며 공 던지기나 받기 등의 조작 운동도 가능해진다. • 기본적인 동작기는 초기단계, 기초단계, 성숙단계로 나눌 수 있다. 이 시기는 유아가 이동, 비이동, 조작적 운동능력을 형성할 수 있는 가장 최적기로 이때 기본적인 안정 운동에 관련된 기술과 조작운동 능력을 습득하게 된다.
	초기 단계 (initial stage, 2~3세)	▶ 어떤 **과제를 수행**하기 위한 **최초의 의도 있는 행동**을 시도하게 된다. 이 단계는 상대적으로 **미숙**하고 **비협응적**인 움직임이 특징이다. • 던지기, 받기, 차기 또는 두발 모아 뛰기와 같은 동작은 어느 정도 할 수 있으나 아직 성숙한 동작을 위한 구성요소를 갖추지 못한 상태이기 때문에 동작이 미숙하고 종종 과장되거나 비협응적으로 보이기도 한다.
	기초 단계 (elementary stage, 3~5세)	▶ **협응**적 운동 기술과 **조절력**이 **향상**되지만, 여전히 **다소 경직**되어 있으며 **유연성이 부족**한 상태이다. • 신체활동에서의 핵심은 기초단계에서 성숙단계로 발달할 수 있도록 돕는 것이라고 할 수 있다.
	성숙 단계 (mature stage, 6~7세)	▶ 모든 동작의 주요 요소가 통합되어 **협응력**이 뛰어나고, 기술적으로 **효율적**이며 **정확**한 것이 특징이다. 이 단계에서는 **수행 능력**이 **급격히 향상**된다. • 성숙단계에서의 운동기술은 **협응**이 잘 되고, 기술적으로 **정확**하며, **효율**적인 동작 안에서 모든 움직임의 요소들이 **통합**된다는 특징을 지닌다.

• **비이동동작** : 신체를 안정된 자세에서 굽히고, 뻗고, 흔들기 가능
• **이동동작** : 달리고, 높이 뛰고, 기어오르는 등 다양한 동작 가능
• **조작동작** : 공을 던지고 잡는 등 물체 조작 가능

[기] (가)의 ⓒ '한 계단에 두 발을 모았다가 그다음 계단으로 오르내릴 수 있고, 가끔은 양발을 번갈아 가며 한 발씩 교대로 올라갈 수 있어요.'은 갈라휴와 오즈문(D. Gallahue & J. Ozmun)이 제시한 운동 발달의 어느 단계에 해당하는지 쓰시오.[특16]

제4단계 전문화된 동작 (specialized movement, 7세 이후)		▶ 기본 동작과 기술을 바탕으로 **다양한 환경과 과제에서 특정 목적**에 맞게 동작을 **정교화**하고 **적용**하는 단계 • 7세 이후 초등학교 아동기를 거쳐 그 이후 청년기까지 지속해서 발달한다.
	과도기	▶ **일반적인 운동 능력이 발달**하게 되며, 기본적인 동작발달 단계보다 각종 동작을 **정확**하게 구사할 수 있게 된다(7~10세, transition stage).
	응용기	▶ 한층 **세분화된 운동 능력**이 발달하며 **복합된 동작기술**이 나타난다(11~13세, specific movement stage).
	이용기	▶ 이제까지 습득한 모든 운동 능력을 **경쟁적 활동**이나 **오락 활동**, 즉 **각종 스포츠와 레크리에이션에 적용**할 수 있다(14세~청년기, utilization stage)

지식 운동 발달 단계(Gallahue & Ozmun, 2006) 중 초보 운동 단계

- 운동 발달은 반사 운동(태아~1년), 초보 운동(태아~만 2세), 기본 운동(만 2세~7세), 전문화 운동(만 7세~14세 이상)의 네 단계로 이루어져 있으며, 미래 아동의 기능을 결정하는 데 중요한 초보 운동 단계는 세 가지 발달 과제가 있다.
- 어머니 뱃속에서 태어나 살아가는 데 **중력을 일으키며 직립 자세를 유지하는 안정성**(stability)과 **주위 환경을 향하여 나아가는 이동성**(locomotion), **팔을 뻗고 잡고 놓으면서 물체와 상호작용하는 조작**(manipulation) 기능의 세 가지는 초보 운동 단계의 기초를 형성하는 중요한 단계이다.
- 또한 안정성-이동성-조작 기능 순서의 발달은 태아부터 만 2세의 운동 기능을 결정하는 데 중요한 시기이며 단계이다.

안정성	• 안정성은 **계속되는 중력에 저항**하며 이루어지고 예측 가능한 순서에 따라 발달하며 **머리와 목의 통제**와 **체간의 통제, 스스로 앉기와 서기**를 통하여 이루어진다. • 갓 태어난 아기를 일으켜 세우면 목과 머리를 통제할 수 없어서 머리를 아래로 떨어뜨린다. 하지만 발달 과정을 통하여 **머리와 목의 통제**는 고개 돌리기(0~1주일)와 목을 지지해 줄 경우 고개를 들 수 있게 되고(1개월), 바닥으로부터 고개 들기(2개월)와 엎드린 자세에서의 고개 통제(3개월)하기, 바로 누운 자세에서의 고개 통제(5개월)가 가능해진다. • 다음 단계로 가슴과 허리의 근육을 통제하여 **체간의 통제**를 혼자서 할 수 있게 되면 **머리와 가슴 들기**(2개월)를 할 수 있게 된다. 그리고 바로 누운 자세에서 엎드린 자세로 시도하기(3개월)와 바로 누운 자세에서 엎드린 자세로 **구르기**(6개월)를 하게 되며 엎드린 자세에서 바로 누운 자세로 **구르기**(8개월)를 할 수 있다. • **앉기는 혼자서 체간을 통제할 수 있게 되면** 지지해 줄 때 앉기(3개월)가 가능해지며, 스스로 사물을 잡고 지지하며 앉기(6개월)를 할 수 있다가 점차 지지 없이도 혼자서 앉기(8개월)를 할 수 있다. 지지하는 정도가 줄어들면서 **혼자서 서기**(12개월)를 할 수 있다는 것은 유아가 **중력에 대해 근육들을 통제할 수 있다는 것**이다.
이동성	• 이동성은 **중력으로부터 자신의 몸을 통제**할 수 있어야 한다. 유아의 이동성은 엉덩이로 움직여 **가기**(3개월), 팔꿈치와 엉덩이로만 **기기**(6개월), 손과 무릎을 사용하여 **기기**(9개월), 무릎 닿지 않고 네발로 **기기**(11개월)의 수평 이동과 지지가 있을 때 **걷기**(6개월), 손잡고 **걷기**(10개월), 이끌어 줄 때 따라서 **걷기**(11개월), 손을 들고 혼자서 **걷기**(12개월), **손을 내리고 혼자서 걷기**(13개월)의 보행이 있다.
조작 기능	• 조작 기능은 **닿기, 잡기, 놓기 순서로 발달**하며, 안정성과 이동성의 발달 단계와 같이 일정한 단계가 있다. • 조작 기능의 첫 번째 순서인 **닿기** : 1~3개월 유아는 손을 뻗어 가까이에 있는 물체를 손으로 닿기 어렵지만, 4개월이 되면 물체에 정확하게 닿는 동작을 할 수 있게 된다. 그리고 6개월에는 손을 조절하게 되며 조화로운 동작이 가능해진다. • 조작 기능의 두 번째 순서인 **잡기** : 출생 시에는 반사적인 잡기를 하며, 3개월이 되면 자발적인 잡기와 두 손바닥으로 잡기가 가능하며, 5개월에는 한 손바닥으로 잡기, 9개월에는 집는 동작, 14개월에는 잡는 동작을 조절하게 되며 동작을 조화롭게 하는 것이 어른들과 비슷한 수준이 된다. • 조작 기능의 마지막 순서인 **놓기** : 12개월에서 14개월에는 기본적인 놓기를 할 수 있으며, 18개월에는 **놓기 동작을 조절**하게 되고 조화로운 동작이 가능해지며, **물체에 팔을 뻗어 닿기, 잡기, 놓기의 동작이 조화롭게 이루어질 수** 있다(Halverson, 1937, Gallahue & Ozmun, 2006에서 재인용).

Plus 지식 ▎갤라휴의 운동 발달 단계(Gallahue, 1996)와 2차원 모델

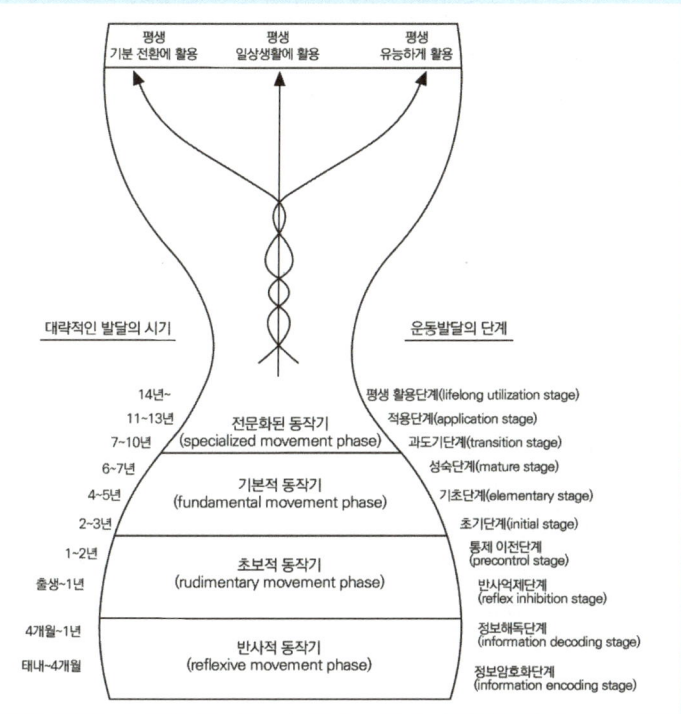

출처 : Gallahue(1996 : 이기숙 외, 2018에서 재인용)

운동발달의 단계	움직임 과제의 의도된 기능		
	안정성 (정적 · 동적 움직임 상황에서 **신체 균형 강조**)	이동 (신체의 **장소 이동** 강조)	조작 (**물체와 힘을 주고받는 것** 강조)
반사 움직임 단계 : 태아기와 초기 유아기에 피질 하에서 통제되는 불수의적 움직임	• 직립 반사 • 목 자세 반사 • 몸통 자세 반사	• 기기 반사 • 걷기 반사 • 수영 반사	• 손바닥 파악 반사 • 발바닥 파악 반사 • 당김 반사
초보 움직임 단계 : 성숙에 의해 영향을 받는 유아의 움직임	• 머리와 목 제어 • 몸통 제어 • 지지 없이 **앉기** • **서기**	• 포복하기 • **기기** • 직립하여 **걷기**	• **내밀기** • **잡기** • **놓기**
기본 움직임 단계 : 아동의 기본 움직임 기술	• 한 발로 균형 잡기 • 낮은 빔 위 걷기 • 축성 움직임 (중축성 움직임)	• 걷기 • 달리기 • 점프하기 • 깡충 뛰기	• 던지기 • 잡기 • 차기 • 치기
전문화 움직임 단계 : 후기 아동기와 그 이후의 복합적 기술	• 체조의 평균대 연습하기 • 축구에서 골킥 막기	• 100m 달리기 혹은 육상의 허들 • 사람 많은 거리에서 걷기	• 축구에서 골킥 하기 • 던진 공 치기

Ⅱ. 동작의 (구성) 요소(움직임의 요소)

라반	• 라반(Laban, 1948)은 인간이 움직이려면 동작을 하는 데 반드시 필요한 '**신체**'가 있어야 하고, 신체를 움직이려는 '**공간**'과 '**노력**'이 있어야 하며, 신체를 움직이면서 이루는 '**관계**'가 형성되므로 이것을 중심으로 움직임을 분석하고 이해해야 한다고 하였다.
길리옴	• 길리옴(Gilliom)은 **신체인식**(신체 부분, 신체 표현, 신체 형태, 신체 관계, 신체와 사물의 관계, 사람 관계), **공간**(장소, 범위, 수준, 방향, 경로), **힘·무게**(힘의 세기, 질, 무게), **시간·흐름**(빠르기, 리듬, 흐름)으로 구분하였다.
슬레이터	• 슬레이터(Slater, 1993)는 기본운동의 요소를 '**신체**'를 중심으로 '**무엇을**', '**어디로**', '**어떻게**', '**누구와**'로 나누었다. ※ 신체, 공간, 노력, 관계
피카	• 피카(Pica, 1995)는 동작활동을 **문장구조와 비유**하면서 **동작기술**(skills)은 **동사**(verbs)로, 공간, 형태, 시간, 힘, 흐름, 리듬의 **동작 요소**는 동사(즉, 기술)를 **수식하는 부사**로 간주될 수 있다고 하였다. • 이러한 연구들을 기반으로 신체, 공간, 노력, 관계를 중심으로 움직임을 분석하고 이해하는 것이 일반적인 경향이다.
퍼셀	• 퍼셀(Purcell, 1994)은 이러한 기본구조를 바탕으로 이를 세분화시켜 동작 교육과정의 내용을 다음과 같이 제시하였다. 그림에 따르면 **동작의 구성요소에 대한 이해를 바탕으로 이를 응용 영역에 적용**할 수 있도록 탐색할 수 있는 기회를 제공하여야 함을 강조하는 것이다. 동작의 구성요소 ┌─────┬─────┬─────┬─────┐ 신체 인식 / 공간 인식 / 노력 / 관계 • 전신의 움직임 / • 개인 공간 / • 시간 / • 힘 / • 신체 부분 • 신체 부분의 움직임 / • 일반 공간 / • 공간 / • 흐름 / • 파트너 그룹 • 신체 모양 / • 수준 / • 방향 / • 물체(가구, 교수자료) • 경로 / • 범위 ↓ 창의적 춤(비구조적 동작) 다른 사람에 의해 고안된 춤(구조적 동작) **동작 구성요소의 세부내용을 적용한 동작교육과정의 내용**(Purcell, 1994, p.20)

> **Plus 지식** **신체의 기본 요소**(Slater, 1993, p.3)
>
> • 대부분의 기본 운동능력의 요소에 관한 연구는 Laban(1948)이 제시했던 인간 움직임의 분석 틀 네 가지 기준에서 설명하고 있다.
>
>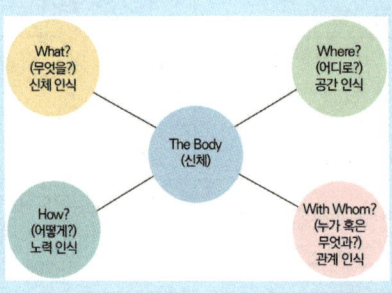

구성요소	하위요소	내용
신체	전신의 움직임	• 신체의 모든 부분이 사용되는 것 • 이동 동작과 비이동 동작
	신체 부분	• 신체 부분들이 분리된 동작 • 한 가지 동작을 리드하며 움직이기 • 몸무게를 지탱하면서 움직이기
	신체 모양	• **직선, 곡선, 꼬인, 대칭, 비대칭 모양**
공간	장소	• **개인 공간, 일반 공간**
	범위(넓이)	• 작다, 크다, 작다와 크다의 중간 크기
	수준(높낮이)	• 높은 수준, 중간 수준, 낮은 수준
	방향	• 앞, 뒤, 좌, 우, 위, 아래
	경로	• 직선, 곡선, 지그재그, 원형, 네모형, 세모형, 마름모형 등 • **바닥에서의 경로, 공중의 경로**
노력	공간	• 똑바로 하는 동작, 공간에서 돌아서 움직이기
	힘	• **힘의 강약** : **강**하게, 보통으로, **약**하게 • **힘의 질** : 점점 강하게, 점점 약하게 • **공격** : **날카로운, 부드러운** • **무게** : **무거운, 가벼운** • **내구력** : **팽**팽, **느슨**
	시간	• **속도** : **빠르게**, 보통, **느리게** 등 • **가속과 감속** : 점점 빠르게, 점점 느리게 • **리듬** : 갑자기, 부드럽게, 한결같이, 급격히 • **박자** : 맥박 • **지속** : **길고, 짧게** • **형식** : 조화
	흐름	• **탄력적인 흐름(비연속 흐름)** : 유연하지 않게, 끊기게, 제한되게, 정지된 • **유연한 흐름(연속 흐름)** : 유연하게, 유창하게, 계속적으로, 자유롭게
관계	물체와의 관계	• 소도구, 큰 장비
	신체 부분과의 관계	• 서로 만나고 / 헤어지고, 위쪽 / 아래쪽, 앞 / 뒤, 옆, 멀리 / 가까이에 관계를 형성
	사람과의 관계	• 공간 속에서 서로 **연결**되는 관계, 동작의 **유사성**에 있어서의 관계, 동작이 일어나는 **시기**에 관한 관계

1 신체 인식(body awareness) : WHAT - 무엇이 움직이는가?

- 각기 다른 신체 부분이 서로 어떻게 기능할 수 있는지를 탐색하기 위해 관절 부분이 움직이는 목각 인형이나 인체의 구조를 나타내는 자료의 동작을 보면서 움직여진 신체 부분이 어디인지 알아보고, 신체의 각 부분을 이용하여 어떻게 움직일 수 있는지 탐색해 본 후 동작을 해봄으로써 신체의 움직임에 대한 가능성을 이해할 수 있다.

		▶ 신체의 모든 부분이 움직임에 사용되는 것 • 때에 따라 어떤 한 가지 신체 부분이 다른 부분들보다 좀 더 많이 강조될 수도 있다. ㉮ 스킵을 할 때 발과 다리의 움직임이 주가 되지만, 발과 다리 외에도 팔, 머리, 몸통 역시 전신의 움직임에 기여하게 된다. • 전신의 동작은 이동 동작과 비이동 동작으로 구별할 수 있다.
전신의 움직임	이동 동작	▶ 공간에서 신체의 위치를 바꾸는 동작 • 신체를 공간 속에서 다른 위치로 데리고 가는 것이다(A지점→B지점). ㉮ 달리거나 점프하거나 걷거나 혹은 도약하기 등 주로 발로 이동하나, 다른 신체 부분을 이용해서 이동할 수도 있다.
	비이동 동작	▶ 몸을 축으로 하여 장소를 옮기지 않고 움직이는 동작 • 비이동 동작으로 만들어지는 '제스처'이다. 제스처란 생각, 감정, 의견을 표현하거나 강조하기 위해 신체나 사지를 대략적으로 움직이는 것이다. • 제스처는 어떤 한 가지 신체 부분이 독립적으로 사용될 수도 있고, 신체의 모든 부분이 동시에 사용될 수도 있다. ㉮ 유아가 단순히 한 손만을 흔들 수 있으며, 전신을 흔들 수도 있다.
		• 이동 동작과 제스처를 결합하기도 한다. ㉮ 나뭇잎이 공중으로 날아가는 모습을 표현하기 위해 달리다가 도약할 수 있고, 도약하면서 팔을 흔듦으로써 나뭇잎의 모양을 나타낼 수도 있다.
신체 부분의 움직임		▶ 신체 부분들이 이동 동작을 하거나 제스처를 만드는 방법(은 다음 세 가지 유형으로 구분된다.)
	신체 부분들이 분리된 동작	▶ 신체의 한 부분만 움직이고 나머지 부분은 가만히 있는 동작 유형 ㉮ 우리 몸 중에서 팔만 흔들어 보자 • 신체의 균형, 체력 및 집중력이 요구되기 때문에 실제 어린 유아들에게 다소 어려운 동작 형태이다.

	한 가지 동작을
	리드하며
	움직이기
		▶ 신체 한 부분이 먼저 동작을 시작하고, 나머지 신체 부분이 같은 동작을 하며 뒤따르는 동작 유형
		  ㉮ 오른팔을 먼저 위로 들어 올리고, 뒤이어 왼팔을 위로 들어 올리는 동작, 한 발을 앞으로 끌어 옮겨 놓고, 뒤이어 다른 발을 앞으로 끌어 옮기는 동작
		  ㉮ 팔을 들어 좌우로 돌리면 자연스럽게 머리에서 엉덩이까지 함께 좌우로 돌아가는 것, 전신을 움직이는데 신체의 한 부분이 먼저 움직이고 나머지 신체가 따라 움직이면서 동작을 만들어 내는 동작

	몸무게를 지탱하면서 움직이기	▶ 신체 부분이 몸무게를 지탱하며 움직이는 동작 유형 ㉮ 브레이크 댄스 • 대부분의 정형화된 춤에서는 두 발이 몸무게를 지탱하는 것이 일반적이나 브레이크 댄스처럼 양손, 머리, 등, 무릎, 어깨 등과 같은 신체의 부분에 몸무게를 지탱하며 움직일 수 있다.

신체모양 (body shape)	직선 모양	▶ 전신을 사용하거나 신체 부분을 이용하여 **직선 형태**를 만드는 것 • 팔꿈치, 무릎, 손목, 손가락, 등뼈 등을 구부림으로써, 신체는 여러 가지 **좀 더 작은 직선 모양들로 구성된 각진 형태**를 만들 수 있다.	㉣ 6
	곡선 모양	▶ 전신을 사용하거나 신체 부분을 이용하여 **곡선 형태**를 만드는 것 • 척추를 구부려 신체를 앞쪽, 뒤쪽, 옆쪽으로 둥글게 만드는 것이다. • 팔과 다리도 몸에 덧붙여서 둥글게 만들 수 있으며, 척추를 구부리지 않고도 둥근 모양을 만들 수 있다. • 이밖에 구불구불한 모양, 아치 모양, 나선형 모양 등을 만들 수도 있다. 기 ㉣과 ㉥에 공통으로 해당되는 모양의 요소 : **곡선**[14]	㉤ 7 ㉥ 8
	꼬인 모양 (twisted shape)	▶ 신체가 동시에 **각각 반대가 되는 방향으로 회전**하는 형태 • 대부분의 비틀린 모양은 허리를 중심으로 엉덩이와 다리는 같은 쪽 방향을 향하고, 상체는 그 반대 방향을 향하게 된다. • 하나의 신체 부분으로 꼬인 모양을 만들 때는 신체의 나머지 부분과 반대 방향으로 신체를 회전시키면 된다. ㉮ 상체로부터 팔을 멀리 떨어뜨려서 꼬거나, 두 다리를 함께 꼬아서 형태를 만들 수 있다.	
	대칭 모양	▶ 신체의 **양 측면이 같은 모양**을 취하는 것	
	비대칭 모양	• 신체의 **양 측면이 다른 모양**을 취하는 것 기 ㉣과 ㉤에 공통으로 해당되는 모양의 요소 : **비대칭 모양**[14]	

▶ 유가가 **신체를 이용**하여 **겉으로 나타내고자 하는 생김새 혹은 모습**을 의미한다.
• 신체 모양(형태, body shape)은 정적인 상태에서나 이동하면서도 만들어질 수 있다.
㉮ 직선의 대칭 모양과 두 발 모아 뛰기를 결합할 수도 있고, 곡선 모양이 두 발 번갈아 뛰기와 결합하여 움직임을 표현할 수도 있다.

기 **주A4.** 3) ② ⓐ와 ⓑ에 공통으로 해당되는 '신체 인식'의 하위 요소인 **'신체 모양'의 내용** 2가지를 퍼셀의 **동작 구성요소**에 근거하여 쓰시오.[25] **직선 모양, 대칭 모양**

ⓐ 예림이의 동작   ⓑ 예림이와 하민이의 동작

2 공간 인식(space awareness) : WHERE – 어디로 움직일 수 있는가?

- 공간 인식이 발달한 사람은 다른 사람들과 충돌하지 않으면서 공간 속에서 움직일 수 있고, 움직이면서 신속히 높낮이를 변화시킬 수 있으며, 자기의 파트너와 함께 움직이거나 혹은 물체를 가지고 더욱 복잡해지는 여러 공간 관계에서 잘 움직일 수 있을 뿐 아니라, 신체 부분의 공간 관계를 섬세히 변화시킬 수 있게 된다.

🔑 ⓛ '"높게"라고 말하면 높게 뛰고, "낮게"라고 말하면 낮게 뛰는 거예요.'에 포함된 지각운동 요소를 쓰시오.[20]

개인 공간 (personal space)	▶ **몸을 둘러싸고 있는 공간으로, 한 지점에 머무르는 동안 몸이 닿을 수 있는 곳**[17] • 자기 공간(self space) : 유아의 신체와 아주 가까이 있는 영역을 말한다. • 유아가 몸으로 **커다란 풍선을 만들 수 있을 만큼**, 즉 다른 사람의 공간을 침범하지 않고 자신에 의해서만 차지되는 자신의 공간을 뜻한다. ⑩ 개인 공간을 탐색하기 위해 **훌라후프를 바닥에 놓고 그 안에서만 움직여 보거나**, 유아가 서 있는 자리에서 몸을 최대한으로 낮게 해보거나 혹은 최대한으로 높게 해보는 활동을 할 수 있다. ⑩ 훌라후프 안에서만 움직이거나 **자신의 팔과 다리를 펼쳐보는 범위 내에서 움직이거나** 양팔을 벌리고 있어도 다른 유아와 부딪치지 않게 주의하면서 회전할 수 있는 정도를 말한다. 🔑 '우선 두 팔을 양쪽으로 벌려 옆의 친구와 닿지 않도록 서 보자.', **(개인공간)**은 몸을 둘러싸고 있는 공간으로, 한 지점에 머무르는 동안 몸이 닿을 수 있는 곳을 의미한다.[17] 🔑 '우리도 공처럼 몸을 움직여 볼까요?'과 관련하여 교사가 유아들의 신체 표현 활동이 **안전**하게 이루어질 수 있도록 안내하는 데 적절한 **발문** 1가지를 '**개인공간**'을 반영하여 쓰시오.[25]
일반 공간 (general space)	▶ **신체가 도달할 수 없는 주변 영역**을 뜻하며, **이동하면서 집단이 함께 사용하는 공간** • 공유된 공간(shared space) : 사람이 움직일 수 있는 모든 공간(**옆 사람과 부딪치지 않도록 교실 안을 걷기**) • 공간이 너무 넓은 경우에는 공간에 한계를 정하고 작은 공간에서도 서로 부딪히지 않고 동작하며 공간을 탐색할 수 있다. ⑩ **훌라후프를 두 손으로 잡고 허리 정도 위로 들어 올리고 자신이 가고 싶은 곳으로 움직이는 비눗방울**이 되어 보는 활동, **친구 비눗방울과 부딪지 않도록 하면서 교실 주위를 걷거나 뛰어본다**, 앞을 향해 충분히 **걷는 활동**을 하고, 뒤로 걸어본다, 공간의 구석구석을 돌아다니기, 친구와 부딪치지 않고 걷기, **특정 공간에서 가장 높게·낮게 이동**하기, 다양한 **경로**(직선, 곡선, 용수철, 지그재그)에 따라 이동하기

🔑 주A3. 1) ⓜ에 들어갈 용어를 쓰시오. ※ 2015 개정 고시문에 따른 문제임(고시문에 공간, 힘, 시간만 제시)
2) ⓗ에 들어갈, '힘' 요소를 반영한 표현 1가지를 쓰고 Ⓐ에 들어갈 신체 부분 2가지를 쓰시오.
3) ⓞ에 들어갈, '시간' 요소를 반영한 표현 1가지를 쓰고 Ⓩ에 들어갈 신체 부분 2가지를 쓰시오.[18]

활동방법	움직임 요소	응용활동의 예	협응된 신체부분
공 던지기	ⓜ **공간**	공을 높이 던지고 공이 공중에 있는 동안 손뼉을 한 번 치고 공을 받는다.	눈, 손
공 튀기기	힘	공을 (ⓗ **강하게(약하게)**) 튀기고 가슴으로 안는다.	Ⓐ **눈, 팔(가슴)**
공 차기	시간	공을 (ⓞ **빠르게(느리게)**) 차면서 지그재그로 이동한다.	Ⓩ **눈, 발**

범위 (넓이, extension)	▶ **동작의 길이나 크기**를 정의하며, 동작이 **긴지 짧은지, 넓은지 좁은지, 큰지 작은지**를 나타낸다. ⑩ 신체 부분들을 서로 가깝게 함으로써 **작아진 모습**을 표현할 수 있고, 반대로 **신체 부분들을 서로 멀리** 떨어지게 함으로써 **커다란 모습**을 표현할 수 있다, 달리는 말 위에 올라탄 것처럼 **몸을 움츠리고 말뛰기를** 해보자, 물속에서 걷는 모습을 상상하며 걸어 보자, 몸을 아주 작게 만들어 보세요. 신호가 울리면 가능한 큰 동작으로 천천히 걷다가 다시 신호가 울리면 가능한 한 몸을 작게 만들기, **엄마 새와 아기 새의 날갯짓**을 관찰하고 흉내 내기, **펭귄과 코끼리의 움직임**을 관찰하고 흉내 내기, **거인처럼, 난쟁이 처럼** 움직여 보기 기 ⑩ '원형으로 옆 사람과 **붙어 서서** 옆으로 공을 건네주게 하고', ⑭ '원형을 유지한 상태에서 다시 손을 뻗을 정도로 옆 사람과의 **간격을 넓혀** 공을 옆으로 건네주게 한다.' ⑩, ⑭ 두 동작 간의 차이를 공간의 하위 요소 측면에서 쓰시오. **범위의 차이**[16] 기 퍼셀(T. Purcell)의 동작 구성 요소에 근거하여, '**(비눗방울 길이만큼 팔을 벌리고) 여기부터 저~기까지 진짜 길다.**'에 나타난 **공간 인식의 하위 요소** 1가지를 쓰시오. **범위**[23] • 공간에서 범위(넓이)는 신체의 부분들을 서로 멀리 떨어뜨리거나 혹은 가깝게 함으로써 만들수 있다. 이는 대체로 세 개의 범주로 나누어 볼 수 있다.	

크다	• 신체의 부분들이 **서로 멀리 떨어져** 있는 것 • 신체의 부분들을 최대한 서로 멀리 뻗어 떨어져 있는 것
중간	• 크다와 작다 사이의 중간
작다	• 신체의 부분들이 **서로 가깝게** 있는 것 • 신체의 부분들을 최대한 서로 구부려 가깝게 있는 것

수준
(높낮이, level)

▶ 신체가 **움직이거나 이동하는 고도**
• 공간의 수직 방향이다. 팔 벌려 발뒤꿈치를 들기도 하고 뛰어오르기도 해서 위쪽으로 공간을 넓힐 수 있다. 동작이 만들어질 때 생기는 높낮이를 뜻하는 것으로 각기 다른 세 종류의 높이를 의미하게 된다.

높은 수준 (high)	▶ **어깨 위쪽의 공간** ⑩ 신체를 위로 도약시켜 바닥으로부터 떨어지게 하는 동작, 즉 **호핑, 점프**, 팔을 **위쪽으로 높게 뻗어 올리는** 동작 등
중간 수준 (medium)	▶ 높은 수준과 낮은 수준의 사이, 즉 **무릎에서 어깨까지의 공간** ⑩ **기어가기**, 똑바로 선 자세로 **걷기, 달리기** 등
낮은 수준 (deep)	▶ 지면에 가깝거나 지면 위와 같이 **무릎 아래 공간** ⑩ 웅크리기, **기기**, 구르기, 바닥에서 스트레칭하기 등

방향 (direction)	• **동작이 어느 쪽으로 이동하는가**를 나타내며 **앞, 뒤, 좌·우, 위, 아래**로의 6가지 방향이 있다. • 처음 4가지 기본 방향인 앞으로, 뒤로, 오른쪽으로, 왼쪽으로는 다양한 방법으로 위·아래 방향과 조합될 수 있다. 　예 손과 팔을 사용하여 (어딘가에) 도달하려는 동작으로 위를 향함으로써 씨앗이 점차 자라서 태양을 향해 도달하려는 동작을 나타낼 수 있다. **꽃게처럼 움직여 보세요, 팔을 위로 올렸다가 아래로 내려 보세요, 방향을 바꿔가면서 토끼뜀을 해보세요, 앞으로 걷다가** 호루라기 소리에 맞춰 **뒤로 걸어**보세요. 기 **좌우로** 흔들어 보자(비이동동작).[13] 기 '원형으로 **옆** 사람과 붙어 서서 옆으로 공을 건네주는 것'과 그림의 동작 간의 차이를 공간의 하위 요소 측면에서 쓰시오. **방향의 차이(옆과 위)**[16] 기 팔을 **앞으로** 뻗어 흔들어요. **위아래로** 흔들어요.[19] 기 라반이 제시한 동작의 기본 요소 중 ① '**옆으로 위로 아래로**'에 해당하는 요소를 쓰시오.[특23]
경로 (pathway)	▶ **공간에서 몸이 이동**하며 **형성하는 길의 모양** • 모든 경로는 **직선, 곡선** 혹은 **직선과 곡선의 조합**으로 이루어져 있다. • 경로의 형태 : 직선, 곡선, **지그재그, 원형, 네모형, 세모형, 마름모형 등 다양**하다. 　예 지렁이처럼 움직여 보세요, 리본테이프로 모양을 그려보세요, 손가락(팔꿈치, 다리 등)으로 모양을 그려 보세요 **바닥에 그려진 모양대로** 따라 걸어보세요, **스카프를 들고 모양을 그려** 보세요 기 저는 동그랗게 달팽이처럼 돌 거예요. 발문 : 달팽이 모양처럼 동그란 선을 따라 돌고 있구나[14] • 동작 활동을 할 때 형성되는 경로 기 유아의 동작이 나타난 문장 중에서 ① 경로의 예가 표현된 내용을 2가지 찾아 쓰고, ② ①의 2가지에 나타난 경로 종류의 차이점을 쓰시오.[21] ① 교실 주위를 스키핑으로 나선을 그리며, 리본을 지그재그로 높이 흔들기 ② 교실 주위를 스키핑으로 나선을 그리는 것은 바닥에서의 경로이며, 리본을 지그재그로 높이 흔드는 것은 공중에서의 경로이다.
	바닥에서의 경로 ▶ 달리기, 스키핑 등 이동 동작을 통해 **만들어지는 경로**(floor pathway)
	공중의 경로 (air pathway) ▶ **신체나 도구**를 사용해 **주위 공간에서 움직이는 몸짓**을 통해 **만들어지는 경로** 예 리본 막대와 같은 **소도구**를 **공중에 지그재그**를 그릴 때

Plus 지식 지각 운동 발달

- 감각(sensation)이 감각수용세포가 자극으로부터 들어온 정보를 뇌로 전달하는 과정이라고 한다면 지각(perception)은 **감각 정보에 대해 해석을 하는 것**으로 보이는 것이나 들리는 것 또는 지금 맡고 있는 냄새가 **무엇인지에 대해 아는 것**을 의미한다.
- 즉, 신경자극의 형태로 다양한 신체 내의 감각기관을 통해 들어온 주변 환경의 정보가 뇌로 전달되고 **뇌에서 이를 수용, 분석, 처리하는 과정**을 말한다.
- 지각-운동은 사물에 대한 존재를 **발견**(detection)하는 단계부터 그것이 무엇인지를 **명확하게 알게 되는 단계**(recognition)까지를 의미하며, 감각과 지각의 발달은 인간이 어떻게 현실에 대한 지식을 획득해 가는지에 대한 근본적인 단서를 제공해준다. 간략히 언급하면 '**알아서 깨달음, 사물을 심리적으로 이해하는 감각**'이라고 할 수 있다.
- 따라서 지각-운동의 개념은 의식적 신체 움직임과 조화를 이루는 인지적 노력의 결합체를 의미하며, 지각-운동 능력의 발달은 정신과 신체의 조절을 강화하고 결합시키므로 **인지발달과 밀접한 관계**를 갖는다. 기본 동작 능력과 함께 아동의 운동 능력을 나타내는 중요한 요소이다.
- 또한 지각-운동의 발달은 지각과 운동과의 상호작용을 통하여 혼돈된 감각세계에 의미와 체계를 부여하여 조화된 세계를 형성하는 과정이라고 할 수 있다.
- 지각-운동은 감각기관(시각, 청각, 운동감각 등)과 운동기관 간의 상호작용으로 이루어지며, **향후 두뇌 및 인지 발달과 밀접한 관련성**이 있다. 3~5세 유아기는 지각-운동이 급속히 발달하는 최적의 시기로 체계적인 지각-운동 발달 프로그램은 유아의 지각-운동 능력을 확장하는 데 중요한 영향을 미친다.
- 유아기의 지각-운동 학습의 경험이 많을수록 대뇌피질에 정보를 저장하고 통합하여 다양한 운동 상황에 반응하는 적응력이 발달하게 된다.
- 지각-운동발달은 **지각 정보와 운동 정보를 연합하는 능력**으로, 향후 운동발달을 토대로 전 생애적 발달과정에서 다른 영역의 발달과 상호 관련성을 가진다. 즉, 유아의 신체상, 자세와 균형, 시지각 능력의 발달과 밀접한 관련성을 가진다.
- 또한 **정서적 발달**에도 영향을 미치는데 지각-운동발달이 미흡할 경우 집중력, 종합능력, 자기평가, 자기통제, 자신감, 학업성취도, 추상추리력 등의 발달에 부정적 영향을 미치게 된다.
- 지각과 운동은 상호 의존적이며, 다양한 움직임을 경험하는 가운데 공간지각, 신체지각, 시간지각, 방향지각 등을 학습하게 된다. 6~7세까지 기본운동능력의 60% 정도가 완성된다.
- 운동 활동 시 신체에 대한 지각, 움직임을 수행하는 공간과 시간에 대한 지각, 신체와 사지의 방향에 대한 지각을 수반하게 된다.
- **모든 운동행동은 지각-운동의 산물**이며, 운동행동을 하기 위해서는 주변 환경과 자신의 신체에 대한 정보에 바탕을 두어야 한다. 운동과 지각은 인간 발달의 기초적 구성요소로서 서로 분리될 수 없는 하나의 세계를 형성하기 때문에 Kephart(1971)는 **운동과 지각을 지각운동이라는 결합된 하나의 용어로 제시**하였다.
- 지각운동은 운동과 지각의 발달과 조화 속에서 나타나며, **자극의 수용과 처리, 감각통합, 운동 계획 수립, 정보 피드백 과정**을 내포하고 있다.
- 지각-운동 과정은 자극 수용과 처리-감각통합-운동계획 수립-정보 피드백의 과정을 거치게 되는데, **자극 수용과 처리과정은 운동행동에 필요한 정보를 수집**하는 과정을 의미한다.
  예 날아오는 공을 보면서 공의 속도나 방향에 필요한 정보습득, 수많은 시각적 정보 중 공에 대한 정보만을 수용·처리
- **감각 통합**은 환경에서 제공되는 정보를 **수용하고 처리하는 능력**이 경험의 정도에 따라 다르게 나타난다. 초보자들과 숙련자는 정보를 처리하는 양과 정확성에 차이를 나타낸다. 감각 통합을 통해 이러한 과정이 이루어지게 되며, 감각 통합의 과정은 감각종합, 장기기억과 비교기의 요소들로 이루어진다.
- **운동계획 수립**은 환경으로부터 제공되는 외부 자극에 대한 정보를 수용하고 처리하는 과정을 거쳐 무슨 일이 벌어지고 있는가를 알게 될 때 **적절한 운동행동을 수행하기 위한 운동행동의 계획**을 둔다. 이 과정에서 언제, 어떻게, 어디로 움직일 것인가를 결정하게 된다. 장기기억에 저장된 정보와 현재 상황에 대한 정보 간의 비교를 통해 어떻게 운동행동을 조직하고 실행할 것인가를 결정해야 한다.
- **정보 피드백 과정**에서는 움직임 시작과 함께 정보 피드백 과정이 이루어진다. 정보 피드백은 움직임을 수행하는 동안 지속적으로 이루어지며, 끝난 후에도 **운동행동의 결과에 대한 정보를 제공**하게 된다. 정보 피드백 과정은 운동감각, 촉각, 청각 같은 감각체계를 통해 이루어지게 된다.

3 노력(effort) : HOW - 동작의 힘이 어떻게 확장되는가?

• 노력은 공간(space), 무게 혹은 힘(weight or force), 시간(time), 흐름(flow)을 통해 **동작의 힘이 어떻게 확장되는지**를 설명하는 4개의 구성요소로 구성된다.

기 동작의 기본 요소 중 ⓒ '교사의 이야기에 맞추어 짝과 함께, 그리고 그룹을 지어 표현한다. - 바람이 불어요. 비가 오네요. 한 방울, 한 방울, 한 방울씩 비가 옵니다. 바람이 세게 불어요. 비가 오네요. 두 방울, 두 방울, 두 방울씩 비가 옵니다. 바람이 불어요. 눈이 오네요. 한 송이, 한 송이, 한 송이씩 눈이 옵니다. 바람이 세차게 불어요. 눈이 오네요. 두 송이, 두 송이, 두 송이씩 눈이 옵니다.'에 해당하는 요소 2가지를 쓰시오. **노력(힘), 관계(사람과의 관계)**[특19]

기 점점 속도를 내어 빨리 걸어 보자(이동 동작).[13]

기 '천천히 걷기, 빠르게 걷기, 점점 빠르게 걷기, 점점 느리게 걷기'에서 강조되는 움직임[15]

기 천천히 흔들어요, 점점 빠르게 흔들어요.[19]

기 퍼셀(T. Purcell)의 동작 구성 요소에 근거하여, 노력의 하위 요소인 **시간**에 해당하는 내용 1가지를 찾아 쓰시오. **(재빠르게 비눗방울을 잡으려고 손을 뻗으며) 얼른 잡아. 잡아!**[23]

공간 (space)	▶ 신체를 수용하고 움직임이 이루어지는 **시각적 장소** • 신체나 신체의 각 부분이 여러 방향으로(앞, 뒤, 옆), 여러 궤도로(똑바로, 돌아서)로 **움직임에 따라서 공간에 생기는 길**(space pathway)도 다양해진다. • 노력의 한 요소로서 공간은 '**똑바르게**' 혹은 '**빙 에둘러서**'로 정의된다.	
	똑바로 하는 동작	▶ 시작점에서 끝점까지 변경이나 방해 없이 **곧장 앞으로** 이동하는 동작 ㉠ 시작부터 끝까지 직선으로 움직이는 차기, 목표물을 향해 행진하기
	공간에서 돌아서 움직이기	▶ 시작점에서 끝점까지 **직선 경로에서 벗어나 빙 에둘러서** 이동하는 동작 ㉠ 종이에 연필로 선을 끼적이는 것과 비슷하다. 이때 특정 위치에서 시작과 끝이 이루어지지만, 연필은 종이 전체의 위를 움직이며 선을 그린다.
힘 (force)	▶ 위치를 이동하거나 균형을 유지할 때 필요한 **근육의 수축 정도** • 동작에서의 힘, 즉 에너지는 **힘찰 수도** 있고 **가벼울 수도** 있다. **기** 가볍게 공을 던져 보자(조작동작).[13] ㉠ **강한 힘을 긴장하여 사용**하면 단단한 근육과 상당한 양의 에너지가 **강력한 동작**으로 나타난다. 반면, **가벼운 힘을 느슨하게 사용**하면 이완된 근육이 **부드럽고, 온화하고, 섬세한 동작**으로 나타난다. • 동작의 의도는 힘의 정도를 결정하게 된다. ㉠ **강한 천둥소리**를 표현하기 위해 동작에 **강한 힘**을 사용할 수 있으며, **나비의 움직임**을 표현하기 위해 **가볍게 이동**할 수 있다. 하늘에서 **부드럽게 내리고 있는 눈송이**가 되어 움직여 보자, 헬리곱터의 프로펠러처럼 **팔을 힘차게 움직여 보자**, **군인이 되어 힘차게** 행진하는 것처럼 걸어보자, **우주인처럼** 걸어 보자, **소나기와 보슬비**가 내리는 모습을 몸으로 표현해 보자, **무거운 동물(코끼리)와 가벼운 동물(강아지)**이 되어 걸어보기, 리본 막대를 이용하여 비 오는 모습 표현하기(**가랑비, 장대비** 등)	
	힘의 강약	• **강하게**, 보통으로, **약하게**
	힘의 질	• 점점 강하게, 점점 약하게

시간 (time)	▶ 신체를 **다양한 속도로 움직**이는 것 • 움직임에 주어지는 **소리의 길고 짧음, 빠르고 느림 등의 차이에 반응**하여 **얼마나 변화 있게 움직이는가**를 의미한다. **신체나 신체의 각 부분이 여러 가지 속도로 움직이게 하는 것**이다. • 이것은 **리듬의 개념**으로서 동작의 속도인 **박자**(tempo), 박자에 대한 크기를 조절하는 **강도**(intensity), 길고 짧은 길이를 조절하는 **지속 정도**(lastingness)로 구성된다. • 시간에 반응하여 귀로 들은 소리를 몸으로 움직이면서 느끼는 것은 음악의 리듬을 학습할 수 있게 해준다. 유아들은 **규칙적이거나 불규칙적인 동작의 리듬을 경험**한다. • 소리의 길고 짧음, 빠르고 느림 등의 차이에 반응하여 움직이거나, **북소리에 맞추어서 걷거나 달리기, 노래에 맞춰 동작**하기, 손뼉이나 리듬 막대를 치면서 경험하는 리듬동작의 모든 활동들은 시간 탐색의 본질적 요소이다. • 시간의 요소 속에는 **지속성**(duration)과 **속도**(speed)가 포함되며, **악센트와 가속** 및 **감속** 등이 결합함으로써 더욱 다양한 동작이 만들어질 수 있다. ㉠ 폭풍우를 표현하기 위해 처음에는 느린 속도로 시작했다가 강한 폭풍우를 표현하기 위해 **동작을 가속**하고, 폭풍우의 끝을 알리는 마지막 빗방울은 **속도를 줄이며** 끝낼 수 있다. 음악에 맞춰 **시간을 탐색**한다, 상상을 통해 **시간을 탐색**하는 동작을 한다(**토끼와 거북이, 경주차와 낡은 차, 윙윙 나는 벌과 달팽이, 지렁이, 씽씽 달리는 쥐와 살금살금 기어가는** 고양이). | 속도 | • 빠르게, 보통, 느리게 등 | |---|---| | 가속과 감속 | • 점점 빠르게, 점점 느리게 | | 리듬 | • 갑자기, 부드럽게, 한결같이, 급격히 ※ 지속적인(sustained) 동작과 갑작스러운(sudden) 동작으로 나눌 수 있다. |
흐름 (flow)	▶ 동작에서 **힘이 어떻게 조절되는지**를 말한다. (동작에서 **힘의 조절 방식**) • 흐름을 설명하기 위해 흔히 사용되는 두 단어는 **탄력 있게**와 **유연하게**이다. **탄력적인 흐름** (bound, 비연속 흐름) ▶ 동작이 언제든 **쉽게 정지**할 수 있거나 **그 상태를 유지**할 수 있는 움직임 • 탄력적으로 흐르는 동작(bound flow)은 **어느 순간이라도 쉽게 정지할 수 있거나 바뀌는 것**이 가능하다(유연하지 않게, 끊기게, 제한되게, 정지된, 조심스러운). • **장애물 코스를 달려서 빠져나갈 때나 도약 후 착지하기, 속도나 방향의 갑작스런 변화**를 요구하는 운동에서 **동작의 흐름을 중단**하는 것을 경험하기도 한다. ㉠ **군인처럼** 씩씩하게 걸어보세요, **한 발로 뛰다가 멈춰**보세요, **로봇의 동작** 흉내내기, **앙금질-앙금질-멈추기**(hop-hop-stop) 동작, 교실 주위를 자유롭게 돌아다니다가 (유연한 흐름) **'얼음'이란 신호에 맞춰 즉각 멈추는 동작**을 한다, '그대로 멈춰라' 노래에 맞춰 동작을 한다, 방안을 걸어 다니다가(자유로운 흐름), **신호가 울리면 앉기, 점프**하기 또는 두 팔을 위로 뻗기(제한된 흐름), **신호 소리의 수에 따라 손뼉 치기**, 무릎 치기, 일어나기, 앉기 **유연한 흐름** (free, 연속 흐름) ▶ **갑자기 멈추기 어려운** 움직임 • **자유로운 흐름**(free flow) 또는 **유연한 흐름**(fluent flow)이라고 한다(유연하게, 유창하게, 계속적으로, 자유롭게). • 이는 팔을 흔들 때처럼 특정 신체 부위에 한정되거나, 스케이트나 볼링처럼 신체 전체를 계속적으로 사용하는 경우를 포함한다. ㉠ **소나기가 내리는 것처럼** 표현, **스케이트 타는 것처럼** 미끄러지는 모습을 표현. **독수리가 날아가는 동작**을 표현, 리본을 잡고 자유롭게 흔들어 보기, 방안을 **자유롭게 돌아다니기**, 스케이트 왈츠 음악에 맞추어 스케이트 타기 놀이

4 관계(relationship) : WHOM - 누가 혹은 무엇과?

[기] ⓒ '여러 명이 함께 몸으로'와 ⓒ '다양한 소품이나 도구를 활용하여 몸으로'에 공통으로 나타난 동작의 구성 요소 1가지를 쓰시오. **관계**[14]

[기] **(관계)** 는 혼자서, 둘이서, 소집단으로 그리고 대집단으로 움직여 볼 수 있는 기회를 제공한다.[17]

물체와의 관계 (objects in the environment)	▶ **소도구**나 **기구**가 **신체와 어떻게 상호작용**하는지를 설명하는 것. • 공간 안에서 **물체와의 조정**을 말한다. **후프** 안과 밖을 뛰어보기, **평균대** 위-아래로 걷기, **벽** 가까이-멀리 걷기, 벽 가까이-멀리 서기 등이 있다. <table><tr><td>소도구</td><td>• 스카프, 리듬막대, 모자, 훌라후프, 풍선, 공 등이 있다.</td></tr><tr><td>큰 장비</td><td>• 기어오를 수 있는 구조물, 의자, 타이어, 매트 등이 있다.</td></tr></table> • 유아들은 신체의 주변으로 **물체를 움직**이거나 **물체 주위의 공간을 움직**이면서 물체를 자신의 몸과 관련시킬 수 있다. • 공간과의 관계에 대한 인식을 탐색하기 위해 사용할 수 있는 단어 : 근처에, 가까이, 멀리, 떨어져서, 위로, 아래로, 통과하여, 앞에, 뒤에, 옆에, 주위에, 사이에, 안에, 밖에 등이다. [예] **훌라후프** : 튜브 속에서 빠져나오는 크림의 모양을 표현하기 위해 사용, 비눗방울의 모습 표현하기 위해 사용, 두 손으로 **풍선**을 쳐 보세요, 한 손으로 **공**을 굴려보세요, **스카프**를 이용해 바람 부는 모습을 표현해 보세요. **평균대** 밑으로 공을 굴려 보자, 풍선을 가지고 한 손 치기로 풍선을 위로 띄어 보자, **스카프**를 이용하여 물방울이 된 모습을 표현해 보자 [기] **(관계)** 의 하위 요소 중 **(물체와의 관계)** 는 소도구나 기구가 신체와 어떻게 관련되는가를 나타내는 것이다.[17]
신체 부분들과의 관계 (body parts)	▶ **신체 각 부분**이 주변 공간과 다른 신체 부분과 **결합**하여 **다양한 동작**을 만들어 내는 것. • 각각의 신체 주변의 공간과 다른 신체 부분들은 **서로 만나고 / 헤어지고, 위쪽 / 아래쪽, 앞 / 뒤, 옆, 멀리 / 가까이에 관계**를 형성하며 다양한 동작을 만들게 되는 것이다. • **가까이 · 멀리 · 꼬이게** 등의 개념이 포함된다. 예컨대 "두 팔을 가까이-멀리 해보기, 손가락과 발가락을 가까이-멀리, 온몸을 꼬아 보기" 등을 탐색해 볼 수 있다. [예] 땅속의 작은 꽃씨로 시작되는 동작활동에서 유아의 **신체 부분들은 작은 꽃씨를 표현하기 위해 작고 둥근 모양**을 만들며 **서로 가깝게** 닿아 있을 것이다. 꽃씨가 싹트기 시작할 때 유아들은 **손을 다른 신체 부분으로부터 멀리 떨어뜨림으로써** 꽃이 피어나고 태양을 향해 자라나는 것을 표현할 것이다. [예] 두 팔을 머리 위에 올려 보자, 가슴과 무릎을 맞대어 보자, 우리 몸의 한 곳으로 싹트는 모습을 표현해 보자, **코끼리 코가 구부러지는 모습**(귀가 움직이는 모습, 걷는 모습 등)을 표현해 보자.
사람과의 관계 (짝 혹은 그룹과의 관계, partner and groups)	▶ 유아들이 **다른 유아들과 짝**을 이루거나 **그룹의 일원으로 함께** 움직이는 것 • 서로 세 가지 방법으로 각각 다르게 관계를 맺는다. ① 유아들이 다른 유아의 **뒤나 옆에 나란히 위치하며** 공간 속에서 **서로 연결**된 관계 [예] 짝이나 친구들이 서로 마주 보기, 등을 마주 대기, 한 사람 뒤에 다른 사람이 서기, 옆으로 나란히 서기 등 ② 한 사람의 동작과 다른 사람의 동작이 **비슷하거나 다른 동작의 유사성**에 관한 관계 [예] 사물 표현하고 멈춰서 친구 동작 바라보기, 친구 동작과 비교하기 ③ 파트너나 그룹 구성원 사이에서 **동작이 일어나는 시기**에 따라 형성되는 관계로, 동작이 **동시에** 이루어지는지, 다른 사람에 **이어** 이루어지는지 등을 의미한다. [예] 개인이 먼저 시범을 보이고 따라 하기, 함께 같은 동작하기 • 이 세 가지 방법은 동작 중 순차적으로나 개별적으로 발생하는 것이 아니라, **서로 연결되고 혼용**되어 발생한다. [기] '관계'의 하위 요소인 **사람과의 관계**에 대한 내용을 [A]에서 찾아 1가지 쓰시오.[특23] 　　　　　　　　　　　　　　　　　　　친구들과 짝을 짓고 서로 마주 본다.

> **Plus 지식** 사람과의 관계(짝 혹은 그룹과의 관계, Partners and Groups)
>
> 1. 공간 속에서 서로 **연결**되는 관계 : 한 공간을 **함께 사용**하는 것
>   예 짝이나 친구들이 서로 마주 보기, 등을 마주 대기, 한 사람 뒤에 다른 사람이 서기, 옆으로 나란히 서기, 친구를 들어 올리기 등
> 2. 동작의 **유사성**과 관련된 관계 : 동작이 서로 **비슷한지, 다른지**를 알아보는 것
>   예 서로 똑같은 동작하기, 친구의 동작과 반대되는 동작하기
> 3. 동작이 일어나는 **시기**에 관한 관계
>   - 동작이 동시에 일어나는가, 다른 사람에 **이어 즉시** 일어나는가, **시간을 두고 조금 뒤에** 일어나는가.
>   예 개인이 먼저 시범을 보이고 따라 하기, 함께 같은 동작하기
> - 유아들은 짝 또는 그룹의 구성원으로 움직일 때 이와 같은 세 가지 방법으로 관계하게 되는데, 이러한 관계들은 순차적으로 일어나거나 개별적으로 일어나는 것이 아니라 서로 연결되고 혼용되어 일어난다. 이를 구체적으로 살피면 다음과 같다.
>
> | | |
> |---|---|
> | 연합(연결) | ▶ 두 명 이상이 **신체 부위를 연결**하여 동작(connected) |
> | 지지(지원) | ▶ 한 명 이상이 다른 사람의 **체중 일부 또는 전부를 지탱**하는 동작(supported)
예 한 명 이상이 다른 사람에게 기대거나 다른 사람을 들어 올린다. |
> | 일치(통일) | ▶ 두 명 또는 집단이 **동시에 같은** 동작을 하는 것(모두 동시에 똑같은 동작으로 움직이기, unison) |
> | 모방(흉내 내기) | ▶ 파트너(교사 또는 리더)의 동작을 **따라 하여** 서로 **똑같은 동작**을 하는 것(copy, match) |
> | 거울
(반사하기) | ▶ 상대와 **마주 보고 거울**을 보는 것처럼 **같은 동작**을 하는 것(mirror)
• 따라 하는 사람은 리더와 거의 동시에 동작하게 된다. |
> | 그림자 | ▶ 한 사람이 다른 사람을 **뒤따라가면서 동시**에 같은 동작을 하는 것(shadow) |
> | 연속 | ▶ 도미노처럼 한 사람이 동작을 시작하면 **가까운 사람**이 **거의 동시**에 같은 동작을 하는 것(successive). |
> | 반향(메아리) | ▶ **리더가 동작**을 수행한 뒤, **따라 하는 사람이 잠시 쉰 후** 같은 동작을 하는 것
• 동작 간 시차가 발생한다(echo). |
> | 대조
(contrast) | ▶ **한 사람이나 집단이 동작**을 하면, **다른 사람이나 집단이 반대되는 동작**을 하는 것
예 한 집단이 앞으로 움직이는 동작을 하면 다른 집단은 뒤로 움직이는 동작을 하고, 한 집단이 무거운 동작을 하면 다른 집단은 가벼운 동작을 하는 것이다.
▶ 대조는 시간으로 표현할 수도 있다. 즉, 동작의 속도를 다르게 하여 대조를 이룰 수 있다. |
> | 부르고
반응하기 | ▶ **한 사람이나 집단이 먼저 동작(부르기)**을 하면, **다른 사람이나 집단이 동작(반응)**하는 것
• 언어 대신 동작으로 의사소통하는 방식. 부르는 사람과 반응하는 사람의 동작은 같을 수도, 다를 수도 있음(call & respond). |
> | 만나고
헤어지기 | ▶ 짝을 이룬 유아들이 **서로에게 이동하여 만나고**, 다시 **반대 방향으로 이동하며 헤어지는** 동작(meeting & parting). |

5 지각운동 발달 구성요소

▶ **지각**(perception)은 **감각기관**을 통해서 **유입된 자극**을 **두뇌가 인지하는 능력**이다.
- 지각은 사물의 존재를 **발견**하는 단계(detection)부터 그것이 **무엇인지 명확히 이해**하는 단계(recognition)까지를 의미한다. 이는 두뇌 및 인지발달과 밀접한 관련이 있다.
- 인지, 정서적 발달에 영향을 미치며, 지각-운동발달이 미흡할 경우 집중력, 종합능력, 자기평가, 자기통제, 자신감, 학업성취도, 추상 추리력 등의 발달에 부정적 영향을 미치게 되는 것으로 알려져 있다.
- **지각운동 발달 프로그램 구성을 위한 요소**는 신체지각, 공간지각, 방향지각, 시간지각, 관계지각, 움직임의 질 등으로 나누어 볼 수 있으며, 각각의 개념과 포함 요소는 다음과 같다.
- 지각운동 발달을 위한 프로그램

	신체 지각	공간 지각	방향 지각
지각운동 발달 구성요소	• 신체 각 부분의 위치와 정의에 대해 이해하기 • 신체 모양과 위치 이해하기 • 신체 움직임에 대한 지각 • 느낌 표현의 전달자로서의 신체 이해하기 • 근 긴장과 이완의 자각	• **자기공간**(self-space)과 다른 사람의 공간을 존중하는 인식 • 보통의 공간에서 안전하게 움직이기 • 움직임의 **서로 다른 높이** 이해하기 : 낮게(low)·중간(middle)·높게(high) • 과제와 상황에 따라 움직임의 범위 조절하는 법 익히기 : 멀리(far)·가까이(near), 크게(big)·작게(small)	• **서로 다른 방향**을 인지하고 어떻게 방향을 전환하는지 익히기 : 위(top)·아래(under), 앞(front)·뒤(back), 오른쪽(right)·왼쪽(left)
	시간 지각	**움직임의 질**	**관계 지각**
	• **속도**(speed) : 빨리(quickly)·느리게(slowly), 갑작스럽게(suddenly)·천천히(slowly) • **리듬에 맞춘 동작, 동시성 등** (음악에 맞추어서, 소리에 맞추어서) • 과거(past)·현재(present)·미래(future) • 오전(morning)·오후(afternoon) • 아침(morning)·점심(lunch)·저녁(evening)	• **균형**(balance) : 움직임에서 균형의 역할과 정적·동적 균형의 본질에 대한 이해 • **시간**(time) : 속도에 대한 식별과 움직임의 속도 증가 및 감소에 대한 이해 • **힘**(power) : 과제에서 요구하는 개인의 힘을 만들어 내거나 수정하는 능력 • **흐름**(flow) : 제한된 시간 또는 공간 (space, 속박·자유) 속에서 움직임을 수행하거나 부드럽게 움직임을 연결하는 능력	• **신체 부분** : 둥글게(round)·구부려서(curved) • **사물이나 다른 사람과의 관계** : 위(top)·아래(under), 켜고(on)·끄고(off), 가까이(near)·멀리(far), 앞에서(front)·뒤에서(back), 따라서(along)·지나서(pass), 가까워지고(draw near)·멀어지고(recede), 둘러싸기(surround)·주변에(periphery)·나란히(abreast)

- **모든 수의적인 운동**은 주위 환경이나 신체 내부에 있는 감각기관들로부터 들어오는 **각종 감각정보**들을 중추신경계통에서 **통합하고 해석해서 인지**한 다음 그 자극에 대응하는 **반응을 하도록 근골격계통에 명령**을 ㅊ 내리면 근골격계통이 **그 명령을 수행**함으로써 이루어진다.
- 이때 감각기관에는 눈·귀·코·혀와 같이 특별한 기관이 있는 경우도 있고, 촉각·압각·통각·운동감각·공간감각·시간감각처럼 온몸에 감각기관이 흩어져 있는 경우도 있다.
- 그리고 **각종 정보를 통합하고 해석해서 인지하는 것을 지각**이라고 하는데, 같은 정보가 입력되더라도 사람마다 지각하는 내용도 다르고 반응하는 방법도 다르다.
- 그러므로 지각운동 능력은 개개인의 **감각능력**과 **인지능력**의 영향을 크게 받고, **신체를 조절하고 결합시키는 능력**과 직접적인 관계가 있다.
- 지각운동이 감각의 종류만큼이나 다양하기 때문에 **지각운동을 발달시키기 위한 운동프로그램을 구성하는 요소**도 다음과 같이 대단히 다양하다.

지각 요소	개념	내용
신체 지각	▶자기 **신체 위치, 모양**, 신체 부위 간의 **관계** 등을 **구별**하는 능력	• **신체 부위 알기** : 신체 부위가 어디에 있는지 정확하게 알기 • **무엇을 움직일 수 있는가** : 신체 부위별로 할 수 있는 운동을 알고, 상황에 적절하게 움직이기 • **신체 분절이 어떻게 움직이는가** : 신체 분절의 움직임을 정확하게 알기
공간 지각	▶**공간**에서 자기 신체 **위치를 인식**하고, **거리와 높이 등을 구별**하는 능력.	• **자기 공간과 남의 공간** 이해하기 • 공간에서 **안전하게** 움직이기 • 움직임의 **높이** 이해하기 • 움직임의 **범위** 이해하기
방향 지각	▶**방향과 측면**을 **구별**하는 능력	• **방향성** : 사물이 놓인 위치 정확하게 알기 • **측면성** : 위치와 방향을 고려하여, 여러 가지 차원 익히기
무게 지각	▶**근육의 긴장 정도**와 **자세 변화를 구별**하는 능력	• **근육의 긴장도** : 근신경계 조절, 무거운 동작과 가벼운 동작 • **자세 변화** : 자세 변화와 평형
시간 지각	▶동작의 **속도와 리듬**을 **구별**하는 능력	• **속도 인식** : 빠르게/느리게, 갑자기/천천히 • **시간 인식** : 아침/점심/저녁, 과거/현재/미래 • **리듬 인식** : 리듬에 맞추어서 움직이기, 동시성
움직임 의 질	▶움직임에 포함된 **균형, 힘, 시간, 흐름** 등을 **구별**하는 능력	• **균형** : 정적 균형과 동적 균형 **조절**하기 • **시간** : 속도의 **증가/감소** 알기 • **힘** : 운동에 필요한 힘의 크기를 알고 **조절**하기 • **흐름** : 움직임을 부드럽게 **연결**하기
관계 지각	• **사물**이나 **다른 사람과의 관계를 구별**하는 능력	• **관계 인식** : 위/아래, 가깝고/멀고, 앞에서/뒤에서, 나란히/둘러싸기

- **지각과 운동은 상호의존관계**에 있다.
- 유아가 효과적으로 **움직이기 위해서는** 자신과 환경에 대한 정확한 지각이 있어야 하고 유아의 지각능력은 **움직임에 의해** 발달되는 것이다. 즉, 유아의 지각적인 능력은 움직임에 의해 발달되는 것이다.
- 따라서 유아의 지각적인 능력이 자발적인 운동능력에 있음을 인식할 때 유아들은 다양한 신체활동을 경험해야 한다. 이를 통해 발달할 수 있는 인지발달은 신체지각, 공간지각, 방향지각, 효과적인 시간 및 공간 적응 수립을 포함하는 지각운동 개념이 있다.
- **지각운동의 하위요소는** 라반이 인간의 움직임을 분석하였던 4가지 기본요소인 움직임 개념으로 설명했다. 즉 **신체, 공간, 에포트(힘 혹은 무게, 시간, 흐름), 관계**로 구성한다.
- 지각운동 능력의 개념적 요소는 아래와 같다.

지각운동 요소		하위 주제	탐색 개념
지각운동 발달 구성요소	신체 지각	신체 명칭 신체 모양 신체 표면	• 신체 각 부분 명칭 • 구부러진/곧게 뻗은, 둥근/긴 모양 등 • 앞, 뒤, 옆(오른쪽, 왼쪽)
	공간 지각	장소 범위 수준 방향 바닥 모양	• 자기 공간, 일반 공간 존중 이해 • 크게/작게, 넓게/좁게, 중간으로 • 높게, 낮게, 중간 높이 이해 • 앞, 뒤 옆, 위, 아래, 비스듬히 • 지그재그로 등
	무게 지각	무게전이 힘의 세기	• **무겁게/가볍게**, 점차 사라지게 • 세게/약하게, 중간 정도로
	시간 지각	속도 리듬 시간	• 빠르게/느리게, 점점 빠르게/점점 느리게 등 • 박자, 리듬 패턴, 동시적으로/연속적으로 • **과거/현재/미래, 오전/오후/저녁**
	움직임 지각	균형 시간 힘 흐름	• 움직임에서 균형의 역할 이해 • 움직임의 **속도 증가 및 감소** 이해 • 개인의 **힘을 만들어 내거나 수정**하는 능력 • 움직임을 수행하거나 부드럽게 연결하는 능력
	관계 지각	신체 간의 관계 사람과의 관계 물체와의 관계	• 가까이/멀리, 꼬이게 등의 관계 • 짝, 소집단(만나기/헤어지기, 마주보기 등) • 공, 후프, 평균대 등과의 관계(위, 아래 등)

- 지각 운동 발달을 위한 프로그램

요소	내용
지각 운동 발달 구성 요소 / 신체 지각	• 신체 지각(body awareness)은 **몸으로 무엇을 할 수 있는가 하는 문제**를 말하는 것으로 **신체 명칭, 신체 모양, 신체 표현, 신체 범위**에 대한 지각이다. • 대략 1세 전후로 발달하며, **가장 먼저 발달**하는 지각능력이라고 할 수 있다. • 자기 자신과 다른 사람의 신체, **신체 각 부분의 기능**을 알아서 궁극적으로 **신체 각 부분을 효율적으로 움직**이는 방법을 아는 것이다.
	• 신체 각 부분의 위치와 정의에 대해 익히기 • 신체 모양과 위치 • 신체 움직임에 대한 자각 • 느낌 표현의 전달자로서의 신체 • 근 긴장과 이완의 자각
공간 지각	• 공간 지각(space awareness)은 **몸을 어디로 움직이는가 하는 문제**로 대상의 **위치, 방향, 거리 등을 정확하게 이해**하는 것을 말한다. • 유아의 일상생활에서 안전에 대한 의식이나 안전하게 자신을 움직일 수 있는 능력을 갖추도록 하는 대단히 중요한 지각능력이라고 할 수 있다. • 공간의 위치 지각은 **'물체와의 관계 지각'**이라고도 정의할 수 있다. • 아동은 자기중심적이어서 자기 신체와 관련지어 물체의 위치와 방향을 지각한다. • 공간의 위치 지각이 충분히 발달되지 않으면 아동이 관계 지각에 심한 어려움을 갖게 된다. 안과 밖, 위와 아래, 오른쪽과 왼쪽, 깊이, 크기, 거리 등 언어의 의미를 잘못 이해하고 움직임이 둔하고 느리게 된다.
	• **자기 공간과 다른 사람의 공간**을 존중하는 인식 • 과제와 상황에 따라 움직임의 범위를 조절하는 법 익히기(멀리/가까이, 크게/작게) • 보통의 공간에서 안전하게 움직이는 방법 익히기 • 움직임의 **서로 다른 높이** 이해하기(낮게/중간/높게) • 공간위치, 범위, 관계 등
방향 지각	• 방향지각은 양측성과 방향성으로 구분해볼 수 있다. • **양측성**은 앞/뒤, 오른쪽/왼쪽, 위/아래 항목에 대한 지각을 말한다. ⑩ 눈을 감고 앞으로/뒤로, 오른쪽/왼쪽으로 가보기, 오른손은 위로 올리고 왼손은 아래로 내려보기 • **방향성**은 **양측성의 외부적인 투사**로 **공간 속에 있는 물체에 차원을 부여**해주며, 양측성의 발달에 따라 방향성의 발달이 이루어지면 좌/우, 아래/위, 꼭대기/바닥, 안/밖, 앞/뒤 개념의 발달과 관련되어 있다. ⑩ 자신 신체 좌우 변별, 자신의 신체 중심으로 한 전후 변별, 좌우 변별, 두 물체 상호간의 좌우 변별, 세 물체의 앞/가운데/아래의 위치관계를 이해하는 활동을 통해 향상된다.
	• **양측성** : **서로 다른 방향을 인지**하고 **어떻게 방향을 전환하는지** 익히기(위/아래, 앞/뒤, 오른쪽/왼쪽) • **방향성** : 서로 다른 대상을 **지나가는 방법**과 **서로 다른 방법으로 이동**하기(똑바로, 커브, 지그재그)

시간 지각	• 아동의 지각-운동 능력의 시간적인 차원의 발달과정을 의미한다. • **속도, 리듬과 관련된 지각**으로 유아의 리듬동작이 발달하게 된다. • 리듬은 안정적인 시간 세계를 발달시키는 데 기본적이면서도 중요한 측면을 내포하고 있다. 리듬 동작은 **시간 내에 동시에 연속되는 행위들로 협응된 동작**을 포함한다. • 청각적인 다양한 리듬 정보를 통해 시간지각이 발달한다.
	• 속도(리듬에 맞추어 빨리/느리게, 갑작스럽게/천천히 등) • 리듬에 맞춘 동작, 동시성 등을 발달시킬 수 있음(음악에 맞추어서, 소리에 맞추어서) • 과거/현재/미래, 오전/오후, 아침/점심/저녁
움직임 의 질	• 움직임의 질은 움직임에 포함되어 있는 각 요소의 질적인 측면을 이해하는 것을 포함한다. • 움직임의 질 요소는 **균형, 힘, 시간, 흐름** 등이다. • 특히 과제에 따라 **움직임을 어떻게 조절하느냐 하는 문제를 해결하는 능력**과 보다 **부드럽게, 효율적으로 움직임을 제어할 수 있는 능력**을 말한다.
	• **균형**(balance) : 움직임에서 균형의 역할과 **정적·동적 균형**의 본질에 대한 이해 • **힘**(power) : 과제에서 요구하는 **개인의 힘을 만들어 내거나 수정**할 수 있는 능력 • **시간**(time) : **속도에 대한 식별과 움직임의 속도 증가 및 감소**에 대한 이해 • **흐름**(flow) : 제한된 시간 또는 공간(space, 속박/자유) 속에서 움직임을 수행하거나 **부드럽게 움직임을 연결**하는 능력
관계 지각	• 관계(relationships)는 **어떤 움직임을 누구와 함께하느냐** 하는 문제이다. • 먼저 자기 자신의 신체 부분 관계에 대해서는 각 신체 부분을 어떻게 다르게, 또는 같게 움직일 수 있는가 하는 내용을 포함한다. • 또한 **사물이나 다른 사람과의 관계**에서는 사물과 다른 사람의 위치, 처할 수 있는 형태 등을 포함한다. • 사람들 간의 관계에서는 혼자 혹은 여럿이서 어떤 관계를 가질 수 있는가에 대한 이해를 돕는다.
	• **신체 부분** : 둥글게(round)/구부려서(curved), 좁게/넓게, 비틀기, 대칭/비대칭 등 • **사물과 다른 사람과의 관계** : 위/아래, 켜고/끄고, 가까이/멀리, 앞에서/뒤에서, 따라서/지나서, 가까워지고/멀어지고, 둘러싸기/주변에/나란히 • **사람들 간의 관계** : 이끌고/따라가고, 거울과 같이/어울리게, 일치/대비, 대중 속에 홀로/혼자/단체로/그룹들 사이 등

지식 Kephart의 지각-운동 이론

- Kephart는 지각운동 이론을 주장한 최초의 학자로, **모든 지각운동 과정이** 부분적이 아니라 **통합된 전체로서 작용**하며, **단계적 발달**을 하게 되고, 한 단계의 발달을 지나서 다음 단계로 들어가면 전 단계보다 복잡한 과정을 거치게 된다고 주장하였다.
- 그의 이론은 **운동과 지각은 떨어질 수 없는 불가분의 관계**이며, **인지발달에 운동이 중요함**을 강조한 학자이다. Kephart는 대근육, 소근육 운동, 운동-지각, 지각-운동 지각, 지각-개념, 개념의 6단계를 제시하면서 발달의 단계가 언제 이루어지는가가 중요한 것이 아니고 발달의 순서성이 중요하다는 점을 강조하였다.
- 각 단계가 중첩되는 경우도 있지만 일련의 관계를 토대로 구성된 계층구조로 이루어지며, 충분한 대근육 발달 없이는 보다 고차의 지각-운동 협응은 정상적으로 발달할 수 없고 정상적 발달 없이는 고차의 개념이 왜곡될 수 있음을 주장하였다. 특히 그는 대근육 운동, 운동-지각, 지각-운동 단계를 중시하였다.

대근육/소근육 운동 단계	• 운동의 일반화가 이루어지는 단계로 자세와 균형유지, 이동, 접촉과 방면, 수용과 추진 등의 기초적 운동이 통합되어 이루어진다. • 이러한 운동 형태를 통해 사물의 특성 탐색, 물체의 특성과 성질 관찰, 형태지각과 전후 배경 관계의 발달이 이루어지게 된다.
운동-지각 단계	• 대근육 운동에 의한 탐색과정에서 얻은 감각정보를 지각에 연계시키는 단계로, 눈과 손의 협응이 나타나기 시작하는 단계를 말한다.
지각-운동 단계	• 지각 기능이 발달하면서 지각과 운동과의 상호작용이 이루어지는 단계이다. • 이 단계에서의 지각능력은 불완전하기 때문에 반복적인 운동과 지각에 의한 정보의 확인이 요구된다. 운동에 의해 탐색된 정보를 지각정보만으로 탐색한다.
지각 단계	• 운동에 의한 정보의 도움 없이 지각에 의해 환경을 이해하는 단계이다. • 지각정보 요소의 관계를 분명히 함과 동시에 지각정보를 조작할 수 있는 단계이다.
지각-개념 단계	• 지각적 기반 위에 직접 지각한 유사성이나 차이를 변별하는 단계이다.
개념단계	• 한층 더 발달한 추상작용의 단계로, 구체성이라고 할 수 있는 지각된 내용을 개념화하여 의미를 이해하는 단계이다.

Ⅲ. 기본동작(fundamental movement)

▶ 기본동작이란 **기본이 되는 신체적 동작**을 말한다.
- **갤라휴(Gallahue)의 운동 발달 단계 중 3단계로, 2단계 초보적 동작 단계에 기초**를 두며, **훈련 없이 자연스럽게** 나타나는 운동 유형이다.
- 이는 2~7세까지 지속되는 것으로 유아는 초보적인 동작 단계에서 점차 다양한 기본동작을 성숙하게 수행할 수 있는 단계로 발전된다.
- 종래에는 기본동작 유형들은 대부분 학습된다기보다 성숙에 의해 이루어진다고 보았으나, 최근에는 더욱 정교한 동작기술을 발달시키기 위해서 유아기부터 기본적인 동작기술을 경험해 보는 기회를 가져야 한다고 본다(한국유아교육학회, 1996; Pica, 2004).

[기] 신체 표현 활동 중 이동, 비이동, 조작적 동작 유형을 3가지씩 쓰시오. [99]

- **기본동작의 유형**

동작의 유형	비이동 동작(안정동작)		이동 동작	조작 동작	
동작의 명칭	중축성 동작	뻗기 구부리기 회전하기 흔들거리기 흔들기 비틀기(꼬기) 떨기 떨어지기	걷기 달리기 뛰어넘기 한 발 들고 뛰기 점핑 스키핑 말뛰기 미끄러지기 기기 기어가기 오르기	추진적 동작	던지기 공 굴리기 차기 치기 밀기
	정적 균형 · 동적 균형	앉기 피하기 구르기 균형 잡기 (정적균형, 동적균형) 서서 균형 잡기 물구나무서서 균형 잡기		흡수적 동작	들기 잡기(받기) 당기기
				추진 · 흡수적 동작	공 되받아치기 공 튀기기

Plus 지식   추진적 동작 · 흡수적 동작

추진적 동작	▶ **손이나 발로 물체에 힘을 가하는 동작** ▶ 신체 각 부위를 이용하여 고정 물체나 움직이는 물체를 **신체 밖으로 밀어내는** 동작
흡수적 동작	▶ **손이나 발로 물체로부터 힘을 흡수하는 동작** ▶ 물체를 멈추게 하기 위해서 **움직이고 있는 물체를 방해**하는 동작

- 기본동작의 유형(한국유아체육학회, 2015)

안정성(stability) 프로그램		이동운동(locomotion) 프로그램		조작운동(manipulation) 발달 운동 프로그램	
축(axial) 이용 기술	정적(static) · 동적(dynamic)	기초 (basic)	복합 (combination)	추진 (propulsive)	흡수 (absorptive)
• 뻗기 (늘리기, stretching) • 구부리기 (굽히기, bending) • 회전하기 (돌기, turning) • 흔들기(흔들거리기, swinging) • 꼬기 (비틀기, twisting)	• 직립 균형 (upright balance) • 거꾸로 균형 (inversed balance) • 재빨리 피하기 (피하기, dodging) • 구르기(rolling) • 시작하기 (starting) • 멈추기(stopping)	• 걷기 (walking) • 달리기 (running) • 리핑 (leaping) • 호핑 (hopping) • 점핑 (jumping)	• 스키핑 (skipping) • 갤로핑 (galloping) • 슬라이딩 (sliding) • 기어오르기 (climbing)	• 던지기(throwing) • 굴리기 (ball rolling) • 차기(kicking) • 치기(때리기, striking) • 튀기기(bouncing) • 펀팅(punting) • 되받아치기 (volleying)	• 잡기 (catching) • 볼 멈추기 (trapping)

- 기본동작의 유형(장승규, 2022, 필수과목 90점 받아 합격하는 최적화 유아체육론 - 유소년스포츠지도사)

안정성 운동	축성 안정성 운동	• 몸의 한 부분을 중심축으로 이용하여 움직이는 운동 예 뻗기, 구부리기, 회전하기, 흔들기, 꼬기	
	정적 안정성 운동	• 무게 중심이 고정된 상태에서 **평형을 유지**하며 하는 운동 예 직립 균형, 거꾸로 균형	
	동적 안정성 운동	• 무게 중심이 움직이는 상태에서 **평형을 유지**하며 하는 운동 예 구르기, 시작하기, 멈추기, 재빨리 피하기, [돌기, 흔들기]	
이동 운동	단일기술 이동 운동	• 걷기 등 **단일 기술**을 이용하는 이동운동 예 걷기, 달리기, 리핑, 호핑, 점핑	
	복합기술 이동 운동	• 기어오르기 등 **복합기술**을 사용하는 이동운동 예 스키핑, 갤로핑, 슬라이딩, 기어오르기, 번갈아 뛰기	
조작운동	근육 조작 운동	• 근육을 사용하는 운동으로, 대근과 소근 조작 운동으로 구분	
		대근 조작 운동	• 골격근 중 동체·사지 등의 대근육군을 사용하는 운동 예 **던지기, 차기, 치기**
		소근 조작 운동	• 손기술 등 작은 근육을 사용하는 운동 예 **쓰기, 그리기, 자르기**
	추진 조작 운동	• 물체가 **신체로부터 멀어지도록** 만드는 움직임의 운동 예 던지기, 굴리기, 차기, 치기, 되받아치기, 튀기기, 맞추기	
	흡수 조작 운동	• 움직이는 물체를 정지시키거나, **진행을 바꿀 목적**으로 신체 부위를 사용하는 운동 예 잡기(받기), 볼 멈추기	

1 비이동 동작(안정 동작, non-locomotor movement)

▶ **몸을 축으로** 하여 장소를 이동하지 않고 움직이는 동작(stable movement).
- **축 운동**(axial movements) 또는 **안정 운동 기술**(nontraveling skills)이라고 부르기도 한다.
- 효과적인 신체 관리를 위해서는 동작의 다양성뿐만 아니라 동작의 효과적인 통제도 아주 중요하기 때문에 융통성이 제한된 비이동 동작도 중요한 의미를 가진다. 비이동 동작은 탐색을 위한 출발점이며, 창의적 표현의 도구로 사용될 수 있다.

[기] ⑤ '걷기, **구부리기, 뻗기,** 한 발 뛰기, 두 발 모아 뛰기, 뛰어넘기, **회전하기, 흔들기**' 중에서 비이동 동작을 모두 찾아 쓰시오.[특20]

뻗기 (스트레칭, stretching)	▶ 신체의 여러 부위를 위, 아래, 옆으로 **각도를 달리하여 수직이나 수평으로 펴는** 동작 • 신체의 한 부분 또는 여러 부분을 **수직으로, 수평으로 뻗어 늘리는 것**이다. • 신체를 뻗는 동작은 운동 근육이 수축되는 것을 막아준다. ⑩ 누리 : 나뭇가지에 조심스럽게 앉아 있는 잠자리가 되어보자. [기] 앉아서 다리를 쭉 펴기[13추]
구부리기 (bending)	▶ 신체 **부분 또는 전체를 수축시켜 가까이** 하는 동작 ▶ 누리 : 신체의 **관절 부분을 접는** 동작 • 뻗기의 반대 동작으로, 신체의 일부 혹은 전체를 **수축시켜 가까이하는 동작**이다. • 팔, 손가락, 다리, 목, 허리 등 모든 신체 부분들이 구부러질 수 있다.
회전하기 (돌리기, turning)	▶ 몸을 중심으로 신체 **부분 또는 전체를 완전히 돌리는** 동작 ▶ 누리 : 몸 전체를 **수직이나 수평축으로 돌리는** 동작[15] • 팔과 다리가 같은 방향으로 움직일 때 유연하게 이루어지며, **신체의 각 부분을 각기 다른 방향으로 돌릴 수는 없**다. 이 동작은 시계 반대 방향이나 시계 방향으로 신체 여러 부분을 돌릴 수 있다. ⑩ 누리 : 팽이가 되어 돌아볼까? 반대 방향으로 돌아볼까? 조금 더 빨리 돌아볼까? [기] 몸 전체를 수직이나 수평축으로 돌리는 동작 활동[15]
흔들거리기 (흔들기, swing)	▶ 누리(흔들기) : **신체의 한 부분을 고정**하고 **다른 부분을 자유롭게 흔드는** 동작. • 추의 움직임처럼 **고정된 지점을 중심으로 반원이나 원을 만드는 동작**이다. 흔들거리기를 위해서는 외부로부터의 자극과 관성이 필요하다. • 스윙은 한쪽 끝이 고정된 물건이 흔들린다는 의미를 갖는 것으로, 고정된 상태에서 진동에 의해 포물선을 그리며 멈추게 된다. 신체 부분, 즉 **머리, 팔, 다리 등**으로도 할 수 있으며, 몸 전체로도 할 수 있다.
흔들기 (rock & sway)	▶ 신체의 **한 부분에 힘을 주어 강하게** 움직이거나, **힘을 뺀 상태에서 약하게** 움직이는 동작 • 몸의 근육을 긴장시켜 **강하게 흔들기**(좀 더 세차게 흔드는 동작, rock)와 **약하게 흔들기**(더 유연하게 가볍게 흔드는 동작, sway)로 나눌 수 있다.
지탱하기	▶ 누리 : **신체 한 부분을 고정**하고 **일정 무게**를 신체 **부분 또는 전체로 지지**하며, 주어진 시간 동안 **멈춘 자세를 유지**하는 동작.

꼬기 (비틀기, twisting)	▶ 누리 : **신체 한 부분을 축**으로 삼아 **다른 부분을 회전**시키는 동작. • 몸 전체를 돌리는 동작(turn)과 달리, 비틀기는 신체의 축을 중심으로 몸의 부분들을 돌리며 꼬는 동작이다. 신체 부분인 **목, 몸통, 팔, 다리**는 쉽게 비틀어 꼴 수 있는 부분들이고, 손목, 발목, 어깨, 엉덩이는 비틀거나 꼬기 어려운 부분들이다. 예 코끼리 코를 만들어서 보자 기 서서 몸을 꽈배기처럼 꼬아보기[13추]
떨기 (shaking)	▶ 긴장과 이완을 포함한 진동 동작으로, 신체 **부분 또는 전체를 짧고 빠르게 움직이는** 동작.
떨어지기 (falling)	▶ **높은 자세에서 납작 엎드리거나, 뒤로 눕거나, 옆으로 눕는 자세로 몸을 움직이는 동작** 예 인형이 풀썩 떨어지는 모습, 볼링 핀이 넘어지는 것, 비가 내리는 움직임, 젖은 국수 가락처럼 무너져 내리기, 녹는 양초처럼 녹아내리기
피하기 (dodging)	▶ 사물이나 사람을 **피하기 위해 몸 전체를 빠르게** 움직이는 동작. • 피하기는 제자리에 선 상태에서 이루어지기도 하며, 달리면서 이루어지기도 한다. • 서 있거나 고정된 상태에서는 구부리거나 뻗기, 꼬기 같은 **비이동동작**이 포함되며, **달리기와 함께 피하는 동작**을 하는 경우는 **이동동작**이 된다. 기 ㉠ '굴러오는 후프에 몸이 닿지 않도록 움직이는 거예요.' 동작의 명칭과 이 동작이 속하는 기본동작 유형을 쓰시오. **피하기, 비이동 동작(안정동작)**[20]
앉기 (sit)	▶ **신체 무게를 엉덩이와 대퇴부로 지지**하는 자세 • 발에서 엉덩이까지 바닥에 붙여 놓고, 허리를 곧게 펴서 상체를 수직으로 한 동작 또는 엉덩이에 몸무게를 실어 다른 물건 위에 몸을 올려놓거나 무릎을 구부려 엉덩이를 다리나 발 위에 올려놓는 동작이다. • **상체만 일으켜서 앉는 동작**과 **다른 사물 위에 앉는 동작**으로 나눌 수 있다. 기 '뽕뽕 코스에서는 의자 위에 올려놓은 뻥과자를 엉덩이로 부숴 봐요.'의 제자리**(비이동)** 운동 유형을 쓰시오. **앉기**[특23]
구르기 (rolling)	▶ 신체를 앞, 뒤 또는 옆 방향으로 옮기며 **무게를 수평으로 이동**시키는 동작 • 이 동작은 신체와 공간 인식 및 균형을 발달시키기 좋은 활동이다.
균형 잡기 (balancing)	▶ 신체의 중심인 **척추를 활용**해 **몸을 안정적으로 지지**하는 동작 • 한 발 또는 두 발, 두 손, 머리와 두 팔을 이용해 균형을 유지할 수 있다. • 균형 잡기는 정지된 상태에서든 움직이면서든 모두 가능하다. 기 칼더(A. Calder)의 모빌 작품인 '바다 풍경'을 가지고 대집단 감상 활동 후 이와 관련하여 실시할 수 있는 '비이동 운동하기' 동작 활동의 예를 1가지 쓰시오. 기 '(한 발로 뛰어 교사 앞으로 가 멈춘 후)'의 **움직임에 필요한 비이동 동작**을 쓰시오.[25]

정적 **균형 (잡기)**	▶ **정지된 상태에서 균형**을 유지하는 동작(static balances) 예 한 발로 서 있기, 정지된 상태에서 균형 잡기, 발뒤꿈치로 서서 균형 잡기, 두 팔 벌리고 평균대에서 균형 잡기, 두 팔 벌리고 한 발은 발끝으로 서서 균형 잡기, 앉기
동적 **균형 (잡기)**	▶ **움직임을 유지하면서 균형**을 잡는 동작(dynamic balances) 예 평균대 위로 걸어가기, 구르기, 팥 주머니 이고 걷기, 발끝(발꿈치)으로 걷기

2 이동 동작(locomotor movement)

▶ 공간에서 신체의 위치를 변화시키는 동작
- 이동 동작은 비이동 동작과 함께 이루어지는 경우가 많으며, 경험을 많이 할수록 유아의 리듬적 운동능력과 표현 능력이 증진되며 균형감이 풍부해져서 창의적인 동작에 활용할 수 있는 기초를 이루게 된다.

걷기 (walking)	▶ 몸의 중심을 **한 발에서 다른 발로 옮기며** 이동하는 동작 • 발끝(toe)과 뒤꿈치(heel)에 무게를 옮김으로써, 공간 속으로 자신의 신체를 옮기는 동작이다.
달리기 (running)	▶ 걷기보다 **더 빠른 속도와 긴 이동 폭**으로 움직이는 동작 ▶ 몸을 **순간적으로 공중에 뜨게** 하며 몸의 중심(무게)을 **한발에서 다른 발로 옮기며** 이동하는 동작 • 이때 신체는 약간 앞으로 기울고, 팔은 약간 굽히고 발과 반대쪽 팔을 흔들게 된다. 기 걷기와 달리기를 구분하는 기준을 쓰시오.[특23] **몸을 공중에 뜨게 하는지 여부가 기준이 된다. 즉, 걷기는 몸이 공중에 뜨는 동작이 없는 반면, 달리기는 몸을 순간적으로 공중에 뜨게 하는 동작이 있다.**
뛰어넘기 (leaping)	▶ **한 다리를 앞으로 뻗**으면서 몸을 순간적으로 공중에 띄운 후 **바닥에 뛰어** 내리고, **뒤로 굽혀졌던 다리를 다시 앞으로** 가져오는 동작[19] • 달리기와 비슷한 동작으로 **무릎과 발목의 동작이 조금 더 커진다.** • 뛰어넘기는 더 멀리, 더 높이 뛰기 위해 달리기와 함께 이루어지기도 한다. 기 한쪽 다리를 쭉 내밀며 위로 휙 뛰어서 건너보자, **한 다리를 앞으로 뻗으면서 몸을 순간적으로 공중에 띄운 후 바닥에 뛰어 내리고, 뒤로 굽혀졌던 다리를 다시 앞으로** 가져온다.[19]
한 발 들고 뛰기 (호핑, 앙감질, hopping)	▶ **한쪽 다리를 들어 올리고, 균형을 유지**하며 **위로 깡충 뛰는** 동작 • **한 발에 무게**를 주고 바닥에서 밀어 올리고 나서 **같은 발이 다시 바닥에 닿는 것**으로, 한쪽 다리를 들어 올린 채 균형을 유지해야 한다. 기 한 발로 침대에서 문까지 콩콩 빨리 뛰기도 하고 느리게 뛰기[13추] 기 한쪽 발은 들어 올린 채 다른 한 발을 이용해 바닥에서 뛰어올랐다가 착지하고, 같은 발로 뛰어올랐다 착지하기를 반복함[특19]
점핑 (jumping)	▶ **두 발이나 한 발로** 날아오르듯 **몸을 위로 올려 뛰는** 동작 • 땅 위에서 튀어 오를 때 바닥과 마지막으로 닿는 부분이 발끝(toe)이며, 다시 바닥에 내려올 때도 발끝이 먼저 닿고 그다음 발바닥 부분, 발뒤꿈치가 닿게 된다. 무릎은 바닥에 닿을 때의 충격을 흡수하기 위해 굽혀야 한다. • 점핑에는 **높이뛰기**(jumping for height)와 **멀리뛰기**(jumping for distance), **높은 곳에서 뛰어내리기**(jumping from height) 동작이 포함된다. 기 '(유아용 평균대 위에 서 있다가 두 팔을 앞뒤로 흔들며 매트 위로 착지하면서)'에 나타난 이동 동작의 명칭을 쓰시오.[24]

스키핑 (두 발 번갈아 뛰기, skipping)	▶ 한 발짝 **앞으로 걷고**(step), **가볍고 빠르게 뛰어오르는**(hop) **동작이 함께** 일어나는 움직임 • 홉(hop) 동작보다는 **스텝(step) 동작**에 더 **강조**를 두며, 한 발이 순간적으로 바닥 위로 올라가서 가볍게 미끄러지는 듯한 움직임과 동시에 다른 발로 바꾸어 같은 동작을 반복한다. • 유아들이 처음에 한쪽 발로만 계속 스키핑(skipping)하는 것은 정상적인 발달 과정으로 보아야 하며, 교사의 시범과 모방을 통해 두 발을 교대할 수 있는 기회를 충분히 제공하는 것이 좋다. **두 발 번갈아 뛰기**라고도 한다. [기] '(한 발짝 앞으로 걷고 가볍게 한 발 뛰기를 반복하면서)'에 해당하는 동작의 명칭을 쓰시오.[24]
말뛰기 (갤로핑, galloping)	▶ **불규칙한 리듬**으로, 한 발은 **앞으로 걷고** 다른 발은 **달리기**하며 바닥을 밟는 동작 ▶ 한쪽 다리를 앞으로 내밀고, 다른 다리는 앞다리로 끌어 붙이며 이동하는 동작 • 유아가 말뛰기를 할 때 손뼉이나 북을 사용하여 말뛰기 박자를 들려주면 쉽게 동작할 수 있다. **갤로핑**이라고도 한다. [기] 조랑말처럼 뛰어 다니기[13추]
미끄러지기 (sliding)	▶ **불규칙한 리듬**으로, 한 발이 **옆으로 나가면 다른 발이 따라잡듯** 움직이는 동작 • **옆으로 말뛰기**하는 동작과 같다(김은심, 2015). • 한 발을 앞쪽으로 내밀어 바닥을 문지르듯이 가면 다른 발이 앞에 있는 발을 따라가는 동작이다. 미끄러지기는 쇼트트랙의 동작과 유사하며 무게가 앞으로 내민 발에서 뒤쪽에 따라오는 발로 옮겨진다(최종문 외, 2015). [기] [B] '준 수 : (팔을 몸에 붙이고 **오른발을 바닥에 붙인 채 옆으로 천천히 밀고, 왼발도 바닥에 붙인 채 따라가듯 끌어당겨 오른발에 붙이기를 반복**한다.) 이렇게요.'에서 **기본 동작 유형을 다르게 표현한 유아**의 이름을 쓰고, 그 기본동작 유형의 **세부 동작 명칭을** 쓰시오.[23] **준수, 미끄러지기(슬라이딩)**
스텝-홉 (step-hop)	▶ **한 번의 스텝**과 **한 번의 홉**으로 이루어지며, 점차 스텝과 홉이 **규칙적인 리듬**을 형성하는 동작 • 스텝-홉은 농구에서 레이업 슛 동작의 한 부분과 유사하며 유아들보다는 학령기 아동이 좀 더 유능하게 할 수 있는 동작이다. [예] 북이나 리듬 막대의 규칙적인 1~2비트에 맞춰 스텝과 홉을 조합해 보기 [예] 스텝과 홉의 횟수를 유아들이 원하는 만큼 할 수 있도록 하다가, 한 번의 스텝과 한 번의 홉을 번갈아 가며 할 수 있을 때까지 숫자를 줄여가며, 보통 빠르기의 2/4박자 음악을 사용할 수 있다.
기기 (crawling)	▶ **배를 바닥**에 대고, 상체의 무게를 **팔꿈치로 받치고** 머리와 어깨를 바닥에서 들어 올려 이동하는 동작 [기] 다음 활동 '**터널 속으로, 두 손과 배로 밀면서 지나가기**'에 해당하는 이동운동의 유형을 쓰시오.[특22]
기어가기	▶ **손과 무릎** 또는 **손과 발을 사용**하여 이동하는 동작(creeping)

오르기 (기어오르기, climbing)	▶ 두 팔과 두 다리를 사용해 **경사면이나 사다리 등**에서 **위쪽으로 몸을 끌어올리며** 이동하는 동작 • 신체를 위 또는 아래로 움직이는 동안 자신의 몸무게를 지탱하며 밀고 당기는 기술을 사용하여야 한다. 또한 손과 다리의 움직임은 연속된 동작으로 반복되어야 한다. • **기어가기와 비슷한 동작**으로 유아 스스로 수행하거나 사물을 활용할 수 있는 동작이다. ㉠ 미끄럼틀 오르기, 기어오르는 척 하기 : 높은 산, 건물 벽 타고 올라가는 것 상상하기와 기어오르기를 결합하여 활동하도록 할 수 있음 기 침대 사다리를 잡고 1층 침대에서 2층 침대로 갔어요.[13추] 기 '한 칸 한 칸 조심조심, 5칸 나무 계단을 한 칸씩 가기'에 해당하는 이동운동의 유형을 쓰시오.[특22]	
구르기 (rolling)	▶ 신체를 앞, 뒤 또는 옆 방향으로 옮기며 **무게를 수평으로 이동**시키는 동작 ※ 일부 전공서에서 구르기를 이동 동작으로 분류하지만, 비이동 동작으로 보는 것이 더 적합하다.	

기 **특주A6.** ㉠ '**흔들기**'나 '**들어올리기**'은 2019 개정 유치원 교육과정 '신체운동·건강' 영역의 내용 범주 '신체활동 즐기기' 내용에 제시된 운동 유형 중에서 어떤 운동에 해당하는지 2가지 쓰시오.[특21]
제자리 운동, 도구를 이용한 운동

기 ② 2019 개정 유치원 교육과정의 신체운동·건강 영역에서 ㉠~㉣ '**손목, 발목, 허리 등을 돌려서 몸을 부드럽게 하고, 양팔을 벌리고 한 다리로서 있는 것, 제자리멀리뛰기, 허수아비 반환점 돌아오기**'에 해당하는 내용 범주를 쓰시오.[특22] **신체활동 즐기기**

기 **주A4.** 1) ㉡ '기본 움직임 기술요소인 **(㉡ 비이동성(안정성))**, 이동성, 조작성도 포함시켰고요.'에 해당하는 요소를 쓰시오.[22]

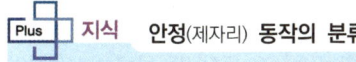
안정(제자리) 동작의 분류

- Curtis(1982), Gallahue(1976)는 영유아기에 발달하는 동작능력인 안정(제자리) 동작(non-locomotor movement), 이동동작(locomotor movement), 조작적 동작(manipulation movement)으로 나누어 제시하고 있다.
- 안정(제자리) 동작은 역동적 균형(dynamic balance), 정적 균형(static balance), 중축성 동작(axial balance)으로 나누어진다.
- **역동적 균형**은 무게중심의 이동에 따라 몸의 균형을 계속 움직이는 것이며, **정적 균형**은 무게중심을 고정시킨 채 균형을 유지하는 것이고, **중축성 동작**은 정적(고정) 자세로 구부리기, 뻗기, 꼬기, 돌기 등을 포함한다.
- ▶ 중축성 동작 : 몸의 한 부분을 중심축으로 이용하여 움직이는 운동
- ▶ 중축성 동작 : 몸의 한 부분을 중심축으로 삼아 고정된 자세에서 몸통이나 팔다리를 움직이는 동작
- 축성 움직임은 더욱 정교한 움직임 기술을 만들기 위해 다른 움직임과 결합하게 된다. 축성 움직임에는 굽히기, 펴기, 비틀기, 돌리기, 빙그르르 돌기, 전후좌우로 흔들기, 뻗기, 들어올리기, 밀기, 당기기 등의 다양한 움직임들이 포함된다.
- 축성 움직임은 이동성 움직임과 결합하여 좀 더 복잡한 협응 동작들로 발전하게 되며, 다이빙, 체조, 피겨스케이팅, 현대무용 등 고도의 기술을 필요로 하는 스포츠 기술들을 하기 위한 기본 운동기술이 된다.

안정(제자리) 동작의 출현 시기 및 동작능력

동작 유형	출현시기	동작능력
정적 균형 (static balance) : 무게 중심을 고정한 채 평형을 유지하는 것	10개월	• 잡고 서 있기를 한다.
	11개월	• 잡지 않고 선다.
	12개월	• 혼자 일어서기를 한다.
	5세	• 한 발로 균형 잡기를 한다.
	6세	• 거꾸로 서 있기를 한다. 신체 세 부위를 대고 기초적 물구나무서기
역동적 균형 (dynamic balance) : 무게 중심에 따라 몸의 균형을 계속 움직이는 것	2세	• 낮은 평균대 위에 서 있기를 한다.
		• 기본적인 앞구르기를 한다.
	3세	• 1인치(2.5cm) 넓이의 직선 위에서 걷기
		• 4인치(10cm) 넓이의 평균대 위에서 짧은 거리 걷기
		• 4인치(10cm) 넓이의 평균대 위에서 발 번갈아 가며 걷기
		• 기초적인 앞구르기 하기
	4세	• 2.5cm 정도 폭으로 그려진 원 모양을 따라 걷는다.
		• 2인치 혹은 3인치(5.1cm 혹은 7.6cm) 넓이의 평균대 위에서 걷기
	6~7세	• 성숙된 형태의 앞구르기 하기
중축성 동작 (axial balance) : 정적(고정) 자세로 구부리기, 뻗기, 꼬기, 돌기 등을 포함	24~30개월	• 허리를 쉽게 구부린다.
	4~6세	• 신체의 방향을 바꿀 수 있다(돌기 동작이 가능하다). • 몸을 뻗고 꼬는 동작 등은 신생아 초기에도 나타나며 보다 근육이 세분화되고 성숙되면서 몸의 균형을 잡으며 던지기, 받기, 차기와 같은 동작이 가능해진다.

3 조작 동작(manipulative movement)

▶ **손이나 발로 물체에 힘**을 가하거나(추진적 동작), **물체로부터 힘을 흡수하는**(흡수적 동작) 등 **물체를 사용하여 이루어지는** 동작

- 유아기 조작 동작은 동작의 형식에 그 초점이 있기보다 물체 조작을 통해서 공간 속에서 움직이는 물체와의 관계를 탐색할 수 있다는 점이 중요시되어야 한다. 따라서 공을 다루는 활동 외에도 다양한 물체(리본 막대, 스카프, 훌라후프, 리듬 막대 등)를 다루는 활동이 포함되어야 할 것이다(김은심, 2015).

기 [B]에서 언급된 조작 동작의 명칭을 모두 쓰시오.[19] **던지기, 받기, 차기**.
기 ① 기본 동작의 유형 중 ㉠ '리본을 위로 던졌다가 받았어요.'에 나타난 동작의 개념을 쓰시오 [21]
기 추진력 있는 동작의 명칭을 1가지 쓰시오.[21] ② **공 굴리기, 차기, 치기, 밀기 등**
기 '키가 더 큰 나무를 표현해 볼 수 있을까요?'에서 민호가 표현할 수 있는 동작 1가지를 조작 동작과 비이동 동작을 포함하여 예시하시오. **훌라후프(리듬막대)를 높이 들어 올리고, 팔을 위로 뻗어, 늘려 준다.**[24]

던지기 (throwing)	▶ **손**을 이용해 **물체를 공중으로 멀리** 보내는 동작 기 '솔방울로 나무기둥을 향해 던진다.'에 해당하는 기본동작의 유형[14] **조작동작**
굴리기 (rolling)	▶ **손**을 이용해 **물체를 바닥으로 멀리** 보내는 동작 • 다만, **던지기가 공중으로 공을 보내는 것**이라면 **굴리기는 바닥으로 공을 굴려** 멀리 보내는 움직임이라는 점에서 다르다. **볼링**이나 **발야구** 같은 게임에서 활용된다. 기 '공을 발에서 가슴까지 굴려서 올려 볼까?'에 공통으로 나타난 ① 기본 동작의 유형과 ② 동작의 명칭을 쓰시오.[16] **조작동작, 굴리기** 기 ㉠ '굴리고 받을 수도 있어요.'는 갤러휴(D. Gallahue)가 제시한 기본 운동 기술 중 **(조작)** 기술에 해당한다. **(조작)** 기술은 물체와의 관계에서 **(힘)**을 가하느냐 받느냐에 따라 추진 움직임과 흡수 움직임의 두 가지 유형으로 구분할 수 있다.[19추]
차기 (kicking)	▶ **발**을 이용해 **물체를 멀리** 보내는 동작 • 바닥 위에 정지되어 있는 공을 차는 동작과 공중에 떠 있는 공이 바닥에 닿기 전에 차는 동작이 있다. 기 '축구 코스에서는 아이들이 발로 미니 골대 안에 공을 넣도록 해요.'의 도구를 이용한 **(조작적)** 운동 유형을 쓰시오. **차기**[특23]
치기 (때리기, striking)	▶ **도구**를 이용해 **물체를 멀리** 보내는 동작 예) 야구 방망이, 배드민턴 라켓 등
밀기 (pushing)	▶ 누리 : **신체 일부를 이용해 고정 물체나 움직이는 물체를 힘껏 신체 밖으로 밀어내는** 동작 • **저항이 있는 물체에 대해 힘을 가하는 동작**이다.
들어올리기 (pick up, lifting)	▶ 사물을 **낮은 위치에서 더 높은 위치**로, 또는 **한 장소에서 다른 장소로** 옮기는 동작 • 물체의 운반을 요구할 수도 있는데 이러면 이동 동작이 될 수 있다. • 물체를 들어 올릴 때는 무릎을 구부린 후, 들어 올린 뒤 무릎을 펴는 것이 안전하다.
잡기(받기) (catching)	▶ **손**을 이용해 **던져진 물체를 멈추게** 하는 동작 • 잡기는 밑에서 받기(underhand)와 위에서 받기(overhand)의 두 가지로 나눌 수 있으나 이 둘은 기본적으로 같은 기술이다.
당기기 (pulling)	▶ 누리 : **손, 팔, 또는 기구**를 이용해 **물체를 자신의 신체 쪽으로 끌어당기는** 동작. • 저항을 일으키는 무엇인가를 한 곳에서 다른 곳으로 움직이려는 동작이다.

되받아치기 (volleying)	▶ 손이나 **신체의 여러 부분(머리, 팔, 무릎 등)**을 이용해 **사물에 힘을 가해 위로 쳐내는** 동작 • 손을 어깨 위로 올려서 치는 것으로, 농구나 배구에서 많이 사용되는 기술이다.
튀기기	▶ **한 손이나 양손**을 이용해 **물체를 아래쪽으로 치는** 동작(bouncing)
드리블 (dribbling)	▶ 손이나 발을 사용해 **공을** 손과 발 **가까이에서 통제하는** 동작 • **발로 공을 조작**하는 것, 힘은 지면을 따라 수평으로 공에 전달되지만, 공이 수직 방향으로도 이동될 수 있는 차기와 달리, 이 동작의 목적은 공을 멀리 보내는 것보다는 **공을 발 가까이에서 통제하는 것**이다. 축구나 농구 등의 스포츠에서 많이 사용한다.

 지식 추진적 동작·흡수적 동작

추진적 동작	▶ **손이나 발로 물체에 힘을** 가하는 동작 ▶ 신체 각 부위를 이용하여 고정 물체나 움직이는 물체를 **신체 밖으로 밀어내는** 동작
흡수적 동작	▶ **손이나 발로 물체로부터 힘을 흡수**하는 동작 ▶ 물체를 멈추게 하기 위해서 **움직이고 있는 물체를 방해**하는 동작

4 전문적 동작 기술(체조 기술)

▶ **스포츠 동작 등**을 더 **효과적으로 수행**하기 위해 **세분화된 기술과 높은 숙련도를 요구**하는 동작
- 기본 동작 기술의 자연스러운 과정으로, 전문적 동작에서는 탐색과 발견을 사용함으로써 유아는 자신만의 속도로 발달해 나갈 수 있고, 신체 조절력을 기를 수 있다.
- 구르기, 무게 이동하기, 균형 잡기, 오르기, 매달려 스윙하기는 유아들에게 발달적으로 매우 적합하며, 체조의 특성을 경험시키기 위해 유아들에게 소개할 수 있는 활동이다.
- 구르기와 무게 이동하기 활동을 위해 매트나 카펫이 필요하다.

구르기 (rolling)	▶ 신체를 앞, 뒤 또는 옆 방향으로 옮기며 **무게를 수평으로 이동**시키는 동작 • 앞, 뒤, 옆의 방향으로 몸의 중심을 옮기는 동작이다.
무게 이동 (transferring weight)	▶ **몸무게를** 신체의 **한 부분에서 다른 부분으로** 유연하게 **옮기는** 동작 • 걷기처럼 발에서 발로 몸무게를 움직이는 것 같은 이동 동작도 무게의 이동으로 간주되고, 누웠다 앉는 것처럼 이동하지 않고도 이루어질 수 있다. ㉠ 다양한 신체 부위에 체중을 싣고, 그 체중을 다른 부위로 옮겨보기 : 걸으면서 오른발과 왼발에 체중을 옮겨 이동하기, 앉았다 일어서기, 체중을 두 발로 지탱하다가 두 손으로 지탱해 보기 ㉠ 무게 이동에 사용할 수 있는 신체 부위 : 손과 무릎, 무릎과 팔꿈치, 무릎만, 배(나머지 다른 부분은 바닥에 닿지 말아야 함) 등, 몸의 한쪽(다른 쪽), 엉덩이만, 양손과 발, 발만을 포함
균형 잡기 (balancing)	▶ 신체의 중심인 **척추를 활용**해 **몸을 안정적으로 지지**하는 동작 • 한 발 또는 두 발, 두 손, 머리와 두 팔을 이용해 균형을 유지할 수 있다. • 균형 잡기는 **정지된 상태**에서든 **움직이면서든** 모두 가능하다. ㉠ 선 따라 걷기, 평균대에서 걷기, 한 발로 서서 균형 잡기, 발끝으로 서서 균형 잡기
오르기 (기어오르기, climbing)	▶ 두 팔과 두 다리를 사용해 **경사면이나 사다리 등**에서 **위쪽으로 몸을 끌어올리며** 이동하는 동작 • 신체를 위 또는 아래로 움직이는 동안 자신의 몸무게를 지탱하며 밀고 당기는 기술을 사용하여야 한다. 또한 손과 다리의 움직임은 연속된 동작으로 반복되어야 한다. • 기어가기와 비슷한 동작으로 유아 스스로 수행하거나 사물을 활용할 수 있는 동작이다. ㉠ 미끄럼틀 오르기, 기어오르는 척 하기 : 높은 산, 건물 벽 타고 올라가는 것 상상하기와 기어오르기를 결합하여 활동하도록 할 수 있음 기 침대 사다리를 잡고 1층 침대에서 2층 침대로 갔어요.[13추]
매달려 스윙하기 (hanging and swinging)	▶ 철봉 등에서 **매달린 상태로 몸을 흔드는** 동작 • 팔과 허벅지, 어깨를 발달시키는 데 도움을 준다. • 대부분의 유아들은 매달릴 때 위에서 아래로 손을 잡고, 4초 이상 매달려 있을 수 있다. ㉠ 원숭이처럼 철봉에 매달려 보기 • 매달려 스윙하기를 할 때 팔은 어느 정도 펴고 팔꿈치는 약간 구부려야 한다.

5 기본 움직임 기술 발달

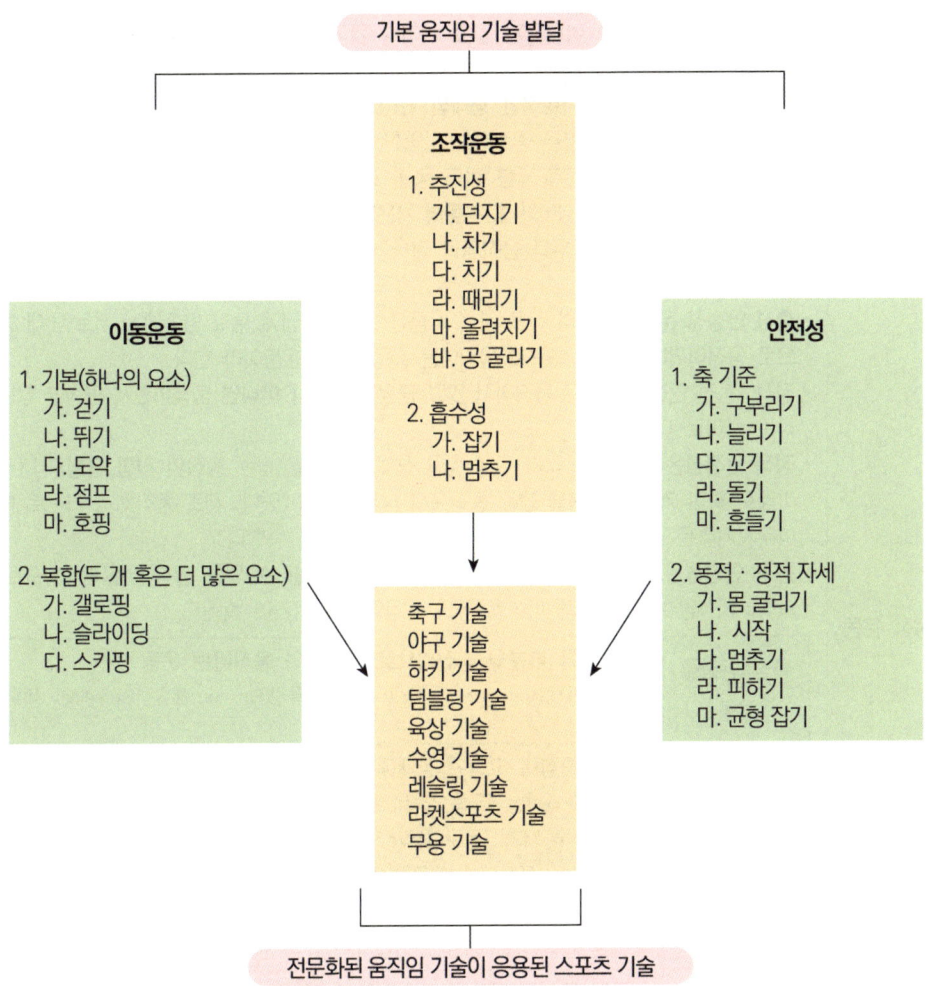

아동과 청소년의 움직임 기술의 변화

안정성 운동	• 안정성은 '균형'이라고도 하며, 크게 **축을 중심으로 한 안정성 운동**과 **정적·동적 안정성 동작**으로 나누어볼 수 있다. • 안정성 운동은 **자리를 이동하지 않고 서거나 앉거나 누운 자세에서 이루어지는 동작**을 말한다. • 안정성은 인간의 **가장 기본적인 형태의 특성**으로, 여기서 말하는 안정성 개념은 단순히 평형성 개념을 넘어 균형을 중시하는 다양한 움직임과 자세를 모두 포함하며, 구부리기, 스트레칭, 피벗, 평균대 위 균형 잡기 등을 포함한다. • 축을 중심으로 하는 안정성이라 함은 **몸의 가운데를 지나가는 가상의 선이 있다고 가정하고 그 선을 축으로 하여 좌우의 움직임**을 말하거나 **어깨나 고관절을 축으로 하여 움직이는 동작**을 의미한다. • **축성 안정성 운동** : 신체나 신체 분절의 중심선을 가운데에 두고 양쪽에서 서로 반대 방향으로 움직이거나 관절을 축으로 움직이는 운동을 축성운동이라 한다. • 정적·동적 안정성 동작은 **움직이지 않고 균형을 잡느냐 아니면 움직이면서 균형을 잡느냐**하는 차이로 나눈다. • **정적 안정성**은 똑바로 머리가 위를 향한 상태로 균형을 잡는 동작인 **직립 균형**과 머리를 아래로 하여 **거꾸로 균형을 잡는 동작**으로 나누어볼 수 있다. 체조 동작에서 거꾸로 물구나무서기라든지 거꾸로 균형을 잡는 동작들이 여기에 속한다. • **동적 안정성**은 **움직이는 상태에서 균형을 잡아야 잘할 수 있는 동작**을 말하며, 구르기, 시작하기, 멈추기, 재빨리 피하기 등의 움직임들이 여기에 속한다. | 축성 안정성 운동	• 몸의 한 부분을 중심축으로 이용하여 **움직이는 운동** 예) 늘리기(stretching), 굽히기(bending), 돌기(turning), 흔들기(swinging), 비틀기(twisting)
정적 안정성 운동	• 무게 중심이 고정된 상태에서 **평형**을 유지하며 하는 운동 예) 직립 균형, 거꾸로 균형 : 물구나무 서기 • 물구나무 서기 : 물구나무서기는 손 또는 팔꿈치가 지면에 닿고, 다리를 위로하여 직립의 반대로 서는 운동이다. 벽면 등을 보조로 활용할 수 있고, 보조 없이도 가능하다. • 한발 균형잡기 : 한발 균형잡기는 정적 안정성 능력의 기본적 자세이다.
동적 안정성 운동	• 무게 중심이 움직이는 상태에서 **평형**을 유지하며 하는 운동 예) **구르기**, 시작하기, 멈추기, 재빨리 **피하기** • **구르기(rolling)** : 몸의 위치 이동이 동반되므로 이동성이지만 **균형을 이루어야 하는 능력이 필요하므로 축성 안정성 운동으로 분류**하며, 앞으로, 뒤로, 옆으로 구르기 등이 있다. • 시작하기(staring) : 출발하기 • 멈추기(stopping) • 피하기(dodging) : 술래 피하기 또는 공 피하기 • 평균대 위 걷기 : 평균대 위 걷기는 동적 평형성을 측정할 수 있다.	

이동 운동		• 이동이란 **신체 위치의 변화**를 뜻하며 수평이동과 수직이동 운동을 모두 포함하는 것으로 걷기에서부터 달리기, 점프하기, 미끄러지기 등 다양한 움직임을 포함한다. • 이동운동은 위치를 이동하면서 리듬을 달리한 스텝의 종류로 움직이는 동작을 말한다. • 이동운동은 단순히 한 가지 요소가 작용하는 종류와 여러 가지 복합적 요소가 함께 작용하는 움직임으로 나누어볼 수 있다. • **단일요소 이동운동**으로는 **걷기, 달리기, 리핑, 호핑, 점핑** 등이 있다. • **복합요소 이동운동**으로는 **스키핑, 갤로핑, 슬라이딩, 기어오르기** 등 **걷기나 뛰기 등의 요소가 복합적으로 이루어진 동작**들이 포함된다.
	단일기술 이동 운동	• 걷기 등 단일 기술을 이용하는 이동운동 　예) 걷기, 달리기, 뛰어넘기, 호핑, 점핑 • 걷기(walking) • 달리기(running) • 리핑(leaping) : 고랑이나 이랑을 뛰어넘기 • 호핑(hopping) : 외발로 깡충깡충 뛰기 • 점핑(모둠발 뛰기, jumping) : 제자리에서 앞으로 뛰기
	복합기술 이동 운동	• 기어오르기 등 복합기술을 사용하는 이동운동 　예) 스키핑, 갤로핑, 슬라이딩, 기어오르기 • **스키핑(skipping)** : 두 발을 번갈아서 지그재그로 뛰면서 앞으로 가기 • **갤로핑(galloping)** : 말 타는 자세로 뛰기 • **슬라이딩(sliding)** : 미끄러지기 • **오르기(climbing)** : 나무 또는 바위 기어오르기

기 주A4. 1) ㉠과 ㉡에 해당하는 요소를 쓰시오. [22]

하 교사 : 네. 이번 신체활동 '자신의 꼬리는 떼이지 않도록 피해 다니면서 친구들의 꼬리를 떼기'에는 **(㉠ 심폐지구력)**, 근력/근지구력, 체구성, 유연성 요소를 포함하는 건강관련 체력 요소와 협응성, 평형성, 속도, 순발력, 민첩성 요소를 포함하는 운동 수행관련 체력요소를 포함시켰어요. 그리고 기본 움직임 기술요소인 **(㉡ 비이동성(안정성))**, 이동성, 조작성도 포함시켰고요.

구분	건강관련 체력요소	운동 수행관련 체력요소	기본 움직임 기술요소
꼬리 떼기	**(㉠ 심폐지구력)**	속도	이동성
구르기	-	평형성	**(㉡ 비이동성(안정성))**

- 조작운동은 손이나 발을 사용하여 물체에 힘을 가하고 물체로부터 힘을 받아 움직이는 것과 관련이 있는 움직임으로 **쓰기, 그리기, 자르기 등의 소근운동**에서부터 **던지기, 차기, 치기 등의 대근운동**을 모두 포함한다.
- 대근을 주로 움직이는 조작운동은 기구를 다루는 능력을 말하며, **기구를 몸에서 밖으로 내보내는 동작**인 **추진**(propulsive) 조작운동과 **외부에서 몸을 향해 들어오는 기구를 받는 방법**인 **흡수**(absorptive) 조작운동으로 나누어 볼 수 있다.
- **트래핑** : 날아오거나, 굴러오는 공을 컨트롤하는 기술로, 머리·가슴·정강이·대퇴·목·발, 팔 등 신체 각 부위를 사용하는 운동이다.
- **발리** : 발리는 배구, 테니스, 배드민턴, 탁구 등에서 **공이 지면 또는 바닥에 떨어지기 전에 받아넘기는 운동**이다.
- **드리블** : 축구에서 발로 공을 컨트롤하면서 몰고 가거나, 농구와 핸드볼 등에서 손을 사용하여 공을 지면으로 밀면서 컨트롤하는 운동이다.

조작운동	근육 조작 운동	• 근육을 사용하는 운동으로, 대근과 소근 조작 운동으로 구분
		<table><tr><td>대근 조작 운동</td><td>• 골격근 중 동체·사지 등의 대근육군을 사용하는 운동 예 던지기, 차기, 치기</td></tr><tr><td>소근 조작 운동</td><td>• 손기술 등 작은 근육을 사용하는 운동 예 쓰기, 그리기, 자르기</td></tr></table>
	추진 조작 운동	• **물체가 신체로부터 멀어지도록** 만드는 움직임의 운동 • 손이나 발로 물체에 힘을 가해서 물체를 움직이게 하거나 더 빠르게 움직이도록 만드는 운동 예 던지기, 굴리기, 차기, 치기, 되받아치기, 튀기기, 맞추기 • 던지기(throwing) • 굴리기(rolling) : 통나무나 물건을 굴리기 • 차기(kicking) : 발로 차기 • 치기(맞추기, striking) • 치기(punching) : 주먹으로 치기 • 튀기기(bouncing) : 공을 손으로 튀기기 • 되받아치기(volleying) : 발리킥 식으로 차거나 치기 • 찌르기(poking) : 손가락으로 찌르기 • 펀팅(punting) : 막대기로 밀기, 굴렁쇠 굴리기
	흡수 조작 운동	• **움직이는 물체를 정지**시키거나, **진행을 바꿀 목적**으로 신체 부위를 사용하는 운동 예 잡기, 받기, 볼 멈추기 • 날아오거나 굴러오는 물체에 힘을 가해서 정지시키거나 속도를 줄이는 운동 • 잡기(catching) • 받기(receiving) • **볼 멈추기**(트래핑, ball trapping)

6 기본동작의 구체적 예시

1) 이동 동작

걷기	• 북소리에 맞추어 다양하게 걸어 보자, 가볍고 빠르게 걸어보고, 무겁고 느리게 걸어 보자.
달리기	• 가벼운 걸음으로 달려보자, 방향을 바꾸어 달려보자.
뛰어넘기	• 달려오다가 로프를 뛰어넘기, 바닥에서 어느 정도 높이(15cm, 25cm, 30cm)에 고무줄을 매 놓고 두 발을 모아 뛰어넘기, 줄넘기를 반으로 접어 바닥에 놓은 후 뛰어넘기, 줄을 상하로 흔들거나(파도 넘기), 좌우로 흔들면(뱀 넘기) 유아들이 뛰어넘기
한 발 들고 뛰기	• 한쪽 발을 들고 뛰어 보자.
점핑	• 토끼처럼 깡충 뛰기, 멀리뛰기, 높이뛰기, 최대한 높게(혹은 낮게) 뛰기, 한 자리에서 두 발을 모아 여러 방향(앞, 뒤, 오른쪽, 왼쪽)으로 뛰어 보기, 트램펄린 위에서 뛰기
스키핑	• '걷고-뛰고'를 연결 동작으로 천천히 해보자.
말뛰기	• 한쪽 발을 내밀어 말 뛰기를 한 후에 발을 바꾸어 말 뛰기를 해보자.
미끄러지기	• **스케이트 타는 것**처럼 움직여 보자, **눈 위에서 미끄러지는 것**처럼 움직여 보자.
기어가기	• **평균대 밑으로 지나가 보자**, 기어가는 동물처럼 움직여 보자.
오르기	• **사다리**를 올라가는 것처럼, **등산**하는 것처럼, **밧줄 타기**를 하는 것처럼 움직여 보자.

2) 비이동 동작

뻗기	• **배를 앞으로 내밀고** 양손을 허리에 올린 다음 **하늘을 보도록** 하자, 고양이가 하품하는 것처럼 뻗어 보자, 양손을 위로 쭉 뻗어 풍선을 팅겨 보자.
구부리기	• **발뒤꿈치가 엉덩이에 닿도록** 해보자, 발을 벌리고 **손을 앞으로 쭉 뻗으면서 몸을 숙여**보자, 바닥에 있는 공을 잡기 위해 몸을 굽혀 보자, 서서 두 다리를 어깨만큼 벌리고 허리를 숙여 두 손이 바닥에 닿게 해보자.
회전하기 (turning)	• 발목을 오른쪽으로 돌려보자, 두 손으로 무릎을 잡고 오른쪽으로 돌려보자, 손목(어깨, 얼굴)을 오른쪽으로 돌려보자, 고개 돌리기, **팽이처럼 돌아보자.**
흔들거리기 (swing)	• 엎드려 두 손을 뒤로 하여 **두 발목을 잡고 젖힌 후 앞·뒤로** 움직여 보자, 양발을 바닥에 고정시키고 **시계추처럼** 바르게 움직여 보자, **그네처럼, 와이퍼처럼** 움직여 보자, **철봉에 매달려** 몸을 흔들거려 보자, 팔을 앞뒤로 흔들어 보자, 한쪽 다리를 앞으로 흔들어 보자, 팔이 가슴 앞으로 지나가도록 흔들어 보자, 머리를 느리게(바르게) 움직여 보자.
흔들기 (rock & sway)	• 산들바람이 불어 잔디나 꽃이 흔들리는 모양을 해보자, 가볍게 흔들던 동작의 강도를 점점 높여 세차게 흔드는 동작이 되도록 해보자.
비틀기 혹은 꼬기	• 우리 몸 중 꼬이는 부분을 알아보자, 손가락(팔, 다리, 온몸)을 꼬아 보자, 누워서 두 다리를 꼬아 보자, 친구와 함께 신체의 일부를 꼬아 보자, 코끼리 코를 만들어 보자.
떨기	• 휴대폰 진동 상태처럼 떨어 보자, 북소리에 맞춰 세게, 약하게 떨어 보자.
떨어지기	• 매트 위에 떨어지기, 엉덩이부터 떨어져 볼까?
피하기	• 날아오는 풍선을 피해 보자.
구르기	• 두 손을 모아 바닥에 두고 머리를 바닥에 댄 후 앞으로 몸을 굴려 보자.
균형 잡기	• **바닥에 붙인 마스킹테이프 위를 걸어 보자.**

3) 조작 동작

던지기	• 털실 뭉치를 벽을 향해 던져 보자, **탱탱볼을 던져서** 큰 상자 안에 넣어 보자.
공 굴리기	• 공을 굴려서 **볼링핀을 맞혀** 보자.
차기	• 신문지 **공을 힘껏 차** 보자.
치기(때리기)	• **신문지 막대로 날아오는 공을 쳐** 보자.
밀기	• **유모차를 밀어 보자**, 친구들과 몸으로 밀어 볼까?
들어올리기	• 파라슈트를 위로 들어 올려 보자, **공을 보자기에 넣어 들어 올려서 이동**해 보자.
잡기(받기)	• 날아오는 공을 어떻게 하면 잘 받을 수 있을까?
당기기	• 수건 당기기, 줄 당기기
공 되받아치기	• 풍선을 상대편 네트로 보내면 **상대편의 유아가 되받아쳐서 다시** 넘겨보자.
공 튀기기	• 한 손으로 **공을 튀겼다가** 잡아보자.

[기] **주A4.** 2) ① ⓒ과 ⓔ에 해당하는 교사 지원의 예를 1가지씩 쓰고, ② ⓜ에 해당하는 활동 재구성 방법을 (가)의 [A]에서 찾아 쓰시오. [2점]

하 교사 : 네. 그래서 부분의 연습, 장비 변형, 활동 공간 변형, **운동 수행 조건 변화**, 운동 수행 인원 조정, 과제 간 결합 등 다양한 방법으로 활동을 재구성해서 시도해 보려고요.] A

구분	활동 방법	활동 재구성 방법	교사 지원
꼬리 떼기	자신의 꼬리는 떼이지 않도록 피해 다니면서 친구들의 꼬리를 떼기	활동 공간 변형	(ⓒ 유아가 놀이하는 공간을 확장함)
구르기	매트 위에서 앞구르기	장비 변형	구르기를 어려워하는 유아를 위해 매트를 말아 매트에 경사가 생기도록 함
함께 공 나르기	쟁반 위에 공을 얹어 4명이 쟁반을 잡고 공을 떨어뜨리지 않도록 하면서 반환점 돌아오기	운동 수행 인원 조정	(ⓔ 어려워하는(잘하는) 유아를 위해 인원수를 조정함)
고리 던지기	출발선에 서서 2.5m 앞에 있는 고리걸이에 고리를 던져 넣기	(ⓜ 운동 수행 조건 변화)	고리 던지기를 어려워하는(잘하는) 유아를 위해 출발선을 고리걸이와 가깝게(멀게) 조정함

7 기본동작, 리듬 동작, 창의적 동작(이희자 외, 2014)

1) 기본동작

정의	• 기본 동작은 **유아기에 반드시 경험하고 학습해야 하는 중요한 동작**으로 **전문적 동작과 창의적 동작의 기초**를 이룬다. • 예를 들어, 낙엽이 되어 보는 활동을 하려면, 유아는 먼저 낙엽을 표현하기에 필요한 '떨어지기', '앉기', '돌기'와 같은 기본 동작을 익숙하게 경험했을 때 자신만의 낙엽을 보다 다양하고 세련되게 표현할 수 있다.
지도방법	① 교사는 정확한 기본 동작의 개념을 이해해야 한다. - 유아의 기본 동작에 대한 발달적 차이는 매우 크다. 교사는 유아의 연령에 따른 발달적 차이를 이해하고, 기본 동작에 대한 개념을 이해하고 정확하게 동작을 수행할 수 있어야 한다. 유아는 교사의 행동을 그대로 모방하기 쉽기 때문에 교사는 기본 동작을 바르게 보여주어야 한다. ② 유아의 연령과 발달적 차이를 고려해야 한다. ③ 개인차를 고려해야 한다. - 동일한 연령이라 할지라도 발달과 활동에 따른 차이는 있을 수 있다. 그러므로 발달에 따른 수준을 동일하게 하기보다는 수준에 따른 활동을 한두 가지 더 준비하여 제시하고, 정해진 동작을 그대로 하도록 하는 것보다 유아의 흥미에 따라 선택할 수 있도록 해 주어야 한다. ④ 놀이를 통한 기본 동작 활동으로 전개해야 한다. - 유아에게 기본 동작을 정확히 습득하도록 하는 것은 중요하지만 정확한 동작을 강조하게 되면 심리적인 부담감을 줄 수 있다. 정확한 기술의 습득을 강조하기보다는 놀이를 통한 자연스런 발달을 유도하는 것이 바람직하다. 놀이를 중심으로 동작활동을 전개했을 때 유아는 보다 즐겁게 활동에 참여할 수 있다.

2) 리듬 동작

▶ **음악에 맞추어** 자신의 **감정, 느낌 표현하는 동작**

구조적 동작	정의	▶ **노래나 음악에 맞추어 정해진 동작을 따라** 하는 활동 • 흔히 노랫말만 들어도 동작 표현을 할 수 있는 노래나 노랫말에 따라 정해진 동작 표현을 할 수 있는 율동 곡을 사용하는 것이다. 　예 '호키 포키', '둘이 살짝', '옆에 옆에', '숫자 송', '우유 송', '만화 주제곡' 등
	지도 방법	① 교사는 정확한 동작을 한다. 　- 노랫말에 따라 동작을 따라 하기 때문에 유아는 교사의 시범을 보고 모방하게 된다. 교사는 정해진 동작을 충분히 익히고 정확하게 동작을 보여주어야 한다. ② 노랫말과 동작을 연결하여 설명해 준다. 　- 어려운 동작에 대해서는 시범과 설명을 다시 해주어도 좋다. ③ 집단으로 나누어 따라 해본 후 전체가 함께한다. ④ 쉬운 부분부터 따라 해보고 범위를 점점 넓힌다. ⑤ 동작이 익숙해질 때까지 반복한다. ⑥ 흥미를 잃지 않도록 한다.
반구조적 동작	정의	▶ **일정한 동작을 교사가** 제시하고, **나머지는 유아가 창의적으로** 구성하거나 자유롭게 표현하는 활동 • 구조적인 동작교육의 획일적인 지도와 활동의 단점을 보완할 수 있는 활동이다. 또한, 처음부터 유아에게 창의적인 것을 요구하기보다는 익숙한 활동으로 시작할 수 있기 때문에 쉽게 활동을 전개할 수 있다.
	지도 방법	① 유아가 익숙한 노래를 선택한다. 　- 동작을 만들기에 적합한 노래는 유아에게 익숙하고 짧고 단순할수록 좋다. 보통 두 소절 정도의 길이가 적당하다. ② 전체를 동작으로 만들기보다는 노랫말의 부분 부분을 만들어 본다. 　- 처음에는 노래의 한 두 부분이나 반복되는 후렴구를 선택하여 동작으로 만들고, 그 후에 다른 동작을 만들어 간다. ③ 동작은 유아와 협의하여 만든다.
비구조적 동작	정의	▶ **음악 요소를 듣고 유아가 자유롭게 동작**으로 표현하는 활동. • 교사는 유아에게 음악적 요소인 세기, 박자, 리듬, 강약, 고저 등을 다양하게 경험할 수 있도록 하고 동작으로 표현하기 전에 박자나 리듬, 멜로디의 특성을 충분히 이해할 수 있도록 한다.
	지도 방법	① 준비된 음악을 주의 깊게 듣는다. ② 음악 요소를 분명하게 인식할 수 있도록 녹음하여 들려준다. 　- 음악 요소를 대비하여 비교할 수 있는 곡(빠른 곡-느린 곡, 경쾌한 곡-무거운 곡)으로 녹음해야 한다. ③ 음악 요소와 관련지어 언어적으로 지원한다. 　- 교사는 음악을 들려주고 '느낌이 어떤지?', '어떻게 점점 빨라지고 느려졌는지?', '빠를 때는 어떻게 몸을 움직여야 하는지'를 적절하게 언어적으로 지원해 준다. ④ 교사는 동작 활동에 대한 시범과 모델을 보이지 않는다. 유아 스스로 표현할 수 있는 기회를 많이 주도록 한다.

3) 창의적 동작

▶ 일정한 형식이나 정해진 정답이 없이, **유아가 탐색 과정을 통해 독창적으로 표현**할 수 있는 활동
• 교사는 유아에게 상상력을 자극하는 이야기나 사건 등 다양한 소재를 활용하고, 창의적으로 움직일 수 있도록 적절한 질문을 하고, 생각한 것을 어떻게 표현할 수 있을지 발견할 수 있도록 도와주어야 한다.

주제를 중심으로 한 동작교육	정의	▶ **한 가지 주제**를 정하고, 이를 **동작으로 상상하고 창의적으로 표현**하는 활동 • 주제를 선정할 때는 유아의 흥미, 경험, 발달 수준에 맞는 주제를 선정하는 것이 중요하다.
	지도 방법	① 활동할 주제에 대한 관찰과 탐색을 한다. ② 발견적 질문을 한다. - 교사의 질문은 구체적으로 제시하는 유형이 아니라 문제를 해결할 수 있는 발견적 질문이 되어야 한다. ③ 유아의 독특한 표현을 장려한다. ④ 창의적인 동작 표현을 할 수 있는 언어적 지원을 한다. ⑤ 동작교육에 필요한 교수 자료의 사용 방법을 토의한다. ⑥ 활동 중 유아의 표현을 주의 깊게 관찰한다. ⑦ 유아 간 충돌이 일어나지 않도록 주의한다. ⑧ 유아 자신의 생각을 표현할 수 있도록 최대한 개방적이고 자유로운 분위기를 마련한다.
이야기를 중심으로 한 동작교육	정의	▶ **짧은 이야기, 동시, 동화**를 듣고 이를 **동작으로 상상하고 창의적으로 표현**하는 활동 • 시나 이야기를 활용한 활동은 유아에게 시의 영감을 느낄 수 있도록 하고 이야기의 회상, 사건의 전개에 대한 이해를 도울 수 있다. • 줄거리, 주인공(물체의 특성), 상황, 개작, 분위기를 활용할 수 있다.

지식 기본동작, 리듬 동작, 표현 동작 영역

1. 기본동작 : 이동 동작, 비이동 동작, 조작 동작

2. 리듬 동작
▶ **음악 리듬**과 **신체 리듬**이 **함께 어우러져** 이루어지는 동작

손 유희 (리듬놀이)	▶ 노랫말이 있는 노래에 맞추어 **노랫말에 적합한 간단한 손동작**을 하는 **구조적 리듬동작** • 전이활동 · 주의집중을 위해서 많이 활용된다.
율동 (리듬운동)	▶ **음악 리듬에 맞추거나** 노랫말이 있는 **노래에 적합한 동작을 만들어** 노래와 함께 움직이는 동작 활동으로 모방율동과 창작율동으로 나눈다. 예) 대표적 동요 : 그대로 멈춰라, 둥글게 둥글게 ▶ **모방율동** : 물체나 사물을 모방하여 음악 리듬에 맞춰 교사, 친구, 부모의 신체동작을 따라 표현하는 **구조적 리듬동작** ▶ **창작율동** : 지시된 기본동작을 음악에 맞춰 더 창의적으로 표현하는 **반구조적 리듬동작**
리듬체조	▶ **동작매체 없이** 신체만을 활용하거나 공, 리본, 훌라후프 등의 **동작매체를 사용하여 기능적인 체조**를 하는 **반구조적 리듬동작**

3. 표현 동작
▶ 자신이 **느낀 것이나 생각한 것을 상상**하며 신체 움직임으로 표현하며, **창의적 표현력을 강조**하는 동작
• 노랫말이 없는 표제음악이나 동작의 특징을 잘 나타내는 묘사음악에 맞추어 유아의 창의적 표현력을 강조하는 동작 활동을 의미한다. 따라서 표현 동작은 탐색과 발견을 일으키고 창의성을 촉진해 주며, 대체로 "~되어 보기", "~인 것처럼 ~하기", "~인 척하기" 등의 창의적 신체 표현 활동이 경험되도록 해야 한다.

창의적 신체표현	▶ **창의적 사고와 생활 경험을 반영**하여, 노랫말이 없는 표제음악이나 동작의 특징을 나타내는 묘사음악에 맞추어 유아의 **창의적 표현력을 강조**하는 동작 활동 예) "가을날 나뭇잎의 여행"에서 나뭇잎들이 바람이 살살 불 때, 세찬 바람이 불 때, 비바람이 불 때 등의 동작을 표현해 보는 활동
동극	▶ **노래나 이야기, 동화의 내용을 행동으로** 표현하는 활동 • 문학작품 속의 동작적 요소와 극적인 요소를 표현하도록 하는 통합활동이다.
무용	▶ **음악적 요소와 춤의 요소를 함께** 표현하는 활동 • 각 나라의 민속무용을 기초로 한 **전통무용**과 현대감각으로 새로 만든 **창작무용**으로 나눌 수 있다. ▶ **전통무용** : 전래동요나 민요 등의 **전통음악에 맞춰** 춤 동작으로 표현하는 활동 ▶ **창작무용** : 음악을 듣고 유아가 상상력을 발휘하여 **창의적인 무용 동작**으로 표현하는 활동.

Plus 지식 유아동작 교육의 영역(김지영 외, 2015)

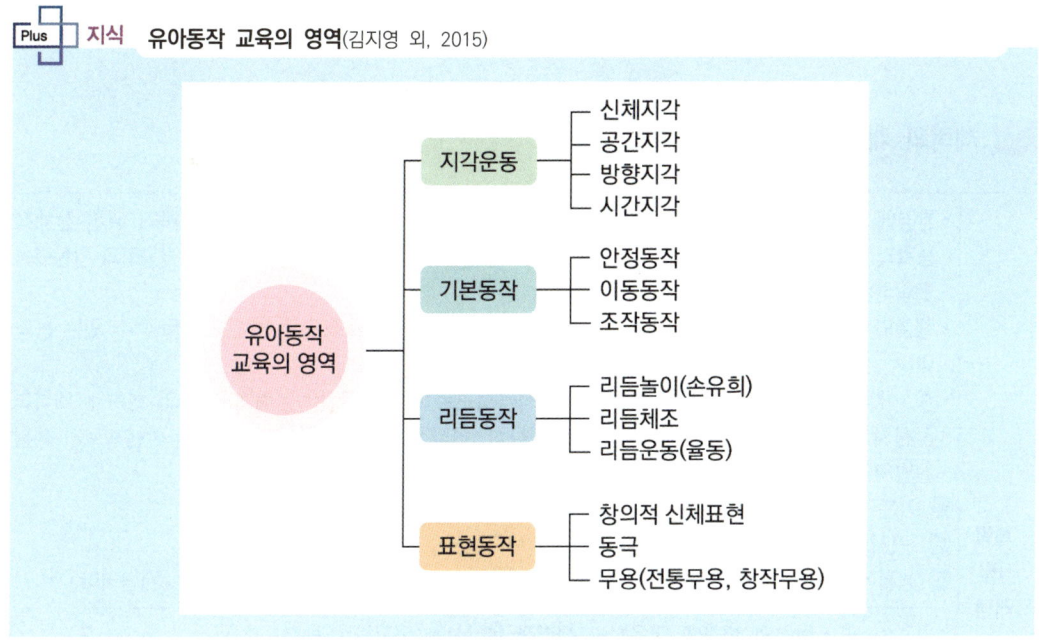

Plus 지식 가바드(Gabbard, 1988)의 동작교육의 내용

- Gabbard는 동작교육의 내용을 동작의 기초영역과 응용영역으로 분류하였다.

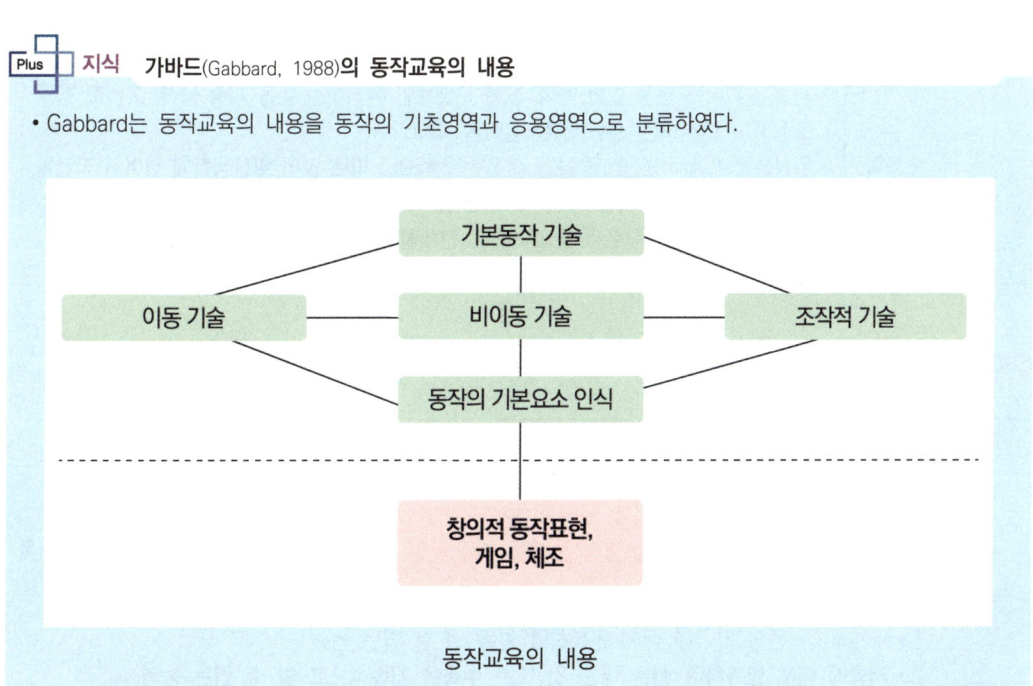

동작교육의 내용

Ⅳ. 체력 요소

1 체력의 개념

체력의 개념	▶ **환경에 적극적으로 대처**하고, **환경의 변화와 스트레스를 이겨**내며, **건강을 유지**하기 위한 **신체적 능력과 정신적 능력의 총합**으로, 인간의 생존과 생활 전반의 기반이 되는 능력으로 적응력과 활동력을 포함하는 개념 • 생존의 기초가 되는 신체적 능력과 정신적 능력으로, 가장 효율적으로 신체를 이용할 수 있는 능력이다. • 즉, 체력이란 인간이 처해있는 환경에서 적극적으로 대처해 가는 능력과 환경의 변화에 대하여 자신의 건강을 유지하기 위하여 정신적, 생물적, 물리적 스트레스를 견디는 능력의 총화로서 생활 전반의 기반이 되는 신체적 능력이라 할 수 있다. 기 기본 운동 기능을 이용한 활동을 통해 향상시키게 된다.[10] 기 근(지구)력, 유연성, 평형성, 민첩성, 순발력 등과 같은 요소로 구성된다.[10] 기 생활에 필요한 힘과 함께 신경 관련 체력 요소인 협응력과 비만도를 포함하는 개념이다.[10]
	적응력 ▶ **환경의 변화에 대응하며 생리적 항상성을 유지하는 능력** • 인간이 처한 물리적·화학적 스트레스, 생물학적 스트레스, 생리적 스트레스, 정신적 스트레스 등에 대항하여 견디어 낼 수 있는 능력이다.
	활동력 ▶ 힘을 발휘하는 **운동 발현 능력**, 힘을 오랫동안 유지하는 **운동 지속 능력**, 그리고 힘을 조절하여 발휘하는 **운동 조절 능력**을 의미한다. • 일상생활 속에서 생산성을 높일 수 있는 능력으로 **피로 없이 일상생활에 있어서 작업을 수행할 수 있는 능력**을 말한다. 특히 갑작스러운 위기나 사태에 충분히 적응할 수 있는 힘이나 에너지로서 **효과적으로 신체활동을 유지하는 능력**을 의미한다.

2 체력의 요소

근력	▶ 무게나 힘 등의 자극에 대해 **최대한 힘**을 발산할 수 있는 능력 • **근육의 능력**으로 유아에게 강한 힘을 길러주며 균형 잡힌 체격을 만들어 준다. 예 몸을 웅크리다 펴며 점프하기, 윗몸 일으키기, 팔굽혀펴기 기 ⓒ '**무게나 힘 등의 저항에 대해 한 번에 최대한 힘을 낼 수 있는 능력**'에 해당하는 기초 체력 요소를 쓰시오.[특21]
근지구력	▶ 무게나 힘 등의 자극에 대해 **반복하여 힘**을 낼 수 있는 능력 • **저항에 대해 반복하여 힘을 내는 것** 또는 **수축을 지속적으로 할 수 있는 능력** • 낮은 강도의 운동을 긴 시간 행할 때 발달하고 향상된다. 예 게걸음 걷기, 발씨름, 터널 지나기 기 재민아, 선생님이 열을 셀 때까지 철봉에 매달려 볼 수 있겠니?[14]

심폐 지구력	▶ **심폐**(심장과 폐) 부위가 **오랜 시간 동안 운동**을 계속할 수 있는 **능력** • 심장, 폐, 혈관의 기능과 밀접한 관계가 있는 능력으로 전신 활동을 오래할 수 있는 능력이다. ㉮ **오래달리기, 자전거 타기, 수영, 계단 오르기**, 걷다가 달리기 [기] '자신의 꼬리는 떼이지 않도록 피해 다니면서 친구들의 꼬리를 떼기'[22]
유연성	▶ **관절**을 부드럽고 **자연스럽게 충분히 움직일 수** 있는 **능력** • 몸을 부드럽고 효율적으로 움직이는데 필수적인 능력으로 몸의 균형을 잡거나 바른 자세를 취하고 능률적인 운동을 수행하는데 크게 작용한다. ㉮ **허리 굽혀 발끝 잡기, 림보 놀이**, 몸을 시소로 만들기, 손목·발목 수축 이완 운동 ㉮ **어깨와 귀 닿기**, 몸으로 비행기 만들기, **다리 벌리기**, 발 들어올리기, 발로 신체 부위 대기 [기] 손을 양 허리에 둔 채 상체를 뒤로 젖히며 교사의 팔 아래로 빠져나간다.[13추] [기] ㉠ '손목, 발목, 허리 등을 돌려서 몸을 부드럽게 하고'에 해당하는 체력 요소를 쓰시오.[특22]
순발력	▶ **단시간에 폭발적으로 힘**을 내는 **능력** • 순간적으로 모든 근섬유를 폭발적으로 발휘시키는 힘을 이용하여 효과적으로 운동을 할 수 있다. 체력 요인의 하나로 파워라고도 하며, 힘 속도로 나타낸다. ㉮ **온 힘을 다해 달리기, 제자리멀리뛰기, 높이뛰기, 높이 뛰어 회전하기, 개구리 점프, 멀리뛰기, 단거리 달리기, 포환던지기, 공 던지기, 무릎과 가슴 닿기** [기] '힘껏 달리기'는 순발력, 지구력 등을 키우기보다는 유연성, 평형성 증진에 더 적합한 활동이다.[10] [기] 몸을 빠르게 움직이거나 물체를 멀리 던지는 것 같은 활발한 운동을 위하여 제한된 시간 안에 최대의 힘을 끌어내는 능력[19] [기] 점프해서 매달려 있는 종을 치고[19추]
협응성	▶ **감각기관과 신체 부분이 조화**를 이루어 동작을 수행할 수 있는 **능력** ㉮ **따라 해보세요, 그림자놀이, 몸으로 숫자 만들기, 손뼉 치며 걷기**
평형성	▶ 움직이거나 정지한 상태에서 **균형을 유지**하는 **능력** • 신체 안전 유지와 사고 및 위험을 피하는 데 중요한 역할을 한다. • 평형감각이 발달하면 바른 자세와 안정된 동작으로 운동에 참여할 수 있게 된다. ㉮ **쟁반으로 공 나르기, 선(줄) 따라 걷기, 평균대 걷기, 한 다리로 균형 잡기** [기] 수인아, 통나무 평균대에서 한 발로 서서 비행기 모양을 만들어 볼래?[14] [기] ㉡ '움직이거나 정지한 상태에서 몸의 균형을 유지하는 능력'은 기초 체력 요소 중 무엇에 해당하는지 쓰시오.[특20]
교치성	▶ **정교하고 치밀한 동작**을 수행할 수 있는 능력으로, **운동을 잘할 수** 있는 **능력** • 시각·청각·촉각 등의 감각 정보에 따라 중추신경이 근육에 **정확한 명령**을 내려 **정교하고 치밀한 운동을 할 수 있는 능력**을 말한다.
민첩성	▶ **몸의 방향**을 **재빨리 정확하게 전환**하는 **능력** • 자극에 대하여 재빠르게 반응하거나, 신체의 위치를 재빨리 바꾸는 동작의 연속을 위해서는 신체의 빠른 중심이동 및 신체의 평형감각이 매우 중요하므로 평형성과도 관련이 깊다. ㉮ **신호 따라 방향 바꾸기, 왕복 달리기, 공 튀기기**, 차렷·열중쉬어, 왕복 달리기, 얼음 놀이, 가위바위보, 소리 듣고 움직이기, **방향 바꾸기** [기] 이긴 유아들은 잡히지 않으려고 이리저리 몸의 방향을 바꾸며 신속하게 도망간다.[13추] [기] 빨리빨리 방향을 바꾸면서 뛰어간 다음[19추]

※ **조정력** : 운동을 효과적으로 조정하기 위한 **신경계의 통합 작용**. 일반적으로 **운동신경**이라고도 부르는 조정력에는 **평형성, 교치성, 민첩성이 포함**된다.

3 체육교육 : 체력의 요소

- 체력은 신체적 활동을 수행할 수 있는 능력을 말한다. 스포츠 등 육체적인 능력이 좋은 사람, 질병에 저항력이 좋은 사람, 피로에 잘 견디는 사람 등은 체력이 좋다고 평가된다.
- 체력은 건강 관련 체력과 운동 관련(수행 관련) 체력으로 구분하고, 체력 발달을 위한 운동프로그램에는 다음과 같은 구성요소가 포함되어 있어야 한다.

건강 관련 체력 요소	\- 건강 관련 체력 요소(HRF : Health-related fitness) \- 건강을 유지하고 증진시키는 것과 관련 있는 체력으로, 개인의 건강과 밀접한 관계가 있다. \- 이들 체력 요소가 낮으면 신체 기능이 떨어지고, 건강이 좋지 않은 상태일 가능성이 높다.	
	근력	▶ **근육의 수축**으로 발휘되는 **힘**(muscular strength) • 근육이 최대 수축할 때 발휘되는 힘을 최대 근력이라고 한다. • 근육이나 근조직이 한 번 수축할 때에 발휘할 수 있는 힘, 즉 저항을 이기고 근육이 힘을 낼 수 있는 능력을 말한다.
	근 지구력	▶ **일정한 근력**을 반복적으로 **지속**할 수 있는 **능력**(muscular endurance) • 근육 저항에 대해 근육이 오랫동안 지속적으로 대항할 수 있는 능력, 즉 근육이 반복적 수축을 계속할 수 있는 능력을 뜻한다. • 운동에 의한 근육 부하에 대해 어느 정도 근육이 지속적으로 대응할 수 있는가를 나타내는 능력을 의미한다.
	심폐 지구력 (전신 지구력)	▶ **호흡기관과 순환계**가 **오랜 시간** 지속되는 활동을 **견딜 수 있는 능력** • 운동 또는 신체활동 중 근육에 산소를 공급하는 능력을 말하며, 산소공급량이 많을수록 심폐지구력이 우수하다(cardiorespiratory endurance). • 일정한 **전신운동을** 강도(무게나 스피드)를 바꾸지 않고 **얼마만큼의 시간(또는 횟수) 동안 지속할 수 있는가 하는 능력**을 말한다. • 운동을 통해 심폐 능력이 향상되면 운동 수행 능력이 좋아질 뿐만 아니라 쉽게 피로해지지 않게 된다. 또한, 심혈관 질환과 심장 동맥 질환의 위험 요인도 감소한다.
	유연성	▶ **관절의 가동 범위가 넓어 충분히 움직일 수** 있는 **능력**(flexibility) • 관절의 가동 범위를 측정하는 것으로, 근육의 수축력과 인대의 발달 정도에 따라 영향을 받는다. 관절의 움직임을 평가하는 중요한 지표가 된다. • 스트레칭을 통해 지속적으로 발달할 수 있고, 목·어깨·허리·고관절의 유연성이 건강 관련 체력에 크게 영향을 미친다.
	신체 조성 (체성분)	▶ **몸의 지방량과 근육량의 상대적 비율**(body composition) • 체중에 대한 지방 비율인 체지방률이나 골격 근량을 평가한다. • 지방이 과다하면 고혈압, 당뇨 등의 생활 습관병의 발병률이 높아 건강 관련 체력 요소에 포함된다. • **신체의 구성 비율**을 말하며, 크게 **체지방량과 제지방량으로** 나누어 볼 수 있다. • **체지방량** : 몸속에 있는 지방의 양(fat mass) • **제지방량** : 체중에서 체지방량을 뺀 양(total weight without fat)

- **기술(수행, 운동) 관련 체력 요소(SRF : Skill-related fitness)**
- 운동이나 스포츠 기술을 원활하게 수행하는 것과 관련 있는 체력으로, 우리의 **몸을 효율적으로 움직이기 위한 수행과 관련된 요소**를 의미한다.
- 운동수행이나 스포츠에서 우수한 성적을 얻기 위해서는 기술 관련 체력을 높은 수준으로 발달시켜야 한다.
- 스포츠 등에서 기술을 발휘하는 데에 필요한 능력을 말한다. 이는 선천적인 요소를 많이 가지고 있기 때문에 운동을 통해서 운동 체력을 향상 시키는 데에는 한계가 있다.

기술 관련 체력 요소		
	순발력 (power)	▶ **짧은 시간 최대의 힘을 발휘**할 수 있는 **능력** • 파워라고도 한다. 축구의 슈팅, 배구의 스파이크, 역도 등 짧은 시간에 발휘되는 폭발적인 힘이다. • 단시간에 폭발적인 힘을 내는 능력으로, 근력이 강하고 속도가 빠르면 순발력이 크다. • 순간적으로 강한 힘을 발휘하여 **달리고, 뛰고, 던지는 능력**이다.
	협응성 (조정력, coordination)	▶ 운동 과제 또는 기술에 성공하는 데 **필요한 기능을 협동으로 사용하는 능력** ⑩ 축구 드리블에서 공의 속도와 방향에 따라 움직이는 시각과 발의 협동 등을 말한다. • 끊임없이 변화하는 운동과제에 대하여 신속·정확하게 대응하여 운동을 수행하는 능력을 말한다. • 협응력을 향상시키려면 운동 시 동작을 정확하게 해야 하고, 몸이 피로하지 않은 상태에서 연습해야 하며, 정확한 동작을 반복해서 연습하여 신경망을 구축해야 한다. • 근육·신경기관·운동기관 등의 움직임의 상호조정 능력을 의미한다.
	평형성 (balance)	▶ 신체의 안정성을 유지하는 능력으로, **정지 상태 또는 움직이는 상태에서 신체 균형을 유지하는 능력** • 정적 평형성과 동적 평형성으로 구분한다. **정적 평형성**은 고정된 자세를 유지하는 것을 말하며, **동적 평형성**은 움직이는 상태에서 균형을 유지하는 것을 의미한다.
	민첩성 (agility)	▶ **몸의 방향**을 재빨리 정확하게 전환하는 능력 • **방향 전환 능력**으로, 달리는 중 신속하게 정지하여 방향을 바꾸거나, 속도를 줄이지 않고 방향을 바꾸는 능력을 말한다. • **움직임의 방향이나 몸의 위치 등을 신속하게 변화**시켜서 다른 움직임으로 옮길 수 있는 능력으로, 속도·균형·협응성과도 관계가 깊다.
	스피드 (speed)	▶ **빠르게 움직**이거나, 위치를 옮기는 **능력** • **빠르게 움직이거나, 위치를 옮기는 능력**으로, 반응 시간, 동작의 반복 속도, 일정 거리를 달리는 소요 시간으로 결정된다.
	반응 시간	▶ 소리, 빛 등의 자극에 대해 **순간적으로 반응하는 능력**(reaction time) ⑩ 육상 달리기에서 출발 신호에 반응하는 능력
	교치성	▶ 근육과 신경계의 협응으로 정확하고 정교한 동작을 수행할 수 있는 능력

1) 체력 발달 구성요소 개념

건강 관련 체력 요소					수행 관련 체력 요소				
근력	근지구력	심폐지구력	유연성	체구성	순발력	협응성	평형성	민첩성	속도
신체 각 부위의 근력 증가	오래 달리거나 근육을 오래 움직일 수 있는 능력 증가	전신 활동을 오래 지속할 수 있는 능력	근육과 관절의 가동범위 증가	체지방 성분비	순간적으로 낼 수 있는 힘의 능력	신체 각기 다른 부분, 방향, 속도, 리듬 등을 동시에 조정할 수 있는 능력	몸의 균형을 생활에 맞게 움직일 수 있는 능력	빠르게 방향을 바꾸거나 멈추거나 하는 능력	빠르게/느리게 등 속도를 조절할 수 있는 능력

2) 유아의 체력 요소와 검사 방법

영역	평가 방법	내용
근력	몸 지탱하기	• 책상 2개 사이에 서서 양팔로 책상을 짚고 몸을 지탱하는 시간 측정
근지구력	2m 왕복 달리기	• 2m 왕복을 달린 **시간 측정**
유연성	앉아서 몸 앞으로 굽히기	• 다리를 앞으로 뻗고 앉은 자세에서 상체를 굽혀 양팔을 뻗는다. 이때 발끝에서 손끝까지의 거리 측정
민첩성	모둠발 뛰어넘기	• 4.5m 거리에 50cm 간격으로 10개의 유니바를 놓고 모둠발로 뛰어넘는 시간 측정
순발력	제자리멀리뛰기	• 모둠발로 멀리 뛰어 거리 측정
평형성	평균대 위에서 외발 서기	• 평균대 위에서 무릎을 편 채 서 있는 시간 측정

3) 국민체육 100의 청소년기 체력 측정 방법

체력 요소	사례
근력	• 상대 악력, 맨손 근력 검사
근지구력	• 윗몸 말아 올리기, 반복 점프, 교차 윗몸 일으키기
심폐지구력	• 20m 왕복 오래달리기
유연성	• 앉아 윗몸 앞으로 굽히기
신체조성	• 신체질량지수(신장, 체중), 체지방률(%body fat, BIA 활용)
민첩성	• 왕복달리기
순발력	• 제자리 멀리 뛰기, 체공 시간 검사
협응성	• 눈-손 협응력 검사
평형성	• 평균대 위에서 외발서기

4) 유아체육론(김은정 외, 2020)의 체력 요소

	• 행동을 일으키는 힘	
행동을 일으키는 힘	근력 (strength)	• 근육의 수축에 의하여 생기는 힘이다. • 즉 **근육이 최대 노력**에 의해 **어느 정도 큰 힘을 발휘할 수 있는가**이며, kg으로 나타낸다.
	지구력 (endurance)	• **지속하는** 힘이다. • 사용되는 **근육군에 부하가 걸린 상태에서 얼마나 장시간** 작업을 계속할 수 있는가 하는 **근지구력**(muscular endurance)과 **전신적인 운동을 장시간 계속**해서 행하는 **호흡·순환계통기능의 지구력**(cardiovascular/respiratory endurance)으로 크게 나눌 수 있다.
	순발력 (power)	• **순간적으로 큰 힘을 내서 운동을 일으키는 능력**으로 파워라고 한다.
	협응성 (coordination)	• **신체 두 부위 이상이 동원**되는 운동을 **하나의 운동에 융합**하거나, 신체 내·외의 자극에 대응해서 운동하는 능력이다. • 복잡한 운동을 학습할 때 중요한 역할을 한다.
	평형성 (balance)	• **신체의 자세를 유지하는 능력**이다. • 걷기·뛰기·건너기 등의 운동을 할 때 자세의 안정성을 의미하는 **동적 평형성**과 정지한 상태에서 안정성을 의미하는 **정적 평형성**으로 구별된다. • 나아가 물체의 평형을 유지하는 능력, 예를 들면 손바닥 위에 봉을 세우고 그 밸런스를 유지하는 평형성도 있다.
	민첩성 (agility)	• **몸을 재빨리 움직여 방향을 전환**하거나 자극에 대해 반응하는 능력이 민첩성이다.
	조정력	• 다양한 움직임을 종합해서 **목적으로 하는 움직임을 정확하게, 원활하게, 효율성 있게 수행하는 능력**이 조정력이다. • **협응성**이라고 불리는 경우도 있다. • 평형성·민첩성·치밀성 등의 체력 요소와 상관성이 높다.
	치밀성 (skillfulness)	• 몸을 목적에 맞게 **정확하게, 재빠르게, 원활하게 움직이는 능력**이다. 이른바 요령이 좋고 **정교한 것**을 뜻한다.
	• 원활하게 행하는 힘	
원활하게 행하는 힘	유연성 (flexibility)	• **몸의 부드러움으로 몸을 여러 방향으로 굽히거나 펴는 능력**이다. • 이 능력이 뛰어나면 운동을 스무스하게, 크게, 아름답게 할 수 있다.
	리듬 (rhythm)	• 음·박자·움직임 혹은 무리 없이 **아름답고 연속적인 움직임을 포함하는 가락**을 말하며, 운동의 협응이나 효율에 관계된다.
	스피드 (speed)	• 물체가 진행하는 빠르기가 스피드이다.

4 체력 운동의 원리

- 효과적이고 안정하게 체력운동을 하기 위한 방법으로 다음 5가지 원리를 들 수 있다.

과부하의 원리	▶ 일상에서 받는 부하보다 **더 큰 운동 부하**를 적용함
점진성의 원리	▶ 운동의 시간, 강도, 빈도를 **점진적으로 증가**시킴
지속성의 원리	▶ 운동을 **꾸준히 실시**함으로써 효과를 유지함
반복성의 원리	▶ **운동 동작**이나 **활동**을 **지속적으로 반복**하여 수행함
균형성의 원리	▶ 다양한 방법으로 **전신에 고르게** 운동을 실시함

5 체력 측정

- 체력의 측정은 건강의 정도를 가늠해 보고, 개인의 신체 활동 능력을 분석할 수 있는 중요한 시도이다.

근력	• 악력, 배근력
근지구력	• 팔굽혀펴기, 윗몸 일으키기, 오래 매달리기, 턱걸이
전신지구력	• 의자 오르내리기, 오래달리기
유연성	• 엎드려 윗몸 젖히기, 윗몸 앞으로 굽히기
순발력	• 제자리높이뛰기, 제자리멀리뛰기, 공 던지기, 50m 달리기
평형성	• 눈감고 한발 서기, 앞뒤로 구르기
민첩성	• 왕복달리기, 지그재그 달리기, 사이드 스텝 테스트

기 '나의 몸 움직이기'를 강화한 이유를 다음 표를 근거로 제시하되, 측정 종목과 연관된 5가지 체력요인을 모두 포함하여 진술하시오. [09]

측정 종목 \ 연도	1998년	2008년	5가지 체력요인
앉아서 윗몸 굽히기	14.0cm	12.5cm	유연성
제자리 멀리 뛰기	125cm	110cm	순발력
5m 왕복 달리기	8.5초	9.0초	민첩성
V자 앉기	70초	65초	근지구력
한 발로 중심 잡기	30초	25초	균형성

6 체력 측정 내용

근력	• **윗몸 일으키기** : 복근의 동작운동을 측정한다. 일정 시간 동안 복근만 이용해서 일어나 앉기를 하게 하여 그 횟수를 기록한다.
지구력	• **V자 앉기** : 복근의 정적 지구력을 알아보기 위한 것으로 두 손을 복부에 얹은 후 앉은 다음 시작의 구령과 함께 두 발을 40도 정도의 V자 모양이 되게 하여 공중에 머물러 있게 한 후, 중심을 잃지 않고 오래 앉아 있는 시간을 0.1초 단위까지 기록한다.
유연성	• **앉아서 윗몸 굽히기** : 적목 앞면에 두 발을 대고 계단의 윗면을 넘어선 길이를 측정한다.
순발력	• **제자리 멀리 뛰기** : 빠른 동작으로 최대한 힘을 낼 수 있는 능력 즉, 순발력을 측정하여 그 밖의 체력에 관련 요소로서 근력, 평형성, 유연성, 협응성 등의 근력도 포함하는 항목으로 계측에는 줄자를 사용한다.
평형성	• **한 발로 중심 잡기** : 일정 폭의 테두리 안에서 한 발로 중심을 잡되, 발이 테두리 바깥으로 벗어나면 종료한다.
민첩성	• **왕복 달리기** : 일정한 거리를 빨리 달리는데 필요한 각 근력 그리고 근의 수축 속도와 방향 전환을 위한 바른 정지 동작 및 반대 방향으로의 움직임으로 민첩성을 측정한다. 5m를 뛰어가서 반환점에 있는 적목을 출발선으로 옮겨놓고, 빨리 달려 다시 한번 옮겨 놓는다.

7 소도구 활용의 필요성 및 중요성

소도구 활용의 필요성	• 체계적인 소도구를 활용한 신체놀이를 개발하고 지도한다면 유아의 기초체력 및 대근육 발달을 향상시킬 수 있다. • 소도구 활용은 또래 집단과의 활동을 통하여 사회성 발달 및 협동심을 기를 수 있으며 유아들이 소도구를 활용하여 다양한 놀이를 구성함으로써 창의성이 증진되며 아울러 기본 운동능력을 향상시켜 유아들의 체력증진을 도모할 수 있다. • 유아의 신체활동에서 작은 북, 큰 북, 배드민턴, 후프, 공, 줄, 매트 같은 소도구 활동을 활용하여 통합적 교수활동을 실시한 결과 유아의 창의성과 흥미, 운동능력 등이 높아졌다는 연구결과는 도구를 이용한 활동의 효율성을 나타낸다.
소도구 활용의 중요성	• 소도구는 우리의 일상생활 주변에서 쉽게 구하고 활용할 수 있다. • 유아의 흥미를 유도하고 운동 능력 발달 단계에 알맞게 지도할 수 있다. • **소극적이며, 내성적인 유아들에게 접근이 용이**하다. • 유연성, 순발력, 민첩성, 지구력, 평형성 등 기초체력 요소를 발달시킬 수 있다. • 유아들 간의 협동심과 단결심을 기를 수 있다.

8 지도 방법

지도 방법

① **교사는 체육교육에 필요한 지식을 가지고 장·단기적인 계획을 수립한다.**
교사는 체육활동을 통해 기를 수 있는 체력의 요소, 연령에 따른 신체능력, 안전에 대한 지식 등을 미리 습득하고 있어야 한다. 이것은 교사들이 단계적으로 체육활동을 계획하여 실행하는 첫걸음이다. 활동은 유아들의 욕구에 따라 융통성 있게 수정되어야 하지만, 교사는 연령과 생활주제, 체력 요소의 난이도에 따라 계획해야 한다.

② **유아의 발달에 적합한 활동과 활동시간을 제공한다.**
체육활동이 유아의 현재 발달단계보다 너무 어렵거나 너무 쉬우면 흥미를 잃기 쉽다. 예를 들어, 만 3세 유아에게 정교한 방법으로 매트에서 앞으로 구르는 것은 발달에 맞지 않을 뿐만 아니라 유아에게 체육활동을 두렵게 만들 수 있다. 그리고 이미 매트 활동에 익숙한 유아에게 매트를 탐색하는 활동은 체육활동에 대한 흥미를 잃게 만들 수도 있다. 활동에 대한 유아의 집중시간이 성인과 다르기 때문에 긴 시간 체육활동을 제공할 경우에 유아가 지치거나 지루할 수 있다. **1회 체육활동은 20~30분간 실시하는 것이 적합**하다. 연령과 개인차에 따른 유아의 기본적 신체능력을 파악하여 활동을 계획하고 제공해야 한다.

③ **다양한 체력요소를 포함한 활동을 제공하고, 반복적으로 지도한다.**
유아의 신체를 발달시키는 체력요소를 골고루 경험하도록 하는 것은 중요하다. 왜냐하면, 체력요소는 서로 영향을 주기 때문에 유아가 정상적인 신체발달을 하도록 다양한 체력요소가 포함된 활동을 제공해야 한다. 또한 활동은 일회적으로 끝나는 것이 아니라 반복적으로 행해져야 한다. 예를 들어, 몸을 늘리는 활동(스트레칭)을 한 번만 해서는 유연성을 향상하기 어렵다.

④ **다양한 교수방법을 활용한다.**
체육활동의 내용에 따라 적절한 교수방법을 선택해야 한다. 첫 번째는 유아가 주어진 과제에 대해 스스로 실험하고, 관찰하고, 평가함으로써 스스로 해결방법을 찾아가는 문제해결을 통한 방법이다. 예를 들어 "몸을 흔들 수 있는 방법을 찾아보자.", "높이 뛰면서 동시에 할 수 있는 움직임은 무엇이 있을까?"와 같은 질문에 유아가 스스로 발견함으로써 활동에 더욱 적극적으로 참여하며 성취감을 가질 수 있다. 다른 한 가지는 특정한 기술을 습득하도록 지도하기 위해서 유아의 능력에 맞게 구체적이고 명확하게 제시하는 직접지도를 통한 방법이다. 언어적으로 지시하거나 사진이나 그림 자료의 사용, 또는 교사가 직접적인 활동을 보여줌으로써 유아들이 정확한 동작과 요령을 익힐 수 있게 한다. 이 책에서는 특정한 기술습득을 지도해야 하므로 교사가 시범이나 지시적으로 지도하는 직접지도방법이 주로 포함되어 있다. 하지만, 교사는 지시적 방법과 발견적 방법이 상호 보완될 수 있도록 활동을 진행해야 할 것이다.

⑤ **다른 영역과 통합적으로 운영한다.**
유아교육은 다른 교과과정과는 달리 통합적인 교육과정이다. 따라서 체육활동을 다른 영역과 독립적으로 진행하기보다는 통합적으로 계획한다. 예를 들면, 유연성활동을 할 때, 유아들이 자신의 신체로 세모, 동그라미, 네모 모양을 만들어 봄으로써 도형에 대한 개념을 가질 수 있다. 또한, 장애인들에 대한 이해를 도모하기 위해 눈을 가리고 목적물까지 가는 활동을 통해 장애인들의 마음을 간접 경험해 볼 수 있다.

⑥ **심리적인 지지와 격려를 통해 자신감을 갖도록 고려한다.**
체육활동은 유아의 정서적 안정감을 갖도록 하는 데 매우 효과적인 방법이다. 교사는 유아가 흥미를 가지고 재미있게 할 수 있는 활동을 계획하여 적극적인 태도와 다양한 시도로 동기를 유발시킬 수 있다. 체육활동을 하는 동안 어려워하거나 두려워하는 유아들에게 격려의 말로 유아의 능력을 최대한 발휘하도록 돕는다. 또는 유아에게 충분한 시간을 주고 좀 더 쉬운 단계를 경험하도록 하는 것도 중요하다.

⑦ **유아와 교사가 활동을 평가하는 시간을 갖고 다음 활동에 반영한다.**
유아들이 체육활동을 마친 후에 "어떤 부분이 재미있었는지", "어려운 부분은 없었는지", "다음에는 어떤 규칙을 지켜야 하는지" 등에 대해 유아들의 느낌과 생각을 표현함으로써 다음 활동에서 보다 성공적으로 할 수 있도록 한다. 또한, 교사는 유아들의 체력과 운동능력의 발달이 어느 수준인지 알 수 있고, 이를 다음 활동에 반영할 수 있다.

9 안전 지도 방법

① **교사는 체육활동을 진행하기 전에 안전사고를 유발할 수 있는 요소를 매일 점검해야 한다.**
체육활동을 하는 공간의 크기와 유아 수가 적절한지, 공간의 바닥은 안전한지, 채광이 적합한지, 환기가 잘 되어 있는지를 살펴야 한다. 그리고 사용할 체육기구가 유아의 신체발달에 적합한지, 재질은 견고하고 안전한지를 살펴야 한다. 예를 들어 평균대를 사용할 때에는 평균대의 모서리나 튀어나온 못, 거친 부분 등이 없는지 살펴보고, 평균대를 사용할 때에는 평균대 밑, 착지하는 곳에 매트를 깔아야 한다. 또 뜀틀을 설치하여 활동할 경우에는 뜀틀이 움직이지 않도록 설치되었는지, 구름판이 밀리거나 나사가 잘 조여졌는지를 살핀다. 그리고 뜀틀의 사용법을 정확히 제시하여 유아들이 손목, 엉덩이, 목 등에 무리가 가지 않도록 한다.

② **유아의 건강 상태와 신체리듬을 고려한다.**
교사는 체육활동을 하기 전에 유아의 건강 상태를 살펴 체육활동 참여 여부를 결정한다. 유아가 몹시 피곤해하거나 열이 날 경우 신체활동에 집중할 수 없기 때문에 안전사고의 위험이 높다. 그리고 유아가 체육활동을 하기에 적합한 옷을 입었는지 확인하고 불필요한 겉옷이나 치마를 입은 경우 걸려 넘어지지 않도록 옷을 간편하게 만든다. 또한, 하루 일과를 계획할 때 체육활동은 유아들의 신체 리듬을 고려하여 식후 1시간 이내나 수면 후 1시간 이내에 하지 않는다. 체육활동을 할 때 갑자기 힘든 운동을 하는 것이 아니라 반드시 체조나 가벼운 움직임으로 근육의 긴장을 충분히 이완할 수 있는 시간을 갖는다. 본 활동 후에는 서서히 동적인 상태에서 정적인 상태로 갈 수 있도록 마무리 운동을 한다.

③ **유아가 안전하게 체육활동을 할 수 있도록 필요한 지식과 태도를 갖도록 한다.**
유아들이 체육활동을 할 때 다치지 않기 위한 안전사항을 알아야 한다. 예를 들면, 유아들이 다른 유아를 밀거나 당길 때 발생할 수 있는 사고의 위험성에 대해 알고 이야기를 나누어야 한다. 기구 사용에 대한 안전 규칙을 알고, 올바로 사용할 수 있도록 한다. 예를 들어, 평균대 위를 걸어갈 때 균형을 유지하기 위해 양팔을 벌리고 시선은 앞을 향하도록 한다.

④ **유아들이 안전하게 체육활동을 할 수 있도록 교사가 정확하게 시범을 보인다.**
교사의 시범을 통해 유아가 자신의 신체에 무리를 주지 않고 안전한 방법으로 활동하도록 한다. 예를 들어, 앞구르기를 할 때 손과 시선의 위치에 대한 설명과 시범으로 유아들이 안전하고 정확하게 앞구르기를 할 수 있다.

V. 동작 교수-학습 방법

1 직접적 교수 방법(Direct teaching method)

정의	▶ 유아가 **학습해야 할 교육 주제와 교수 방법**을 교사가 정하며, **교사가 주도적**으로 무엇을, 언제, 어떻게 할 것인지를 **모두 결정하여 제시**하는 유형 ① 직접적-교사 주도적 방법, 지시적 방법, 과제 중심 접근방법으로도 불린다. ② **시범과 모방을 통한 학습 방법이 주**를 이룬다. ③ 직접적이면서 교사 주도적 방법을 사용할 때, 교사는 교육목표와 내용 및 방법을 미리 계획하고 이 계획을 가장 빠르고 효과적으로 수행할 수 있는 교수전략을 고안해내어 대체로 대집단 위주의 활동을 진행하므로 교사는 정보제공자, 평가자, 학급운영자의 역할을 하게 된다. ④ 직접적 교수방법은 유아에게 정지된 자세, **구르기 동작, 발레의 스텝 등과 같은 정해진 동작을 정확하게 수행하도록 요구**한다. 교사는 **교육 목표, 교육 내용, 교수 방법을 사전에 계획**하여 유아에게 **동작에 대한 시범**과 함께 간략한 **설명**을 하고, **유아는 그대로 모방**하게 된다. ⑤ 동작활동에서 어떤 주제들은 **직접적인 교수방법으로 전달하는 것이 더 적절한 경우**가 있다. **발레나 구조적 리듬활동 등이 그 예**이다. 이러한 유형의 활동은 정확한 동작이나 스텝을 수행하도록 하므로 학습자들이 탐색을 통해서 동작이나 스텝을 발견하도록 하는 것은 비효율적이다. ⑥ 발레와 같은 구조적 동작의 스텝을 가르치기 위해서는 **시범**(demonstration)과 **모방**(imitation)이 효과적이다. 발레 스텝을 그대로 따라 해 보는 것이 유아에게 발달적으로 적합한 것인가에 대해 이견이 있을 수 있으나, 모방에 의한 학습도 필요하다. 예 사이먼 가라사대, 손유희, 거울 놀이, 박수를 치거나 동작을 하면서 부르는 노래(아침 바람 찬바람이~) 기 민 교사 : 선생님을 보자. 이렇게 줄을 뒤에서 앞으로 크게 돌리고 줄이 발밑에 왔을 때 자연스럽게 걷는 것처럼 타고 넘어가는 거야. 한 번 더 보여 줄게. (줄을 넘는다.) 자, 이제 너희들 차례야. 준비되었니? 2) 민 교사는 동작교육의 3가지 교수방법 중 **(직접적 교수법)**을 사용하였다. 이 교수 방법은 학습자가 교사의 **(시범)** 및 **설명**을 보거나 들은 후 그대로 따라 하게 하는 것이다.[17]
목표	• **같은 동작**을 하면서 **일치와 균일성**을 배우는 것이다. 유아에게 같은 동작을 동시에 학습하도록 하는 가장 쉬운 방법은 **시범**과 **모델링**이다. • 이를 통해 유아는 즐겁게 동작을 수행하면서 집단의 소속감과 일치감을 느낄 수 있고, 똑같은 움직임을 통해 균일성을 익힐 수 있다. ※ 균일성 : 모든 것이 일정하고 고르게 이루어지는 상태, 집단 내에서 유아들이 동일한 동작이나 리듬을 맞추어 일관되게 수행하는 것
장점	① 유아의 **동작 수행 결과와 동작 수준을 즉각적으로 평가**할 수 있다. ② 교육활동 **시간을 효율적으로 활용**할 수 있다. ③ 유아들이 **균일한 동작**을 만들 수 있다. ④ **특정 동작**을 **정확하게 익힐 수** 있다. ⑤ 어려운 특정 동작을 파악하고 연습해 볼 수 있다.
단점	① 유아가 동작에 대한 **상상력**과 **창의력**을 발휘할 기회가 적다. ② 과정보다 **결과에 초점**을 두기 쉽다. ③ 아동의 **개별적인 신체 능력을 파악하기 어렵**다. ④ 아동의 동작에 대한 **개별적인 호기심을 충족시키기 어렵**다.

Plus 지식 직접적 교수방식 vs. 간접적 교수방식(안내-발견적 방법, 탐색적 방법)의 장단점

장점	① 유아의 **동작 수행 결과와 동작 수준을 즉각적으로 평가**할 수 있다. ② 교육활동 **시간을 효율적으로 활용**할 수 있다. ③ 유아들이 **균일한 동작**을 만들 수 있다. ④ **특정 동작**을 정확하게 **익힐 수** 있다. ⑤ 어려운 특정 동작을 파악하고 연습해 볼 수 있다.
단점	① 유아가 동작에 대한 **상상력과 창의력**을 발휘할 기회가 적다. ② 과정보다 **결과에 초점**을 두기 쉽다. ③ 아동의 **개별적인 신체 능력**을 파악하기 어렵다. ④ 아동의 동작에 대한 **개별적인 호기심**을 충족시키기 어렵다.
장점	① 유아가 **상상력**을 발휘하고 **창의성**을 키울 수 있다. ② 유아가 **스스로 답을 찾아가며 자기 주도적 배움**의 기회를 얻는다. ③ **학습에 대한 자기 책임감**을 키울 수 있다. ④ 유아의 **모든 시도와 반응이 수용**될 수 있다. ⑤ 유아의 **개별적인 특성이 잘 드러나고 수용**될 수 있다. ⑥ **타인의 다양한 생각과 표현**을 경험할 수 있다.
단점	① **즉각적인 결과나 평가가 어렵다.** ② 직접적 교수방식보다 **많은 시간이 필요**하다. ③ **교사의 인내와 열린 태도, 열린 질문과 같은 노련함이 필요**하다. ④ 교사의 노련함에 따라 **활동의 질에 현격한 차이**가 있을 수 있다. ⑤ **필요한 특정 동작을 익히기에는 비효율적**이다.

기 주A4. 2) ⓒ, ⓔ과 같이 교사가 '**언어화**'를 할 때의 장점 2가지를 유아의 **인지적 측면**에서 쓰시오. [25]
유아는 자신의 행동을 돌아보고, 이를 구체적으로 이해할 수 있는 기회를 갖는다. / 유아는 자신의 행동을 언어로 명료화하면서 사고를 구체화하고 확장할 수 있다. / 자신의 행동을 언어로 명료화하면서 추상적 사고를 발전시킬 수 있다. / 언어를 통해 자신의 행동과 개념을 연결하여 더 깊은 이해와 사고를 촉진한다. / 언어를 통해 자신의 행동을 분석하고, 새로운 해결 방법, 표현방식을 탐구한다. / (사고의 구체화, 문제해결능력 향상, 자기반성 촉진, 비교, 분석 능력 강화 등) 2가지

교사 : ⓒ 수민이가 공이 통통 튀는 움직임을 한 발로 가볍게 뛰며 표현했네요. 공이 더 높이 튀어 오르는 걸 표현 하려면 어떻게 해야 할까요?
예림 : (한 발로 뛰다가 두 발 모아 뛰며) 이렇게요?
교사 : ⓔ 예림이는 한 발 뛰기 하다가 두 발 모아 점프하면서 공이 더 높이 튀어 오르는 모습을 표현 했네요.

2 안내-발견적 방법(Guided-discovery method)

기 유아동작교육의 교수방법 중 **간접적 교수방법**은 교사중심의 직접적 교수방법과는 상반되는 것으로 **수렴적** 문제해결을 하도록 돕는 **(안내-발견적)** 방법과 **발산적** 문제해결을 하도록 돕는 **(탐색적)** 방법으로 나누어 볼 수 있다. **(안내-발견적)** 방법은 교사가 **유아 스스로 동작**을 만들어내고 그 동작을 **직접 시도해 보면서 설정된 목표를 달성**할 수 있도록 이끌어주는 유형이다. 교사는 **친구를 관찰할 수 있는 기회**를 제공하거나 유아의 사고를 자극하고 격려하는 **질문**을 할 수 있다. **(탐색적)** 방법은 **교사의 시범 없이 유아 각자가 나타내고 싶은 대로 다양한 반응을 하게 이끌어 주는 유형**이다. 교사는 **유아 스스로의 실험과 문제해결을 강조**하고 **창의적 방법으로 자신을 표현**해 볼 수 있게 한다.[13추]

정의	▶ 교사가 **유아 스스로 동작**을 만들어 내고 **그 동작을 직접 시도**해 보면서 **설정된 목표를 달성**할 수 있도록 이끌어 주는 유형[13추] ① 직접적 교수 방법의 단점을 효과적으로 보완할 수 있는 교수 방법으로 **유아의 창의성과 자기 표현을 중시**하는 유아 중심적 교수법이다. 이는 동작교육의 **결과보다 과정을 중시**하므로, 유아의 참여와 흥미를 통해 보다 다양한 동작교육으로 확장할 수 있다. ② **교사는 먼저 마음속으로 구체적인 과제를 생각한 후, 활동 진행 시 유아에게 적절한 질문**을 하고, **그 과제를 스스로 발견할 수 있도록 안내**한다. 즉, 유아가 동작교육을 **창작하고 실험하도록 허용**하여 궁극적으로 성취감을 이룰 수 있도록 교사가 돕는다. ③ 유아가 **수렴적인 문제해결**을 하도록 돕는다. 즉, 교사는 **유아가 움직임을 실험해 보고 스스로 발견하도록 허용**하면서 '**옳은 답**'**으로 초점이 모이도록 안내**하는 것이다. ④ 교사가 마음속에 생각하고 있는 구체적인 동작교육에 대한 답을 유아에게서 이끌어내는 것이다. 이때 교사는 답을 주기보다는 유아 스스로 동작을 **탐색**하고, **발견**하고, **실험**하도록 **충분히 허용**하면서 답을 찾아내도록 해야 한다.
지도 방법	① **유아의 모든 반응을 수용**해야 한다. ② 유아에게 여러 가지 방법들을 모색할 수 있는 **충분한 시간**을 제공해야 하고, 원하는 반응을 이끌어낼 수 있는 **단서에 대한 질문**을 계속적으로 한다. ③ 유아에게 **답을 제공하지 않아야** 한다. [이유] 정해진 **답을 너무 쉽게 찾는다면 탐색과 발견의 과정에 대한 흥미를 잃게** 된다. 만약 교사가 미리 답을 제공한다면 유아는 **교사에게 의지**하게 되고 점점 **스스로 해결하고자 하는 의지를 잃게** 된다. ④ 문제해결을 위한 **적절한 시범과 언어화**가 필요하다. 문제 해결을 위해 **몇몇 유아에게 시범을 보이도록** 하고, 시범을 보이는 유아를 관찰하는 경험을 제공할 수 있다. 이를 통해 유아는 직접적으로 동작을 경험할 뿐만 아니라, 관찰할 수 있는 기회를 통해 문제를 보다 구체적으로 해결할 수 있다. **언어화는 동작의 이름과 요소를 알려주기 위해 사용하는 방법**이다. 때때로 교사는 유아에게 자신이 본 것을 평가하도록 하거나 방금 수행한 동작이나 자세를 언어적으로 묘사하도록 할 수 있다. 이를 통해 유아에게 자신이 하고 있는 동작에 대한 이미지를 형성할 수 있게 한다. ⑩ 나는 아빠 다리 하고 앉아서 손은 무릎 위에 놓았다. ⑤ 답을 찾을 수 있는 **적절한 질문과 과제**를 주어야 한다. 안내-발견적 방법에서 가장 어렵고 중요한 것은 교사의 적절한 질문이다. 이를 위한 방법의 하나는 **답에서 가장 먼 질문**을 하는 것이다. 마치 스무고개를 하는 것처럼 답을 구할 수 있는 가장 먼 질문에서 시작하는 것이다. 또 다른 방법은 지시적 접근법에서 사용하는 것처럼 일련의 명령을 기록하고 나서 **명령적인 언어를 질문의 형태로 바꾸는 것**이다. ⑩ 걷기 활동을 할 때 교사는 "왼쪽으로 걸어 보자."를 "방향을 다르게 걸어보려면 어떻게 할까?"로, "빠르게 걸어 보자."를 "느리게 걷는 방법과 다르게 걸으려면 어떻게 할 수 있을까?"로 바꾸어 질문할 수 있다.

장점	① **유아 스스로 학습하는 방법을 배울 수** 있도록 한다. 　유아는 단순히 기술을 습득하는 것이 아니라 교사의 질문에 대해 생각하고, 탐색하고, 실험하고, 발견하고, 경험해 가는 과정을 학습할 수 있다. ② **비판적 사고**가 발달한다. 　어떻게 학습하는지를 알아가는 방법을 배우게 되고, 능동적으로 문제 해결을 통한 사고 기술을 확장할 수 있도록 도와준다. ③ **자신감을 증진**시킨다. 　동작을 스스로 탐색하고, 발견하고, 결정하는 과정을 통해 자신이 찾은 답에 대한 성취감을 느낀다. ④ **심리적 안정감**을 가질 수 있다. 　문제를 스스로 해결한 경험이 있는 유아는 실패에 대한 두려움을 적게 가지게 된다. 또한 새로운 활동에 대한 지속적인 실험과 발견을 할 수 있는 동기 부여가 되기 때문에 '할 수 있다'는 심리적 안정감을 가지고 활동에 몰입할 수 있다. ⑤ **책임감**을 증진시킨다. ⑥ 유아들의 **동작어휘를 확장**시킬 수 있도록 도와준다.
단점	① **더 많은 시간**을 필요로 한다. ② 교사의 **인내와 훈련**이 필요하다.

Plus 지식　Riggs의 안내-발견 교수법을 사용한 예-'뛰기 기능' 발달을 위하여

탐색	• 유아가 뛰어넘을 수 있는 물체를 고른다. 　예 우유 상자, 지팡이, 로프, 낮은 평균대, 타이어의 튜브 등 • 유아는 자유자재로 이러한 다양한 소재를 가지고 **다양한 방법으로 몸을 움직이면서 뛰기를 탐색**한다.
발견	• 탐색과정을 통해 유아는 ① 뛰어넘거나 뛰어 들어갔다 나올 수 있는 물체의 종류, ② 여러 가지 다양한 뛰기 방법, **뛰기의 다양한 범위 등을 알게 된다**. 이때 교사는 "앞으로 뛰어 보았는데, 이번에는 옆이나 뒤로 뛸 수 있을까?", "아주 높이 뛰었는데, 다음에는 멀리, 넓게 뛰어 볼 수 있을까?" 등의 **질문으로 발견학습을 돕는다.**
선택	• 두 가지 과정이 필요하다. **유아에게 움직임을 선택하도록 요구**할 수 있다(가장 높게 뛸 수 있는 방법을 선택). 교사가 **뛰기의 여러 가지 측면을 요구**할 수 있고, 점차 뛰기 활동에 익숙하게 되면 뛰는 높이와 어려움을 증가시키도록 한다.

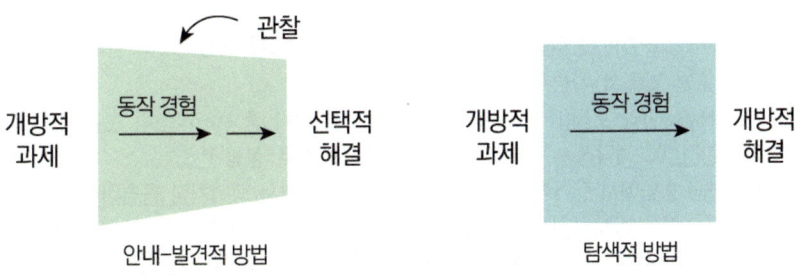

안내-발견적 방법과 탐색적 방법의 차이

3 탐색적 방법(Exploratory method)

정의	▶ 교사의 **시범 없이** 유아 **각자가 나타내고 싶은 대로 다양한 반응**을 하게 이끌어 주는 유형[13추] ▶ 교사가 유아의 **실험과 문제해결을 강조**하며, **창의적인 방법**으로 자신을 표현할 수 있도록 지원하는 유형[13추변형] ① 유아에게 발달적으로 가장 적합하기 때문에 널리 사용하는 방법으로 **발산적 문제 해결 방법**이라고도 한다. ② 안내-발견적 방법이 정해진 답을 찾아가는 것인 반면, 탐색적 방법은 **주어진 주제에 적합한 다양한 방법을 탐색해 가는 과정**을 중요시한다. ③ Halsey와 Poter(1970)가 제안한 탐색적 접근은 **기본 절차** 　㉠ **문제(움직임)를 설정**하고, 　㉡ **유아 스스로 실험**하며, 　㉢ **관찰과 평가** 과정을 갖고, 　㉣ **평가를 통해 획득한 내용의 재적용**의 네 가지 기본적 절차를 따라야 한다. ④ 이 과정에서 중요한 것은 문제에 대한 해답을 찾아 신체의 움직임으로 표현해야 한다는 것이다. ⑤ 교사는 **시범을 보이지 않도록** 해야 하고, 어떤 최선의 **답을 요구해서도 안 된다.** 단지 교사는 계속적인 탐색과정이 이루어질 수 있도록 **추가적인 과제를 제시**하거나 관찰한 것을 수정하기 위해 **추후 질문을 할 수** 있다. 따라서 해답은 유아의 수만큼이나 다양하다. ⑥ 교사가 유아에게 "네 몸을 얼마나 크게 할 수 있을까?"와 같은 과제를 주면, 유아는 동작으로 자신의 몸을 크게 할 수 있는 다양한 방법을 모색하고 표현하게 된다. 이때 유아는 동작으로 교사가 원하는 동작을 하는 것이 아니라 **유아 개개인이 찾아낸 자신만의 동작을 하면서 해결 방법을 탐색**해 나간다. ⑳ 교사는 유아들에게 '**고양이처럼 움직여 보기**'라는 과제를 제시하고 유아들은 고양이가 몸을 쭈~욱 뻗는 모습, 조용히 조용히 걸어가는 모습, 고양이처럼 세수하는 모습 등의 동작으로 움직여 볼 것이다. **교사는 유아들의 움직임을 관찰**하고 **유아들 역시 다른 유아들의 움직임을 관찰하며 어떻게 움직이는 것이 가장 '고양이'다운 모습일지를 평가**해 보게 된다. 이러한 평가의 과정에서 유아 스스로 자신의 움직임 중 수정해야 할 부분이 있다면 **그 부분을 수정하여 다시 '고양이처럼 움직이는 모습을 표현**'하는 것이다. 🗝 민 교사가 활동 방법에 적용한 유아동작교육 교수 방법의 유형은?[16] **탐색적 방법** 　활동명 : 나의 공놀이, 목표 : 자신만의 공놀이 방법을 찾는다. 　활동방법 　1. 다양한 공놀이 방법을 **찾아보도록** 한다. - 공을 가지고 어떻게 놀 수 있을까? 　2. ㉠ **자신이 찾은 방법으로 공놀이를 하도록** 한다. 　3. 유아들의 동작을 **관찰**하고 유아들이 **자신의 동작을 자유롭게 표현**하도록 격려한다. 　　- 공을 굴리는구나. - 공을 위로 던지는구나. 　4. 유아가 표현한 동작에 '동작 요소'를 **변화시켜 다시 표현**하도록 한다. 　　- 공을 발에서 가슴까지 굴려서 올려 볼까? 🗝 할시(E. Halsey)와 포터(L. Porter)가 제시한 기본 절차 중 ㉠ '자신이 찾은 방법으로 공놀이를 하도록 한다.'에 해당하는 용어를 쓰시오. **유아 스스로 실험**[16] 🗝 탐색적 접근 방법에서 ① [A] '(팔을 아래로 펴고 앉으면서 팽이처럼 움직이며) 선생님! 꽃이 땅에 떨어지면서 뱅글뱅글 돌아요.'가 어떤 과정인지 쓰고, ② '관찰 및 평가'의 다음 과정인 [B]에 적합한 교사 발문을 1가지 쓰시오. ① **유아 스스로 실험**, ② **우리가 이야기 나눈 것들을 잘 생각하면서, 바람이 세게 불 때 꽃이 어떻게 움직이는지 좀 더 다양하게 변화시켜서 표현해 볼까?**[24]

지도 방법	① 다양한 동작 기술을 수행하기 위해 **동작의 기본 요소**를 사용한다. 동작의 기본 요소는 신체, 공간, 힘, 시간, 관계로 구성된다. 유아의 동작활동을 돕기 위해 언어적으로 표현할 수 있다. ㉠ 다양하게 걷기 활동을 할 때 교사는 "어떻게 하면 빠르게 걸을 수 있을까?", "빠르게 걷는 동물은 어떤 것이 있을까?", "빠른 동물처럼 걸어 보자.", "어떻게 하면 크게 걸을 수 있을까?" 등과 같이 언어적으로 표현할 수 있다. ② 유아의 **표현을 촉진**할 수 있는 **추후 질문**을 한다. 교사는 유아가 가능성 있는 다양한 방법을 찾아볼 수 있도록 질문함으로써 동작교육을 보다 확장할 수 있다. 즉, **유아가 나름대로 새로운 방법을 고안할 수 있도록 지속적인 제안**을 해주는 것이다. ㉠ 낙엽이 되어 보는 활동을 할 때 유아가 나뭇가지에서 떨어지는 표현을 한다면 교사는 "바람이 불어서 왼쪽에서 오른쪽으로 날아가고 있어.", "낙엽이 다른 방향으로 날아갈 수 있을까?", "낙엽이 제자리에서 돌 수도 있을까?"와 같이 하나의 반응에 계속적인 반응을 할 수 있도록 추후 질문을 한다. ③ 유아의 **예상 가능한 반응에 한계**를 둔다. 유아가 평균대를 두 발로 걷는 행동을 할 때, 교사는 신체의 두 부분 이상을 평균대에 닿게 하거나 혹은 둥근 모양을 만들고 건너가 보라고 제안함으로써 유아가 예상할 수 있는 반응을 제한할 수 있다. [이유] 유아는 **새로운 문제에 직면**하면서 자신들이 **익숙한 방법 이외의 또 다른 방법을 모색**할 수 있다는 것을 깨닫게 된다. ④ 유아 **스스로 동작 능력을 탐색하도록 격려**해 준다. 교사는 유아가 표현한 모든 반응을 수용해 주고 격려해 주어야 한다. 유아가 반응이 독특하고 작은 특성을 인정하고 수용해 줄 수 있다면, 자신의 능력을 탐색하는 것을 즐기고 지속적으로 하고자 하는 마음을 갖게 되어 탐색적인 동작 능력을 발달시킨다. 탐색을 일으키는 언어적 단서는 주로 "~을 할 수 있니?" 또는 "또 다른 방법으로는 무엇이 있을까?"와 같은 형태의 질문이 사용된다. 기 [B]에서 동작 교육의 **탐색적 교수방법**에 근거하여, ① 교사의 지도 방법으로 **적절하지 않은 것** 1가지를 찾아 쓰고, ② **그 이유**를 쓰시오.[23] ① **얘들아, (양팔을 머리 위로 펼치며 폴짝 뛰면서) 선생님 따라 해 봐.** ② **탐색적 방법은 발산적 문제해결방법으로 교사가 시범을 보여주면 유아 스스로 다양한 방법을 창의적으로 탐색할 기회를 박탈당하기 때문이다.** 기 제시된 교수·학습 방법 '아이들이 스스로 생각과 느낌을 표현하고 자유롭게 상상하면서 놀 수 있도록 해요. 우리는 아이들의 자유로운 상상과 표현을 위해 시범을 보이거나 모방을 격려하기보다 아이들이 표현한 모든 반응을 수용하고 격려하여 풍선놀이를 즐기고 지속할 수 있도록 해요.'가 유아동작교육의 간접적 교수방법 중 무엇에 해당하는지 명칭을 쓰시오. **탐색적 방법**[특24]
장점	① **개성과 개인차를 인정**할 수 있기 때문에 개개인이 다르다는 것에 대한 두려움을 갖지 않게 한다. ② **자신의 방식과 속도에 따라 자유롭게 활동에 참여**할 수 있다. ③ 자유로운 참여는 **상상력을 자극**하고 보다 **적극적이고 다양한 활동**을 할 수 있게 한다.
단점	① 더 많은 **시간**을 필요로 한다. ② 교사의 **인내와 훈련**이 필요하다.

VI. 동작교육 접근법

제1절 신체적 접근법

<table>
<tr><td rowspan="2">신
체
적
접
근
법</td><td>

▶ **움직임 요소를 중심**으로 **기본 동작을 탐색**하고 실험해 보게 하는 접근법
▶ **동작의 기본 요소를 주제로** 하여, 느리게-빠르게, 앞으로-뒤로, 위로-아래로, 왼쪽으로-오른쪽으로, 혹은 무겁게-가볍게 등의 **동작 요소를 각각 대조적인 방법으로 탐색해 보도록 하는 방법**
• 라반(Laban)은 동작교육이 특정 운동기술에 초점을 두기보다는 신체의 움직임을 통해 동작능력을 발휘하도록 하는 것에 초점을 두었다.
• 이 접근방법에서 유아는 어떻게 움직이는지(how to move), 어디로 움직일지(where to move), 신체의 어느 부분을 움직일지(what part of the body to move)에 대해 탐색한다.
• 신체적 접근법에서 사용하는 주제를 세분하면 **개념 주제**(concept theme)와 **기술 주제**(skill theme)로 나눌 수 있다.
▶ **개념 주제** : 라반의 **동작 기본 요소**(공간, 힘, 시간, 흐름)를 중심으로 이루어지는 것
▶ **기술 주제** : **기본 동작**(비이동 동작, 이동 동작, 조작 동작)의 내용
• 즉, 개념 주제와 기술 주제를 연합하여 동작활동을 실시함에 있어 상상력을 배제하고 순수하게 우리 몸의 각 부분을 사용하여 문제해결을 위한 탐색을 하도록 하는 것이다.
• 예를 들어 "네 몸을 아주 작게 만들고(공간에서 차지하는 몸의 형태) 옆으로(공간에서의 방향) 움직여 보자(이동 동작 탐색)", "달려가다가(이동 동작) 신호 소리가 나면(호루라기를 불면 혹은 탬버린을 치면) 다른 방향으로(공간에서의 방향 탐색) 달려볼 수 있겠니?" 등의 문제를 제시하고 유아들이 스스로 이를 해결하는 방법을 찾아보도록 하는 것이다.

</td></tr>
</table>

> **주B3.** 1) 다음 사례에서 김 교사는 동작교육의 접근법 중 2가지 접근법을 활용하였다. 하나는 **움직임 요소를 중심**으로 **기본 동작을 탐색하고 실험**해 보게 하는 '**(신체적) 접근법**'이고, 다른 하나는 **상상력을 중심으로 다양한 동작을 유도하고 창의적 동작표현을 자극**하는 것을 강조하는 '**극적 접근법**'이다.[13]
>
> • 창의적인 동작 표현을 해 본다.
>   – 뱀처럼 기어 보자.
> • 줄을 바닥에 놓고 줄을 따라 걸어 본다.
>   – 줄을 따라 가볍게 걸어 보자.
>   – 점점 속도를 내어 빨리 걸어 보자.
> • 공 던지기의 동작을 보여 준다.
>   – 선생님처럼 이렇게 공을 던져 보자.

1 갤라휴(Gallahue)의 개념적 동작교수법

- **신체운동 발달을 4단계**로 나누어 범주화하고, 이를 기반으로 **체육교육의 개념적 모델**(conceptual model)을 제시한 교수법
- 개념적 모델은 크게 네 가지 측면 ㉠ 신체운동능력은 **어떤 발달 단계**를 갖는지, ㉡ **기본적 동작유형**은 무엇이며, ㉢ **어떤 동작교육**이 이루어져야 하는지, ㉣ **어떤 학습유형을 통해** 동작경험을 할 수 있는지를 제시한다.

개념적 동작교수법	신체운동 발달단계		• 동작 능력은 출생 이후 **반사적 동작**부터 시작하여, 유아기까지 점차 **초보적 동작**, 기본적 동작 능력을 획득하고 7세 이후 **전문적 동작** 단계로 확장된다.
	동작의 기본유형		• 갤라휴는 유아기에 **비이동 동작, 이동 동작, 조작 동작**이 동작교육 프로그램에서 다루어져야 한다는 것을 강조하였다. • 이를 통해 자신의 신체능력을 인식하고 탐색 · 실험하면서 보다 세련된 동작능력을 갖추도록 한다.
	체육의 교육내용	게임 및 스포츠	• 덜 조직화된 게임, 릴레이, 스포츠 형태의 게임, 공식적 스포츠
		리듬 활동	• 기본적인 리듬 활동, 창의적 리듬 활동, 포크댄스, 사교댄스
		체조	• 기본동작과 기능 중심 활동, 맨손 체조, 묘기, 작은 기구와 큰 기구를 활용한 체조
		수중운동	• 물을 매개로 신체 조절 능력을 기르는 활동
	학습경험의 유형		• 체육교육의 내용은 단순한 것에서 복잡한 것으로 진행되도록 하고, 일반적인 것에서 특수한 것으로 진행되도록 해야 한다. 이러한 원리에 근거하여 동작학습을 다음 6단계로 계열화하였다. • 6단계 경험의 순서화는 유아, 청소년, 성인 모두에 적용되나 **유아는** 동작의 발달 수준에 맞추어 **탐색, 발견, 조합의 경험을 주로 이용**하고, **가능한 선택과 경쟁적 수행을 지양**한다.
		탐색	▶ 각 활동에 포함된 동작을 **각각 분리하여 탐색**(exploration)
		발견 (discovery)	▶ 다른 사람의 수행, 그림, 영화, 책 등을 통해 **동작을 더 잘 수행할 방법과 수단을 발견**
		조합 (combination)	▶ **분리된 동작들을 조합**하고 이들을 **다양한 방법으로 실험**
		선택 (selection)	▶ 조합된 방법 중에서 **게임이나 비형식적 경쟁을 통해** 가장 좋은 방법을 **선택**
		경쟁적 수행	▶ 선택된 동작을 **세련된 기술로 다듬어 경쟁**, 발표, 또는 오락 시간을 통해 **수행**(competitive performance)
		개별화	▶ 동작이 **완전히 숙달**되도록 **집중적인 반복연습**을 통해 **개별화**가 이루어지도록 함(individualization).

2 길리옴(Gilliom)의 문제해결식 동작교수법

개념	▶ 전통적인 설명-시범-연습 방식을 반복하는 지도접근과는 다른 교수전략으로, **유아 스스로 문제를 탐구**하고 **다양한 대안적 해결 방법을 찾아 도전**하도록 이끄는 교수법.
기본 개념	• 학습에서 **가장 기본적인 과정을 발견**으로 보고 가장 효과적인 방법으로서 다양한 문제해결 기술을 제시하였다. • 문제해결식 접근방법에서는 해결해야 할 문제나 문제상황을 제시하고 그 문제를 해결하는 기술을 유도할 때 그 문제가 곧 학습활동이 된다. • 문제 중에서 가장 자극적인 것은 **표준해결책이 없는 문제**나 **한 가지의 옳은 해결책만을 요구하지 않는 문제**이다. • 동작문제(학습활동)를 설정할 때 고려해야 할 5가지 일반적 기준 ① **기본문제는 표준해답이 없는 것이어야 한다.** 　例 상자를 들어 올릴 수 있는 방법을 여러 가지 생각해 볼래?, 발바닥을 바닥에 닿지 않고 다닐 수 있는 방법은 몇 가지나 될까? ② **보조문제는 유아가 스스로 발견하지 못할 때만 제시해야 한다.** 　- 보조 문제는 기본문제를 해결할 때보다 다양한 해결을 자극하는 것이어야 하며, 주어진 동작해결의 수행력을 더욱 예민하게 해 주는 것이어야 한다. ③ **생산적 사고를 요구하는 문제**여야 하며, 문제해결과정으로서 추리와 상상을 고무시키는 문제여야 한다. ④ 상상력을 풍부하게 하기 위해 문제는 점차적으로 다양하고 복합적인 해결이 나올 수 있도록 진술해야 한다. ⑤ 모든 문제는 교육목표에 부합하는 것으로 선택해야 한다.
교사 역할	• 목적을 분명히 하되 상황에 따라 조정할 수 있도록 융통성이 있어야 하며 질문과 관찰, 토의 형식으로 지도한다. • 문제를 해결하거나 발견할 때 **그 개념을 용어로 기억할 수 있도록 용어를 설명하고 언어화**시킨다. • 쉬운 단계부터 어렵고 복잡한 단계로 점차로 탐색하도록 한다. • 공간을 최대로 이용한다. • **교사도 유아와 함께 움직여야** 한다. • 유아의 활동을 고루 관찰할 수 있도록 가능하면 원형을 취한다. • **가끔 정지시킴으로써 서로를 관찰할 수** 있게 한다.
교육 내용	• 활동을 계획할 때에는 먼저 **활동의 목적**을 정하고, 그 목적을 달성하기 위한 방법으로 **활동의 주제**를 정한 후 **각 단계를 서술**해 보도록 한다. 목적에는 구체적인 목표의 서술이 필요하며, 활동 후 기대되는 효과에 대해 평가하는 일도 필요하다. • 활동의 주제를 정할 때에는 **Laban의 동작분석 모델에 기초를 둔 주제를 선정**한다. 　例 '공간'이라는 요소를 이해시키고자 가정한다. 신체적 접근법은 상상력보다는 **대조법을 이용**하여 공간의 개념을 탐색할 기회를 준다. 즉 "그 자리에 선 채로(자기공간), 손을 이용하여(신체의 한 부분), 주어지는 박자에 맞추어(시간), 위치를 변화시켜 보자(공간). 높게, 낮게, 더 높게, 더 낮게"와 같이 **상상력보다는 탐색에 더욱 중점을 두어 교육하는 방법**이다. • Laban은 사람은 상상 없이도 움직일 수 있으며, 자기 몸이 할 수 있는 모든 기본적인 동작을 습득한 뒤에 상상이 필요하다고 하였다.

교육 내용	① 기본동작교육의 주제로 선정한 단원		
	제1단원(공간)	• 어디로 움직일 수 있는가? (Where can you move?)	
	제2단원(신체 인식)	• 무엇을 움직일 수 있는가? (What can you move?)	
	제3단원(힘·무게)	• 어떻게 움직일 수 있는가? (How can you move?)	
	제4단원(시간·흐름)	• 어떻게 하면 더 잘 움직일 수 있는가? (How can you move better?)	
	② 기본동작교육의 주제와 내용		
	주제	탐색해야 할 개념	목표
	신체인식	신체 부분, 신체 표현, 신체 형태, 신체 관계, 신체와 사물의 관계, 사람 관계	① 특정한 신체 부분을 의식하면서 움직인다. ② 움직이는 부분의 명칭을 안다(이하 생략).
	공간	장소, 범위, 수준, 방향, 경로	① 기구를 적절히 정리할 수 있다. ② 바닥 모양을 만들 수 있다(이하 생략).
	힘·무게	힘의 세기, 질, 무게	① 근육을 긴장시켜 힘을 만들어 낸다. ② 움직이면서 균형을 이룬다(이하 생략).
	시간·흐름	빠르기, 리듬, 흐름	① 동작의 속도를 다양하게 한다. ② 움직일 때 적절한 속도를 의식한다(이하 생략).

3 신체적 동작교수법의 공통점과 Laban의 극적 접근법에 대한 입장

신체적 동작교수법의 공통점	① 갤라휴와 길리옴의 두 교수방법 모두 Laban의 이론에 기초를 둔 신체적 동작 교수법이다.
	② 교사는 되도록 유아에게 **스스로 탐색하고 실험할 수 있는 기회를 제공**한다.
	  - 교사가 시범을 보이고 따라 움직이도록 유도하는 것은 유아를 꼭두각시로 만드는 일이다. 교사는 융통성과 **인내심**을 가지고 **유아에게 충분한 기회와 시간적 여유**를 주어 스스로 생각하고 느끼도록 만들어야 한다.
	③ 분명한 목표를 가지고 관찰하고 제시하며 지적해 주는 한편, 유아의 새로운 아이디어를 받아들이면서 **적절한 때에 질문**하고, **개념을 언어화**해 봄으로써 초점을 맞추어 가야 한다.
	  - 한 동작이 끝났을 때 그 움직임을 말로 표현해 주고, 몸의 각 부분에 관해 분명한 어휘로 언어화시켜 주어야 한다. 이를 통해 유아는 실제 행동을 추상화하는 데 도움을 줄 수 있다.

Laban의 극적 접근법에 대한 입장	① 유아가 완전히 **자기 신체를 통제할 수 있을 때까지는 상상을 사용하도록 해서는 안** 된다. ② 특히 동극은 많은 기본동작능력을 미리 갖추고 있어야 하므로 기본동작활동보다 늦게 시작되어야 한다. ③ 유아가 **다양한 동작의 배경**을 갖추고 있다면 **덜 모방적일 수도** 있다고 본다. 예 너무 어린 나이에 "우리 다 같이 비행기가 되어 보자."라고 한다면 유아의 행동은 전형적인 행동으로만 표현되기 쉽지만, 다양한 동작의 종류를 알고 난 후에 "비행기처럼 움직여 보자."라고 하였을 때는 유아는 저마다 나름대로 비행기의 움직임을 다양하게 표현할 수 있다는 것이다.

제2절 극적 접근법

극적 접근법	▶ **상상력을 중심**으로 다양한 동작을 유도하고 **창의적 동작 표현을 자극**하는 것을 강조하는 접근법 • 극적 접근법(dramatic approach)은 신체적 접근법과 대조적으로 '~하는 척하기(pretending)'나 '어떤 것이 되어 보기' 등을 이용한 방법이다. 　⑩ 우리 몸이 촛불이 되어 타 내려가 보자(구체적 제시), 너희가 바람 부는 날에 풍선을 들고 서 있다고 상상해 보자, 금방 페인트를 칠한 마루 위에 서 있다고 생각해 보자, 마룻바닥이 뜨겁다고 생각해보자 등(덜 구체적이며 유아의 상상력과 창의성을 자극하는 제시) • 유아가 **가상적 상황이나 행동을 상상을 통하여** 극화함으로써 동작표현을 하도록 하는 교수법이다. • 유아는 자신의 느낌이나 생각을 즉각적으로 표현하는 특성이 있으며, 특히 상상을 하며 가장행동 즉, "~처럼 되어 보는" 행동하기를 즐거워한다. 가장 행동을 하면서 유아는 자신의 방식대로 자신이 가진 개성을 표현하는데 자유롭다. • 즉, 극적 접근법은 '~처럼 되어보기'와 같이 **상상력을 중심**으로 **다양한 동작을 유도하고 자극하는 방법**이다.

1 리츤(Ritson)의 창작무용 체계적 동작 교수법

개념	▶ 유아가 **무용을 창의적으로 표현**할 수 있도록 돕는 체계적인 교수법 • 창의적 무용의 내용을 규명하기 위하여 **동작경험**과 **동작표현**, 이 두 측면을 모두 포함해야 한다고 보았다. • 다양한 경험과 표현의 측면을 모두 포함하기 위하여 Ritson은 동작 주제(movement themes)와 문화 주제(cultural themes)라는 두 가지 주제를 내용의 기본 틀로 삼았다. • **동작 주제**는 Barrett의 교육 무용의 개념화에서 선정하였고, **문화 주제**는 주로 유아에게서 유발된 흥미를 중심으로 사회적 환경에서 이미지와 사건들을 수집하여 선정하였다. • **주제를 중심으로 하는 동작표현**은 창의적 무용을 체계적으로 접근시키고자 했던 Ritson의 연구에서도 강조되었다.
창작 무용의 주제	• 7가지 동작 주제는 융통성 있게 체계화되어 점점 더 복잡해진다. 앞에서 제시한 주제에서 획득한 능력을 다음 주제에서 활용하여 통합할 수 있도록 순서화된 주제들이다. • 동작 주제는 세계적으로 거의 공통된 내용으로 정해져 있지만, 문화 주제는 각 세대와 사회, 환경적 조건에 따라 매우 독특하다.

Barrett(1977)이 정의한 7가지 **동작 주제**	문화 주제	
① 제1주제 : 신체 부분에 대한 인식	① 동물	② 악기
② 제2주제 : 무게와 시간에 대한 인식	③ 서커스	④ 기계 도구
③ 제3주제 : 공간에 대한 인식	⑤ 만화 주인공	⑥ 스포츠
④ 제4주제 : 동작의 흐름에 대한 인식	⑦ 교통기관	⑧ 자연환경
⑤ 제5주제 : 짝과 소집단에 대한 인식	⑨ 장난감	⑩ 역사적 사건
⑥ 제6주제 : 신체에 대한 인식		
⑦ 제7주제 : 노력 행위들에 대한 인식		

		• 동작 주제를 내용으로 한 교수·학습방법
동작 주제	지시 따르기 (taking directions)	• 유아가 지시를 듣고 따르는 능력은 성공적 참여의 전제조건이 된다. • **교사의 지시는 명료하고 간결하게 주어야** 하며, 유아는 그 지시를 재빨리, 조용히 따르는 데 숙달되어야 한다.
	모방하기 (imitating)	• 교사가 유아와 함께 참여한다는 것, 특히 동작활동에서 교사가 함께 움직인다는 것은 긍정적 학습 분위기 형성 방법 중 하나이다. • 정의를 소개하거나 이전에 배운 기술을 재검토할 때 효과적이며, 서로에게 **시각적인 모델이 될 수 있는 기회를 제공**한다. ⑩ 내가 낮은 수준에서 모퉁이 길을 따라 움직일 때, **그 움직임을 따라 해 보세요**.
	상황 구성하기 (situating)	• 상황 구성하기의 목적은 유아의 사고와 움직이는 방식을 서로 연결해 주는 것이다. • 유아는 상황에서 제시하는 요구를 충족시키거나 문제를 해결하기 위하여 그들이 생각해 낸 동작들을 연속적으로 수행해 나간다. • 교사는 **유아가 따라서 할 어떤 동작을 제시하는 것**이 아니라, 다만 유아의 머릿속에 상상을 불러일으켜 유아가 그 **상상을 나름대로 해석하여 움직이도록 조장**해 준다. • 상상을 불러일으키는 방법으로 상황을 제시한다. ⑩ **똑바른 길을 따라서 어떻게 느리게 움직일 수 있는지 보여주세요**, 이제는 곡선으로 된 길을 따라서 바르게 움직여 보세요.
	연합시키기 (associating)	• 유아에게 **주제와 일치하는 상황이나 문제를 제시**한다. 교사가 구체적으로 어떻게 움직여야 할지를 제시하지 않는다는 점에서 상황 구성하기와 다르다. 즉, 대체적인 질문만 한다. ⑩ 방향을 바꾸어 움직이면서 걷기와 달리기를 하려면 **어떻게 움직여야 하겠니?**
	창조하기 (creating)	• 유아가 동작들을 **시작 부분, 중간 부분, 종결 부분으로 구성된 하나의 연속적인 동작으로 조직**했을 때, 무용을 창조했다고 할 수 있다. 이 수준에서 교사는 촉매제의 역할을 한다. • 교사는 유아에게 항상 광범위한 매개체만을 제시한다. ⑩ **두 명이 참여하는 무용을 만들어 보자**, 네가 속도와 신체모양에서 얼마나 많은 변화를 이용하고 있는지 보자, 후프와 막대기를 이용하여 혼자서 무용을 만들어 보자.

문화 주제	• 문화 주제를 내용으로 한 교수·학습방법		
	지시 따르기 (taking directions)	• 지시에 따르는 것은 교실을 제대로 운영하고 자기 통제를 하는 데 필요하다. • 문화 주제를 선정할 때는 **가상적 요소를 중시**하여야 하며, 초점과 강조점이 동작보다는 **상상과 표현으로** 옮겨가야 한다.	
	흉내내기 (mimicry)	• 동작 주제의 모방의 경우 유아의 주의를 **운동근육의 통제**에 두도록 하는 반면, '동물'이라는 문화 주제를 이용할 때는 **다양한 유형의 경험**을 다루게 되며 그 초점도 **동작 자체와 문화 조건**으로 구분된다. 예 내가 뱀처럼 움직일 테니 따라 해 보세요.	
	극화하기 (dramatizing)	• '해변에서의 하루'로 극화 예 **뜨거운 모래 위를 걸어가고 있다고 생각해 보자.** 그때 모래가 뜨겁다는 것을 어떻게 표현할 수 있겠니? 그렇게 걷다가 갑자기 날카로운 물건을 밟았을 때 동작이 어떻게 변하겠니? ※ 동작 주제에서 **상황 구성하기** 예 "방에서 깡충깡충 뛰어 보자. 그런 다음 드럼 소리에 맞추어 방향을 바꾸어 뛰어 보자."와 같은 지시가 될 수 있다.	
	즉흥적 극화하기 (improvisation)	• 문화 주제 '정서'는 즉흥적 극화에 적절하다. 예 **다른 사람이 몰래 접근해 올 때 네가 어떻게 느낄지를 표현**해 보자. 그때 너의 두려움을 표현할 수 있겠니? 몰래 접근해 오는 사람이 빠르게, 그리고 느리게 다가오는 것을 보여줄 수 있겠니? 라고 반응을 요구한다. ※ 동작주제 '무게와 시간에 대한 인식'에서 **연합시키기** : 유아가 어떤 이미지를 행위로 표현해 내는 능력에 좌우된다.	
	구성하기 (composing)	• 문화 주제 '친구와 이웃들'에 포함된 질문들을 강조했을 때, 그 과정을 구성이라고 할 수 있다. 예 네가 알고 있는 어떤 사람에게 일어난 일들을 **무용으로 꾸며서 말해 줄 수 있겠니?** ※ 동작주제 '짝과 소집단에 대한 인식'의 **창조하기** : 응집된 연속적 동작을 고안하고 실행하기에 앞서, 유아에게 가능한 동작의 모든 질을 분류할 것을 요구한다. 예 짝과 함께 무용을 하면서 가능한 모든 관계를 탐색해 보자. 시작·중간·끝부분을 구분하여 보여줄 수 있겠니?	

2 에머슨과 레이(Emerson & Leigh)의 상상·환상 중심 동작교수법

개념	▶유아의 **상상력과 창의성을 증진**시키기 위해 설계된 **무용교육 프로그램** • 인간의 내적 욕구 충족과 정서 순화 및 함양을 강조하기 위해 동작교육 프로그램에서 '춤'을 매개체로 환상과 상상력 계발을 주목적으로 해야 한다고 주장하였다.	
교육 내용	• 무용교육에서 다루어야 할 중요한 요소를 표현, 확장, 상상, 창작의 4가지로 보고, 무용교육의 단계를 다음과 같이 제시하였다.	
	표현 (expression)	• **동작을 표현의 도구로 경험**하는 단계 • 유아 초기에는 아직 통제가 잘 되지 않으므로 **자기 주변 환경 속에 있는 공간들을 탐색**하며, 그 동작은 주로 개별적인 활동이다. • 교사의 역할 : 유아에게 가능한 다양한 공간을 제공하고, 안전하게 탐색하면 그들이 신체적·지적 능력에 도전할 수 있게 해 주는 것이다.
	확장 (expansion)	• **동작을 확장의 도구로 사용**하는 단계 • 어느 정도 자기 신체에 대한 통제가 가능해지고, 자기 신체가 타인과 다르다는 것을 배우고 나서 진입하는 단계이다. • 교사의 역할 : 유아에게 자아개념을 확장시킬 수 있도록 도와주는 것이다. 유아에게 **자신의 신체가 다른 사람과 어떻게 다르며, 무엇을 어떻게 움직이는지에 초점**을 두도록 도와주고 새로운 가능성을 소개하면서 개념발달에 도움이 되는 새로운 어휘들을 소개한다. ⑩ "저기 봐, 창수가 방바닥을 기고 있네. 선반에 손이 닿게 하려고 팔을 뻗치고 있어.", "아무도 움직이지 않고 있으니까 우리는 모두 정지한 거야."와 같이 유아에게 여러 가지 개념과 자신의 능력에 대한 개념 확장을 도와준다.
	상상 (imagination)	• **동작을 상상의 도구로 사용**하는 단계 • 유아가 단순한 문제해결을 수행할 수 있을 때가 되면 단순히 "나는 누구인가?" 라는 문제보다 **"나는 무엇이 될 수 있을까?"에 대한 상상**을 하게 된다. • 교사의 역할 : 탐색해야 할 가능성들을 끊임없이 창조해 줌으로써 교사 역시 상상력을 발휘해야 한다. ⑩ "내가 닿을 수 있는 만큼 더 높이 움직여 보자.", "의자 밑으로 지나갈 수 있는 다른 방법이 없을까?", "헝겊 인형이 어떻게 움직이는지 보여 줄래?" 등으로 상상을 자극해야 한다.
	창작 (creation)	• 유아는 성숙해지면 자기 주위의 공간에는 자신만 존재하는 것이 아니고 자기가 **뜻하는 대로 공간을 탐색할 수 없다는 사실**을 깨닫는다. 따라서 자신의 신체와 공간, 그 밖에 **여러 가지 환경요소들을 이용하여 동작을 창조**해 낸다. • 교사의 역할 : 새로운 상상적 상황을 제공하고 확장하기 위한 여러 가지 새로운 가능성들을 소개하는 것이다. 특히 음악을 이용하여 창의적 표현을 자극할 수도 있고, 또 시각적 효과를 내는 다양한 자료를 이용하는 것도 효과적이다.

제3절 리듬적 접근법

▶ **리듬**이라는 시간적 요소와 **동작**이라는 공간적 요소를 **결합**하여 **연계적이거나 패턴화된 신체 동작**(리듬 동작)을 학습하도록 이끄는 방법
- 리듬 동작은 공간적인 기술도 필요하지만 먼저 리듬 능력이 기본적으로 갖추어져야 한다. 이러한 리듬 능력은 유아들이 기본적인 시간 흐름 능력을 갖고 박을 느끼고 표현하며, 박 조정기술인 공동 박에 맞추어 동작할 수 있는 기술로 이루어진다.

1 와이카트(Weikart)의 리듬적 동작교수법

개념	▶ **동작과 춤을 통해 박 표현 능력의 발달을 강조**하며, **언어와 동작을 연계**하여 **민속무용 학습**을 지도하는 방법 • 달크로즈와 오르프 이론을 바탕으로 리듬 동작 이론을 연구한 와이카트는 많은 유아가 규칙적 리듬에 맞추어 기본동작조차 잘하지 못한다는 사실을 알고 이를 해결하고자 리듬적 동작 교수법을 고안하였다. • 와이카트는 리듬적 움직임의 요소인 **박을 느끼고 나타낼 수 있는 박 인식**과 **그 박에 맞추어 움직일 수 있는 박 표현 능력**이 기본적인 박 시간 감각의 발달, 즉 리듬의 흐름을 인식하는 능력의 발달을 돕는다고 하였다. 또 이 기본적인 박 시간 감각으로 **박을 실행하는 조정 기술이 결합**되어 리듬 능력을 나타낸다고 하였다.
9가지 신체 동작	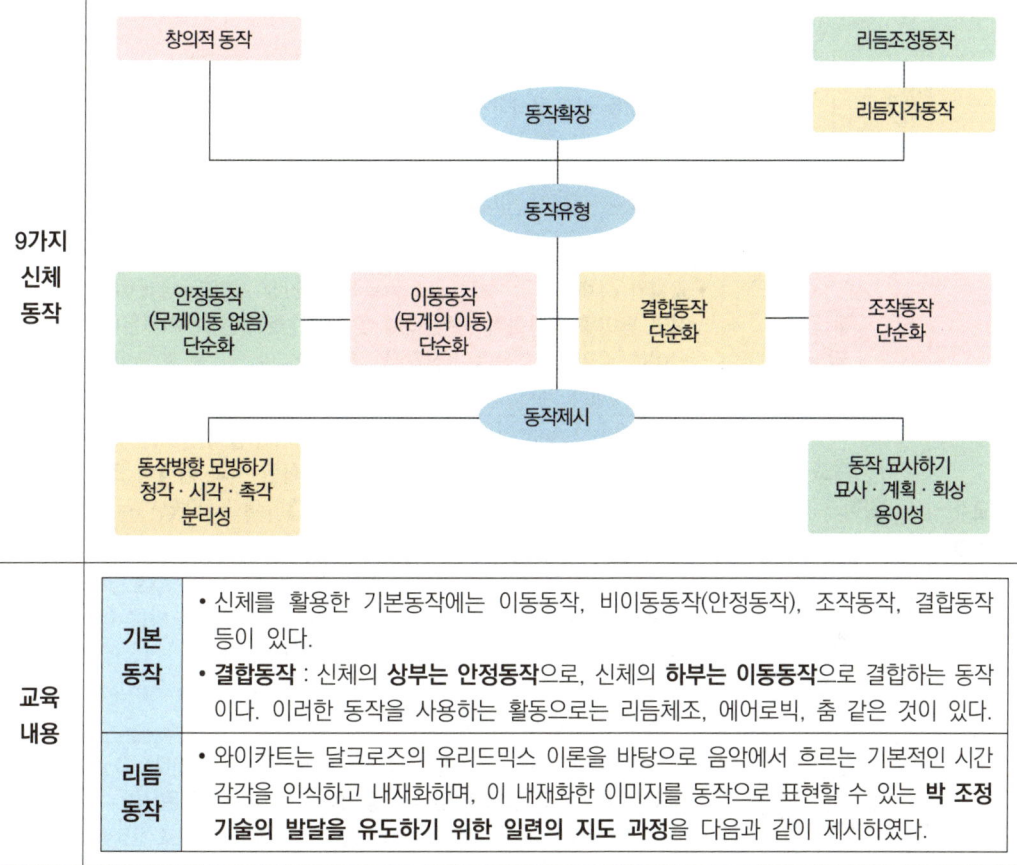
교육 내용	**기본** **동작**: • 신체를 활용한 기본동작에는 이동동작, 비이동동작(안정동작), 조작동작, 결합동작 등이 있다. • **결합동작**: 신체의 **상부는 안정동작**으로, 신체의 **하부는 이동동작**으로 결합하는 동작이다. 이러한 동작을 사용하는 활동으로는 리듬체조, 에어로빅, 춤 같은 것이 있다. **리듬** **동작**: • 와이카트는 달크로즈의 유리드믹스 이론을 바탕으로 음악에서 흐르는 기본적인 시간 감각을 인식하고 내재화하며, 이 내재화한 이미지를 동작으로 표현할 수 있는 **박 조정 기술의 발달을 유도하기 위한 일련의 지도 과정**을 다음과 같이 제시하였다.

교육 내용	리듬 동작		• 기본적인 시간 감각 : 박을 느끼고 표현하기
		박 인식	• 박을 인식하는 것은 듣고 느끼는 과정을 통해 획득된다. • 유아들은 주변 환경이나 리듬적인 음악, 자장가 등의 **노래에서 주기적인 패턴의 반복을 듣고** 느끼며 **박을 인식**하게 된다. 즉, 박의 인식에는 반복된 경험이 필요하다.
		박의 인식 단계	• **1단계(박의 경험)** : 유아를 편안하게 앉히고 유아 손을 교사의 손등에 올려놓고 교사가 위아래로 **규칙적으로 움직인다**. • **2단계(박의 내재화)** : 유아의 무릎을 교사가 손바닥으로 **살짝 두드린다** (이때 교사는 '어깨 · 어깨 · 어깨 · 어깨'하며 언어과정의 두 번째 단계인 **말하기 / 행하기**를 한다). • **3단계(박의 내재화와 공동 박의 조절)** : 유아는 '어깨 · 어깨'하며 찬트하고, 교사는 유아의 무릎을 유아의 찬트에 맞추어 가볍게 두드린다. • **4단계(내재화된 박)** : 교사의 도움 없이 유아가 말하고 행하게 한다. • **5단계** : 유아에게 신체의 다른 부위를 택해서 하게 한다.
		박 표현 능력	• 박 표현은 먼저 **박에 대한 인식이 성립된 후** 연습을 통해 이루어진다. • **1단계(정신적 준비)** : 이동동작을 할 때 편안한 마음을 느끼게 한다. • **2단계(운동감각)** : 고정위치 동작을 사용해서 박의 조정기술을 발달시킨다. • **3단계** : 교실이나 복도 등의 장소에서 행진하게 한다(이동동작). • **4단계** : 언어과정을 적용한다. • **5단계** : 찬트나 노래를 하면서 신체를 느리게 움직인다.
			• **공동 박에 맞추어 모두 함께 움직이기** : 박 조정기술, 즉 박에 따른 근육운동감각을 정확히 실행해야 한다. 이때도 네 가지 언어과정을 통해 복합적인 연계동작을 익힐 수 있다.
교수 방법			• **4단계 언어과정** : 동작에 치중한 나머지 음악의 내재화 과정을 무시하는 점을 개선하기 위하여 **박의 내재화를 단계적으로 지도**함으로써 리듬 능력의 향상을 꾀하였다.
		제1단계 말하기	• 교사가 신체부분, 동작지시, 이동동작 등으로 구별되는 간단하면서 **묘사적인 단어를 사용하여 공동 박에 맞추어 찬트**하면, 유아들은 이 찬트의 단어를 주의 깊게 듣는다(**청각적 경험**). 예 교사 : 머리 · 머리 · 머리 · 머리의 찬트를 한다. / 유아 : 주의 깊게 듣기만 한다.
		제2단계 말하고 행하기	• **교사가 찬트를 하면 유아들은 그 찬트에 맞추어 동작을 하는 것**으로, 박과 템포를 만드는 찬트동작을 덧붙인다(**외재화된 박과 동작의 조절**). 예 교사 : 찬트를 한다. / 유아 : 교사의 찬트에 맞추어 움직이면서 자신의 찬트를 내재화한다.
		제3단계 속삭이고 행하기	• 교사는 2단계의 찬트를 하는데, 이때 유아들은 음악을 들으면서 교사의 **속삭이는 찬트**와 유아들이 지금까지 경험했던 찬트의 박을 머릿속으로 조절하면서 움직인다(**내재화된 박과 동작의 조절**). 예 교사 : 찬트를 작게 속삭인다(이때 음악 첨가). / 유아 : 음악을 듣고 교사의 찬트에 자신의 내재화된 찬트를 일치시키면서 움직인다.
		제4단계 생각하고 행하기	• 교사는 유아들에게 동작을 계속적으로 생각하게 하면서 그들 자신의 **내재화된 박으로 음악에 맞추어 움직이게 한다**(**내재화된 박**). 예 교사 : 찬트를 멈춘다. / 유아 : 유아 자신의 내재화된 찬트로 움직인다.

- **신체동작 지도방법(결합된 동작 지도방법)** : 여러 가지 결합된 동작을 할 때, 신체동작에 대한 지도는 막연히 어렵게 생각된다. 이때 신체동작을 **분리하고 단순화하고 용이하게 각색하여 지도**하면 훨씬 효과적이다.

교수 방법		
	분리성	• 동작과 설명을 따로 분리해서, 한 번에 한 가지 방법으로 3단계의 과정을 거치면서 제시한다. ① **예시**(시각적 설명) : 특정 동작을 잘 보도록 주의를 주며, **신체 동작만** 하되 설명은 하지 않는다. ② **설명**(청각적 설명) : **언어로 설명**하는 동안에 예시하지 않으며, 일련의 방향을 설명하고 나서 유아들에게 활동하기 전에 첫 번째, 두 번째 활동을 물어본다. ③ **손으로 안내**(촉각적 설명) : 유아들에게 팔을 펴고 구부리겠다고 양해를 구한 후, **직접 교사의 손으로 유아의 팔을 움직이되** 설명 없이 한다.
	단순성	• 동작을 많은 부분으로 단순하게 나누어 유아들이 각각의 동작을 익숙하게 할 수 있도록 **연습할 시간을 주며**, 악기나 물건과 함께 하는 동작에는 먼저 악기나 물건 없이 신체 동작에 익숙해지도록 한다. 음악이 있는 신체동작의 경우, 신체동작이 익숙해진 후에 음악과 함께 움직인다.
	용이성	• **동작을 하기 전에 그들이 할 동작을 회상하게 하는 질문**을 함으로써 동작을 쉽게 이해하도록 도울 수 있다. ① **'예 / 아니요'나 정확한 답을 갖는 질문** 　예) "우리의 손이 어디에 있었어요?", "그것들은 동시에 그곳으로 움직였나요?" ② **다양한 신체동작의 개념 중 유아들이 선택하도록 하여 생각이 나오게 하는 질문** 　예) "여러분의 팔이 빨리 혹은 느리게 움직였나요?", "여러분은 곧바로, 구부러져, 또는 지그재그의 길로 갔나요?" ③ **주어진 해결책 중에서의 선택을 필요로 한다든지 정확한 답이 없는 질문** 　예) "어떻게 여러분의 몸을 움직였나요?", "방을 어떻게 가로질러 갔는지 설명해 볼래요?"

- **창의적인 신체동작 지도방법**

	1단계: 한 가지 특정동작 경험	• 한 가지 특정동작 경험은 유아 자신의 창의적인 사고를 발달시킬 수 있는 가장 쉬운 방법이다. 특정 동작을 경험할 때 **교사는 예를 들거나 언어로 설명**하여 시작 방향만 설정해 준다. 　예) "자신의 몸 앞으로 팔을 흔들어 봅시다. 자, 이제는 다른 방향으로 흔들어 볼까요?", "빠르게 혹은 느리게 흔들어 봅시다." 등의 질문으로 특정동작을 해결하도록 한다.
	2단계: 두 가지 이상의 해결을 위한 안내된 탐색	• **교사는 약간의 특정 지도만 하고 나머지는 유아들 스스로 해결하는 동작**이다. • 유아들은 신체의 부분과 변화, 즉 신체의 어느 부위를 사용하고, 어디서 또는 어떤 방법으로 사용할 것인지와 같은 두 가지 이상의 결정을 내린다. 　예) "신체의 어느 부분을 어떻게 구부릴 수 있는지 **새로운 방법을 찾아보세요.**"
	3단계 : 상상	• 유아들에게 특정지도가 필요 없으며, **유아 자신의 상상을 이용**하여 나름대로 자신의 것을 표현한다. 　예) "자동차가 굴러가는 모습을 신체로 표현할 때 어느 쪽 발을 사용할까요?", "자동차를 탔을 때, 안전띠 매는 모습을 어떻게 표현해 볼래요?", "**자동차가 달리다 급정거를 하게 될 때, 여러분은 어떻게 표현해 보겠어요?**"라는 질문으로 상상을 고무시킬 수 있다.

교수 방법		
	• 전통무용을 통한 학습 과정 • 유아들은 무용을 통해 음악의 요소들을 익히는데, 이 중에서 음악의 기본적인 박의 흐름과 무용에서 동작의 흐름이 일치되어 이해된다. • 전통무용을 지도하는 데 있어, 음악적 이해를 발달시키기 위한 학습과정은 다음과 같다.	
	청취 (listen)	• 무용의 음악적 양식을 소개할 때, 교사는 제일 먼저 유아가 **주의 깊게 음악을 듣도록 지도**한다.
	반응 (respond)	• 교사는 유아에게 음악을 들으면서 그 음악의 저음부 흐름이나 화성적 반주, **리듬악기의 바탕이 되는 리듬에 반응하도록 지도**한다. • 유아들은 강박마다 무릎을 손바닥으로 두드리면서 무용음악에 반응할 수 있다.
	찬트와 손으로 두드리기 (chant / pat)	• **무용동작을 나타내는 묘사적인 단어를 찬트하도록 지도**한다. 예 걷기, 뛰기, 쉬기, 왼쪽, 오른쪽 등과 같은 말을 읊조리면서 유아는 쉽게 리듬적 발동작을 할 수 있다.
	찬트와 스텝 (chant / step)	• 손에서 발로 넘어가는 동작이다. **반복되는 리듬찬트**는 유아가 묘사적인 단어에 **스텝을 맞출 수 있도록** 계속한다.
	스텝과 내면화 (step / internalize)	• 마지막 단계에서 음악은 동작과 함께 지도되며, 이때 유아는 **스텝을 생각하고 행하면서 리듬찬트가 내면화**되기 시작한다. 이러한 연계적 단계를 거치면서 유아는 리듬에 대한 내청(inner hearing)과 동작을 할 수 있는 근육 운동신경이 발달한다.

2 몬수어, 코헨, 린들(Monsour, Cohen, Lindel)의 음률 중심 동작교수법

음률 중심 동작 교수법		
	▶ 동작 교육에서 **음률적 동작을 강조**하며, **창의적인 음률 교육 방법**을 4단계로 제시한 교수법	
	제1단계	• **즉흥적인 반응을 유도**한다. 예 음악을 들려주고(느낌이나 질이 다른 음악) 유아에게 **즉흥적으로 움직여 보게** 한다.
	제2단계	• **이미 알려진 지식을 스스로 발견할 수 있도록 장려**한다. 예 행진곡을 들려주고 **박자를 알아내도록** 하며, 박자가 달라지면 어떤 효과가 나는지를 알게 한다.
	제3단계	• **주어진 기본요소를 수행하거나 변화시켜 보게** 한다. 예 우리에게 친숙한 노래를 부르고(봄나들이) **박자를 바꾸어 본다든지** 박절(meter, beats), **속도(tempo), 악센트** 등을 바꾸게 한다.
	제4단계	• **창의적인 해결방안을 요구**할 수 있는 **문제를 제시**한다. 예 동작의 질에 대해 토론하고 보여주며, **여러 가지 소리나 리듬에 맞추어 서로 다른 동작을** 하게 한다.

3 브라운(Brown)의 리듬 중심 동작교수법

리듬 중심 동작 교수법

> ▶ 체육 교육 프로그램을 위하여 인간 동작의 중요한 요소인 **리듬과 무용 경험을 포함**할 것을 강조한 교수법

- 라반의 기본 원리를 중심으로 한 신체적 접근법의 동작 교육에 치중됨을 지적하였다.
- 리듬 중에서도 특히 창의적 리듬을 중심으로 프로그램을 연구했는데, 소리와 인간의 동작에 영향을 주는 리듬의 요소를 7가지로 규명하고 그 리듬의 요소들을 동작교육의 내용에 포함할 것을 제안하였다.
- 7가지 리듬 요소는 동작의 형태를 변화시키거나 발레 동작을 하면서 특정 동작의 리듬을 찾아낼 수도 있다.
- 리듬 중심 동작교육은 무용가를 훈련하는 데 목적을 두고 있지 않으며, 유아가 다양한 운율적 동작을 경험하고 창조해 낼 수 있는 기회를 제공하는 것이 목적이다.
- 7가지 리듬요소

	리듬요소	설명
1	**박 / 맥박**(beat / pulse)	항상 규칙적이고 일정한 느낌의 음향
2	**악센트**(accent)	음향 속에서 전형적이고 규칙적이고 뚜렷하게 나타나는 강함 또는 약함의 요인
3	**마디**(measure)	규칙적인 기저 위에서 박자가 강세에 의해 분할된 결과
4	**속도**(tempo)	음향에서 진동·박자·강세에 의해 분할된 결과
5	**지속기**(duration)	음향 또는 정적이 일어난 시간의 길이
6	**리듬유형**(pattern)	강세에 의해 분할되는 지속시간의 연속
7	**악구**(phrase)	조화를 이루는 음향들의 자연스러운 집단화

 지식 창의적 표현 발달을 위한 동작교육 교수-학습 방법(최종문 외 2015; 배인자 외 2013)

1. **창의적인 동작활동의 개념**
   ① 창의적 동작은 영유아가 풍부한 상상력과 창의력을 발휘하여 표현하는 움직임을 말한다.
   ② 창의적 표현활동 : 유아가 신체적인 표현을 통해 자신이 경험한 내적 세계와 다른 사람과의 관계를 표현하기 때문에 특히 중요하다.
   ③ 창의적 동작표현 : 춤의 한 형태로 유아들이 동작을 통하여 새로운 생각을 창출해 내고 자신의 생각을 다른 사람에게 전달하도록 도와주는 것이다.
   ④ 이러한 창의적 동작표현은 유아기에 특히 적합한 것으로 교사를 모방하는 것이 아니라 각각의 유아가 스스로 춤을 발견하는 활동을 뜻하는 것이다.
   ⑤ 창의적 동작활동은 유아에게 생각과 상상을 할 수 있는 다양한 기회를 제공해 주며, 자신의 생각과 느낌을 자유롭게 표현할 수 있는 기회를 제공하는 교육활동이라 할 수 있다.

2. **창의적 표현발달을 위한 동작교육 접근방법**
   - 창의적 동작표현은 상상이 가능한 주제(theme) 중심의 극적인 접근과 음악소리를 듣고 상상하여 동작하는 리듬중심의 극적인 접근으로 지도할 수 있다.

1) 주제중심의 극적인 접근방법
   • 주제를 중심으로 하는 동작 표현은 창의적인 무용을 체계적으로 접근시키고자 했던 **리츤(Ritson, 1986)의 연구**에서도 강조되었다.

2) 음악중심의 극적인 접근방법
   ① 유아가 극화하여 창의적 표현을 할 때 음악을 들려주는 것은 자연스러운 방법이다. 음악을 사용함으로써 동작탐색을 확장하기도 하고, 음악을 듣고 느낀 것을 창의적으로 표현하는 동작활동을 이끌 수 있다.
   ② **피카(Pica, 1995)는 음악요소에 속도, 음량, 연결음과 단음, 소리의 고저음, 악구, 음악 형식, 분위기, 리듬을 포함시키면서 이러한 요소들이 창의적 동작과 관련이 있다고 설명**하였다.
   ③ 이러한 음악적 요소들은 음악마다 따로 존재하는 것이 아니라 한 음악에 함께 존재하여 나타나는 특성들이다.
   ④ 음악을 중심으로 극적인 접근을 하는 동작활동은 기본적인 동작경험이 미성숙한 유아에게 어려운 활동이므로, 교사는 기본적인 동작경험을 충분히 제공해야 한다.
   ⑤ 교사의 역할 : 교사가 적절하게 음악적 자극을 주어야 상상이 풍부해지고, 창의적인 표현활동이 가능하게 된다.

속도 (tempo)	• 템포는 음악이 진행되는 속도를 말하며, 동작요소 중의 하나인 시간과 관련된다.
음량 (volume)	• 소리의 악센트(accent)가 포함되는 소리의 힘을 말하며, 우렁차게 큰 소리와 부드럽고 약한 소리와 관련된다. 대부분의 사람들은 큰 소리에 몸을 크게 하고 높게 하는 동작을 하며, 부드러운 음악에는 작고 낮게 하는 동작을 한다. 동작요소 중 힘(force)과 연결시킬 수 있다.
연결음과 단음 (legato & staccato)	• 음이 부드럽게 연결되거나 음이 짧게 끊어지는 것으로서 동작요소 중에서 흐름(flow)과 관련된다. 연결음은 동작의 연속 흐름과 일치하며, 단음은 동작의 비연속 흐름과 일치한다.
고저음 (pitch)	• 피치는 음의 높이를 말한다.
악구 (phrases)	• 음악에서의 악구는 언어에서의 한 문장(sentence)과 유사하다.
음악 형식 (form)	• 음악의 형식은 음악을 구성하고 있는 악구들의 전체적인 설계이다. 예 '작은 별'과 같은 노래의 세 번째 소절은 첫 번째 소절을 반복하므로 ABA형식으로 본다. • 반복적인 소절에서는 동작을 반복하게 되고, 소절마다 아주 대조적인 형식을 가진 음악을 듣는 경우에는 대조적인 동작을 하게 된다.
분위기 (mood)	• 음악은 느낌을 전해준다. 경쾌한 음악을 들으면 뛰기도 하고, 슬픈 음악을 들을 때는 천천히 움직이기도 한다.
리듬 (rhythm)	• 박자(beat)의 개념이 포함되는 것으로서, 박자를 들어보면, 반복되는 리드믹(rhythmic)한 진동이 일어나는 것으로 들린다. • 손뼉이나 리듬 막대로 단순히 박자만을 강조하며 다양한 리듬을 탐색해 볼 수 있고, 행진곡, 왈츠, 로큰롤 등 다양한 음악 형태를 제공함으로써 여러 유형의 리듬을 탐색할 수 있다.

제4절 통합적 접근법

1 슬레이터(Slater)의 기초·응용 통합교수법

개념	▶ 동작의 **기초영역**인 기본 요소와 기본동작, **응용영역**인 신체 표현 활동, 게임 활동, 체조 활동을 **통합**하여 구성하며, **교사와 유아가 모두 주도성**을 갖고 활동하는 동작 교수법 • 따라서 이 교수법에서는 교사와 유아가 상호주도적으로 활동을 전개함으로써 유아들이 기본동작 및 동작의 기본 요소를 경험하게 되며, 이를 토대로 하여 창의적 표현동작을 탐색할 수 있는 기회를 갖게 된다. • 이는 일방적으로 제시하는 동작을 따라 하게 하는 전통적 동작 교수 방법과 대조를 이룬다.
동작 교육 내용의 범위	• 동작교육 내용의 범위 • 동작의 기초영역 : 동작의 기본 요소에 대한 인식과 기본동작 기술로 나눌 수 있다. • 동작의 응용영역 : 신체 표현 활동, 게임 활동, 체조 활동으로 나눌 수 있다. • **신체 표현** 활동 : 창의적 표현 활동, 창작 율동, 모방 율동(시범 율동)으로 나뉜다. • **창의적 표현 활동** : 유아가 음악과 교사의 창의적 발문을 들으면서 풍부한 상상력과 창의력을 발휘하여 즉흥적으로 표현하는 움직임을 말한다. – 창의적 동작을 이끌어 내기 위해서는 '무엇'이 되어 보는 '**동일시**'와 여러 가지 이야기 줄거리가 있는 내용을 극적으로 구성하는 '**극화**'를 동작 활동에 적용해야 한다.

• Slater(1993)는 동작의 기초영역과 응용 영역을 통합하여 교사-유아 상호주도적 동작 교수모형을 제안하였다.

단계적 절차	도입 단계	• 기본동작을 중심으로 활동에 대한 **흥미를 불러일으킬 수 있는 활동**을 하되, 유아들의 상태를 고려하여 활동을 전개한다.
	움직임 익히기 단계	• 다양한 동작의 가능성을 탐색해 보고 실행해 보기 위해 **선택한 동작의 기본 요소를 중심으로 전개**하되, 소요 시간은 10~15분 내외로 한다(시범 동작).
	창의적 표현 단계	• 적절한 **교재교구(동시, 동화, 다양한 소품)를 활용**하여 **탐색하고 경험한 다양한 동작을 표현에 적극 활용**하는 단계로서, 동작 속에 감정이나 전달 내용을 포함하되, 소요 시간은 10분 내외로 한다.
	평가 단계	• 창의적 표현을 중심으로 동작 주제의 표현과 적용에 대하여 유아 자신이 5분 정도의 시간 동안 평가 내리는 단계로서, 교사는 유아가 자신의 **창의적 신체 표현을 회상할 수 있도록 언어적 상호작용**을 한다.

2 캐츠와 차드(Katz, Chard)의 프로젝트 통합교수법

• 프로젝트를 통한 통합교육은 유아교육 목표의 전 영역이라고 할 수 있는 새로운 지식·기능·성향·느낌에 긍정적인 영향을 미치고 있다.
• 프로젝트의 본질에 대하여 '한 명, 혹은 그 이상의 유아가 특정 주제에 대하여 깊이 있게 행하는 연구'라고도 한다.

Chapter 02

의사소통

Ⅰ. 언어의 구조 및 기능
Ⅱ. 언어 발달 이론
Ⅲ. 음성언어의 발달
Ⅳ. 문자언어의 발달
Ⅴ. 언어교육 접근법
Ⅵ. 유아 언어교육의 영역별 지도
Ⅶ. 유아 문학교육
Ⅷ. 장학자료 – 유아를 위한 언어교육 활동(1990)
Ⅸ. 장학자료 – 유아 언어교육 활동자료(1996)

I. 언어의 구조 및 기능

1 언어의 특성

규칙성 (체계성, 법칙성)	▸ 언어가 **일정한 규칙과 순서**에 따라 **체계적으로 사용**되는 특성 • 언어는 일정한 규칙 체계에 의해 구성된다. 존재하는 **언어들은 무작위로 만들어진 것이 아니라** 자음자와 모음자를 조합하여 낱말이 되고, 낱말이 모여 문장이 형성되는 일련의 규칙이 있다. **이러한 규칙을 문법**이라고 한다.
임의성	▸ **음성적, 시각적 기호**와 **표상하려는 물체나 아이디어** 간에 **임의적으로 연결**되는 특성 • 언어란 동일한 **사회 구성원**들끼리 효율적인 의사소통을 위해 **임의로 합의한 상징**이다. ㉠ 아침마다 동쪽 하늘에서 떠오르는 자연물을 **한국은 '해'**, 미국은 'sun', 중국은 '日'이라 한다.
추상성 (상징성)	▸ 언어가 **문자와 소리로 표현**될 때, 그 사물이 가진 **시각적 특성과는 거의 유사성이 없는** 특성 ㉠ '개미'라는 낱말은 실제 개미의 모습과 아무런 관련 없이 만들어져 있다. • 언어는 이처럼 **실제 사물의 특징과 구체적인 연관을 갖지 않는** 상징 체계다. • 언어는 추상화 과정을 통해 만들어진다. 언어는 사물이나 경험 자체가 아니라 인간의 표상적 사고에 의해 의미가 부여된다. ㉠ 우리가 **'꽃'**이라고 부르는 대상들은 실제로 '무궁화, 진달래, 개나리, 목련' 등의 다양한 모습으로 존재하는 것으로 그 구체적인 실체를 가리키는 것은 아니다.
사회성	▸ 인간의 **사회적 관계를 형성**하고 **사회적 요구와 환경에 영향**을 받는 특성 • 언어와 인간의 관계가 밀접하다는 것은 언어가 이미 **인간 사회와 긴밀한 관계**를 맺고 있음을 전제로 한다. 우리가 매일 사용하는 언어는 **사회적으로 공인된 표현**이다. ㉠ '사과'라는 단어가 마음에 들지 않는다고 하여 '과사'라는 단어로 바꿀 수 없다. 언어는 사회적 지배를 받으면서 그 사회의 요구에 따라 사회현실에 부응하게 된다. • 어떤 사회에서 오랫동안 지켜 내려와 그 사회 구성원들이 널리 인정하는 질서나 풍습의 속성을 관습성이라 한다. **관습성도 언어의 사회적인 특성** 중 하나로, 관용 표현에서 잘 나타난다. ㉠ 우리말의 **'배가 아프다.'**라는 말은 비유적으로 '남이 잘되는 모습에 질투가 나서 속상하다.'와 같은 뜻으로 사용된다.
생산성 (창조성)	▸ **음소, 단어, 문장 등을 다양하게 조합**함으로써 **무수히 많은 표현을 만들어 낼 수** 있는 특성 • **단어와 문장의 조합**에 의해 다양한 **표현**이 가능하다. ㉠ **'어서 오세요.'**라는 언어를 배운 유아는 **'어서 오세요, 어서 가세요, 어서 와.'** 등으로 새로운 문장을 만들어 낸다.
가변성 (역사성)	▸ 언어가 끊임없이 **생성, 변화, 소멸**하며 **시간의 흐름에 따라 지속적으로 변화**하는 특성 • 시간이 흐르면서 사회가 변화하기 때문에 사회의 관습으로 만들어진 언어 역시 변화하게 된다. ㉠ 한글에서 과거에 사용됐던 **'미르'나 '미리내'**와 같은 말은 사라지고 현재에는 '용'이나 '은하수'와 같이 사용된다. **'인터넷', '휴대폰'**과 같은 용어가 생겨나고, **'짜장면'**이 표준어로 인정된다.

이원성	▶ 언어가 **소리의 체계**와 **의미의 체계**가 **분리되어 독립적으로 작용**하는 특성. • 반면에 동물 신호에는 소리와 의미가 구별되지 않는다. 즉 동물의 의사소통 수단인 울음소리는 항상 일정한 동물만 가질 수 있기 때문에, 특정 동물의 울음소리만 듣고도 어떤 동물인가를 정확하게 알 수 있다. • 그러나 인간의 언어는 **소리와 의미가 분리**되어 있기 때문에 **비슷한 소리가 전혀 다른 의미**를 가질 수도 있고 전혀 다른 소리가 동일한 의미를 가질 수도 있다. 　예 '감자'라는 단어는 '감' [gam]이라는 소리와 '자' [ja]라는 소리가 합쳐져서 만들어진 것이지만 같은 소리를 가진 감(과일의 종류), 자(측정도구)와는 의미적으로 전혀 상관이 없다. • 두 가지 이상의 다른 의미가 하나의 소리 단위에 동시에 연관되는 **동음이의어의 표현도** 인간 언어에서는 가능하다. 　예 '눈이 눈에 들어간다.'라는 표현을 살펴보더라도 우리는 인간의 언어가 같은 소리에 다른 의미를 다양하게 부여할 수 있음을 알 수 있다. • 또한 '먹다'와 '드시다'의 경우에서와 같이 **전혀 다른 소리가 유사한 의미를 갖는 경우**도 있다. 하지만 동물의 언어라고 할 수 있는 신호의 체계에서는 '위험하다'라는 한 가지 신호가 있다면, 이 신호는 다른 신호들과 명백하게 구별되어 있어서 같은 소리가 다른 뜻을 갖거나 다른 소리가 같은 뜻을 갖게 되는 경우는 없다.
기호성	▶ 언어는 **일정한 내용을 일정한 형식**으로 표현하는 **기호체계**로, **말소리와 의미가 결합**된 특성 　예 '날이 샌 이후 오전 반나절쯤까지의 동안'을 **'아침'이라는 기호로** 소리 내고 '해가 질 무렵부터 밤이 되기까지의 사이'를 **'저녁'이라는 기호로** 소리 내는 것을 말한다. • 언어는 인간이 의사소통을 하기 위해 쓰는 기호이다. 언어 기호성은 **말소리(또는 문자)와 의미가 결합하여 이루어지는 특성**을 말한다. 　예 '집'이라는 말은 [집]이라는 말소리와 이 소리가 나타내는 뜻이 결합하여 이루어진 언어 기호인 것이다. • 언어는 그 뜻을 소리나 글자로 표현하는 기호성을 갖는다. 즉, 언어는 **내용(의미)과 형식(말소리)으로 이루어진 기호**이다. • **누군가 이야기할 때 그 내용이 머릿속에 떠오를 수 있다는 것**은 언어가 기호성의 특징을 갖기 때문이다. • 서로 다른 사람들이 의미를 주고받기 위해서는 사실 사물, 사건들을 기호로 나타낼 수 있어야 하고, 청자는 기호가 의미하는 사물, 사실, 사건들을 머릿속에 떠올려야한다. • 언어는 기호로 이루어졌으며, 이러한 성질을 기호성이라고 한다. 한국어에서 '강, 호수, 바다 따위의 형태로 널리 분포하는 액체'를 '물'이라고 한다. **'물(/mul/)'이라는 단어**는 '강이나 바다를 이루는 액체'라는 **내용**을 가졌고, **그 내용을 '물'이라는 형식으로 지칭**한다. 이와 같이 내용과 형식의 결합으로 이루어진 것이 기호인데 언어는 이러한 기호로 이루어진다.
분절성	▶ 언어가 **일정한 단위로 나뉠 수** 있는 특성 • 마르티네(Martinet)에 의하면 언어의 **1차 분절**은 **의미를 지닌 언어 요소**로 나누는 것을 말한다. 　예 '밖에 눈이 온다.'라는 문장은 '밖에' '눈이' '온다'로 구성되어 있고, 다시 각각의 직접 구성요소는 그 하위 요소로 분절된다. 　예 '밖에'는 '밖'과 '에'로, '눈이'는 '눈'과 '이'로, 온다는 'ㅇ' 'ㄴ' '다'로 분절된다. • 1차 분절이 의미와 형식을 담은 단위로의 분할이라면, **2차 분절**은 **음소 단위로의 분할**을 의미한다.　예 마지막 어절 '온다'는 /ㅗ, ㄴ, ㄷ, ㅏ/로 2차 분절된다. • 이처럼 인간의 언어는 의미와 소리의 체계를 세분화하는 분절성을 가지며, 이는 동물의 덩어리 표현 방식과 구별된다.

2 언어의 개념

- 언어는 말이나 의사소통과 동일한 의미로 사용되기도 하지만 엄밀히 말하면 이 세 가지 용어들은 다소 차이가 있다.

언어의 개념		
	말 (speech)	▶ (언어에 비해 **개인적인 측면이 강조**되는 개념으로, 공기가 목구멍과 입을 통해서 지나갈 때) 혀, 이, 입술, 연구개 등 **발성기관의 움직임**을 통해 **만들어지는 소리** • **협의의 언어**를 의미한다. 다른 동물들은 인간의 말소리만큼 다양하고 복잡한 소리를 내지 못한다. • 또한 소리가 말로서 기능하기 위해서는 의미 있는 것으로 받아들여져야 한다.
	언어 (language)	▶ 인간이 상호 **의사를 전달하기 위해 사용하는 기호체계**이자, 의사소통을 위한 **상징 체계** • 상징 체계는 말로 하거나 글로 쓰인 단어, 그림이나 인쇄된 기호 또는 사물, 감정, 욕구, 관계, 사건을 표현하는 수동적인 신호로 구성될 수 있다. • 이런 의미에서 언어는 말과 구별되는 개념으로 **사회적 측면이 강조**된다. 즉, **언어는 말을 통해 전달**될 수 있지만 말이 언어의 필수조건은 아닌 것이다. • 예를 들어, 수화(sign language)는 손과 몸의 동작이 언어 단위로, 말과는 다른 독자적인 상징 조합 규칙이 있는 별개의 시공간적인 언어다.
	의사소통 (communication)	▶ 두 사람 또는 그 이상의 **사람들 사이**에서 **정보가 전달되는 과정** • 의도적·비의도적으로 자신의 감정이나 생리적인 상태, 바람, 의견 또는 인식을 다른 사람들에게 전달하는 행위를 포함한다. • 의사소통에서는 **송신자와 수신자가 필요**하며, 이들 모두는 메시지가 효율적으로 전달되었는지 그리고 의도했던 내용이 잘 보전되었는지 확인하기 위해서 **상대방에게 주의를 기울여야** 한다. • 예를 들어, 송신자는 존칭 사용 유무를 결정하기 위해 수신자의 나이를 확인하거나, 수신자의 언어발달 수준, 수신자의 현재 관심사, 주변 환경 등을 고려해야 한다.

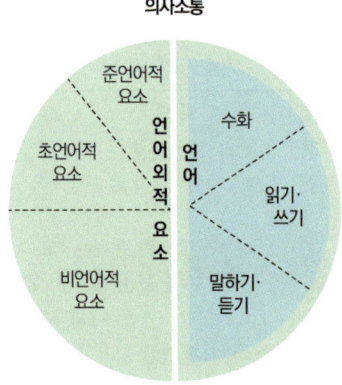

말, 언어, 의사소통의 관계

- 가장 기본적이고 편리한 의사소통 방법은 말을 통한 것이지만, 우리는 실제로 말 이외에도 여러 가지 다른 수단을 사용하여 의사소통을 한다. 즉, 말이나 언어 외에도 의사소통 과정에는 준언어적, 비언어적, 초언어적 요소 등이 포함된다.

언어의 개념	준언어적 요소	▶ **태도나 정서**를 나타내기 위해 **말에 첨가되는 요소**(paralinguistic code)
		• **억양, 강세, 속도, 일시적인 침묵**(pause) 등이 있다.
		• 어순을 바꾸지 않아도 문장 끝을 올리면 평서문이 의문문이 되는 것처럼, 준언어적 요소는 문장의 의미와 형태를 바꿀 수 있다.
		  - **억양** : 의문문인지 평서문인지를 표시한다.
		  - **강세** : 강조하기 위해 사용되며, 청자의 이해를 도와준다.
		  - **속도** : 화자가 흥분한 정도나 대화 내용에 익숙한 정도 그리고 상대방이 얼마나 이해하고 있다고 지각하는가에 따라 달라진다.
		  - **일시적인 침묵**(pause) : 메시지를 강조하거나 대신한다.
		    예 "사탕 먹어도 돼요?"에 대해 엄마가 잠시 대답을 보류하면 안 된다는 의미이다.
		기 '(손을 내밀며 달라는 눈빛을 보인다.)'과 '(많이 달라는 의미로 큰 소리로 빠르게 말하며) 많이! 많이!'에 나타난 **의사소통 요소의 차이점**을 비교하여 쓰시오.[특25]

	비언어적 요소	▶ **몸짓, 자세, 표정, 시선, 머리 또는 몸의 동작, 물리적 거리나 근접성** 등으로 의사소통에 사용되는 요소 • 윙크나 찌푸린 표정 등의 비언어적 요소는 말이나 언어에 의존하지 않고서도 메시지의 전달이 가능하다. • 그러나 비언어적 요소는 개인차가 크며, 문화에 따라 그 의미가 다르게 해석될 수 있다. 예 우리나라에서는 **머리를 위아래로 끄덕이는 것**이 '그렇다'는 뜻이지만 그리스나 터키, 인도에서는 '아니다'라는 의미다. • 이처럼 비언어적 요소는 주관적이지만, 백 마디 설명보다 손으로 지시하는 것이 의미 전달에 있어서 효과적인 경우도 있다. 기 비언어적 표현 수단 2가지를 쓰시오.[24]
	초언어적 요소	▶ **언어에 대해 이야기**하고, **분석**하며, **판단**하고, **언어를 내용과 분리해 하나의 실체로 보는 능력**(metalinguistic code) • 유아는 언어의 형식보다 내용에 초점을 맞춰 의사소통하는 경향이 있어, '다리'와 '알' 중에서 '발'과 소리가 비슷한 단어를 고르라는 질문에 '다리'를 선택한다. 그러나 초언어적 능력을 가진 유아는 소리에 주목하여 '알'이라고 답할 수 있다. • 초언어적 요소는 **읽기나 쓰기 학습**에서 언어를 분석하고 이해하는 데 필요한 능력을 제공하기 위해 필요하다.

3 언어학적 기초

1) 요약 : 언어학의 분야(언어학 구성요소)

형태 (형식)	음성학	▶ 사람이 **말소리를 생성**하고, **전달**하며, **청취하는 과정**을 연구하는 언어학 • 사람의 음성기관에서 나오는 소리, 구체적으로 발음, 소리의 물리적 성질, 소리의 지각에 대해 연구
	음운론	▶ **말소리의 체계와 변화**에 대해 연구하며, **소리의 특성과 배분, 순서**를 지배하는 **규칙** 및 **소리의 이해**를 다루는 언어학 분야 • 말소리의 체계와 변화에 대해 연구 • 소리의 특성, 배분, 순서를 지배하는 규칙 및 소리의 이해 • 단어나 문장을 바르게 발음하고, 소리를 듣고 이해한 후 적절히 반응하기
	형태론	▶ **단어의 내부 구조를 연구**하며, 단어를 구성하는 **형태소에 대한 분석과 이해**를 다루는 언어학 분야 • 단어의 내적 조직 체계, 즉, **단어의 내부 구조**를 연구 • 단어를 구성하는 형태소에 대한 분석과 이해 • 단어에서 접두사, 접미사, 복수형 분석
	구문론 (통사론)	▶ 언어의 **문법 체계와 문장구조**를 연구하며, **문장의 형태와 구조**를 지배하는 **규칙과 적용**을 다루는 언어학 분야 • 언어의 문법 체계, **문장 구조**에 대해 연구 • 문장의 형태나 구조를 지배하는 구문 규칙의 이해와 적용 • 발화시 구문 구조의 인식 및 올바르게 구성된 발화의 산출 ㉠ 주어+목적어+동사의 어순을 알고, 어순에 맞게 말하기
내용	의미론	▶ 언어의 **의미 체계를 연구**하며, 언어의 **의미와 내용**을 지배하는 **규칙 체계와 의미의 이해**를 다루는 언어학 분야 • 언어의 의미 체계, **언어의 의미**에 대해 연구 • 언어의 의미와 내용을 지배하는 규칙 체계의 이해 • 의미의 이해 ㉠ '안녕'이라는 단어와 '헤어짐'이라는 의미 연결하기 • 의미 있는 발화의 산출 ㉠ 트럭이 지나갈 때 '트럭'이라고 말하기
사용	화용론	▶ 언어의 **사회적 상호작용 체계를 연구**하며, 언어 사용과 관련된 **사회적, 문화적 맥락**에서의 **의미와 표현 방식**을 다루는 언어학 분야 • 언어의 사회적 상호작용 체계, **언어의 사용법**에 대해 연구 • 의사소통의 맥락 내에서 언어 사용과 관련된 사회적, 언어적 규칙의 이해와 활용 • 다른 사람과 상호작용하는 방법, 상대방 및 상황에 대한 인식과 그에 따른 적절한 표현 방법 및 태도, 언어 사용에 관한 사회적 규칙이나 관습의 이해 ㉠ 존댓말 사용 • 발화의 사회적 암시의 이해 및 사회적 상황에 적절한 발화 산출 ㉠ '도와주세요.'는 비상시 관심을 끌고 도움을 요청하는 방법임을 알기

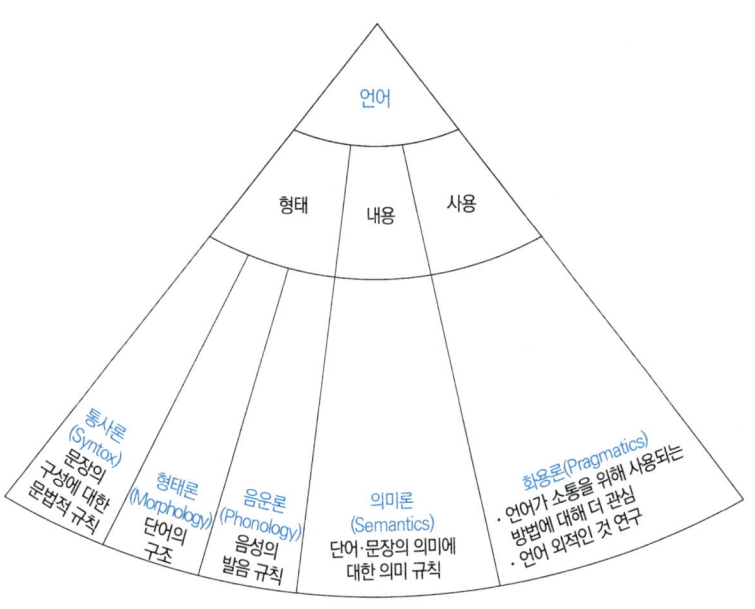

김은심 외(2016). 영유아 언어교육의 이론과 실제. 20page.

언어의 구성요소

Plus 지식 언어의 구조

언어학적 기초	언어학의 분야(음운론 등)	언어의 구성요소(음소, 음절 등)
언어학적 기초(정남미)	언어학의 분야	언어의 구성요소
언어의 구조(남규)	언어학의 구성요소	언어의 기본 요소
언어의 구조(한유미)	언어의 구성 요인	언어의 기본 요소
김은심(2021)	언어의 구성요소	언어의 단위
(김영실 외)	언어학의 분야	언어의 구성단위
(서소정, 문혁준)	언어의 구성요소	언어의 구조
언어의 구조(노영희)	언어학의 분야	

2) 언어학의 분야(언어학 구성요소)

음운론	① 음운은 **말소리의 조합**과 관련한 것이다. 각 언어들은 다양한 말소리들로 이루어지는데, 이 말소리들을 음소라고 부른다. **음소**는 **소리의 차이를 통하여 의미를 변별**하게 하는 **가장 작은 말소리의 단위**다.
	② 영어는 약 45개의 음소, 우리말은 자음 19개(자음 14개, 된소리 5개), 모음 21개(모음 10개, 이중모음 11개) **모두 40개의 음소를 사용**한다.
	※ 한글 맞춤법 제4항 한글 자모의 수는 **스물넉 자로** 하고, 그 순서와 이름은 다음과 같이 정한다.
	    (기본자모 : 24자, 복합자모 : 16자 - 된소리 5자, 이중모음 11자)
	③ **음운규칙**은 음소들의 배분과 연결을 결정한다.
	   예 'ㅂㅎㅐㅔ'와 같은 말소리의 배열은 있을 수 없다.
	④ 하나의 음운은 다른 음운과 서로 긴밀하게 연결되어서 하나의 체계를 이룬다.
	   예 '날', '달', '발', '알'은 초성의 차이로 의미가 달라진다.
	⑤ 음운은 서로 결합할 때 발음을 편하게 하기 위해 한 음운이 다른 음운으로 바뀌기도 한다.
	   예 맏이 → [마지]
	⑥ 관련 활동
	   - 글자 알아맞히기 : ★이스크림, ★버지, 강★지, ★ 자리에 들어갈 글자를 찾아 ○표 해보세요.
	   - 낱자 승객을 태워주세요 : 자음 카드를 뽑아 첫 번째 칸에 붙인다. 제시된 자음이 들어간 단어를 찾아 붙여본다.

형태론	① 형태론 : 언어에서 **형태소 활용을 지배하는 규칙**을 의미한다.
	② 형태소란 **의미를 가진 최소의 문법 단위**이다. 형태론은 이러한 **단어의 구조**를 연구하는 것이다.
	③ 단어는 하나 이상의 형태소로 이루어진다. 형태소는 **더 작은 단위로 쪼개어지면 의미가 없어져 버리는 최소의 문법 단위**이다.
	   예 '사람'은 최소의 의미 단위인데 '사'와 '람'으로 쪼개어지면 의미가 없어진다.
	④ 단어는 하나 혹은 두 개의 형태소로 이루어져 있다.
	   예 문법은 '문(sentence)'이라는 형태소와 '법(rule)'이라는 형태소로 구성

구문론 (통사론)	① **문장의 형태**나 **구조**는 **구문 규칙을 따라야** 한다. 이 규칙은 단어의 순서, 문장의 구성, 단어 간의 관계성, 단어의 품사 등에 관한 성격을 밝혀 준다. ② 문장은 서술, 명령, 의문 등 사용해야 할 문장의 기능에 따라 그 구성을 달리한다. 그러나 모든 문장의 가장 기본적인 요소는 명사와 동사구다. 이것은 명사, 동사, 형용사 등 여러 종류의 품사와 여러 유형의 단어들로 구성된다. ③ 우리말, 일본어는 주어-목적어-동사(나는 수진이를 바라본다) 순이지만, 영어는 주어-동사-목적어 (He played the piano)이다. ④ 관련 활동 : 단어 카드로 문장 만들기, 단어 블록 3개(주어, 목적어, 서술어)를 이용하여 문장을 완성해 본다. 기 ⓒ "바람이 구름을 흩어 버렸어요.", **"해님이에게 개미가 좋아했어요."**, "구름이 바람을 좋아하지 않아요.", "개미가 나무를 낳았어요."'에서 구문론(syntax) 측면에서 적절하지 <u>않은</u> 문장을 1가지 찾아 쓰시오.[19추]

의미론	① **단어나 문장의 의미나 내용에 관한 것**이다. 단어의 의미와 단어가 가지고 있는 의미들의 조합에 따른 의미변화를 연구하는 것이다. ② **동음이의어, 유의어, 반의어** 등 단어와 단어 사이의 관계를 이해하고, 단어의 중심적 의미와 주변적 의미를 아는 내용이 포함된다. 기 (가) '수수께끼 '다리는 다리인데 못 건너는 다리는?'이라고 수수께끼를 내면 친구들이 알아맞혀 본다.' 활동 내용에 나타난 언어의 의미론적 특징을 1가지 쓰시오. **(동음이의어 관계로) 두 개 이상의 단어가 소리는 같지만 의미가 다를 수 있다.**[20] 기 '부웅 배가 맛있는 배를 가득 싣고 지나갑니다.'에 나타난 **언어의 특성**을 활용한 **언어활동의 예**를 1가지 쓰시오. **동음이의어 그림 카드 만들기 (동음이의어를 활용한 단어 놀이 등)**[25] ③ 의미는 **실재를 최소의 작은 범주로 나누는 분류체계**이다. 작은 범주로의 분류는 언어사용자가 사물, 행위들을 관계 지을 때 유사한 것을 묶고, 서로 다른 것들은 구분하는 것들도 있고, 중복적인 것들도 있다. 예 남자나 여자는 상호 배타적인 단위로서 인간은 남자이거나 여자이지, 남자도 되고 여자도 될 수는 없다. 또, 여성, 여자, 숙녀 등은 다소 중복적인 단위로서 어느 정도는 같은 개념으로 사용될 수 있고, 또 서로 다른 개념으로도 사용될 수 있다. 모든 여성이 다 여자인 것은 아니다. 동물의 암컷을 여자라고 말하지는 않는다. ④ 의미론은 단어나 단어 조합에서 **유사성과 차이점**을 말해줌으로써 사물, 사건들에 대한 관계성, 그리고 인지와 사고에 관한 문제들을 언어의 형태와 관계 짓는 기능을 한다. ⑤ 언어를 통해 의미를 나타내기 위해 단어와 문장을 사용하는 데 있어서 근본적인 것은 내적 감정과 지각에서부터 문화적, 사회적 현상, 우리를 둘러싼 물리적 세계까지 상상할 수 있는 경험의 측면을 **조직**하고 **분류**할 수 있는 개념체계이다. ⑥ 그중 대표적인 것이 **은유**로서 한 개념을 다른 관점에서 이해하는 것이다. 예 책상다리가 길다(형태의 유사성), 난 시험에 많은 시간을 투자했다(사회 · 문화적 근접성). ⑦ 관련 활동 : 같은 말, 다른 뜻-동음이의어 알아맞히기 게임을 해 본다. "배는 배인데, 못 먹는 배는? (우리 몸의 배, 타는 배)", "비는 비인데, 쓸지 못하는 비는? (하늘에서 내리는 비)"
화용론	① **화자, 청자, 시간, 장소 따위로 구성되는 맥락**과 관련하여 문장의 의미를 체계적으로 분석하는 분야로, 화자의 언어 산출과 청자의 언어이해를 언어학적 관점에서 연구한다. ② **의사소통 맥락**에서 문장의 의미는 **실제 상황이나 대화 상황에 따라 다르게 쓰일 수** 있기에 상황을 고려하여 의미를 파악하여야 한다. 예 "너 몇 살이니?" : 나이에 어울리지 않는 행위를 할 때 말하는 것과 유아에게 묻는 것은 의미가 다르다. ③ **대화의 순서적인 조직화** : 화자와 청자가 차례대로 말하는 것은 대화를 하는 데 있어서 매우 중요한 요소다. 휴지(休止)를 통해 상대방의 말이 끝났음을 알아차리고, 때로는 반대로 휴지를 주지 않음으로써 상대방에게 종료점을 주지 않을 수도 있다. 또는 얼굴표정이나 몸짓으로 자신의 말이 시작되는 것을 신호하기도 한다. ④ 관련 활동 : 말풍선 꾸미기, 명화를 감상한다. 인물이 무엇이라고 말하고 있을지 생각해 본다. 말풍선 안에 써본다. 기 '자신의 말하기 순서를 기다리지 못해서 불쑥 얘기하기도 해요.'에 해당하는 언어학의 하위 범주를 쓰시오.[특20] 기 '상황과 목적에 맞게 말을 하는 데 어려움을 보였다. 또한 친구들과 대화할 때 대화 순서를 지키거나 적절한 몸짓과 얼굴 표정을 나타내는 것에도 어려움을 보였다.'를 참고하여 언어학의 5가지 하위 영역 중 연우가 어려움을 나타내는 영역을 쓰시오.[특24]

구체적 예시	• "니소닥폐챠콜하데쿠로" : 형태소적 규칙이 적용되지 않아 의미가 통하지 않는다. • "먹었다 는 그 을 밥" : 형태소적 규칙은 적용되었으나, 구문 규칙이 적용되지 않아 의미가 통하지 않는다. • "코는 잠을 주었다" : 단어들은 순서에 맞으나, 의미 규칙이 적용되지 않아 말이 되지 않는다. • **초상집에서 여행 제안** : 화용론적 규칙 위반

3) 음운 및 음운 인식

음운	• 음운은 '**음소**'와 '**운소**'의 첫 글자를 따서 결합한 것이다. • 넓은 의미로는 음소를 음운과 동일시한다.
음소	• 소리로 나오는 언어의 가장 기초단위로, **자음과 모음**이 있다.
운소	• 소리의 **길이**(음장), **세기**(강세), **높낮이**(성조)와 같이, 표기상 드러나지 않으나 음소에 덧붙여 실행되는 운율적 요소를 말한다.

음운 인식	▶ 단어를 구성하는 개별 **음운(음소) 또는 음절을 식별하거나 조작**하는 능력
	• 말소리를 지각하고 **단어가 음절, 음소와 같은 더 작은 소리로 분절**될 수 있으며, **다시** 이런 단위가 **결합**하여 새로운 단어로 **재합성될 수 있음을 아는 능력**
	기 ① '음운 인식' 개념을 설명하고, ② '음운 인식'에 해당하는 활동을 찾아 쓰시오.[23]
	  ① 단어를 구성하는 개별 음운 또는 음절을 식별하거나 조작하는 능력을 말한다.
	  ② ⓒ 첫소리가 같은 동물 카드 찾기
	
	• 음운 인식은 음절 단위의 소리를 지각하는 '**음절 인식**'과 가장 작은 단위인 음소 단위의 소리를 지각하는 '**음소 인식**'으로 구분된다.
	• 음운 인식 능력이 발달하면 자소·음소 간의 대응 관계와 낱글자(자소)의 결합원리에 대해 더 잘 이해할 수 있어 읽기 발달을 촉진한다.
	• 음소 언어인 한글의 경우 대부분의 유아들은 음운 인식 중 **음절 단위를 먼저 자각**하고 **점차 음소 단위의 순서**로 자각한다.
	기 한글은 말소리를 적을 때, **(음절)**을 기준으로 한 글자씩 적는다. 우리나라 유아들의 한글 읽기 및 쓰기 발달 과정을 살펴보면, 음소인 자모의 인식보다는 **(음절)**인 글자의 인식이 먼저 나타나는 것을 알 수 있다. **(음절)**의 특징이 잘 드러난 활동은?
	  ㄱ. 끝말잇기, ㄴ. 스무고개 놀이, ㄷ. '만약에 내 몸에 날개가 생긴다면…' 이야기 짓기,
	  ㄹ. 내 이름으로 삼행시 짓기, ㅁ. '참나무, 뽕나무, 대나무' 전래동요 듣기[09]
	• 유아는 단어가 더 작은 요소로 나뉠 수 있고, 음이 여러 방법으로 조작될 수 있다는 것을 이해하게 되며, 각각의 자음과 모음을 정확하게 구분하여 발음할 수 있게 되면서 정확한 억양으로 언어를 구사할 수 있게 된다.

4) 음운 인식 지도

<table>
<tr><td rowspan="4">음
운
인
식
지
도</td><td colspan="2">

▶ **음운 인식** : 낱말을 나타내는 **말소리를 식별**하고, 그 **소리들을 조합하여 낱말을 만들 수** 있다는 것을 **인식**하고, 낱자들을 **조합, 분절, 탈락, 삽입, 대체**할 수 있는 능력
- 글자와 말소리의 관계를 이해하고 처음 접하는 낱말들을 해독하기 위해서는 **음운 인식**이 가능해야 한다.
- 유아기 **음운 인식**의 과제는 **단어**, **음절**, 그리고 **음소** 수준의 단위를 인식하는 것이다.
</td></tr>
<tr><td>단어 인식
과제</td><td>• 연속되는 말의 흐름에서 **단어라는 단위를 인식**하고 **단어가 모여서 문장을 구성**함을 이해하는 것</td></tr>
<tr><td>음절 인식
과제</td><td>• 음절이라는 단위를 인식하고 음절이 모여서 단어가 구성되는 것을 이해하는 것</td></tr>
<tr><td>음소 인식
과제</td><td>• 음소라는 단위와 음소들이 모여서 음절을 구성한다는 사실, 그리고 **음소의 음가를 인식하는 것**이다.
• 이를 위해 음소대치, 음소조합, 음소 분절, 같은 음 찾기, 음소탈락, 음소삽입 등의 과제가 포함된다.</td></tr>
</table>

기 음운 인식을 높여주는 활동으로 적절한 것을 〈보기〉에서 모두 고른 것은?[10]

(가) 이 동시의 제목을 만들어 보자. 무슨 제목을 붙여볼까?
(나) '도닥도닥' 소리는 '뚜닥뚜닥'하고 어떻게 다르지?
(다) 동시를 여러 번 들려준 후, 교사는 ㉠ '병아리, 송아지, 망아지' 앞에서 멈추어 ㉠ 부분을 유아들이 직접 말로 채우도록 하고 끝말이 같은 소리인 것을 찾아보도록 한다.
(라) 자석 글자(ㅇ,ㄱ,ㅁ,ㅏ,ㅏ,ㅏ,ㅣ…)를 만들어, 유아들에게 '아', '가', '마' 사이에, 그리고 '가'와 '기' 사이에 어떻게 소리가 달라지는지 각각 비교하는 놀이를 하였다.
(마) 병아리, 송아지, 망아지, 아기 그림이 있는 카드와 닭, 소, 말, 엄마 그림이 있는 카드를 섞어 놓은 후, 엄마와 아기를 일대일로 연결하는 놀이를 하였다.

- 우리나라 유아의 음운 인식은 **단어, 음절, 음소 수준 순으로 발달**하고 있으므로, 음운 인식 과제도 **이러한 순서로 제시**하는 것이 적절하다.
- 음절 인식은 3세 반 경에 시작되어 5세 반에는 대체로 완성되나, 음소 인식은 5세경에 시작되어 초등학교 입학할 무렵에도 반 정도의 유아들만 음소 인식이 가능하다.

음운 인식 지도	단어 수준	• **자주 접하는 글자 알기** • 자주 접할 수 있는 글자를 중심으로 글자의 음가를 익히도록 지도하는 것이 선행되어야 한다. • 가족 이름, 자주 먹는 과자 이름, 자주 보고 좋아하는 책에서 주로 나오는 단어를 중심으로 아는 글자를 기억하고 그것을 새로 나오는 단어에 적용해 보는 방법이다.
	음절 수준	• **음절 수 세기 활동** • **[이유]** 음성 단어의 구성요소인 **음절**과 시각 단어의 구성요소인 **글자**가 **서로 일대일 대응**한다는 것을 인식시키기 위함이다. 이를 통하여 음절 수와 글자 수가 동일함을 알게 한다. 기 (나) "'안', '경', '안', '마'. 다 같이 읽어 볼까요?" (나)에서 강조하고 있는 **언어 단위**를 쓰시오. **음절**[21] 기 김 교사가 ① [A] "'구름이'에서 첫소리 /구/를 /자/로 바꾸면 어떤 소리가 날까?"에서 지도하고 있는 **언어 구성 요소** 1가지를 쓰시오. **음절**[23]
	음소 수준	• **음소 인식을 돕는 활동** ① 몇 개의 자·모음자를 결합하여 받침이 없는 글자(가, 나, 다 등)를 만들어 발음하기 ② 받침 있는 글자에서 받침 빼고(감자→가자) 발음하기 ③ 모음·자음 바꾸어 가로 글자는 세로 글자(으→이)로 세로 글자는 가로 글자(강→공)로 바꾸어 발음해 보기 ④ 들려준 단어에서 지정한 음소 빼고(고구마에서 ㄱ 빼고 오우마) 발음하기 ⑤ 하나의 단어에 몇 개의 소리(집→지 이 입)가 있는지 말해 보기 ⑥ 두 단어를 듣고 다른 한 단어에는 없는 소리(감자와 가자, 바지와 아지)가 무엇인지 말해 보기 ⑦ 하나의 단어에서 나는 소리를 분절(집→ㅈㅣㅂ)하여 발음하기 기 (가) 『ㄱ ㄴ ㄷ 공룡 여행』 동화를 들려주며 글자 찾기 놀이' (가)에서 강조하고 있는 **언어 단위**를 쓰시오. **음소**[21]

특주A7. 3) ① [B] '인사노래에서 '짝'을 '콩'으로 바꿔서 노래를 해 봅시다.'와 ② [C] '동물을 말하면 끝말을 빼고 말해 봅시다. 코알라에서 '라'를 빼면?'에 해당하는 음절 수준의 음운 인식 과제 유형을 각각 쓰시오.[특22]   ① **음운대치**, ② **음운탈락**

	음운인식 과제		활동
음운 인식 지도	음운 인식 과제	단어 수준	단어 인식	• **단어 카드**를 **올바른 순서**로 나열하기, **단어 수 세기**
		음절 수준	음절 분절	• **음절 수 세기**
			같은 음절 찾기	• 같은 음절이 포함된 단어에서 같은 음절 인식하기 • 같은 음절로 시작하는, 끝나는 단어 찾기, **끝말 이어가기**
		음소 수준	음소 조합	• 음소들을 갖고 글자를 구성한다.
			음소 분절	• /강/을/ㄱ/,/ㅏ/,/ㅇ/으로 소리 낸다.
			같은 음소 찾기	• 같은 음소가 포함된 단어에서 같은 음소 인식하기 • 같은 음소가 초성, 중성, 종성에 포함된 단어 찾기
			음소 대치	• /알록/과 /달록/의 공통점, 차이점 찾기 • /ㅇ/과 /ㄷ/대신에 다른 자음 넣어 발음하기 기 ⓜ '"횡 휘잉"에서 /ㅎ/를('ㅎ'을) 빼고 /ㅅ/를('ㅅ'을) 넣으면 어떻게 될까요?'과 관련된 음운 조작 유형을 쓰시오.[22]
			음소 삽입	• 빠진 받침을 첨가하여 완전한 단어 만들기
			음소 탈락	• 주어진 단어에서 받침을 빼고 새로운 낱말 만들기(바지와 반지) 기 교사 발문 ⓒ '"다다다닥!'의 '닥!'에서 /ㄱ/를('ㄱ'을) 빼면 무슨 소리가 남을까?'에서 유아의 음운인식을 돕기 위해 사용한 음운조작의 유형은 무엇인지 쓰시오.[18]

이지현 외(2016), 김은심 외(2016), 서동미 외(2017)

	음운 인식 의 하위 요소	
	음운 조합	▶ **음소나 음절**을 **조합하여** 글자나 낱말을 만드는 것 예 ㄱ+ㅏ+ㅇ : 강 / 유+치+원 : 유치원
	음운 분절	▶ 글자나 낱말을 **음소나 음절 단위**로 **분리**하는 것. 예 강 : ㄱ+ㅏ+ㅇ / 유치원 : 유+치+원
	음운 대치	▶ 낱말의 **특정 음소나 음절**을 **다른 음소나 음절로 바꾸는 것** 예 '옥수수'에서 '옥'을 '방'으로 대치하면 '방수수' 예 '너구리'에서 'ㄴ'을 'ㄱ'으로 대치하면 '거구리'
	음운 삽입	▶ **특정 음소나 음절**을 글자나 낱말에 **끼워 넣는 것** 예 '오리'에 받침 'ㄹ'을 삽입하면 '올릴'
	음운 탈락	▶ 글자나 낱말에서 **특정 음소나 음절을 빼는 것** 예 '문'에서 'ㄴ' 받침을 빼면 '무' / '책상'에서 '책'을 빼면 '상'

노영희 외(2017)

5) 언어의 구성요소

음소
- ▶ **음성(말소리)**의 최소 단위, **음운론**상의 최소 단위, **의미 변별**의 최소 단위
  - 예 '날', '달', '발', '알'은 초성의 차이로 의미가 달라진다.
- 음소 배열에는 언어별 규칙이 있다. 예 자음+모음, 모음+자음, 자음+모음+자음
- 우리말은 자음 19개, 모음 21개 모두 40개의 음소를 사용한다.

- 기 ⓑ '넌 맥스라고? 그럼, 맥……맥……맥가이버랑 형제냐?'와 ⓐ '맥……백, 팩, 댁. 히히…… 재미있는 소리가 나네. 비슷하지만 달라.'는 서로 다른 음운인식 유형을 나타낸다. ⓐ에서 나타난 음운 인식 유형 1가지를 쓰시오.[14]
- 기 ㉠ 〈동요 '봄소식'을 한 소리로 부르기〉 • 동요 '봄소식'을 들으면서 한 소리 '라'로 부른다. • '라'를 '러', '로', '루'로 바꾸며 동요 '봄소식'을 한 소리로 부른다.' 활동을 통해 학습할 수 있는 음운론적 요인을 1가지 쓰시오.[15]
- 기 '음소' 인식 발달에 가장 적절한 활동을 1가지 찾아 쓰시오. **초성이 같은 낱말 찾기**[19]

음절
- ▶ **발음**의 최소 단위, **언어 산출**의 기본 단위
- 자음과 모음으로 구성되며 초성, 중성, 종성으로 삼분되어 있다.

- 기 '물건값' : 음절 단위로 카드를 만들어 준다면 '물건', '값'과 같이 2장의 카드에 나눈다.[12]
- 기 '(글자를 한 자 한 자 짚어가며 소리 내어 읽어준다.) 세.이.스.모.사.우.루.스.'에서 교사가 강조하는 우리말 소리의 기본 단위 1가지를 쓰시오. **음절**[13추]
- 기 (나)의 ㉢ '친구 이름의 낱자를 활용한 활동'과 관련된 활동명을 (가)에서 모두 찾아 쓰시오. **'성씨 부르기', '이름과 같은 음절로 시작하는 낱말카드 놀이'**[16]
- 기 한글은 글자를 운용하는 과정에서 (음절) 단위로 모아쓰기를 한다. (음절)은 더 이상 작게 나눌 수 없는 음운론상의 최소 단위인 (음소)가 하나 이상 모여 이루어진다. (음절) 인식을 돕기 위한 교사 발문 1가지를 찾아 쓰시오. **'물장난'의 '물'과 '개구리'의 '개'가 만나면 어떤 새로운 말이 될까?**[18]
- 기 음절 인식에 초점을 두는 활동명을 (가)에서 찾아 쓰시오.
  '가'자로 시작되는 말, 이름으로 삼행시 짓기[20]

주A6. 2) 다음에 해당하는 예를 ㉠~㉣ 중 1가지를 찾아 나머지 활동과의 차이점을 음운 인식 측면에서 쓰시오.[22] **㉢은 음절 수준의 활동인 반면, 나머지는 음소 수준의 활동이다.**

> 권 교사는 민준이가 「사과와 나비」 그림책 제목을 보더니 "'사각사각'할 때 '사'다!"라고 큰 소리로 글자를 읽는 것을 보고 관련된 언어활동을 계획하였다.

권 교사 : ㉠ '처벅'의 '처'에 /ㄹ/를('ㄹ'을) 더하면 무슨 소리가 날까요?
권 교사 : 그럼 ㉡ '덤벙텀벙'에서 받침을 모두 빼면 어떻게 될까요?
권 교사 : ㉢ (보드판에 붙어 있는 낱말 카드 중 '살'자 카드 옆에 '금'자 카드를 옮겨 놓으며) 읽어볼까요?
권 교사 : "으악! 곰이잖아!" 얘들아, (그림책 속 '곰'을 손가락으로 짚으며) ㉣ /ㄱ/('ㄱ') 더하기 /ㅗ/('ㅗ') 더하기 /ㅁ/('ㅁ') 소리를 합하면 무슨 소리가 날까요?

형태소			
	▶ **의미**의 최소 단위 • **뜻**을 가진 가장 작은 말의 단위		
	자립의 유무	자립 형태소	▶ 다른 말(조사·어미·접사)에 **의존하지 아니하고 혼자 설 수** 있는 형태소 • 독립적이고 명백한 의미를 가지며 단어로 홀로 쓰일 수 있는 형태소 예) 체언(명사, 대명사, 수사), 수식언(관형사, 부사), 감탄사 등 예) **하늘**이 **참** 높고 푸르다, **손** / **수건**으로 닦아. 예) **예은**이가 **과자**를 먹었다.
		의존 형태소	▶ 다른 말에 **의존**하여 쓰이는 형태소 ▶ **항상 다른 형태소와 결합**하여 쓰이는 형태소 • 형태소 간의 문법적 관계와 의미를 명백히 해 주는 역할을 하는 형태소 예) 조사, 어간, 어미, 접사 예) 하늘**이** 참 높**/고** 푸르**/다**, 손수건**으로** 닦**/아**. 예) 예은**이 / 가** 과자를 먹**/었 / 다**.
	의미의 유무	실질 형태소	▶ 구체적인 대상이나 동작, 상태 등 **실질적 의미를 표시**하는 형태소 예) 체언(명사, 대명사, 수사), 수식언(관형사, 부사), 감탄사, 어간 예) **하늘**이 **참** 높 **/ 고** 푸르 **/ 다, 손 / 수건**으로 **닦** / 아. 예) **예은**이가 **과자**를 **먹**었다.
		형식 형태소	▶ 실질 형태소에 붙어 주로 **말과 말 사이의 관계를 표시**하는 형태소 예) 조사, 어미, 접사 예) 하늘**이** 참 높**고** 푸르**다**, 손수건**으로** 닦**아**. 예) 예은**이 / 가** 과자를 먹**었 / 다**.

• '하늘이 참 높고 푸르다.'의 형태소 분석

형태소	하늘	이	참	높	고	푸르	다
자립, 의존	**자립**	의존	**자립**	의존	의존	의존	의존
실질, 형식	**실질**	형식	**실질**	**실질**	형식	**실질**	형식

기 '아가야 어디 가니?'를 **언어의 기본 단위**로 구분한 것 중 형태소를 가장 잘 나타낸 것은?
 아가 + 야 + 어디 + 가 + 니[10]

기 '노래만'을 두 개의 형태소로 구분하고, 자립성 측면에서 이 둘의 차이를 설명하시오.[22]
 '노래만'은 노래와 만으로 구분된다. 노래는 독립적이고 명백한 의미를 가지고 단어로서 홀로 쓰일 수 있는 자립형태소이고, 만은 다른 형태소와 조합을 이루어 문법적 관계와 의미를 명백히 해 주는 역할을 하는 의존형태소이다.

단어	▶ 문법상 일정한 뜻과 구실을 가지는 **말의 최소 단위**(말의 최소 단위) • 분리하여 자립적으로 쓸 수 있는 말 • 최소한 1개 이상의 형태소로 이루어지고 일정한 뜻을 가진다. 예 집(단독 사용), 초가집(2개 형태소)
어휘	▶ 일정한 범위 안에서 사용되는 **단어의 집합**
어절	▶ 문장을 구성하는 도막 도막의 마디로, **문장성분**의 최소 단위. • 한 단어 및 그 이상으로 이어진 단어들에 의하여 이루어진 문법 단위로 띄어쓰기의 단위와 일치한다. 예 '동우가∨놀이터에∨간다.' : 3개의 어절로 이루어져 있다.
구	▶ **둘 이상의 단어**가 모여 **절이나 문장의 일부분**을 이루는 토막, **주술 관계가 없음** • 중심이 되는 말과 그것에 딸린 말들의 묶음이다.
절	▶ **주술 관계가 있고, 더 큰 문장의 한 성분으로 기능**하는 단위 • 구와 절의 공통점 : 둘 이상의 어절이 합해진 구조를 갖는다.
문장	▶ 생각이나 감정을 말로 표현할 때 **완결된 내용을 나타내는 최소 단위** • 주어와 서술어를 갖추고 있는 것이 원칙이나 때로는 이런 것이 생략되기도 한다. • **끝에 마침표, 느낌표, 물음표가 사용**되는 것이 문장의 특징이다.
문단	▶ 글에서 하나로 묶을 수 있는 짧은 단위로, **여러 문장이 모여 하나의 중심 생각**을 나타내는 **덩어리** • 한 편의 글은 여러 개의 문단으로 구성된다. 보통 글을 쓸 때 **문단이 바뀌면 줄을 바꾸어** 쓰고, **문단을 시작할 때 처음 한 칸을 비우**고 쓴다.

 지식   '하늘이 참 높고 푸르다.' - 언어의 구성요소 분석

- **음절(9개)** : 하 / 늘 / 이 / 참 / 높 / 고 / 푸 / 르 / 다
- **형태소(7개)** : 하늘 / 이 / 참 / 높 / 고 / 푸르 / 다
- **단어(5개)** : 하늘 / 이 / 참 / 높고 / 푸르다
- **어절(4개)** : 하늘이 / 참 / 높고 / 푸르다

 지식   음소의 수는?

① 음운의 개수를 따질 때는 실제 음성 실현형을 기준으로 한다. 따라서 초성의 'ㅇ'은 음운이 아니다.
   예 우유[우유] : 2개(ㅜ+ㅠ), 아버지[아버지] : 5개(ㅏ+ㅂ+ㅓ+ㅈ+ㅣ)
② 쌍자음이나 이중모음은 음운 1개로 한다.
   예 값[갑] : 3개(ㄱ+ㅏ+ㅂ), 빛깔[빋깔] : 6개(ㅂ+ㅣ+ㄷ+ㄲ+ㅏ+ㄹ), 과수원(과수원) : 6개(ㄱ+ㅘ+ㅅ+ㅜ+ㅝ+ㄴ)
③ 사이시옷은 발음기호이므로 음운의 개수에 포함되지 않는다.
   예 촛불[초뿔] : 5개(ㅊ+ㅗ+ㅃ+ㅜ+ㄹ)
④ ":"은 비분절 음운이므로 음운의 개수에 포함되지 않는다.
   예 눈보라[눈ː보라] : 7개(ㄴ+ㅜ+ㄴ+ㅂ+ㅗ+ㄹ+ㅏ)

지식 조음 기관과 자음

- 1. 바깥 입술
- 2. 안쪽 입술, 3. 이
- 4. 치경(잇몸), 5. 후치경(뒷잇몸)
- 6. 전경구개(앞센입천장)
- 7. 경구개(센입천장)
- 8. 연구개(여린입천장)
- 9. 구개수(목젖)
- 10. 인두(목구멍)
- 11. 성문(울대문)
- 12. 후두개(울대머리마개)
- 13. 설근(혀뿌리), 14. 후설(뒤혀), 15. 전설(앞혀)
- 16. 설단(혓날), 17. 설첨(혀끝), 18. 혀 밑

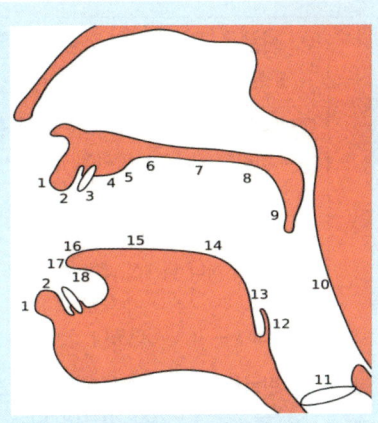

- 울림소리를 제외한 나머지 소리는 모두 안울림소리이다. 여기에는 파열음, 파찰음, 마찰음이 있으며, 소리의 세기에 따라 예사소리, 거센소리, 된소리로 나눈다.
- ▶ **파열음** : 공기의 **흐름을 막았다가** 그 막은 자리를 **터뜨리며** 내는 소리
- ▶ **파찰음** : 파열음과 마찰음의 성질을 **모두 가진** 소리
- ▶ **마찰음** : 입안이나 목청 사이의 **통로를 좁혀** 공기가 **비집고** 나오며 마찰하는 소리
- ▶ **울림소리** : 입 안이나 코안에서 **공명**을 얻는 소리(모든 모음은 울림소리, 자음 중 울림소리는 네 개다.)
- ▶ **비음** : 입 안의 통로를 막고 **코로 공기를 내보내며** 내는 소리
- ▶ **유음** : 혀끝을 윗잇몸에 대고 **공기를 양옆으로 흘려** 내보내며 내는 소리
- ▶ **양순음** : **두 입술**을 사용하여 내는 소리
- ▶ **치조음(잇몸소리)** : 혀끝과 **윗잇몸**이 닿아서 나는 소리
- ▶ **경구개음** : 혓바닥과 **센입천장** 사이에서 나는 소리
- ▶ **연구개음** : 혀뿌리와 **여린입천장** 사이에서 나는 소리
- ▶ **성문음** : **목청** 사이에서 나는 소리

조음 방법		조음위치	양순음 (입술소리)	치조음 (혀끝소리)	경구개음 (센입천장소리)	연구개음 (여린입천장소리)	성문음 (목청소리, 후음)
안울림 소리	파열음	예사소리	ㅂ	ㄷ		ㄱ	
		된소리	ㅃ	ㄸ		ㄲ	
		거센소리	ㅍ	ㅌ		ㅋ	
	파찰음	예사소리			ㅈ		
		된소리			ㅉ		
		거센소리			ㅊ		
	마찰음	예사소리		ㅅ			ㅎ
		된소리		ㅆ			
		거센소리					
울림소리		비음	ㅁ	ㄴ		ㅇ	
		유음		ㄹ			

기 '배추' : 첫 음소는 조음 위치상 두 입술을 사용하는 양순음이다.[12]

4 한글의 구조적 특성

한글의 구조적 특성

① 한글은 자소-음소 대응이 **규칙**적이고, 이러한 규칙을 적용하기 쉬운 특성이 있다.
  ㉠ 유아들에게 음운법칙을 인식시키면서 쉽게 한글을 읽을 수 있다.

② 한글은 **자질 문자**이다. **자질 문자 : 글자의 모양**이 **소리의 성질을 드러내는 글자**
  - 한글은 상형의 원리에 따라 소리의 특징이 반영되고 있어 음성적으로 같은 계열에 속하는 음소는 글자의 모양에서도 공통점을 가지고 있다.
  - 따라서 이러한 한글의 자질 문자적 특성 때문에 음운 규칙을 익히기 매우 쉬운 장점이 있다.
  ㉠ 획이 하나 더해질 때마다 음성의 자질이 달라지면서 다른 글자가 되는 문자를 의미한다. 한글의 자음자 'ㄱ, ㄴ, ㅁ, ㅅ, ㅇ'에 획을 더하여 'ㅋ, ㄷ, ㅂ, ㅈ, ㅎ'이 만들어졌고, 'ㅏ, ㅓ, ㅗ, ㅜ'에 획을 더하여 'ㅑ, ㅕ, ㅛ, ㅠ'가 만들어졌다.

③ 한글은 **구조상** 표음문자인 **음소문자**이다.
  - **음소문자 : 가장 기본이 되는 단위가 음소**로 이루어져 있는 **문자**
  - 이 음소들이 모여서 음절과 낱말을 형성한다.
  - 한글은 전형적인 음소문자이며 음소는 자음자와 모음자로 따로 분리되어 있다.
  ㉠ 돌림판 돌려서 나온 자음과 모음 결합시켜보기, 노래 부르며 초성의 음소 생략, 대치해 보기 등

④ 한글은 **음절 단위로 모아쓰기**를 하는 문자이다.
  - 즉, 2~4개의 자음자와 모음자를 조합하여 음절 단위의 글자를 만들어 쓰며, 자음자와 모음자의 위치가 각각 고정되어 있는 특성이 있다.
  - 다른 언어처럼 음소를 'ㅅㅣㄴㅂㅏㄹ'과 같이 풀어쓰는 것이 아니라 '신발'이라고 자음자와 모음자를 조합하여 모아쓰기를 한다는 것이다.
  - 그렇기 때문에 음절과 음절의 경계가 분명하며, 음소를 일대일로 대응시키기만 하면 모르는 음절도 쉽게 읽을 수 있다.
  ㉠ 음절 변별 활동 - 같은 소리 찾기 게임, 단어 속 음절 수 세어보기 등

기 ㉠ 글자 몰라도 읽을 수 있어. ㉡ (손가락으로 한 글자 한 글자 가리키며) 빨-강-우-산! 2) ㉡에서 준태가 인식하고 있는 한국어의 음운론적 특징을 쓰시오.[17]

기 ① 음절 인식에 초점을 두는 활동명을 (가)에서 2가지 찾아 쓰고('**가**'자로 시작되는 말, 이름으로 삼행시 짓기), ② 이 활동들에서 공통적으로 나타난 한글 표기의 특성을 1가지 쓰시오.[20]

기 교사가 (나) '(한 자 한 자 짚으며) '안', '경', '안', '마'. 그럼 안나영의 '영'으로 시작하는 낱말은 무엇이 있을까요?'와 같이 지도한 이유를 한글의 특성 측면에서 1가지 쓰시오.[21]

⑤ 한글은 뛰어난 **표음문자**이다. **표음문자 : 말의 소리를 기호로 나타낸 글자**
  - 한글은 모든 언어에서 나타나는 거의 대부분의 소리를 한글의 자음자와 모음자 글자를 가지고 소리 나는 대로 표현할 수 있다.
  - 한글은 자음자 14개와 모음자 10개로 이루어져 있고, 이들을 조합하여 풍부한 소리를 낼 수 있으며 자소와 음소의 대응이 규칙적이므로 표음성이 매우 뛰어난 문자라고 할 수 있다.
  - **즉, 같은 소리는 항상 같은 글자로 써지며 한 글자가 다른 소리로 발음되는 경우는 없다.**
  - 한글은 자음자와 모음자의 소리와 글자가 모두 일대일 대응의 형태를 가지는 이상적인 표음언어라고 할 수 있다.
  - 따라서 자소와 음소의 대응 관계가 분명하고 규칙적이므로 몇 개의 규칙만 알면 낱말을 읽을 수 있다.
  - 기 '한글은 자음과 모음 글자를 가지고 우리 말을 소리 나는 대로 표현할 수 있고, 자음자 14개와 모음자 10개를 조합하여 풍부한 소리를 낼 수 있지요. 자소와 음소의 대응이 규칙적이어서'에 나타난 **한글의 문자적 특성**을 쓰시오. [25]

⑥ 한글은 **표기상 표의주의**를 취하는 **음절문자**이다. 즉, 의미는 음절 단위로 이루어진다.
  - **표의주의** : 언어를 발음 나는 대로 표기하는 것이 아니라 그 단어의 **뜻을 밝히기 위해서 기본 형태소의 원형**은 **그대로 둔 채 분절하여 표기**하는 것
  예 '밭이'는 본래 표음주의의 원칙에 의하면 발음 나는 대로 '바치'라고 표기하여야 하는데 '밭'이라는 단어의 의미를 분명히 전달하기 위해서 '밭'과 '이'를 분절하여 '밭이'라고 표기한다.
  - 즉, 한글은 글자를 표기하는 데 있어서 소리보다는 의미를 더 중요시하는 표의주의를 채택하고 있다. 예 발음 나는 대로 쓰이지 않는 글자 변별해 보기

⑦ 글자로서의 **음절은 초성과 중성, 종성(받침)의 세 위치**로 나뉜다.
  - **초성**에는 자음 글자 19개가 쓰인다. 19개 중에서 'ㅇ'은 소리가 없다.
  - 예를 들어 '우유'에서 '우'와 '유'의 'ㅇ'은 소리 없이 자리를 채워 주는 역할만 한다.
  - **중성**에는 21개의 모음 글자가 쓰인다.
  - **종성(받침)**에는 16개의 홑받침 글자, 11개의 겹받침 글자가 쓰인다.
  - 한글은 자음과 모음의 위치가 각각 고정되어 있어 **한 글자 내에서 모음이 먼저 나올 수 없다.**
  - 그러나 한글은 초성과 종성을 따로 만들지 않고 종성에 초성자를 통용한다.
  예 글자 '벌'에서 초성 'ㅂ'은 '갑'에서 종성 'ㅂ'으로도 쓸 수 있다.

⑧ 다른 언어들은 음소문자이거나 음절문자이고, 표음문자이거나 표의문자이든지 둘 중 한 가지 특성만을 가지는데 한글은 **음소문자이면서 음절문자**와 같이 모아쓰기를 하고, **표음문자이면서 표기상으로는 표의주의**를 채택하고 있어서 언어적으로 **이중적인 양면성**을 가진 매우 독특한 성질의 언어이다.
  - 한글은 음소문자로써 본래 음소-음절-낱말의 순으로 글을 읽는 것이 원칙이나 **음절문자처럼 모아쓰기를 하기 때문에** 음소가 음절 속에 내재되어 있어, **음운 분석의 과정 없이** 시각적으로 **음절 단위를 구별하여 낱말을 지각**한다.
  - 즉, 유아가 낱말을 봤을 때 음소를 알아차리기보다는 낱말 전체를 더 먼저 지각한다는 것이다.
  예 유아는 '유' 또는 'ㅇ'과 같은 글자는 따로 인식하지 못해도, 자신이 다니는 유치원 간판에서 '유치원'이라는 글자는 쉽게 읽을 수 있다는 것이다. 그러므로 어린 시기부터 인쇄된 문자를 많이 접할수록 많은 글자를 인식하게 되는데 이는 이후의 음절이나 음소 인식 발달을 위한 기초가 된다.

5 한글 해독과정에서 사용되는 책략

▶ **해독**(decoding) : **자소, 음소의 대응 규칙**에 따라 **글자를 말소리로 전환**하는 **정신적 과정**
- 해독과정이 자동화되어야 이해의 과정에 치중함으로써 더욱 효율적인 읽기가 가능해지기 때문이다.
- 해독과정에서 사용되는 책략의 순서는 다음과 같다.

한글 해독과정에서 사용되는 책략		
	단서 책략	▶ **주변에 있는 단서를 이용**해 **단어를 추리**하여 읽는 방법 • 가장 먼저 사용하는 책략, 해독은 전혀 일어나지 않고, "냉방차"라고 쓴 버스를 보고 "버스"라고 읽게 된다.
	글자 수와 음절 수 대응 책략	▶ **글자 하나가 음절 한 개에 해당한다는 것을 알고 추리**하여 읽는 방법 • 영어와 달리 글자라는 단위가 존재하는 한글에서만 나타나는 독특한 책략 ㉠ 가족에 대한 글자 중에서 "할아버지"라는 단어가 있다면 음절 수를 맞추기 위하여 하나하나 짚어가면서 맞으면 "할아버지"라고 크게 읽는 것이다. ㉠ '호랑이'와 '호롱불' 카드 2개를 교사에게 건넨다. 글자 수가 똑같잖아요. 　**글자 하나가 음절 한 개에 해당한다는 것을 알고 추리하여 해독하였다.**[16] ㉠ 글자 몰라도 읽을 수 있어. (손가락으로 한 글자 한 글자 가리키며) 빨-강-우-산! : 　**글자 수와 음절 수를 대응하면서 추리하며 읽는 유형**[17]
	아는 글자 이용 책략	▶ **알고 있는 글자를 중심**으로 **추리**하여 읽는 방법 ㉠ 내 이름의 '호'와 ('호루라기'의 호를 가리키며) 여기 '호'가 같아요.[16] • 아는 글자를 소리 내어 보고 마침내 음절 수와 기타 여러 가지 맥락을 고려하여 모르는 글자도 해독하는 것이다. ㉠ '사과'라는 글자를 해독해야 하는데 '사'자를 안다면, '사자', '사탕', '사과' 등으로 소리 내어 보고 음절 수와 여러 가지 맥락을 고려하여 '과'자는 모르지만 '사과'라고 읽거나 '사탕'이라고 읽는 것이다.
	자소, 음소 대응 책략	▶ **자소와 음소를 대응**하여 **음운 체계의 규칙**에 **따라** 읽는 방법 • 낱자들이 소리를 가지며, 배합하고 배열하여 단어가 되고 의미가 되는 말임을 알게 되어, 단어를 일정한 음운적 체계의 규칙에 따라 읽게 되는 것이다. ㉠ (손가락으로 제목을 한 글자 한 글자 차례로 짚어 가며 읽는다.) 빨-간-우-산 : 　**자소와 음소를 대응하여 음운적 체계의 규칙에 따라 읽는 유형**[17]
	철자 책략	▶ **글자의 구성요소를 의식적으로 분석하려 애쓰지 않**아도 **철자가 저절로 눈에 들어오고 글자가 저절로 해독**되는 과정 • 즉, 자소·음소의 대응을 자유자재로 할 수 있다. • 점차 유아들은 능숙한 독자들의 읽기와 같이 자주 보는 단어들은 의미 추측, 자소·음소 대응 등의 책략을 사용하지 않고 즉각적으로 읽을 수 있는 단어가 있다. 이런 단어를 **시각 단어**라고도 한다. • 유아들은 시각 단어가 많아지면서 아는 글자로 구성된 단어들을 찾아내기도 하고 아는 글자와 유사하게 생긴 글자들은 자소·음소의 대응 규칙을 적용하여 비슷하게 소리 내어 읽어본다. • 자연스럽게 자·모음자에 주의를 기울이게 되고 자·모음자의 차이에 따른 소리의 차이도 구분하려고 애를 쓰게 된다.

6 민스코프(Minskoff, 2005)의 언어의 형태

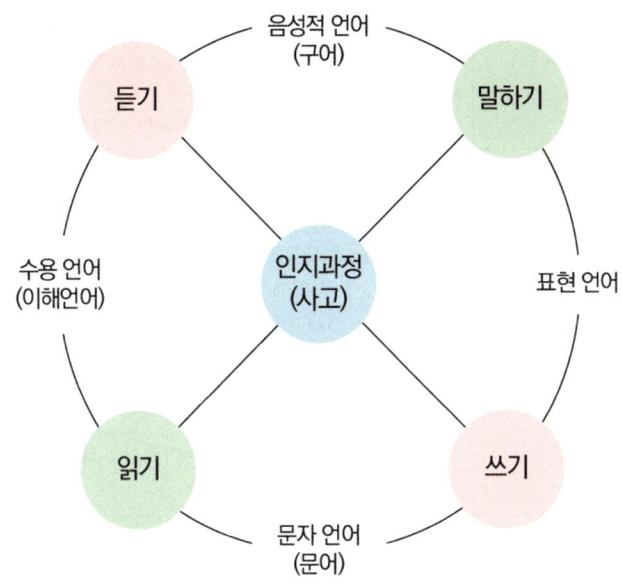

김은심 외(2016). 영유아 언어교육의 이론과 실제. 24page

언어의 네 가지 형태 간의 관계(이영자, 2009)

시청각 (전달수단)에 의한 구분	음성언어	▶ 듣기와 말하기를 통해 **청각적 기호로** 의사소통하는 언어
	문자언어	▶ 읽기와 쓰기를 통해 **시각적 기호로** 의사소통하는 언어
기능상 구분	수용언어	▶ 외부에서 받아들인 음성적·시각적 **기호를 해석**하고 **그 의미를 이해**하는 것
	표현언어	▶ 자신의 의미를 다른 사람이 알 수 있도록 **전달하기 위해 산출**하는 것
	기 ⓐ와 ⓑ에 모두 해당되는 내용 범주를 쓰시오. 언어는 **기능에 따라** 다른 사람의 말을 듣고 이해하기 위한 수용언어와 다른 사람에게 자신의 생각을 전달하기 위한 (ⓐ **표현언어**)로 나눌 수 있다. 언어는 **전달 수단에 따라** (ⓑ **음성언어**)와 문자언어로 나눌 수 있다.[19추] 기 평균발화길이 분석은 ⓒ '유아의 수용언어 능력을 평가하고, 교육진단에 목적을 두며, 구문론적 특성을 알아보기 위해서 하는 것'에서 틀린 내용을 찾아 바르게 고쳐 쓰시오. **수용언어가 아니라 표현언어 능력을 평가하는 것이다.**[특20]		

7 언어와 사고(인지발달)

언어발달은 인지발달에 의존한다.	• **Piaget** : 감각운동기 중반의 인지발달을 언어 습득에 필요한 전제 요인으로 보았다. **언어가** 사고발달의 근원이라기보다 **사고발달을 반영**하는 것으로 보았다. ⑩ 전조작기 자아 중심적 사고 특성으로 언어가 자아 중심적이다.
인지발달이 언어발달에 의존한다.	• **Bruner** : **언어가 있어** 인간이 **추리를 자유자재**로 할 수 있다. 언어는 경험을 표상할 뿐만 아니라 이를 변형하는 수단을 제공한다.
언어발달과 인지발달은 서로 독립적이다.	• **Vygotsky** : **사고와 언어는 서로 다른 근원**을 가질 뿐만 아니라, 언어는 그 기원에 있어 본래 사회적인 것이다. (인지가 언어보다 선행하나 다시 인지는 언어 구조에 의해 영향을 받는다.)
언어발달과 인지발달은 상호 의존적이다.	• **Werner** : 초기 단계의 발달은 감각 운동적 경험에 의존한다. 인지 발달의 **후기 단계는 언어에 의존**한다.
언어발달과 인지발달은 같은 것이다.	• **Watson** 등 행동주의 학습이론자 : **사고와 언어는 하나**이며 같은 것이다.
언어발달과 인지발달은 별개의 다른 요인에 의해 좌우된다.	• **Chomsky** : 문법은 고정된, **유전적으로 결정되어지는 체계**이며, 인간의 인지적 구조도 유전적으로 타고난 것이 개화되어지는 것이다.

8 언어와 뇌 발달

언어와 뇌 발달

- 대뇌피질은 좌반구와 우반구로 나뉘며, 좌반구의 브로카 영역과 베르니케 영역이 언어사용 능력에 관련된다.
- 좌반구가 손상된 유아가 우반구에 상해를 입었을 경우보다 언어장애를 더욱 자주 보인다.
- ▶ **측두화 현상 : 두뇌의 좌·우반구에 기능의 특수화가 일어나는 현상**
  - 인간의 뇌는 갓 태어났을 때 좌우로 분화되지 않은 온전한 상태이다. 그러나 나이가 들면서 점차 기능의 분화가 이루어지는데, 대개 2세에서 시작하여 12세에 끝나게 된다.
  - 12세가 되면 좌·우반구의 특수 기능 현상이 고정된다.
  - 측두화 현상이 일어나면 언어 사용 능력은 **좌반구**, 그중에서도 브로카 영역과 베르니케 영역이 **중요한 역할**을 담당한다.

브로카 영역 (Broca's area)	• 말하는 기능 담당, **언어의 산출 영역** • **손상 시** : **언어의 이해는 가능**하지만, **말**을 유창하게 하지 못하는 표현적 실어증이 나타난다. - 질문을 이해하고 답을 하려고 하지만 문장을 만들지 못하고 여러 단어를 열거하듯이 말한다.
베르니케 영역 (Wernicke's area)	• 언어 **이해**를 다루는 영역 • **손상 시** : 겉으로 보면 **언어표현이 유창**해 보이지만 **무의미**하고 이해할 수 없는 말들을 사용할 뿐만 아니라 타인의 말을 알아듣지 못하는 수용적 실어증이 나타난다. - 문장이 길게 이어지지만, 그 문장은 의미를 만들지 못 하는 말의 연속으로 이해할 수 없게 된다.

아퀘이트 퍼시쿨러스(궁형속, 궁형다발 영역, 활모양 연결섬유다발, arcuate faciculus)

- 아퀘이트 퍼시쿨러스 영역은 **베르니케 영역과 브로카 영역을 연결하는 섬유질로 방금한 말을 반복하는 기능을** 담당한다.
- 들어온 메시지는 베르니케 영역을 통과하여 아퀘이트 퍼시쿨러스 영역을 거쳐 브로카 영역으로 가서 말로 산출된다.
- 즉, 들어온 메시지는 **베르니케 영역을 거치면서 말의 내용을 이해**하고, 이해된 말은 아퀘이트 퍼시쿨러스 영역을 통과하여 **의미에 맞는 말로 만들어져 브로카 영역을 통과해 밖으로 산출**되는 것이다.
- 이 영역이 손상되면 **말을 반복하지 못**한다. 이 밖에도 **앵글러 자이러스**(Angular gyrus) 영역에 손상이 오면 **쓰기 능력에 문제**가 생긴다.
- 1차 청각 영역에서 접수된 청각 신호는 옆의 베르니케 영역(Wernicke's area)에 도달하여 해석되고, 이 해석을 바탕으로 할 말이 결정되면 **궁형속(arcuate faciculus)**을 통하여 브로카 영역으로 전달된다.
- 브로카 영역(Broca's area)은 말을 하기 위해 발음에 관련된 정보들이 모여 운동 영역에 전달되고 발음과 관련된 각종 부위(허파, 입술, 혀, 목 등)에 신호를 보낸다.
- 한편, 문자언어는 1차 시각 영역에 접수되어 시각 신호와 청각 신호를 통합하는 각회(angular gyrus)를 지나 역시 베르니케 영역에서 해독된다. 이 해독된 정보가 브로카 영역에 이르면 동일한 경로를 거쳐 발화를 하게 된다.
- 그러나 단순히 이러한 과정만을 거치는 것이 아니고 청각 정보와 시각 정보가 뇌량(약 200만 개 정도의 신경섬유)을 통해 한쪽 반구에서 다른 반구로 전달되기 때문에 언어행동에 관련된 형상은 더 복잡한 양상을 띠게 된다.
- 뇌를 정면에서 바라보면 좌뇌와 우뇌로 구별되는데, 고전적인 양반구 기능에 의하면 **좌반구는 분석적이고 추상적인 정신능력**과 관련되고, **우반구는 전체적이고 구체적인 정신능력**과 관련된다.
- **우반구**에는 인간의 감각-운동적인 기능, 특히 시각-공간적인 처리기제가 자리 잡고 있다.
- **언어능력은 일차적으로 좌반구**에 자리 잡고 있다.
- 음운론과 통사론 같은 언어의 형식적인 체계는 일차적으로 왼쪽에 국지화될 수 있다. 그래서 통사적인 장애 현상은 좌반구가 손상되었을 때만 등장하는 것이고, 우반구는 오늘날에도 아직 광범위하게 언어와 상관없다고 간주된다.
- 그러나 의미론은 지식체계로서 통사론만큼 강하게 좌반구의 특수한 부위에 결부되어 있지 않다. 오히려 의미적 지식은 양반구의 대뇌피질 모든 부분에 있다고 볼 수 있다.
- 만약 우반구가 손상을 입게 되면 어휘 결손 및 명명장애가 나타날 수 있다. 특히 구상 명사나 형용사에 있어서 그렇다. 이와는 달리 추상명사를 처리할 때는 좌반구가 우세하다. 시각적인 상상의 그림과 결부된 구체적인 어휘를 처리할 때에는 우반구가 활성화된다.
- 우반구의 어휘가 수용적이라면 언어 생산은 사실상 좌반구가 수행한다. 요컨대, 언어는 특정한 부위에서 이해되거나 생성되는 것이 아니고, 피질과 피질 간의 연결이나 피질과 피질하 구조물 간의 특정한 연결로에서 발생한다. 이것은 언어 이외의 감각 정보 전달 방식이 신경망으로 이루어진다는 점에서 언어에 관련된 행동방식도 동일한 것으로 유추해 볼 수 있다.

9 언어와 기능

1) 야콥슨(Jakobson, 1968)의 언어의 기능

동기화 기능 (행동촉구적 기능, conative)	▶ (청자와 메시지의 관계에서 발생하며, **청자에게 초점**을 둔 언어 행위로) **청자가** 화자의 의도 대로 **능동적으로 반응**하거나 **행동을 유발하도록 자극**하는 기능 • 청자와 메시지의 관계[명령법] 사역적 또는 지령적 기능 • 언어 행위의 목적은 화자가 단순히 청자에게 어떤 이야기 내용을 전달하는 데 그치지 않고 화자 자신의 의도한 행동이 청자가 실행하도록 어떤 사물에 대한 함축적 또는 연상적 의미를 앞세워 논리보다는 정감을 바탕으로 언어를 구사한다. • 대표적인 예는 상품을 선전 또는 광고하는 담화 형식을 들 수 있다. • 이 기능의 목적은 수신자로 하여금 어떤 반응을 능동적으로 유발하게 하는 것이다. 광고와 같은 설득적 커뮤니케이션에서 무엇보다 중요한 기능을 한다고 볼 수 있다. • 언어는 타인이 **어떤 마음가짐이나 행동을 하도록 자극을 주기도 하고 격려하기도** 한다. • 따라서 언어는 타인의 동기화 과정에 영향을 미친다. 자기 자신에 대해서도 어떤 태도나 행동의 동기 지움에 큰 역할을 한다.
(감정) 표현적 기능 (emotive)	▶ (화자와 메시지의 관계에서 발생하며, **화자에게 초점**이 맞추어진 기능으로, 메시지의 진위 여부와 관계없이) **화자의 태도와 감정을 표현**하는 데 사용 • 화자와 메시지의 관계[감탄사 '아!, 오!'] 표현적 또는 정서적, 사고적 기능 • 화자를 위주로 언어가 사용될 때 사물 또는 이야기 내용에 대한 진위 여부와 관계없이 오직 **화자 자신의 태도, 감정**만이 드러나게 된다. • 특히 우리는 희로애락의 감정을 표현할 때 대상에 대한 사실적 표현보다는 어조, 발음의 형식을 통해 과대 또는 과소의 언어적 표현을 하는 경우가 있다. 가령 '좋다'는 감정을 나타낼 때 그냥 평이하게 늘여 놓게 되는데 그것이 한 예가 될 수 있다. • 언어는 자기 생각이나 감정을 표현하고자 하는 욕구와 이를 표현해서 욕구를 충족시켜야 할 필요를 표현하는 데 사용된다.
친교적 기능 (교감적 기능, phatic)	▶ **화자와 청자 간 물리적·심리적 접촉**을 지향하며, 원활한 의사소통을 위해 **심리적 연결을 형성**하거나 **주의를 환기**하는 기능 • 화자와 청자와의 물리적 심리적 접촉[여보세요?] – 의사소통의 경로인 **접촉을 지향**하는 기능 • 친교적 또는 상황적 기능이 있다. 화자의 의사가 청자에게 전달되려면 양자 사이에 보이지 않는 심리적인 끈이 연결되어 있어야 한다. 다시 말해 의사가 원활히 소통될 수 있는 상황이 조성되어야 한다. • 그래서 때로는 **화자가 단순히 의례적으로 말을 하는 경우**가 있다. 예컨대 사람들이 서로 만났을 때 '안녕하십니까?', '편안하시죠?' 등의 인사말과 같은 것이 그 예이다. • 또한 말하는 도중에 전달하고자 하는 내용과는 직접적으로 관계가 없는 내용을 삽입시켜 **청자의 관심을 끈다든지 주의를 환기하는 경우**도 있다. 이는 언어 행위를 통해 인간적이고 우호적인 관계를 유지함으로써 효과적인 의사소통을 하기 위함이다. • 송신자와 수신자 사이의 물리적 심리적 연계가 반드시 존재해야 하는 접촉이 중요하다. • 언어는 단순히 사람의 생각을 전달하는 것을 넘어 감정을 표현하고, 공감함으로써 서로 친할 수 있는 관계와 분위기를 형성하는 데 기여한다.

시적 기능 (미학적 기능, poetic function)	▶ **메시지 그 자체에 초점**을 맞추어 **언어의 예술성과 창조성을 강조**하는 기능 • 메시지 자체의 표현 사이의 관계[메시지 그 자체에 초점] – 전언 자체에 초점을 맞추려는 것 • 의사소통 과정에서 우리가 주목해야 할 일은 전언을 어떻게 하면 효과적으로 마련하고 또 그것을 청자에게 전달하는가에 있다. 그러기 위해서는 발화의 내용을 어떻게 형식화하고 구조화할 것인가를 생각하지 않을 수 없다. • 예컨대 '복남이와 영희' 구조보다는 '영희와 복남이' 구조가 발음하기 편하고 듣기에도 부드럽다. 이것은 단어들을 병렬시킬 때 음절 수가 적은 것을 앞에 두고 발음하는 것이 우리의 언어 감각 면에서 자연스럽기 때문이다. • 언어의 시적 기능은 발화의 내용을 **장식적으로 아름답게 꾸며 나타내**는 데에만 그 특징이 있는 것이 아니다. 이는 그 **언어의 구조적 특징에 맞게 전언의 내용을 형식화해서 효과적으로 언어를 사용하고자 할 때 드러나는 것**이다. • 우리가 쓰고 있는 언어의 모습은 언어가 소통되는 과정에서 여러 가지로 나타난다. 이에 따라 지금까지 살펴본 바와 같이 언어의 기능도 다양하다. 우리는 여섯 가지 기능을 알게 모르게 혼용해 가면서 언어를 자연스럽게 구사하고 있는 것이다. • 메시지에 초점을 맞추고, 메시지와 메시지 표현 사이의 관계를 정하는 것으로, 메시지 자체에서 만들어지는 미학적 기능이다. 언어 자체의 필요에 대응하기 위해서 언어가 사용된다. • 언어의 예술성과 창조성을 고양하기 위한 목적에도 언어가 기여한다.
참조적 기능 (지시적 기능, referential function)	▶ **메시지와 상황의 관계**에서 발생하며, 화자가 청자에게 **관련 상황에 대한 내용**을 객관적으로 **전달**하는 기능 • 메시지의 맥락에 대한 관계[메시지의 지배적 기능 "물은 100도에서 끓는다."] – 관련 상황에 대해 **화자가 청자에게 내용을 알려주는 기능** • 이 기능의 특징은 **화자가 청자에게 대상에 관련된 내용(관련 상황)을 지시, 전달**함에 있다. 이 경우에는 화자의 주관적인 감정과 생각이 가급적 배제된다. • 또 청자에게 일방적으로 어떤 행동을 요구하는 의도나 목적도 없다. 어디까지나 관련 상황에 대한 내용을 **최대한 객관 그대로 언어를 통해 나타내는 데 초점**을 둔다. • 따라서 이러한 기능의 특징은 대상이 지니고 있는 개념적 의미를 중시하고 그 의미를 손상하지 않고 사실 그대로 전달하고자 함에 있다. 따라서 그 대상이 갖고 있는 개념적 의미가 무엇인가에 관심이 모아진다. • 우리는 처음 사물과 만나게 될 때 대상의 본질적 의미를 인식하고자 한다. 그리하여 그 사물이 지닌 개념을 정립하고 적절한 이름을 부여한다. 이름을 부여한다는 것은 곧 언어 행위의 시작을 의미한다. • 이 탄생된 언어는 다시 일상적인 언어 행위를 통해 의사소통의 도구로써 쓰이게 된다. 따라서 이 참조적 기능은 언어의 기능 가운데 가장 기본적이고 핵심적인 기능이라 할 수 있다. • 메시지의 맥락에 대한 관계에서 나오는데 이것은 실제 현실을 지칭하고 나타내는 기능으로서 객관적이고 사실적인 커뮤니케이션을 위한 가장 명백하고 상식적인 기능이라고 볼 수 있다. 지시적 기능은 일상 언어 등 커뮤니케이션 메시지의 가장 지배적인 기능이라고 할 수 있다. • 말은 대상이나 사태 등을 상징적으로 지칭하는 데 쓰인다. • 대상들은 이름을 가지고 있고, 사태나 활동 등에도 이름이 붙여진다.

상위 언어적 기능 (metalingual)	▶ **언어 그 자체를 설명**하고 **구체화**하는 기능 • **초언어적 또는 부연적, 관어적 기능**이다. - **메타언어적 기능**(부연적 기능, 관어적 기능) • **언어 자체에 대해 설명**을 가하는 기능 • 우리가 말을 한다는 것은 바로 이 관련 상황의 내용을 대상으로 삼고 이를 구체화하는 행위이다. 그런데 그 대상이 일반적인 사물이 아니라 언어 그 자체일 경우가 있다. **단어의 뜻을 풀이**한다든가 **전문용어의 개념을 정의**하고, **자기가 한 말에 대한 부연 설명을 하는 일** 등이 이에 해당된다. • 우리는 어떤 면에서는 언어가 초언어적 기능을 지니고 있기 때문에 이를 통해 언어를 습득하고 우리 삶의 다양한 분야에 대한 지식을 축적하고 체계화할 수 있는 것이다. • 언어 자체에 대하여 말하는 기능으로 사용 중인 코드에 초점을 맞추어 어휘의 뜻에 대한 정보를 전달하는 기능인데, 모든 언어는 언어로 설명되고 표현될 수 있다. • 언어는 사물과 대상을 지칭하는 것을 넘어서 언어 자체를 분석하고, 자기와 타인의 언어 과정을 설명하는 일에 언어를 사용한다.

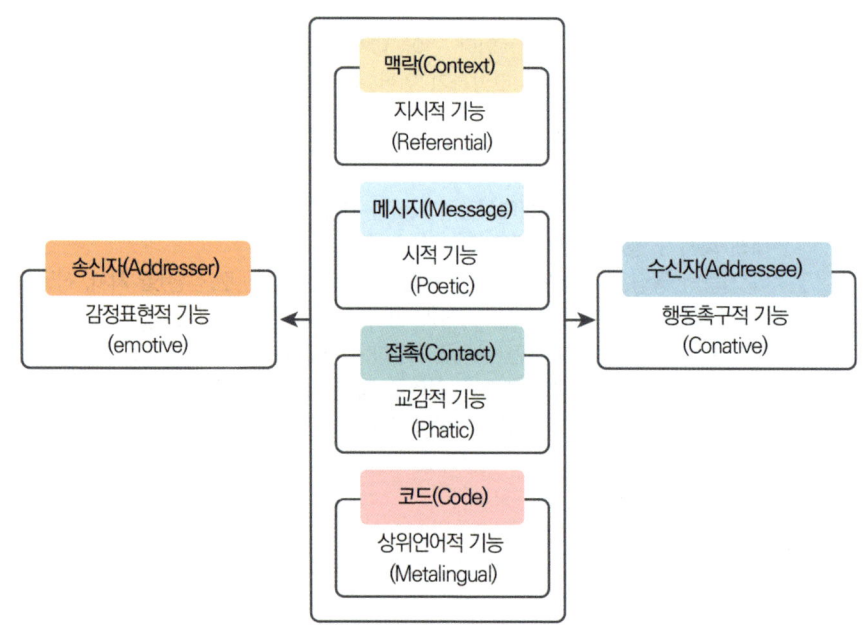

로만 야콥슨의 커뮤니케이션 기능 모델
(Roman Jakobson's Communicative Function Model)

2) 할리데이(Halliday, 1975)

- 야콥슨의 언어 기능을 좀 더 보충하여 자신의 어린 아들을 대상으로 연구·관찰한 결과이다.
- 언어의 기능은 단순한 의사소통의 역할만이 아니라 보다 깊은 의미의 전달과 표현으로 인간의 삶을 풍요롭게 한다.
- 할리데이는 '언어 경험을 결정짓는 가장 중요한 요소는 그들이 언어의 기능적 사용을 성공적으로 경험하는 것이며 이때 언어가 편리한 도구가 된다.'고 하였다.
- 할리데이는 언어를 기능적으로 사용하는 데 있어 **음성언어와 문자언어를 포함**하여 7가지로 구분하였다.

	기능	정의	예시(음성·문자언어)
할리데이	통제적 기능 (regulatory)	• 자신과 타인을 조정 • "내가 말한 대로 해(Do as I tell you)."	그만 해, 흘리지 마라.
			교실의 규칙, 교통표지, 금연표시
	도구적 기능 (instrumental)	• 요구와 바람을 만족, "~하고 싶어요(I want)." • 말을 사용하여 자기가 원하는 것을 얻어낸다. • 가장 단순한 형태의 언어 사용	그것을 주세요, 피자를 원해요.
			생일 선물 목록, 목표 계획
	개인적 기능 (personal)	• 개인의 생각과 의견, 감정, 태도 표현 • "저는 이런데요(Here I come)" • 자기만의 개성을 표현한다.	나는 빨강이 좋아, 나는 지겨워.
			일기 적기, 편지 쓰기
	상호작용적 기능 (interactional)	• 타인과의 상호작용 • "나하고 너하고(you&me)" • 다른 사람과 관계를 형성하고 유지한다.	블록을 가지고 놀자, 그림 그릴 사람 있어?
			파티 초대, 친구에게 메일 쓰기, 안부 카드 쓰기
	상상적 기능 (imaginative)	• 상상적 세계 창조 • "~인 것처럼 해보자(Let's pretend)." • 자신이 만들어 낸 환경 속에 자신을 투사하기도 하고, 가상적 세계를 만들어내기도 한다.	이것은 우리 비행기가 될 거야, 너는 강도고, 나는 경찰이야.
			영화 원고, 소설, 시
	발견적 기능 (heuristic)	• 정보 찾기 - "왜 그런데요(tell me why)?" • 말을 사용하여 질문하고 답을 찾아내고 세상을 이해해 나간다.	아직도 도착 안 했나요?, 왜?
			질문들, 조사, 인터넷 자료
	정보적 기능 (informative)	• 정보를 전달 • "네게 할 말이 있어(I've got something to tell you)." • 말을 사용하여 정보를 전달하고 어떤 개념들을 표현해 본다.	이것은 사각형이야, 오늘은 수요일이야.
			질문의 대답, 조사 결과, 사전, 학급의 생일목록, 포장지의 영양요소

• 할리데이(Halliday, 1975) - 서동미 외(2017)

할리데이	통제적 (조정적) 기능 (regulatory)	▶ 언어를 통해 **타인**의 행동, 감정, 태도를 **통제하고 조정**하는 기능 • **자신을 통제하는 언어**는 "난 오늘 이 일을 마칠 거야."처럼 자신의 행동을 조정하고 범위를 한정 짓는 데 사용된다. • 타인의 행동을 조정할 때는 "속상해하기보다는 다시 살펴보는 게 어때?"처럼 말하며 타인의 행동을 조정한다. 기 ⓒ '차례를 정해서 한 사람씩 보도록 하자.', ⓔ '도라가시오.', ⓜ '돌아가. 돌아가란 말이야. 돌아가라니까!' 2) 할리데이(M. Halliday)이론에 근거하여 ⓒ, ⓔ, ⓜ에서 공통으로 나타난 언어 기능의 유형 1가지를 쓰시오.[14] 기 할리데이(M. Halliday)가 제시한 언어의 기능 중, (가)의 ⊙ '"○○야! ~해라!" 하면 해당 유아는 지시에 따르기'에 나타난 언어의 기능은?[16]
	도구적 기능 (instrumental)	▶ **욕구와 소망, 요구를 표현**하고 이를 **충족시키기 위한 수단**으로 사용하는 기능 • 언어는 인간이 지닌 **다양한 욕구와 소망, 요구**를 표현하고 이를 충족시키기 위한 수단으로 사용한다. • "여행을 가고 싶다.", "물 한 컵 주세요."와 같이 자신이 원하는 바를 이야기하고 이를 충족하는 도구가 된다. • 상대를 통해 자신의 욕구를 충족하고자 하는 경우에 특히 도구적 기능이 활용된다.
	개인적 기능 (personal)	▶ 자신의 **생각, 감정, 태도를 표현**하는 기능 • 언어를 통해 인간은 **자신의 생각과 감정, 태도를 표현**하고 개인적 정체감을 인식하게 된다. • 자신의 감정 나타내기 : "이 그림에서 색이 마음에 들어." • 개인적 정체성 표현 : "난 수영을 좋아해." • 일기, 자기소개, 에세이 등에서 자주 표현된다.
	상호작용적 기능 (interactional)	▶ 다른 사람과 **사회적 관계를 형성**하고 유지하기 위해 사용하는 기능 • 언어는 **사회적 관계를 형성**하는 데 사용된다. 공적인 관계의 언어적 소통뿐 아니라 개인적인 관계 형성과 유지에 기능한다. • 특히 감정을 나타내는 "네가 있어서 정말 다행이야.", "이번에 많은 도움이 되었어."와 같은 언어표현은 상호작용적 기능을 통해 관계 형성, 유지에 효과적이다. • 서로 간의 관계 형성, 유지를 돕는 상호작용적 기능의 전형적인 예이다.
	상상적 기능 (imaginative)	▶ **가상적 세계를 만들어** 내거나 자신을 **상상 속 환경에 투사**하는 기능 • 언어는 **상상의 세계를 창조**하고, 이를 통해 창의적인 활동과 자신의 세계를 창조할 수 있다. • 언어를 통해 가상의 환경, 상황을 설정할 수 있으며 상상의 세계는 각 개인의 독특함을 나타낸다. • 같은 언어라 할지라도 개인의 경험과 상상 능력에 따라 다른 시대, 형상이 그려져 언어 자체는 그야말로 역동성을 지니게 된다. 언어가 지닌 상상적 기능으로 인하여 인류는 무수한 역사적이며 감동적인 문화유산들을 생성해 오고 있다.

발견적 기능 (heuristic)	▶ 주변에서 일어나는 일에 대해 **의문을 제기**하고 **이를 해결하기 위해** 사용하는 기능 • 언어는 **정보를 찾고 문제 해결을 위해 주위 환경을 탐색**하기 위한 수단이 된다. • "나뭇잎이 왜 물들어?", "나는 어떻게 태어났어?"와 같은 질문들은 주변에서 일어나는 일에 대한 의문을 제기하고 이를 해결하고 일상 환경을 탐색하기 위한 것이다. • 발견적 기능의 언어를 자주 사용하는 것은 영유아가 주변의 변화나 자신에 대해 폭넓은 관심을 갖도록 이끌 수 있다.

정보적 (표상적) 기능
(informative)
	▶ 아이디어나 **정보를 전달**하고 **표현**하기 위해 사용하는 기능
	• '자동차가 빨리 달리고 있어.'라는 문장은 자동차가 움직이는 모습에 대한 많은 정보를 전달한다.
	• 언어는 의미를 포함하고 있어 이를 적절히 사용하려면 이에 대한 경험이 필요하다.
	  예 '놀이기구'에 대한 경험이 없을 경우 놀이기구를 그리거나 만드는 표상 활동이 어렵고 놀이기구에 대한 언어적 표현도 불가능하다.
	• 새로운 기술에 의한 개념, 사물이 명명 혹은 개발되었을 때 언어의 표상적 기능은 더욱 중요해진다.
	  예 컴퓨터는 한국어로 대체할 기호가 적절하지 않아 그대로 사용하고 있다, 이메일도 전자우편보다 표상적 기능의 유용성을 더 많이 지니고 있다.
	• 언어의 표상성은 언어 사용자들이 언어와 관련한 경험이 얼마나 많은지, 깊이가 있는지에 따라 달라진다.

3) 스테브(C. Stabb, 1992)

- 교사가 유아의 어휘와 문법, 발음에는 관심을 기울이지만 유아가 언어를 어떻게 사용하는가는 별로 중요시하지 않는 경향이 있다고 하였다.
- 유아가 타인이 말한 언어의 기능을 올바로 지각하지 못하거나 다양한 언어의 기능을 적절히 사용하지 못한다면 심각한 의사소통의 문제를 갖게 될 수 있다고 하면서 **주로 교실 내에서 음성언어를 중심**으로 언어의 기능을 분류, 설명하였다.

기능	내용 및 예시

통제
(controlling)
	• 자신과 타인의 행동을 통제
	  예 (자신에게) 이거 먼저 먹어야지, (타인에게) 달걀 하나 줘.
	• 지시 요청
	  예 이거 어디에다가 놓을까요?
	• 타인의 주목 요청
	  예 이것 좀 보세요. 여기 보세요.
	기 스테브(C. Stabb)가 주장하는 5가지 언어 기능 중 '통제'에 해당하는 예를 찾아 쓰시오. **지금 이야기 짓기 활동을 하니까 조용히 해 줘.**[19]

사회적
욕구의 주장
(asserting and maintaining social needs)
	• 개인적 권리, 욕구 주장
	  예 주스 먹고 싶어, 내가 나이가 제일 많으니까 제일 먼저 해야 돼.
	• 부정적 표현-비판, 논쟁, 협박, 부정적 의견
	  예 너 너무 말을 많이 하고 있어, 병철이는 바보 같아.
	• 긍정적 표현 예 예, 저도 그렇게 생각해요, 정말 맛있는데요.
	• 의견요청 예 이거 좋아하니?
	• 우발적 표현 예 음…, 세상에….
	기 스테브(C. Stabb)가 주장하는 5가지 언어 기능 중 ㉠ '**아, 지금 씨름하고 싶다.**'에 해당하는 기능의 이름을 쓰시오.[19]

투사 (projecting)	• 자신을 타인의 감정에 투사 예 세진이가 엄청나게 화가 났을 거야. • 자신을 타인의 경험에 투사 예 나라면 동물원에서 사자와 살고 싶지 않을 텐데.
예측 및 추론 (forecasting and reasoning)	• 인과관계 추측, 진술 예 짐이 너무 무거워서 다리가 무너졌어. • 사건에 대해 추측 예 내일 비가 올 것 같아. • 결론에 따라 사건 추측, 진술 예 너는 키가 너무 커서 구부려야 할 거야, 집을 나가지 않는 게 좋아. 배가 고파질 거야. • Requesting a reason 예 Why can't I go?, Why does this happen?
정보 (informing)	• 과거나 현재의 사건 언급-명명하기, 세부사항 알리기, 특정 사건과 순서 등 예 저건 자동차야, 나는 빨간색 물감이 있어, 성태는 노란색 전에 빨간색을 칠했어. • 비교 예 기차는 버스보다 길거든. • 특정 사건과 세부사항에 따라 일반화 예 오빠가 오늘 아파. • 정보 요청 예 이거 무슨 색깔이지?

- 스테브(C. Stabb, 1992) - 서동미 외(2017)

기능	내용 및 예시
스테브 - 통제	▶ 요청, 요구, 간청, 협박, 명령 등을 통해 **어떤 일이 행해지기를 바라는** 언어 기능 • 영유아들은 놀이 상황에서 **"연필을 나한테 줘.", "장난감을 주지 않으면 너랑 안 놀 거야."** 등으로 물건을 요청하거나 놀이 상황을 통제하기 위해 사용한다. • 사회관계 형성에 미숙함을 보이는 영유아들은 적절하게 요청하거나 요구 사항을 말하는 것이 어려울 수 있다. • 따라서 교사는 언어를 통해 타인의 행동을 요구할 때 **"'종이를 줘'라고 말해."**처럼 언어적 모델을 보여주는 것이 필요하다.
사회적 욕구의 주장	▶ 개인적 권리와 욕구를 표현하거나, 비판, 논쟁, 긍정적·부정적 표현, 의견요청, 우발적 표현을 통해 **자신의 사회적 욕구를 전달**하는 언어 기능 • **"이 인형은 내 거야.", "간식 지금 먹고 싶어요."** 등의 표현은 개인이 나타내는 사회적 욕구이다. • 영유아들은 하고 싶은 것, 갖고 싶은 것, 먹고 싶은 것에 대한 욕구를 타인에게 전달하기 위해 이러한 언어 기능을 사용한다. • **"시시해.", "재미없어."**와 같은 부정적 표현, **"웃겨.", "~좋아해.", "맛있어."**와 같은 긍정적 표현, 또 **"이 그림 어때?"**와 같은 타인의 의견 요청 표현들도 교실에서 자주 경험할 수 있는 언어적 기능이다.
투사	▶ 자신을 타인의 감정이나 경험에 투영하여, 다른 사람이라면 어떻게 할지를 **상상하거나 표현**하는 언어 기능 • 상상력의 확장, 역할놀이와 관련된 표현에서 자주 등장한다. • 교사들은 영유아의 갈등 상황을 해결하거나 타인의 감정 읽기를 지도할 때 투사적 기능을 자주 사용한다. • **"만약 네가 ○○라면 어떻게 할 거니?, 기분이 어떨 것 같아?"**와 같은 언어적 표현이 투사적 표현이며 영유아들은 투사적 표현을 통해 조망수용 능력이 발달하게 되고 공감이나 문제해결 과정에 이를 수 있다.
예측 및 추론	▶ 발견, 탐구, 질문을 통해 **사건이나 상황에 대해 예측**하고 **추론**하는 언어 기능 • 발견, 집중적 탐문, 사색, 질문 등을 추구하는 언어로 어떤 사건에 대한 예측 및 추론과 관련한 언어적 기능을 말한다. • 예측과 추론은 경험이 많지 않은 영유아들에게는 어려운 기능일 수 있다. 따라서 교사들은 일상 대화에서 **"○○라면 어떻게 될까?", "무엇 때문에 이렇게 되었다고 생각하니?"**처럼 발견하고 **탐구하는 질문을 자주 사용**하는 것이 바람직하다.
정보	▶ 사물의 이름을 정하거나 사건을 회상하며, 관찰과 비교를 통해 **정보를 전달**하거나 **요청**하는 언어 기능 • 교실에서는 어떤 사물에 이름을 붙이거나 어떤 사건을 회상하는 것, 관찰, 비교 등을 통해 정보를 알려주고 정보를 요청하는 것과 같은 언어 기능도 주로 발생한다. • 교사는 영유아들이 정보 기능을 사용할 수 있도록 **"○○과 ○○은 어떤 점이 같은 가요?"**처럼 **비교하는 질문**을 보여주거나 **"견학을 다녀온 곳에서 어떤 일이 있었는지 차례대로 말해보자."**처럼 회상하여 말할 수 있도록 **도움을 제공**한다.

4) 굿맨(Goodman, 1982)

- 유아 교사가 교실에서 사용하는 언어는 소통하는 기능을 가져야 한다고 말한다.
- 그렇다면 이것은 구체적으로 어떻게 해야 한다는 뜻일까? 이에 대한 답으로 1975년 Halliday는 언어의 7개 기능을 제시하였고, 1982년 Goodman은 이 7개의 기능을 정교화하여 언어 지도에 적용하도록 하였다.

굿맨	조절적 기능	• 언어는 **타인의 행동을 조절, 통제**하기 위하여 사용된다. 교실의 애완동물 혹은 식물을 돌보는 방법을 적거나 교실의 시설을 사용하는 방법 등을 적거나 읽는 것이 이에 해당된다. 블록 영역에서 자신이 만들어 놓은 구조물 옆에 "이 건물을 무너뜨리지 않게 조심하세요." 같은 멘트가 이에 해당된다.
	도구적 기능	• 언어는 **욕구와 필요를 채우기 위해** 사용된다. 유아교실에서는 특정한 흥미 영역에의 참여의사 표시, 도서 대여, 극놀이, 광고 읽기, 식당 놀이에서 음식 주문하기 등이 해당된다. 한 3학년 선생님은 학생들에게 "광고지를 활용해서 여러분이 꿈꾸는 방을 꾸며 보세요. 방에 무엇이 있는지 그 이유는 무엇인지를 말하거나 글로 적으세요."와 같은 활동을 하도록 하였다. 브라이언은 "바꾸고 싶을 때마다 바꿀 수 있는 벽지"로 꿈의 방을 만들었다.
	개인적 기능	• 언어는 **개인의 의견, 감정 혹은 개별성을 나타내기 위하여** 사용된다. 함께 노래를 하면서 개별 유아의 이름을 넣어 부르거나, 나 혹은 가족을 주제로 하는 그림책을 읽는 것 등이 해당된다. 또한 방학 중 가족과 함께 활동한 그림과 사진에 제목을 붙이는 것 등이 이 기능에 해당된다. 3세 교실에서 유아의 적응을 돕기 위하여 부모님이 일하는 모습을 사진으로 갖고 오게 하여 이 장면의 이름을 유아에게 붙이게 한다. 유아가 부모 생각이 날 때마다 이 사진을 보고 부모는 지금 일하고 있고 일이 끝나면 자신을 데리러 어린이집으로 온다는 것을 인지하게 하여 안심시킨다.
	상호적 기능	• 언어는 **관계를 만들고 유지하기 위해** 사용된다. 집단에 속한 구성원이 공동의 목표를 이루기 위해 노력할 때 사용되는 언어가 여기에 해당된다. 또한 병원에 입원한 친구에게 카드를 보내거나 회복을 기원하는 동영상을 보내는 것도 이에 해당된다.
	상상적 기능	• 언어는 **실재하지 않는 세계를 만드는 데** 사용된다. 극놀이, 소꿉놀이, 상상놀이를 할 때 사용되는 언어들이다. 경찰관 모자, 의사 가운, 공원 관리원, 우주 비행사 등이 사용하는 의복과 소품이 준비되면 유아의 상상력은 언어를 통해 날개를 단다.
	탐구적 기능	• 언어는 **무엇인가를 탐구하고 알아내기 위하여** 사용된다. 궁금한 대상에 대하여 관찰 보고서를 작성하거나 과학 실험 보고서 등을 작성할 때 사용되는 언어이다. 2학년 교실에서 119구조대원을 초청하여 안전과 응급처치에 대하여 학습할 때 구조대원은 여러 응급장치에 대하여 설명해 주고 학생들은 궁금한 것에 대하여 질문하는 맥락에서 사용되는 언어이다.
	정보적 기능	• 언어는 **정보를 주고받는 데 사용**된다. 광고, 메시지 보드, 게시판, 이메일, 알림장, 학급 신문, 날씨 판, 신문, 포스터 등에 사용되는 언어이다. 1학년 아동들이 우정에 대한 주제를 마치면서 각자 민들레의 잎사귀와 줄기만 그리고 꽃잎은 공란으로 남겨 두었다. 꽃잎에는 친구들이 돌아가면서 아동의 좋은 점, 함께 했던 경험, 놀이 등을 적는 활동을 하였는데 이러한 맥락에서 사용된 언어는 정보적 기능을 한다.

Ⅱ. 언어 발달 이론

1 행동주의

- 행동주의 심리학은 관찰이나 실험을 통하여 검증할 수 있는 지식만을 인정하려는 실증주의, 즉 경험주의에 기반을 두고 있다. 철학적 근거로는 백지설을 주장한 **로크**가 있으며, 심리학적 근거로는 **왓슨, 손다이크, 스키너** 등의 이론에 기반을 두고 있다.
- 기 '아이들이 공공 기관에서 사용하는 어휘와 용어를 올바르게 말할 때마다 즉각적인 칭찬과 격려를 아끼지 않을 것입니다.'에 나타난 ① 언어 학습 이론과 ② 학습 기제를 쓰시오. **행동주의, 강화**[16]
- 기 '자음이나 모음의 이름을 외우게 하거나 반복해서 베껴 쓰도록 훈련', ㉣ '자음과 모음의 이름을 외우게 하거나 형태 변별을 가르치자는 것'이 공통적으로 기초하고 있는 발달과 학습에 대한 심리학적 관점을 쓰시오. **행동주의 이론**[17]
- 기 ② 행동주의 이론에 근거하여 ㉠ '그래! 정말 잘 말해 주었어!'에 해당하는 언어 학습의 원리를 쓰시오.[특21] ② **강화**

행동주의	왓슨(Watson)의 단어형성 이론	▶ 부모로부터 **보상을 받는 경험**을 통해 특정 단어 사용이 **습관화**되며, **대상이나 사건과 연관**될 때 **단어 학습이 촉진**된다는 이론 • 영아는 'ma' 또는 'pa' 소리를 낼 때 부모로부터 보상(언어적 반응, 미소)을 보상을 받고, '엄마'라고 말했을 때 더 큰 보상을 얻는 경험을 통해 학습한다. • 이러한 과정을 **반복해서 경험하게 됨에 따라 언어표현이 습관화**되고 영아는 어머니를 '엄마', 아버지를 '아빠'라고 불러야 한다는 것을 터득하게 된다. • 영유아가 성장하며 이러한 과정을 통해 많은 단어를 학습하게 되는데 각 단어는 환경 내에서 주어진 대상과 사건에 연관될 때 보다 학습이 쉽게 이루어진다.
	스키너(Skinner)의 조작적 조건형성	▶ **자극, 반응, 강화**를 통해 유아가 언어를 학습하며, 부모의 **선택적 강화**가 언어발달을 이끈다는 이론 • 유아가 언어를 습득하는 과정은 부모의 말을 모방하고, 어떤 소리를 냈을 때 부모로부터 관심을 받거나, 칭찬 등의 **보상을 받은 경험**, 즉 '**자극**'-'**반응**'-'**강화**'에 의해서 **언어를 학습**한다. • 유아의 언어는 **부모의 선택적 강화로 결정**되며, 이 강화의 원리가 적용된 요구발화 반응, 접촉반응, 반향적 조작반응을 경험하면서 언어발달이 이루어진다. 기 **스키너의 강화 이론**: 존댓말을 사용하여 엄마의 칭찬을 받은 인철이는 존댓말을 더 자주 사용하게 되었다.[10]

스키너의	요구발화 반응 (mand response)	▶ 유아가 **요구를 발성으로 표현**하면, 부모가 **그 요구를 충족**시켜 주며 해당 사물의 **이름을 반복**해서 들려주는 과정을 통해 언어를 학습하는 반응 • 아이가 **무엇인가 필요한 상황에서 산출한 발성**을 듣고 양육자는 **그 요구를 충족시켜 주면서** 동시에 요구에 해당하는 발성을 반복해서 들려주는 과정에서 언어가 습득된다는 개념이다(요구, 요청, 명령). ㉠ **아이가 물을 가리키면서 '머'와 같은 발성을 했을 때**, 양육자는 물을 먹여주면서, "물? 우리 아가 물 줄까? 아이고 물 맛있다. 물 마시니까 시원하지?"와 같이 '물'이라는 발성을 반복해서 들려주는 것이다.
	접촉반응 (tact response)	▶ 유아가 **사물과 접촉하며 발성**할 때, 부모가 해당 사물의 **이름을 반복**해서 들려주는 과정을 통해 언어를 학습하는 반응 • 물리적 환경, 사회적 결과 – contact라는 단어에서 파생되었다. • 말 그대로 유아는 자신의 **신체적 근접성** 또는 **물리적 접촉**(contact)을 경험하면서 단어를 배우게 된다. ㉠ 영아가 목욕하면서 '무'라는 소리를 낼 때 엄마가 '물'이라고 해석을 하여 "그래, 물이야, 물이 많지?"라고 반응을 해 주면 영아는 '무'와 '물'이라는 단어를 연결하게 된다. 이러한 과정이 반복적으로 강화되면서 영아는 '물'이라는 단어를 학습하게 된다. ㉠ **아이가 인형을 흔들며** '어'라는 소리를 낼 때, 양육자는 "그래 인형! 인형이네."와 같이 '인형'이라는 발성을 반복해서 들려주는 것이다. 성인들에게서 아이가 무언가를 만지거나 가만히 쳐다보면 그것의 이름을 말해 주는 행동을 쉽게 관찰할 수 있다. 기 **스키너**의 행동주의 이론에 근거하여 대호의 말 **'(실로폰 소리를 들으며) 소리 나. / (은서가 빨간색 음판을 치고 있는 모습을 보며) 빨간색.'**에 해당하는 **언어 행동 유형**을 쓰시오.[특25]
	반향적 조작반응 (반향 모방적 언어 반응, echoic verbal response)	▶ 유아가 주변에서 **듣는 언어를 메아리처럼 모방**하여 발성하며, 부모가 이에 긍정적인 **보상을 제공**하여 언어 학습을 돕는 반응 • 우연한 기회에 부모나 성인의 **음성**을 모방했을 때 **칭찬**을 받으면 그것이 강화의 역할을 하며, **이런 과정이 반복**되는 가운데 아이들은 성인 언어와 유사한 언어를 습득해 간다. • 부모의 소리에 영향을 받아 일어나는 반응 현상으로, 유아가 부모의 소리를 메아리(echo)처럼 따라 하는 것이다. 부모가 자신의 말을 곧잘 따라 하는 유아에게 긍정적인 보상을 주면 언어발달이 이루어진다. 기 스키너가 제시한 언어 학습 방법 중 [A] '수민 : 이모랑 가쪄요. **교사 : (천천히 명확하게 발음하며)** 이모랑 가.써.요. 수민 : 이모랑 가.써.요.'에 해당하는 것을 쓰시오.[21] ㉠ 영아가 **부모의 '물'이라는 발음을 계속 듣게 되면** '무'를 '물'로 정확하게 발음할 수 있게 된다. ㉠ 아이가 자기보다 나이가 많은 **형제가 소리 내어 책을 읽으면**, 옆에 앉아서 유사한 소리를 내며 흉내 내는 행동 등

조작적 조건형성	문장적 반응 (textual response)	▶ **글로 쓰인 단어**를 보고 소리 내어 읽는 반응 ㉠ 글로 쓰인 "구두"라는 단어를 읽고, 그것을 소리 내어 "구두"라고 말하는 것 • 반향적 조작 반응과 같이 자극과 반응이 대응을 이루고 있으나 문장적 반응에서는 **자극은 시각적**이고, **반응은 청각적**이므로 자극과 반응의 감각 양식이 서로 다르다.
	언어 내적 반응 (내적 언어화 반응, intra-verbal response)	▶ **한 언어 자극**이 **다른 언어 반응을 연상적으로** 산출시키는 것 • 대화자 간의 언어가 어떤 반응을 직접 요구하는 자극적 역할을 하지 않으면서 상황에 맞는 언어를 연상하여 표현하는 경우를 뜻한다. • 즉, 영유아들은 **서로의 언어 자극이 강화제**가 되어서 **자신의 내부에 있는 유사한 언어들을 문장화**시키는 것이다. ㉠ '실'이라는 단어를 듣고 '바늘'이라는 말이 산출되는 것 ㉠ '나 토요일에 마트 갔다 왔다.', '마트는 너무 복잡해.', '마트에서 초콜릿 샀다.', '초콜릿 많이 먹으면 이가 아야 해.'
	자동적 반응 (자동화 반응, autoclitic response)	▶ 유아가 **자신의 언어표현**에 **자극**받아 (문장 틀을 학습하며) **문법 규칙을 자동으로** 학습하는 반응 • 주어-동사-목적어의 어순과 같은 문장 틀과 관련된 것이다. 즉, 유아는 **각 단어가 다음 단어에 대한 자극으로 작용**하는 문장 틀을 학습하며 문법을 습득한다. • 유아가 **자신이 표현한 언어 유형에 자극**이 되어 **문법 규칙을 자동적으로 학습**하는 방법을 뜻한다. ㉠ '**구두+예쁘다.**'가 먼저 틀을 갖추고 여기에 '빨간'을 첨가해 '**빨간 구두 예쁘다.**'라는 문장을 생성한다. ㉠ 장난감 주스 병을 보고 "**주스다.**"라고 최초 발성한 유아가 이어서 "**주스는 시원해.**"라는 문장을 말하고, 인형의 입에 주스 병을 대면서 "**아가는 주스를 먹는대. 그래서 아가는 이제 시원하대.**"와 같이 문법 규칙을 적용하고, 확장하며 언어를 사용하는 경우이다.

2 생득주의

▶ 인간이 **언어를 습득할 수 있는 선천적 능력을 가지고 태어난다**는 입장
- 생득주의(Innatism)는 영유아의 모국어 습득은 **학습(learning)이 아니라, 태어날 때부터 가지고 있는 언어 습득 능력에 의해 자연스럽게 습득(acquiring)된다**는 이론이다.
- 1960~1970년대를 지배하였다. 철학적 근거로는 **루소**의 견해가 있으며, 심리학적 근거로는 **게젤, 촘스키, 레넨버그** 등의 이론에 기반을 둔다.

[기] 생득주의 관점에서 볼 때 [A]에서 잘못된 부분 1곳을 찾아 쓰고, 그 이유를 함께 제시하시오.[24]

'모방을 통해' 부분이 잘못되었다.

- 생득주의를 주장한 촘스키(N. Chomsky, 1957)의 이론은 인간이 반복적인 학습과 경험에 의해 언어를 익힌다는 행동주의 이론과 분명하게 구별되며, 이는 현대 언어학에 혁명과 같은 사건이었다.
- 촘스키는 "사람의 **언어습득장치**에는 태어날 때부터 **보편문법(변형생성문법)이 미리 프로그램화**되어 있어서 유아가 언어입력을 접하게 되면 **자동적으로** 단시일 내에 그 언어의 음운, 어순, 기타 모든 문법 사항을 **자연스럽게 습득하게** 된다."고 하였다.

촘스키 (Chomsky)	보편 문법 (universal grammar)	▶ **모든 인간**이 **유전적**으로 **내재적**으로(선천적으로) 가지고 있는 **공통 문법구조**를 뜻하며, **모든 언어**에 **보편적**으로 **내재**하는 **문법** • 촘스키가 유전적으로 결정된 언어 능력을 설명하기 위해 도입한 추상적인 개념이다. 일종의 **생물학적 기제**로 **모든 인간**들이 **공통**적으로 가지는 **특성**이다. • 모든 언어에는 공통 문법구조인 보편 문법이 있다. 각각의 언어들은 모두 다른 것처럼 보이지만, 기본 구조를 분석해 보면 보편적인 특성이 있다. • 유아는 **생득적으로 보편 문법에 맞는 문법 산출 능력**이 있다. 그래서 유아들은 개별 언어의 규칙을 쉽게 알아내고 적용하면서 언어를 스스로 습득해 간다. • 또한 문법이나 문장구조를 배우지 않고서도 자연스럽게 말하게 되는 것이다. • **보편문법의 특징** 중 하나는 **문법 규칙을 과잉 적용**하는 것이다. ⑩ 선생님이가, 별이가, -ed [기] N. Chomsky가 주장하는 유아기 언어발달과정에 적합한 개념은?[97] [기] 모든 언어에는 공통적인 구조와 규칙들이 있다.[10] [기] 인간은 선천적으로 언어 습득에 적합한 내재적 능력을 갖추고 있다.[10] [기] 투입되는 언어 자료가 완전하지 않아도 모국어의 문법을 습득할 수 있다.[10] [기] 체계적 훈련 없이 단순히 언어를 접하는 것만으로도 언어를 쉽게 습득할 수 있다.[10]
	변형 문법 (transformational grammar)	▶ **심층구조의 의미**를 다양한 형태의 **표층구조로 변환**하는 **규칙과 과정을 설명**하는 문법 체계 ▶ **심층구조**(deep structure) : 문장의 **기본 의미와 문법적 관계를 내재적으로 나타**내는 **추상적인 구조** ▶ **표층구조**(surface structure) : **심층구조가 변형**되어 **실제로 발화**되거나 **글로 표현**된 문장의 **외형적 구조**

| 촘스키 (Chomsky) | 변형 문법 (transformational grammar) | • 모든 문장은 **의미를 관장**하는 기저의 문법 관계인 **심층구조**와 문장의 구성 성분 구조로서 **표현된 언어** 그 자체인 **표층구조**의 두 수준으로 구성되어 있다.
• 모든 언어는 문장의 의미와 관계있는 **심층구조**와 문법적 표현을 나타내는 **표층구조**의 두 가지 수준으로 구성된다.
• 언어마다 표층구조는 다르지만, **심층구조**에는 **공통된 보편적 특성**이 존재한다.
• **언어습득장치(LAD)의 존재 이유**
  - 유아는 **심층구조**를 먼저 이해한 뒤 이를 **표층구조로 변환**하며, 이 과정에서 **문법의 변형**이 이루어진다.
  - "나는 사과를 좋아해."라는 기본적인 의미(심층구조)에 부정문을 만드는 규칙을 적용하면, "나는 사과를 싫어해.", "나는 사과를 좋아하지 않아.", "나는 사과를 한 번도 좋아한 적이 없어."와 같은 다양한 형태(표층구조)로 변형된다.
  - 이러한 변형 문법을 적용할 수 있는 능력은 선천적으로 내재된 언어습득장치 덕분이다.
• 문장의 '의미', 즉 우리가 말하고 싶은 내용인 심층구조는 우리가 실제 보고 듣는 문장인 다양한 형태의 표층구조로 변형될 수 있는 것이다.
• 이처럼 기본 의미를 문장으로 전환하는 규칙들을 촘스키는 **변형 규칙**이라 부르고, 그 전체 체계를 **변형 문법**이라고 설명하였다.
• 변형 문법과 언어습득장치 덕분에 인간은 제한된 학습과 경험만으로도 무수히 다양한 문장을 이해하고 생성할 수 있다.
  예 머릿속에 "나는 사과를 좋아해." (심층구조) : 변형규칙을 사용하여 무수한 문장을 만들어 낼 수 있다. "나는 사과를 좋아할까?", "나는 도대체 사과를 얼마나 좋아하는가?"
• 표층구조가 바뀌더라도 심층구조가 같으면 문장의 의미는 달라지지 않는다.
기 유아는 모국어의 **표층구조**를 먼저 습득하고 이것을 다시 **심층구조**로 바꾼다.[10]
기 촘스키(N. Chomsky)에 의하면, 언어의 의미와 내용을 전하는 추상적 기본 구조인 심층구조는 여러 변형규칙들이 적용되어 다양한 형태의 문장들로 표현된 **(표층구조)**로 전환된다.[14]
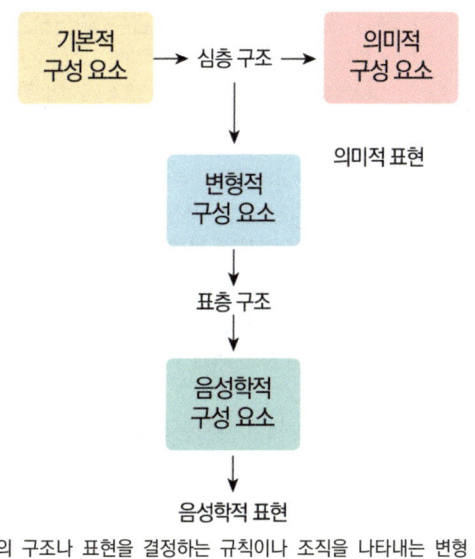
언어의 구조나 표현을 결정하는 규칙이나 조직을 나타내는 변형 문법 |

촘스키 (Chomsky)	언어습득 장치 LAD (Language Acquisition Device)	▶ 인간의 **선천적 언어발달 능력**을 **설명**하기 위해 제안된 **가상의 장치**로, **외부 언어 자극을 분석**하여 문법 체계를 처리하고 **언어를 이해하고 습득**하도록 돕는 **선천적 기제** • 인간은 누구나 어떤 환경에 노출되었을 때 생득적인 내재적 능력이 발동되어 언어를 습득하게 되는데 이를 가능하게 하는 생득적인 언어 생성 기제가 언어 습득 장치(Language Acquisition Device)이다. • 이 장치는 뇌의 특정 구조나 부위를 뜻하는 것이 아니라 외부로부터 들어오는 언어 자극을 분석하는 일련의 지각적·인지적 능력으로 문법 체계를 처리하는 장치이다. • 이 장치를 통해 투입된 언어 자료를 처리하고 규칙을 형성하며, 문법에 맞는 문장을 이해하고 산출하게 된다. 언어습득 장치 안에는 **모든 언어에 필요한 기본 원칙이 담겨 있다.** 언어적 정보 자료 입력 (input) → LAD(언어습득 기제) 처리 (processing) → 문장 이해, 문장 표현 출력 (output)
	언어습득 장치를 뒷받침해 주는 근거	• 언어 능력은 일반적인 지적 능력과 다르다. • 인간은 태어난 지역에 상관없이 **어떤 언어라도 습득할 수** 있다. • **모든 언어에는 공통적인 어순과 문법적인 특성**이 있다. • **모든 문화권의 유아들은 공통적으로 어린 시절 짧은 기간 동안 언어를 습득**한다. • 유아는 **자신만의 독특한 방법으로 문장을 만들어** 낸다. • **지능이 낮은 유아들도** 문법에 맞는 언어를 구사할 수 있다. • 생의 일정 기간이 지나면 언어습득이 어렵다. • 출생 후 5~6년이라는 짧은 기간에 놀라울 만큼 정확한 어순으로 다양한 문장을 변형하고 산출한다. 기 ① '영유아의 언어는 환경적 요인뿐만 아니라 생물학적 능력에 의해서도 발달한다.'과 관련하여 촘스키(N. Chomsky)는 인간에게 언어를 학습할 수 있도록 준비된 장치가 있다고 하였다. ① 이 장치의 명칭을 쓰고, ② 이 장치가 존재하는 근거 중 2가지를 쓰시오. ① **언어습득장치,** ② **보편문법, 변형문법**[특17]
	언어습득 장치의 내용	• 유아는 부모의 말을 무의식적으로 듣게 되고, 언어습득장치에서 그 말을 입력하여 얼마 지나지 않아 자신도 모르는 사이에 모국어를 인지하게 된다. • 언어습득장치에는 **보편 문법**이 **선천적**으로 **내재**되어 있기 때문에 유아는 굳이 **배우지 않아도** 여러 유형의 품사를 구별하고, **자동적으로** 단어를 순서대로 배열하며 언어의 **문법형식을 깨칠 수** 있다. • 언어습득장치는 어린 나이에만 작동하며, 사춘기로 접어들면서 이 능력은 현저히 저하된다. ① 언어습득장치를 통해 선천적으로 언어가 습득된다. ② 언어습득능력은 0세부터 13세까지 가장 활발하게 진행된다. ③ 언어습득장치에는 모든 언어의 공통된 보편 문법이 선천적으로 갖추어져 있다. ④ 말은 배우는 것(learning)이 아니라 습득하는 것(acquisition)이다.

레넨 버그 (Lenne berg) 결정적 시기		• 촘스키와 마찬가지로 언어획득의 선천성을 주장하지만 보다 생물학적 입장을 취하여 인간의 생물학적, 신경생리학적 관점에 더 기초를 두었다. • 인간의 중추신경계에는 언어의 추상적 구조를 획득하게 하는 생태적이고 생물학적 기제가 있다고 가정한다. • 따라서 인간이 언어를 사용하는 것도 인간 종 특유의 행위로서 선천적 성향이며 유기체의 성숙-발달과 상관을 가져 언어발달단계와 신체발달단계 간에는 상관관계가 있다고 하였다.
	결정적 시기	▶ **특정 발달이 최적화**되어 **이루어지는 시기**로, 이 시기가 지나면 해당 발달이 어려워지는 시기 • 언어 습득은 생물학적으로 규정된 특정한 시기에만 일어나며, 이 시기에는 환경에 자연스럽게 노출되는 것만으로 언어 습득이 성공적으로 이루어진다. • **언어 습득에 최적화된 이 시기**는 출생부터 생후 몇 년까지, 길게 잡아 사춘기까지이다. • 이 시기가 지나면 언어 습득은 매우 어렵고 대개의 경우 성공적으로 이루어지기 힘들다는 가설이다. 기 생득주의 관점에서 ⓒ '생후 20개월부터 13세까지 격리, 이후 언어 교육에도 언어 능력 회복할 수 없었다.'를 설명할 수 있는 언어습득 시기에 관한 용어 1가지를 쓰시오.[13추] 기 ⓒ '영유아기는 언어 습득에 중요한 시기이므로 풍부한 언어적 자극이 필요하다.'과 관련하여 언어습득을 위한 특정 시기를 지칭하는 용어를 쓰시오.[특17]

3 상호작용주의

| 상호작용주의 | • 1970년대 이후부터 급부상한 상호작용주의는 **언어의 의사소통 기능을 중시**하며 문장 자체보다는 **두 문장 이상으로 이루어진 텍스트**나 **담화가 사용된 상황이나 문맥을 파악하여 언어를 이해해야** 한다는 관점을 따른다.
• **상호작용주의**는 유기체와 환경과의 적극적인 상호작용으로 지식을 구성한다는 **구성주의**에 근거한다.
• 발달에 있어 유전적 요인이나 환경적 요인 중 어느 하나를 중요하게 여기기보다는 생득적 측면과 환경적 측면, 즉 이 두 노선이 서로 작용하고 영향을 주고받는 과정에서 일어나는 학습의 과정을 중요하게 다룬다.
• 철학적 근거로는 구성주의를 주장한 **듀이**, 심리학적 근거로는 **피아제, 비고츠키**의 이론에 기반을 둔다. |

1) 피아제(Piaget)의 인지적 상호작용주의

| 피아제(Piaget)의 인지적 상호작용주의 | • **언어**는 환경적 특성이나 생득적 특징이 아니라 **인지적 성숙의 결과로 획득되는 능력** 중 하나로, **인지 발달은 언어 발달의 원동력**이 되며, **인지 발달 단계가 언어 발달 단계를 결정** 짓는다는 입장이다.
• 인간은 외부적 환경과의 경험을 토대로 동화와 조절을 통해 인지발달을 이루고, 언어란 발달된 인지구조를 표현하는 수단이다.
• 발달은 개체와 환경 간 상호작용의 결과이다.
• 경험이 중요하며, 지식을 구성하는 사람은 유아 자신이다.
• **사고 수준이 언어 발달에 그대로 반영**된다.
기 **피아제의 인지 발달 이론** : 요즘 영희는 엄마에게 "까꿍!"하는 놀이를 즐겨하면서 '있다.', '없다.' 등의 어휘도 사용하기 시작하였다.[10]
• 자기중심적 언어에서 사회화된 언어로 발달한다.
• **인지적 갈등을 통해 발달**이 이루어진다. 특히 유아 자신과 또래와의 인지적 갈등이 중요하다.
• **사고와 인지 발달이 선행**하고 **언어발달이 뒤따른다.** 즉, 사고가 발달하면서 그 사고를 표현하기 위해 언어라는 기호를 사용한다. |
| 언어와 사고와의 관계 | • **언어는 현재의 사고 수준을 반영**한다. 영유아는 인지 수준에 맞는 언어를 사용하며 사고발달에 있어서 언어발달은 중요한 기능을 한다.
• 영아는 **자신의 인지 수준에 맞는 언어를 사용**한다.
예 대상영속성 개념을 확립할 시기에 '없어.', '갔어.' 등의 말이 나타난다. |

자기 중심적 언어 (ego centric speech)		▶ 유아의 **자기중심적 사고**에서 비롯된 언어로, **남에게 뜻을 전달하려는 의도 없**이 말하는 언어 • 유아는 자기중심적 사고 단계에 있을 때 반복, 독백, 집단적 독백의 언어적 형태를 사용한다. 이는 유아가 발달함에 따라 극복되거나 사라진다.
	반복	▶ **(남에게 뜻을 전달하려는 의도 없이) 반사적으로 익힌 단어나 구절**, 또는 다른 사람의 말을 그대로 **흉내 내거나 되풀이하는** 언어표현 예 '다-다-다-다', '맘-맘-맘-맘', '빠-빠-빠-빠'
	독백	▶ **상대가 없어도 자신의 생각을 말로 표현**하는 언어표현 예 장난감 칼을 가지고 놀다가 '내 칼을 받아라!', '저기로 도망간다.' 기 '(퍼즐을 책상 위에 올려놓고) 나 이거 할 거야! (중략) (다른 조각의 퍼즐을 다 맞춘 후) 다 됐다!'의 소정이에게 나타나는 **유아기 언어 특징**을 피아제 이론에 근거하여 그 용어를 쓰시오.[21]
	집단적 독백	▶ **타인의 존재에 자극**받아 **자신에게 소리 내어 말**하지만, **타인의 반응을 기대하지 않는** 언어표현 • 차이점 : 독백이 뚜렷한 청중 없이 말하는 것이라면, 집단적 독백은 타인이 있을 때 자신에게 소리 내어 말하는 것이다. • 따라서 자기중심적 언어 중 가장 사회적인 유형으로 타인의 존재에 자극을 받아서 말을 하긴 하지만, 타인이 자신의 말에 귀 기울이거나 반응해 주기를 기대하지는 않는다. • 즉, 말하는 기쁨에 **타인 앞에서 독백**하고 **자기에게 관심을 가져 준다고 생각하는 기쁨이 첨가된 유형**으로 볼 수 있다. 예 그림을 그리면서 '이것은 구름', '이것은 나무, 저것은 꽃이다.' 등의 표현과 같이 꼭 반응을 요구하지 않는 형태 기 피아제(J. Piaget) 이론에 근거하여 [A]에 드러난 ① 유아기 언어적 특성을 의미하는 용어를 쓰고, ② 이러한 언어적 특성이 나타나는 이유를 1가지 쓰시오.[19추]
사회화된 언어 (socialized speech)		▶ 남에게 **의도적으로 뜻을 전달하기 위해** 말하는 언어 • 영유아는 인지적으로 발달하면서 '자기중심적 언어' 단계에서 '사회화된 언어' 단계로 전이된다. • 유아는 **탈자기중심적 사고 단계**에 있을 때 다음과 같은 언어적 형태를 사용한다.
	순응된 정보 (순응된 정보교환, 정보교환, adapted information)	▶ 자신의 **정보를 상대방과 나누는** 언어표현 • 상대방이 꼭 존재해야 한다. 유아가 자신에게 흥미 있는 **사건을 전달**하거나 **상호 간의 뜻을 모으는 것으로 다른 사람과 자신의 생각을 나누는 과정**에서 발생한다. 예 난 참나무 반이야, 넌 무슨 반이야? • 유아가 자신에게 흥미로운 사건을 전달하고자 하거나 유아 상호 간의 **공동 목표를 위해 의견을 종합하여 표현**하는 언어 유형이다. • 이러한 의견에 대해 상호 의사소통하기 시작하고 다른 사람의 입장을 어느 정도 수용하여 반응하지만 아직까지 명확한 예시를 제시하거나 인과적 설명을 하는 단계는 아니기 때문에 비교적 **낮은 차원의 논쟁적인 대화**가 이루어진다. 예 "해는 둥글게 생겼어.", "해는 둥근데 눈하고 코가 없어." "아니야, 해는 눈이 있어서 볼 수 있어.", "아니야 볼 수 없어."처럼 반대 주장이 논리적 근거 제시 없이 논쟁으로 이루어지는 경우이다. 기 '(은영이를 바라보며) 맞아. 나뭇잎 색도 다르고 모양도 다르네.'에 나타난 **피아제의 사회화된 언어 유형** 1가지를 쓰시오.[23]

비난과 조롱 (criticism & derision)	▶ **상대 행위의 가치를 폄하**하거나 **갈등, 다툼, 경쟁 상황에서 사용**하는 언어표현 • 서로의 생각에 동의하는 순응된 정보 교환과 다르게 다른 사람의 말이나 행동에 대해서 **비난**하는 것으로 나와 타인의 다른 점들을 **비교**하거나 **부정적인 감정**을 표현하는 과정에서 발생한다. ㉮ "그것밖에 못 해?", "그것도 몰라?", "너는 미미 인형 없지?", "아니다 나도 미미 인형 있다. 나는 토끼 인형도 있다. 너는 없지?" ㉮ "내가 더 크다.", "아니다 내가 더 크다!", "내가 아빠만큼 크다.", "나는 집만큼 크다." 와 같이 자신을 표현하기 위해서 상대방을 폄하하는 장면에서 관찰할 수 있다. ㉮ 또한 기분이 상한 유아가 친구에게 **"넌 나빠!", "너는 개미야!"** 등 자신의 감정을 표현하기 위해서 상대방을 비난하는 장면에서도 관찰할 수 있다. • 상대방의 일이나 행동에 대하여 비판하는 언어 유형으로 논쟁을 야기한다는 측면에서는 순응적 정보교환과 유사하나 **주로 반박하고 자랑**하면서 자신의 **우월성을 주장하는 욕구**가 크다. • 지적인 특성보다는 **정의적인 측면**이 강한 언어 유형이다. ㉮ "네가 그렇게 하는 게 싫어."처럼 외치는 말로 나타나면서 경쟁이나 다툼이 유발될 수 있다.
명령 · **요구** · **위협** (command · request · threat)	▶ **놀이 관계를 유지**하거나 **우위를 점하기 위해 일방적인 언어적 상호작용**에서 나타나는 언어표현 • 상대방과 상호작용을 하면서 자신의 생각과 의견을 다른 사람과 교환하려고 하는 **부드러운 사용**에서 **감정적인 위협**에 이르기까지 광범위한 형태로 언어 표현을 한다. ㉮ 네가 가장 작으니까 아기를 해, 연필 좀 줘, 이 칼로 널 무찌를 거야. ㉮ "미안한데, 너 나를 좀 도와줄 수 있니?", "여기에 들어오려면 표가 있어야 해, 표를 주세요.", "너는 돈 안 냈으니 못 들어와." • 유아들이 놀이 관계를 유지하거나 놀이에서 **우위를 점하기 위해서** 상호작용 하는 과정에서 발생한다. ㉮ 놀이 상황에서 친구의 행동이 마음에 들지 않을 때 **"나 지금 화났어!", "너랑 안 놀아!", "너 이제 딱 한 번만 해."**와 같은 말로 친구의 행동을 멈추게 하거나 자신의 요구를 관철하고자 하는 장면에서 관찰할 수 있다. • 이때의 **명령이나 협박은 놀이 관계 유지가 목적**이므로 진짜 화가 나거나 안 놀 생각이 있는 것이 아니라 자신이 원하는 결과를 얻고 나면 금방 순응적인 상태로 돌아와 즐겁게 놀이한다는 것을 알아둘 필요가 있다. ㉮ "너랑 안 놀아.", "나도 너랑 안 놀아.", "그 인형 주면 놀 수도 있어.", "그래 가져.", "그럼, 우리 유모차 태울까?", "그래."

질문과 대답 (question & answer)	▶ 상대의 **대답을 얻**거나 상대의 **묻는 말에 답**하기 위해 사용하는 언어표현	
	질문	▶ 상대방의 **대답을 얻기 위해** 사용하는 언어표현 ㉠ 같이 놀 거야, 색연필 몇 개 있어?
	대답	▶ 상대방의 **묻는 말에 답을 하기 위해** 사용하는 언어표현 ㉠ "응 나도 할 거야.", "세 개 가지고 있어."

- 유아 상호 간에 이루어지는 모든 질문과 대답에 해당하는 언어 유형으로 아주 쉬운 질문에서 좀 더 어려운 질문과 대답에 이르기까지 상당히 다양하다.
  ㉠ 같이 놀 거야, 색연필 몇 개 있어? 응, 나도 할 거야, 세 개 가지고 있어.
  ㉠ "이건 뭐야?", "이건 큰 공룡이야.", "왜? 왜 그런 거야?" 등 다양한 형태로 나타날 수 있다.
- 질문과 대답은 3~4세 사이에 강화되는데 초기에 "이게 뭐야(what)?"라는 대상의 이름을 묻는 질문에서 "왜(why)?"라는 원인과 결과를 추론하는 질문으로 진화되어 간다.
- 유아들의 "이게 뭐야?"라는 질문은 대상에 대한 다양한 도식을 수집하여 통합하는 과정이므로 자신의 도식과 조금이라도 불일치하는 것이 있을 때는 언제든지 발생한다.
  ㉠ '의자'라는 단어는 등받이가 있는 의자와 없는 의자, 낚시용 의자와 책상용 의자, 긴 의자와 짧은 의자, 나무로 만든 의자와 플라스틱으로 만든 의자와 같이 다양한 도식을 가지고 있다. 어른들에게는 너무도 당연한 것이지만 유아들에게는 모두 새로운 의자들이다. 그 모든 의자들이 의자라는 단어로 통합될 때까지 아마도 유아들의 "이게 뭐야?"라는 질문은 계속될 것으로 예상된다.
- 이러한 유아의 인지적·언어적 특징을 교사는 잘 이해하고 정성껏 그들의 언어와 인지의 통합을 지원할 필요가 있다.
- 유아들은 제한된 추론 능력을 가지고 있으므로 어떤 결과에 대한 원인을 구체적으로 이해하기 어렵다.
- 어떤 사건의 원인을 알 수 없을 때 어른들이 답답한 것처럼 유아들도 무척 답답할 것이다. "왜?"라는 질문은 그런 답답함을 해소하고 상대방을 통해서 원인을 찾아보고 싶은 욕구일 것이라는 추론을 해볼 수 있다.
- 유아들의 "왜"에 적절하게 상호작용하기 위한 가장 좋은 방법은 직접 원인과 결과를 경험하게 해주는 것이다.

2) 비고츠키(L. Vygotsky)의 사회적 상호작용주의

비고츠키 (Vygotsky) 의 사회적 상호작용 주의	• **유아와 언어 환경의 역동적인 상호작용**으로 인하여 **타인과의 의사소통이 원활히 이루어져 언어가 발달**한다는 입장이다. • 비고츠키는 '**언어는 사고를 위한** 실제적 메커니즘 **정신의 도구**(mental tool)'라 정의하였다. • **정신의 도구인 언어를 사용**함으로써 인지는 '**사회적 국면**'에서 '**개인적 국면**'으로 전이될 수 있다. • 사회적 의사소통 시 언어는 중요한 기능을 한다. • 언어는 사고와 인지 발달을 촉진하는 도구로 매개체 기능을 한다. • **인지가 언어보다 선행**하지만 **다시 인지는 언어적 구조에 의해 영향**을 받는다. • 근접발달지대에서 적절한 언어를 유아에게 제공해 주는 성인의 역할이 중요하다. • 언어는 인간의 고등정신 기능으로 지식 획득, 내면화의 가장 중요한 신호체계이다. • 언어적 경험은 사회적 언어가 다시 개인적 언어로 전환되는 내면화의 기회를 갖게 된다. • 언어 발달 : **사회적 언어 → 혼잣말(사적 언어) → 내적 언어** 　예 피아제 : 자기중심적 언어 → 사회적 언어
	기 발달의 초기에 유아의 행동은 **(타인)**의 말로 조절된다. → 점차 유아는 **(사적)**인 말로 자신의 행동을 조절하기 시작한다. → 유아는 **(자신)**의 **(내적)**인 말로 자신의 행동을 조절하게 된다.[11]
	기 비고츠키 관점에서는 언어 발달의 토대를 사회적 맥락에 두고 있다.[12]
	기 비고츠키(L. Vygotsky)에 의하면, 준호의 혼잣말은 **(사회적 언어)**이(가) 점차 내면화되어 **(내적 언어)**로 발달하는 과정에서 생겨나는 과도기적 언어이다.[특13추]
	기 혼잣말은 자기지향적인 언어이며, 연령이 증가함에 따라 점점 축약되고 사고와 융합되면서 (내적언어)로 발달해 간다.[14]
	기 ㉠ '(중얼거리며) 어떻게 말할까 …. "친구야, 한 번 빌려줄래?"라고 해야지.'에 해당하는 ① 비고츠키(L. Vygotsky)의 언어발달 단계가 무엇인지 쓰고, ② 그렇게 판단한 근거를 쓰시오. ① **혼잣말 단계(자기중심적 언어 단계)**, ② **유아가 스스로 문제를 해결하기 위해 혼잣말을 사용하면서 자신의 사고를 조절하고 있기 때문이다.**[특16]
	기 '환하게 웃으며 "아앙~"하고 소리를 낸다.'를 참고하여 ① 지호의 의사소통 행동이 비고츠키의 언어 발달 단계 중 어느 단계에 해당하는지 쓰고, ② 그렇게 판단한 근거를 쓰시오.[특24] ① **초보적 언어 단계(원시적 언어 단계)**, ② **의사소통을 위한 사회적 언어가 출현하지 않아 생각하는 대로 말하는 것이 가능하지 않은 단계이기 때문이다.**
언어와 사고와의 관계	• 모든 단계에서 **피아제**와 마찬가지로 **언어와 사고의 발생론적 개별성을 인정**한다. • 언어와 사고는 다른 뿌리를 가진 서로 다른 실체이지만 발달과정에서는 서로 교대로 말이 생각으로, 생각이 말로 끊임없이 이동한다.
인지발달 에서 언어의 역할	• **사회적 상호작용의 도구, 행동과 사고를 조절·통제하는 역할**을 한다. • 언어가 사고발달에 유익한 것은 사회적 상호작용의 매개 역할을 하기 때문이다. 특히 **사고 발달의 결정적인 역할**을 하는 것은 유아가 하는 **혼잣말**이다.

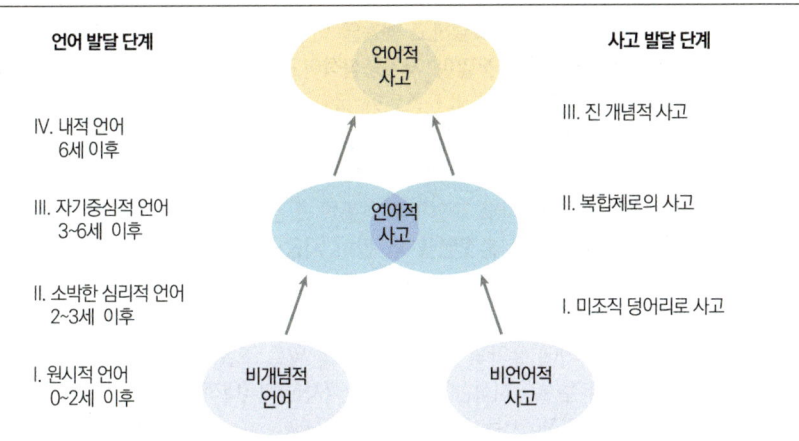

언어와 사고의 발달

	언어 발달 단계	내 용
비고츠키의 언어와 사고발달	1. 원시적 언어 (초보적 언어단계, 0~2세)	▶ 언어와 사고가 **독립적**으로 발달하며, **언어 없이도 사고**하거나 **사고 없이 언어**를 말할 수 있는 단계 • 주로 울음, 옹알이 등을 통하여 불만 등의 정서를 표현하거나 사회적 상호작용을 한다. 이는 사고와는 직접적 연관이 없다.
	2. 순수 심리적 언어 (외적 언어단계, 2~3세)	▶ **언어와 사고가 결합**되기 시작하면서 의사소통을 위한 **사회적 언어**가 나타나는 단계 (다만 언어가 수행하는 **내면적 기능은 인식하지 못**한다.) • 비로소 의사소통을 위한 외적인 언어인 **'사회적 언어' 발생 시작** • 사고가 단어로 변형된 것으로 사고의 구체화, 객관화 시작 • 언어가 수행하는 **내면적 기능은 인식하지 못한다는 점**에서 **순수(순진)한 수준의 언어**이다. 기 비고츠키(L. Vygotsky)의 언어와 사고 발달 4단계에서 ① 언어와 사고가 점차 결합하기 시작하는 두 번째 단계의 명칭을 쓰시오.[특17]
	3. 자기중심적 언어 (혼잣말 단계, 3~6세)	▶ **자기조절 및 자기통제**를 위해 **혼잣말을 사용**하는 단계 • 유아가 **스스로 문제를 해결하기 위해 계획하고 탐색하며 문제를 해결**하는 과정에서 혼잣말을 사용하는 모습을 나타냄 → 자기조절 및 자기통제를 위한 수단의 역할 수행 • 자기중심적 언어는 **사라지는 것이 아니라 내면화되어 내적 언어**가 됨
	4. 내적 언어 (7세~)	▶ **언어가 사고로 내면화**된 상태로, **내적·외적 언어 모두 사고의 도구**로 사용하는 단계 • 7세 이후 자기중심적 언어가 감소하여 내부로 들어가 아동은 머릿속에서 무성 언어의 형태로 언어를 조작하는 것을 배우게 됨 기 혼잣말은 자기지향적인 언어이며, 연령이 증가함에 따라 점점 축약되고 사고와 융합되면서 **(내적언어)**로 발달해 간다.[14] 기 언어와 사고 발달 4단계에서 네 번째 내적 언어 단계의 특징을 쓰시오.[특17]

|혼잣말
(사적언어,
private
speech)| ▶ 자신의 사고 과정을 조절하고 행동을 이끌어가기 위해 자신에게 소리 내어 말하는 언어표현
• 피아제는 유아의 혼잣말이 자기중심적이고 미성숙한 것이라고 보지만, 비고츠키에 의하면 유아는 문제를 해결하거나 중요한 목표를 달성하고자 할 때 혼잣말을 하는 경향이 있으며 혼잣말은 속삭임으로 변하고 다시 내부 언어로 변한다고 한다. 즉, 혼잣말을 많이 하는 유아가 그렇지 않은 유아보다 사회적 능력이 더 뛰어나다.
• 혼잣말은 자신의 사고 과정이나 행동을 조절하여 자기통제 및 자기조절의 역량을 강화한다.
• 과제가 어려울수록 혼잣말을 더 많이 사용한다.
기 유아는 어려운 과제일수록 혼잣말을 더 많이 하는데 그 이유는 문제 해결 과정에서 자신의 행동과 사고를 통제하는 데 언어가 중요한 역할을 하기 때문이다.[09]
기 발달의 초기에 유아의 행동은 (타인)의 말로 조절된다. → 점차 유아는 (사적)인 말로 자신의 행동을 조절하기 시작한다. → 유아는 (자신)의 (내적)인 말로 자신의 행동을 조절하게 된다.[11]
기 비고츠키 관점에서는 유아의 혼잣말(private speech)에 자기조절과 같은 긍정적 기능이 있다고 본다.[12]
기 피아제 관점에서는 자기중심적 사고를 벗어나기 시작하는 만 5~6세경 이후부터 자기 중심어가 감소한다고 본다.[12]
기 피아제와 비고츠키의 관점에서 자기 중심어의 발화 비율에 대한 증감 시기는 서로 다르고 이에 대한 해석도 다르다.[12]
기 비고츠키의 인지발달 이론 : 간식 시간에 가장 좋아하는 딸기를 보고 자기 순서를 벗어나 달려 나가던 화정이는 갑자기 혼잣말로 "순서를 지켜요, 순서를 지켜요." 하더니 자신의 자리로 되돌아와 기다렸다.[10]
기 비고츠키(L. Vygotsky) 이론에 근거하여 [B]에 드러난 ① 유아기 언어적 특성을 의미하는 용어를 쓰고, ② 이에 대한 견해로 적절하지 않은 것을 다음에서 1가지 찾아 기호를 쓰고, 바르게 고쳐 쓰시오. ① 혼잣말(사적 언어), ② ⓒ, 외적 → 내적[19추]
    ㉠ 어려운 과제를 수행하는 과정에서 더 많이 나타난다.
    ㉡ 유아 자신의 행동과 생각을 조절하는 기능을 갖는다.
    ⓒ 연령이 증가하고 인지가 발달할수록 외적(내적)언어로 바뀐다.
    ㉣ 개인 간 단계에서 개인 내 단계로 내면화하는 과정에서 나타나는 과도기적 언어이다.
기 비고츠키 관점에서 자기조절의 기능이 나타난 유아의 말 1가지를 찾아 쓰시오. (은행잎을 바라보고 중얼거리며) 은행잎이 또 어디 있지? 바구니에 조심조심 넣어야지.[23]
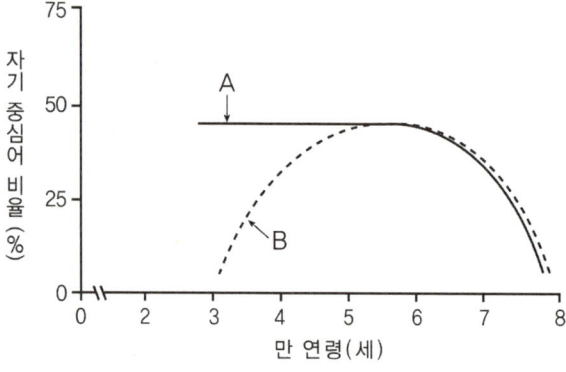 |

지식 피아제와 비고츠키 이론 비교

구분	피아제	비고츠키

상호작용	• 물리적 환경과의 능동적 상호작용
	• 또래와의 상호작용
	• **유아 스스로** 이치를 깨달음
	  (개인 스스로의 인지적 갈등 극복)
		• 교사나 우수한 또래와의 협동적 상호작용
		• **타인에 의한 유도**를 통한 깨달음
		  (전달받은 사회적 경험의 내면화)

자기중심적 언어	• **자기중심적 사고의 결과** • 인지적 미성숙에 따른 것 • 논리적 사고의 발달을 통해 자기중심적 언어는 사라짐 • 자기중심성 때문에 유아기에는 혼잣말이 나타나고 이후 **인지가 발달함에 따라 탈중심화가 되면서 사회적 언어가 발달**한다.	• 문제해결을 추구하고 계획을 주도하기 위한 **자기지시 및 자기조절 사고의 수단** • 자기중심적 언어(외적 언어)가 내적 언어로 진행되면서 논리적 사고가 발달함 • 유아들이 처음 사용하는 언어인 사회적 언어는 **점차 내면화되어 내적 언어로 발달**하는데, 이러한 과정에서 나타나는 과도기적 언어가 바로 사적 언어(혼잣말)이다. • 자기 행동과 생각을 통제하기 위해 조용히 스스로에게 말함으로써 문제해결에 도움을 준다.
언어발달과 인지	• 인지발달이 언어발달에 영향을 미침	• 언어는 사고의 도구임(언어발달 → 인지발달)
인지발달과 학습	• **인지발달이** 학습을 주도함	• **학습이** 인지발달을 주도함
인지발달과 교육	• **독립적** 관계 : **인지발달 후 교육**이 가능	• 복잡한 **역동적** 관계 : 교육과 인지발달의 **상호작용**
교사의 역할	• 촉진자, 안내자	• 촉진자, 안내자, **공동참여자**
학습자의 역할	• 의미의 능동적 구성자, 산출자, 설명자, 해석자	• 의미의 능동적 **공동** 구성자, 산출자, 설명자, 해석자

오만록(2004) 교육심리학; 정남미(2016) 유아언어교육 재인용

기 비고츠키는 유아들이 풍부한 문해 환경 속에서 능동적으로 학습해 나가는 것이 읽기·쓰기 능력의 기초를 형성하는 데 중요하다고 하였다. 이러한 입장에서 시장 놀이와 관련하여 문해 환경을 계획할 때, 적절한 문해 자료 4가지와 교사의 역할을 제시하시오. 1) 문해 자료 : **가게 간판, 물건 이름표, 가격표, 영수증, 쇼핑목록 등**, 2) 교사의 역할 : **유아가 스스로의 역량을 바탕으로 문제를 해결할 수 있도록, 유아들의 근접발달영역 내에서 중재자로서 적절한 도움을 제공한다. 유아가 도움이 필요할 때 도와주고, 유아의 능력이 증가함에 따라 도움의 양을 감소시킨다.**[01]

기 유아기의 어떤 언어적 행동 특성에 대해 피아제와 비고츠키는 서로 다른 발달 이론의 관점을 제시하였다. 유아기의 이러한 언어적 행동 특성에 대한 두 발달 이론의 관점을 2가지 측면에서 비교, 분석하시오.[09]

3) 브루너(Bruner) : 언어획득지원 체계(LASS)

언어획득지원체계	▶ **사회적 상호작용**을 통해 유아의 **언어발달을 지원**하고 **안내**하는 체계 • 비고츠키의 견해를 지지하는 브루너는 **사회적 상호작용**의 기제를 통하여 언어가 발달한다고 믿고 영유아의 언어 학습 기제를 설명하기 위해 **언어획득지원 체계**(Language Acquisition Support System, LASS)를 가정한다. • LASS는 **유아의 언어발달을 안내하고 지원해 주는 언어발달의 지원체계**이다. 즉, 어머니가 유아에게 **적절한 상호작용의 틀을 제공**하고 유아가 **언어 사회로 들어가게 함**으로써 유아의 언어발달을 돕는다. • 어머니가 유아의 언어발달을 어떻게 돕는지에 대한 브루너의 분석은 결국 유아의 언어는 자극과 반응의 결합도 아니고, 촘스키가 말하는 언어습득장치(LAD)의 기적적인 결과도 아니며, **사회적 상호작용의 결과**라는 것이다.

> **Plus 지식** 사회적 상호작용 주의 - 유아 지향적인 말(CDS)
>
> ▶ **유아와 상호작용**할 때 어른들이 사용하는 **짧고 간단한 문장, 과장된 억양, 명확한 발음** 등으로 **구성된 말**로, 유아의 언어발달에 도움을 주는 의사소통 방식
> ① 사회적 상호작용 주의 이론은 유아의 언어발달의 속도나 문법적 능력의 발달 과정에 투입 언어가 미치는 직접적 영향력에 관하여 민감하게 관심을 가지며, **유아를 향한 말**(Child-Directed Speech, CDS)이 정상적 언어발달을 조성해 주는 중요한 언어적 경험이라고 지적한다.
> ② 이런 맥락에서 연구자들은 유아의 언어발달에서 **성인의 역할 특히 어머니의 역할을 강조**하게 된다.
> ③ **영유아와 말할 때** 어른들은 **억양을 과장**하고 **소리를 분명히** 내려고 하면서 **짧은 문장으로 말하는 경향**이 있다. 이런 유형의 말소리를 **유아 지향적인 말** 또는 **모성어**(motherese)라 하며, 타고난 언어 변별 능력과 소리의 흐름을 적절히 분절시킬 수 있는 능력의 습득에 도움을 준다.
> ⓒ '혜주에게 말할 때 높고 과장된 억양으로 천천히 말해주세요. 그리고 쉬운 단어와 간단한 문장으로 반복해서 말해 주세요. 이렇게 어린아이들과 상호작용할 때 어른이 사용하는 독특한 말투를 **(유아지향적인 말(언어))**이라고 하지요.'에 들어갈 용어를 쓰시오.[특16]

4) 스노우(C. E. Snow, 1983) : 사회적 상호작용의 특성을 알 수 있는 예

의미적 연결		
		▶ 유아의 발화 주제를 성인이 이어받아 대화를 지속하는 언어 상호작용 방식
	확장모방 (expansion)	▶ 유아가 표현한 문장구조를 반복·모방하면서 성숙한 문형으로 확장하는 언어 상호작용 방식 예 유아(강아지가 짖어요.) - 어머니(그래, 강아지가 정말 크게 짖고 있구나.) • 유아의 단순한 말을 문법적으로 완전한 문장으로 표현한다. 예 가방이 있어요. → 그래, 여기에 노란 가방이 있구나. 예 저기 공 → 선반 위에 큰 공이 있구나. 기 ㉠ '사자.', 교사 : '사자를 보았구나.'에서 영수의 문장 구성 능력을 돕기 위해 교사가 사용한 방법을 각각 쓰시오.[15] 기 유아들의 말하기 촉진을 위해 교사가 사용한 언어적 반응 중 '확장'에 해당하는 말을 찾아 쓰시오(유아가 '씨름'이라고 말한다). **사람들이 씨름을 하고 있구나.**[19] 기 지문 분석 '초콜릿이요.', '게임판에 초콜릿이 있구나.'[20]
	의미부연 (extension)	▶ 유아의 발화를 모방하지 않고, 그 주제에 새로운 정보를 추가하여 대화를 이어 가는 언어 상호작용 방식 예 유아(강아지가 짖어요.) - 어머니(그래, 그렇지만 아마 물지는 않을 거야.) 예 유아(토끼) - 어머니(그래, 하얀 털이 정말 예쁘구나.) • 유아가 한 말에 새로운 정보를 추가하여 대화를 유지한다. 예 가방이 있어요. → 가방에 리본이 달려 있어 참 귀엽구나. 예 자동차 쾅 했어요. → 자동차 사고가 나서 사람이 다쳤구나. 기 ㉡ '사자가 으르렁했어요, 교사 : 사자가 으르렁하는 큰 소리를 냈구나.'에서 영수의 문장 구성 능력을 돕기 위해 교사가 사용한 방법을 각각 쓰시오.[15] 기 (나)에서 교사가 유아의 말하기 발달을 지도하기 위해 사용한 '의미부연'의 예를 찾아 쓰시오(유아가 '과자 집이에요?'라고 말한다). **초콜릿이랑 사탕이랑 과자로 과자 집을 만들었나 봐.**[20]
	촉진 (prompting)	▶ 유아가 한 질문을 명확하게 하도록 요구하거나 유아의 질문에 답하며, 질문을 통해 사고력과 언어표현을 유도하는 언어 상호작용 방식 • 촉진적 질문은 평서문의 어순을 사용하면서 질문의 억양으로 묻는 방법을 의미한다. • 촉진적 질문에는 ① 질문을 받은 유아가 대답하게 되는 어순을 간접적으로 제시해 주는 경우와 ② 유아가 말한 문장의 어순에 맞추면서 질문을 던져 자극을 주는 경우가 있다. ①의 예 교사(무얼 그릴래?), 유아(무반응), 교사(무얼 그린다구?) ②의 예 유아(강아지가 막 싸워요.), 교사(강아지가 어떻게 되었다고?, 누구하고 싸우는데?, 누가 어떻게 싸운다고?) • 질문을 통해 유아의 사고력 향상과 언어표현을 유도한다. 예 누구의 것일까? 어디서 샀을까? 기 '**가을에는 나뭇잎이 많아요.** 가을에는 나뭇잎이 어떻게 되니?'에서 교사가 유아들의 **문장 만들기 지도**를 위해 **사용하고 있는 방법** 1가지를 쓰시오.[23]

비계설정	▶ 유아의 문식 활동에 필요한 **사회적 상호작용 틀을 제공**하고, 유아의 **능력이 발달하면 지원을 점차 줄이는** 방식 (유아가 점점 유능해지면 직접적 지시와 안내를 점점 줄여나간다.) • 유아에게 비계를 제공하기 위해서는 유아가 사용하는 언어에 민감해야 할 뿐 아니라 유아의 수준으로 내려가 유아의 수준보다 한 발짝 앞서서 상호작용을 유도하고 안내해야 한다.
책무요구	▶ 성인이 문식 활동과 관련된 **과제를 유아에게 수행하도록 요구**하는 언어 상호작용 방식 예 유아가 그림책에 있는 그림에 대해 어떤 질문을 했다면 성인은 그 질문에 대해 즉시 답하는 것이 아니라 그 질문에 대한 해답에 이르기까지 필요한 여러 가지 절차들을 부분부분 나누어 유아가 수행하기를 요구하는 것이다.

4 요약 : 언어 발달 이론

행동 주의	기본가정	• 인간은 일반적인 학습 가능성을 가지고 태어나지만, 언어학습 등과 같은 특정 **학습능력은 전적으로 환경에 의해 좌우**된다. • 행동은 특정 자극에 의해 만들어진 특정 반응의 결과이다. 자극과 반응, 모방과 강화, 보상과 벌, 의식적인 주의, 시행착오, 연상, 반복, 암기 등의 학습 방법에 의하여 발달이 결정된다.
	학습과 발달의 관계	• **학습과 발달은 동일**하다. • **발달은 전적으로 학습의 결과**이며 지식은 반드시 외부로부터 주어져야만 하고, 이미 만들어져 있는 것이어서 유아는 흡수만 하면 된다.
	행동주의 에서의 '경험'	• **경험에 의해서만 언어가 발달**된다고 보기에 주요 관심사는 경험에 따라 행동이 어떻게 변화하느냐에 있다.
	학습자의 '실수'	• **실수는 잘못된 행동유형을 학습한 결과**이거나 효과적인 반응을 학습하는 데 **실패한 결과**로 본다.
	언어습득에 대한 견해	• 언어습득은 환경의 자극에 의해 이루어진다.
	제한점	① 언어적 **환경이 다를지라도 언어발달은 보편적**으로 이루어진다. ② 언어습득 과정은 '자극-반응-강화'만으로 설명할 수 없다. 언어습득에서 **모방의 역할은 한계**가 있으며, 강화는 결정적 역할을 하지 못한다. ③ 영유아가 지닌 **언어사용의 창조성을 간과**하였다. 영유아는 과거에 한 번도 **경험해 보지 못한 단어들을 사용할 수** 있다. 유아가 들어보지도 못하고 써보지도 못한 무한한 수의 단어와 문장으로 구성된 언어를 습득하는 것에 대한 근거가 없다. 기 반두라의 모방 학습 이론 : 인수는 들은 적이 없는데도 "삼촌이 왔어."라는 표현을 "삼촌이가 왔어."라고 하였다.[10] ④ 영유아의 **엄청난 양의 언어학습 과정을 설명하지 못**한다. 학습만으로 짧은 기간에 복잡한 언어를 습득한다는 것에 대한 설명이 부족하다.

		⑤ 언어 행동 기저에 있는 복잡한 규칙 체계를 설명하기 어렵다. ⑥ 부모나 교사가 문법적으로 틀린 영유아의 말을 고쳐준다고 하더라도 성인의 말을 흉내 내지 않고 **자기의 화법을 고집하는 경향**이 있다. ⑦ 환경의 중요성을 강조하고 생물학적 영향력을 간과하여 인간의 행동발달에 있어서 연령에 따른 자연적인 변화나 개인차, 독창적인 문제해결능력을 설명해 주지 못한다.
생득 주의	기본가정	• 인간은 **특정 능력을 이끄는 생물학적 능력이 내재된 존재**이다. 영유아들이 발달 과정에서 경험하는 언어적 경험이나 사회적 경험이 각자 다름에도 불구하고 일정 연령대에서 공통적인 능력이 나타난다. • 영유아의 학습은 신경 체계의 신체적 성숙에 의한 것으로 이는 **유전자에 의해 통제**된다. • 유아 자신의 속도에 맞는 발달을 위해서는 그들이 **성숙될 때까지 기다려야** 한다. 단, 개개인의 유전자가 다르기 때문에 성숙 속도에 따라 개인차가 나타난다.
	학습과 발달의 관계	• **발달은 하나의 성숙 과정일 뿐이다. 발달은 이미 정해져 있는 유전자**에 의해 이루어지며, 유전적 요소가 성숙되면 단순히 생물학적 계획에 따라 자연적으로 나타나는 결과이다. • 유아가 언어를 습득할 수 있는 것은 기본적으로 **언어습득장치를 가지고 태어나기** 때문이지만, 이 장치가 제대로 기능하기 위해서는 충분한 언어 경험이 필요하다.
	생득주의 에서의 '경험'	• 경험은 **언어적 정보와 자료가 입력**되고 난 후 **문장이해 및 문장표현으로 출력되는 과정**이다. • 외부로부터의 경험은 영유아가 '무엇'을 배울 것인지에 영향을 준다. 그러나 '**언제' 학습할 것인지는** 개인의 지각적·신체적·지적 **성숙의 정도에 달려** 있다. 즉, 유아가 어떤 개념이나 기술을 학습할 준비(readiness)가 되어 있어야만 학습이 이루어질 수 있다는 학습 시간에 관한 개념이다.
	학습자의 '실수'	• 유아가 실수하는 것은 **학습할 준비가 되어 있지 않기 때문**이다. • 생득주의 관점의 교사는 언어능력은 타고난 것이라고 보기 때문에 유아의 **흥미와 준비도에 맞는 학습경험과 자유롭게 균형 있는 환경을 제공**하고, 유아의 진행 활동과 흥미에 따른 언어적 제안을 하는 것 외에는 다른 특별한 상호 작용을 하지 않는다.
	언어습득에 대한 견해	• 유아의 언어습득능력은 타고나는 것으로 인간의 독특한 특성이자 일정한 발달 과정을 거친다. • 이러한 선천성으로 단편적인 학습에 의해 습득되기 어려운 언어를 짧은 시간 내에 습득할 수 있다고 본다.
	제한점	• 유아기 **초기 언어습득은 전혀 창조적이지 않다**. • 언어습득의 **환경이나 사회적 요인들의 영향을 간과**하고 있다. • 촘스키(Chomsky)의 **언어습득장치는 하나의 가설적인 개념**이어서 객관적인 **검증이 어렵다**. 생득적 요인에 의함을 강조할 뿐 어떤 과정을 거쳐 진행되는지에 대한 구체적인 설명이 부족하여 가상적 이론이라고도 한다.

상호작용주의	기본가정	• 행동주의나 생득주의만으로 인간의 학습과 발달을 충분히 설명할 수 없다. • 유아들은 **지식을 획득하는 과정에서 능동적인 참여**를 한다.
	학습과 발달의 관계	• 피아제 : '**학습과 발달은 분리**'된 것으로 **학습은 발달에 의존**한다. • 비고츠키 : '**학습은 발달을 주도**'하는 것이다.
	상호작용주의에서의 '경험'	• 새로운 과제(경험)에 접하였을 때 알고 있는 것을 적용하는 것이다. • 약간은 친숙하고, **약간은 낯선 경험이 최대의 학습**을 가져올 수 있다.
	학습자의 '실수'	• **실수를 당연한 것으로 받아들이고, 왜 그런 실수를 했는지 원인을 찾고자** 한다. • 교사 : 효율적 의사소통을 강조한다. 다양한 언어 형태를 사용하여 문제를 해결하고 생각을 전달할 수 있다는 인식을 가질 수 있도록 조력자, 안내자, 정보의 근원지가 되어야 한다.
	언어습득에 대한 견해	• 피아제 : **인지가 언어에 영향**을 미친다. • 비고츠키 : **인지가 언어보다 선행**하지만, **다시 인지는 언어적 구조에 의해 영향**을 받는다.

주A6. 1) ① [A]에 드러난 유아의 언어발달을 위한 교사의 역할을 쓰고, ② [B]와 [C]에 근거하여 언어지도 방법을 각각 쓰시오.[22]
① 유아의 실수를 수용하고 유아가 스스로 언어 발달이 이루어지도록 기다려준다.
② [B] 자음과 모음을 체계적으로 지도한다, [C] 친숙한 동화책 등 풍부한 문해환경을 제공해준다.

박 교사 : 아이들은 언어능력을 타고나는 것 같아요. 유민 이가 학기 초에는 '선생님이 그랬다요.'와 같은 **문법적인 실수를 자주** 했었는데 요즘은 정확한 문장을 사용해요. 아이들은 **언어습득장치(LAD)가** 있어서 **언어를 이해하고 산출하는 능력**이 있다고 하잖아요. **곧 있으면 복잡한 문장도 사용**할 것 같아요. ⎫ A

이 교사 : 저는 요즘 우리 반 아이들에게 **체계적이고 단계적으로 문자를 지도**하고 있어요. 낱말로 낱자 조합하는 활동을 하면서 제가 직접 아이들에게 **글자를 바르게 쓰는 모습을 보여주고 따라 써 보게** 해요. 아이들이 바르게 쓰면 **칭찬 스티커를 붙여 주기도** 하구요. 그런데 은하는 자꾸 자·모음을 한두 개씩 빠트리고 쓰네요. ⎫ B

김 교사 : **피아제**에 의하면 아이들은 인지 발달이 이루어져야 언어발달이 이루어지죠. 아이들은 **발달에 적합한 언어적 지원**을 해주면 **경험을 통해 지식을 구성**하여 더 원활한 언어 발달이 이루어지지요. 그래서 저는 우리 반 아이들에게 **친숙한 동화책**을 주어 문자에 관심을 갖게 했어요. ⎫ C

III. 음성언어의 발달

1 언어 이전 시기

- 이 시기는 어른이 사용하는 언어가 나타나기 전으로 소리의 지각, 울음, 미소와 웃음, 쿠잉, 옹알이와 몸짓 등으로 언어가 나타나기 이전의 의사소통을 하는 단계이다.

소리의 지각	• 인간이 가장 먼저 사용하는 언어적 기능은 듣기이다.
울음	• 출생 직후에는 우는 이유가 구분되지 않는 미분화된 울음이 나타난다. 처음에는 반사적 반응이었으나 점차 분화되어 생후 1개월 이후에는 다양한 울음으로 다양한 의사를 전달한다.
미소와 웃음	• 생후 며칠이 안 된 신생아도 자는 동안에 미소 짓는 것을 볼 수 있는데 이를 **배냇짓**이라 한다. • 이러한 초기 미소는 유아의 내부자극에 의해 나타나는 현상이고 진정한 미소는 생후 6개월 이전에 나타난다.
쿠잉 (cooing)	▶ **울음이 아닌 초기 발성**으로 **비둘기가 내는 것과 유사**한 소리 • 울음이 아닌 발성이 나타나기 시작하는데 이를 쿠잉이라고 한다. 2~3개월 정도가 되어 나타나는 초기 쿠잉은 / aaaah /, / ooooo / 와 같은 발성으로 '꾸르륵'거리는 비둘기가 내는 소리처럼 들린다.
옹알이 (babbling)	▶ **자음과 모음이 반복**적으로 **결합**된 **초기 발성** • 4~5개월경이 되면 쿠잉이 증가하다가 옹알이가 나타나는데, 이는 자음과 모음이 반복되는 소리를 내는 것이다. 발음의 기초적인 연습이 된다. • 6~7개월이 되면 / 마마 / 나 / 바바 / 와 같은 자음과 모음의 연결 소리를 내고 8개월 이후에는 / 마마마마 / 와 같이 반복적으로 산출이 된다. • 무의미한 자음과 모음이 반복되는 소리이지만 강세나 억양이 생기기도 한다.
몸짓 언어 (baby sign)	▶ 유아가 **몸짓으로 의사소통**하는 **상징적 언어** • 언어로써 표현하기 어렵기 때문에 몸짓의 표현은 더욱 중요한 언어적 상징이 된다. 유아의 몸짓언어는 베이비 사인이라고 하는데 말로 표현할 수 없는 것을 몸짓으로 나타내는 상징적 언어라 할 수 있다. • 말을 하기 몇 달 전부터 몸짓을 사용하기 시작하고, 한 단어 말을 산출하기 시작한 이후에도 몸짓을 계속해서 사용하여 구어와 조합하여 사용한다.

특주A8. 1) 언어발달 과정에 근거하여, 공통적으로 나타난 동호의 의사소통 수단은 무엇인지 쓰시오. [특22]

몸짓언어

동호 : (고개를 끄덕인다.)
동호 : (신혜가 가진 꽃삽을 향해 손을 내민다.)
동호 : (나뭇가지를 밀어내며, 다시 한번 꽃삽을 향해 손을 내민다.)
동호 : (꽃삽을 받아들고 모래를 파기 시작한다.)

2 언어 시기

1) 한 단어기 · 두 단어기

한 단 어 기	• 12개월경이 되면 영아들은 성인이 알아들을 수 있는 말을 하기 시작한다. '엄마'와 같은 한 단어로 된 말을 하여 **'한 단어기'** 또는 **'일어문 시기'**라고 한다. • 단어 1개가 문장 1개와 같은 정도의 의미를 전달하는 문장이다. 전형적으로 몸짓이 수반되거나 억양이 변화되어서, 1개의 단어가 다양한 문장의 의미를 전달한다. • 1개 단어는 그 말을 한 맥락, 목소리의 높낮이 그리고 몸짓을 알아야만 정확히 의미 파악이 가능하다. • 10~12개월에 영아는 첫 단어를 배우고, 18개월 정도가 되면 어휘가 확장되는 **명명폭발기**(naming explosion)를 거치게 된다.
두 단 어 기	• **두 단어기(이어문 시기)** : 18개월이 되면 어휘 수가 증가하면서 두 단어를 결합하여 보다 정확하게 표현할 수 있게 된다. 예 '엄마 양말', '엄마 가.'처럼 두 단어를 함께 사용한다.

두 단어기 내 표:

전보식 문장 (Brown & Bellugi, 1964)	▶ 유아가 자신이 말하고자 하는 문장에서 **중요한 의미**를 가진 **두 단어를 선택**하여 **표현**하는 초기 언어 형태 • 전보를 칠 때 그 문장 중에서 가장 중요한 단어만을 골라서 나열하는 것과 같다. • '엄마 빵'이라는 단어는 '엄마 저에게 빵을 주세요.'라는 뜻으로, 문장 전체를 표현할 수 없어 그 문장에서 의미를 잘 전달할 수 있는 두 단어를 선택하여 표현한 것이다.	
	내용어 (content word)	• 명사, 동사, 형용사, 부사 등의 내용어가 핵심 단어가 된다.
	기능어 (function word)	• 조사, 전치사, 접속사, 관사, 조동사의 기능어는 생략된다.
	기 '나무 다얌지' 같은 전보식 문장은 주로 커늘어(**내용어**)를 중심으로 구성된다.[11] 기 일반적으로 영유아기의 초기 언어 형태는 전보식(telegraphic)이다.[12] 기 소미의 언어발달의 특징 → "소미 딸기 좋아."[12] 기 ⓒ '놀이터에 가고 싶을 때는 "선생님 놀이터 가.", 과자를 좋아한다는 표현에 대해 "나 과자 좋아."라고 말한다.'은 언어 발달 과정에서 나타나는 특징 중 무엇에 해당하는지 쓰시오.[특19]	
주축 문법 (McNeill, 1966)	▶ 유아가 사용하는 **두 단어 결합**에서, 문장이 **주축어와 개방어로 구성**된다는 **규칙**을 나타내는 문법 체계	
	주축어 (pivot words)	▶ **개방어와 결합**하여 **축의 역할**을 하는 고정된 위치의 단어 • 수가 적고 사용 빈도가 높은 단어로 유아가 자주 사용한다. • 앞이나 뒤의 고정된 위치에서 사용되며, 다른 주축어와 함께 쓰이지 않고, 개방어와 결합한다. 예 엄마, 아빠, 애기야, 언니야, 아, 우, 또
	개방어 (open words)	▶ **주축어와 결합**하여 사용되며, 수가 많고 사용이 빈도가 적은 단어 • 주축어에 속하지 않는 어휘군으로 습득 속도가 더 빠르다. 예 쉬, 이리 와, 우유, 이거, 이뻐, 추워, 무거, 여기
	• **한계점** : 두 단어의 문법적 규칙은 설명하지만, 의미론적 설명은 하지 못한다. 예 '엄마 양말'은 '엄마 양말 신겨주세요.'도 되지만 '엄마의 양말'도 되기 때문이다.	

격문법 (case grammar)	▶ 언어의 **심층구조를 보완**하기 위해 **의미론적 역할에 초점**을 맞추며, 사건과 행위와 관련된 **격 관계를 통해 문장의 의미를 설명**하는 체계 • 격문법은 **두 단어 말의 의미 관계를 잘 설명**해 준다. 필모어(Fillmore, 1968)는 촘스키의 이론 중 '심층구조'에 대한 설명이 충분하지 않다는 점을 지적하면서 **언어 습득에 있어서의 의미론의 역할에 더 초점**을 맞추었다. • 격 관계란 인간 주변의 사건에 관해 누가 그것을 행하고, 그것이 누구에게 일어났고, 무슨 일이 일어났으며, 무엇이 변화되었는지를 판단하는 데 기초가 되는 한 집합의 보편적 개념이다. • 그러나 격문법은 **문장 내의 격이 의미하는 기능을 강조하는 형태**로 성인 언어에 적합하고, 유아의 언어에 격문법을 그대로 적용해 분석하는 데는 문제가 있다. • 여기에 관심을 가졌던 브라운(Brown, 1973)은 두 단어 말의 의미 관계를 체계적으로 분석하였으며, 이를 바탕으로 두 단어 말의 주요한 의미 관계를 8가지로 제안하였다.
의미적 관계 분석	▶ 유아가 사용하는 두 단어 문장에서 **단어 간의 의미적 관계를 체계적으로 분석**하여, 언어표현의 의미적 구조와 관계를 이해하려는 접근 방식 • 주축문법은 두 단어기 문법 규칙에 대한 설명이 충분하지 못하다는 비판과 함께 단어의 조합에 있어 **문장의 의미에 관심을 둔 의미론적 관계 분석**이 등장하게 되었다. • 브라운(Brown, 1973)은 두 단어 말의 의미 관계를 체계적으로 분석하였으며, 이를 바탕으로 두 단어 말의 주요한 의미 관계를 8가지로 제안하였다. • "엄마-양말"의 경우에 두 가지 의미가 있었지만 엄마는 주축을 이루고 양말이 개방어로 분석되었다. 그러나 실제 의미로 분석해 보면 행위자와 목적어, 소유자와 소유물의 관계로 분석될 수 있다. | 의미적 관계	한국어(조명한, 1982)	영어(Brown, 1973)
---	---	---
행위자-행위	아빠 어부바	mommy come
행위-목적	빵 줘	eat cookie
행위자-목적	엄마 밥	mommy lunch
행위-장소	빠방 가	sit chair
실체-장소	샘에 물	lady home
소유자-소유	고모 꺼	my teddy
실체-수식	엄마야 아퍼	box shiny
지시하기-실체	요거 불	this dog	

Plus 지식 언어 시기

한 단어기	• 12개월경, 단어 1개가 문장 1개와 같은 정도의 의미를 전달하는 문장이다(**일어문 시기**).
두 단어기 (이어문 시기)	• 18개월경, 두 단어를 결합하여 의미 있는 것을 보다 더 정확하게 표현할 수 있게 된다. • 전보식 문장, 주축문법, 의미적 관계 분석
문장 사용기	• 생후 2년 6개월경, 세 단어 또는 그 이상의 어휘를 사용한다(**다어문 시기**).

2) 문장 사용기(다어문 시기)

문장 사용기	과잉 일반화	▶ 배운 **문법적 지식**을 그 **규칙**이 적용된다고 **생각**하는 곳에 **과잉하여 적용**하는 현상 ㉠ 조사의 과잉 적용(선생님이가, 곰이가), 동사의 과잉 적용(go-goed), 부정어 '안'의 과잉 적용(안 밥 먹었어.) • 문법의 과잉 일반화 현상은 영유아가 **언어를 능동적으로 학습하며 문법적 특성을 깨닫고 있다는 증거**로 볼 수 있다. 기 "선생님이가"[12] 기 '벚꽃이가'는 유아기에 자주 보이는 초기 문법 발달의 특징을 보여준다. 이를 설명하는 용어 1가지를 쓰시오.[14] 기 ㉠에서 문법 규칙의 과잉 일반화의 예를 찾아 쓰고, ② 그 이유를 설명하시오. ① 철수는 "사자가 달려간다 곰가 달려간다"라고 썼다.[19] 기 ㉡ '동생이가 먹으라고 해!'과 ㉢ '소정이도 엄마하고 싶다요.'에서 공통으로 나타나는 유아기 초기 문법 발달의 특징을 설명하는 용어를 쓰시오.[21]
	문법적 형태소 발달	<table><tr><td>조사</td><td>• 주로 **공존격** 조사(같이, 랑, 하고, 도), **처소격** 조사(에, 에게, 한테), **주격** 조사(은, 는, 이, 가), **목적격** 조사(을, 를), **도구격** 조사(로, 으로)의 순서로 획득한다.</td></tr><tr><td>동사의 어미</td><td>• **서술형**(다, 이다, 야, 자), **과거형**(었), **미래형**(ㄹ), **수동형**(이, 히), **진행형**(ㄴ다)의 순서로 출현한다.</td></tr></table> • 문법적 형태소의 출현 순서가 다른 이유 ① **사회적 소통에 필요한 것일수록** 먼저 습득된다. ㉠ 공존격 조사(영유아는 남과 함께하려는 욕구가 높다), 목적격 조사(우리말에서 흔히 생략), 진행형 어미(사회적 소통의 요구가 적음) ② **인지적으로 먼저 발달되는 개념**이 언어에서 먼저 획득된다. ㉠ 공간개념이 먼저 발달하므로 처소격 조사가 주격 조사보다 먼저 출현, 과거에 대한 표상이 미래에 대한 표상보다 쉽기 때문에 과거형 어미가 먼저 발달한다. ③ **지각적으로 두드러진 것일수록** 먼저 습득한다. ④ 문법이나 의미가 복잡한 것일수록 늦게 습득한다.
	평균 발화 길이 (Mean Length of Utterance)	▶ **발화하는 문장들의 평균적인 길이**를 나타내는 척도 • 문장에 포함된 형태소의 수를 기준으로 계산된다. • 형태소의 수는 발화의 문법적 복잡성을 나타내어 유아의 구문 발달 수준을 평가하는 데 활용할 수 있다. 특정 문장의 길이가 곧 문장의 복잡성 수준을 나타내지는 않지만, 일반적으로 평균 발화 길이가 길다는 것은 더욱 복잡한 문장임을 의미한다. • 연령별 평균 발화 길이 : 만 3~4세(3~4개), 만 4~5세(4~5개), 만 5세 이후(6~7개) 기 영유아기에는 발화길이와 통사적 복잡성이 함께 증가한다.[12] 기 일반적으로 영유아는 동작어와 사물어 등 구체적 어휘를 많이 사용한다.[12] 기 34~36개월경 사이에 C는 B에 비해 문장 발달이 급격하게 이루어진다.[12] 기 A, B, C의 문장 발달은 개인차가 있으며 MLU 3.50에 도달한 시기는 A, B, C의 순으로 빠르다.[12]

Plus 지식 평균발화길이(mean length of utterance)

- 평균발화길이(MLU)는 초기 언어발달 단계에서 **표현 언어 발달**과 **문법 능력을 평가**하기 위한 척도로 가장 많이 쓰이는 단위이다.
- MLU를 분석할 때는 '아' '오' '음' '어'와 같은 감탄사나 무의미한 발화는 제외시키는 것이 일반적이다.
- MLU는 형태소, 낱말, 구문 단위 등으로 산출하여 분석할 수 있다.
- **MLU-m은 평균형태소길이**로서 **전체 형태소의 수를 총 발화의 수로 나눈 것**이다. 이 값이 증가한다는 것은 문장의 길이가 길어지고 구조적으로 복잡해진다는 것을 의미한다.
  - 예를 들면 "학교 가."라는 문장의 MLU-m은 2개이고, "학교에 가."는 3개, 그리고 "학교에 갔어."는 5개의 MLU-m을 갖는다.
  - 이는 뒷 문장에 '-을, -었'과 같은 형태소가 붙어서 앞 문장보다 형태적으로 복잡성이 증가했음을 보여 준다.
  - 이와 같이 아동의 문법능력발달은 MLU-m의 증가를 통해 추측할 수 있다.
- 반면에 **MLU-w는 평균낱말길이**를 뜻한다.
  - 만약 조사와 어미가 포함된 하나의 어절을 하나의 단어로 인정하는 관점에서 본다면 "학교에 가."와 "학교 가."는 똑같이 MLU-w 값이 2다.
  - 그러나 조사와 어미를 모두 독립된 단어로 볼 경우에는 그 값이 달라질 수 있다.
  - 그럴 경우 MLU-m 값과 큰 차이가 없을 수도 있으나, 일반적으로 MLU-w가 높다는 것은 한 발화 내에서 사용하는 단어가 많다는 것을 의미한다.
- **평균구문길이(MSL)**는 한 개의 형태소로 이루어진 발화는 제외시키고 **2개 이상의 형태소로 된 발화만을 분석**하여, 총 형태소의 수를 총 발화 수로 나누어 평균을 구한다. '응', '아니'와 같은 한 개의 형태소로 이루어진 단어는 분석에서 제외하여 산출하는 방식이다.
  - 평균형태소길이 MLU-m : 발화의 형태소 수를 총 발화 수로 나누어 평균을 구한다.
  - 평균낱말길이 MLU-w : 발화의 낱말 수를 총 발화 수로 나누어 평균을 구한다.
  - 평균구문길이 MSL : 총 형태소의 수를 한 개의 형태소로 이루어진 발화를 제외한 발화 수로 나누어 평균을 구한다.
- ㉠과 ㉡에 들어갈 평균발화길이(MLU)의 유형을 각각 쓰시오. **평균 형태소 길이, 평균 낱말 길이**[특20]

Plus 지식 유아 언어의 의미적 발달(Ingram, 1976)

명제적 의미 발달	▶ **단어를 문장으로** 조합하며 **의미 관계를 더 큰 단위로 조합**하는 능력이 발달하는 과정 • 유아가 문장으로 단어들을 조합하는 능력과 함께 진행된다. 즉, 명제적 의미 관계를 표현하는 능력은 어휘의 증대와 더불어 여러 가지 의미 관계를 표현하는 능력이 증가함을 뜻한다. • 두 단어기에 자주 나타나던 각각의 의미 관계들(행위자-행위, 행위자-대상)이 따로 나타나지 않고 보다 큰 단위로 조합되면서 이 각각의 관계들을 한꺼번에 망라하게 된다. ⑩ 엄마가 큰 차를 운전한다.
어휘적 의미 발달	▶ **단어의 의미를 획득**하고 **기존 어휘의 의미를 정교화**하는 과정 • 단어 의미의 획득을 말한다. 유아는 빠른 어휘의 발달과 더불어 이미 알고 있는 어휘들의 의미를 정교화하게 된다. → 의미의 수평적 발달, 수직적 발달

3) 어휘 발달

어휘 발달	클락 Clark	과잉 확장 (확대)	▶ 표현하는 **단어의 의미를 성인의 참조 범위 이상**으로 **확대 적용**하는 것 • 유아가 보편적으로 **성인들이 사용하는 의미의 범주보다 더 넓게 확대**하여 단어를 사용하는 경우이다 ⑩ '**모든 동물**'을 '**개**'라고 칭한다, '**모든 성인 남자**'를 '**아빠**'라고 부른다. • 유아들은 **단어의 명확한 의미를 모를 때** 그와 유사한 사물에 그 단어를 적용시켜 나간다. • 유아는 자신이 사용하는 단어가 적합한 것이 아닌 줄 알면서도 사용하는 경우가 있다. 유아는 **자신이 말할 때 성인이 정확한 단어를 알려주기 때문에** 물체의 올바른 이름을 찾아내기 위해 과잉확장하기도 한다.
	블룸 Bloom	과잉 축소	▶ 표현하는 **단어의 의미를 성인의 참조 범위**보다 **좁게 적용**하는 것 • **하나의 단어를 특정한 대상물에만 국한**시켜 적용하는 것이다. • 유아가 단어의 의미를 성인의 경우보다 더 한정적으로 적용하여 말하는 과정 • 즉, 통상적으로 받아들여지는 의미의 범주를 축소하여 특수한 경우에만 새 단어를 적용하는 경우이다. ⑩ '**동물**'이란 **단어를 포유류에만 적용**하여, 물고기, 곤충은 동물로 인정하지 않는다, '치와와'와 같이 털이 적은 작은 개를 '멍멍이'라 칭하지 않는다, **자신의 동생에게만 '아기'**라고 말한다.
	맥닐 Mc Neill	의미의 수평적 발달	▶ **사용하는 어휘의 의미에 새로운 속성을 추가**하며 **의미를 확장**하는 과정 • 유아가 자신이 사용하는 어휘의 의미에 새로운 속성을 덧붙여 나가는 현상 ⑩ '호랑이'라는 단어는 동물의 한 종류를 뜻하기도 하지만 **무서운 사람을 뜻하기도** 한다는 것을 깨닫고 이를 자신이 사용하던 '호랑이'의 의미에 덧붙인다. ⑩ 감이라는 단어를 배울 때 이를 먹어보고, 만져보는 등의 반복된 경험을 통해 **감이라는 단어가 나타내는 맛, 형태, 색, 느낌 등을 연결**하여 감이라는 단어를 익히게 됨
		의미의 수직적 발달	▶ **어휘 개념의 속성을 이해**한 후, **관련 단어들을 추가로 습득**하여 **어휘를 군집화**하는 과정 • **사물의 속성과 관련된 단어의 습득으로 인한 군집화**가 이루어지는 것 ⑩ 호랑이를 알게 되면 그와 유사한 속성을 지닌 동물, 즉 털이 있고 다리가 네 개이며 **몸집이 큰 동물들(사자, 표범) 등의 이름**을 쉽게 익히며 의미상으로 '**동물**'이라는 **그룹으로 범주화**하는 것을 말한다. ⑩ **사과, 배, 감 등의 개념을 학습**하면 이를 **과일로 분류**하여 어휘를 배우게 됨
	신어 창조		▶ 유아가 **기존 언어와 다르게 단어를 새롭게 만들어** 사용하며, 그 의미를 함께 생활하는 특정 성인만이 이해할 수 있는 언어적 현상 • 유아의 신어 창조는 의미의 공유부분이 없으므로 부모나 교사 등과 같이 유아와 함께 **생활하는 특정 성인만이 그 의미를 해석할 수** 있다. ⑩ '호수'를 '물 바닥'으로 표현, '이모'를 '모꼬'로 표현

어휘 발달	• 어휘 발달에 대한 장학 자료 종합 : 유아를 위한 언어교육 활동(1990), 유아 언어교육 활동자료(1996)	
	과잉 확장 (확대)	• 유아는 어휘를 획득하는 초기과정에서 사물이나 사건에 잘못 명칭을 붙이거나 설명하는 경우가 많다. 이처럼 표현하는 **단어가 성인의 참조 범위 이상으로 적용되고 확장**되는 현상을 과잉확장이라 한다. ㉠ **둥근 모양의 물건을 모두 공**이라고 부른다. • 유아가 하나의 단어를 성인들이 통상 적용하는 대상물 이외의 물체에까지 확대 적용하는 것을 의미한다. • 유아가 **단어의 명확한 의미를 모를 때 그와 유사한 사물에 그 단어를 적용**시켜 나가는 것이다. ㉠ 멍멍이라는 말을 알 때 개뿐 아니라 고양이, 여우, 소, 말, 양을 보고도 멍멍이라고 하는 경우이다. • 그러나 유아가 자신이 사용하는 단어가 적합한 것이 아닌 줄 알면서도 사용하는 경우가 있다. 유아는 **자신이 단어를 잘못 말할 때 성인이 정확한 단어를 알려주기 때문에** 물체의 올바른 이름을 찾아내기 위해 과잉 확장하기도 한다. • 유아가 물체의 이름을 정확히 알고 난 다음에는 과잉 확장 현상은 없어진다. 기 유아 언어 발달 단계에서 나타나는 과잉확대와 과잉축소에 대하여 쓰고, 그 예를 들으시오.[98] 기 ㉠ '교실 어항의 공기 펌프에서 나오는 공기 방울을 가리키며 "콜라"라고 말했다. 영희 어머니와 통화를 하다가 그 이유를 알게 되었다. 며칠 전 집에서 컵에 따라놓은 콜라의 기포를 본 후로 공기 방울만 보면 "콜라"라고 한다는 것이었다.'은 언어 발달 과정에서 나타나는 특징 중 무엇에 해당하는지 쓰시오.[특19]
	과잉 축소	• 단어의 의미를 **성인 참조물의 하위 집합에 적용**하는 경향을 보이기도 한다. ㉠ 사람을 동물로 보지 않는다. • 유아는 어떤 단어들에 대해서는 과잉 축소하기도 한다. ㉠ **동물이라는 단어를 포유동물에만 국한**시켜 적용하며, 물고기, 곤충들이 동물이라는 사실을 인정하지 않는다. ㉠ 멍멍이라는 말을 배운 후에 치와와와 같이 털이 매우 적고 **작은 개를 멍멍이라고 하지 않는다**. • 이러한 현상이 나타나는 **가장 큰 이유** 중 하나는 유아가 아직 **전체-부분의 유목 포함 관계에 대해 확실한 개념을 형성하지 못하였기 때문**으로 볼 수 있다. • 즉, 유아가 그림책이나 동물원에서 '동물'이라고 듣고 본 것은 주로 포유동물인 염소, 사자, 호랑이, 말, 소 등이며, 그 외에 동물에 포함되는 물고기 등은 "물고기가 많이 있네." 등과 같이 '물고기'의 명칭으로만 들어왔기 때문이다. 기 엄마랑 같이 산 당근은 이파리 없어요. 이건 이파리가 달렸잖아요. 그러니까 이건 당근 아니에요. : **단어 사용의 과잉축소 현상이다.**[12]

의미의 수평적 발달	• **한 단어의 의미를 보다 명백하게 알아가는 과정**을 의미한다. 즉, 유아는 어떤 단어에 대해 많은 것을 경험함으로써 그 단어에 대한 고정된 의미를 획득하게 된다. 　예 '고양이'라는 단어를 처음 알게 된 후에 고양이의 **속성, 생김새** 등에 대해 많은 정보를 얻음으로써 **고양이에 대한 의미를 확실하게 발달**시킨다. • 유아가 자신이 사용하는 어휘의 의미에 새로운 속성을 덧붙여 나가는 현상을 말한다. 　예 '호랑이'라는 단어에는 동물의 한 종류를 뜻하는 의미만이 아니라 무서운 사람을 뜻하는 의미가 들어 있다는 사실을 깨닫고 이를 자신이 사용하던 호랑이에 덧붙이는 과정을 의미한다.
의미의 수직적 발달	• **어떤 어휘 개념의 속성을 알고 난 후에 계속해서 그 어휘와 여러 가지로 관련된 단어들을 습득**하게 되고 결국, **이 어휘들이 군집화**되는 것을 말한다. 　예 '고양이'에 대하여 그 특정한 속성을 알고 나면 그 밖의 동물 이름도 알게 되고 하나의 단어군 또는 의미적 집합군을 형성하게 된다. 즉, 동물이란 집합을 이해함으로써 개, 소, 말 등을 그 집합에 쉽게, 즉 수직적으로 추가시킬 수 있다. • 어떤 어휘 개념의 속성을 알고 난 후에 계속해서 그 어휘와 관련된 단어들을 습득하게 되고, 이 어휘들이 군집화되는 것을 의미한다. 　예 호랑이를 알게 되면 그와 유사한 속성을 가진 동물, 즉 털이 있고 다리가 네 개이며 몸집이 큰 동물들-사자, 표범 등의 이름을 쉽게 익히며 의미상으로도 그룹을 짓는 것을 말한다.
기출	기 ⓒ과 ⓒ에 들어갈 용어를 각각 쓰시오.[19] • 유아는 어휘가 양적으로 증가하면서 단어의 의미에 대한 이해능력도 발달한다. • (ⓒ) 어휘 확장은 **유아가 알고 있는 단어의 속성에 새로운 속성을 추가**하여 그 **단어의 의미를 풍부**하게 해준다. 예를 들어, 유아는 **개의 여러 가지 속성, 몸집의 크기, 털, 생김새, 촉감, 형태 등을 연결**하여 개라는 단어의 의미를 풍부하게 한다. 또한 처음에는 집에서 기르는 애완견만 알다가 기능에 따라 안내견 등이 있음을 알게 되면서 유아는 그 단어의 의미를 확장해 간다. • (ⓒ) 어휘 확장은 유아가 어떤 단어의 속성을 학습하게 되면서 **그 단어와 다른 단어와의 관련성**을 알게 되어 **하나의 범주나 집합체로 이해하게 되는 것**을 뜻한다. 이를테면, 개의 속성을 알게 된 유아는 개가 염소, 말, 양과 같은 동물과의 관계를 알면서 **동물이라는 집합체**로 이해하게 된다. 기 ① 대화 '개, 고양이, 양, 오리는 모두 동물이라고 해.'에 반영되어 있는 **어휘 발달 과정**을 쓰고, ② 그렇게 생각하는 **이유**를 쓰시오. ① **어휘의 수직적 발달**(단어 의미의 수직적 발달, 수직적 어휘 확장), ② 유아들이 개구리, 개, 고양이, 양, 오리 등을 반려동물과 가축으로, 다시 동물로 군집화한 것처럼, 의미의 수직적 발달은 어휘 개념의 속성을 알고 난 후 계속해서 그 어휘와 관련된 단어들을 습득하여, 이 어휘들을 군집화하는 것을 말하기 때문이다.[23]
유아의 어휘 발달	① 유아가 쉽게 습득하는 어휘는 주로 **명사**이다. ② [이유] 보통 명사는 그 어휘와 **대응되는 구체물**이 있어서 그 구체물을 보거나, 만지거나, 던져 보거나 하는 등의 **감각적인 경험을 하기 때문에 쉽게 기억**이 된다. ③ **어휘와 대응되는 구체물을 참조물**이라고 하며, 유아의 어휘 지도 시 참조물을 함께 제시하면 효과적이다. 기 어휘를 습득할 때 동사(→ 명사)가 가장 많이 나타나고, 그다음으로 명사, 감탄사, 형용사, 부사, 대명사가 나타난다.[09]

Plus 지식 빠른 연결(fast mapping, 패스트 매핑, 신속 표상 대응; Carey & Bartlett, 1978)

▶ 영아들이 새로운 단어를 들을 때 이것이 **가리키는 대상과 정확히 매치**시키는 것
① **신속 표상 대응** : 한두 번의 노출에도 새로운 단어와 의미적 표현을 연결하는 과정을 말한다.
　- 사회적, 맥락적 단서 활용, 짧은 순간에 어떤 단어를 한 번만 듣고 그 단어의 의미를 습득
　- 추상적 정보보다 구체적 사물에 대하여 빠르고 정확히 발생, 연령 증가에 따라 과정의 속도가 증가
② 눈길을 끄는 단 한 가지 예만으로도 영아는 그 단어를 영원히 자기 안에 새겨둔다. 이 과정을 신속 표상 대응이라고 한다. 어떤 사물의 이름과 마음속에 생성된 그 사물에 대한 표상을 순간적으로 연결하는 것이다.
③ 2세가 되면 하루에 어휘를 평균 9개씩 습득해 나가는 **어휘 폭발기(명명 폭발기)**를 가지게 되는데, 이때 보이는 **폭발적 어휘 습득기를 설명하는 가설 중 하나가 빠른 연결**이다.
④ 여러 연구들은 새 단어를 접하게 될 때, 아동들이 일정하지 않은 방식으로 그 의미를 추론하는 것이 아니라 본유적인 제약 조건들이 있어 그 단어의 의미를 추론할 것이라고 가정한다. 이러한 가정들을 통해 잘못된 해석을 피하고 새로운 단어의 의미를 빠르게 습득하는 현상을 설명한다.
⑤ 단어 의미 연결에 대한 3가지 제약(새 단어의 의미 해석을 위한 유아의 가정, Markman, 1991)

전체-사물 가정 (전체-대상 가정)	▶ 유아가 **단어를 사물**의 일부분이나 특성보다는 **전체를 지칭**하는 것으로 **이해**하는 경향 • 단어가 사물의 일부분이거나 부분적 특성보다 **사물 전체를 의미**한다고 생각한다(whole-object assumption). 예 야옹이 : 꼬리, 털의 부분보다는 전체 한 마리의 고양이로 인식한다.
상호배타성 가정 (mutual exclusivity assumption)	▶ 유아가 **하나의 사물**은 하나의 이름만 가진다고 **가정**하는 경향성 • 즉, 아동에게 친밀한 대상물과 비친밀한 대상물이 있을 때, 새로운 단어가 제시되면 **그 단어를 비친밀한 대상물에게 적용**시킨다는 것이다(새 사물에 새 단어의 명칭을 부여).  　예 '야옹이'(새 단어)를 모르는 아동에게 개와 고양이가 있는 그림책을 보여주면서 "야옹이가 어디 있니?"라고 물어보면 고양이를 가리킨다. 　예 곰돌이는 파개에 누워 따뜻한 아침 햇볕을 쬐는 것을 좋아해요
분류학적 가정 (taxonomic assumption)	▶ 단어가 **같은 종류의 사물들을 지시**한다고 보는 **가정** • 사용된 단어가 **사물**에 대한 용어라면 같은 종류의 사물을, **색깔**에 대한 용어라면 같은 종류의 색깔을, 행동에 대한 용어라면 같은 종류의 행동을 지칭하는 것이다. 　예 집에서 기르는 진돗개를 보고 '개'라는 단어를 학습한 아동은 옆집의 불독을 보고 '개'라는 단어를 사용할 것이고, 개 목걸이나 가죽 끈 혹은 개가 매일 물고 다니는 장난감을 보고 '개'라고 하지 않는다는 것이다. • 아동들이 사물을 분류할 때 주제적인 방법을 사용하는 것이 더 자연스러운 현상이다. 　예 '젖소'하면 '우유'가 떠오르고 '아기'와 '우유병' 등을 연결하여 생각한다. • 그러나 단어를 들려준 뒤 물체를 분류하도록 했을 때, 아동이 주제적 분류보다 **범주적 분류를 더 선호**한다는 증거가 제시되었다. 　예 아동에게 '**소**', '우유', '**돼지**'가 그려진 그림을 보여준 후 '소' 그림에 'dax'라는 새로운 무의미 단어를 붙여주고 또 다른 'dax'를 찾아보라고 했을 때, 대부분의 아동이 '돼지' 그림을 선택하였다. 이것은 아동이 '**소**'와 '**돼지**'를 분류학적으로 범주화하였다는 사실을 보여주는 것이다.
어휘대조 이론 (lexical contrast theory)	▶ 유아가 **새로운 단어의 의미를 이미 알고 있는 단어와 대조**를 통해 파악하는 이론 • 클락(Clack, 1990)의 대비 원리에 따르면, 아동은 새로운 단어를 들었을 때 이미 알고 있는 단어와 대조를 이루는 방식으로 새로운 단어의 의미를 이해한다고 본다. • 새 단어가 **이미 아는 단어와는 다른 독특한 의미를 갖는다고** 생각한다. 　예 '멍멍이'(기존 지식)라는 단어를 이미 알고 있는 유아는 '바둑이'(새 단어)라는 단어를 접하면 **특정 종류의 멍멍이를 의미한다는 가정**을 한다.

4) 문법 발달

문법 발달	**존댓말**	• 대략 2세경에 나타나며 개인차가 있다.
		만 2세 전후: • '~요(먹어요)'가 가장 먼저 배우게 되는 존댓말이며, 이후 '~시(세요)'로 발전하게 된다. • [이유] 지각적으로 두드러진 마지막 음절에 주의를 기울이기 때문이다.
		만 3~4세: • 만 3세경에는 말끝에 '~(으)세'를 붙여 존대할 수 있게 된다.
		만 5세 이후: • 주체 높임 조사인 '께서'를 쓸 수 있으며, 존대법 사용이 안정된다.
		기 존댓말을 배울 때 "~요(~먹어요)."보다 "~시(~드세요)."가 더 일찍 나타나고 안정화되는데, 이는 말의 중간 음절이 다른 음절보다 더 명확하기 때문으로 볼 수 있다.[09]
	부정문	• 1년 7개월이 되면 성인이 사용하는 형태의 부정문을 사용한다. • 영유아가 자주 사용하는 부정문의 형태는 부재(없다), 거부(싫어), 부정(아니야), 금지(안 돼, 하지 마), 무능(못)이다. • **부정문의 형태 중 '안'을 가장 많이 쓰며, 부정뿐 아니라 거부나 금지를 나타내는 데 사용한다. 점차적으로 '안' 부정문은 감소하고 부정어 '못'을 동사나 형용사 앞에 두는 부정문을 사용**한다. • '못' 형태의 부정문은 '안' 형태의 부정문보다 훨씬 늦게 습득되되 5세 이전에는 잘 사용되지 않는다. **'~하지 못한다.' 형태의 부정문은 가장 늦게 출현**한다. • **부정어 '안'의 오류**: 문장 앞에 '안'을 사용하여 전체 문장을 부정하는 현상 예 안 밥 먹어 기 '소미 안 딸기 먹어요.'와 '선아도 딸기 안 먹어요.'에 나타난 소미와 선아의 부정어 사용의 발달 경향을 비교하여 논하시오. **소미는 부정어 '안'을 명사 앞에 붙이는 오류를 범하였으나, 선아는 동사 앞에 적절하게 붙이고 있다. 따라서 선아가 소미보다 부정어 사용 능력이 더 발달하였다.**[12]
	의문문	• 영유아는 **의문문에 대답할 수 있고 난 이후에 의문문을 산출**할 수 있다. 예 '무엇'이 포함된 질문에 답할 수 있어야 '무엇'으로 묻는 질문을 할 수 있게 된다. • 처음에는 문장의 끝 단어를 올려서 의문문을 표현하다가(엄마 가방?) 점차 의문형 어미와 의문사를 사용하여 의문문을 만든다.
		의문형 어미: • ~지?(이게 뭐지?), ~까?(이게 뭘까?), ~니?(이게 뭐니?), ~냐?(이게 뭐냐?) 등이 있다.
		의문사 (5W 1H): • **무엇 → 어디** → 어떻게 → 왜 → 누구 → 어떤 → **언제** 순으로 나타난다.
		• 사물이나 사건의 **명칭과 위치에 관한 '무엇'과 '어디'가 가장 일찍 출현**하고, **시간 개념에 관한 '언제'가 가장 늦게 습득**된다는 것은 영유아의 **인지발달을 반영**하는 것이다. • 특히 '무엇'이나 '왜'는 영유아의 지적호기심과 밀접한 관련이 있는 의문사로서 주변세계 탐색을 위해 자주 사용된다.

문법 발달			
사동문 · 피동문	• 대체로 **사동문을 피동문보다 먼저 습득**한다. 영유아의 언어에는 **부모나 양육자에게 요구가 많**은데 명령문이 대개 사동문으로 구사되는 경향이 있기 때문이다.		
	사동문	• 남에게 어떤 행동을 하도록 시키는 것을 의미한다.	
	피동문	• 능동과 반대되는 개념으로 영어의 수동문에 해당한다.	
복문	복문	• 한 문장에 두 개 이상의 절이 있는 것으로 문법적 형태소를 사용하기 시작하면서 사용된다.	
		접속문	• 두 개의 명제를 나란히 병렬하는 대등 구성 형식(예 우유도 먹고, 빵도 먹고)이나 주절과 종속절을 병렬시키는 **연합 구성 형식**(예 우유 마시면 빵 줄 거야)을 취한다.
		내포문	• 한 명제가 다른 명제에 포함되는 형식 예 그것두 삼촌이 사 준 거야?
	• 접속문과 내포문이 거의 동시에 사용되지만 점차적으로 내포문을 더 많이 사용한다. • 초기에는 접속사가 빠진 접속문을 사용하기도 한다. • 접속문은 대등(그리고), 대립(그러나), 시간적 순서(그러고 나서), 원인(그래서)의 문장이 먼저 출현하고 한정조건(~한다면), 동시성(~할 때)의 순서로 나타난다. • 내포문의 경우 '데, 거' 등의 불완전한 명사에 관형절이 첨가된 문장이 자주 나타나는데 그중에서도 '거'를 과잉사용하는 경향이 있다. 예 아까 갔던 데 이름 알아요? 내 거, 공 어디 있어요?		
격조사	격조사	• 명사 어미에서 그 명사의 의미 기능을 나타낸다.	
	발현순서	• **공존격 조사**(랑, 하고, 같이) → **장소격**(에, 한테, 에게) → **주격**(이, 가) → **목적격**(을, 를) → **도구격**(로, 으로)	
동사 어미	동사 어미	• 움직임을 나타내는 용언의 어간에 붙어 서술어로 활용되는 부분	
	발현순서	• 문장 어미 형태(~야, ~라, ~자.) → **과거형**(었) → **미래형**(~ㄹ) → **수동형**(이, 히) → **진행형**(ㄴ, ㄴ다)	
시제	• 동사 시제는 **현재형**, **과거형**, **미래형**, **진행형**의 순서로 나타난다.		

5) 음운상 특징

	• 유아기 일반적 음운상 특징	
음 운 상 특 징	반복 현상	▶ 강조된 **음절을 반복**하거나 **동음이 반복**되는 현상 예 멍멍, 까까, 빵빵
	축약 현상	▶ **소리를 줄여 발음**하는 현상 예 할머니 → 하미, 아저씨 → 아찌
	첨가 현상	▶ 발음을 원활히 하기 위해 **필요 없는 다른 음을 덧붙이는** 현상 예 물 → 무이
	대치 현상	▶ 특정 음소가 **다른 음소로 바뀌는** 현상 예 싫어 → 찌어, 선생님 → 쩐쨍님, 사과 → 하과 기 '쩐쨍님!'과 '하과'에 공통된 발음 현상 1가지를 쓰시오.[15]
	경음 현상	▶ 발음 시 **경음(ㄲ, ㄸ)이나 격음(ㅋ,ㅌ,ㅊ,ㅍ)으로 변화**시키는 현상 예 고기 → 꼬기, 불이야 → 뿔이야
	유사 현상	▶ **본래 음소와 유사한 소리로 바뀌는** 현상 예 귀 → 기, 김치 → 긴치

※ 조음장애
- 학령기 아동에게 가장 많이 나타나는 말 장애이다. 정확하게 조음해 발음하기 위해서는 근육, 신경, 발성 기관이 모두 어울려 제대로 작용하여야 한다.
- 조음장애를 판별하기 위해서는 아동의 연령과 조음 문제의 빈도, 종류, 지속성 등을 고려해야 한다.

	생략	▶ 단어의 **특정 음소를 생략**하여 발음하는 현상 예 형님 → 형임, 아가씨 → 아씨, 책 → 액, 아버지 → 아지, 고기 → 고이 또는 오기, 고구마 → 고마, 사탕 → 아탕, 별 → 벼
음 운 상 특 징	첨가	▶ 단어에 **필요 없는 음소를 첨가**해 발음하는 현상 예 바나나 → 반나나, 바나나 → 바난나, 우비 → 누비, 우산 → 쿠산, 커피 → 커오피 • 원래 없던 음을 첨가하는 경우이다. 예 사과 → 삭과, 학교 → 핵교, 아버지 → 바버지, 형 → 형아, 콩 → 콩아
	대치	▶ **표준 음소를 다른 음소로 바꾸어** 발음하는 현상 예 사과 → 다과, 가방 → 바방, 즐거운 → 슬거운, 선생 → 떤댕 • 특정한 음을 다른 특정한 음으로 발음하는 것이다. 예 개나리 → 개다리, 밥 → 밤, 고기 → 고리, 고지 • 보통 ㅅ → ㄷ · ㅌ으로 ㄹ → ㄷ으로 발음된다. 예 사탕 → 타탕, 사랑 → 사당 기 ① ㄹ '/곰인형/을 /돔인형/이라고 조음'에 나타난 조음 오류 현상은 무엇인지 쓰고, ② ㄹ의 음운변동을 조음위치 측면에서 쓰시오. ① **대치,** ② **치조음화**[특20]
	왜곡	▶ 음소에 **소음이 첨가**되거나 **비표준 발음**을 사용하는 현상 • 우리말로는 표현할 수 없고 잘 알아들을 수 없는 발음을 하는 형태다. • 대치와 왜곡 모두 목표 음소를 다른 음소로 바꾸는 것이지만, 왜곡은 비표준음으로 바꾸어 발음하는 것이다. 예 풍선의 'ㅅ'을 'th'로 발음한다, 아버지 → 아봐지, 어머니 → 어마니, 미끄럼틀 → 미꼬뤄틀 • 다른 음으로 대치되는 것은 아니지만 정확한 발음이 아닌 것을 말한다(방송대).

※ 말 장애(구어 장애)의 유형

음운상 특징		
	음성 장애	▶ **소리의 높낮이, 크기, 질** 등이 말하거나 **듣는 사람에게 불쾌감**을 주거나 **의사소통을 방해**하는 경우 • 음성을 산출하는 기관의 기질적인 문제나 심리적인 문제 또는 성대의 잘못된 습관으로 인하여 강도, 음도, 음질 그리고 유동성 등이 성과 연령, 체구와 사회적 환경들에 적합하지 않은 음성을 말한다. • 이 가운데 한 가지 이상이 정상 범위에서 벗어날 때 음성 장애가 있다고 말한다. 기능적 음성장애는 다음과 같은 대표적인 증상을 갖는다. – 또래 아동에 비하여 음도가 너무 낮거나 높다. – 목소리가 귀청을 찢을 듯 날카롭다. – 목소리가 너무 작다. – 목소리가 단조롭거나 속삭이는 소리 혹은 목소리가 잘 나오지 않는다. – 쥐어짜거나 힘들여 말한다. – 목소리가 거칠고 허스키하다. 기 ⓒ '부자연스러운 고음과 쥐어짜는 듯한 거칠고 거센소리'에 해당하는 말장애(구어장애) 유형을 쓰시오.[특20]
	유창성 장애	▶ **말의 흐름이 자연스럽지 않아 리듬, 속도에서 문제가 발생**하는 경우 • **바르지 않은 순서**로 말하거나, 너무 빠르게 말하거나, 문장의 **잘못된 위치에서 쉬거나, 말이 막히거나** 하는 것이다. 예 횡설수설 지껄임, 말더듬이 • **말의 흐름이 자연스럽지 않아서** 말의 내용보다는 그 사람의 말이 갖는 **리듬** 자체에 집중하게 될 때 우리는 유창성 장애라고 말한다. • 유창성 장애는 **말더듬과 속화로 나눌 수** 있다. • 말더듬은 의도하지 않은 막힘, 음의 연장 그리고 음의 반복이다. 기 ⓒ '말이 막히거나 말을 더듬는 현상'에 나타난 언어 장애 유형을 쓰시오.[특15] 기 ⓐ '말의 흐름이 자연스럽지 않고, 말 리듬이 특이해서 무슨 말을 하는지 이해하기가 힘들어요. 특정 음절을 반복, 연장하고, 말이 막히기도 해요.'에 해당하는 말장애(구어장애) 유형을 쓰시오.[특20]

6) 내러티브 발달과 유형

내 러 티 브 발 달 과 유 형	스크립트 (scripts)	▶ **일상생활**에서 반복적으로 발생하는 **일반적인 사건**에 대한 보편적인 표상 • 삶에서 일어나는 사건을 전형적인 각본으로 말하는 유형이다. • 스크립트(각본)는 진정한 의미의 내러티브에 해당하지 않는다고 하는 학자도 있다. • Hudson & Shapiro(1991)는 스크립트를 내러티브의 유형으로 보았다. ㉠ 너는 재미있는 것들을 하게 될 거야. 수영도 할 수 있고, 장난감 가게도 갈 수 있어.	
	내러티브 (narrative)	▶ **이야기하는 행위**와 **이야기 결과물**을 포함하는 용어 • 내러티브는 자신만의 이야기를 생성하거나 들은 이야기를 다시 말하는, 실제 또는 허구의 성격을 포함한다.	
		일상적 내러티브 (개인적 내러티브, 경험 이야기, personal narratives)	▶ **개인의 경험**을 **일화적으로 기억**하고 **이야기**하는 내러티브 • 개인의 과거에 일어난 특별한 사건이나 경험에 대한 단일 기억을 이야기하는 것이다. • 스크립트와 달리 특정 에피소드가 전개되며 일반적 사건 지식은 단지 배경 정보로서 제공된다. • 만 2세 무렵부터 유아와 성인이 상호작용하는 대화 맥락에서 발달하기 시작한다. ㉠ 나는 주사를 맞았어요. 내가 보통 비명을 지르지만, 그때는 비명을 지르지 않았어요. 나는 반창고를 받았고, 간호사 선생님이 주사 맞은 곳에 미소 표시를 붙여주었어요.
		상상적 내러티브 (가상적 내러티브, 스토리텔링, fictional narratives)	▶ **허구적 사건**을 **상상**하여 **이야기**하는 내러티브 ㉠ 옛날 옛적에 '꽃'이라는 이름의 물고기가 살고 있었습니다. • 일반적으로 실제 경험하지 못하는 허구적인 가상의 소재와 사건에 대한 이야기를 꾸며 말하는 것이다. 기 ② '꾸며낸 이야기를 말하는 내러티브'와 관련된 교사의 말을 [B]에서 찾아 쓰시오.[22] **만일 너희가 곰돌이였다면 어떻게 했을까?**

> **주A7.** 2) ① 괄호에 공통으로 들어갈 말을 쓰시오.[22]
>
> 내러티브(narrative)는 과거, 현재, 미래의 실제 혹은 가상의 사건에 대한 유아의 구어적 혹은 문어적 설명이다. 내러티브는 '개인의 경험을 이야기하는 내러티브'와 '꾸며낸 이야기를 말하는 내러티브'로 분류할 수 있다. 개인적 경험이나 꾸며낸 이야기를 말하는 것은 '지금-여기서' 벌어지는 상황이 아니라는 점에서 **(탈맥락화)**라고 할 수 있다. 즉, **(탈맥락화)** 말하기는 유아가 청자와 공유하지 않은 내용을 표현하기 때문에 일관되게 말하는 것이 중요하다. 이를 통해 유아는 논리적으로 말할 수 있는 능력이 발달한다.

지식 내러티브의 개념 및 일상적 내러티브의 6가지 요소

개념	• 인간은 이야기하는 능력을 가지고 있다. 이 능력은 다른 동물들에게서는 전혀 발견되지 않는 인간만의 독특한 속성이다. • 우리는 이러한 능력을 가지고 사람들과 함께 살아가면서 삶을 이야기 하고 경험을 이야기 하면서 서로 소통한다. • **내러티브(narrative)란 이 과정과 결과, 즉 이야기하는 행위와 이야기한 결과물을 함께 아울러서** 칭하는 용어이다. • 내러티브는 사람들이 말하는 실제 또는 가상의 세상 이야기이다. • 사람들은 내러티브를 통해서 시간과 공간을 초월하여 사고하고, 표현하고, 소통하며, 세계에 대한 의미를 공유한다. 이러한 내러티브로 인하여 그동안 인류는 문화를 창출하고 문명을 이룩하였다. 첫째, 내러티브는 삶의 세계의 사건을 이야기하는 것이다. 둘째, 내러티브는 의미 있는 사건들을 소통하는 것이다. 셋째, 내러티브는 사람들의 세계에 대한 관점과 해석을 드러내는 것이다. 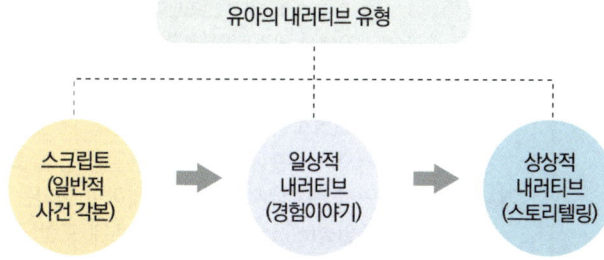
일상적 내러티브의 6가지 요소	• Labov는 **일상적 내러티브가 완전한 구조를 갖추려면 여섯 가지 요소**, 즉 요약(Abstract), 배경정보(Orientation), 사건행동(Complicating Action), 평가(Evaluation), 결과 혹은 해결(Result or Resolution), 종결(Coda)이 포함되어 있어야 한다고 하였다. ① **요약(abstract)** : 청자에게 **다음에 무엇이 오는지 간단하게 알려주는 내러티브의 시작 부분**이다. 지속되는 대화 속에서 요약은 이야기하기 위한 언어 행위를 찾는 허가로서 기능할 수 있다. ② **배경정보(orientation)** : 청자를 위해 **문맥상 정보를 제공**하는 내러티브의 일부분이다. 화자는 내러티브의 사건에서 벗어나 **어디서 언제 그 사건이 발생했는지 참여자가 누구인지** 등을 청자에게 알려주고 특징과 동기 등을 서술한다. ③ **사건행동(complicating action)** : **문제를 포함하고 있는 사건 내용**으로서 반드시 포함되어야 할 내러티브의 구성요소이다. 이것은 내러티브의 평가 혹은 결과보다 시간적으로 전에 발생한 사건으로 묘사된다. ④ **평가(evaluation)** : 청자에게 **왜 내러티브를 말하는지, 내러티브의 관점이 무엇인지, 이야기하는 사람이 사건에 대하여 무엇을 생각하는 지 등을 알게 한다.** 화자가 말하고자 하는 이유와 관점이 드러나는 이 부분을 Labov는 **정점(high point)**이라고 하였으며, 중요하다고 생각되는 분명한 내용이 평가를 담은 이 정점 부분에서 나타난다고 하였다. ⑤ **결과 혹은 해결(result or resolution)** : 평가적 정점 후에 **장애를 제거하거나 경험을 완료하는 사건의 개괄**이다. 결과 혹은 해결은 정점에서 제시한 행동을 감각적으로 분석한다. ⑥ **종결(coda)** : 내러티브의 끝부분으로서 **마무리 형식(예를 들면, '그게 끝이야.', '일이 그렇게 되었어요.', '그게 다야.' 등)**을 갖춘다. 종결은 현재의 대화에서 이야기되는 사건으로 돌아오도록 연결하는 역할을 한다.

7) 내러티브의 구조

- 세련된 내러티브를 구성할 수 있는 능력은 문장 단위의 문법이 발달되는 것보다 늦게 발달된다.
- 그러나 유아는 내러티브 구조로서의 담화 문법과 이야기 문법을 일찍부터 사용한다.
- 담화 문법과 이야기 문법은 유아들의 일상적 내러티브와 상상적 내러티브에서 나타난다.

내러티브의 구조			
담화 문법 (discourse grammar)	▶ 발화가 연속적으로 이루어진 담화에서 **응집성과 통일성을 유지**하며 **구조를 연결**하는 문법 체계 • 담화에는 미시 구조와 거시 구조의 두 가지 수준의 구조가 있다.		
	미시구조 (local structure)	▶ 담화 문장 내의 문법적 요소들이 **응집성**에 의해 **연결 관계를 유지**하는 **표면적 수준**의 구조(문장 간의 표면적 연결 관계를 유지하는 구조) • 이는 대명사적 참조, 접속 관계 표현, 생략, 단어의 반복 사용, 대치 등의 응집 장치에 의해 갖춰지는 구조이다. • **응집성**(cohesion) : 텍스트에 포함되어 있는 요소 간의 **표면적인 연결 관계**를 말한다. ㉠ '나는 넘어졌다. 그러므로 다쳤다.'라는 문장에서 '그러므로'는 두 문장의 표면적 인과관계를 나타내는 응집 장치(기제)이다.	
	거시 구조 (global structure)	▶ **통일성**에 의해 담화의 **의미가 일관성 있게 연결**되는 **전체적 수준**의 구조(담화 전체의 의미적 연결 관계를 유지하는 구조) • 거시적 수준에서의 담화 통일성은 앞 화자의 말과 연결되어 있으면서 화제에서 벗어나지 않아야 한다는 일종의 규칙을 의미한다. • **통일성**(coherence) : 텍스트에 포함되어 있는 내용들 간의 **의미적인 연결 관계**를 말한다. ㉠ '나는 넘어졌다. 그러므로 다쳤다.'라는 문장에서 응집 장치인 '그러므로'는 두 문장이 의미적 인과관계를 갖게 하며 이 텍스트는 통일성을 갖추고 있다고 할 수 있다.	
	• 내러티브는 담화 문법이라는 규칙을 통해 부분들이 응집력을 유지하게 되고, 결국에는 내러티브 전체가 통일성을 갖게 된다.		
이야기 문법 (story grammar)	▶ 이야기를 구성하는 **주요 성분 관계**와 **구조를 설명**하는 체계 • 즉, 이야기 문법은 **이야기 스키마의 특성에 기초하여 이야기 구조에서의 구성 관계를 문법적으로 설명하려는 일종의 장치** 또는 체계이다. • 이야기 문법은 이야기를 구성하고 있는 이야기 구조와 그 구조를 이루는 이야기 스키마 개념과 연결 지어 설명된다. • **내러티브 구조란, 말 그대로 이야기가 포함하고 있는 구조적 특성이며 유아는 이 구조를 통해 내러티브를 이해하고 기억**하게 된다. 문장들이 문장 문법에 의해 구성되는 것과 마찬가지로 내러티브는 대화할 때에는 발견되지 않는 조직화된 유형, 즉 **이야기 문법에 의해 구조가 조직화되어 그 의미가 이해·해석될 수** 있다. • 이야기 스키마는 이야기를 듣거나 읽고 있는 과정에서 여러 가지 범주들을 확인하고 구분해 줌으로써 그 **내용의 이해와 기억을 돕는 역할을 하는 것**이다. • 이야기 문법의 구성 요소들은 이야기의 부분이나 플롯의 전개에서 나타난다. 이야기 문법에서의 구조는 위계적이고 순환적으로 전개될 수 있으므로 복잡한 에피소드들을 무한정 쌓아갈 수 있다.		

지식 내러티브의 구조

담화 문법 (discourse grammar)	• 담화에서의 응집 장치로서 유아들은 다음의 유형을 사용한다. • **대명사적 참조**(anaphoric pronominal reference) : 담화 시 대명사를 사용하여 앞에 소개된 실체를 참조하는 응집 유형이다. 유아들은 "가방요, 그거요, 어디다 뒀어요?" 또는 "철이는요, 놀이터 거기서 놀아요. 나도요. 거기 갈 거예요." 처음 예에서는 '그거', 그리고 뒤의 예에서는 '거기'가 응집적 대명사의 유형이다. • **접속사** : 유아는 접속사를 사용해서 시간 관계(and, and then), 인과 관계(so, because), 대립 관계(but) 등을 나타낸다. • **생략** : 단어나 문장의 일부를 생략해서 예측되는 반복을 피하는 응집 유형이다. "너 연필 보았니?"에 대해 "아니요, 못 보았는데요."에서 '연필'이 생략되어 있다. • **단어의 반복 사용** : 단어나 동의어, 범주어를 반복해서 사용하는 응집 유형으로 어휘적 응집이라고도 불린다. 예 강아지를 보았어요, 그 강아지는 집을 잃어 버렸나 봐요. • **대치** : 단어나 문장의 일부를 다른 단어로 바꾸는 응집 유형이다. 성인의 표현에서 "컴퓨터를 하나 사야 되겠어요. 그렇게 비싸지 않은 것도 괜찮아요."에서 나중 문장의 '것'이 대치의 예이다.
이야기 문법 (story grammar)	• 에피소드 전개 과정에서의 구성 성분 명칭은 이야기 문법가들의 관점에 따라서 약간씩 다르다. • '배경-문제-목표-사건-해결'의 과정으로 연결한 관점(Rumelhart, 1975) • '배경'-'사건의 발단-내적계획-시도-결과-반작용'의 범주로 전개한 관점(Stein & Glenn,1979) • '배경'-'시작-반작용-목표-시도-결과-종결'로 연결되는 구조로 제시한 견해(Mandler,1984) • '배경'-'계기가 되는 사건-내적반응-목표-시도-결과-해결' 요소들의 연결로 본 견해(Reutzel, & Cooter. Jr., 1996) • 제시된 여러 가지 관점들을 종합해서 이야기 문법에 포함되는 요소들을 다음과 같이 정리해 본다. ① **배경** : 장소, 시간, 등장인물 소개 ② **계기가 되는 사건** : 이야기에 문제를 주는 에피소드 ③ **내적 반응** : 발생한 사건(에피소드)에 대한 **주인공의 반응** ④ **목표** : 사건 해결을 위해 성취하려는 **주인공의 계획** ⑤ **시도** : 목표 달성(장애 극복을 포함함)을 위한 주인공의 **노력과 시도** ⑥ **결과** : 노력과 시도로 초래된 **결과** ⑦ **종결** : 결과에 대한 주인공의 느낌이 포함되기도 함 • 이러한 이야기 문법에 의해 '붕어 이야기'의 구조를 다음과 같이 분석해 보기로 한다. – 옛날에 붕어가 숲 속에 있는 연못에 살았어요. **(배경)** – 어느 날 붕어는 연못 주위를 다니다가 커다란 지렁이를 발견했어요. **(계기 사건)** – 붕어는 그 지렁이가 맛있다는 것을 알았어요. **(내적 반응)** – 붕어는 지렁이에게 가까이 가서 한 입에 지렁이를 덥석 물었어요. **(시도)** – 바로 그 때 붕어는 물 위로 끌려올라 왔어요. 붕어는 낚시꾼에게 잡혔던 거예요. **(결과)** – 붕어는 아주 슬펐어요. 그리고 좀 더 조심할 걸하고 생각했어요. **(종결)**

Ⅳ. 문자언어의 발달

1 문식성(literacy) 발달

1) 문식성의 정의

문식성 (literacy) 의 정의	
	▶ **읽고 쓰기를 통해 의미를 형성**하고 **의사소통하는 능력**으로, 단순한 읽기·쓰기 **이상의 언어능력**
	• 문자언어는 읽기와 쓰기를 의미한다. 이러한 **문자언어의 표상 체계를 사용하는 능력**을 문식성(literacy)이라고 한다.
	• **문식성**은 **읽고 쓸 수 있는 능력**으로, 글을 통해 의미를 구성하고 해석하며 다른 사람과 의미를 전달하고 전달받는 활동이다. 즉, 일상생활에서 글을 사용해서 읽고 쓰면서 의미를 형성하고 다른 사람과 의사소통하는 능력이다.
	• 유아의 문자언어 발달에 대한 관점은 1920년대부터 1970년대까지는 성숙주의이론과 행동주의 이론의 영향으로 읽기와 쓰기에 대한 준비도 개념이 각광을 받았으며, **1970년대 이후**에는 **사회언어학적 측면을 강조**하는 **발생학적 문식성 개념**이 지지를 받았다.
	• 문식성은 역사적으로 다르게 정의되고 있는데, 1600~1700년대에는 자신의 이름을 읽고 쓰는 능력, 1900년대 초에는 교재를 읽는 능력, 1930년대에는 읽기 검사에 통과되는 능력, 1950년대에는 일상생활에서 간단한 말을 읽고 쓰면서 이해할 수 있는 능력, 1960년대에는 학교생활을 성공적으로 수행하는 능력, 2000년대 이후에는 교재를 요약하고 분석하는 능력으로 정의하고 있다 (이지현 외, 2016).
	• 이를 종합하면, **문식성(literacy)**이란 **연령에 맞게 사회 속에서 개인이 상호작용할 수 있는 의사소통 기술 능력**으로서 학문적인 탐구나 읽기와 같은 교육 실제 등의 비교적 협의의 개념과 수학, 과학, 예술 형태를 포함하여 **모든 형태의 의사소통을 포함하는 광의의 개념**이 포함된다 (Hillerich, 1976).
	• 유아교육에서의 문식성이란 **일상생활에서 인쇄물을 이용하여 읽고 쓰면서 의미를 형성하고 다른 사람과 의사소통하는 능력**을 말하는 것으로 **단순히 읽고 쓸 수 있는 그 이상의 언어능력**을 말한다.

> 기 주A6. 3) 유아의 **문식성 발달**에 대한 [B], [C]의 **관점**에서 볼 때 ㉥ '(책장을 넘기고 글자를 읽는 척하며) 사자, 토끼 빵빵 버스 타고 갑니다.'에 대한 **해석이 어떻게 다른지** 쓰시오. [25]
> [B]는 발생적 문식성 관점으로 ㉥과 같이 읽는 척하는 것도 읽기라고 간주하고, 유아 스스로 읽기에 필요한 지식을 능동적으로 구성해 나가는 중요한 문식성 행동으로 보는 반면, [C]는 (행동주의) 읽기 준비도 관점으로 읽는 척하는 것은 중요한 문식성 행동이 아니며, 읽기에 필요한 하위 기술을 준비하며 준비도를 강화한다고 해석한다는 차이가 있다.
>
> | | |
> |---|---|
> | 김 교사 : 유아는 일상생활 속에서 자신에게 의미 있는 글자에 관심을 보이며 스스로 문식성을 키워 나가는 것 같아요. 직접 가르치지 않아도 자신의 주변에서 글자를 접하며 서서히 읽는 방법을 터득해 가더라고요. | B |
> | 홍 교사 : 그렇게 볼 수도 있지만 저는 듣기와 말하기 능력이 발달한 후 읽기와 쓰기 능력이 순차적으로 발달한다고 봐요. 그래서 유아기는 읽기 학습에 필요한 여러 가지 하위 기술을 준비하는 시기라고 생각해요. | C |

2) 문식성 발달에 대한 이론적 관점

준비도 관점	성숙주의 읽기 준비도	▶ **읽기 · 쓰기 능력은 생물학적 성숙**의 결과로, 신체적 · 인지적 **준비가 될 때까지 읽기 · 쓰기 지도를 연기해야** 한다는 관점 • 발달을 생물학적 성숙의 결과로 본 게젤의 관점을 반영한 이론으로 **1920~1930년대** 문자언어 교육에 영향을 주었다. • 글을 읽고 쓸 수 있는 능력은 신체 발달과 마찬가지로 적절한 시기가 되면 저절로 발달하기 때문에 유아가 학습할 수 있는 신체적 · 인지적 준비가 될 때까지 **읽기 · 쓰기 지도를 늦추어야** 한다. • 쓰기 지도는 유아가 **읽기 능력을 충분히 갖춘 후에** 실시해야 한다. [기] 게젤(A. Gesell)의 이론에 근거한 언어발달 관점은 성숙을 전제 조건으로 본다. **(읽기 준비도)**는 유아의 문자 지도에 대한 성숙주의 관점이 잘 반영된 것으로, 읽기와 쓰기 발달에 필요한 기반이 유아에게 먼저 형성되어야 함을 강조한 개념이다. 다시 말해, **유아가 읽고 쓸 준비가 될 때까지 유아를 대상으로 한 문자 지도는 연기되어야** 하고, 대신 눈과 손의 협응 등과 같은 읽기와 쓰기 발달에 필요한 **기반 형성을 강조**해야 한다는 것이다.[13추]
	행동주의 읽기 준비도	▶ **읽기 · 쓰기 능력은 생물학적 성숙이 아닌 다양한 경험과 훈련을 통해 준비**되며, **적절한 읽기 이전 경험**이 **읽기 준비도를 강화**한다는 관점 • 1950~1960년대 행동주의 이론이 대두되었다. 행동주의 이론도 성숙주의 관점과 마찬가지로 영유아들이 **읽기를 배우기 이전에 '준비되어'** 있어야 한다고 주장하였다. • 그러나 **행동주의에서의 '준비도'**는 자연적인 성숙에 의해 이루어지는 것이 아니라 **다양한 경험을 통해 준비된다**고 하였다. 즉, 적절한 읽기 이전 경험은 영유아의 **읽기에 대한 준비도를 강화**시켜 준다는 것이다. • 행동주의의 영향으로 조기교육을 찬성하는 입장이 강조되었으며, 유치원이나 초등학교에서 준비도 프로그램과 읽기를 위한 선행기술을 가르쳐야 한다는 생각이 자리 잡게 되었다. • 과거 진단 도구로 사용되던 **'읽기 준비도 검사'**를 읽기의 선행 기술을 가르치는 일종의 훈련 도구인 **'읽기 준비도 프로그램'으로 변화**시키는 결과를 낳았다. • 즉, 성숙주의의 '준비도' 개념이 행동주의의 **'준비도 가속화' 개념으로 바뀐 것**이다. • 문자언어 발달 기준을 성인과 같은 수준으로 읽고 쓸 수 있는 관례적인 읽기 행동이나 쓰기 행동으로 보았다. • 따라서 그 이전에 유아가 보이는 긁적거리기, 책을 읽는 시늉을 보이는 행동은 중요한 문식성 행동으로 보질 않았다.

발생학적 문식성 관점	▶ **생애 초기부터 문식성이 발달**한다는 개념으로, **문식성**이 **적절한 경험과 상호작용을 통해 자연스럽게 발현**한다는 관점 ① 1970년대 이후 등장한 사회·언어학적 접근 및 상호작용적 이론은 영유아들은 문자언어에 노출되어 생활하고 있으므로, **읽기 행동이 매우 일찍 출현**한다고 하였다. ② **문자언어에 노출되는 과정 자체가 문자언어 발달에 중요**하므로 읽기를 위한 **준비도 같은 것은 없다**고 보았다. ③ 이러한 새로운 관점이 '발생학적 문식성(emergent literacy)'이다. **'발생적'이란** 유아의 문식성이 **생활 속에서 점진적으로 자연스럽게 발달한다는 것**이다. 즉, 발생학적 문식성은 생애 초기부터 문식성이 발달되어 간다는 개념이다. ④ 또한 읽기, 쓰기는 상호 연결되어 발달하는 역동적이고 통합적인 과정으로 실제 생활의 장면에서 발생한다고 여긴다. ⑤ 영유아의 읽기, 쓰기는 단순히 글자를 해독하여 읽거나 글자의 구조를 알아서 읽고, 쓰는 것을 넘어서는 차원이라고 본다. 따라서 영유아가 책에 대해 관심을 보이거나, 긁적거리기로 쓰기, 책이나 잡지 등을 들고 읽는 척하는 행동들도 읽기, 쓰기라고 간주된다. ⑥ 즉, 문식성은 **영유아의 생애 초기부터 발달**되기 시작하며, **의미를 주고받는 사회적 상호작용**(social interaction)을 지속적으로 하게 될 때 발달되어가므로 인지적, 언어학적, 사회·문화적 맥락을 고려한 경험의 제공이 매우 중요하다는 것이다. ⑦ 발생학적 문식성 관점에서는 영유아가 읽고 쓸 수 있게 되는 것은 직접적인 교수에 의해 습득되는 것이 아니라 영유아가 스스로 읽기와 쓰기에 필요한 지식을 **능동적으로 구성**하여 내면화시킨다고 본다. 따라서 문자언어 학습은 **아동 중심**으로 전개되는 것이 가장 바람직하다고 권고한다. ⑧ 또한 읽기, 쓰기 발달에 있어서 **문자가 풍부한 환경**을 강조한다. 즉, **문자가 풍부한 환경**에서 영유아는 **문자와 상호작용할 수 있는 기회**를 풍부하게 가지게 되고 이를 통해 읽기, 쓰기 발달이 촉진된다는 것이다.
클레이의 발생적 문식성	① 클레이(Clay, 1976)는 발생적 문식성(emergent literacy)이라는 용어를 처음 사용하였는데, 유아의 문식성이 **적절한 경험과 상호작용**에 의해서 **자연스럽게 발현**했다(emerge)는 의미이다. ② 그는 문식성이란 단순히 해독만이 아니라 책을 다룰 줄 알고, 책은 왼쪽에서 오른쪽으로 그리고 위에서 아래로 읽는 것이라는 것, 글자의 기능에 대한 이해를 포함한다고 하였다. ③ **창안적 글자쓰기**에 대한 연구들도 유아가 관례적인 쓰기를 배우기 전에 쓰기 활동이 출현한다는 발생학적 문식성 관점을 지지해 준다. [기] 교사는 그 자리에서 틀렸다고 지적하거나 바르게 써 보게 하는 대신 가영이의 글자에 대한 관심을 확장해 주기 위해 구체적인 계획을 세우려고 한다. 1) 위 사례의 교사가 지지하는 언어 발달에 대한 이론적 관점을 쓰시오. [08] [기] 클레이는 읽기와 쓰기 발달의 개념으로 **(발생적 문식성)**을 제시하였다. 이는 유아가 책을 들고 읽는 척을 하거나 글자를 끼적거리는 등과 같은 수준의 지식과 기술을 의미한다. **(발생적 문식성)**은 성인의 관점에서 보면 바른 읽기와 쓰기는 아니지만, 일상생활 속에서 사회적 상호작용을 통하여 정확한 읽기와 쓰기로 나아가는 기초가 된다. [13추] [기] (나)에서 문해 능력 발달에 대한 박 교사의 관점을 클레이(M. Clay)가 주장한 용어로 쓰시오. [19추] [기] 유아의 발현적 문해력에 기반한 지도 방법으로 적절하지 **않은** 것을 1가지 찾아 기호와 함께 그 이유를 쓰시오. [특24] Ⓐ '**교사 중심의 체계적인 지도**', 발현적 문해력 관점은 유아의 문해력은 교사의 직접적 교수가 아닌 유아 스스로 능동적으로 지식을 구성하여 내면화한다고 보기 때문이다.

3) 요약 : 문식성 발달에 대한 이론적 관점

	읽기 준비도	발생학적 문식성
이론적 관점	• 읽고 쓸 수 있으려면 **기본적인 기술을 먼저 습득해야** 한다. • 읽기는 학교에서 배울 수 있다.	• **생애 초기부터 문식성이 발달**한다. • 학교에 입학하기 전에 읽기가 무엇인지 체험한다.
문식성 기술과 전략의 습득	• 읽기 기술을 익힘으로써 읽고 쓸 수 있다. • 쉬운 수준에서 어려운 수준으로 나아가는 **읽기 기술을 차례차례 습득함으로써** 성인과 같이 읽을 수 있다.	• **일상생활 속**에서 문자와 지속적인 **상호작용을 통해** 읽기, 쓰기를 배운다. • 문식성은 **실제상황**에서 문자를 **목적적으로 활용함으로써 습득**된다.
교수·학습 방법	• 교사의 **형식적인 지도와 정기적인 평가**를 통해 읽고 쓸 수 있게 된다.	• 성인과의 **비형식적인 상호작용과 관찰**을 통해 읽고 쓸 수 있게 된다.
듣기, 말하기, 읽기, 쓰기의 관계	• 음성언어 발달과 문자언어 발달은 **독립적**으로 일어난다. • 읽을 수 있게 된 이후에 쓸 수 있으므로 읽기 기술을 먼저 가르친 후 쓰기 기술을 가르쳐야 한다.	• 듣기, 말하기, 읽기, 쓰기는 **서로 연관되어** 있으며 **동시적으로 발달**한다. • 음성언어 발달은 문자언어 발달과 연관되어 있으며 서로를 지원하는 과정을 통해 발달이 촉진된다.
문식성 발달	• 문식성 발달 과정과 발달 속도는 일정한 단계를 순서적으로 거침으로써 이루어진다.	• 문식성 발달 과정과 발달 속도에는 **개인차**가 있다.

한유미 외(2016). 영유아 언어교육의 이해. 학지사.

 지식 환경인쇄물 활용하기

▶ **실생활의 특정한 맥락**을 담고 있는 **간판, 교통표지판, 텔레비전 광고, 과자 상자 등과 같은 인쇄물**
• 환경인쇄물은 책과 같은 일반적인 인쇄물과 비교해 보았을 때 **크고 굵고 다양한 형태의 글씨체와 색깔로 구성되어 유아에게 시각적으로 매력적이고 친숙하며 즉각적인 흥미와 관심을 자극**한다.
• 주변 환경인쇄물은 구체적이고 유아의 경험과 연관되어 있으며, 노출되는 인쇄물의 양에 따라 유아는 무한히 많은 글자를 시각적으로 경험할 수 있다. 이를 지속해 자주 접함으로써 유아의 읽기 능력 향상을 도울 수 있다.
 기 '상표나 간판'과 같은 자료에 대한 설명이다. 괄호에 들어갈 말을 쓰시오. 실생활의 특정한 맥락을 담고 있어 유아에게 친숙하고 문식성 발달의 기초가 되는 자료를 **(환경)** 인쇄물이라고 한다.[17]
 기 환경인쇄물에 해당하는 예를 [A]에서 2가지 찾아 쓰시오. **유아 이름, 유치원 주변 간판, 과자 상자, 광고지**[20]
 기 유아의 이름 글자가 활용될 때, 유아 언어교육 측면에서 기대할 수 있는 효과를 2가지 쓰시오.[24]
  ① 실생활의 특정한 맥락을 담고 있는 이름 글자를 활용하여, 기능적이고 자연스럽게 언어를 배울 수 있다.
  ② 유아의 생활 경험과 밀접하게 관련 있는 이름 글자를 활용하여, 유아의 흥미를 유발하고, 관심을 지속적으로 유도할 수 있는 의미 있는 언어 학습을 이끌 수 있다.

4) 쿠퍼와 카이거(Cooper & Kiger)의 읽기·쓰기 발달 단계(문식성 발달 단계)

발생적 문식성 (출생 ~유치원 입학 전)	• 문자언어로 의미를 전할 수 있다는 것을 이해한다. • **읽고 쓰는 척**한다. 즉, 책장을 넘기고 그림이나 기억하고 있는 이야기를 이용해 이야기를 만들어 낸다. • **글자와 말소리를 관계 짓기** 시작한다. • 상품에 있는 글자들이나 자주 보는 **간판 글자**들을 읽을 줄 안다. 그러나 **글자만 제시했을 때는 잘 읽지 못한다.** • 쓸 줄 아는 글자가 더러 있다. **자기 이름이나 가족의 이름 속에 있는 글자들을 쓸 수** 있다. • 'ㅣㅈ'와 같이 간혹 글자의 **방향을 반대로 쓰기도** 한다. • 아무렇게나 써 놓고 의미를 부여해 가면서 읽기도 한다. 나중에 다시 읽을 때 못 읽는 경우도 있다.
초기 문식성 (유치원~초1)	• 글자에 주의를 많이 기울이며 정확한 글자가 무엇인지에 관심을 기울인다. • 자신이나 가족의 **이름 속에 있는 글자를** 알고 그것들을 중심으로 **자소·음소를 대응**시키며 말을 만들기 시작한다. • **구두점**의 기능에 대해 이해하기 시작한다. 일관되게 적용하지는 못한다. • 단어와 단어 사이는 **띄어 써야** 하는 것을 안다. 그러나 언제나 맞게 적용시키는 것은 아니다.
독자적 문식성 (초1~3)	• **맥락에 의존하지 않고도** 많은 단어를 읽을 수 있다. • 새 단어를 접했을 때 그것을 확인하기 위해 **단어를 분석**하고 **음가를 적용**해 본다. • 글의 초안을 잡고 대충 써 보기도 하며 **틀린 부분을 수정**하기도 한다. • **표준적인 쓰기에 가까운** 쓰기가 가능하다.
능숙한 문식성 (초등 고학년)	• 읽기를 배우기 위해 글을 읽기보다는 **세상지식과 즐거움**을 위해 글을 읽는다. • 실제적인 이유 때문에 글을 읽고 쓸 수 있는 환경을 제공해야 한다.

> **기 특주A7.** 1) ② 다음에 해당하는 **발현 문해력의 명칭**을 쓰시오. **활자 인식**
>
> 그런데 지금은 동화책을 읽어 줄 때 책 제목을 가리키면서 "이건 뭐예요?"라고 묻는다. 그리고 책의 앞면과 뒷면을 구별할 수도 있고, 책을 똑바로 놓고 책장을 순서대로 한 장씩 넘기기도 한다.

5) 맥기와 리치겔스(McGee & Richgels, 1996)의 읽기 발달 과정(단계)

문식성 발달의 시작 (0-3세)	• 영유아 문식성의 출현은 생애 초기부터다. 영유아들은 일상생활에서 자연스럽게 읽기, 쓰기와 관련된 활동을 하면서 문식성을 이해하기 시작한다. • 또한 영유아는 일상생활에서 주변 사람들이 문자를 활용하거나 문자와 상호작용하는 다양한 상황을 관찰한다. 　예 부모가 책·신문·편지·전단지 등과 같은 인쇄 매체를 읽는 것, 자녀와 함께 책을 읽는 것 등 • 0~3세 영아들에게 **가장 흔하게 관찰되는 문식성 활동은 책 읽기 활동**이며, 이를 통해 형성되는 중요한 문식성 개념은 다음과 같다. 영아는 다음과 같은 중요한 문식성 개념을 형성한다. ① **책은 재미있다.** ② **책은 특별한 방법들로 다루어진다.** ③ 함께 책 보기는 일정한 과정을 포함한다. ④ 책에 있는 **그림들은 상징**이다. ⑤ 책과 인쇄물은 의미를 전달한다.
초보적 읽기 (3-5세)	• 유아들은 **글자가 의미를 전달**한다는 것을 알게 되고, **실제 물건이 존재하지 않아도** 그림과 글자가 무엇을 상징하고 있는가를 이해하게 된다. • 3~5세 유아는 자기가 좋아하는 과자 이름, 음식점 표시, 도로 표지판 등에 붙어 있는 글자를 안다. 유아들은 그림이 아니라 글자가 의미를 전달하는 것을 알게 되고, 실제 물건이 존재하지 않아도 그림과 글자가 무엇을 상징하고 있는지 이해한다. • 즉, 유아는 맥도날드라는 글자를 정확하게 읽지는 못하지만 자신이 즐겨 먹는 **햄버거의 상표와 글자를 보고 맥도날드의 의미를 구성**하는 것이다. • 성인의 눈으로 보면 이러한 행동은 읽는 것이 아니지만 이 수준의 유아는 분명히 글자를 나타내는 의미를 구성하였으므로 읽는다고 말할 수 있다. 왜냐하면 유아는 글자를 인식하고 있고, 그 글자가 의사소통의 수단이라는 것을 이해하고 있기 때문이다. • 또한 이 시기의 유아들은 **글자의 명칭, 형태, 특징 등을 배우려고** 하며, 글을 읽을 때 **맥락에 의존하여 읽기**를 한다. 지속적인 읽기 활동을 통해 이야기가 전개되는 **순서와 인과관계**를 이해하고 **이야기 내용을 추론하며, 판단하기도** 한다.
실험적 읽기 (5-7세)	• 이 시기 유아들의 읽기는 표준적 읽기 수준에는 이르지 못했지만, 수준은 이전보다 훨씬 표준적이다. • 교사나 부모가 읽는 것을 관찰하기도 하고, 표준적 수준에 이른 친구가 어떤 규칙을 활용하는지를 유심히 관찰하기도 한다. 이러한 노력을 통해 실험적 읽기 수준의 유아는 다음과 같은 지식을 구성하게 된다. ① **철자와 소리는 서로 연관**되어 있다. ② 자기가 읽는 것과 **어른이 읽는 것이 다르다**는 것을 안다. 　- 이로 인해 유아들은 '나는 읽고 싶지 않아요.'라는 말을 하기도 한다. 그러나 부모나 교사의 지속적인 지원 행동이나 안내를 통해 거부하는 행동이 줄어들 수 있다. ③ 거의 모든 철자의 이름과 형태를 안다. ④ 읽기를 할 때 관심의 대상이 **철자가 아니라 단어**로 옮겨 간다. 　- 즉, 한 단어가 무엇이며 왜 중요한지를 알게 된다. 그러나 사물과 행동을 표현하는 내용어(빵, 노래하다)는 단어로 인식하지만 기능어(그리고, 그러나)는 사물이나 행동을 표현하는 것이 아니기 때문에 단어가 아니라고 인식한다. ⑤ **문어식으로 읽기**를 한다. ⑥ 정확하게 읽기 위해 글자를 **손가락으로 짚으면서** 읽는다. 그러나 완전한 표준적 읽기에 도달한 상태가 아니기 때문에 글자를 보고 자신이 읽고 있는 것을 대응시켜 가며 읽는다. ⑦ 초보적 읽기 수준에서 시행했던 의미 구성 전략을 지속적으로 활용한다.

6) 맥기와 리치겔스(McGee & Richgels, 2000)의 쓰기 발달 과정

문식성 발달의 시작 (출생~2세)	• 영아들은 사인펜이나 연필, 크레파스 등의 쓰기 도구를 들고 종이나 벽에 **긁적거리는 것**을 좋아한다. • 다양한 쓰기 경험을 통해 영아들은 쓰기와 그리기가 매우 재미있다는 사실을 발견한다. • 영아들은 쓰기 경험을 다른 사람과 **상호작용하는 수단으로** 활용하기도 한다. • 영아들은 쓰기를 하면서 자신이 그리거나 쓴 것에 이름을 붙일 수 있다는 것을 알게 된다. • 2세가 좀 지나서부터 영아들은 **그림이 상징이라는 것**을 깨닫는다.
초보적 쓰기 (3~5세)	• 유아들은 문자를 통해 자신의 **생각을 남에게 전달할 수 있다는 것**을 깨닫는다. • 문자를 통한 의사소통을 구현하기 위해 유아들은 자기 나름대로 **문자를 재창조**하고 **의미를 부여**하기도 한다. 예 역할놀이에서 자신이 개발한 문자(긁적거리기가 될 수도 있고, 선이나 동그라미 등이 될 수도 있다) 주문서를 작성한다. • **그림을 명명하기 위해**, 자신과 타인의 **행동을 규제하기 위해** 쓰기를 사용한다.

실험적 쓰기 (5~7세)	• 쓰기와 관련된 사전지식을 재통합하게 되고, 새로운 지식을 구성하게 된다.
	• 실험적 쓰기 수준에서 유아가 습득하게 되는 규칙
	   ① **철자와 소리는 연관**되어 있다. ② 단어를 발명해 **창안적 글자**로 쓴다.
	   ③ 글자를 **베껴 쓰기**도 하고, **단어에 대해 질문**한다.

주A8. 2) ⓒ '그린 게 아니고 쓴 거예요.', ⓒ '선생님이 다시 써 주세요.'에서 솔이가 문자언어를 인식하고 있다고 볼 수 있는 이유를 각각 쓰시오.[20]
　ⓒ 글자는 그림과 다르다는 것을 알고, 의사소통(상호작용)의 목적으로 쓰고 있기 때문이다.
　ⓒ 성인이 읽고 쓰는 것과 똑같은 방식으로 자신들은 읽고 쓰지 못한다는 것을 알고 교사에게 다시 써달라고 요구하고 있기 때문이다.

주A7. 3) ② [D]를 근거로 ⊙ '창안적 쓰기는 관례적 쓰기와 동일한 기능'의 이유를 설명하시오.[22]
　　창안적 쓰기는 관례적 쓰기와 같이 자신의 생각과 경험을 표현하는 기능을 가지고 있기 때문이다.

> 이 교사 : 쓰기는 자신의 생각과 경험을 표현하는 것이므로 평소 아이들이 말과 글의 관계에 관심을 갖도록 지도하는 것이 중요한 것 같아요.
> 한 교사 : 그래서 저는 아이들에게 그림책을 많이 읽어주려고 노력하고 있어요.
> 　　　　　　　　　　　　　　　　　　　　　　　　　　　　　　　　　　　　　　D

특주A8. 3) 연우의 팻말 쓰기 '나B꽃'에 나타난 창안적 글자 쓰기의 원인을 언어 지식의 측면에서 쓰시오.[특24]
　'관례적 글자를 알지 못하여' 언어 관련 사전지식을 통합하여 자신이 기존에 알고 있는 'ㄴ, 8' 등과 같은 글자들을 다양한 방식으로 조합하기 때문이다.

7) 음성언어 발달과 문자언어 발달의 관계

음성언어 와 문자언어	• 언어의 형식을 음성언어와 문자언어로 구분할 때 음성 형식(말)은 문자 형식(글)보다 발달적으로 선행한다. • 세상의 모든 언어는 문자의 형식을 갖기 이전의 음성의 형식으로 존재한다. 오늘날에도 문자 형식을 갖지 못하고 음성 형식으로만 사용되는 언어들이 지구상에 여전히 존재한다. • 또 인간은 읽기를 학습하기 전에 말하기를 습득한다. 이러한 사실은 말이 글보다 발달적으로 선행함을 의미하는 것과 더불어, 음성언어와 문자언어가 언어로서 상당 부분을 공유하는 체계임이 분명하지만 동시에 음성언어와 문자언어는 각기 고유한 특성을 지니며 두 형식 간에 엄연한 차이가 있다는 사실을 의미하기도 한다. • 문자언어는 음성언어의 소리를 글로 표상하는 언어이므로 말의 소리는 글과 밀접한 관계를 가질 수밖에 없다. 따라서 유아가 읽기를 발달시키는 과정에서 이러한 말과 글의 관계에 대한 인식은 필수적이다. • 그러나 말과 글의 관계를 충분히 인식하게 되는 과정은 그리 간단치 않다. 이는 태어나면서부터 주변의 사회적, 물리적 환경과의 상호작용을 통해 지속적으로 제공되는 언어적, 물리적 경험을 통하여 점진적으로 이루어지는 과정인 것이다. • 말과 글의 관계 인식에 앞서 유아에게 우선적으로 확립되어야 할 것은 언어 사용의 복잡하고 미묘한 관련성과 차이를 알아차리고 이에 적절히 반응할 수 있는 능력이다. • **"이제 그만 자"는 맥락에 따라** 서로 완전히 상반되는 두 가지 의미. 즉 '빨리 자'와 '일어나라'는 의미로 사용된다. • 영아기와 유아기 동안 어린이들은 듣기와 말하기를 중심으로 한 언어사용을 통하여 이처럼 복잡 미묘한 언어의 연관성과 차이를 지속적으로 학습해간다. • 이와 함께 어린이들은 주변에 널려 있는 문자에 대해서도 인식하게 된다. 주위 사람들이 일상적으로 읽고 쓰는 모습을 관찰하면서 자신도 읽기·쓰기와 긴밀하게 관련된 생활을 하고 있음을 느낀다. • 때로는 자신도 생활 속에서 읽고 써야 할 필요성을 인식하고 실제로 읽고 쓰는 시도를 하면서 일상생활에서 문자가 수행하는 기능에 대해서 차츰 알게 된다. • 또 부모나 손위 형제가 책이나 주변의 글자를 보고 소리 내어 읽어주거나, 유아의 말을 받아 적어서 유아에게 보여주는 경험을 통해서 글이 말로, 또한 말이 글로 바뀌는 과정을 이해하게 된다. • 이러한 과정 속에서 유아는 문자가 말과 관계있음을 인식하게 되는데, 특히 말놀이를 통해 말의 재미에 대해 흥미를 갖게 되고 말소리에 대해 의식적으로 생각하게 될 때 이러한 말과 글의 관계에 대한 인식이 촉진되는 것이다. • 이처럼 유아기에 습득되고 사용되는 듣기와 말하기 기술은 말과 글의 관계를 인식하고 문식성을 습득하는 데 중요한 토대가 될 뿐만 아니라 장차 학교에서의 학업성취를 결정하는 요소이기도 하다. • 따라서 일상생활에서 접하는 언어자극이 너무 적고 부족한 언어적 환경에서 성장하는 유아들의 경우, 읽기와 쓰기 학습에 부정적인 영향을 받기 쉬우며, 유아기에 강력한 음성언어 기술을 발달시키지 못한 유아는 학교에 입학하기 전부터 또래들보다 뒤쳐지게 되는 것이다.

음성언어와 문자언어의 공통점	• 음성언어와 문자언어는 언어체계로서 다음과 같은 공통점을 지닌다.
	• 첫째, 음성언어와 문자언어는 다른 사람과 의미를 주고받으며 **의사소통 기능을 수행**한다.
	• 둘째, 음성언어와 문자언어는 모두 **일종의 표상체계**로서, 의미를 소통하기 위하여 그 사회에서 **약속된 부호(말소리와 문자)**를 사용한다.
	• 셋째, 음성언어와 문자언어는 사람, 물체, 사건을 표현할 때 **동일한 어휘들**을 사용한다.
	• 넷째, 음성언어와 문자언어는 **함께 사용될 수** 있다. 즉, '다른 사람이 말하는 것을 쓰기', '읽어 주는 것을 듣기', '자기가 쓴 것을 말하기'에서와 같이 말하기, 듣기, 읽기, 쓰기의 과정은 동시에 일어나기도 한다.
	• 다섯째, 음성언어와 문자언어는 모두 유아가 **이 세상과 단어에 대한 지식을 형성**하는 데 사용하는 **'정신의 도구들'**이다.
	• 여섯째, 음성언어와 문자언어는 **공통된 기술들**을 사용한다. 예측하기, 질문하고 답하기, 표현하기, 이야기 감각, 음운 인식 등은 음성언어와 문자언어를 사용할 때 공통으로 필요한 기술들이다.
	  - **예측하기**는 맥락이나 단서를 활용하여 지금까지 전개된 내용을 기초로 하여 앞으로 나올 내용을 생각하는 기술인데, 이러한 기술은 특정 상황에 처했을 때 적절한 말을 하거나, 문자의 시각적 단서를 활용하여 그 의미와 연결시키는 데 유용하다.
	  - **질문**은 개인이 자신의 이해를 감시하고 모니터하는 기술을 가리키며 유아가 질문을 한다는 것은 마음속에서 무엇인가를 찾고 주목하며 복잡한 경험을 이전의 경험과 통합한다는 신호이다.
	  - **표현하기**는 설명하고 해석하고 흉내 내기 등의 다양한 언어사용을 훈련시키는데, 이때 어떤 어휘를 사용하고 얼마나 길게 표현하며 어떤 문장을 사용할지 등의 세밀한 부분에 주의를 기울인다.
	  - **이야기 감각**은 문학에서 사용하는 이야기 구조를 이해하게 돕고 이야기 구성요소들을 활용하는 토대를 제공한다.
	  - 말소리에 사용되는 여러 소리 단위를 의식적으로 자각하고 조작하는 **음운인식**은 말소리와 문자를 연결 짓고 글자를 해독하는 중요한 토대가 된다.

음성언어와 문자언어의 차이점	• 음성언어와 문자언어는 이처럼 언어로서 공통점을 갖고 있지만, 동시에 중대한 차이점을 지닌다.
	• 첫째, 음성언어와 문자언어의 차이점은 **각각 청각과 시각이라는 서로 다른 감각**을 사용하는 표상 체계라는 것이다.
	• **음성언어는 청각자극인 말소리를 매개로 사용하는 언어**로서 대체로 말을 하는 **화자**와 듣는 **청자가 시간과 공간을 공유하는 상태에서 사용**된다. 음성언어는 시간과 공간의 제약을 받기 때문에 말하는 상황을 녹음하여 재생해서 다시 듣지 않는 한 일시적이다.
	• 이에 비하여 **문자언어는 시간과 공간을 공유하지 않는** 저자와 독자가 시각자극인 문자를 매개로 **사용하는 언어**이다.
	  - 문자는 음성언어의 말소리와 마찬가지로 그 사회에서 약속으로 정한 임의적인 부호이지만, 청각과 다른 시각을 사용하므로 음성언어의 부호와는 다른 체계의 부호이며, 시공을 초월하여 영구적이다.
	  - 문자언어를 습득한다는 것은 그 부호를 해독하는 방법에 대한 학습을 포함한다.

음성언어와 문자언어의 차이점	• 음성언어와 문자언어의 또 다른 차이점은 **언어가 사용되는 맥락에 대한 의존의 정도**에서 비롯된다.

- 음성언어와 문자언어의 또 다른 차이점은 **언어가 사용되는 맥락에 대한 의존의 정도**에서 비롯된다.
- **음성언어**는 대체로 화자와 청자가 시간과 공간을 공유하는 상태에서 서로 얼굴을 마주 보며 사용하는 언어이다. 따라서 언어 이외의 다른 의사소통 통로인 목소리의 톤이나 몸짓, 얼굴표정, 자세 등으로도 중요한 정보가 전달되며, 이를 비언어적 의사소통(nonverbal communication)이라고 한다.
  - 언어정보가 다소 불완전하고 분명하지 않다 하더라도 의사소통을 돕는 **풍부한 비언어적 정보를 맥락에서 쉽게 얻을 수 있고 또 이해가 되지 않는 부분을 직접 물어볼 수 있기 때문에** 의사소통에 큰 문제가 없다.
  - 또 화자와 청자가 서로의 관심사와 생각 등을 포함한 생활 전반에 대한 이해를 갖고 있을 때에는 훨씬 효율적인 의사소통이 가능하다. 다음에 제시된 서영이와 미애의 대화를 보자.

  > 서영: (얼굴을 찡그리며) 그 남자….
  > 미애: 그래. 어떻게 그렇게…. 으이 참 징그러.
  > (서영과 미애는 마주 보고 깔깔 웃는다)

  - 두 사람의 대화에는 충분한 정보가 제시되지 않았고, 언어적으로 완전한 문장이 사용되지도 않았다. 그러나 서영과 미애는 어제 함께 본 영화에 대하여(공동의 관심사) 말하고 있고, 또 서로의 얼굴 표정과 말소리의 톤, 몸짓을 포함하는 비언어적 정보가 있기 때문에 굳이 완벽한 언어정보를 사용하지 않아도 충분히 효율적인 의사소통이 가능하다.

- 반면 **문자언어**는 언어를 사용하는 **저자와 독자가 시간과 공간을 공유하지 않는다.** 다시 말해서, 음성언어가 사용될 때 존재하는 **맥락적 정보가 문자언어에는 존재하지 않으며**, 문자언어는 맥락에 의존하지 않는다.
  - 이러한 특성을 **문자언어의 탈맥락성**이라고 한다. 따라서 문자언어는 **오로지 문자에만 의존하여 정보를 전달하고 의사 표현을 해야 하므로** 정확한 어휘의 선택, 완전한 문법적 조직, 충실한 묘사가 필요하다.
  - 다음 표는 음성언어와 문자언어의 맥락화 유형과 탈맥락화 유형의 예를 보여주고 있다.

유형	음성언어	문자언어
맥락화 (Contextualized)	'지금-여기서' 벌어지는 상황에 대한 **면대면 대화**	메뉴, 상표
탈맥락화 (Decontextualized)	개인적 내러티브, 가상적 내러티브, 강연, 강의	대부분의 읽기와 쓰기

  - **맥락화 유형**이란 시간과 공간을 공유하면서 이루어지는 의사소통인 반면, **탈맥락화 유형**이란 **시공을 공유하지 않은 상태에서 이루어지는 의사소통**이다.
  - 대부분의 음성언어는 맥락화된 의사소통에서 사용되는 반면, 대부분의 문자언어는 탈맥락화된 의사소통에서 사용된다.
  - 그러나 여기에도 예외가 있다. 즉, 음성언어이지만 탈맥락적 의사소통에 사용되고, 반대로 문자언어이지만 맥락화된 의사소통에 사용되는 것이 있다.

	- **탈맥락화된 의사소통에서 사용되는 음성언어**의 예로는 개인의 경험을 이야기하는 **개인적 내러티브**나 이야기를 꾸며서 말하는 **가상적 내러티브**, 연사가 청중들에게 하는 **대중 강연**이나, **강의**를 들 수 있다. - 또 **맥락화된 의사소통을 위해 사용되는 문자언어**의 예로는 **식당의 음식 메뉴나 상품의 상표** 등이 있다. - 유아들은 다른 사람과의 대화를 통하여 맥락적인 언어기술을 습득하는 반면, 자기의 경험을 다른 사람에게 이야기하고 가상적인 이야기를 꾸며서 말해봄으로써 탈맥락적 언어기술을 습득한다.
음성언어 **와** **문자언어** **의** **차이점**	• 음성언어와 문자언어의 공통점과 차이점은 인간이 언어를 발달시키는 과정에서도 작용하여 음성언어 발달과 문자언어 발달에 영향을 미친다. • 다시 말하면, 음성언어와 문자언어는 많은 특성을 공유하는 언어체계이므로 공통된 언어기술을 토대로 발달되며, 문자언어 발달에는 음성언어에 대한 개인의 지식이 많은 부분 중요한 토대로 작용한다. 유아들은 읽기, 쓰기를 학습하는 과정에서 그동안 습득해 온 음성언어 기술에 크게 의존한다. • 그러나 한편으로 음성언어와 문자언어 두 형식은 각기 고유한 특성을 지닌 체계이기도 하므로, 음성언어 지식 및 기술과는 다른 문자언어의 측면들도 많다. 이렇게 볼 때, 음성언어 기술은 문자언어 기술의 필수적인 기초이지만, 음성언어와 문자언어의 공통된 특성에도 불구하고, 이 두 형식 사이에 존재하는 차이를 결코 무시할 수 없다. • 유아들이 읽기·쓰기 기술을 습득하는 데 마주치는 많은 문제들은 대체로 언어의 이 두 형식 간의 차이에서 파생되는 것이다. **구어학습보다 문어학습을 더 어렵게 만드는 문자언어의 두 가지 특성**을 좀 더 구체적으로 살펴보면 다음과 같다. • 첫 번째, 글은 일련의 **시각적 상징들에 대한 조작에 의존하는 부호**라는 사실이다. - 문자는 사람들이 약속으로 정한 부호이기 때문에 임의적(arbitrary)이며 그것을 해독하는 방법을 배워야 한다. - 음성언어 역시 사회구성원들이 약속으로 정한 임의적인 소리부호를 습득하는 과정이지만, 문자언어습득은 음성언어습득이 어느 정도 이루어진 후에 **시각부호에 대하여 이루어지는 과정**이기 때문에 문자언어를 습득하기 위해서는 부가적인 정신 노력을 요구한다. - 이를 위해서는 음성언어에 대한 의식적인 자각과 사고를 발달시키는 것이 무엇보다 중요하다. 언어에 대한 **의식적인 자각과 사고를 메타언어 인식**(metalinguistic awareness)이라고 한다. - **메타언어 인식은 언어의 다양한 구성요소, 예컨대, 음운, 단어, 구문 및 의미 등에 대한 의식적인 자각을 모두 포함**한다. - 예를 들어, 유아들이 즐기는 끝말잇기 놀이는 앞 사람이 제시한 단어가 무슨 소리로 끝나는지를(단어의 의미와는 아무 상관없이) 의식적으로 생각하고 똑같은 말로 시작하는 단어를 제시해야 하므로 음운에 대한 메타언어 인식을 요구하는 놀이이다. - 또 "우리는 어제 학교에 갈 거예요"라는 말이 잘못된 것임을 알아챈다면 이것은 구문과 의미에 대한 메타언어 인식이 있기 때문이다. - 메타언어 인식을 발달시킨 유아는 그렇지 못한 유아에 비하여 말과 글의 관계를 인식하고 음성언어와 문자언어의 차이에 대해 분석하고 학습하는 데 유리한 위치를 점하게 된다. - 따라서 성인들은 유아가 말소리에 대하여 의식적으로 생각할 수 있는 기회를 주고 문자 상징들과 말소리 간의 관계를 발견하도록 도와야 한다.

|음성언어와 문자언어의 차이점|

- 두 번째는 **문자가 지니는 탈맥락적(decontextualized) 특성**이다.
  - 말하기와 듣기는 주로 청자와 화자가 대면하여 '지금-여기서' 벌어지는 상황에 국한된 내용을 중심으로 이루어진다.
  - 따라서 대화의 맥락을 통해 전달되는 요소들이 의사소통을 수월하게 만든다. 이에 비하여 읽기와 쓰기는 저자와 독자가 시간과 공간을 공유하지 않는 상황에서 문자라는 탈맥락적인 특성을 지닌 매개를 통하여 사용되므로 의미를 전달하는 데 중요한 신호가 되는 소리의 톤, 고저, 감정, 리듬, 얼굴표정, 몸짓 등과 같이 직접 감각적, 비언어적으로 경험하는 현시적 요소가 없는 상황에서 사용된다.
  - 그러므로 감각적 신호나 비언어적인 요소의 도움 없이 의사소통이 가능하기 위해서는 **완전한 문장과 완벽한 문법, 논리적 일관성을 갖춘 언어가 사용되어야** 한다.
  - 또한 사실이나 정보가 정확함을 스스로 입증해야 하며 인용한 출처를 분명하게 밝혀야 한다. 이렇게 문자 언어로 사용된 정보는 영구적이다. **탈맥락적 언어 사용의 특성**을 요약하면 다음과 같다(Snow, 1983).

> - 메시지를 보내는 사람과 받는 사람의 시간적, 공간적 차이
> - 복잡한 문법체계의 사용
> - 정보의 영구성
> - 사실 또는 진위의 자발적인 입증
> - 참조의 명확성
> - 높은 수준의 응집성(접속사를 비롯한 언어적 참조 장치를 적절하게 사용함)
> - 논리적 일관성(이야기 안의 사건들이 시간적 · 인과적으로 의미 있게 연결됨)

- 따라서 탈맥락적인 언어에서 사용되는 음성언어 기술은 음성언어를 사용하던 유아들이 문자언어로 발달해가는 데 매우 중요한 연결고리를 제공해주며, 문자언어 발달을 위한 음성언어를 통한 준비라는 측면에서 볼 때 유아의 탈맥락적 언어 사용은 매우 중요한 변인이다.
- 탈맥락적 언어를 산출하는 능력은 대체로 유아가 부모 등의 주변 인물과 대화할 때 처음 출현하는데, 이때 대화 상대자로부터 의미 있는 지지를 받는다.
- 유아의 **탈맥락적 언어의 발달을 돕는 가정 내의 대표적인 상황은 부모-자녀 간의 대화 나누기와 그림책 읽기**이다.
- 이러한 상황에서 부모의 행동은 매우 중요한데, 자녀로부터 탈맥락적인 언어를 많이 사용하도록 유도하는 상호작용 기술을 나타내는 부모들이 있는가 하면 그렇지 못한 부모들도 있다.
- 부모와 대화를 나누거나 그림책을 읽을 때 그것이 즐겁고 의미 있게 느껴져야 함은 물론이고 즉각적인 상황에서 벗어나 좀 더 확장된 사고를 하고 그것을 말로 조리 있게 표현할 수 있도록 이끌어주는 성인이 있을 때, 유아의 문자언어 발달이 더 유리해진다.
- 이 밖에도 유아로 하여금 **과거에 경험한 것이나 미래의 계획에 대하여 이야기**하게 하거나 **옛날 이야기를 꾸며서 말하게 하는 것** 등은 화자가 청자와 공유하지 않은 내용을 말하는 것이므로 음성언어이지만 탈맥락적 요소를 포함하는 언어를 사용하는 것이고, 이런 경험을 많이 할 때 문자언어를 용이하게 습득할 수 있도록 준비가 된다.
- 결론적으로 말하기와 듣기중심의 음성언어를 사용하던 유아들이 읽기와 쓰기를 할 수 있으려면 읽기 · 쓰기를 하는 데에는 해독되어야 하는 부호(문자)가 있으며 그것은 소리를 부호로 하는 말과는 다르다는 것을 개념적으로 인식하고, 문자언어의 탈맥락적 상황을 친숙하게 받아들일 수 있는 사고의 커다란 전환이 요구된다.
- 이를 위해서 가정과 유아교육기관에서는 유아들에게 언어에 대하여 의식적으로 생각해봄으로써 메타언어 인식을 돕는 경험들과 문자언어의 탈맥락적 상황을 친숙하게 받아들일 수 있도록 탈맥락적 요소를 포함하는 음성언어 경험을 많이 하게 돕는 것이 중요하다.

2 읽기 발달 단계

1) 클레이(Clay, 1972, 1982)의 읽기 발달 단계 – 이야기책을 통한 읽기 발달

단계	내용
1단계	▶ **글자는 이야기로 전환**될 수 있는 것임을 **이해**하는 단계 • 이 단계에서는 글자가 적힌 종이를 들고 **웅얼웅얼 소리내기**, 그림책을 **거꾸로 들고 엉터리로 지어서** 책 읽기, 책의 그림을 보고 이야기를 이야기 내용과 관계없이 만들어 내며 자신이 쓴 것도 정확히 읽지 못하고 **읽는 흉내만** 낸다. ㉠ 수진이는 그림책을 거꾸로 들고, "강아지가 집에 갔어. 배가 고파서."라며 이야기를 만들어 낸다.
2단계	▶ 구어에서는 잘 사용되지 않는 **특별한 형태의 문어체** 이야기를 **만들어 내는** 단계 ㉠ 여기는 ~입니다, 엄마가 ~라고 말했습니다. • **말할 때와 책을 읽을 때 사용하는 어휘가 다르다는 것을 인식**하며, 인형 놀이를 할 때와 책을 읽을 때 다른 어휘를 사용한다. ㉠ 인형놀이("토끼야, 안녕."), 그림책 읽기("여우가 말했습니다. '토끼야, 안녕.'")
3단계	▶ **그림을 보고 적절한 문장을 생각해 내는 단계**이며 그림이 이야기 내용의 단서(clue)가 됨을 이해한다. • 그림에 나온 여러 가지 것들을 **조합하기만 하면 정확하게 읽어주지 않아도 수긍**하며, 글자를 몰라도 **그림을 보면서 자유롭게 이야기를 꾸며**가면서 책을 읽는다. 🗝 재호 : (책의 그림을 가리키며 읽는다.) 벌이 멀리 있는 꽃밭을 보고 기뻐서 8자 모양으로 날아요. 꽃밭이 가까이 있어 꿀을 먹고 싶어 동그랗게 춤추며 날아요.[15]
4단계	▶ **책에 쓰여 있는 문장의 대부분을 기억**하는 단계 • 자신이 **기억한 이야기 내용과 그림을 단서로** 책을 읽으며, **자신이 기억한 이야기 내용과 다르면 수긍하지 않**는다. • 자유롭게 책을 읽던 3단계와는 달리 스스로 책을 읽으려고 하지 않고 **성인에게 책을 읽어달라고 조른다**.
5단계	▶ **단어의 시각적 단서를 사용**하여 **문장을 재구성**하는 단계 • 이 단계에서는 글자를 **손가락으로 짚으며 읽기**도 하고 **특정한 단어가 어디 있는지 질문**하기도 한다. • 다른 사람이 책을 읽어줄 때 단어의 수가 맞는지에 관심을 가지고 **누락되는 경우 이의를 제기**한다. ㉠ 지수는 책 속의 글자를 손가락으로 짚으며 천천히 읽더니 선생님에게 "선생님, 하늘이라는 단어가 이 책 어디에 있어요?"라고 묻는다.

2) 설즈비(Sulzby, 1985)의 읽기 행동 발달 단계 - 이야기책을 통한 읽기 발달

• 유아에게 이야기책을 읽어 달라고 요청하여 나타난 반응을 통해 읽기 행동을 다음과 같은 범주로 설명하였다.

	범주 1. 이야기가 형성되지 않는 읽기 : 가장 미숙한 읽기의 범주이다.
	① **하위 범주 1. 명명하기와 지적하기**
	책에 그려진 **그림을 지적**하면서 **이름을 붙**이거나 **사물에 대한 정보를 제공**한다.
	예 침대를 보고 "잠자러 간다."고 말한다.
	② **하위 범주 2. 행위 따라 하기**
	• 책에 그림으로 그려진 **행위에 초점**을 두고 **그 행위가 현재 일어나는 것처럼 행동**한다. 이 범주의 유아는 현재, 현재진행형의 동사를 사용한다.
	• 때로는 책의 그림과 똑같이 몸짓을 하기도 하며 음성효과(쿵-, 퓨-)를 첨가하기도 한다.
	기 (강아지 그림을 가리키며) 강아지, (고양이 침대를 보고) 민수 코 자. (토끼가 잠자는 장면을 보고 자는 흉내를 낸다.)[특18]
	기 '하윤이는 『해님 달님』 동화책의 그림을 보고 "해.", "달.", "호랑이."라고 말했었다.'에 나타난 **읽기 행동의 특징**을 설즈비의 읽기 발달 단계에 근거하여 쓰시오.[특25]
그림 중심 읽기	**범주 2. 이야기가 형성되는 그림 읽기**
	① **하위 범주1. 대화적인 이야기 말하기**
	• 그림으로 그려진 특징들을 **대화체로 표현**하지만 아직 **이야기가 연결되지 않**는다. 유아의 읽기 시도에서 듣는 사람이 이야기를 유추할 수 있으나 유아가 읽기 또는 대화에서 의도하는 말을 **이해하기 힘들다**.
	• 이 수준에서의 읽기 행동은 어느 정도 듣는 사람의 요구를 인식한다. 또한, 현재·현재 진행·미래·과거 시제가 혼합되어 사용되며, **전반적으로 이야기의 순서**가 나타난다.
	• 대화적 말하기는 두 가지 유형으로 나타나는데 초기의 명명하기와 지적하기, 그리고 행동 따라 하기 형태가 아직 남아 있을 수도 있고 그렇지 않을 수도 있다.
	• 따라서 유아의 대화가 그림의 인물에 대한 대화를 제시하기는 하나 대화 진행이나 대사의 연결을 찾기가 힘들다. 대신 유아는 대화적 기술에 의존하려는 경향을 보이며, 특히 대화의 목소리를 창작하는 경향을 보인다.
	② **하위 범주2. 독백적인 이야기 말하기**
	읽을 때의 억양이 아닌 **이야기할 때의 억양**으로 이야기를 전달한다. 그리고 **독백의 형태나 대화의 형태에 더 적합**한 어투를 사용한다. 그러나 이야기 말하기 시에 **그림에 의존하는 경향이 감소**되고, 듣는 사람이 이야기를 이해할 수 있다.
	범주 3. 문자 보지 않고 문어식으로 읽기
	① **하위 범주 1. 읽기와 이야기 말하기가 혼합된 읽기**
	구어체식 억양이나 어법과 **문어체식 어법**이 함께 나타난다. **구어와 문어 간의 전이 시기**로 볼 수 있다. **청중을 의식**하고는 있으나 이야기의 내용이 **탈상황화되어 있지 않은 상태**이다. 그러나 그림 없이 이해될 정도로 세분화되는 시기이다.
	② **하위 범주 2. 원래 이야기와 비슷하게 읽기(책의 내용과 비슷하게 읽기)**
	탈상황화된 언어를 사용하고 유사 읽기 억양이 나타나지만 구어적 읽기 형태가 아직 많이 남아 있다.
	③ **하위 범주 3. 원본 내용과 일치하게 읽으려 하기(원본대로 읽기)**
	• **문자를 인식**하고 부분적으로 이야기의 **내용을 기억**한다.
	• 이 범주의 유아는 실제로 쓰여진 이야기를 기억하려는 노력 속에서 자기 수정의 행동이 나타난다. **가끔 성인에게 도움을 요청**해서 원본을 그대로 읽으려고 한다. 이러한 증거가 바로 머뭇거림과 질문이다. 예 음, 여기 읽어보세요.
	• 비록 **문자에는 주목하지 않**지만 성인이 도움을 줄 수 있다는 사실을 알고 있다. 이야기의 내용은 **세분화, 탈상황화**되어 그림을 보지 않고도 이해될 수 있다.

문자 중심 읽기	**범주 4. 문자 읽기 시도** ① **하위 범주 1. 문자 인식에 기초한 읽기의 거부**(글자에 대한 인식에 기초하여 읽기를 거부하기) 　• [이유] 사람들이 **읽는 것은 그림이 아니라 글자라는 것을 알면서** 읽기 시도를 거부한다. 　• 이때의 반응은 "나는 글자를 읽을 줄 몰라요.", "읽는 척할 수 있지만 실제 읽을 줄은 몰라요." 등으로 글자를 모르기 때문에 읽을 수 없다는 의사를 표현한다. ② **하위 범주 2. 부분적으로 읽기** 　몇 개의 아는 단어나 문자 또는 기억하고 있는 내용에 초점을 두어 읽는다. **전체 의미에 집중하던 것을 멈추고** 펼쳐 놓은 페이지에서 **인식할 수 있는 단어만 말하는 경향**이 있다. ③ **하위 범주 3. 부조화 전략으로 총체적 읽기**(일관되지 않은 전략으로 읽기) 　총체적 읽기에서는 **모르는 단어를 빠트리고 읽는 경향**이 있으며, 때로는 자신이 아는 단어로 **대치**시키며 **예측**하고 **상상**해서 **읽는 전략**, 즉 부조화 전략을 사용하는 경향을 보인다. ④ **하위 범주 4. 독립적으로 읽기** : 단어들을 **한 번에 정확**하게 읽는다. 만약 잘못 읽었을 경우에는 **스스로 수정**한다.

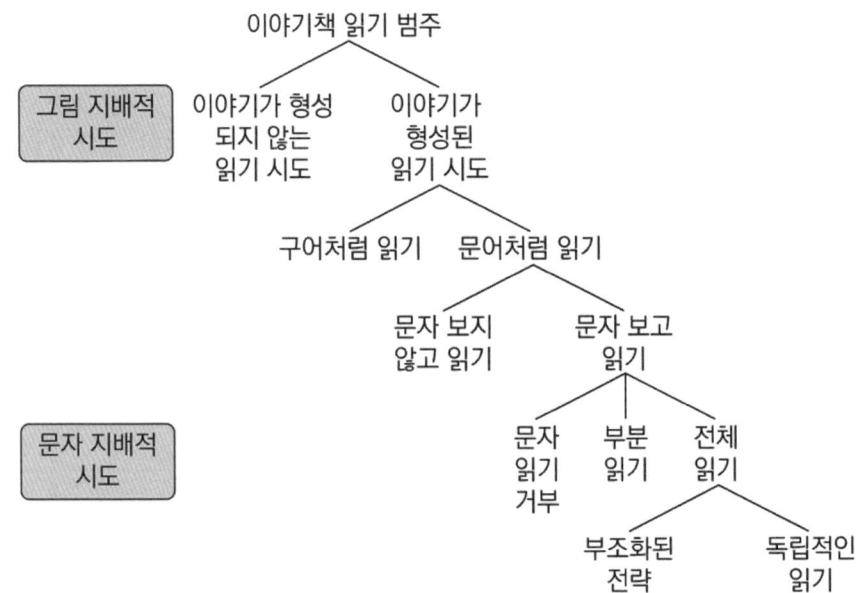

유아언어발달과 지도

범주	하위 단계	특징
범주 1: 이야기가 형성되지 않는 그림 읽기	1단계: 명명하기(labelling)와 지적하기(commenting)	• 책에 그려진 **그림을 지적**하면서 **명칭**을 말하거나 짤막하게 **사물에 대한 정보**를 말한다. • "강아지, 멍멍"
	2단계 : 행위 따라 하기 (following)	• 책에 그림이 표현하고 있는 **행동을 따라 하며** 가끔 음성효과(sound effect : 슝-, 쿵-)를 첨가하기도 한다. • **현재, 현재진행형**의 동사를 사용한다. (예 : 가, 먹어)
범주 2: 이야기가 형성된 그림 읽기 (구어적 읽기)	3단계 : 대화적인 이야기 말하기 (dialogic storytelling)	• 책의 그림 내용을 **구어체로 표현**한다. • 아직 **이야기가 연결되지는 않는다.** • 현재, 현재진행형, 미래, 과거시제가 혼합되어 나타난다. • 유아가 **대화체로 읽는 이야기를 이해하기 힘들다.**
	4단계 : 독백적인 이야기 하기 (mon-logical storytelling)	• 책을 읽을 때, **구어체의 억양**으로 이야기를 한다. • 독백의 형태나 구어체에 더 적합한 어투를 사용한다. • 이야기를 할 때에 **그림에 의존하는 경향이 감소**하고 듣는 **사람이 이야기를 이해할 수 있다.**
범주 3: 이야기가 형성된 그림 읽기 (문어적 읽기)	5단계 : 읽기와 이야기 말하기가 혼합된 읽기	• 구어체 억양이나 어법과 함께 **문어체 어법**이 나타난다. 구어와 문어 간의 전이시기이다. • **청중을 의식하고는 있으나 이야기의 내용이 탈상황화되지는 않은 상태**이다.
	6단계 : 책의 내용과 비슷하게 읽기	• **탈상황화된 언어**를 사용한다. • 책 읽기와 비슷한 억양이 나타나지만, **아직 구어적 읽기 형태가** 많이 남아있다.
	7단계 : 원본대로 읽기	• 이야기의 **단어와 구절을 암기**하여 읽는다. • "여기 읽어 보세요!"와 같이 **성인에게 도움을 요청**해서 원본을 그대로 읽으려고 한다. • 그림을 보지 않고 유아가 **읽는 것을 듣기만 해도 내용을 이해**할 수 있다.
범주 4: 글자 읽기	8단계 : 글자에 대한 인식에 기초하여 읽기를 거부하기	• 사람들이 읽는 것은 **그림이 아니라 글자**라는 것을 알면서 읽기 시도를 거부한다. • "글자를 읽을 줄 몰라요", "못 읽어요"와 같이 읽을 수 없다고 의사를 표현한다.
	9단계: 부분적으로 읽기	• **실제 읽기**가 나타난다. • 알고 있는 **몇 개의 글자나 단어에 집중**하여 읽기를 시도한다.
	10단계 : 일관되지 않은 전략으로 읽기	• **전략적으로 읽는다.** • 모르는 단어는 생략하고 알고 있는 단어로 대체시킨다.
	11단계: 독립적으로 읽기	• 단어들을 **한 번에 거의 완전하게 읽는다.** • 만약 잘못 읽었을 경우에는 **스스로 수정**한다.

3) 자롱고(Jalongo, 2003)의 읽기 발달 단계

1수준	▶ **책이 무엇인지 이해**한다. (그림책에 대한 이해) • 걸음마 시기가 되면 **책과 놀잇감을 구별**할 수 있다. • 밝고 분명하고 단순한 그림이 있는 것을 좋아하며, **책장을 넘기는 등 물리적으로 책을 다루기 시작**한다. 물리적으로 책을 다루기 시작하므로 성인이 책을 다루는 것을 관찰하는 기회를 가지도록 한다. • 책을 앞에서 뒤까지 **체계적으로 보지 않고 아무 페이지나 펼쳐서 보다가** 다른 페이지로 넘기기도 한다. 책을 잠깐 보다가 다른 것에 흥미가 생기면 곧 멈춘다. • 하드보드, 헝겊, 플라스틱 등 내구성 있는 책을 다양하게 제공하는 것이 필요하다.
2수준	▶ **책의 기능을 이해**한다. (그림책의 기능에 대한 이해) • 2세반~3세경이 되면 책의 기능에 대해 학습하기 시작한다. • **책을 똑바로 세워서** 책장을 넘기고 **다른 물건과 다르게 다룰 줄** 알게 된다. • 이 시기의 유아들은 그림책을 보며 '가리키기-말하기-연결하기(point-say-connect)' 행동을 보인다. 즉, 그림책 속의 **그림을 가리키며 이름을 말**하고, **자신의 경험과 그림을 연결**시킨다.
3수준	▶ **청취자와 참여자**가 된다. (이야기의 청중이 되어 참여하기) • 3세 이후가 되면 함께 책보기 활동을 할 때 듣기 역할과 읽는 역할에 참여하기 시작한다. • **청취자의 역할**에 대해 더 많이 알게 되고, 함께 책보기 활동을 할 때 **책이 초점이 된다는 것을** 안다. 실제로 책 속의 글을 읽는 것보다 **책에 대해 더 많이 이야기**한다. • 유아는 **익숙한 이야기를 그림을 단서로 소리 내어 외워서** 읽는다. 흔히 같은 이야기를 반복해서 들려 달라고 요청하며 **특정 단어나 구절을 반복**해서 말한다. • 유아들이 동일한 이야기를 반복해서 들려달라고 요구하면 성인들이 귀찮겠지만 모든 단어가 익숙해질 때까지 이야기를 반복하는 것이 중요하다. • 성인은 유아가 이야기를 이해하도록 하여 이야기를 유아 자신의 경험과 연결시키고 질문을 많이 하여 개념을 명확히 하도록 도와주는 것이 좋다.
4수준	▶ **그림에 맞추어 이야기를 꾸민다.** • 이 단계의 유아는 글자 자체보다는 **그림을 중심으로 의미나 맥락에 초점**을 둔다. • 유아들은 좋아하는 책이 있으면 익숙한 책의 내용에 **새로운 내용을 첨가하여 이야기를 지어** 말하기도 하고, 문학적인 관점으로 연결하기도 한다. • 혼자서 책을 보려고 하며 글자대로 읽는다기보다 **책의 단어나 구절을 이용해 문어체로 이야기**할 수 있다. 자기가 좋아하는 이야기책 몇 권이 생기게 된다. • 책을 읽고 난 후에 다시 이야기할 때도 **책에 나와 있는 단어나 구절을 포함**시켜 말한다. • 책에 나와 있는 언어와 같은 소리를 내면서 문어적으로 이야기한다. • 책을 읽을 때 이야기 속 실제 단어와 구절 몇 개를 다시 이야기한다.

5수준	▶ **글자, 의미, 이야기 지식**에 **초점**을 둔다. (글과 의미에 집중하기) • 유아는 책의 내용이 똑같아 읽을 때마다 동일하다는 것을 안다. [이유] 이는 책을 읽을 때 그림을 보고 읽는 것이 아니라 **글을 보고 읽기 때문**이라는 것을 이해하기 때문이다. • 이제 유아는 **그림뿐만 아니라 글자도 읽을 필요**가 있으며, 단어와 연결시켜야 한다는 것을 안다. 이 시기에는 **단어 지식이 점진적으로 발달**하여 **단어를 책의 맥락에 맞추어 스스로 수정해서 읽을 수** 있다. • 단어 지식의 발달은 표의문자 단계, 자모문자 단계, 철자법 단계로 진전된다.
6수준	▶ **단어의 형태**와 **소리·글자 관계**에 **초점**을 둔다. (글자의 모양 혹은 글자와 소리의 관계에 집중하기) • 유아는 알고 있는 글자·단어·소리를 사용해 책에 있는 글자를 정확하게 읽으려고 한다. • 유아는 **성인의 읽기가 해독에 의한 것임을 이해**하므로 '**읽기 흉내 내기**'는 하지 않으려고 한다. • **전이 현상** : 모르는 단어가 나오면 **맥락상 의미가 통하지 않더라도 아는 단어로 바꿔 읽기**도 한다. 이러한 현상을 설즈비는 어린 독자에게 중요한 전이 현상이라고 강조하며 유아는 이러한 과정을 통해 읽기와 책에 관해 알고 있는 모든 것을 조화롭게 통합한다고 하였다. • 익숙한 철자들과 철자들의 조합을 찾는 방법도 안다.
7수준	▶ **글자와 이야기**에 대한 **지식을 연결**한다. (글과 이야기에 대한 지식을 통합하기) • 초등학교 1~2학년 경에 이 수준에 도달하지만 훨씬 뒤에 이 수준에 도달하는 아동도 있다. • 음운론·구문론·의미론·화용론 등 읽기와 관련된 유용한 정보를 적절하게 사용한다. • 아동은 인쇄물과 상호작용 할 때 **자신의 모든 경험을 연결시켜 철자법을 발견하고 알 때까지 단어를 반복 연습**한다. • 새로운 단어는 소리 내어 읽는 것이 바람직하다. 다양한 경험을 통해 독립적인 읽기 독자로 되어가는 과정이다. • 읽기와 관련된 정보원(음성론, 구문론, 의미론, 통사론)을 적절히 사용한다. • 성인이 도와주지 않더라도 유아는 대개 고차원적으로 단어를 분석하고 자신이 아는 것을 연습한다.
기출	1) ○○유치원 5세 반 읽기 영역에서의 활동의 일부이다. 자롱고(M. Jalongo)의 읽기 수준에 근거하여 책 읽기 수준을 각각 쓰시오. [16] 수미: 고양이가 도둑의 얼굴을 야옹하며 할퀴었습니다. (책 내용과 동일) 진우: 도둑은 무서워서 도망갔습니다. (책 내용: 도둑은 겁이 잔뜩 나서 문 쪽으로 도망쳤습니다.) 수미: 아니야, '도둑은 겁이 잔뜩 나서 문 쪽으로 도망쳤습니다.'잖아. (책 내용과 동일) 진우: 개가 깨물려고 했습니다. (책 내용: 개가 컹컹하며 도둑의 다리를 물려고 했습니다.) 수미: 야, 너 왜 네 마음대로 읽고 그래. 글자도 모르면서. **진우: (4수준) 그림에 맞추어 이야기를 꾸민다.** **수미: (7수준) 글자와 이야기에 대한 지식을 연결한다.** 

Plus 지식 자롱고(Jalongo, 2003)의 읽기 발달 단계 예시

1수준	• 책이 무엇인지 이해한다. (그림책에 대한 이해) • 두 살 된 한나에게 엄마가 어떻게 책을 읽어 주느냐고 물으니, 그림책을 손으로 한 장 한 장 넘기면서 자신이 글을 읽는 듯한 흉내를 낸다. 한나가 말하는 소리를 다 알아들을 수는 없지만, 소리를 높게 내기도 하고 낮게 내기도 하였다. 다시 한나에게 책을 어떻게 읽는지 보여 달라고 요청하자 처음에는 **책을 거꾸로 들고 읽으려고 하다가** 그림이 거꾸로 보이는 것을 인지한 이후 책을 바로잡고는 그림의 **아기가 하는 행동을 따라 하고** 사과 같은 **사물이 나오면 페이지를 그냥 넘긴다.** 이 또래의 아기들과 같이 한나는 책을 앞에서부터 뒤의 방향으로 넘기며, 페이지를 열고 응시하고 다시 뒷장으로 넘기는 행동을 반복한다.
2수준	• 책의 기능을 이해한다. (그림책의 기능에 대한 이해) • 엄마 : 누구야? (남자아이를 가리키면서), 후야 : **후야**, 엄마 : 이건 누구야? (여자아이와 강아지를 가리키면서), 후야 : **르네(여동생)! 코코(애완 강아지)!** (벌의 그림을 보고) **윙- 윙! 꿀을 만들어. 벌이 나를 쏘았어. 아파.**
3수준	• 청취자와 참여자가 된다. (이야기의 청중이 되어 참여하기) • 맨디는 **그림책의 표현을 기억**하며 다음과 같이 말한다. 손가락, 손가락, 엄지손가락, 엄지손가락으로 드럼을 친다. 손, 손으로 드럼을 친다. 덤-디-디-덤, 덤, 덤, 코를 풀어라. 양손을 흔들어라. 안녕. 안녕(Hand, Hand, Fingers, Thumb).
4수준	• 그림에 맞추어 이야기를 꾸민다. • 앞의 어린 연령의 유아보다는 훨씬 책을 읽는 것 같다. 그는 정글에 있었어요. 거기서 후의 소리를 들었어요. 알갱이가 너무 작아서 눈으로 볼 수가 없었어요. "문제가 정말 심각해."라고 말하면서 바로 연못으로 뛰어들려고 했지만, 코끼리가 "아니야, 내 친구를 구해야 해."라고 말했어요. 그래서 그는 친구를 구하기 위해 빨리 달려갔어요. 연못으로 바로 달려가서는 친구를 구했어요. • **책** : 할머니가 "자, 이제 오븐을 잘 보거라. 그리고 생강빵이 익는 냄새가 나면 할머니를 부르거라. 오븐의 문을 열면 안 된다." • **유아의 읽기** : 옛날에 할아버지와 할머니 그리고 소년이 살고 있었어요. 어느 날 할머니가 생강빵을 만들어 준다고 했어요. 빵을 만들고 할머니가 말했어요. "**자, 이것이 울리고, 알림이 띵하고 울리면 그래도 문을 열지 말고 할머니를 부르거라.**"하고 말하고 자리를 떠났어요. 빵 익는 냄새가 나자 소년은 문을 조금 열고 살짝 안을 들여다보았어요. 그러자 생강빵이 문틈으로 도망 나와서, 소년이 잡으려고 했어요. 문을 닫으려고 했지만 생강빵이 너무 빨라서 놓치고 말았어요. - 유아는 **자신의 집에 있는 오븐에 알람이 있다는 것을 이야기 재화에 연결**하고 있다. 만약 오븐을 전혀 경험하지 못했다면 완전히 다른 이야기가 되었을 수도 있다.
5수준	• 글자, 의미, 이야기 지식에 초점을 둔다. (글과 의미에 집중하기) • 5세 된 지영이는 "**타올과 종이**"를 보고, "종이"라는 모르는 단어를 의미가 통하는 "수건"으로 바꾸어 읽는다. "**타올과 수건**"이라고 읽는다.
6수준	• 단어의 형태와 소리·글자 관계에 초점을 둔다. (글자의 모양 혹은 글자와 소리의 관계에 집중하기) • 호랑이의 줄무늬(Stripes)를 읽어야 하는 곳에서 이를 'Stop'이라고 읽는다. • 6세 된 성진이는 '**비밀**'이라는 단어가 나오자 '**보물**'이라고 읽는다. 첫 자음, 중간 자음, 마지막 자음을 알고, 단어의 형상(길이/모양/윤곽)을 이해한다. 익숙한 철자들과 철자들의 조합을 찾는 방법을 안다.
7수준	• 글자와 이야기에 대한 지식을 연결한다. (글과 이야기에 대한 지식을 통합하기) • 영어는 글자의 소리가 정확하게 일치하는 언어가 아니다. 따라서 **글자의 발음, 의미, 문법, 변용 등의 모든 지식을 활용**한다.

Plus 지식 자롱고(Jalongo, 2003) 6수준 : 단어지식의 발달 단계

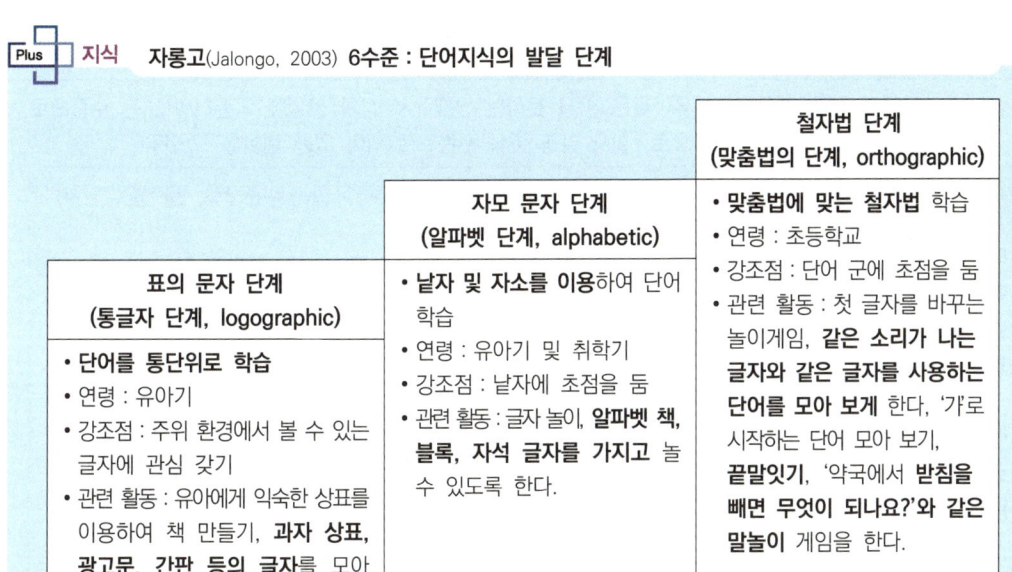

표의 문자 단계 (통글자 단계, logographic)	자모 문자 단계 (알파벳 단계, alphabetic)	철자법 단계 (맞춤법의 단계, orthographic)
• 단어를 통단위로 학습 • 연령 : 유아기 • 강조점 : 주위 환경에서 볼 수 있는 글자에 관심 갖기 • 관련 활동 : 유아에게 익숙한 상표를 이용하여 책 만들기, **과자 상표, 광고문, 간판 등의 글자**를 모아 책을 만든다.	• **낱자 및 자소를 이용**하여 단어 학습 • 연령 : 유아기 및 취학기 • 강조점 : 낱자에 초점을 둠 • 관련 활동 : 글자 놀이, **알파벳 책, 블록, 자석 글자**를 가지고 놀 수 있도록 한다.	• 맞춤법에 맞는 **철자법** 학습 • 연령 : 초등학교 • 강조점 : 단어 군에 초점을 둠 • 관련 활동 : 첫 글자를 바꾸는 놀이게임, 같은 소리가 나는 글자와 같은 글자를 사용하는 단어를 모아 보게 한다, '갸로 시작하는 단어 모아 보기, 끝말잇기, '약국에서 **받침을** 빼면 무엇이 되나요?'와 같은 말놀이 게임을 한다.

4) 메이슨(J. Mason, 1981, 1985)의 읽기에 관한 지식의 세 단계 – 인쇄 글자에 관한 지식의 발달

메 이 슨 의 읽 기 에 관 한 지 식	• 메이슨은 유아는 1단계와 2단계 지식을 습득하고, 읽기 활동을 토의하고 수행하기 위하여 인쇄 글자의 약정을 사용하기 시작한다고 밝혔다. • 아울러 3단계의 지식은 학교 읽기 과제에서의 성공에 중요하며 3단계 지식은 1단계와 2단계 기능에 의존한다고 하였다.		
	1단계 **인쇄 글자의** **기능에 관한** **지식**	▶ **인쇄 글자가** 단어를 표상하며 **의미를 가진다는 것을 이해**하는 단계 • 유아들은 글과 글자는 반드시 의미를 지니며 그 의미에 해당하는 음성언어가 있다는 사실을 아는 것을 말한다. 이는 일상생활 속에서 **음성언어와 문자언어의 관계짓기**를 통해서 알게 된다. 예 광고 상품과 상품에 적힌 단어		
	2단계 **인쇄 글자의** **형태에 관한** **지식**	▶ **글자의 이름과 소리를 인식**하고 **글자의 형태와 구조를 익히는** 단계 • 인쇄 글자의 형태에 관한 지식의 단계로 글자(ㄱ, ㄴ 등)의 형태를 익히고 글자의 이름을 알게 된다. • 더 나아가 **음절의 구조**와 그 **구성 요소**들, **띄어쓰기** 등의 형태도 알게 된다.		

	3단계
	인쇄 글자의
	약정적 지식
		▶ **글과 글자에 대한 규약과 규칙을 이해**하고 이를 인식하는 단계
		• 즉, **읽기 과제를 토의하고 수행하기 위한 규정**에 대해 알게 된다.
		  예 책 다루기와 용어, 구어 능력, 교실에서 이야기 나누기 통제 규칙 등에 관한 지식
		• 유아가 지금 보고 있는 **글이나 글자 또는 읽는 행위 그 자체에 대해 언어로 말하는 것**은 언어에 대한 그 규약을 인식하며 말하는 행위이다.
		  예 "내 이름은 김지우인데 가운데 글자 지는 ㅈ에 ㅣ를 한다."라고 자기 이름의 철자 풀이를 하는 것		

5) 메이슨과 매코믹(Mason & McCormick, 1986)의 유아의 초기 읽기 발달

메이슨과 매코믹		• 9개월의 연구 기간 동안 유아들은 읽지 못하는 단계에서 점차 상황에 의존하여 읽는 수준으로, 시각적으로 인식하는 수준으로, 철자 발음 분석 수준으로 의미 있는 변화를 보였다.
	상황 의존적 수준 (context development level)	▶ **맥락적 단서를 통해서만 글자를 읽을 수 있는 수준**으로, 글자를 그림처럼 인식하는 단계 • 자신의 이름, 도로 표지판, 과자나 음료수 등 **맥락적 단서에 의해서만** 읽을 수 있으며, 글자를 그림과 다르게 인식하지 않고 독특한 형태의 **그림으로 인식**한다.
	시각적 인식 수준 (visual recognition level)	▶ **철자의 이름과 소리를 익**히고, **철자에 관심**을 가지지만 **글자 덩어리가 단서로 작용하지 못**하는 단계 • **철자의 이름**을 익히고, **철자의 소리**를 알고 있으며, 단어를 이루고 있는 철자에 관심을 가지나, 글자 덩어리가 철자 하나하나보다 더 정확한 단서를 제공한다는 것을 알지 못한다.
	철자 발음 분석 수준 (letter-sound analysis level)	▶ 6~8개의 철자로 이루어진 단어를 읽을 수 있고, **읽기 학습이 빠르게** 이루어지는 단계

6) 프리스(Frith, 1985)의 유아의 글자 해독 단계(단어 읽기 능력의 발달)

프리스	기호 책략 단계	▶ **단어 전체를 하나의 기호로 인식**하여 읽는 단계
	자소 책략 단계	▶ **단어를 구성하는 자모에 주의**를 기울이며 **자소와 음소의 대응 규칙을 이해**하여 읽는 단계 • 눈으로 익힌 시각 단어가 많아지면서 비슷한 단어들을 구별하기 위하여 단어를 구성하는 **자모에 주의**를 기울이는 단계이다. • 글자를 구성하는 최소 단위인 자소와 말소리의 최소 단위인 음소 간의 **대응 규칙**을 이해하여 새로운 단어를 읽을 수 있게 된다.
	철자 책략 단계	▶ **개별 자소를 분석하지 않고 단어를 전체로 인식**하여 읽는 단계

7) 메이슨과 아우(Mason & Au, 1986)의 읽기 발달 단계

메이슨과 아우	전초기 읽기 단계 (early reading, 0~5세)	▶ 엄마와 함께 그림책을 통해 읽기와 쓰기가 생활에서 중요한 활동임을 인식하고, 글자를 읽는 개념과 관심을 형성하는 시기 • 0~5세. 대부분 유아들이 가지게 되는 전형적인 문해 경험은 엄마와 함께 그림책을 읽는 것이다. • 이런 문해 경험을 통해 읽기가 생활에서 매우 중요하다는 사실을 인식하며, 읽기와 쓰기를 배우는 데 관심을 가진다. • 뿐만 아니라 유아들은 읽는다는 것은 그림을 읽는 것이 아니라 그림책 속에 있는 글자를 읽는 것이라는 사실을 알게 되며, 자기 혼자서는 글자를 읽을 수 없다는 사실도 알게 된다. • 문해의 기초를 다지는 활동들이 많이 주어져야 하는 시기이다.
	공식적인 초기 읽기 단계 (formal beginning reading, 5~8세)	▶ 형식적인 읽기 지도를 받으며, 교과서나 학습지를 통해 단어 중심의 읽기를 배우는 시기 • 5~8세. 전초기 읽기 단계와 비슷한 문식적 경험을 계속하게 된다. • 그러나 이 시기 유아들은 전초기 읽기 단계와 달리, 형식적인 읽기 지도를 받기도 한다. • 교과서나 학습지를 가지고 읽기를 배우며, 자신이 쓴 것을 다시 읽기 자료로 사용하기도 한다. • 이 시기 읽기 지도는 독해나 텍스트가 전달하고자 하는 의미에 관하여 생각하기보다는 대개 단어 공부에 초점이 맞추어진다.
	능숙한 읽기의 출현 단계 (emerging mature reading, 8~11세)	▶ 유창하게 글을 읽으며, 읽기를 통해 정보를 얻고 활용할 수 있는 능력을 갖추는 시기 • 초4 정도가 되면 대부분 유아는 유창하게 글을 읽을 수 있게 된다. • 이 시기 유아들은 글을 읽음으로써 어떤 정보를 얻어낼 수 있다는 것을 안다.

8) 쉬케단츠(Schickedanz, 1980)의 읽기 발달 단계

1단계	유아의 행동	① 책에 있는 그림에 해당하는 이야기를 자신이 꾸며 만들어 읽는다. ② 본인의 의식이 없이 책의 글자를 손으로 가리키며 읽는다. ③ 읽어 주는 사람에게 그림이 포함된 페이지만 읽어 달라고 요청한다. ④ 그림이 없이 글자만 있는 페이지는 재빨리 넘겨 버린다.
	유아의 사고	• 유아에게 질문할 수 없고 단지 유아의 행동을 통해 판단할 수 있음 ① 그림이 이야기를 말해준다. ② 개별 독자가 그림에 해당하는 이야기를 창작한다.

2단계	유아의 행동	① **실제 이야기와 비슷하게 읽기** ② 1단계에서의 ②③④가 나타남
	유아의 사고	① **그림이 이야기**를 말해준다. ② 각 책은 고유의 이야기를 갖고 있다. 개별 독자는 그 이야기를 다시 말하는 것이다.
3단계	유아의 행동	① 실제 이야기와 비슷하게 읽으며 **실제 단어나 구절을 많이 포함**하여 읽는다. ② 그림이 있는 페이지만 읽도록 요청하지 않는다. ③ 읽어 주는 사람이 읽을 수 있도록 그림이 없고 **글자만 있는 페이지에서 멈춘다**. ④ 놀이할 목적으로 읽어 주는 사람이 볼 수 없도록 글자를 가린다. ⑤ 책에 있는 글자를 아는 것에 흥미를 느낀다(특히 첫 제목 부분이나 끝부분)
	유아의 사고	① **글자가 이야기를 말해준다.** ② 그림은 그 페이지에 있는 글자가 말하는 것을 기억하도록 도와주는 단서로 사용되어질 수 있다. ③ 각각의 책은 고유의 이야기를 가지고 있다는 것을 인식하고 정확히 이야기를 말하기 위해 사용된다는 것을 인식하기 시작한다.
4단계	유아의 행동	① **이야기를 암기**하여 말 그대로 이야기한다. ② 3단계에서의 ②③④가 나타난다. ③ 읽어 주는 사람이 말을 바꾸면 정정해 준다.
	유아의 사고	① **글자가 이야기**를 말해준다. ② 그림은 이야기를 기억하는 단서가 된다. ③ 각각의 책은 특정 단어로 된 고유의 이야기를 담고 있다.
5단계	유아의 행동	① **책에 있는 글자와 말을 짝지으려고** 시도한다. ② 책의 어디에 ~라고 쓰여져 있느냐고 묻거나 **손으로 지적한 단어가 무슨 글자**인가 묻는다.
	유아의 사고	① **글자와 말은 서로 관련**이 있고 이것을 서로 맞추어야만 한다. ② 글자가 이야기를 말해 준다. ③ 그림은 이야기의 단서이다. ④ 각 책은 고유의 글자로 된 고유의 이야기를 담고 있다.
6단계	유아의 행동	• 이야기책에 있는 **단어를 인식**하는 것을 학습한다. 말과 글자를 짝짓고 특정한 단어가 무엇을 말하는지 물어가면서 손가락으로 지적해 가며 단어 읽기를 시작한다.
	유아의 사고	① **글자와 말은 서로 관련**이 있고 이것을 서로 맞추어야만 한다. ② 글자가 이야기를 말해 준다. ③ 그림은 이야기의 단서이다. ④ 단어는 눈으로 봐서 **단어가 어떤 글자로 구성되어 있는가를 앎으로써 인식**될 수 있다.
7단계	유아의 행동	• 문맥, 언어, 글자와 발음의 관계에 대해 아는 것을 **통합하여 유창하게 읽는다.**

9) 이영자와 이종숙(1985)의 읽기 발달 단계

단계	내용
1단계	• 읽기 이해 전 단계 ① 하위 1단계 : 말없이 그림만 쳐다보기 ② 하위 2단계 : 그림을 지적하기 ③ 하위 3단계 : 그림의 명칭을 이야기하기 ④ 하위 4단계 : 그림에 대해 질문하기
2단계	• 이야기 구성 능력이 없어 "난~ 못 읽어요." 같은 의사 표현을 하는 단계
3단계	• 그림을 보고 마음대로 이야기 만들기 단계
4단계	• 의미가 비슷하게 꾸며 말하기 단계
5단계	• 단어나 구절을 암기하여 이야기하는 단계 ① 하위 1단계 : 책에 나온 글자의 암기를 통해서 50% 이하의 단어나 구절을 사용하여 이야기하기 ② 하위 2단계 : 책에 나온 글자의 암기를 통해서 50% 이상의 단어나 구절을 사용하여 이야기하기
6단계	• 글자를 읽어야 한다는 것을 이해하지만 **글자를 읽을 줄 몰라 "난 못 읽어요."**와 같은 의사 표현을 하는 단계
7단계	• 글자를 읽는 단계 ① 하위 1단계 : 글자를 보고 한 문장을 기준으로 25% 이하로 똑바로 읽기 ② 하위 2단계 : 글자를 보고 한 문장을 기준으로 50% 이하로 똑바로 읽기 ③ 하위 3단계 : 글자를 보고 한 문장을 기준으로 75% 이하로 똑바로 읽기 ④ 하위 4단계 : 글자를 보고 한 문장을 기준으로 75~100% 똑바로 읽기

 지식 에리(Ehri, 1991, 1994)의 단어 읽기의 과정

- 글을 가장 잘 쉽게 잘 읽는다는 것은 아동이 **단어를 보고 단어를 분석하지 않고, 글자와 말소리의 관계를 일일이 따지지 않고 그냥 기억 속에서 쉽게 꺼내어 읽는 방법**이다. 이렇게 읽을 수 있는 단어들을 시각 단어라고 한다.
- 즉, 글을 잘 읽으려면 대부분의 단어들이 시각 단어가 되어야 한다. 주어진 단어가 익숙하지 않은 단어일 경우, 의식적으로 글자와 말소리 간의 관계를 따져 보거나, 예측하거나, 유추하여 단어를 읽는다면 그만큼 단어 읽기는 시간과 주의를 필요로 할 것이다.
- 단어들을 수월하게 읽을 수 있는 가장 기본적인 방법은 **유추나 해독의 방법을 통하여 대부분의 단어를 시각단어로 만들어 놓는 일**이다. 유추나 해독을 통해 글자와 말소리를 관계 짓는 과정은 결과적으로 **시각 단어를 만드는 과정**으로 발전할 것이다. 단어를 예측할 때도 알고 있는 글자와 말소리 관계의 단서를 이용하면 훨씬 쉽게 예측이 가능하다.
- 4가지 단어 읽기 책략들은 유아들에게 다소라도 음운 인식 능력이 있어야 사용 가능하며, 음운 인식 능력이 전혀 발달하지 않은 상태에서는 단어의 시각적 특성이나 형태적 특성을 이용하여 단어를 전체적으로 읽을 수밖에 없을 것이다.
  예 '멈춤'이라 7통 표지판 속에 '양보'라는 글자를 써서 유아들에게 제시하고 읽으라고 하면 '양보'라는 글자보다는 멈춤 교통 표지판만 보고 '멈춤'이라고 읽는 것과 같은 현상을 말한다. 이 단계에서 유아의 읽기 행위는 진정한 의미에서 '읽기' 행위라고 말하기는 곤란하다.

예측 (prediction)	▶ 새로운 단어를 보고 **문맥, 언어학적 지식, 사전지식, 기억을 활용**하여 **다음에 나올 단어를 추리**하여 **예측**하는 책략 ▶ **그림이나 문맥을 통해** 어떤 단어가 나와야 하는지 **추리하여 예측**하는 책략 • 모르는 단어가 나오기 이전에 어떤 문장들이 주어졌는지 문맥을 파악하고 나와야 할 단어를 예측해 내는 책략이다.
유추 (analogy)	▶ **이미 알고 있는 글자를 활용**하여 **새로운 단어의 발음과 의미를 추리**하는 책략 • 새로운 단어를 보고, 이미 이전에 알고 있던 단어 중에서 같은 부분들을 같은 소리로 발음해 본다. • 유아들이 아직 모르는 단어를 접하게 되면 그 단어 속에 유아가 **이미 알고 있는 글자를 중심**으로 단어의 발음과 의미를 추리하여 알아내는 방법이다. 예 '자동차'라는 단어를 유아가 이미 알고 있고, '차표'라는 단어가 제시되었다면, '표'라는 글자를 읽지 못하지만 이미 알고 있는 '차'를 중심으로 말을 만들어 보다가 '차표'라고 바르게 읽는 것을 말한다. • 영어의 경우 운을 중심으로 유추를 하지만 한글은 시각적으로 구분하기 쉽고, 시각적으로 구분 가능한 한 단위가 음절이며 글자와 음절의 대응이 분명하기 때문에 **한국 유아는 음절 중심으로 단어의 발음과 의미를 유추**할 것이다.
해독 (decoding)	▶ 모르는 단어를 읽을 때 **낱자의 소릿값을 적용**하고 이를 조합하여 **단어를 발음하고 의미를 파악**하는 책략 • 글자를 말소리로 바꾸고 그 말소리들을 조합하여 인식할 수 있는 단어로 바꾼다. 글자를 말소리로 바꾸는 능력은 자·모 체계에 대한 개인적 지식으로부터 나온다. • 해독 책략은 '단어 파악'(word attack)이라고도 불리며, **모르는 단어를 읽을 때 단어가 가지고 있는 낱자의 소릿값들을 적용**시켜 **그 소리들을 합성**하여 발음해 봄으로써 단어의 정확한 발음과 의미를 알아내는 책략이다. • 단어를 읽을 때 해독 책략을 사용하기 위해서는 자·모 체계에 대한 지식이 충분히 발달되어야 가능하다.
시각화 (sight)	▶ 단어를 보고 이전에 **기억된 발음과 의미를 떠올려 읽는 책략**으로, 반복적인 노출을 통해 **단어를 통째로 기억하고 활용**하는 과정 • 단어를 보고, 자신의 기억 속에서 그 단어를 어떻게 읽는지 기억해 낸다. • 이전에 읽었던 단어를 몇 차례 반복함으로써 단어를 통째로 기억해 내는 방법이다. • 같은 단어를 여러 차례 읽음으로써 통째로 단어를 암기한다는 것은 단어의 발음, 의미, 철자 등과 상관없이 오로지 기계적으로만 기억(rote memory)한다는 뜻은 아니다. 부분적으로 단어 속의 낱자들의 소릿값을 적용시키기도 하고, 부분적으로는 기계적인 기억에 의존하여 읽기도 한다. • 유아들의 머릿속에 시각 단어(sight words)들이 많이 저장되어 있으면 유아들은 글의 의미 이해에 더욱 초점을 맞출 수 있을 뿐만 아니라 시각 단어의 낱자나 글자들을 모르는 다른 단어 속의 낱자나 글자들과 비교하여 말소리를 생각해내기 때문에 유아가 저장하고 있는 시각 단어의 양은 유아들의 읽기 발달 과정에서 매우 중요한 기능을 한다고 한다(Ehri & Snowling, 2004).

지식 유아들의 단어 읽기 발달 단계(Ehri & Snowling, 2004)

- 에리와 스노울링은 유아들의 단어 읽기 발달 과정을 단어 읽기 책략 사용과 관련하여 다음 4단계로 구분한다.
- 유아의 단어 읽기 발달 과정은 발달적 성향을 보이며 변해간다. **발달적 성향**을 보인다는 것은 이전 단계에서 다음 단계로 나갈 때 이전 단계의 발달 특성은 완전히 사라지고 다음 단계의 발달 특성만 보이는 것이 아니라 **이전 단계의 발달 특성과 함께** 새로운 단계의 발달 특성이 같이 나타난다는 뜻이다. 즉, 기호화 단계에서 과도기적 단계로 넘어가면 기호화 단계의 발달 특성과 함께 과도기적 발달 특성이 새롭게 나타난다.

표의적 단계 (문자 인식 전 단계, logographic or pre-alphabetic phase)	▶ 단어를 읽을 때 **시각적 특성이나 형태적 특성을 이용**하는 단계 • 이 시기는 유아가 아직 자모에 대한 지식이 형성되기 전의 시기이다. **환경이나 맥락적인 단서, 그림, 시각적 단서를 통해 단어의 뜻을 유추**한다. • 예를 들어, 유아가 자주 먹는 과자의 로고를 보고 제품의 이름을 말하면, 부모는 유아가 글자를 읽는다고 생각할 수 있다. 하지만 유아는 실제로 글자를 읽는 것이 아니라 로고를 보고 기억에 의해 단어의 이름을 말한 것이다. • 실제로 로고 그림 없이 글자를 제시하면 글자를 식별하지 못한다. 이때 유아는 글자를 자모로 식별하지 못하고 단순히 그림으로 인지한다. • 이 단계는 읽기 발달의 보편적인 단계로, 유아가 음운 지식을 알기 시작하면 바로 다음 단계로 발달하게 된다. 교사는 이 단계에서 음운 인식, 자모, 소리-글자 대응 관계에 중점을 두고 지도해야 한다.
과도기적 단계 (변형적 단계, 부분적 문자 인식 단계, transitional or partial-alphabetic phase)	▶ 단어를 읽을 때 **특정 낱자에만 자모 결합의 원리를 적용**하여 읽기 시작하는 단계 • 소리-글자 대응 관계를 점차 이해하고, **자모 결합의 원리(alphabetic principle)**를 적용하여 읽기 시작하는 단계 • 비록 매우 제한되기는 하지만 자모(낱자)와 소리를 대응시켜 '강'을 /ㄱ/, /ㅏ/, /ㅇ/으로 분해하여 읽기 시작한다. 그러나 아직은 자모 지식이 매우 불완전하므로 익숙하지 않은 단어를 읽을 때는 주로 **첫 글자나 마지막 글자를 사용하여 나머지 글자를 추측하는 전략**을 사용한다. • 이때 글자의 앞뒤 문맥이나 상황적 맥락에 의존하여 추측한다. 이 시기에는 글자-소리 지식을 강화하고, 단어 전체의 음운을 인식하도록 지도해야 한다.
자소·음소 대응규칙 적용 단계 (완전한 문자 인식 단계, alphabetic phase)	▶ (단어의 자소와 음소를 대응하여 정확히 발음하고,) 단어의 **모든 글자를 자모 결합의 원리에 따라** 읽는 단계 • 대부분의 유아가 초등학교 입학 전후가 되면 소리-글자 대응 관계에 대한 자모 결합 원리를 완전히 익히게 된다. • 이제 유아는 단어를 읽을 때, 단어의 이미지나 맥락을 통해 추측하여 읽는 것은 정확하지 않다는 사실을 분명히 깨닫게 되고, **단어의 모든 낱자를 하나하나 소리-글자 대응 규칙에 따라** 발음한다. • 유아가 철자를 완전히 습득하기 위해서는 단어의 낱자와 소리, 의미를 연결하는 경험을 풍부하게 제공해 주는 것이 좋다.
철자법적 읽기 단계 (맞춤법적 읽기 단계, 통합적 문자 인식 단계, orthographic or consolidated alphabetic phase)	▶ **단어를 덩어리로 인식하며 자동으로 읽는 기술이 발달**하는 단계 • 소리-글자 대응에 따른 단어 읽기가 익숙해지면, 단어를 읽을 때 낱자를 하나하나에 집중하기보다는 **일정 유형의 낱자들이 덩어리로 묶여** 읽히게 되고, **글자를 자동으로** 읽는 기술이 발달한다. • 즉, 글자를 여러 번 읽다 보면 자주 보게 되는 단어들이 생기고, 이 단어들은 특별히 집중하지 않아도 한눈에 읽히게 된다. 이를 **'일견 단어'**라고 하며, 주로 '~하였습니다'와 같은 형태소가 대표적인 예이다.

3 쓰기 발달 단계

1) 힐드레스(Hildreth, 1936)의 초보 쓰기의 단계

힐드레스의 초보 쓰기의 단계		
	• 힐드레스는 3~6세 유아에게 자신의 이름을 쓰게 하여 분석한 결과, 형식적인 가르침이 없었을 때도 연령에 따라 유아의 이름 쓰기 능력이 자연적으로 발달되어 있음을 발견하였다. • 힐드레스는 이름 쓰기 샘플의 분석을 통해 초보 쓰기를 다음과 같이 구분하였다.	
	제1단계	▶ **목적 없이 굵적**거리기만 하는 단계
	제2단계	▶ 굵적거리기에서 **규칙적인 지그재그 모양**이 나타나는 단계
	제3단계	▶ **간단한 형태의 문자는 알아볼 수 있을 정도로 모방**하여 쓰나 대부분 알아보기 어려운 단계
	제4단계	▶ 알파벳 **글자를 빼놓거나 반복**하여 쓰는 단계로, 이름 쓰기가 **실제 이름과 많은 차이**를 보이는 단계
	제5단계	▶ **이름을 비교적 정확히** 쓰나 때로 **글자를 거꾸로 쓰기도** 하며, **쓰는 행동 자체에 즐거움**을 느끼는 단계
	제6단계	▶ 글자를 거꾸로 쓸 때도 있으나 **이전 단계보다 규칙적**으로 글자를 쓰는 단계
	제7단계	▶ 이름을 **빠르고 능숙**하게 쓰며, 자신의 **이름을 완전하게** 쓰는 단계

2) 쉬케단츠(Schickedanz, 1990)의 쓰기 발달 단계

- 쉬케단츠는 생후 1년에서 6.6세까지에 이르는 연구를 통해 유아의 쓰기 행동의 발달을 제시하였다.
- 쓰기 도구에 대한 탐색으로부터 시작하여 선과 그림, 글자 모방, 창안적 글자 쓰기, 관례적 글자 쓰기 등의 순서로 나타난다고 하였다.

쉬케단츠의 쓰기 발달 단계	12개월	• 쓰기 도구 자체에 대해 탐색함
	18개월	• 우연한 수직선의 출현 이후 의도적으로 수직선을 산출하기 시작함(긁적거리기 단계 : 수직선)
	19개월	• 수평선 긋는 것에 초점을 두어 긁적거리기 시작함(긁적거리기 단계 : 수평선)
	20개월	• 우연히 만들어진 원형의 자국을 만들고 계속 여러 번 반복하여 시도하면서 쓴 글자에 이름을 붙이기 시작함
	22개월	• 수직선과 수평선을 그으면서 선 집단들을 분류하여 말하기 시작함
	23개월	• "나도 쓸래."라는 말이 나타나기 시작, 선의 의도적 반복과 경험한 선들로 구성하는 경향이 나타남
	31개월	• 아이디어가 쓰는 행동으로 나타난다는 생각이 출현. "무엇을 쓸까?"하는 물음이 나타남 • 알파벳 글자의 모방이 나타남(의도적 자형 출현)
	32~42개월	• 자신의 이름이 어떤 글자로 구성되는지 말로는 알고 있으나 쓸 수는 없음 • 단어 쓰기에서의 시각적 재창조 전략이 나타남
	3.6~4.6세	• 단어처럼 보이게 하는 것으로 단어를 구성하지는 못한다는 것을 발견하기 시작 • 이 시기 처음에는 "이 단어가 무슨 단어지?"하고 묻기 시작하다가 질문의 방향을 바꾸어 "이게 단어야?"하고 묻는다. 때로는 '사랑하는 엄마에게' 라고 어떻게 쓰지?"하고 묻고는 편지의 내용은 그림으로 그리는 현상도 나타남 • 이 시기 말쯤 실제 단어를 사용하기 시작함(글자 형태 나타남)
	5.6~6세	• 단어를 말할 때 소리 나는 대로 쓰면 단어의 철자가 된다고 생각함 • 동시에 어떤 단어가 자신이 쓴 것과 다른 사람이 쓴 것이 다르다는 것을 알아차리기 시작하고 단어를 쓰는 것은 아주 어려운 것이라는 생각을 갖게 됨, 한동안 쓰지 않는 현상이 나타남
	6~6.6세	• 철자 속에 소리가 나지 않는 묵음이 있다는 것을 알게 됨 • 철자를 바르게 쓸 수 없기 때문에 쓰기 싫어하는 현상이 나타남
	6.6세	• 관례적인 철자 표기가 나타남

3) 이영자와 이종숙(1985)의 쓰기 발달 단계

1단계	• 긁적거리기 단계 ① 하위 1단계 : 글자 형태는 나타나지 않으나 세로 선이 나타나는 단계 ② 하위 2단계 : 글자 형태는 나타나지 않으나 가로 선이 나타나는 단계
2단계	• 1~2개의 자형이 우연히 나타나는 단계
3단계	• 자형이 의도적으로 1~2개 나타나는 단계
4단계	• 글자의 형태가 나타나고 가끔 자모음의 방향이 틀리는 단계
5단계	• 단어 쓰기 단계 ① 하위 1단계 : 완전한 단어 형태가 나타나고 자모음 방향이 틀리거나 부분적으로 틀리는 단계 ② 하위 2단계 : 완전한 단어 형태가 나타나고 자모음 방향이 정확한 단계
6단계	• 문장 쓰기 단계 ① 하위 1단계 : 문장 형태가 나타났으나 부분적으로 틀리는 단계 ② 하위 2단계 : 틀린 글자 없이 완전한 문장 형태가 나타나는 단계

4) 램(Lamme, 1985)의 쓰기 발달 단계

문자 이전 쓰기	무질서한 굵적거리기	• 영아들의 **굵적거리기는 매우 불규칙한 형태를 띠지만 분명한 선**을 볼 수 있다. • 대부분의 영아는 필기도구를 효과적으로 다루는 방법을 터득하여 원하는 대로 굵적거리기를 할 수 있게 된다. 그림과 글쓰기를 구분하지 않는 것이 특성이다.
	조절된 굵적거리기	• 필기도구를 다룰 수 있는 능력이 향상되어 **동그라미와 같은 분명한 형태**를 띤 굵적거리기를 한다. • **수직선과 수평선과 같은 직선**을 띤 굵적거리기가 많이 나타난다.
	굵적거리기에 명명하기	• **굵적거리기를 한 후 이름을 붙이기 시작**한다. • 굵적거리기를 통해 **글자나 그림을 표상할 수 있다는 것을 이해**하고 있다.

> 기 ㉠ '가로선, 지그재그로 꾸불꾸불한 선'에 나타난 솔이의 쓰기 행동과 〈보기〉 '글자의 형태는 보이지 않는다. 자기가 좋아하는 선을 반복적으로 그린다.'의 내용에 공통으로 해당하는 용어를 쓰시오. **굵적거리기(끼적거리기)**[20]

문자 쓰기	유사글자 및 글자 쓰기	• 자신에게 의미 있는 사람이나 사물들을 종이 곳곳에 그려놓고 말로 설명하기 시작한다. • 그림을 그릴 때는 크레용을 사용하지만, 이름을 쓸 때는 연필을 사용한다. • **글자와 비슷하게 써놓고서(유사 글자), 글자를 썼다고** 이야기한다. • **형태와 모양이 비슷한 글자들**을 늘여서 쓰기 시작한다.
	부분적으로 관례적인 문자 쓰기	• 글자의 크기가 일정하지 않다. • 글자와 소리 간의 관계를 인식하고, 단어를 철자에 맞추어 쓰고자 한다. • **창안적인 글자**가 나타나고, **철자가 틀리기는 하지만 쓴 글을 읽을 수** 있다.
	관례적 쓰기	• 글자의 크기가 일정하며 글자를 거꾸로 쓰는 경우도 드물다. • 쓰기와 관련된 다양한 경험을 통해 유아들의 쓰기는 **성인과 같은 관례적인 수준**에 다다르게 된다. • 말과 글의 관련성에 대해 이해하기 시작하며, **상황에 따라 글 쓰는 방식이나 글자의 형태가 달라져야 함을 이해**한다. • 글을 읽으면서 글쓴이에 대해 독자가 어떻게 반응할 것이라는 것도 이해하게 된다.

5) 클레이(Clay, 1975)의 쓰기의 원리와 개념

- 클레이는 관례적인 쓰기 능력이 생기기 위해서는 **글에 대한 몇 가지 기본 개념을 이해해야** 한다고 주장했다.
- 글이 **의미를 지닌다**는 사실, 글자가 **낱말로 구성된다는 점**을 알고, 의사소통이나 낱말 쓰기를 위해 **아는 글자를 활용**하며, **공식적인 쓰기에 필요한 규약**을 이해해야 한다고 보았다.
- 이러한 개념은 단계적으로 구분되는 것이 아니라, 환경 속에서 문제를 접하며 **자연스럽게 순서 없이** 습득된다고 하였다.
- 한 단계가 지나야 다음 단계의 쓰기가 나타나는 것이 아니라 **동시에 여러 단계의 특징을 같이 사용하기도** 한다고 하였다.

클레이의 쓰기의 원리와 개념	반복의 원리 (recurring principle)	▶ 쓰기에 **같은 상징을 반복해서 사용**하는 원리 • 쓰기는 습관적인 반응 패턴을 만들기 위하여 반복될 것이고, 쓰는 능력에 대한 즐거움을 만들어 낸다. • 작은 **동그라미나 선 모양**을 줄을 따라 반복적으로 그려 놓는다. • 글을 얼핏 보면 마치 작은 동그라미나 선 모양이 반복적으로 그어져 있는 것과 같이 보인다. ㉮ 지현이는 종이에 작은 동그라미나 선 모양을 줄로 계속 그려놓는다.
	생성의 원리 (generating principle)	▶ **아는 상징을 조합**하여 **새로운 조합을 만들어** 내는 원리 • 이는 글자와 소리의 관계에 상관이 없고 **아는 것으로만 조합이나 열거**하는 것이다. • **잘 알고 있는 낱자**나 잘 쓸 수 있는 몇 개의 낱자들을 **여러 가지로 조합**해서 반복적으로 쓴다. ㉮ 정민이는 자신이 알고 있는 '가, 이, ㅁ, ㅐ, ㅓ' 등의 글자와 낱자를 섞어서 반복적으로 쓴다. 기 클레이(M. Clay)가 제시한 유아들의 쓰기 학습 원리 중 ① 다혜 '다혜는 자기가 잘 알고 있는 '가', '나', '다'와 같이 받침이 없는 몇 개의 낱자를 여러 가지로 조합해서 쓰고 있었다.'가 보여 주는 쓰기 학습 원리를 쓰시오.[19]
	기호 개념의 원리 (sign concept)	▶ 쓰기를 통해 **메시지를 전달**하고, **상징으로 표현**하는 원리 ㉮ $$$$$ • 그림, 디자인, 기호의 차이를 인식하고 종이 위에 단어, 아이디어, 정보를 나타내려고 한다. • 그림을 그려놓고 밑에다 정확하지는 않지만, **글자 모양을 그려놓고 구두로 설명**을 붙이기도 한다. ㉮ 범수가 자동차 그림을 그려놓고 그 밑에 정확하지는 않지만, 글자 모양으로 '로보카 폴리'라고 적는다. 기 '우리 반 민준이는 요즘 그림과 글자의 차이를 인식하는 것 같아요. 그림을 그려놓고, 그 아래에 정확하지는 않지만 자기 이름에 있는 낱글자 모양을 그리고는 그 모양이 무엇인지 말해 주었어요. 낱글자를 조합하거나 새로운 글자를 만들어 내지는 않네요.'에 해당하는 **쓰기 학습의 원리**를 클레이의 관점에 근거하여 쓰시오.[25]

융통성의 원리 (flexibility principle)	▶ **글자의 기본 모양의 형태를 변형하거나 조합**하여 **새로운 글자를 창조**하는 원리 • 글자의 형태들을 가지고 다양한 모양으로 조합해 보고, 새로운 단어를 만들어 낸다. 그 단어들은 존재하지 않는 '**창안적 글자**(invented letters)'이다. • 자신이 아는 글자로부터 새로운 글자를 만들어 낸다. 표준적인 글자에 장식하거나 재배치하는 것으로 새로운 상징들을 다양하게 창조해 보면서 다양하게 실험해 보는 것이다. • 글자의 기본 모양을 가지고 한 번도 본 적이 없는 새로운 글자를 만들어 내며, 글자와 말소리를 관계 지으려고 애를 쓴다. 예 성호는 한 번도 본 적이 없는 새로운 글자를 만들어 내고 이를 읽고자 애를 쓴다. 기 클레이(M. Clay)가 제시한 유아들의 쓰기 학습 원리 중 민지 '<u>민지는 기본 모양을 가지고 한 번도 본 적이 없는 새로운 글자를 만들어 쓰며 글자와 말소리를 관계 지으려고 하며 혼잣말을 했다.</u>'가 보여 주는 쓰기 학습 원리를 쓰시오.[19]	
방향의 원리 (줄 맞추기와 쪽 배열의 원리, linear and directional principles)	▶ 글을 **왼쪽에서 오른쪽, 위에서 아래로 쓰는 방향성을 이해**하고 시도하는 원리 • 글자는 왼쪽에서 오른쪽으로 방향이 있고 위에서 아래로의 줄을 바꾸어 주는 방향이 있다. • 글자를 쓰면서 이 방향에 맞추어 쓰려고 시도하는 것이 발달한다. • 글을 쓸 때 **줄을 맞추려고 애를 쓰며, 왼쪽에서 오른쪽으로 쓰고** 나면 아래로 내려와서 다시 왼쪽에서 오른쪽으로 쓰기 시작한다.	
띄어쓰기의 원리 (space between words)	▶ **단어 사이에 공간**을 두어 **단어의 경계를 구분**하는 원리 • 한 단어를 알다가 여러 단어를 알게 되는 시기에 유아는 어려움을 겪는데, 한 단어가 끝나고 다른 단어가 시작되는 앞에는 공간이 필요하다는 것을 알게 된다. • 때로는 그것이 어려워서 **마침표로 공간을 나타내기도** 한다. • **단어와 단어 사이를 띄어 써야 한다는 것을 알게** 되며, 그것이 어려워 단어와 단어 사이에 마침표를 찍기도 한다. 예 수아는 '유치원에 갔어요.'를 쓸 때 '유치원에.갔어요.'와 같이 단어와 단어 사이에 마침표를 찍는다.	

기 **주A7. 2)** '자기 이름 글자와 비슷한 글자들을 연속해서 쓰는 형태가 많이 나타나더라고요.'와 다음에 **공통으로 해당**하는 **쓰기 발달 범주**를 설즈비(E. Sulzby)의 관점에 근거하여 쓰시오.[25]

- 글자의 순서를 바꾸어 쓰기도 함
- 동일한 글자를 다양한 방식으로 씀
- 낱글자의 뜻을 파악하기는 어려움

6) 설즈비 등(Sulzby, Barnhart, & Hieshima, 1989)의 쓰기 발달 단계

- 유아가 표준 관례적 쓰기를 할 수 있기까지 일정한 순서를 거치는 것은 아니지만 몇 가지 유형의 보편적이며 전진적 형태가 나타난다고 하였다.
- **여섯 가지 형태의 쓰기는** 반드시 단계별로 나타나는 것이 아니라 **발달적으로 나타난다.**
- ▶ '**발달적**' : 한 단계의 쓰기 형태가 완전히 끝나고 다음 단계로 넘어가는 것이 아니라, **상위 또는 하위 단계의 쓰기 형태와 병행**하여 나타나는 특성

설즈비 등의 쓰기 발달 단계		
	그림으로 쓰기 (그리기, writing via drawing)	▶ **그림을 통해 의사소통**하고 쓰기를 표현하는 단계 • 유아는 쓰기를 나타내기 위해 그림을 그린다. 유아는 **그림과 쓰기와의 관계를 알고 있으며** '그림으로 쓰기'가 **의사소통의 목적으로 사용된다는 것도 안다.** • 그림으로 쓰는 유아는 자기가 그린 것을 읽을 때 실제 글자를 쓴 것처럼 그 그림을 읽는다.
	굵적거리기로 쓰기 (굵적거리기, writing via scribbling)	▶ **굵적거리기를 통해** 쓰기를 표현하는 단계 • 유아는 굵적거리기를 해놓고 무엇인가를 썼다고 한다. • 가끔 쓰기에서 나타나는 현상이 굵적거리기에서도 나타나 왼쪽에서 오른쪽으로 굵적거리기를 하기도 한다. 위에서 아래로 선을 옮겨가면서 적는 모습도 보인다. 원이나 가로 또는 세로의 선이 나타나기도 한다. • 어른들이 하는 것처럼 연필을 움직이며 쓰는데, 쓰기 형태를 닮은 굵적 거리기도 나타난다.
	글자 비슷한 형태로 쓰기 (글자 비슷한 모양으로 쓰기, writing via making letter like forms)	▶ **얼핏 보면 글자와 비슷**하지만, **자세히 관찰하면 글자와 비슷한 형태**일 뿐인 창의적인 글자 형태를 쓰는 단계 • 쓴 모양이 글자와 비슷하며 관례적이지는 않지만, 창의적인 글자 형태이다. • 얼른 보면 글자 모양 같기도 하지만 자세히 관찰하면 **글자와 비슷한 형태**일 뿐이다. 표준 글자 형태는 아니지만 창의성이 보인다.
	낱글자 연결해 쓰기 (낱글자를 연속해서 늘어놓으며 쓰기, 잘 알고 있는 연결된 글자 쓰기, writing via letter strings)	▶ **익숙한 낱글자를 일렬로 연결**하거나 **순서를 바꿔** 쓰는 단계 • 자신의 이름 등에서 **익힌 낱글자**를 사용한다. • 유아 자신의 이름처럼 익숙한 글씨를 일렬로 펼쳐서 쓴다. 기 글자의 순서를 바꾸어 쓰기도 하며, 다양한 방식으로 쓴다.[25] • 유아는 가끔씩 글자의 순서를 바꾸기도 하며 길게 연결하여(긴 줄 모양으로 연결되게) 기 낱글자를 쓰기도 한다. **뜻을 파악하기는 힘들다.**[25]
	창안적 글자 쓰기 (창안적 글자로 쓰기, writing via invented spelling)	▶ **글자의 기본 모양의 형태를 변형하거나 조합**하여 **새로운 글자를 창조**하는 원리 • 유아에 따라서 다양하며 관례적인 철자법을 잘 알지 못하기 때문에 유아 자신의 방식에 따라 창안해서 쓴다(표준 철자법으로 쓰지 못할 때 유아는 단어의 철자를 나름대로 만들어서 쓴다). • **창안적 글자는** 하나의 낱자가 전체 음절 혹은 하나의 단어로 나타나기도 하고, 단어가 겹쳐지거나 적당한 간격 없이(띄어쓰기 없이) 쓰기도 한다.
	표준적 글자 쓰기 (표준 철자법으로 쓰기)	▶ 어른들이 사용하는 **표준 철자법을 사용하여 글자를 쓰는** 단계 • 어른들이 사용하는 형태로 쓰기 시작한다(writing via conventional spelling).

7) 쉬케단츠(Schickedanz, 1993)의 쓰기 발달 전략

• 쉬케단츠는 쓰기 발달이 진전됨에 따라 유아가 사용하는 전략과 연결하였다.

쉬케단츠의 쓰기 발달 전략	**물리적 관계 전략**	▶ **자국의 수와 외형**을 물체 또는 사람의 **외적 특성과 연결**하는 전략 ㉠ 3세 유아가 자신의 이름을 쓰기 위해 자국 3개를 그리고, 아빠의 이름을 쓰기 위해 3개 이상의 자국을 그리며 "아빠는 나보다 크잖아"라고 말한다.
	시각적 디자인 전략	▶ **단어의 인위적 특성을 받아**들여 **몇 단어 쓰기를 시도**하고, 주로 자신의 이름을 쓰거나 타인이 써준 이름 베껴 쓰기를 시도하는 전략 • 글자는 참조물과 외형적으로 닮지 않았다는 것을 안다. • 그러나 **특별히 정해진 자·모음 글자로 여러 단어를 쓸 수 있다는 것을 인식하지 못**한다.
	음절적 전략	▶ **구어와 쓰여진 글자가 관계가 있다는 것을 인식**하여, **구어를 음절로 나누어 각 음절을 자국 하나로 기호화**하는 전략 • 유아는 **구어와 쓰여진 글자가 관계**가 있다는 것을 인식한다. • 구어를 음절로 나누어 각 음절을 자국 하나로 기호화한다. • 같은 글자가 다른 단어에도 재현된다.
	시각적 규칙 전략	▶ **단어처럼 보이게 하려고** 일정한 규칙을 사용하여 **자·모음을 연결**하여 **단어를 만드는** 전략 • 단어처럼 보이게 하려고 **자·모음을 연결하여 단어**를 만든다. 이때 몇 가지 규칙을 사용한다. ① 자·모음 글자를 너무 많이 또는 너무 적게 사용하지 않는다. ② 다양한 자·모음 글자를 사용하며 한 자·모음을 계속해서 사용하지 않는다. ③ 다른 단어를 만들려면 자·모음 글자를 재배열한다. • 이 시기 유아는 흔히 자신이 만든 자·모음 연결 단어를 내보이며 "이거 무어라고 쓰여 있어요?"라고 묻는다.
	권위에 기초한 전략	▶ 자·모음을 연결하여 만든 단어 대부분이 **실제 단어가 아니라는 것을 인식**한 후, **성인에게 철자를 묻거나 인쇄물의 단어를 베껴** 쓰는 전략 • 시각적 규칙 전략 말기에 나타난다.
	초기 음운적 전략	▶ **단어의 각 소리를 내면서 철자를 생성**하는 전략으로, **발명적 철자**가 나타나는 단계
	후기 음운적 전략	▶ **소리에 기초한 철자법이 실제 단어와 다름을 인식**한 후, 다시 **주변 사람들에게 철자를 묻기 시작**하는 전략 • 이 전략은 3, 4세 유아들에게서 일반적으로 볼 수 있는 전략은 아니다. [기] 쉬케단츠(J. Schickedanz)가 제시한 유아의 쓰기발달에 따른 철자 만들기 전략 중 (다) '재윤이가 "꽃바테 드긔가지 마시요"라고 쓴 종이를 들고 나에게 달려와 자신이 쓴 철자가 맞는지를 물어보았다. 재윤이는 소리에 기초한 단어 철자는 주변에서 볼 수 있는 단어와 다름을 인식하고 있기에 성인인 나에게 확인받기를 원하였다.'에 해당하는 전략을 쓰시오.[18]

8) 마차도(Machado, 2003)의 읽기·쓰기 발달의 원리

자연적 발달의 원리	▶ **형식적·구체적 가르침 없**이 유아가 **일상생활에서** 문자언어의 사용을 관찰하고 경험하며 **자연스럽게** 읽기와 쓰기를 배운다는 원리 • 가족 구성원이 신문을 보거나 책 읽는 것을 보면서 읽기가 발달된다. 가정에서 부모나 형제가 메모하거나 쪽지를 쓰거나 시장 목록을 작성하거나 과제 하는 것을 보면서 쓰기를 배운다. • 유아들의 쓰기 발달은 일상생활 속에서 자연스럽게 말하는 것을 배우는 것처럼 의도적인 교육이 없이도 실생활에서 문자언어의 사용을 경험하면서 자연스럽게 이루어진다.
상호작용적 발달의 원리	▶ 가족, 교사 등 **주변 사람들과 문자 관련 상호작용을 통해** 읽기와 쓰기를 배운다는 원리 • 교사, 가족이 책 읽기나 문자와 관련된 상호작용을 하면서 읽기가 발달한다. • 유아들의 쓰기 발달은 주변의 사람, 사물, 사건들을 경험하면서 자연스럽게 말을 배우는 것처럼 주변의 환경과 상호작용하면서 이루어진다.
기능적 발달의 원리	▶ 읽기와 쓰기의 **실제적 사용과 필요성을 경험**하며 읽기와 쓰기를 배운다는 원리 • 유아들은 언어의 총체적이고 **실제적인 사용을 통해서** 배운다. • 읽기를 통해 **정보를 얻어 내야 한다는 사실**을 경험함으로써 읽기의 기능을 이해한다. • 자기가 쓴 것을 읽어 줄 대상과 쓰기를 해야 할 실제적 이유가 있을 때 의미 있는 활동이 된다. • 블록을 쌓아 둔 것을 건드리지 말 것을 요구하는 메시지를 써서 블록 영역에 붙여 둔다거나, 생일 초대를 위해 친한 친구에게 초대장을 만든다거나, 이런 실제 상황에서 더욱 적극적인 쓰기 활동을 하고 그런 과정에서 쓰기가 발달된다.
구성적 발달의 원리	▶ **상황과 관련** 있고 **일관성과 응집성을 가진 의미 있는 문장 구성 경험을 통해** 읽기와 쓰기를 배운다는 원리 • 유아의 읽기·쓰기 발달은 **상황과 관련**되고 일관성과 응집성이 있는 문장들을 산출할 수 있는 **의미 구성적 과정**을 경험할 수 있을 때 가능하다. • 유아는 자신의 생각을 글로 표현하거나, 부모가 읽어주는 이야기를 들으며 이야기 속 아이디어를 자신의 아이디어와 비교하는 경험을 한다. • 이러한 경험을 통해 글 쓴 사람이 전달하려는 의미를 이해하려는 노력을 기울이며, 의미 구성적 읽기 능력을 발달시킨다. • 단순한 모방이나 반복적 연습이 아니라, 개인의 생각과 감정을 연관성과 일관성을 가지고 표현하며 메시지 중심으로 응집성 있게 구성하는 과정을 통해 쓰기가 발달한다. • 문자로 쓴 내용을 다시 읽고, 질문과 답을 주고받는 상호작용을 통해 내용을 깊이 이해하고, 더 효과적인 의사소통적 쓰기로 발전한다.
통합적 발달의 원리	▶ **듣기, 말하기, 읽기, 쓰기 등** 언어의 다양한 기능이 **통합된 활동을 통해** 읽기와 쓰기를 배운다는 원리 • 읽을 수 있으려면 복합적인 상황에서 읽기 과정에 필요한 다양한 기능을 통합해야 한다. ⑩ 발음, 어휘, 문법, 낱자의 이름, 낱자의 소리, 단어 재인 기능들을 동시적으로 습득해야 한다. • 유아의 쓰기 발달은 말하기, 듣기, 읽기와 통합적으로 경험하면서 이루어진다. • 쓰기를 다른 언어 양식과 분리 않고 통합적으로 경험하면서 더 쉽게 쓰기를 배우게 된다.
점진적 발달의 원리	▶ **읽기와 쓰기 발달**이 출생 직후부터 **점진적이고 연속적으로** 이루어지며 특정 순간에 갑작스럽게 나타나는 것이 아니라는 원리 • 유아의 쓰기 발달은 표준적 쓰기보다 의미 전달에 초점을 둔 발생적 문식의 단계를 인정하면서, 글쓰기가 갑자기 나타나는 것이 아니라 점진적으로 이루어진다는 의견이 지배적이다.

V. 언어교육 접근법

발음 중심 접근법	균형적 접근법	의미 중심 접근법
문해 지도는 자·모음에 대한 지식, 음소와 자소의 대응 등 **읽기의 하위 기술을 직접적으로 지도하는 것에서 시작**되어야 한다는 입장	문해 지도는 **의미 있는 맥락에서 문자를 경험**하도록 하면서 동시에 **읽기 하위 기술에 대한 직접적인 지도를 병행**해야 한다는 입장.	문해 지도는 **의미 있는 맥락에서 문자를 경험하는 것에서부터 시작**되어야 한다는 입장

1 발음중심 (언어) 접근법(code emphasis language approach)

이론적 관점	▶ 문해 지도는 자·모음에 대한 지식, 음소와 자소의 대응 등 **읽기의 하위 기술을 직접적으로 지도하는 것에서 시작**되어야 한다는 입장 [기] 읽기와 쓰기의 **기초 기술에 대한 직접적이고 명시적인 지도를 강조**하는 (ⓒ **발음**) 중심 교육을 병행하면 돼요.[23] ① 발음 중심 접근법은 부호 중심 접근법, 기술 중심 접근법, 기초독본 접근법, 시각 단어 제시에 의한 접근법, 분석적 접근법 등으로 불린다. ② 이는 영유아가 읽기나 쓰기를 위한 준비가 되었을 때 문자 지도가 가능하다는 성숙주의 이론과 반대 입장을 취한다. ③ 인간의 발달에서 외적 요인을 강조하는 **행동주의 관점에 근원**을 둔 발음 중심 접근법은 유아의 언어발달은 성숙에 의한 것이라기보다는 유아 주변 **환경에 의해 결정**된다고 본다 (Skinner, 1957). ④ 발음 중심 접근법은 행동주의 이론에 근거한 문식성 교육에 대한 전통적 견해로, 읽기·쓰기 학습에 대한 문자 **해독과 부호화를 중시**한다. ⑤ 행동주의 이론에서 바라보는 **준비도는 경험에 의해 앞당겨질 수** 있다고 본다. 즉, 하나의 **과제를 일련의 작은 하위 과제로 나누고** 반복 연습을 통한 **훈련과 강화** 등으로 **학습**을 시켜 읽기와 쓰기의 준비도를 **가속화**시킬 수 있다는 입장이다. **해독** (decoding): ▶ **읽기**, **문자 기호**가 전달하는 **의미를 파악**하는 과정 • (기호, 문자언어 → 의미, 음성언어) **부호화** (encoding): ▶ **쓰기**, **의미를** 기호나 **문자로 변환**하는 과정 • (의미, 음성언어 → 기호, 문자언어)

교수원리	• 발음 중심 접근법은 이론적 근거나 실제에 대한 지식이 없어도 구체적인 교수 자료와 교수 방법으로 인하여 교사들이 쉽게 채택할 수 있는 접근법이다. • 유아는 읽고 쓰기 위해서는 성인에게 의지해야 하는 수동적 학습자로 가정되며, 구체적인 교수 원리는 다음과 같다. ① **언어는 순서대로 지도해야 한다.** 　- 언어는 순서에 따라 발달하므로 **읽기 다음에 쓰기라는 위계**에 따라, 읽기·쓰기 기초 기술을 **반복 연습**시켜야 한다. 　- 교사는 낱자에서 단어로, 단어에서 문장으로, 문장에서 문단으로, 문단에서 이야기 전체로의 위계적 순서에 따라 읽기·쓰기에 필요한 기초기술을 가르쳐야 한다. ② **활자의 해독 및 부호화 기술을 강조한다.** 　- 발음 중심 접근법을 적용하는 궁극적인 목표는 유아가 활자의 해독 및 부호화 기술을 익혀 언어를 능숙하게 사용하게 하는 것으로, 글의 의미보다는 **정확한 글자의 형태를 강조**한다. 　- 즉, 유아가 능숙하게 읽고 쓰려면 철자법의 원리와 음소 구성의 원리를 배워야 하므로 학습지와 같은 구조화된 교수 자료를 사용한다. ③ **학습의 주도권이 교사에게 있다.** 　- 모든 학습의 주도권은 교사에게 있고, 읽기·쓰기 교수는 개인별 혹은 교사에 의해 수준별로 구성된 집단에서 시행되며, **각각의 유아들은 개별 과제를 수행해야** 한다. 　- 만약 유아가 주어진 과제를 제대로 수행하지 못한다면, 전 단계로 돌아가 다시 지도받아야 한다. ④ **교수 자료는 정해진 순서대로 제공한다.** 　- 교수 자료는 **단순한 것에서 복잡한 것으로 나열**되고, 교사는 이에 맞추어 단계적으로 짜인 분절된 기술을 직접 가르쳐야 한다. 기 **(발음중심)** 언어 접근법에서는 ㉠ '글자 쓰는 순서가 틀렸네.(승우가 쓴 'ㅅ'자를 손가락으로 따라 쓰며) '시옷'먼저 쓰고 그다음에 'ㅡ'를 써야지.'와 같이 철자법 등 글자의 형태를 강조하며 글자의 해독(decoding)을 중시한다.[13추] 기 '점선 따라 써 보기 활동'과 '베껴 쓰는 활동'을 강조하는 언어교육 접근법을 쓰시오.[16] 기 ㉢ '아이들에게 자음 'ㅎ'은 [ㅎ]로, 모음 'ㅐ'는 [ㅐ]로 발음하고, 'ㅎ'과 'ㅐ'가 더해지면 [해]라고 발음한다고 가르쳐 주고, '해'라는 낱말 그림 카드를 보여주며 그 의미를 알려 주었다.'에 해당하는 언어교육 방법을 각각 쓰시오.[특17] 기 ㉠ '철자 형태, 글자-소리의 대응 관계, 자음-모음 조합 원리 등과 같은 읽기 기초 지식을 유아들에게 직접적으로 가르쳐 줄 수 있는 활동'에 해당하는 문자언어 지도 접근법[18]
교수방법	① 글자의 올바른 해독과 부호화에 기초하여 **직접적으로 읽기·쓰기 교육**을 한다. 　- 읽기나 쓰기에 대한 동기유발이나 태도는 그리 중요하지 않다. ② **위계적이고 반복적인 훈련**으로 읽기·쓰기가 숙달되게 한다. 　- 위계적인 기능학습을 강조하므로 이를 지도하기 위해 **글의 작은 단위에서 시작하여 큰 단위로 진행**되는 **상향식 접근(bottom-up approach)**을 채택한다. 　- 즉, 문자언어 학습의 방향은 **낱자의 습득에서 시작하여 낱말, 문장, 이야기 순으로 진행**된다. 　- 유아가 글자를 말소리로 바꾸어 읽을 수 있도록 자모 체계를 가르치고, 글자를 해당 말소리로 바꾸어 해독할 수 있도록 지도한다. ③ **글자-말소리의 대응원리를 강조**하며 자·모음자의 결합원리, 낱자와 소리의 대응, 낱자 이름 알기, 음소 인식하기, 낱자의 음가 알기, 음소의 대치, 탈락 등과 같은 지도에 중점을 둔다.

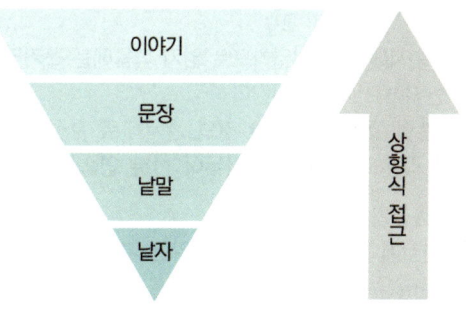

발음중심 접근법의 상향식 접근(전유영, 2011)

④ **쓰기 교육**은 듣기와 말하기 지도가 충분히 이루어지고 **읽기를 학습한 이후**에 실시한다.
  - 유아가 쓰기에 대한 준비가 갖춰지면 글자 베껴 쓰기, 반복적 쓰기, 예쁜 글씨와 맞춤법 교육을 시키며 점차 어려운 낱자와 낱말을 쓰고, 평가를 위해 받아쓰기를 한다.

⑤ 교사가 학습을 계획하여 알려 주는 **성인 중심 교수법**을 사용한다.
  - 또한, 문자언어에 대한 **단계적인 교수 계획, 모델링과 강화**를 통한 직접적인 교수 방법이 가장 효과적이라고 본다.
  - 개별 유아의 동기나 적성에 관심을 두지 않으므로 **주로 대집단 교수활동**이 이루어진다.

⑥ 평가는 주로 **성인 중심의 획일적인 표준화 평가**가 이루어진다.
  - 읽기나 쓰기의 과정보다는 결과물을 중심으로 평가하며 결과물이 성인 수준의 표준적(관례적) 수준에 도달하였는지 여부를 판단한다.

기 표를 보면 민 교사는 **상향식 접근방식**으로, 윤 교사는 **하향식 접근방식**으로 문자언어를 지도하고 있음을 알 수 있다. 그림의 ①, ②에 들어갈 알맞은 말을 쓰시오.[13]

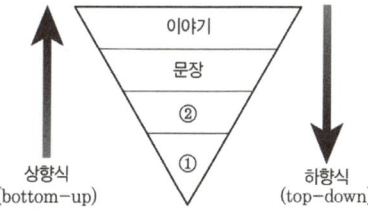

지도방법	• 발음 중심 접근법은 정확한 문자 해독(읽기)과 부호화 기술(쓰기)의 학습을 중요하게 여긴다.
	• 읽기를 처음 배우는 유아에게 읽기에 필요한 가장 기초적인 지식과 기술들을 습득하게 하여 처음 보는 글자를 접하더라도 쉽게 읽을 수 있고 쉽게 써볼 수 있게 해야 한다.
	
	① **읽기의 기초 지식과 기술을 통한 언어학습**
	  - 일차적으로 읽기의 기초 지식과 기술을 습득하여 주어진 글자를 말소리로 바꿔 읽어야 한다.
	  - 각기 다른 자음, 모음 그리고 결합한 소리를 분리하여 지도하고 이를 활용하여 단어를 소리내어 읽게 한다.
	
	② **단어 읽기의 선행**
	  - 읽기를 효과적으로 지도하기 위해서는 단어 읽기가 선행되어야 한다.
	  - 주어진 단어가 익숙하지 않아서 번번이 의식적으로 분석하거나, 매번 글자와 말소리 간의 관계를 따져 보거나, 유추해 보거나, 예측하여 단어를 읽는다면 그만큼 많은 주의와 시간이 필요하게 되어 효율적으로 읽을 수 없다.

③ 순서적이고 반복적인 교수
- 언어는 순서에 따라 발달하므로 **읽기 다음에는 쓰기라는 위계**에 따라 읽기 · 쓰기 기초 기술들을 반복적으로 연습시킨다.
- 즉, **단순한 것에서 복잡한 것**의 순서대로 분절된 기술을 직접 지도하고 **하나의 과제를 일련의 작은 하위 과제로 나누어 반복 연습**을 시킨다.

④ 글자와 음절의 대응
- 음운 인식에 앞서 **음절 인식을 위한 지도를 먼저** 한다.
- [이유] 한글은 음절 단위로 모아쓰기를 하는 문자로 **글자 수와 음절 수를 대응시키는 책략을 먼저 사용하기 때문**이다.
- 글자와 음절이 일대일로 대응한다는 사실을 알게 하고, 글자와 음절을 대응시킬 수 있도록, 그래서 글자 하나하나를 해독할 수 있도록 지도한다.

⑤ 글자의 음가와 발음 지도
- 우선 자주 접할 수 있는 글자들을 중심으로 그 글자의 음가 지도를 먼저 한다.
- **같은 글자는 그것이 어느 단어에서 나오든지 혹은 어떤 위치에서 나오든지 간에 항상 같은 소리가 난다는 것을 알게** 하고 같은 발음을 내도록 지도한다.

지도내용		
	자음과 모음의 체계	• 한글은 **자음과 모음이 결합**하여 **글자가 되는 것을 지도**한다. • 먼저 자음과 모음을 알려준 다음에 자음과 모음이 결합하는 원리를 지도한다. ⑩ 'ㄱ'을 '기역'이라 읽고 'ㄱ'이라는 부호로 쓸 줄 아는 것이다. • 유아가 글자와 말소리의 관계를 이해하고 처음 보는 단어들을 해독하기 위해서는 기본적으로 자음과 모음의 체계에 대한 지식이 있어야 한다.
	글자와 말소리의 대응 관계	• 글자가 말소리와 어떻게 관련되는지를 아는 것으로 유아는 글자를 보면서 해당 글자를 소리내어 읽고 교사는 **글자와 소리의 대응 관계를 지도**한다.
	음운인식 (phonological awareness)	▶ 단어를 구성하는 개별 **음운(음소) 또는 음절을 식별하거나 조작**하는 능력 • 음운 인식능력이 있는 유아는 **단어를 구성하는 낱자의 소리를 식별**할 수 있고, 말소리의 최소 단위인 **음운(음소)을 조합하고, 분절하고, 빼고, 삽입하고, 대체할 줄** 안다. • 자음 14개와 모음 10개의 규칙적인 배열을 중심으로 음절의 구성요소를 지도할 수 있다. ⑩ 'ㄱ', 'ㅁ', 'ㅏ'라는 낱자를 조합하여 '감'이라는 글자를 만들 수 있고, '감'이라는 글자에서 'ㅏ'를 'ㅗ'로 대치하여 '곰'이라는 글자를 만들 수 있다. 그리고 '곰'이라는 글자를 뒤집으면 '문'이라는 글자가 된다는 것을 알기도 한다.
	단어재인 (word recognition)	▶ 문자를 보고 **머릿속 어휘집에서 의미를 빠르게 추출**하여 **단어를 자동으로 읽는** 능력 • 단어재인이 있는 유아는 머뭇거리지 않고 빠르게 그리고 자동으로 단어를 읽을 수 있다. 단어를 재빨리 재인하는 유아는 효율적인 독자로 발전하게 된다.

장단점	• **발음 중심 접근법**은 **설명과 지시, 기계적이고 반복적인 훈련**을 통해 자·모 체계, 자소·음소의 대응 관계, 철자법에 대한 지식이나 기능을 익히도록 하는 것을 강조한다. • 언어에 대한 **흥미를 잃게 할 수 있다는 한계점**을 가지고 있으나, **문자에 대한 규칙을 단계적으로 이해**하며 준비된 시기에 효과적으로 문자 습득을 도와주어야 한다는 방향에 대해서는 주목할 필요가 있다. | 장점 | 단점 | |---|---| | • 체계적인 문자 지도 • 올바른 철자법 습득 • 문자 조합 및 구성 규칙 습득 • 규칙 적용으로 인해 새로운 낱말에 대한 학습 전이가 높음 | • 유아의 **동기유발, 흥미 무시** • 분석적 접근에 대한 이해의 어려움 • 반복훈련으로 인한 학습 흥미 저하 • 정확한 읽기, 쓰기 강조로 인하여 **말과 글에 내포된 의미 파악 간과** | 기 발음 중심 언어 접근법 '어릴 때부터 자·모음 체계, 철자법 등을 반복해서 가르칠 필요가 있어요.'의 문제점은?[13] 기 '낱자에서 글자, 단어 순으로 지도하는 방법'에 제시된 상향식 언어지도법의 제한점 1가지를 쓰시오.[24] 유아의 동기유발과 흥미를 무시할 수 있고, 정확한 읽기, 쓰기 강조로 말과 글에 내포된 의미 파악을 간과할 수 있다.
장점	① 글자나 단어를 해독하고 부호화하는 데 효율적이다. ② 글을 처음 배우는 유아들, 사회경제적 지위가 낮은 학습자나 읽기에 특별한 어려움을 느끼는 초등학교 저학년 아동들에게 유용한 방법이다. ③ **학습이 순서에 따라 이루어지므로 학습 전이가 수월**하다. ④ **낱자에 주의**하게 되므로 **맞춤법과 말을 올바르게 사용**한다. ⑤ 교사가 읽기와 쓰기의 원리를 순서화하여 분명하게 지도할 수 있다. ⑥ **명확한 학습 목표와 체계적이고 위계적인 학습계획**을 수립하여 **읽기와 쓰기의 기초 지식과 기술을 지도**할 수 있다. ⑦ 자음과 모음이 결합하여 하나의 글자를 이루는 **한글의 구조를 체계적이고 논리적으로 지도**할 수 있다. ⑧ 글자와 말소리를 대응시켜 발음의 규칙성을 지도할 수 있다.
단점	① 단지 읽기와 쓰기만을 강조하는 경향이 있다. ② 학습자의 경험이나 특성이 고려되지 않은 획일적인 방법을 사용한다. ③ **의미화되지 않은 읽기와 쓰기의 반복 연습**으로 글에 대한 **흥미와 동기유발, 유지에 어려움**이 있다. ④ **의미보다는 문자 자체에 관심을 가지므로 단어는 잘 읽지만 글 전체의 의미를 파악하는데 무관심**할 수 있다. 즉, 읽기와 쓰기 기술의 습득에 초점을 두기 때문에 **의미 전달을 목표로 하는 실제 언어적 맥락을 파악하지 못할 수** 있다.

2 의미 중심 (총체적) (언어) 접근법(meaning centered language approach)

이론적 관점	▶ 문해 지도는 **의미 있는 맥락에서 문자를 경험하는 것에서부터 시작**되어야 한다는 입장 **기** 다음 활동 '교사가 유아들에게 『구리의 빵 만들기』 동화를 들려주며 이야기를 나누고 있다.'에 해당하는 **굿맨과 굿맨**(K. Goodman & Y. Goodman)이 제시한 언어 학습 방법을 쓰시오.[21] **기** 문학에 기초한 통합적 문해 활동을 통해 **전체 맥락에서 글을 이해하도록 돕는** (㉠ 의미) 중심 교육을 하는 것이 좋아요.[23] ① 의미 중심 접근법은 발음 중심 접근법과 대비되는 접근법으로, 글의 의미를 파악하는 이해의 과정을 중시한다. ② 이 접근법은 **기능적이고 자연스러우며 실제적인 의미를 강조**한다. 듣고 말하고 읽고 쓰는 행위는 하나의 **의미를 구성하는 과정**이므로 **총체적이고 통합적으로 지도**한다. ③ 의미 중심 접근법은 1970년대의 발음 중심 접근법이 유아의 흥미와 무관한 교육이라고 문제점을 느낀 현장 교사들에 의해 대안적 방식으로 출현한 접근법이다. ④ 이들은 새로운 언어교육의 필요성을 인식하여 **유아의 생활 경험과 밀접하게** 관련 있고 흥미 있는 언어교육 환경을 만들고자 의미 중심 접근법을 시도하게 되었다. ⑤ 의미 중심 접근법은 단순한 활동이나 행동의 나열이 아닌 교사의 신념과 학급의 상호작용, 교사와 학생의 기본적인 태도를 모두 포함하는 교실학습 실천에 대한 지침이자 철학이라고 할 수 있다. ⑥ 총체적 접근법은 아동 중심 철학과 다양한 유아교육 교수 이론의 영향을 받아 통합적으로 발전하였다. 이는 **루소**, **페스탈로치**, **프뢰벨** 등이 주장한 아동 중심 교육사상의 영향을 받았으며 **진보주의** 성향인 듀이의 영향을 받아 유아의 **흥미와 직접 경험에 의한 교육**을 강조하였다. ⑦ 또한 **상호작용 주의 이론의 영향**을 받아 언어활동에서 **사회적 상호작용을 매우 중요하게** 여긴다. ⑧ **Piaget** : 발생적 인식론자로서 유아는 주변 환경에서 접하는 다양한 언어를 탐구심을 가지고 경험함으로써 **스스로 언어 지식을 구성**해 나간다고 하였으며, 음성언어뿐만 아니라 문자 언어에 있어서도 능동적인 학습자라고 하였다. ⑨ **Vygotsky** : 사회적 구성주의자로서 근접발달지대라는 개념을 제시하며 유아의 언어발달을 돕기 위해 교사를 비롯한 **성인, 또래와 같은 사회적 지원이 중요**하다고 강조하였다. ⑩ **Holdaway**(1979) : 언어학자로서 언어와 언어학습은 유아가 **생활 경험 속에서 지속적으로** 언어를 사용함으로써 이루어진다고 하며 유아가 **자연스럽게 언어의 목적과 필요성, 의미를 깨닫도록 환경을 마련해 주어야** 한다고 주장하였다. 그리하여 **의미 없는 언어 학습법을 지양**하고 유아에게 의미를 부여할 수 있는 방법으로 언어습득이 이루어질 것을 강조하며 총체적 접근법에 영향을 주었다. ⑪ 총체적 언어 접근법은 듣기·말하기·읽기·쓰기를 **인위적으로 분절시키는 교육에서 벗어나 자연스러운 상황에서 언어의 전체(의미)**를 다룬다. 따라서 언어를 음소나 낱자 중심으로 가르치는 것이 아니라 **의미를 지닌 덩어리로 사용**하는 것을 중시하며, **유아 스스로** 자신의 **사전 지식과 경험에 따라 의미를 구성**해 보도록 안내한다. ⑫ 유아들이 사회적인 의사소통에 참여하고 싶은 동기로부터 듣기, 말하기를 습득한 것처럼 읽기나 쓰기도 자연스럽게 습득할 수 있다고 본다.

	⑬ '총체적'이란 말 속에는 다음과 같은 의미들이 내포되어 있다(박혜경, 1991).	
		전체적인 의미의 통합	• 언어는 하나하나 분절된 낱글자를 가르치는 것이 아니라 **전체적인 의사소통의 측면에서 접근**해야 한다.
		언어영역의 통합	• 듣기·말하기·읽기·쓰기는 구분해서 따로 가르치는 것이 아니라 **통합적으로 가르쳐야** 한다.
		교과의 통합	• 언어교육은 **모든 교과와 통합시켜 가르쳐야** 한다.
이론적 관점	기 총체적 언어교육의 특징과 가장 거리가 먼 것은? ① 읽기 준비도 강조 ② 문해력의 조기 발달 강조 ③ 읽기와 쓰기의 통합적 지도 ④ 읽기에서의 의미 추출과 이해강조[97] 기 〈보기〉에서 '총체적 언어교수법'에 근거한 활동을 모두 고른 것은?[특10] ㄱ. **좋아하는 노래를 반복해서 들려주고 부르도록 하였다.** ㄴ. 낱말카드를 주고 '다'로 시작하는 단어를 찾도록 하였다. → 발음 중심 접근법 ㄷ. **팜플릿, 광고지 등을 이용하여 간단한 단어를 읽도록 하였다.** ㄹ. 녹음 동화를 듣고 생각나는 단어의 음운을 결합하도록 하였다. → 균형적 접근법 ㅁ. **또래가 읽어 주는 간단한 이야기를 듣고 지시에 따라 그림 문장을 완성하도록 하였다.** 기 '총체적 언어 접근법의 관점'의 관점을 나타내고 있다. 괄호 안에 들어갈 알맞은 말을 쓰시오. 언어교육은 듣기, 말하기, 읽기, 쓰기의 순서대로 가르치기보다는 **(총체 또는 통합)**적으로 가르쳐야 한다.[13] 기 의미중심 언어 접근법에서는 ⓐ '(공룡 그림이 그려진 감사카드의 끼적인 부분을 읽는 척하며)'와 같이 끼적거리기, 읽는 척하기 등 글의 기능이나 의미를 강조하며 유아의 의사소통 능력 향상을 중요하게 여긴다.[13추] 기 생활 속에서 상표나 간판을 자주 보다 보면 자연스럽게 글자에 흥미를 붙이게 되고[17] 기 ⓓ '아이들의 경험이나 이야기, 그림 동화책으로 문장 전체 맥락에서 적절하게 '해'의 의미를 가르쳤다.'에 해당하는 언어교육 방법을 각각 쓰시오.[특17] 기 저는 유아들의 문해 능력 발달을 위해서는 우선적으로 언어의 **(의미)**를 알도록 가르치는 것이 중요하다고 생각해요. 그리고 읽기, 쓰기, 말하기, 듣기를 **(총체적 또는 통합적)**으로 지도하고 있지요.[19추]		
교수원리	• 의미 중심 언어접근법에서 언어의 의미구성은 사고의 행위로 연결된다. [이유] 말하고, 듣고, **읽고, 쓰는 행위는 하나의 의미를 구성하는 과정이므로**, 듣기, 말하기, 읽기, 쓰기를 **총체적이고 통합적으로 지도해야** 한다. • 학습은 학습자, 학습 과제, 교사, 학습 환경 간의 복합적인 상호작용으로 이루어진다. • 언어 환경은 또래와 성인 간의 사회적 상호작용이 활발히 이루어질 수 있도록 풍부해야 한다. 따라서 유아들이 실제적이고 의미 있는 학습을 할 수 있도록 동기를 유발하고 깊이 있게 사고할 수 있는 능동적인 교수 원리를 따른다. ① **학습의 책임을 유아에게 둔다.** - 언어학습의 주도권이 대부분 유아에게 있으므로 교사는 **유아가 스스로 할 수 있는 일들을** 대신해 주지 않으며, 불가능한 상황이 아니라면 **유아가 도전할 수 있는 환경을 조성**해 주어야 한다. - 즉, 교사가 외부에서 개입하는 것이 아니라 자신의 **흥미와 경험에 따라 스스로 선택**한 읽기와 쓰기 활동을 통해 즐거움을 느끼게 한다.		

② **언어교육의 방향은 내부에서 외부로 향한다.**
- 언어교육은 교사가 외부에서 개입하는 것보다 **유아 스스로가 자신의 경험과 배경지식에 따라 스스로 선택할 때 의미** 있고 효과적이다.
- 따라서 **내부에서 외부로 향하는 접근(inside-out approach)**이다.

③ **유아의 실수를 허용한다.**
- 배우는 과정에 있는 유아의 말과 글은 결코 완벽할 수 없다는 것을 인정하고 문법적으로 완벽한 언어 사용을 강요하지 않으며, 유아의 실수, 잘못된 해석과 개념들이 존중된다.
- [이유] 유아가 표준적인 말과 글의 사용에 얽매이면 익숙하고 **자신 있는 말과 글만 사용**하게 되어서, **창의적이고 도전적인 언어 사용을 피하게** 된다.

④ **언어교육에서 의미 구성을 강조한다.**
- 언어 학습은 반드시 **의미를 전달하고 파악**하는 **실제적이고 자연스러운 언어활동**에서부터 시작되어야 한다.
- 말하고 들으며 글을 쓰고 읽는 행위는 **의미 구성의 과정**이고, **의미 구성은 사고의 행위**이다.
- 의미를 이루는 큰 부분을 이해하면 작은 단위는 자연스럽게 깨닫게 된다. 따라서 언어의 형태를 강조하기보다는 **의미를 전달하고 파악**하는 **실제적이고 자연스러운 언어활동**이 일어나도록 해야 한다.
- 이 접근법에서는 [하향식 접근 방식] 이야기 → 문단 → 문장 → 낱말(단어) → 글자 → 낱자의 **순서로 전체에서 부분으로 지도**한다.

⑤ **말과 글을 통합적으로 지도한다.**
- 일상생활에서 말과 글이 구분되어 사용되지 않듯이, 의미 중심 접근법을 사용하는 교실에서는 듣기, 말하기, 읽기, 쓰기가 자연스럽게 함께 이루어진다.
- 이를 통해 유아는 표준 문법, 맞춤법, 글씨 쓰는 순서를 배울 수 있다. 언어의 제 영역을 구분하지 않고 **듣기, 말하기, 읽기, 쓰기를 통합적으로 지도**한다.

⑥ **각 교과 간의 통합을 지향한다.**
- 언어교육은 기관에서 배우는 모든 교과와 통합되어야 한다.
- 수학, 과학, 미술, 음악, 사회, 게임, 요리 등의 교과에서 요구되는 거의 모든 교육 내용은 듣고, 말하고, 읽고, 쓰기가 이루어진다. 여러 흥미 영역에서 읽기와 쓰기 활동이 이루어지고 극화 활동에서도 읽기와 쓰기가 이루어진다.
- 이것이야말로 실제이고 의미 있는 학습활동이다. 따라서 교사는 각 교과에서 공통적인 내용을 탐색하여 그 내용에 적절한 말과 글을 사용해야 한다.

⑦ **학부모를 참여시킨다.**
- [이유] 유아의 언어와 사고는 가정과 그들이 속한 공동체 안에 뿌리를 두고 있으므로, 의미 중심 접근법을 사용하는 교사들은 부모와 적극적으로 협조하여 언어발달을 도모해야 한다.

⑧ **읽기·쓰기 자료 및 활동이 풍부한 교실 환경을 구성한다.**
- 유아 스스로 **자발적인 언어학습을 할 수 있도록 질적으로 풍부한 언어 환경을 조성**한다.
- 유아들은 교사의 도움 없이도 이야기 만드는 활동을 즐기며, 또래와 협동하여 책을 만들고 쓰기를 한다.
- 이처럼 유아들은 어린 시기부터 접하는 풍부한 언어 환경 속에서 의미 있는 상호작용을 하는 가운데 읽기와 쓰기에 대한 지식을 스스로 구성해 나간다.
- 따라서 유아들에게 개개인의 발달 수준에서 부담 없이 읽고 쓸 수 있는 교실 환경을 제공해야 한다.

교수방법	① 유아가 **창의적이고 도전적인 언어사용이 가능하도록 지지**하며 유아의 말과 글에서 초기의 **문법적 오류를 고치려고 강요하지 않**는다. ② 언어교육은 교실 내에서의 경험뿐 아니라 교실 밖의 생활과도 통합하여 가르친다. 　- 유아는 실생활에서 듣기·말하기·읽기·쓰기를 경험하면서 그것의 표준적 사용을 자연스럽게 배울 수 있다. 이때, 유아에게 음성 언어적 기술은 문자언어 학습에 영향을 주기 때문에 말하고 들을 수 있는 기회를 많이 주도록 한다. ③ 문자언어 학습의 방향은 **전체 이야기에서 문장, 낱말(단어), 낱자의 순**으로 나아가는 하향적 접근법을 취한다. 　- 하향식 접근은 문자언어의 언어적 규칙성이나 글자의 소리와 모양이 아닌 **말과 글의 의미를 강조하는 접근**이라 할 수 있다. 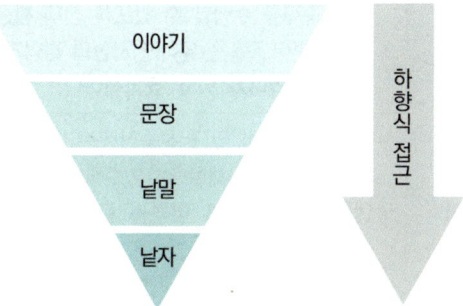 총체적 접근법의 하향식 접근(전유영, 2011) ④ 문자언어 학습은 **의미 있는 맥락에 근거**해야 하며, **내적 동기를 이용**해야 한다. 　- 문자언어 학습은 자연스러운 총체적 언어학습의 연장이므로 기능적이며, 실제적이고 관계가 있는 것이어야 한다(Goodman, 1986). 기 [C]에서 잘못된 부분을 찾아 그 이유를 쓰시오.[22] '자·모음 결합원리도 직접적으로 지도해요'가 잘못되었다. 총체적 접근법은 유아가 의미 있는 맥락에서 자연스럽게 문자를 경험해야 하기 때문이다. ⑤ 유아에게 **그림책과 이야기책**을 많이 보여 주고, 읽어주며 **그림을 통해 사물의 표상을 이해**하고 **생활 속에서 유의미한 읽기가 가능하도록** 한다. ⑥ 사고를 자극하고 수렴적으로 또는 확산적으로 촉진하기 위해 **부모나 교사는 질문을 많이** 하며, 유아가 답을 할 수 있도록 해주고, **유아 스스로도 질문**을 만들어 능동적인 사고를 가능하게 한다. ⑦ 자유로운 쓰기 활동을 격려한다. 　- 쓰기를 생각의 표현으로 보고 읽기 수준과 관계없이 **고정된 문자 이외의 표현까지도 허락**하는 쓰기 활동을 격려한다. ⑧ 평가는 학습자에게 자신에 관한 정보를 주기 위한 것을 목적으로 한다. 　- 평가는 학습자의 능력을 규정 짓기 위한 것이 아니라 보다 더 나은 학습을 이끌어주기 때문이다. ⑨ 유아의 언어능력은 유아 스스로 자신의 경험과 배경지식에 따라 새로운 어휘를 사용하고 의미를 구성할 때 효과적이다(Goodman, 1986). 　- 따라서 유아들에게 주는 교수·학습 자료는 **생활 주변의 문해 자료(메모지, 노랫말, 차트, 포스터, 지도, 요리책, 광고지, 표시판, 포장지, 메뉴, 간판 등)**나 문학작품, 유아들의 경험 등을 제공하여 **의미 있는 상호작용**이 이루어질 수 있도록 한다.

지도방법		• 의미 중심 언어접근법은 유아들의 읽기와 쓰기 학습에 있어 지식과 기술의 습득보다는 **바람직한 성향과 긍정적인 감정(feeling)을 갖는 것을 더욱 중시**한다. • 유아기에 문해에 대한 좋은 태도와 감정을 갖게 하여 궁극적으로는 훌륭한 문해 사용자가 되는 것을 돕는 것이 이 접근법의 목표이다.
	실제 사용을 통한 언어학습	• 의미 중심 언어접근법의 주요 관심은 '**언어를 사용하여 얼마나 의사소통을 잘하느냐.**'이다. • 어린 영유아라 할지라도 **실생활에서의 읽고 쓰기**를 의사소통의 목적으로 계속해서 사용하면 읽기와 쓰기를 배울 수 있다.
	개별화 교수	• 유아의 언어발달은 개인차가 두드러지기 때문에 **개별 유아가 현재 능력에 맞는 과제를 수행할 수 있도록 선택 활동을 다양하게 제공**해 주어야 한다. • [이유] 언어교육은 **유아가 자신의 경험과 배경지식에 따라 스스로 선택할 수 있을 때 의미가 있고 효과적**이다.
	언어의 형태보다는 의미 강조	• 유아에게 의미 있고 친숙한 단어나 문장, 텍스트를 **하나의 덩어리로 제시**하여 의미를 이해할 수 있도록 지도한다. • 언어학습은 **의미를 이루는 큰 부분을 이해하면 작은 단위는 자연스럽게 깨닫게** 된다. • 언어의 형태를 강조하기보다는 **의미를 전달하고 파악**하는 **실제적이고 자연스러운 언어활동이 일어나도록** 해야 하며, 이 과정에서 나타나는 유아의 실수는 발달상 당연한 현상으로 받아들여야 한다.
	교사의 시범 중시	• 유아들을 다양한 활동에 적극적으로 참여시키기 위해서는 교사 자신이 활동을 시범 보일 필요가 있다. ㉠ 유아들의 쓰기를 격려하기 위해 우편함이 교실에 있다고 말로만 하기보다는 교사가 직접 유아들에게 편지를 써서 우편함에 넣어 배달한다.

 지식 의미 중심 접근법 : 교사의 역할

① 풍부한 문자 언어 환경을 제공해 준다. 유아들이 교실 환경 곳곳에서 말하기, 듣기, 읽기, 쓰기의 필요성을 느끼고, 적극적이고 자발적으로 활용하도록 필요한 지원을 해준다.
② 문학작품을 활용하여 유아에게 의미 있는 맥락에서의 지도가 이루어지도록 한다.
③ 유아에게 읽기, 쓰기 행동의 바람직한 모델이 되어준다.
④ 유아가 표현한 내용의 의미와 목적에 초점을 맞추어 반응하고 질문함으로써 유아가 의미를 찾고 구성할 수 있도록 돕는다. ㉠ ~에 대해 이야기해 주겠니?, ~에 대해 말해보자, ~에 대해 궁금하구나.
⑤ 유아의 말이나 글의 오류를 고쳐주기보다는 유아의 실수와 발명적(창안적) 철자를 학습 과정의 일부로 인정하고 긍정적으로 수용해 준다.

	장점	단점
장단점	• 실제적 목적에 의한 활동이 이루어짐 • 유아의 생활과 밀접한 관련 있음 • 유아의 동기유발, 흥미 중요시함 • 이해와 의미 파악을 중요시함	• 정확하고 체계적인 문자 지도 어려움 • 학습의 전이가 낮음 • 교사의 지도 능력에 따라 학생마다 개인차가 클 수 있음
장점	① 단어나 문장을 하나의 단위로 읽어나가기 때문에 발음보다는 의미 파악에 초점을 둔다. 문자 해독 및 부호화 지식과 기술에 대한 학습보다는 글의 의미를 파악하고 이해하는 것을 중요하게 다룬다. ② **실생활에서 익숙한 단어나 문장을 중심으로 지도하므로**, 유아의 **흥미 유발과 관심을 지속**적으로 유지할 수 있는 **의미 있는 언어학습**이 일어난다. ③ 유아 스스로 언어자료를 선택할 수 있다. ④ 유아의 관심과 흥미, 발달 수준을 고려한 교수법으로 즐겁고 자발적인 참여를 유도할 수 있다. ⑤ **문자언어와 음성언어를 동시에 발달**시킨다. 읽기에 그치지 않고, 읽은 내용을 생활에 관련지어 말해 보는 활동들을 곁들여 듣기와 말하기 지도를 병행할 수 있다. ⑥ 단어나 문장을 하나의 단위로 읽어나가기 때문에 의미 파악에 초점을 둔다. ⑦ 기본적인 의사소통 수단인 **듣기, 말하기, 읽기, 쓰기가 밀접하게 연결**되는 언어학습을 한다. 기 '전체 이야기, 문장, 단어, 낱자 순으로 지도하고자 한다.'에 해당하는 유아 **언어지도 접근법**의 **장점**을 1가지 쓰시오. [특25]
단점	① 의미 파악에 지도의 초점을 맞추게 되므로 **명확한 해독 지도가 어렵**다. ② **기초 언어 지식이나 기능을 충분히 습득하지 못**할 수 있어서 제때 익혀야 할 **읽기와 쓰기에 대한 지식과 하위 기술을 간과**할 수 있다. 따라서 문자언어를 이해하고 활용하는 능력이 낮다. ③ 제한된 범위 내에서 단어와 문장을 반복 지도하고 머릿속에 저장하게 하기 때문에 **학습량이 많지 않다**. ④ **학습의 전이가 매우 낮다**. 배운 글자는 그 형태를 기억하여 쉽게 읽을 수 있으나, 배우지 않은 단어나 문장은 거의 읽을 수 없다. ⑤ 교사의 지도능력에 따라 **언어의 개인차가 크게 벌어진다**. 기 의미 중심(총체적) 언어 접근법 '자·모음보다는 의미를 구성하는 전체적 이야기를 기본 단위로 가르쳐야 하는 거죠.'의 **문제점**을 1가지 쓰시오. [13]

> **Plus 지식** 발음 중심 접근법에 기초한 유아 교실의 모습

① 유아를 수동적 학습자로 봄으로써 교사 주도의 **조직적이고 획일적인 지도**가 이루어진다.
② 유아의 **읽기·쓰기 준비도를 앞당겨** 주기 위해 **읽기, 쓰기의 하위 기술들을 직접적이고 체계적으로** 가르쳐준다.
③ 대집단 활동 중심의 읽기, 쓰기 교육을 하며, 긍정적 **강화**, 즉각적이고 구체적인 **보상, 모델링, 반복 학습**이 강조된다.
④ 읽기·쓰기 경험이 하루 일과에 통합되기보다는 **형식적이고 구조적인 형태의 활동**(별도의 읽기 또는 쓰기 활동)으로 이루어진다.
⑤ 교재는 한글의 체계나 음소의 결합 원리를 나타내는 자료들로 주로 **출판된 학습지가 사용**되며 학습 결과물을 중시한다.
⑥ 교사는 철자법, 언어의 구조, 어원 및 유아 발달 수준에 대한 정확한 이해를 가지고 있으며 유아가 자·모음 글자의 이름을 알고 그것을 잘 읽을 수 있도록 체계적으로 지도해줄 수 있다.

Plus 지식 발음(부호) 중심 접근법과 의미 중심(총체적) 접근법 비교

구분	발음 중심 접근법	의미 중심 접근법
기초 이론	• 행동주의 이론	• 상호작용 주의 이론, 진보주의 이론
교육 목표[25]	• 글자 기호의 **정확한 해독과 부호화** 기술 습득 • 언어의 구조 이해	• 글의 **의미 파악 및 전달** • 의사소통을 위한 **언어 사용 능력**
언어 학습 방향	• 상향식 접근 (음소 → 글자 → 단어 → 문장 → 이야기)	• 하향식 접근 (이야기 → 문장 → 단어 → 글자 → 음소)
언어 학습 주체	• 교사 주도적인 계획과 진행	• 유아 스스로 **의미를 구성**하는 과정
교수-학습 방법	• 강화와 모방, 반복, 연습, 설명 • 언어 교육을 위한 **독립된 시간**	• 언어가 사용되는 **실제 맥락에서 이루어지는 다양한 상호작용** • 타 교과 영역과의 **통합적 활동**
언어 영역별 지도에 대한 관점	• 음성 언어(듣기, 말하기)는 자연스럽게 습득할 수 있으나 문자 언어(읽기, 쓰기)는 **직접적이고 단계적인 지도가 필요** • 읽기, 쓰기를 분리하여 지도	• 음성 언어(듣기, 말하기)와 문자 언어(읽기, 쓰기)의 **통합적 지도** • 읽기와 쓰기를 **통합적으로 지도**
교재	• 한글의 자모 체계와 음소의 결합 원리를 보여주는 자료 • 학습지 형태의 자료 중심	• 유아에게 **의미 있는 자료**(그림책, 달력, 편지, 브로슈어, 표지판, 사물의 이름 글자 등)
강점	• 정확한 해독 능력의 습득 가능함 • 새로운 글자나 단어의 해독에 적용이 용이함 • 초기 읽기나 문해 경험이 부족한 유아의 언어 학습에 효과적	• 읽기, 쓰기에 대한 유아의 **흥미나 동기 유발**에 효과적 • 글의 의미 파악과 이해, 의미 전달 능력 발달
제한점	• 글의 의미 파악 및 구성 능력 발달을 돕는 데 제한적 • **의미 없고 지루한 학습**이 될 수 있음	• 해독 능력 발달을 위한 지원이 어려움 • 언어의 정확성을 습득하기에 제한적

서동미 외(2017)

기 주A7. 1) ① [A]와 [C] 각각에 해당하는 **문자언어 지도 접근법**의 명칭을 순서대로 쓰고, ② 문자언어 교육의 **목표 측면**에서 [A], [C]의 접근법이 **어떻게 다른지** 쓰시오.[25] ① 발음 중심 접근법, 의미 중심 접근법 ② [A] 접근법은 문자 해독과 부호화를 중시하고, 읽기의 하위기술에 대한 정확한 이해를 중시하는 반면, [C] 접근법은 의미 있는 맥락에서 글의 의미를 파악하는 이해의 과정을 중시한다는 점에서 차이가 있다.

> 박 교사 : 우리 반 유아들이 요즘 읽기, 쓰기에 부쩍 관심이 많아진 것 같아요. 그래서 자모음 낱말 카드를 준비하여 반복적인 연습을 통해 낱자부터 자소-음소 대응 관계와 철자법을 직접적인 방법으로 지도하고 있어요. ⎫ A
>
> 김 교사 : 그랬군요. 읽기, 쓰기는 유아에게 실제적이고 의미 있는 언어 활동이나 그림책 읽기 활동을 통해 통합적으로 접근할 때 효과적인 것 같아요. 문자언어 학습의 방향도 전체 이야기에서 문장, 낱말, 낱자 순으로 지도해야 한다고 생각해요. ⎫ C

3 균형적 접근법(balanced language approach)

이론적 관점

▶ 문해 지도는 **의미 있는 맥락에서 문자를 경험**하도록 하면서 동시에 **읽기 하위 기술에 대한 직접적인 지도를 병행**해야 한다는 입장.

① 1980년대 이후 의미 중심 접근법은 언어교육의 주된 접근법으로 교육 현장에 널리 적용되었다.
  - 유아의 흥미를 중요시하고 의미 이해를 강조하는 총체적 접근법은 유아에게 가장 적절한 방식으로 이해되고 적용되었으나 **유아의 읽기 능력이 점차 저하된다는 문제점**이 제기되기 시작하였다.
  - 그리하여 학자들은 발음 중심 접근과 의미 중심 접근의 적절성에 대한 치열한 논쟁을 시작하였고 그 결과 각각의 장점을 취하도록 하는 균형적 접근법으로 의견이 모아졌다.

② 20세기 초에 대부분의 교사가 발음 중심 언어접근법을 취하다가 1920~1950년대에는 의미 중심 접근법을 강조하였으며, 20세기 말에는 **다시 발음 중심 접근법이 강조**되었다.
  - 이처럼 교수법이 교대로 강조된 이유는 두 방법 모두 대다수 유아에게 읽기를 가르치는 데 성공과 실패의 결과를 보이기도 하였지만, 효과적인 오직 하나의 교수법은 없었기 때문이다.

③ 균형적 접근법은 발음 중심 접근법과 의미 중심 접근법의 새로운 절충주의로서 **분석적 접근을 취하는 발음 중심 접근법**과 **전체적인 접근을 취하는 의미 중심 접근법의 좋은 점을 수용**하여 만들어졌다.

④ 유아가 좋은 글들을 읽고, 의미 있는 문학적 경험을 가져야 하는 것도 사실이지만 음운 인식, 글자 해독, 단어재인 능력이 부족하다면 효과적인 읽기가 어려울 수 있다.
  - 즉, 균형적 언어접근법은 서로의 단점을 보완하고자 의미 중심 지도법의 맥락에서 음운 및 부호 중심 언어지도를 병행한다고 볼 수 있다.

⑤ '균형'이란 말에 내포되어 있는 의미
  - 발음 중심 접근법과 의미 중심 접근법의 균형
  - 음운 중심의 교수와 의미 중심의 교수 사이의 균형
  - 읽기와 쓰기의 균형
  - **교사 주도적 활동과 유아 주도적 활동의 균형**
  - 계획된 활동과 계획되지 않은 활동의 균형
  - 개별 활동과 집단 활동의 균형

[기] 모든 유아에게 적합한 최상의 언어교육 방법은 없으며, 한 가지 접근법으로는 언어교육을 하는 데 효과적이지 못하다는 요구에 따라 (가) 발음중심 언어 접근법과 (나) 의미중심 언어 접근법의 장·단점을 보완하여 접목한 접근법이 무엇인지 쓰시오.[13]

[기] 〈동시 '약속'〉〈동요 '봄소식'을 한 소리로 부르기〉〈자음, 모음 조합하기〉에서 나타난 언어교육의 접근법을 쓰고, 개념을 설명하시오.[15]

[기] 자음과 모음의 이름을 외우게 하거나 형태 변별을 가르치자는 것이 아니에요. 그림책을 읽은 후 같은 글자가 들어간 낱말을 찾아보게 하였더니, 그렇게 한 글자는 쉽게 익히더라고요.[17]

[기] ⓒ '이야기나 동화 등과 같이 의미 있는 맥락에서 문자를 경험하게 하면서 직접적으로 읽기 하위 기술에 대한 지도를 병행하는 방법'이 의미하는 언어교육방법이 무엇인지 쓰시오.[특19]

[기] ⓘ '친숙한 글자로 의미 있게 접근하면서 필요한 경우 낱자를 이용해 놀이하는 방법을 계획해 봐야겠어요.'에 해당하는 문자언어지도 접근법이 무엇인지 쓰시오.[20]

- 기존의 읽기·쓰기 교육과 다른 점은 유아에게 단순히 읽어 주고 쓰게 하는 학습의 차원을 넘어서 **학습자에게(to), 학습자와 함께(with), 학습자 스스로(by) 읽고 써볼 다양한 기회를 제공한다는 것**이다.
- 즉, **교사 주도, 교사-유아 주도, 유아 주도의 활동이 균형**적으로 이루어지도록 해야 한다.
- 유아들이 관심을 가지고 스스로 읽기와 쓰기 활동을 할 수 있도록 동기화하며, 유아 개개인의 요구를 만족시키는 개별화 교육을 하며, 이를 위해 유아에게 비계설정을 통한 **다양한 교수전략을 혼합하는 문해교육 방법**이다.

```
소리내어 읽기·쓰기
    나누어 읽기·쓰기
        안내된 읽기·쓰기
            협동적 읽기·쓰기
                혼자 읽기·쓰기
                              독립성 증가, 지원 감소
```
읽기·쓰기의 형태와 교수 지원

교수원리	
	① 개별 유아의 특성과 환경, 발달, 요구가 다르므로, **개인차에 따른 적절한 교수법을 사용**해야 함을 전제로 한다. ② 교사는 **전통적인 읽기 지도 방법도 사용**하고 **구성주의적 읽기 지도 방법도 사용**한다. ③ **의미 있는 실제 상황에서 문자의 기능**과 언어 사용 목적에 대한 지도, 낱자 지식, 음운 인식, 자소와 음소의 대응 관계 이해, 단어재인, 어휘력 등 **기초기능의 체계적이고 직접적인 지도**를 병행한다. ④ **발음 중심의 분석적·상향식 접근법**과 **의미 중심의 총체적·하향식 접근법** 간의 **균형**을 추구한다. ⑤ 균형적 언어접근법에서는 **교사의 역할이 매우 중요**하다. 어느 한쪽을 지나치게 강조하거나 제한하지 않고, **개별 유아의 특성에 맞는 균형점을 찾는 것**은 교사의 몫이다.

전체적인 언어발달을 위한 활동	① 유아와 함께 다양한 장르와 유형의 **문학작품**을 번갈아 가며 읽기
	② 유아가 **좋아하는 이야기**를 반복하여 읽어주기
	③ **극놀이** 장려하기
	   예) 병원 놀이에서 처방전 쓰기와 같이 문해와 관련된 극화 놀이
	④ 소리와 상징 간의 관계를 탐색할 수 있도록 많은 기회 제공하기
	⑤ 유아가 혼자서 읽고 쓰기를 할 수 있도록 **환경인쇄물이 풍부한 환경** 제공하기
	⑥ 첫머리나 끝머리에 규칙적으로 같은 운이 사용되는 **동요**를 자주 들려주기
	  – 운율이 있는 전래동요와 고유한 우리말이 사용된 **전래동화**를 사용한 말놀이를 통해, 우리말의 독특한 특징을 재미있게 익히게 하면 음운인식 발달을 도울 수 있다.
	   예) '김 서방, 김매러 가세~ 배 서방, 배 따러 가세~' 전래동요를 듣고, 동일 패턴으로 운 맞춰 동시 짓기

부분적인 언어발달을 위한 활동	① **개념 형성에 도움이 되는 이야기** 들려주기 ② **간단한 어휘를 만들 수 있도록** 지도하기 ③ **이미 알고 있는 음절과 소리를 이용**해서 글자 가르치기 　㉠ 자기 이름의 첫 글자와 같은 친구의 이름 찾아보기 ④ **언어 게임**하기 　㉠ 글자-음절 대응 관계나 자소·음소 대응규칙에 중점을 둔 언어게임 ⑤ 발음되는 **단어를 각각의 소리로 쪼개고, 그 소리를 전체 단어로 묶어** 말해 보도록 하기　㉠ 천천히 단어를 쓰면서 그 단어를 소리내어 말하기	
정의적 태도 발달을 위한 활동	① 유아가 읽기·쓰기를 시도할 수 있도록 격려하고 매일 읽고 쓸 기회 제공하기 ② 유아가 자기의 읽기·쓰기 경험에 관해 이야기하도록 하기 ③ 교사가 읽기·쓰기에 대한 긍정적인 모델링하기 ④ 자발적인 읽기·쓰기를 할 수 있도록 문식성 환경 만들기 ⑤ 읽기·쓰기에 대해 긍정적인 피드백 주기	
교수방법	조정숙 외	• 조정숙과 김은심(2005)은 한글 지도를 위한 균형적 접근법에 대해 다음과 같은 순차적 과정을 제시하였다. • 이러한 과정을 통해 읽기의 목적, 과제, 중요하고 덜 중요한 것 찾기, 의미를 찾기 위해 배경지식을 활용하는 습관 등을 갖게 한다.
		1단계: • 글자보다는 **의미 파악에 초점**을 두어, 자형이 간단하고 의미도 쉬운 낱말이나 문장을 그림과 함께 제시하여 읽기에 대한 흥미를 유발한다.
		2단계: • 의미 중심의 방법을 지속적으로 유지해 가는 동시에 **글자의 정확한 발음을 강조하는 발음 중심 방법을 도입**한다. • 자음자와 모음자의 모양 변별, 자음자와 모음자의 음가 변별 등의 활동을 하며, 유아 스스로 자모의 음가를 결합하여 배우지 않은 쉬운 글자도 읽을 수 있을 때까지 계속한다.
		3단계: • 유아들이 쉬운 글자를 거의 읽게 되면 **다시 의미 중심 방법**으로 돌아가 간단한 생활 이야기, 동화, 우화를 읽도록 지도한다.
	스트랙 랜드 외	• 스트랙랜드(Strickland)와 파울러(Fowler)도 이와 같은 맥락에서 **'전체-부분-전체'의 방법**을 도입하여 가르칠 것을 제안하였다. • 즉, 읽기 기술과 의미 파악 능력은 결코 분리될 수 없기 때문에 집중적인 읽기 기술 지도는 먼저 의미를 파악하게 한다는 전제하에서 가르쳐야 한다는 것이다. • 그리하여 ① 처음에는 **의미 중심 접근법**으로 읽기 자료들을 제시하고 의미에 관한 대화를 나눈다. • 그런 후에 ② 읽기나 쓰기의 **기초 기능들을 명시적으로 가르친다.** 그리고 다시 ③ **의미의 이해나 구성을 위한 활동 시간**을 가지게 한다. • 이를 도식화하면 다음 그림과 같다.

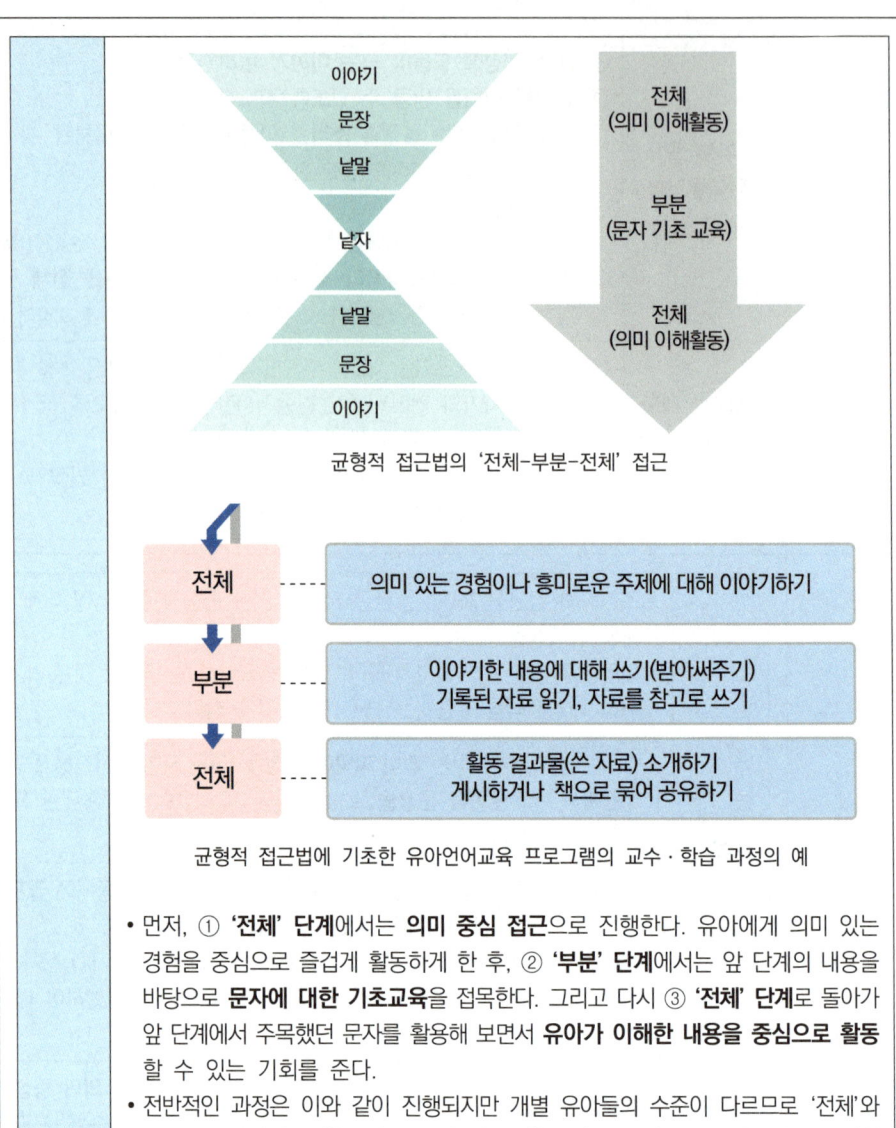

균형적 접근법의 '전체-부분-전체' 접근

균형적 접근법에 기초한 유아언어교육 프로그램의 교수·학습 과정의 예

- 먼저, ① **'전체' 단계**에서는 **의미 중심 접근**으로 진행한다. 유아에게 의미 있는 경험을 중심으로 즐겁게 활동하게 한 후, ② **'부분' 단계**에서는 앞 단계의 내용을 바탕으로 **문자에 대한 기초교육**을 접목한다. 그리고 다시 ③ **'전체' 단계**로 돌아가 앞 단계에서 주목했던 문자를 활용해 보면서 **유아가 이해한 내용을 중심으로 활동**할 수 있는 기회를 준다.
- 전반적인 과정은 이와 같이 진행되지만 개별 유아들의 수준이 다르므로 '전체'와 '부분'의 단계에서 활동의 수준과 정도, 활동에 소요되는 시간은 다르게 진행되어야 한다.

지도방법	① 의미 중심 언어접근법의 철학을 바탕으로 발음 중심 교육 병행 　- 균형은 경험과 흥미를 고려한 친숙한 단어 학습, 때로는 글자와 음절의 대응 전략, 기본 음절표를 통한 결합원리의 이해 등을 함께 적용하는 것이다. 　- 음운 인식을 지나치게 과대해서 강조해서는 안 되며 지나친 기술 중심의 읽기와 쓰기 활동은 제한해야 한다. ② 의미 중심 자료와 발음 중심 자료 사이의 자료 제시 　- 한글은 음절 단위의 학습으로 시작해서 가르칠 수 있으며, 문장과 같은 큰 단위에서 작은 단위로의 분석이 가능한 문자 체계이다. 　- 한글 습득에는 이 두 과정이 모두 존재하므로 **균형적인 교수-학습 자료**를 제시해야 한다. ③ 흥미와 인위적 학습의 균형 고려 　- 문자 습득은 문자라는 기호를 학습하기 위하여 유아의 **동기가 유발될 수 있도록 흥미 있는 학습 상황**이 제시되어야 하며, 동시에 **문자언어에 대한 체계적인 학습 내용**이 균형적으로 제시되어야 한다. ④ 형식적 평가와 비형식적 평가의 균형 고려 　- 유아의 언어능력을 평가하는 데 있어서 **명시적이고 표준적인 평가와 학습자의 자기 평가** 및 관찰과 같은 비표준적인 평가의 균형을 고려해야 한다. 　- 특히 학습자 스스로 자연스럽게 자기 평가를 할 수 있게 하고, 그에 대한 피드백이 이루어질 수 있도록 하는 것이 중요하다. ⑤ 기초 문해와 고등 문해의 통합 고려 　- 초기 문자언어 습득은 부호를 해독하고 이미 알고 있는 의미와 연결 짓는 데 있다. 　- 단어를 익히는 초기 수준에서는 **개별 단어와 동음절 위주**로 지도하고, 단어의 짜임을 익히는 고등 수준에서는 **의미 있는 동화·동시·동요 등을 활용**하여, 문장에서부터 낱자나 음절을 익히도록 지도해야 한다.	

함께 동화 읽기	• 교사가 유아에게 그림책을 읽어 주는 것으로, 이 과정에서 유아는 그림책 읽는 과정에 적극적으로 참여할 수 있다. • 유아는 교사와 함께 그림책을 읽으면서 이야기에 대한 이해력, 언어의 운율과 이야기 구조에 대한 인식이 향상된다.
동시 활용하기	• 유아는 동시를 읽고 들으면서 동시에 자주 나오는 단어나 낱자를 찾아내고 같은 글자, 다른 글자를 알아가게 된다. • 교사는 인쇄된 글자에 대한 개념이나 초기 읽기 전략 등에 대한 시범을 보일 수 있다.
환경인쇄물 활용하기	• **환경인쇄물 : 실생활의 특정한 맥락을 담고 있는 간판**, 교통표지판, 텔레비전 광고, 과자 상자 **등과 같은 인쇄물**을 의미한다. • 환경인쇄물은 책과 같은 일반적인 인쇄물과 비교해 보았을 때 크고 **굵고 다양한 형태의 글씨체와 색깔로 구성**되어 **유아에게 시각적으로 매력적이고 친숙하며 즉각적인 흥미와 관심을 자극**한다. • 이러한 주변 환경인쇄물은 구체적이고 유아가 접한 경험과 연관되어 있으며 노출되는 인쇄물의 양에 따라 무한히 많은 글자를 시각적으로 경험할 수 있기에 지속적으로 자주 접하게 하여 유아의 읽기 능력 향상을 도울 수 있다.

지도내용	교사가 소리 내어 읽어주기 (reading aloud)	▶ 교사가 매일 일정한 시간에 유아들 앞에서 그림책을 읽어주는 것
		• 유아의 읽기 능력을 향상하는 데 가장 효과적인 방법이며, 이 활동을 통해 유아들은 책을 즐기게 될 뿐 아니라 언어 능력 향상에도 많은 도움을 받는다.
		• 반복되는 구절이나 독특한 단어가 나오는 동화를 소리 내어 읽어주거나, 유아를 몰입하게 만드는 내용이 포함된 자료를 활용한다.
		• 반복되는 구절의 가치
		  - 청각적 변별력을 발달시킨다.
		  - 유아는 반복되는 구절이나 찬트(chant)의 음악적인 특성을 즐긴다.
		  - 유아에게 의미 있는 음운에 대한 인식을 발달시킨다.
		  - 언어의 소리에 주의를 기울임으로써 언어가 작용하는 방식에 대한 민감성이 발달한다.

	교사가 소리 내어 써주기 (writing aloud)	▶ 교사가 유아들 앞에서 자기 생각을 소리 내어 말하면서 쓰는 것 • 이 활동을 통해 유아들은 음성언어와 문자언어를 대응시키고, 쓰기의 여러 측면을 학습하게 된다.
	함께 보며 읽기 (shared reading)	▶ 교사와 유아가 큰 책과 같은 자료의 그림책을 보면서 교사가 읽어주되, 반복되는 구절이나 예측 가능한 부분은 유아가 직접 읽어 보게 함으로써 읽기에 참여시키는 활동 • 함께 읽기 활동을 통해 이야기에 대한 이해력, 언어의 운율에 대한 인식 그리고 이야기 구조에 대한 인식을 높일 수 있다. 기 2019 개정 유치원 교육과정 '의사소통' 영역의 내용범주인 '읽기와 쓰기에 관심 가지기'에서 (나) '(보드판에 천천히 크게 한 글자씩 쓰면서) '안', '경', '안', '마'. 다 같이 읽어 볼까요?'와 가장 관련되는 내용을 1가지 쓰시오 [21] 말과 글의 관계에 관심을 가진다.
	교사가 받아 써주기 (함께 쓰기, shared writing)	▶ 유아가 자기의 생각을 말로 표현하면, 교사가 받아 써주는 활동 • 유아가 그린 그림에 대한 설명이나 카드의 인사말 등 다양한 상황에서 발화되는 언어적 내용을 부모나 교사가 받아 적어주는 것은 중요한 경험이다. • 유아는 자신의 말을 성인이 받아 적는 것을 보면서 문자언어 인식이 발달하게 된다.
	글자가 만들어지는 과정을 안다	• 글자는 왼쪽에서 오른쪽으로 써 내려가는 것임을 안다. • 단어 간에 띄어쓰기한다는 것을 안다. • 글자와 말은 서로 관련된다는 것을 안다. • 단어와 문장의 개념 등을 발달시킬 수 있다. • 교사가 받아쓴 것을 읽어 주는 것을 들으면서 '글로 받아 적은 것은 읽힐 수 있다.'는 것을 안다.

	안내적 읽기 (guided reading)	▶ 유아가 직접 책을 읽으며 **교사의 안내와 상호작용을 통해** 지원받는 방식 • 유아가 스스로 선택한 동화책을 직접 읽은 후 교사와 상호작용하는 것으로, 교사는 유아에게 이야기를 다시 말해보게 하거나 소리 내어 읽어보게 하는 등의 상호작용을 할 수 있다.
	안내적 쓰기 (guided writing)	▶ 유아가 직접 글을 쓰며 **교사의 안내와 상호작용을 통해** 지원받는 방식 • 교사는 유아가 표현하려는 것을 어떻게 의미 있게 나타낼 수 있는지를 발견하도록 돕는다.
	혼자 읽기 (independent reading)	▶ **교사의 도움 없이 유아 스스로 읽는 활동** • 이를 위해 교사는 읽기 영역에 질 좋은 문학작품을 많이 제공해 주고, 인쇄 문자가 풍부한 환경을 구성해 주어야 한다.
	혼자 쓰기 (independent writing)	▶ **교사의 도움 없이 유아 스스로 쓰는 활동** • 교사는 자연스럽게 쓰기가 일어날 수 있도록 다양한 쓰기 자료가 있는 환경을 만들어 주어야 한다.
장점		① **발음 중심과 의미 중심 접근법의 장점을 취할 수** 있다. 의미 중심 접근법의 기본 틀을 유지하면서 음운 인식이나 철자와 소리의 대응과 같은 읽기에 필요한 기초 지식과 기술을 지도하는 것이므로, 부호 중심과 의미 중심에서 사용하는 교수법을 모두 사용할 수 있다. ② **개별 영유아의 언어발달 수준에 적합한 교수법을 제공**하여 영유아의 언어사용 욕구를 충족시킨다. ③ 영유아가 언어활동에 관심을 가지고 적극적으로 참여할 수 있도록 다양한 매체를 활용한다. ④ 주로 동화 등의 문학작품이 읽기 교재로 사용되나 해독을 위한 전통적인 연습 책도 사용된다. ⑤ 읽기·쓰기에 필요한 기초 기술을 가르치며 교사가 제안한 내용을 중심으로 쓰기 활동이 자주 이루어진다.
단점		① 초기에는 학습자들의 흥미를 고려하여 의미 중심으로 단어와 문장을 지도하지만 차츰 문자에 익숙해질 때쯤 자음과 모음 지도를 병행하는 절충식 방법을 사용한다. - 그러나 절충식 지도를 하는 데 있어서 **두 방법이 단순히 차례로 나열되는 수준에 그칠 수** 있으며, 절충적으로 지도하더라도 지도 시기, 지도 순서, 지도 비중 등에서 균형을 유지하기가 쉽지 않다. 즉, 진정한 의미의 균형 있는 언어지도를 실천하는 데 어려움이 있다. ② **교사의 역할과 역량에 따라 영유아에게 제공되는 언어지도는 차이**가 있다. ③ 언어과제의 특성이나 유아의 발달 특성에 따라 지도 방법을 달리하므로 교사의 융통성 발휘와 그에 따른 부담감이 크다. ④ 교육 현장에서 바로 적용할 수 있는 방법이 구체적으로 제시되어 있지 않다.

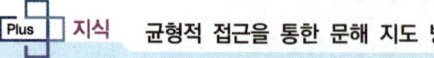 **균형적 접근을 통한 문해 지도 방법**

- 황은순(2010)은 유아들에게 음운 인식 지도, 자소-음소 연결 지도, 쓰기 및 철자법 지도, 어휘 지도, 글의 내용 이해 지도 등 5개 영역을 중심으로 문해교육이 이루어져야 한다고 보았다.

음운 인식 지도	• 'Ⅰ. 언어의 구조 및 기능' 내용과 동일
자소-음소 연결 지도	• 구어의 음소와 문어의 자소 간의 관계를 가르치고 읽기와 쓰기에서 이러한 관계를 활용하는 방법을 가르치는 것을 의미한다. • 이를 위해 친숙한 단어를 자동적으로 정확하게 인식하도록 하고 친숙하지 않은 단어의 해독을 위하여 자·모음 원리를 활용하도록 돕는다.
쓰기 및 철자법 지도	• 이야기 나누기에서 주제 관련 어휘들을 화이트보드에 쓰면서 글자 쓰기 모델 보이기, 자·모음 글자(자석 혹은 융판) 이용하여 단어 만들기, 역할놀이를 위한 표시 또는 간판 쓰기 등 유아에게 의미 있는 활동을 통해 지도한다.
어휘 지도	• 대부분의 어휘는 가르치지 않아도 매일의 생활 경험과 책 읽기를 통해 자연적으로 습득되지만 복잡한 개념을 표상하는 어휘의 경우 직접 가르칠 필요가 있다. • 이때 그림을 제시하면서 문장 완성하기, 비디오 본 후 설명하기, 같은 의미를 나타내는 다른 말로 바꾸어 표현하기 등의 활동이 효과적이다.
글의 내용 이해 지도	• 읽는 기회를 제공하고 자유선택활동에서 개별적으로 성인과 함께 또는 녹음된 자료를 활용하여 그림책 읽기의 기회를 많이 가지도록 도와줌으로써 유아의 읽기가 향상될 수 있다. • 개별적, 소집단, 대집단으로 그림책을 읽어 주고 책의 내용과 자신의 경험을 이야기 나누고 토론해 볼 수 있도록 함으로써 책 내용을 이해하고 비판적 사고 능력이 향상될 수 있도록 도와줄 수 있다.

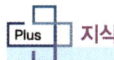

지식 발음중심, 의미중심, 균형적 접근법 비교

	발음 중심 접근법	의미 중심 접근법	균형적 접근법
단어 인식과 이해의 관계	읽은 것을 이해하려면 각 단어를 인식해야 함	각 단어를 알지 못할 때도 이해할 수 있음	읽은 것을 이해하려면 **단어를 정확하고 빨리 개념화**할 수 있어야 함
정보 단서의 사용	모르는 단어를 알기 위해 전적으로 **단어 및 글자-소리 단서**를 사용함	모르는 단어를 알기 위해 메시지의 **의미나 맥락을 사용**하도록 격려함	모르는 단어를 알기 위해 글자-소리 단서와 의미 단서를 **동시에** 처리해야 함
읽기 발달의 관점	읽기는 단어 인식 기술의 습득을 요함	유아는 의미 있는 읽기, 쓰기, 말하기, 듣기 활동을 통해 배움	유아는 의미 있는 맥락에서 기술과 전략을 발달시킴으로써 읽기를 배움
교수 시 강조되는 언어 단위	① 글자-소리 관계, 단어 인식	② 문장, 문단, 텍스트 선정 강조	① + ②
교수의 강조점	• **읽기, 쓰기의 정확성** 중시 • **자소, 음소와 관련된 기술** 강조 • **순서적, 체계적 교수 기술** 강조 • 문장, 단락, 텍스트에서 의미를 구성할 수 있기 전에 글과 단어의 해독 강조	• 읽기 쓰기에서 **의미 강조** • 글자의 구성 원리보다는 학습자에게 **의미 있고 친숙한 단어나 문장, 텍스트 전체를 제시**하여 의미 이해에 중점 • 유아가 선정한 읽기 자료를 통해 **즐거움을 느끼는 것** 강조 • 각 단어를 아는 것이 메시지 이해에 필수적인 선수 조건이라고 보지 않으므로 읽기, 쓰기 시 단어 오류가 수정되지 않을 때도 있음	• **정확한 단어의 개념화**가 의미 있는 읽기, 쓰기에 기여하는 것으로 봄 • 균형적이고 종합적인 초기 읽기, 쓰기 지도 강조
평가	읽기, 쓰기 기술에 기초하여 평가받을 필요가 있음	읽기, 쓰기를 통해 구성된 지식의 종류에 기초하여 평가받을 필요가 있음	의미 있는 맥락에서 그 수행에 근거하여 평가받을 필요가 있음
교재	① 교과서, 교재, 학습지, 차트	② 그림 동화책, 큰 책, 간판, 과자봉지, 신문, 잡지 등 생활 주변의 문해 자료	① + ②
교육활동	① 받아쓰기, 기계적 연습, 글자 베껴 쓰기, 같은 글자로 시작하는 단어 찾기, 첫 글자가 같은 단어 찾기, 낱자를 조합하여 단어 만들기, 단어에서 첫소리 말하기 등	② 저널 쓰기(자신의 경험 쓰기), 일기 쓰기, 문집 만들기, 반복되는 단어, 구, 문장 파악하기, 동화책에 나오는 문장을 섞어 놓고 순서대로 배열하기	① + ②

4 언어 경험 접근법

출현 배경	▶ 유아가 자신의 **생활 경험을 언어로 표현**하고 **기록하여 읽기 자료로 활용**하는 언어교육 방법 ① 언어 경험 접근법은 20세기 전부터 여러 실험학교에서 다양한 방식으로 시도되다가 1920년대 시카고 대학에서 최초로 사용되었고 1934년에 언어 경험(language experience)이라는 용어로 불리며 사용되었다. ② 1960년대 이후 발음 중심 접근법과의 비교연구 등 언어 경험 접근법에 관련된 연구가 이루어지면서 초기 읽기의 효과적인 지도 방법으로 사용되었고 1980년대 중반에서 1990년대로 이어오면서 제2 언어의 읽기, 쓰기 수업에서도 그 가치를 인정받으며 활용되고 있다. ③ Hall(1972)은 초기 읽기 단계의 유아들이 **읽기가 의사소통 방식임을 인식**하고 **문자언어와 음성언어를 연결 지을 수** 있도록 **통합 지도하는 것이 중요**하다고 하였다. 여기에서 학습자가 자신의 언어로 쓰인 교재를 활용하면 유의미한 학습이 일어나고 유창한 읽기가 용이하므로 언어 경험 접근법을 활용할 것을 제의하였다. 🗝 오늘은 산책을 가서 보았던 꽃에 대해 이야기를 나누고, 동시 짓기와 산책길 그리기를 하였다. 유아들이 직접 경험했던 것을 바탕으로 해서 그런지, 3세 유아들도 재미있어하며 자신의 생각을 쉽게 표현할 수 있었던 것 같다. 유아가 유치원 안팎에서 겪는 일상적인 경험이 언어 교육의 좋은 자료가 될 수 있다는 것을 알게 되었다. 총체적 언어 접근법과 함께 ⓔ 이 접근법을 자주 활용하는 것도 유아들에게 유용할 것 같다.[14]
기본 가정	① 언어 경험 접근법은 **생각하는 것을 말할 수** 있고, **말하는 것을 쓸 수 있으며, 쓴 것을 읽을 수** 있고, **다른 사람들이 써준 것을 읽을 수 있다는 관점**에서 **음성언어와 문자언어를 자연스럽게 연결**하여 경험하게 하는 언어 교수 방법이다. ② 이 접근법에서는 유아는 자신의 생활 경험을 기록한 읽기 자료를 보다 쉽게 읽을 수 있고 자신과 관련 있는 친숙한 낱말들을 중심으로 읽기, 쓰기 학습을 보다 효과적으로 할 수 있다는 것을 기본 가정으로 두고 있다. ③ 이는 총체적 접근법과 마찬가지로 **의미 중심적 읽기 지도 방법에 해당**하며 유아들의 경험이 스키마가 되어 읽기에 도움을 주게 되는 **하향식 접근방법**이라고 할 수 있다. ④ 언어 경험 접근법에서 [이유] **교수·학습 자료로 사용하는 이야기들은 유아들이 경험한 내용에 관한 것이기 때문에** 유아에게 **유의미한 내용으로 읽고 싶은 동기를 유발**한다. ⑤ 유아들은 언어 표현능력과 경험이 제한되어 있어 이들의 경험으로 구성된 읽기 자료가 완벽하지 못할 수도 있으나, **자신의 경험을 말해 보고 그것이 기록되는 모습을 관찰하고 이를 읽고 써 보면서** [장점] **듣기·말하기·읽기·쓰기의 언어 과정을 통합적으로 경험하는 기회**를 갖게 된다.

교수 방법		
		• 언어 경험 접근법에서는 유아의 경험과 그들의 언어를 배경지식으로 이야기를 만들어 내고 이를 읽기 자료로 사용한다.
	Dixon & Nessel (1983)	• 언어 경험 접근의 실천 방법을 '**토의하기, 구술하고 받아쓰기, 읽기, 단어 학습, 다른 자료 읽기**' 순으로 절차를 소개하였다.
	Nettles (2006)	• 언어 경험 접근법의 교수 절차는 '**경험하기, 경험에 대해 이야기하기, 구술한 내용 (교사가) 받아 써주기, 기록한 자료 읽기, 읽기자료 전시 및 가정으로 보내기**'로 진행된다고 하였다. • 여기에서 '견학하기, 물건 만들기, 실험하기, 교실 방문객들과 상호작용하기, 게임하기, 실외 산책하기, 휴일활동에 참여하기' 등의 구체적 경험들은 유아에게 언어활동의 주제를 제공한다고 하였고, 책과 같은 대리적인 경험들도 유용하다고 하였다. • 이와 같은 절차를 4단계로 정리하면 다음과 같다. 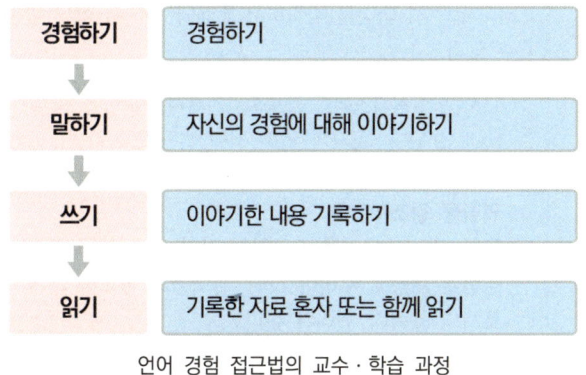 언어 경험 접근법의 교수·학습 과정

기 다음은 언어 경험 접근법에 따른 읽기 활동이다. ① [A]에 해당되는 **교수 절차의 명칭**을 쓰시오. **구술하고 받아쓰기, 구술한 내용 (교사가) 받아 써주기, 이야기한 내용 기록하기, 경험 기록하기**[19추]

> 교사 : 호랑이를 봤어요. (보드판에 '호랑이를 봤어요.'라고 적는다.)
> 지호 : 사자도 봤어요.
> 교사 : 사자도 봤어요. (보드판에 '사자도 봤어요.'라고 적는다.) 사자가 어떻게 하고 있었니?
> 민희 : 사자가 자고 있었어요.
> 교사 : 사자가 자고 있었어요. (보드판에 '사자가 자고 있었어요.'라고 적는다.)

	• **활동**은 전체 활동, 그룹 활동, 개별 활동으로 이루어질 수 있는데, **주요 기법**은 다음과 같다.	
	개인적 경험 이야기	▶ 유아의 **개별 경험**에 대해 **이야기 나눈 후 기록**하여 읽기 교재로 활용하는 방법 • 가장 일반적인 **활동**으로 그룹 경험 차트와 같은 절차를 따른다.
	그룹 경험 차트	▶ **그룹이 동일한 경험**을 하고, **이야기 나눈 후** 교사가 이를 **큰 차트에 기록**하여 읽기 교재로 활용하는 방법
	주요 어휘 접근법	▶ **유아에게 의미 있는 낱말을 선정**하여 **문장으로 확장**하는 방법 • 교사가 유아에게 **특별히 의미 있는 낱말**을 끌어내어 문장으로 확대하는 방법으로, 주요 어휘를 사용하여 새로운 이야기를 만들거나 낱말-매칭 게임, 또는 시각·청각 변별 게임을 할 수 있다.
	장면 설명하기	▶ 교사가 유아에게 **간단한 토의**를 하게 한 후 **유아가 이야기한 장면을 기록**하여 읽기 교재로 활용하는 방법
	• 유아들이 이러한 과정에서 습득한 낱말들은 교사나 자신들에 의해 쓰여진 상자에 보관된다. • 그리고 이 낱말들을 활용하여 사전을 만들어 보거나 낱말의 재배열을 통한 문장 만들기 등을 하며 낱말의 의미를 파악하고 또래와 옆에서 함께 활동하며 의사소통과 협력의 기회도 가질 수 있다.	
교사의 역할	① 교사는 수용자, 경험 제공자, 기록자, 질문자, 관찰자로서의 역할을 적절히 수행해야 한다. ② Hall(1970)은 교사가 언어 경험 접근법을 학생들에게 적용할 때 **유아의 말을 있는 그대로 받아들여야** 하고, 언어 경험 **접근법의 창의적 특성을 인지해야 한다**고 하며 **수용자로서의 역할을 강조**하였다. ③ 또한 교사는 유아들이 다양한 경험을 체험하여 이를 학습 자료로 활용할 수 있도록 **양질의 경험을 제공해 주어야** 하며, 유아들의 발화를 예측하고 순발력 있게 적을 수 있는 기록자로서의 능력이 있어야 한다. ④ 이와 더불어 **리포터와 같이 '누가, 언제, 어디서, 무엇을, 왜, 어떻게 했는가?'와 같은 간단한 질문**을 하여 말하기 실력이 낮은 유아들이 더 많은 이야기를 할 수 있도록 도움을 주어야 한다. ⑤ 유아 각자의 경험, 흥미, 언어발달 정도를 아는 것이 중요하므로, 교사는 유아의 활동을 면밀히 관찰함으로써 지도에 도움이 되는 단서를 잡아야 한다.	
장단점	• 장점 : 읽기·쓰기 자료가 유아의 경험에서 나오기 때문에 유아들에게 **의미 있고 흥미로우며 이해하기 쉽다.** • 단점 : 유아가 말한 내용 그대로 읽기 자료가 제작되므로 이 자료를 통해 **정확한 문법구조를 경험**하거나 **풍부한 어휘를 경험하는 데에는 제한**이 있다. • [단점 보완] 그러므로 교사는 언어 경험 접근법을 사용하면서 그림책이나 관례적 쓰기가 적용된 다양한 문해 자료들을 경험할 수 있도록 도움을 줄 필요가 있다. | 장점	단점
---	---
• 유아의 경험과 밀접한 관련 있음 • 읽기 자료에 대한 이해가 쉬움 • 초기 읽기 학습 단계에서 효과적임	• 유아의 이야기가 읽기 자료인 관계로 정확한 문법구조 경험이나 폭넓은 어휘 경험에는 제한이 있음		

5 문학적 접근법

개념	▶ 유아가 **문학작품을 통해 통합적으로 언어를 학습**하며 **스스로 의미를 구성**하는 접근방법
	• 문학적 접근에서 특히 강조하는 것은 **유아 스스로 구성해 나가는 것**이다.
	   - 유아들이 **이미 가지고 있는 지식을 사용**해서 **새로운 의미를 창조하도록 도와준다는 점**에서 유아의 **창의적 사고 및 상호 의견 교환 능력을 길러줄 수** 있다.
	• 뿐만 아니라 유아들이 그림책을 다양한 각도에서 생각해 볼 수 있는 기회를 제공해 준다.
	   - 즉, 문학적 접근이 **언어활동, 미술, 음률, 신체, 게임, 사회, 수학 등의 영역**에서 다루어지게 되므로, 유아들은 분절된 경험이 아닌 **통합적 경험을 통해 스스로 새로운 지식을 구성해** 나갈 수 있게 되는 것이다.

Rosenblatt (1978)	• 연습지를 사용하는 것보다는 전래동요, 동시나 좋은 그림책을 사용하는 것이 유아를 교육하는 데 보다 효과적이라고 하였다.
Moen (1991)	• **좋은 그림책을 언어교육 자료로 사용**함으로써 유아들의 **듣기, 말하기, 읽기, 쓰기(짓기), 생각하기를 통합적으로 발달**시킬 수 있다고 보았다. • 특히 유아는 좋은 그림책을 보며 문화적 교류가 일어나고 이를 통해 풍부한 경험의 세계로 들어갈 수 있다고 하였다.

교사의 역할	• 유아교육 현장에서 문학적 접근을 적용할 경우 교사는 다음과 같은 세 가지 점을 지향하게 된다. ① 첫째, 유아들의 언어 경험을 확장하고 격려하기 위해 언어교육 자료로 **좋은 유아용 그림책을 사용**한다. ② 둘째, 언어 학습을 유도하는 **모험과 실수를 허용하는 지지적인 환경**을 제공한다. ③ 셋째, **읽기, 쓰기, 말하기, 듣기, 사고하기를 통합하는 다양한 교수 전략**을 사용한다. • 즉, 문학적 접근을 통해 읽기, 쓰기, 말하기, 듣기, 사고하기를 강조함으로써 유아들이 스스로 의미를 만들도록 하고, 유아들이 알고 있는 지식과 연관시키는 교수 전략과 통합적 교수 전략 및 전체적인 맥락에서 접근하는 것이 중요함을 뜻하는 것이다.
장점 (특성)	① 문학적 접근은 **그 자체로 유아들에게 즐거운 경험**이 된다. ② 이야기책 읽기 과정에서 **음성언어와 문자언어의 관계를 이해**하고 **인쇄물이 읽혀지는 방향** 및 **인쇄물의 관례를 자연스럽게 학습**하게 해준다. ③ 학문 중심의 구조화된 교육과정과 유아의 흥미에 기초한 비구조화된 교육과정의 중간 지점에 있는 균형 잡힌 교육과정을 이루게 한다. ④ **교수-학습 방법의 다양화**가 이루어진다. 기 문학작품을 활용한 교수 방법의 장점을 듣기, 말하기, 읽기, 쓰기 간의 관계에 비추어 논하시오.[10]
교수 방법	① 문학작품을 통한 경험을 자기 경험과 연결하여 창의적인 활동으로 연결하는 확장 활동을 장려한다. ② 실제 그림 이야기책을 통해서 언어 학습을 한다. ③ 유아로 하여금 능력에 따라 책을 즐기고 도전하도록 격려한다. ④ **예측 책략**을 사용한다(**책의 제목, 표지 그림**). ⑤ 그림책을 **읽기, 쓰기, 과학, 수학, 신체활동, 조형활동 등의 통합**된 수업을 계획한다. 학습의 결과보다 과정에 초점을 두면서 학습자의 능동적인 참여를 존중한다. ⑥ 이야기책 읽기 과정에서 성인의 중재 역할을 강조한다. **교사-유아 간 책 읽기 과정에서의 의미 있는 상호작용**은 유아의 언어 발달에 중요하며 효율적인 유아기 언어 학습 방법이다. ⑦ **맥락적 언어와 탈맥락적 언어 사이의 불일치를 해결**하고자 한다.

1) 모엔(C. B. Moen, 1991) : 문학적 접근의 3단계(절차)

- Moen(1991)의 전략은 "문학적 접근을 어떻게 조직해 나갈 수 있는지에 대한 하나의 대안"이다.
- 실제 활동 전개에서는 반드시 제시된 스케줄을 따라가면서 해야 하는 것은 아니고 고정된 스케줄에 따라야 하는 것도 아니다.
- 활동을 쉽게 설명하기 위해 다음과 같이 3단계의 절차를 소개한다.

모엔의 문학적 접근의 3단계	1단계 그림책 소개	▶ 유아가 **책에 흥미와 관심**을 갖도록 **다양한 활동을 통해 유도**하는 단계 • 다음과 같은 활동을 할 수 있다. ① 흥미를 유발하는 질문하기 ② 단어 가지 만들기 : 그림책 제목과 관련된 단어로 가지를 만든다. ③ 그림책 표지 읽기 : 표지 그림을 보며 이야기 내용을 예측해 본다. ④ 재미있게 읽기 ⑤ 책에 대한 생각을 질문하기 ⑥ 다시 읽기
	2단계 내용(구조) 인식	▶ 그림책을 읽은 후 이야기의 내용에 대해 이야기 나누며 **내용(구조)를 파악**하는 단계
	3단계 몰입 활동	▶ **문학적 접근의 다양한 전략을 활용**하여 유아가 **언어활동에 몰입**하고 **의미 있는 경험**을 하는 단계 • 몰입 활동 단계에서 활용하는 활동은 **문학적 접근의 8가지 전략에 포함**되어 있는 것이다. • 이러한 활동을 적용할 때 유아 자신의 필요에 의해 언어를 활용할 수 있도록 언어학습의 과정을 일상생활의 맥락과 통합하는 것이 중요하다. • 몰입 활동이 좀 더 의미가 있는 것이 되기 위한 교사의 역할은 다음과 같다. ① 활동의 진행 과정 중에서 '정답'을 교사가 가르쳐 주기보다는 유아-유아, 교사-유아 간에 상호작용하며 재미있는 생각을 나누거나 언어를 학습하도록 하는 교수 형태를 취한다. ② 활동이 의미 있는 문해 사건이 되도록 몰입 활동을 통합적 접근으로 진행한다. ③ 교사는 여러 가지 교수전략에 대해 알고 있어야 하며, 이에 따라 언어 환경을 구성해 주어야 한다. ④ 또한 유아가 언어활동에 몰입하는 동안에도 참고 자료를 사용하는 방법에 대해 자연스럽게 알려주거나, 한 프로젝트를 계획할 때 어떤 순서로 풀이해야 할지 문제 해결의 단계를 끌어내도록 도와주는 역할도 중요하다.

2) 모엔(C. B. Moen, 1991) : 문학적 접근의 8가지 전략

작가적 전략	• 모든 언어 확장을 위한 기초로써 '짓기'를 활용하는 것이다. • **'짓기'를 활용함으로써 유아들은 생각을 표현**하고 또 이를 조직하는 방법을 알게 된다. 유아들은 자신의 아이디어를 표현하는 적절한 단어를 선택하고 이들을 연결하여 비로소 글을 짓게 된다. ① **저널 쓰기** : 유아 스스로 선택한 주제에 대해 그림이나 글로 표현하여 저널을 쓴다. 유아에게 자유롭게 글을 써보도록 하여 전혀 심리적 부담을 주지 않는다. 예 책 보고 글 써보기 ② **등장인물 일기 쓰기와 등장인물 단평 쓰기** : 유아 자신이 그림책에 나오는 등장인물이 되어 일기를 쓰는 것이다. 등장인물의 특징을 알아낼 수 있다. ③ **내 단어 책** : 자신이 배운 것을 기록하는 것이다. ④ **편지 쓰기** 예 책의 주인공에게 편지 쓰기, 작가에게 편지 쓰기 ⑤ **이야기 지어 책 만들기** ⑥ **신문 / 광고 만들기** ⑦ **동시 / 동요 짓기** : 그림책에 제시된 문장이나 단어를 중심으로 동시나 동요 짓기 ⑧ **가상(상상)하기** 예 '만약 내가 ~라면' 등의 상황을 상상하며 글을 쓰는 것
협동적 학습전략	• 유아의 참여를 격려하고 **유아에게 주도권을 주어 유아들이 상호작용하면서 언어 발달**이 이루어질 수 있도록 하기 위해 협동적 학습전략을 사용할 수 있다. ① **토의하기** : 유아들 간에 발생한 문제를 해결하기 위해서 서로 질문하고 생각을 나누며 그림으로 그리거나 글로 써서 만든 것을 읽어 줌으로써 일치된 방안을 찾도록 노력하는 것이다. ② 책을 잘 읽는 유아가 나이 어린 유아 돕기
게임 전략	• **흥미 있는 게임을 통해 언어적인 경험을 제공**하는 것으로, 유아에게 즐거움을 주기 때문에 큰 효과가 있다. ① **단어 선택하여 기록하기**(단어 입양) : 재미있는 단어 2개를 선택하고 각 단어에서 글자를 가져와 조합하여 새 단어를 만든 후 '내 단어 책'에 기록한다. ② **부분 가리고 읽기, 문장 재배열하기, 재미있는 단어 찾기, 단어 빌리기**
이해를 위한 전략	• **유아가 각 단어에 의미를 부여함으로써 더 잘 이해하고 의미를 창조**할 수 있도록 하는 전략 ① **주원문해**(SWBS : Subject Wants But Solved) : 이야기를 듣고 난 후, '주인공이 무엇을 원했는지, 그런데 어떤 문제가 발생하였는지, 결국 어떻게 문제가 해결되었는지.'를 뜻하는 주원문해 도표를 만들 수 있다. 예 주인공, 원했다, (그런데) 문제가 있다, (그래도) 해결했다. ② **큰 책 만들기** : 시판되는 유아용 그림책을 조금 더 큰 책의 형태로 만들거나 유아들이 직접 이야기를 꾸민 후 그 내용을 책으로 만드는 것이다. ③ **소리 내어 읽기** : 소리 내어 큰 소리로 책을 읽는 동안 유아는 글자를 자세히 살피고 글자의 소리와 의미를 예측하게 된다. 교사 또한 유아들에게 생동감 있게 책을 읽어 준다. ④ **벤 다이어그램 만들어 비교하기** : 두 권의 그림책이나 인물에 대해 각 원에 특징 및 차이점을 적고 겹쳐진 부분에는 공통되는 점을 기록한다. ⑤ **단어가지 만들기** : 교사가 단어 하나를 가운데 적어 놓고, 유아들은 관련된 단어를 생각해 내어 방사선으로 뻗어 나온 선 옆에 쓴다. 이를 통해 어휘를 향상시킬 수 있다. ⑥ **동화 구연** : 유아가 이야기를 지어 이야기해 보는 것

이야기 구조(내용) 인식을 위한 전략	• 유아를 대상으로 하는 이야기의 경우 **사건의 연속, 반복, 비교와 대조, 질문과 대답, 운율과 반복, 진술과 정교화, 문제해결, 원인과 결과가 있는 이야기** 등으로 **분류**하여 살펴볼 수 있다. • 유아와 함께 다양한 구조의 이야기책을 읽고 활동을 전개해 나가면서 이야기의 구조를 인식하여 확장 활동을 할 수 있도록 계획하는 것이 필요하다. 기 **모엔의 8가지 몰입 전략**에 근거하여, **이야기 구조(내용) 인식을 위한 전략**에 해당하는 것 1가지를 쓰시오. **봄을 배경으로 하는 다른 그림책의 등장인물과 사건을 비교하는 활동**[23]
듣기 전략	• 다양한 시, 이야기가 **녹음된 테이프 등을 구비**해서 활용하도록 함으로써 유아가 듣기를 즐길 수 있도록 도와준다. 기 **모엔의 8가지 몰입 전략**에 근거하여, '**봄에 어울리는 음악을 감상하며 책을 읽어 보자.**'에 해당하는 전략을 쓰시오. **듣기 전략**[23]
연출 전략	• **동시나 동요를 같이 읽어 보거나 동극활동이나 인형극을 준비하는 활동**은 유아가 읽기 활동과 극놀이 활동에 적극적으로 참여할 수 있는 기회를 제공해 준다. ① **읽기 합창** : 몇 개 집단으로 나눈 다음 책을 주고 각기 맡은 부분을 읽는다. 교사는 교향악단의 지휘자처럼 신호를 주어 읽기를 진행한다. ② **독자의 무대** : 등장인물에 따라 원문을 나누어 배정한 후 자기 차례가 되면 읽는다. ③ **동극** : 유아들의 상상력을 사용하여 거의 모든 책을 극으로 표현할 수 있다. ④ **인형극과 팬터마임**
시각 예술 전략	• 그림을 그리고, 보고, 감상하며 그림에 글을 꾸며 넣어 내용을 좀 더 실감 나게 전달하는 전략을 말한다. ① **포스터, 표지판** : 포스터와 표지판 등을 찾아보거나 만들어 그래프와 글로 함축된 메시지를 전달해 본다. ② **다양한 기법의 삽화 관찰 및 감상하기** : 그림책마다 그림이 독특하기 때문에 다양한 삽화의 특징을 찾아볼 수 있다. ③ **실제 물체의 도입** : 책에 나오는 물건을 실제로 보여 주거나 교사나 학부모가 책에 나오는 활동을 보여주는 방법이다.

6 언어교육 접근법의 장단점

	장점	단점
발음 중심 접근법	• 체계적인 문자 지도 • 올바른 철자법 습득 • 문자 조합 및 구성 규칙 습득 • 글자나 단어를 해독하고 부호화하는데 효율적이다. 학습이 순서에 따라 이루어지므로 학습 전이가 수월하다.	• 유아의 동기유발, 흥미무시 • 분석적 접근에 대한 이해의 어려움 • 정확한 읽기, 쓰기 강조로 인하여 말과 글에 내포된 의미 파악 간과 • 맥락과 분리된 의미 없는 글자를 반복해서 가르칠 경우 유아의 흥미가 저하되고 의미 파악이 간과될 수 있다.
총체적 접근법	• 실제적 목적에 의한 활동이 이루어짐 • 유아의 생활과 밀접한 관련 있음 • 유아의 동기유발, 흥미 중요시함 • 유아의 생활과 밀접한 실제적 목적에 의한 활동으로 이루어지므로 유아의 흥미와 발달 수준을 고려할 수 있으며, 유아의 즐겁고 자발적인 참여를 유도할 수 있다.	• 정확하고 체계적인 문자지도 어려움 • 학습의 전이가 낮음 • 교사의 지도능력에 따라 학생마다 개인차가 클 수 있음 • 의미 파악만을 중시할 경우 정확하고 체계적인 문자지도에 어려움을 겪을 수 있다.
균형적 접근법	• 발음중심과 의미중심 접근법의 장점을 취할 수 있다. 개별 유아의 흥미와 발달수준을 고려하여 유아의 자발적인 참여를 유도할 수 있을 뿐만 아니라 정확하고 체계적인 문자 지도도 병행할 수 있다.	• 절충식 지도를 하는 데 발음 중심 접근법과 총체적 접근법의 두 방법이 단순히 차례로 나열되는 수준에 그칠 수 있다. 또한 그 균형을 유지하며 지도하는 데 어려움이 있다.
언어 경험 접근법	• 유아의 경험과 밀접한 관련 있음 • 읽기자료에 대한 이해가 쉬움 • 초기 읽기 학습단계에서 효과적임 • 읽기·쓰기 자료가 유아의 경험에서 비롯되기 때문에 유아들에게 의미 있고, 흥미로우며 이해하기 쉽다는 장점이 있다.	• 유아가 말한 내용 그대로 읽기자료가 제작되므로 이 자료를 통해 정확한 문법구조를 경험하거나 풍부한 어휘를 경험하는 데에는 제한이 있다.

VI. 유아 언어교육의 영역별 지도

1 듣기 지도

1) 타일러(Taylor, 1964)의 듣기 과정 3단계

들리기 (hearing)	▶ **말소리의 음파를 귀로** 받아들이는 단계 • 다양한 소음 중에서 **음성만을 구분**하여 듣는 **물리적 청취**의 과정으로, 예를 들면 일상에서 다른 생각을 하면서 주의집중을 하지 않고 **건성으로 듣는 상황**에 가깝다. • 즉, 소리가 들리는 방향을 확인하고 말소리와 말소리가 아닌 것을 구분하여 그중 말소리에 집중하여 지속적으로 받아들이는 것을 의미한다. 이때는 결코 완전한 의미 구성에 이르기는 어렵다.
듣기 (listening)	▶ 말소리와 다른 소리를 구분해 말소리를 **의미 있는 언어 단위로 처리**하는 과정 • 말소리를 분석하고 재조직하면서 기존에 갖고 있던 배경지식이나 경험과 연결 • 의미를 구성하는 것은 그다음 단계인 듣기에서 **청자가 화자의 전언에 주의를 집중**하여 들으면서 이루어진다. • 듣기는 **말소리를** 다른 음향과 구분하여 **언어로 인지**하고, 이 말소리를 **의미 있는 단위로 처리하는 과정**을 뜻한다. 그러므로 이 과정에서는 귀로 받아들인 말소리를 분석하고 조직하며, 이 소리를 기억 속에 저장된 지식이나 경험과 연결 짓는 인지적 과정이 포함된다.
이해하기 (auding)	▶ 듣기 과정의 처리 결과를 종합적으로 **이해**하고, **해석**하며, 자신의 **정의적 반응**까지 곁들이는 과정 • 화자의 말을 종합 분석하여 **비판이나 감상이 가능**한 듣기의 마지막 단계에 이루어진다. • 이해하기(깨닫기)는 듣기 과정의 처리 결과를 종합적으로 이해하고 해석하며 청자 자신의 정의적인 반응까지 나타내는 과정이다. 즉, **연속적으로 이어지는 단어를 종합**하여 의미로 변환시키는 높은 수준의 인지적·정의적 과정으로 청자는 비판적인 사고를 하게 된다.

2) 자롱고(Jalongo, 1992)의 듣기 과정 3단계

듣기 (hearing)	• **청각적 정확성**(듣는 능력)과 **청각적 지각**(소리를 분별하는 능력, 소리를 혼합하는 능력, 소리의 순서를 기억하는 능력)
주의 깊게 듣기 (listening)	• **초점을 맞추고**, **의식**하고, **환경으로부터 단서를 선택**하는 것을 **포함하는 지각** 행위
이해하며 듣기 (auding)	• 이해 행위, 이것은 **들은 것으로부터 의미를 취하고**, 이미 알고 있는 어떤 것과 소리를 **연관**시키고, 들은 것을 **조직하고, 상상하고, 평가**하는 것을 포함한다.

3) 페티와 젠슨(Petty & Jensen, 1980)의 듣기 단계

- 듣기란 화자가 전달하는 음성언어를 청자의 목적과 가치에 따라 능동적으로 선택하고 의미 있게 재구성하는 창조적이며 능동적인 활동이다. 듣기에 대한 정의를 살펴보면 단순히 청자가 화자의 음성언어를 듣는(hearing) 수준을 의미하는 것이 아님을 알 수 있다.
- **듣기는 네 단계를 거쳐서 일어나는 작용**이다(Petty & Jensen, 1980).

페티와 젠슨의 듣기 단계	들리기 (hearing)	▶ **단순히 음성, 단어, 문장을 듣는 단계**로, 의미를 이해하는 수준이 아니라 '소리'에 대한 인식의 1차적인 수준
	이해하기 (under standing)	▶ **언어적 사전지식을 활용**하여 **화자가 말한 의미를 이해**하는 단계 • 두 번째 단계에서 **청자는 화자가 말한 의미를 이해**한다. 화자가 말하는 내용을 이해하기 위해서는 청자, 자신이 알고 있는 언어적 사전지식들이 활용된다.
	평가하기 (evaluating)	▶ **의미를 수용하거나 거부**하기 위해 **화자의 의도, 맥락을 파악하고 평가**하는 단계 • 세 번째 단계에서는 **의미를 수용하거나 거부하기 위해 평가**하는 단계로 화자가 청자에게 말하는 **의도, 맥락을 파악하고 평가**한다.
	반응하기 (responding)	▶ **평가 후 들은 것에 대해 더 깊이 생각**하거나, **동작, 표정, 언어 등으로 표현**하는 단계 • 마지막 단계인 반응하기에서는 **평가한 후에 들은 것에 대하여 더 발전된 사고**, 동작, 표정 또는 청각적으로 **반응하는 단계**로 볼 수 있다.

- 따라서 듣기란 단순히 소리를 집중하여 '들었다'라는 결과가 중심이 되는 것이 아니라 소리를 듣고, 의미를 재구성해 가는 과정이 중심이 되는 과정적 활동이다.
- 이러한 관점에서 듣기의 지도는 소리를 잘 듣도록 하는 것이 아니라 화자가 전달하고자 하는 바를 정확히 이해하고 적절히 수용하는 전체적인 의사소통의 측면으로 접근해야 할 것이다.

주A8. 2) 2019 개정 유치원 교육과정 의사소통 영역의 '바른 태도로 듣고 말한다.'에 근거하여 [B]의 태준이를 위한 듣기, 말하기 지도 방안을 쓰시오. [21]

　　　　　　　　타인의 말을 끝까지 듣고 차례를 지켜 이야기할 수 있도록 지도한다.

```
교사 : ㉠ 그래! 정말 잘 말해 주었어! 수민이는 마트에 가서 무엇을 했니?
수민 : 마트에 가.                                                        ┐
태준 : (수민이가 말을 끝내기도 전에) 선생님! 나도 간 적 있어요.        │ B
수민 : 야! 나 말하고 있잖아.                                            ┘
```

주A8. 2) 다음은 2019 개정 유치원 교육과정 '의사소통' 영역의 내용 중 하나이다. ⓐ에 해당하는 것을 쓰고, [B]에서 유아의 ⓐ를 촉진하는 교사의 발문 1가지를 찾아 쓰시오. [23]

　　　　　　　　그래, 너희들이 꽃잎이라면 어떻게 하고 싶니?

책에 관심을 가지고 **(ⓐ 상상하기)**를 즐긴다.

4) 마차도(Machado)의 듣기 활동

목적적
듣기 활동
	▶ 유아가 **교사의 지시에 따라 작업을 수행**하는 활동
	• **집중하여 듣고 내용을 기억**하여 **지시에 따라 적절하게 대응할 수 있는 능력**을 향상한다.
	• 교사는 유아가 듣기 기술을 향상하기 위해 3단계로 지시한다.
	  ① 유아에게 무엇을 말하려고 하는지 말한다. "선생님이 너에게 부탁을 하나 할 거야. 봉투를 가지고 어디에 가져다줄지를 말해 줄 거야."
	  ② 유아에게 말한다. "봉투를 원장 선생님에게 가져다주고 교실로 돌아와."
	  ③ 유아에게 말했던 것을 다시 말한다. "봉투를 원장 선생님에게 가져다 드리고 왔구나."
	기 [C]의 내용에 해당하는 듣기 활동의 유형과 그렇게 판단한 이유를 쓰시오.[24]
	교사의 말을 잘 듣고 그대로 움직이도록 한 것과 같이 교사의 지시에 따라 작업을 수행하도록 하였기 때문이다.
	기 '바구니에 손을 넣어 보자'에 나타난 유아 듣기 활동의 유형을 쓰시오.[특25]

감상적
듣기 활동
	▶ 유아에게 **즐거움을 주는** 듣기 활동
	• **다양한 노래, 연주, 자연소리 등** 유아가 좋아하는 음악을 감상할 수 있다.
	• 음악 감상에는 음악뿐만 아니라 자연의 소리도 포함하여 감상할 수 있다.
	• 활동 과정은 다음과 같다.
	  ① 음악을 준비한다. ② 음악, 리듬 및 소리에 대해 이야기한다.
	  ③ **좋아하는 소리에 대해 이야기**한다.
	  ④ **음악에서 느껴지는 감정에 대해** 이야기한다(행복하고 슬픈 감정에 대해 이야기).
	  ⑤ **음악 리듬에 맞춰 손뼉**을 칠 수 있다.
	• 음악 듣기는 듣기 지도를 위해 유용하다. 음악은 또 하나의 표현 수단이라는 점에서 언어와 공통점이 있다. 음악의 리듬과 소리를 감상함으로써 목소리의 음조, 억양, 부드럽기, 빠르기에 대한 감각을 키울 수 있다.
	• 또한, 노래에는 언어가 포함되어 있으므로 문장을 기억하고 암기하는 기술에도 영향을 준다. 노래를 통해 유아는 어휘, 스토리 라인, 동요 및 동시, 반복, 리듬 비트 등 같은 언어 기능을 익힐 수 있다.

비판적
듣기 활동
	▶ 유아가 (동화책의) **내용을 듣고 이해한 후 평가**하는 활동
	• 이는 사고와 성찰이 필요하므로 유아에게 상당히 어렵게 느껴질 수도 있지만 듣기의 비판 기능을 발달하는 데 필요하다.
	• 유아는 이야기를 들으며 **새로운 것, 이미 알고 느꼈던 것 등을 비교**하며 **차이점에 대해 논의**할 수 있다. 또한, 유아마다 **의견이 서로 다르다는 것을 알고 생각을 나눌** 수 있다.
	• 비판적 듣기 활동은 다음과 같이 실시한다.
	  ① 이야기에서 **발생한 문제가 무엇**이고 **어떻게 해결**되었는지 이야기해 본다.
	  ② 이야기의 **결말을 다시 생각**해 본다. **가능한 결과를 추측**해 본다.
	  ③ 이야기 속에서 일어나는 일을 **몇 가지 기준**을 가지고 **실제로 일어날 수 있는 일과 없는 일로 나누어** 본다.
	  ④ 좋은 것 또는 싫은 것 등 유아의 **개인적 취향에 대한 이야기**를 나눈다.
	  ⑤ 이야기를 듣고 느낌이 어떠했는지 유아마다의 감정을 이야기한다.

> **활동해 보기 : 비판적 듣기 활동**
> - 괴물들이 사는 나라를 읽고 다음에 대해 이야기 나눌 수 있다.
>   - 맥스에게 **어떤 문제가** 생겼을까?
>   - **실제로 일어날 수 있는 일일까? 어떤 것이 실제로 일어난 일일까?**
>   - 괴물들이 사는 나라에 있을 때 어떤 느낌이 들었을까?

변별적 듣기 활동	▶ 유아가 **다양한 소리를 변별하는 능력**을 기르는 활동
	• 유아가 여러 가지 다양한 소리를 변별할 수 있는 능력은 읽기 능력과 관련이 있다.
	• **같은 소리, 다른 소리를 구별**하고 소리 패턴을 식별하는 활동은 조기 읽기의 음소 법칙 습득과 단어 해독에 도움을 준다.
	• 변별적 듣기 활동은 다음과 같이 진행할 수 있다.
	  ① 종이상자, 플라스틱 통, 유리병 등 다양한 재질의 상자에 **곡식, 모래, 구슬 등 다양한 재료를 넣어** 소리 상자를 만들어 들어 본다.
	  ② **바람 소리, 빗소리, 동물 소리** 등 자연의 소리를 녹음하여 들어 본다.
	  ③ **친구, 가족 등 주변 사람의 목소리**를 녹음하여 들어 본다. 이때 다양한 감정의 목소리로 녹음하여도 좋다.
	  ④ **같은 소리를 크게, 작게, 느리게, 빠르게** 들어 본다. 박수나 실로폰으로 다양한 소리 패턴을 만들어 구별해 본다.
	  ⑤ **'발, 말, 알, 달'과 같이 발음이 비슷한 단어들을 구별**한다.
	  ⑥ 소방차, 앰뷸런스, 전화, 자동차 소리 등 생활 주변에서 나는 소리를 들어 보고 소리가 어떻게 들리는지 말로 흉내 내 본다.
	
	기 [B]의 내용에 해당하는 듣기 활동의 유형과 그렇게 판단한 이유를 쓰시오. [24]
	'다랑'과 '다람'과 같이 발음이 비슷한 단어들을 듣고 같은 소리, 다른 소리 등 다양한 소리를 변별하도록 하였기 때문이다.

창의적 듣기 활동	▶ 유아의 **정서적 반응을 촉진**하고 **창의적 표현능력을 향상**하는 활동
	• 유아에게 **정서적인 반응을 일으키는 듣기 활동**은 유아의 창의적인 표현능력을 향상한다.
	• 창의적 듣기 활동을 한 후 유아가 **자신의 느낌과 머릿속에 떠오르는 이미지나 상상을 말이나 글, 그림, 극화로 표현**해 보도록 한다.
	• 창의적 듣기 활동은 다음과 같이 진행된다.
	  ① 유아의 발달 정도와 흥미, 경험 등을 고려하여 동시를 선택한다. 동시의 내용이 생생하고 구체적이며, 반복 어구나 의성어·의태어의 사용으로 리듬감과 음악성이 있는 동시를 선택한다.
	  ② 동시의 내용을 좀 더 잘 이해할 수 있도록 그림 자료나 손 인형, 음악, 효과음 등의 다양한 시청각 자료를 활용한다.
	  ③ 여러 번 반복하여 동시를 들려준다.
	  ④ 동시를 듣고 난 후, 유아의 **감정, 느낌, 떠오르는 생각 등을 발표**한다.
	  ⑤ **다양한 상상과 이미지를 그림이나 음악, 극화 활동으로 전개**해 본다.

5) 스콧(Scott, 1968)의 듣기의 수준

- 스콧(1968)이 제시한 유아들의 듣기 수준을 보면 다음과 같다.
- 듣기의 가장 초기 수준인 감상적인 경청의 수준에서 가장 높은 수준인 비판적 경청의 수준까지 끌어올리기 위해 교사가 경청에 필요한 몇 가지 기술을 알고 있을 필요가 있다.

스콧의 듣기의 수준	감상적 듣기	▶ 음악, 동시, 이야기 등을 듣고 **즐거움을 느끼는** 수준 • 유아는 음악, 동시, 이야기 들을 때 **즐거움**을 느낀다. • 이러한 듣기는 수동적이지만 개별 유아에게 의미 있게 작용한다.
	의도적 듣기 (목적적 듣기)	▶ 의도적으로 들으면서 **지시를 따르고 반응**하는 수준
	식별적 듣기 (변별적 듣기)	▶ **음의 고저, 소리의 강도, 발음과 내용상의 차이를 구분**하는 수준 • 유아는 식별적으로 들으면서 음의 고저와 소리의 강도를 인식하게 된다. • 소리는 환경에서 서로 다른 자극들이며, 결국 유아는 말소리를 구분할 수 있게 된다. **발음, 내용상의 차이점**을 인식한다.
	창조적 듣기 (창의적 듣기)	▶ 듣기 경험을 통해 **상상력과 감정을 자극받아** 창의적 사고를 하는 수준 • 유아의 **상상력과 감정**은 듣기 경험으로 자극될 수 있다. • 말이나 행동 또는 말과 행동을 통해 창의적인 생각들이 자발적이고 자유롭게 표출된다.
	비판적 듣기	▶ **들은 내용을 이해**하고 **평가**하며, 논리적으로 **판단**하고 **의견을 형성**하는 수준 • 이러한 비판적 듣기를 장려하려면 교사는 "우리가 모두 한꺼번에 이야기하면 어떻게 될까?", "모두가 역할영역에서 한꺼번에 놀고 싶다면 어떻게 될까?" 같은 질문을 하여야 한다. • 이 질문들에 대해서 반응하려면 유아는 생각해 보아야 하고, 문제에 대한 가장 논리적인 대답이 무엇인지를 결정해야 하며, 그다음에 자신의 견해를 밝혀야 하는 과정이 있게 된다. • 유아는 문제에 대한 가장 논리적인 해결책을 생각하고 자신의 입장을 제안해야 한다.

6) 우드(M. Wood, 1994)의 듣기 지도 유형

반동적 듣기 지도 (reactive)	▶ 교사가 들려준 **그대로 따라 말하게** 하는 방법 • 이 방법은 의미 구성적 처리과정이 별로 필요 없다. 청자의 역할은 **단순히 그대로 따라 하는 것**인데, 이는 **말소리, 단어 그리고 세부 내용을 기억하는 능력**을 길러줄 수 있다.
집중적 듣기 지도 (intensive)	▶ **발음, 단어, 억양** 등 **발화 요소에 초점**을 맞추어 듣는 방법 • 발화의 여러 가지 요소들에 초점이 맞추어진다. ㉠ 음소, 단어, 억양 등 상향식 처리 과정을 중시하는 방법이다. • 유아는 개인적 연습이나 합창에서 단서들을 듣고, 교사는 **단어나 문장을 반복하여 들려주어** 유아들의 마음속에 새겨두게 하며, 문장 또는 조금 더 긴 담화를 들려주고 특별한 요소들, **억양, 강세, 대비, 문법적 구조 등을 찾아내게 하는 방법**이다.
반응적 듣기 지도 (responsive)	▶ 교사의 말을 듣고 **즉각적이고 적절한 대답을 하도록** 하는 방법 • 유아가 교사가 하는 말을 듣고 **즉각적으로, 그리고 적절하게 대답**하게 하는 방법이다. ㉠ 간단하게 **질문**하기(안녕하세요?, 어젯밤에는 무엇을 했나요?), 간단하게 **요구**하기(연필과 종이를 꺼내세요.), **명료화**하기(네가 한 말이 무슨 뜻이야?), **이해 점검**하기(그래서 불이 꺼졌을 때 엘리베이터에는 몇 사람이나 있었니?) 등의 방법 사용
선택적 듣기 지도 (selective)	▶ **긴 발화**에서 **중요한 정보를 선택적으로 듣는** 방법 • 한두 문장이 아니라 그 이상으로 말이 길어지면 유아들은 화자가 말하는 모든 정보를 다 처리하지 않고 특정 정보들을 선택적으로 처리한다. • 이런 수행은 매우 포괄적이고 일반적인 의미를 찾기 위한 것이 아니라 **중요한 의미를 찾기 위한 것**이다. 따라서 선택적 듣기는 집중적 듣기와는 다르다. ㉠ 교사가 사람들의 **이름, 날짜, 특정 사건이나 사실, 위치, 상황, 맥락, 주요 아이디어, 결론** 같은 것을 물어봄으로써 지도
상호작용적 듣기 지도 (interactive)	▶ **토의, 토론, 대화, 역할놀이 등을 활용**하여 **듣기와 말하기를 통합적으로 지도**하는 방법 • 토의, 토론, 대화, 역할놀이, 그 밖의 집단놀이 등을 통해서 지도할 수 있는 방법이다. • 유아들이 이런 상황에서 **능동적으로 듣고 말하게 함**으로써 지도할 수 있는 방법으로, **말하기 기술과 통합**하여 지도할 수 있다.

7) 듣기 지도의 기본 원리 및 교육 활동

듣기 지도의 기본 원리	• 영유아의 듣기 능력을 향상시킬 수 있는 원리에 대해 여러 학자들이 제시한 의견을 중심으로 살펴보면 다음과 같다. ① **교사 자신이 듣기의 좋은 모델**이 되어 주고, 유아들이 교실에서 경험하게 되는 듣기 경험에 세심한 주의를 기울인다. ② **교사 자신을 점검**해 본다. - 나(교사)는 유아들이 말할 때 주의를 기울이며 열심히 듣는가? - 나는 유아들이 나에게 말할 때 그 유아를 똑바로 바라보며 듣는가? - 나는 유아들이 말할 때 그 말에 적절히 반응을 보인다든지, 또는 불분명한 점을 재차 물어 유아의 말을 진지하게 생각하며, 듣고 있다는 표시를 보이고 있는가? - 나는 유아들이 우스운 이야기를 할 때는 같이 즐기고, 슬프거나 기쁜 이야기를 할 때는 이에 충분히 동감해 주고 있는가? - 나는 유아들이 자유스럽게 자신의 생각이나 감정을 표출할 수 있도록 교실 분위기를 형성하고 있는가? ③ **듣기를 위한 시간**을 갖는다. 유아가 무엇인가 말할 것이 있을 때는 가능한 유아를 위한 개별적인 시간을 할애하여 교사가 잘 들어준다. ④ 유아에게 듣기의 중요성을 인식시킨다. 영유아들로 하여금 잘 듣는 것이 얼마나 중요한가를 인식하도록 하기 위해 듣기를 기반으로 하는 활동이나 놀이를 통해 듣기의 중요성을 깨닫게 한다. ⑤ **듣기에 좋은 환경**을 만들어 준다. 영유아의 듣기 활동에 방해가 되는, 즉 주의집중을 흩어지게 하는 것이 무엇인지를 고려하고, 이들을 최소화하거나 없애버리도록 노력한다. ⑥ 영유아들에게 주위에서 들을 수 있는 여러 가지 감각을 높여 준다. ⑦ 다양한 듣기 경험을 제공한다. ⑧ 듣기 활동과 교과 영역을 통합한다. ⑨ **유아들의 듣는 힘에 관심**을 둔다. - 유아에게 **어떤 것을 주의 깊게 듣도록**(지금부터 하는 이야기를 잘 들어보자) 요구하는 대신, **무엇을 위해 들어야 할 것인지에 대해**(선생님이 지금부터 들려주는 이야기에 누가 나오고, 그 문제를 어떻게 해결했는지 잘 듣고 이야기해 보도록 하자) 지도한다. - **즉, 어떤 부분에 초점을 두고 들어야 하는지에 대해 명확하게 안내하여 목적 있는 듣기 경험을 할 수 있도록** 한다. ⑩ 추후 활동과 확장 활동을 계획한다. 유아는 자신들이 참여했던 활동에서 들은 것에 대해 질문을 받게 될 것이라는 사실을 알면, 훨씬 더 주의 깊게 듣게 될 것이므로, 단순히 듣기만을 위한 활동을 한 것이 아니라, 듣기 활동 이후에 다양한 연계 활동이나 확장 활동을 실시한다. ⑪ 하루 일과 중 기회가 있을 때 주변의 소리 변별하기 게임을 하거나, 유아에게 순서적인 기억이 요구되는 간단한 심부름의 기회를 제공하거나 그림 이야기책을 읽어 주고 줄거리를 회상해 보는 등 유아기에 할 수 있는 좋은 듣기 활동을 제공하도록 한다.
듣기 지도를 위한 교육 활동	① 소리 듣고 구별하기, ② 소리 듣고 표현하기 ③ 동시, 동화 듣기 ④ **이야기 지도** : 이야기를 듣고 난 후, 유아들이 종이에 커다란 차트나 지도를 그려본다. 등장인물들의 여행 과정이 제시될 수도 있다. ⑤ 이야기나 설명 듣고 그리기 ⑥ 이야기 순서 배열하기 ⑦ 들은 것을 글, 그림, 음악, 극놀이로 변환시켜 보기

2 말하기 지도

1) 말하기 지도의 기본 원리 및 교육활동

말하기 지도의 기본 원리	① 유아의 현재의 말하기 능력과 유아에게 흥미롭고 즐거운 경험을 연결시킨다. ② 유아의 말하기 행동을 격려해주는 상호작용적인 환경을 제공한다. ③ 긍정적인 말하기 환경을 만드는 것에 관심을 가져야 한다. 긍정적인 말하기 환경에서 가장 중요한 요소는 교사의 긍정적인 말하기 태도가 영유아에게 긍정적인 말하기 환경이 된다는 것을 인식하는 것이다. ④ 유아의 혼잣말 사용을 지도한다. ⑤ 정확한 발음으로 말하게 한다. 　- 교사는 명확한 발음을 구사하는 모델이 되어야 한다. 　- 일상적인 관찰로 문제시되는 발음을 찾는다. 　- 청각적 지각 능력을 발달시키는 활동에 참여하는 기회를 많이 가져야 한다. ⑥ **문장 구성 능력**을 돕는다. 유아가 **미성숙하게 표현하는 문장**을 교사가 **확장하기, 부연하기, 촉진하기**를 통해 보다 **세련된 문장으로 표현할 수** 있다. | 확장 모방 | • 유아의 **단순한 말을 문법적으로 완전한 문장**으로 표현한다. 　　　　　 예) 가방이 있어요. → 그래, 여기에 노란 가방이 있구나. 　　　　　 예) 저기 공 → 선반 위에 큰 공이 있구나. | | 의미 부연 | • 유아가 한 말에 **새로운 정보를 추가**하여 **대화를 유지**한다. 　　　　　 예) 가방에 리본이 달려 있어 참 귀엽구나. 　　　　　 예) 자동차 쾅 했어요. → 자동차 사고가 나서 사람이 다쳤구나. | | 촉진 | • **질문을 통해** 유아의 **사고력 향상과 언어 표현을 유도**한다. 　　　　 예) 누구의 것일까? 어디서 샀을까? | ⑦ 영유아기 말하기의 기본 기술을 습득하도록 돕는다. 영유아는 말하는 장면에 따라 자신의 성량, 어조, 강세, 속도, 음질을 조절하면서 적절한 목소리가 어떤 것인지 명확하게 인식해야 한다. ⑧ 사회적 맥락 내에서 말하기를 경험할 수 있도록 배려한다. ⑨ 말하려는 동기를 유발할 수 있도록 하기 위해 여러 가지 자료를 활용한다. 　　예) 그림책, 손가락 인형, 융판 동화 등
교육 활동	① 보여주며 말하기 : 유아는 집에 있는 사물이나 놀잇감 중 친구들에게 소개하고 싶은 것을 교실로 가져와서 소개하는 것을 좋아하므로, 한 주의 하루는 '보여주며 말하기' 활동을 진행한다. ② 그림 보면서 이야기하기 : 유아는 하나의 그림을 보면서 그 그림을 그대로 기술하기도 하고 그것을 토대로 그 그림 속에 들어 있는 정보를 가지고 이야기를 꾸미기도 한다. 여러 가지 다양한 질문을 하여 유아의 말하기를 도와줄 수도 있다. ③ 이야기 꾸미기 : 이야기 꾸미기는 자기표현과 창의적 사고의 연장으로서 가치 있는 즐거운 언어 활동이다. ④ 역할놀이 하기 : 흥미영역의 모든 영역에서 놀이를 통해 자연스럽게 말하기가 이루어진다. 특히, 역할영역에서는 영유아가 주변에서 보거나 겪었던 인물의 역할을 모방하거나 창의적으로 재구성해 보면서 말하기 능력을 촉진시킬 수 있다. ⑤ 창의적 극놀이 하기 : 영유아를 대상으로 하는 극놀이에는 동극과 인형극이 있다.

2) 영유아의 언어발달을 지원하는 의사소통 전략(Manning-Kratcoski & Bobokoff-Katz, 1998)

확장 (expansions)	▶ **덜 성숙한 말을 정확하고 완전한 형태로 다시 표현**하는 전략 • 영유아의 덜 성숙한 말을 **정확하고 완전한 상태로** 교사가 다시 말해 줄 수 있다. • 영유아의 말에 추가하여 반응하는 확장하기 　(유아가 "공"이라고 한 경우 교사는 "그래 저기 공이 있어.") 　영유아 : 고양이 먹어.　　　성 인 : 응, 고양이가 먹고 있어. 기 '글자, 사진.'을 '**확장모방**'하는 발화를 쓰시오.[25] 　　　　　　　　　　　　어린이 운전면허증 카드에는 글자와 사진이 있어요.
부연 (extension)	▶ 유아의 말에 **새로운 정보를 추가하여 반응**하는 전략 • 영유아의 말에 반응해서 **새로운 정보를 추가**할 수 있다. • 영유아의 말에 **정보를 덧붙여** 반응하는 연장하기 　(유아가 "공"이라고 한 경우 교사는 "그래, 여기 파란색 공이 있네."로 반응) 　영유아 : 고양이 먹어.　　성 인 : 고양이가 먹이를 먹고 있네. 　영유아 : 고양이 먹어.　　성 인 : 고양이가 배가 고픈가 봐. 기 '면허증에 사진은 왜 있을까요? / 누구 건지 알려고요.'를 '**의미부연**'하는 발화를 쓰시오.[25] 　　　　　　사진이 있으면 면허증 주인이 누군지 경찰 아저씨도 쉽게 알 수 있겠네요.
반복 (repetitions)	▶ 유아의 말 **전체 또는 부분을 반복**하는 전략 • 영유아 말의 전체 혹은 부분을 교사가 **반복**해 줌으로써 영유아가 새로운 문장구조를 발달시킬 수 있도록 도와준다. • 영유아의 말을 반복하는 반복하기 (유아가 "공"이라고 한 경우, 교사가 "그래, 공."으로 반응) 　영유아 : 고양이 먹어. 　성 인 : 고양이가 밥 먹을 시간이야. 고양이가 밥 먹을 시간이야.
평행 (parallel talk)	▶ **유아의 행동을 언어로 묘사**하는 전략 • 교사는 **영유아의 행동을 묘사**할 수 있다. 이 방법은 영유아가 새로운 어휘나 문법구조를 접하여 모방하는 데 효과적이다. • 영유아의 행동을 언어로 묘사하는 평행어법 (유아가 공을 들고 있는 경우 교사가 "○○가 두 손으로 공을 들고 있구나."라고 반응) 　영유아 : 고양이 먹어. 　성 인 : ○○가 고양이가 먹는 것을 보고 있네. 기 유아의 말하기를 촉진하기 위한 교사의 언어적 상호작용 방법 중 [A] '민 지 : (미소를 지으며 눈을 감고 몸을 웅크리며) 음…. 교 사 : 아! 민지가 눈을 감고 몸을 웅크리면서 미소를 짓고 있네!'에서 교사가 사용한 방법을 쓰시오.[21] **평행** 기 다음 중 평행적 발화기법에 해당하는 김 교사의 말을 찾아 쓰시오. (석우의 모습을 보며) **김밥을 자르고 있어요.**[특22]
혼잣말 (self-talk)	▶ **교사가 자신의 행동을 언어로 묘사**하는 전략 • 교사는 **자신의 행동을 묘사**할 수 있다. 이 방법도 영유아에게 새로운 어휘나 문법구조의 모형을 제공할 수 있다. • 교사가 자신의 행동을 언어로 표현하는 자기언어 (선생님도 너희처럼 두 손으로 공을 던져볼게.) 　성 인 : 고양이 밥 주네.

수직 구조화 (vertical structuring)	▶ 교사가 **질문하여** 유아가 **더 길고 복잡한 문장을 말하도록 유도**하는 전략 • 영유아가 보다 길고 복잡한 문장을 말할 수 있도록 격려하기 위해 교사는 **질문**을 할 수 있다. • 영유아의 말에 질문으로 이어가며 말을 유도하는 수직구조 　(유아가 "던져요."하는 경우 교사가 "어디로 던질까?"하고 다시 질문) 　영유아 : 고양이 먹어. 　성 인 : 고양이가 뭘 먹고 있어? 　영유아 : 고양이, 고양이 밥 먹어.
채워 넣기 (fill-in)	▶ **교사가 문장을 일부만** 말하고, 유아가 **빠진 단어나 구를 채워 넣도록 유도**하는 전략 • 교사가 대화를 구조화하여 영유아가 **교사가 말하는 문장을 완전하게 하기 위해 단어나 구를 말하도록** 유도할 수 있다. • 교사의 말에 유아가 적절한 단어를 채워 넣도록 하는 채워 넣기 어법 (교사가 "공을 어디로 던질까?"라고 질문하여 질문에 유아의 "공을 저쪽으로 멀리 던져요."라는 반응 유도) 　성 인 : 고양이가 밥을 먹네. 배가 ＿＿＿＿＿＿.　　영유아 : 고파서. 　　　　(영유아의 말하기 촉진을 위한 교사의 언어; Beaty & Pratt, 2007 재인용)

3) 호프(Hoff, 1997)의 말하기에 필요한 지식

화용론적 지식 (pragmatic knowledge)	▶ **의사소통의 목적과 상황에 맞게** 언어를 사용하는 지식 • 언어의 의사소통적 기능과 의사소통을 위한 언어사용의 관례에 대해서 아는 것이다. • 말하는 사람의 목적, 듣는 사람, 장소, **상황에 따라 다른 방법**으로 의사소통하는 것을 지도한다.
담화론적 지식 (discourse knowledge)	▶ **문장보다 큰 단위**에서 **대화나 이야기의 전개나 구조를 이해**하는 지식 • 문장보다 더 큰 단위의 언어사용, 대화나 이야기의 **전체적인 전개나 구조**에 관해 아는 것이다. • 효과적으로 말하기 위한 말의 순서, 어휘의 선택, 말하는 분위기를 선택하는 것을 지도한다.
사회 언어적 지식 (social linguistic knowledge)	▶ **지위, 문화, 성 등 사회적 변인**에 따라 **언어가 다르게 사용되는 것을 아는** 지식 • 상대방의 **사회적 지위, 문화, 성**과 같은 **사회적 변인**에 따라 언어가 어떻게 다르게 사용되는지를 아는 것이다. • **국가, 지역, 가족 등 문화적 특성에 따라 독특한 언어가 있고 사용하는 방법이 다르다**는 것을 지도한다.

4) 커넬과 스웨인(Canale & Swain)의 말하기 능력의 구성요소

문법적 언어능력 (문법적 능력)	▶ **어휘, 발음, 철자, 문장구조** 등을 **정확하게 구사**하는 능력 • 얼마나 **정확하게 언어를 구사**할 수 있는가 하는 문제로 어휘, 발음, 철자, 단어구성, 문장구조를 포함한다.
담화 구성 능력 (담화 능력)	▶ 문장을 연결하여 논리 정연한 담화를 구성하며, **대화의 전체 맥락을 이해**하고, 적절한 정보의 양을 제공하며, **적절한 순서로 분명하고 간결하게 말하는** 능력 • 문장과 문장을 **연결**하여 적절한 내용의 말을 논리정연하게 구성해 내는 능력이다. • 즉, **대화의 전체 맥락을 이해**하고, 대화에 필요한 적당한 정보의 양을 제공하며, 적절한 순서로 분명하고 간결하게 말하는 능력이다.
사회언어학적 능력 (사회 언어적 능력)	▶ 상대방의 지위·문화·성 등 **사회적 변인에 맞게 적절한 언어를 사용**할 수 있는 능력 • 발화 **상황에 맞게 적절**하게 언어를 사용할 수 있는 능력으로 상대방의 사회적 지위, 문화, 성과 같은 **사회적 변인**에 따라 언어가 어떻게 다르게 사용되는지를 아는 것이다.
전략적 언어사용 능력 (전략적 능력)	▶ **의사소통 장애를 해결하기 위해** 눈빛, 몸짓 등 **언어적·비언어적 전략을 사용**하는 능력 • 불충분한 언어능력 때문에 발생하는 의사소통 장애를 막기 위해 사용하는 언어적, 비언어적 전략으로 청자의 언어능력을 보완하기 위해 **눈빛, 몸짓** 등을 사용할 수 있는 능력이다.

5) 말하기 지도 방법

발음	▶ **반향적 지도** : **틀리게 산출된 발음**을 그대로 받아서 **바르게 들려주는 방법** • 유아의 **언어 능력을 존중**하고, 유아가 **자신감을 갖고 능동적으로 참여**하게 한다. ㉠ 가이가 어디 있어요? → 가위가 여기 있네.
문장의 구조	▶ **정교화 기법** : 확장모방, 의미부연, 촉진 기 그래, 이 광고지를 보고 사람들이 채소를 사고 싶을 때 장터가 어디에서 열리는지 알아야 찾아올 수 있겠구나. → **유아의 불완전한 문장 표현을 자연스럽게 수정하여 완성시키는 정교화 기법을 보여준다.**[12]
어휘	• 어휘의 수평적 발달, 수직적 발달을 고려하여 지도한다. 기 '교사 : 사자, 코끼리, 호랑이를 다른 말로 뭐라고 부를까? / 영수 : 동물이에요. / 교사 : 그래, 사자나 호랑이를 동물이라고도 하고 다른 말로 짐승이라고도 한단다.' 2) 말하기의 지도 내용 중 ⓒ에 해당하는 언어 지도 내용을 쓰시오. **어휘**[15]
이야기하기	• 이야기의 핵심 구조에 집중하여 전체 줄거리를 벗어나지 않도록 한다. 발달에 따라 이야기의 배경이나 인물들의 성격에 대해 더 많은 설명을 유도한다.

> **주A3.** 2) 교사가 민수의 기본생활습관 중 언어와 관련하여 지도해야 할 내용을 1가지 쓰시오.[24]
> **선생님, 부모 등 듣고 있는 상대방과 상황에 맞게 말할 수 있는 존댓말 등 예절과 관련된 어휘를 유아에게 지도한다.**

3 읽기 지도

1) 해독 및 이해에 필요한 기술

해독에 필요한 기술	음운 인식	• 단어를 이루는 **낱자의 소리들을 식별**할 수 있고 또 그런 소리들이 **결합되어** 낱말이 된다는 사실을 알며, 말소리의 최소단위인 **음소들을 합치고 분절**하고 **빼고 삽입하고 대체할 줄 아는 것**
	낱자 지식	• 글자를 이루는 자음과 모음의 이름을 알고 글자의 구성에 대하여 인식하는 것
	자소·음소 규칙 적용	• 낱자가 가진 소릿값을 알고 낱자와 소리를 결합하는 것
이해에 필요한 기술	유창성	• 단어를 신속 정확하게 해독하여 쉽게 표현력 있게 그리고 적절한 어조로 읽기
	사전지식	• 내용을 이해하기 위해 주제에 관해 자신이 이미 알고 있는 지식을 끌어내어 연결하는 것
	독해전략	• 글을 읽는 동안 내용을 이해하기 위해 자신의 이해 정도를 점검하기, 요약하기, 질문 만들어 내기, 내용의 줄거리 이해하기, 세부 내용 기억하기, 중심 생각 찾기, 추리하기 등 적절한 전략을 사용하는 것
	어휘	• 단어의 정의를 이해하고 여러 가지 맥락에서 다른 의미로 사용되는 것을 아는 것

2) 읽기 지도의 기본 원리

기본 원리	• 일상생활과 글의 관계를 이해하도록 한다. • 유아의 생활에서 글자가 많이 사용되고 있음을 볼 수 있도록 하여 글자에 관심을 갖게 하고, 읽고 쓰고자 하는 동기를 부여한다. • 읽기와 쓰기를 즐기는 성향을 형성하도록 한다. • 유아들의 배경지식과 친숙한 정보를 활용하여 의미구성의 과정이 되도록 한다. • 의미 추구 과정에 능동적으로 참여할 수 있도록 한다. • 통합적인 접근 방법으로 읽기 과정을 안내한다.

3) 브루너(Bruneau, 1997)의 초기 읽기 지도 모형(읽기지도의 방법)

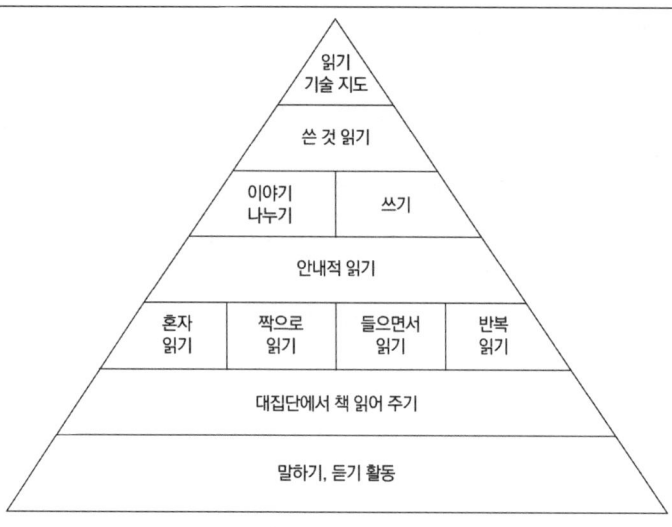

초기 읽기 지도 모형

초 기 읽 기 지 도 모 형	

① 유아의 읽기 기술을 발달시키기 위해서 교사가 사용할 수 있는 교수활동의 조직을 피라미드 모형으로 제시하였다.

② 피라미드의 **가장 기초가 되는 활동**은 '**말하기, 듣기 활동**'이다. 말하기, 듣기 활동을 통해 어휘와 개념 발달이 일어나고 이를 기초로 읽기가 일어난다.

③ 초기 읽기 지도에서 가장 먼저 일어나고 필수적인 것이 바로 '**대집단에서 책 읽어 주기**'이다. 책 읽어주기 활동을 통해 [효과] 읽기에 대한 태도와 습관을 형성하고, 글과 글자의 개념이나 기능, 규약을 이해할 수 있고, 읽기에 대한 흥미와 동기를 유발할 수 있다.

④ 다음의 '**혼자 읽기**', '**짝으로 읽기**', '**들으면서 읽기**', '**반복 읽기**'의 네 활동은 중복되기도 하고 독립적이기도 하다. 혼자 읽으면서 반복해서 읽을 수도 있고, 짝으로 읽으면서 반복해서 읽을 수도 있다.

⑤ '**안내적 읽기**' 활동은 소집단으로 읽고, 생각하고, 읽은 것에 대해 서로 의견을 나누면서 읽기 전략을 가르치는 활동이다. 교사는 안내적 읽기 활동을 정기적으로 하여 유아들에게 문제 해결 전략을 시범 보이고, 설명해 주고, 유아들도 교사를 따라 전략적 읽기를 권유한다. 유아들은 읽고, 읽은 것에 대해 서로 의견을 나누면서 교사나 다른 유아들이 어떻게 읽는지, 또한 읽으면서 어떤 전략을 사용하는지 듣고, 보고, 배우게 된다.

⑥ 피라미드의 **다섯 번째 층과 여섯 번째 층은 언어 경험 접근 활동**이다. 이는 자신이 읽은 것이나 생활 중에서 경험한 것에 대해 이야기 해보고, 그것을 글로 써보고, 다시 읽어 보는 세 단계로 구성된다. 더 넓은 칸인 다섯 번째 층에 '**이야기 나누기**'와 '**쓰기**'가 있는 것은 위층에 있는 '**쓴 것 읽어 보기**'보다 더 많은 시간을 써야 한다는 것을 의미한다.

⑦ 피라미드의 가장 꼭대기의 '**읽기 기술 지도**'는 읽기의 기초 기능들을 직접적이고 명시적인 방법으로 지도하는 것이다. 읽기의 기초 기능들은 음운 인식, 낱자 인식, 자소·음소 대응 관계 이해, 자모 체계 이해, 단어 재인 기술 등이다. 이러한 읽기의 기초 기능은 능숙한 독자가 되는 데 필수적인 기능이고, 직접적이고 명시적인 방법으로 지도하는 것이 좀 더 효과적이다.

4) 읽기 발달 과정 – 숙련된 읽기를 위한 기술과 과정(Scarborough, 2002)

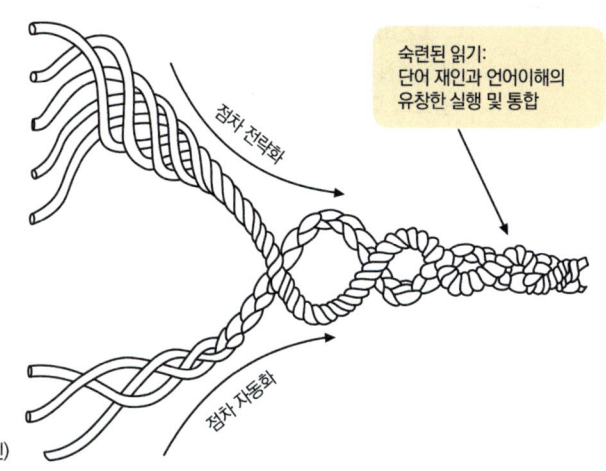

〈언어 이해〉
배경지식
 (사실, 개념 등)
어휘
 (범위, 정확성, 관련 어휘 등)
언어구조
 (구문, 의미 등)
언어적 추론
 (추론, 비유 등)
문해지식
 (인쇄물에 대한 개념 등)

〈단어 재인〉
음운인식
 (음절, 음소 등)
해독
 (알파벳 원리, 철자-소리 대응)
시각 재인
 (친숙한 단어에 대한 시각적 재인)

점차 전략화

숙련된 읽기:
단어 재인과 언어이해의
유창한 실행 및 통합

점차 자동화

숙련된 읽기를 위한 기술과 과정

- 읽기 발달 과정은 단어 재인 수준과 언어 이해 수준으로 구분하여 설명할 수 있다.

언어 이해 수준	• **언어를 통해 의미를 구성**하고 **이해하며 사고하고 분석하는 능력** 등을 포함한다.
단어 재인 수준	• 말과 글의 대응을 기본으로 **글자를 해독**함으로써 **제시된 단어가 무엇을 의미하는지를 인지하는 수준**을 말한다.

- 이 둘은 상호의존적으로 발달해 나간다. 따라서 숙련된 읽기라는 굵은 밧줄은 음운 인식, 해독, 시각 재인 등의 실 가닥들이 점차 자동화되면서 합쳐진 단어 재인이라는 밧줄과 어휘, 언어구조, 언어추론, 문해지식 등의 실 가닥들이 점차 전략적이 되면서 합쳐진 언어 이해라는 밧줄이 다시 상호 관련되고 합쳐지면서 가능해지는 과정이라는 것이다.

단어 재인 과정	▶ **단어 재인 : 시각적 자극으로 제시된 문자 단어를 보고 그것의 의미를 파악하는 심리적 과정**		
	• 성인들은 문자로 제시된 단어를 순간적으로 읽고 이해할 수 있으므로 이 과정이 단순한 과정이라고 생각하기 쉽지만, 사실은 매우 복잡하고, 다양한 언어기술이 숙달되어야 하는 과정이다.		
	• 단어 재인 과정에 관련된 주요 언어기술들		
	음운 인식	• 언어의 소리 구조에 대한 인식으로 **말소리의 여러 단위를 지각하고 인식**하는 능력	
	자모음에 대한 지식	• 한글을 구성하는 자음과 모음의 이름을 알고 쓸 수 있는 능력	

	철자와 말소리의 대응, 자소와 음소의 대응	• 말소리에 대한 유아의 자각과 조작(음운 인식)이 가능해지고 유아가 한글의 자음과 모음에 대한 지식을 갖게 되면서 문자에 포함된 철자를 말소리에 대응시키려는 시도가 활발해진다. • 또한 이러한 유아의 첫 시도는 철자와 그것이 내는 소리를 대응시킬 수 있는 능력을 발달시킨다.
	시각적 재인 (sight recognition)	• 자소와 음소의 대응을 통한 해독의 과정을 잘 익히게 되면 힘들이지 않고도 재빨리 자동적으로 처리된다. • 그러나 이렇게 해독이 되어 문자로 제시된 단어를 말소리로 발음할 수 있다고 하더라도 그 단어가 개인의 마음 또는 기억 속에 갖고 있는 심성어휘집에 저장되어 있지 않는다면 무슨 의미를 뜻하는 단어인지 이해할 수 없다. • 이처럼 해독된 단어를 개인의 심성어휘집에서 찾아 **부합되는 의미 정보와 관련**시켜야만 비로소 시각적으로 제시된 문자단어의 의미를 이해하는 것이다. 이 모든 과정이 자동화되어 단어를 보고 **해독과 의미 파악이 순간적으로 이루어질 때 이를 시각적 재인**이라고 한다.
	언어 이해 과정	• 해독이 숙달된 이후의 읽기발달 과정에서는 읽기의 초점이 메시지에 대한 이해로 옮겨 간다. • 이 과정에서는 단어 재인에 관련된 언어기술보다는 언어이해에 대한 기술이 더 중요하다. 언어이해 과정에 관련된 기술에는 어휘, 구문 지식, 화용 지식, 언어적 추론 등이 있다.

> **기 주A6.** 2) 2019 개정 유치원 교육과정 '의사소통' 영역의 내용 범주인 '읽기와 쓰기에 관심 가지기'와 관련하여 다음에서 김 교사가 **지도한 내용을** 쓰시오.[25]
> 김 교사는 유아가 주변의 상징, 글자 등의 읽기에 관심을 가지도록 지도하였다.
>
> 김 교사 : (어린이 보호 구역 표지판을 보여주며) 이것은 무엇일까요?
> 호　준 : (표지판 그림을 보며) 아이는 엄마와 손잡고 가야 해요.
> 김 교사 : 맞아요. 근처에 유치원이 있으니 이곳에서는 어린이를 보호해 달라는 뜻을 담고 있지요.

5) 문자언어 발달에 필요한 핵심기술

문자언어 발달에 필요한 핵심기술

- 문자언어 발달은 단순히 읽기와 쓰기를 할 수 있게 되는 과정, 다시 말해서 글자를 깨우치는 과정만을 가리키는 것은 아니다.
- 아직 글자를 깨우치지 못한 어린 유아라 해도 그림책을 읽을 수 있고 좋아하는 과자를 보면 그 봉투에 무슨 글자가 적혀있는지 안다. 또 아빠의 생일을 축하하는 생일 카드를 쓸 수도 있고 친구와 식당 놀이를 더 재미있게 하기 위해 메뉴를 쓸 수도 있다.
- 즉, 관례적인 읽기와 쓰기가 아직 불가능한 유아도 메시지를 전달하고 정보를 파악하며 문제를 해결하기 위하여 나름대로 문자언어의 기능을 수행할 수 있다.
- 이처럼 유아가 생활 속에서 자신의 실질적인 목적을 위하여 문자언어를 사용할 때, 이것이 비록 성인이 보기에는 읽는 흉내 또는 쓰는 흉내에 불과한 미숙한 시도이지만, 유아의 입장에서는 성인이 사용하는 문자언어와 똑같은 기능을 수행하기 위한 행위이다.
- 따라서 **발생적 문식성 관점**(emergent literacy perspective)에서는 이러한 유아의 행동을 진정한 읽기와 쓰기 행동으로 간주하며, 문자언어가 발달되어가는 데 있어 중요한 단계로 설명한다.
- 또한 글자를 완전히 깨우침으로써 신속한 읽기와 맞춤법에 맞는 쓰기를 하게 되었다고 해서 문자언어 발달의 단계가 완성되는 것도 아니다.
- 관례적인 읽기와 쓰기를 사용하여 보다 효과적으로 의사소통을 수행하고 문제를 찾고 해결하며 높은 수준의 사고를 하고 풍부한 창의성을 발휘할 수 있게 되어야 하는 것이다.
- NELP(National Early Literacy Panel)(2009)에 따르면, 관례적인 읽기와 쓰기기술이란 해독(decoding), 읽기 유창성(oral reading fluency), 읽기 이해(reading comprehension), 쓰기(writing), 철자법(spelling)을 가리키며 이러한 기술들은 출생 후부터 5세까지 발달된다.
- 관례적 읽기 및 쓰기기술들은 보다 정련되고 성숙한 읽기와 쓰기기술들로서 이보다 앞서 나타나는 초기 문해기술들, 또는 발생적 문식성 기술들(emergent skills)과는 대비되는 기술이다.
- NELP는 초기 문해기술들을 대표하는 6가지 변인들은 다음과 같다.
  ① 알파벳 지식(자·모음의 이름 및 그것이 내는 소리에 대한 지식)
  ② 음운인식(단어의 의미와는 별개로 그 단어가 내는 소리의 청각적 측면을 추적하고 조작하며 또는 분석하는 능력)
  ③ 자동적으로 자·모음의 이름 또는 숫자 이름 말하기(무작위로 제시된 일련의 자·모음이나 숫자들의 이름을 재빨리 말하는 능력)
  ④ 자동적으로 사물 이름 또는 색깔 이름 말하기(사물을 나타내는 일련의 그림이나 색깔들이 반복적 패턴으로 제시될 때 그 이름을 재빨리 말하는 능력)
  ⑤ 자·모음을 쓰거나 자기 이름 쓰기(자음이나 모음을 쓰라는 요청을 받을 때 쓰거나 자기 이름을 쓰는 능력)
  ⑥ 음운기억(말로 제시된 정보를 짧은 시간에 기억하는 능력)
- 이 6가지 변인들은 나중의 문식성 발달척도를 광범위하게 예측할 뿐 아니라 IQ나 사회경제적 수준 같은 변인들의 역할이 고려된 상황에서도 예언력을 유지한다고 설명한다.
- 한글은 말소리를 표상하는 표음문자라는 점에서 영어와 유사하지만 영어와 다른 점도 많은 쓰기체계이기 때문에, NELP의 보고가 한글을 습득하는 우리나라 유아들에게 얼마나 잘 적용될 수 있는지 지금으로서는 확실하게 말할 수 없다.
- 그러나 지금까지 나온 유아의 문자언어 발달에 관련된 수많은 연구들을 체계적으로 분석하여 제시한 NELP의 보고는 우리의 상황에도 적용 가능한 부분이 적지 않을 것으로 생각된다.

6) 읽기 발달의 과정(Scarborough, 2002)

<table>
<tr><td rowspan="2">읽기 발달의 과정</td><td>

- 읽기 발달의 과정은 단어 재인 수준과 언어이해 수준으로 구분하여 설명할 수 있다.
- **단어 재인 수준**이란 말과 글의 대응을 기본으로 글자를 해독함으로써 제시된 단어가 무엇을 의미하는지를 인지하는 수준을 가리킨다.
- **언어이해 수준**이란 언어를 통해 의미를 구성하고 이해하며 사고하고 분석하는 능력 등을 포함한다.
- 이 두 수준은 상호의존적으로 발달해 가는데, 말과 글의 관계를 인식하게 되면서 글자를 깨우치는 해독 수준의 읽기 발달은 음성언어가 어느 정도 발달되어야 가능해지는 반면, 의미를 구성하고 이해하며 사고하는 방식은 인간이 태어난 직후부터 부모 및 주변 인물들과 상호작용을 통해서 습득해 가며, 글자해독이 가능해진 이후에도 지속적으로 발달해가는 과정이다.
- 따라서 **단어 재인 수준**은 대략 유아기에서 초등학교 저학년 정도에 습득되는 반면 **언어이해 수준**의 문자언어 발달은 출생 직후부터 시작되어 유아기, 아동기를 지나 그 이후까지도 진행되는 장기간의 과정이라고 말할 수 있다.
- 읽기를 잘하게 되려면 오랜 시간 동안의 경험과 학습을 통해 연마되는 많은 언어 기술들이 유기적으로 통합되어야 한다.
- Scarborough(2002)는 읽기 발달의 과정을 마치 여러 가닥의 실이 함께 짜여지는 과정과 같은 것으로 설명한다.
- 스카버러의 그림은 숙련된 읽기를 할 수 있게 되는 과정에서 함께 엮이게 되는 주요 언어 기술들을 보여준다.
- 개별 문자단어를 인지하는 데 관련된 **단어 재인 과정**과, 일련의 단어나열의 의미를 이해하는 데 관련된 **언어 이해 과정**은 일반적으로는 별개의 과정으로 간주된다.
- 그러나 그림이 보여주는 것처럼, 이 과정들은 **각각 독자적으로 발달되는 것이 아니라 상호의존적으로 작동**하고 발달된다.
- 다시 말하면, 숙련된 읽기라는 굵은 밧줄은 단어 재인(word recognition)과 언어 이해(language comprehension)라는 각각의 밧줄이 점차 상호 관련되고 합쳐지면서 이루어지는 과정이라는 것이다.
- 여기서 **단어 재인이라는 밧줄**은 다시 음운인식(phonological awareness), 해독(decoding), 시각 재인(sight recognition)을 포함하는 다양한 실 가닥들이 합쳐지면서 점차 자동화되는 것이며,
- **언어 이해라는 밧줄** 역시 어휘(vocabulary), 언어구조(language structure), 언어추론(verbal reasoning), 문해지식(literacy knowledge) 등을 포함하는 다양한 실 가닥들이 점점 전략적이 되면서 하나의 잘 꼬여진 밧줄을 형성하게 되는 것이다.
- 따라서 숙련된 읽기라는 굵은 밧줄은 음운인식, 해독, 시각 재인 등의 실 가닥들이 점차 자동화되면서 합쳐진 단어 재인이라는 밧줄과 어휘, 언어구조, 언어추론, 문해 지식 등의 실 가닥들이 점차 전략적이 되면서 합쳐진 언어이해라는 밧줄이 다시 상호 관련되고 합쳐지면서 가능해지는 과정이라는 것이다.
- 결국 읽기의 발달은 많은 언어기술들, 특히 음성언어 기술들이 자동화되고 숙련되며 언어에 대하여 생각할 수 있는 메타언어 능력과 인지능력이 세련화되고 이들이 상호 관련되면서 이루어지는 과정인 것이다.
- 다음은 문자언어 발달에 관련된 심리적 과정을 단어 재인 과정과 언어이해 과정으로 구분하고 이러한 과정에 관련된 중요한 언어기술들에 대하여 살펴보도록 한다.

</td></tr>
</table>

- 단어 재인(word recognition)
① 단어 재인 과정
  - 단어 재인이란 시각적 자극으로 제시된 **문자언어**를 보고 그것의 **의미를 파악하는 심리적 과정**을 의미한다.
  - 성인들은 문자로 제시된 단어를 순간적으로 읽고 이해할 수 있으므로 이 과정이 단순한 과정이라고 생각하기 쉽지만, 사실은 매우 복잡하고 다양한 언어기술들이 숙달되어야 하는 과정이다.
  - 대체로 초기에 읽기를 학습하는 데 문제를 지닌 유아들은 '단어 재인' 과정을 마스터하는 데 어려움을 갖는다.
  - 단어 재인을 위해서는, 시각적으로 제시된 문자단어를 구성하는 철자, 즉 자소들이 각각 어떤 소리로 발음되는지를 알아 대응되는 음소로 처리함으로써 시각적 정보를 소리 정보로 바꾸어야 한다.
  - 한글은 표음문자로서 모든 단어의 말소리를 구성하는 가장 작은 소리 단위인 음소를 체계적으로 표상하는 한글 자모체계의 원리, 즉 알파벳 원리를 따른다.
  - 이는 영어의 표기체계와 유사한 부분인데, 만일 말소리가 음소로 구성됨을 인식하지 못하는 유아라면 자모체계의 원리를 이해하기 어려우며 '음소 인식' 없이는 각 철자가 무엇을 나타내는지 이해할 수 없다.
  - 또한 특정 **철자와 음소들 간의 대응관계를 학습하고 적용**함으로써 **문자로 제시된 단어를 말소리로 발음할 수 있어야** 한다. 이것이 **해독(decoding)**이다.
  - 그리고 이렇게 나온 발음에 부합하는 단어를 그 개인의 마음 또는 기억 속 심성어휘집(mental lexicon)에 저장되어 있는 **구어단어 정보에서 찾아냄**으로써 비로소 시각적으로 제시된 문자단어의 의미를 이해하는 것이다.
  - 단어 재인에 관련된 이러한 과정들이 아주 잘 연습되어 힘들이지 않고도 재**빨리 자동적으로 처리되어야** 읽기가 숙련될 수 있는 것이다.
② 단어 재인 과정에 관련된 주요 언어 기술들
  - 이와 같은 단어 재인 과정에 관련된 주요 언어기술들에는 음운인식, 자·모음에 대한 지식, 철자와 소리의 대응 시각적 재인이 포함되며, 이들에 대하여 하나씩 살펴보도록 한다.

음운 인식 (phonological awareness)	• 음운인식이란 언어의 **일반적인 소리 구조에 대한 인식**으로 **말소리의 여러 단위들을 지각하고 인식하는 능력**으로, 언어에 대하여 의식적으로 자각하고 사고하는 것이므로 메타언어 인식의 일종이다. • 우리말에서 하나의 단어는 음절, 음절체, 음소 등의 다양한 소리 단위로 구분할 수 있는데 이러한 소리 단위를 지각하고 인식하는 능력이므로 순전히 음성언어 기술이다. • 예를 들며, '학교'라는 단어는 '학'과 '교'라는 2개의 음절로 구성된다. 　- 또 '학'이라는 음절은 /하/라는 음절체와 /ㄱ/이라는 받침으로 구성되고, 다시 /ㅎ/ 소리와 /ㅏ/ 소리 및 /ㄱ/ 소리를 내는 3개의 음소로 구성된다. 　- '교'라는 음절은 /ㄱ/ 소리와 /ㅛ/ 소리를 내는 2개의 음소로 구성된다. • 이러한 여러 단위의 말소리들을 식별하고 이러한 소리들이 모여 단어가 된다는 사실을 아는 것이 음운인식이다. • 따라서 **음운인식에는 말소리의 단위에 따라 음절인식, 음소인식 등이 포함**된다. 흔히 음운인식을 음소인식과 혼동하는 경우가 많은데, 음운인식은 음소인식을 포함하는 좀 더 포괄적인 개념이다.

읽기 발달의 과정

읽기 발달의 과정		• 음운인식은 다양한 말소리에 대하여 의식적으로 생각하는 것이므로 말소리에 대한 조작이 가능함을 의미하기도 한다. • 음운인식이 가능해지면서, 단어가 발음되는 소리의 다양한 단위들, 즉 음절, 음소 등에 대하여 특정 소리를 분리시키고, 탈락시키며, 삽입하고, 다른 소리로 대치하고, 소리들을 합성하고, 분절하는 등의 조작을 할 수 있게 된다. • 말소리에 대하여 조작하려면 유아들이 자신의 생각과 행동을 조절하는 능력을 갖추고 있어야 하는데, 예를 들면 어떤 문장에서 단어가 들릴 때마다 박수를 친다거나, 한 단어 안에서 들리는 각각의 소리에 대해 테이블을 두드리거나 또는 특정 소리를 다른 소리로 바꾸기 위해 의도적으로 경청하고 적절한 말소리에 대하여 조작할 수 있어야 한다. • 음운인식 중에서도 읽기를 습득하는 데 가장 핵심적인 요소로 강조되는 기술은 말소리의 가장 작은 단위인 음소에 대한 인식이다. • 음소는 그 자체만으로는 의미를 나타내지 않기 때문에 유아들에게 이해하기 매우 어려운 추상적인 소리단위이다. • 그러나 유아들이 말소리에 대하여 의식적으로 생각해 볼 수 있는 기회를 많이 접하면 추상적인 말소리에 대하여 지각할 수 있다. • 예컨대, '봄', '몸', '솜', '곰'과 같은 끝소리가 같은 단어들이 나오는 동시를 들으면서 이런 단어들을 자주 접한 유아들은 이 단어들이 갖고 있는 첫 음소들(/ㅂ/, /ㅁ/, /ㅅ/, /ㄱ/)과 나머지 부분을 구분할 수 있게 되며 이 단어들이 첫소리만 다름을 인식할 수 있게 된다. • 또 /ㅂ/소리로 시작되는 단어에 어떤 것들이 있는지(배, 봄, 비, 북 등)를 생각하도록 연습한 유아들은 결과적으로 /ㅂ/소리로 시작되는 단어들의 공통점을 다른 소리로 시작되는 단어들과 구분할 수 있는 기회를 갖게 된다. • 이러한 음소인식은 읽기에 절대적인 음소와 자소의 1대1 대응을 가능하게 하는 직접적인 통로라는 많은 증거들이 있으며, 음소인식은 영어뿐 아니라 스웨덴어, 프랑스어, 러시아어 등의 언어에서도 읽기의 성취를 예측하는 데 있어서 그 어떤 변인보다 더 강력한 요인으로 밝혀진 바 있다.
	자 · 모음에 대한 지식 (alphabet knowledge)	• 자 · 모음에 대한 지식이란 **한글을 구성하는 자음과 모음의 이름을 알고 쓸 수 있는 능력**을 말한다. • 자음과 모음의 이름에는 그것이 내는 소리의 단서가 포함되어 있기 때문에('미음'이라는 이름에는 특정 단어 안의 'ㅁ' 소리가 포함되어 있음), 유아가 문자언어를 습득하는 데 매우 중요한 정보가 된다. • 유아들은 유치원에 입학하기 전에 자기 이름에 포함되어 있는 자음과 모음을 비롯하여 친숙한 글자의 자 · 모음을 대략 10개 정도는 알고 있어야 한다.

읽기 발달의 과정	철자와 말소리의 대응, 자소와 음소의 대응 (grapheme-phoneme correspondence)	• 유아가 읽기를 학습할 때 넘어야 하는 또 하나의 도전은 **글자가 말소리와 어떻게 관련되는지를 이해하는 것**이다. • 말소리에 대한 유아의 자각과 조작(음운인식)이 가능해지고 유아가 한글의 자음과 모음에 대한 지식을 갖게 되면서 문자에 포함된 철자를 말소리에 대응시키려는 시도가 활발해진다. 또한 이러한 유아의 시도는 철자와 그것이 내는 소리를 대응시킬 수 있는 능력을 발달시킨다. • 유아는 음절을 언어 산출의 단위로서 자연스럽게 이해한다. 영어와 같은 알파벳 체계 언어에서 철자 상징과 대응되는 소리 단위는 음절이 아니라 음소이다. • 예컨대, 애플(apple)은 5개의 알파벳 철자로 구성되지만 2개의 음절로 발음되므로 각 철자를 음절에 대응시키는 것이 불가능하며, 음절보다 더 작은 소리 단위인 음소에 대응시킬 수 있어야 한다. • 이에 비하여 한글은 **음절체계와 알파벳 체계의 특성을 함께 갖는 쓰기체계**(syllabic-alphabetic writing system)로서, 우리말의 음절과 음소를 함께 표상하는 매우 독특한 체계이다. • 구어 단어의 한 음절은 문자단어의 낱글자와 1대1로 대응되고 동시에 각 음절을 구성하는 음소들은 각 낱글자를 구성하는 자소들과 규칙적으로 대응된다. • 한글은 영어와 달리 자·모음을 나열한 형태가 아니라 2개 이상의 자모를 묶어 **음절 단위의 조합식 배열을 통해 낱글자를 구성하는 모아쓰기**를 취한다. • 따라서 낱글자가 시각적으로 구분되는 일종의 단위와 같은 기능을 하므로 음절을 소리의 단위로 인식하는 유아들에게 낱글자를 음절과 대응시키는 것이 비교적 수월하다. • 또한 음절을 구성하는 자모의 조합방식이 몇 가지로 정해져 있고 말의 음소와 글의 자소 간의 대응 역시 매우 규칙적이기 때문에 영어에 비하여 음운인식이 수월한 편이다. • 그러나 낱글자를 구성하는 자·모음을 각 음소와 대응시키는 문제는 유아들에게는 매우 어려운 문제이다. • 자·모음과 대응시켜야 하는 음소는 그 자체로는 아무런 의미도 지니지 않으며 또 그것이 내는 소리 역시 구체적이지 않은 매우 추상적인 대상이기 때문이다. • 예를 들어, 어떤 교사가 'ㅂ'을 가리키며, "이것은 /브/소리가 나지요"라고 말하는 것은 엄밀히 따지자면 정확하지 않은 말이다. • 왜냐하면 'ㅂ'은 /브/소리를 내는 것이 아니라 '배', '봄', '비', '북' 등의 단어를 말할 때 공통적으로 처음에 나는 소리이며, 이들 각 단어에서 본질적으로 발음할 수 없는 추상적인 소리이기 때문이다. • 자소와 음소의 대응이 유아들에게 매우 추상적이고 어려운 과제이기는 하지만, 한글을 습득하는 우리나라 유아들에게는 상대적으로 수월하다. 한글을 다른 언어의 쓰기체계와 비교할 때, 자소와 음소의 대응이 매우 규칙적이고 정확하기 때문이다. • 우리말에서 /k/ 소리('케익'의 첫소리)는 한글의 자음 중 오직 'ㅋ'만이 낼 수 있다. 그러나 영어에서 /k/ 소리는 영어 알파벳의 여러 자음들, 예를 들어 'k', 'ch', 'q', 'c' 등이 모두 낼 수 있다. 더구나 영어 알파벳의 모음(a)은 각각 매우 다양한 소리를 내지만, 한글의 모음은 각각 단 하나의 소리만 낸다. • 따라서 영어권 유아들의 비해서 우리나라 유아들은 자소와 음소의 대응을 상대적으로 쉽게 습득할 수 있다. 즉, 유아들이 음소인식을 할 수 있고 각 자·모음이 내는 소리를 알기만 한다면 자소와 음소의 대응이 가능해진다는 것이다.

| 시각적 재인
(sight recognition) | • 자소와 음소의 대응을 통한 해독의 과정을 잘 익히게 되면 힘들이지 않고도 재빨리 자동적으로 처리된다.
• 그러나 이렇게 해독이 되어 문자로 제시된 단어를 말소리로 발음할 수 있다 하더라도 그 단어가 개인의 마음 또는 기억 속에 갖고 있는 **심성어휘집(mental lexicon)**에 저장되어 있지 않는다면 무슨 의미를 뜻하는 단어인지 이해할 수 없다.
• 이처럼 해독된 단어를 개인의 **심성어휘집에서 찾아 부합되는 의미 정보와 관련시켜야**만 비로소 시각적으로 제시된 문자단어의 의미를 이해라는 것이다.
• 이 모든 과정이 **자동화**되어 **단어를 보고 해독과 의미 파악이 순간적으로 이루어질 때** 이를 **시각적 재인**이라고 한다. |

읽기 발달의 과정

- **언어이해(language comprehension)**
① 언어이해 과정
- 읽기의 문제는 대부분 음운인식과 해독 및 문자단어에 대한 시각적 재인의 결함과 관련되는 경우가 많지만, '언어 이해' 과정의 결함에 의해서도 읽기에 심각한 손상을 받는다.
- 특히 읽기자료가 점점 더 많아지고 어려워지는 초등 2학년 이후에는 이러한 문제가 심각해지기 쉽다.
- 모든 문장의 **문자 단어들이 올바로 해독된다** 하더라도 유아가 만일 심성어휘집에 해독된 단어와 부합되는 단어를 저장하고 있지 않거나, **단어들 간의 문법적 관계와 의미적 관계들을 제대로 이해하지 못**하거나, 또는 텍스트를 적절하게 해석하고 "**행간을 읽는**" 추론기술이나 배경지식을 **결여**하고 있다면, 그 텍스트는 제대로 이해될 수 없을 것이다.
- 이러한 경우, 독해과정의 결함은 본질적으로 음성언어의 결함임을 주목해야 한다.

② 언어이해 과정에 관련된 언어기술들
- 초기 단계에서 읽기는 주로 단어 재인과 해독의 과정이므로 말소리와 문자가 어떻게 관련되는지에 대한 인식이 중요하게 작용하며, 특히 음소인식 기술은 읽기성취를 예언하는 가장 강력한 변인으로 알려져 있다.
- 이에 비하여 **해독이 숙달된 이후의 읽기발달 과정에서는 읽기의 초점이 메시지에 대한 이해로** 옮아간다.
- 이 과정에서는 단어 재인에 관련된 언어 기술보다는 언어 이해에 관련된 기술이 더 중요하게 작용한다. 여기서는 언어이해 과정에 관련된 어휘, 구문지식, 화용지식, 언어적 추론 등에 대하여 살펴보도록 한다.

| 어휘
(vocabulary) | • 읽기를 한다는 것은 단어들로 구성된 글을 읽는 것이며, 문자 자료를 통해 의미를 파악한다는 것이다.
• 유아를 위한 그림책들은 그 연령대의 대다수 유아들이 말할 때 사용하는 단어들로 제한하여 제작된다.
• 따라서 그림책을 읽는 유아들이 대체로 별문제 없이 읽기를 즐길 수 있겠지만, 어휘력이 매우 약한 유아들은 간단한 책이라 하더라도 단어를 재인하는 과제가 쉽지 않다.
• **구어의 어휘 지식**은 책을 볼 때 문자로 제시된 **단어를 재인하는 과정을 돕는**데 그 이유는 다음과 같다. |

읽기 발달의 과정		• 첫째, 유아가 문자로 제시된 단어의 자음과 모음을 음소와 1대1 대응하면서 **소리내기를 할 때, 그 단어를 자신의 심성어휘집에 갖고 있다면** 정확하게 소리 내는 것이 수월해진다.
		  – 예컨대, 유아가 '스파게티'라는 단어의 의미를 알고 있다면 문자로 쓰여진 그 단어를 처음 접한다 하더라도 글자를 보면서 자소들을 음소와 대응시킬 때 /스/, /파/, /게/, /티/라고 옳게 발음하는 데 도움이 된다.
		• 둘째, 유아가 구어로 어휘 지식을 갖고 있을 때 **글의 문맥으로 그 단어를 예측**하도록 도울 수 있다.
		  – '브로콜리'라는 단어는 읽기 어렵다. 그러나 만일 브로콜리가 무엇인지를 아는 유아는 "엄마는 우리가 싫어하는 ....를 억지로 먹였다"라는 문맥에서 의미론적 단서와 철자 단서를 함께 사용하여 그 단어를 옳게 읽을 수 있다.
		• 어휘력은 읽기이해 및 읽기성취와 강력한 상관을 지니는 변인이다. 어휘가 풍부할수록 문자자료를 읽을 때 이해가 수월해지고, 문자자료를 많이 읽을수록 새로운 단어를 접할 기회가 많아지며 글의 문맥 속에서 새로운 단어를 학습할 수 있는 기회가 풍부해지므로 어휘가 풍부해지는 것이다. 이처럼 어휘력과 읽기이해 능력은 순환적 관계를 이룬다.

	구문 지식	• 읽기에 문제를 지니는 개인들은 대체로 문법처리에 결함을 나타낸다. • 언어이해는 그것이 청해(듣고 이해하기)이거나 독해(읽고 이해하기)이거나 모두 언어의 **문법구조와 이야기 구조 처리에 좌우**되며 **기본적으로 동일한 문법규칙**을 사용한다. • 그러나 일반적으로 문자로 제시된 자료는 구어로 제시되는 음성자료보다 더 복잡하고 어려운 문법을 구사한다. • 구어로 말할 때에는 기억에 의존하여 의사를 전달하므로 복잡한 구문을 사용하기보다는 간결한 문장을 사용하는 것이 일반적이지만, **문자자료로 전달할 때에는 완전한 문법을 갖춘 문장으로 제시**한다. • 또 말하기는 화자와 청자가 시간과 공간을 공유하는 맥락에서 이루어지므로 화자가 문법적으로 불완전하거나 부정확한 문장으로 말한다 하더라도 맥락적 단서를 통해 그 의미가 수월하게 이해되는 데 비하여, **문자자료는 맥락적 요소가 배제된 상황**에서 **오로지 문자를 통해 의미를 전달해야 하므로 완전한 문장과 완벽한 문법으로 제시되어야** 한다. • 그러므로 문자자료에서 사용된 구문은 구어에서 사용되는 구문보다 훨씬 복잡하고 다양한 형태의 문장이 사용되며, 구어로 말하는 것을 듣고 이해하기보다 문자자료를 읽고 이해하는 것이 문법적으로 높은 수준의 지식을 요구한다. • 따라서 유아들에게는 올바른 문법을 구사하는 언어모델이 필요하고 **'지금-여기서'의 맥락을 벗어난 탈맥락적인 상황을 올바른 문법과 완전한 문장을 사용해서 이야기해 보는 경험이 필요**하다.

읽기 발달의 과정	화용 지식	• 구어는 대체로 친숙한 사람들과 면대면 대화에서 사용되며, 이때 화자와 청자는 대화에 필요한 배경지식을 공유한다. • 반면 **문자언어의 상황은** 저자가 전하고자 하는 의미의 소통을 원활하게 하기 위하여 **독자에게 필요한 배경 정보를 제공해야** 한다. 이러한 차이는 구어와 문어의 맥락에서 서로 다른 화용적 접근을 사용하게 한다. • 예를 들어, 화자와 청자가 어제 함께 본 영화에 대하여 대화할 때에는 그 영화의 내용이나 주인공, 장면들에 대하여 다시 자세히 설명할 필요가 없지만, 독자가 읽기를 하면서 저자가 언급한 영화에 대하여 충분히 이해하려면 저자가 그 영화의 내용이나 장면들에 대해서 설명해야 한다. • 이에 비하여 전화상의 대화나 대중 강연은 구어이면서도 읽기에서와 유사한 화용적 접근을 사용한다. • 왜냐하면 전화로 대화를 하거나 대중강연을 하는 것은 구어를 사용하지만 그 화용적 맥락은 화자와 청자가 서로 다른 공간에서 대화한다는 점이나 서로 공통된 배경지식을 지니지 않는다는 점에서 탈맥락적인 요소를 지니고 있으며 이러한 부분은 오히려 문자언어와 더 유사하기 때문이다. • 유아가 구어를 사용하는 대화상황에 효과적인 화용규칙을 습득했다 하더라도 이것이 문자언어의 화용규칙을 이해하는 데에는 충분하지 않다. • [지도방법] 따라서 유아들에게는 **자신과 경험을 공유하지 않는 다른 사람에게 자기의 경험을 이야기**하거나 **가상적으로 이야기를 꾸며서 말해보게 하는** 등의 탈맥락적인 **구어 상황을 많이 접하게** 함으로써 문자언어의 사용을 지배하는 화용 지식을 습득하게 하는 것이 중요하다.
	언어적 추론	• 구어의 상황에서 청자는 화자와 배경지식을 공유하고 화자가 말하는 내용을 이해하는 데 도움이 되는 맥락적 단서가 많다. • 그러므로 청자는 화자의 말이 언어적으로 불완전하거나 또는 화자의 말을 놓친다 하더라도 화자의 얼굴표정이나 말하는 어조 등을 통해서 그의 의도나 감정, 대화의 내용을 쉽사리 추론하여 이해할 수 있다. • 그러나 읽기의 상황은 이와 매우 다르다. **읽기를 하는 독자는 오로지 문자자료를 통해서** 저자의 의도와 자료의 내용을 이해해야 하는데, 만일 문자자료가 애매하거나 복잡한 경우 적절한 해석에 도달하기 위해서는 문자부호뿐 아니라 그 이외의 처리가 수행되어야 한다. • 이때 독자는 문자부호로 표상된 것을 넘어서 텍스트와 저자의 의도에 대한 자기 자신의 가정에 의존해야 한다. • 텍스트가 적절히 이해되지 않을 때 독자는 다시 문자부호로 돌아와 다른 해석이 가능한지의 여부를 생각한다. • 저자의 표현이 무엇을 의미할 수 있는지 자신의 **배경지식을 끌어와 생각하면 가능한 의미를 추론할 수** 있다.

7) 어휘 지도

어휘 지도	- **어휘학습의 방법**
	- 유아가 어휘를 학습하는 방법은 크게 명시적인 방법과 맥락에 의존하여 추론하는 간접적인 방법으로 구분할 수 있다.
	- **명시적인 방법**이란 주로 **단어가 지칭하는 대상을 가리키면서 명명하거나, 단어의 개념을 정의하거나 설명하는 것**을 말한다. **자동차를 가리키면서 '자동차'라고 말하는 것**이나, **자동차란 '네 개의 바퀴를 갖고 땅 위를 움직이도록 만든 차'라고 설명하는 것**은 명시적인 방법에 속한다.
	  – 2세 이전의 영아들은 주로 대상을 가리키고 명명하는 명시적 방법에 의존하여 어휘를 습득한다.
	  [한계] 그러나 어휘를 명시적인 방법으로만 습득한다면 개인이 배우는 어휘의 수는 매우 제한적일 것이며, 특히 생후 18개월경부터 나타나는 **폭발적인 어휘 습득 현상을 설명하기 어렵다.**
	- '우리 자동차 타고 갈까, 지하철 타고 갈까?'와 같은 말을 들으면 지하철이라는 어휘를 모른다 하더라도 지하철이 교통기관이라는 것을 짐작하게 된다. 이처럼 모르는 어휘가 포함된 문장에서 앞뒤 문맥이나 대화가 이루어지는 상황, 말하는 사람의 몸짓이나 표정 등에 의해서 새로운 어휘의 의미를 추측할 수 있다.
	- 이처럼 **실제로 어휘가 사용되는 맥락에서 다양한 단서를 이용**해서 **어휘의 의미를 추론하는 과정을 통해서 자연스럽게 어휘의 의미를 터득하는 것을 간접적 방법** 혹은 우연적 학습이라고 한다. 동화책을 읽으면서 새로운 어휘를 접하게 되었을 때에도 이러한 방법으로 어휘의 의미를 추측하고 배우게 된다. 3세 이상의 유아들은 간접적인 방법에 의해서도 새로운 어휘를 학습한다.
	- Sternberg는 언어적 맥락으로부터 **새로운 어휘의 의미를 배우는 간접적인 방법의 중요성**을 다음과 같이 역설하였다.
	  – 첫째, **대부분의 어휘는 언어적 맥락으로부터 습득**된다. 어휘습득 초기에는 명시적이고 직접적인 방법으로 어휘를 학습하지만 나이가 들수록 점점 더 언어적인 맥락으로부터의 우연한 어휘습득에 의존한다.
	  – 둘째, **언어적 맥락으로부터의 어휘학습은 성인기까지도 지속**되며 우리가 일상적인 언어를 사용하면서 배우기 때문에 **오랜 시간 동안 사용될 수** 있다.
	  – 셋째, 언어적인 맥락의 다양한 단서를 이용해서 **새로운 어휘의 의미를 추론하는 것 자체가 독해력과 지능의 중요한 부분**이다. 따라서 유아들에게 맥락을 통해 새로운 어휘를 학습하는 방법을 익힐 수 있는 다양한 기회를 제공해야 한다.
	- 일반적으로 어휘학습에 대한 연구들은 유아가 맥락을 통해서 어휘의 의미를 알게 되는 간접적인 과정을 강조한다.
	- 그러나 최근 간접적 어휘지도만으로는 유아들에게 필요한 어휘들을 충분히 지도하는 것이 한계가 있으므로 간접적 어휘지도와 함께 좀 더 명시적인 어휘지도를 할 필요가 있음을 주장하는 움직임이 있다.

| 어휘지도 | 간접적 어휘지도 | ▶ 실제로 어휘가 사용되는 맥락에서 다양한 단서를 통해 의미를 추론하며 자연스럽게 습득하는 방법
• 유아들이 새로운 어휘를 학습하도록 돕는 대표적인 맥락은 그림책 읽기이며, 따라서 유아교육기관에서는 유아들이 그림책을 읽으면서 접하는 어휘들의 의미를 맥락을 통해 추론하고 어휘를 학습하도록 돕는 간접적인 어휘지도가 일반화되어 있다.
• 그림책을 보는 동안 새로운 단어를 우연히 접하게 되는 것만으로도 유아의 어휘학습을 도울 수 있으며, 어휘에 대한 설명이 없이 그림책을 두 번 읽어주는 것으로도 어휘습득이 가능하다는 주장도 있다.
• 또 그림책 읽기를 할 때 다른 사람과 상호작용하면서 반복적으로 읽으면 유아가 그림책의 맥락을 통해 새로운 단어를 이해하고 어휘를 습득하는 데 도움이 된다.
• 다음은 그림책 『손 큰 할머니의 만두 만들기』의 일부를 발췌한 것이다. '만두소'와 '버무리다'라는 어휘를 모르는 유아가 이야기를 읽으면서 이 어휘들의 뜻을 짐작하는 과정을 생각해보자.

만두를 만들어야지.
자 이제 시작입니다.
"뭐니뭐니 해도 김치가 많이 들어가야 맛이 나지!"<br>"김치가 많이 들어가니 숙주나물도 넉넉히 들어가야지!"<br>"숙주나물이 많이 들어가니 두부도 넉넉히 들어가야지!"<br>"다른 것들이 많이 들어가니 고기도 넉넉히 들어가야지!"<br>"그런데 이 만두소를 어디다 버무리지?" 궁리궁리하다가
할머니는 헛간 지붕으로 쓰는 함지박을 끌어 와
거기다 만두소를 몽땅 쏟아 넣었습니다.
할머니는 삽을 들고 함지박 안으로 들어가 만두소에 파묻혀 엎치락 뒤치락 그러면서도 씩씩하게 만두소를 버무립니다.

• 위의 이야기에서 '만두소'는 4회, '버무리다'는 2회 나온다. 첫 문단에서 여러 가지 음식 재료(김치, 숙주나물, 두부, 고기)에 대한 이야기가 나온 후에 '이 만두소를 어디다 버무리지?'라는 할머니의 생각이 제시된다.
• 여기서 '이 만두소'라는 어휘가 처음 나오기 때문에 유아들은 만두소가 바로 앞에 나오는 음식 재료들과 관련이 있으며, 버무리는 것이라고 짐작하게 된다.
• 두 번째로 만두소를 함지박에 쏟아 넣는다는 맥락과, 만두소에 파묻혀, 만두소를 버무린다는 문장들에서 만두소가 세 번, 네 번 반복되면서 유아들은 만두소의 의미를 점점 더 분명하게 추론하게 될 것이다.
• 여기서 그림책의 그림은 유아들이 그 의미를 짐작하는 데 큰 도움을 주게 된다. 또한 만두에 대한 유아들의 사전 경험은 유아가 새로운 어휘의 의미를 추론하는 데 영향을 미칠 것이다.
• 만두를 만들어 보았거나 적어도 만드는 것을 가까이에서 본 유아들은 만두를 만들 때 여러 가지 재료를 넣고 버무리고 섞어서 만두소를 만든다는 것을 쉽게 이해할 수 있지만, 그렇지 못한 유아들은 만두소를 만두를 만드는 과정을 이해하지 못하기 때문에 본문에서 만두소와 버무리다의 의미를 추측하기 위해서는 좀 더 많은 추론과정이 요구될 것이다. |

어휘 지도	명시적 어휘 지도 (직접적 어휘 지도)	▶ **어휘 개념을 직접 설명**하여 **의미를 이해하도록 지도**하는 것
		• **어휘의 의미 정보를 유아에게 직접적으로 제공**하고, **그 어휘에 대하여 유아들이 의식적으로 생각해 보는 기회**를 제공하며, 어휘를 갖고 놀면서 다른 사람들과 어휘의 의미에 대해 상호작용하도록 지도하는 것이다.
		• 앞에서도 지적하였지만, 간접적인 맥락에서의 어휘습득은 발달적으로나 교육적으로 큰 의미가 있지만, 간접적인 방법만으로는 충분한 어휘습득에 한계가 있기 때문에 직접적이고 명시적인 어휘 지도가 간접적인 어휘 지도와 함께 사용되는 것이 필요하다.
		① 어휘 지도의 범위
		   – 어휘를 지도하기 위해서는 먼저 유아들이 어휘를 어떤 범위에서 어느 수준까지 알게 하도록 지도해야 할지를 생각해봐야 한다. 우리가 어떤 어휘를 안다고 할 때, 그 의미는 매우 다양한 수준에서의 이해를 포함할 수 있기 때문이다.
		   – Beck, McKeown, Omanson(1987)은 어휘지식의 수준을 다음과 같이 5수준으로 구분하였다.	

	1수준	• 첫 번째는 **특정 어휘에 대하여 알고 있는 바가 없는 수준**이다.
	2수준	• 두 번째는 **특정 어휘에 대하여 일반적인 느낌**으로 어휘가 부정적 의미인지 긍정적 의미인지를 아는 수준이다. • 예를 들어, 앞차의 뒤 유리에 "당신도 초보였다"라고 쓰여져 있고 여기서 '초보'라는 어휘를 처음 접했다고 가정하자. 이때, '초보'의 정확한 의미는 알지 못하지만 왠지 좋은 의미는 아닐 것 같은 느낌을 받았다면, 두 번째 수준의 어휘지식을 갖고 있다고 말할 수 있다.
	3수준	• 세 번째는 **제한된 맥락에서만 특정 어휘의 의미를 아는 수준**이다. • 위의 예에서 운전을 처음 하는 사람을 '초보'라고 한다는 사실을 알고 이 어휘의 의미를 운전하는 맥락에서만 이해하는 수준이다.
	4수준	• 네 번째는 **특정 어휘의 의미를 알고 있지만 적절한 상황에서 어려움 없이 사용할 만큼 회상하지 못하는 수준**이다. • 위의 예에서 '초보'라는 어휘가 운전을 처음 하는 사람뿐 아니라 요리를 처음하거나, 자녀양육을 처음 하는 등, 무엇이든 아직 능숙하지 못한 상태를 가리키는 것임을 알고는 있지만 막상 적절한 상황에서 자유자재로 '초보'라는 어휘를 사용하지 못하는 수준이다.
	5수준	• 마지막은 **탈맥락적 상황에서도 어휘의 정확한 의미를 알고 사용할 수** 있는 수준이다. • 즉, '초보'라는 어휘의 의미를 정확하게 알고 어떤 상황이라도 적절하게 이 어휘를 사용할 수 있는 수준이다.

어휘지도	명시적 어휘 지도	② 명시적 어휘 지도 방법
		- 유아들에게 어휘 지도를 명시적으로 실시하는 바람직한 방법은 그림책을 활용하는 것이다. - 그림책 안에 제시된 어휘 중에서 유아들에게 다소 어렵지만 그들이 알아야 하는 목표 단어를 선정하여 명시적으로 지도할 때, 유아들의 동기를 자연스럽게 유발할 수 있고 이야기의 맥락 안에서 어휘의 의미를 이해할 뿐 아니라 이야기의 맥락에서 벗어나서도 어휘의 의미를 이해할 수 있도록 도울 수 있다는 장점이 있다. - 그뿐만 아니라 유아들이 이미 알고 있는 지식을 목표 어휘와 연결해 줌으로써 새로운 어휘를 알고 재생할 수 있는 능력을 길러 주기도 한다. • Beck, McKeown과 Kucan(2002)은 그림책을 활용하여 명시적으로 어휘를 지도하는 방법을 다음과 같이 소개하였다. - 그림책을 읽어준다. 스토리를 이해하는 데 목표 어휘의 의미를 아는 것이 필요하다면 교사는 이야기 읽어주는 것을 잠깐 멈추고 그 어휘의 의미를 간단하게 설명해 준다. 이렇게 함으로써 유아들은 그림책의 이야기 맥락 안에서 그 어휘를 이해한다. - 그림책을 다 읽고 나면 교사는 **목표 어휘를 유아들에게 소리 내어 따라 하게** 한다. - **어휘의 의미를 유아들이 이해할 수 있는 쉬운 말로 설명**해 준다. - 유아들에게 읽어준 이야기와는 다른 맥락에서 동일한 어휘가 사용되는 예를 제시해 준다. - 유아들은 그 어휘가 들어가는 예를 스스로 만들어 본다. 또 적합한지 아닌지를 또래들과 함께 알아보고 왜 적합하거나 적합하지 않다고 생각하는지 그 이유를 말한다.

기 주A7. 1) 다음에 나타난 교사의 어휘지도법을 쓰시오.[22] **명시적 어휘 지도**

임 교사 : '시큰둥한'이라는 말이 어떤 뜻일까?
지   수 : 기분이 별로 안 좋은 거예요.
임 교사 : '시큰둥한'이라는 말과 비슷한 말은 무엇일까?
혜   수 : (고개를 갸우뚱거리며) 속상한?
임 교사 : '시큰둥한'이라는 말은 마음에 들지 않거나 못마땅하다는 뜻이야.

기 특주A7. 2) 2019 개정 유치원 교육과정에 근거하여, ① [D]와 ② [E]에 해당하는 **의사소통 영역의 내용을** 각각 1가지 쓰시오.[특25]

사실 집에서 하윤이 언니가 유행어나 신조어를 종종 쓰는데 하윤이는 쓰지 않으려고 해요. 그리고 다른 사람들을 욕하거나 비난하는 말도 하지 않아요. 또 하윤이가 요즘 존댓말을 조금 배워서 제게 존댓말을 쓸 때가 있는데, 그럴 때 마다 칭찬을 해 주니 매우 좋아했어요. ① **고운 말을 사용한다.** ┐ D

하윤이가 얼마 전에 병원에 갔는데요. 의사 선생님이 하윤이에게 "어디가 아파서 왔어요?"라고 하니까, 하윤이가 "의사 선생님, 배가 너무 아파요."라고 말하며 배를 만지더라고요. 간호사 선생님이 "주사 맞게 이리 오세요."하자 하윤이가 "주사 싫어."라고 말하기도 했고요. 앞으로도 마트, 편의점, 식당 등 다양한 장소에 함께 가서 하윤이에게 말할 수 있는 기회를 더 많이 주려고 해요.
② **상황에 적절한 단어를 사용하여 말한다.** ┘ E

8) 구문 지도

구문 지도

- ▶ 유아가 **단어를 조합하여 문장을 구성하는 원리를 이해**하고, **올바른 어순과 문법적 구조를 익히도록** 지도하는 것
- 18개월경 어휘 수가 갑자기 늘어나고 기억력이 증가하면서 영아는 두 개의 어휘를 결합하여 두 단어 문장을 구사하기 시작하면 곧이어 3~4개의 단어를 조합하여 자신의 의사를 표현한다.
- 유아가 단어를 조합하여 문장을 구사하는 것을 살펴보면 몇 개의 단어를 아무렇게나 배열하는 것이 아니라 일정한 원칙을 갖고 문장을 구성한다는 것을 알 수 있다.
- '엄마 학교 가?'라는 문장은 행위자-장소-행위를 나타내는 어휘들을 조합하여 만들어졌는데 '학교 엄마 가?'라든지 '가 학교 엄마?'와 같이 틀린 어순의 문장을 만드는 경우는 거의 없다.
- 영아들이 단어를 조합하여 문장을 표현하기 시작할 무렵 그들은 같은 단어로 이루어진 문장이라도 어떻게 조합하였는가에 따라서 의미가 달라질 수 있다는 것을 이해한다.
- 즉, 영아들도 '철이가 영이를 때렸다'와 '영이가 철이를 때렸다'라는 두 개의 문장은 같은 단어를 사용하고 있으나 의미가 다르다는 것을 이해한다.
- 영아들이 **단어를 조합하는 순서에 따라서 의미가 달라진다는 것을 이해**하면서 **단어를 배열하여 의미를 구성하는 방법**을 배우게 되는데, 이를 **구문론(syntax)**이라고 한다.
- 일단 '엄마 학교 가?'라는 문장을 구사할 수 있는 유아는 '엄마'라는 어휘 대신에 다른 행위자인 아빠, 삼촌, 누나, 언니 등 행위를 할 수 있는 주체들로 대치할 수 있으며, '학교'라는 장소 대신에 '공장', '교회', '할머니 집' 등의 장소로 바꾸어 많은 문장을 만들어 낼 수 있다. 이는 엄마와 아빠, 삼촌, 누나, 언니는 어떤 공통점이 있다는 것을 인식하기 때문에 가능하다.
- 영아들의 두 단어 문장 혹은 3~4단어 문장발달에 관하여는 많은 연구들이 이루어졌으나 구문론 지도방법은 연구자들의 충분한 관심을 받지 못하였다.
- 유아의 문장구성능력은 문법의 주요한 부분으로, 한 번도 들어보지 못한 많은 새로운 문장을 이해하고 표현할 수 있도록 해주며, 어휘력과 상관이 있으며, 언어이해를 위해서 필요한 능력이며, 유창한 읽기의 중요한 지표이다.
- **한 개의 발화가 몇 개의 단어로 구성되어 있는지를 평균발화길이**(Mean Length of Utterance : MLU)라고 하며 이는 **영아기 구문론 발달의 유용한 지표**이다. [측정 방법] 4~5세 유아들에게는 **문법적으로나 의미적으로 틀린 문장을 들려주고 이를 올바른 문장으로 고치라고 하는 과제**를 통해서 유아들의 구문 인식능력을 측정할 수 있다.
- '마세요 버리지 쓰레기를'이라는 문장을 들려주고 이를 고치라고 하면 만 5세 유아들에 비해서 만 6세 유아들이 현저하게 잘 수정한다. 이처럼 어순을 포함한 문법에 관한 판단능력은 만 5세에서 7세 사이에 급격히 발달한다.
- **[지도 방법] 구문이 반복적으로 나오는 문학작품을 읽어주는 것에서부터 시작**된다. 동요나 동시가 유아를 위한 구문 지도에 적절한 매체인데, 그 이유는 다음과 같다.
  - 첫째, 동요나 동시에는 같은 구문이 반복적으로 나올 뿐 아니라 한 문장 길이가 길지 않으므로 쉽게 기억할 수 있다.
  - 둘째, 글자 수에 제한을 받기 때문에 읽으면서 리듬감을 느낄 수 있다.
  - 셋째, 함께 읽으면서 음의 고저, 억양, 강세, 속도, 적절한 연결(phrasing)과 같은 운율적인 (prosodic) 특징도 함께 익힐 수 있다.
  - 넷째, 유아들의 흥미를 불러일으킬 만한 내용들로 구성되어 있다.

9) 내러티브 지도

내러티브 지도

- 유아기 어린이들이 일상생활에서 사용하는 언어는 대체로 구체적이고 "지금 여기"에서 벌어지는 상황에 국한된 말이다.
- 밥을 먹을 때, "이거 맛있지", 씻을 때, "물이 차가워", 놀이할 때, "인형 옷이 벗겨졌어" 등 유아가 하는 말은 모두 밥을 먹거나 씻거나 놀이하는 맥락에서 구체적으로 드러나는 상황에 대한 것이다.
- 그러나 유아들도 현재의 맥락에서 벗어나 추상적인 상황과 언어를 다루고 사용해야 하는 경우가 있다.
- 예를 들면, 지나간 일을 기억해서 말하거나 그림책의 이야기를 할 때이다. 즉, 과거에 경험했던 일이나 실제로는 발생하지 않은 가상적인 사건들에 대하여 생각하고 이야기할 때, 오래전에 일어났던 역사적 사건이나, 멀리 떨어진 곳에서 발생한 사건, 미래에 벌어질 수 있는 상황, 현실에서 일어날 수 없는 환상적 상황 등에 대하여 다루는 경우이다.
- 이런 경우, **유아는 지금 여기서 벌어지는 상황을 벗어나 기억이나 상상에 기초하여 표현해야 하므로 탈맥락적인 사고를 해야** 하고, 설명하기, 이야기하기, 또는 가장하기 같은 특정 구조를 갖는 탈맥락적 언어를 사용해야 한다.
- **탈맥락적 언어 사용의 대표적인 예로서 내러티브**를 들 수 있다.
- 내러티브는 일반적으로 **개인적 내러티브**와 **가상적 내러티브**로 분류된다.
- **개인적 내러티브**는 개인의 경험을 이야기하는 내러티브 형태이며, **가상적 내러티브**는 가상적으로 꾸며낸 이야기를 하는 형태이다.
- 인간은 약 2세경부터 현재 진행 중인 사건에 대해서뿐만 아니라 과거의 사건에 대해서도 이야기하기 시작하는데, 이처럼 대화의 주제가 시·공간에 있어서 '지금 여기'에서 벗어나 '그때 거기'로 전환되는 변화는 언어적 탈맥락화가 진행되고 있음을 나타낸다.
- 이것은 유아가 세상을 표상하는 능력에 있어서 인지적으로 특히 상징적으로 발달하고 있음을 보여주는 흥미로운 현상이다.
- 유아기 언어발달에 대한 연구들은 유아가 가족 및 또래들과 상호작용하는 풍부한 환경에서 내러티브 기술을 습득하며 이 시기에 발달되는 내러티브 기술들은 급속하게 확장되는 유아들의 사회적 세계 및 표상세계와 본질적으로 관련되어 있음을 지적한다.
- 유아교육기관에 입학하면서부터 유아들이 경험하는 사회적 상호작용의 범위가 크게 확장된다. 이러한 다양한 사회적 상호작용을 통해 유아는 내러티브 기술들을 습득하며, 동시에 내러티브를 통해 지식을 표상하는 유아의 능력이 발달되는 것이다.
- 개인의 경험을 제시하거나 가상적인 사건을 꾸며 이야기할 때는, 자신의 생각을 응집된 형태로 조직하는 것이 요구되며, 이야기 안의 사건이나 상황을 공유하지 않는 청자에게 이해시킬 수 있도록 명확한 어휘를 사용해야 한다.
- 이는 음성언어이지만 문자언어의 특성을 갖는 언어인 것이다. 이러한 언어는 유아기에 발달시켜야 하는 중요한 기술로서 유아의 문자언어 발달을 도울 뿐만 아니라 장차 학업성취를 예상하는 요인으로 보고되고 있다.
- 내러티브 기술이 학교 성취에 영향을 주는 이유는 학급에서의 발표가 내러티브 모드에 의존하며, 교사가 선호하는 유형의 내러티브를 이해하고 말하는 유아는 학급의 담화에 보다 효과적으로 참여할 수 있기 때문이다.
- 유아교육기관에서 내러티브를 포함하는 탈맥락적인 언어사용을 격려하고 지도하는 방법은 유아들이 경험한 내용을 말할 수 있는 기회를 많이 제공하는 것이다. 주말을 지내고 왔거나 견학을 실시한 후 유아들이 자신의 경험을 친구들과 나누는 활동은 탈맥락적인 언어 사용을 격려하는 기회를 제공한다.

	- 우리나라 유아들은 대체로 자기의 개인적 경험을 이야기하는데 있어서 핵심이 되는 중요한 요소를 부각시키지 못하고 이야기를 꾸밀 때 사건들을 단순히 나열하는 것에 그치며 사건들 간의 인간관계나 문제를 해결하여 목표를 성취하는 수준으로 전개하는 것이 부족하다. - 유아교육기관에서 이야기나누기와 같은 활동을 진행할 때 유아들이 지나간 사건들을 단순히 나열하는 형태로 제시하는 것에 그치지 말고 정점이나 문제가 되는 핵심적 요소를 말하고 그것의 결과가 어떻게 나타났는지까지도 제시하도록 지도해야 한다. - 또 유아교육기관에서 내러티브와 관련된 다양한 활동들, 예컨대 이야기 들려주기, 그림책 읽기, 주말 경험 말하기, 이야기나누기와 같은 활동들을 수행할 때의 주된 목적은 유아의 언어적 측면에 치중되어 있고 이야기에 등장하는 여러 인물들의 입장과 상황을 추론하고 이해하도록 돕는 부분은 상대적으로 소홀한 경향이 있다. - 이야기에 등장하는 인물의 입장과 상황에 대해서 유아가 좀 더 깊이 생각해보도록 격려하고 그런 상황에서 인물이 어떤 감정을 갖게 되고 어떤 생각을 하며 어떤 의도, 동기, 목표를 갖고 어떻게 행동하는지에 대해서도 생각하고 이에 대해 논리적으로 표현해 보게 하는 노력을 강화한다면 유아의 어휘력, 문장구조, 논리적 응집장치 등을 포함하는 언어능력과 더불어 마음이론, 조망능력 같은 사회인지적 능력 및 이타성과 같은 정서적 발달도 도울 수 있을 것이다. - **내러티브 지도방법**

내
러
티
브
지
도
	- 유아들이 가정이나 기관에서 경험한 이야기를 다른 사람들에게 발표할 수 있는 기회를 자주, 정기적으로 제공한다.
	   – **주말 지낸 이야기하기**
	   – **견학을 실시한 후 이야기 나누기**
	   – **특별한 사건이나 경험에 대하여 이야기 나누기**
	- 유아들이 다양한 종류의 가상적인 이야기를 접할 수 있는 기회를 제공한다.
	   – 다양한 장르의 그림책 제공
	   – 다양한 장르의 이야기를 들을 수 있는 코너 제공(듣기 코너)
	   – 다양한 놀이영역에 그림책 제공(언어영역, 역할놀이 영역, 적목영역 등)
	   – 매일 정기적으로 그림책 읽기 기회 제공
	- **유아들이 가상적인 이야기를 꾸밀 수 있는 기회를 제공한다.**
	   – 이야기 꾸미기 활동
	   – 융판자료, 막대자료, 봉제인형, 자석 동화자료 등을 수시로 바꿔가며 제공
	   – 교사가 들려준 이야기를 다시 이야기하는 기회 제공
	   – 자신이 읽거나 들은 이야기를 친구에게 다시 이야기하는 기회 제공
	   – 이야기 듣고 동극으로 꾸미기 활동
	   – 꾸민 이야기를 써서 그림과 함께 책으로 꾸미는 활동
	- 간식시간이나 점심시간처럼 유아들이 긴장하지 않는 시간을 활용하여 자신의 경험을 자유롭고 편안하게 나누거나 가상적인 이야기를 꾸밀 수 있는 학급 분위기를 조성한다.
	- 유아들이 자신의 개인적 경험을 이야기하거나 이야기를 꾸며 말할 때 단순히 특정 상황을 언급하거나 또는 사건들을 나열하는 것에서 그치지 않고 정점이나 문제가 되는 핵심적 요소를 말하고 그것의 결과가 어떻게 나타났는지도 제시하도록 지도해야 한다. 이를 위해서는 유아가 말하는 경험에서 등장하는 인물들과 장소, 시간, 사건의 본질, 문제, 결과, 그 과정에서 느낀 감정 등을 포함하는 이야기의 구성요소들을 포함하도록 지도한다.
	- 개인적인 경험을 이야기하거나 가상적으로 이야기를 꾸밀 때에는 그 활동에 참여하는 모든 유아에게 이야기할 기회를 주는 것도 중요하지만, 그보다는 이야기가 외적인 요인으로 끊기지 않고 좀 더 깊이 있는 내용과 높은 수준의 이야기로 확장될 수 있도록 돕는 것이 중요하다.

4 쓰기 지도

쓰기 지도 시 고려할 점	① 유아의 개별성이 인정될 수 있도록 프로그램을 계획한다. ② 유아-유아, 유아-교사 간에 **상호작용이 많이 일어나도록** 계획한다. ③ 쓰기 지도는 **통합적인 방법으로** 이루어져야 한다. ④ 쓰기 지도는 **자연스러운 방법으로** 이루어져야 한다. ⑤ 쓰기 지도는 **의미 있는 방법으로** 지도되어야 한다. 기 ① 부적절한 지도 방법 1가지를 찾아 쓰고, ② 유아기 언어발달을 고려하여 부적절한 이유 1가지를 쓰시오. 피켓에 쓰는 글에서 아이들이 잘못 쓴 철자는 수정해 주셔야 해요. / 유아가 쓴 것을 수정하거나 비판하면 글에 대한 흥미를 잃고 오히려 글쓰기에 대한 거부감을 느끼게 된다.[18]

5 통합적 지도

언어의 영역 간의 통합	▶ **듣기, 말하기, 읽기, 쓰기를 상호 연계**하여 **통합적으로 지도**하는 것 • 언어는 기능적으로 듣기, 말하기, 읽기, 쓰기로 나누어진다. 그러나 이 4가지 영역이 순서에 따라 위계적으로 학습되는 것은 아니다. • 따라서 언어교육의 내용이 되는 **듣기, 말하기, 읽기, 쓰기는** 각각을 쪼개어, 위계적으로 가르칠 것이 아니라 **통합하여 지도하여야** 한다. • 유아 언어교육 특히 문자언어 교육에 있어서 통합성을 강조하고 학습자를 중요시하는 언어 접근법을 총체적 언어 접근법이라고 한다.
언어와 다른 교과 간의 통합	▶ **언어를 중심으로** 수학, 과학 등 **다양한 교과와 상호 연계**하여 **통합적으로 지도**하는 것 • 언어는 다른 교과를 학습할 수 있는 매개가 된다. • Goodman(1986) : 교사는 항상 이중의 실천 과제를 수행해야 된다고 하였다. 학습자들로 하여금 다른 교과의 개념, 즉 과학의 개념, 수학의 개념, 음악의 개념 등을 학습하게 하면서 동시에 언어 사용을 극대화할 수 있는 기회를 마련해야 된다는 것이다. 예 바깥 놀이 시간에 꿀벌이 날아다니는 것을 흥미롭게 쳐다보는 유아들에게 **"벌들은 무엇을 먹고살까?"** 라는 질문을 던짐으로써 유아들이 유치원에 있는 백과사전이나 가정에 보유하고 있는 책을 통해 꿀벌의 생김새, 생애, 먹이, 적 등에 대해 학습할 수 있게 한다. 꿀벌에 대한 주제로 이야기 나누고 **꿀벌의 나는 모습을 생각하며 신체 움직여** 보기, 여러 가지 꿀벌 모양으로 **패턴 만들기 등의 과학, 신체 표현, 수에 관계된** 활동으로 확장시켜 나갈 수 있다. • 언어와 다른 교과의 통합은 **언어를 매개로 하여 다른 교과를 학습하는 것**을 말하며 그 과정에서 다른 교과에 대한 개념 형성뿐 아니라 언어 자체가 발달됨을 의미한다.

주제 중심 접근법	▶ **한 주제**를 중심으로 **여러 교과 영역**을 **상호 연계**하여 **통합적으로 지도**하는 접근법 • 유아교육 현장에서 가장 많이 알려진 통합모형으로 한 주제를 중심으로 여러 교과 영역을 연결하는 접근이다. • 교사는 영유아의 발달 수준을 고려하여 주제와 활동을 선정하며 주제와 연관된 활동을 영역별로 고르게 분포시킨다. 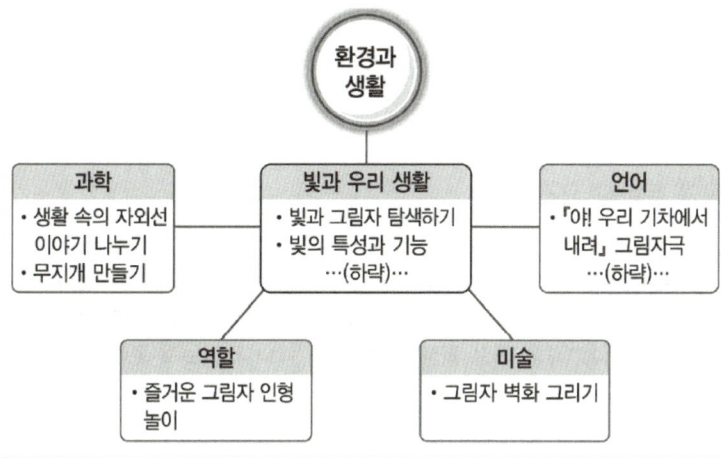
문학 중심 접근법	▶ **문학작품**을 중심으로 **언어 또는 여러 교과 영역**을 **상호 연계**하여 **통합적으로 지도**하는 접근법 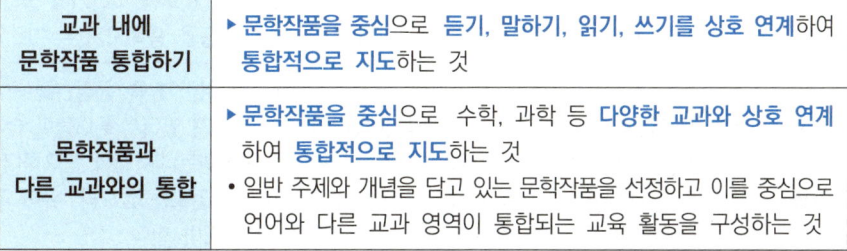 기 (나)의 김 교사와 (다)의 박 교사가 문학교육을 위해 각각 사용한 접근법을 순서대로 쓰시오. **주제 중심 접근법 / 문학 중심 접근법**[18] 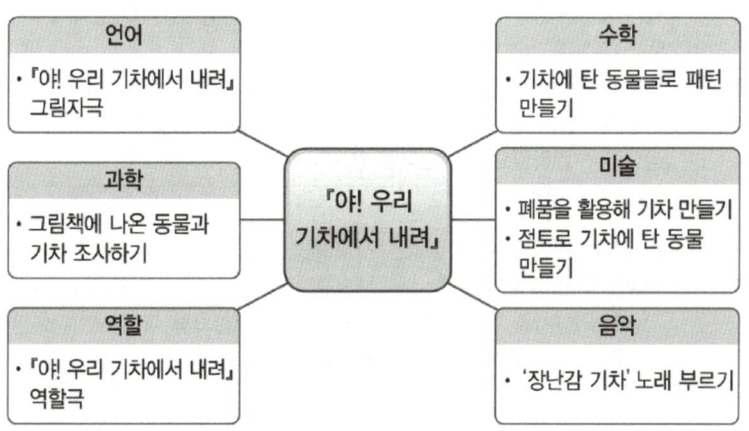

교과 내에 문학작품 통합하기	▶ 문학작품을 중심으로 듣기, 말하기, 읽기, 쓰기를 상호 연계하여 통합적으로 지도하는 것
문학작품과 다른 교과와의 통합	▶ 문학작품을 중심으로 수학, 과학 등 다양한 교과와 상호 연계하여 통합적으로 지도하는 것 • 일반 주제와 개념을 담고 있는 문학작품을 선정하고 이를 중심으로 언어와 다른 교과 영역이 통합되는 교육 활동을 구성하는 것

Ⅶ. 유아 문학교육

1 그림책

1) 그림책의 정의

▶ **글과 그림이 조화**를 이루며 **이야기를 전달하는 독립적인 시각 예술 형태**의 책
- 그림책(picture book)은 '글(text)과 그림(illustration)을 결합해 이야기를 엮어내는 책'인데 여기서 그림은 글을 보충하거나 꾸미는 삽화라는 기존의 개념에서 벗어나 글과 조화를 이루면서 이야기를 그림 자체로 표현하는 독립된 시각 예술이다.

2) 그림책의 문학적 요소

기 '글 없는 그림책' 선정 시 고려해야 할 점을 등장인물의 측면과 플롯의 측면에서 각각 1가지씩 쓰시오.[24]
인물 : 유아의 감정을 잘 나타내고, 유아가 쉽게 동일시하고 공감할 수 있는지 고려해야 한다. (감정, 행위 등 인물 묘사가 분명하게 나타났는지 고려해야 한다) / 플롯 : 발달, 전개, 절정, 결말에 이르는 과정이 명확한지 고려해야 한다. (갈등 해결 과정이 명확하게 나타나 있는지 고려해야 한다.)

주제	▶ **작가**가 작품을 통해 전달하고자 하는 **핵심적인 생각** ▶ 이야기 속에 들어 있는 **작가의 핵심적인 생각** • 그림책의 이야기는 작가가 작품을 통해 표현하고 싶은 주제를 통하여 펼쳐진다. • 주제는 문학작품 전체에 생동감과 긴장감을 통해 유아로 하여금 이야기에 몰입하게 하고, 주변 환경에 대한 정보를 전해주거나 유아의 기본적 욕구 등을 충족시켜 주기도 한다.
인물	▶ 유아가 쉽게 동일시하거나 공감할 수 있도록 표현된 **이야기 속 등장인물** • 좋은 그림책의 등장인물은 **유아들의 눈높이에 맞게 그려져** 있어서 유아들이 **쉽게 동일시하거나 공감할 수 있어야** 하므로 유아 문학의 문학성을 구성하는 데 있어 중요하다. • 성인 문학에서만큼 치밀한 성격묘사나 심리가 그려질 필요는 없으나, 유아 자신의 모습이나 행동이 반영되고, 유아들의 감성과 정서가 나타나 있어야 한다. 기 동화의 구성요소는 주제, (①), 배경, 플롯, 시점 등이다. ①에 들어갈 용어 1가지를 ㉠ '맥스'와 ㉡ '괴물들'에 비추어 쓰시오.[14]
문체	▶ **작가**가 말하고자 하는 것을 나타낼 때의 **표현 방식**으로 **작가만의 고유한 언어 사용**, 단어 선택, 문장 구성과 관계됨 • 유아 문학에서의 문체는 **리듬감**이 있고 **반복이 많아 즐거워야** 한다. 또한 유아들이 이해하기 쉬운 어휘를 사용하되 호기심을 불러일으키고 사고력을 활성화해 주는 **의문문형이나 창의력과 상상력을 불러일으키는 언어로 표현**하는 것이 바람직하다.
배경	▶ 이야기의 **시간적, 공간적 요소** • 이야기가 진행될 때 시간적인 것과 공간적인 요소가 배경이 된다. • 민담을 다룬 그림책에서는 시대적·공간적 배경이 단순하게 처리된다. 그러나 환상적 이야기나 사실적 이야기를 다룬 그림책에서는 성인을 대상으로 하는 문학처럼 복잡하진 않지만, 시간과 공간이 좀 더 구체적으로 제시되어야 한다.

플롯		▶ 이야기 속 사건들이 전개되는 순서 • 이야기가 일어나는 일과 사건들이 전개되는 순서 • 잘 짜여진 문학작품의 플롯은 명확한 **발단, 전개, 절정, 결말**을 통해 갈등과 긴장감이 해결되어 가는 줄거리로 유아의 흥미를 불러일으킨다. **기** ㉠과 ㉡에 들어갈 문학적 요소를 쓰시오. **배경, 플롯**[18] **기** ㉠의 요소를 이야기 전개 순서대로 쓰시오. **발단, 전개, (위기), 절정, 결말**[20]
	단선식 플롯	▶ 시간의 흐름에 따라 순서적으로 이야기가 전개되는 형식 • 유아를 위한 그림책에서 가장 많이 사용되는 방법으로 이야기의 중심 되는 사건의 **발단, 전개, 절정, 결말**이 **직선형으로 나열되는 경우**이다. 예 빨간모자, 집 나가자 꿀꿀꿀, 잃어버린 동생을 찾아서 예 『괴물들이 사는 나라』: 엄마와의 일시적 격리 → 문제에 직면 → 문제의 해결 → 귀가 **기** 초콜릿 나라에 간 민수[17]
	연쇄식 플롯	▶ 비슷한 사건들이 반복되는데 **하나의 행위가 원인이 되어** 다음 행위가 생기는 결과로 이야기가 전개되는 형식 예 『좁쌀 한 톨로 장가가기』: 좁쌀 한 톨 → 쥐 → 고양이 → 당나귀 → 황소 → 색시 예 『팥죽할멈과 호랑이』: 알밤 → 자라 → 물찌똥 → 송곳 → 멍석 → 지게
	누적식 플롯	▶ 사건들이 반복되지만, 사건들 사이에 인과 관계가 없어서, 일부 사건이 빠져도 이야기의 진행에 영향을 주지 않는 형식 예 아기 곰 푸우, 커다란 무, 장갑 **기** 커다란 무 : 이 동화는 누적적(accumulative) 이야기에 속한다.[11]
	순환식 플롯 (회귀적 형식)	▶ 이야기 속의 사건들이 **차례로 진행**하다가 **다시 원점으로** 돌아가는 형식 예 사윗감 찾아 나선 두더지, 나랑 같이 놀자, 곰사냥을 떠나자 **기** [A] '스승을 찾아 나선 개미' 동화에 나타난 ① 구성(plot) 형식의 명칭을 쓰고, ② 그 형식의 특성을 1가지 쓰시오.[19추] **기** ① [B] '한 아이는 어느 날 보물 지도를 발견하고 보물을 찾으러 땅속 동물들이 사는 집을 방문한다. 아이는 땅속에 사는 개미네 집에 갔다가, 지렁이네 집에 갔다가, 두더지네 집에 갔는데, 그때 갑자기 뱀이 나타난다. 뱀을 보고 놀란 아이가 다시 두더지네 집, 지렁이네 집, 개미네 집, 그리고 다시 자기 집으로 돌아온다. 피곤해진 아이가 잠이 든다.'에 나타난 플롯 형식의 명칭을 쓰시오.[21]
	삽화식 플롯 (옴니버스 형식, 일화적 플롯, episodic)	▶ 여러 가지 사건이 **옴니버스 형태로 모여 있는** 형식 ▶ 독립적인 여러 사건이 모여 **전체 이야기를 구성**하는 형식 • 한 권의 책이 여러 장으로 구성되어 있는 것과 같다. 예 『아빠는 참 멋져요』, 『개구리와 두꺼비는 친구』
	액자식 플롯 (story within story plot)	▶ **외부 이야기가 내부 이야기를 포함**하는 형식 • 하나의 이야기(바깥 이야기)가 다른 이야기(안쪽 이야기)를 감싸는 형태로 전개되는 플롯 구조이다. 예 『책 속의 책 속의 책』,

기 ㉠과 ㉡에 들어갈 문학적 요소를 쓰시오. **배경, 플롯**

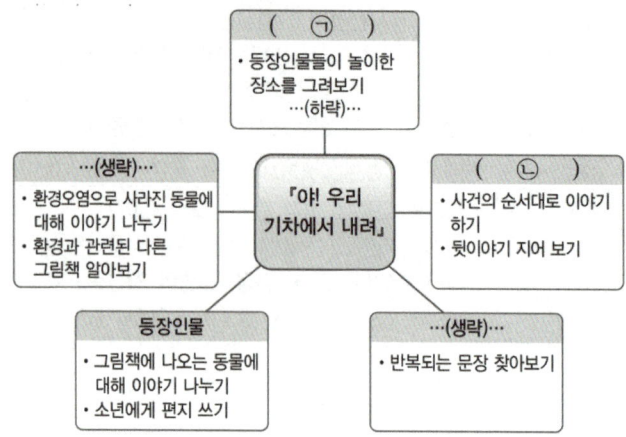

	▶ 이야기 속 사건과 인물을 전달하는 **화자의 입장이나 서술 방식**	
	• 시점이란 **이야기의 서술 방식**을 말하는 것으로, 동화 속에 나오는 인물, 사건, 행위 그리고 배경 등을 제시하기 위해 **작가가 설정한 시각 혹은 관점**을 의미한다.	
	• 다시 말하면, 누구에 의해 어떤 방식으로 동화가 서술되는가, 즉 **서술자가 어떤 위치에서 사건을 서술하고 있는가**를 뜻한다. 이때 서술자는 독자에게 이야기를 전하는 인물로, 작중 인물일 수도 있고 그렇지 않을 수도 있다. (※ 플롯 방식 중에 시점이 있다는 전공서도 있음)	
관점 (시점, point of view)	1인칭 주인공 시점	▶ 이야기 속 **화자가 '나'**로 등장하며, **자신의 경험과 감정을 중심**으로 이야기를 서술하는 방식 • '나'라는 주인공이 있어서, '나는 이것을 보았다.', '나는 이렇게 하였다.', '나는 이렇게 느꼈다.'는 식으로 이야기를 서술해 간다. • 장점 : **주인공의 내면세계를 제시하는 데 효과적**이며, **인물과 독자의 심적 거리가 가깝**다. • 그래서 주체가 어린이인 사실 동화는 1인칭 주인공이라는 서술 방식을 많이 사용한다. 예 『알도』, 『문제아』, 『독후감 숙제』, 『김미선 선생님』과 『나쁜 어린이표』
	1인칭 관찰자 시점	▶ 화자가 '나'로 등장하지만 자신의 이야기가 아니라 **다른 인물(주인공)의 이야기를 관찰하여 서술**하는 방식 • 서술자가 이야기 속에 등장하지만 자신의 이야기가 아닌 다른 사람의 이야기를 하는 방식이다. • **즉 작품 속에 등장하는 '나'는 관찰자며, 주인공의 이야기를 서술**한다. 작품의 부인물이 주인공에 대하여 독자에게 이야기하는 서술 형태이다. • 서술자는 관찰자 이상의 역할을 하지 않으며 초점은 주인물에게 주어진다. 따라서, **서술 방식은 1인칭**으로 되어 있고, 주된 이야기는 **관찰자의 눈에 비친 바깥 세계**이다. • 장점 : 주인공을 관찰자가 표현하기 때문에 **작가는 객관성을 유지**한다. • 단점 : **관찰자의 관찰 기회가 제한**되며, 서술자는 일종의 해설자가 되어 작품을 설명할 수밖에 없다는 한계점이 있다. 예 앤서니 브라운의 『동물원』, 『내 짝꿍 최영대』

3인칭 관찰자 시점 (3인칭 제한적 시점, 작가 관찰자 시점)	▶ 서술자가 작품 속에 등장하지 않고 외부 관찰자의 위치에서 인물과 사건을 객관적으로 묘사하는 방식 • 서술자(작가)가 외부 관찰자의 위치에서 이야기를 서술하는 시점 • 장점 : 서술자는 주관을 배제하고 객관적인 태도로 외부적인 사실만을 관찰하고 묘사한다. • 단점 : 시점 중 독자와 가장 거리가 멀고, 인물의 심리 상태를 전혀 알 수 없다. 예)『지각 대장 존』,「소나기」(황순원.),「메아리」(이청준)
전지적 시점	▶ 서술자가 신과 같은 존재로서 인물의 내면 심리, 사건의 전개, 과거와 미래의 모든 내용을 알고 서술하는 방식 • 작가는 바로 신과 같은 존재의 입장에서 이야기를 전개한다. 앞으로 일어날 일들이나 등장인물의 심리 상태, 등장인물의 속마음을 모두 작가가 알고 있다는 전제하에 이야기를 풀어 나간다. • 장점은 시간과 공간, 사건과 배경 등이 구애받지 않고 서술될 수 있으며, 등장인물들의 내면 심리 묘사나 과거의 이야기를 자유롭게 서술할 수 있다는 것이다. 단점은 작가가 모든 것을 알고 서술하는 방식이기 때문에 인물 개개인의 개성이 자연스럽게 드러나기 어렵고, 서술이 작가의 시각에 의존하게 될 가능성이 있다. 예)『터널』,『팽이부리말 아이들』

 지식 관점(시점)

• 루켄스(Lukens, 2003)는 관점(시점)의 유형을 다음과 같이 설명한다.

일인칭 관점	• 일인칭 관점의 화자는 주인공이나 행동을 관찰하는 소수의 등장인물이 될 수 있다. • 그림책에서 일인칭 시점의 화자라는 것은 독자가 그의 시점을 공유하는 반면 그림에서는 그의 모습을 볼 수 없다는 것을 의미한다. • 따라서 유아는 일인칭 시점을 이해하기 어렵다고 보는 사람이 많다.
전지적 관점	• 작가가 모든 것을 알고 있는 전지적 관점은 작가가 등장인물 관련 모든 정보를 서술한다. • 일반적으로 그림책의 글과 그림 속 화자는 전지적이면서 이야기 속에 있지 않은 외부 화자인 동시에 이야기와 다른 수준에 있는 화자이다.
제한된 전지적 관점	• 작가는 등장인물 옆에서 따라다니거나 내부에 있고, 작가가 보통 주인공이 보고, 듣고, 느끼고, 믿는 것을 보여 준다.
객관적 관점	• 객관적 관점은 작가가 등장인물의 마음에 들어가지 않는다. 등장인물은 그 스스로 말하고 행동하며, 행동은 펼쳐 보이는 그 자체로 말한다. 사실적인 동물 이야기는 객관적 관점의 이야기이다.

3) 그림책의 미술적 요소 등

그림책의 미술적 요소	색	• 유아들은 그림책을 감상하며 그림에 채색된 색의 느낌에 따라 글의 내용과 느낌을 전달받는다. • 아동이 원색을 좋아하기도 하지만 항상 화려하고 밝은색만 원하는 것은 아니며, 파스텔 톤만 좋아하는 것도 아니다. • 색도 선이나 모양처럼 정서적인 반응을 불러일으키는데, **빨강과 노랑은 따뜻하거나 더운 느낌을 주며 흥분**을 나타낸다. 반면, **파랑과 초록색은 시원하거나 추운 색이며 침착하고 고요함**을 나타낸다.
	모양	• 단순함과 복잡함, 실제적 또는 추상적, 자유로움 또는 고정됨 등이 표현되어 유아들의 정서적인 반응을 이끌어내는 미술적 요소를 말한다. • **둥그런 원 모양은 부드러움**을 느끼게 하고, **사각형이나 삼각형 모양은 정지된 모습이나 움직임 등**을 표현하기에 적합한 형태이다.
	공간	• 공간은 그림책의 각 페이지 안에서 표현하고자 하는 작가의 의도와 주인공의 상황 및 독자의 주의를 이끌어내는 데 적절히 활용될 수 있다. • **빈 공간이 많을수록 외롭거나 고립됨, 공허함** 등을 표현하거나 혹은 반대로 **여유로움이나 독자의 상상의 나래를 펼칠 수 있는 여지**를 주기도 한다. • **빈 공간이 적을수록 무질서나 혼란, 폐쇄적인 느낌**을 주기도 한다. 예 괴물들이 사는 나라
	선	• 선은 사물의 특성을 나타내고 모양의 윤곽을 드러낸다. 그리고 정서적인 반응을 암시한다. • 선을 이용해서 움직임, 거리, 느낌까지도 제시한다. • 여러 가지 선 중에서 **곡선과 원은 따뜻하고 아늑하며 안전함**을 나타낸다. • **날카로운 Z형의 선은 흥분과 빠른 움직임**을 보여준다. • **수평선은 침착하고 안정적인 느낌**을 나타내는 반면에 **수직선은 높이와 거리감**을 드러낸다.
	구도와 원근법	• 세부 이미지들이 서로 어떻게 관계를 형성하고 있는지를 표현하므로 독자의 입장에서 사물이나 사건을 바라보는 관점에 결정적인 영향을 미친다. • 유아는 그림의 각도와 위치에 따라서 그림책에 나타난 사건과 상황을 보다 잘 이해할 수 있을 것이다.

그림책의 교육적 의의	① 그림책은 유아가 그림을 봄으로써 이야기에 대해 더 많이 이해할 수 있도록 도와준다. ② 유아가 문해 기술과 사고 기술이 생기도록 실습할 기회를 준다. 즉, 글자를 읽기 전에 그림책을 읽으면서 읽기 기술을 자연스럽게 습득하도록 만들 수 있다. ③ 유아가 **글을 못 읽더라도 그림을 보고 이야기할 수** 있도록 도와준다. ④ 주인공과 **등장인물에 더 쉽게 빠져들고 동일시할 수** 있도록 한다. ⑤ 이야기 문법, 이야기 스키마, 이야기 감각을 발달시킬 수 있도록 도와준다. ⑥ 유아가 **이야기를 새롭게 만들어 내면서 세련된 언어 기술을 가질 수** 있도록 도와준다. ⑦ 미술적·예술적 요소를 감상하면서 간접적으로 가르칠 수 있다. 작가가 자신의 의도를 나타내기 위해 미술적 요소를 어떻게 사용하는지 이해할 수 있는 능력을 발달시킨다. ⑧ **그림을 통해 구체적이고 세부적인 것을 관찰할 수** 있는 기회를 준다. ⑨ 그림책을 보고 들음으로써 정서적 경험을 많이 할 수 있으며, 이야기에 대한 정서적 반응을 더 잘 유도할 수 있도록 해준다.
좋은 그림책	• 좋은 그림책을 선택할 때 고려할 사항 ① **유아에게 흥미를 줄 수 있어야** 한다. ② 그림책을 보게 될 유아의 **연령 및 발달 수준을 고려하여 제작된 것이어야** 한다. ③ 그림은 글을 대신하여 내용을 전달하고, 이를 통해 **꿈을 길러 주고, 정서를 순화시킬 수 있도록 아름다운 것이어야** 한다. **그림만 보아도 내용을 이해할 수 있게 내용과 그림이 상호 보완적인 그림이 있는 책을 선택**한다. ④ 원색 위주로 그려진 책은 피하고, 색채가 유아에게 안정감을 주는 그림이 매력적이며 잘 고안된 책을 고른다. ⑤ 유아들이 즐겨 머리에 그리는 것을 그대로 보여 주는 것이 좋다. 기 좋은 그림책의 기준을 설명하시오.[99]
그림책 주제	• 그림책에서 다뤄지기에 적합한 주제들 ① **사랑이나 정직과 같이 단순하면서도 보편타당한 내용** ② 유아의 **기본적인 욕구를 만족시켜 반복해서 읽어도 싫증 나지 않고 즐겨 볼 수 있는 내용** ③ 유아의 발달과 수준에 적합한 내용 ④ 고정관념이나 편견을 담고 있지 않은 내용 ⑤ 문학의 본질에 충실한 내용

• 문학의 장르

구분	유형	종류
운문	동요	• 전래동요, 창작동요
	동시	• 정형동시, 자유동시, 어린이 시조, 동화 시
산문	전래동화	• 민담, 전설, 신화, 우화
	창작동화	• 환상동화, 생활동화
	아동극	• 아동극 극본, 시나리오
	지식정보책	• 전기, 어린이 백과사전, 학습용 도서

1) 그림책의 구조

- 유아들이 즐겨 읽는 그림책은 그림책만의 공통적인 구조로 되어 있다.
- 작가가 전하고자 하는 그림책의 내용을 유아들에게 전달하기 위해서는 그림책의 표현구조가 담고 있는 의미를 이해한다면 유아들에게 그림책을 소개할 때 도움이 될 것이다.
- 그림책 외형의 구조적 특징은 책의 크기와 형태, **표지**(앞표지, 속표지), **면지**(앞면지, 뒷면지), **속표지** 등으로 구분할 수 있다.

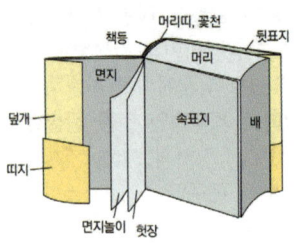

그림책의 구조

그림책의 구조	그림책 표지	· 그림책의 표지는 일반적으로 그림책을 보호하기 위해 두꺼운 종이 재질을 사용하여, **그림책 제목, 작가, 출판사 이름 및 해당 그림책의 가장 상징적인 그림**이 함께 제시되어 있는 겉장을 말한다. · 그림책의 표지는 마치 그림책의 대문과 같아서 그림책이 담고 있는 이야기를 통해 독자를 맞이하는 얼굴과 같은 역할을 한다. · 그림책의 표지 그림은 그림책의 낱장 그림 페이지 중 **가장 상징적인 그림**을 겉표지에 제시함으로써 **그림책의 느낌을 함축적으로 전달하는 기능**을 한다. · 그림책의 표지는 **앞표지와 뒷표지로 구분**할 수 있다. 앞표지와 뒷표지는 대부분 다른 그림과 내용을 제시하나 **그림책의 처음과 끝 이미지로 연관성**을 가진다. · 따라서 그림책을 감상할 때 앞표지에서 시작하여 본문을 읽고 끝에 있는 뒷표지까지 모두 읽을 때 작가의 의도를 보다 더 분명하게 이해할 수 있다. [기] ① 교사와 유아가 함께 **탐색하고 있는 그림책 구조**는 무엇인지 쓰고, ② **그 예를** 1가지 찾아 쓰시오. ① **(그림책 겉) 표지**, ② **그림책 앞표지**[23]
	그림책 면지	· 그림책 **앞표지를 넘기면 바로 나오는 안쪽의 면이 면지**이다. 면지는 앞표지 다음 페이지인 앞면지와 뒷표지 안쪽의 뒷면지로 구분된다. · 동화책을 읽어주는 교사나 동화책을 직접 감상하는 유아들은 대개 앞 혹은 뒷면지를 간과하기 쉽지만, 면지는 **그림책이 담고 있는 상징적인 문양이나 내용을 게시**함으로써 그림책의 내용을 더욱 정확하게 독자에게 전달하는 공간으로 활용된다. · 따라서 그림책을 감상할 때 면지의 특성을 이해하고 감상하면 훨씬 본문에 대한 이해가 쉬울 수 있다. · 면지에 활용되는 내용은 주로 표제지 이외의 또 **다른 상징적 그림을 제시하는 경우**도 있고, 색깔로 그림책의 주요 감정이나 정서를 전달하는 **색면지**도 있고, 『지각대장 존』처럼 주인공이 직접 쓴 반성문이 제시되어 독자의 흥미를 유도하기도 한다.

 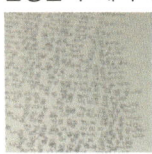 

그림책 면지   속표지

속표지	• 그림책의 앞표지를 넘기면 **면지에 이어서 나오는 지면을 속표지**라고 한다. • 속표지는 겉표지에 제시되었던 내용과 동일하게 다시 한번 그림책의 제목과 작가 및 출판사를 소개하면서 '이제부터 그림책의 이야기를 시작하겠습니다'라고 **독자들에게 주의를 끌어내는 역할**을 한다.

2) 본 텍스트(maintext)와 주변 텍스트(paratext)

본 텍스트		▶ **속표지 다음 장부터 시작**하는 글 텍스트와 그림 텍스트로, **이야기의 핵심 내용**을 이루는 텍스트 • 대체로 **속표지 다음 장**에서 시작하는 **글 텍스트**와 **그림 텍스트**를 말한다(maintext).
주변 텍스트 (para text)		▶ **본 텍스트 외의 공간에 있는 글과 그림 텍스트**로, **이야기의 이해를 돕거나 의미를 확장하는 역할**을 하는 텍스트 • 그 외 공간에 있는 글과 그림 텍스트를 말한다. 주변 텍스트에는 '**내적 주변 텍스트(peritext)**'와 '**외적 주변 텍스트(epitext)**'가 있다.
	내적 주변 텍스트	▶ **물리적으로 책 내부에 위치**한 주변 텍스트로, **표지, 면지 등 이야기와 밀접한 관련**이 있는 텍스트 • 표지, 면지, 속표지, 판형 등과 같이 **물리적으로 책 내부에 있는 텍스트**로, 이야기와 밀접한 관련이 있는 경우가 많다(peritext). 기 ① 교사와 유아가 함께 **탐색하고 있는 그림책 구조**는 무엇인지 쓰고, ② 그 예를 1가지 찾아 쓰시오. ① (내적) 주변 텍스트, ② 그림책 앞표지[23]
	외적 주변 텍스트 (epitext)	▶ **책 외부에 위치**한 주변 텍스트로, **인터뷰, 강연 등 작품 해석에 영향**을 미치는 텍스트 • 저자나 출판사에서 '대중'을 상대로 **말이나 글로 작품에 대해 언급**한 것, **저자 인터뷰, 저자 강연**, 그리고 **저자가 사적으로 누군가에게 말이나 글로 표현했거나 일기**, 메모 형식으로 작품에 대해 적은 것으로 나뉠 수 있다.

• 주변 텍스트는 제라드 주네트가 처음 사용한 용어로, 그는 이를 문지방에 비유하였다. 문지방은 방 안이라 할 수도, 방 밖이라 할 수도 있는 지대이며, 전체적으로 보면 방과 통합된 공간이다.
• 즉, **주변 텍스트**는 **본 텍스트와 결합하여 의미를 확장**하고, **내용을 더욱 실감 나게 표현하는 역할**을 한다.
• 그림책의 면지를 비롯한 주변 텍스트가 19세기 예술 공예 운동 당시 책을 물리적으로 묶어주는 실용적 기능을 넘어, 책 디자인을 전체적으로 통합하는 역할을 시작했다고 평가한다.
• 현대 그림책에서는 내적 주변 텍스트의 역할이 점점 다양해지고 중요해짐에 따라, 본 텍스트와의 시너지 효과에 대한 관심이 높아지고 있다. 이에 따라 그림책을 단순한 글 텍스트와 그림 텍스트로만 보는 것이 아니라, 주변 텍스트까지 포함한 '**아이코노 텍스트**(iconotext)'로 해석하는 시각도 등장했다.
• 또한, 칼데콧상을 받은 그림책을 분석한 연구에 따르면, 최근에는 본 텍스트에는 없는 주요 이야기 요소가 오로지 내적 주변 텍스트에만 담긴 그림책이 늘어나는 추세다.
• 그림책의 표지, 면지 등 주변 텍스트에 대한 탐색은 유아의 이야기 이해력, 읽기 흥미도, 언어 표현력, 읽기 태도에 긍정적인 영향을 미친다.
• 따라서, 교사는 **그림책의 주변 텍스트를 충분히 이해하고**, **유아가 본문과 연계하여 감상할 수 있도록 지도해야** 한다.

3) 주변 텍스트(paratext)

- 그림책 표지는 **그림책을 감싸는 역할**을 하며, 크게는 **앞표지, 뒤표지**로 나눌 수 있고 두 영역 사이에 책등이 있으며, 대개 제목은 앞표지에 위치한다. 어떤 그림책에는 표지를 감싸는 겉싸개와 띠지가 있다.
- 교사는 그림책을 읽어주기에 앞서 앞표지의 그림과 제목을 보여 주면서 어떤 이야기가 담겨 있을지 유아가 예측해 보게 하거나 관련 경험이 있는지 이야기해 보게 할 수 있다.

표지 (covers)	제목	• 그림책 제목은 그림책에 누가 나오는지, 언제 일어난 일인지, 어디서 일어난 일인지, 어떤 일이 생긴 건지, 이야기의 소재는 무엇인지 등에 대해 직접적 또는 간접적으로, 때로는 반어적으로 담아낸다.
	앞표지	• 앞표지에는 제목과 함께, 본 텍스트에 나오는 그림 중 한 장면이 담기기도 하고, 별도의 그림이 들어가기도 한다. 앞표지 그림이 본 텍스트에 없는 것일 경우, 그것이 서사에서 차지하는 비중은 더 클 수도 있다. • 앞표지 그림에는 인물, 배경, 사건 등과 관련되는 것들이 담겨 있어서 제목과 마찬가지로 또는 제목과 관련지어 그림책의 내용을 예측하거나 관련되는 독자의 경험을 떠올리게 한다. • 어떤 그림책은 앞표지와 뒤표지의 그림이 하나로 연결되어 있으므로 앞, 뒤표지가 하나로 이어지게 펼쳐서 감상하는 것이 좋다. • 그러나 앞, 뒤표지 그림이 하나로 이어지는 장면이라 할지라도 내용을 예측하는 즐거움, 반전의 즐거움 등 문학의 즐거움을 느끼는 데 도움이 된다면, 앞표지와 뒤표지를 처음부터 펼쳐서 보여 주기보다 앞표지부터 보게 한 후 뒤표지를 보여 줄 수도 있다.
	뒤표지	• 뒤표지에는 이야기가 끝났음을 알리기 위해, 또는 책을 덮었을 때의 여운을 위해 본 텍스트에 있던 장면이나 그림책 내용과 관련되는 작은 그림을 곁들이는 게 보통이다. • 때로는 본 텍스트에 없던 새로운 이미지를 넣어 해석의 여지를 남긴다. • 뒤표지에 서사를 이루는 글 텍스트가 있는 경우는 거의 없다. 대신 간단한 내용 요약, 발췌된 비평 글, 같은 작가의 다른 작품 소개, 작품의 교육적 유익성, 읽어주는 방법 같은 교육적 제안 등의 글이 적혀 있다. • 이것은 그림책 내용을 이해하고 감상하는 데 직접 영향을 미치지는 않지만, 책을 선택하고 읽어주는 데 영향을 미친다고 할 수 있다
	책등 (spine)	• **책의 앞표지와 뒤표지 사이에 있는 부분**으로, 그림책을 **책꽂이에 꽂았을 때 보이는 부분**을 말한다. 책등에는 대개 책 제목과 작가명, 출판사명이 적혀 있다.
	겉싸개 와 띠지	• **겉싸개(dust jacket)는 그림책을 둘러싸고 있는 종이 싸개**를 말한다. • 표지 그림과 표지를 둘러싼 겉싸개의 그림이 같은 그림책도 있지만, 다른 그림책도 있다. 겉싸개의 날개에는 대체로 작가 소개가 담긴다. • **띠지(banding paper)는 표지나 겉싸개를 두른 긴 종이**를 말하는데, 여기에는 **책 홍보를 위한 문구**들이 담긴다.

면지 (end papers)	• 면지는 **앞표지를 열었을 때 나타나는 양쪽 펼침면**과 **뒤표지 전의 양쪽 펼침면**을 말하며, 전자를 **앞면지**, 후자를 **뒷면지**라고 부른다. • 면지에도 주제. 인물. 때나 장소 등 내용과 관련되는 요소들이 담기는 경우가 많고, 어떤 그림책은 앞면지에서 이야기가 전격 시작되기도 하고, 뒷면지에서 이야기가 끝나기도 한다. • 면지에는 그림책의 내용을 구성하는 요소들이 담겨 있어서 그림책의 내용에 대한 이해나 감상을 위한 상호작용, 또는 그림책의 내용과 상관없이 작가의 창작 과정에 대한 상호작용이 가능하다. • 앞, 뒷면지의 이미지가 같은지 다른지, 왜 그런 이미지가 담겨 있는지. 그것이 마음에 드는지 등 유아의 관심과 발달에 적합한 상호작용을 하면, 유아는 면지에 관심을 두고 그림책의 내용과 관련지어 감상할 수 있게 되어 읽기 흥미도와 언어표현력에도 긍정적 영향을 미칠 수 있다.
속표지 (title page)	• 속표지는 앞면지의 책장을 넘겼을 때 나오는 제목과 작가명. 출판사명이 있는 지면을 말한다. • 간혹 속표지 전에 작가명과 출판사명 없이 제목만 있는 지면이 하나 더 있다면, 이것은 **약표제지 (약식 속표지)**라 한다. • 그리고 속표지의 왼쪽 페이지나 속표지 앞 또는 뒤의 책장에는 저작권 및 출판 사항, 헌사 등이 담기는데. 저작권 및 출판 사항이 담긴 페이지를 **저작권 페이지**(또는 간기면), 헌사가 담긴 페이지를 **헌사 페이지**라 한다. 속표지나 약표제지에는 작은 그림, 특히 등장인물의 그림이 들어가는 경우가 많다.
판형 (format)	• 판형이란 그림**책의 크기와 모양**을 말하는데. 그림책 판형은 책꽂이에 가지런히 정리가 안 될 정도로 다양하다. • 판형 또한 그림책의 내용과 분위기에 영향을 미치는 경우가 꽤 많다.
타이포 그래피 (typography)	▶ 글자의 형태, 크기, 배열 등을 활용하여 시각적 표현을 구성하는 디자인 예술 • 타이포그래피는 **글자체, 글자 크기, 글자 배열** 등을 일컫는데, 이것은 미학적 요소일 뿐만 아니라 서사 요소로도 작용한다. • 『우리 할아버지』는 할아버지와 손녀의 대화로만 이어지는데. **두 인물이 하는 말의 글자체를 다르게 하여** 누가 한 말인지 이해를 돕는다. • 『곰 사냥을 떠나자』에는 곰 사냥을 떠나는 가족이 풀밭, 강물, 진흙탕과 숲 등을 헤치고 가는 **소리가 점점 큰 글자로 써져서** 가족들이 점점 힘을 더해 곰을 향해 가고 있음을 보여 준다. • 타이포그래피는 인물의 감정이나 사건이나 상황 등 이야기의 분위기를 조율하는 역할을 하므로 읽어줄 때 **목소리의 크기나 음조. 속도에 반영하여 읽어주도록** 한다.
재질	• 일반적으로 광택이 나는 재질은 시간이나 거리상 멀리 떨어져 경험하는 듯한 느낌을 주고, 거친 질감의 재질은 직접 경험하는 듯한 느낌을 준다.
제본선 (gutter)	• **양쪽 펼침면의 한가운데 책이 접히는 부분을 제본선**이라 한다. 이 부분 역시 그림책의 내용 전개에 영향을 미치는 경우가 있다. 『앗, 그림책이 살아 있어!』에서 제본선은 이야기 속 인물, 사물들이 사라지는 별도 공간의 기능을 한다. 같이 산책하던 개. 무슨 일인지 알아봐 준다던 친구, 응급차, 소방차, 경찰차. 급기야 주인공까지 제본신 안으로 들어갔다가 다시 나타난다. • 『파도야 놀자』는 제본선을 중심으로 왼쪽에는 아이, 오른쪽에는 파도를 배치하여 마치 서로 밀고 당기는 놀이를 하듯 제본선을 중심으로 양쪽을 오가다 하나가 되는 모습을 담았고, 『거울 속으로』는 제본선을 거울로 설정한 상태에서 양쪽에 두 아이의 모습을 배치하여 실제와 거울상 이미지 간의 관계를 보여 준다.

2 전래동요

정의	▶ 일정한 작자 없이 오랜 세월 구전되어 온 아동 가요 • 일정한 작자 없이 만들어져 오랜 세월 구전되어 온 노래로, 아동의 감정과 심리를 문학적이며 음악적으로 표현한 아동 가요를 줄여 쓴 말이다.
교육적 의의	• 전래동요는 **오랜 세월 수많은 사람들에 의해 전해 왔기 때문에** 노랫말의 내용 속에서 인간의 **보편적 가치와 문화를 공유**할 수 있다. • **반복적 리듬과 운율을 기초**로 하고 있어 **쉽고 재미있으며 정서를 순화**하고 고취시킨다. • 문학적 측면에서 함축된 시어뿐만 아니라 언어적, 음악적 측면에서의 감각도 키워 준다. • 놀이, 가족, 친구, 옷, 음식, 동물, 식물, 우주 등 그 소재가 다양하기 때문에 동요를 통해 자연스럽게 사물이나 자연 현상의 특성을 학습할 수 있다. • **모국어의 아름다움을 발견하게 하고 모국어 습득을 용이**하게 도와준다. • 자신의 생각과 감정을 다양하게 표현하는 능력을 길러준다.
유형	**기능 동요** • **놀이동요, 말놀이동요** : 놀이를 순조롭게 진행하며 흥을 돋워 즐거움을 고조시키려는 오락적 기능을 지닌 동요 예 꼬부랑 할머니, 여우야 여우야 뭐하니? • **일놀이동요** : 일할 때 부르는 노동적 기능을 지닌 동요 예 방아야, 방아야 • **주술적 소망을 담은 동요** : 초자연적 힘을 빌려 아동의 요구대로 변화할 것을 믿는 동요 예 까치야, 까치야 **비기능 동요** • 자연 현상과 사물, 인간 생활, 동물을 소재로 한 동요 예 맹꽁이, 기러기 노래

기 주A8. 3) ② [A]와 같이 개작하였을 때 사용한 방법을 쓰고, ③ ⓒ을 의태어를 포함하여 개작할 때 ⓗ에 들어갈 문장을 쓰시오.[25]

개작 전 간접화법을 직접화법으로 변경하였다. (개작 전 구어체를 대화체로 변경하였다.)

개작 전	→	개작 후
노랑이는 자기가 제일 헤엄을 잘 친다고 말했어요.	→	노랑이는 "내가 제일 헤엄을 잘 쳐!"라고 말했어요. ⎤ A
ⓒ 나비가 춤을 추며 나타났어요.	→	ⓗ 나비가 팔랑팔랑 춤을 추며 나타났어요. (살랑살랑, 훨훨, 파닥파닥, 나폴나폴, 살포시, 느릿느릿, 사뿐사뿐, 펄럭펄럭, 두둥실 등)

3 동시

정의	▶ **정서와 사상**을 상상력을 통해 **운율적인 언어로 표현**한 문학 장르 • 동시는 이러한 시적 요소를 지닌 문학 장르이자, 성인이 아동의 생각과 정서를 생각하면서 **아동의 수준에서 이해**하고 받아들일 수 있는 **상상력과 언어로 표현한 문학**이다.
교육적 의의	• 동시는 고도의 정선된 언어로 표현되었기에 사물이나 현상에 대한 탁월한 통찰력과 언어적 표현 능력, 창의적 사고력을 키워 준다. • **반복되는 리듬과 운율을 중시**하기 때문에 **언어에 대한 감각과 감동을 발견**하게 한다. • 동시가 주는 발견의 기쁨과 감동은 **정서를 심화**시키고 **삶에 대한 바른 태도와 가치관**을 가지도록 도와준다.
동시의 요소	**주제와 소재** ▶ **주제** : 작품에서 전달하려는 중심 생각 ▶ **소재** : 주제를 표현하는 데 사용되는 **구체적인 대상이나 경험** • 아동이 이해하고 공감할 수 있는 것으로 가족, 자연, 동식물, 일상생활의 경험과 관련된 것이 많다. **운율** ▶ (시의 음악적 요소로) 음의 강약, 장단, 고저, 동음 및 유음의 **반복 등을 통해 형성되는 리듬** • 시의 음성적 형식, 음의 강약, 장단, 고저, 동음이나 유음의 반복으로 이루어지는 리듬을 말한다. 기 ⓒ '네 글자씩 띄어서 읽을 수 있고, 질문하고 답하는 구조가 반복'을 통해 나타나는 시의 음악적 요소를 쓰시오.[21] ② 운율 기 '다람다람 다람쥐'와 같이 **언어가 반복적으로 사용**된 동시의 **장점**을 [A]와 관련지어 1가지 쓰시오.[24] **비유** ▶ 어떤 대상을 **직접 설명하지 않고 다른 유사한 대상에 빗대어 표현하는 방법** • 시인은 비유를 통해 자신의 조각난 경험들을 통합한다. **심상** (이미지, image) ▶ 시에서 **감각적 표현을 통해 독자가 특정한 장면이나 느낌을 떠올릴 수 있도록** 하는 요소 • 시는 짧고 적은 말 수로 깊고 큰 이미지를 전달한다. 아기를 보는 엄마 눈과 엄마를 보는 아기 눈에서 엄마와 아기의 사랑과 신뢰가 진하게 느껴진다. 예 주고도 / 주고도 / 또 주고픈 / 엄마 눈 / 받고도 / 받고도 / 또 받고픈 / 아기 눈 **어조** ▶ 시에서 **시인이 사용한 말투나 표현 방식** • 시에 쓰인 말, 그 **시의 독특한 빛깔이나 향기를 보여 주거나 생각을 담고 있는 몇 개의 낱말이나 어구**로 시의 느낌을 확실하게 해주고 심상을 형성한다.
유아에게 적합한 시의 선택 기준	① 유아가 **흥미를 느낄 수 있는가?** ② **운율과 리듬감을 가졌는가?** ③ 동적인 묘사와 감각적이고 **상상력이 풍부한 언어로 지어졌는가?** ④ 동시의 주제가 색다르고 일상생활에 새로운 의미를 부여하는가? ⑤ 유아의 경험을 반영한 소재나 주제, 내용을 다루었는가? ⑥ 기억하기 좋을 정도로 간결하고 짧은가? ⑦ 유머와 해학이 있는 내용인가? ⑧ 단어와 문장이 유아의 발달 수준에 적합한가? **유아에게 교훈을 주는 동시** 기 동시를 선정한 기준에 해당하지 **않는** 것을 (다)에서 1가지 찾아 쓰시오.[23]

Plus 지식 시의 **심상**(이미지, image)

- **심상의 개념과 기능**

심상의 개념	▶ 감각 기관을 통해 받아들인 자극을 언어를 통해 재현한 감각적인 영상 • 인간에게는 외부의 자극을 받아들이는 다섯 개의 감각 기관이 있는데, 실제로 그 감각을 경험하지는 않았지만 언어를 통해 재현되어 전달되는 '심리적인 영상'을 '심상(이미지)'이라고 하는 것이다.
심상의 기능	• 심상은 시적 화자가 전달하고자 하는 감정과 정서를 효과적으로 나타낸다. • 심상은 독자의 경험과 의식을 자극하여 보다 효과적으로 이해와 공감을 이끌어 낼 수 있다. • 심상은 추상적인 관념이나 대상을 구체적으로 형상화하여 생생하고 뚜렷하게 전달한다. 예 철수는 사랑을 한다. ⇒ 철수는 (불타는 / 따뜻한) 사랑을 한다. → '사랑'이라는 관념적이고도 추상적인 단어가, 시각(또는 촉각)이라는 구체적 감각을 사용한 심상으로 표현되어 더욱 생생하고 구체적인 의미를 지니게 된다.

- **심상의 종류**

시각적 심상	▶ 시각이라는 감각으로 재현되는 이미지 • 색체, 모양, 명암, 형태 등으로 표현되며 시가 회화성을 띠게 한다. 예 길은 한 줄기 구겨진 넥타이처럼 풀어져 일광의 폭포 속으로 사라지고 조그만 담배 연기를 내뿜으며 새로 두 시의 급행열차가 들을 달린다. 김광균, 〈추일 서정〉
청각적 심상	▶ 청각이라는 감각으로 재현되는 이미지 • 구체적인 소리로 표현되므로 의성어를 사용할 때가 많다. 예 금잔디 사이 할미꽃도 피어 있고, 삐이 삐이 배, 뱃종! 뱃종! 맷새들도 우는데, 봄볕 포근한 무덤에 주검들이 누웠네. – 박두진, 〈묘지송〉
후각적 심상	▶ 후각이라는 감각으로 재현되는 이미지로 냄새, 향기 등으로 나타난다. 예 어마씨 그리운 솜씨에 향그러운 꽃지짐, 방 안에서는 새옷의 내음새가 나고
미각적 심상	▶ 미각이라는 감각으로 재현되는 이미지 예 메마른 입술에 쓰디 쓰다.
촉각적 심상	▶ 촉각이라는 감각으로 재현되는 이미지로 피부에 닿는 느낌이 생생히 표현된다. 예 나는 한 마리 어린 짐승 젊은 아버지의 서느런 옷자락에 열로 상기한 볼을 말없이 부비는 것이었다.
공감각적 심상	▶ 하나의 감각이 다른 감각으로 전이되어 나타나는 이미지 • A라는 감각이 B로 바뀐다. ⇒ A의 B화(化) 예 분수처럼 흩어지는 / 푸른 종소리 ⇒ 청각의 시각화 예 나는 향기로운 님의 말소리에 귀먹고 ⇒ 청각의 후각화 예 여인은 나어린 딸아이를 따리며 가을밤같이 차게 울었다. ⇒ 청각의 촉각화
복합 감각적 심상	▶ 감각의 전이가 아니라, **여러 가지 감각이 함께 나열되어 표현**되는 것 예 둥기둥 줄이 울면 초가삼간 달이 뜨고 ⇒ 청각과 시각의 나열 예 술 익는 마을마다 / 타는 저녁놀 ⇒ 후각과 시각의 나열

4 전래동화

정의	▶ 우리나라에서 **구전되어 온 옛이야기를 유아 수준에 맞게 각색**한 동화
	• 전래동화는 고대의 신화, 전설, 우화에서 중세의 설화를 거쳐 근세에 이르기까지 사회 구성원의 입에서 입으로 구전되어 전승, 발전되어 온 민족 민중문학으로 정착된 전승문학의 한 형태이다.
	• 그러나 모든 전승문학이 전래동화가 아니라 전래동화는 민담, 우화, 신화, 전설과 같은 설화의 한 형태 속에서 그 상징적·심리적 의미를 포착해 **동심의 수준에 맞게 개작·재화한 아동문학 작품**이다.
	기 동화의 종류 중 ⓔ '우리나라에서 구전되어 온 옛이야기 중 유아의 수준에 맞게 각색한 동화'에 해당하는 것을 쓰시오.[21] ② **전래동화**

전승문학 비교

	신화	전설	민담
전승자의 태도	신성함	실제로 있었다고 믿음	흥미 중심
시공간적 배경	태초의 시간과 신성한 공간 및 인간의 공간	구체적인 시간과 장소 기 **역사적 시간과 지리적 공간**[12]	시간과 공간이 구체적으로 한정되어 있지 않음 예 옛날 옛적에 어느 마을에
증거물	매우 포괄적	특정의 개별적 증거물	증거물 제시 없음
주인공의 특성	기 **신적, 초월적 존재**[12]	주인공에게 실제성이 부여됨	어떤 존재든 가능하며 허구적임
기능 및 미학적 태도	신앙심 고취와 숭고미	특정 지역의 애향심 고취	기 **오락성과 해학미**[12]
전승범위	민족적	지역적	제한 없음
기능	전 집단의 신앙을 요청하며, 집단 단결의 핵심적 역할	일정 지역을 발판으로 애향심 고취	흥미 본위의 사교적 교환물로서 예능적, 문학성이 뛰어남
작품	단군 신화	견우와 직녀	기 **혹부리 영감**[12]

전래동화의 특성

주제	• 주로 **권선징악의 도덕률, 인과응보의 인과율** 기 이 중 환상동화는 시공간을 초월하며 유아의 상상력을 자극한다는 점에서 (전래)동화와 유사한 점이 많다. (중략) (전래)동화는 권선징악을 주제로 **해피엔딩의 닫힌 구조**를 갖는 경우가 많다.[14]
등장인물	• **전형적인 성격**을 가지면서도 **선과 악 등 대립적인 관계**로 그려진다.
배경	• 배경이 사건 전개에 큰 영향을 미치지 않음 기 전래 동화의 일반적인 특징으로 볼 수 없는 것은? ① **배경의 구체성** ② **행복한 결말** ③ **인물의 정형성** ④ **주제의 명확성**[97]
문체	• **입에서 입으로 전해 내려왔으므로** 이야기의 분위기와 문체가 시대에 따라 전달하기 쉬운 형식으로 변형되어 옴 • **단순하고 군더더기 없는 문체**로 남겨짐

교육적 의의	① **바람직한 인간상을 형성**하도록 돕는다. 바람직한 인간이란 바른 언어와 사고를 가지고 고난을 극복할 수 있는 의지를 지니고 있으며, 다른 사람을 배려하는 따뜻한 마음씨와 원만한 인간 관계를 맺으며 살아가는 사람을 의미한다. ② **전통문화를 계승하고 발전**시키며 조상의 풍속, 습관, 생활, 지혜, 신앙 등 전통문화적 요소들이 많이 내포되어 있다. ③ 대부분이 **권선징악**의 내용이므로 유아에게 **윤리적 신뢰, 즉 도덕적 교훈**을 전달해 준다. ④ 모든 사람이 가지는 생리적 욕구, 안전의 욕구 등 기본적인 욕구뿐 아니라 사랑하고 싶고, 사랑받고 싶은 욕구, 어떤 일에든 유능하게 성취하고 싶은 욕구까지 전래동화에서는 다양한 이야기의 소재로 **유아의 욕구를 대신 해소해 주는 데 기여**한다.
우화	▶ (전승문학의 한 장르로) 주로 동물을 의인화하여 인간성을 풍자하거나 교훈을 전달하는 이야기 ① 전래동화는 대부분 신화, 우화, 전설, 미담 등에 그 뿌리가 있다. ② 우화는 **도덕적이고 윤리적인 문제에 대한 태도에 깊은 영향**을 미쳐왔다. ③ 보통 도덕이나 교훈을 명료하게 제시해 주는 동물이 주인공으로 등장하는데, 동물들은 사람처럼 행동하며 한 가지씩 독특한 특성을 지녔다. ④ 우화의 **주제는 명확**하며 **교훈적이거나 설교적**이다. ⑤ 우화의 종류 : **이솝 우화, 여우와 두루미, 도시 쥐와 시골 쥐, 개미와 베짱이, 토끼와 거북이**

 지식 민담의 플롯(Lukens, 2003)

- 민담은 **발단 · 전개 · 절정 · 결말의 과정**을 거쳐 이야기가 만들어진다. **발단**에서 주인공과 시대적 · 공간적 배경을 간단히 보여주며 이야기가 전개되고, 거의 끝 부분의 갈등을 해결하는 **절정**에 이르면 급히 만족스러운 결론을 내리는 특징이 있다. 이와 같은 플롯을 **점진적 또는 단선적 플롯**(progressive plot)이라고 한다.

서두와 결말의 형식		• 이야기를 시작할 때와 끝날 때에 사용되는 관용적인 표현이 있는데, **서두에는 주로 "옛날 옛적에 어느 마을에……가 살았는데"** 식이다. 결말 부분은 주로 "그래서 오래오래 행복하게 살았대요." 라든지, "이제 끝이야."라든지, "잘 살다 죽었대."라는 식으로 맺고 있다.
대립과 반복의 형식	대립	• 인물이나 상황을 만들 때 흔히 사용하는데, 대립에는 **선과 악의 대립, 힘과 꾀의 대립 그리고 미(美)와 추(醜)의 대립**이 있다. 선과 악의 대립은 선한 사람이 처음에 궁지에 몰리고 곤경에 처하지만 마침내 승리를 거둔다. • 여기에서 **선은 평민으로, 악은 양반**으로 나타나기도 하고(『우렁이 처녀』), **선이 인간으로, 악이 괴물**로 나타나기도 하며(『땅속 나라의 괴물 물리치기』), 착한 삶과 욕심쟁이 (『흥부와 놀부』, 『혹부리 할아버지』 등)로 대립되는 경우도 매우 많다. • 힘과 꾀의 대립은 강한 자가 힘으로 누르려고 할 때 약한 자가 꾀로 대적하여 승리를 거두는 것으로, 『호랑이와 토끼』가 좋은 예이다. 미와 추의 대립은 대표적인 예로 『콩쥐 팥쥐』를 들 수 있다.
	반복	• 반복은 **비슷한 내용을 되풀이**하는 것으로, 자세한 묘사나 서술을 생략하면서도 효과를 올릴 수 있는 강조의 수단이다. 반복은 동질적인 반복도 있으나 발전적인 반복도 있다. • 그리고 세 번의 반복이 가장 많긴 하지만 선 · 악의 대립과 결부된 반복은 두 번으로 이루어지는 것이 보통이다. • 『혹부리 할아버지』에서 욕심 많은 혹부리 할아버지는 마음씨 착한 혹부리 할아버지의 행위를 반복했다가 오히려 혹을 하나 더 달게 된다. • 반복의 대표적인 예로는 『해님 달님』에서 "그 떡 하나 주면 안 잡아먹지.", "으응, 이상하다.", "하느님, 저희를 살리시려면 새 동아줄을 내려 주세요." 등을 들 수 있다.

지식 **민담의 종류**(Sutherland, 1997, Nelson, 1982)

- 민담은 학자들에 따라 그 내용과 형식적인 면에서 여러 가지로 나누고 있다.
- **서덜랜드**(1997)는 누적적 이야기, 말하는 동물 이야기, 익살이나 유머 이야기, 사실적 이야기, 종교 이야기, 낭만적 이야기, 마술 이야기 등으로 그 종류를 나누었다.
- **넬슨**(Nelson, 1972)은 놀라운 이야기, 속임수 이야기, 동물 이야기, 익살, 누적적 이야기 등으로 나누었다.
- 여기서는 **서덜랜드와 넬슨의 분류를 종합**하여 4가지 종류를 살펴보고자 한다.

누적적 이야기 (cumulative tales)	• 가장 단순한 형태의 이야기로 **반복적인 사건과 행위**가 많이 나타난다. • 최소한의 플롯과 최대한의 리듬 및 운율이 적절하게 이루어져 이야기가 전개되는데, 반복되는 플롯은 무척 재미있고 움직임이 빨라 특히 유아들이 좋아한다. • '3'이라는 숫자를 이용하여 이야기 속에서 반복되는 장면은 매우 다양하다. • 『반쪽이』, 『우락부락 염소 삼형제』, 『아기돼지 세 마리』, 『커다란 순무』, 『장갑』, 『해와 달이 된 오누이』, 『갑돌이와 용감한 여섯 친구』, 『깜박깜박 도깨비』, 『세 형제와 신기한 배』, 『오누이 이야기』 등이 좋은 예다.
동물 이야기 (talking-beast tales)	• 어린아이들에게 가장 사랑받는 얘기 중의 하나가 **의인화된 동물 이야기**다. • 이런 민담에 나오는 동물들은 사람처럼 말하며 현명하게 행동하는데, 인간 행동을 과장해서 표현하면서 그 과장 속에 유머와 재미를 담고 있다. • 동물 이야기는 우화처럼 뚜렷하진 않아도 교훈적인 내용을 내포하고 있다. 즉, 고지식함의 어리석음과 용기 있고 독립적인 특성이 상을 받는 내용이다. 이런 얘기는 매우 생동적이며 재미있어서 많은 기쁨을 준다. • 좋은 예로는 『청개구리 굴개굴개』, 『아기돼지 세 마리』, 『장화 신은 고양이』, 『토끼와 호랑이』, 『까치와 호랑이와 토끼』, 『늑대와 일곱 마리 아기 염소』 등이 있다.
익살이나 유머 이야기 (the drolls or humorous)	• 익살이나 유머 이야기는 **해학과 익살이 많은 것**으로서 바보, 멍청한 사람, 못난이 또는 현명한 사람이 등장하여 우스꽝스럽고 엉뚱한 사건들을 엮어 간다. • 웃음을 자아내기도 하지만 사회 속에서의 권위나 경직된 관념을 풍자함으로써 삶의 진실한 모습을 보여주기 때문에, 우스운 이야기로만 그치는 것이 아니라 생활을 윤택하게 하고 인간의 진실을 말해준다. • 대표작으로는 『줄줄이 꿴 호랑이』, 『쌀 한 톨로 장가든 총각』, 『임금님 귀는 당나귀 귀』, 『세상에 둘도 없는 바보와 하늘을 나는 배』, 『신기한 그림 족자』, 『가시내』, 『호랑이 뱃속 잔치』, 『빨간 부채 파란 부채』, 『요술 항아리』, 『방귀쟁이 며느리』, 『돌부처와 비단장수』, 『으라차차 큰 일꾼』 등을 들 수 있다.
마술 이야기 (tales of magic)	• 마술이야기는 '민담의 핵'이라고 할 수 있을 정도로 민담의 많은 부분이 여러 종류의 마술에 기초하여 꾸며진다. • 예를 들어, **요정, 거인, 도깨비, 요술을 부리는 동물, 난쟁이, 마술사, 초인 등이 등장**하여 평민들의 대변자 역할을 하기도 하며, 현실적으로 불가능한 일을 하고, 가난하고 착한 주인공에게 복을 주기도 한다. • 마술의 힘을 통하여 현실에서 얻지 못하는 보상을 얻으려 했고 두려움에서 벗어나고자 하였다. • 이런 내용은 평민들과 어린이의 카타르시스 대상이 될 수 있었다. • 대표적인 예로서 『개구리 왕자』, 『구두장이 꼬마요정』, 『잠자는 숲속의 공주』, 『백설 공주와 일곱 난장이』

5 환상동화

정의	▶ 현실에서 일어날 수 없는 초자연적 소재나 사건을 다룬 이야기 • 현실 세계에서 일어날 수 없는 일이나 사건, 존재하지 않는 사람이나 초자연적인 소재나 대상에 관한 일로 꾸며진 이야기이다. • 자연 세계에서 발견되지 않는 요소들을 담고 있는데, 그것은 마술, 말하는 동물이나 무생물, 공간이나 시간의 제약으로부터의 자유 등이다.

교육적 의의	① 유아에게 기쁨을 준다.
	   – 글을 읽지 못하는 유아도 환상동화에서 기쁨과 즐거움을 발견한다.
	② 유아의 상상력을 발달시키며 경이에 빠지도록 한다.
	   – 자연, 사람, 주위 세계를 새로운 방법으로 생각하게 만듦으로써 이전과는 다른 다양한 관심을 가지게 한다.
	③ 인간의 행동과 문제에 대한 통찰력을 기른다.
	   – 어떤 환상동화는 인간 내면의 문제들을 통찰력 있게 다룸으로써 유아가 삶의 의미와 인간과 자연, 인간과 인간의 관계 등을 이해하도록 도와준다.
	④ **주인공과의 동일시를 통해 심리적 안정감을 얻는다.**
	   – 환상동화를 통해 유아는 자기와 비슷한 주인공의 상황을 보면서 자신을 그와 동일시하게 됨으로써 심리적인 위안을 얻는다. 또 **현재의 시공을 초월**하여 **전혀 다른 경험의 세계 속에서 대리 경험을 함으로써 삶이 풍요로워**진다.
	   기 ⓒ '갑자기 방은 숲이 되고 초콜릿 바다가 되었습니다.', ⓒ '그때, 어디선가 "얘가 어딨나?" 하는 엄마의 목소리가 들렸습니다.', ⓔ '민수는 초콜릿 바다를 건너 숲을 지나 방으로 돌아왔습니다.' 2) ① (나)의 ⓒ~ⓔ에 공통으로 나타난 환상동화의 특징을 쓰시오.[1기]
	⑤ 유아들의 모험하고자 하는 심리적 욕구를 채우기 위해 노력하기 때문에 **유아의 정서적 통합을 돕고, 유아의 맹렬한 감정을 투사하고 조정하며 다양한 사고를 촉진**한다.

구분		전래동화	환상동화
전래동화와 환상동화의 비교	주제	기 **권선징악, 인과응보** 등 **주제가** 한정적[1기]	기 **열린 결말**을 통해 다양한 가치를 보여줌[1기]
	배경	• 초현실 세계와 현실 세계가 **공존**	• 초현실 세계와 현실 세계가 **분리**
	통로	• 초현실적 존재와 사건이 **당연하게** 받아들여짐	• 사건은 두 지평에서 따로 벌어지고, **특정한 전환점**에서 만남
	두려움	• 놀라움, 걱정, 감정적 동요가 **없음**	• 현실 세계의 인간은 초현실적 세계의 **기이함을 지각**
	시간 및 공간	• 시간·공간이 **정해져 있지 않음** • 시공간에 대한 **묘사가 없거나 간략**	• 공간적 배경이 **다양함** • 시간적 배경이 **융통성을 지님**
	등장인물 유형 및 성격	기 **전형적·평면적 성격** 특성[1기] • 복잡하지 않음 • 인물들이 서로 분리 • 상세한 묘사가 없음 • 감정의 동요, 개인적 반응이 없음 • 해피엔딩	기 **입체적이고 다면적인 인물**[1기] • 섬세하게 발달 • 다양한 인물 등장 • 인물들이 서로 긴밀한 관계 • 인물의 개성을 세밀하게 묘사 • 감정을 정확하게 묘사
	플롯	• 간단한 일화 형식	• 다양한 결론(열린 결론)
	길이	• 짧음	• 다양
	작가	• 작가 미상	• 작가 존재, 작가마다 개성이 뚜렷함

6 사실동화

정의	▶ **실제로 있을 법한 유아의 생활 경험을 사실적인 기법으로 표현**한 창작동화 • 현실에서 일어날 수 있는 것을 다룬다고 하여 '현실동화', '생활동화'라고도 한다. • **사실동화는 유아의 일상생활에서 발생할 수 있는 사건·상황 등을 주인공을 통해 묘사**하고 있으며, 사건들이 발생하거나 발생할 수 있다는 가능성의 범위 안에서 **유아의 경험 세계를 다룬 동화**이다. • 등장인물과 사건이 유아가 처한 삶의 현실을 배경으로 한다는 점에서 유아교육 현장에서 교육 자료로 많이 활용되고 있다. 기 전래동화는 **(전승)**문학의 한 유형으로, 민담이나 전설, 신화, 우화 등이 오랜 세월 동안 재화의 과정을 거쳐 유아에게 적합한 작품으로 변화한 것이다. **(전승)**문학은 구비 문학, 구전문학, 옛이야기 등으로도 불린다. **현실 세계에서 있을 법한 실제적인 이야기를 다루는 (사실동화)**와 다르게 전래동화는 특정 시간이나 공간을 제시하지 않는다는 점이 특징이다. **(사실동화)**는 창작동화의 한 유형이며 **유아들의 생활 경험을 소재로 사실적인 기법을 사용**하고 있어 생활동화라고도 한다.[19]
사실동화의 가치	• 첫째, **삶에 대한 이해**를 돕는다. 평범한 사람의 평범한 일상을 경험하도록 하여 세상살이에 대한 다양한 정보를 준다. • 둘째, 이야기가 **현실에 바탕**을 두고 아동과 **비슷한 또래의 경험**을 소재로 삼아 **등장인물과의 동일시**가 잘 이루어진다. • 셋째, 동화 속 내용이 아동이 가지고 있는 **문제나 걱정거리와 일치할 때** 아동은 **심리적 안정감**을 느낄 수 있다. • 넷째, **현실적이고 평범한 주인공이 문제를 해결해 가는 과정**을 보며 **용기와 자신감**을 갖게 된다. • 다섯째, 자신이 직접 경험하지 않은 일을 **간접적으로 경험**하며 현실을 극복할 수 있는 용기, 문제해결능력, 자신감을 불러일으키도록 격려한다. • 여섯째, 이야기 속 **유머와 반복**을 통해 책 읽는 즐거움을 느낀다.

	구분	환상동화	사실동화
환상동화와 사실동화의 비교	공통점	• 창작동화이다.	
	등장인물	• 의인화된 동물이나 무생물 • 초자연적 인간 또는 상상적 경험을 하는 사람	• 유아의 생각이나 행동과 비슷한 사람
	배경	• 시·공간을 초월 • 현실에서 상상 세계 속으로의 여행	• 유아가 살고 있는 시·공간
	구조	• 전형적으로 갈등 상황이 초자연적인 힘에 의해 발생 • 환상이나 마술적인 힘에 의해 문제 해결	• 유아에게 **실제 일어날 수 있는 문제** • **주인공의 힘으로** 문제들을 처리·해결

7 정보 그림책

정의	▶ **유아의 궁금증을 해결**하고 **특정 지식을 전달**하는 **그림책** ① 사실과 정보를 담고 있는 책이다. '지식책', '정보책', '지식정보책', '지식그림책'이라는 명칭이 혼용되는데, 이는 'informational book'을 번역하는 과정에서 나타난 차이라고 본다. ② 보편적으로 픽션 그림책은 줄거리가 있는 이야기인 내러티브 텍스트로 되어 있으며 주인공을 비롯한 등장인물, 배경, 사건, 등장인물이 경험하는 문제, 문제해결을 위한 에피소드, 문제해결을 통한 이야기 문법의 요소를 갖추고 있다. ③ 반면 전형적인 정보 그림책은 명확하고 설명적인 텍스트로 되어 있으며 그림과 그래픽 또한 정보를 전달하기 위한 수단으로 이용된다. **사실이 우선시**되며 **이야기는 표현기법**으로써 쓰인다. ④ 정보 그림책의 **일차적 목적은 지식과 정보를 전달**하는 것이며, 유아들에게 **정보 전달의 목적을 달성하기 위한 방법으로써 그림책의 형식을 빌린 것**이다. 따라서 정보 그림책은 일반적인 픽션 그림책과는 본질적 차이가 있다. ⑤ 요즘 정보 그림책은 더 사실적이고 아름다움을 더해 시각적인 매력을 가지고 있으며 줄거리가 있는 경우도 있으며 자유로운 형식을 취하고 있다. ⑥ 따라서 정보 그림책은 유아들에게 책을 읽는 즐거움을 주는 동시에 유아들에게 많은 정보나 지식을 제공해 줄 수 있는 장르로 자리 잡고 있다. 기 백과사전은 그림책의 종류 중 괄호에 속한다. **(정보 그림책)** 은 세상에 대한 유아의 궁금증을 해결해 주며 특별한 지식을 얻기 위해 사용되는 그림책의 종류이다. 따라서 예술적·미학적 측면보다는 **내용의 정확성을 우선적으로 고려하여 선정해야** 한다.[13추]
교육적 의의	① **명확하고 객관적인 정보를 제공**해 준다. ② 유아의 질문에 대답해 준다. ③ 여러 영역에서 유아의 개념발달을 장려한다. ④ 세계에 대한 유아의 호기심을 자극한다. ⑤ **호기심과 궁금증을 가진 유아가 연구하고 문제를 해결하도록 자극**한다. ⑥ 생동감 있고 신뢰할 수 있는 시각 자료를 보여준다. ⑦ 분명하고 반복되는 단어와 구문을 사용하여 언어발달에 도움이 된다.
정보 그림책의 종류	① 글자 관련 정보 그림책 : 기차 ㄱㄴㄷ, 까망 고양이 하얀 고양이 ② 수에 관한 정보 그림책 : 수를 사랑한 늑대, 장바구니 ③ 색과 모양에 관한 정보 그림책 : 나의 색깔나라, 갈색 곰아, 갈색 곰아 무엇을 보고 있니? ④ 동·식물에 관한 정보 그림책 : 나는 잠만 잤는걸, 사과와 나비 ⑤ 문화와 관련된 정보 그림책 : 쪽빛을 찾아서, 사물놀이 이야기 ⑥ 예술과 관련된 정보 그림책 : 나의 악기 박물관, 나와 오페라 극장 ⑦ 지리에 관련된 정보 그림책 : 지도는 언제나 말을 해 ⑧ 환경과 관련된 정보 그림책 : 우리 집 환경 지킴이, 태양을 향한 탑 ⑨ 과학과 관련된 정보 그림책 : 뼈뼈 탐험대, 공장 견학 그림책

8 패러디 동화

개념	▶ 기존 동화를 익살스럽게 변형하여 새로운 의미를 구성하고 확장하는 동화로, 원작의 요소를 창의적으로 활용하여 새로운 시각을 제시하는 이야기 • 패러디에 대한 구체적인 정의는 학자에 따라 조금씩 다르다. • 좁게는 하나의 텍스트가 다른 텍스트를 조롱하거나 희화화시킨다는 개념으로 사용되기도 하고 넓게는 텍스트와 텍스트 간의 반복과 다름이라는 확장된 개념으로 사용되기도 한다. • 두 개념을 종합하면 패러디란 단순히 다른 작품을 흉내 내거나 모방하는 데 그치지 않고 모방의 대상이 되는 작품의 특성을 정밀하게 분석하고 익살스럽게 드러내어 새로운 의미를 구성하고 확장해 내며, 모방한 사실을 숨기지 않고 적극적으로 드러낸다는 점에서 표절과 다르다. • 패러디는 오늘날 우리 사회의 문화 현상 전반에서 나타나는 포스트모더니즘 현상과 밀접한 관련이 있다. ▶ 포스트모더니즘 : 모더니즘이 강조하는 과학적, 합리적 사고를 비판하고 다양성과 차이를 인정하고 포용하려는 움직임
특성	• 포스트모더니즘 예술이 지니는 특성들로는 고급문화와 대중문화의 경계 허물기, 서로 다른 다양한 요소들을 무작위로 조합하여 아름다움과 조화를 창조하기, 확실성보다는 불확실성 그리고 객관성보다는 주관성을 강조하고, 같음보다는 차이에 주목하는 점 등을 꼽을 수 있다. • 절대적 가치에 대한 부정, 주관적 시각의 가치 그리고 다양성을 인정하려는 움직임은 기존의 저명한 작품을 풍자하는 패러디에도 영향을 미쳤다. • 패러디는 현대 문학, 그림, 광고 등에 큰 영향을 끼치고 있으며 유아들이 즐겨 읽는 그림책에까지 영향을 미치고 있다. • 패러디 동화는 유아들에게 친숙한 옛이야기를 포함하여 널리 알려진 원작의 주제, 인물, 플롯 등을 새로운 시각에서 변형시켜 풍자한 이야기라고 할 수 있다. • 패러디 동화의 풍자를 유아들이 제대로 이해하기 위해서는 패러디 동화를 읽기 전에 원작에 대한 충분한 감상이 이루어질 필요가 있다. • 유아의 사전 경험이나 지식을 새로운 경험과 연결하여 의미를 확장해 나갈 수 있도록 상호텍스트성이 분명하게 드러난 작품을 활용하여 유아들이 '이미 알고 있는 것에서부터' 의미를 확장해 나갈 수 있도록 지도한다. ㉠ 아기 돼지 삼형제 이야기와 관련된 이야기를 함께 읽고, 원작과 패러디 작품의 차이를 이해함으로써 의미를 확장해 나간다. 기 유아의 이해를 돕기 위해, 그림책을 읽어 주기 전에 패러디 그림책의 특성인 상호텍스트성'과 관련하여 패러디 그림책을 읽어 주기 전에 교사가 할 수 있는 교수 활동을 쓰시오. (원작 그림책과 패러디 그림책의 공통점과 차이점을 이해할 수 있도록) 원작 그림책을 먼저 소개하거나 읽어 주는 것이다. (원작 그림책과의 유사점과 차이점을 예상해 보게 하는 활동)[25] • 패러디의 대상은 널리 알려진 옛이야기의 소재나 인물, 줄거리로부터 고전 그림까지 다양하다. • 패러디 동화는 기존 예술작품을 새로운 시각에서 익살스럽게 모방함으로써 유아가 기존 예술작품을 새로운 시각에서 해석해 보고 비판적 사고를 기를 수 있도록 돕는다.

교육적 가치	• 기존의 예술작품을 새로운 시각에서 모방하고 변형함으로써 유아들이 새로운 의미를 구성할 수 있는 기회를 제공하는 패러디 동화는 다른 유아 문학 장르와 뚜렷이 구분되며 그 나름의 독특한 가치를 가진다고 할 수 있다. **1) 유머와 즐거움** - 기존에 널리 알려진 작품들을 익살스럽게 모방한 패러디 동화 속에서 유아는 유머를 발견하게 된다. - 친숙한 이야기나 대상이 익살스럽게 바꾸어진 것을 발견하는 것은 유아들에게 흥미롭고 재미있는 경험이다. - 『미술관에 간 윌리』에서 작가는 신비한 미소로 가장 유명한 초상화 미켈란젤로의 〈모나리자〉의 얼굴을 고릴라의 얼굴로 바꾸어 놓아 원작의 진지함과 신비감 대신 유머와 경쾌한 분위기를 연출하고 있다. - 또한 『늑대가 들려주는 아기 돼지 삼 형제』에서는 원래 돼지를 잡아먹으려는 의도가 없었으나 어쩔 수 없이 먹을 수밖에 없었다는 늑대의 입장이 익살스럽게 묘사되고 있다. 패러디 동화 속 유머와 익살을 통해 유아는 특별한 즐거움을 누릴 수 있다. **2) 창의성** - 패러디 동화는 기존의 이야기 속 인물이나 사건 또는 배경을 작가의 예술적 성장력을 바탕으로 새롭게 재구성한 것이다. - 유아들은 원작과 패러디 동화의 공통점과 차이점을 자연스럽게 비교하게 되고 모방에 기초한 창작 활동에 대해 호기심을 느끼게 된다. - 패러디 동화를 통해 모방과 창작 활동의 조화를 통해 흥미로운 또 다른 이야기가 구성될 수 있음을 체험하게 되고 이는 자연스럽게 창작 활동에 대한 유아의 동기 유발에도 도움이 될 수 있다. **3) 비판적 사고** - 패러디 동화는 기존 작품에서 강조되는 관습을 비판적 시각에서 새롭게 해석하도록 함으로써 유아의 비판적 사고 형성을 도울 수 있다. - 예를 들어 옛이야기 속 주인공은 대부분 남자로서 남자 주인공들은 용기와 지혜를 가지고 역경을 이겨내는 반면 여성의 경우 스스로 문제를 해결해가는 주체로 그려지는 경우는 거의 없다. - 『아기 돼지 세 자매』의 경우 아기 돼지 삼 형제가 아니라 세 자매가 스스로 남편감을 고르는 자기 주도적 인물로 묘사되고 있다. - 옛이야기 속 순종적인 여성상에 대해 유아들이 새로운 시각을 통해 비판하고 현대 사회의 바람직한 여성상에 대해 생각해볼 수 있도록 한다. **4) 개방적 사고** - 기존 작품의 인물, 사건, 배경, 줄거리를 변형시킨 패러디 동화를 통해 유아들은 변화와 다양성에 대한 긍정적인 태도를 기를 수 있다. - 특히 〈아기돼지 삼 형제〉처럼 여러 현대 작가들에 의해 재창조된 다양한 패러디 동화들은 비교 감상함으로써 동일한 작품이라 할지라도 다양한 작가들에 의해 다양하게 해석될 수 있음을 체험하게 된다. - 다양한 시각과 의견에 열려있는 개방적 사고와 태도는 다문화 시대에 반드시 길러야 할 중요한 사고와 삶의 자세이기도 하다.

종류	**1) 옛이야기에 대한 패러디** - 패러디 동화 중 가장 많은 비중을 차지하고 있는 것은 유아들에게 익숙한 옛이야기를 현대적 시각에서 변형시킨 그림책들이다. - 옛이야기 패러디 동화의 경우 문학적 요소인 주제, 인물, 배경, 플롯 등을 중심으로 패러디가 이루어지고 있다. **(1) 주제 : 고정관념, 편견에 대한 비판** - 패러디 대상이 된 원작 이야기의 주제는 대부분의 선과 악의 대결 그리고 선의 승리라는 주제를 주로 다루고 있다. 반면 패러디 동화의 주제는 고정관념이나 선입견에 대해 비판을 제기하고 있다. - 예를 들어, 『늑대가 들려주는 아기돼지 삼 형제 이야기』는 널리 알려진 옛이야기〈아기돼지 삼 형제〉를 패러디한 그림책이다. - 원작인〈아기돼지 삼 형제〉는 선하고 지혜로운 돼지가 악한 늑대를 물리친다는 권선징악을 다루고 있는 반면 『늑대가 들려주는 아기돼지 삼 형제 이야기』의 경우 늑대의 입장에서 아기돼지를 먹을 수밖에 없었던 상황이 있었음에도 불구하고 돼지를 아무런 이유 없이 잡아먹는 포악한 동물로 늑대를 묘사하는 것은 옳지 않다는 늑대의 주장을 다루고 있다. 원작〈아기돼지 삼형제〉와 달리 특정 대상에 대한 편견이나 고정관념에 대한 비판이라는 주제를 다루고 있다. - 전래동화에 나타나는 전통적인 여성상에 대한 반론을 제기한 패러디 동화로 『종이 봉지 공주』가 있다. 대부분의 옛이야기에서는 용과 같은 악한 존재로부터 왕자가 아름다운 공주를 구해내고 공주는 자신을 구해준 왕자와 사랑에 빠지고 행복하게 살아가게 된다. 반면 『종이 봉지 공주』에서는 전통적인 공주와 왕자 상에 대한 선입견을 뒤집고 있다. 아름다운 외모와 순종적인 공주가 아니라 누더기와 같은 종이 봉지 하나만을 걸친 공주가 직접 나서 용에게 납치당한 무능한 왕자를 구해낸다. - 『장화 쓴 공주님』은 옛이야기〈벌거벗은 임금님〉을 패러디한 그림책으로 벌거벗은 임금님의 손녀가 주인공으로 등장한다. 어느 날 달로 멋진 머리 장식을 만든다는 사기꾼들이 성으로 찾아왔다. 그들의 요구에 따라 눈을 감았던 공주는 자신의 머리에 달 장식 대신 헌 장화가 올려져 있는 걸 보고 창피함에 도망쳐 버린다. 어느 날 창밖을 바라보던 공주는 백성들이 다양한 모양의 장화를 머리 장식으로 쓰고 다니는 것을 보고 웃음을 터뜨린다. 원작이 다양한 옷차림에 대한 임금님의 관심을 허영심으로 비판한 반면 『장화 쓴 공주님』에서는 다른 사람의 시선에 굴하지 않고 자신의 생각과 느낌을 당당하게 표현하는 것을 자신만의 개성으로 묘사하고 있다. **(2) 인물** - 패러디 동화에서는 원작에 등장하는 인물에 대한 변화가 시도되기도 한다. - 『아기돼지 세 자매』는 남자 형제들이 주인공으로 등장하는 원작과 달리 돼지 세 자매, 즉 여성을 주인공으로 바꾸어 놓음으로써 현대 사회에 어울리는 진취적인 여성상을 제시하고 있다. - 『아기 늑대 세 마리와 못된 돼지』는 제목에서 보여지는 것처럼 늑대가 아니라 돼지가 아기 늑대의 집을 찾아가 잡아먹으려고 하는 포악한 대상으로 묘사되고 있다. 아기 늑대의 집을 차례대로 무너뜨리던 못된 돼지는 마지막에 꽃으로 지어진 집을 부서뜨리고자 하나 꽃향기를 맡는 순간 착한 돼지로 변화, 늑대와 함께 행복하게 살았다는 반전이 있는 패러디 동화이다. 늑대와 돼지의 역할을 바꾸어 놓음으로써 특정 대상에 대한 고정관념을 비판하는 한편 꽃향기를 맡은 후 개과천선하는 못된 돼지의 모습을 통해 악인이라 할지라도 주변 환경 변화에 따라 선하게 변화될 수 있음을 보여준다.

(3) 배경
- 앤서니 브라운의 『헨젤과 그레텔』은 독일의 민담 〈헨젤과 그레텔〉을 현대 가정이라는 배경으로 바꾸어 패러디한 그림책이다. TV에만 시선을 집중한 채 아이들에게 전혀 관심이 없는 엄마의 표정, 부서지고 지저분한 집 안에서 방치되는 남매의 창백한 표정을 통해 어린 아이들에 대한 성인의 무관심, 방치, 학대가 옛이야기에서만 존재하는 것이 아니라 오늘날에도 여전히 심각한 문제임을 보여준다.

(4) 플롯
- 원작의 이야기 구조에 대한 모방과 변형을 통해 즐거움을 주는 패러디 동화로는 『아기돼지 세 마리』가 있다. 아기돼지 세 마리가 짚으로 나무로 그리고 벽돌로 집을 짓고 포악한 늑대가 나타나 돼지 집을 무너뜨리게 되는 부분까지는 옛이야기 〈아기돼지 삼 형제〉와 같다. 하지만 원작의 줄거리와 달리 돼지 삼형제는 이야기의 안과 밖을 자유롭게 이동하면서 모험을 하게 된다는 이야기로 재창조되었다. 늑대가 돼지를 잡아먹기 위해 돼지들의 집을 향해 '훅~'하고 불 때 아기 돼지들은 이야기 밖으로 날아가 버리게 된다. 이야기 밖으로 튕겨 나간 후 세 마리의 돼지는 다른 이야기 세계를 여행하고 고양이, 용 등 다른 이야기의 주인공들을 만나게 되고 기사로부터 용을 구한 뒤 늑대가 기다리고 있는 원래의 이야기로 돌아오게 된다.
- 레오 리오니의 『프레드릭』은 잘 알려진 우화 〈개미와 베짱이〉를 떠올리게 한다. 우화 '개미와 베짱이'의 이야기 결말과 달리 프레드릭은 음식이 다 떨어진 동료 들쥐들을 자신이 여름철 내내 지은 시와 이야기로 위로하며 모두 행복해지는 것으로 이야기가 끝이 난다. 『프레드릭』은 모두가 예외 없이 집단의 요구에 순응해야 하는 것이 더 이상 현대 사회에서 미덕이 될 수 없고 서로 다른 각자의 개성을 존중하고 조화를 이룰 때 함께 행복해질 수 있다는 현대 사회의 메시지를 전달하고 있다.

2) 고전 그림에 대한 패러디
- 옛이야기가 아닌 널리 알려진 명화를 패러디한 그림책으로는 앤서니 브라운의 『미술관에 간 윌리』가 있다. 『미술관에 간 윌리』는 반 고흐의 〈해바라기〉, 밀레의 〈이삭줍기〉, 미켈란젤로의 〈아담의 창조〉 등 16편의 고전 그림에 등장하는 인물들을 침팬지나 고릴라로 바꿔놓음으로써 유아들이 고전 그림들을 즐길 수 있도록 한 그림책이다. 명화란 아주 잘 그린 그림 또는 유명한 그림을 뜻하는 단어로, 훌륭한 예술작품으로서의 절대적 가치를 인정받는 원작 그림을 수정하는 것은 각 명화가 가지는 절대적 가치에 대한 강력한 도전일 수 있다.

3) 유명한 인물이나 영화 주인공을 패러디한 그림책
- 영화 주인공, 유명한 인물을 패러디한 그림책으로는 『우리 엄마』가 있으며 슈퍼맨, 마를린 먼로, 찰리 채플린 등을 엄마의 모습으로 패러디함으로써 엄마를 무한한 가능성을 가진 역동적인 존재로 묘사하고 있다.

9 글 없는 그림책

개념	▶ **글이 전혀 없거나 아주 최소한의 글만**으로 이야기를 전달하는 **책의 형태**를 띤 일련의 인쇄된 그림 ▶ **글 없이 그림만으로 이야기를 표현하는 그림책**이다. • 그림 안에 글의 내용과 의미가 전적으로 포함된 문학의 독특한 형태라고 정의하기도 한다.
교육적 가치	• 글 없는 그림책은 그림에만 의존하여 이야기를 만들어야 하므로 **글을 모르는 유아도 읽고 감상할 수 있다는 장점**이 있고, 유아가 **글자에 의해 제한을 받지 않고 이야기를 구성**할 수 있게 해주므로 **창의적으로 생각하고 상상하고 반응할 수 있게 해준다.** • 또한 글이 있는 그림책과 비교할 때 자신의 경험과 배경지식 등에 따라 더욱 자유롭게 해석하고 구성할 수 있으므로 **능동적 독자 역할을 더욱 장려하는 장르**라 할 수 있다. • 글 없는 그림책의 교육적 가치를 구체적으로 살펴보면 다음과 같다. • 첫째, **책과 읽기에 대한 긍정적 태도**를 길러 준다. 글이 없으므로 유아가 글자를 읽어야 하는 심리적 부담이 없어서 책에 대한 흥미를 높일 수 있다. • 둘째, **언어발달에 도움**이 된다. 그림을 보고 이야기를 꾸며 보는 과정은 구어 표현의 경험이 필요한 유아에게 아주 좋은 자극제가 되어, 구어 발달에 도움이 된다. 또한 어휘력이나 언어 표현력이나 의사소통 능력을 길러줄 뿐 아니라, 문해 출현에 도움이 되고, 이야기의 감각을 발달시킨다. 그림을 보면서 이야기를 자유롭게 꾸미는 경험은 책을 위에서 아래로 읽는다든지, 인쇄된 단어는 말로 표현되고 의미를 전달한다든지 등, 그림책을 읽는 데 필요한 기본 기술의 습득에 도움이 된다. 또한, 그 외에 읽기 전 능력이라 할 수 있는 이야기에 대한 민감성, 관찰력, 시각적 분별력, 추론적 사고, 결론의 예측 등을 발달시킬 수 있다. 더불어 이미지를 통해 이야기를 이해하고 해석하는 시각적 문해력도 기를 수 있다. • 셋째, **사고의 발달에 도움**이 된다. **그림을 보며 자유롭게 상상해 보는 과정을 통해 확산적 사고와 창의적 사고, 논리적·추론적 사고**를 길러준다. • 넷째, **사회·정서발달에 도움**이 된다. 잘못 읽을 수 있다는 실패의 가능성에 대한 생각이 없으므로 읽기에 대한 태도뿐 아니라 다른 일에 대해서도 정서적으로 안정적이고, 자신감과 긍정적 태도를 지닐 수 있다.
선정 기준	• 글 없는 그림책에 글이 없기는 하지만 기존 그림책에서 글만 뺀다고 글 없는 그림책이 되는 것은 아니다. 기존 그림책은 글 텍스트와 그림 텍스트가 서로 이야기를 채워가면서 만들어진 것인데 거기서 글을 없애면 완성된 이야기가 될 수 없기 때문이다. • 글 없는 그림책은 여느 그림책에서는 **글 텍스트와 그림 텍스트가 조화를 이루며 표현해야 할 일을 그림만으로 표현해야** 한다. 여러 연구에 기초하여 글 없는 그림책의 선정 기준을 제시하면 다음과 같다. ① 주제(또는 내용)가 분명하게 나타나 있는가? ② 등장인물의 감정과 느낌, 행위 등의 인물 묘사가 분명하게 나타나 있는가? ③ 등장인물 간의 관계가 분명하게 나타나 있는가? ④ 사건 또는 갈등과 그것의 해결 과정이 분명하게 나타나 있는가? ⑤ 배경이 분명하게 나타나 있는가? ⑥ 작가의 독자적인 세계가 분명하게 나타나 있는가? ⑦ 유아가 이해할 수 있는 이야기 인가? ⑧ 유아의 흥미를 끌 수 있는가?

10 전기(전기 그림책)

전기의 특징	▶ 과거에 살았던 **특정 실재 인물의 삶**을 다룬 **비허구적 이야기** • 동화가 아닌 비허구적인 이야기 중에서는 유아에게 가장 인기가 있는 장르에 속한다. 전기에 접근하는 방법은 세 가지가 있다. 특히 역사적 사실과 사건을 기초로 하여 **해석을 하고 재창조하여 쓰이게 되면** 허구화된 전기와 전기적 소설이라고 불린다. ┌─────────┬──┐ │ 신빙성 있는 전기 │ ▶ **전기가 순수하게 사실적으로 쓰인 것** │ │ • 정보 그림책(informational book)이 된다. 한 개인의 일생이나 시기에 대한 사실적 정보를 전달하려는 시도로 쓰였을 때다(authentic biography). │ ├─────────┼──┤ │ 허구화 된 전기 │ ▶ **역사적 사실을 기반**으로 하되, **생생한 대화나 극적인 장면을 추가**하여 사건을 **극화**한 이야기(fictionalized biography) │ ├─────────┼──┤ │ 전기적 소설 │ ▶ **실존 인물의 삶을 바탕**으로 하면서도 작가가 **주변 이야기를 창작**하고, 이야기의 흐름에 맞게 **실제 사실을 바꾸기도** 하는 이야기(biographical fiction) │ │ • 이야기는 점점 진실보다 중요해진다. 이야기가 꼭 현실적이 아니어도 좋다. │ └─────────┴──┘ • 사실 문학의 큰 범주에 넣게 되는 전기가 이런 것이다. 전기는 정보 그림책과 역사동화(historical fiction) 사이의 간격을 메우는 역할을 한다고 볼 수 있다.
교육적 가치	• **역사와 문화에 대한 이해** : 전기는 유아에게 딱딱하고 지루할 수 있는 역사적 정보에 생기를 불어넣어 유아들이 **인물이 살았던 시대의 역사적 사실이나 정보 등을 친근감 있게** 받아들일 수 있다. • **사회적 가치 및 규범에 대한 이해** : 우리 사회에 의미 있는 실존 인물의 이야기를 유아의 수준에 맞게 다루는 위인 그림책은 사회가 요구하는 **바람직한 인물상을 반영**함으로써 유아가 자신이 속한 **사회 속에서 중요시되는 사회적 가치를 자연스럽게 배울 수** 있도록 한다. • **용기** : 실존적 인물이 여러 가지 어려움과 실패를 극복하고 꿈을 이루었음을 기록한 이야기는 주인공이 겪었던 희, 노, 애, 락을 생생하게 느끼도록 함으로써 **유아 자신도 어려움을 극복하고자 하는 용기와 희망**을 가지도록 도와준다. • **반편견적 사고** : 위인 그림책은 다문화 시대에 요구되는 반편견 교육에 효과적일 수 있다. 실존 인물이 인종 차별, 성 차별, 결손 가정, 가난, 장애 등에 대한 차별을 극복하고 훌륭한 사람이 되는 과정을 경험함으로써 실제 삶 속에서 만나는 모든 사람이 존중받아야 하는 대상임을 배울 수 있다.
전기의 선정	• 좋은 전기 작품을 선정함에 있어 고려해야 할 사항은 다음과 같다. 　- **전기의 내용이 정확**하다. 　- **주인공이 살았던 사회와 시대적 배경과 관련하여 필요한 정보를 제공**하고 있다. 　- 그림이 유아들이 즐길 수 있게 심미적이다. 　- 주인공의 업적과 삶이 단순히 미화되기보다는 구체적으로 기술되어 있다.
전기의 평가 준거	• 전기는 순수하게 사실로만 쓴 개인의 일생이나 시기에 대한 사실적 정보를 전하고자 하는 **순수 전기**와 역사적 사실에 기초하여 사실에 대한 해석을 한 **전기적 소설**이 있다. 전기의 평가 준거를 정리해 보면 다음과 같다. 　- 등장인물에 대한 묘사는 역사적 고증을 거친 정확하고 진실한 것인가? 　- 주제는 유아에게 의미 있고 건전한 것인가? 　- 배경은 특정한 시대와 장소가 잘 나타나 있는가? 　- 사건은 유아의 관심을 끌 만한가?

11 로젠블렛(L. M. Rosenblatt)의 독자반응 접근

정의	▶ **독자가 텍스트와 상호 작용**하며 개인적 경험과 배경지식을 활용하여 **문학적 의미를 능동적으로 구성**하는 접근방식 ① 이전 동화에 대한 아동의 이해와 반응 과정은 저자가 텍스트를 통해서 의미를 전달하고 독자는 그것을 받아들이는 수동적인 존재로 여겨졌다. ② 독자 반응 접근 방법의 관점은 **독자와 이야기의 텍스트 간의 교류를 포함**하는데, 독자는 텍스트가 제공하는 '청사진'에 개인적 경험을 불러내어 문학적 의미를 구성한다고 본다. ③ 이러한 반응은 **독자가 글을 재창조하고, 작품 속의 의미를 추출 해내는 활동**으로서 옳고 그름이 없고 개인적이며 광범위하다. ④ 로젠블렛은 **본문과 독자가 이야기를 만들기 위해 상호 교류**한다고 하면서 반응은 독자가 작품과 심미적 교류를 하는 동안이나 나중에 생성되는 것으로 보았다. – 이러한 반응은 독자가 본문의 경험에 동참하고 등장인물과 동일시하거나 그들에 대한 갈등과 느낌을 나누는 것으로서 인지적 영역과 정의적 영역을 모두 포함한다. 기 밑줄 친 ㉠ '동화에 대해 설명을 많이 하기보다는 **자연스럽게 이야기에 몰입**하고 느끼고 **자신들의 경험과 연결** 지어 생각해볼 수 있는 문학 교육 방법'에 비추어 다음 '로젠블랫(L. Rosenblatt)의 이론에 근거한 것으로, **텍스트와 독자 사이의 상호작용을 통한 의미 형성을 강조**하고 **독자인 유아의 능동적이고 개별적인 느낌**과 문학적 경험을 중시하는 독자 중심의 문학 교육 방법이다.'에 해당하는 문학교육 접근법을 쓰시오. [19추]
반응의 유형	• 로젠블랫(1989)은 책을 읽는 도중이나 읽은 후 일어날 수 있는 반응의 유형을 제시하였다. • 정보추출식 반응과 심미적 반응은 **서로 상반되는 것이 아니라 상호 보완적인 관계**에 있다.

정보추출식 반응 (efferent response)	▶ 독자가 **텍스트에서 정보를 얻**고 **논리적으로 해석**하며, **교훈이나 해결책을 찾는 데 초점**을 두는 반응 • 독자가 텍스트로부터 정보를 얻을 때 일어난다. • 텍스트에서 얻을 수 있는 정보에 초점을 두어 일어나는 반응이다. • 독자가 정보를 얻거나 문제의 논리적인 해석과 행동 수행 등에 관심이 있는 경우이다. • ~~이야기에 대한 몰입~~보다는 **이야기를 통해 교훈과 해결책을 얻으려고 하며 평가하는 지적인 반응을 경험**하게 된다. • 따라서 책 본문에만 관심이 있으며 이야기를 **정확하게 읽으려** 하고, **이야기 줄거리를 요약하는 활동** 등에 초점을 맞추는 반응을 한다.
심미적 반응 (aesthetic response)	▶ 독자가 **텍스트를 감정적으로나 지적으로 깊이 체험**하며, **상상·연상·몰입 등**을 통해 **이야기의 의미를 창조**하는 반응 • 독자가 이야기를 감정적으로나 지적으로 깊이 맛봄으로써 텍스트를 체험할 때 일어난다. • 텍스트를 개인적으로 경험하는 데 초점을 둘 때 일어나는 반응 • 독자가 중심이 되어 읽는 동안 배경과 등장인물의 이미지를 창조하고 읽은 후에도 이야기를 생생하게 경험하게 된다. 즉, **상상하고, 그림을 그리고, 연상하고, 확장하고, 가설을 세우고, 회고하는 것** 등을 포함한다. • 독자는 **이야기 세계 자체에 몰입**할 수 있으며, **이야기와 관련된 자유로운 사상, 감정 이입, 가상 놀이가 가능**해진다. 이때 독자는 대상이 불러일으키는 **개인적 느낌, 아이디어, 태도 등 광범위한 요소들을 경험**하게 된다.

기 [A] 영희 : (기차에 발을 올린 코끼리가 나온 장면을 보며) 코끼리가 불쌍해 보여. / 철수 : 기차에서 내리라니 너무해. 그러다 나쁜 사람들이 코끼리를 잡아가서 상아를 자르면 어떻게 해. / 영희 : 그러게. 나라면 태워 줄 거야.
[B] 철수 : (증기 기관차를 가리키며) 이 기차는 이름이 뭐지? / 영희 : 글쎄. ('교통기관' 책을 가리키며) 저 책에서 봤는데. 거기 기차가 많이 나와. 이름도 있고. / 철수 : 그래? 그럼 그 책에서 이름을 찾아봐야겠다. (철수가 '교통기관' 책을 들고 와서 책장을 넘기며) 어디 있지? 여기 있다. 증기 기관차. 3) 로젠블랫이 제시한 읽기에 대한 2가지 입장 중 [A]와 [B]에 해당하는 것을 순서대로 각각 쓰시오. **심미적 읽기 / 정보추출식 읽기**[18]

기 ① ㉠ "'아기 토끼'가 어디에 숨었다고 했지?"은 유아의 사실 이해 및 기억 회상을 의도한 발문이다. ㉠과 비교하여 ㉡ '땅속에 어떤 보물이 숨겨져 있었을까?'의 의도를 발문의 유형적 측면을 고려하여 쓰시오.[21] **① 이야기 내용을 상상·확장하게 하는 의도의 발문이다. (심미적 반응, 텍스트를 개인적으로 경험하게 한다, 독자가 중심이 되어 있는 동안 배경과 등장인물의 이미지를 창조하도록 한다, 이야기 세계 자체에 몰입하고, 상상력, 창의성을 발휘하게 하는 발문이다. 등)**

질문의 범주		정보추출식 질문		심미적 질문
	인물	• 이렇게 한 것은 누구니? • 누가 나왔니?	상상 및 가정	• 만약 네가 ~였다면 어떻게 하겠니?
	배경	• ~는 어디에서 살았니? • 어디에 있었니?	경험회상	• 네가 전에 이런 일을 경험해 보았니?
	사건	• 무슨 일이 일어났니? • 어떻게 했니?	추론	• ~는 왜 그렇게 하였을까?
	순서	• 동화를 순서대로 이야기해 보겠니? • 그다음에 어떤 일이 일어났니?	감정이입	• ~는 이때 기분이 어땠을까?
	결론	• 결국 어떻게 되었니?	느낌	• 동화를 듣고 난 후 느낀 점, 배운 점, 가장 기억에 남는 장면은 무엇이니?

Plus 지식 자롱고(Jalongo, 1988)의 문학을 통한 반응 유형

신체적 반응	• 그림을 자세히 보려고 책에 더 가까이 다가가기
주의 집중 반응	• 이야기에 열중하기
말로 나타내는 반응 예술적 반응	• 좋아하는 등장인물이나 이야기 내용에 대한 느낌을 그림으로 그리거나, 율동이나 언어로 표현하는 등의 반응
비판적 언급	• 이야기에 대한 비판(등장인물들의 행동 등)을 통해 반응하는 것

12 매니와 와이즈만(Many & Wiseman, 1992)의 문학적 접근법

- 매니와 와이즈만은 로젠블렛의 연구를 바탕으로 그림책을 읽을 때 교사들의 질문에 따른 아이들의 반응을 연구하였다.

<table>
<tr>
<td rowspan="2">매
니
와

와
이
즈
만
의

문
학
적

접
근
법</td>
<td>분석적
접근법
(analysis
approach)</td>
<td>

▶ **그림책의** 주제, 배경, 등장인물, 사건, 결말 등 **구성요소를 분석하고 평가**하도록 유아의 관심을 유도하는 접근법

- 분석적 접근법의 질문 유형(정보추출식 질문)
  ① **제일 중요한 등장인물**이 누구라고 생각하니? (인물)
  ② **몇 가지 일들**이 일어났니? (사건)
  ③ 주인공이 **그 일을 어떻게 해결**했니? (인물, 사건)
  ④ 그것을 **어떻게 알았니?** (사건)
  ⑤ 이야기가 **어떻게 끝이 났니?** (결론)
  ⑥ 이 이야기는 **언제 어디서 일어난 일일까?** (배경)
- 이러한 질문을 통해 **그림책의 구성요소에 대한 다양한 정보를 얻는 데 관심**을 두도록 한다.

  기 이 그림책 이야기 속에 어떤 동물들이 있었지? **정보추출식 질문(분석적 접근법의 질문), 그림책의 구성요소에 대한 다양한 정보를 얻도록 한다.**[16]
</td>
</tr>
<tr>
<td>경험적
접근법
(experience
approach)</td>
<td>

▶ 그림책의 **등장인물과 자신의 경험을 연결**하며, **감정 이입과 연상 등**을 통해 이야기를 체험하고 내면화하도록 돕는 접근법(생활 체험을 획득하도록 하는 접근법)

- 그림책의 줄거리에 유아들이 반응하면서 생활 체험을 획득하는 데 초점을 두었다.
- **그림책의 등장인물의 삶과 자신의 삶을 연결**해 보고, 결과를 예측하며, 그림책을 듣는 동안 일어난 **연상과 느낌 같은 심미적 요소에 관심**을 기울이도록 지도한다.
- 경험적 접근법의 질문 유형(심미적 질문)
  ① **만약 네가 이 그림책 속 등장인물이 될 수 있다면**, 누가 되고 싶니? (상상 및 가정)
  ② **왜 이 이야기를 좋아하니?** 왜 이 이야기를 싫어하니? (느낌)
  ③ 이 이야기 속의 **등장인물과 같은 그런 기분을 너도 느낄 수** 있니? (감정이입)
  ④ 이 이야기 속의 등장인물과 비슷한 사람 혹은 동물이 나오는 **다른 이야기를 들은 적이 있니?** 그들은 어떤 점이 비슷하니? (경험 회상)
  ⑤ 이 이야기에서 **가장 기억하고 싶은 장면이나 말**은 무엇이니? (느낌)
  ⑥ 이 이야기에서 **가장 재미있었던 것**이 무엇이니? (느낌)
  ⑦ 이 이야기 속에서 **가장 오랫동안 생각하고 싶은 것**은 무엇이니? (느낌)
  ⑧ 이 이야기를 **다르게 만들어 볼 수** 있을까? (상상 및 가정)
- [효과] 이러한 질문은 그림책 속의 **등장인물과 자신을 동일시함으로써** 생활 체험 획득에 영향을 미치는 것이다. 이를 통해 **자신의 경험과 교류를 통한 작품 이해** 및 유아의 **가치나 태도를 함양할 수** 있다.

  기 이 그림책에서 가장 재미있었던 것이 무엇이니? **심미적 질문(경험적 접근법의 질문), 그림책 속의 이야기와 자신의 삶을 연결해 봄으로써 개인적 반응과 심미적 경험을 제공한다.**[16]
</td>
</tr>
</table>

13 반응중심 문학교육

목적	▶ **문학작품을 감상**하면서 **자신의 경험과 연결**하고 **개별적인 반응을 형성**하도록 돕는 접근법 ① 유아 반응의 다양성을 인식하고 격려하며 유아에게 반응이 즐거운 것임을 인식하게 한다. ② 유아들이 **감상한 문학작품을 생활과 연관**시키고, **다른 작품들과 비교**해 봄으로써 독서를 통해 언어를 배울 수 있도록 돕는다. 유아들은 동화에서 **일어난 상황을 생활과 연결하여 체험함으로써 그 내용이 쉽게 의미화되어 이해가 쉽고**, 다양한 장르의 문학을 감상함으로써 언어의 아름다움과 쓰임새를 알며, **작품에 대해 느낌을 표현하는 기회를 가짐으로써 언어를 더욱 더 유창하게 사용할 수** 있게 된다. ③ 유아들이 책을 통해 자신과 세상에 대해 더 많은 것을 배우는 기회를 제공한다.
특징	① **유아 개개인의 반응을 최대한 존중**한다. 한 편의 문학작품을 읽고 나타나는 반응은 다양할 수밖에 없다. 반응을 주입하거나 다른 사람이 해석한 것을 그대로 받아들일 것을 강조할 것이 아니라, 유아들이 자기 나름의 관점에서 반응을 보일 수 있도록 해야 한다. ② 문학작품을 감상하는 것은 곧 문학과 유아가 만나는 과정이다. 텍스트를 철저하게 분석하는 것만으로는 문학작품을 제대로 감상할 수 없다. **독자는 자신의 경험이나 지식을 바탕으로 작품과의 끊임없는 상호작용 과정을 통해 하나의 작품을 감상**해 간다. ③ 문학작품을 감상하는 것은 유아가 나름대로 의미를 재구성해 나가는 과정이다. 작품 자체에 드러난 사실을 감상하는 것이 중요한 것이 아니라, **나름대로 작품에 의미를 부여하고 그 작품을 재구성하는 활동을 강조**한다. ④ 해석 공동체의 역할을 강조한다. 텍스트를 마음대로 해석하도록 허용하는 것은 바람직하지 않다. **독자 나름의 의미 구성은 강조하되 일정한 범위를 설정할 필요**가 있다. 독자는 기본적으로 해석 공동체 내에서 의미를 구성하게 된다.
실제	• 문학에 대한 반응을 격려하는 것은 유아로 하여금 **책을 깊이 이해하고 책의 진가를 알게 함으로써 궁극적으로 독서의 즐거움을 느끼게 하는 것**이다. 그러나 반응이 반드시 관찰할 수 있는 활동으로 나타나지 않을 수도 있으므로 자연스럽게 나올 수 있도록 도와주고, 궁극적인 목적은 유아로 하여금 문학적 경험을 즐기게 하는 것임을 이해해야 한다. • 반응중심 문학 활동에 대한 갈다(Galda, 1994)의 구분

이야기 스타일에 반응하는 방식	▶ **장르, 그림의 특성, 색깔, 주제 등**을 **인식하고 분류하는 활동**을 통해 작품을 탐색하는 방식 ㉠ **같은 점과 다른 점 비교**해 보기
등장인물에 반응하는 방식	▶ **이야기 속 주인공이나 등장인물의 특성**, 문제 해결 방식, 사건에 대한 대처 **등을 분석**하고 **공감하며 반응**하는 방식 • 유아들이 이야기 속의 **주인공이나 등장인물**을 오랫동안 기억하고 그에 대해 반응하므로 이야기 속 등장인물의 특성, **사건에 대처하는 방식, 문제를 해결하는 방법 등**에 주목하여 활동하는 방식 ㉠ 등장인물의 첫 글자 따라 **동시 지어**보기, 글과 그림으로 **등장인물 표현**해 보기, **주인공에게 편지** 쓰기
이야기 구조에 반응하는 방식	▶ **이야기의 사건 전개, 인물의 관계, 개념 등을 파악**하고, **이야기의 구조적 요소를 활용**하는 반응 방식. • 문학작품에는 일정한 구조가 있으며 **그 구조를 이해하고 있는 유아들은 쉽게 이야기를 예측할 수** 있다. ㉠ 구조에 대한 지식은 등장인물이나 사건의 순서, 이야기에 나오는 개념 등의 **주제 망을 활용**하여 **다양한 이야기 지도 만들기**와 **책과 관련된 차트를 제시**해 보는 활동 등을 통해 기를 수 있다.

실제 방법과 절차	① 유아에게 소리 내어 읽어 주기 　- 유아에게 책을 소리 내어 읽어 주는 것은 유아의 흥미, 감성, 상상력을 자극한다. ② 반응활동	
	언어반응 활동	• 이야기를 듣고 난 후 이야기의 의미에 대해 좀 더 깊이 생각해 볼 수 있는 기회를 제공하는 것이어야 한다. • 이야기 다시 해 보기, 자신의 경험과 연결 지어 이야기하기, 글 없는 그림 책 보고 이야기해 보기
	쓰기	• 이야기 다시 써 보기, 글자 없는 책에 이야기 만들기, 편지 쓰기, 주인공이나 등장인물에 대한 느낌이나 생각 쓰기, 동시 또는 노랫말 짓기, 동극 대본 써 보기, 이야기에 대한 느낌 적어 보기
	토의하기	
	③ 극화활동 ④ 음악 · 동작활동 ⑤ 미술활동	

주A8. 2) ① ㉠ '모락모락'에 사용된 음성상징어의 유형을 쓰고, ② 다음의 (　　　) 안에 들어갈 말을 쓰시오. [22]
　① 의태어

사람이 아닌 것을 사람에 비겨 마치 사람이 말하고 행동하는 것처럼 표현하는 수사법을 (의인법)이라 한다.

주A8. 3) 〈말놀이 예〉를 참고하여 ㉡과 ㉢을 쓰시오. [22]

교사의 말	유아의 동작
다람쥐가	머리
뛰었다	박수
다람쥐가	머리
노래한다	박수
다람쥐가 뛰었다	머리 ➡ 박수
다람쥐가 노래한다	머리 ➡ 박수

○ 말놀이 규칙
규칙 1. 동물이 나오면 머리를 만진다.
규칙 2. ㉡ 행동이 나오면 박수를 친다.
규칙 3. ㉢ 말의 순서대로 해당되는 동작을 수행한다.

Plus 지식 독자 반응 이론

- **독자 반응 이론**은 독자가 책을 읽을 때 본문 자체만을 가지고 의미를 구성하는 것이 아니라고 본다. 즉, 독자는 그 **본문이 이야기를 만들어 내도록 의미를 부여**하는데, 이것은 **본문과 독자가 이야기를 만들어 내기 위해 상호 거래(transaction)하는 것**을 의미한다.
- 즉, 아동은 책을 읽을 때 본문에 영향을 미치는 구조(scheme)나 배경 지식을 가져오며, 미적인 관점에서 본문을 읽을 것인지 읽지 않을 것인지를 선택한다.
- 따라서 이런 입장은 독자가 문학작품을 읽을 때 본문에 대해 많은 독특한 반응을 하고 개인적인 상호작용을 한다는 것을 의미한다. 이런 관점은 독자와 분리된 본문에 주어지던 초점을, 본문과 독자 사이의 상호작용을 통한 반응으로 옮긴다.
- 즉, 독자 반응 이론은 현대 문학 이론에서 신비평, 구조주의로 대표되는 본문 구조 자체에 대한 관심에서, 독자에 대한 관심으로 옮겨가는 것과 맥을 같이 한다.
- 독자 반응 이론에 의하면 아동이 독서를 할 때, 문맥의 의미는 아동에 따라, 집단에 따라, 장소에 따라, 시간에 따라 다르게 나타날 것이다. 이때 아동의 문학작품에 대한 반응은 임의적이고 개인적이어서, 연구를 위해서는 어떤 기준이 필요하다.
- 우선 반응의 범주에 대한 연구는 아동의 반응을 문학적 판단, 해석적 반응, 서술적 반응, 연상적 반응, 자기-몰입, 규범적 판단, 기타의 7가지 범주로 제시한 바 있다.
- 일반적으로 아동문학을 통해 나타나는 아동의 반응은 다음의 4가지 범주로 요약될 수 있다.

정서적 반응	• 스콰이어의 자기-몰입 반응에 해당하는 것으로 아동 **자신을 인물의 행위 또는 감정과 연합**시킨다. 정도의 범위는 **동일시나 거부의 정도**로 표현될 수 있다.
해석적 반응	• 해석적 일반화를 안내하는 이야기로부터 증거가 되는 지시를 포함하여 아동이 **이야기의 의미나 동인, 인물의 성격을 일반화하고 발견**하려는 데서 나타나는 반응이다. • 예를 들어 "그 주인공은 대단한 사람이지만, 다른 사람과는 어울리기 힘든 사람이다. 왜냐하면 자기 확신이 그렇게 많지 않기 때문이다."와 같다. • 이런 해석적 반응은 아동이 그들 자신의 경험을 해석하고 확장하도록 격려할 수 있다.
비판적 반응	• "그것은 효과적이다." 또는 "그것은 훌륭하다."와 같은 **일반화된 논평을 포함**하여 아동이 이야기의 **문학적 질을 판단**하거나 **언어, 인물 묘사, 문학 형식에 대하여 특별히 반응**하는 것이다.
평가적 (규범적) 반응	• 어떤 **절대적인 기준**에 비추어서 주인공이 **반드시 이렇게 행동해야 한다고** 생각하는 것을 진술하는 경우이다. • 예를 들면, "그는 이것을 해야만 한다."거나 "우리가 열심히 노력하면 출세할 수 있다는 것을 보여주기 때문에 이 책은 읽을 가치가 있다."와 같은 반응이다.

- 독자반응이론이 아동문학 교육에 미치는 함의는 다음과 같다.
  - 첫째, 학습자 중심 문학교육의 이론적 근거를 제공한다. 즉 학습자의 능동적 참여를 이끌어내게 하는 이론적 근거가 될 것이다.
  - 둘째, 독서 과정을 통한 문학적 상상력과 감수성의 계발을 극대화한다.
  - 셋째, 문학작품에 나타나는 빈 자리에 대해 아동이 자신의 의미구성 능력에 따라 다양한 의미를 생성할 수 있다.
  - 넷째, 심미적인 경험의 중요성을 인식하게 한다.

14 랑어(Judith, A. Langer, 1994)의 4가지 지침

- Langer는 질문 전략을 중심으로 유아가 문학적 반응을 일으킬 수 있도록 도와줄 수 있는 네 가지 지침을 제시하였다.

최초의 반응 이해하기 (initial understanding)	▶ 유아가 **이야기를 듣고 반응할 수 있도록 격려**하는 질문 예 "마음에 드는 부분은 어디인가요?", "괴로움을 느꼈던 내용은 어떤 것인가요?" "놀라게 했던 부분이 있었어요?", "궁금한 점이 있었어요?"
이해능력 개발하기 (development understanding)	▶ 유아가 **이야기에 대하여 더 깊게 생각**하도록 하는 질문 • **동기부여, 등장인물, 주제, 배경 등**에 관하여 생각하는 것을 도와준다. 예 "등장인물이 책임감 있게 행동했다고 생각하나요?" "작가는 이 부분에서 무엇을 말하려고 한 것 같아요?"
개인적인 경험 반영하기 (reflecting on personal experience)	▶ 유아의 개인적인 지식과 경험을 읽은 내용과 관련짓도록 도와주어 **현재와 이전에 이해한 것을 회상**하도록 하는 질문 예 "등장인물을 보면서 어떤 사람이 생각났어요?" "그 상황을 어떻게 해결할 수 있었어요?" "이 이야기를 읽으면서 자신의 어떤 경험이 생각났어요?"
정교화하기와 확장하기 (elaborating and extending)	▶ 읽기를 한 후 자신의 배경지식과 경험에 비추어 예술작품으로서 그 작품을 비판적으로 바라보도록 하는 질문 • **동일한 작가의 다른 작품이나 유사한 작품을 비교**할 수 있도록 한다. 예 "읽은 내용 이외에 어떤 것이 생각났어요?" "등장인물들이 실제 사람처럼 느껴졌어요?" "무엇이 그 사람들을 실제처럼 느껴지도록 했어요?" "작가가 사용한 표현 중에서 마음에 드는 것은 어떤 것인가요?" "작가에게 무슨 말을 해주고 싶어요?"

15 랑어(Judith, A. Langer, 1994)의 심미적 읽기 수업 모형

- 반응 중심 이론에 따르면, 문학 작품의 이해 과정은 읽기 과정에서의 독자의 입장 변화 과정이다.
- 독자는 읽는 동안 텍스트와 거래를 하면서 몇 가지 입장을 취하며, 그 각각은 독자가 문학 작품의 한 부분을 점차 이해하게 됨에 따라 서로 다른 차원을 추가해가는 것이다.
- Langer(1994)가 제시한 심미적 문학 수업 모형을 제시하면 다음과 같다.

단계 1 :
문학 작품에
몰입하기
	• 독자는 텍스트 세계와 접촉을 시도하고, 상상력, 창의력을 구성하기 위하여 장르, 내용, 구조, 언어와 같은 텍스트 표면 자질과 사전 지식 경험들을 이용하여 상상의 세계에 참여한다.
	• **문학 경험의 확충**
	    – 개인적, 역사적, 문화적 개념과 관계 짓고 문학 세계와 환기한다.
	    – **문학적 경험을 유도**한다.

단계 2 :
문학적 경험을
지속시키기
	• 독자는 작품의 이해에 몰두하고, 이를 위해 상상의 세계를 구성한다.
	• **상상력의 확대**
	    – 현재 자신의 마음속에 떠오르는 상상력을 조장한다.
	    – 평가는 하지 말고 작품에 대한 탐구를 한다.
	    – **텍스트와 자신의 경험에 대한 다양한 견해와 관련**짓는다.

단계 3 :
비평적 입장
견지하기
	• 독자는 알고 있는 것을 회상하고, 자신의 경험과 현재 텍스트를 관련시킨다.
	• **문학 반응 나타내기**
	    – **선택적 견해를 선정하여 텍스트를 생성**한다(반응 쓰기, 구두 반응).
	    – 자신과 생각이 다른 사람의 반응을 수용한다.

단계 4 :
경험의 객관화와
논평하기
	• 독자는 자신의 상상력으로부터 거리를 두며, 텍스트와 읽기 경험 그 자체에 대해 즉 내용에 대해 숙고하고 반응하게 된다. 즉 독자는 점차 연합, 반성, 거리두기와 같은 방식에 대해 다양한 입장을 취함으로써 의미를 창조해간다.
	• **토의하기**
	    – 핵심적인 논제를 요약한다.
	    – 지속적인 상상의 세계를 구축하도록 유도한다.

16 인드리사노와 파라토르(Indrisano & Paratore, 1992)의 반응 중심 문학 활동의 유형

- 문학에 대한 3가지 반응이라고도 한다.

미학적 반응 (Aesthetic response)	▶ 본문(text)에 대한 정서적 반응 • 그림책에 대해 **어떻게 느꼈는지, 무슨 생각이 들었는지**에 대한 것이다. • 독자의 사전지식, 읽기의 목적, 독자의 흥미에 의해 영향을 받는다.
전략적 반응 (Strategic response)	▶ 이야기책의 **본문 이해에 대한 반응** • 전략적 반응은 미학적 반응과 생산적 반응 모두를 높이는 결과를 낳는다. • **이야기의 구조와 사건에 대한 이해**를 높이는 반응 활동을 말한다.
생산적 반응 (Generative response)	▶ 본문에 대한 **창의적 사고를 표현하도록 하는 반응** • **토의, 쓰기, 극놀이를 통해** 문학적 경험을 확장하는 반응이다. • 이야기의 내용에 대해 상상해 보기 등의 활동을 말한다.

17 콕스(Carole Cox)의 심미적 읽기(Aesthetic Response to Literature)

- Cox는 심미적 읽기에서 질문하기, 부분에 중점 두기, 연상하기, 가정하기 그리고 수행하기를 제시하였다.

질문하기 (questioning)	▶ 유아가 **이야기에서 궁금한 점을 묻고**, 자신의 생각을 표현하며 **호기심을 갖도록 유도**하는 과정 • 유아가 무엇인가를 생각해 내고, 호기심을 갖게 하며, 알고 싶은 것이 무엇인지를 묻는 것 • 그 예는 "이 이야기에 대하여 **어떻게 생각하세요?**", "이 이야기에 관하여 **알고 싶은 것은 무엇이든지** 말해보세요." 등이 있다.
부분에 중점 두기 (focusing on a part)	▶ 이야기 속에서 **유아가 주의를 기울인 부분에 대해 집중적으로 탐색**하는 과정 • 유아들의 주의를 끄는 것에 관한 발문 • 그 예는 "이 이야기에서 **좋아하는 부분은** 어디인가요? 그 부분에 관하여 말해보세요." 등이 있다.
연상하기 (making association)	▶ **이야기와 유아의 경험을 연결**하거나, **다른 이야기와 비교하여 새로운 연상을 형성**하는 과정 • 연상하기의 예는 "여러분에게도 이런 일이 일어났었어요?", "이 이야기에서 등장인물과 **같이 느꼈었던 적**이 있었어요?", "이 이야기를 보니까 **어떤 다른 이야기가 생각났어요?**" 등이 있다.
가정하기 (hypothesizing)	▶ **이야기의 흐름을 예측**하거나, **결말을 새롭게 창작하며 상상력을 확장**하는 과정 • **호기심 가지기, 예측하기, 이야기 확장하기**에 관한 발문이다. • 그 예는 "이야기에서 궁금했던 것이 있었어요?", "어떤 것이 생각났어요?", "그 밖에 **다른 어떤 일이 일어날 것**이라고 생각하세요?", "**이야기를 바꾼다면** 어디를 바꾸고 싶어요? **무엇을 바꾸고 싶어요? 어떻게 바꾸고 싶어요?**" 등이 있다.
수행하기 (performing)	▶ 이야기 속 **등장인물의 행동을 따라** 하거나, **역할놀이 및 비언어적 표현**을 통해 문학을 경험하는 과정 • 언어적, 비언어적으로 실행하기, 역할놀이, 팬터마임 등이 있다. • 그 예는 "여러분이 이야기의 **등장인물이라면 무슨 말을 할 것** 같아요?", "이 이야기에서 **등장 인물에게 말해 준다면 어떤 말을 할 것** 같아요?" 등이 있다.

18 퍼브스과 몬슨(Purves & Monson, 1984)

- Purves와 Monson(1984)은 문학 작품에 대한 반응의 범주를 네 가지로 분류하였다.

정서적 반응	▶ 독자가 문학작품을 읽으며 **개인적으로 몰입**하고 **감정을 표현하는 반응**으로, 작품 속 **등장인물이나 사건과 자신의 경험을 연결**하며 참여하는 과정 • 이야기에 대한 **개인적이고 사적인 반응**이다. • 이 반응은 이야기를 읽거나 들었을 때 학생의 몸동작과 얼굴표정에 나타낼 수 있다. • 또한 정서적 반응은 문학작품을 해석하거나 평가를 하는 등의 다른 반응을 할 수 있는 가장 중요한 기초가 된다. • Sqire(1964)는 이야기에 개인적으로 빠져드는 정서적 반응을 보이는 사람이 작품에 대한 문학적인 질을 평가하는 반응도 보였음을 밝혔다. • 이 반응은 '참여-몰입'이다. 작품과 작가에 대한 개인적인 반응에서부터 **등장인물들에 몰입**하며, 이야기 속의 사건과 독자 자신의 생활을 연관시키는 것까지 포함시켰다.
해석적 반응	▶ 문학**작품의 의미를 분석하고 해석하는 반응**으로, **직유 · 은유 · 상징 등의 문학 형식을 해석**하거나, **등장인물의 행동과 배경을 추론**하는 과정. • **문학작품의 해석에 관한 반응**이다. • 해석적 반응에는 몇 가지 형태가 있는데, 그것은 **직유, 은유, 풍자, 상징과 같은 문학의 형식(style)을 해석**하거나, 책에 있는 정보에 기초해서 **이야기 앞에 있었던 일이나 다음에 나올 행동들에 대해 추론**해 보거나, **인물의 특성과 배경 그리고 작가의 동기 등에 대하여 추론**해 보는 것이다. • 예를 들어 '주인공은 대단한 사람이지만 다른 사람과 어울리지 못한다. 왜냐하면 이기적이기 때문이다.'와 같은 반응이다. 이러한 해석적 반응은 유아가 그들 자신의 경험을 해석하고 확장하도록 격려할 수 있다.
문학적 판단과 비판적 반응	▶ 작품의 **언어 · 인물 묘사 · 문학 형식 등에 대해 관심**을 갖고 **비판하는 반응**으로, 이야기의 **전개 방식이나 작가의 표현기법을 비판적으로** 바라보는 과정 • 이 반응은 **책에 나오는 언어나 작품 내용에 대해 관심**을 보이고 **비판**하는 반응이다. • 이 반응에는 **리듬, 의인화, 상징, 은유와 같은 수사적인 기법의 사용에 대해 비판**하는 반응, **작가가 쓴 대화체와 기술하는 방법** 등이 포함된다. • 그리고 독자가 이야기의 **문학적 질을 판단**하거나 언어, 인물 묘사, 문학 형식에 대하여 특별히 반응하는 경우에 이 범주로 포함시켰다. • 예를 들면 '이 책은 인물이 어떻게 생겼을지 모르겠어.', '이 책은 줄거리가 별로 없어 재미가 없다.' 등이 이 반응의 범주에 들어간다.
평가적 반응 및 규정적인 판단	▶ 문학작품의 **주제를 평가**하고 **절대적인 기준을 적용하여 판단**하는 반응으로, 이야기의 **교훈이나 가치를 평가**하는 과정 • 문학작품을 읽은 후 **개방적 질문**을 하여 반응하게 했을 때, 가장 기본적인 반응은 **평가적**이다. • 어떤 절대적인 기준에 비추어서 주인공이 반드시 이렇게 행동해야 한다고 생각하는 것을 얘기하는 경우이다. 유아에게서는 자주 나타나지 않는다. • 또 '이 책은 노력하면 성공할 수 있다는 것을 보여준다. 그래서 이 책은 읽을 가치가 있다.'를 들 수 있다. • 외형적으로 가장 많이 나타난 반응은 '나는 ……을 좋아한다.' 등 이다(Galda, 1982).

19 사이프(L. R. Sipe, 2000)의 독자 반응 이론

- 그림책 읽기 시 독자인 유아의 역할을 강조하고 텍스트에 대한 개별 유아의 독특한 해석과 의미구성 과정을 중시하는 독자 반응 이론은 그림책 읽기 시 유아의 반응을 탐색하고자 하는 연구들에 영향을 미쳤다.
- 대표적으로 Sipe(2008)는 그림책 읽기에 참여한 유아의 반응을 분석적 반응, 상호텍스트적 반응, 개인적 반응, 동화된 반응, 연행적 반응으로 구분하여 제시하였다.
- 다음은 실제 그림책 읽기 시 나타난 유아의 반응 중 Sipe가 제시한 다섯 가지 문학적 반응의 예를 추출한 것이다.

분석적 반응 (Analytical Responses)	▶ 글 텍스트의 의미, 그림의 순서, 글 텍스트와 그림의 관련성, 서사의 전통적 요소(배경, 인물, 플롯, 주제) 등을 분석해 내는 반응 • 다음은 교사와 유아들이 글자 그림책 『그림 속 그림 찾기 ㄱㄴㄷ』을 읽는 과정에서 일어난 분석적 반응의 예이다. • 유아들은 교사가 소개하는 책 제목 『그림 속 그림 찾기 ㄱㄴㄷ』을 듣고 **앞으로 읽게 될 책 내용에 대해 예측**하였다. 교사 : (『그림 속 그림 찾기 ㄱㄴㄷ』 표지를 보여주며) 그림 속 그림 찾기 기억 니은 디귿 유아 : 그림을 찾는 거 아니겠지? 유아 : 알겠다. 그림이 어디 있는지 우리가 찾는 거예요. 교사 : 아! 그림을 찾는 건가? 유아 : 우리가 숨은 그림 찾을 때 할 때처럼 그림 속에 숨어 있는 그림을 찾는 거니깐 제목이 '그림 속 그림 찾기'겠지요. 유아 : 그럼, 기억 니은 디귿을 찾으란 건가? 교사 : 그럼 무엇을 찾는 내용인지 같이 한 번 보자. • 다음은 『늑대가 들려주는 아기 돼지 삼형제 이야기』 읽기 중 교사와 유아 간 상호작용으로 유아들은 교사의 질문에 응답하는 과정을 통해 돼지 집에 **설탕을 빌리러 갔지만 빌리지 못한 늑대**와 **설탕을 빌려주지 않은 돼지의 마음과 심리를 추론**해 내고 있다. 교사 : 왜 돼지들은 늑대에게 설탕을 나누어주지 않았을까? 유아 : 무서워서요. 혹시라도 잡아먹힐까 봐요. 유아 : 늑대가 못된 짓 할 까봐 설탕을 못준 거 같아요. 유아 : 늑대가 자신들을 헤칠까 봐요. 교사 : 그렇구나. 그런데 늑대는 그냥 설탕이 필요해서 돼지네 집에 빌리러 갔다가 재채기 하는 바람에 돼지가 죽어서 잡아먹은 건데 그래도 늑대가 나쁘게 보이나요? 유아 : 네, 그래도 돼지를 먹은 건 나빠요. 교사 : 그렇구나. 그럼, 아무도 늑대가 무섭다고 설탕을 나누어 주지 않는다면 늑대의 마음은 어떨까? 유아 : 속상할 것 같아요. 유아 : 슬퍼할 것 같아요. 유아 : 빨리 할머니한테 케이크를 만들어 줘야 하는 데 아무도 설탕을 안 빌려주니깐 답답해서 화가 날 거 같아요.

개인적 반응 (Personal Responses)	▶ **텍스트를 유아 자신의 삶과 관련**짓는 반응 • 다음은 교사와 유아들이 글자그림책 『소리치자 가나다』를 읽는 과정에서 일어난 개인적 반응의 예이다. • 책 제목 속에 들어 있는 '가'자와 **자신이 알고 있는 가로 시작하는 어휘들을 찾아 말**하였다. 교사 : (『소리치자 가나다』 겉표지의 책 제목을 손가락으로 짚으며) 오늘 읽어줄 책 제목은 「소리치자 가나다」야. 교사 : (표지의 저자 이름을 가리키며) 이 책은 박정선 서생님께서 만드셨고요. 유아 : (표지 제목의 글자를 가리키며) 다람쥐 할 때 '다'. 교사 : 그래 맞아. 유아 : 가자 할 때 가. 유아 : 가좌역 할 때 가. 교사 : 지하철에 가좌역 있지 유아 : 나는 경의 중앙선 타고 가좌역 지나가봤는데. 그런데 가좌역 버스타고도 가좌역 지나가봤는데. • 다음은 『팥죽할머니와 호랑이』를 읽는 중에 일어난 개인적 반응의 예로서 유아들은 전래동화 속 주인공들이 힘을 합쳐 할머니를 잡아먹으려는 호랑이를 물리친 것처럼 **자신들 역시 다른 친구들을 도와 준 경험에 대해 이야기**를 나누고 있다. 교사 : 그래요, 지선이가 이야기한 것처럼 결국 강에 빠졌죠. 이렇게 밤, 자라. 똥, 망석 지게처럼 너희들도 친구들과 힘을 모아 다른 친구들을 위해 무언가를 도와줘본 적이 있나요? 유아 : 송민이랑 같이 자리 정리를 도와줬어요. 유아 : 친구들이랑 무거운 할로우 블록을 옮겼어요. 교사 : 그렇구나, 할로우 블록이 무거우니깐 친구들과 함께 정리하면 덜 무거웠을 수도 있겠구나. 유아 : 팽이 돌리기 할 때 친구들이랑 함께 돌리고 정리도 같이 했어요. 교사 : 그랬구나, 친구들이랑 이렇게 함께 무언가를 했을 때 기분이 어땠나요? 유아 : 좋았어요. 유아 : 기분이 좋았어요.
상호텍스트적 반응 (Intertextual Responses)	▶ **텍스트를 다른 형식으로 제작된 텍스트**(다른 책, 영화, 비디오, 텔레비전 프로그램, 다른 예술가의 작품)**와 관련**짓는 반응 • 다음은 교사와 유아들이 글자그림책 『동물친구 ㄱㄴㄷ』를 읽는 과정에서 일어난 상호 텍스트적 반응의 예이다. • 교사가 『동물친구 ㄱㄴㄷ』의 책 제목을 소개하자 유아들이 앞서 읽었던 글자그림책 중의 한 권인 『냠냠 한글 가나다』를 떠올렸다. • 책 제목은 다르지만 **두 권 모두 글자 관련 그림책임을 인지**하고 있음을 나타낸다. 교사 : (『동물친구 ㄱㄴㄷ』 책 표지를 보여주며) 오늘 우리가 같이 읽을 책이야. 동물친구 기억 니은 디귿. 유아 : (선생님을 따라서 함께) 동물친구 ㄱㄴㄷ. 유아 : 저 언제 이거 읽은 적 있는데. 가야어여오요우유. 교사 : 아. 이렇게 글자가 써져있는 책을 본 적 있다고? 유아 : 아! 그 개미책? 개미가 글자 만드는……. 유아 : 아야어여오요우유.

동화된 반응 (Transparent Responses)	▶ 유아가 **이야기 속으로 들어가서 이야기의 일부가** 되는 반응 • 다음은 교사와 유아들이 글자그림책 『행복한 ㄱㄴㄷ』을 읽는 과정에서 일어난 동화된 반응의 예이다. • 유아들은 이야기 세계에 몰입하여 마치 이야기의 일부가 된 것처럼 보이는 반응으로 생일 잔치 장면을 보고 **마치 생일 잔치에 유아 자신이 함께 하고 있는 것처럼 '생일 축하해'라는 멘트**를 하였다. 교사 : ('ㅊ'으로 시작하는 '축하해'. '참 좋아'라는 글자와 생일파티 장면의 페이지 그림을 보여주며) 치읓으로 시작하는 축하해. 유아 : (박수를 치며) 생일 축하해. 교사 : 생일잔치가 끝났어. 기분이 참 좋은가봐. 유아 : 뽀뽀해줘서 좋은가보다.
연행적 반응 (Performative Response)	▶ 유아가 **텍스트 속으로 들어가** 자신의 **의지대로 텍스트를 조작하고 바꾸는** 고도의 **창의적 반응** 기 '그림책에 등장하지 않은 독수리가 되어 하늘을 나는 동작을 해 보이며 "저는 마법의 독수리예요. 하늘을 훨훨 날아요!"라며 신나게 외쳤어요.'과 같은 유아의 문학적 반응 유형을 사이프의 이론에 근거하여 쓰시오.[25] • 다음은 교사와 유아들이 글자 그림책 『소리치자 가나다』를 읽는 과정에서 일어난 연행적 반응이다. '사'라는 글자는 나오는 장면에서 '사, 사, 이거 사'. '빨리 풍선 사, 장난감 사. 풍선 사라고.'라고 외쳤다. **'사'라는 소리를 넣어 장면에 어울리는 자신만의 텍스트를 창조**해 냈다. 교사 : (페이지를 넘겨 '사' 글자와 장난감 가게 그림을 보여준다). 유아 : (그림 속 장난감을 가리키며) 사, 사, 이거 사. 유아 : (장난감 짚으며) 그런데 여기는 장난감 많아. 유아 : 빨리 풍선 사, 장난감 사, 풍선 사라고. • 다음은 『씨앗은 무엇이 되고 싶을까』를 읽는 과정에서 책 내용을 유아가 **자신이 즐겁게 보았던 텔레비전 프로그램의 사회자를 흉내 내 보는 놀이로 발전**시킨 예이다. 유아 : 여러분 있잖아요. 이게 다음 편인데요. 있잖아요. 아까 읽은 거. 그거 퀴즈가 있어요. 뭐냐면요. 어. 잠깐만요. (옆에 있는 책을 가리키며) 책 주세요. 잠깐만요. 빨리 알려드릴게요. 여러분들이 무슨 씨앗을 심고 싶은지 여기 댓글로 이렇게 남겨 주면 저희가 책을 보내드립니다. 교사 : (손뼉 치며) 와아~ 유아 : (손뼉 치며) 몇 명이냐면? 바로 오십 명입니다.

Ⅷ. 장학자료 - 유아를 위한 언어교육 활동(1990)

1 유아의 언어발달

1) 언어발달의 이론적 기초

스키너의 견해	• 행동주의 심리학 이론에 의해 언어발달을 설명한다. 즉, 유아의 언어발달은 다른 행동의 발달과 마찬가지로 조작적 조건화와 강화의 원칙에 따라 이루어진다는 것이다. • 유아의 언어가 부모의 선택적 강화로 결정된다고 하였다. 즉, 부모가 주의를 기울여 주고 칭찬을 하면서 보상해 준 언어만을 기억해서 계속 사용하게 되고 그렇지 못할 때는 강화를 얻지 못하므로 사용하지 않게 된다는 것이다. • 이와 같은 강화원리는 언어 형태의 산출을 조절할 수 있기 때문에 언어지도 시 자주 활용된다. • 스키너의 외적 강화이론은 강화자인 부모와의 관계를 강조하는 관점으로 이어졌다. • 유아는 성인으로부터의 강화를 전제로 언어적 자극에 대해 반응, 즉 모방을 한다. 모방 반응에서 강화를 받으면 유아는 그 모방의 언어행동을 더욱 빈번히 반복하게 되고 결국 언어발달이 이룩된다는 것이다.
촘스키의 견해	• 촘스키는 유아의 언어습득에 대하여 생득주의적 입장을 주장하는 언어학자이다. • 유아들은 들어 본 적이 없는 문장을 산출하고 이해하는 창조적 능력을 소유하고 있다고 주장한다. 들어 본 것 이상으로 새로운 것을 만들어 내는데 문법에 맞는 문장이라는 것이다. • 즉, 언어를 습득하는 이러한 인간의 능력은 생태적인 것이며, 이러한 능력은 언어습득장치(Language Acquisition Device, LAD)라는 기제에 의해 일어난다. • 촘스키의 생득주의 이론은 보다 강력한 성숙론과 언어습득의 결정적 시기를 주장하는 레넨버그(Lenneberg)에 의해 뒷받침되고 있다. • 레넨버그의 이론적 배경은 생물학적 입장으로써 인간의 중추 신경계에는 언어의 추상적 구조를 획득하게 하는 생태적이고 생물학적 기제가 있다고 가정한다. 그가 주장하는 언어발달의 성숙성은 유아의 자연적 개화(unfolding) 능력을 시사한다. • 촘스키는 강화와 모방은 유아의 급속한 언어발달 내용과 창의적 언어표현을 설명해 주지 못한다는 것이다.
피아제의 견해	• 피아제는 유아의 언어습득 과정은 환경과 상호작용하는 유아의 인지적 능력에 의해 결정될 뿐 아니라 인지발달의 수준만큼 언어발달이 이루어진다고 하였다. • 피아제는 언어를 독립적으로 설명하지 않았다. 언어는 지연모방, 상징놀이 및 지적심상과 상호의존하면서 발달을 이룬다. • 피아제는 언어를 인지발달의 충분조건이 아닌 필요조건으로 보고 있다. 즉, 언어는 인지발달이 선행되어야 발달된다는 것이다. 따라서 피아제의 언어발달 이론은 인지발달의 우선성을 강조하는 인지우선 이론이라고 할 수 있다.

2) 유아의 언어발달

유아의 언어발달

- **어휘의 수평적 발달과 수직적 발달**
- 어휘발달의 이 같은 두 가지 과정은 한 단어의 의미를 좀 더 깊고 넓게 이해하는데 필수적인 역할을 한다.
- 유아는 단어의 의미를 완전히 이해하려 할 때 수평이고, 수직적 과정의 양면으로 학습해야 하는 것이다.

단어 의미의 수평적 발달	• 한 단어의 의미를 보다 명백하게 알아가는 과정을 의미한다. • 즉, 유아는 어떤 단어에 대해 많은 것을 경험함으로써 그 단어에 대한 고정된 의미를 획득하게 된다. ⑩ '고양이'라는 단어를 처음 알게 된 후에 고양이의 속성, 생김새 등에 대해 많은 정보를 얻음으로써 고양이에 대한 의미를 확실하게 발달시킨다.
단어 의미의 수직적 발달	• 어떤 어휘 개념의 속성을 알고 난 후에 계속해서 그 어휘와 여러 가지로 관련된 단어들을 습득하게 되고 결국, 이 어휘들이 군집화되는 것을 말한다. ⑩ '고양이'에 대하여 그 특정한 속성을 알고 나면 그 밖의 동물 이름도 알게 되고 하나의 단어군 또는 의미적 집합군을 형성하게 된다. 즉, 동물이란 집합을 이해함으로써 개, 소, 말 등을 그 집합에 쉽게, 즉 수직적으로 추가시킬 수 있다.

- **과잉확장과 과잉축소**

과잉확장	• 유아는 어휘를 획득하는 초기과정에서 사물이나 사건에 잘못 명칭을 붙이거나 설명하는 경우가 많다. 이처럼 표현하는 단어가 성인의 참조 범위 이상으로 적용되고 확장되는 현상을 과잉확장이라 한다. ⑩ 둥근 모양의 물건을 모두 공이라고 부른다.
과잉축소	• 단어의 의미를 성인 참조물의 하위 집합에 적용하는 경향을 보이기도 한다. ⑩ 사람을 동물로 보지 않는다. 기 엄마랑 같이 산 당근은 이파리 없어요. 이건 이파리가 달렸잖아요. 그러니까 이건 당근 아니에요. → 단어 사용의 과잉축소 현상이다.[12]

- **유아의 어휘발달**
- 유아가 쉽게 습득하는 어휘는 주로 명사이다.
- 보통 명사는 그 어휘와 대응되는 구체물이 있어서 그 구체물을 보거나, 만지거나, 던져 보거나 하는 등의 감각적인 경험을 하기 때문에 쉽게 기억이 된다.
- 어휘와 대응되는 구체물을 참조물이라고 하며, 유아의 어휘 지도 시 참조물을 함께 제시하면 효과적이다.
- 기 어휘를 습득할 때 동사(→ 명사)가 가장 많이 나타나고, 그다음으로 명사, 감탄사, 형용사, 부사, 대명사가 나타난다.[09]

2 유아 언어교육의 내용 및 방법

듣기	듣기의 의미	• 듣기란 음성화한 언어가 듣는 자의 마음에서 의미로 전환되는 과정을 의미하며 다음과 같은 단계를 포함한다. ｜1단계｜• 음성·단어·문장을 듣는 단계 ｜2단계｜• 듣는 자가 그 의미를 이해하는 단계 ｜3단계｜• 의미를 수용 또는 거부하기 위하여 평가하는 단계 ｜4단계｜• 평가한 후에 들은 것에 대해서 더 발전된 사고·동작·표정 또는 청각적으로 반응하는 단계
	듣기에 영향을 미치는 요소	① 유아의 주의를 분산시키는 교실 내의 여러 가지 물건 　㉠ 동그라미 쳐진 달력의 자기 생일 표시, 새로 입고 온 교사의 블라우스, 책꽂이에 거꾸로 꽂혀 있는 그림책 등 ② 마음에 떠오르는 여러 가지 생각 　㉠ 어제 본 TV 프로그램의 내용, 아빠가 사주신다고 한 놀잇감, 간식 먹을 생각, 자전거를 먼저 차지할 궁리 등 ③ 이야기의 내용이 유아의 요구에 맞는지의 여부 　㉠ 유아의 요구에 맞고 개별적인 의미를 주는가의 여부 ④ 교사의 언어 형태가 유아 수준에 맞는지의 여부 ⑤ 교사 자신의 주의가 산만한지의 여부 • ①~② 요소는 정상적인 유아의 태도로서 교사가 방지할 수 있는 방법이 별로 없다. 　- 유아의 분산된 주의력을 집중하기 위해 보다 흥미 있는 수업 진행 방법을 모색하도록 노력해야 할 것이다. • ③~⑤ 항목은 유아에 대한 파악을 위하여 교사가 계속적으로 노력해야 할 것을 요구하는 내용이다.
	듣기 지도방법	① 교사와 유아 상호 간의 소통 여부를 검토한다. ② 유아는 듣는 과정에서 자기 신뢰감을 발달시켜야 한다. ③ 소집단의 토의 활동을 계획하며 유아 상호 간에 듣는 기회를 많이 갖게 한다. ④ 협동적인 활동은 유아에게 들으려고 하는 욕구를 갖게 한다. ⑤ 듣는 기회를 많이 가짐으로써 유아 자신이 효과적으로 듣도록 배려한다. ⑥ 유아가 듣고 이해하는 과정에서 나타나는 개인차를 중시한다. ⑦ 들으려는 흥미를 유도하기 위하여 여러 가지 자료를 활용한다. ⑧ 교사 자신이 열심히 그리고 흥미 있게 들어준다. ⑨ 소리를 듣고 변별하는 활동을 되도록 많이 수행한다.

말하기	말하기에 영향을 미치는 요소	① 유아가 자기 자신에 대해서 갖는 태도 ② 말하려는 상대에 대한 지각 상태 ③ **소통 시 사용하는 도구** : 전화기를 통한 통화인지, 마이크를 사용하는 경우인지에 따라 유아의 말하기가 달라진다. ④ **소통하려는 형태** : 질문에 대한 반응, 어떤 사건에 대한 설명, 토의인지에 따라 영향을 미친다. ⑤ 말하려는 상대가 개인 또는 집단인가의 문제 ⑥ 말하려는 내용의 주제 ⑦ 말하려는 상대에 대한 친숙성의 정도
	말하기의 지도방법	① 유아가 말하는 내용을 잘 듣고 구체적으로 반응한다. ② 유아의 신뢰감과 수용감을 길러주기 위해 말할 기회를 주고, 자신의 기능을 효율적으로 발달시키려면 유아가 편안한 느낌을 갖도록 배려하는 일이 선행되어야 한다. ③ 유아 스스로 동기 유발된 상황에서 말하도록 계획한다. ④ 유아의 현재 언어 기능을 기초로 소통 방법을 돕는다. ⑤ 질문을 통하여 유아의 사고 발달을 돕는다. - 교사는 네 / 아니오식, 택일식 또는 단답식의 대답을 요구하는 종결식 질문과 정답이 둘 이상인 뒤가 트인 개방식 질문을 적절히 사용하여 유아의 사고 과정을 돕도록 계획한다. ⑥ 여러 계층의 사람과 말하는 기회를 갖게 한다. ⑦ 유아의 지식을 내면화하고 구체화하기 위하여 자신의 경험을 발표하고 토의하는 시간을 계획한다. ⑧ 직접적인 교수나 반복 연습은 가능한 피하고 교사와의 대화 가운데 자연스럽게 목표로 하는 문형이나 발음 또는 의미를 습득하도록 계획한다. ⑨ 유아에게 나타나는 개인차가 지도의 출발점이 되어야 한다. ⑩ 말하려는 욕구를 갖게 하기 위하여 여러 가지 자료를 활용한다. ⑪ 음률활동과 관련되는 내용을 되도록 많이 계획하여 언어 지도를 돕는다. ⑫ 말하기 활동을 한 후에 효과적으로 말하고 올바르게 듣는 태도에 대하여 간단히 토의한다.

IX. 장학자료 - 유아 언어교육 활동자료(1996)

1 언어교육의 중요성

중요성	• 언어교육은 의사소통의 기능을 익히게 한다. • 언어와 사고는 긴밀한 관련성을 가지고 있다. • 인간은 언어로 인해 상상력을 발전시킬 수 있다. • 언어교육은 인간의 덕성과 도덕교육을 위해 필수적이다. • 모국어 교육은 민족의 정체성을 확립하기 위한 필수적인 요소이다.

2 유아 언어 교육의 목표

유아 언어 교육의 목표	• 다른 사람의 말을 잘 듣고, 이해하는 능력과 태도를 기르게 한다. • 따라서 듣기 지도의 목표는 다른 사람의 말을 열심히 듣는 능력과 태도를 익혀서 그 말에 담긴 생각과 느낌을 바르게 이해하도록 하는 데 있다고 볼 수 있다. • 듣기의 3가지 과정(Jalongo, 1992)	
	듣기 (hearing)	• 청각적 정확성(듣는 능력)과 청각적 지각(소리를 분별하는 능력, 소리를 혼합하는 능력, 소리의 순서를 기억하는 능력)
	주의 깊게 듣기 (listening)	• 초점을 맞추고, 의식하고, 환경으로부터 단서를 선택하는 것을 포함하는 지각 행위
	이해하며 듣기 (auding)	• 이해 행위, 이것은 들은 것으로부터 의미를 취하고, 이미 알고 있는 어떤 것과 소리를 연관시키고, 들은 것을 조직하고, 상상하고, 평가하는 것을 포함한다.
	• 자기의 생각과 느낌을 말로 표현하는 능력과 태도를 기르게 한다. • 읽기와 쓰기에 관심을 가지게 한다.	

3 통합의 개념

언어의 영역 간의 통합	• 언어는 기능적으로 듣기, 말하기, 읽기, 쓰기로 나누어진다. 그러나 이 4가지 영역이 순서에 따라 위계적으로 학습되는 것은 아니다. • 따라서 언어교육의 내용이 되는 듣기, 말하기, 읽기, 쓰기는 각각을 쪼개어, 위계적으로 가르칠 것이 아니라 통합하여 지도하여야 한다. • 유아 언어교육 특히 문자언어 교육에 있어서 통합성을 강조하고 학습자를 중요시하는 언어 접근법을 총체적 언어 접근법이라고 한다.
언어와 다른 교과 간의 통합	• 언어는 다른 교과를 학습할 수 있는 매개가 된다. • Goodman(1986) : 교사는 항상 이중의 실천 과제를 수행해야 된다고 하였다. 학습자들로 하여금 다른 교과의 개념, 즉 과학의 개념, 수학의 개념, 음악의 개념 등을 학습하게

하면서 동시에 언어 사용을 극대화할 수 있는 기회를 마련해야 된다는 것이다.
㉮ 바깥 놀이 시간에 꿀벌이 날아다니는 것을 흥미롭게 쳐다보는 유아들에게 "벌들은 무엇을 먹고 살까?"라는 질문을 던짐으로써 유아들이 유치원에 있는 백과사전이나 가정에 보유하고 있는 책을 통해 꿀벌의 생김새, 생애, 먹이, 적 등에 대해 학습할 수 있게 한다. 꿀벌에 대한 주제로 이야기 나누고 꿀벌의 나는 모습을 생각하며 신체 움직여 보기, 여러 가지 꿀벌 모양으로 패턴 만들기 등의 과학, 신체 표현, 수에 관계된 활동으로 확장시켜 나갈 수 있다.
- 언어와 다른 교과의 통합은 언어를 매개로 하여 다른 교과를 학습하는 것을 말하며 그 과정에서 다른 교과에 대한 개념 형성뿐 아니라 언어 자체가 발달됨을 의미한다.
- 주제를 중심으로 다양한 활동을 하는 가운데 관련 개념 형성 및 논리 수학적 지식 발달, 탐구적인 관찰 태도 및 친사회적 태도 형성, 대소근육 발달 및 신체 조절력 향상, 창의적인 표현력 신장이라는 교육적 효과를 얻음과 동시에 각 활동 과정에 필요 불가결한 언어가 발달됨을 의미한다.

4 교사의 역할

- 유아의 언어 학습을 돕는 가장 중요한 요인은 교사라 할 수 있다. 유아의 언어 학습 과정에서 교사가 어떤 역할을 하느냐에 따라 유아의 언어 발달이 촉진될 수도, 저해될 수도 있다.
- 유아의 언어 발달을 촉진시키려면 교사가 유아의 언어 행동에 매우 민감하게 반응해야 한다.

교사의 역할		
	중재자	• Vygotsky(1978)는 학습자의 학습을 촉진시키는 중재자로서의 교사에 대한 관점을 제시하였다. • 중재적 역할이란 유아의 환경을 조직하고, 사태를 해석하고 의미화하며, 경험의 적절한 차원에 주의를 기울이도록 지시하고, 문제 해결의 과정을 적절히 통제하는 방법을 보여줌으로써 유아의 정신적 기능의 습득을 도와주는 것이다. • 책 읽기 활동에서의 중재적 역할(이기숙, 김영실, 현은자, 1993) ① 규칙적으로 유아와 함께 책을 읽는 시간을 갖는다. ② 될 수 있으면 유아와 일대일로 또는 소집단의 유아를 대상으로 책을 읽는다. ③ 책을 읽는 동안 제기되는 유아의 질문에 적극적으로 답한다. ④ 책에 있는 그림의 명칭, 사건의 진행에 대해서 뿐만 아니라 이야기의 내용과 유아의 경험을 연관시켜 생각할 수 있도록 돕는다. • 중재자로서의 교사는 학습을 지지하되, 통제하지 않는다. 따라서 중재자로서의 교사의 역할은 학습자에게 정해진 기술을 단지 운용하기만 하는 기술자의 역할이 아니다. 교사는 학습자의 성장을 촉진시키는 책임을 갖고, 계획과 조직, 자원의 선택에 있어 힘과 권위가 있는 존재로 인식하여야 한다(Goodman, 1989).
	모델링	• 교사는 유아들의 언어 학습에 모델이 되어야 한다. 유아들은 교사의 언어 기능이나 태도를 언어의 중요성을 가늠하는 하나의 척도로 받아들인다. • 교사가 훌륭한 언어 습관, 높은 수준의 언어 능력, 언어를 중요하게 인식하는 태도를 보이게 되면 유아들은 자연히 교사를 모델로 하여 그러한 태도를 기르게 된다.

교사의 역할	참여자	• 교사가 유아의 언어 활동에 유아와 동등하게 능동적으로 참여할 때 유아의 활동은 보다 풍부해지며 확장될 수 있다. • 풍부해지고 확장된 언어 활동을 통해 유아들은 자연스럽게 언어 발달을 이루게 된다. • 교사가 유아의 활동에 적극적인 참여자로서의 역할을 할 때 유아의 언어 발달에 도움을 주는 중재자의 역할 모델의 역할도 할 수 있는 것이다.
	관찰자	• 위의 교사 역할을 제대로 수행하기 위해서 교사는 항상 유아들을 관찰해야 한다. • 유아에게 어떠한 요구가 있는지, 유아가 어떠한 도움을 필요로 하는지, 유아에게 어떠한 자극을 주어야 하는지는 바로 유아들의 언어적 행동과 활동을 주의 깊게 관찰함으로써 파악될 수 있다. • 또한 유아들의 언어 행동을 평가하기 위해서도 관찰하는 것이 필요하다.

	평가자	• 다른 영역에서와 마찬가지로 같은 연령의 유아라 하더라도 각 유아가 가진 언어 능력과 태도에는 큰 차이가 있다.
		• 따라서 교사는 개별 유아의 언어 능력과 태도를 평가하여 각 유아에게 적절한 도움을 주어야 한다.
		• Cambourn&Turbill(1990) : 유아의 발달을 평가하는 것은 매일 유아들이 실행하는 다양한 활동을 관찰하고, 반응하고, 중재하고, 참여하는 것이라 하였다. 이들은 평가를 하는 데 다음과 같은 원리를 따를 것을 제안한다.
		  ① 유아들을 관찰하고 유아들과 상호작용하는 데 많은 시간을 보낸다.
		  ② 성숙이란 것이 무엇이며 성장이 어떻게 진행되는가에 대한 함축적이고 일관성 있는 이론을 갖는다.
		  ③ 추구하는 것이 무엇인지를 안다. 즉, 관찰을 안내해 주는 성숙에 대한 지표 또는 기준을 갖는다.

 지식 반응적 평가와 절차(Cambourn&Turbill, 1990)

정보 수집의 시기	• 교실에서 일어나는 매일의 모든 언어 활동으로부터 정보를 모은다. • 즉, 수, 과학, 사회, 미술, 음악 등 모든 교과 영역에서 언어 사용 및 성장에 관련된 자료를 수집한다.
정보 수집의 방법	• 유아들이 활동을 할 때 교사가 유아와 대화를 하거나, 유아의 작품을 수집하여 관찰 기록지의 해당 페이지에 붙이는 것과 같은 방법을 사용한다.
정보 수집의 내용	• 학습자의 언어 사용 전략, 언어를 사용할 때 학습자가 갖고 있는 이해 수준, 언어에 대한 학습자의 태도, 학습자의 흥미와 배경, 언어의 각 형태에 대해 학습자가 나타내 주는 조절의 정도 등을 수집한다.
수집된 정보의 종합	• 수집된 자료를 면밀히 검토하여 분류를 시도한다. 이때 교사 자신의 관찰과 신념 체계에 근거하여 만든 체크리스트로 바꾸어 본다. • 반응적 관점에서 평가를 시도하는 교사는 다른 사람이 만들어 낸 체크리스트를 사용할 수 없음을 깨닫게 된다.

5 음성 언어의 발달

1) 어휘 발달

어휘 발달	• 과잉 확장과 과잉 축소	
	과잉 확장	• 유아가 하나의 단어를 성인들이 통상 적용하는 대상물 이외의 물체에까지 확대 적용하는 것을 의미한다. • 유아가 단어의 명확한 의미를 모를 때 그와 유사한 사물에 그 단어를 적용시켜 나가는 것이다. 　㉠ 멍멍이라는 말을 알 때 개뿐 아니라 고양이, 여우, 소, 말, 양을 보고도 멍멍이라고 하는 경우이다. • 그러나 유아가 자신이 사용하는 단어가 적합한 것이 아닌 줄 알면서도 사용하는 경우가 있다. 유아는 자신이 단어를 잘못 말할 때 성인이 정확한 단어를 알려주기 때문에 물체의 올바른 이름을 찾아내기 위해 과잉 확장하기도 한다. • 유아가 물체의 이름을 정확히 알고 난 다음에는 과잉 확장 현상은 없어진다.
	과잉 축소	• 유아는 어떤 단어들에 대해서는 과잉 축소하기도 한다. 　㉠ 동물이라는 단어를 포유동물에게만 국한시켜 적용하며, 물고기, 곤충들이 동물이라는 사실을 인정하지 않는다. 　㉠ 멍멍이라는 말을 배운 후에 치와와와 같이 털이 매우 적고 작은 개를 멍멍이라고 하지 않는다. • 이러한 현상이 나타나는 가장 큰 이유 중 하나는 유아가 아직 전체-부분의 유목 포함 관계에 대해 확실한 개념을 형성하지 못하였기 때문으로 볼 수 있다. • 즉, 유아가 그림책이나 동물원에서 '동물'이라고 듣고 본 것은 주로 포유동물인 염소, 사자, 호랑이, 말, 소 등이며, 그 외에 동물에 포함되는 물고기 등은 "물고기가 많이 있네." 등과 같이 '물고기'의 명칭으로만 들어왔기 때문이다.
	• 의미의 수평적 발달과 수직적 발달	
	의미의 수평적 발달	• 유아가 자신이 사용하는 어휘의 의미에 새로운 속성을 덧붙여 나가는 현상을 말한다. 　㉠ '호랑이'라는 단어에는 동물의 한 종류를 뜻하는 의미만이 아니라 무서운 사람을 뜻하는 의미가 들어 있다는 사실을 깨닫고 이를 자신이 사용하던 호랑이에 덧붙이는 과정을 의미한다.
	의미의 수직적 발달	• 어떤 어휘 개념의 속성을 알고 난 후에 계속해서 그 어휘와 관련된 단어들을 습득하게 되고, 이 어휘들이 군집화되는 것을 의미한다. 　㉠ 호랑이를 알게 되면 그와 유사한 속성을 가진 동물, 즉 털이 있고 다리가 네 개이며 몸집이 큰 동물들-사자, 표범 등의 이름을 쉽게 익히며 의미상으로도 그룹을 짓는 것을 말한다.

2) 의사소통 능력의 발달

- 의사소통 능력은 사회적 상황에 맞게 말을 바꾸거나 화법에 맞는 말을 할 수 있는 능력을 말한다.
- 유아들은 모든 것을 자기중심적으로 생각하는 특성을 지녔으므로, 상대방의 입장을 고려하지 않고 자신의 입장에서만 이야기하려는 경향이 있다. 의사소통 능력이 발달하기 위해서는 유아가 이러한 자기중심적 사고에서 벗어나 타인의 입장을 이해할 수 있어야 한다.
- 대체로 3세 정도 되면 대화의 사회적인 양상을 조금씩 인식하여 언제쯤 상대방에게 말할 기회를 주어야 할 것인지를 깨달을 수 있고 상대방이 '그런데~'와 같은 말을 하고 있을 때에는 잠시 기다릴 줄 안다.
- 4세 정도의 유아는 간접적인 지시문이나 우회적 방식으로 이야기할 수 있다.
  - 예 "어머니 계시니?"라는 전화에 3세 유아는 "네"라고 대답하고 전화를 끊어 버리는 경향이 있지만, 4세 유아는 "어머니 계시니?"라는 말이 어머니를 바꿔 달라는 말임을 이해하고, 어머니께 전화 내용을 전달할 수 있다.
- 의사소통 능력 발달을 2가지 측면, 즉 대화 맥락과 이야기하기로 나누어 각각에 필요한 능력을 기술하면 다음과 같다(이승복, 1994).

① 대화 맥락

의사소통 능력의 발달		
	대화를 주고받는 기술 (차례 지키기)	• 유아가 말하기 이전부터 차례를 시켜 상대방과 반응하는 행동 양식을 취해 왔다고 하더라도 자기가 말할 차례를 받거나 다른 사람이 말을 이어받도록 다리를 놓아주는 기술은 배우기가 힘들다. • 만 5세 정도 유아의 절반 정도가 12번 정도 주고받는 대화를 계속할 수 있다. 기 유아의 의사소통 능력 발달과 관련이 있는 차례 지키기(turn taking)는 대화에 요구되는 규칙을 익히는 것으로 만 4세(→ 5세) 이후부터 습득된다. (※ 2015개정 누리과정 만 4세 : 차례를 지켜 말한다.)[09]
	대화를 계속하기 위해 하는 말	• 일반적으로 대화를 계속하기 위해 "뭐라고?", "그래?" 같은 말을 할 수 있다.
	이야기 주제	• 의사소통을 위해서 말하는 사람끼리 공통된 주제가 있어야 한다. 예 한 유아가 "우리 식구는 동물원에 갔다 왔다."라고 이야기했을 때 "나도 작년에 다녀왔는데."와 같이 이야기를 이어나갈 때만 대화가 계속될 수 있다. 그러나 상대 유아가 "소꿉놀이 참 재미있었어."와 같은 엉뚱한 말로 받았다면 대화가 중단될 수 있다. • 3세 반 정도의 유아 중에서 3 / 4 정도가 일정하게 만들어진 주제를 가지고 이야기한다.
	전제된 정보를 고려하기와 듣는 이에게 맞추어 말하기	• 전제된 정보란 말하는 사람은 자기가 하는 말을 상대방이 알고 있으리라고 가정하는 지식을 바탕으로 대화하는 데 이렇게 가정되는 지식을 말한다. 예 "아까 그 아줌마 수영이 엄마야."라고 했을 때 우선 청자는 '그 아줌마'를 보았어야 했고, 다음으로 수영이를 알아야만 한다. 자기 옆을 지나친 어떤 아주머니를 보기도 하였고 수영이라는 아이도 알고 있다면 청자는 "그래? 수영이가 엄마 닮았구나."라고 말을 할 것이다.

명령과 요청들, 간접적인 요구 표현의 방식	• 명령이나 요청을 하기 위한 소통방식은 말을 배우기 이전의 유아들에게도 찾아볼 수 있다. • 말을 하기 시작한 유아는 "줘", "또"라는 말을 하며, 3세가 되면 의문형으로 간접적인 요청도 할 줄 안다(~해 줄래요?). • 4세 반 정도면 간접적으로 요청하는 방식이 급격히 늘어나 "하고 싶어요." 대신에 "할 수 있어요.", "먹고 싶으니까 주세요." 대신에 "먹을 수 있어요."라고 표현하는 것을 쉽게 볼 수 있다.
농담, 유머의 발달	• 학령기 전후에 유아는 단어의 의미를 확장해서 분명하게 깨달아 간다. 예 '못난이'의 뜻이 외모의 '미운 모습'만을 의미하는 것이 아니라는 것을 안다.

② 이야기하기
- 이야기하기 지도 시에는 ① 이야기의 핵심 구조에 집중하여 이야기가 전체 줄거리에서 벗어나지 않도록 하며, ② 시간이나 위치에 대해서도 분명하게 이야기하도록 하고, ③ 점차 발달함에 따라 이야기의 배경이나 인물들의 성격에 대해 더 많은 설명을 하도록 유도하는 것이 좋다.

6 읽기·쓰기 발달에 대한 연구들의 결론

연구들의 결론	• 읽고 쓰는 능력의 발달은 유아들이 형식적 교수를 받기 훨씬 이전에 시작된다. 유아들은 가정이나 이웃 등 비형식적인 환경에서 문자언어를 사용한다. 지금까지 취학 후의 학교 공부를 위해 읽기·쓰기의 기술을 가르쳐 온 것은 읽고 쓰는 능력에 대한 개념이 잘못 이해되었기 때문에 잘못 지도해 온 것이라 할 수 있다. • 듣기, 말하기, 읽기, 쓰기 능력은 연속적으로 일어나기보다는 동시에 서로 연결되어 발달한다. • 읽고 쓰는 능력은 일을 해결하기 위한 활동이 이루어지는 실제 생활환경에서 발달한다. 그러므로 문자언어의 기능은 문자언어의 형태처럼 유아기 동안 문자언어 학습의 필요한 부분이 된다. 문자언어의 기능에 대한 학습은 문자언어가 의미를 가지고 있다는 것을 알게 됨으로써 시작된다. • 유아는 출생 시부터 6세가 될 때까지 문자언어 발달에 결정적인 인지적 과업을 수행한다. • 유아는 생활 속에서 적극적으로 활동함으로써 문자언어를 배우며, 쓰기와 읽기 상황에서 성인들과 사회적으로 상호작용을 한다. 또한 주위의 글을 자기 혼자 탐색하며 주위의 성인들, 특히 부모들의 글 읽고 쓰는 모습을 본보기 삼아 배운다. • 유아의 읽고 쓰는 능력의 발달에는 어느 정도의 보편성이 있으나 또한 각 유아는 서로 다른 방법으로, 또 서로 다른 나이에 독특하게 문자언어를 학습한다. 그러므로 교육에 있어서는 이러한 발달적인 차이를 염두에 두어야 한다. • 종합하면, 유아기의 문자언어 발달은 어느 한순간에 급격히 이루어지는 것이 아니라 서서히 나타나며 또한 일상생활에서 비형식적인 방법으로 자연스럽게 이루어진다.

7 유아 언어교육을 위한 환경 구성

환경 구성의 원리	• 유아를 위한 언어교육의 환경 구성은 유치원 프로그램의 목적에 맞아야 한다. • 가정에서와 같은 풍부한 언어 환경이 유치원에서도 제공되어야 한다. • 유치원의 언어 환경은 유아가 언어와 그 기능에 대한 지식을 발견하고 새로 획득한 기술을 사용하도록 충분한 기회가 주어지는 기능적이고 상호작용적인 환경이어야 한다.	
유치원 생활을 돕는 환경 구성	• **쉬케단츠(Schickedanz)의 유치원 생활을 돕는 환경 구성** • 유치원의 교실에서 활동을 원만히 진행하려면 어느 정도의 조직이 필요하다. • 즉, 물리적 환경이 잘 정돈되어 있어야 하고, 활동 시간표가 짜여야 한다. • 사물의 이름 표기, 표시, 표, 목록 등의 활용은 환경과 활동에 도움을 주고, 유아에게 의미 있는 문자 경험을 제공해 준다.	
	이름 표기 (label)	• 유아의 개인 사물함에 **유아의 이름표**를 붙여 누구의 것인지 알 수 있도록 한다. 어린 유아들에게는 이름표의 색깔, 모양을 달리하여 이름표가 유아마다 모두 다르게 한다. • 각 교구가 보관되어야 할 위치에다 그림과 함께 교구의 이름표를 붙여 준다. 3세의 경우에는 그림만 제시하고, 4~5세의 경우에는 교구의 이름표를 붙여 줄 수 있다. • 특히 각 교구의 이름표를 유아가 직접 붙이게 함으로써 이름표의 기능을 인식하고 그 목적을 이해하도록 도울 수 있다.

	표시
	(sign)
		• 교실의 **질서 유지**에 유용하게 사용된다.
		  ㉔ 읽기 영역에 '조용히 하세요.'라는 표시를 할 수 있다. 이때 입에서 '쉬- 쉬-'라는 글자가 나오는 얼굴 그림을 함께 붙여 놓으면 전달하고자 하는 것을 기억하기가 쉽다.
		• 한 영역에 들어가는 유아의 수를 제한하려 할 때도 유용하다.
		  ㉔ 목공 놀이 영역에 두 사람만 들어가도록 표시를 해두고, 두 명의 아이 그림을 함께 붙여둘 수 있다.
		• 특별한 장소에 주어지는 일상적인 **지시 사항**도 표시로 할 수 있다.
		  ㉔ 화장실에는 '손을 깨끗이 씻어요.', 복도에는 '걸어가세요.', 층계에는 '계단에 주의하세요.'라는 표시를 해 둘 수 있다.

	표
	(chart)
		• **정보를 나열하거나 요약**한 것이다. 유치원 교실에서 흔히 사용되는 표에는 당번표, 출석표, 일과표, 달력 등이 있다.
		• 4, 5세 유아들의 경우에는 이러한 표를 활용할 수 있으며, 그림과 함께 제시하는 것이 바람직하다.
		  ㉔ 화분에 물 주는 당번, 간식 당번, 물고기 먹이 주는 당번 등의 당번 표에는 해야 할 일과 그날 또는 그 주에 그 일을 하게 되어 있는 유아의 이름, 또는 그 일을 자원한 유아의 이름이 적혀 있다.
		  ㉔ 오늘 집배원은 누구? 이름을 써주세요.

	출석표	• 출석표는 출석판에 이름표를 꽂아 두는 포켓 형식으로 만들 수도 있고, 출석판에 이름표를 붙일 수 있게 만들 수도 있다. • 출석판의 이름과 이름표의 이름을 가나다순으로 제시한 다면 유아는 자연스럽게 자모음에 대한 인식을 할 수 있을 것이다.
	일과표	• 교사는 하루의 일과표를 보면서 하루를 어떻게 지낼 것인지 이야기를 나눌 필요가 있으며, 귀가 전 평가 시간에도 사용할 수 있다.
	특별한 교구의 사용 단계 순서표	• 활동 진행 순서표 등의 사용은 유아가 독립적으로 활동을 수행하는 데 도움이 된다.
	달력	• 달력은 유아의 생활과 관련된 의미 있는 시간을 나타내는 도구로써 이용된다. 유아의 생일을 달력에 표시하고, 공휴일을 표시하고, 특별한 활동을 하는 날을 표시하는 것이 의미가 있다.
목록 (list)		• 교실이 조직화되는 것을 돕는 도구이다. • 새로운 교구를 사용하고 싶어 하는 경우 공정한 방법은 순번을 정하는 것이다. • 이름 목록을 만들어 순번을 정하게 되면 문제를 해결할 수 있을 뿐만 아니라 문자언어의 주된 기능을 보여줄 수 있게 된다. • 즉, 유아는 문자언어가 일의 진행 과정을 알려주고 기억을 돕는다는 것을 알게 된다. • 간식 준비를 위한 재료를 쇼핑하기 위한 목록, 견학 시 가장 좋았던 내용의 목록, 견학 시 가지고 갈 물건 목록, 먹어 볼 음식 목록, 특별한 미술 작품을 만들기 위한 자료의 목록, 극화 놀이를 하기 위한 소품 목록 등도 만들어 볼 수 있다. ㉠ 과일 화채를 만들 때 필요한 재료를 적어보세요. 병원 놀이에 필요한 물건을 적어보세요. • 교사와 유아는 목록을 사용함으로써 그들의 **계획과 의미 있는 사건**의 요약을 구체화할 수 있다. • 이는 5세 유아에게 적절하다.

8 각 활동 영역의 환경 구성

말하기· 듣기 영역	• 언어 영역 내에 말하기, 듣기 영역을 마련하고 다음과 같은 기본 자료와 교구를 준비하여 유아가 개별적으로 또는 다른 유아와 함께 말할 수 있는 기회를 제공한다. ① 융판과 융판 자료 : 동물, 사람, 탈 것, 집, 나무 등 ② 자석 판과 자석 자료 ③ 아크릴판과 이야기 꾸미기 자료 ④ 수수께끼 카드와 상자 ⑤ **인형류** : 손가락 인형, 손 인형, 테이블 인형, 막대 인형 ⑥ **녹음하고 들을 수 있는 자료** : 녹음기, 빈 테이프, 마이크, 동화, 각종 소리들이 녹음된 녹음테이프, 동화책과 동화내용이 녹음된 테이프 ⑦ 말하기 게임 카드 ⑧ 사진 및 그림 자료
읽기 영역	• 읽기 영역에는 무엇보다 다양한 책을 제공하는 것이 중요하다. 즉 , 그림 이야기책, 동시, 전래동화, 정보그림책, 그림만 있는 책 등 다양한 종류를 준비하고 작은 책과 큰 책도 제공한다. • 이러한 책 중 몇 가지는 예상 가능한 내용의 책으로 제공한다. 몇몇 책들은 읽기 영역에 몇 달 동안 계속 꽂아둘 수도 있다. 왜냐하면 이야기를 잘 알고 말과 글자를 짝짓는 실험을 하려면 한 가지 책을 오랜 기간 동안 대하는 것이 필요하기 때문이다. • **책을 선택하고 전시할 때 교사가 고려할 점** ① 유아의 발달 수준에 맞는 책을 전시한다. ② 문학적으로 양질의 책을 선정한다. ③ 유아에게 친근한 책과 새로운 책을 포함한다. ④ 단순한 구성의 책과 복잡한 구성의 책을 골고루 포함한다. ⑤ 유아의 다양한 흥미에 맞추어 여러 종류의 책들을 비치한다. ⑥ 유아들이 만든 책들을 포함시키는 것이 좋다. ⑦ 유치원의 여러 행사에 관한 사진 앨범 속에 각 사진을 설명하는 글을 넣어 전시하는 것도 좋다. • 교사는 유아들이 편안한 분위기에서 책을 볼 수 있도록 흔들의자, 카펫, 커다란 쿠션 등을 준비해 주어야 한다. • **책 이외에 읽기 영역에 제시해 줄 수 있는 자료** ① 그림 동화, 단어 카드, 학급 친구들의 사진이 이름이 적힌 카드 ② 그림 자료 : 동물 그림, 채소 그림, 과일 그림, 꽃 그림 ③ 글자 자료 : 나무, 모래 종이, 모루, 플라스틱, 하드보드지로 된 글자 ④ 녹음 자료 : 녹음기, 이야기책의 내용을 녹음한 테이프 ⑤ 동요 · 동시 자료

쓰기 영역	• 쓰기 영역은 다양한 쓰기 자료를 탐색해 볼 수 있는 공간이다. 언어 영역 내에 쓰기 영역을 마련하여 유아가 자신의 생각이나 아이디어를 기록하고 글자를 실험해 볼 수 있도록 한다. • 유아들이 여러 영역 중에서 선택할 수 있도록 제시되는 것이 보통이며 이런 경우 3-4명의 유아가 편안하게 활동할 만한 공간이면 충분하다. • **쓰기 영역에 제공될 수 있는 자료** 　① **필기도구** : 가늘고 굵은 여러 종류의 연필, 다양한 색의 색연필, 사인펜, 크레파스, 매직펜 　② **종이류** : 다양한 색, 다양한 모양, 다양한 크기의 종이, 독서 카드 용지, 하드보드지, 노트, 카드 용지 등 　③ **기타** : 단어 카드, 한글 자모음 글자판과 스탬프, 융판과 융판용 자·모음, 자석 판과 자석 글자 모음 등 　④ **기타 도구** : 유아 개인용 소형 칠판, 분필, 유아 개인용 화이트보드와 펜, 지우개, 풀, 가위, 구멍 뚫는 기구 등 • 3세의 경우에는 크기가 큰 종이와 간단한 필기도구 정도만 제시하여 유아 스스로 충분히 실험해 볼 수 있도록 하는 것이 바람직하다. • 4, 5세 유아의 경우에도 위 자료를 쓰기 영역에 한꺼번에 제공하는 것은 바람직하지 않다. • 교사는 계절의 변화, 주제의 변화, 유아의 흥미, 유아의 발달 단계를 고려하여 자료를 적절히 변화시켜 주어야 한다.

9 유아 언어교육을 위한 활동 구성의 원리

활동 구성의 원리	① 유아가 언어 활동에 능동적으로 참여할 수 있도록 자발적 동기를 부여하는 활동이어야 한다. 활동이 자율적일 때 유아들은 문제 해결에 능동적으로 대처할 수 있으며, 유아 자신에게 의미 있는 언어 학습이 이루어진다. ② 듣기, 말하기, 읽기, 쓰기가 통합적으로 이루어지는 것이어야 한다. 듣기, 말하기, 읽기, 쓰기를 따로 분절된 각각의 교과로 취급하고 가르쳐선 안 된다. 분절된 교과로서의 세부적 기술들은 유아에게 아무런 의미를 주지 못하기 때문이다. ③ 유아가 몰입할 수 있는 언어 활동은 개인차가 고려된 활동이어야 한다. 언어 활동에서 개인차를 고려하는 것은 다른 영역의 활동에서와 마찬가지로 중요하다. 개인차를 고려한다는 것은 유아가 자신의 언어 발달 수준, 능력, 흥미에 따라 스스로 활동을 선택할 수 있어야 함을 의미한다. ④ 언어 활동은 유아들의 실생활과 관련이 있는 것이어야 한다. 유아들의 실생활과 관련이 없는 언어 활동은 유아들에게 아무런 의미를 주지 못하므로 자연스러운 학습이 일어날 수 없다. 따라서 유아를 위한 언어 활동은 유아들의 생활을 반영하는 것이어야 하며, 유아가 생활에서 경험한 것을 근거로 해야 한다. ⑤ 유아가 언어 발달의 과정 중에 있음을 인식하고 이들의 실수와 실험을 수용하는 것이어야 한다. 따라서 유아의 언어적 산출을 성인의 기준에 맞게 판단하거나 강조하는 활동이어서는 안 된다. 유아들은 수없이 많은 오류를 경험하면서 자연스럽게 말과 글을 배우기 때문이며, 실수가 수용되지 않는 상황에서 유아들은 자신감을 잃게 되고, 결국은 말하고 듣고 읽고 쓰기를 싫어하게 되기 때문이다.

유아사회교육 I

Ⅰ. 유아 사회교육의 접근방식
Ⅱ. 유아 사회교육을 위한 교수·학습 모형
Ⅲ. 자아개념
Ⅳ. 애착
Ⅴ. 성역할 개념
Ⅵ. 양성평등 교육 - 유아를 위한 양성평등 교육활동 지도자료(2004)
Ⅶ. 정서
Ⅷ. 마음 이론(theory of mind)
Ⅸ. 친사회적 행동
Ⅹ. 우정
Ⅺ. 공격성
Ⅻ. 도덕성
ⅩⅢ. 유아 사회교육의 내용

I. 유아 사회교육의 접근방식

접근방식	의미
사회생활 접근방식 1920~30 (사회적 기술 접근방식)	• 힐(Hill, 1923) : 유아를 민주 시민으로 기르기 위해서는 우선적으로 **기본적인 생활 습관**을 형성하고 **사회적 기술**을 발달시키는 것이 가장 중요하다고 하였다. • 배경 : 아동 발달 이론, 정신분석학적 이론 • 주요 내용 : 자유로운 블록 쌓기 놀이, 감정 이야기하기, 나누어 쓰기, 협동하기, 규칙 지키기 등 • 단점 : 사회적 학습의 복잡성은 간과되고 **단순한 습관 훈련과 기술 형성**에 초점을 두기 쉽다.
직접 환경 접근방식 1930 (현재생활중심 접근방식)	• 미첼(Mitchell, 1934) : '**여기-지금**'에 기초한 교육과정(here and now curriculum)이라고도 한다. 유아는 주변 환경을 **직접 경험**함으로써 학습이 이루어질 수 있다는 것을 주요 개념으로 한다. • 배경 : 듀이(Dewey, 1859~1952)의 진보주의 교육 운동과 아동 중심 교육사상 • 유아가 현재 서 있는 곳에서 경험하게 되는 사실이나 현상 간에는 어떤 관계성이 형성되어 있으며, 이들 간의 상호의존적인 망(구조, Web)을 감각적으로 느끼고 생각하는 것이 중요하다. • 단점 : 자칫 가족, 지역 사회 기관 등으로 주제를 단순화하여 **사실적 지식만을 무의미하게 전달하는 수준**에 그칠 우려도 있다.
공휴일 접근방식 1930~	• 공휴일은 정규적인 학교생활에서 기분을 즐겁게 전환시키고 유아와 교사 모두에게 매우 흥미로워서 교실에서 사회 교육을 실시하는 데 좋은 자원이 된다는 입장이다. • 단점 : 매년 같은 유형의 공휴일 관련 활동을 반복하거나, **관광식 위주의 형태**로 단편적인 사실들을 열거하거나 전달할 수 있다.
사회과학 개념의 구조화 접근방식 1960	• 브루너(Bruner, 1960) : **지식의 구조화론**에 기초하여 접근하게 된 방식이다. • 현대 사회교육 과정에서 경험해야 할 내용들을 **나선형적**으로 조직하고 있는 데서 잘 보여주고 있다. • 즉, 사회과학 분야의 여러 학문(역사학 · 경제학 · 지리학 · 심리학 · 정치학) 등의 핵심 개념들을 선정하고, 이들을 학습자의 발달과 학습 수준에 맞추어 **계열성** 있게 조직하는 것이다. • 타바&마시알라스의 사회적 탐구 과정의 모형 • 단점 : 자칫 지식 중심으로 흐를 수도 있다는 우려를 낳는다.
사회문화적 환경 접근방식 1960~ (통합적 접근방식)	• **피아제**, 비고츠키, 브론펜브레너 등 사회문화적 환경의 중요성을 제기한 이론들을 기초로 접근하게 된 방식이다. • **비고츠키** : 유아 발달에 있어 사회문화적 환경의 중요성을 강조하였다. • **브론펜브레너** : 유아가 생활하게 되는 생태적 환경에 유능하게 적응하기 위해서는 역사, 지리, 경제, 직업 등과 같은 사회 현상에 대한 기본적 이해와 지식이 필요하며, 유아의 개인 생활, 가정생활, 집단생활에 필요한 사회적 기술과 태도가 함께 길러져야 함을 강조하였다. • 장점 : 사회적 지식 · 기술 · 태도가 통합적으로 유의미하게 이루어질 수 있다. • 단점 : 다양한 사회 · 문화적 현상이나 환경에 관련된 사실들을 단순하게 전달하는 데 그칠 수 있다.
다문화 교육 접근방식 1990 전후	• 문화적 다양성을 가치 있는 자원으로 지원하고 확장하려는 교육이다. 즉, 다른 문화를 단순히 인정해 주는 것이 아니라, 다양성이야말로 앞으로의 세계에서 가장 중요한 요소라는 인식의 변화를 의미한다. • 더만 스파크스와 포스는 현대의 지구촌 사회에서 가장 중요한 능력은 사회적 적응력이며, 이를 위해 가정, 이웃, 교실, 지역사회, 매체 등 다양한 장면에서 경험을 하는 것이 중요하며, 이를 통해 유아는 사회적 다양성과 평등성을 발달시켜 나갈 수 있다고 하였다. • 장점 : 상호 문화 차이를 존중하고 융합하여 새로운 문화를 창출하는 힘을 기를 수 있다. • 단점 : **관광식 교육과정**이라는 비판, 추상적인 교육이 되기 쉬우며, 때로는 다른 나라에 대한 단편적인 지식을 전달하기 쉽다.

1 사회생활 접근방식(The Social Living Approach, 1920~1930년대)

개념	▶ 유아를 **민주 시민으로 기르기** 위해 **기본 생활 습관**과 **사회적 기술**을 형성하는 데 **초점**을 둔 접근방식 • 힐(Hill, 1923) : 유아를 민주 시민으로 기르기 위해서는 우선적으로 기본적인 생활 습관을 형성하고 사회적 기술을 발달시키는 것이 가장 중요하다고 하였다. • 주요 내용 : 자유로운 블록 쌓기 놀이, 감정 이야기하기, 나누어 쓰기, 협동하기, 규칙 지키기 등
배경	① **아동 발달 이론** : 유아기는 발달적으로 단체 생활에서 요구되는 **기술들을 학습할 준비**가 되어 있으며, 이에 따라 유아는 먼저 가정에서 자신은 누구이며, 구성원으로서 어떻게 행동해야 할지를 배우고, 다음에 유아교육기관에서 **사회생활에 필요한 사회적 기술들을 발달시켜야** 한다고 하였다. ② **정신분석학적 이론** : 심리 사회적 생활을 강조하는 정신분석이론은 이 모형에 많은 영향을 주었는데, 유아는 학교 상황에서 **자신의 감정을 표현**하고 **사회 정서적 지지를 받을 수 있어야** 건강한 사회생활을 할 수 있다고 하였다.
내용	① 교재 교구와 아이디어를 공유하는 것을 학습하도록 한다. ② 다른 사람들과 친근하고 마음을 다하여 협동하도록 한다. ③ 다른 사람의 가치와 기여도를 인식하도록 한다. ④ 다른 사람들과 **행복하고 건강한 관계**를 발달시키도록 한다. ⑤ **자신감** 있는 사람이 되도록 한다. ⑥ 자기 행동에 **책임감**을 느끼도록 한다. ⑦ **흥미와 주의집중 능력**을 발달시키도록 한다. ⑧ **자아 개념**과 **자기 존중감**을 발달시키도록 한다.
장점	• 사회적 기술은 민주 사회에서 살아가는 데 중요하다. • 협동하기, 나누기, 협상하기, 타인 입장 고려하기 등의 능력이 길러질 수 있다.
단점	• 다양한 생활환경이나 다른 사람과의 복잡한 관계로부터 경험되는 상호작용, 협동, 상호의존성 같은 개념을 인지적으로 인식하는 데는 크게 초점을 두지 않았으며, 유아의 습관 형성과 사회적 기술에만 주력하는 경향을 보였다. 따라서 이 접근 방식은 유아가 **전체적으로 세상을 볼 수 있는 능력을 키워주지 못**한다는 비판을 받기도 하였다. • 사회적 학습의 복잡성은 간과되고 **단순한 습관 훈련과 기술 형성에 초점**을 두기 쉽다.

2 직접 환경 접근방식(The Immediate Environment Approach, 1930년대)

개념	▶ 유아가 **현재 경험하는 사실**이나 **현상 간의 관계성**을 이해하고, **상호 의존적 망을 감각적으로 느끼고 사고**하는 것을 중요하게 여기는 접근방식 • 미첼(Mitchell, 1934) : **'여기-지금'에 기초한 교육과정**(here and now curriculum)이라고도 한다. 유아는 **주변 환경을 직접 경험함으로써 학습이 이루어질 수** 있다는 것을 주요 개념으로 한다. 기 이번 가게 놀이에서는 아이들이 좋아하는 물건을 직접 고르고 사보게 하는 것이 좋겠어요. 아이들이 현재 자신이 있는 곳부터 출발하여 주변 세계를 자꾸 경험하다 보면 그 과정 속에서 스스로 중요한 개념과 가치를 발견할 수 있거든요.[16]
배경	• 듀이(Dewey, 1859~1952)의 **진보주의 교육 운동**과 **아동 중심 교육 사상** : 교사가 유아로 하여금 유아 주변의 세계에 대한 이해를 확장하고 풍부하게 할 수 있도록 돕는 실제적이고 자세한 교육 방법을 소개한다.
내용	① 사회 교육에서 근본적으로 중요한 것은 **유아가 현재 서 있는 곳**에서 **직접적으로 경험**하면서 세계를 발견하는 것이다. ② 유아가 현재 서 있는 곳에서 경험하게 되는 **사실이나 현상 간에는 어떤 관계성이 형성**되어 있으며, 이들 간의 **상호 의존적인 망(구조, Web)을 감각적으로 느끼고 생각하는 것이 중요**하다는 입장이다. 예 유아는 집 주변 거리를 돌아다녀 보면서 다양한 사람들, 그들이 사는 집과 가게, 간판, 도로, 도로에 다니는 여러 가지 차들을 경험하게 된다. 이들이 별개의 것으로 보이다가도 사실은 서로 연결되어 동네를 이루는 것을 유아는 느끼게 된다. 유아는 관계적인 사고를 하고 이제까지의 경험을 일반화하며, 동네를 돌아본 경험을 극놀이로 표상하면서 지적 능력을 개발한다. ③ 이러한 점에서 미첼은 **인지적 작용에 강조**를 두었다. 이는 다음과 같은 점에서 피아제(1896~1980)와 비고츠키(1896~1934)의 견해와도 맥락을 같이한다. • 어릴수록 유아의 직접적이면서 감각적인 경험이 더 필요하다. • **사실과 사실 간**에, **현상과 현상 간**에, **경험과 경험 간**에, **아이디어와 아이디어 간**에 **연결**이 필요하다. • 학습한 것은 실생활에 활용될 수 있어야 한다. • 놀이와 능동적 학습이 필요하다.
장점	• 오늘날에도 많은 학습 이론과 연구에 의해 지지되어 오고 있으며, 실제로 유아교육기관 및 초등학교 사회교육의 **전형적인 접근 형태**라고 할 수 있다. • 유아들이 지금 여기에서 직접 경험하는 사실이나 현상 간의 **상호 의존적인 망을 통해 관계적 사고**를 하고 **자신의 경험을 일반화**하며, **경험을 표상**하는 가운데 **지적 능력을 개발**한다. 기 시펠트가 제시한 전통적인 사회교육 접근방식 중 '우리 동네를 돌아보면서 유치원 근처의 시장에 가서 어떤 물건을 파는지 알아보고, 가져간 돈으로 직접 물건을 사기도 했어요.'에 해당하는 접근방식의 장점 1가지를 쓰시오.[25]
단점	• 자칫 가족, 지역 사회 기관 등으로 **주제를 단순화**하여 **사실적 지식만을 무의미하게 전달**하는 수준에 그칠 우려도 있다. • 다른 사람, 매체와 상호작용을 통한 **대리적 경험을 통한 유아의 사고 조성을 간과**하였다.

3 공휴일 접근방식(The Holiday Approach, 1930년대 이후)

개념	▶ **공휴일을 활용**하여 유아와 교사 모두에게 **흥미롭고 즐거운 방식으로 사회교육을 실시**하는 접근방식 • 1930년대 이후 유아교육의 현장에서 교사들이 즐겨 사용했던 사회 교육 접근 방식이다. • **공휴일은** 정규적인 학교생활에서 기분을 즐겁게 전환시켜주고 **유아와 교사 모두에게 매우 흥미**로워서 교실에서 **사회교육을 실시하는 데 좋은 자원이 된다**는 입장이다. 기 시펠트(C. Seefeldt)가 구분한 유아사회교육 접근법으로, 위의 밑줄 친 ㉠ '<u>추석맞이 전통 놀이 체험 코너를 운영한다고 해서 다녀왔어요. 아이들이 추석에 관한 여러 전시와 공연을 보고 놀이 체험도 했어요.</u>', ㉡ '<u>행사 참여로 끝나면 관광하는 것처럼 본래의 취지나 의미를 생각하지 못하는 일회성의 교육이 되잖아요.</u>'를 통해 설명할 수 있다. **(공휴일 접근법)**은 유아가 가족, 지역사회, 국가에 대하여 자연스럽게 인식할 수 있도록 도울 수 있다.[18]
내용	① 공휴일은 **그 자체로 기념할 만한 의미**가 있어 이를 축하하거나 기념할 수 있는 다양한 형태의 행사, 전시, 공연 등을 하게 된다. ② 교사는 유아들이 이러한 행사에 직접 참여하도록 하거나 관람하게 할 수 있으며, 또는 공휴일을 주제로 이야기 나누기, 조사 활동, 극 활동 등 다양한 표상 활동을 통해 관련된 지식, 기술, 태도를 형성하도록 도울 수 있다. ③ 특히, 유아가 즐겁고 재미있는 활동을 통해 **가족·지역사회·국가에 대하여 자연스럽게 인식**하고, **다른 나라와 지역의 문화를 이해하는 데 도움**이 된다.
장점	• 공휴일은 자체로 기념할 만한 의미를 갖고 있으며 이와 관련된 다양한 행사나 전시, 공연 등에 즐겁게 참여하며 **다른 나라 지역의 문화를 다각도에서 심층적으로 이해**할 수 있다.
단점	• **매년 같은 유형의 공휴일 관련 활동을 반복**하거나, **관광식 위주의 형태로 단편적인 사실들을 열거**하거나 전달할 수 있다. • 특히, 상업적 차원의 행사 중심 프로그램들은 사회 교육의 교육적인 의미와 가치를 약화시키거나 왜곡시킬 수 있다는 점에서 신중히 고려해야 한다.

4 사회 과학 개념의 구조화 접근방식(1960년대)

개념	▶ **사회과학 분야의 핵심 개념을 선정**하고, **발달 수준에 맞춰 계열성 있게 조직**하는 접근방식 • 브루너(Bruner, 1960) : **지식의 구조화론에 기초**하여 접근하게 된 방식이다. • 현대 **사회교육 과정에서 경험해야 할 내용을 나선형적으로 조직**하고 있는 데서 잘 보여주고 있다. • 즉, **사회과학 분야의 여러 학문**(역사학 · 경제학 · 지리학 · 심리학 · 정치학) 등의 **핵심 개념들을 선정**하고, 이들을 **학습자의 발달과 학습 수준에 맞추어 계열성 있게 조직**하는 것이다. [기] '역사나 지리, 경제, 환경과 같은 분야의 기본 개념을 가르치는 것도 필요하다고 생각해요. 사회 각 분야의 핵심 개념을 가르치는 거죠.'[14] [기] [C] '동시의 마지막에 유아들이 환경에 대한 이야기를 해서 깜짝 놀랐다. 유아의 동시에는 소비와 자원 관련 개념뿐 아니라 자연을 보호하고 배려하는 가치적인 측면이 함께 드러나고 있다. 이를 볼 때, 유아도 도덕, 윤리, 환경, 경제 등을 서로 연결하여 학습할 수 있다는 생각이 든다. 그동안 나는 유아의 생활 속 경험에만 국한하여 통합적인 사회교육을 계획하고 실행해 왔다. 앞으로는 지금까지와 달리 사회과학 제영역에서 다루는 개념들을 미리 살펴보고, 이를 체계적으로 사회교육에 반영하는 방법도 고민해 봐야겠다.'에서 교사가 앞으로 시도하고자 하는 사회교육 접근법 1가지를 쓰고, 그 접근법을 설명하시오.[19추]
배경	• 구소련의 인공위성 발사(1957)에 충격을 받은 미국의 교육계는 그동안의 교육 이론과 방법을 재평가하였다. • 1959년 과학자와 교육자들은 학교 교육내용과 학습 방법에 대해 논의를 하였으며, 이후 브루너(1960)는 학문적 지식의 구조화론을 펼쳤다.
내용	• **타바(Taba), 마시알라스(Massialas)** : 브루너의 지식 구조화론에 기초하여 **사회적 탐구 과정의 모형을 제시**하였다. • 이들은 탐구 과정으로서 문제의식, 가설 설정, 자료 수집, 가설 검증, 결론 도출의 단계를 거쳐야 한다고 보았으며, 이 과정을 통해 사회 과학적 개념에 도달한다고 보았다. • 스포덱(Spodek, 1973)은 다음과 같이 유아의 능력을 기술함으로써 사회적 탐구 과정을 통한 개념 형성이 가능함을 설명하였다. ① 의미 있는 사회 과학 개념들을 발달시키기 시작한다. ② 알고 있는 지식의 배경을 학교에 가져온다. ③ 오랜 시간에 걸쳐 아이디어를 다룬다. ④ 여러 가지 방법을 정보를 모은다. ⑤ 사회 과학자가 사용하는 탐구 방법들을 사용한다. ⑥ 이해한 것을 새로운 상황에 전이한다.
장점	• 개념 형성을 위한 사회적 탐구과정이 강조됨으로써 **사회 과학 개념을 명료하게 형성**하고, 유아의 **비판적 사고력을 기를 수** 있다.
단점	• 자칫 **지식 중심으로 흐를 수도** 있다는 우려를 낳는다.

5 사회문화적 환경 접근방식(1960년대 이후)

개념	▶ 유아가 생활하는 **사회문화적 환경에 적응**할 수 있도록 역사, 지리, 경제 등 **다양한 사회현상에 대한 이해**와 **사회적 기술·태도를 통합적으로 학습**하도록 하는 접근방식 • **피아제, 비고츠키, 브론펜브레너** 등 **사회문화적 환경의 중요성을 제기**한 이론들을 기초로 접근하게 된 방식이다.
배경	• 빈곤층 유아들을 위한 교육 문제에서 비롯된 시민 권리 운동 등의 정치·사회적 사건 • 존슨 대통령의 '가난에 대한 전쟁'은 1965년의 초·중등교육법과 헤드스타트 프로그램에 포함되었다. • 특히 **헌트**(Hunt, 1961)와 **블룸**(Bloom, 1963)의 **지능 유동성** 및 **조기 환경의 중요성** 이론은 미국 정부 당국으로 하여금 유아의 지능을 높이고, 가난의 악순환을 끊을 수 있는 방안은 유아교육을 실시하는 것이라는 생각을 갖게 하였다. • **헤드스타트 프로그램**에 참여한 유아들이 보다 **긍정적인 사회 적응력을 보인 원인**은 프로그램 중 사회교육 영역이 **현장 견학, 주변 환경 탐색, 부모 일터 관찰, 교실 방문자들과의 대화** 등을 통해 **자아개념의 발달, 대인관계 기술, 다문화에 대한 이해** 등을 강조함으로써 **유아들이 자기 자신을 더 잘 이해**하고, **여러 관계 속의 자신을 인식하도록 도왔다는 것**이다. • 피아제의 인지 발달 이론, 비고츠키의 사회문화적 영향론, 브론펜브레너(Bronfenbrenner)의 인간 발달 생태학 등의 영향을 미쳤다.
내용	• 피아제의 지능 발달 단계론 : 세계, 시간, 공간에 대한 유아들의 개념과 유아기의 능력을 기술한 피아제의 연구는 사회교육을 계획하고 운영하는 교사들에게 통찰력을 제공했다. • 비고츠키 : 유아 발달에 있어 사회문화적 환경의 중요성을 강조하였다. • 피아제와 비고츠키가 주장한 **사회과학적 개념 구성의 과정**이나 **사회적 경험의 중요성**은 브론펜브레너(1989)의 사회문화적 환경 체계론에서 더욱 확대되었다. • 브론펜브레너 ① 현대 사회는 다양한 생활양식이 공존하고 있으므로 유아는 자신이 속하는 사회뿐 아니라 간접적으로 경험하게 되는 사회, 앞으로 다가올 사회 현상과 환경에 대한 관심을 가지는 것이 중요하다고 보았다. ② 유아가 생활하게 되는 생태적 환경에 유능하게 적응하기 위해서는 **역사, 지리, 경제, 직업 등과 같은 사회현상에 대한 기본적 이해와 지식**이 필요하며, **유아의 개인생활, 가정생활, 집단생활에 필요한 사회적 기술과 태도가 함께 길러져야 함을 강조**하였다.
장점	• **사회적 지식·기술·태도**가 **통합적으로 유의미하게 이루어질 수** 있다.
단점	• 다양한 사회·문화적 현상이나 환경에 **관련된 사실들을 단순하게 전달하는 데 그칠 수** 있다.

6 다문화 교육 접근 방식(1990년대 전후)

개념	▶ **문화적 다양성을 존중**하고 **평등한 사회를 지향**하며, 유아가 **다양한 사회구조에서 효과적으로 상호작용**할 수 있도록 돕는 접근방식 • 문화적 다양성을 가치 있는 자원으로 지원하고 확장하려는 교육이다. 즉, 다른 문화를 단순히 인정해 주는 것이 아니라, 다양성이야말로 앞으로의 세계에서 가장 중요한 요소라는 인식의 변화를 의미한다.
배경	• 1990년대 전후 **국가 간에, 문화권 간에 공동체 개념이 형성**되면서 **현대 지구촌 사회에 적응력 있는 인간을 육성하는 방안으로 접근하게 된 사회교육** 방식이다. • 1960년대 소수 민족의 권리와 가치를 존중하며 이러한 정신을 공교육에 반영하기 위한 법(The Civil Rights of 1964)을 제정하여 다민족 교육프로그램을 수행하였으나 소수 민족에 대한 배려 차원에서 시작하였다는 한계점을 가졌다. 이에 보다 포괄적인 개념인 다문화 교육이 요구되었다.
내용	• **다양성** : 누구나 멜렉덱, 벡 및 플레처의 다양성의 8개의 각 영역에서 하나의 지위를 반드시 차지하여 이들을 통합한 자아를 형성하며, 통합된 자아는 독특성을 갖고 다른 사람(집단)과의 차이를 나타낸다. 이러한 차이는 **다양성의 차원에서 서로 이해되고 존중되어야** 한다는 것이 다문화 교육의 입장이다. • **평등성** : 다문화 교육은 평등성을 가치화하고 있다. **모든 사람은 법 앞에 평등하며 각자의 독특성과 다양성을 존중받을 권리와 의무**가 있다고 본다. • 더만 스파크스와 포스는 현대의 지구촌 사회에서 가장 중요한 능력은 사회적 적응력이며, 이는 유아기부터 다양한 사회 구조에서 효과적으로 상호작용하는 데 필요한 행동과 기술을 발달시키는 것이라고 하였다. • 이를 위해 가정, 이웃, 교실, 지역사회, 매체 등 다양한 장면에서 경험을 하는 것이 중요하며, 그 경험을 통해 유아는 사회적 다양성과 평등성을 발달시켜나갈 수 있다고 하였다.
장점	• **상호 문화 차이를 존중하고 융합**하여 **새로운 문화를 창출하는 힘을 기를 수** 있다.
단점	• 다양한 문화적 자료나 사실들을 수집하거나, **반편견 의식만을 강조**하는 데 그칠 수 있다. • **추상적인 교육**이 되기 쉬우며, 때로는 **다른 나라에 대한 단편적인 지식을 전달하기 쉽**다. • **관광식 교육과정**이라는 비판 : **이국적 차이를 단순히 즐길 수 있을 뿐**이지, 그에 깃든 **다양한 삶의 가치, 방식, 신념 등을 경험하기 어렵**다. 기 '특별 행사를 준비하여 유아들에게 여러 나라의 전통 의상, 민속춤과 노래, 인사법, 음식을 소개'의 박 교사가 사용한 **다문화교육 접근 방식의 한계점**을 1가지 쓰시오.[23] 다른 나라를 관광하는 것처럼 이국적 차이를 즐길 수 있을 뿐, 그 이면에 깃든 다양한 삶의 가치, 방식, 신념들을 경험하게 하기 어렵다.

 **유아 사회교육 교수-학습의 원리**

놀이 중심의 원리	• 유아의 학습에서 놀이는 학습 그 자체라고 할 수 있으며, 유아는 놀이를 하면서 주변의 구체적인 사물을 탐색하고, 상황을 이해하는 지식, 기술, 태도 및 가치관을 발달시키게 된다. • 유아교육기관에서의 놀이는 자유 놀이 시간 동안 실내외의 다양한 흥미 영역 활동을 중심으로 유아 스스로 선택하고 참여함으로써 이루어진다.
개별화의 원리	• 유아들은 각각 다양한 배경과 경험을 지니고 있고 지능과 특성, 흥미 등에서 차이가 있다. 교사는 학습자를 개별적 존재로 인정해야 하고 그 개인의 흥미와 이해의 정도에 따라 학습 활동을 선정하고 제시해야 한다. • 개별화의 원리에 따른 교수 방법으로는 개인의 능력에 따른 지도와 개인의 강점을 살려 지도하는 방법 및 학습 집단 속에서 개성을 살려 공동작업을 완수하도록 하는 방법이 있다.
탐구학습의 원리	• 유아의 교육 활동은 유아 **자신이 능동적으로 탐구하고 참여할 때 효과가 크다**. 유아는 스스로 탐색하고 감각을 통하여 사물이나 현상을 직접 경험함으로써 물리적 · 사회적 및 논리 · 수학적 지식을 얻게 된다. 즉, 스스로 탐구하는 과정을 통하여 학습이 이루어진다. • 탐구학습의 가치는 유아가 스스로 발견하는 과정을 통하여 여러 가지 문제해결의 기술을 학습하며 독립적인 학습태도를 기를 수 있다는 것이다. 탐구학습을 통하여 유아는 질문하는 능력, 자료와 정보를 분석하는 능력, 문제의 해결을 위해 스스로 해결방법을 발견하는 능력 등이 발달하게 된다.
생활 중심의 원리	• 유아는 **실제 생활환경 및 경험을 통하여** 사물에 대한 지식과 태도, 다양한 기술을 학습하게 된다. 유아의 실제 생활에서 일어나는 흥미와 관심, 요구, 질문 등이 교육의 시작이 될 때 유아의 동기를 유발하여 참여도를 높일 수 있다. • 생활 중심의 원리에 따른 학습을 위해 유아의 주변에서 일어나는 일, 사건, 매일의 생활과 연결된 체험 등을 통하여 활동을 전개하는 것이 중요하다. 실제 생활과 관련된 학습 경험을 위해서는 유아가 직접 관련된 사회, 즉 가정, 유아교육기관, 친구들과의 경험, 지역 사회 내의 여러 직업 및 기관, 계절과 관계된 현상, 풍습, 국가와의 관계 등 모든 내용이 중요한 교육적 요소가 된다.
통합의 원리	• 교육의 대상이 되는 유아 개개인은 전인적 인격체로서 신체, 사회, 정서, 언어, 인지발달이 통합적으로 이루어진다. 따라서 교육은 지식과 기능을 포함하여 여러 생활 영역과 상호작용하며 통합될 수 있는 전인교육으로 이루어져야 한다.

II. 유아 사회교육을 위한 교수·학습 모형

1 인지 발달 모형

수업 원리	• 유아의 인지구조 변화를 조성할 수 있는 환경을 제공해 준다. • 지식의 세 유형 - **물리적·사회적·논리적인 것** - 에 바탕을 두고 있다. • 사회적 환경의 역할과 관련되어 있다.
교사 역할	• 학습 환경의 조직과 계획 • 유아의 사고 촉진, 놀이나 게임 및 토의 같은 집단활동의 제공 • 인지적 자극과 발달을 위해 개방적인 질문 • 유아의 능동적인 참여 유도

2 사회적 탐구 모형

개념	• 사회적 현상과 세계의 특성에 맞추어 유아가 **사회의 방향과 자신의 생활에 대해 반성적으로 사고**하고 **탐구할 수 있는 능력을 길러주기 위한** 탐구의 과정에 초점을 맞추고 있다. ▶ **탐구 : 스스로 문제를 생각할 수 있는 능력과 스스로 해결할 수 있는 능력** • 유아교육에서 탐구학습은 **유아 중심의 학습을 지향**하는 것이기도 하다.
일반적 조건과 특징	• 교실의 사회적 분위기는 **개방적**이고 **토론을 지향**한다. 사회의 모든 현상은 탐구의 대상이자 검증의 대상이므로 개방적인 토론을 통해 사회현상을 이해할 수 있다. • **가설을 통한 탐구를 강조**한다. 가설은 문제해결에 있어 필수 역할을 한다. 문제 상황에 대한 가설과 가설적 해결안을 중심으로 탐구와 토의가 전개되며 지식은 계속적으로 검증되고 재검증되는 가설로 간주된다. • 그러므로 가설 형성에 적절한 자료의 수집, 가설검증을 통한 개념의 수정, 가설 형성의 재시도 등과 같은 계속적인 활동으로 개념이나 현상 및 아이디어가 수정된다. 가설 설정을 위해서는 논리적 기술이나 실험 및 관찰이 필요하다. • 탐구의 **객관성**과 **타당성**을 중요하게 취급한다. 특히 **증거로서의 사실**을 활용한다.
전략 순서	• **타바(Taba), 마시알라스(Massialas)** 등은 브루너의 **지식 구조론에 기초**하여 탐구과정으로서 문제의식, 가설 설정, 자료수집, 가설 검증, 결론 도출의 단계를 거쳐야 한다고 하였다.

	안내 (orientation)	▶ **유아가 관심을 가질 수 있는 사회적 문제를 발견**하고 **탐구할 질문을 설정하도록 돕는** 단계 • **문제를 인식**하는 첫 단계이다. 유아가 관심을 갖고 있는 **문제를 발견**하여 **탐구할 질문을 설정**하도록 돕는 것이다. 이때 유아의 관심에 적합한 주제와 질문을 찾는 것이 중요하다. • 교사와 유아가 사회영역 문제에 접하는 것이다. 실제 생활 장면, 동화 속 문제 장면을 통한 사고, 학급 내에서의 갈등 등을 통해 유아는 사회영역의 상황과 문제에 접하게 된다. • 이것이 탐구학습의 출발점이며, 이런 상황들로부터 문제의 핵심과 유형을 인지하고 들어 있는 요소들을 규명하여 이해하게 된다.

단계	내용
가설 설정 (hypothesis)	▶ **문제를 해결하기 위한 잠정적인 설명**이나 요인을 **가설로 표현**하는 단계 • 탐구하려는 문제와 관련 있는 설명이나 관련 요인 등을 **가설로 표현**해 본다. • 탐구를 위해 필요한 것이다. 탐구를 위해서는 요인과 결과, 현상의 해결방안 등을 가능하면 명료하게 나타내는 가설을 설정해야 한다. • **가설은** 탐구과정의 안내 역할을 하며, 문제들을 검증하고 제안된 해결방안을 검토하는 데 사용되고, 또 다른 해결방안이 필요한지를 결정하는 일 등을 알려준다.
정의 (definition)	▶ **가설에서 사용**된 **주요 개념이나 용어를 명확하게 정의**하는 단계 • 가설을 **보다 명료히 규명하는 것**이다. 그리고 다양한 요소가 문제 상황에 대한 이해와 의사 교환을 위해 정의되어야 한다.
탐색활동 (exploration)	▶ **설정한 가설을 논리적으로 검토**하여 **타당성이 낮은 가설을 수정**하는 단계
증거제시 (evidencing)	▶ 책, 사람, 실험, 인터넷 등의 **다양한 자료를 통해 정보를 수집**하는 단계 • 수집한 다양한 정보나 가설이나 질문과 관련성이 있는지, 얼마나 설명 가능한지, 사실인지 거짓인지를 찾아 나갈 수 있도록 돕는다.
일반화 (generalization)	▶ **탐구 과정을 통해 얻은 결과를 종합**하여 **인과관계 및 상관관계를 분석**하고 **결론을 도출**하는 단계 • 탐구 과정을 통해 알게 된 답뿐만 아니라 **과정에 대해 이야기**를 하는 것 또한 매우 중요하다.

기 사회적 탐구 모형을 활용하여 우리 동네 119 구조대원이 하는 일을 알아본다.[14]

	활동단계	활동내용
모형의 활용	문제 구성	우리 동네 119 구조대원이 하는 일을 알아본다.
	(가설) 설정	'우리 동네 119 구조대원이 없으면 사람들이 편하고 안전하게 살 수 없다.'는 (가설)을 세운다.
	주제의 명료화	㉣ 우리 동네에 119구조대원이 없으면 어떻게 될지, 우리 동네 구조대원은 어떤 일을 하는지에 대해서 알아보기로 한다.
	자료수집	㉤ 소방서에 가서 우리 동네 119구조대원이 하는 일을 조사하고, 책이나 동영상에서 관련 정보를 찾아본다.
	자료평가 및 분석	㉢ 우리 동네 119구조대원이 하는 일을 표, 그림, 동시 짓기 등 다양한 방법으로 나타낸다.
	(가설) 검증 및 일반화	우리 동네에 119구조대원이 없으면 사람들이 편하고 안전하게 살 수 없다는 것을 알고, 119 구조대원이 하는 일을 안다.

3 문제해결학습 모형

개념	• 19세기 후반 지식축적과 기능연마를 위주로 했던 주입식 교육에 대한 문제를 제기하면서 나타난 학습 형태로서, **듀이**(Dewey)에 의해서 체계화되었다. • 듀이에 의하면 인간은 사회적 및 문화적 존재로, 끊임없이 문제 상황에 부딪치며 그 문제를 해결하려고 노력한다. 이때 **합리적인 문제해결을 위한 과학적이고 논리적인 사고**가 요구되는데, 이를 '**반성적 사고**'라고 한다. • 문제해결학습은 **듀이의 반성적 사고에 기초한 교수-학습 방법**이기도 하다. • 문제해결학습에서 문제란 목표는 있지만 이를 달성하기 위한 방법을 모르고 있는 상태를 의미한다. 문제 상황에서 개인은 어려움, 긴장 상태, 혼란이나 의문을 지니게 된다. 이러한 문제 상황을 해결하고 목표에 도달하기 위해서는 단순히 사실을 발견하는 것 이상의 탐색 과정과 함께 새로운 대안이나 전략에 대한 모색이 필요하다.
방법	• **문제해결학습을 효율적으로 이루어나가는 방법** • 유아에게 문제해결력을 익힐 수 있는 ① **풍부한 학습경험을 제공해야** 한다. 문제 상황을 해결하기 위해 유아는 주어진 상황을 이해하고 해결하기 위한 정보를 모색하는 등의 일련의 과정을 통해 문제해결의 방법과 기술들을 학습할 수 있다. • 문제해결 학습과정에서 유아가 ② **주도적인 역할을 수행해야** 한다. 문제해결 과정을 통하여 유아는 의존심을 버리고 문제를 스스로 해결하고자 하는 자립적인 태도를 학습할 수 있다. 이 과정에서 유아 교사는 유아가 문제해결 방법을 잘 사용할 수 있도록 돕는 안내자이자 격려자여야 한다. • ③ **수용적인 분위기가 제공되어야** 한다. 문제해결학습이란 문제를 해결하기 위한 다양한 해결 방법을 모색하며, 이를 위한 창의적이고 생산적인 질문이 이루어지는 학습 형태이다. 문제해결 과정에서 다른 유아와의 의견교환이 일어나며, 이 과정에서 유아들은 자신들의 생각을 스스럼 없이 제안할 수 있고, 실수나 잘못을 두려워하지 않는 개방적인 분위기가 형성되어 있어야 한다. 이를 위해 유아 교사는 유아의 창의적 사고력과 상상력을 독려하고, 유아들의 활발한 의사소통을 조장하며, 유아 의견을 수용하여 문제를 해결하고자 노력해야 한다.
문제 해결 과정 (반성적 사고를 통한 교육 방법)	**문제 제기 단계** ▶ 유아가 경험에 직면하여 **활동 자체에 관심과 흥미**를 갖는 단계 • 유아가 여러 가지 생활 경험을 해나가는 과정에서 당면한 문제 **문제 규정 단계** ▶ 유아가 **당면한 상황 속에서 실제적인 문제를 찾는** 단계 • 당면한 문제 중 그러한 상황 속에서 사고나 흥미를 일으키는 자극으로써 실제적인 문제를 찾는 단계 **가설설정 단계** ▶ 유아가 그 문제를 다루는 데 **필요한 정보를 수집**하고 관찰하여 **문제해결을 위한 잠정적 결론을 설정**하는 단계 **가설 실행 단계** ▶ **잠정적 가설의 해결방안**을 체계적으로 정립해 나가는 단계 • 문제해결방법이 떠오르고 유아는 **그 방안을 체계적으로 정립**해 나간다. **가설 적용 및 검증 단계** ▶ 아이디어를 **실제로 적용**하여, 그 아이디어의 **의미를 분명히** 하고 **타당성을 스스로 확인하고 평가**하는 단계

문제 해결 과정	문제의 이해단계	• **문제가 요구하는 것**, 문제에 주어진 자료와 조건, 적용할 수 있는 원리 및 법칙 등에 대해 **생각해 보는 단계**
	계획의 구안단계	• **문제를 해결하기 위한 요건을 파악**하여 **그 풀이 방법을 생각**해 보고, 여러 가지 문제해결 사고 전략을 익히고 검토하는 단계
	계획의 실행단계	• 구안한 **계획대로 문제를 해결하고자 실행**하는 단계
	검증의 단계	• 문제해결 과정에서 얻은 지식을 통합시키는 단계로 **해결방법을 재점검**하고 전체적인 흐름을 재음미함으로써 **대안적인 해결책을 발견**하거나 문제를 확장 · 일반화하는 단계

주B1. 2) 문제해결학습 과정 중 ① [B]에 해당하는 단계의 명칭을 쓰고, ② 그 단계에서 ⓗ이 적절한 이유를 [B] 상황에 비추어 설명하시오.[22]

3) 문제해결학습 과정 중 [B]의 다음 단계에 적합한 교사 발문 1가지를 쓰시오.

```
혜성 : 선생님, 동물들의 집이 왜 많이 없어지는지 알아요.
유미 : 지구가 뜨거워져서 그래요.
교사 : 그래? 그럼 어떻게 하면 좋을까?
혜성 : 종이를 아껴 써요. 애들이 큰 종이를 조금만 쓰고 버렸어요.
교사 : 지금 이야기한 것 중에서 우리가 무엇을 할 수 있을까?     ⎤
혜성 : 종이를 조금만 써요.                                      │
정후 : 종이 아껴 쓰는 것은 우리가 할 수 있어요.                    │
은서 : 맞아. 종이는 필요한 만큼 잘라 쓰면 돼.                     │ B
교사 : 모두 같은 생각이니?                                      │
유아들 : 네.                                                  │
유미 : ⓗ 오늘부터 종이 아껴 쓰기 해요.                           ⎦
```

4 개념습득 모형

개념	
	▶ **개념** : 단순하게는 **공통점에 근거하여 같은 집단으로 묶일 수 있는 사물**이나 사건 등의 범주 집합을 의미하기도 하고, 범주 집합을 포함하는 **상위, 하위개념 간의 관계**를 포함하기도 한다. ▶ **개념학습** : 유아가 같은 범주의 사물이나 사건에 대해 **명명하고 유목화하는 과정을 통해 분석적으로 사고**할 수 있도록 돕는 학습 방법 　예 강아지, 고양이, 호랑이, 토끼 등의 다리가 네 개이고 털이 있고 움직인다는 공통점을 유아가 발견함으로써 네발 동물이라는 개념을 습득하게 된다. • 더 나아가 개념에는 단어, 상징, 심적인 표상과 관련된 명칭이나 정의를 포함하고 있기 때문에 사고와 의사소통을 촉진시키는 역할을 한다. 따라서 개념을 학습한다는 것은 모든 학습의 기본이 된다. • 교사는 유아에게 각 개념의 상위 · 하위개념을 파악할 수 있도록 돕고, 현재 학습하는 개념의 범위를 결정해 줌으로써 유아의 개념발달을 촉진시킬 수 있다.

Ⅲ. 자아개념

1 자아개념

▶ **자아개념** : 내가 '나'에 대해 가지는 모든 지각 즉, 개인이 **자기 자신에 대해 지각하는 태도나 느낌의 총체**
• 자아개념은 **인지적 측면**의 **자아인식**(자아에 대한 이해)과 **평가적·정의적 측면**의 **자아존중감**으로 구성된다.

자아 인식 (self-awareness)	자아 인식	▶ (자아개념의 인지적 요소로,) 자신이 다른 사람과 구별되는 독립적인 존재임을 아는 것 • 자아개념의 발달은 다른 사람과 자기 자신의 신체, 행동, 사고가 다르다는 것을 깨닫는 것으로부터 시작된다(자아인지, self-cognition).
	자아 인식의 발달	• 자아 인식은 **외적**이고 **구체**적이고 **현실**적인 것으로부터 **내적**이고 **추상**적이며 보다 **심리적인 측면**(예 나는 행복해, 나는 열심히 노력해.)에 초점이 맞춰지는 방향으로 변화된다. • 자아가 덜 분화된 단계의 유아는 자신의 **신체적 모습, 이름, 나이, 소유물, 능력**과 같은 **구체**적인 특성들을 중심으로 한 초보적 자아개념을 형성한다(범주적 자아). • 6~8세경이 되어야 자신의 **내적** 특성이나 또래들과의 비교를 통한 자기표현이 나타난다.
	범주적 자아	▶ **자신과 타인을 성별, 나이 등의 범주로 구분**하고, **신체적 특징과 같은 외현적 특성을 중심으로 자신을 진술**하는 초기 자아개념 예 3~5세 유아들의 자아개념은 범주 자아적 특성을 지닌다. 유아에게 자신에 대해 설명해 보라고 하면 "나는 4살이에요. 나는 남자예요. 나는 키가 커요. 내 그림책이에요. 나는 그림을 잘 그려요."라는 식으로 자신을 설명한다. 기 ㉠ **(범주적) 자아** : 나이, 성별, "나는 다섯 살이에요."에 들어갈 말을 쓰시오. [20]
자아 존중감 (self-esteem)		▶ **자신의 능력, 특성, 가치에 대한 판단이나 평가적 측면**으로서, **자신의 능력을 이해하고 자기를 가치 있게 평가**하는 것 • 개인의 행동과 심리적 적응의 모든 측면에 영향을 미치기 때문에 자아의 가장 중요한 부분이라 할 수 있다. **유아기에는 자신의 능력을 여러 영역으로 분리해서 평가하는 특성**을 보이나 **점차 하나의 총체적인 자아평가로 통합**된다. • 유아기는 자신의 특성이나 능력에 대한 판단 및 평가로부터 기인되는 감정인 자아존중감의 토대가 형성되는 시기이다. 자아존중감은 자아발달에서 가장 중요한 측면으로 유아의 정서적인 경험이나 행동에 영향을 미치고 장기적으로는 심리적인 적응에 영향을 미친다. • 발달의 전 과정을 놓고 볼 때 **자아존중감은 유아기 때 가장 높게 나타나**며, 연령이 증가하고 생활 경험이 많아지는 **학령기에 이르러 점차 낮아지는 경향**을 보인다. [이유] 이는 **자신의 능력에 대해서 객관적으로 평가하게 되기 때문**이다. • 자아존중감은 타인의 반응에 영향을 받으며, 사회적 활동이 늘고 인지능력이 발달할수록 또래 비교와 타인의 평가를 기반으로 형성된다. 기 영유아가 자조 기술을 성공적으로 수행할 때 더불어 발달되는 ㉣ '음악 활동은 아이들에게 즐거운 경험을 주어 더욱 적극적으로 활동에 참여하게 하고, 결과적으로 성취감을 높여 줍니다. 이러한 성취감은 긍정적인 자아개념 형성에도 도움이 되어, 자신의 능력을 이해하고 자기를 가치 있게 평가하는 (㉣ **자아존중감**)을 발달시킵니다.'에 들어갈 심리학적 용어를 쓰시오. [특1기]

Plus 지식 자아존중감의 위계적 구조

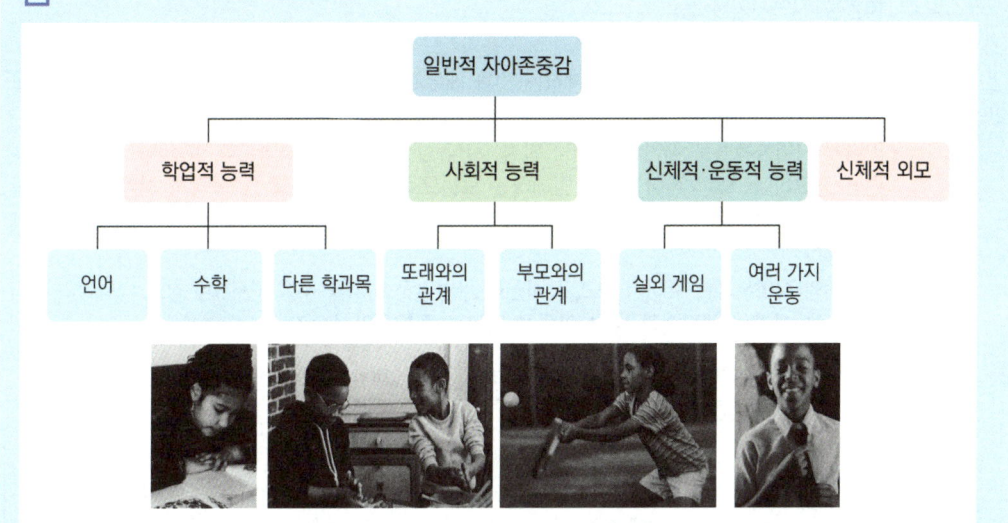

- 다른 환경적인 경험으로부터, 아동은 적어도 **4가지의 독립된 자아존중감을 형성**한다.
- 학업적 능력, 사회적 능력, 신체적·운동적 능력, 신체적 외모, 이러한 자아존중감은 부가적인 자아평가와 구분되고, **일반적 자아존중감을 형성하는 것과 연관**된다(Laura E. Berk, 2007).
- 기 (나)의 자아존중감에 대한 위계적 구조에서 ⓒ '**(사회적 자아존중감)** : 또래관계, 부모와의 관계'에 해당하는 명칭을 쓰시오. [20]

Plus 지식 자아개념의 구조

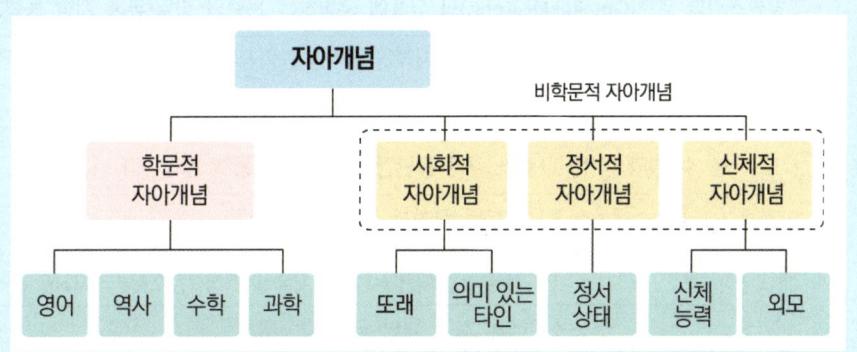

- 자아개념의 구조를 살펴보면, 자아개념은 조직적이고, 다차원적이고, 위계적인 특성을 갖는다.
- 자아개념은 **학문적 자아와 비학문적 자아로 구성**되는데, 비학문적 자아는 신체적 자아, 정서적 자아, 사회적 자아로 구성된다.
- ▶ 사회적 자아 : 다른 사람과 어떻게 관련되는지에 대한 인식을 의미한다.
- ▶ 정서적 자아 : 정서적 상태를 의미한다.
- ▶ 신체적 자아 : 신체적 능력과 외모에 대한 개인의 판단을 의미한다.
- 이러한 자아개념은 경험에 의해서 조직되고 구조화된다(Shavelson, Hubner, & Stanton, 1976).

- ▶ 외부의 감시 없이도 사회적 규칙을 준수하려는 능력 또는 바람직한 목표를 위해 충동적인 욕구나 행동을 지연시키는 능력
- 자기규제(self-regulation)와 혼용되어 사용되기도 한다.
- 만약 우리가 즉각적인 충동을 억제하는 것을 배우지 못했다면 타인의 권리를 침해하고, 규칙을 위반하여 장기적인 목표를 성취하기 위한 자기희생과 인내를 하지 못할 것이다.
- 따라서 자아통제력은 개인의 잠재력 발휘, 지적 성취, 정서 및 도덕성의 발달에도 영향을 미칠 만큼 중요하다. 또한 자아통제를 방해하는 요인으로는 충동, 유혹 등 즉각적 쾌를 추구하도록 동기화하는 요인과 고통, 지겨움, 피로 등 즉각적 불쾌는 회피하도록 동기화하는 요인으로 크게 구분된다.
- 본격적인 자아통제는 유아가 스스로 자신이 무엇인가 하기를 주장하는 3세 경에 나타나기 시작한다. 이 시기는 에릭슨의 발달 이론에 따르면 주도성의 시기이다.
- 코스텔릭 외(Kostelink, Whiren Soderman & Gregory, 2009) 자아 통제력의 구성요소

자아 통제력 (self-control)	유혹에 저항하는 능력	▶ 처벌의 위험이 적거나 없는 상황에서도 도덕적 규범을 위반하도록 하는 유혹이나 압력에 저항하는 능력 예 친구들이 쓰레기를 그냥 바닥에 버리는 것을 보고 자신도 그렇게 하고 싶었지만 쓰레기통에 가지고 가서 버렸다, 복도에서 주운 놀잇감을 가지고 싶었지만, 교사에게 가져다주었다.
	부정적 충동을 억제하는 능력	▶ 반사회적인 행동을 하지 않고, 타인의 감정과 사회적 기대를 고려하여 적절한 행동을 선택하는 능력 예 진희가 실수로 자신을 넘어뜨리자, 화가 나서 한 대 때려주려다가 참았다.
	만족지연능력	▶ 즉각적인 유혹을 참아내고, 더 큰 이익이나 보상을 위해 기다릴 수 있는 능력 예 교사가 나눠주는 사탕을 하나 더 갖고 싶었지만, 다른 아이들이 모두 하나씩 가질 때까지 기다렸다.

- 그랄른스키와 코프(Granlinski&Kopp)의 유혹에 저항하는 능력의 발달(유혹 저항 능력)

유혹 저항 능력	자기이탈 방략	▶ 유혹으로부터 자신을 분리하려는 방략	
		예 유아가 장난감을 보거나 생각하는 것이 장난감을 갖고 놀고 싶은 욕구를 억제하는 것을 어렵게 한다는 것을 알고 장난감으로부터 자신을 분리한다.	
	언어적 자기교시 방략	▶ 스스로에게 소리 내어 타이르는 방법 • 일반적으로 과제 지향적 방략보다 유혹 억제 방략이 효과적	
		과제 지향적 방략	• 이 경우 유아들이 사용하는 언어적 자기교시는 '나는 색칠해야 돼.', '나는 그림 그려야 해.' 등과 같은 과제 지향적 방략과
		유혹 억제 방략	• '나는 놀지 말아야지.', '나는 장난감을 만지면 안 돼.'와 같은 유혹억제방략을 포함한다.

- 아동이 바람직한 과업을 위해 일시적인 즐거움을 가져다주는 대상의 유혹을 뿌리칠 수 있는 능력을 의미한다.
- 5~6세경에 이르러 유아들은 나름대로 방략을 사용하여 장난감의 유혹에 저항하는 것을 볼 수 있다. 이는 다음과 같은 장난감 금지기법을 통해 진단된다.

- 맥코비(Maccoby, 1980) 충동 억제 능력의 하위요소

행동억제 능력	▶ 하던 행동을 중단하거나 **행동을 금지**라는 지시에 따르는 능력
정서억제 능력	▶ 격렬한 분노를 참는 등 **감정과 정서의 강도를 통제**하는 능력
결론억제 능력	▶ 충동적인 판단을 삼가고 **신중하게 숙고**하는 능력 • 아동기 과업 수행과 밀접한 관계가 있다.
선택억제 능력	▶ 단기간 내에 만족할 수 있지만 보상이 크기가 작은 단기 보상을 포기하고, 시간을 기다려야 하지만 보다 큰 만족을 가져다줄 **장기 보상을 선택**하는 능력 • 만족지연능력과 밀접한 관계가 있다.

자아 통제력(self-control)

- 미쉘과 에브슨(Mischel & Ebbesen)의 만족지연 능력

  만족지연능력
  ▶ **미래의 더 큰 만족과 보상**을 얻기 위해 **현재의 욕구나 만족을 참아내는 능력**
  • 만족지연 능력 발달에 미치는 세 가지 요인

신뢰	• 즉각적인 만족을 지연시킨 후에 오는, **보다 큰 만족에 대한 신뢰**가 있어야 한다.
만족의 상대적 가치	• 유아 관점에서 즉각 만족과 지연 만족의 크기를 비교해서 **기다릴 만한 가치**가 있다고 판단될 때 지연 만족을 선택하게 된다.
지연 기간	• **아동에게 적절하게 짧아야** 하며, 지연 기간이 길면 길수록 만족지연 능력은 감소한다.

  기 "아니에요. 세희가 먼저 놀고 그다음에 내가 가지고 놀게요. 난 혼자서 요리사 놀이를 하고 싶은데 지금 놀면 세희랑 같이 프라이팬을 나눠 써야 되잖아요. 그런데 나중에 놀면 프라이팬을 혼자 가지고, 마음껏 놀 수 있으니까요." 지영이에게 나타나는 것으로, **미쉘과 에브슨의 실험**을 통해 밝혀진 정서 규제 관련 용어 1가지를 쓰시오. [15]

- 코프(Kopp, 1987)의 자아 통제의 세 단계

1단계 통제단계 (control phase, 12-18개월)	▶ 자신의 양육자가 정한 사회적 요구·과업 요구에 대해 어느 정도 알고 있으며, **양육자의 요구에 따라** 행동을 조정하려고 시도하는 단계
2단계 자아통제단계 (self-control phase, 2-3세)	▶ **양육자가 없는 상황**에서도 **양육자의 기대에 순응**하는 능력을 습득하는 단계 • 표상적인 사고와 기억력의 발달로 먹고, 옷 입고 놀이하는 것 같은 일상적인 활동에 포함된 가정의 규칙과 습관을 유아가 기억할 수 있다.
3단계 자아규제단계	▶ **자기 행동을 조종**하며, **유혹에 저항**하고, **만족을 지연**시키는 데 도움이 되는 **전략을 사용**하는 단계(self-regulation phase, 3-6세)

자아 통제력 (self-control)	• 코스텔릭(Kostelnik, 1998)의 자아 통제 능력의 발달 단계	
	1단계 무도덕 단계	▶ **옳고 그름에 대한 개념이 없으며**, **본능에 따라 행동**하는 단계 • 이 단계의 유아는 자신의 판단을 통해서 가치를 선택할 능력이 부족하기 때문에, 본능에 따라서 행동하게 된다(윤리적 판단을 못 한다). • 그러나 유아들은 부모나 주변의 성인으로부터 행동에 대한 통제를 받기 시작하면서 서서히 자아 통제 능력이 발달하기 시작한다.
	2단계 집착 단계	▶ **보상을 얻거나 처벌을 피하기 위해 규칙을 따르기** 시작하나, 성인의 **직접적인 통제가 있을 경우에만 따르는** 단계 • 유아가 **외부의 보상을 얻거나 처벌을 피하기 위해서 규칙이나 기대를 따르기 시작하는 단계**로, 이 단계에 속한 유아의 행동은 **전적으로 이기적**인 것이며, **타인의 복지에 대해서는 전혀 고려하지 않는** 것으로 보인다. • 또한 이 단계의 유아는 어떠한 행동이 왜 좋은 행동인지에 대한 이해가 부족하여 **성인의 직접적인 통제가 있을 경우에만 바람직한 행동**을 하게 된다. • 따라서 성인의 보상이나 처벌이 없을 경우에, 유아는 그들 자신이 규칙을 따라야 한다는 근거를 상실하게 되며 **성인이 보고 있지 않을 경우에는 자신의 본능에 따라 행동**하게 된다.
	3단계 동일시 단계	▶ 자신이 **좋아하는 사람처럼 되고 싶어 규칙을 따르기 시작**하는 단계로 유대 관계가 약해지면 해당 행동이 사라질 수 있음 • 이러한 현상은 유아가 그들의 삶에서 중요한 사람의 행동, 태도, 가치를 모방할 때 나타난다. • 일반적으로 유아는 자신의 **부모나 그 밖의 다른 가족 구성원, 혹은 자기보다 나이가 많은 유아를 동일시**하게 된다. 그러나 이러한 동일시를 통해 나타나는 행동들은 유아와 **동일시 대상의 유대 관계가 느슨해질 경우에는 사라지**게 된다.
	4단계 내면화 단계	▶ 외부 보상이 아닌 **자신의 신념과 가치에 따라 행동**하는 단계 • 자아 통제의 가장 높은 단계로, 사람이 **자신의 신념과 개인의 가치를 내포하는 논리적인 영역에서 규칙을 논하게 될 때** 그들에게 이러한 규칙이 내면화되었다고 할 수 있다. • 이 단계에 속한 유아는 외부의 보상을 습득하거나 혹은 타인의 승인을 얻기 위해서라기보다는 **양심에 의해서 행동**을 선택하게 된다. • 또한 유아는 특정한 행동의 규준 속에 내포되어 있는 이유를 이해하게 되고, 그러한 규준에 의해서 행동에 대한 도덕적 책임감을 가지게 되며, 특정 행동들이 정의, 정직, 공정과 같은 개념들과 얼마나 부합하는지를 생각하게 된다. • 따라서 유아가 규칙을 내면화했을 때 그들은 **모든 상황**, 심지어는 익숙하지 않은 상황에서도 **적절하게 행동하는 법을 알게 된다**.

2 쿠퍼스미스(Coopersmith)의 자아개념 교육의 내용

- 쿠퍼스미스는 **가치감과 능력감의 두 요소**가 **자아존중감 형성에 중요**하다고 주장하였다.
- 따라서 유아교사들은 사회교육의 과정을 통하여 유아들로 하여금 가치감과 능력감을 가지고 성장할 수 있도록 교육해야 한다.

자아개념의 교육 내용	가치감	▶ 유아가 **타인으로부터 존중과 수용**을 받으며 성장하는 과정에서 자신을 가치 있는 존재로 인식하는 정도 • 개인의 삶에 있어 유아기 때 타인으로부터 받는 존경심과 수용, 대우의 양이 자아존중감의 성취에 중요하다. • 얼마나 **인간적으로 존중을 받으며 성장했는지의 여부**가 유아들이 자신을 가치 있는 중요한 존재로 여기는 정도에 결정적인 영향을 미친다는 것이다. • 작은 행동과 성취의 단계에서 수용 받고 인정받으며 성장하는 것이 유아 스스로에 대한 가치감 형성에 중요한 영향을 미치며 결국에는 유아의 자아개념 전반에 많은 영향을 끼치게 된다.
	능력감	▶ 유아가 **다양한 경험과 과제 해결을 통해 자신의 능력을 신뢰**하고 성취감을 형성하는 정도 • **개인이 성취한 객관적인 지위와 사회적 위치를 포함**한 **성공과 실패의 역사**가 자아존중감 형성에 영향을 미친다. • 유아는 가정과 유아교육기관에서의 다양한 경험을 통해 무엇인가를 이루어 나간다. 조형 활동 과정을 통하여 예술작품을 창조해 내고 또래들과의 갈등상황에서 문제를 해결하여 조화롭게 살아가는 방법을 배운다. • 또한 모래놀이, 물놀이를 하며 성을 견고히 쌓는 방법을 터득하고 스스로의 건축물에 만족감을 표현한다. • 이렇게 유아들 자신의 능력과 발달단계에 적절하고 다양한 과제들을 해결해 나가며 스스로의 능력에 대한 믿음을 형성해 나가는데 이러한 능력감이 이후 한 개인의 자아개념에 많은 영향을 미치게 된다.

3 자아발달 이론

정신분석 이론	프로이트	• 인간의 **성격을 원초아(id), 자아(ego), 초자아(superego)로 구성**된다고 보았으며, 행동은 이러한 요소들의 상호작용 결과로 보았다. • 인간의 **행동**은 이러한 **세 가지 요소가 상호작용 하며 발현**되지만, 인간의 행동을 지배하는 근본적인 동기는 무의식적인 본능으로 주로 성욕과 공격욕이다.
	에릭슨	• 인간의 성격 발달에 있어 사회와의 관계를 강조하며 부모뿐 아니라 가족, 친구, 사회문화 등 전반적인 사회적 영향을 다루고 있다. • 인간의 성격 발달을 8가지로 나누고 단계별로 **발달과업과 극복해야 할 위기**를 제시하며, 이 **위기 동안 발달과업의 성취 여부에 따라 형성되는 성격의 특성을 언급**하고 있다. • 각 단계에서 발달과업이 성취되면 긍정적인 자아개념을 형성할 수 있는 반면, 그렇지 못하면 부정적인 자아개념을 갖게 된다.

사회적 자아이론 (social-self theory)	▶ **타인과의 상호작용**을 통해 **자아개념이 형성**된다고 보는 이론	
	쿨리의 거울 자아 이론 (looking glass self)	▶ **타인의 평가를 거울**삼아 **자신의 자아를 형성**한다는 이론 • **Cooley**(1902)는 용모, 목표, 행위, 성격 등에 대한 타인의 평가를 통해 개인의 자아가 형성된다고 주장함으로써 타인을 자신의 거울로 비유한 '거울 자아'의 개념을 제시하였다. • 영유아 행동에 대한 부모나 교사의 **긍정적 반응은 사회적 거울의 역할**을 하므로, 영유아는 긍정적 자아개념을 발달시킬 수 있다.
	미드의 자아이론 (self theory)	▶ 자아는 부모 등 **중요한 타자와의 사회적 상호작용을 통해 형성**되며, 주체적 자아(I)와 객체적 자아(Me)로 구성된다고 보는 이론 • **Mead**(1934) 역시 개인의 자아개념은 특히 부모, 형제·자매, 또래와 같이 중요한 타자와의 사회적 상호작용에서 형성된다고 주장하였다. • 인간이 한 사회의 구성원으로 살아가기 위해서는 **'Me'의 역할이 중요**하다.

		주체적 자아(I)	▶ 내면화된 **'객체적 자아'를 외부로 표현**하며 사물을 평가하는 **주체적인 측면**
		객체적 자아(Me)	▶ 사회적 상호작용을 통해 자신에게 **부여된 역할을 객관적으로 내면화**한 측면

사회적 자아이론	• Mead의 사회적 자아(Me)의 발달단계	
	준비 단계	▶ 타인의 행동을 단순히 모방하는 수준(preparatory stage)
	놀이 단계 (play stage)	▶ 놀이를 통해 **특정 타자의 역할을 이해**하고, **특정 타자의 입장에서 자신을 객관화**할 수 있으나, **조직적인 맥락에서 여러 사람의 역할을 이해하지 못**하는 단계 • 이 단계의 유아는 놀이를 통해 **타인의 역할을 이해**할 수 있게 된다. • 즉, 타인의 역할을 수행해 봄으로써 **타자의 입장에서 자신을 객관적으로** 바라볼 수 있게 된다. • 그러나 **특정한 타자**(⑩ 어머니, 아버지) 입장에서 **자신을 객관화**할 뿐 조직적 맥락에서 여러 사람의 역할을 이해하지는 못한다.
	게임 단계 (game stage)	▶ 여러 사람과의 관계 속에서 **자신의 역할을 객관적으로 파악**하고 사회적 규범을 내면화하여 행동할 수 있게 되는 단계. • 이 단계의 아동은 **여러 사람과의 관계에서 자신을 객관화**할 수 있게 된다. • 즉, 사회 구성원의 역할을 인식하고 다른 조직 구성원과의 관계 속에서 **자신의 역할을 객관적으로 파악**함으로써 **사회적 규범을 내면화**하여 이에 따라 행동할 수 있게 된다. • 이러한 과정은 타인과의 지속적인 상호작용을 통해 이루어지면, 이러한 과정을 통해 결국 사회적 자아를 형성한다.
현상학적 이론	▶ 인간은 **세상에 대한 주관적 경험과 지각을 바탕으로 행동을 결정**하며, **자아실현을 목표로 발전하는 존재**로 본다는 이론 • **로저스**(Rogers) : **현상학적 이론**의 대표적 학자로서 성격의 핵심을 이루는 것이 자아이며, 인간을 자신의 의지로 자신의 삶을 영위해 나가는 자아실현적 존재로 본다. • 즉, 인간은 **세상에 대한 지각과 주관적 경험을 토대로 행동을 결정**지으며, **자아실현의 목표**를 이루기 위해 발전을 지향하는 속성이 있다. • 특히, 로저스에 의하면 자아개념은 인간의 **현재 모습에 대한 지각**뿐 아니라 **미래에 되고자 하는 모습**까지도 포함하며, 타인으로부터 받는 관심과 지원이 긍정적인 자아개념 형성에 중요한 영향을 미친다.	

Ⅳ. 애착

1 애착의 개념 및 애착행동의 유형

애착	▶ **특정 인물에 대한 애정적, 정서적 유대** ▶ **생애 초기**에 영아와 주 양육자 사이에 형성되는 **강하고 지속적인 정서적 유대** • 다변화된 현대 사회에서 애착의 대상은 어머니를 포함하여 양육의 1차 책임을 맡게 되는 아버지, 조부모, 교사 등으로 그 폭이 넓어지고 있다.
애착행동	• '**애착을 느끼는 대상과 접근하고 소통하기 위해** 영아가 **본능적으로 취하는 다양한 행동**'으로 어머니로부터 자연스럽게 보호 반응을 이끌어 내는 효과가 있다(Bowlby, 1980).
애착 행동의 유형	**신호 행동** (signaling behavior) — • 울기(칭얼거림), 미소 짓기, 소리내기 **지향 행동** (orienting behavior) — • 쳐다보기, 따라가기, 접근하기 **신체 접촉 행동** (active physical contact behavior) — • 기어오르기, 매달리기, 안기, 잡기

2 보울비의 애착이론 (John Bowlby, 1907~1990)

애착의 단계	전애착 단계 (pre-attachment phase, 0~3개월)	▶ **비변별적 반응을 보이는 단계**이며 애착이 형성되어 있지 않아 낯선 사람과 있어도 개의치 않는다. 사람에 대해 반응을 보이나 선택적이지 않고, 대다수의 사람들에게 비슷한 반응을 보인다.
	애착형성 단계 (attachmen in the making, 3~6개월)	▶ **선택적 반응을 시작**한다. 낯익은 사람에게 초점을 맞추고 미소 짓는 반면, 낯선 사람에게 **낯가림은 하지 않고** 단순히 응시하기만 한다. • 사회적 반응이 좀 더 선택적으로 시작되어 낯익은 사람이 달래야 울음을 그치곤 한다.
	명백한 애착 단계 (clear-cut attachment, 6~18개월)	▶ **보다 적극적으로 애착이 형성된 사람에게 접근**하고자 한다. **낯가림과 분리 불안**이 나타난다. • **능동적 접근 추구 단계**이다. 이 시기가 영아는 기어다닐 수 있기 때문에 **보다 적극적으로 애착이 형성된 사람에게 접근하고자** 하며, 새로운 방식으로 소리를 내어 애착 대상을 찾기도 한다. • 또한 영아는 애착 대상이 자신의 곁을 떠나면 **분리불안**을 보인다. 일반적으로 분리불안은 돌을 전후로 해서 나타나게 되며, 친숙하고 애착이 형성된 사람에게 강한 애착 관계를 나타내고, 점차 그 강도가 줄어들면서 여러 사람에게도 애착을 형성하게 된다.
	상호관계의 형성 (18~24개월)	▶ (이전 단계에서 애착 대상과 함께 있는 것에만 관심을 기울였던 것과 달리,) 애착 대상의 **계획을 어느 정도 이해**하여 **잠시의 분리를 기꺼이 허용**하고 참을 수 있다. **애착 대상과 동반자**와 같은 관계가 된다(formation of reciprocal relationship).

- 에인스워드(Ainsworth)의 낯선 상황 실험

애착의 유형			
	안정 애착		▶ 상호 신뢰를 기반으로 긍정적이고 건강한 관계 ▶ 낯선 사람과 남아 있는 경우에는 **당황·불안감을 느끼다가 어머니가 돌아오면 곧 안정**되는 유형 • 애착 관계를 기반으로 아동의 **안전기지**(secure base)가 될 수 있는 양육자와 아동 간의 신뢰감을 통해 아기는 긍정적이고 건강한 상호관계를 형성하게 된다. 기 안정 애착 유형의 유아들은 어머니가 돌아오면 반기며 좋아해요. 그리고 어머니를 **(안전기지)**로 생각하기 때문에 낯선 상황에서도 적극적으로 환경을 탐색하거든요.^[특15] 기 안정 애착 유형의 유아와 [C] '어릴 때부터 제가 없으면 심하게 울고 장난감이 있어도 저에게 집착하는 모습을 보였어요. 돌이켜 보니 제가 기분 좋고 편할 때는 지수가 요구하는 걸 무엇이든 들어주고 반응해 주다가, 제가 힘들면 지수가 울면서 저를 부를 때 냉담하게 대했던 것 같아요.'에 나타난 애착유형의 유아가 에인스워스(M. Ainsworth)의 '낯선 상황 실험'에서 엄마와 재회했을 때 보이는 전형적 행동 특성을 비교하여 쓰시오. **안정 애착 유아는 기쁘게 반응하며, 엄마에게 다가가 안기거나 웃는 모습을 보이는 데 반해, [C]에 나타난 저항 애착 유아는 반가워하기보다 화를 내고, 불안해하는 모습을 보이는** 차이가 있다.^[25]
	불안정 애착	저항 애착	▶ **격리될 때 강한 격리 불안**을 보이면서도 막상 양육자와의 **접촉에도 저항**을 보이는 유형 • 불안정 양가적 애착이라고도 한다. 이 유형의 엄마는 아기의 요구에 일관적 태도를 보이지 않는다. 기 에인스워스 외(M. Ainsworth et al.)의 애착유형 중에서 ⓔ '시우가 평소에 엄마랑 떨어지지 않고 꼭 붙어 있으려고 했대요. 엄마가 자리를 비우면 심하게 불안해하면서 울지만, 막상 엄마가 다시 돌아오면 반가워하기 보다는 화를 냈대요. 그리고 엄마가 달래려 하면 엄마를 밀어내서 잘 달래지지 않았다고 해요.'에 해당하는 유형을 쓰시오.^[특20]
		회피 애착	▶ 양육자와 격리되었을 때 **격리 불안이 거의 없으며** 양육자와 **다시 만났을 때에도** 반가워하기보다 **피하거나 못 본 척** 무시하는 유형 기 진수는 어머니가 데리러 와도 별 반응이 없어요. 어머니가 부르는데도 진수는 별로 반가워하는 것 같지가 않아요. 아침에 헤어질 때 울지도 않고 어머니에 대한 반응이 별로 없어요. 어머니와 진수의 애착 관계가 괜찮은 걸까요? 진수의 애착 행동은 **(회피 애착)** 유형의 유아들이 나타내는 특성이긴 한데…….^[특15]
		혼란 애착	▶ (저항 애착과 회피 애착이 혼합된 가장 심각한 유형으로) **양육자에 다가가고 싶어** 하면서 동시에 **무서운 존재로 생각하기 때문에 피하고 싶은 감정**을 가지고 **혼란**스러워하는 유형 ▶ 부모에게 접근해야 할지, 회피해야 할지 갈피를 잡지 못하는 유형

3 애착 형성의 3요소

- 애착 형성을 해야 하는 영아기에 양육자가 보여야 할 가장 중요한 3가지 태도는 **민감성, 반응성, 일관성**이다.

애착 형성의 3요소		
	민감성	▶ 부모가 유아의 신호를 세심하게 관찰하고, 이를 정확히 이해하는 것 • 아이의 작은 표정이나 행동의 변화도 놓치지 않고 파악하는 것이 핵심이다. 민감한 부모는 유아가 표현하는 욕구와 정서를 잘 파악하며, 적절한 시점에 맞춰 유아의 요구를 충족시켜 준다. • 이는 유아가 자신이 보호받고 있다고 느끼게 하며, 안정적인 애착을 형성하는 기반이 된다.
	반응성	▶ 유아의 신호에 적절하고 즉각적으로 반응하는 것 • 반응성 높은 부모는 유아가 울거나 웃는 상황에서 필요한 행동을 신속히 제공하며, 유아에게 신뢰와 안정감을 준다.
	일관성	▶ 부모가 유아의 요구와 신호에 대해 꾸준히 동일한 방식으로 반응하는 것 • 일관성 있는 부모는 유아가 필요할 때 항상 곁에 있어 주며, 일정한 방식으로 돌봐 준다. • 이러한 일관성은 유아가 예측 가능한 환경 속에서 심리적 안정감을 느끼게 하고, 신뢰를 형성하는 데 기여한다. 기 ⑤ '제가 기분 좋고 편할 때는 지수가 요구하는 걸 무엇이든 들어주고 반응해 주다가, 제가 힘들면 지수가 울면서 저를 부를 때 냉담하게 대했던 것 같아요. 지금도 어떨 때는 아기 대하듯 먹여 주고 입혀 주고 다 해 주다가, 또 어떨 때는 너 스스로 하라고 야단치게 돼요.'에 대해 교사가 제안해야 할 양육 태도를 쓰시오. **아이가 엄마의 반응을 예측할 수 있도록 일관되게 반응하도록 제안한다.** (유아의 요구에 일정한 방식으로 일관되게 반응하여 안정감을 느낄 수 있도록 제안한다. / 일관된 반응성과 예측 가능한 양육 태도를 유지하도록 제안한다. 등)[25]

> **Plus 지식** 에인스워스(Ainsworth, 1963, 1967)의 애착발달 과정

1단계 애착의 전단계 (2~3개월)	▶ 무차별적인 반응성을 보이며 누구에게나 미소를 짓거나 손을 내밀며 안기려 하는 단계
2단계 애착 형성기 (6~7개월까지)	▶ 가족 구성원이나 낯익은 사람에게 미소를 짓거나 소리를 내며 긍정적 반응을 보이는 단계
3단계 애착기 (6~24개월)	▶ 특정 애착 대상에게 가까이 가려 하거나 떠나려는 행동에 저항하며 분명한 애착 행동을 나타내는 단계

4 애착 발달에 대한 이론적 관점

정신분석 이론	• 프로이트의 심리성적 발달 관점을 토대로 애착 형성의 기제를 설명하는 이론이다. • 어머니는 수유를 통해 영아의 **본능적인 욕구를 충족시켜 줌**으로써 영아가 애정을 느끼는 대상이 되고 상호 지속적으로 정서적 관계를 유지하게 된다는 것이다. • **에릭슨** : 영아의 기본적인 **욕구에 민감하고 일관성 있게 반응해 줌**으로써 애착이 형성되는 것이라고 하여 안정 애착과 기본적인 신뢰감의 밀접한 관계를 강조하였다.
학습 이론	• 애착을 **자극과 반응의 연합에 의해 학습경험이 축적된 결과**라고 보는 관점이다. • 즉, 애착의 질은 영아의 행동에 대한 어머니의 반응 정도와 영아에게 제공하는 자극의 양에 따라서 결정된다는 것이다. 다시 말해 영아는 자신의 욕구에 빨리 반응해 주고 다양한 보상을 제공하는 주 양육자와 애착을 형성하게 된다. ⑩ 기저귀를 갈아주는 동안에 어머니가 영아와 눈을 맞추며 '기저귀가 젖어서 불편했지? 엄마가 보송보송한 기저귀로 바꿔 줄게. 우리 아기 기분 좋겠네.'와 같이 따뜻하고 유쾌한 어조로 아기에게 말을 걸거나 아기의 다리를 마사지해 주고 엉덩이를 토닥여 주는 등의 따뜻한 신체 접촉을 통해 영아가 시각·청각·촉각적 만족을 경험할 때 이것이 즐거운 감정으로 연결되어 영아의 애착 행동을 긍정적으로 강화하게 된다.
인지발달 이론	• 애착을 형성하는 유아의 능력은 전반적으로 인지 발달과 밀접한 관계가 있으며 영아가 특정 인물에 애착을 형성하는 것은 **지적 발달이 선행되었을 때 가능한 일**로 본다. • 즉, 애착은 애착 대상과 다른 **대상을 구별할 수 있는 지각적 변별력**과 애착 대상이 시야에서 사라져도 어디엔가 존재한다는 것을 이해하는 **대상영속성의 개념을 갖춘 후에 비로소 형성**될 수 있다는 것이다. • 실제로 대상영속성이 획득되는 7~9개월은 애착 발달의 결정적 시기라는 점에서 볼 때 애착은 인지 발달과 밀접하게 관련되어 있음을 알 수 있다.
동물 행동학적 이론	• **보울비**(Bowlby) : 애착은 태어날 때부터 이미 지니고 있는 **인간 종 특유의 신호 및 행동 경향**이자 **생존 및 자기 보호를 위한 본능**이며, 영아의 생존에 애착 인물이 기여한다는 점에서 유전적으로 결정된 기제라고 보았다. • 즉, 양육자를 보고 웃거나 따라 하거나 옹알이하는 등 양육자 가까이에 머물고 접촉하기 위해 영아가 취하는 모든 행동은 생존 유지를 위해 생래적으로 타고난 반응이라는 것이다. • 이 관점에서는 성인 역시 선천적으로 영아가 보내는 신호를 해석하고 반응할 수 있는 능력을 선천적으로 가지고 있다고 본다. 또한 주 양육자가 영아의 다양한 신호를 잘 알아차리고 반응할수록 영아도 양육자에게 더욱 반응적으로 되어 상호 의존적인 정서적 유대가 형성된다고 본다. • **할로우**(Harlow)**의 실험** : 배고플 때 이외의 모든 시간동안 헝겊엄마 곁에서 보내는 아기 원숭이의 행동을 통해 건강한 애착 형성을 위해서는 **수유와 같은 일차적 욕구를 충족시켜 주는 것만으로 충분치 않으며, 영아와 어머니 간 사회적 상호작용이 더 중요하다는 것을 시사**한다.

V. 성역할 개념

1 성역할 개념

성역할 (gender role)	▶ 한 사회에서 인정되는 다양한 역할 중에 **남성과 여성에게 기대되는 역할** ▶ 개인의 **성별**에 따라 **사회적으로 인정되고 수용되는 행동 양식** • 한 개인이 속해 있는 사회에서 남자 혹은 여자로 특징 지어질 수 있는 행동, 태도, 가치, 특성의 기대치를 의미한다. ※ 역할 : 특정한 위치를 지니고 있는 사람에게 기대되는 행동
성역할 고정관념 (gender role stereotypes)	▶ 특정 행동, 말씨, 감정, 외모 등이 **어느 한 성에만 적용된다고 생각하는 고정관념** • 전통적 관점은 남성과 여성의 차이를 강조하고, 남자다움과 여자다움이 따로 있으며, 이를 따르는 것이 심리적으로 건강하다고 생각하는 성역할 고정관념을 지지하는 사고 경향이 강했다. ㉠ 남아가 인형놀이를 하거나 여아가 총싸움을 하는 것에 대해 이상하게 여기는 것을 말한다. 기 '남자는 힘이 세니까 배달을 잘할 수 있어.'에 해당하는 성역할 개념을 쓰시오. [17] 기 [A]에서 성역할고정관념의 예가 드러난 부분을 찾아 쓰시오. **남아들은 의사 역할을 하고 여아들은 간호사 역할을 하더라구요.** [19]
성 유형화 (gender typing)	▶ 사회문화적 환경 속에서 **자신의 성에 적합**하다고 여겨지는 **태도와 행동을 습득하는 과정** • 성에 따라 적절하다고 인정되는 반응, 특성, **능력들을 획득해 가는 것**, 즉 어떤 사회문화 속에서 아동이 남자나 여자로서 자신에게 적합한 행동을 하게 하는 것을 뜻한다. • 이와 같은 태도와 행동의 차이는 선천적으로 타고난 남녀의 생리적 차이(골격, 호르몬, 발육, 상태 등) 또는 유아의 문화적 환경에 의한 것일 수도 있다. • 유아는 **자신의 성을 인식하면서부터 사회화 과정을 통해 성 유형화**된다. 즉, **사회적으로 자신의 성에 더 적합하다고 생각되는 성역할을 획득**해 나간다. ㉠ 유아기에 들어서면서부터 자신의 성이 남자인지 여자인지 알게 되고, 남아는 총싸움이나 몸을 많이 움직이는 활동을 하는 한편, 여아는 인형놀이나 소꿉놀이를 많이 하게 된다.
양성성 (androgyny)	▶ 남성과 여성의 긍정적인 특성을 함께 가지고 있으며, **상황에 따라 유연하게 발휘**할 수 있는 **심리적 특성**(전형적인 **남성성과 여성성의 장점을 골고루 갖춘** 인성) • 벰(Bem, 1974) : 기존의 성역할에 대한 연구들은 성역할을 이분화하였는데, 벰은 한 사람이 남성적인 특성과 여성적인 특성을 모두 나타낼 수 있다는 것에 주목하였다. • 현대 사회에서는 상황에 따라 **남성성과 여성성을 융통성 있게 발휘하는 것이 효율적**이다. 장점을 골고루 갖춰 **자신감**이 있고, **업무 성취 능력**이 있으며, **사회적으로 적응력**이 높다. 기 '양성평등교육'을 주제로 한 연수에서도 강조했어요. 특히, 유아가 남성과 여성이 가지고 있는 긍정적인 특성을 함께 지니는 심리적 (**양성성**)을 키워주는 게 필요하다고 하더라구요. [19]

Plus 지식 벰(S. L. Bem)**의 성도식 모델** (출처 : Martin&Halverson(1981); 문혁준(2016) 재인용)

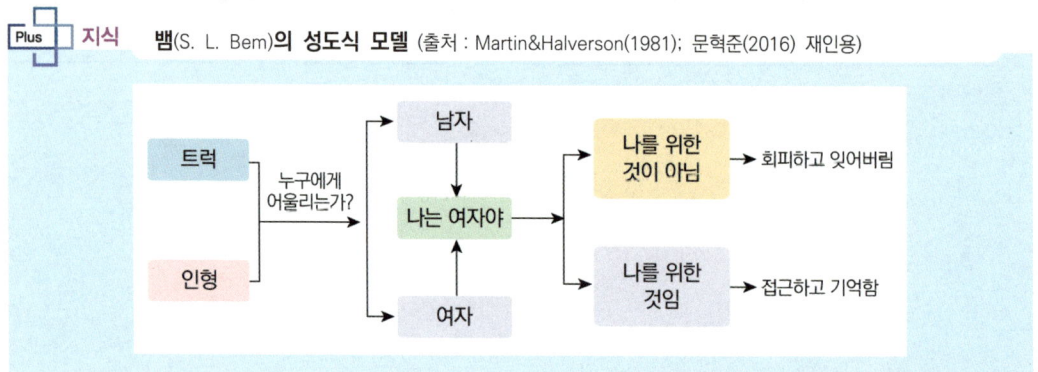

2 성역할 발달이론

생물학적 결정론	• 남성과 여성이 타고난 신체 구조와 같은 **생물학적 차이에 초점**을 둔다. • 생물학적 결정론은 사회생물학적 관점과 정신분석학점으로 구분된다.	
	사회 생물학	• 공격성이나 모성적 행동과 같은 행위들이 **생물학적, 진화론적으로 어떻게 유전되는가에 관심**을 갖는다.
	정신분석 이론	• 남성과 여성의 성역할의 차이는 인간의 심리성적 발달 5단계 중 제3단계인 **남근기에서의 서로 다른 경험에 기인**한다고 본다. • 즉, **성역할 발달을 동일시의 과정으로 설명**한다. ▶ 동일시 : 모델에 대한 행동, 태도, 신념 및 사고방식에 따라 자신의 자아를 형성하려는 노력 기 '수호가 집에서 아빠 흉내를 많이 낸다.'에 나타난 유아의 행동과 관련된 용어를 프로이트의 정신분석 이론에 근거하여 쓰시오.[19]
사회학습 이론	• 사회적 경험이 성역할이나 성차에 미치는 절대적인 영향력을 강조한다. • 즉, 성역할 개념 발달에 직접적으로 영향을 미치는 **외부 환경적 요인의 역할** 및 **관찰**을 통해 이루어지는 성역할 학습을 중시한다. 성역할의 발달은 **강화, 모델링, 벌** 등에 의한 직접적인 학습과 훈련에 의해 일차적으로 이루어진다. 예 남아가 나타내는 공격에 대해 연령이나 호르몬과 같은 생리적 요인보다는 공격적인 행동의 모델링과 같이 남아의 공격성을 강화한 사회적 요인에 더욱 관심을 갖는다.	
인지발달 이론	• 성역할 발달이 유아가 자신을 남성 또는 여성이라고 지각하는 것과 같은 인지적 성취 및 환경과의 상호작용에 의해 이루어진다고 설명한다. • 콜버그(Kohlberg)는 아동이 자신을 남성 또는 여성으로 성별 자아개념을 인식하는 것을 성역할 발달의 가장 중요한 과정으로 간주하였으며, 이러한 인식은 동일시에 선행된다고 주장하였다. • 즉, 성역할 발달에서 '나는 남자 혹은 여자이다.'라는 **인식이 먼저** 일어나며 **그다음으로** 자신과 동일한 성의 성인의 행동을 **모방**하면서 자신의 성에 적합한 행동을 **학습**하게 된다는 것이다. 기 성역할 개념 발달에 관한 콜버그 등의 인지발달론적 관점에 대하여 서술하시오. **성역할 발달이 유아가 자신을 남성 또는 여성이라고 지각하는 것과 같은 인지적 성취 및 환경과의 상호작용에 의해 이루어진다고 설명한다.**[10]	
성 도식 이론 (gender schema)	• 벰(S. L. Bem, 1983)은 사회학습이론과 인지발달이론을 변형한 성도식 이론을 제시하였는데, 성 도식 이론에서는 유아가 성을 유형화하고, 성역할을 습득하기까지의 정보처리 과정을 중요시한다. • 성 도식(schema)이란 **성에 대한 인지구조**를 의미하는데, 유아는 "남자는 힘이 세고, 여자는 힘이 약하다."와 같은 성과 관련된 행동에 대한 기본적인 지식을 구성해 나가면서 성에 대한 인지구조를 갖게 되고, 자신의 인지구조에 적합한 행동을 선택하게 된다. 기 벰의 성역할 이론에서 제시된 개념으로 이는 **정보처리 이론**의 관점에서 유아가 선택적인 기억과 선호과정을 통해 자신의 성역할을 학습하는 **인지적 구조**를 뜻한다. 마치 유아들 내면에 이 놀잇감이 남자에게 적합한 것인지 또는 여자에게 적합한 것인지를 스스로 판단하고 분류하는 (성 도식)이 있어서, 유아들이 이에 따라 행동하는 것처럼 보였다. 뿐만 아니라 유아들은 자신의 성에 적합한 역할에 대한 정보를 더 많이 수집하여 자신의 (성 도식)에 적합한 정보를 더 잘 기억하여 정보를 처리하고 학습하는 것 같다.[18]	

3 요약 : 성역할 개념 발달에 관한 콜버그(Kohlberg) 등의 인지발달론적 관점

성 동일시 (성 정체성) (2~4세, gender identity)	▶ 자기 자신을 **남성 혹은 여성으로 정의**하고 **다른 사람의 성도 정확히 알아내는** 능력 • 자신의 생물학적 성이 **남자인지 또는 여자인지를 안다.** • 이때의 유아들은 주로 생김새나 옷차림, 헤어스타일 등 남녀의 신체적 외양의 차이를 단서로 성별을 구별하며, 남녀의 생식기에 따른 성 구분을 이해하지 못하기 때문에 옷이나 머리 모양을 바꾸면 자신이 원하는 대로 남자는 여자가 될 수 있고, 여자는 남자가 될 수 있다고 생각한다. 기 성역할 개념 발달단계와 각 단계의 특징, 발달단계의 순서에 대해 논하시오. 은지는 자기가 여자인지 알고, 커서 남자인 아빠가 될 수 있다고 생각한다.[10]
성 안정성 (5~6세, gender stability)	▶ 성별이 **시간이 지나도 안정되게 유지**된다는 지식(것을 이해하는 단계) • 남자 아이들은 그들이 자라면 아빠가 될 것이라 믿고, 여자아이들은 엄마가 될 것이라 믿는 것 • 남자는 남자로, 여자는 여자로 계속 자라게 될 것을 안다. • 즉, 자신의 성은 일생을 통해 같은 성에 머문다는 것을 이해할 수 있게 된다. 기 준수는 자기가 남자이기 때문에 커서 아빠가 될 수 있다고 생각하고, 아빠가 엄마 옷을 입으면 여자라고 생각한다.[10]
성 항상성 (7~8세, gender constancy)	▶ 행동이나 옷 등 **외형의 변화에도 불구**하고 성별이 **생물학적 특성에 의해 항상 유지**된다는 지식(것을 이해하는 단계) • 성이란 복장이나 헤어스타일, 놀이 종류와 같은 외적인 모습과 상관없이 생물학적 특성(신체적 특성)에 의해 항상 유지된다는 것을 인식한다. 기 민아는 아빠가 여자 옷을 입고 있어도 아빠는 남자임을 안다.[10] 기 (성항상성)의 의미를 설명하시오. 가발 쓰고 구두 신는다고 남자가 엄마가 되냐?[13]

> **Plus 지식** 성역할 발달 이론 – 인지발달론적 관점
>
> • **정신분석 이론과 인지발달 이론**에서 **성유형의 형성과정에 대한 입장이 대조**를 이루고 있음을 알게 된다.
> • **정신분석 이론** : 부모에게 의존하여 모방 또는 동일시를 통하여 성 정체감을 형성
> • **인지발달 이론** : 먼저 성 정체감을 형성하고 **부모를 동일시 또는 모방함으로써 성에 적합한 행동**을 학습
> • 인지발달 이론은 유아가 자신을 남성 또는 여성이라고 인지하고 있는 인지적 성취 및 환경과의 상호작용에 의해 성역할 개념이 발달한다고 본다. **콜버그**는 유아가 자신을 남성 또는 여성으로 **성별 자아개념을 인식하는 것이 성역할 발달이 시작되는 중요한 과정**으로 보았으며, 이것은 **동일시에 선행한다**고 하였다. 즉, '나는 남자다.'라는 인식이 먼저고, 그다음 '그러므로 남자에게 맞는 행동을 한다.'라는 동일시가 나중에 이루어진다는 것이다.
> • **정신분석 이론이나 사회학습 이론** : 모두 **같은 성의 부모와 동일시하는 것이 자기 성에 대해 적합한 행동 및 태도를 습득하는 선행조건**이라 한다면,
> • **인지발달 이론** : 같은 성의 부모와의 **동일시가 성 유형화의 결과**라 보았다.
> • **사회학습 이론적 관점** : 유아가 남자답거나 여자다운 행동을 했을 때 사회적 인정과 수용으로 유아가 성역할에 대한 **동일시를 하게 되는 동기를 제공**해 주지만,
> • **인지발달 이론** : 유아가 **먼저 자신의 성에 대한 지각을 한 후** 그에 적합한 사회적 기대와 가치 및 태도를 동일시한다는 것이다. 따라서 인지발달 이론에서 성역할 개념의 발달이란 자신에 대한 남성, 여성으로서의 자각이 근본적으로 지적인 성취의 결과에 의해 이루어진다는 의미이다.

4 성역할 개념 발달에 관한 콜버그(Kohlberg) 등의 인지발달론적 관점

성 동일시 (성 정체성) (2~4세, gender identity)	① '성 정체성'이란 **개인이 자신의 성별에 대해 깨닫게 되는 개념**으로서 **남·여 중 한쪽 성별에 속해 있고 다른 쪽 성별에는 속해 있지 않다는 것을 인식하는 것**이다. ② 유아는 2세경부터 자신과 타인의 존재를 구별하며 자아정체감을 갖기 시작한다. - 따라서 타인과의 유사점, 차이점에 대해 인식하며 이를 통해 성에 관심을 갖기 시작하지만, 아직 자신의 성별을 정확하게 인식하지 못한다. ③ 3세가 되면 대부분의 유아가 자신의 성을 뚜렷하게 인식하고 정확한 성 명칭을 사용한다. - 이 시기에는 **성 유형화(sex-typing)를 통해 성에 따라 선호하는 놀잇감이 달라지고**, 머리 모양, 옷차림 등으로 성별을 구분해내며, 또한 남·여에 따라 적합한 일을 분류하는 경향을 나타낸다. - 특히 요리, 설거지, 다림질, 세탁 등을 성인 여자의 일로 분류하는 것을 볼 때, 이 시기 유아가 성역할에 대한 사회적 기대에 의해 어느 정도 영향을 받는다는 것을 알 수 있다. ④ 4세 유아는 성에 대한 사회적 규범에 따라 적절한 성역할 행동과 태도를 나타내며 사회적 기대에 보다 충실해지지만, 반면 여전히 자아중심적인 성향을 지니고 있어 성역할에 대한 전통적 기대를 별다른 갈등 없이 쉽게 무시하는 이중적인 성향을 보인다. - 이는 사회적 기대에 부응하지 않으면 부정적 결과가 초래될 수 있다는 사실을 뚜렷하게 인지하지 못한 까닭이다. - 무엇보다 이 시기 유아는 외형이 바뀌더라도 성(sex)이 바뀌지 않는다는 사실을 아직 깨닫지 못한다.
성 안정성 (5~6세, gender stability)	① '성 안정성'이란 **성 정체감이 보다 확고히 자리 잡아 안정적으로 자신의 성을 인식**하는 것으로, 이러한 개념이 획득되면 유아는 자신의 **성이 변하지 않으며 성인이 되어서도 지금의 성이 유지될 것이라는 사실을 깨닫**는다. ② 5세경이 되면 유아는 성 정체성이 더욱 분명해지며 성 안정성을 인식하기 시작한다. - 이 시기의 가장 큰 특징은 성에 대한 선호도가 부각되어 자신과 동일한 성에 대해 적극적인 호감을 표시한다. - 즉, 긍정적인 것은 모두 자신의 성과 관련시키고, 부정적인 것은 다른 성에 속한 것으로 분류하는 경향을 보인다. ③ 그러나 6, 7세가 되면 이러한 경향이 감소하는데, 이는 성에 따라 사회적으로 어떠한 성역할이 기대되는지 성역할 범주체제를 완전히 습득했기 때문이라고 여겨진다. - 성 안정성이 획득되는 시기의 유아는 전통적인 성역할 기대를 위배했을 때 부정적 결과가 초래되어 자신이 비난을 받거나 벌을 받게 된다고 생각한다. - 따라서 사회적 규범에 순응하는 성역할 행동 및 태도를 나타낸다.
성 항상성 (7~8세, gender constancy)	① '성 항상성'이란 **겉모습과 상관없이 자신의 성이 일정하게 유지된다는 개념**으로서 **타고난 성이 평생 불변으로 지속된다는 사실을 깨닫는 것**이다. ② 6세를 지나 7세경에 이르면, 유아는 머리 모양, 옷차림, 행동이 달라져도 자신은 언제든지 동일한 성을 유지한다는 것을 알게 된다. - 성에 따라 정보를 분류하는 성 유형화 지식이 성인 수준으로 증가하고, 이러한 지식은 이미 탄탄하게 유아의 내면에 자리 잡아 이 시기에는 오히려 성에 따른 정보 범주화의 경향이 급격히 감소한다. ③ 7세부터는 지금까지 형성된 성역할 개념들이 성역할 고정관념으로 확고해져 가기 시작하지만, 일부 연구자들은 성에 따른 범주화 행동 및 태도가 사라지면서 성역할에 대한 유연성이 증가한다(유희정, 2000)고 보고하고 있다.

VI. 양성평등 교육 - 유아를 위한 양성평등 교육활동 지도자료(2004)

1 양성평등교육의 필요성 및 목적

필요성 및 목적	▶ **남성과 여성이 동등한 인권**을 가진 인간임을 인지하고, **성별에 따른 불평등을 타파**하며, 모든 사람이 타고난 **성별과 관계없이 자신의 소질과 능력을 충분히 개발할 수 있도록 돕는 교육** • '**성인지 (감수성) 훈련(gender training)**' 또는 **성인지 교육**이라고 칭하기도 한다. • 따라서 기존사회의 성역할 교육과정(gender curriculum)을 타파하고 타고난 성별에 관계없이 자신의 소질과 능력을 충분히 개발할 수 있도록 도와줌으로써 교육에의 접근 기회뿐 아니라 학업성취 등 교육의 과정이나 결과에 있어서 성간 격차가 없도록 하는 진정한 의미의 양성평등교육의 실현이 절실히 요구된다.

2 양성평등교육의 개념

개념	• **성(性)**은 생물학적 측면의 성(sex)과 사회적인 측면의 성(gender), 두 가지 면에서 남성과 여성으로 구분된다. • **생물학적 측면의 성**(sex)에서 남·여 간의 차이는 분명 존재한다. 서로 다른 생식기를 갖고 있으며, 또한 서로 다른 신체적 특성들을 지니고 있다. • 반면 **사회적 측면의 성**(gender)에서 **남·여는 동일해야 한다.** 동일한 인간으로서 **존엄성**을 인정받으며 살아갈 권리가 동등하게 부여된 것이다. • 그러나 역사적으로 오랜 세월 동안 가부장적 사회가 존속되어 온 과정 속에서 생물학적인 성(sex)의 차이가 사회적인 성(gender)의 차별로 이어져 왔다. 따라서 여성들은 불평등한 대우 속에서 억압과 차별을 감내해야만 했다. 이러한 성차별을 바로잡기 위해 '양성평등'의 개념이 대두된 것은 필연적이다. • '양성평등'을 명료하게 정의하면 '남성과 여성이 평등해야 한다.'라는 단순명제로 정리될 수 있다. 그러나 진정한 의미의 양성평등을 위해 보다 구체적인 개념 정의를 시도할 필요가 있다. 그러한 노력의 결과를 압축하면 '**기회의 평등, 조건의 평등, 결과의 평등**'으로 설명할 수 있다. • 지금까지 시도되어 온 양성평등교육은 단순히 '**기회의 평등' 차원에 머물러서 양적인 기회균등**에 그쳤다는 한계를 안고 있다. 진정한 의미의 양성평등교육이 이루어지기 위해서는 앞서 논의한 '양성평등'의 개념에 기초하여 '기회의 평등' 분만 아니라 '조건의 평등', '결과의 평등'이 모두 달성되어야 한다. • 즉, 교육의 기회가 남·여 모두에게 동일하게 주어지고, 또한 교육의 조건이 남·여 모두에게 동일하게 조성되며, 그리하여 교육의 결과가 평등해지는 것을 의미한다. 기 양성 평등 교육의 관점에서 부적절한 교사의 인식과 태도를 모두 쓰시오. [06] 기 유아들의 성역할에 대한 고정관념을 보여준다. 이에 박 교사는 **(양성평등)**교육의 필요성을 느끼게 되어 누리과정에서 그 근거를 찾아 '우리 가족이 하는 일'이라는 활동을 계획하였다. 범교육과정적 주제 중 하나인 괄호를 쓰시오. [13] ※ 범교육과정적 주제 : **민주시민교육, 인성교육, 환경교육, 경제교육, 에너지교육, 근로정신함양교육, 보건교육, 안전교육, 성교육, 통일교육, 한국문화정체성교육, 국제이해 교육, 양성평등교육, 장애인이해교육, 인권교육, 소비자교육, 다문화교육, 미디어교육,** 진로교육, 해양교육, 정보화 및 정보윤리교육, 청렴 교육, 물보호교육, 안전·재해 대비 교육, 저출산·고령사회대비교육, 여가활용교육, 호국·보훈 교육, 전통윤리교육, 아동·청소년보호교육, 문화예술교육, 농업·농촌이해교육, 지적재산권교육, 의사소통·토론 중심 교육

기회의 평등	• 성별과 관계없이 **남·여 모두**에게 **동등한 기회**가 주어져야 함을 의미한다. • 즉, 특정 성별에 대해 이익 또는 불이익이 주어져서는 안 되는 **기회에의 평등한 접근 가능성**을 말한다.
조건의 평등	• 그러나 여성과 남성에게 균등하게 기회가 주어진다 해도 가부장제 사회에서는 여성이 불리한 조건에 처해 있기 때문에 열려 있는 기회에 다가가기가 힘든 것이 현실이다. 따라서 기회의 평등이 실질적으로 이루어지기 위해서는 '조건의 평등'이 전제되어야만 가능하다. • 즉, **남성과 여성이 처한 조건을 상대적 관점에서 접근**하여 **동등한 조건이 마련되도록 하는 것**이다. (남녀 모두 동등한 권리 누릴 수 있는 **선결 조건을 제공해야** 한다.)
결과의 평등	• **개인 간의 출발점에서의 차이를 보완**하거나 필요에 따라 **추가적인 지원을 제공**하여, 교육, 경제, 사회적 혜택 등에서 **최종적인 결과가 동일하거나 균등하게 이루어지도록 하는** 원칙 • 역사적으로 오랜 세월 동안 축적되어 온 가부장적 이데올로기가 사회 전반에 뿌리 깊게 자리 잡고 있는 한 여성은 지속적인 차별에 노출될 수밖에 없는 한계를 지닌다. • 이러한 현실은 결국 여성에게 남성과 동등한 기회, 동등한 조건이 주어진다 해도 불리한 결과를 낳을 수밖에 없는 패배로 이어진다. • 그러므로 '결과의 평등'이 이루어지기 위해서는 기존의 차별적 관행을 개선하고 가부장적 이데올로기를 불식시키는 보다 강제적이고 적극적인 처방이 필요하다.

3 양성평등교육의 개념(생애주기별 양성평등의식교육, 한국양성평등교육진흥원, 2012)

개념	• **양성평등교육이란** ① 여성과 남성 등 특정 성에 대하여 부정적인 감정이나 고정관념, 차별적인 태도를 가지지 않고 ② 남성과 여성의 생물학적 차이를 사회·문화적 차별로 직결시키지 않으며 ③ 남녀 모두에게 잠재되어 있는 특성을 충분히 발현하여 자신의 자유의지로 삶을 계획하고 세상을 볼 수 있도록 하는 교육이다. • 이를 위해서는 성 인지능력(gender-competence)이 향상되어야 한다. • **성 인지 능력이란**, 섹스(sex, 생물학적 성)와 젠더 (gender, 사회적 성)가 가진 차이와 차별의 의미를 분명히 인식하고, 학습자 자신의 성별에 관계없이 학습자가 수행하는 과제와 하는 일(행위) 영역에서 젠더 관점(gender perspective)을 가지고, 양성평등 지향적으로 일(행위)하는 능력을 말한다. 성 인지능력은 3가지 요소로 구성된다 : **의지 (will), 지식(know), 실천력 (can)**이다. • **젠더 관점** : 정책과 프로젝트를 수행할 때, 성별 역할과 지위에 있어서 사회적 관행과 역학 관계를 이해하고, 성별 입장과 경험을 동등하게 고려함으로써 성차별적 영향을 배제할 수 있는 통찰력과 기술을 의미한다.

	의지 (Will)	• **양성평등을 지향**하고, **성 주류화 실행에 기여하려는 동기**를 말한다. 이를 위해서는 젠더 관계와 사회에 내재되어 있는 성차별구조에 대한 감수성이 필요하다. • 학습자는 사회 문화적 조건 속에서 만들어진 성별 고정관념이 자신들의 삶이 어떻게 구성되어 있는가를 감성적으로 느낄 수 있어야 한다. • 여성과 남성의 차이, 차별과 차이에 대한 성찰, 젠더로 인한 차별과 다른 차별과의 차이점 등에 집중하면서 일상 속에 녹아있는 성 고정관념과 성 억압적 관행 및 문화를 민감하게 느끼며, 새로운 양성문화를 만들어나가려는 의지이다.
	지식 (Know)	• **섹스와 젠더의 차이**분만 아니라, **성차별구조를 분석할 수 있는 개념과 대안** 구조를 만들어 낼 수 있는 도구에 대한 지식까지, 구체적이면서도 포괄적 수준의 **지식**을 말한다. • 일상의 맥락에서는 자신이 행하는 업무영역과 관련된 젠더에 관한 지식도 포함한다. 젠더 분석에 대한 자료뿐만 아니라, 이런 자료가 가지고 있는 문제점도 알고 있다.
	실천력 (Can)	• **성 주류화 전략**을 자신의 업무(행위) 맥락에서 활용할 수 있는 **능력**을 말한다. • 젠더 관점을 자신이 관계를 맺고 있는 모든 영역에서 활용하여, 평등 지향적으로 통합해 나가는 상태이다.
	• 양성평등교육은 성인지 능력의 세 요소, 즉, 의지, 지식, 실천력의 전체 과정을, 다르게 표현하면 3H(Heart, Head, Hand)를 통합시키는 과정이다. • 양성 불평등한 현실을 심정적으로 강하게 느끼고, 양성평등의 필요성을 절감하며, 이를 실현하기 위한 지식을 획득하여, 행동으로 실천하기까지, 삶에 변화를 가져오는 전 과정을 포함하는 교육이다.	
Sex와 Gender	• 여성과 남성의 차이는 성염색체에서 시작한다. 인간이 가진 23쌍의 염색체에서, 남녀를 결정하는 성염색체는 1쌍이다. 남성은 XY이고 여성은 XX이다. 나머지 22쌍의 염색체는 남녀가 공통으로 갖는 상염색체이니, 이를 숫자로 표현하면 남녀의 차이는 1/23의 차이이다. • 이런 차이를 남성과 여성의 '생물학적인 성(sex)'이라고 말한다. 생물학적인 성은 남녀(영어로는 male / female)의 생물학적, 신체적, 해부학적 특성을 표현하는 용어로, 신체 내외부의 기관들, 염색체, 호르몬, 성기의 차이 등을 말한다. • 이를 좀 더 구체적으로 표현하면 여성들은 생리를 하며, 임신과 출산, 수유할 수 있고, 남성들은 정자를 배출할 수 있다. 생물학적 성은 본질적 성이며 불변이다. • 이러한 남녀의 성(sex) 외에 또 하나의 성이 있다. 사회적으로 구성되고 규정되는 성이기 때문에 생물학적인 성인 sex와 구분하여 젠더(gender, 사회적 성)라고 부른다. • 즉, 여성에게는 자녀 양육의 책임이 있고, 남성에게는 가족부양의 책임이 있다는 각본화된 성역할을 의미한다. 오늘날 여성들이 직업 활동을 통해 가족을 부양해도, 여전히 자녀 양육과 가사를 책임져야 하는 이유도 이러한 사회적인 성별 분업에서 나온 것이다.	

젠더 트레이닝, 젠더 감수성 측면	• 사회적 성, 젠더는 시간에 따라 변화하고 지역에 따라 어느 정도의 다양성을 보이지만, 변화하는 데 긴 시간과 인식의 변화라는 어려운 강을 건너야 한다. • 이 강을 건너는 훈련을 '젠더 트레이닝(gender training)' 또는 '젠더 감수성 훈련(gender sensitivity training)'이라고 부른다. • 젠더 트레이닝이란 전통적 젠더 관점의 문제로 인식하고, 대안적 젠더 관점을 획득하는 과정으로, 이 훈련은 남성뿐만 아니라 여성에게도 필요한 것이다. • 남녀는 동일한 존재(the same)가 아니며, 또한 동일한 존재가 될 수 없으며, 남녀의 차이는 자연스럽고, 차별로 해석되거나 차별의 근거로 사용되어서는 안 된다는 것이 젠더 트레이닝의 핵심메시지이다.
평등의 다양한 측면	• 인간이 꿈꾸는 주요한 희망은 평등한 사회 속에서 사는 것이다. 대한민국 헌법 제11조 ["모든 국민은 법 앞에 평등하다. 누구든지 성별·종교 또는 사회적 신분에 의하여 정치적·경제적·사회적·문화적 생활의 모든 영역에서 차별을 받지 아니한다."]에서도 평등은 중요한 개념으로 언급되고 있다. 평등사회 실현을 위하여 다양한 노력과 법과 제도를 도입하고 있지만, 아직까지는 이의 실현을 위해 많은 노력을 기울여야 할 것이다. • 초기에는 기회의 평등에 가장 큰 관심을 가졌다. 누구에게나 기회가 동일하면, 평등해질 수 있다고 보았다. 그래서 동등한 기회와 자유로운 경쟁의 형식적 절차와 과정을 중시할 것을 강조하였고, 그 결과로서 나타나는 불평등에는 관심을 보이지 않았다. 기회의 평등이 달성된 이후에 발생하는 차이는 개인적 노력이나 능력의 차이에 의한 것이므로 결과로서의 불평등은 정당한 것으로 여겼다. • **그러나 평등은 단지 모든 사람에게 동일한 기회를 주고, 동등하게 대우하는 것만으로 실현되지 않았다.** 선천적으로나 후천적으로 개인 간에 이미 많은 차이나 불평등이 존재하는 현실에서, 이러한 차이[우리에게는 성별, 피부색, 장애 유무, 나이, 민족, 종교, 가족 형태 등 무수한 차이가 있다. 이러한 차이 없이 우리 모두가 똑같다면 평등이라는 문제는 고민할 필요가 없다. 문제는 이렇게 다양한 차이들이 차별의 근거로 사용된다는 점에서 평등개념의 중요성이 있다. 성차별(sex discrimination)이란 합리적인 이유 없이 성별을 이유로 행하여지는 모든 구별, 배제, 또는 제한을 의미한다.]를 무시하고 기회의 평등을 통해 동등하게 대우하는 것만으로는 불평등을 제거할 수 없다는 인식이 차츰 확산되었다. 현실적으로 존재하는 개인 간의 차이를 무시하고 모든 사람을 절대적 기준에 의해서 평등하게 대우하는 경우, 평등 원칙은 오히려 불평등을 정당화하게 된다는 주장도 제기된다. • 평등 개념과 관련된 다양한 입장들은 남녀평등의 문제에 대해서도 동일하게 나타난다. 남녀평등에서는 기회, 조건, 결과의 평등을 어떻게 다루고 있는지 살펴보자. **기회, 조건, 결과의 평등은 반드시 단계적인 발전을 말하는 것은 아니다. 즉, 기회의 평등이 실현되고 나서, 조건의 평등을 실현할 수 있고, 그리고 최종적으로 결과의 평등에 도달할 수 있다는 의미는 아니다.** 각각의 평등은 남녀평등을 이해하고 이를 실천하기 위한 정책을 수립하고 집행하는 각 과정에서 중요하게 고려되어야 한다.

평등의 다양한 측면	기회의 평등	• 남녀평등의 초기 개념은 기회의 평등을 의미했다. 기회의 평등은 **남녀에게 동등한 기회가 주어져야 한다는 것**이다. 주어진 기회를 누릴 수 있느냐 여부는 개인의 역량과 상황(형편)에 달린 것이고, 중요한 것은 법이나 제도상 특정 집단에게 이익이나 불이익이 있어서는 안 된다는 것이다. • 여성들은 자신들에게 남성과 동일한 기회가 허용될 경우, 남성과 동등하게 자신의 능력을 발현시킬 수 있으며, 따라서 기회의 평등만으로도 남녀평등을 위한 필요충분한 조건이 될 수 있다고 믿었다. • 그러나 여성들이 생각했던 것과는 다르게, 오랜 시간 가부장제의 역사가 지속되는 동안 다양한 형태의 성차별이 축적됨으로써 기회의 평등은 분명한 한계를 갖는 것으로 나타났다. • 즉, 체계적으로 여성을 배제하는 사회구조하에서 기회의 평등은 간접적인 차별[간접차별이란 채용 또는 근로의 조건을 동일하게 적용하더라도 그 조건을 충족시킬 수 있는 남성 또는 여성이 다른 한 성에 비하여 현저히 적고, 그로 인하여 특정 성에게 불리한 결과를 초래하며 그 기준이 정당한 것임을 입증할 수 없는 것(남녀고용평등법 제 2조 1항)을 말한다. 예를 들면, 오지 근무가 승진 점수에 가산점으로 작용하는 경우, 여성의 경우 자녀 양육 때문에 남성에 비해 오지 근무를 할 수 있는 여건이 훨씬 불리하다.]을 낳을 수밖에 없게 되고, 그 결과 형성되는 불평등에 대한 문제를 제기하는 것이 쉽지 않다는 문제점을 드러냈다.
	조건의 평등	• 기회의 평등에 대한 현실적 한계를 인식하면서 새롭게 대두되는 평등개념이 조건의 평등이다. • 조건의 평등은 남녀평등을 수학적, 기계적인 평등이 아니라 상대적 평등의 관점에서 접근한다. 즉, 평등의 기본 원칙을 '같은 것은 같게, 다른 것은 다르게'라는 생각에 바탕을 두고 있다. • 모든 사람이 평등하다는 원칙은 비교 대상인 존재들이 동등할 때만 타당하며, 사실상 동등하지 않은 존재는 동등하지 않게 취급되어야 한다는 것으로 평등의 개념이 확장된 것이다. • 현재 불평등한 위치에 서 있기 때문에 경쟁의 조건에서 이미 차별을 당할 수밖에 없는 여성에게, 기회의 평등을 제공하는 것만으로 실질적인 평등을 가져오기에는 턱없이 부족하다. 현 사회구조가 여성을 가사노동과 자녀 양육의 전담자로 인식하는 한, 여성은 평등하게 보장된 법적인 기회조차도 제대로 활용할 수 없기 때문이다. • 따라서 조건의 평등은 **여성이 남성과 동등하게 권리를 누릴 수 있도록 선결 조건을 제공할 것을 요구**한다. • 예를 들면, 여성고용에 있어서 공동육아시설이나 공동식당 등 가사노동과 자녀 양육의 사회화를 통해 여성이 기회의 평등을 실질적으로 누릴 수 있는 조건이 전제될 때, 비로소 평등이 의미를 지닐 수 있다는 것이다. • 그러나 조건이 평등화되어도 역시 실질적 평등으로 가기에는 한계가 있다. 조건이 평등하다 해도 사회구성원의 가치체계가 가부장적인 상황에 놓여 있다면 가사노동과 자녀 양육의 사회화는 한계가 있을 수밖에 없다.

결과의 평등	• 기회와 조건의 평등에도 불구하고 여전히 존재하는 불평등의 문제를 극복하기 위해 대두된 개념이 결과의 평등이다. • 결과의 평등이란 **최종적으로 획득된 평등**을 말한다. 즉, 단순히 '분리 금지'나 '차별 금지' 등의 조치만으로 교정되지 않는 불평등이 존재한다. • 결과의 평등을 위해서는 기존의 차별 관행을 개선하고 성별 분업적 이데올로기를 불식시켜야 하는데, 이는 제도적 차원에서 강제성을 띤 적극적 조치를 필요로 하고 있다. 즉, 법률적 평등뿐만 아니라 실질적 평등이라는 목표를 분명히 하고 그러한 목표를 성취하기 위해 잠정적 특별조치가 필요하다고 본다. • 결과의 평등은 자유시장 경쟁의 개념으로 볼 때 남성집단에 대한 일종의 '역차별'이며, 헌법이 보장하는 평등의 개념에 모순된다는 비판을 종종 받는다. 그러나 이러한 결과의 평등은 영구적인 조치가 아니라 실질적인 의미의 양성평등이 달성될 때까지의 잠정적인 조치이다. • 인류가 궁극적으로 지향하는 평등사회는 보다 많은 사람들이 평등한 삶을 누릴 수 있는 사회이다. 따라서 능력 위주의 경쟁 사회가 요구하는 조건들을 갖지 못한 사람들이 겪는 불평등이 지배와 착취의 구실이 되기보다는, 그 차이를 적절히 법과 제도로서 보완하는 것이 새로운 사회정의와 평등의 개념이 되어야 한다.

4 양성평등교육의 목표 및 내용

목표	① 첫째, 개성과 능력의 발휘를 통하여 자아실현을 이루고자 한다. 남·여가 타고난 개성과 능력을 자연스럽게 발현할 수 있도록 보장함으로써 궁극적으로 진정한 자아실현을 도모할 수 있을 것이다. ② 둘째, 자립적·자주적 정신을 기르고, 그러한 태도를 정립시키고자 한다. 급격한 사회 변화 속에서 스스로 뚜렷한 목표와 가치관을 지니고 자립적인 남성, 여성으로 성장해 나아갈 수 있도록 교육이 이루어져야 할 것이다. ③ 셋째, 타인의 특성과 개성을 존중하는 평등의식을 함양하고자 한다. 성별에 관계없이 서로를 존중할 수 있는 자세를 기름으로써 나아가 평등사회를 구현할 수 있을 것이다. ④ 마지막으로, 사회·국가적으로 잠재되어 있는 인력을 개발하고자 한다. 양성평등교육이 이루어 진다면 그동안 가부장적 이데올로기에 가로막혀 사회진출을 차단당해 온 여성 인력이 활성화되는 결과를 가져올 수 있을 것이다. ⑤ 박은혜, 김희진, 곽삼근, 김정원(2004)은 양성평등교육의 목표를 인식, 분석, 실천전략의 세 측면에서 선정하였다. 구체적 교육목표는 ⊙ 현대 사회변화와 양성평등교육의 중요성 이해, ⓒ 양성 불평등의 현황 인식 및 원인 분석, ⓒ 양성평등사회 구현을 위한 전략학습 및 실천이다.
내용	① 남녀의 신체 특성 알기 ② 다른 성에 대해 동등한 가치를 인식하기 ③ 평등한 놀이 ④ 가정에서의 평등한 성역할 ⑤ 직업에서의 평등 ⑥ 성차별에 대한 비판 및 대응 능력

5 양성평등교육의 실현방안

성차를 무시하는 양성평등교육	▶ 성별 차이를 인식하지 않도록 **남·여 모두에게 개방적 접근 가능성을 보장**하는 교육 • 교육 현장의 다양한 실재 속에서 곳곳에 내재되어 있는 성별 간의 차이를 인식하지 않도록 하기 위해 **남·여 모두에게 개방적으로 접근 가능성을 제공**하는 것이다. • 다시 말해서 유아교육현장에서 이루어지는 다양한 활동, 또는 유아교육 현장의 다채로운 환경 속에서 성별 간의 차이를 야기할 수 있는 요소를 무시함으로써 남아와 여아 모두가 동등하게 접근할 수 있도록 하는 것을 의미한다. 예 자유 놀이 시 **남녀 모두가 자유롭게 자신이 원하는 놀이를 선택할 수 있도록 개방**해야 한다는 입장 • 유아교육계에서는 이미 오래전부터 이러한 방안이 자연스럽게 시행되어 왔으나 실질적으로 남아와 여아가 다양한 놀이에 동일하게 접근하는 결과로 이어지지 않고 있다. • 따라서 성차를 무시하는 양성평등교육은 **형식적인 기회를 보장하는 것 이상의 효과를 기대하기 힘든 한계**를 지니고 있다.
성차를 제거하는 양성평등교육	▶ 교육 현장에서 **성차를 유발하는 요소를 적극적으로 제거**하여 남성과 여성이 평등한 환경에서 교육받을 수 있도록 하는 교육 • 즉, 유아교육 현장에서 행해지는 다양한 활동 중 직·간접적으로 **성차를 야기하는 활동을 사전에 제거**하여 처음부터 교육이 이루어지는 과정에서 성 불평등이 일어나지 않도록 차단하는 것이라 할 수 있다. 예 자유 놀이 시 남아와 여아 간에 불평등한 접근 실태가 나타나는 활동을 완전히 없애버리는 것이다. 즉, 역할놀이 영역에 여아들만 모여든다면 놀이에서 나타나는 **성차를 제거하기 위해 분홍색 부엌 소품들을 제거하는 것**이다. • 그러나 현실적으로 유아교육 현장에 존재하는 모든 불평등 요소를 제거한다는 것은 이루어지기 힘들 뿐만 아니라, 지나치게 강압적인 방법을 사용함으로써 **오히려 유아들이 다양한 환경을 접할 수 있는 가능성이 차단**될 우려가 있다.
성차를 고려하는 양성평등교육	▶ **성이 차이**를 만들 때는 **성을 고려하여 민감하게 교육**하고, 차이를 **만들지 않을 때는 무시**하여 양성평등교육을 이루는 방법 • 성차를 고려하는 양성평등교육은 **성차를 무시하는 소극적 방법**, **성차를 제거하는 극단적 방법**이 현재의 불평등을 극복하기 힘들거나 오히려 불평등을 강화할 수 있다는 판단하에 성차에 민감하게 반응하여 교육이 이루어져야 한다는 입장이다. • Martin(1994)은 **성이 차이를 만들 때는 성을 고려하고, 차이를 만들지 않을 때는 무시**함에 의해 양성평등교육이 이루어져야 한다고 주장하였다. 예 유아교육현장에서 자유 놀이 시 남·여가 동등하게 다양한 놀이에 접근할 수 있도록 교사가 적극적으로 유도하고, 또한 그렇게 될 수 있는 환경을 조성함을 의미한다. • 구체적으로, **여아가 많이 모이게 되는 역할놀이 영역에** 엄마, 아빠 역할 중심의 소꿉놀이 소품만 제시하는 것이 아니라 **경찰서와 관련된 소품을 제공**한다거나, 역할놀이영역을 우체국으로 꾸며 우체국놀이를 위한 소품을 제공한다면 보다 남·여 유아들이 함께 어울려 놀이를 진행해갈 수 있을 것이다. • 지금까지 살펴본 양성평등교육의 실현방안 중 성차를 고려하는 방안이 **가장 현실적인 것**으로 받아들여지고 있는데, 이는 **가부장적 이데올로기에 대항하기 위해서는 적극적 중재와 개입이 필요하기 때문**이다. 따라서 성차에 민감하게 대처하고 또한 성차를 적극적으로 고려하여 진정한 의미의 양성평등교육이 이루어질 수 있도록 노력해야 할 것이다.

6 양성평등 관련 헌법과 법률(생애주기별 양성평등의식교육, 한국양성평등교육진흥원, 2012)

헌법	• 헌법 제11조 제1항 ① 모든 국민은 법 앞에 평등하다. 누구든지 성별, 종교 또는 사회적 신분에 의하여 정치적, 경제적, 사회적, 문화적 생활의 모든 영역에 있어서 차별을 받지 아니한다. • 헌법 제36조 제1항 ① 혼인과 가정생활은 개인의 존엄과 양성의 평등을 기초로 성립되고 유지되어야 하며, 국가는 이를 보장한다.
교육 기본법	• 교육기본법 제4조(교육의 기회 균등) ① 모든 국민은 성별, 종교, 신념, 인종, 사회적 신분, 경제적 지위 또는 신체적 조건 등을 이유로 교육에서 차별을 받지 아니한다. ② 국가와 지방자치단체는 학습자가 평등하게 교육을 받을 수 있도록 지역 간의 교육 수급 등 교육 여건 격차를 최소화하는 시책을 마련하여 시행하여야 한다.
여성발전 기본법	• 여성발전기본법 제19조(가정교육), 제20조(학교교육), 제21조(평생교육) 제19조 (가정교육) 국가 및 지방자치 단체는 가정에서부터 남녀평등에 관한 교육이 이루어지도록 노력하여야 한다. 제20조 (학교교육) 국가 및 지방자치 단체는 학교교육에 있어서 남녀평등 이념을 고취하고 여성의 교육기회를 확대하여야 한다. 제21조 (평생교육) 국가 및 지방자치 단체는 국·공립연수기관 및 평생교육시설과 그 밖의 연수교육과정에서 남녀평등 의식을 제고하는 교육이 실시되도록 노력하여야 한다.

Ⅶ. 정서

1 정서의 정의

정서	▶ (인지적·생물학적·표현적 요소를 포함하는 개념으로) 개인이 외부 자극을 인지적으로 평가하고 주관적으로 경험함으로써 발생하는 **신체적·생리적 반응의 상태**
정서 능력	▶ 자신의 **정서 경험과 정서가 개입된 사회적 교류에 성공적으로 대처하는 능력** • 정서를 표현하고 이해하고 조절하며 정서에 반응하는 능력이 포함된다.
정서 지능	▶ **자신과 타인의 정서 차이를 변별**하고 생각과 행동에 있어 **이러한 정보를 이용할 줄 아는 능력** • 사회지능(social intelligence)의 주요 요소이다.
정서 표현 규칙	▶ **특정 상황**에서 **어떤 정서 상태를 표현해야 할지 말아야 할지를 인식**하고 그 **상황에 적합한 정서를 표현**하는 것 • 사회적 상황에서 용인되는 특정의 정서 표현 양식을 이해하는 것은 연령의 증가에 따라 발달하며, 여아가 남아에 비해 상황에 적절한 정서를 더 잘 표현하는 경향을 보인다.

2 정서의 발달

1) 정서 발달에 관한 이론적 관점

생물학적 이론	• **다윈**의 이론에 바탕을 두고 생물학적 요인을 강조하는 입장으로 **정서를 유전인자 속에 각인된 속성으로 간주**하며, **유기체가 환경에 적응하기 위한 필수적인 부분**이라고 본다. • 즉, 정서란 생물학적인 구조 내에 이미 계획되어 타고나는 것으로 정서의 발달은 정서와 관련되어 있는 대뇌피질이 분화되고 시상하부가 발달하면서 이루어지는 것이라고 보는 것이다.
인지발달 이론	• **정서와 인지는 상호 의존적**이며 **서로 영향을 미치는 것에 초점**을 둔다. • 즉, 한 사람이 기쁨, 슬픔, 분노, 두려움과 같은 정서를 느꼈을 때 각각의 정서가 뇌로 신호를 전달하면 얼굴이 창백해진다든지, 가슴이 뛰는 것과 같은 신체적 반응이 나타나고 이것이 다시 미소, 울기와 같은 표현적 반응으로 이어지며, 과거의 경험이나 목표에 기초하여 현재 경험하고 있는 정서에 대한 **인지적 해석**을 하게 된다는 것이다. • Sroufe(1979)는 영아의 **인지가 성장함에 따라 정서가 분화되는 것이라고 주장**하면서 정서의 분화 과정에 관여하는 인지적 요인의 중요성을 강조하였다. • 두려움은 낯선 사람을 구별하는 인지적 지각 능력의 발달과 함께 출현하며, **낯가림이나 엄마와의 분리에 대한 불안은 대상영속성의 개념을 습득하는 시기 이후에 나타나는 현상**으로 정서 발달과 인지적 성장의 관련성을 보여주는 예라고 할 수 있다.
학습 이론	• 정서 발달과정에서 사회화의 역할을 강조하는 입장으로 정서 발달이 **양육과정에서의 모방 및 강화**와 **사회·문화의 영향**을 바탕으로 이루어지는 것이라고 주장한다. • 즉, 영아가 성장과정에서 **자주 경험하는 얼굴 표정**에 담긴 정서가 어떤 것이었는지에 따라 학습하는 정서가 달라진다고 하여 **모방을 통한 정서의 사회화를 강조**한다. • 양육과정에서 어머니가 영아에게 제공하는 강화 역시 정서의 사회화에 기여하게 되는데, 어머니는 영아가 자신과 비슷한 표정을 짓거나 기본 표정을 보일 때 긍정적인 반응으로 강화해 준다.

2) 정서의 발달 과정

- 정서 발달을 구성하는 요소에 대해서는 다양한 관점이 있으며, 그 내용을 종합해 보면 정서표현, 자신과 타인의 정서에 대한 인식(이해), 정서 조절로 구분할 수 있다.

정서 표현	▶ **타인이나 상황을 고려**하여 자신의 **감정을 적절한 방식으로 나타내는 것**. • 사람들은 표정, 언어, 몸짓, 행동 등 다양한 수단을 통해 자신의 정서를 드러내는데, 이처럼 정서 표현은 신체적·생리적·행동적 반응을 통해 정서 상태의 변화를 나타내는 것을 의미한다. • 특히 표정은 즉각적 정서 표현에 효과가 있으며, 어깨를 늘어뜨리거나 손뼉을 치거나 자리에서 펄쩍 뛰는 것과 같은 몸짓은 각각 다른 의미의 정서를 표현한다. • 유아의 인지적 성숙과 사회적 경험은 기본적인 정서 상태로부터 긍정적·부정적 정서 출현에 이르기까지 지속적으로 영향을 미친다. 정서가 발달되어 가는 과정에서 나타나는 정서의 종류는 일차 정서(기본 정서)와 이차 정서로 나뉜다. | 일차 정서	▶ **선천적으로 타고나는 정서** • 모든 문화권의 영아가 공통으로 나타내는 **기쁨, 분노, 슬픔, 공포 등**
이차 정서	▶ **한 가지 이상의 정서가 통합된 정서** 상태 • **당황, 수치, 죄책감, 질투, 자긍심 등**	
정서 이해	▶ **정서 상태의 변화**와 **이를 유발하는 상황을 인식**하고, **상황에 따른 정서적 반응을 이해**하는 것 • 정서를 이해한다는 것은 정서의 원인이 되는 정서 상태의 변화와 정서 상태에 따른 정서행동 등을 아는 것을 말한다. 즉, **정서 상태의 변화와 정서를 유발시키는 상황, 그 상황에 대한 정서적 반응을 이해하는 것**을 말한다. • 정서 이해는 자신의 정서 상태와 타인의 정서 상태에 대한 이해, 정서의 위장과 정서의 표현 규칙에 대한 이해를 포함한다. • 유아기는 정서 표현과 더불어 정서를 이해하는 능력이 발달하는 시기이다. 타인 정서 이해는 인간관계의 형성에 필수적인 능력으로 가정에서 교육기관, 이웃 등으로 사회적 환경이 확대되고 언어발달이 빠르게 일어나는 유아기에 현저히 발달한다.
정서 조절	▶ **감정이 상황에 미치는 영향을 고려**하여 **효과적으로 조절**하는 것 • 자신의 정서를 정확히 인식하고 목표를 성취하기 위해 정서를 상황에 알맞게 조절하는 능력을 말한다. 즉, 자극에 대해 발생된 정서적인 반응을 스스로 적절한 방식으로 조절하고 변화시킬 수 있는 능력이다. • 정서 조절은 **개인의 생각과 행동이 올바르게 유지될 수 있도록 안내**하며 **목표를 성취하는 데 도움**을 준다. 특히 자신의 감정이 상황에 미치는 영향을 고려하여 효과적으로 정서를 조절하는 것은 원만한 인간관계와 사회 적응을 위한 필수적인 능력이다. • 정서 조절에 성공하기 위해서 유아는 먼저 자신의 정서를 정확히 인식해야 한다. 또한 타인의 정서를 잘 파악하고 다룰 수 있어야 하며, 정서 표현 규칙에 대한 이해가 선행되어야 한다. ▶ **정서 표현 규칙** : **특정 상황**에서 **어떤 정서 상태를 표현해야 할지 말아야 할지를 인식**하고 그 **상황에 적합한 정서를 표현**하는 것 • 사회적 상황에서 용인되는 특정의 정서 표현 양식을 이해하는 것은 연령의 증가에 따라 발달하며, 여아가 남아에 비해 상황에 적절한 정서를 더 잘 표현하는 경향을 보인다.

3 정서 지능(emotional intelligence)의 개념

정서 지능	• 정서 지능이란 개념은 1990년 미국 보스턴에서 열린 제98차 미국심리학회의 연차대회에서 메이어(Mayer) 교수가 정서 지능에 관한 주제발표를 한 것에서 비롯되었다. • 그러나 정서 지능이란 용어가 널리 알려진 것은 골만(Goleman, 1995)이 '정서 지능'이라는 단행본을 출간하고, 같은 해 주간지 '타임즈'가 이 책의 내용을 중심으로 정서 지능에 대하여 대대적으로 소개하면서이다. • 이 기사를 쓴 기자가 정서 지능을 측정한 수치를 '정서 지수(EQ : Emotional Quotient)'라 칭하고 지능지수(IQ : Intelligence Quotient)와 비교·설명한 이후로, EQ라는 용어가 정서 지수를 대신하여 '정서 지능(EI : Emotional Intelligence)'을 가리키는 개념으로 사용되고 있다. • **정서 지능**은 일반지능에 대비되는 말로서 **감정과 느낌을 통제하고 조정할 줄 아는 능력**이다.

4 정서 지능(emotional intelligence)의 구성요소

1) 살로베이와 메이어(P. Salovey & J. Mayer, 1990)의 정서 지능 3영역

정서 지능의 3영역	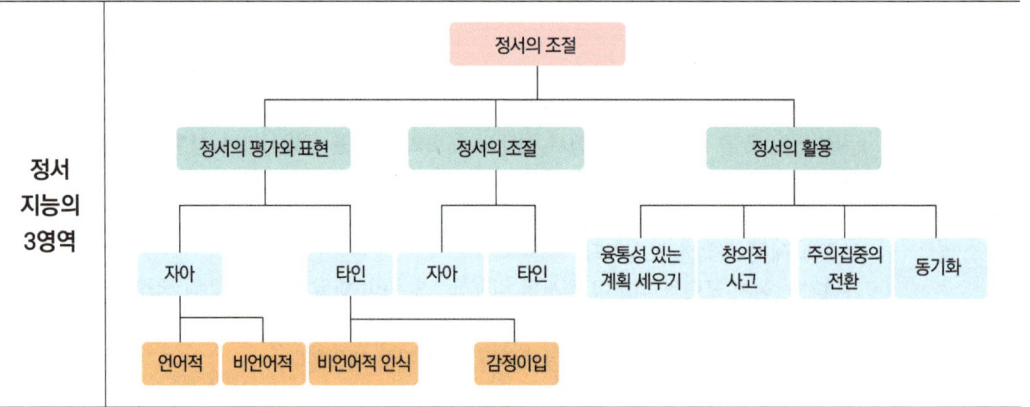
정서 평가와 표현	• 자기정서의 언어적 인식과 표현, 자기정서의 비언어적 인식과 표현, 타인정서의 비언어적 인식과 표현 및 감정이입의 4요소가 들어가게 된다.

	자기정서의 언어적 인식과 표현	▶ 자신의 정서를 언어로 정확하게 표현하는 것
정서 평가와 표현	자기정서의 비언어적 인식과 표현	▶ 비언어적 방식으로 자기 정서를 인식하고 표현하는 것 • 자신의 감정에 대해 보다 정확하고 빠르게 인식하는 사람이 타인의 감정도 잘 알아차릴 수 있다.
	타인의 비언어적 정서의 인식	▶ 비언어적 단서를 통해 타인 정서를 인식하는 것
	감정이입	▶ 타인의 감정을 이해하고 자신의 내면에서 재경험하여, 마치 자신이 느낀 것처럼 인식하는 것

정서 조절	• 2개의 하위요소인 자기정서의 조절과 타인정서의 조절로 구성된다. **기** 살로베이와 메이어(P. Salovey & J. Mayer)의 정서지능 3요소에 근거하여, ① ㉠ '(화를 참으며)'과 ㉡ '(재윤이를 위로하기 위해 안아 주며)'에 공통으로 나타난 구성 요소를 쓰고, ② 그 하위 요소에 근거하여 ㉠과 ㉡을 각각 설명하시오.[21] ① **정서조절**, ② ㉠은 자신의 긍정적인 기분을 유지하고 지속시키기 위해 좋지 않은 기분을 줄이려고 하는 것이며, ㉡은 타인의 감정을 조절하고 바꾸려고 하고 있다.
	자기정서의 조절 ▶ 자신의 긍정적 감정은 유지하고 부정적인 감정은 감소시키는 능력
	타인정서의 조절 ▶ 대인관계를 원활히 하기 위해 타인의 감정을 조절하고 바꾸려는 능력 • 자신에 대해서 타인이 가지게 되는 인상을 조절하고 통제하기 위하여 타인에게 보여 주는 행동 방식으로, 대인관계를 원활히 증진하기 위하여 타인과의 부정적인 대화는 억제하는 능력이다.
정서 활용	• 융통성 있는 계획 세우기, 창조적인 사고, 주의집중의 전환 및 동기화의 4요소가 들어간다.
	융통성 있는 계획 세우기 ▶ 좌절 상황에서 기분을 전환하고 다양한 미래 가능성을 고려하는 능력
	창조적인 사고 ▶ 정보를 조직하고 분류하여 창의적인 문제 해결을 돕는 능력
	주의집중의 전환 ▶ 강한 부정적 감정이 들 때 관심을 새로운 문제로 돌리는 능력
	동기화 ▶ 정서가 도전적인 과제를 지속할 수 있도록 동기를 부여하는 능력

2) 살로베이 · 메이어 · 카루소(P. Salovey & J. Mayer & D. Caruso, 2000)의 정서지능 4요인

(1) 사진 : 정서지능의 영역(정서지능의 4요인 모델)

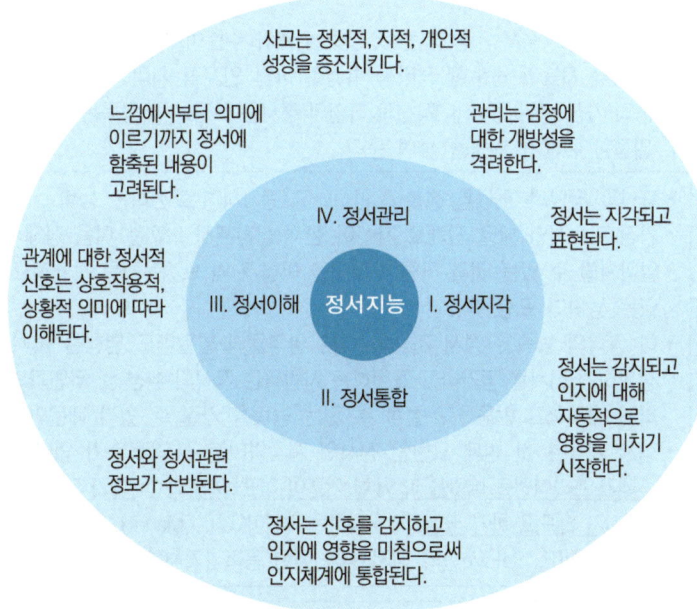

정서 지능의 4요인 모델

정서 지각 (정서의 인식과 표현) (Emotional Perception & Identification)	• 수준 1 : 자신의 정서 파악하기 • 수준 2 : 자신 외부의 정서 파악하기 • 수준 3 : 정서를 정확하게 표현하기 • 수준 4 : 표현된 정서들을 구별하기
정서 통합 (정서의 사고 촉진) (Emotional Facilitating of Through)	• 수준 1 : 정서정보를 이용하여 사고의 우선순위 정하기 • 수준 2 : 정서를 이용하여 판단하고 기억하기 • 수준 3 : 정서를 이용하여 다양한 관점 취하기 • 수준 4 : 정서를 활용하여 문제해결 촉진하기
정서 이해 (정서지식의 활용) (Emotional understanding)	• 수준 1 : 미묘한 정서 간의 관계를 이해하고 명명하기 • 수준 2 : 정서 속에 담긴 의미를 해석하기 • 수준 3 : 복잡하고 복합적인 감정을 이해하기 • 수준 4 : 정서 간의 전환을 이해하기
정서 조절 (정서의 반영적 조절) (Emotional Management)	• 수준 1 : 긍정적 · 부정적 정서들을 모두 받아들이기 • 수준 2 : 자신의 정서에서 거리를 두거나 반영적으로 바라보기 • 수준 3 : 자신과 타인의 관계에서 정서를 반영적으로 들여다보기 • 수준 4 : 자신과 타인의 정서를 조절하기

(2) 정서 지능의 영역(정서 지능의 4요인 모델)

정서 지능의 4요인 모델

- **영역 1에서 영역 4로 갈수록 상위의 정서 지능 능력**이고, 한 영역 내에서도 수준 1에서 수준 4로 내려갈수록 세련되고 복잡한 수준의 능력을 의미한다.
- **4영역 4수준 16요소 모형의 네 가지 하위영역 능력**은 모두 인지적 처리 과정을 통해 발달된다는 공통점을 가지고 있다. 즉, 정서 지능이 이해, 활용, 추론 등의 인지적 처리 과정으로 작용하는 지적인 능력으로 간주되는 것이다.
- 이러한 개념의 수정으로 정서 지능의 능력 간의 위계와 수준이 설정됨으로 보다 조직적 구조를 이루게 되었고 정서 지능이 단순한 심리적 특성이 아닌 인지적 처리 과정임이 분명해졌다.
- 또한, 정서 지능의 가장 상위 영역인 '자신과 타인의 정서를 조절하기' 항목은 정서 지능과 대인관계 능력이 매우 밀접한 관계가 있음을 보여 준다.

정서 지각 (정서의 인식과 표현)	▶ **자신과 타인의 정서를 정확히 인식하고 평가**하며 **표현**하는 능력 • 가장 기초적인 발달 단계로 자신이 현재 상황에서 느끼는 마음 상태가 어떠한가를 알아차릴 수 있는 것과 타인이 무엇을 어떻게 왜 느끼는지를 구체적으로 인식할 수 있는 능력이 포함된다. • 이 영역의 능력은 정서 지능의 다른 영역들의 발달에도 영향을 미치는데, 빠르고 정확하게 정서를 평가하고 표현하는 사람들은 자신의 환경 및 타인과의 관계에 적절하게 대처하고 반응을 조절할 수 있는 능력을 가질 수 있기 때문이다. • 정서 지능은 첫 번째 요인인 정서의 지각없이는 시작될 수가 없다. 기 '네가 프라이팬을 빼앗을 때 세희 기분이 어땠을까?'와 ㉠ '네가 프라이팬을 빼앗을 때 세희가 슬프고 화가 났대.'에 해당하는 메이어(J. D. Mayer), 카루소(D. R. Caruso)와 살로베이(P. Salovey)의 정서 지능 관련 용어 1가지를 쓰시오.[15]

정서
통합
(정서의
사고
촉진)
	▶ **정서를 활용**하여 **사고를 형성하고 촉진**하며, **문제 해결과 창의적 사고**를 돕는 능력
	• 중요한 변화와 사건에 주의를 기울여 사고를 형성하고 촉진하게 만드는 능력으로 정서가 지능에 영향을 미칠 수 있는 가정하에 이루어진다.
	• 추리, 문제 해결, 창의성, 의사소통과 같은 인지 활동을 향상하는 데 정서를 이용하는 것으로 정서는 여러 감각과 정서를 연합시켜 효율적이고 유연한 사고가 이루어질 수 있도록 돕는다.
	• 현재 수행하고 있는 과제를 처리해야 하는 과정에서 외부의 압력이나 극심한 스트레스 상황에 동요하지 않고 **안정적인 정서 상태를 유지하여 제시된 과제를 마무리**하는 데 매우 중요한 능력이다.
	  예) 숙제를 하지 않고 게임을 하면서 내일의 숙제를 걱정하는 초등학생과, 논문심사를 앞두고 정치 뉴스를 보며 심사를 걱정하는 대학원생이 있다고 하자. 대학원생은 초등학생에 비해 사고 발달 수준이 높아서, **만족지연 능력을 사용하여 걱정, 불안 등의 불쾌한 정서에 압도당하지 않기 위해 우선 해야 할 일을 선택하여 욕구를 통제할 수 있다는 것이다.**
	• 사람들은 **자신이 설정한 목표를 달성**하는 데 있어 다양한 정서를 가질 수 있고, **정서 상태를 만들어 낼 수 있으며 결과에 영향을 줄 수도 있다.**
	  예) **긍정적인 기분을 가지고 과제에 임하면 긍정적인 결과를 만들어 내고, 부정적인 기분을 가지고 과제에 임하면 부정적인 결과를 만들어 내는 것처럼 느껴지기도 하는 것과 같은 것이다.**
	• 연구자들은 정서의 사고 촉진이 수행에 미치는 결과에는 개인차가 있을 수 있지만 긍정적인 정서 상태를 가질 때 수행의 결과가 성공적임을 강조한다.
	• 정서의 사고 촉진 능력이 뛰어난 사람은 정서의 동기적 특성을 잘 활용하며, 목표 달성이나 **문제해결을 위해 의도적으로 유도된 정서는 과제를 해결하는 인지 작용을 촉진**하는 역할을 담당하기도 한다.

정서 이해 (정서 지식의 활용)	▶ **정서를 이해하고 그 속에 담긴 정보를 활용하는 능력**으로, 정서의 **발생 원인과 결과의 연관성을 파악**하여 **추론을 끌어내는** 인지적 처리 과정 • 정서를 이해하고 그 속에 담긴 정보와 관련된 지식을 활용할 줄 아는 능력을 말한다. 이때의 정서는 단순한 상태를 뜻하는 것이 아니라 언어로써 표현할 수 있는 상태이며 관계를 포함한다. 즉, **정서의 발생 원인과 결과의 연관성을 파악하여 추론을 끌어내는 정서의 인지적 처리 과정**이다. • 정서 지식의 활용은 다양한 상황과 대인관계에서 나타난다. **혼합된 정서를 받아들일 수 있는 능력**도 중요하다. 즉 **경외감은 두려움과 놀라움**의 합성된 감정이며, **희망은 신념과 낙관의 합성**임을 인식하는 등 복잡하고 상반된 정서가 동시에 존재할 수 있다는 점을 이해하고 이를 인간관계에 활용할 수 있어야 한다. • 정서 활용 능력이 뛰어난 사람은 정서 단어가 풍부하고, 타인이 자주 사용하는 언어 표현을 근거로 현재의 정서 상태를 유추하고 이해하는 데 능숙하고 민감하다.
정서 조절 (정서의 반영적 조절)	▶ **자신과 타인의 정서**를 의식적·무의식적으로 **관리하고 조절**하는 능력 • 이는 가장 상위의 능력으로 정서적·지적 성장을 추구하는 능력이다. • 타인의 감정과 집단의 분위기를 효과적으로 조절하기 위해서는 자신의 정서를 민감하게 파악하고 변별하는 것이 필요하다. 정서 조절이 자신에게 작동되었을 때 정서적 안정을 기반으로 현재 수행에 긍정적인 영향을 준다. 불편하고 불안한 정서를 긍정적이고 적응적인 정서로 변화시켜 수행 능률을 최대한 끌어올리는 것이다.

지식 정서 지능의 4요인 모델(권석만, 2011; 정옥분, 2006)

체험적 영역	정서 지각	자신과 타인의 정서를 정확하게 지각하는 능력	• 표정, 목소리, 신체 동작으로 **표현되는 정서적 메시지에 주의**하며 그 의미를 해석하는 것이다. • 타인의 정서적 신호를 놓치지 않는 사람이 그 사람의 감정과 생각을 더 잘 이해한다.
	정서 활용	정서를 사고와 통합하여 인지 활동을 촉진하도록 활용하는 능력	• **더 중요한 것에 주의**하며 **최선의 판단을 하도록 돕는 것**과 같이 정서 체험을 문제해결, 추론, 의사결정, 창조적 활동에 활용하는 것이다. • 감각과 정서를 연결하는 능력, 추론과 문제 해결에서 정서를 활용하는 능력을 포함한다.
전략적 영역	정서 이해	다양한 정서의 특성, 정서의 복합적 관계와 변화 과정 등을 잘 이해하는 능력	• 미묘하거나 복합적인 정서를 이해하고 적절한 어휘로 표현하거나, **시간에 따른 정서의 변화 과정을 인식**하는 것이다.
	정서 관리	정서를 관찰하고 조절하며 대인관계와 개인적 성장을 향상하는 능력	• 정서를 잘 관리하고 대처하는 것은 불안정한 정서 상태, 즉 **부정적 정서와 스트레스에 효과적으로 대처**하고 자신이 원하는 정서로 전환하는 데 중요하다. • 자신과 타인의 정서 규제와 정서가 **사회적 행동에 미치는 영향을 이해하는 것**을 포함한다.

 지식 정서 지능 척도 - 다요인 정서 지능 척도(MEIS)

• Mayer, Slovey, & Caruso, 1997 / 1999

정서 지각	• 얼굴 표정, 음악, 이야기 속의 정서 인식 능력
정서 활용	• 정서 해석과 정서 활용 능력
정서 이해	• 정서의 이해와 정서 문제 해결 능력
정서 관리	• 자신의 정서 관리와 타인의 정서 관리 능력

(3) 구체적 내용 : 정서 지능의 영역(정서 지능의 4요인 모델)

정서 지각	• 정서의 지각, 평가와 표현(Perception, Appraisal, and Expression of Emotion) • 정서의 지각(perception), 평가(appraisal)와 표현(expression)은 각 개인이 정서나 정서적 내용을 규명하는 데 있어서의 정확성에 관한 것이다. • **수준 1 : 자신의 정서 파악하기**(자신의 정서를 정확하게 이해하기, 자신의 신체 상태, 감정 및 사고에 포함된 정서를 인식하는 능력, 자신의 정서를 규명할 수 있는 능력) ▶ 자신의 정서를 인식하고 정확하게 이해할 수 있는 능력 • 자신의 표정이나 신체감각에 근거하여 자신의 정서를 규명하고, 자신의 **내적 감정을 정확하게 감지**하며, **자신의 복합적 감정을 인식**하고 **평가**하는 것을 말한다. ㉠ 어떤 사람은 자신이 실수하였을 때 오히려 화내는 일도 있고, 사랑의 감정을 미움이나 경멸의 감정으로 오해하기도 한다. 자신의 내부에서 느끼는 감정과 기분을 정확하게 인식하는 것을 의미한다. • **수준 2 : 타인의 정서 파악하기**(자신 외부의 정서 파악하기, 언어, 소리, 표정 및 행동을 통해서 타인 및 예술작품에 내재하여 있는 정서를 인식하는 능력을 포함, 타인의 정서를 규명할 수 있는 능력) ▶ 타인의 정서를 인식하고 해석하는 능력 • 타인의 표정이나 몸짓, 행동, 언어나 상황적 맥락을 고려하여 타인의 정서를 정확하게 판단하고, 나아가 음악, 미술, 조각 등의 예술작품이나 문학작품 속에 있는 정서를 파악하고 표현할 수 있는 능력을 의미한다. ㉠ 뭉크의 '절규'라는 그림 속 내재한 정서적 의미가 무엇인지 평가한다. • **수준 3 : 정서를 정확하게 표현**하기(정서 및 그 정서와 관련된 욕구를 정확하게 표현할 수 있는 능력) ▶ 자신의 정서를 정확하게 표현할 수 있는 능력 • **자신의 정서나 그 정서와 관련된 자신의 욕구를 언어로 표현**하고, 자신의 정서 표현에 대한 상대방의 반응을 기대할 수 있고, 타인의 정서적 표현을 보고 상대방의 욕구를 인식할 수 있는 능력을 의미한다. ㉠ 꽃의 향기를 맡았을 때 기분을 표현하기, 동화를 통해 가족의 정서를 인식하고 가족에게 사랑하는 마음 표현하기, 게임 중 느껴지는 정서나 그와 관련된 욕구 표현하기 • **수준 4 : 표현된 정서들을 구별하기**(정확한 정서 표현과 정확하지 않은 정서 표현 등을 구분하고 변별하는 능력, 표현된 정서의 정확성을 구분할 수 있는 능력) ▶ 정서 표현이 **진실한지 또는 조작된 것인지 구별**하는 능력 • 정확한 감정표현과 부정확한 감정표현, 솔직한 감정표현과 솔직하지 않은 감정표현을 구별하고 복합적 감정표현을 인식할 수 있는 능력을 의미한다. 즉, 정서가 **거짓된, 조작된 표현인지 아닌지를 구분**할 수 있는 능력을 의미한다. ㉠ 4수준 : 정서 지능이 높은 아동은 **진심으로 '고마워.'와 비아냥거리는 '고마워.'라는 억양의 차이도 인식**할 것이다. / 상황의 맥락상에 나타난 친구의 정서를 판단해 보고 방해되지 않게 놀이하기 / 정서가 거짓된, 조작된 표현인지 아닌지를 변별하기

	• **정서에 의한 사고 촉진**은 정서가 사고에 영향을 미치는 것을 의미한다(Emotional Facilitation of Thoughts). • 사고를 활성화하는 감정과 연관이 있으며, 중요한 변화와 사고에 주의를 기울이게 하여 사고를 촉진하게 만드는 능력
정서 통합	• **수준 1 : 정서 정보를 이용하여 사고의 우선순위 정하기**(정서를 사용하여 중요한 정보에 주의 집중함으로써 사고의 우선순위를 결정하기, 중요한 정보에 우선적으로 주의 집중하는 능력) ▶ **정서를 활용**하여 **중요한 정보에 집중**하고, **사고의 우선순위를 결정**하는 능력 • 정서는 내적 갈등이나 대인 간 갈등을 해결하는 데 중요한 역할을 하며, 우리에게 무엇을 먼저 처리해야 하는지를 알려주는 경보체계처럼 작용한다. ㉮ 영아는 배가 고프거나 춥거나 도움이 필요할 때 울음으로 표현하고, 즐거운 상황에서는 웃음으로 반응한다. / 아동이 TV를 보면서 숙제 걱정을 할 수 있지만, **교사는** 사고가 더 발달하여 **걱정이 기쁨을 방해하기 전에 숙제를 먼저 마치는 선택을 한다.**
	• **수준 2 : 정서를 이용하여 판단하고 기억하기**(생생한 정서를 불러일으킴으로써 관련된 판단이나 기억하기, 정서들이 명확하고 이용 가능한 상태일 때 판단과 기억을 활성화하는 것, 정서 불러일으키기, 정서생성능력) ▶ **정서를 활용**하여 **판단과 기억을 활성화**하고, 필요에 따라 **정서를 생성**하여 **사고를 돕는 능력** • 정서는 사고에 영향을 미치며, 필요한 경우 자신 안에서 특정 정서를 생성하여 이를 더 잘 이해할 수도 있다. 우리는 특정한 느낌과 관련된 판단이나 기억을 통해 정서를 불러일으킬 수 있으며, 이를 활용하여 계획을 세우고, 행동을 지속하며, 목표를 완성하는 데 도움을 받을 수 있다. ㉮ 동화를 들을 때 주인공의 감정을 더 잘 이해하기 위해, **주인공의 입장이 되어 감정을 떠올려** 본다. / 학교에 처음 입학했을 때, 친구의 비난을 들었을 때, **시험에서 나쁜 점수를 받았을 때의 기분을 미리 떠올려 보고 대비**한다. / 과거에 경험했던 감정을 다시 떠올려 판단이나 이해를 돕는다. 예를 들어, 이야기 속 인물이 어떤 감정을 느꼈을지 질문을 받을 때, 비슷한 경험을 회상하며 감정을 생성하고 이를 통해 더 정확한 판단을 내릴 수 있다.
	• **수준 3 : 정서를 이용하여 다양한 관점 취하기**(정서를 좀 더 효율적이고 세련된 정서와 사고에 도움을 줄 수 있도록 활용하기, 정서적 기분의 전환이 다양한 관점을 고려하도록 독려하는 것) ▶ **정서를 조절**하여 **다양한 관점을 고려**하고 **사고의 유연성을 높이는** 능력. • 정서를 활용하여 사고를 보다 효율적이고 세련되게 만드는 능력이다. 정서는 변할 수 있음을 알고, 자신의 기분을 조절함으로써 사고의 관점도 변화시킬 수 있다. • **좋은 기분은 낙관적인 사고를 유도**하고, **나쁜 기분은 비관적인 사고로** 이어진다. 예를 들어, 기분이 좋을 때는 즐거웠던 일이 더 잘 기억나고, 기분이 나쁠 때는 안 좋은 기억이 더 떠오르는 경향이 있다. • 정서 지능이 높은 사람은 이러한 **기분 일치 효과를 인식**하고, **자신의 감정을 조절**하여 보다 적절한 정서를 유지하려고 노력한다.
	• **수준 4 : 정서를 활용하여 문제해결 촉진하기**(정서 상태에 따라 문제 해결 방식 및 접근이 달라지는 것, **문제 해결에 적절한 정서를 활용하기**) ▶ **정서 상태에 따라 문제해결 방식을 조절**하고, **최적의 정서를 활용**하여 **문제 해결을 촉진**하는 능력 • 정서 상태는 문제해결 방식에 영향을 미칠 수 있다. 연구에 따르면, 즐거운 기분일 때는 직관적이고 창의적인 사고가 촉진되며, 슬픈 기분일 때는 세부 사항에 집중하고 신중한 접근을 하는 경향이 있다. ㉮ 즐거운 영화를 본 후에는 창의적인 문제해결이 더 잘 이루어지고, 슬픈 영화를 본 후에는 논리적이고 체계적인 문제해결이 향상된다. / 논리적인 글을 써야 할 때, 지나치게 흥분된 상태라면 집중이 어렵다. 이때, 차분한 음악을 듣거나 조용한 환경을 선택하면 효과적으로 글을 쓸 수 있다. / **아동이 복잡한 레고 블록을 만들 때** 흥분된 상태보다는 안정된 상태에서 작업해야 실수를 줄일 수 있다. 따라서, **집중력을 높이기 위해 조용한 공간에서 작업한다.** / 어린 아동이 낱말 쓰기 숙제할 때 친구와 내기한다. 아동이 내기 하는 정서 상태에서는 동일한 반복적 행동도 지겹지 않을 수 있음을 알고 이를 활용하려고 하는 것이다.

	• **정서의 이해와 분석** : 정서를 이해하고 정서 지식을 활용하는 능력에 관한 것이다. 우리의 정서 경험은 많은 부분이 인지적 지식에 의해 결정된다(Understanding and Analyzing Emotions).	
정서 이해	• 수준 1 : **미묘한 정서 간의 관계를 이해하고 명명하기**(애정, 사랑과 같은 단어와 정서의 관계를 인식하는 능력이다, 정서 간의 관계 이해하기) ▶ 정서 간의 관계를 이해하고, 감정의 강도나 특성에 따라 적절한 명칭을 부여하는 능력 • 예를 들어, '**좋아함**'과 '**사랑**'처럼 유사하지만 강도가 다른 감정을 구분할 수 있으며, 어떤 감정이 서로 양립할 수 없는지도 이해하게 된다. • 또한, 감정들이 서로 연결되어 있는 방식을 파악할 수 있다. 예를 들어, '**짜증**'과 '**성가심**'이 계속 쌓이면 '격노'로 바뀔 수 있음을 깨닫게 되는 것이다. • 아동이 정서를 인식하게 되면 이를 명명하고 이들 상호 간의 관계를 인식하기 시작한다. 정서적으로 지적인 사람들은 **정서를 묘사하는 용어들이 일련의 군**을 이루고 있음을 알게 된다. ㉠ 격노, 짜증, 성가심은 분노와 관련된 정서로 뭉쳐질 수 있음을 알게 된다.	
	• 수준 2 : **정서 속에 담긴 의미를 해석**하기(슬픔이 종종 상실을 동반하는 것과 같이 정서가 전달하는 의미를 해석하는 능력이다, **상황과 연결한 정서 추론**, 정서가 전달하는 의미 이해하기, **정서의 원인과 결과에 대한 인식능력**) ▶ 특정 정서가 어떤 상황과 연결되는지를 이해하고, 감정의 원인과 결과를 파악하여 정서적 의미를 해석하는 능력 • 이 수준은 정서가 어떤 상황과 연결되는지를 이해하는 것이다. 즉, 특정 감정이 왜 발생하는지, 어떤 상황에서 나타나는지를 파악하는 능력이다. • 예를 들어, 부모가 자녀가 **단짝 친구와 헤어질 때 느끼는 감정**이 **슬픔**임을 알려주면서, **상실과 슬픔이 연결**된다는 것을 이해하도록 돕는다. 또한, **불공정한 일을 겪으면 분노, 위협을 받으면 공포를 느낀다는 것**을 배운다. • 이처럼, 감정이 특정 상황에서 발생하는 이유를 이해하고, 감정의 원인과 결과를 파악하는 것은 어린 시절부터 배우기 시작하며 평생에 걸쳐 발달한다. • 예를 들어, 평소에 친해지고 싶었던 친구에게 카드를 만들어 마음을 표현하는 것도 이러한 감정 이해의 한 사례가 될 수 있다.	
	• 수준 3 : **복잡하고 복합적인 감정을 이해**하기(이는 사랑과 미움의 동시적 감정이나 두려움, 놀라움이 합쳐진 경외감과 같은 복합적인 감정을 이해하는 능력이다, 복합적인 정서의 해석 능력) ▶ 두 가지 이상의 감정이 동시에 존재하는 **복합적 정서를 이해**하는 능력 • 아동은 성장하면서 한 가지 감정만이 아니라, 여러 감정이 동시에 느껴질 수 있다는 것을 배우게 된다. 예를 들어, 동일한 사람을 좋아하면서도 미워하는 감정인 '**애증**'을 가질 수 있다. 또한, **경외감**은 **두려움과 놀라움이 섞인 감정**, **희망**은 **신념과 낙관이 결합된 감정**, **울화**는 **억울함과 분노가 섞인 감정**이라는 것을 이해하게 된다. • 이처럼 감정이 복합적으로 나타날 수 있음을 이해하는 것은 감정을 적절히 조절하고 대처하는 데 도움이 된다. 예를 들어, 누군가에게 미운 감정을 느낄 때, 그 사람에 대한 애정도 함께 존재한다는 것을 깨닫는다면, 부정적인 감정에 휩쓸려 관계를 망치는 것을 방지하고, 오히려 더 좋은 관계를 유지할 수 있다. • 즉, 성장하면서 아이들은 한 가지 감정만이 아니라, 복잡하고 상반된 감정이 동시에 존재할 수 있음을 깨닫고, 이를 조절하고 활용하는 법을 배우게 된다.	

	- **수준 4 : 정서 간의 전환을 이해하기**(분노가 만족으로 전환되거나 분노가 부끄러움으로 전환되는 것과 같이 정서 간의 전환 가능성을 인식하는 능력이다. 정서 간의 전환에 대한 이해와 예측 능력) ▶ **정서가 상황에 따라 변화하는 과정을 이해**하는 능력 - 정서는 상황에 따라 변화할 수 있으며, 한 감정이 다른 감정으로 전환되기도 한다. - 예를 들어, 분노가 격해지면 격분으로 커질 수도 있고, 상황에 따라 만족감이나 죄책감으로 바뀌기도 한다. 이러한 정서의 변화 가능성을 이해하면, 감정을 더 적절하게 조절하고 대처할 수 있다. 예 아동이 자기가 잘못했을 때 자신이 잘못했음을 시인하고 사과하고 나면 마음이 가벼워지며, 상대와 더 좋은 관계를 맺을 수 있음을 인식하여 사과하는 것은 정서 지능이 아주 높은 행위라고 해석될 수 있다.
	- **정서의 반영적 조절**(Reflective Regulation of Emotions to Promote Emotional and Intellectual Growth) : 정서적·지적 성장을 위해 정서를 반영적으로 조절하는 능력으로 정서 지능의 가장 상위 범주이다.
정서 조절	- **수준 1 : 긍정적·부정적 정서들을 모두 받아들이기**(정적(유쾌한 감정), 부적(불쾌한 감정)인 정서를 모두 받아들이는 능력이다. 정서를 개방적으로 수용하는 능력) ▶ **즐거운 감정**뿐만 아니라 **불쾌한 감정도 자연스럽게 받아들이는 능력** - 정서의 반영적 조절의 첫 번째 수준은 **정서에 대해 개방적으로 수용하는 것**이다. 우리는 즐거운 정서든 불쾌한 정서든 그것을 느끼는 것을 수용하여야 한다. 정서에 주의를 기울이지 않고서는 정서에 대하여 사고할 수 없기 때문이다. 예 '어둠을 무서워하는 꼬마박쥐'를 듣고 친구들이 무서워하는 것을 조사하여 부정적 정서도 수용하기, 감상 활동을 통해 사람들마다의 다양한 정서를 개방적으로 수용하기
	- **수준 2 : 자신의 정서에서 거리를 두거나 반영적으로 바라보기**(이는 감정의 유익성과 실용성에 따라 그 감정을 지속시키거나 탈피하는 능력을 이야기한다. 정서적 상황에 개입, 지속, 초연할 수 있는 능력) ▶ **감정의 필요성과 유익성을 평가하여 지속할지 조절**하는 능력 - 사람은 감정을 느끼지만, 언제나 즉시 표현하는 것이 적절하지는 않다. **감정을 조절하고 표현할 타이밍을 판단하는 능력이 중요**하다. - 성장하면서 아동은 감정과 행동이 분리될 수 있음을 배운다. 예를 들어, **화가 났을 때** 바로 소리를 지르는 것이 아니라, **깊이 숨을 들이마시거나 속으로 숫자를 세며 감정을 가라앉히는 법**을 익힌다. - 사회는 특정 상황에서 감정을 어떻게 표현해야 하는지를 가르친다. 슬프다고 해서 모든 자리에서 우는 것이 적절하지 않을 수도 있고, 화가 나도 바로 표출하지 않고 차분하게 해결하는 것이 필요할 때도 있다. 이런 교육을 통해 아동은 감정을 조절하는 법을 내면화한다. 예 마시멜로 실험을 통한 만족지연 능력
	- **수준 3 : 자신과 타인의 관계에서 정서를 반영적으로 들여다보기**(이는 자신과 타인의 감정을 반영적으로 점검하는 능력이다. 정서를 반영적으로 평가하는 능력) ▶ **자신과 타인의 관계에서 정서를 반영적으로 점검**하고, 자신의 정서가 **타인에게 미치는 영향을 평가**하는 능력 - 우리는 성장하면서 자신의 감정을 돌아보고 반성하는 경험을 하게 된다. 예를 들어, "**나는 왜 이런 기분이 들까?**" 또는 "**이 감정이 내 생각에 어떤 영향을 주고 있을까?**"와 같은 질문을 스스로 던질 수 있다. - 이러한 과정은 단순히 감정을 느끼는 것이 아니라, 감정을 분석하고 평가하는 '정서적 반영'에 해당한다. 이를 '**메타 무드(meta-mood)**'라고 한다. 즉, 우리는 자신의 감정에 얼마나 주의를 기울이고 있는지, 그 감정이 명확하고 이해할 수 있는 것인지, 그리고 사회문화적 기준에서 적절한 감정인지 등을 평가하고 조절하는 능력을 키워 나간다.

- **수준 4 : 자신과 타인의 정서를 조절하기**(정서가 전달하는 정보를 억압하거나 과장 없이 부정적인 정서는 경감시키고, 유쾌한 정서는 고양하여 자신과 타인의 정서를 관리하는 능력이다. 자신과 타인의 정서조절 능력)
- ▶ **자신과 타인의 감정을 조절**하여 **사회적으로 원만한 관계를 유지**하는 능력
- 자신의 감정을 사회적으로 적절한 방식으로 조절하고, 부정적인 감정을 긍정적인 감정으로 전환하며, 나아가 타인의 감정에도 영향을 줄 수 있는 능력을 의미한다.
- 이 능력은 부정적인 상황에서 발생할 수 있는 문제를 예방하고, 자기효능감을 높이며, 타인과의 원만한 관계 형성에도 도움을 준다. 중요한 점은 감정을 왜곡하거나 과장하지 않고, 있는 그대로 인식하고 조절하는 것이다.
- 또한, 타인의 감정을 이해하고 이에 맞춰 자신의 반응을 조절하는 것도 포함된다. 예를 들어, 선생님의 기분이 좋을 때와 나쁠 때 요청을 받아들이는 정도가 다를 수 있음을 알고, 적절한 타이밍에 이야기를 꺼내는 것이 정서 조절 능력이 높은 사람의 특징이다.
  - 예) 내 제일 친한 친구가 매우 우울해 보입니다. 놀고 싶어 하지도 않고, 말을 시켜도 대답하려 하지도 않습니다. 이럴 때 친구에게 어떻게 해주는 것이 좋을까요? / 게임 중 이기고 싶은 마음이 강해질 때, 화를 내기보다는 감정을 조절하고 친구와 협력하여 즐겁게 게임하는 방법을 고민할 수 있다.

(4) 정서 지능의 영역별 예시

정서 지능에 대한 능력 접근 (ability approach)	정서 지능에 대한 혼합 접근 (mixed approach)	
Mayer, Caruso, & Salovey(1999) [Mayer & Salovey 1990년 모델 수정]	Bar-On(1997)	Goleman(1998)
1. **정서를 정확히 지각하는 능력** : 얼굴표정, 음악, 그림 등에 나타난 정서들	1. **개인 내 EQ** : 정서적 자각, 자아실현, 자기존중, 독립	1. **자각** : 정확한 자기평가, 자신감
2. **사고를 촉진하기 위해 정서를 사용하는 능력** : 정서를 여러 가지 기본 감각(색, 촉감 등)에 정확히 연관시킴, 관점을 바꾸기 위해 정서를 사용함	2. **개인 간 EQ** : 감정이입, 대인관계, 사회적 책임	2. **자기조절** : 자기통제, 신뢰감, 신중성, 적응성 혁신
3. **정서와 그 의미를 이해하는 능력** : 복잡한 정서를 분석, 이해하는 능력, 한 감정으로의 전이를 이해하는 능력	3. **적응성 EQ** : 문제해결, 현실검증	3. **동기부여** : 성취동기, 몰입, 솔선수범, 낙천주의
4. **정서를 조절하는 능력** : 본인과 타인의 정서를 조절하는 능력	4. **스트레스 관련 EQ** : 스트레스 인내, 충동 통제	4. **감정이입** : 타인이해, 봉사지향, 다양성, 수용, 정치적 인식
	5. **일반적 기분 EQ** : 행복감, 낙천성	5. **대인관계** : 영향력, 정보전달, 분쟁관리, 리더십, 유대형성, 변화촉진, 협동 및 협조

3) 골만(D. Goleman, 1995)의 5개 정서 지능영역

• 정서 지능을 대중화시키는 데 공헌한 골만은 살로베이와 메이어의 정서 지능의 개념을 기초로 정서 지능을 다음과 같이 5개 영역으로 구분하였다.

골만의 5개 정서 지능영역	자기인식 (self-awareness)	▶ **자신의 감정을 인식**하고 **이해**하는 능력 (정확한 자기평가, 자신감) • 정서 지능의 초석이다. 왜냐하면 다양하게 변화하는 정서들 사이에서 '내가 지금 느끼는 것은 분노, 수치심, 슬픔, 공포 등이다.'라고 자신의 내적 정서 상태를 인식하는 사람만이 자신의 정서를 통제할 수 있고 적절히 반응할 수 있기 때문이다. 기 (지문분석) 친구가 장난감을 가지고 놀지 못하게 하면 너희들은 기분이 어떻겠니?[17]
	자기조절 (self-management)	▶ **인식된 자신의 감정**을 **적절하게 처리하고 변화**시키는 능력 • (자기통제, 신뢰감, 신중성, 적응성 혁신). • 자신의 정서 다루기, 즉 자신의 감정을 균형 있게 조절할 줄 아는 능력은 정서 체험의 자기 인식을 기초로 하여 형성된다. 예 **격분이나 분노를 조절**하는 '자기조절' 능력은 인생에서 중요한 기술이며 행동하기 전에 **혼자 미리 독백을 하면서 자신의 감정을 파악하고 조절**하는 것이 중요하다. • 이러한 자기조절 능력이 부족한 사람은 감정을 부적절하게 표현해서 끊임없이 절망감에 빠지거나 때로는 반사회적 행동으로 간주될 수 있다. • 반면, 이 능력이 높은 사람은 자신의 감정을 적절하게 통제해서 표현하기 때문에 사회적으로 적응을 잘하며 정신건강도 좋으며 역경도 쉽게 극복한다. 기 (지문 분석) 그래, 진희 말대로 참을 수도 있구나. 숨을 한번 크게 쉬어 보는 건 어떨까?[17]
	자기 동기화 (self-motivating)	▶ **어려움을 참아내어** 자신의 **성취를 위해 노력**할 수 있는 능력 • 성취동기, 몰입, 솔선수범, 낙천주의 • 자신에게 동기 부여하기란 인생에서 **어려움에 부딪혔을 때 좌절하지 않고, 희망을 가지고 계속해서 어려움을 헤쳐나가는 힘**을 말한다. • 자기 동기화 능력에는 주어진 일을 지속적으로 해나가는 집중력, 일시적인 정서 충동을 억제하고 극복할 수 있는 **만족지연 능력**, 그리고 **실패는 변화**될 수 있고 **다음에는 꼭 성공할 수 있다는 확신**을 갖는 **낙관적 태도**가 포함된다. 이러한 것들이 성취의 기초가 되며, 동기화 능력이 높은 사람들은 **자신의 능력을 최대한으로 발휘하고 인생을 즐긴다**. • 자신을 긍정적으로 동기화시키는 대표적인 감성 요인으로는 인내력, 충동억제력, 일시적 만족감, 지연력, 긍정적 사고력, 낙관성, 자아존중감 등이 있으며, 골만은 이러한 요인들을 **목표 성취를 위하여 자기 능력을 최고점으로 달하게** 하는 감성 능력들로 보았다. 기 '토돌이가 장난감을 가지고 노는 동안 토순이는 다른 징난감을 가지고 놀면 어떨까?'에 해당하는 구성 요소 1가지를 쓰시오.[17]

감정이입 (empathy)	▶ **타인이 느끼는 감정을 자신의 것처럼 느끼고 타인의 감정을 읽어내는** 능력 • 타인이해, 봉사지향, 다양성, 수용 • 감정 이입은 자기 인식의 토대가 될 뿐만 아니라 **이타주의의 근원**이 된다. **감정 이입은 남을 도와주고 싶은 이타심이 생기게 하며** 이것은 **도덕성이 기초**가 되는데, 이타심이 높은 사람끼리 깊은 위로, 통찰을 주고받으며, 다른 사람에게 도움을 줄 때, 자신이 필요한 존재라는 것을 느끼게 되며, 그로 인해서 자신의 문제가 해결된다고 보았다. • 감정 이입이 높은 사람들은 과제 수행이나 대인관계에서도 더 크게 성공하는 경향이 있다. 기 (지문 분석) 그럼 토돌이의 기분은 어떨까?[17] 기 골만이 제시한 **정서지능의 구성 요소** 중 (나)의 ㉠ '민지야, 주사 많이 무섭지. 나도 무서워.'와 ㉡ '나도 주사 맞기 싫은데 민지도 싫구나.'에 공통적으로 해당하는 것을 쓰시오. **감정이입**[23]
대인관계 기술 (social skill)	▶ 인식한 **타인의 감정에 적절하게 대처할 수 있는 정서 표현 능력** • (영향력, 정보 전달, 분쟁 관리, 리더십, 유대 형성, 변화 촉진, 협동 및 협조) • 타인의 정서 다루는 능력은 우선 **타인의 감정을 느끼고 그에 대한 나의 감정을 인식한 후** 내가 **어떤 행동을 하는 것이 최선인지 이해하고 실제 행동으로 실천에 옮길 줄 아는 능력**이다. • 높은 정서 지능을 지닌 사람들의 인간관계는 한결같이 타인의 감정을 상하지 않도록 배려하여 마음을 편안하게 해주는 관계를 맺는 사람들이다. • **감성지능의 가장 높은 단계**이며 대인관계 능력은 **자기 개방을 통해 타인을 동기화하고 친밀한 관계를 형성하는 능력**을 의미한다. 이는 **인기와 리더십** 또는 인간 내부의 효율성 등을 포함하는 능력이기도 하다. 기 (지문 분석) 그럼 친구들과 사이좋게 지내려면 어떻게 해야 할까?[17]

Ⅷ. 마음 이론(theory of mind)

1 마음 이론의 정의

마음 이론의 정의

- ▶ **마음** : 정신 상태를 산출하는 **정신적 표상**(mental representation)을 통칭하는 개념
- ▶ **마음 이론** : **타인의 입장을 조망하고 공감하는 능력**, 즉 '**마음에 대한 이해**'를 의미 즉, 인간 행동의 기저에 **보이지 않는 마음 상태가 있음을 이해**하고 **자신과 타인**의 욕구나 신념, **생각들이 행동과 관련된다는 것을 이해**하는 사고체계
- 마음에 대한 이해를 '이론'이라고 부르는 것은 마음에 대한 이해가 이론적인 특징을 지니고 있기 때문이다. 마음 이론은 타인의 감정을 이해하는 '**인지적 측면**', 그리고 타인과 같은 감정을 공유하는 '**정의적 측면**'을 포함한다.
- 이와 같은 마음 이론의 인지적 측면은 '역할수용' 또는 '조망수용'이라는 용어로 표현되며, 정의적 측면은 '공감', '감정이입', '감정조망수용', '정서식별'이라는 용어로 표현된다.

  기 교사 : 그렇구나. 그런데, 동민이가 너의 친구가 아니라는 말을 들으면 속상하지 않을까? 지호 : 아니요. 교사 : 그럼, 네가 동민이라면 기분이 어떨까? 최 교사는 지호가 (**공감**)과 같은 능력이 부족하다고 생각하였다. (**공감**)은 타인의 감정이나 기분을 마치 자신의 것처럼 느끼는 것이다. (**공감**)은 **다른 사람의 감정 상태를 대리적으로 경험하는 것**이다.[13]

  기 사회성 발달을 위한 인지적 능력을 나타내는 것으로, 밑줄 친 ㉥ '다정이의 행동을 보고 다정이가 어떤 생각으로 그런 행동을 했는지 추론', ㉦ '사람에게는 감정, 욕구, 의도, 믿음, 지식과 같은 내적 정신 과정이 있고, 이것이 사람의 행동을 이끌고 사람마다 다를 수 있다는 것을 이해'를 통해 설명할 수 있는 이론 1가지를 쓰시오. **마음 이론**[18]

마음 이론과 함께 쓰이는 용어

- 마음 이론과 함께 쓰이는 용어

조망수용 능력 (perspective taking)	▶ (자기중심적 사고에서 벗어나) **타인의 관점에서 사고**하고, **타인의 생각, 감정 등을 이해**할 수 있는 능력 ▶ **다른 사람의 관점, 생각, 감정을 추론**하고 **이해**할 수 있는 능력 • 다른 사람의 관점(사고, 느낌, 행동, 시각)을 이해하고 그 사람의 사고와 태도를 식별하고 이해하며 판단하는 것이다. 즉, 다른 사람의 입장에서 그의 인지, 사고, 정서 등의 내적인 심리 상태를 추측하는 것으로 자기중심적인 사고에서 벗어나 타인의 입장을 이해하고 받아들이는 것이다. 기 모래놀이를 못하고 있는 친구의 마음은 어떻겠니? **교사는 유아들의 조망수용 능력을 향상시키고 있다.**[98] 기 다음 승기의 행동 '승기와 수지는 서로 자신이 '무지개 물고기'의 역할을 하고 싶어 한다. 승기는 "내가요, 내가 할래요."라고 말한다. 교사가 수지에게 "괜찮니?"라고 묻자, 수지는 싫은 표정을 짓고 있다. 승기는 "수지는 다른 거 하면 돼요. 그냥 내가 할래요."라고 말한다.'은 다른 사람의 관점, 생각, 감정을 추론하고 이해할 수 있는 (㉠ **조망수용능력**)의 결핍으로 볼 수 있다.[특13추] 기 ㉡ '식빵 얼굴'을 들고 앞으로 나와 친구들에게 보여 준다.'에서 효주는 다음과 같은 행동 '효주가 식빵에 얼굴 표정이 그려진 쪽을 자신에게 향하게 하고, 친구들에게는 얼굴 표정이 보이지 않는 쪽을 보여주자, 친구들이 "얼굴이 안 보여."라고 말했다. 이에 효주는 "난 보이는데…."라고 말했다.'을 하였다. 효주가 이러한 행동을 하는 이유는 어떤 능력이 아직 발달하지 않았기 때문인지 쓰시오.[특16]

	기 '유아들이 자아 중심성에서 벗어나 친구들의 관점에서 상황과 정보를 이해하는 능력'에 해당하는 개념을 쓰시오.[18] ▶ 타인의 입장이 되어 그 사람의 감정과 생각을 상상할 수 있는 능력이라는 점에서 역할수용이란 용어와 함께 사용되기도 한다.	
	조망수용능력 : 다른 사람의 입장이나 생각, 사고 등을 이해할 줄 아는 능력	
	공간조망능력	타인의 위치에서 보는 공간적 시각을 추론할 수 있는 능력
	정서조망능력	어떤 상황에서 타인의 감정을 이해하고 헤아릴 수 있는 능력
	인지조망능력	타인의 사고 과정이나 행동의 원인을 이해할 수 있는 것
역할수용 능력 (role taking)	• 역할수용은 타인의 시각적 관점을 추론하는 **공간적 조망**, 타인의 감정 상태나 느낌 등을 추론하여 평가하는 **감정적 조망**, 타인의 사고 과정을 추론하여 이해하는 **인지적 조망** 능력으로 구분된다.	
감정이입 (공감, empathy)	▶ 타인의 정서를 자신의 것처럼 느끼는 상태, 즉 타인 입장에서 느끼고 볼 수 있는 능력 • 학자에 따라 이를 인지적 반응, 정의적인 반응으로 해석하기도 한다.	
대인 지각 (person perception)	▶ 사람에 대한 지각으로 **타인의 외형, 성격, 능력, 감정 등을 파악**하고, **행동의 이유와 의도 등을 추리**하는 것 (인상 형성과 귀인을 포함한다.) ▶ **인상 형성** : 타인의 **생김새, 성격, 능력, 감정 등을 파악**하는 것 ▶ **귀인**(attribution) : 타인 행동에 대한 **이유와 의도 등을 추리**하는 과정 • 즉, 다른 사람의 특성과 동기에 관한 판단과 결론을 내릴 때 사용되는 정신적인 과정(mental processes)을 의미한다.	

Plus 지식 틀린 믿음 과제

기 다음은 유아의 '마음 이론' 발달을 측정하는 과제이고, (가)는 이 과제의 질문에 대한 유아 A와 유아 B의 반응이다. 두 유아의 '마음 이론' 발달의 특징을 기술한 것으로 적절하지 <u>않은</u> 것은?[12]

> ㉠ 철수는 찬장 X에 초콜릿을 넣어 두고 놀러 나간다.
> ㉡ 철수가 나간 사이에 어머니가 들어와 초콜릿을 찬장 Y로 옮겨 놓고 나간다.
> ㉢ 철수가 돌아온다.
> 유아 A와 유아 B에게 위의 ㉠~㉢ 장면을 보여 주고 설명한 후, "철수는 초콜릿을 찾기 위해 어디로 갔을까?"라고 묻는다.
> • 유아 A : 철수는 찬장 X로 가요.   • 유아 B : 철수는 찬장 Y로 가요.

① 유아 A는 유아 B보다 **철수의 관점을 더 잘 읽을 수** 있다.
② 유아 A는 유아 B보다 **마음 이론이 더 잘 발달**되어 있을 수 있다.
③ 유아 B는 유아 A보다 **상위인지 능력이 더 발달**되어 있을 가능성이 높다.
④ 유아 A는 철수의 **생각이나 믿음이 실제와 다를 수 있다는 것을 이해**한다.
⑤ 유아 B는 자기가 알게 된 정보를 이용하여 철수의 행동을 **자기중심적으로 설명**한다.

Plus 지식 틀린 믿음

▶ **주어진 상황**에서 **어떤 사건이 사실이 아님에도** 불구하고 **사실이라고 생각하는 것**[21]
① 주어진 상황에서 어떤 사건이 진실이 아님에도 불구하고 진실이라고 믿는 것을 말한다.
② 실제로 우리는 일상생활에서 틀린 믿음을 많이 갖게 되는데, [이유] 이는 **사실에 대한 정확한 정보가 부족하기 때문에** 나타난다.
③ 가령 한 아이가 냉장고에 넣어두었던 **아이스크림을 동생이 몰래 꺼내 먹는 것을 보지 못했다면** 그 아이는 아이스크림이 아직도 냉장고에 있을 것이라는 틀린 믿음을 갖게 된다.
④ 유아가 틀린 믿음을 이해한다는 것은 특정 사실에 대해 어떤 사람이 갖고 있는 **믿음은 그 사람 마음속에 가지고 있는 정신적 표상**이며, 이 표상이 옳을 수도 틀릴 수도 있음을 이해하는 것이다.
⑤ 그런 의미에서 틀린 믿음을 이해한다는 것은 마음의 표상적 특성을 궁극적으로 이해하는 것이므로 유아가 마음 이론을 습득했다는 증거가 될 수도 있다.

기 ① ⓐ에 들어갈 용어를 쓰시오. ② [A]에서 ⓐ를 이해한 유아의 이름을 쓰고, 그렇게 판단한 이유를 사례와 관련지어 쓰시오. ① 틀린 믿음, ② 윤기, 윤기는 자신이 삽을 정리함에 놓았음에도 불구하고 훈이는 예린이가 가져갔다고 생각할 수 있다고 이야기한 것처럼, 어떤 사건이 사실이 아님에도 불구하고 사실이라고 믿을 수 있는 타인의 마음을 이해하고 이를 설명하고 있기 때문이다.[21]

(**틀린 믿음**)은 주어진 상황에서 **어떤 사건이 사실이 아님에도** 불구하고 **사실이라고 생각하는 것**이다. 유아가 타인의 (**틀린 믿음**)을 이해한다는 것은 '타인의 생각이나 바람, 감정 등을 추론하고 이런 추론에 따라 타인의 행동을 예측하고 이해하는 능력'인 '마음 이론'을 형성했다는 것이다.

2 마음 이론의 발달

1) 사회학습 이론

개념	• 마음 이론의 발달이 **사회적 학습 경험에 의해 직접적으로 영향**을 받는다고 간주한다. • 즉, 유아는 행동에 대한 결과를 반복적으로 경험함으로써 사회적 세계에 대한 일련의 규칙이나 질서를 학습하게 된다. • 유관성 원리를 이해함에 따라 자신의 행동에 어떠한 결과(칭찬이나 비난)가 일어날 것인지를 예측할 수 있으면, 유아가 사회적으로 적합한 행동을 할 가능성이 그만큼 높아질 수 있다.

2) 인지 발달 이론

개념		• 유아가 **타인을 이해한다는 것**은 그가 지닌 사회적 도식, 즉 **사회적 경험에 대한 내적 표상에서 기인되는 것**이라고 보는 관점이다. • **피아제**는 유아의 마음, 정신에 관한 연구를 통해 6세 이전의 **유아는 정신이나 마음에 관한 인식을 할 수 없다고** 하였다. 즉, 어린 유아는 **자아중심성으로 인해** 타인의 의도나 생각을 이해하기 어렵기 때문에 항상 자신의 관점에서만 의사소통한다고 보았다. • 또한 **물활론적 사고로 인해** 유아는 정신세계(사고)와 물리적 세계(실제)를 구별하기 어려우며, 현실 세계와 심리적 현상을 혼동하는 것으로 보았다. • 최근 연구에 의하면 피아제의 주장과 달리 7~8세 이전의 유아들도 타인의 조망이 자신의 조망과 다르다는 것을 인식하고 있음이 밝혀졌다. • **피아제의 이러한 관점을 기초로 마음 이론의 발달 시기별 특성**을 정리하면 다음과 같다.
	~2세	• **자신이 타인과 구별되는 독립적 존재**라는 도식을 가지고 있다. • 친숙한 타인에 대한 심상을 형성한다. • 사람들이 자신의 시야에서 사라져도 계속 존재한다는 대상영속성을 이해하게 된다.
	2~7세	• 사회적 세계를 설명하고 예측하는 데 도움이 되는 **단순한 규칙을 형성**하게 된다. 예 아버지는 남자이고, 어머니는 여자이다. • 아직까지 사고구조의 편중화 경향 때문에 어떤 상황이나 사람을 이해함에 있어 **특정 부분에만 주목**하며 타인의 숨겨진 동기, 의도, 개인적 심리 기능을 완벽하게 추론해 내지 못한다. 즉, 보이는 행동 이면을 고려할 수 없다. • **자기중심성**으로 인해 **타인의 조망이나 의견을 고려하지 못하는 경향**을 보인다.
	7~11세	• 사물이나 사람의 **기본적이며 불변하는 속성을 이해**할 수 있게 된다. **자기중심성에서 벗어나 타인의 소망이나 느낌을 이해**할 수 있으며, 여러 사람의 의견을 고려하여 자신의 견해를 바꿀 수도 있다. • 그러나 이 시기의 사회적 도식은 직접 경험하여 아동에게 친숙하거나 쉽게 상상할 수 있는 사람이나 사상에 제한되어 있다.
	11세 전후	• **친숙하지 않거나 가설적인 도식을 이해**할 수 있게 된다.

3) 셀만(Selman)의 사회적 조망수용 능력(역할수용 능력)

> • 셀만의 대인 간 딜레마 사례
>
> 기 철수는 동네에서 나무타기를 가장 잘한다. 어느 날 나무에 올라갔다가 떨어졌으나 다치지는 않았다. 마침 아빠는 철수가 떨어지는 것을 보시고 화를 내시며 앞으로 나무에 올라가지 말라고 하셨고 철수도 올라가지 않겠다고 약속했다. 그 후 철수는 친구를 우연히 만났는데 그 친구의 새끼 고양이가 나무에 걸려서 내려오지도 못하고 자칫 잘못하다간 떨어질 지경이었다. 고양이를 나무에서 데리고 내려올 수 있는 사람은 철수뿐이었으나 철수는 아빠와의 약속 때문에 주저하고 머뭇거렸다. "이때 철수는 어떻게 할까? 철수 아빠는 그 결정에 대해 어떻게 생각하실까?"라는 질문을 했을 때 나타날 수 있는 아동의 반응을 셀먼(R. L. Selman)이 제시한 발달 수준에 따라 〈보기〉에서 낮은 수준부터 골라 순서대로 나열한 것은?[11]

0수준 **미분화된** **조망수용** (3~6세, egocentrism)	▶ **자신과 타인의 입장을 구별하지 못**하고, **타인의 생각이나 기분**은 인지하지만 **자기중심적으로 해석**하는 수준 • 자신의 입장과 다른 사람의 입장을 **구별하지 못한다.** • **타인의 생각이나 기분은 인지하지만** 이를 자기중심적으로 해석하고 나와 타인의 심리적 특성이 다르다는 것을 완전히 변별하지 못하는 미분화된 수준에 머문다. • 서로 다른 관점을 가지고 있다는 것을 이해하지 못하기 때문에 **자신이 옳다고 느끼는 것은 상대도 그럴 것**이므로 다른 사람의 동의를 얻을 것이라고 가정한다. • **내가 좋아하므로 타인도 좋아할 것이라고 가정**한다. 즉, **다른 사람들도 자신과 동일한 방식으로 생각한다고 가정**한다. 기 "철수는 나무에 올라가 고양이를 데리고 내려와요. 철수가 고양이를 구하면 아빠는 좋아하실 거예요. 왜냐하면 아빠도 고양이를 좋아하거든요."라고 대답한다.[11] 기 '철수는 자전거를 타고 외할머니께 갈 것 같아요. 나는 우리 외할머니 좋아하는데, 철수도 엄마도 외할머니를 좋아하니까 기뻐할 거예요.'의 지호가 해당되는 수준의 명칭 1가지를 쓰고, 이 수준의 특징 1가지를 쓰시오.[14]
1수준 **사회정보적** **조망수용** (4~9세, subjective)	▶ **타인이 자신과 다른 생각을 가질 수 있음은 알지만, 왜 그런지 이해 못하고, 정보 차이 때문이라고 생각**하는 수준 • 다른 사람들은 **다른 생각을 가질 수도** 있다고 깨닫기 시작하지만 왜 그런지는 이해하지 못한다. • 다른 사람의 의도, 감정, 사고를 **추론할 수 있으나 눈에 보이는 사실에 근거**해서 결론을 내린다. • 사람들이 자신과 다른 관점을 가지는 이유가 단지 **서로 다른 정보를 받았기 때문**에 일어나는 일이라고 생각한다. 기 "철수는 나무에 올라가 고양이를 데리고 내려와요. 아빠는 철수가 왜 올라갔는지 모른다면 화내실지도 몰라요. 그런데 고양이가 다칠지도 몰라서 철수가 구했다고 하면 잘했다고 하실 거예요."라고 대답한다.[11]

2수준 **자기반영적** **조망수용** (7~12세, self reflective, reciprocal)	▶ **타인의 입장**에서 **자신의 생각과 감정을 이해**할 수 있지만, **상호적 조망은 어려운 수준** • 다른 사람의 입장에서 자신의 생각이나 감정, 행동 등을 볼 수 있다. • 다른 사람의 관점도 자신의 관점과 마찬가지로 옳을 수 있다는 것을 이해하게 된다. • 자신과 타인의 조망을 이해하고 입장을 바꿔 생각할 수 있기 때문에 **자신의 사고와 행동을 객관적으로 보고 타인의 사고를 이해하고 예측**하는 **2인자적인 조망**을 가졌지만 타인과 자신의 사고를 통합하는 상호적 수준에는 미치지 못한다. • 유아는 이제 같은 정보를 받았을 때에도 자신과 타인의 관점이 갈등을 할 수 있다는 것을 안다. 이 단계의 유아는 타인의 입장이 되어서 생각해 볼 수 있고, 타인 또한 자신의 입장에 설 수 있다는 것을 인식한다. 기 "철수는 나무에 올라가 고양이를 데리고 내려와요. **아빠는** 고양이가 다칠지도 몰라서 철수가 나무에 올라가게 된 것은 이해하실 거예요. 그래도 **아빠는** 철수가 다칠까 봐 걱정이 되어 야단치실 거예요."라고 대답한다.[11]
3수준 **제3자적** **조망수용** (10~15세, third-person, mutual)	▶ **자신과 타인의 관점을 벗어나 제3자의 입장에서 조망할 수** 있는 수준 • 자신과 상대방의 관점을 벗어나 **제3자의 입장**에서 자기와 다른 사람이 어떻게 보이는지를 생각할 수 있다. • 중립적인 제3자의 입장에서 **자신과 타인의 관점을 통합**하는 **일반화된 타인 조망, 상호적 조망**이 가능하기 때문에 종합적인 제3자적 관점에서 자신과 타인의 행동을 고려할 수 있다. • 즉, 유아는 이제 두 사람의 관점을 **동시에 고려**할 수 있어 딜레마 상황을 정확하게 묘사하며 또한 공평한 제3자의 관점을 추정하고 타인이 두 사람의 관점에 대해 어떻게 반응할 것인지를 예측할 수 있다. 예 유아는 **공평한 제3자의 조망을 수용**하고 **철수와 아버지 모두 서로의 생각에 대해 생각한다는 것을 보여줌**으로써 **딜레마 상황과 결과를 묘사**한다. "**철수는** 고양이를 좋아하기 때문에 고양이를 내려 주기를 원하지만, 나무에 올라가지 말아야 한다는 것도 알고 있어요. **아빠는** 철수가 나무에 올라가지 않겠다고 말한 것을 알고 있지만 고양이의 상황에 대해서는 모를 거예요."
4수준 **사회관습적** **조망수용** (15세~성인, in-depth)	▶ **사회적 가치에 기초한 제3자의 입장에서 조망할 수** 있는 수준 • 모든 사람들이 공유하는 사회적, 관습적, 법적, 도덕적 관점의 **복합적, 상호적 역할수용**이 필요하다는 것을 깨닫게 된다. • 즉, 사회적인 가치에 기초한 제3자 입장에서의 조망수용을 이해한다. • 제3자의 입장이 보다 넓은 사회적 가치체계에 의해 영향을 받는다는 것을 이해한다. • 유아는 서로의 관점을 취하는 것이 항상 완전한 이해를 의미하는 것은 아니라는 것을 깨닫는다. 즉, 사회체계적인 조망, 가치에 근거하여 그 사회집단에서 대부분의 사람들이 취하게 될 관점을 고려한다. 예 철수가 나무에 오른 것에 대해 벌을 받아야 하는지를 물어보면, 4단계의 청소년들은 "아니오."라고 말한다. 그리고 동물에 대한 인간적인 행동의 가치는 철수의 행동을 정당화하고 대부분의 아버지는 이 점을 인식할 것이라고 주장한다.

Plus 지식 셀만(Selman)의 역할수용의 발달단계

단계	설명	예시
0수준 미분화된 관점 (3~6세)	유아들은 **자신의 관점과 다른 관점을 인식하지 못**한다. 자신이 느끼는 것은 무엇이든 옳다고 생각하고 **타인도 그렇게 느낄 것**이라 생각한다.	철수가 나무 위에 올라가 위기에 처한 고양이를 구하리라 생각한다. 나무에 올라가지 말라고 명령한 철수 아빠가 철수의 행동에 어떻게 반응할지를 물으면, **아빠도 고양이를 좋아하므로 행복해할 것**이라고 대답한다. 즉, **자신이 고양이를 좋아하므로** 철수 아빠도 좋아할 것이라고 생각한다.
1수준 사회정보적 역할수용 (6~8세)	타인의 조망이 자신의 것과 다를 수 있다는 것을 알지만, 단지 그 사람이 **다른 정보를 갖고 있을 때만 그런 일이 일어난다**고 믿는다. 여전히 타인의 사고에 대해 생각할 수 없어, 어떤 일에 어떻게 반응할 것인지 예측할 수 없다.	철수가 나무에 올라갔으므로 아빠가 화를 냈겠느냐고 질문하면 "철수가 왜 나무에 올라갔는지를 모른다면 화를 내겠지만, **이유를 안다면 그럴 수밖에 없었다는 것을 알게 된다.**"고 대답한다. 양쪽이 같은 정보를 안다면 같은 결론을 내릴 것이라고 말한다.
2수준 자기반영적 역할수용 (8~10세)	유아는 **같은 정보를 알아도 자신과 타인의 관점이 다를 수 있다**는 것을 알게 된다. 이제 타인의 관점을 고려할 수 있다. 또한 타인의 입장에서 그들의 행동에 대해 사람들이 어떻게 반응할 것인지를 예측할 수 있다. 그러나 **자신의 입장과 타인의 입장을 동시에 고려하지 못한다.**	철수가 고양이를 구하러 나무에 올라갈지를 물으면, **자기가 왜 그렇게 했는지를 아빠가 이해할 것으로 생각했기 때문에 그럴 것**이라고 대답한다. 유아는 철수의 입장에 대한 아빠의 고려에 초점을 맞춘 것이다. 그러나 '철수가 나무에 올라가는 것을 아빠가 원할까?'라고 질문하면, **아빠의 입장을 가정하여 철수의 안전에 대한 염려 때문에 아빠가 반대할 것**이라 답한다.
3수준 제3자적 역할수용 (10~12세)	유아는 **자신과 타인의 입장을 동시에 고려할 수 있으며**, 타인도 그렇게 할 수 있다고 인식한다. **제3자의 관점을 가정**하고 각 사람이 상대방의 견해에 어떻게 반응할지를 예측할 수 있다.	**제3자의 입장**에서, 철수와 철수 아빠가 서로의 생각을 알고 있다는 것을 이해하며 **딜레마의 결과를 설명**할 수 있다. 예를 들어, "철수는 고양이를 좋아해서 고양이를 구하려 했지만, 나무에 올라가면 안 된다는 것을 알고 있었다. **철수 아빠는** 철수가 나무에 올라가선 안 된다는 말을 들었다는 것을 알지만, 고양이에 대한 상황은 모르고 있었다. 그래서 아빠는 철수가 말을 어겼다고 생각해 벌을 주실 거야."라고 설명한다.
4수준 사회관습적 역할수용 (12~15세 이상)	청소년은 타인의 입장을 **사회적 체계의 입장**(즉, '일반화된 타인'의 입장)과 비교함으로써 이해하려 한다. 즉, 청소년은 사람들이 사회집단의 대부분의 사람들이 취하는 입장을 고려하고 가정한다고 생각한다.	철수가 나무에 올라갔기 때문에 벌을 받아야 하는지를 질문하면, 청소년들은 아니라고 대답하고, **동물을 인간적으로 대우하는 것의 가치는 철수의 행동을 정당화**시킬 것이고 **대부분의 아빠들도 이 점을 알 것**이라고 말한다.

출처 : Shaffer&Kipp(2007); 전예화 외(2010) 재인용

4) 셀만(Selman)의 대인 간 이해 수준 : 협상 전략과 공유 경험

- 셀만의 역할수용 단계에서 두드러진 특징은 **자기중심성**과 **일방적 수준**에서 **호혜성(reciprocal)**으로 그리고 더 높은 단계인 **상호성(mutual)**으로 진보한다는 점이다.
▶ **호혜성** : 다른 사람이 나에게 욕을 하면 욕으로, 친절하면 친절로, 자랑하면 자랑으로 등 일종의 **보답 형식의 타인 관계**
▶ **상호성** : 보답 형식의 타인 관계가 아니라 다른 사람과 나의 기분, 느낌, 슬픔 등에 연대적으로 혹은 공동으로 **함께 공유하는 타인 관계**
- 이와 같은 관점에서 협상 전략(negotiation strategies)과 공유 경험(shared experience)도 자기중심성에서 상호 협동 관계로 진보된다는 연구 결과들을 제시하였다.
▶ **협상 전략** : 대인관계에서 **힘의 불균형 상황으로부터 야기**될 수 있는 전략
▶ **공유 경험** : 대인관계에서 **긴장이 완화된 편안한 힘의 균형 상태**를 반영
- 셀만은 대인관계의 이해가 사회적 조망 수용 능력, 즉 자신과 타인에 대한 사회학적인 관점의 협응이라는 입장에서 연구를 시작하였다(Selman, 1980).

셀만의 대인 간 이해 수준		
0수준 **자기중심적·** **충동적 수준**	▶ 협상 전략 : 반영적이지 않은 싸움 등 **신체적 전략**을 통한 전략 ⟶ 때리거나, 힘에 밀려 물러서는 행동 기 효진이가 은미의 터널을 무너뜨리자 은미는 효진이를 밀어 넘어뜨렸고 둘 다 울음을 터뜨린다.[특13추]	
	▶ 공유 경험 : 반영적이지 않은 전염성의 **단순한 모방**을 통한 경험 단계 ⟶ 한 유아가 기침하면 옆의 유아들도 따라서 기침하는 공유 상태	
1수준 **단독적·** **일방적 수준**	▶ 협상 전략 : **일방적인 명령** 혹은 자동적인 복종 전략을 통한 전략 ⟶ 의지가 없는 굴복이나 복종 또는 일방적 요구, 위협, 뇌물 등 기 "안 돼. 내 거야. 넌 다른 거 가지고 놀아."[특13추]	
	▶ 공유 경험 : 호혜성과는 상관없는 **자신만의 열정을 표현**하는 경험 단계 ⟶ 한 유아가 아파트 내 주차 공간을 생각하면서 블록 쌓기를 하는 경우, 다른 유아는 단독주택 앞 주차 공간을 생각하는 공유 상태	
2수준 **호혜적·** **반영적 수준**	▶ 협상 전략 : **자기 반영적**이며, **호혜적**인 협응 능력을 통한 전략 ⟶ 설득이나 제의, 변명을 하거나, 다른 사람의 설득, 제의, 변명을 수용 기 "너도 힌트 주지 않았잖아. 나만 힌트 주는 건 불공평해."[특13추]	
	▶ 공유 경험 : 유사한 지각이나 경험에 대한 **공통적 견해 반영**을 통한 공유 단계 ⟶ "아기는 우유 먹는 거야." 하면, 다른 아동도 "그래 우유병으로 먹어." 하며 공동의 지각을 표상하는 공유 상태	
3수준 **상호적·** **협력적 수준**	▶ 협상 전략 : 자신과 타인의 요구를 통합하는 **협동적 전략**을 통한 협상 ⟶ 서로 만족스러운 대안을 찾거나, 관계 유지를 위한 타협	
	▶ 공유 경험 : 서로 감정 이입을 반영하고, **협력적 과정**이 내포된 공유 단계 ⟶ '눈에는 눈'이라는 호혜적 입장과는 다르게, 다른 사람들의 정서, 느낌, 생각을 상호 공통으로 고려하는 공유 경험 상태	

IX. 친사회적 행동

1 친사회적 행동의 개념 · 이점 · 특징

> ▶ **타인에 대한 배려에서 오는 바람직한 행동**으로, 사회생활 속에서 그 사회가 요구하는 사회 규범에 맞는, 사회집단 내 **타인의 행복을 증진하는 행위**
> - **친사회적 행동**은 **돕기, 나누기, 협력하기, 위로하기** 등을 포함하며 이는 사회적 유능성의 중요한 요소이다. **이기심, 공격성, 반항심, 난폭한 행동과 같은 반사회적 행동의 반대 개념**이며 사회의 긍정적 가치를 반영한다.
> - 친사회적 행동이란 다른 사람과 집단을 이롭게 하는 자발적 행동이며, 바탈(Bar-Tal, 1976)은 '사회적으로 긍정적인 결과를 가져오게 하는 행동으로서 외적인 보상을 기대하지 않고 타인의 이익을 위해 자발적으로 수행하는 행동'으로 정의하고 있다.
> - 기 월쉬(H. Walsh) 외 : 이타주의와 혼용하여 쓰이는 **(친사회적 행동)**은 타인에 대한 배려에서 오는 바람직한 행동이다. 또한 사회생활 속에서 그 사회가 요구하는 사회 규범에 맞는, 그리고 사회집단 내 다른 사람들의 행복을 증진시키는 행위를 의미한다. 유아기에 습득하는 **(친사회적 행동)**의 구체적인 예는 **돕기, 나누기, 협동하기, 공감하기, 배려하기, 양보하기** 등으로 나타난다. [13추]

개념	Macaulay & Berkowitz (1970)	• 불신, 이기, 상해 등과 같은 반사회적 행동과는 대조가 되는 행동으로 외적인 보상에 대한 기대 없이 타인을 돕기 위해 행하는 자발적인 행동이다.
	Bar-Tal (1976)	• 사회적으로 긍정적인 결과를 가져오게 하는 행동으로 외적인 보상을 기대하지 않고, 타인에게 유익을 주기 위해 자발적으로 수행하는 행동을 포함한다.
	Mussen & Eisenberg (1977)	• 행위자가 외적 보상을 기대하지 않고 다른 사람 또는 다른 집단을 돕거나 이롭게 하는 행동이다.
	Walsh (1980)	• 이타주의와 혼용하여 쓰이는 친사회적 행동은 타인에 대한 배려에서 오는 바람직한 행동이다. 또한 사회생활 속에서 그 사회가 요구하는 사회 규범에 맞는, 그리고 사회집단 내 다른 사람들의 행복을 증진시키는 행위를 의미한다. 유아기에 습득하는 친사회적 행동의 구체적인 예는 돕기, 나누기, 협동하기, 공감하기, 배려하기, 양보하기 등으로 나타난다. [13추]
	Dudge(1982)	• 타인에게 도움을 주며 타인에 대한 긍정적인 태도이다.
	Barton (1986)	• 다른 사람에게 이익을 주는 사회적인 반응으로서 다른 사람의 상태를 더 좋게 하지도 않고, 해를 끼치지도 않는 비사회적 행동과 다른 사람을 해롭게 하는 반사회적 행동은 포함되지 않는다.
이점		• 첫째, 만족감을 얻는다. • 둘째, 유능감이 길러진다. • 셋째, 사회적 상황에 들어가게 해준다. • 넷째, 관계를 증진시킨다. • 다섯째, 도움을 받거나 협동을 할 기회가 늘어난다. • 여섯째, 긍정적인 집단 분위기를 형성한다.

특징	• 첫째, 행위자가 외적 보상을 기대하지 않고 다른 사람에게 이롭게 하려는 행동으로 오히려 행위자는 **자기희생과 위험을 감수해야** 한다. 예를 들어, 나누어 주기 행동에는 자신이 가지고 있는 것을 일정 부분 반드시 포기해야 하는 자기희생이 뒤따른다. • 둘째, 어떤 사람을 이롭게 하려는 그 자체에 목적을 가지고 의도적으로 수행된 **비이기적인 자발적 행동**이다. • 셋째, 행위자가 보상을 기대하든지, 하지 않든지 또는 동기가 무엇이든지 간에 **결과적으로 타인을 이롭게 하는 행동**이다.

2 친사회적 행동의 형성 이론

기질론	• 개인의 행동이 그 개인의 **성격과 지속적 관계**가 있다고 보기 때문에 친사회적 행동 또한 개인의 **기질**이나 **성격**에 따라 다르게 형성된다는 이론이다. • 이 분야의 학자들은 오히려 이타주의가 어떻게 지속적인 개인차를 보이는가를 측정하는 데 더 관심을 갖는다.
생물학적 이론	• 친사회적 행동을 **생물의 생존과 관계된 행동**으로 본다. 즉, 과거 고대사회에서 사냥하고, 농사짓고, 의사를 전달하는 등의 생존을 위해서는 교류, 교환, 협력, 신뢰, 정직, 권위 등을 근간으로 한 친사회적 행동이 필수적으로 필요하였다. • 따라서 이러한 특성은 행동의 문화적 다양성에 기초하여 수천 년에 걸친 친사회적 행동을 강력히 선호해 왔다.
정신분석 이론	• 친사회적 행동은 **초자아(super ego)가 발달되어야 형성**된다는 이론이다. • 초자아가 발달하기 전까지 유아는 원초아(id)의 쾌락 원리에 의해 자기중심의 즉각적인 만족을 추구하려 하기 때문에 유아가 타인에게 도움이나 이로움을 주는 친사회적 행동을 하기 어려웠다. • 따라서 유아는 성장하면서 **양심의 원리에 따라 죄의식을 인식하여 벌을 피하려는 데서 초자아가 유아 행동을 지배할 수** 있다는 것이다. • 따라서 유아는 초자아가 발달하면서부터 부모의 태도, 가치, 행동 등을 내면화하려는 과정에서 사회적·도덕적 가치를 따르게 되며 친사회적 행동을 학습하게 된다는 것이다.
사회학습 이론	• 인간의 모든 행동 습득과 같이 친사회적 행동은 **자극에 대한 반응의 결과**로서 상과 벌 등의 외적 보상과 자기 만족감, 죄책감과 같은 내적 보상에 의한 강화로 친사회적 행동이 학습된다는 이론이다. • 특히 반두라와 같은 사회학습 이론가는 학습자는 완전한 수동적인 존재가 아니라 **자기선택과 자기강화를 강조**하면서 **학습자 스스로 모델을 선택하고 관찰**하면서 이 행동이 사회적 상황에 **적합한 것인지 부적합한 것인지를 판단하면서 끊임없이 학습**해 간다는 것이다. 이 과정에서 성인의 상과 벌, 지시 등은 좋은 동기가 된다.
인지발달 이론	• 유아의 친사회적 행동은 **사회인지 능력이 정교화**됨에 따라 발달한다는 이론이다. • 피아제는 구체적 조작기 이전의 유아는 자신의 관점에 몰입되어 자기중심적이며 타인의 욕구를 알아내는 인지구조가 미성숙해 친사회적 행동을 할 수 없다. • 그러나 유아는 연령이 증가함에 따라 신체적 경험이 확충되어 사회적 인지가 정교화됨에 따라 **타인에 대한 이해와 정서에 대한 공감적 이해가 포함되는 조망 수용 능력이 발달되어 친사회적 행동이 형성**된다는 이론이다.

3 콜버그(Kohlberg, 1969)의 친사회적 행동 발달 단계

1단계 물리적 강화에 의한 추종 단계 (compliance with concrete defined reinforcement)	▶ **구체적 상벌의 약속**을 수반한 타인으로부터의 **명령에 대한 복종**으로 남을 돕는 행동이 발생하는 단계 • 이 단계에서는 부모나 교사로부터 '도와주라.'는 말을 들었을 때, 그리고 이에 대하여 구체적인 상이 약속되었거나 '말하는 것을 듣지 않으면 벌을 받는다.'고 하는 말을 들었을 때 남을 돕는 행동이 일어나게 된다.
2단계 심리적 강화에 의한 복종 단계 (compliance)	▶ 물리적 강화 없이도 **심리 사회적 상벌**을 예측해 타인으로부터의 **명령에 대한 복종**으로 남을 돕는 행동이 발생하는 단계 • 권위자의 **명령에 의한 복종**으로 남을 돕는 행동이 일어나고 **'물리적' 강화가 꼭 필요한 것은 아니다.** • '내가 좋아하는 아버지로부터 **칭찬**을 들었으니까.', '남을 도우면 칭찬을 받을 수 있겠지.', '벌을 받을지도 몰라.'와 같이 **심리 사회적인 상벌**을 예측해 남을 돕는 행동이 나온다.
3단계 자발성 단계 (internal initiative with concrete reward)	▶ **자발적으로 남을 돕**지만, **구체적 보상이 예상될 때만** 돕는 단계 • 반드시 어른들로부터 말을 듣지 않아도 자기가 **자발적으로 남을 돕는 행동**을 나타내게 된다. 다만, **구체적인 상벌을 예측**할 수 있을 때로 **한정**된다. 예 간식시간에 좋아하는 아이스크림을 많이 먹을 수 있다고 생각하여 동생에게 자기의 놀잇감을 빌려준 행동은 이 단계에 해당한다.
4단계 규범적 행동의 단계 (normative behavior)	▶ **사회적 승인**을 받고, 불승인을 피하기 위해 **자발적으로 남을 돕는** 단계 • 우리의 사회에는 '도움을 받으면 남에게 도움을 주어야만 된다.'든가 '보답을 기대함이 없이 남에게 도움을 주어야 하는 것이다.'하는 남을 돕는 행동에 관한 몇 개의 규범이 있다. **사회적 승인**을 얻고 **불승인을 피하기 위해** 규범에 따르도록 자발적으로 남을 돕는 행동 단계이다.
5단계 일반적 상호작용 (generalized reciprocity)	▶ **개별적인 상벌을 기대하는 것 없이** 일반적 교환의 원칙에 기인해 남을 돕는 단계 • 구체적인 사회 심리적인 요인에도 불구하고, 개별적인 **상벌을 기대하는 것 없이** 보다 **일반적인 교환의 원칙**에 기인해 남을 돕는 행동이 나타난다. 예 언젠가 자기가 곤란에 처했을 때의 일을 생각하여 헌혈 / '곤란할 때 서로서로', '좋은 씨는 미리 뿌려놓아라.' 등의 격언
6단계 이타적 행동 (altruism)	▶ **외적 보상을 기대하지 않고**, **진심으로 타인을 돕고 싶다는 내적 동기**에서 남을 돕는 단계 • 남을 돕는 행동의 최후의 단계에서는 벌써 어떠한 의미에서건, 외적인 상벌의 기대에 기인한 것은 아니다. 남을 돕는 행동은 무엇인가의 외적인 보답을 기대하는 것이 아니고, 곤란을 당하고 있는 타인을 **진심으로 도와주고 싶다고 하는 단순한 동기**에서 실행되어진다. 그 후에 초래되어지는 것은 자기 자신에 대한 **만족감·충족감**이라고 하는 자기강화이다.
7단계 관념적 이타성 (idealistic altruism)	▶ **외적·내적, 어떠한 보상도 기대하지 않고**, **이상적 가치에 따라** 순수하게 이타적 행동을 실천하는 단계 • **이상적 가치만으로** 이타적 행동을 할 수 있는 단계를 말한다.

4 바탈(Bar-Tal, 1979)의 친사회적 행동 발달 단계

- 바탈은 **돕기 행동**은 **영아에게도** 나타나며, 이러한 이타주의는 유아의 **인지발달, 사회적 조망 발달, 도덕 발달 수준과 관계**가 있으며, 단계에 따라 발달한다고 하였다.
- 돕기 행동은 친사회적 행동의 **동기 수준**과 상관이 있다고 하였다.
- **피아제**의 인지 발달 단계, **셀만**의 조망 수용 발달 단계, **콜버그**의 도덕 판단 발달 단계를 토대로 돕기 행동의 동기를 중심으로 다음과 같이 친사회적 행동 발달 6단계를 제시한다.

바탈 친사회적 행동 발달 단계		
	단계 1: 응락(순응)- 구체적으로 언급되는 강화	▶ **구체적 상벌의 약속**을 수반한 타인으로부터의 **명령에 대한 복종**으로 남을 돕는 행동이 발생하는 단계(compliance concrete and defined reinforcement) • 요청이나 그렇게 하라고 **명령**받았기 때문에 돕기 행동이 나타나고 **보상**(약속, 기쁨)이나 **벌**의 위협(고통)에 의해서만 행해진다. 기 '바구니에 있는 장난감을 책상 위에 놓아 줄 수 있어? (사탕을 보여 주며) 잘 놓으면 누나가 사탕 줄게.'에 나타난 동기 요소 1가지를 쓰시오.[25]
	단계 2: 응락(순응) (compliance)	▶ 물리적 강화 없이도 **심리 사회적 상벌**을 예측해 타인으로부터의 **명령에 대한 복종**으로 남을 돕는 행동이 발생하는 단계 • **권위**가 담긴 **복종** 단계, 유아들은 승인을 얻기 위해서나 벌을 피하기 위해 행동하는 단계로 유아들이 권위를 인식하기 때문에 **구체적인 보상은 필요하지 않다.**
	단계 3: 내면적 주도성- 구체적 보상 단계	▶ **자발적으로 남을 돕**지만, **구체적 보상이 예상될 때만** 돕는 단계 • 유아들은 돕기 행동을 **자발적으로 지원**하여 주도한다. 그러나 강화로써 **동기화**되기 때문에 **구체적**으로 언급된 **보상**을 차례로 받는 것을 **기대**하며 돕기 행동을 한다(internal initiative-concrete reward). 기 승재의 돕기 행동이 그다음 단계로 발달하도록 지원하는 활동 1가지를 쓰시오. **스스로 다른 사람을 도울 수 있는 협동 활동**[25]
	단계 4: 규범적 행동 (normative behavior)	▶ **사회적 승인을 받**고, 불승인을 피하기 위해 **자발적으로 남을 돕는** 단계 • **사회적 요구**에 순응하는 단계, 순응하는 것이 **긍정적인 인정**을 받는다는 것을 알고, 위반은 부정적인 승인을 받는다는 것을 알고, 단순히 그렇게 하도록 기대된다고 느끼기 때문에 타인을 돕는다.
	단계 5: 일반화된 상호호혜성 (generalized reciprocity)	▶ **개별적인 상벌을 기대하는 것 없**이 **일반적 교환의 원칙에 기인**해 남을 돕는 단계 • **교환**이라는 보편적인 원리에 지배되는 단계 • 개인은 돕기 행동을 조절하는 통제 체계를 알고 도움이 필요할 때 **다른 사람들이 교대로 도움을 줄 것**이라고 믿음을 갖고 남을 돕는다. 따라서 이 단계에서는 **보상이 언급되거나 구체적이지 않다.**
	단계 6: 이타적 행동 (altruistic behavior)	▶ **어떤 보상도 기대하지 않고 도덕적 확신**으로부터 돕는 단계 • 돕기 행동은 다른 사람에게 이익이 되도록 하기 위한 동기로 **어떤 보상도 기대하지 않고 도덕적 확신**으로부터 행동이 나온다. 자신의 행위에 대한 결과로서 **자기만족**이나 **자아존중감의 증진**을 경험할 수 있다

5 호프만(Hoffman, 1993)의 공감 능력의 발달

- **공감 능력**은 친사회적 행동에서 중요한 매개 역할을 한다고 하였다. 공감이라고도 하는데, 다른 사람의 정서를 같이 느끼는 능력이다. 다른 사람의 두려움이나 실망이나 슬픔을 깊이 느끼는 유아는 그렇지 않은 유아에 비해 다른 사람을 더 돕고자 한다.
- 아동을 대상으로 하여 감정이입 및 조망수용능력과 친사회적 행동과의 관계를 알아본 연구에서는 **감정이입**과 **조망수용능력(역할수용능력)이 친사회적 행동과 관련**이 있는 것으로 나타났다. [이유] 다른 사람의 고통을 보고 공감을 할 때 친사회적 행동을 하기 때문이다.
- 공감 연구는 **피아제의 인지 발달 이론을 기반**으로 4단계의 발달 과정을 거친다.

호프만의 공감 능력의 발달	**미분화된 공감** (총체(포괄)적인 공감, global empathy, 0~1세)	▶ **자신과 타인을 구별하지 못하고, 타인의 고통을 자신의 감정으로 혼동**하는 단계 • 영아는 자신과 다른 사람의 **존재를 구분하지 못한다.** 따라서 다른 사람의 고통을 자기 자신의 불유쾌한 감정과 혼동한다. 예 다른 영아에게 일어난 일이 마치 자신에게 일어난 것으로 이해한다. 따라서 다른 영아의 고통을 무시한 채 손가락 빨기 등의 행동을 통해 스스로 위안을 찾고자 한다.
	자기중심적 공감 (egocentric empathy, 1-2세)	▶ **타인의 고통을 인식하지만, 자신과 다른 감정이 있다는 것을 이해하지 못**하여 타인 고통에 **부적절하게 반응**하는 단계 • 자신이 아니라 **다른 사람이 고통**을 당하고 있다는 것을 **이해**한다. 또한 그 사람이 **누구인지도 인지**한다. • 그러나 그 고통에 대한 반응으로 그 사람이 자신과 **다른 감정이 있다는 것을 이해하지 못**하기 때문에 **다른 사람의 고통에 부적절하게 반응**한다. 예 곰돌이 인형을 준다든지, 뽀뽀를 해준다든지 해서 자신이 위로받았던 식으로 다른 사람을 위로하려고 한다, 18개월 된 아이가 울고 있는 자신의 친구를 달래기 위해 그 아이의 엄마가 옆에 있음에도 자신의 엄마를 부른다, 엄마가 슬퍼 보이면 놀잇감을 가지고 와서 엄마와 놀려고 한다.
	타인의 감정을 공감 (empathy for another's feeling, 2-3세)	▶ **타인이 자신과 다른 감정을 가질 수 있다는 것을 알고, 타인 고통의 원인을 찾아 해결**하고자 하는 단계(다만, 직접 볼 때만 감정 이입 가능) • 유아는 다른 사람은 자신과는 **다른 감정을 가질 수 있다**는 것을 깨닫고, 이제 다른 사람의 **고통의 원인을 찾아 해결**하려고 한다. 예 엄마가 슬퍼할 때 차 한 잔을 드린다. • 그러나 이 단계에서는 고통받는 사람의 존재가 자기 **눈앞에 보일 때에만 감정 이입이 가능**하다. 즉, 가까이 있지 않은 사람의 고통을 상상해서 감정 이입을 하는 것은 가능하지 않다.
	타인의 생활 조건을 공감 (empathy for another's life condition, 아동기)	▶ 타인의 고통을 직접 보지 않아도 **상상으로 공감할 수** 있고, 특히 **사회적 약자에 대해 더 강하게 공감**할 수 있는 단계 • 다른 사람이 고통받는 것을 직접 눈으로 보지 않더라도 **상상하는 것만으로 감정 이입이 가능**하다. • 즉, 이때의 감정이입은 아동이 직접 관찰한 곤경에 처한 특정인에 국한되는 것이 아니고, **가난한 사람, 장애인, 사회적으로 버림받은 사람 전반에 걸친 것**이다. 이러한 민감성은 이타적인 행동으로 이어질 수 있다. • 정서가 빈곤이나 차별과 같은 생활 조건이나 상황에 기인할 수 있다는 것을 알기 시작한다. • 타인의 아픔을 공감하며, **특히 어려운 상황**에 있는 이들에게 **더 강하게 공감**한다. 예 남아는 특히 상처받거나 빈곤이나 차별로 투쟁하는 또래에게 특히 공감한다.

지식 호프만(Martin Hoffman)의 공감능력의 발달 구체적 내용

미분화된 공감 단계 (총체적인 공감) (global empathy, 0~1세)	• 어렴풋하게 느껴진 타인의 고통이 **자신의 불쾌한 감정과 혼합**되어 버림으로써, 유아들은 때때로 **다른 사람에게 일어난 일이 마치 자기 자신에게 일어난 일인 것처럼** 행동한다. • 이 시기에 존재하는 자신과 타인 사이의 혼동은 아이들이 정확하게 누가 자기이고 누가 타인인지를 확신하지 못한 채 고통을 경험하게 된다. • 호프만은 이러한 부정적인 정서의 공유를 **공감적 고통**(empathic distress)이라 부르고 **수동적이고 비자발적인 수준의 공감**이라고 보았다.
자기중심적 공감 단계 (egocentric empathy, 1~2세)	• 다른 사람이 고통스럽다는 것도 알고 그 사람이 누구인지도 인지한다. • 하지만 그 사람이 자기 자신과는 감정이 다르고, 또 무엇을 원하고 있는지는 이해하지 못한다. 따라서 다른 사람의 고통에 부적절한 반응을 보이기도 한다. • 이제 아동은 **고통 속에 있는 사람이 자신이 아니라 다른 사람이란 걸 의식**하게 되지만, [이유] 아직 다른 사람의 내적인 상태까지는 알지 못하기 때문에 단지 타인의 마음도 자신의 마음도 자신의 마음과 같다고 **추측할 뿐**이다. • 그래서 어떤 사람이 곤경에 처해 있다는 것을 알고 있다 하더라도 **자신의 내적 감정에 비추어 반응**한다. • 예 18개월 된 아이가 울고 있는 자신의 친구를 달래기 위해 그 아이의 엄마가 옆에 있음에도 자신의 엄마를 부른다. • 즉, 아동이 적절한 공감적 정서를 가지고 반응하긴 하지만 타인의 내적 상태에 대해서는 혼란을 겪고 있음을 나타내준다. • 이 단계에서의 어린이는 고통 중에 있는 타인에게 부적절한 도움을 제공하고 자신의 마음의 평안을 얻고자 하는 경향이 있는데 호프만은 이를 '**자기중심적 공감**'이라고 표현하였다.
타인의 감정에 대한 공감 단계 (empathy for another's feeling, 2~3세)	• 두세 살에 이르러 자신만의 **조망능력(perspective)을 갖추게 되면서**, 아동은 사람들의 감정이 **자신의 감정과는 다르며 그들 자신의 필요와 그들만의 해석에 근거하고 있음을 인식**하게 된다. • 따라서 아동은 타인이 실제로 무엇을 느끼는지에 대해 좀 더 잘 알 수 있게 된다. 게다가 **언어를 습득하면서**, 아동은 보다 크고 **복잡한 감정의 범위들을 공감**할 수 있게 된다. • 이제는 타인에게 보다 적절한 도움을 줄 수 있게 된다. 왜냐하면 아동은 어떤 도움이 다른 사람의 상황에 가장 적합한 것인가를 정확하게 더 잘 이해할 수 있기 때문이다. • 기 호프만의 감정이입 발달 단계에 근거하여, 3단계에 해당하는 ㉠에 들어갈 유아의 발화를 쓰시오. **난 토끼가 너무 좋은데, 넌 토끼가 무섭구나**.[24]
타인의 삶의 조건에 대한 공감 단계 (empathy for another's life condition, 아동기)	• 아동기 후반에 이르면, 자신과 다른 사람을 나름의 **개별적인 역사와 정체성을 지닌 지속적인 존재**로 바라보는 소위, 자아와 타자의 개념이 생겨난다. • 이 시기의 아동은 다른 사람의 즐거움이나 고통을 그 **순간적인 상황에서 판단하는 것이 아니라 그들의 인생 전반에 걸친 경험에 비추어 의식**하게 된다. • 따라서 그 시기의 아동은 여전히 타인의 현재 고통에 공감적으로 반응하긴 하지만, 그 고통이 순간적이 아니라 **만성적인 고통임을 알게 되면 더 강하게 공감**한다. • 가난하거나 억압받는 사회적으로 소외된 계층에 대해 가지는 공감적 고통은 특히 청소년기 아이들의 사회, 정치적 이념의 발달에 중요한 동기적 바탕을 제공해 준다.

6 친사회적 행동을 위한 지도 방법

친사회적 환경 조성	• 교사는 유아들에게 친사회적 행동의 욕구를 불러일으킬 수 있도록 친사회적 환경을 조성해 주어야 한다. ① 첫째, 교사는 유아에게 따뜻하고 안정된 분위기를 조성해 준다. ② 둘째, 충분한 놀이 공간과 놀잇감을 제공해 준다. ③ 교사와 유아 간 원활한 상호작용이 이루어지기 위해서는 유아 수가 적절해야 한다.
친사회적 모델 제공	• "행위는 말보다 더 강력한 언어다."라는 격언이 있듯이 성인의 친사회적 행동이 유아에겐 중요한 친사회적 모델이 된다. • 교사들이 친사회적 행동을 많이 보일 경우, 유아들은 성장 과정에서 친사회적 행동 모델을 통한 바람직한 친사회적 행동을 더 많이 학습하고 경험한다.
친사회적 행동 수행기회 제공	• 유아교육기관에서 유아들은 애완동물을 돌보고 교사나 또래를 돕는 것을 좋아한다. • 돕기, 나누기, 협력하기 등 친사회적 행동을 할 기회를 유아에게 많이 제공한다.
사회적 강화	• 유아들의 바람직하고 건설적인 친사회적 행동이 보일 때마다 칭찬, 인정, 격려를 하고 미소를 짓거나 어깨를 두드려 주면 유아들 자신의 긍정적인 행동을 명료화시키고 친사회적 언어와 행동이 증가한다.
귀납적 추론 지도	▶ 유아가 **행동의 이유와 결과를 이해하도록** 돕는 지도 방법으로, 행동이 **타인에게 미치는 영향을 설명**하여 자발적인 친사회적 행동을 유도하는 방법 • 유아의 행동에 대해 설명 없이 금지하는 것보다 **행위의 결과를 알게 해주는 지도 방법**은 유아가 그것을 **다른 상황에서도 적용할 수** 있도록 한다. • 유아에게 무엇을 해서는 안 된다고 하는 것보다 왜 해서는 안 되는지를 설명해 주며 특히 다른 사람이 받게 될 충격에 대하여 알게 하는 것이 중요하다. • 즉, **상대방의 입장에서 생각**하게 하고 유아의 행동이 **다른 사람에게 어떤 영향을 미치는지 알게 하는 것**이다. 기 박 교사 : 그럼 토돌이의 기분은 어떨까? 기 영 희 : 토돌이는 장난감을 혼자만 가지고 놀고 싶었는데 토순이가 와서 화가 났어요. 기 박 교사는 유아를 위한 친사회적 행동 지도법 중 하나를 활용하여 ⓒ '친구들과 장난감을 나눠 써요.'와 같은 결과를 얻었다. **(귀납적)** 추론 방법의 특징을 쓰시오. [1가]
친사회적 교육 프로그램 제공	• 교실에서 일어나는 역할놀이나 블록 활동 등은 유아들 스스로 친사회적 기술을 발휘해야만 놀이가 이루어지는 경우가 많다. 그러나 교사가 의도적으로 유아교육 활동에 협동이나 공유 등 친사회적 행동이 일어나는 활동을 프로그램에 반영하여 친사회적 기술을 형성해 나갈 수도 있다.
감정이입	▶ 다른 사람의 정서를 같이 나누는 것 • 다른 사람이 슬퍼할 때 슬퍼하고 기뻐할 때 기뻐하는 경우, 그 사람에게 감정이입이 되었다고 하여 감정이입이 된 유아가 그렇지 못한 유아에 비해 협동, 나눔, 도움과 같은 친사회적 행동을 더 많이 한다.
역할 채택 (역할 수용 능력)	▶ 다른 사람의 생각, 느낌, 감정 등을 인지하는 것 • 역할 채택이 높은 유아는 다른 유아가 겪는 고통의 원인을 그 사람의 입장에서 정확히 이해하기 때문에 높은 친사회적 행동을 하게 된다.

Plus 지식 사회적 추론

▶ 논리적인 설명, 칭찬, 유아 행동의 결과에 대한 예측 등을 통하여 자신이 한 행동의 원인과 결과를 판단하고 **사회에서 수용되는 행동**을 하도록 하는 교수전략
- 사회적 추론은 두 입장에서 설명할 수 있다. 하나는 **인지적 측면을 강조**한 입장이고 하나는 **감정이입에 기초한 정의적 측면을 강조**한 입장이다. 전자를 **도덕적 추론**, 후자를 **귀납적 추론**이라고 말할 수 있다.

도덕적 추론	▶ (도덕적 가치 갈등 상황에서 자유롭게 사고하고 추론할 수 있도록) **가설적 딜레마를 제시**하여 **해결 방안을 탐색하도록** 하여 **사회에서 수용되는 행동**을 하도록 하는 교수전략 • 유아에게 문제 상황에 관련된 추론을 자극하는 **가설적 딜레마 상황을 제시**하여 이야기하게 하는 방법이다. • 이 방법에서는 유아에게 하나의 상황을 제시한 후 **상황 속의 주인공이 어떻게 해야 할지**, 왜 그렇게 해야 하는지를 이야기하도록 한다. • 장점 : 이 방법은 유아가 듣고, 생각하게 되는 것이 유아 자신의 실제 상황이 아닌 **가설적 상황이기 때문에 좀 더 자유로운 추론**에 의한 이야기가 가능하다는 장점이 있다. • 단점 : 하지만 유아의 도덕적 추론이 **논의에서 끝**나버리고 자신의 **행동에 쉽게 적용하지 못**하는 단점도 있다. • 도덕적 딜레마를 구성하는 기준 ① 유아들에게 상황을 제시할 때에는 유아가 흥미를 가질 수 있는 재미있는 내용의 극적 이야기를 제시해야 한다. ② 유아가 **두 개 이상의 가치** 사이에서 갈등할 수 있는 내용을 제시해야 한다. ③ 유아는 무엇이 옳은가에 대해 한 가지로 동의하기 어려우므로 동의를 강요하지 말아야 한다. ④ 교사는 옳은 대답을 해주기보다는 유아 자신의 사고 단계에서 풍부한 추론을 하도록 유아를 자극해야 한다.
귀납적 추론	▶ **행동의 이유와 결과를 이해**하고, **자기 행동이 타인에게 미치는 영향을 인식**하도록 하여 **사회에서 수용되는 행동**을 하도록 하는 교수전략 • 유아들이 **왜 착한 행동**을 해야 하고 잘못된 행동을 하지 말아야 하는지를 **이해하도록 돕는 방법**이다. • 이 방법은 유아가 당면한 현재 상황에서 하게 될 **행동이 초래할 결과**를 교사가 논리적이고 설득력 있게 설명할 때 효과가 있다. • 귀납적 추론이 유아의 사회적 행동 변화에 효과가 있는 이유를 보면 다음과 같다. ① 귀납적 추론은 유아로 하여금 그릇된 행동에 대한 **죄책감을 느끼게 하기 때문에** 효과가 있다. 유아가 그릇된 행동을 하고 싶을 때 그 행동이 타인에게 미칠 부정적 결과 및 죄책감을 예측함으로써 그 행동을 하지 않기 때문이다. ② 귀납적 추론은 적절한 행동과 부적절한 행동에 대한 **일반적 원리**를 유아에게 가르쳐 주기 때문에 유아는 그것을 **새로운 상황에까지 적용할 수** 있게 되기 때문이다. ③ 귀납적 추론의 교육을 받은 유아는 후에 그릇된 행동을 하게 될 경우 과거에 들은 교육의 내용을 회상할 수 있다.

X. 우정

1 우정의 발달 단계

1) 데이몬(Damon, 1977)의 우정 발달 단계

- 데이몬은 '가장 친한 친구가 누구이며 그 이유는 무엇인지?', '그 친구가 자신을 좋아한다는 것을 어떻게 아는지?', '친구나 적을 만드는 방법은 무엇인지', '부모와 형제가 친구가 될 수 있는지?' 등의 질문에 대한 응답을 토대로 우정 개념을 3단계로 구분하였다.

데이몬의 우정 발달 단계	1단계 시도 단계 (5~7세)	▶ **일시적**이고 **신체적 상호작용을 중심**으로 **놀이 친구를 지향**하는 단계 • 놀이하기 위한 목적을 갖고 다른 유아에게 **접촉과 상호작용을 시도**하는 단계 • **물리적 공간** 거리상 가까이 있으면서 놀이할 수 있는 '놀이 짝'을 친구라고 생각하여 친구에 대한 특별한 의미를 부여하는 우정 관계를 발달하지는 못한다. • 이 시기 친구 관계는 일반적으로 **일시적**이기 때문에 쉽게 형성되고 쉽게 깨진다. 친구 간 발생하는 **갈등도** 감정이나 애정에 따른 것이 아니라 먹을 것이나 스티커, 놀잇감 등 **물질적인 것을 분배**하는 과정을 통하여 일어난다.
	2단계 상호 교환 단계 (8~12세)	▶ **서로 도움을 주고받으며 상호 반응**하는 단계 • **서로 도움을 주고 요청**하는 단계이다. 요구나 필요에 따라 **상호 교환적으로 반응**하며 성격이나 기질에 기초한 주관적이고 현실적인 견지에서 관계가 이루어진다. • **학령기 아동**은 **구체적인 물건 교환**이나 **또래와의 협력 활동**을 통해 우정을 경험한다. • 이 단계 유아는 친구란 **자발적으로 서로 돕거나** 도움이 필요하다고 말할 때 **도와주는 사람**이라고 생각한다. 따라서 우정 관계는 **상호 신뢰감, 친절, 사려성 등과 같은 성격적 특성을 토대로 형성**된다.
	3단계 유지 단계 (사춘기 이후)	▶ **서로의 감정, 생각, 비밀을 공유**하고 **심리적 문제를 해결**하며 **지속적인 관계**를 유지하는 단계 • 서로의 사고나 **감정, 비밀을 공유**하고 **심리적 문제에 도움**을 주고 상호 이해와 용서가 가능한 수준으로 오랫동안 관계를 유지할 수 있는 단계이다. • 사춘기 이후 청소년들은 흥미나 성격이 자신과 유사하여 자신의 느낌, 감정, 생각, 또는 비밀 등을 이해하고 공유할 수 있는 또래와 우정 관계를 형성할 수 있으며, 형성된 우정 관계는 상호 간 **신뢰가 깨어지기 전까지 지속되어야** 한다고 생각한다. • 한편, 우정 관계에 있는 친구는 서로 외로움, 슬픔, 또는 두려움 등의 **심리적 문제를 함께 공유**하고 이를 해결하기 위해 서로 도와야 한다고 생각하며, 서로에게 **심리적 고통**이나 불편함을 주는 행동이나 문제가 될 수 있는 일은 **삼가야** 한다고 생각한다.

2) 셀만(L. Selman, 1981)의 우정 발달 단계

- 셀만은 유아의 우정 발달 단계를 **사회적 조망 능력의 발달 정도에 따라** 5단계로 제시하였다.
- 0단계에서부터 4단계까지의 우정 발달 단계로서 유아의 우정이 자기 요구에 초점을 맞추어 우정을 형성하는 단계로부터 점차로 타인의 욕구와 관심에 보다 민감해지며 우정을 형성하는 단계로 발달하는 것을 알 수 있다.

셀만의 우정 발달 단계	**0단계** **일시적 물리적 놀이의 단계** (3~7세, momentary physicalistic playment)	▶ **일시적**이고 **신체적 상호작용을 중심으로 놀이 친구를 지향**하는 단계 • **일시적**이고 **신체적**인 상호작용이 중심이 되며, 놀이 친구를 지향하는 단계로 **우정 관계가 쉽게 변하고 순간적이다.** • 타인의 **내적인 사고나 감정에 대한 이해가 없으며**, 자주 함께 놀거나 **주어진 시간에 유사한 신체활동에 참여하는 유아와의 관계로 제한**되는 경향을 보인다. 기 동민이는 지금 나랑 안 노니까요. 지금은 준서가 친구예요.[13] 기 준서가 나랑 같이 자동차 놀이를 하잖아요.[13] 기 셀만이 제시한 우정 발달 단계 중, '신체적 상호작용이 중심이 돼요, 또래 관계가 쉽게 변하고 순간적이에요, 친구의 내적 사고나 감정에 대해 이해를 못 해요, 놀이 친구를 지향해요.'의 특징에 해당하는 단계의 명칭을 쓰시오.[20]
	1단계 **일방적인 도움의 단계** (4~7세, one-way assistant)	▶ **자기 목적을 달성하기 위한 대상**으로 **친구를 이해**하는 단계 • 대개 일방적인 원조나 **자기 목적을 달성하기 위한 대상**으로서 친구를 이해하는 단계이다. • 따라서 **순간적으로 놀이 친구가 형성될 수** 있으며, 자신과 다른 사람의 관점 차이를 이해하지만, 아직도 좋은 우정이란 **자기가 원하는 것을 하는 친구**라고 생각하는 경향이 있다.
	2단계 **공평한 협력의 단계** (6~9세, fair-weather cooperation)	• **양방향적 상호 관계**를 갖는 시기로 **협동**이 나타나며, 서로 좋아하고 싫어하는 정도에 따라 행동을 결정한다. • 이 시기에는 서로 **비밀을 공유**하고, 누구의 친구인지 말할 수 있게 되며, 상대방의 생각을 고려하여 행동하게 된다. • **옷이나 언어, 행동에 있어 일치를 보이는 유아들끼리 집단**을 만들고 그 집단에 동조하는 경향을 나타낸다.
	3단계 **공유의 단계** (9~12세, intimate and mutually shared relationships)	• **친밀하고 상호적**이며 공유관계를 나타낸다. 애정 관계가 두터워짐으로써 **작은 갈등을 초월**하여 **서로 주고받는 우정을 지속적으로 유지**하려는 노력을 보인다. • 우정관계를 시간이 지남에 따라 더욱 발달하는 관계로 인식하고 상호적 관심을 표현하는 가운데 그 관계가 더욱 강해지고 안정된다고 생각하는 단계이다.
	4단계 **자율적인 상호의존적 우정의 단계** (12세 이상, autonomous interdependent friendship)	• **성숙한 우정 단계**로 복잡한 양상을 보이며 **심리적 지원**을 위한 중요한 사회적 관계로 인식된다. • 친구란 독립적인 관계이며 한 명 이상의 친구를 소유할 수 있고, 친구 간에는 **서로 떨어져 있어도 서로를 지원해 주는 사람**이라고 생각하게 된다. • **상호 심리적인 원조에 의존하면서 서로 동일시하고 정체감을 형성**해 가는 단계이다.

2 우정의 의미

우 정 의 의 미	또래	▶ 연령이 같거나 비슷한 친구로 신체적, 정신적으로 비슷한 발달 수준을 보이는 동료
	친구	▶ 오래 두고 가까이 사귄 벗
	친구 관계	▶ 호감을 지닌 두 사람이 상호 의존하며 감정을 교환하는 개인적 수준의 관계
	우정	▶ 또래 중에서도 한 명, 혹은 몇 명의 대상들과 맺게 되는 특별히 더 만족스러운 관계 ▶ 특정 유아들끼리 서로 친한 친구라고 생각하는 상호 호혜적인 관계 • 인기도가 한 아동에 대한 집단적 의견이라면, 우정은 서로에게 관심을 가지고 헌신하며 주고받는 쌍방적인 관계인 것이다.

Plus 지식 | 콜버그와 바탈의 친사회적 행동 발달 단계 비교

1단계 : 물리적 강화에 의한 추종 단계 (compliance with concrete defined reinforcement)	단계 1 : 응락(순응)-구체적으로 언급되는 강화 (compliance concrete and defined reinforcement)
2단계 : 심리적 강화에 의한 복종 단계 (compliance)	단계 2 : 응락(순응) (compliance)
3단계 : 자발성 단계 (internal initiative with concrete reward)	단계 3 : 내면적 주도성-구체적 보상 단계 (internal initiative-concrete reward)
4단계 : 규범적 행동의 단계 (normative behavior)	단계 4 : 규범적 행동 (normative behavior)
5단계 : 일반적 상호작용 (generalized reciprocity)	단계 5 : 일반화된 상호호혜성 (generalized reciprocity)
6단계 : 이타적 행동 (altruism)	단계 6 : 이타적 행동 (altruistic behavior)
7단계 : 관념적 이타성 (idealistic altruism)	

XI. 공격성

1 공격성 형성 이론

동물행동 이론 (Lorenz)	• 모든 동물이 공격적으로 행동할 잠재력이 있는 것으로 미루어 공격성에 대한 **선천적 경향**, 즉 **싸우고자 하는 본능**이 있다고 믿었다. • 이들은 공격성이 진화론적으로 보면 중요한 의미를 갖는다고 해석하고 동물들에게 음식을 획득하게 하고 자기 영역을 방어하게 하며 새끼들을 보호하게 한다고 보았다. • 로렌즈(Lorenz)는 우리 사회 안에서 공격성을 감소시키거나 통제할 수는 있지만, 근본적으로 공격성은 선천적인 것으로 보았다.
정신분석 이론 (Freud)	• 공격성은 **선천적이며 본능적**으로 나온다고 보았다. 프로이트의 초기 저서에서는 리비도의 충동이 저지되었을 때의 결과로써 공격성을 생각하였다. 후에는 공격성이 죽음의 본능인 **타나토스(thanatos)**, 즉 **리비도와는 반대되는 본능**으로부터 나온다고 생각하였다. • 공격성은 죽음의 본능이 자신의 자아 파괴를 피하여 다른 사람을 향하려는 시도로 보아왔다. 따라서 공격성은 때로는 파괴적인 충동의 해소 또는 심리적 정화(catharsis)를 허용하기 때문에 건강한 반응으로 보기도 한다. • 기 성현이의 공격적 에너지인 러바도(**타나토스**)가 (**외부**)내부로 지향되었기 때문에 이러한 행동이 나타난다.[10]
사회학습 이론 (Bandura)	• 로렌즈와 프로이트가 말한 본능적 추동의 개념을 반대하고 **모방이나 강화의 중요성을 강조**하였다. • 반두라는 공격성은 학습된 행동이며 아동이 획득하는 다른 사회적 행동과 다를 바 없다고 주장하였다. 즉, 사회학습의 일반적 원리인 직접 강화와 사회적 모방에 의해서 공격성도 형성된다고 보았다.
욕구 좌절-공격 이론 (Dollard, frustration-aggression hypothesis)	• 공격성을 인간 내부에 존재하는 본능이 아니라 외적 조건인 욕구 조건으로 설명한다. • **욕구좌절 이론**은 공격성을 욕구좌절에 의해 생겨나고 의도했던 행위가 제지당할 때 일어나는 좌절감으로 본다. • 즉, **욕구좌절이 분노나 좌절감**을 느끼게 하고, 이러한 분노나 좌절감이 공격 행동의 주요 원인이 된다. (욕구좌절이 일으키는 여러 반응 중 하나가 공격성이라고 보았다.) • 그러나 좌절감을 느끼는 모든 사람이 공격 행동을 하는 것은 아니며, 좌절 상황에서 어떤 행동을 취할 것인가는 개인에 따라 다르다는 점에서 비판 받는다. • **추동 이론**에서는 공격성은 공격적인 동기나 추동에 의해서 나타난다고 하였다.

| 사회인지 이론
(Kenneth Dodge, 1986; Crick & Dodge, 1994) | <ul><li>**사회인지이론** : 인간의 내적 **인지 요인**과 **사회적 상호작용**을 함께 고려하여 공격성을 설명한다.</li><li>**닷지(Kenneth Dodge)** : 공격성의 원인은 잘못된 **사회인지적 판단**에 있다. 또래들이 자신에게 행한 행동의 원인을 **적의적**으로 **귀인**하는 의도 판단 경향 때문에 또래에 대한 적의적 행동을 하게 된다.</li><li>공격성이란 공격성을 나타내는 데 인지적 문제가 개입되어 잘못된 사회인지적 판단에 의해 나타난다고 정의한다.</li><li>아동의 반응은 '**부호화 → 해석 → 전략도출 → 반응탐색 → 반응결정 → 실행**'의 정보처리 과정을 거쳐서 결정되는데, 좌절, 분노, 화를 돋우는 사건에 대한 반응은 그 상황에 있는 사회적 단서보다 그 정보를 처리하고 해석하는 인지 과정에 의존하며, 이러한 과정은 아동의 과거 경험이나 기대, 정보처리 기술 등에 따라 개인차가 크다는 것이다.</li><li>즉, 사회적 정보를 처리하는 과정에서 잘못된 **인지적 결함**으로 적절하게 반응하지 못하면 공격적인 반응을 보인다는 것이다.</li><li>**왜곡된 지각 가설**<ul><li>공격성이 높은 아동은 적대적인 의도가 없는 행동에 대해서도 상대방이 적대적으로 행동했다고 생각하고 반응을 나타낸다.</li><li>이들은 상대 아동의 적대적 의도가 아닌 경우에 나타나는 표정이나 말투에서 보여지는 사회적 단서를 정확하게 이해하지 못한다.</li></ul></li><li>**사회정보처리과정에 따른 공격성 단계**<ul><li>해를 입은 유아는 처음에 유용한 사회적 단서들을 1) **부호화하고** 2) **해석**한다(해를 입힌 사람은 어떻게 반응하는가? 그는 그렇게 할 작정이었나?). 이런 단서들의 의미를 해석한 후, 아동은 3) **목표를 공식화**하고(상황을 해결하기 위한), 이 목표를 성취하기 위해 4) **가능한 전략을 생성**하고 5) **평가**하고, 마지막으로 반응을 선택해서 6) **실행**한다.</li></ul></li><li>아동 모델의 심적 상태, 즉 과거의 경험, 사회적 기대(특히 해로운 행동을 하는), 사회 규칙에 대한 지식, 정서적 반응성 및 정서를 조절하는 능력이 모델의 정보처리 6단계 중 어디든 영향을 줄 수 있다고 제안하고 있음에 주목해야 한다.</li><li>닷지에 따르면, 또래들과 다툰 역사가 있는 반응적 공격자의 심적 상태는 "다른 사람은 나에게 적대적이야."라는 기대를 갖고 있다.<ul><li>따라서 (부주의한 또래가 퍼즐을 흩뜨린) **애매한 상황에서 해를 입었을 때**, 그들은 비공격적인 아동들보다 1) 이런 기대에 적합한 단서를 찾아서 발견하고 2) **해로운 행동을 한 사람에게 적대적 의도를 귀인**하고 3) 매우 화를 내며, 이 문제에 대한 다른 비공격적인 해결책을 신중하게 고려하지 않고 적대적인 방식으로 빠르게 보복할 가능성이 훨씬 더 높다.</li></ul></li></ul>
닷지(Kenneth Dodge, 1986; Crick & Dodge, 1994)의 사회정보처리과정에 따른 공격성 단계

1단계 부호화(사회적 단서들의 부호화, encoding of cues)
2단계 해석(사회적 단서들의 해석, interpretation of cues)
3단계 전략 도출(사회적 목표들의 명료화, clarification of goals)
4단계 반응 탐색(문제 해결 전략들의 생성, response access or construction)
5단계 반응 결정(전략들의 가능한 효율성 평가 및 한 가지 반응 선택, response decision)
6단계 실행(반응하기, behavioral enactment)
또래 평가 및 반응(peer evaluation and response) |

Plus 지식 ※ 닷지(Dodge, 1981) - 공격성의 사회적 정보처리 모델

- 8세 아동이 책을 나르고 있다. 이때 벤치에 앉아 있던 급우가 통로에 발을 뻗으면서 책을 나르고 있던 아동이 발에 걸려 넘어지면서 책을 바닥에 떨어뜨렸다. 그것은 순식간에 일어난 일이어서 아동은 왜 이런 일이 발생했는지 알 수 없다. 아동은 어떻게 반응할 것인가?

1단계 부호 해석 과정	▶ **사건에 대한 정보를 수집하는 단계**로 주변 **단서를 탐색**하여 타인의 표정, 행동, 상황적 요소를 인식하고 해석할 정보를 얻는다. • 발에 걸린 아동은 여러 가지 단서를 찾는다. 급우의 얼굴에 염려하는 기색이 있는가? 급우는 먼 곳을 바라보고 있었는가? 웃고 있는가? • 여기서 관련 정보를 얼마나 능숙하게 수집하는가가 그 사건에 대한 아동의 반응에 영향을 미칠 것이다.
2단계 해석 과정	▶ **수집한 정보를 분석**하여 **상황을 해석하는 단계**로 과거 경험과 비교하고 상대방의 의도를 파악하여 행동이 우발적이었는지, 의도적이었는지 등을 판단함. • 상황의 여러 가지 단서들을 수집하여 살펴보고 **과거의 유사한 상황에 대한 정보를 통합**하고 현재 상황에서 상대 아동이 겨냥한 목표를 고려하여 그 행동이 우발적이었는지 아니면 의도적이었는지 판단하려고 할 것이다. • 아마도 유사한 사건에 대한 과거의 해석뿐만 아니라 자신이 수집한 정보도 현재 사건에 대한 해석에 영향을 미칠 것이다.
3단계 반응 탐색 과정	▶ 앞으로 취할 수 있는 **여러 가지 대안 행동을 고려**하는 단계
4단계 반응 결정 과정	▶ **여러 반응의 장단점을 평가**하고 **가장 적절한 반응을 선택**하는 단계
5단계 부호화 과정	▶ 선택한 반응을 **실제 행동으로 실행**하는 단계.

 지식 **추론**

귀납적 추론	• 각각의 구체적이고 특수한 사실들을 종합하여 그것으로부터 일반적인 원리를 추론해내는 것이다. 일반적으로 유아의 귀납적 추론 능력은 연역적 추론 능력보다 더 이른 시기에 발달한다. 예 참새, 까치, 두루미, 비둘기 등이 두 다리와 깃털을 가지고 있고 날아다니는 것을 확인한 유아는 새가 두 다리와 깃털을 가진 날아다니는 동물이라고 추론하게 되는 것이다.
연역적 추론	• 일반적이고 보편적인 사실이나 원리로부터 개별적이고 특수한 사실이나 원리를 이끌어내는 것이다. • 피아제는 연역적 추론이 아동이 형식적 조작기인 12세 이후가 되었을 때에나 가능하다고 주장하였다. 하지만 이후의 연구는 유아의 연역적 추론이 귀납적 추론보다는 늦게 발달하지만 피아제가 주장한 것보다 이른 시기에도 연역적 추론이 발달함을 제시한다. 예 삼단논법

2 공격성의 유형

1) 하트업(Hartup, 1974)

도구적 공격성	▶ 자신이 **원하는 것을 얻거나 지키기 위해** 행동하다가, **의도치 않게** 타인에게 피해를 주는 공격성 • **어떤 목표를 얻기 위해** 타인에게 위해를 가하는 행동 기 '(세희의 몸을 세게 밀치며) 나 이거 필요해.'처럼 자신의 이익을 위해 타인에게 해를 가하는 **(도구적)** 공격성[15]
적대적 공격성	▶ 타인에게 **신체적·정신적 고통을 주려는 의도**를 가진 공격성 • 단순히 타인을 **해치려는 동기**에서 나타난 행동 기 '(지영이의 어깨를 세게 밀친다.)'와 ⓒ '지영이가 미워서 아프라고 그랬어요.'처럼 타인을 해치려는 의도를 가지고 행하는 **(적대적)** 공격성이 있다. **연령이 증가하면서 도구적 공격성이 감소하고, 적대적 공격성이 증가한다.**[15]

2) 코스텔닉 외(Kostelnik, Soderman, Gregory, 2009)

기 코스텔닉 등(M. Kostelnik et al.)의 공격성 유형 이론에 근거하여 채은이가 보인 '<u>쿠키를 나누어 주다가 다희의 발을 보지 못하고 밟고 그냥 지나간다.</u>'와 '<u>하준이를 밀친다.</u>'의 차이점을 쓰시오.[특24]

우연적 공격성	▶ **의도 없이** 타인에게 신체적·정신적 피해를 주는 행동 • 의도적으로 발생하는 것은 아니지만 다른 사람이 상처를 입거나 사물이 손상되는 결과를 가져온다. 예 신발을 신으려다 친구의 발을 밟는다든지 잡기 놀이를 하다가 친구를 세게 밀어버린다든지, 농담을 하다 의도치 않게 타인의 마음을 상하게 하는 행동 등
표현적 공격성	▶ **자신의 즐거움과 재미를 위해 행동**하지만, **의도치 않게** 타인에게 피해를 주는 공격성 • 유아의 목적은 자신의 **즐거움과 재미를 경험하고자** 하는 것이며, 그러한 목적을 달성하기 위해 타인이 상처받는다는 것을 잘 인지하지 못한다. • 타인에 대한 **적대감, 분노, 좌절 감정 등이 없는 것이 특징**이다. 예 현성이가 구성한 블록탑을 은수가 발차기를 하면서 부순다면 은수는 자신의 능력에 자부심을 느끼며 즐거워하지만 현성이가 블록탑이 부서져서 속상해하는 것을 알지 못한다. 깨무는 걸 좋아하여 자주 친구들을 깨무는 영아의 경우도 표현적 공격성일 수 있다.
도구적 공격성 (instrumental aggression)	▶ 자신이 **원하는 것을 얻거나 지키기 위해** 행동하다가, **의도치 않게** 타인에게 피해를 주는 공격성 • 타인과의 상호작용의 결과로 나타난 것이며 사물이나 영역, 권리에 대한 분쟁에서 자주 발생한다. 유아기에는 놀잇감이나 그 밖의 다른 원하는 물건을 얻기 위한 **도구적 공격성이 빈번**하지만 연령이 높아질수록 적대적 공격성이 늘어나게 된다. 예 장난감 비행기 하나를 놓고 두 명의 유아가 싸우다가 서로에게 신체적 상처를 주는 경우 유아들은 장난감을 쟁탈하기 위해 힘을 사용하지만 서로를 해칠 의도는 없다.
적대적 공격성 (hostile aggression)	▶ 타인에게 **신체적·정신적 고통을 주려는 의도**를 가진 공격성 • 보복하거나 원하는 것을 얻기 위한 의도적 행동이 모두 포함된다. • 모욕이나 상처에 대한 보복, 또는 원하는 것을 얻기 위한 공격성으로 **고의적인 특성**을 가지고 있다. 기 성현이는 친구들이 만들어 놓은 블록을 발로 차고 던져 망가뜨렸다.[10]

적대적 공격성 (hostile aggression)	• 적대적 공격성은 **외현적 공격성**과 **관계적 공격성**으로 나타난다(쉐퍼와 키프 : Shaffer, & Kipp, 2006) • **크릭(Crick, 1997)**은 신체적 공격성과 언어적 공격성을 포함한 개념으로 사용하였던 외현적 공격성을 세분화하여 공격성을 **신체적 공격성, 언어적 공격성, 관계적 공격성**의 세 가지 유형으로 구분하였다.		
	외현적 공격성 (overt aggression)	신체적 공격성	▶ **물리적 힘을 이용**하여 타인에게 **신체적 피해**를 입히거나 위협하는 행동
		언어적 공격성	▶ **언어를 사용**하여 타인에게 **심리적·사회적 피해**를 주는 행동
	관계적 공격성 (relational aggression)		▶ **소문, 거짓말, 모략 등을 활용**하여 타인의 **사회적 관계나 평판을 해치는** 행동 ⓔ 특정 연예인의 사생활을 인터넷이나 주변 사람들에게 거짓으로 유포하거나 조작된 소문을 내는 행위

3) 닷지 외(Dodge & Coie, 1987; Dodge, 1991; Crick & Dodge, 1996)

반응적 공격성 (reactive aggression)	▶ **타인의 공격이나 위협, 도발**에 대한 **방어적 반응**으로 나타나는 공격성(으로 분노나 두려움으로 인해 즉각적이고 보복적인 행동을 보인다.) • 한 아동에 의해 발생되는 다른 아동의 공격성을 의미한다. 지각된 위협, 두려움, 도발에 대해 유아가 **반응적·보복적으로 공격하는 것**을 의미한다. • 자기통제의 실패로 인한 **자동적 감정 반응의 방어 행동**으로 지각된 **위협이나 도발 상황에 반응**하는 공격성을 말한다. 위협이나 촉발된 자극에 대한 분노나 방어적 대응으로 나타난다. ⓔ 가상적 놀이상황에서 다른 사람의 공격적인 행동에 대해 자신을 보호하기 위해 보이는 적대적인 대응이라 할 수 있다.
주도적 공격성 (proactive aggression)	▶ 자신의 **목표를 달성**하기 위해 **계획적으로 사용**하는 공격성 • 반두라의 사회학습 이론으로부터 나온 개념으로, 주도적 공격성은 자신이 원하는 목적을 달성하기 위한 **계획된 공격성**이다. ⓔ 자신의 원하는 것을 획득하거나, 다른 사람을 지배, 강압하기 위해 행해지는데 이는 목표지향적 특징을 갖는다. • 관찰을 통해 공격적 행동이 긍정적 결과를 얻는 것을 목격하거나, 자신이 직접 경험을 통해 공격 행동이 목적을 달성하는 데 효과적이라는 것을 학습한다.

3 공격성의 발달

- **연령이 낮은 유아**는 자신이 원하는 것을 갖기 위하여 공격적인 행동을 한다. 즉, 유아의 공격성은 **대부분 도구적 공격성**을 나타낸다.
  - 예) 영아들은 물건을 서로 가지려고 다투지만, 그 행동이 물건을 가지려는 것에만 관심이 있을 뿐 공격적인 의도는 가지고 있지 않다. 그러나 18~24개월 영아들은 물건을 가지기 위해 상대방을 의도적으로 밀치는 도구적 공격성을 나타낸다.
- 공격성은 18개월 전후로 나타나며, 2~4세 때 **신체적 공격성** 빈도가 가장 많이 나타난다.
- 언어발달이 증가함에 따라 4~8세 때 신체적 공격성 빈도가 차차 낮아지는 것과 반대로 **언어적 공격성**은 보다 빈번해진다.
- 즉, 연령이 증가함에 따라 **도구적 공격성**과 **신체적 공격성**은 줄어드는 대신 **적대적 공격성**과 **언어적 공격성**이 증가한다.
- [기] 다른 유아들처럼 성현이도 연령이 증가하면서 신체적 공격은 (감소)증가하고 언어적 공격은 (증가)감소할 것이다. [10]
- [기] 성현이가 화난 감정을 표출할 수 있도록 즉시 인형과 같은 안전한 물건을 던지거나 때릴 수 있게 해주어야 한다. [10]
- [기] 성현이가 자신의 필요와 요구를 긍정적인 방법으로 표현 할 수 있도록 도와야 한다. [10]

공격성의 발달		
	18개월 이전	• 영아들은 주위의 성인에게 다가가거나 놀잇감을 차지하기 위해 또래와 다투는 행동을 보이지만, 이 행동은 의도적으로 해를 가하려는 것이 아니므로 공격적 행동이라 보기는 어렵다.
	18 ~ 24개월	• 놀잇감을 서로 차지하려고 하는 행동에는 의도적으로 상대방을 밀치는 등의 힘겨루기가 나타난다.
	2 ~ 5세	• 때리고 밀치는 등의 **물리적 공격성**을 주로 보인다.
	3 ~ 5세	• 놀리고 흉보고 욕하며 상대방을 위협하고 모욕을 가하는 것과 같은 **언어적 공격성**으로 바뀌게 된다. • 이는 부모들의 제재와 더불어 난폭한 행동이 자신의 목적을 달성하는 데 적합한 도구적 수단이 되지 못한다는 것을 유아들도 깨닫기 때문이다.
	5 ~ 6세	• 급격하게 **적대적 공격성**으로 변하는데, 이는 보통 상대방의 의도에 대한 유아의 **잘못된 귀인 판단** 때문이다. • 5~6세경 유아는 **역할수용(role taking)이 가능해지면서 타인의 의도나 동기를 추론**할 수 있게 되는데, 이때 타인의 우연한 공격적 행동의 원인을 고의로 해를 가하려 했다고 잘못 추론하는 경향이 높고 그에 따라 적대적 공격성이 증가한다(Hartup, 1974).
	아동기	• 아동의 공격성은 명백하게 연령에 따라 증가한다.

Plus 지식 공격성의 유형

유형	행동 특징	예
우연적 공격성	• 놀이 과정에서 **의도하지 않았으나** 다른 유아에게 피해를 준다.	• 숨바꼭질하면서 다른 친구를 너무 세게 친다.
표현적 공격성	• 공격을 통해서 **유쾌하고 감각적인 경험**을 한다.	• 다른 친구가 만든 블록 구조물을 무너뜨리는 정확한 일격에 만족감을 느낀다.
도구적 공격성	• 다른 사람을 해칠 의도는 없이 자신이 **원하는 것을 가지려고** 하거나 자신의 것이라고 믿는 것을 **지키려 한다.**	• 두 유아가 자전거를 서로 먼저 타려고 밀치고 당긴다.
적대적 공격성	• 다른 사람을 **해치려는 의도**에 따라 행동한다.	• 자신이 하려고 하는 것을 다른 유아가 고의로 방해한다고 생각할 때 그 유아가 피해를 입도록 친다.

Plus 지식 도구적 공격성

사물에 대한 도구적 공격성	• 영희와 희준이는 동시에 **미끄럼틀**을 타려고 달려왔다. 서로 먼저 타려고 영희는 희준이를 손으로 밀었고 희준이는 몸으로 지탱한다. 그러다가 희준이가 영희의 머리를 주먹으로 때리고, 영희는 희준이의 팔을 물었다.
영역에 대한 도구적 공격성	• 현수가 **역할 영역**에 이름표를 붙이고 들어가려고 하자 역할 영역에서 친구들과 놀이하고 있던 희진이가 "야! 넌 안돼! 여긴 여자들만 놀 수 있어!"라며 현수의 몸을 손으로 밀었다.
권리에 대한 도구적 공격성	• 바깥놀이를 위해 한 줄로 줄서기를 하자 아이들끼리 맨 앞에 선다고 싸움이 일어났다. 이때 유아들에게는 **맨 앞줄에 설 권리**를 찾기 위해 공격성이 나타난다.

주B2. ① ㉠에 나타난 예린이의 공격성 유형 1가지를 쓰고, ② 그 유형을 사례와 관련지어 설명하시오. [21]
① 적대적 공격성(신체적 공격성), ② 화가 나서 훈이를 밀치는 것과 같이 다른 사람을 해치려는 의도에 따라 행동하고 있기 때문이다.

> 훈이 : (흙이 담긴 바구니를 들고) 어? 내 삽 어디 있지? (예린이 삽을 보며) 이 삽 내 거지?
> 예린 : 아니거든. 이거 내 거야.
> 훈이 : (주변을 살피며) 내 삽이랑 똑같이 생겼네. 야! 너 이거 내 거 맞잖아. 다른 사람 물건 갖고 가면 안 돼!
> 예린 : 아니야! 선생님한테 다 이를 거야. ㉠ (화가 나서 훈이를 밀치며 교사에게 달려간다.)

4 코스텔닉 등(M. Kostelnik et al.)의 갈등 중재 모델

- 갈등을 긍정적인 학습의 기회로 전환하기 위해서 교사는 일단 유아들의 감정을 가라앉히고 나서 다음과 같은 중재자 역할을 해야 할 것이다.

- 실외놀이터에서 자동차를 타던 하준이에게 윤재가 "나도 타고 싶단 말이야!" "그만 타!" 윤재가 하준이를 끌어내린다. 하준이도 윤재한테 "계속 탈 거야! 싫어!"라고 소리를 지르며 윤재를 밀어낸다.

코스텔닉 등의 갈등 중재 모델	1단계 중재 과정 시작하기	▶ 교사가 **갈등 상황에 개입**하여 **공격적 행동을 멈추게** 하고 **문제를 정의**하는 단계로 갈등 해결까지 문제 원인이 된 **사물 등을 통제**하여 유아가 진정하도록 함. • 갈등 상황에 접근하는 첫 단계는 교사가 **중재자 역할**을 하는 것이다. • 공격적 행동을 그만두게 하고, **싸우는 아이들을 떼어놓고, 문제를 정의**해 준다. • 교사는 "너희 둘 다 자동차를 타고 싶구나. 어떻게 할지 너희 생각이 서로 다른 것 같은데." 교사는 아이들이 주장하는 사물이나 영역보다는 상호 문제 중점을 두면서, 두 아이들 사이에 위치한다. • 갈등이 해결될 때까지 교사가 자동차를 일시적으로 갖고 있을 것이라고 알린다. • "어떻게 할지를 결정할 때까지 선생님이 이 자동차를 가지고 있을게." 이렇게 하면서 아이들이 서로 때리거나 잡는 것을 멈추고 교사나 다른 아이의 말에 귀 기울이며, 정서적으로 흥분된 상황을 진정시킨다.
	2단계 각 유아의 관점을 분명히 하기	▶ **각 유아가 자신의 입장과 원하는 것을 표현하도록** 하여 **갈등 상황을 명확**히 하는 단계로 교사는 중립적 태도를 유지한다. • **아이들의 관점에서 갈등을 명백히 하는 것**이 두 번째 단계의 초점이다. • 교사는 각 유아에게 이 상황에서 **무엇을 원하는지 차례로 물어보는데**, 이때 각 유아가 방해받지 않고 원하는 것을 주장할 수 있는 충분한 기회를 준다. • 교사는 "너희 둘 모두 화가 많이 났구나. 윤재야, 네가 원하는 것을 말해봐. 윤재가 말하고 나면 하준이가 원하는 것을 말해 봐."라고 말해준다. • 효율적인 중재자가 되기 위해서는 교사가 한 아이를 편들어 결정하지 않을 것이라는 신뢰감을 유아에게 주어야 한다. • 교사는 각 유아의 생각에 대해 평가를 자제하고 중립을 유지한다. • 이 단계에서 유아에게 다른 유아의 생각을 다시 말해주는 것도 중요하다. 이것은 교사가 각 아이의 생각을 올바르게 이해했는지 확인할 수 있게 하고, 유아가 서로의 입장을 명확히 알게 해준다. • 아주 화가 났거나 너무 조용한 유아에게는 자신의 생각을 충분히 말할 수 있도록 여러 번 기회를 주어야 한다. 기 밑줄 친 ⓒ '수빈이는 쌓기놀이 영역에 들어가고 싶고, 동호는 약속 때문에 안 된다고 생각하는구나.'과 관련하여 코스텔닉 등의 갈등중재모델에서 ⓐ에 해당하는 단계의 명칭을 쓰시오.[19추] 기 **코스텔닉 등의 갈등중재모델**에 근거하여 '현수, 민준, 영호에게 왜 싸웠는지, 원하는 것이 무엇인지 차례대로 말해 보도록 하였다.'에 해당하는 단계를 쓰시오.[23]

3단계 요약하기	▶ 유아 모두 문제와 문제 해결에 **책임**이 있다는 것을 말하면서, **상호적 용어로 문제를 정의**하는 단계 • "윤재야, 하준아, 너희 둘 다 혼자 자동차를 타고 싶어 해. 그래서 문제가 생겼지. 너희 둘 다 만족시킬 수 있는 해결책을 찾아야 해."라고 말한다.
4단계 대안 찾기	▶ **갈등을 일으킨 유아들 스스로 해결책을 제시**하는 단계로 **주변 유아도** 해결책을 제시할 수 있다. • 해결책이 제시될 때마다 교사는 그 해결책을 관련 유아들에게 다시 말해준다. • 교사는 가능한 다양한 대안을 찾도록 해 주고, 해결책이 선택될 때 이해관계가 얽히지 않도록 유념해야 한다. • 교사(중재자)는 각 유아가 그 과정에 기꺼이 참여하도록 하고, 유아에게 대안을 강요하지 않는다. • 교사는 어떤 제안을 제시할 때 거절될 거라고 생각지 말고 다시 제시해 준다. • 만약 유아가 그냥 포기하는 것으로 문제를 해결하려 한다면, 원하는 바를 존중해 준다. 연습을 통해 유아는 그러한 기술을 발달시키고, 협상하기까지 걸리는 시간을 참을 수 있게 된다. 기 [B]의 교사 발화 중 ⓑ '대안 찾기'에 해당하는 문장 1가지를 찾아 쓰시오. **더 많은 아이들이 함께 놀 수 있는 방법이 있을까?**[19추] 기 **코스텔닉 등의 갈등중재모델**에 근거하여 '나는 유아들에게 해결 방법이 있는지 물어보았고, 영호가 "팽이가 부족하니까 내가 색종이로 팽이를 한 개씩 만들어 줄게. 팽이 시합하는 거 어때?"라고 말하였다.'에 나타난 갈등중재 내용을 설명하시오.[23]
5단계 해결책에 동의하기	▶ 유아들이 **제안된 해결책 중에서 서로 동의할 수 있는 대안을 선택**하는 단계 • 중재자로서 교사의 역할은 **아이들이 가장 잘 받아들일 수 있는 가능성을 탐색하도록 돕는 것**이다. 이때 **한 아이라도 강하게 반대하는 방안은 포함하지 않는다.** • 마지막 동의는 두 유아가 서로 얼마간 양보할 때, 그리고 유아가 다른 유아의 생각을 고려했을 때 선택하게 된다. • 여러 대안 중에서 실행 가능한 하나의 해결책으로 좁혀지면, 교사는 유아에게 해결책을 찾았다는 것을 확인해 준다.
6단계 문제 해결과정 강화하기	▶ 유아들이 **서로에게 유익한 해결책을 찾아낸 것을 칭찬**해 주는 단계 • 교사는 처음 갈등 상황에서 각 유아의 정서를 인정해 주고, 서로 동의할 수 있는 방법을 찾기 위해 노력한 점을 칭찬해 준다.
7단계 실행하기	▶ 유아들이 **합의한 해결책을 실제로 실행하도록 돕는** 단계로 유아들이 합의한 대로 행동하는지 **관찰**하고, 필요하면 **추가적인 지도**를 제공할 수 있다. • 아이들에게 **어떻게 하기로 했는지 다시 이야기**해 주고, 필요하다면 직접적으로 도와주거나 **어떻게 할 수 있는지 보여 준다.** • 이때 교사는 유아들이 **동의한 대로 수행하는지 주변에서 보고 있어야** 한다. • **만약 계획대로 잘 되지 않으면, 유아들이 다시 모이게 하여** 어떻게 수정할지 이야기한다.

요약 : 코스텔닉 등(M. Kostelnik et al.)의 갈등 중재 모델

단계		중재 내용
1단계	중재 과정 시작하기	• 중재자의 역할을 맡고 사물, 영역, 권리에 대해 중립적 입장을 취한다.
2단계	유아의 관점을 분명히 하기	• 각 유아의 관점에서 갈등을 분명히 한다.
3단계	요약하기	• 분쟁을 중립적으로 정의한다. 각 유아가 문제와 해결 방법에 책임이 있다는 것을 분명히 한다.
4단계	대안 찾기	• 해당 유아와 주변 유아들에게 대안을 제시해 보게 한다.
5단계	해결책에 동의하기	• 서로 만족할 수 있는 행동 계획을 만들도록 한다.
6단계	문제해결과정 강화하기	• 노력해서 서로 만족할 수 있는 해결 방안을 만들어 낸 것에 대해 칭찬한다.
7단계	실행하기	• 유아가 동의한 것을 실행하도록 돕는다.

갈등 중재의 가능성(M. Kostelnik et al.)

- 중재 모델을 사용하는 것이 실제로 아동의 공격성을 줄이고, 아동 스스로 갈등을 해결하는 능력을 증가시킬 수 있는지에 대한 연구 결과에 따르면, 갈등 중재 과정에 정기적으로 참여한 아동은 제시하는 해결 방법의 수와 다양성이 증가하고, 협상에 소요된 시간도 줄어들었다.
- 또한 협상 과정에 익숙해지면, 구경하는 아이들의 수도 증가한다. 분쟁이 일어나면 당사자뿐 아니라 구경하는 아이들도 더욱 적극적으로 자신의 생각을 제시하고 어떤 행동에 대한 이유도 제시한다.
- 점차로 아동은 중재자의 도움 없이도 스스로 갈등을 해결할 수 있게 된다. 중재를 사용한 집단은 공격성이 감소하였을 뿐 아니라, 긍정적이고 친사회적 행동이 증가하였다.

<u>기</u> 위 사례에 근거하여 다음 문장 '<u>피아제(J. Piaget)나 드브리스(R. DeVries)에 의하면 사회적 상호작용에서 나타나는 개인 간 (갈등)은(는) 유아기 사회 도덕성 발달에 필수 요소이다.</u>'을 완성하시오.[특13추]

<u>기</u> [A]에서 유아 간 갈등에 대하여 밑줄 친 ㉠ '친구들끼리 다투는 건 나쁜 거예요.'에 나타난 교사의 인식이 적절하지 않은 이유를 쓰시오. 유아는 갈등 해결 과정에서 다른 사람들과 조화로운 관계를 형성하기 위한 의사소통 능력과 문제해결능력, 사회적 기술을 습득할 수 있음에도 불구하고 갈등 해결 과정 자체를 나쁜 것으로 파악하고 있기 때문이다. 교사는 갈등 상황을 자연스러운 학습의 기회로 삼아 유아 스스로 갈등을 해결할 수 있는 기회를 주어야 한다.[19추]

<u>기</u> [D]에 나타난 교사의 토의활동 지도방법 중 적절하지 않은 것 1가지를 찾아 그 이유를 쓰시오. 교사가 개입하여 문제를 해결, 유아 스스로 갈등과 문제를 해결할 수 있는 기회를 박탈하였기 때문이다.[19추]

<u>기</u> [A] '민준이를 때리려고 해서'에서 갈등 해결 지도를 위해 교사가 즉시 개입해야 하는 이유를 쓰시오. 다른 유아를 때리려고 한 것과 같이 다른 유아의 안전에 급박한 위험이 발생한 상황에서 즉시 개입해야 다른 유아의 신체적, 정신적 안전을 지킬 수 있기 때문이다.[23]

XII. 도덕성

1 도덕성의 정의

도덕성의 정의	▶ **사회 규범을 이해**하고 **선악의 가치 기준**에 따라 어떤 것이 **좋은 것이고 나쁜 것인지를 판단**하고 **행동하고자 하는 심성**
	• 즉, 도덕이란 사회마다 지켜야 할 규칙들 가운데 바람직한 사회생활을 위해 지켜야 할 규범이며, 도덕성은 자신이 속한 사회집단이 기대하는 행동 규범에 부합되는 방향으로 사고하고 행동하게 하는 체계라고 할 수 있다.
	• 도덕성은 정의적 요소, 행동적 요소, 인지적 요소로 구성된다.

정의적 요소	• 도덕적 감정을 의미하는 것으로 규칙 위반 후의 **죄책감 같은 정서**를 말한다.
행동적 요소	• 도덕적 행동을 의미하는 것으로 일탈 행동 혹은 **유혹에 대처하는 행동**을 말한다.
인지적 요소	• 도덕적 사고를 의미하는 것으로 **옳고 그른 것을 이해**하는 것을 말한다.

2 도덕성 발달에 대한 이론적 관점

정신분석 이론	• 도덕성의 **정의적 측면**, 즉 **동정심, 이타심, 죄책감과 같은 도덕적 감정과 태도**에 초점을 두는 입장이다. 프로이트는 죄의식, 수치심, 열등감과 같은 도덕적 감정을 통해 초자아가 공격적·성적 충동을 통제해 가는 과정에 초점을 두었다. • 또한 어른과 **동일시**하는 과정에서 그 어른의 가치관을 내면화하는 것을 도덕성 발달이라고 설명하였다. 즉, 도덕성 발달에서 인지적 측면보다 **정의적 측면을 강조**하였고, **양심**이 도덕성의 본질을 이룬다고 간주한다.
사회학습 이론	• 도덕성의 **행동적 측면에 초점**을 두고 도덕적 갈등 상황에서 나타나는 **구체적인 개인의 행동 및 도덕적 실천력**을 강조하는 입장이다. 즉, 도덕성의 발달을 사회적 학습의 결과로 여기며, 관찰 가능한 도덕적 행동과 환경적 조건들을 중시한다. • 따라서 도덕성의 발달은 어릴 때 받은 양육 방법과 사회적 환경이 내면화되면서 형성된다는 입장을 취한다.
인지발달 이론	• 인간의 합리적 판단 능력이 도덕적 행위를 일으키는 본질이라고 간주하는 입장이다. • 즉, 도덕성의 **인지적 측면을 중시**하며, 개인이 더 높은 단계의 사고로 발달함에 따라 그 사람의 도덕적 능력 또한 높아질 것이라고 가정한다.

3 피아제의 도덕성 발달 이론

- 피아제는 **규칙을 내면화**하고 **규칙에 비추어 비판하는 능력**을 도덕성의 본질로 보았다.
- 그리고 아동의 도덕성 발달 과정을 알아보기 위해 결과는 비슷하지만 행동의 동기가 다른 이야기 두 편을 제시해 주고 어떤 것이 도덕적으로 더 나쁘며, 왜 그러한가를 질문하여 그 결과를 분석하였다.
- 도덕적 사고 능력은 유아의 인지능력이 발달함에 따라 **자기중심적, 처벌 지향적, 결과 및 외적인 통제에 기초한** 판단 수준으로부터 **결과뿐 아니라 의도를 고려하는 자율적인 판단 수준**으로 발달한다는 것을 알 수 있다.
- 피아제는 타율적 도덕성 단계로부터 자율적 도덕성 단계로 발달하기 위해서는 **인지적 성숙**과 **사회적 경험**이 **모두 중요한 역할**을 한다고 하였다.
- 즉, 전조작기의 자기중심성이 감소하고 타인 조망 능력과 역할 수행 기술이 발달하면서 도덕적 문제를 여러 각도에서 조망할 수 있게 된다는 것이다.

> 이야기 1 : 어떤 아이가 부엌문을 열고 들어가다가 실수로 문 뒤에 있는 접시 15개를 깨뜨렸다.
> 이야기 2 : 어떤 아이가 어머니 몰래 부엌 찬장 위의 잼을 꺼내려고 하다가 1개의 컵을 깨뜨렸다.

피아제의 도덕성 발달 이론

전 도덕성 단계	▶ **규칙에 대한 개념이 없**거나, **규칙을 인식하지 못**하는 단계 • 규칙이란 '어떻게 해야만 하는가에 대한 합의'라는 것을 이해하지 못한다(2-4세).	
타율적 도덕성 단계 (도덕적 실재론의 단계, 5-6세)	▶ 규칙은 **절대적이고 불변의 것**으로 인식하며, **반드시 지켜야 한다고 생각**하는 단계 • 규칙을 어기면 부모나 교사 또는 신(神)과 같이 권위를 지닌 누군가가 반드시 처벌한다는 내재적 믿음이 강하다. **행동의 결과에만 초점**을 맞추어 옳고 그름을 판단하는 경향이 강하다. • 도덕적 판단을 할 때 행위의 **결과가 얼마나 나쁜가** 또는 **결과적으로 다른 사람으로부터 비난을 받을 것인가**의 여부에 의해 판단한다. • **대상의 의도를 고려하지 않고**(행동의 이면에 있는 동기를 보지 못하고) 행위의 결과에 따른 **물리적 손상에 기초**하여 판단한다.	
	도덕적 실재론 (moral realism)	• 이 단계의 유아는 규칙은 '하느님이나 부모와 같은 절대자가 만들어 놓은 것이며, 따라서 **누구든 반드시 지켜야** 하며, **결코 변할 수 없는 것**'으로 믿고 있다. • 피아제는 이와 같은 유아의 절대주의적인 도덕적 사고를 도덕적 실재론이라고 하였다.
	속죄적 처벌 (expiatory punishment)	▶ **잘못된 행동**에 대한 **대가**를 치르는 벌 • 금지된 행동의 **본질과는 관련 없는 처벌**이다. • 따라서 6세가 된 유아는 창문을 깬 아이가 상황을 고려해서 창문값을 변상하는 것보다 손바닥으로 엉덩이를 맞아야 한다고 여긴다.
	내재적 정의 (immanent justice)	▶ **규칙의 위반은 필연적으로 처벌**받게 되어 있다고 믿는 것 • 규칙의 절대성을 너무나 강하게 믿기 때문에 나타난다. 예) 즉, 동생의 장난감을 빼앗은 후 방을 나가다가 넘어지면 방금 전 자신의 잘못으로 인해 처벌받는다고 생각한다. 이 시기의 아동이 보는 세상은 매우 정의롭고 공정하다.

자율적 도덕성 단계 (도덕적 상대론의 단계, 8-11세)		▶ **규칙은 사람들이 합의하여 만든 것**이므로 **변경 가능하다고 이해**하는 단계 • 규칙이나 법은 사회적 승인에 의해 만들어진 것이므로 서로 간의 동의와 합의, 조정을 거쳐 변경될 수 있다고 생각한다. 옳고 그름에 대한 절대적인 기준보다 공평성을 기준으로 한 정의의 개념을 발달시킴으로써 **도덕적 상대론**의 단계라고도 한다. • 즉, 모든 규칙은 구성원의 합의와 조정에 의해 바뀔 수 있다고 생각한다. 또한 행위의 옳고 그름을 판단함할 때 결과와 함께 **의도도 고려**해야 한다고 생각한다. • 또래의 기준에 더 부합하려고 하며, 경쟁, 협동, 공유 등 또래와의 상호작용을 통해 도덕성의 요소인 **공정함과 정의로움에 대한 개념을 발달**시킨다.
	도덕적 상대론 (moral relativism)	• **도덕적 판단이나 가치**가 절대적이거나 보편적이지 않고, 문화나 개인, 시대에 따라 **상대적이라고** 보는 윤리학적 입장 ㉠ 어머니를 간호하기 위해 학교를 결석할 수 있듯이, 상황에 따라 규칙은 지켜지지 않을 수도 있으며, 이로 인해 반드시 처벌받는 것이 아니라는 것도 깨닫게 된다.
	상호적 처벌 (reciprocal punishments)	▶ 위반의 의미를 깨닫고 반복을 방지하기 위해 **처벌 결과가 '범죄'에 맞춰진 처치** • 위반을 처벌하는 방법을 결정할 때, 도덕적으로 자율적인 아동은 대개 상호적 처벌을 선호한다. ㉠ 따라서 자율적 아동은 창문을 깬 남아가 단순히 엉덩이를 맞기보다 자신의 처지에 맞게 그것을 변상해야 하고 창문은 돈으로 변상해야 한다는 것을 배우게 된다.

기출

기 은아 : 안 돼! 선생님이 역할놀이 영역은 5명만 들어올 수 있다고 했어! 너까지 들어오면 6명이라 절대 안 돼.[13추]

기 선재 : 너 때문에 엉망 됐어. 주호는 2벌만 떨어뜨렸는데 너는 4벌이나 떨어뜨렸으니까 네가 더 나빼![13추]

기 ①과 ②에 알맞은 내용을 쓰고 '피아제에 따르면 유아의 도덕성은 (① **타율적 도덕성**)에서 (② **자율적 도덕성**)으로 발달해 가는데 성인과 아동 관계의 특성은 이를 지연시키기도 하고 촉진시키기도 한다.', 이러한 도덕성 발달에 적합하지 않은 교사 개입을 ⓐ '**교사는 교실의 물건은 함께 써야 한다는 규칙을 정해준다.**', ⓑ '교사는 태희에게 "경호는 힌트를 줬는데 넌 주지 않았잖아. 경호 기분이 어땠을까?"라고 묻는다.', ⓒ '교사는 "무슨 일이니?"라고 물으며 효진이와 은미의 기분을 들어주고 각자의 생각을 말로 전할 수 있도록 돕는다.' 중에서 1가지 찾아 기호와 그 이유를 쓰시오. ⓐ, 교실의 규칙을 교사가 일방적으로 정하는 것 보다, 유아 스스로 교실의 규칙을 정하는 것이 규칙은 사회적 합의에 의해 만들어지는 것을 아는 자율적 도덕성 발달에 더 큰 도움을 주기 때문이다.[특13추]

기 다음의 ① "얘들아, 이제 우리 가위바위보를 해서 이긴 사람이 먼저 미끄럼을 타자."과 ② "안 돼! 선생님이 말한 대로 차례차례 타야 해!"에 해당되는 피아제의 도덕성 발달 단계를 각각 쓰시오.
① **자율적 도덕성**, ② **타율적 도덕성**[특15]

기 피아제(J. Piaget)의 도덕성 발달 단계에 근거하여 ㉠ '일부러 그런 거 아니어도 네가 무너뜨렸으니까 네 잘못이야.'과 ㉡ '선생님이 친구가 만든 건 망가뜨리면 안 된다고 했어. 선생님한테 말할 거야.'에 나타난 단계의 특징을 각각 순서대로 쓰시오.[23] **(타율적 도덕성 단계)**
㉠ 행위의 의도가 아닌 결과에만 초점을 맞추어 옳고 그름을 판단한다.
㉡ 규칙은 부모, 교사와 같은 절대자가 만들어 놓은 것이어서 누구든 반드시 지켜야 하고, 결코 변할 수 없다고 생각한다. (+ 그 절대자가 반드시 처벌한다는 내재적 믿음을 가지고 있다.)

지식 　**피아제의 도덕성 발달 이론** - 유아의 도덕성 함양을 위한 부모 교육 자료(1994)

- 피아제는 도덕성에는 타율적인 것과 자율적인 것이 있다고 하였다.
- 특히 도덕성의 발달은 성인-아동 관계에서 생기는 두 가지 유형으로 발달된다고 하였다.
- **자율적 도덕성**은 유아의 도덕성을 발달하게 하는 관계이며, **타율적 도덕성**은 유아의 **도덕성 발달을 더디게** 하는 관계이다.

타율적 도덕성	• 도덕 발달을 지연시키는 유형의 도덕성은 **복종의 도덕성**이며, 이를 타율적 도덕성이라고 한다. • '**타율성**'이란 단어는 '**다른 사람에 의해 만들어진 규칙을 따르는 것**'이란 의미이다. • 타율적 도덕성을 가진 사람은 강압적이거나 권력을 가진 권위자에게 복종함으로써 주어진 규칙을 따른다. 또한 의문 없이 단지 다른 사람이 만들어 놓은 규칙을 따르고 순종한다. • 구속적 도덕성은 순전한 의무의 도덕이며 타율의 도덕이다. 유아는 성인으로부터 수많은 명령을 받는데 어떠한 상황에서도 그 명령에 무조건 복종해야 하는 것이다. • 명령에 따르는 것이 옳은 것이며, 그렇지 못한 것은 잘못이다. 의도는 사소한 역할밖에 하지 못하며 책임 또한 완전히 객관적 결과에 근거한 결과이다. • 성인에 대한 일방적 존경이 이 단계의 도덕성에 동기를 제공한다. 유아는 성인을 자신들보다 현명하고 힘이 강하며, 위대하고, 우월하다고 여기며 두려움과 애정, 존경을 함께 지니고 있다고 믿는다. • 유아의 인지적 미성숙은 이 단계의 특징을 이루는 보다 근본적 요인으로 피아제는 도덕적 실재론을 자기중심적이면서 미성숙한 인지조직의 한 표현으로 보았다. • **자기중심성**은 타인의 관점을 취하는 것을 방해하는데 유아 행동의 주관적 측면 즉, **의도와 객관적 측면인 결과를 혼동**하는 것과 관련된다. 이러한 혼동은 도덕을 불변하는 절대적인 것으로 여기게 하는 원인이 된다. • 그러나 유아는 동등한 위치에 있는 또래 유아들과의 계속적인 상호작용을 통해 점차로 사회적 규칙이라는 것이 사회적 행동을 조정하는 도구로 사용될 수 있다는 것을 인식하게 되며 협력적인 합의가 서로에게 가치 있는 목표를 이루도록 해준다는 것을 깨닫게 된다. • 그리하여 유아는 일방적 존경에 의해서가 아니라 상호 존중과 서로의 이익을 위한 연대적 활동에 의해 유발되는 협력의 가능성을 인식하게 된다.
자율적 도덕성	• **유아를 발달하게 하는 유형의 도덕성**은 자율적 도덕성이다. • '**자율성**'이라는 단어는 '**자기 조절**'에 근원을 둔 것이다. • 이는 유아가 도움 없이 단지 혼자서 어떤 일을 하는 '독립적인 것'을 의미하는 것이 아니며 오히려 **개인이 자율적으로 자신의 도덕적 규칙을 따른다는 것**을 의미한다. • 즉, 유아는 이러한 **규칙을 스스로 구성**하며, **원칙에 따르는 것도 스스로 결정**한다는 것이다. 자율적인 사람은 다른 사람과의 관계나 일상생활의 과정에서 다른 사람을 존중할 필요성이나 가치에 대해 확신을 갖고 있다.

타율적 도덕성	자율적 도덕성
① 규칙을 절대적인 것으로 본다. ② 규칙은 어떤 상황에서도 예외 없이 적용된다. ③ 잘못된 행동을 하면 벌을 받게 된다. ④ 행동의 결과가 중요하다고 판단한다. ⑤ 금지된 일, 벌 받는 일을 하는 것은 잘못이다. ⑥ 잘못된 행동은 벌을 받게 된다. ⑦ 권위자에 의한 벌을 인정한다. ⑧ 권위자에 의한 임의적이고 불공평한 보상의 분배를 인정한다. ⑨ 권위자에게는 반드시 복종할 의무가 있다.	① 다양한 관점이 존재함을 인정한다. ② 규칙은 상황에 따라 달라질 수 있다. ③ 벌은 자연적 결과로써 이해한다. 벌은 어떤 행동의 결과이다. ④ 행동의 결과보다는 의도가 중요하다. 의도에 기초하여 판단한다. ⑤ 다른 사람을 침해하는 것은 잘못이다. ⑥ 잘못된 행동으로 인한 손해를 배상하거나 원상태로 돌리는 것은 곧 벌이다. ⑦ 희생자에 의한 보복을 인정한다. ⑧ 긍정적인 분배를 인정한다. ⑨ 공평하고 타인의 복지에 관심 가질 의무가 있다.

4 콜버그(Kohlberg, 1984)의 도덕성 발달 이론

콜버그의 도덕성 발달 이론

- 콜버그(1976)는 **도덕성을 '사회적 행동 규칙에 대한 양심'**으로 정의하고, 아동이 **문화적 규칙을 내면화하는 과정**에서 도덕성 발달이 이루어진다고 보았다.
- 또한 그는 **피아제의 기본 개념을 토대로** 도덕적 사고 발달에 관한 이론을 청소년, 성인에 이르기까지 확대하여 분석하였다.
- 다양한 연령층의 소년들에게 11개의 도덕적 갈등 상황 이야기를 들려주고 질문한 후 그에 대한 반응을 분석하여 인지발달과 도덕성 발달의 밀접한 관련성을 강조하였다.
- 콜버그는 질문에 대해 **응답 내용보다는 왜 그렇게 생각했는지에 대한 도덕적 논리에 관심**을 두었다. 그리고 도덕적 가치의 내면화 정도에 따라 성인기까지의 도덕성 발달 수준을 다음과 같이 구분하였다.

> **하인쯔의 딜레마**: 유럽 어느 마을에 특수한 암으로 죽어가는 여성이 있었다. 그런데 마을의 어떤 약제사가 이 병을 치료할 수 있는 약, 일종의 라듐을 발명하였다. 약제사가 그 약을 만드는 데 많은 돈이 들긴 했지만, 그는 재룟값의 10배나 되는 큰돈을 약값으로 책정했다. 200달러의 라듐을 조금 투여하면서 2,000달러를 받았다. 그 여성의 남편은 자신이 알고 있는 모든 사람에게 돈을 빌려보았지만, 약값의 절반인 1,000달러밖에 마련하지 못했다. 그래서 그는 그 돈을 가지고 약제사에게 가서 자신의 아내가 죽어가고 있다고 말하고 약을 그 값에 팔든지 아니면 나중에 약값을 지불할 수 있게 해달라고 사정하였다. 그러나 약제사는 "그 약은 내가 발명한 것입니다. 나는 그 약으로 돈을 벌어야겠습니다."라며 거절하였다. 그래서 남편은 절망한 나머지 약제사의 점포에 침입하여 아내를 위해 약을 훔쳤다.
>
> - 질문: 남편은 약을 훔쳐야 했는가?, 약을 훔친 것은 옳은가?, 그른가?, 왜 그러한가?
>   만약 다른 방법으로 약을 구할 수 없었다면 남편이 약을 훔치는 것이 의무였는가?, 훔치는 것이 좋은 남편의 행동인가?
>   법적으로 약값에 대한 제한이 없는 경우, 약제사가 그렇게 비싸게 약값을 책정할 권리가 있는가? 왜 그러한가? 왜 그렇지 않은가?

콜버그의 도덕성 발달 이론	전인습적 수준 (pre-conventional level 4-10세)	▶ **사회 규범이나 기대를 잘 이해하지 못**하는 수준 ▶ **인습** : 사회 규범, 기대, 관습, 권위에 순응하는 것 • 이 수준에 있는 아동은 문화적 규칙과 선악, 정의에 순응하면서 행위의 **물질적, 쾌락주의적 결과**(벌, 보상, 호의의 교환)의 관점에서 혹은 그 규칙과 정의를 내려 주는 **성인들의 물리적인 힘의 관점**에서 옳고 그름을 해석한다. 기 콜버그의 도덕성 발달 단계 중 전인습 수준에 근거하여, [A]에 나타난 은서와 혜민이의 도덕성 발달 특징을 사례와 관련지어 각각 설명하시오.[21] 은서는 2단계 욕구 충족 지향의 단계(쾌락주의)로 자신의 놀이라는 이익에 바탕을 두고 도덕성을 판단하고 있으며, 혜민이는 1단계 벌과 복종의 단계로 선생님께 혼난다는 처벌이나 보상과 같은 결과에 의해 도덕성을 판단하고 있다.
	1단계 : **벌과 복종의** 단계	▶ 성인의 말에 **절대복종**하며, **처벌이나 보상** 같은 결과가 도덕 판단의 기준이 되는 단계 • 진정한 의미의 규칙에 대한 개념은 없다. 즉, 보상받는 행동은 좋은 것, 벌을 받는 행동은 나쁜 것으로 판단한다. 기 아빠와의 약속을 어기면 **벌**을 받기 때문에 나무에 올라가면 안 돼요.[08] 기 쌓기 놀이 영역을 지나가던 민호가 높이 쌓아놓은 영수의 블록을 무너뜨렸다. 영수는 화를 내며 민호를 때리려고 쫓아가다가 선생님을 보고는 "선생님, 민호가 내 것을 무너뜨렸어요. **혼내 주세요**."라고 말했다.[08] 기 숙현이는 **벌**을 받을까 봐 친구를 괴롭히거나 장난감을 빼앗는 행동을 하지 않는다.[10] 기 (가)의 ㉠ '선생님께서 어른이 먼저 드실 때까지 먹지 말라고 해서요.'에 나타난 수지의 반응은 ① 콜버그(L. Kohlberg)의 도덕성 발달 단계 중 어디에 해당하는지 쓰고, ② 그 단계에 해당하는 이유를 쓰시오. 선생님이 어른이 먼저 드실 때까지 먼저 먹지 말라고 한 규칙을 무조건적으로 순응하고 복종하고 있기 때문이다. 즉, 도덕적 추론을 선생님이라는 권위자의 관점에서 판단하고 있다.[특17]
	2단계 : **욕구 충족** 지향의 단계 (쾌락주의)	▶ 자신이 **원하거나** 자신에게 **이익이 되는 행동**을 옳다고 판단하는 단계 • 보상과 자신의 이익에 바탕을 둔 도덕적 사고의 단계로 자신이 원하거나 **이익이 될 경우에 복종**한다. 즉, 자신에게 이익이 있는 일을 꾀하려 하고 다른 사람도 그렇게 한다고 생각한다. • 옳은 것이란 기분이 좋고 무엇인가 보상을 주는 것이라고 생각하며, 즐거운 결과를 가져오는 행동이 선한 것이라고 판단한다. 보상받을 일들을 하고 처벌받을 일은 피한다. 기 정윤이가 친구를 **도와주면** 나중에 친구도 정윤이를 **도울 테니까** 도와줘야 해요.[08] 기 영민이는 장난감을 둘러싼 다툼에서 자기가 **좋아하는 장난감이기 때문에** 친구에게 양보하지 않아도 괜찮다고 주장한다.[10]

인습적 수준 (conventional level) 10-13세)		▶ **사회적 규범과 타인의 기대**를 고려하며, **도덕적 기준이 내면화**되기 시작하는 단계. • **여전히** 윗사람이 정한 기준이나 사회적 규칙 등 **외적 기준에 준**한다. • 10세 이후 가능해지며 청소년 대부분과 다수의 성인이 이 수준에 있다.
	3단계 : **착한 소년·소녀** 지향 단계	▶ **개인 간 관계**에 관심을 두고, **타인의 인정, 믿음, 충성심 등**이 도덕 판단의 기준이 되는 단계 • **부모의 도덕적 기준**을 따르기 때문에 '착한 아이 지향 도덕성'이라고도 한다. 다른 사람의 **기대** 때문에 그리고 다른 사람으로부터 인정을 받기 위해 착한 아이로 행동한다. • 어떤 행동의 판단에 있어 사회적 규칙이나 법보다는 **주위 사람들의 판단이나 의견에 더 치중**하는 단계로 자신의 행위를 상대가 어떻게 볼 것인지에 관심을 둔다. 기 약속을 지키지 않는 것은 나쁘지만, 친구의 고양이를 구해주면 **착한 아이**가 되니까 도와줘야 해요.[08] 기 미연이는 엄마, 아빠로부터 **착한 아이**라는 인정을 받기 위해 아픈 동생을 잘 돌보아 준다.[10]
	4단계 : **법과 질서** 지향의 단계	▶ **개인과 집단 간 관계**에 관심을 두고, **사회적 기준**이 도덕 판단의 기준이 되는 단계 • 사회적인 **질서, 법, 정의 및 의무를 준수하는 것**이 도덕적 행동이라고 생각한다. 기 영수는 **교통 법규**를 **법**이라서 지켜야 한다고 생각하기 때문에 사람이 없어도 신호등의 규칙을 지켜 건넌다.[10]

콜버그의 도덕성 발달 이론	후인습적 수준 (post-conventional level)	▶ 사회적 규범을 넘어 **보편적 도덕 원칙에 따라 판단**하는 단계 • 개인이나 집단의 권위와는 상관없이 **타당성을 가진 도덕적 가치와 원리**를 규정하려는 분명한 노력이 존재한다. • 도덕적 가치의 내면화가 충분히 완성된 도덕성 발달의 최상위 수준으로 규범이나 법보다 **개인의 가치 기준이 우선**한다. 성인 가운데 소수만이 이 수준에 도달할 수 있다.
	5단계 : **사회계약** 지향의 도덕	▶ **법과 규칙은 사회적 계약**이며, **모든 사람의 복지와 권리를 보호**을 위해 존재한다고 이해하는 단계 • 법과 사회계약이 '최대 다수의 최대 행복'이라는 전제하에 만들어졌다는 것을 이해하고, **모든 사람의 복지와 권리를 보호**하기 위해 법을 준수한다. 그러나 때로는 법적 견해와 도덕적 견해가 서로 모순됨을 알고 갈등 상황에 놓인다. • 법과 질서는 사회질서 유지를 위해 준수되어야 하지만 **상대적이며 바뀔 수도 있다**고 생각한다.
	6단계 : **보편원리** 지향의 도덕	▶ 인간의 **평등권, 존엄성, 생존권** 등 **보편적 도덕 원칙**에 따르는 단계 • 인간의 **평등권과 존엄성, 생존권** 등과 같은 **윤리성이 최고의 형태의 양심**이 된다. 법적인 제한과 다른 사람들의 의견에 관계없이 개인적으로 옳다고 생각하는 것을 시행한다.

기 유아에게 이야기를 제시하고 "정윤이가 친구의 고양이를 구하기 위해 아빠와의 약속을 어겨도 될까?"라는 질문을 하였다. 빈칸에 ① 콜버그의 도덕성 발달 단계의 특성을 쓰고, ② 이 질문에 대해 각 발달 단계별로 예상되는 유아의 답변을 쓰시오. [08]

5 길리건(Gilligan, 1982)의 배려지향적 도덕성 발달 이론(보살핌의 윤리학)

- 길리건은 남아와 여아가 어머니에 의해 양육되면서 부모와의 인간관계를 상이하게 경험하게 되고, 초기 아동기에 갖게 되는 **애착과 불평등의 경험**을 상이하게 경험함으로써 **남아는 정의 경향**을, **여아는 배려 경향**을 더 강하게 지니게 된다고 주장하였다.
- 길리건은 콜버그의 도덕 발달 단계는 여성이 남성에 비해 도덕적 성숙에 있어 열등하다는 전통적이고 통상적인 관념을 그대로 유지하는 편견을 반영하고 있다고 주장하며 여성의 도덕성 발달을 남성들과 다른 경로인 **3수준 2과도기**로 이루어진 배려윤리 발달과정을 제시하였다.

> 기 콜버그(L. Kohlberg)는 개인의 권리와 공정성에 기초하여 도덕성 발달 이론을 제안하였지만 길리건(C. Gilligan)은 **(배려)** 지향적 도덕성 발달 이론을 제안하였다.[18]

길리건의 배려지향적 도덕성 발달 이론		
	1수준 자기 중심 단계	▶ 생존을 위해 **자기 자신만을 돌보는** 수준 • 다른 사람들에 대한 관심이나 배려가 결여되어 있으며, 자신에게 최상의 것이 무엇인가에 의해 최종 결정을 내리게 된다.
	1과도기 이기심에서 책임감으로의 변화	▶ **이기심과 책임감 간의 갈등을 인식하기 시작**하고, **자신과 타인과의 연결**을 이해하기 시작하는 수준(자신만의 생존에서 책임감을 중시하기 시작하는 수준) • 이기심(자신이 원하는 것)과 책임감(자신이 해야만 하는 것)이라는 대립적인 개념이 처음으로 등장한다. 다른 사람들에 대한 애착이 서서히 나타나므로 **이기심과 책임감이 공존**하는 단계라 할 수 있다. • **자기중심적인 이기심을 비판하기 시작**하면서 자신과 타인과의 연결을 새롭게 이해하기 시작한다. 다만 **여전히 자신의 행복이 삶의 목적**이다.
	2수준 책임과 자기희생 단계	▶ **자신은 배려 대상에서 제외**하고, **타인을 위해 자신을 희생**하는 단계 • 다른 사람들을 위하여 자기 자신을 희생하는 수준으로 타인에 대한 **책임감**이 두드러진다. 배려의 대상이 **오직 다른 사람에게만 국한**되고, **자기 자신은** 배려의 대상에서 **제외**됨으로써 인간관계의 평형 상태가 파괴된다. • 자기에게 의존하는 사람이나 자기보다 열등한 사람을 배려하고자 하는 **모성애적 도덕**을 채택한다.
	2과도기 선함에서 진실성으로의 변화	▶ 타인을 위한 선행에서 **인간관계에 대한 진실성으로 변하는** 과도기적 수준 • 이 단계의 여성은 자기희생과 배려를 혼동하게 된다. 자신이 배려하고 관심을 기울여야 하는 영역에 자기 자신의 욕구를 포함하는 것이 이기적인 것인지 아니면 책임 있는 행동인지 의문을 갖기 시작한다. 책임감의 개념이 **자기 자신의 욕구와 이해관계를 포괄할 수 있도록** 확대된다. • 다른 사람에 대해 책임을 짐으로써 '**착하게**' 되기를 원하나 자신에게 책임을 짐으로써 '**정직하게**' 되고자 한다.
	3수준 자신과 타인에 대한 배려의 단계	▶ **자신과 타인 모두 배려의 대상**이 된다는 것을 깨닫고, **이기심과 책임감 간 대립을 해소**하는 단계 • 자기 자신과 다른 사람에 대한 **상호 연계성**을 통하여 이기심과 책임감 사이의 역동적 관계에 초점을 둔다. 인간관계가 상호적이라는 점을 인식하고 자신과 타인의 관계에 대한 새로운 이해를 통해 **이기심과 책임감 간의 대립을 해소**한다. • 여성은 **자기 자신도 배려의 대상**이 되어야 한다는 것을 깨닫게 되며, 다른 사람들뿐만 아니라 자기 자신에 대해서도 부당한 가해와 피해를 막아야 하며, 자기 자신에 대한 책임을 느끼고, 배려해야 한다는 배려 원리를 도덕성의 보편적인 원리로서 채택한다.

6 아이젠버그(Eisenberg, 1987)의 친사회적 도덕성 발달 이론

아이젠버그의 친사회적 도덕성 발달 이론

- 아이젠버그는 **콜버그**가 벌이나 규칙, 권위자의 지시, 형식적인 규정 등과 같이 **금지 중심적인 도덕 판단의 발달에 초점을 맞춘** 것과는 달리 **긍정적인 도덕 추론의 영역**과 **친사회적이고 이타적인 주제**를 다루고자 하였다.
- 친사회적 행동을 중심으로 도덕성 발달을 설명하고 평가하는 것에 초점을 두기 때문에 친사회적 도덕 추론 모델이라고도 한다.
- 그는 외부로부터의 압력이 최소화된 상태에서 자기 자신의 요구와 다른 사람의 요구나 가치 중 어느 한쪽을 선택해야 하는 상황에서 도덕적 판단의 형태가 다르게 나타날 수 있다고 가정하였다.
- 개인이 자신의 이익을 희생해야 하는 갈등 상황에서 행동을 선택하도록 하는 실험을 통해 **친사회적 도덕 추론의 10가지 유형**을 구분하였고, 이에 기초하여 **친사회적 도덕 추론 발달 수준을 다음의 5가지로 구분**하였다(Eisenberg, Lennon & Roth, 1983).

	권위와 벌에 대한 강박적이고 신비적 관점	• 벌을 회피하고 권위자에 대해 무조건 복종한다. 예 발각되어 벌을 받는다. • 친사회적 도덕 추론의 단계를 콜버그의 금지 지향적 도덕 판단 단계와 비교하였을 때, **콜버그의 1단계에 해당하는 벌, 권위지향적 추론은 나타나지 않았다.** • 친사회적 동기를 연구한 바탈(Bar-tal)의 연구에서 복종 지향적 추론이 거의 나타나지 않았다는 것과 유사하다(출처 : Eisenberg-Berg & Hand, 1979).
	1수준 쾌락적 자기중심의 추론 (취학 전, 초등학교 초기, Hedonistic, self-focused)	▶ **자기 이익을 최우선**으로 하며, **자신에게 도움이 될 경우에만** 타인을 돕는 단계 • **자신의 요구**가 중요하다. 만일 자신에게 **이익**이 된다면 도움을 줄 가능성이 가장 높다. 예 난 파티를 놓치게 되기 때문에 도와줄 수 없어. • 도덕적 고려를 하는 것이 아니라, 결과적으로 자기에게 **손해**가 올 것인가 아니면 **이익**이 올 것인지, 자신이 **좋아하는 사람인지** 등이 행동을 선택하는 기준이 된다. • 나 자신에게 돌아오는 직접적 이익, **미래의 주고받기**, 내가 필요로 하거나 좋아하는 타인에 대한 **걱정(정서적 유대)** 등을 고려하고 그에 따라 타인을 돕겠다거나 돕지 않겠다거나 하는 결정을 한다. • 옳고 그름에 관한 판단도 **자기중심적, 실용주의적, 쾌락주의적** 관심을 토대로 이루어진다.
	2수준 타인의 필요중심 (소수의 취학 전 아동과 초등학생 Needs of others)	▶ **타인의 필요를 고려**하여 타인을 돕는 단계 • **타인의 요구**가 도움을 위한 정당한 기초로서 인식된다. 그러나 동정심과 타인을 돕지 못한 것에 대한 **죄책감에 대한 증거는 없다.** 예 나는 그녀가 도움을 필요로 하기 때문에 도울 거야. • 타인의 필요들이 나 자신의 필요와 상충됨에도 불구하고, **타인들의 신체적 · 물리적 · 심리적 필요**들에 대한 걱정을 표현한다(고려하여 행동을 선택한다). • 그런 걱정은 매우 소박한 언어로 표현될 뿐이며, 동정심의 언어적 표현, 자기 반성적 역할수용(self-reflective role taking)의 분명한 증거, 내면화된 죄책감 등의 정서 등은 충분하게 보이지 않는다. • 동정심의 표현이나 죄책감과 같은 **내적 정서에 대한 초보적인 수준**의 표현이 나타난다. 예 그 사람이 필요하니까. • 이와 같은 타인 필요의 아동 중기에 절정에 이르고 그 후로는 더 이상 나타나지 않는다(Eisenberg, et al., 1987, 717).

**3수준
승인지향/
상투적 추론**
(타인의 인정,
대인 간 혹은
고정관념 중심;
Approval and
interpersonal
and/or
stereotyped)
	▶ **타인의 승인과 사회적 인정**을 받기 위해 타인을 돕는 단계
	• 초등학생과 소수의 중고등학생
	• **승인**에 대한 관심과 좋고 나쁨에 대한 **전형화된 이미지**가 생각에 많은 영향을 미친다. 예 어머니는 내가 도움을 준 것에 대해 나를 안아 줄 거야.
	• **타인의 인정**에 관심이 있으며, **선한**(악한) **사람**이나 행동에 대한 **고정관념적인 이미지**를 가지고 있다.
	   예 나누어 주는 것은 착한 것이니까, 대부분의 사람들이 그렇게 하니까.
	• 승인지향과 상투적 추론이 주류를 이룬다. 승인지향이란 친사회적 행동 또는 남을 돕지 않는 행동들을 정당화할 때, 타인의 승인과 수용을 추구함이 두드러진다는 뜻이다. 또한 상투적 표현(stereotypic expression)이 두드러지기도 한다.
	   (※ 상투적: 늘 써서 버릇이 되다시피 한. 또는 그런 것)	

**4수준
동정 중심**
(초등학생 상급
학년과
중고등학생,
감정이입 지향;
Empathic)
	▶ **감정이입, 동정심, 죄책감 등을 고려**하여 타인을 돕는 단계
	• 4A수준: 동정중심(**감정이입 지향; Empathic**)
	   ※ Sympathy: 동정, 연민, 공감; Empathic: 감정이입의
	• **동정심에 근거**하여 판단한다.
	   예 그녀가 고통을 당하기 때문에 도와주는 것에 대해 기분 좋게 느낀다.
	• 동정적 반응(예 그가 매우 슬프게 느낄 거야), 자기 반성적 역할 수용(예 내가 그의 입장이 된다면…), 타인의 인격에 대한 배려(예 그들도 사람이기 때문에 우리가 나누어 가져야 해), 혹은 죄책감, 자기 행동의 결과와 관련된 긍정적인 정서를 나타낸다.
	• 타인의 권리와 존엄성에 대한 보호를 언급한다.
	• 자기반성적 동정심, 역할수용의 증거, 타인의 인격(humaneness)에 대한 배려, 자기 행동의 결과와 관련된 **죄책감** 또는 **긍정적 정서** 등이 포함되어 있다.
	▶ **내면화된 가치와 책임감이 형성**되기 **시작**하는 단계
	• 4B수준: 과도기적 수준
	   (Transitional level; 공감적 내면화된 추론 empathic and internalized)
	• 내면화된 가치, 규범, 의무 혹은 책임감, 더 큰 사회의 형편에 대한 걱정을 하거나, 타인들의 권리와 존엄성을 보호해야 할 필요성을 언급하게 된다. 그러나 그런 아이디어들은 **분명하거나 강력하게 표현되지 않는다.**
	   예 나의 원칙에 따라 행동하는 것이 좋다고 생각해서, 옳은 일을 하지 않으면 자신을 나쁘다고 생각할 거야.	

5수준 강한 내면화 (소수의 중고등학생, 극소수의 초등학생 Strongly- internalized)	▶ **존엄성과 권리에 대한 믿음, 개인의 평등**에 기초하여 **도덕적 가치와 책임감을 강하게 내면화**하는 최상위 단계 • 내면화된 가치 기준이나 책임감, 개인과 사회계약적 규정을 지속하려는 열망, **존엄성과 권리**에 대한 믿음, **개인의 평등**에 기초하여 도덕적 판단을 한다. • 도움을 주거나 주지 않는 것에 대한 정당화는 내면화된 가치, 규준, 신념, 책임감에 기초하고 있다. 이런 원리를 위반하는 것은 자존감을 해친다. 예 나는 기부하는 것을 거부한다. 왜냐하면 자선은 너무 많은 돈이 기금을 불리는 것에 허비되고 의도된 수혜자에게 전달되지 않기 때문이다.	

지식 아이젠버그(Eisenberg-berg, 1979)의 친사회적·도덕적 추론 유형 10개

① 아이젠버그는 규칙, 권위자의 명령, 형식적인 의무가 최소로 관계되는 도덕 갈등 상황인 친사회적 딜레마 이야기들을 125명의 학생을 대상으로 한 연구에서 친사회적·도덕적 추론 유형 10개를 아래와 같이 제시하였다(Eisenberg, 1979, 130-131; 1982, 232-233).

② 친사회적 딜레마 이야기(메리의 딜레마)

- 어느 날 메리는 친구의 생일파티에 가고 있었다. 가는 도중에 넘어져서 다리를 다친 아이를 보았다. 그 아이는 메리에게 자신을 의사에게 데려갈 수 있도록 자신의 집에 가서 부모님을 데려와 달라고 부탁했다. 그러나 만일 메리가 그렇게 한다면 파티에 늦을 것이고 파티에서 즐길 맛있는 음식들, 놀이를 놓치게 될 것이다. 메리는 어떻게 해야 할까?

1. 권위와 벌에 대한 비합리적 관점	• 벌의 회피, 권위에 대한 맹종 등이 그 자체로서 가치 있는 것이 된다. 행위에 대한 선악 판단은 그 행위의 물리적 결과에 의해서 이루어진다는 점에서 콜버그의 [단계 1]과 비슷하다(Obsessive and/or magical view of authority and/or punishments). 예 내가 만약 돕지 않는다면, 나는 발각되어 처벌을 받을 것이다.
2. 쾌락주의적 추론 (Hedonistic reasoning)	**(a) '나' 자신에게 얻어지는 실용주의적, 쾌락주의적 소득**(Pragmatic, hedonistic gain to the self) • 자기 자신을 위한 이기적 소득을 지향한다(직접적 상호성을 통한 소득을 포함). 예 나도 배고플 수 있으니까 돕지 않겠다.
	(b) 직접적 상호성(Direct reciprocity) • 도움을 주었을 경우에 수혜자로부터의 직접적 상호성을 기대하고, 그로 인한 개인적 소득을 지향한다(또는 직접적 소득이 없을 경우에 손해를 거부한다). 예 내가 다음에 음식이 필요할 때 나에게 음식을 줄 거니까 돕는다. 예 홍수피해로 고립된 마을 사람들이 이번에 도움을 받으면 그다음에 그들이 되갚을 것이기 때문에 도와야 한다.
	(c) 애정적 관계(Affectional relationship) • 개인적으로 타인과 동일시 함, 개인적으로 타인을 좋아함, 타인이 나 자신의 필요와 관련 있음 등이 도덕적 추론의 중요 고려사항이다. 예 이 마을 사람들은 그와 친구이기 때문에 도울 것이다. 예 아마도 홍수피해로 고립된 마을에는 그가 좋아하는 그의 친구들이 살고 있기 때문에 그는 그들을 도와야 한다.
	(d) 사회적으로 수용 가능한 합리화로 욕구충족을 결정(Hedonistic pragmatism with a socially acceptable rationalization) • 쾌락주의(욕구 충족)적 관심을 사회적으로 받아들여질 수 있는 합리화 등으로 애매하고 분명치 않게 표현 예 대학에 진학해 언젠가는 더 많은 사람들을 도울 수 있을 테니까 돕지 않는다.
3. 비쾌락적 실용주의 (Nonhedonistic pragmatism)	• 이기적 고려와 관련되지 않은 실용주의적 관심을 지향한다. 예 나는 힘이 세니까 돕는다, 나는 건강하니까 돕는다.

4. 타인-필요 지향적 추론 (Concern for others' needs) (Needs-oriented reasoning)	(a) 타인의 신체적·물리적 필요에 관심(Concern for others' physical and material needs) 예 그는 피가 필요하다. 예 홍수피해로 인해 고립된 마을의 사람들에게 정말로 먹을 것이 필요하단 말이야.	
	(b) 타인의 심리적 필요성에 관심(Concern for others' psychological needs) 예 음식이 있다면, 그들은 행복해할 것이다. 예 장애우들의 다리 근육 치료가 되어 수영을 할 수 있게 되면 그들은 정말 행복할 거야.	
5. 인간지향적 추론	• 타인도 인간이며 살아있는 한 사람임에 주목한다(Reference to and concern with humanness). 예 그들도 사람이니까 너도 그들과 함께 나누어야 해.	
6. 상투적 추론 (Stereotyped reasoning)	(a) 착한 또는 나쁜 사람에 대한 상투적 추론(Stereotypes of a good or bad person) 예 그들은 돕는 것은 착한 일(nice)이다.	
	(b) 대다수 행동에 대한 상투적 이미지(Stereotyped images of majority behavior) 예 돕는다는 것은 매우 당연한 행동이야.	
	(c) 타인과 그들의 역할에 대한 상투적 이미지(Stereotyped images of others and their roles) 예 장애아들은 불편하니까 도울 거야, 동생이니까 도울 거야.	
7. 승인 및 대인관계 지향 (Approval and interpersonal orientation)	• 무엇이 옳은 일인가를 판단할 때 타인들의 승인과 수용을 추구한다. 예 내가 그들을 돕는다면 부모님이 자랑스러워하실 거야.	
8. 감정이입적 추론 (공감을 겉으로 표현함, Overt empathic orientations)	(a) 동정적 지향(Sympathetic orientation) • 타인을 위하여 동정적으로 걱정하고 배려하는 마음을 표현한다. 예 그렇게 되면 그는 참으로 슬플 거야.	
	(b) 역할 수용(Role taking) • 내가 타인의 생각을 파악하고, 파악된 타인의 생각을 놓고 내가 나의 입장에서 심사숙고한다. 예 그 사람의 입장에서 생각해 보려고 한다.	

9. 내면화된 정서 (Internalized affect)	**(a) 단순하게 내면화된 긍정적 정서와 그 결과에 관련된 긍정적 정서**(Simple internalized positive affect and positive affect related to consequences) • "어떤 구체적 행동의 결과 때문에 그는 기분 좋을 것이다."라는 식으로 단순하게 말하지만 왜 그렇게 판단하는지 그 근거의 제시가 없다. 또는 "내가 타인을 위하여 어떤 행동을 했는데 그 결과로 인하여 그가 기분 좋을 것이다."라고 내면화된 것으로 보이는 맥락에서 말한다. 예 홍수 피해로 고립된 마을의 사람들이 먹는 것을 볼 때 그는 기분 좋을 것이다. 그래서 그는 먹을 것을 그들에게 줄 것이다.
	(b) 내면화된 긍정적 정서(자아존중감 및 나의 삶에 대한 가치관으로부터 비롯됨, Internalized positive affect from self respect and living up to one's values) • 내면화된 가치관에 따른 삶의 결과로서 느끼는 뿌듯함을 추구한다. 예 내가 나의 원칙에 따라 살아왔음을 돌이켜볼 때 나는 참 기분이 좋다.
	(c) 내면화된 부정적 정서(행동의 결과에서 비롯됨, Internalized negative affect over consequences of behavior) 예 그들이 배가 고프면, 나는 죄책감을 느낄 것이다.
	(d) 내면화된 부정적 정서(자아존중감의 상실 그리고/또는 나 자신의 가치관에 따라 살지 못했기 때문에서 비롯됨, Internalized negative affect due to loss of self-respect and/or not living up to one's values) • 내면의 가치체계에 따라 살지 못했음의 결과로서 기분이 개운치 못함을 느낀다. 예 내가 마땅히 해야 할 옳은 일을 하지 못하게 된다면 난 자기 자신이 부끄러울 것이다.
10. 추상적· 내재화된 추론 (Other abstract and/or internalized types of reasoning)	**(a) 내면화된 법, 규범, 가치지향**(Internalized law, norm, and value orientation) • 내면화된 책임감, 의무, 또는 법과 규범을 받아들여야 할 필요성을 주목한다. 예 그에게는 마땅히 곤궁한 타인들을 도와주어야 할 의무가 있다.
	(b) 타인들의 권리에 대한 관심(Concern with the rights of others) • 개인의 권리를 보호하고 타인의 권리를 침해하는 불의를 방지하려고 한다. 예 그녀가 거리를 걸어 다닐 수 있는 권리가 침해되고 있다면 나는 그녀를 돕겠다.
	(c) 일반화된 상호성(Generalized reciprocity) • 한 사회 내에서의 간접적 상호성(가령, 일대일은 아니지만 궁극적으로 모두를 이롭게 하는 교환)을 주목한다. 예 모두가 서로 서로 돕는다면, 우리 모두에게 좋을 것이다.
	(d) 사회의 조건에 대한 관심(Concern with the condition of society) • 사회나 전체 지역사회를 개선시키는 것을 지향한다. 예 모든 사람이 돕는다면, 우리 사회는 더 좋아질 거야.

7 튜리엘(Turiel, 1983)의 영역 구분 모형

튜리엘의 영역 구분 모형

- **콜버그**의 도덕 발달 연구에 나타난 **문제점으로 지적**된 것처럼 각 사회 문화에서 전통적으로 중요하게 여기는 **인습이나 사회적 규범이 다르다는 것을 전제**로 도덕적 사고의 발달을 고려해야 한다는 이론이다.
- 튜리엘은 도덕성이 도덕적 영역, 사회 인습적 영역, 개인적인 영역의 도덕적 규범들로 이루어진다고 보았다.
- 일반적으로 아동들은 도덕적 영역과 사회 인습적 영역의 규범을 지키지 않는 일탈 행동에 대해 다른 판단을 한다.
- 즉, **도덕적 영역의 규범**을 지키지 않은 것은 사회 인습적 영역이나 개인 영역의 규범을 위배하는 것에 비해 **더 나쁘며**, 그것을 규제하는 규칙이 없어도 **본질적으로 나쁘고 모든 시대 사회를 불문하고 나쁜 것으로 판단**한다.
  예 남의 것을 훔치는 것이나 때리는 행동은 규제하는 규칙이 없다고 하더라도 나쁘다는 것을 유아들도 이해하고 있다.
- 튜리엘 등의 연구에 의하면 4-5세경부터 아동들은 도덕적 영역과 사회 인습적 영역을 구분할 수 있고, 일반적으로 5-11세 사이에 각 영역의 가치 규범들은 그 중요성이나 사회적 맥락에 따라 판단하는 능력이 확립된다.
- 튜리엘의 영역 구분 모형은 각 사회문화권에서 전통적으로 이어 내려오는 도덕적, 사회 인습적 규범이 갖는 도덕적 의미와 중요성을 고려할 수 있게 한다는 점에서 가치가 인정되고 있다.

도덕적 영역	▶ **생명 · 정의 · 공정성** 등 (어느 시대 사회를 막론하고) **보편적으로 준수**해야 하는 근원적 가치 규범의 영역 예 타인에게 **신체적이거나 정신적인 해를 입히는 것을 금지**하는 것, 사람을 수단으로 삼지 않고 모두에게 **공평하게 대하는 것, 어려운 사람을 돕는 것** 등
사회 인습적 영역	▶ **집단의 원활한 상호작용**을 위해 **구성원 간 합의로 정해진 규범** 영역으로 사회에 따라 달라질 수 있음 예 **인사하는 법, 성역할 관습** 등
개인적 영역	▶ 도덕적 원리나 사회 인습적 규범과 직접적인 관련이 없는, **개인의 자유로운 선택이 존중**되는 영역 예 **친구에게 줄 선물을 선택하거나 결정**하는 것

8 데이몬(Damon, 1990)의 공정성 추론 이론(분배 개념 발달)

- 자원과 부의 분배에 대한 공정성은 한 사회의 도덕적 건강을 결정하는 주요한 지표이다.
- 영유아기 분배의 공정에 관심을 둔 데이몬은 **콜버그의 갈등 상황 이야기가 영유아들의 삶과 동떨어져 있다고 이의**를 제기하면서 갈등 상황 이야기를 **영유아의 수준으로 조정**하고 영유아의 초기 도덕성 개념을 공정한 나누기, 권위 개념, 우정 개념, 규칙에 대한 개념으로 나누어 연구하였다.
- 데이몬은 아래와 같은 분배 공정에 관한 이야기를 들려주고 개방적인 질문을 하여 얻은 결과로 영유아의 공정성 판단 **발달 단계를 3단계 6수준으로 제시**하였다.
- 영유아는 자기중심적 입장에서 점차적으로 보다 객관적이면서 평등과 상호 호혜성을 포괄하는 입장을 취한다고 하였다.

기 나누기 발달 단계에 근거하여 ① 채은이 '<u>나는 쿠키를 좋아해</u>'의 나누기 기준과 ② 하준이 '<u>사랑반이니까 모두 똑같이 나누어야 해</u>'의 나누기 기준을 각각 쓰시오. [특24]

데이몬의 공정성 추론 이론

데이몬의 분배공정 이야기
어느 반의 아이들이 그림을 그렸습니다. 어떤 아이들은 그림을 보다 많이 그리고, 어떤 아이들은 적게 그렸습니다. 어떤 아이들은 그림을 잘 그리고, 어떤 아이들은 잘 못 그렸습니다. 어떤 아이들은 착하게 열심히 그렸지만, 어떤 아이들은 돌아다니며 장난을 쳤습니다. 아이들 중에는 가난한 아이도 있고 부자도 있으며, 남자아이도 있고 여자아이도 있었습니다. 아이들이 그린 그림을 학교 바자회에서 팔았습니다. 바자회에서 번 돈을 어떻게 나누면 공평할까요?

단계	수준	연령	추론의 특징	선택의 이유	추론의 예
0단계 (4세 이하, 자신의 욕구가 중심이 되는 단계)	0-A	3~4세	• 피험자의 **소망**	• 이유 없이 단순히 그 선택을 주장	• **내가 원하니까** 많이 가져야 해
	0-B	4~5세	• 피험자의 **욕망**을 반영	• **외현적 실체**, 관찰 가능한 사실로 선택을 정당화(키, 성별, 그 밖의 특징)	• **키가 제일 크니까** 제일 많이 가져야 해. **우리는 남자니까** 많이 가져야 해
1단계 (5~7세, 외적 가치에 의해 판단되는 단계)	1-A	5~6세	• **철저한 평등**·호혜적이고 상호적인 개념 출현	• **철저한 동등** • 분배가 공평함	• 모든 아이들이 **모두 똑같이** 가져야 해
	1-B	7~8세	• **행위에 대한 호혜적**이고 상호적인 개념 출현	• 모든 사람은 **각각 행위에 따라** 좋은 것이나 나쁜 것으로 보상받아야 함	• 그림을 **많이 그린 아이들이** 많이 가져야 해
2단계 (8~10세, 도덕적 상대성이 적용되는 단계)	2-A	8~10세	• **도덕적 상대성**에 대한 개념 생김. 모든 사람의 요구를 고려, 양적인 타협 시도	• **각자의 정의**에 대한 가치, 합리성	• **가난한 아이가** 더 가져야 해
	2-B	10세~	• **평등과 상호성**에 대한 고려	• **모든 사람은** 자신이 가져야 할 몫이 있음	• 모든 사람이 **각자 적합한 보상**을 받아야 해

지식 데이몬(W. Damon, 1990)의 공정성 추론 이론(분배 개념 발달)

0-A	3~4세	▶ **개인의 욕구 중심**으로 분배를 결정하고, 행동의 이유를 합리화하기보다는 **단순히 자신의 선택을 주장**하는 수준 ⓔ 내가 갖고 싶으니까 가져야 해. • 분배정의의 선택은 행동을 하게 되는 **개인의 욕구를 반영**한다. • 행동에 대한 합리화를 시도하기보다는 **단순한 선택을 주장**한다.
0-B	4~5세	▶ **크기, 성별, 신체적 특징 등 외적으로 보이는 특성**에 따라 분배를 결정하는 수준 • 관찰 가능한 **외적 사실을 근거**로 선택을 합리화한다. 그러나 이 기준도 욕구에 따라 가변적인 특징이 있다. • 외적으로 드러난 특성, 즉 **크기, 성별, 개인의 신체적 특징**과 같은 요인들을 바탕으로 **합리화**한다. 유아들은 갈등 상황 속에서 단지 한 사람의 관점에만 초점을 맞추게 된다. ⓔ 난 키가 제일 크니까 제일 많이 가져야 해, 우리는 여자이기 때문에 우리가 더 많이 가져야 한다. 기 "아니야, 내가 더 키가 크니까 내가 더 많이 가져야 돼."[11] 기 그냥 남자아이들이 쌓기놀이를 좋아하니까 더 많이 가게 해요.[19추]
1-A	5~6세	▶ **철저한 평등 개념**에 따라 분배를 결정하는 수준 • 선택은 철저한 평등 개념에서 나온 것이고, 그에 대한 근거나 이유로서 공평의 원리를 **일방적으로 융통성 없이 적용**한다. ⓔ 모든 아이들이 모두 똑같이 가져야 해. 기 아이들이 다 좋아하는 영역이니까 무조건 한 번만 가서 놀아요.[19추]
1-B	7~8세	▶ **행위에 대한 공정성**의 개념, 즉 **기여도**에 따라 분배를 결정하는 수준 • 행위에 대한 공정성의 개념을 적용한다. 그가 행한 일에 따라 받아야 한다는 보상의 개념이 시작된다. • **상호 호혜적인 행동 개념**으로 발전되며, **많이 기여한 사람이 많이 받아야** 된다는 생각으로 발전된다. 공정성을 고려하여 그가 한 일에 따라 받아야 된다는 생각을 갖는다. • 그러나 **그에 대한 근거나 합리화는 융통성을 보이지 못**한다. ⓔ 그림을 많이 그린 아이들이 많이 가져야 해. 기 정리를 잘하는 애들만 두 번 가게하고 안 그러면 한 번만 가게 해요.[19추] 기 ① 추론 발달 수준이 낮은 것부터 순서대로 기호를 쓰고, ② 가장 높은 수준의 특징 1가지를 쓰시오. 행위에 대한 공정성의 개념을 적용한다. 그가 행한 일에 따라 받아야 한다는 **보상의 개념이 시작된다**.[19추] 기 그다음 수준으로 발달시키기 위한 교사의 발문 1가지를 쓰시오. **동주가 물을 더 많이 줬다면, 노력한 만큼 사탕을 더 많이 가져가야 하지 않을까?**[25]
2-A	8~10세	▶ 특별한 결핍 등 **도덕적 상대성을 고려**하여 ⓔ 가난한 아이가 더 가져야 해. • 선택의 근거는 **특별한 결핍이나 필요가 있는 사람들의 요구에 합리적 이유**를 둔다.
2-B	10세~	▶ **평등과 상호 호혜성을 함께 고려**하여 분배를 결정하는 수준 • 여러 사람들의 각자 독특한 욕구와 특수 상황을 고르게 고려할 수 있는 **공평성과 상호 호혜성의 통합능력**이 발달된다. • 공정한 선택은 다양한 **개인들의 욕구와 구체적인 상황의 요인들을 모두 고려**하여 이루어진다. 모든 사람이 **각자 적합한 보상을 받아야** 한다는 인식이 강화된다. ⓔ 모든 사람이 각자 적합한 보상을 받아야 해.

9 크로그와 램(Krogh & Lamme, 1983)의 유아의 나누기 행동의 발달 단계

크로그와 램의 나누기 행동의 발달 단계

- 나누기는 공평의 원리를 충족시키는 방법으로 2세경의 유아도 놀잇감을 나눌 수 있다.
- 크로그와 램은 데이몬과 셀먼의 연구를 참조하여 8세까지의 나누기와 역할 담당 수준의 발달 단계를 다음과 같이 5단계로 설명하였다.

단계	연령	발달 내용
1단계: 자기중심적 나누기 (Egocentric sharing)	3~4세	▶ **자신이 좋아하는 것과 싫어하는 것에 따라** 나눈다. • 자기중심적인 관점을 갖고 있어서 자신의 관점과 타인의 관점을 구별하는 것이 어렵다. • 나는 사탕을 좋아하기 때문에 더 가져야 해. 하지만 선생님이 나누는 것이 좋은 일이라고 말했기 때문에 친구에게 한 개 줄 거야.
2단계: 자기중심적 나누기/외부적 나누기	4~5세	▶ **자기중심적**이지만 **관찰 가능한 외부적 특징에 근거**해서 나눈다. • 형이 나보다 더 크기 때문에 형에게 사탕 몇 개를 나누어 줄 거야. • (Egocentric sharing/External sharing).
3단계: 엄정한 균등 (Rigid equality)	5~6세	▶ **엄격하고 엄정한 균등**의 기초를 바탕으로 나눈다. • 자기중심적 관점으로부터 탈피하기 위한 준비를 한다. • 우리 모두는 똑같이 나누어야 해. 그렇지 않으면 공정하지 않아.
4단계: 장점 (Merit)	6~7세	▶ **장점이 되는 행동에 따라** 더 또는 덜 보상받는다고 생각한다. • 다른 사람들도 나와 다른 감정, 생각, 관점을 가질 수 있다는 것을 미리 이해할 수 있게 된다. • 그는 열심히 일했기 때문에 사탕을 더 받아야 해.
5단계: 도덕적 상대성 (Moral relativity)	7~8세	▶ **도덕적 상대성에 대한 이해**가 가능하므로 **나눌 때 절충**(compromise)이 일어난다. • 아동은 사람들이 저마다 다르게 생각하고 판단하는 기준(가치체계)을 가지고 있다는 개념을 이해하기 시작한다. • 그 여자는 불쌍하고 배고프기 때문에 더 받아야 해

10 데이몬(Damon, 1983)의 권위 개념의 발달 6단계

데이몬의 권위 개념의 발달 6단계

- 유아들이 접하게 되는 사회적 세계는 크게 두 가지로 나누어 볼 수 있는데 하나는 또래와의 관계이며, 다른 하나는 성인과의 관계이다.
- 우정이 또래들 간의 주된 사회적 관계라면 권위는 유아와 성인과의 사회적 관계 속에서 형성되는 개념이다. 유아와 성인과의 관계는 성인이 신체적으로나 지적으로나 사회적 힘에서 더 크고 강하다는 점에서 권위의 관계가 되는 것이다.
- 그런데 이런 권위에 대한 유아의 이해도 우정의 발달과 마찬가지로 연령이 증가함에 따라 발달하게 된다. 즉, 초기 단계에서는 권위를 외적인 것으로 보지 않고 권위자의 지시와 자신의 욕망이나 욕구가 같은 것으로 보며 신체적 힘이나 벌을 준다는 점으로 성인의 권위를 인식한다. 둘째 단계는 자신의 목적을 달성하거나 불유쾌한 결과를 피하기 위해 권위자에게 복종하는 단계이며, 셋째 단계는 권위자에 대하여 보다 정교한 생각을 하게 되어 자발적으로 협동적인 관계를 형성하게 된다.
- Damon(1983)은 권위의 정당성과 복종에 대한 발달 이론을 설명하면서 권위 개념은 성인과의 관계에서의 권위와 또래와의 관계에서의 권위로 구분된다고 하였다.
- Damon(1977)은 4~9세 유아를 대상으로 성인의 권위에 대한 개념 발달을 알아보기 위해 다음 딜레마를 제시하였다.

> 어머니는 자기 방을 치우지 않고서는 밖에 나가 놀지 못한다는 규칙을 정하였다. 어느 날 다른 아이들이 함께 소풍을 가자고 찾아오자 아동은 방을 치울 시간이 없으니 다녀와서 치우겠다고 말하지만 어머니가 허락하지 않은 상황이다.
> - 이 이야기 다음에는 **권위의 적법성(권위자가 명령할 수 있는 권리의 근거)** 에 관한 아동들의 생각, "권위자의 말대로 행동하는 것이 왜 중요한가?", 즉 **복종의 근거** 에 관한 아동들의 생각을 알아보는 질문들이 뒤따른다.
> - "부모는 어떤 점 때문에 그렇게 말할 권리가 있는가?", "엄마의 말을 무시하고 집을 빠져나가면 잘못일까? 왜?"
> - 아동들의 대답은 영아기에서 청년기까지 극적으로 변화한다.

> 4세에서 10세까지의 아동을 대상으로 남의 물건을 훔쳐오라는 부모의 요구에 대한 아동의 복종행동을 조사하였는데 대상아동 모두 부모권위의 정당성을 인정하지 않았고 복종하지도 않았다고 한다.

- 위 딜레마 제시 후, 이 아이가 어떻게 해야 할지, 어머니는 공정한지 등을 질문하고 성인과의 관계에서의 권위에 대한 개념을 살펴보았다. 그리고 다음 사례로는 또래간의 권위에 대한 개념 발달을 살펴보았다.

> 6명이 축구나 소프트볼 같은 경기를 할 때 누가 주장이 되어야 하는지, 그 주장이 경기를 잘못하는 아이에게 원하지 않은 역할을 정해 준 후 주장에게 그럴 권리가 있는지, 그 권리는 누가 주었는지 등을 질문하였다.

- 이와 같은 연구를 기초로 권위 개념의 발달을 Damon(1983)은 6단계로 나누어 설명하고 있다.
- 데이몬은 이러한 권위의 정당성과 복종에 대한 발달 이론을 설명하고 있는데 이는 권위 개념의 발달이 점진적이며 한 번에 여러 수준의 복합성을 드러내고 있음을 보여주고 있다.

수준		내용 (4~12세 아동 대상)
▶ 자기중심적 권위조망이다. (4세~5세)		
0 수 준	단계 0-A	▶ **권위자가 자신의 욕구와 동일한 존재**로 인식되는 단계 • 가장 초보 단계로서 권위자의 지위와 자신의 희망이 분리되어 있지 않은 상태로 권위자와의 갈등은 거의 없다. **애정, 욕구, 자아 동일시 등을 바탕**으로 권위의 개념이 형성된다. • 권위는 **자신과 연관이 있고 애정적인 관계를 형성하고 동일시하는 대상이므로 정당**하다. • 권위의 지시와 자신의 요구 간에 **근원적인 친밀함이 있어서 복종**한다. • 가장 초보적 단계로서 유아들이 **권위와 자기 관점을 혼동**하고 있는 단계이다. 즉 **권위자의 지시와 자기의 희망(욕구)이 분리되지 못한 상태**이다. • 이 수준의 유아는 **권위자의 기대에 맞추어서 자신의 소망**을 갖거나, **아니면 자신의 소망에 맞추어서 권위자의 기대를 왜곡**하게 된다. • 복종의 근거는 권위자의 요구와 자신의 욕구 간의 단순한 연상에 주어진다. 권위자의 명령은 자신의 소망과 동화된다. • **유아들은 지시받은 것을 하고 싶기 때문에 그에 복종한다고 주장**하기도 한다. • 반대로 **하기 싫으니까 복종할 필요가 없다**고 생각하기도 한다. • 권위자가 '아동 자신을 통제하는 독립된 힘'으로 인지되지 못한다. • 자신과 권위자 간의 반대 의견이나 느낌이 거의 없다. • 이는 권위자와 자아 사이의 정서적 유대 또는 동일시에 기인한다.
	단계 0-B	▶ **권위자가 자신과 다른 존재임을 인식하기 시작하고, 실용적 관점에서 복종**하는 단계 • 권위자가 자신의 요구와는 다른 것임을 알게 되며 이것은 **자신과 반대되는 특성의 힘으로서 인지**한다. • 유아들은 권위자의 요구와 자신의 소망 사이의 **잠재된 갈등을 인지**하고 **실용적인 측면에서 복종**을 생각하므로 **권위를 자신의 소망을 방해하는 것의 하나**라고 생각한다. • 권위의 수행을 논리적으로 판단하지 못하기 때문에 **권위의 신체적인 특징(옷, 크기, 성)으로 정당성을 인정**한다. • 권위의 지시와 자신의 요구 사이에 **잠재되어 있는 갈등을 인정하고 실용적인 생각**, 즉 **자신의 요구를 만족시키기 위한 수단으로 또는 적절하지 못한 자신의 요구를 피하려는 수단으로 복종**한다. • 권위자가 자신의 요구와는 다른(반대되는) 것임을 알게 된다. 권위자가 '나'(의 소망)를 방해한다거나, 또는 권위가 자신의 욕구와 갈등을 일으키는 것이라거나 하는 식으로 인지한다. 그러나 **권위가 아직도 자신과의 관련 속에서 지각된다**. • **권위가, 자신의 욕구를 통제하는 것을 넘어서서, 그 자체의 목적(도덕적 측면)이 있음을 보지 못한다**. 권위의 개념은 신체적 물리적 특성(몸의 크기, 성별, 의복)에 의해 결정된다. • 권위자의 요구와 자신의 소망 사이의 잠재 갈등을 인지하게 된 유아는 실용적인 측면에서 복종을 생각한다. • **자신의 욕구를 이루기 위해서, 또한 불쾌한 결과를 피하기 위해서 복종**한다. • 대략 5세나 그 이하의 유아들이 여기에 해당된다.

▶ 물리적 사회적 힘으로서의 권위조망의 단계이다. (7~8세)

1 수준	단계 1-A	▶ 권위는 **신체적 힘과 사회적 능력**에 의해 결정되고, **힘에 대한 존경**을 바탕으로 복종하는 단계 • 권위는 **권위자의 신체적인 힘, 물리적 · 사회적인 능력 등에 의해 결정**되며 **복종은 권위자의 사회적 · 신체적 위력에 대한 존경**을 바탕으로 하게 된다. • **신체적으로 크고 사회적으로 권력을 지니고 있기 때문에 명령을 강요하는 것은 정당**하다. • 전능의 힘을 지닌 권위자의 사회적, 신체적 힘에 대한 존경으로 복종한다. • 권위는 신체적 힘, 물리적 능력, 사회적 능력의 우월성에 의해 결정된다. • **그런 것들이 권위자의 요구를 따르게 만드는 요인**들이다. 권위자의 그런 특성들에 대한 존경을 바탕으로 복종이 이루어진다. • 그런 요소들은 '어디에서나 전능한 힘'으로 간주된다. • **특별한 힘에 대한 존경이 권위에 정당성을** 부여하고 복종에 대한 근거가 된다.
	단계 1-B	▶ 권위는 **특수한 재능과 능력**에 의해 결정되고, **상호 호혜적 교환 관계**를 바탕으로 복종하는 단계 • 유아가 보기에 권위자가 우수한 사람으로 보여지는 요소를 **특수한 재능이나 능력** 등에 의해 결정하는데 이때 복종은 상호 호혜적인 교환을 바탕으로 한다. • 그러나 이 시기는 **상호 호혜적인 관계**를 이해하기는 하나 동등한 관계가 아닌 권위자를 자신의 위에 두는 **열등한 관계**이다. • 권위는 우수한 사람으로 **특별한 능력과 재능을 갖고 있기 때문에 정당성을 인정**한다. • 특별한 능력은 단순한 힘만이 아니고 아동으로서는 할 수 없는 것을 성취할 수 있다는 생각이다. • **복종은 상호적인 것으로 생각한다. 권위는 자신을 돌보아 주며 또 과거에 자신을 보살펴 주었기 때문에 복종**한다. • 권위는 유아에게 우수한 사람으로 보여 지게 하는 요소들, 즉 특수한 재능 능력에 의해 결정된다. • 권위자와의 관계는 동등한 관계가 아닌 것으로 지각된다. • 즉, 권위자는 위에 있고 자신은 종속적이고 열등한 관계로 지각된다. • 유아가 상호 호혜적인 교환의식(관계)을 이해하기 시작한다. 복종은 상호호혜적 교환을 바탕으로 이루어진다. • **과거에 '나'를 도와주었기 때문에, 현재 '나'를 도와주기 때문에 등의 이유로 복종**하게 된다. • 권위자는 명령하는 대신 자신의 능력으로 상대방을 도와주게 된다. • 대략 8세의 유아들이 여기에 해당된다.

		▶ **지도 능력**으로서의 권위조망이다. (9세 이상)
2 수준	단계 2-A	▶ 권위는 **지도 능력에 의해 결정되고, 정당한 지도 능력에 대한 존경**을 바탕으로 복종하는 단계 • 권위는 정당성(합법성)과 복종에 대한 관련을 적용하는 지도력, 그리고 이 특별한 **지도력에 대한 대상의 존경**에 근본을 둔다. • 그러므로 복종은 이러한 지도력에 대한 인정을 바탕으로 이루어지며 이 단계의 유아들은 **벌을 피하기 위한 복종과 자발적이고 협동적인 복종을 구별**하게 된다. • 권위의 명령을 **이전에 훈련을 받았거나 경험을 했으므로** 정당성을 인정한다. • 권위는 좋은 행동을 명령하며 **더 나은 사람이 되게 이끄는 분**으로 생각한다. • 권위의 지도력에 대한 존경과 권위는 아동의 권리와 행복을 위해 노력하는 사람이라는 믿음을 갖고 있어서 존경한다. • **권위자는 지도 능력(leadership)**을 가지고 있는 사람으로 간주된다. • 뛰어난 지도 능력이란 타인의 **권리 복지에 대한 관심**이라고 생각한다. • **복종은 이 지도 능력에 대한 인정을 바탕**으로 이루어진다. • 모든 사람들의 경험과 배경이 다르지만, 기본적으로 똑같은 권리를 모든 사람들이 가지고 있는 동등관계 속에서의 권위를 이해한다. • 이때의 복종행동은 **자발적이고 협동적인 행위**로 간주된다. • 이 시기의 유아는 벌을 피하기 위한 복종과 자발 협동적 복종을 구별한다. • 커다란 발달적 변화를 보여 주는 시기이다.
	단계 2-B	▶ 권위는 **특정한 상황에 따라 역할이 달라질 수** 있으며, **협동과 합의에 의해** 성립된다고 인식하는 단계 • 권위는 **특별한 상황의 요인**들과 더불어 **특징의 다양성에 대한 조화에 의해 정당화**된다. • 그러므로 권위는 나누어지고 집단들 사이에서 **합의**에 의해서 성립된다. • 복종은 또한 특정 사람에 대한 일반화된 반응이라기보다는 **구체적인 상황에 따라서 다른 협동적인 노력**으로서 간주된다. • 어떤 특수한 상황에서 태도를 변화시키려고 행동을 조정하는 것은 정당하다. • 권위는 한 상황에서 명령할 수 있지만 다른 상황에서는 명령할 수 없다고 생각한다. • 권위는 모든 구성원의 행복을 위해 노력하는 어떤 사람에게 부여되며 **구성원들이 서로 공유하며 서로 합의하여 성립된** 관계이다. • 권위는 **분담적이고 협동적인 관계**로서 간주된다. • 한 개인이 한 상황에서는 잘할 수 있지만 **또 다른 상황에서는 그렇지 못함을 인식한다.** • 복종의 개념도, 특정 사람에 대한 일반화된 반응이라기보다 구체적인 상황에 따라서 다르게 협동적인 노력으로서 간주된다. 대략 9세 또는 그 이상의 아동들이 여기에 해당된다.

Plus 지식 셀만과 자케트(Selman & Jacquette, 1978)의 리더십 발달단계

0단계	▶ 리더십을 **신체적·행동적 개념으로** 이해하여, 리더를 **힘이 세고, 다른 유아에게 지시하는 사람**으로 인식하는 단계
1단계	▶ 리더를 **지식이나 기능이 가장 뛰어난 사람**으로 인식하는 단계 • 아동 중기에 해당하며, 단순한 힘이 아닌 능력을 기준으로 리더를 판단하기 시작한다.
2단계	▶ 리더를 **독재자가 아닌 권위자**로 이해하며, 리더십 개념에 **쌍방적 요소가 포함**되는 단계 • 리더와 구성원 간의 관계를 일방적이 아니라 상호작용적인 관계로 인식한다.
3단계	▶ 리더를 **집단의 이익을 반영**하고 **집단을 구조화**하는 촉매(매개자)로 인식하는 단계 • 리더십을 개인의 이익보다 집단의 이익을 우선하는 역할로 본다.

지식 호프만(Martin Hoffman)의 훈육기법

- 호프만은 부모들이 실제로 사용하는 훈육기법이 자녀들의 도덕 발달에 어떤 영향이 있는지에 대해 살펴보았다.

권력행사법 (power assertion)	▶ 성인의 **권력과 벌에 대한 유아의 두려움을 이용**하여 훈육하는 방법 • 유아에게 강한 적개심을 일으켜, 애정에 대한 유아의 욕구를 감퇴시키고, 감정이입을 일으키지 못하도록 하는 비효과적인 훈육방법이다. • **신체적 처벌, 비웃기, 소리 치기** 또는 어떤 특혜나 재원의 제거 등과 같은 **강압적이고 손상적 벌**의 유형과 더불어 **인격 손상적 처벌 유형**까지도 포함한다. ⑩ 유아의 엉덩이를 찰싹 때리고, "됐어! 넌 이번 토요일에 영화 보러 **갈 수 없어.**" • 힘과 같은 물리적 처벌, 위협 등의 권력 주장 방식을 사용하는 부모는 화를 잘 내고 적대적이며, 공격적인 아동으로 성장하게 만드는 경향이 있다. • 또한 공감적이지 못하고 도덕 가치를 내면화시키지도 못하며, 일관성 없는 양심을 발달시킨다. 이런 유아들은 발각된 행위에 대한 두려움 또는 처벌에 대한 두려움에 따른 외재적 도덕 지향이 발달한다(문용린 역, 2000).
애정철회법 (love withdrawal)	▶ **사랑의 상실에 대한 불안을 유발**하여 훈육하는 방법 • 이를 사용하는 부모는 문제행동을 한 유아에게 비신체적이면서 직접적인 방법으로 실망, 노여움, 불인정을 표현하며, 의사소통을 거절한다. **사랑의 상실에 대한 불안을 유발**하는 것이다. • 또한 몸을 돌리거나 밖으로 나가는 방법으로 거부 의사를 드러내기도 하며, **아동을 버리거나 고립시키겠다고 위협**하기도 한다. ⑩ 어떻게 한 거야? **저리 가! 너 보기 싫어.** • 이런 애정철회 훈육방식은 때리거나 소리를 치지 않더라도 처벌적인 훈육방식으로 분류될 수 있고, 이는 부모에 대한 유아의 자연스러운 감정을 조작하는 것으로 부모의 사랑과 그 사랑이 제공하는 안전으로부터 유아를 단절시키는 위협이 되기도 하며, 유아로 하여금 강한 분노와 죄책감을 유발하도록 한다.

귀납법
(induction)
	▶ **자신의 행동**이 **타인에게 미치는 영향을 이해**하도록 하여, 내면적 도덕성을 형성하도록 유도하는 훈육 방법
	• 유아가 벌에 대한 두려움 없이 **스스로 행동을 통제할 수 있다는 관점에 기초**를 둔 훈육방식이다. 유아 자신의 행동이 **타인에게 어떤 영향을 끼치는지를 이해**하도록 하여, 자신의 **행동에 대한 책임을 고무**시키는 통제 방법이다.
	• 부모는 그 행동이 **왜 바람직하지 못한가에 대한 설명**을 해줌으로써 그 상황의 물리적 요구조건이나 유아의 행위가 자신이나 타인에게 미치는 영향을 알려주는 가장 바람직한 훈육방식이라 할 수 있다.
	• 귀납법이 효과적인 이유
	  – 유아가 스스로 자신의 행동을 평가하는 데 사용할 수 있는 **인지적 기준 또는 합리적 이유를 제공**한다.
	  – 유아가 자신이 해를 입힌 사람에게 **공감할 수 있도록** 돕는다. 또한 **자부심, 죄책감, 수치심과 같은 도덕 정서를 신장**시킨다.
	  – 귀납적 훈육법을 사용하는 부모는 유아에게 위반하려는 유혹이 있을 때에 무엇을 어떻게 해야 했으며, 이미 잘못한 것을 보상하기 위해서는 지금 무엇을 어떻게 하여야 하는지를 설명하게 된다.
	  – 따라서 귀납적 훈육법은 도덕적 사회화 과정에서 도덕성의 인지적 · 정서적 · 행동적 차원 모두에 주목하도록 하여, 유아가 이러한 측면들을 통합하도록 도와줌으로써 도덕적 성숙에 이르는 데 효과적인 방법을 제공한다.

XIII. 유아 사회교육의 내용

• 유아 사회교육의 목적에 따른 사회교육의 내용은 가치와 태도, 기술, 사회과학적 지식이라고 볼 수 있다.

가치와 태도	보편적 가치와 태도	• 자신에 대한 긍정적인 태도 및 가치, 지식과 학습에 대한 긍정적인 태도 및 가치, 민주적 가치와 태도를 포함한다.
	개별적 가치	• 가치의 **명료화, 가치분석**을 통해서 형성된다.
기술	사회적 기술	▶ 사회생활에서 다른 사람과 상호 호혜적인 관계를 주도하고 유지할 수 있는 개인적인 능력 • 기 **자기 조절하기**[22], **친구 사귀기, 공유하기, 협력하기, 의사소통과 협의하기, 갈등 해결하기**를 포함한다. • 사회적 기술이 높은 유아는 놀이의 흐름을 이해하고 자신의 감정을 조절하면서 다른 사람과 어울리는 방법을 안다. 또한 자신의 요구를 적절히 주장할 수 있다. 기 김 교사는 매 학기 초에 유아들이 **타인과 긍정적인 유대 관계**를 맺는 데 필요한 의사소통하기, 공유하기, 협력하기, 갈등 해결하기와 같은 **(사회적 기술)**을 발달시키기 위해 '서로 화목하게 지내요' 등의 주제로 활동들을 진행한다.[18] • **친사회적 행동은 돕기, 나누기, 협력하기, 위로하기** 등을 포함하며 이는 사회적 유능성의 중요한 요소이다. • 친사회적 행동은 이기심, 공격성, 반항심, 난폭한 행동과 같은 반사회적 행동의 반대 개념이며 사회의 긍정적 가치를 반영한다. • **친사회적 행동이란 다른 사람과 집단을 이롭게 하는 자발적 행동**이며, 바탈(Bar-Tal, 1976)은 '사회적으로 긍정적인 결과를 가져오게 하는 행동으로서 외적인 보상을 기대하지 않고 타인의 이익을 위해 자발적으로 수행하는 행동'으로 정의하고 있다. 기 왈쉬(H. Walsh) 외 : 이타주의와 혼용하여 쓰이는 **(친사회적 행동)**은 타인에 대한 배려에서 오는 **바람직한 행동**이다. 또한 사회생활 속에서 그 사회가 요구하는 사회 규범에 맞는, 그리고 사회집단 내 다른 사람들의 행복을 증진시키는 행위를 의미한다. 유아기에 습득하는 **(친사회적 행동)**의 구체적인 예는 돕기, 나누기, 협동하기, 공감하기, 배려하기, 양보하기 등으로 나타난다.[13추]
	사회학습 기술	• 사회학습을 하는 데 필요한 사고기술이다. • 사회적 학습 기술에는 감각적 정보와 일반적인 정보에 관련된 것이 있다. • 감각적 정보는 감각을 통해 들어온 정보를 표현하는 것이다. • 일반적인 학습 기술은 유아가 자료를 수집하고 분류하여 이를 분석하는 과정으로 분류, 비교, 요약, 그래프화 등이 포함된다. 특히 그래프화하기와 지도 그리기는 사회교육에서 중요한 학습 기술이 된다.

사회과학적 지식		• 유아가 자신이 살고 있는 세계와 인간에 대한 기본적인 개념을 이해하는 것으로 역사, 지리, 경제, 사회학, 전통문화 이해, 다문화 이해 등이 포함된다.
	역사	▶ **과거에 대한 지식을 현재의 생활과 의사 결정에 적용**하는 과정
	지리	▶ **주변 세계의 사물과 공간에 대한 연구**로, 우리가 살고 있는 세상의 일반적인 특성과 개인적인 장소에 대한 이해를 포함
	경제	▶ 재화와 서비스의 생산, 분배, 소비를 포함한 **모든 경제 활동**과 그로 인해 **발생하는 모든 사회적 관계**
	사회학	▶ **집단 내에서 상호작용하는 사람들과 그들이 집단에 미치는 영향**, 그리고 **집단이 구성원에게 미치는 영향을 연구**하는 학문.
	전통문화 이해	▶ **전통** : 어느 **특정 사회에서 이어 내려오는** 사상, 종교, 풍습, 전설 등의 **후세에 전승되어 오는 것**을 의미한다. ▶ **전통문화** : 특정 **민족이나 공동체**만이 가지고 있는 **독특하고 고유한 것**을 뜻하는 것으로, 특정 민족이나 국가의 오랜 역사적 과정에서 형성되는 그 구성원들에 의하여 **공유·계승되어 온 정신적·물리적 문화 일체**를 총칭하는 말이다.
	다문화 이해	▶ 사람들의 외모, 능력, 믿음, 문화, 계층 등이 **서로 다름을 알고, 문화적 차이를 이해하고 존중하는 능력**을 기르는 것.

주B2. 2) [B] 상황과 (나)의 자료에 나타난 ① 서연이의 부족한 사회적 기술을 쓰고, ② 그 사회적 기술을 증진시키기 위한 교사 발문 1가지를 2019 개정 유치원 교육과정 '나를 알고 존중하기'의 내용을 반영하여 쓰시오.[2점]   ① 자기 조절하기,
② 어떻게 하면 서연이의 감정을 다른 친구들이 아프지 않게 표현할 수 있을까?

서연 : (큰 소리로) 그런 게 어딨어? 나 안 해! (서연이가 울먹거리며 윷을 던지고 자리를 떠난다. 지현이가 서연이에게 다가가 안으며 토닥거린다.)		B	
1	친구들과 함께 놀이한다.		그렇다.
2	**정리 정돈을 잘한다.**		전혀 그렇지 않다.
3	친구들과 장난감을 같이 가지고 논다.		그렇다.
4	**자신의 의견이 거절되면 화를 낸다.**		매우 그렇다.
10	**친구의 놀이를 방해한다.**		그렇다.

1 가치와 태도

- 가치와 태도는 인간의 행동을 결정하는 내적인 상태로 유아의 감정이나 정서적 반응에 영향을 주고 유아가 어떻게 행동할 것인가를 결정하는 요소가 된다.
- 자신이 가진 가치와 태도에 따라 유아들은 다른 유아들과는 주변 사물과 상황에 다른 방식으로 반응을 한다.
- 유아들의 가치와 태도는 유아가 주변 사람들과의 사회적 상호작용을 통해 점진적으로 발달된다.

가치와 태도	보편적 가치와 태도	① 자신에 대한 긍정적인 태도 및 가치 • 유아의 자아존중감은 개인이 자신의 특성과 유능감에 대해 지니고 있는 생각, 판단, 태도, 감정, 행복 및 기대 등을 포함하는 개념으로 개인의 적응 및 건강한 성격 발달과 자아실현에 중요한 요소이다. • 자아존중감은 자신만이 무조건 '일등' 또는 '최고'라고 자부하는 것이 아니라 유아의 현실적인 능력을 인정하면서 자신의 현재에 대해 긍정적으로 평가하는 것을 의미한다. ② 지식, 학습에 대한 긍정적인 태도 및 가치 • 유아가 자신이 속한 사회 안에서 유능한 구성원으로 살아가기 위해서는 세상에 대한 바른 이해를 바탕으로 자율적이고 합리적인 의사결정을 할 수 있어야 한다. • 이를 위해서는 자기 주변의 사회적 세계에서 일어나는 다양한 현상들을 이해하고 판단하는 데 필요한 지식과 기술들을 배우고 익혀야 한다. ③ 민주적 가치와 태도 • 민주적 가치와 태도는 사회 집단에서 각 개인의 권리를 인식하고 인정하는 가치체계를 의미한다. • 유아는 자신과 타인이 지닌 가치와 특성을 인정하면서 서로의 자유와 권리를 존중하는 동시에, 그에 따른 의무와 책임이 있음을 이해하고 사회에서 요구되는 바람직한 가치와 태도를 배워야 한다. • 민주적 가치와 태도의 교육내용에는 일반적으로 자신의 권리와 책임, 타인의 권리와 책임, 공정함, 자유와 평등, 민주적 의사결정 등의 가치에 대한 인식이 포함된다.
	개별적 가치	• 개별적 가치란 개인적인 취향이나 선호에 의해서 결정되는 것으로 특정 경향의 음악, 옷, 종교적 믿음, 정치적 신념 등 나와 타인 사이를 구별 짓는 독특한 성향을 의미한다. • 사람마다 서로 다른 사회 문화적 배경을 가지고 있으며 이에 따른 경험이 다르기 때문에 사람들은 자신이 선호하고 선택하는 개별적 가치를 지니게 된다. 이로 인해 같은 상황이라도 사람마다 가치 판단의 정도가 다르며 가치에 따른 행동도 다르게 나타난다. • 이러한 선호 경향성은 유아기에 생겨나 연령이 높아지면서 더욱 분명해진다. 교사는 유아들이 지닌 개별적인 가치를 존중하면서 유아가 집단에서 존중되고 수용될 수 있는 보편적 가치를 내면화시키도록 도와야 한다.

2 가치 습득을 위한 전략

1) 가치의 명료화(value clarification)

- ▶ 다양한 상황에서 **자신의 가치를 인식**하고, **신중하게 선택**하며, 이를 **소중히 여기고 행동으로 실천하도록 돕는** 과정.
- 학습에서 접근할 수 있는 가치는 기본적으로 두 가지에 초점을 맞추고 있는데, 하나는 절대적인 가치를 가르치는 것에 중점을 두는 것이고, 또 하나는 가치 명료화와 같이 **다양한 가치 결정의 과정을 습득**하는 데 중점을 두는 것이다.
- 따라서 교사는 절대적인 가치를 전달하는 것 이외에도 교실 내외에서 일어나는 여러 가지 가치관에 관련된 문제를 유아와 함께 다루어 보고 받아들이는 과정에 관심을 가져야 한다.
- 가치의 명료화는 유아가 **선택한 것**에 대해 평가하고 행동하는 과정으로, 교사는 유아들이 **자신의 느낌을 인식**하고 주어진 상황에서 최선의 가치를 선택할 수 있도록 다음과 같이 도울 수 있다.
  ① 유아들이 주도적으로 행동하고 자유롭게 선택할 수 있는 다양한 기회를 제공한다.
  ② 유아들이 심사숙고하여 선택할 수 있도록 돕는다.
  ③ 유아가 자신이 선택한 가치를 소중히 여기고 만족해하는지 평가하도록 한다.
  ④ 유아가 자신의 신념에 따라 행동하도록 돕는다.

- 가치 명료화 과정의 7단계 절차(Raths, Harmin, Simon, 1966)

가치의 명료화 (value clarification)

단계	내용
1단계 선택하기 (choosing)	▶ **자유롭게 여러 가지 대안**을 **신중히 고려**한 후 자신의 가치를 선택하는 과정 ① 자유롭게 선택하기(자유로운 선택을 위한 상황의 보장) ② 다양한 대안 중에서의 선택하기 ③ 각 대안의 결과를 심사숙고한 후 선택하기 　(각각의 대안에 대한 결과를 고려한 뒤의 선택하기)
2단계 선택에 대한 만족 (prizing)	▶ 선택한 행동이나 신념을 **소중하게 간직**하고 이를 **공공연하게 확언**함으로써 그 신념과 행동을 칭찬하고 자랑스럽게 여긴다. ④ **보상과 칭찬**(선택한 것을 존중하고 소중히 여기기, 자랑스럽게 여김) ⑤ **확인**(선택한 것을 기꺼이 다른 사람들에게 공언하고 확인하기)
3단계 행동화 (acting)	▶ **반복적이고 일관성 있게** 자신의 신념에 근거하여 **행동한다.** ⑥ 선택에 따라 행동하기 ⑦ **반복하기**(일회적 행동이 아니라 일관되게 반복하여 행동하기, 반복 행동에 따라 자신의 생활양식으로 굳히기)

- 가치 명료화 과정의 3단계 절차(Michaelis, 1980)

단계	내용
1단계 선택하기 (choosing)	▶ **여러 가지 대안과 그 가능성을 고려**한 후 **스스로 가치를 선택**하는 과정
2단계 격려받기 (prizing)	▶ 선택한 가치를 **소중히 여기고 만족**하며, 이를 **다른 사람들에게 확인** 받는 과정
3단계 행동화	▶ 선택한 가치에 기초하여 **행동**하고 **반복 실천**하는 과정(acting)

기 주B2. 3) 래스, 하민과 사이먼의 가치명료화 모형에 근거하여 ① ⓒ 단계에 해당하는 교사 발문 1가지를 쓰고, ② ⓔ에 해당하는 단계를 쓰시오. [2점]

① 너희들이 이야기한 여러 가지 선물 중에서 어떤 선물을 보내면 좋을까?
 (이 선물 중에서 어떤 것을 보내야 좋을지 생각해 보고 골라볼까?)
② 확인 단계 (선택한 것을 기꺼이 다른 사람들에게 공언하고 확인하기 단계)

프랑스로 이사 간 정혜가 선물을 보내 줘서 우리도 각자 작은 선물을 보내기로 했거든요.
먼저 어떤 선물을 할지 자유롭게 생각해 보았어요. **1단계 선택하기** ① **자유롭게 선택하기**
ⓒ 두 번째 단계의 활동 후, ② **다양한 대안 중에서의 선택하기**
우리가 준비한 선물을 정혜가 받으면 어떤 기분이 들지 생각해 보고 정혜에게 보낼 선물을 결정했어요.
　　　　　　　　　　　　　　③ **각 대안의 결과를 심사숙고한 후 선택하기**

유아들은 편지랑 그림책, 사탕, 장난감, 우리 반 사진도 준비했더라고요.
두 번째 과정 안의 세부 단계 2가지를 모두 실행하려고 해요. **2단계 선택에 대한 만족**
먼저 자신의 결정을 소중히 여기도록 아이들의 선택을 지지해 주고 ④ **보상과 칭찬**
ⓔ 그다음 단계를 진행하려고요.　⑤ **확인**

그런 다음에 유아들이 각자 선택한 선물을 정혜에게 보낼 거예요. **3단계 행동화**
　　　　　　　　　　　　　　⑥ **선택에 따라 행동하기**
　　　　　　　　　　　　　　　　⑦ **반복하기**

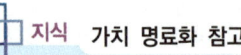 가치 명료화 참고 자료

1	자유롭게 선택하기	• 선택은 그 자체가 자유의 개념을 함의한다. 선택은 개념상 자유롭게 이루어지는 행위이다. 자유롭게 이루어지지 않은 선택은 그것을 선택이라고 할 수 없다. • 이른바 강요된 선택 또는 억압에 의한 선택은 참된 의미의 선택 개념에 포함될 수 없다. 어떤 선택이 가치의 선택일 수 있으려면 그것은 자유롭게 선택되는 것이어야 한다.
2	대안들로부터 선택하기	• 대안이 하나밖에 없는 상태에서 이루어지는 행위 또한 개념상 선택이라고 볼 수 없다. 선택이란 적어도 두 개 이상의 대안들 가운데서 어느 하나를 취하는 행위이다. • 그러므로 우리는 선택의 과정에서 어떤 대안들이 있을 수 있는가를 생각해 보고 찾는 노력을 하여야 한다. • 그러할 때 선택은 보다 선택자의 가치 반영일 수 있다. 하나밖에 없는 대안을 어쩔 수 없이 택하는 것은 선택이라고 할 수 없기 때문이다.
3	대안들 각각의 결과를 사려 깊게 생각해 본 후에 선택하기	• 비록 대안들 가운데서 이루어지는 선택이라 하더라도 사려 없이, 즉 충동적으로 이루어지는 선택은 선택자의 가치의 반영일 수 없다. • 선택이 가치가 될 수 있으려면 대안들 각각을 선택했을 때 그들 각각의 결과가 어떠할 것인가를 사전에 사려 깊게 생각해 본 후에 선택하는 것이어야 한다. 즉, 대안들 각각의 결과를 예측해 보면서 지성적으로 선택하는 것이어야 한다. • 선택의 결과를 이해하고서 합리적으로 이루어지는 선택이어야 한다. 그러할 때 그것은 비로소 가치가 될 수 있다.
4	소중히 여기고 자랑스러워하기	• 그러나 모든 선택이 다 가치가 될 수는 없다. 비록 자유롭고 사려 깊게 선택한 것이라 하더라도 선택의 결과에 대해 좋아할 수 없으면 그것은 가치일 수 없다. • 가치는 소중하고 좋아하며 자랑스러운 것이다. 우리는 가치를 소중하고 자랑스럽게 여긴다. 즉, 좋아하고 존중한다. • 이러한 가치는 우리를 기쁘게 해 주는 선택으로부터 발생한다. 우리는 우리의 삶을 안내해 주는 가치를 좋아하고 소중히 한다. 이처럼 가치는 적극적인 것이다.
5	공언하기	• 우리는 대안들에 대해 심사숙고한 후 그중에서 하나를 자유롭게 선택했을 때, 그리고 선택한 것을 좋아하고 소중히 여길 때, 그것이 무엇이냐는 질문을 받으면 기꺼이 그 선택을 공언할 수 있다. 즉, 다른 사람들이 나의 가치에 대해 아는 것을 기뻐한다. • 이와는 달리, 선택한 것을 부끄럽게 여긴다거나 누구에게도 그것이 알려지기를 원하지 않는다면 그것은 가치일 수 없다. • 가치 명료화는 자기가 선택한 것을 다른 사람들에게 공언하기를 부끄러워하는 것은 가치가 될 수 없다고 본다.
6	선택한 것을 행동하기	• 가치는 생활 속에, 즉 행동으로 나타나야 한다. 자선에 가치를 두는 사람은 자선에 관한 책을 읽는다. 애국심에 가치를 두는 사람은 애국심에 관한 책을 읽는다. 사람들은 가치 있는 것에 시간과 에너지 그리고 돈을 투자한다. • 어떤 것이 나의 가치가 된다는 것은 그것이 나의 삶에 영향을 미치기 때문이다. 삶에 방향을 제시하지 못하는 것은 가치가 될 수 없다. 가치 명료화의 가치 개념에 의하면, 어떤 것을 가치라고 말은 하지만 그것이 실제로 행동으로 나타나지 않으면 그것은 가치일 수 없다.
7	반복하여 행동하기	• 어떤 것이 가치의 수준에 이르려면 그것이 한 사람의 삶에서 반복하여 행동으로 나타나야 한다. 그것이 다른 장소, 다른 시간에 반복하여 행동으로 나타나야 한다. 그것이 다른 장소, 다른 시간에 반복하여 행동으로 나타나야 한다. • 가치 명료화는 어떤 행동이 한 사람의 생애에서 한 번밖에 행동으로 나타나지 않았을 때, 그것이 그의 가치일 수 있다고 보지 않는다. • 가치는 지속적이며 삶의 유형이 되어 나타나는 것이기 때문이다.

- 가치 명료화란 L. E. Raths, M. Harmin, 그리고 S. Simon에 의하여 개발되어 세계적으로 관심을 불러일으킨 가치교육의 한 방법으로 학생들로 하여금 각자의 신상에 관련된 **가치문제를 여러 각도에서 성찰함으로써 스스로의 가치관을 확인하도록 하는 방법**이다.
- Simon, Howe & Kirshenbaum (1978)은 '가치 명료화란 가치를 절대적인 것이 아닌 **개인의 경험과 삶 그 자체로부터 생성되어지는 상대적인 것**'으로 보고 이미 선택된 기준의 가치를 주입하는 것이 아닌 **가치의 생성과정, 가치의 획득과정에 보다 초점**을 두어 학습자 스스로 자신의 가치를 확인, 탐색, 존중, 행동화하도록 도와주는 과정을 의미한다고 하였다.
- 가치 명료화는 구체적인 내용으로서의 **가치를 이해하는 것보다**는 가치화 과정(Valuing Process)이 가치교육의 **핵심**을 이룬다.
- 가치교육이란 정해진 어떤 가치를 교사가 가르치는 것이 아니고 학생들의 가치화 과정을 개발하는 것이다. 다시 말하자면 가치 자체에 목적을 두지 않고 교사는 과정을 지도하는 것에 치중한다는 것이다.
- 아래 표에 제시된 일곱 개의 모든 과정을 거친 결과가 확인되고 공인된 가치이다. 그러나 모든 것이 가치가 될 수는 없으며 가치가 되기 위해서는 일곱 가지 기준들을 다 충족할 수는 없지만, 가치에 근접한 표현을 가치징표(Value indicator)라고 한다.
- 그것은 목표, 포부, 관심, 태도, 느낌, 신념, 활동, 근심 또는 문제 등을 말한다. 가치 명료화 이론은 이 여덟 가지의 행동 유형은 진정한 가치는 될 수 없지만, 학생들의 가치 징표들이 일곱 가지 가치화 과정에 의해 가치 수준으로 상승시키는 것이다.
- **종전의 도덕교육의 방법**은 특정한 가치관을 요구하거나, 종교나 문화적 사실에 의존하여 기성세대가 선호하는 한정된 행동유형을 실천할 것을 학생들의 정서와 양심에 호소하는 **주로 교화(Indoctrination)에 의한 방법**이었다.
- 우리의 학생들은 매우 다양하고 복잡한 사회현실을 접하고 있으나, 그들에게 하나만을 믿어야 한다고 가르치고 **강한 권유와 벌로서** 가치를 수용케 하고 있다. 이것은 민주적인 교육이 아니며 하나의 교화라고 할 수 있다.
- 많은 학생은 자라서 **단지 믿는 척하는 어른이 된다. 우리는 민주주의를 믿는 척하고, 종교를 갖고 있는 척한다. 그러나 대부분 우리의 그러한 믿음은 빈약하기만 하다.**
- 이제 우리는 무엇인가를 주입하려는 것 만으로서의 도덕 수업에서 학생들의 내면에 이미 존재하는 것을 이끌어 내어 주고, 현대 사회에 자리 잡고 있는 수많은 신념과 태도 가운데서 자기 스스로의 선택을 할 수 있도록 돕는 것을 가르치는 도덕 수업이 필요하다는 것은 많은 사람들이 공감하는 사실이다.
- **가치 명료화 이론은** 글자 그대로 개인이 가지고 있는 가치가 혼동되고 있다고 생각될 때 그것을 명료하게 해줌으로써 스스로 합리적인 가치 또는 가치관을 갖도록 한다. 가치 명료화 교수법은 **가치를 개인의 관심**이나 **사고와 선택의 문제**로 간주한다.
- 가치 명료화를 적용할 수 있는 적절한 대상은 앞에서 설명한 개인 생활 속에서 겪을 수 있는 가치징표에 관한 것과 우리의 생활을 자주 복잡하게 하는 개인적인 문제를 들 수 있다. **청소년들에게는 우정, 사랑, 성, 직업의 역할**에 관한 문제가 될 것이다. 어느 정도 사회적인 문제이기는 하지만 개인과 사회에서의 관계에 관한 것들을 다룰 수 있다. 가족, 이웃, 학교에서 변화하고 있는 것, **다른 사람들과 협력하는 것, 자신의 이익과 사회의 이익 간의 갈등**을 해결하는 문제들에서 각 개인은 어떻게 해야 할 것인가에 대해서도 적용할 수 있다.
- 아래의 일곱 가지로 구성된 일련의 과정은 가치는 형성의 개념을 정의해 준다. 이 가치 형성의 과정으로부터 얻어진 결과가 가치이다. 만약에 어떤 것이 가치 형성과정에서 요구되는 일곱 가지 요소, 즉 준거를 모두 만족시켜 주지 못한다면, 가치 명료화는 그것을 가치라고 보지 않는다. 그것은 신념, 태도와 같은 잠재적 가치(potential values)는 될 수 있어도 가치라고 볼 수는 없다는 것이 가치 명료화의 주장이다.
- 예를 들어, 바느질, 테니스, 등산 또는 그것이 무엇이든 가치가 될 수 있으려면 그것은 일곱 가지 준거 모두를 만족시킬 수 있어야 한다. 당신은 그것을 소중히 여기며 좋아하는가, 대안들 가운데서 자유롭게 그리고 사려 깊게 선택했는가, 행동으로 실천하는가, 반복해서 행동하는가, 필요하다면 또는 요구받는다면 다른 사람들에게 공개적으로 말할 수 있는가? 그렇다면 그것은 당신의 가치가 될 수 있다.

기 ① [A] '교사 : 무슨 일이니?, 둘이 휴지 사용에 대한 생각이 다르구나, 휴지 사용에 대해 서로 자기 생각을 말해 보자.'에서 나타나는 가치 분석 과정 2가지를 쓰고, ② [B]에서 ⓒ '진호가 눈길을 다 만들면 어떤 일이 생길 것 같으니?'과 같은 발문이 필요한 이유를 쓰시오.[21] ① 가치 확인, 가치 비교와 대조, ② 유아들이 내린 가치 판단의 결과를 예측하고 분석할 수 있는 기회를 부여하기 위함이다.

2) 가치분석(value analysis)

가치 분석 (value analysis)	가치 확인 (가치를 확인하기)	▶ **문제 상황을 인식**하고 **관심**을 갖는 단계 • 교사는 유아들에게 갈등 상황의 이야기를 들려주고 주인공들이 느끼는 문제가 무엇인지 질문할 수 있다. [기] 교사 : 무슨 일이니?[21] • 주어진 상황에서 유아에게 사람들이 가지고 있는 가치를 찾아내도록 한다. • 아동은 그 상황에서 **사람들이 지지하는 가치를 확인**한다. 상황은 아동에게 일어났거나 이야기나 다른 사람에게 주어진 문제일 수 있다. 교사는 아동에게 다음의 이야기를 읽어준다. [예] 아동에게 가치분석을 지도하기 위해 교사는 **"마이키와 에비가 직면한 문제가 무엇인가요?"** 라고 물었다. 마이키에게 문제가 생겼다. 2학년 선생님이 휴식 시간 전에 내준 수학 문제를 다 풀었다고 생각하였기에 문제를 푸는 대신 그림 그리기를 하였다. 하지만 수학 문제가 남아 있었다. 시간이 다 지나갔다는 것을 알았을 때, 마이키는 에비에게 답을 보고 베낄 수 있냐고 물었다. 에비는 어떻게 해야 할까?
	가치 비교와 대조 (가치를 비교하고 대조하기)	▶ 선택한 **가치의 유사점과 차이점을 비교**하는 단계 • 사람들은 동일한 상황에서 서로 다른 가치를 지니기도 하고 서로 다른 상황에서 유사한 가치를 내리기도 한다(상황의 문제가 무엇인지 구별하기). • 둘 다 카네이션이 필요하지만 정은이의 입장과 수현이의 입장은 다르다. 그리고 이에 따른 가치 판단도 다를 수 있다. – 유아들에게 "정은이는 지금 어떤 생각을 하고 있니?", "정은이가 어떻게 결정을 내렸는지 이야기해 줄 수 있니?", "수현이의 생각은 무엇일까?"와 같은 질문을 하여 이에 대해 이야기 나눌 수 있다. [기] 교사 : 둘이 휴지 사용에 대한 생각이 다르구나, 휴지 사용에 대해 서로 자기 생각을 말해 보자.[21] • 아동은 사람의 여러 가지 가치 선택에서 **유사성과 차이점을 확인**할 수 있다. • 교사는 아동에게 다른 상황에서 같은 사람의 가치를 결정하거나 또는 같은 상황에서 다른 개인의 가치를 결정하기 위해 질문할 수 있다. [예] 교사는 "마이키 생각은 어떤 것인가요? 에비의 생각은 어떤가요? 마이키의 행동은 무엇을 말해주나요? 에비의 행동은 어떤 가치를 보여주나요?"라고 할 수 있다.
	감정탐색 (감정을 탐색하기)	▶ 갈등 상황에서 **자신과 타인의 감정을 탐색**하는 단계 • **이 상황에 대한 느낌**을 이야기한다. • 갈등 상황에서 자신이 느끼는 감정과 다른 사람의 감정을 이야기함으로써 유아들이 내리는 결정에 따른 감정의 영향에 대해 생각해 볼 수 있다. [예] "수현이가 카네이션을 주겠다고 결정했다면 어떤 마음에서 그렇게 결정한 것 같아?" • 자신의 가치와 다른 사람의 가치를 구성하고 있는 강한 **정서적 요소**에 대하여 이해할 수 있게 도와준다. • 그들 **자신의 감정을 말**하고, **타인의 감정을 확인**하고, 새로운 감정이 일어나는 상황을 경험하면서 아동은 자신의 가치와 타인의 가치에서 강한 **정서적 요소를 이해**할 수 있다. [예] 교사는 "왜 에비가 그런 식으로 느낀다고 생각하나요? 마이키는 왜 그렇게 느끼나요? 여러분은 어떻게 느끼나요?"라고 물었다.

가치 판단 분석 (가치 판단을 분석하기)	▶ 자신이 내린 **가치 판단의 결과를 예측하고 분석**하며 가치 판단을 지지하거나 반대할 **증거를 제공**하는 단계	
	• (할 수 있는 일의 결과로서 어떤 일이 발생했는지 토론하기) **가치 판단을 분석**한다.	
	• 유아들에게 자신의 판단을 반박하거나 지지할 수 있는 **증거를 제시**하도록 한다.	
	• "수현이가 정은이를 돕는다면 어떤 일이 생길 것 같으니?", "거절한다면 어떤 일이 생길까?"와 같은 질문을 통해 유아들은 자신이 내린 가치 판단의 결과를 **예측하고 분석**해 볼 수 있다.	
	기 ⓒ '진호가 눈길을 다 만들면 어떤 일이 생길 것 같니?'과 같은 발문이 필요한 이유를 쓰시오. [21]	
	• 아동은 특별한 **가치 판단을 지지**하거나 **반대할 증거를 제공**할 수 있다.	
	예 교사는 "에비가 마이키를 **돕는다면 어떻게 되나요**? 에비가 도움을 **거절하면 어떻게 되나요**? 다른 대안이 있나요?"와 같이 묻는다.	
가치 갈등 분석 (가치 갈등을 분석하기)	▶ **가치 갈등 요인을 파악**하고, **가능한 대안을 결정**하는 단계	
	• (생각들을 함께 나누고, 자신과 다른 사람들에 대한 이해를 증진시키기) 대안에 대한 생각을 함께 나누고 공유한다.	
	• 가치 대립의 상황에서 유아들은 **갈등의 요인이 무엇인지** 파악하고, **가능한 대안이 무엇인지** 결정하고, **이 결정의 결과에 대해 평가**한다.	
	예 "너는 수현이가 어떻게 할 것이라고 생각하니?", "왜 그렇게 할 것이라고 생각했니?", "네가 정은이라면 어떤 결정을 내리겠니?", "네가 그렇게 했을 때 결과는 어떻게 될 것 같니?"	
	• 최상의 결과를 얻기 위해 대안을 선택하게 하고 **그 이유를 설명**하도록 한다.	
	• **가치 딜레마를 제시**하여 아동은 **어떤 갈등**이 있으며, **어떤 대안**이 가능하고, 각각의 결과와 **어떤 대안이 가장 좋은 결과**를 가져올 것이며 **왜 그런지**에 대해 결정할 수 있다.	
	예 교사는 "마이키와 에비가 어떻게 해야 한다고 생각하나요? 왜 그렇게 생각하지요? 어떤 결과가 올 것이라고 생각하나요?"와 같이 묻는다.	
자신의 가치 검증 (자신의 가치 검증하기)	▶ **역할 교환, 보편적 결과** 등을 고려하여 **자신의 가치를 검증**하는 단계	
	• 다음 4단계로 알아본다.	
	① **역할 교환** : 의견이 다른 사람과 입장을 바꿔보기	
	② **보편적 결과** : 모든 사람이 행동의 결과를 따른다면 결과는 어떻게 될까?	
	③ **새로운 경우** : 그 행동의 결과가 다른 유사한 상황에서 수용될 만한 것인가?	
	④ **포섭** : 보다 적절한 고차원(상위)의 원리를 따르는가?	

▶ **가치 판단을 요구하는 문제를 논리적이고 이성적으로 사고**하여 **분석하고 판단**하는 과정
- 가치분석은 유아가 가치 판단을 요구하는 문제에 대해 자신이 지닌 도덕관에 기초하여 판단하는 것으로 **논리적이고 이성적인 사고**를 발달시키는 것을 목표로 한다.
- 가치분석 토의 활동은 유아가 어떤 상황에서 하나의 가치를 선택할 때 **그 이유를 논리적으로 설명하고** 그러한 **준거도 밝히게 함으로써** 가치관을 확립시키는 방법의 하나이다.

가치 분석 (value analysis)	가치분석의 목표	• 유아들은 토의과정에 참여함으로써 자신과 타인의 생각이나 태도를 알고, 비교해 보고 분석하게 되며 다음과 같은 목표에 접근하게 된다. • 이와 같은 상황은 유아교육기관 일과에서 손 씻을 때, 화장실 갈 때, 놀잇감을 치울 때, 협동놀이를 할 때 등 수없이 나타난다. 사소하고 평범한 갈등 상황을 유아와 함께 활동으로 다루어 볼 수 있다. ① 그 상황에 관심을 갖는다. ② 그 상황에서 문제가 무엇인지를 구별하게 된다. ③ 그 상황에서 무엇을 할 수 있는지 토론한다. ④ 할 수 있는 일의 결과로서 어떤 일이 발생했는지 토론하게 된다. ⑤ 생각을 함께 나누고, 자신과 다른 사람들에 대한 이해를 증진시키게 된다.
	가치분석의 실제 예시	① 그 상황에 관심을 갖는다. → 이 그림에 무엇이 있니? ② 그 상황에서 문제가 무엇인지를 구별하게 된다. → 이 여자 친구는 문제가 무엇이니? ③ 그 상황에서 무엇을 할 수 있는지 토론한다. → 이 남자 친구는 어떻게 할 수 있을까? ④ 할 수 있는 일의 결과로서 어떤 일이 발생했는지 토론하게 된다. → 남자 친구가 여자 친구를 도와주면 여자 친구는 기분이 어떨까? ⑤ 생각을 함께 나누고, 자신과 다른 사람들에 대한 이해를 증진시키게 된다. → 가장 좋은 방법은 어떤 방법일까?

- 유아들은 갈등 요소가 담긴 문제를 접하여 하나의 가치를 선택하고 이에 대한 결과를 예측하면서 자신의 사고를 논리적으로 분석해 볼 수 있다. 이상적인 가치분석 능력을 발달시키기 위해 다음의 과정을 사용할 수 있다(Seefeldt, 2011).

- **가치분석의 6단계(Seefeldt, 2011)**

> 정은이는 어버이날 선물로 아빠에게 카네이션을 만들려고 생각했다. 그러나 자유선택활동 시간이 되었을 때 정은이는 조형 영역에서 카네이션 만들기를 하는 것보다 역할 영역에서 가족놀이를 하는 것이 더 재미있을 것 같다는 생각을 했다. 가족놀이를 하다 보니, 자유선택활동 시간이 끝나버렸다. 정은이는 아빠에게 선물할 카네이션을 만들지 못한 것이 생각났다. 이때 카네이션을 4개 만들어서 가지고 있는 수현이를 보게 되었다. 정은이는 수현이에게 가서 꽃을 2개만 달라고 부탁하였다. 수현이는 자신이 애써서 만든 것이기 때문에 주고 싶지 않기도 했지만 친구와 사이좋게 지내기 위해서는 꽃을 나눠줘야 될 것 같다는 생각도 들었다.

3 유아사회교육의 내용 : 전미사회교육위원회(NCSS, National Council for the Social Studies)

기 미국의 전국사회교육협회(NCSS, 2010)에서는 사회교육에서 다루어야 할 사회과학 지식 영역으로 정치, 경제, 사회, **(문화)**, 세계, 인류, 환경, 시민정신을 제시하였다.[17]

9 국제적 관계(지구의 연계) (GLOBAL CONNECTIONS)	• 아동은 국제적 관계의 문제를 통해 서로에 대한 이해와 반응적 행동을 필요로 하는 상호의존성을 다루고 실행한다**(세계)**.
10 시민의식과 실천 (CIVIC IDEALS AND PRACTICES)	• 집단 내의 권리와 책임감을 통해 시민이 된다는 것을 배운다**(시민정신)**.
7 생산, 분배, 소비 (PRODUCTION, DISTRIBUTION AND CONSUMPTION)	• 자원의 생산, 분배, 소비에 대한 기초적인 생각을 발달시킬 수 있는 내용을 다룬다**(경제)**.
1 문화 (CULTURE)	• 전 세계적 시민이 되기 위해 아동은 인간 문화의 보편성, 다양성과 가치를 인식해야 한다.
6 권력(힘), 권위, 지배(통치) (POWER, AUTHORITY, AND GOVERNANCE)	• 개인의 권리가 어떻게 다수결 규칙의 맥락에서 보호될 수 있는지를 이해할 수 있게 된다**(정치)**.
8 과학, 기술, 사회 (SCIENCE, TECHNOLOGY, AND SOCIETY)	• '어떻게 변화에 대처할 것인가?', '어떻게 이러한 기술을 다루어서 이점을 얻을 것인가?'라는 질문들을 다루게 되는 주제로 자연, 물리과학, 사회과학 및 인류학과 연관된다**(환경)**.
3 사람(민족), 장소(지역), 환경 (PEOPLE, PLACES, AND ENVIRONMENTS)	• 아동은 공간적으로 자신이 어디에 위치하고 있는지를 학습하고 환경 내의 지형에 익숙해지면서 인류-환경 간의 상호작용을 이해하기 시작한다**(지리)**.
2 시간, 연속성, 변화 (TIME, CONTINUITY, AND CHANGE)	• 생활 속에서 아동은 시간의 흐름과 관련된 측면에서 자신을 이해하고 역사가의 기술을 발달시킨다**(역사)**.
4 개인적 발달, 정체성 (INDIVIDUAL DEVELOPMENT AND IDENTITY)	• 아동이 무엇을 믿으며 문화 맥락에서 어떻게 기본 욕구를 충족시키는지에 대한 이해로 개인의 정체성은 문화, 집단 등의 영향을 받아 형성된다**(인류)**.
5 개인, 단체(집단), 기관(조직) (INDIVIDUALS, GROUPS, AND INSTITUTIONS)	• 학교, 가족, 정부 기관, 법원과 같은 조직의 역할에 대한 기초적 개념을 발달시킬 수 있다**(사회)**.

Chapter 04

유아사회교육 II

Ⅰ. 다문화 교육
Ⅱ. 세계 시민교육과 민주 시민교육 – 유아 세계 시민교육 활동자료(2008)
Ⅲ. 경제·소비자교육 – 유치원 기본과정 내실화를 위한 경제 소비자교육 프로그램(2011)
Ⅳ. 지리 – 교사와 유아를 위한 유아 사회교육 활동자료(2007)
Ⅴ. 역사 – 유아를 위한 역사교육 활동자료(2005)
Ⅵ. 자연체험 – 유아를 위한 자연체험 활동자료(2003)
Ⅶ. 인성교육 – 유치원 기본과정 내실화를 위한 인성교육 프로그램(2011)
Ⅷ. 협동활동 – 유아의 사회성 발달을 돕는 협동활동 프로그램(2006)
Ⅸ. 유아 한국문화 정체성 교육 프로그램(2009)

Ⅰ. 다문화 교육

1 다문화 교육의 개념 및 필요성 - 유아를 위한 세계 이해 및 다문화교육 활동자료(2008)

다문화 가정	• 우리와 다른 민족 문화적 배경을 가진 사람들로 구성된 가정을 통칭하는 말이다. • 즉, 한쪽 배우자 혹은 부부 둘 다 외국인으로 구성된 가정을 말한다. ㉠ 국제결혼가정, 외국인 근로자 가정 등
다문화 교육	• 다문화 교육은 반편견 교육, 다민족 교육, 국제이해교육, 세계이해교육 등 다양한 용어로 사용되고 있다. • 다문화 교육이란 다양한 사회적, 문화적 배경을 지닌 유아들이 평등한 교육의 기회를 가질 수 있도록 하는 교육과정의 변화를 추구하는 노력이며, 나아가 인종과 문화의 다양성을 인정하고 확장하며, 사회의 편견이나 고정관념에 대처할 수 있는 능력을 길러주는 교육이다.
다문화 교육의 목표 (Kendall, 1983)	① 첫째, 유아들이 자신의 문화와 가치를 존중하는 것과 마찬가지로 다른 사람의 문화와 가치도 존중할 수 있도록 한다. ② 둘째, 다문화적 사회에서 성공적으로 살아갈 수 있는 태도와 능력을 기른다. ③ 셋째, 유색인종 유아들이 긍정적인 자아개념을 형성할 수 있도록 도와준다. ④ 넷째, 문화적인 다양성과 인간으로서의 다양성과 인간으로서의 공통성을 모두 긍정적으로 경험하도록 돕는다. ⑤ 다섯째, 다문화적인 공동체 사회에서 서로 독특한 역할을 맡아 수행할 수 있도록 한다. - 이상을 종합해 볼 때 다문화 교육의 목표는 **자신과 타인을 존중하는 태도**를 갖게 함으로써 결과적으로 '나와 다른 외모, 문화, 생각, 생활방식을 가진 사람을 이해하고 수용하여 더불어 살 수 있는 기반'을 만들고자 하는 것이다.
다문화 교육을 유아기에 시작해야 하는 이유	• 문화의 유사점과 차이점에 대한 유아들의 이해가 만 2세부터 나타나기 시작한다. • 즉, 유아는 이미 24개월 이전에 타인과 구별되는 자아에 대한 인식을 하며, 만 2세가 되면 신체적 특징, 의상, 언어 등에 기초해 사람들 간의 유사성과 차이점을 지각한다. • 유아기는 사람의 인종이나 성, 신체 기능 등의 차이에 주목하고 사회적 규범과 편견의 영향을 받으며, 특히 인종이나 민족적 차이에 대한 사회적 편견이나 고정관념을 받아들이는 시기이기 때문이다.
우리 사회의 다문화 교육의 필요성	① 세계화 시대를 맞아 국가 간 활발한 교류, 정보통신의 발달 등으로 유아들이 문화적 다양성에 많이 노출되어 있기 때문이다. ② 자신을 존중하고 남을 배려하며, 사회의 편견에 대항하고 공동체를 이루는 방법을 배워 나가기 위해서이다. ③ 국내에 거주하는 외국인 수가 증가하여 유아의 생활 주변에서 외국인을 흔히 접하게 되었기 때문이다. ④ 국제결혼가정이 급증하여 그들의 적응과 자녀교육 문제가 국가적 과제로 대두되었기 때문이다.

2 다문화 지도를 위한 이론적 접근

- 다문화 교육은 다문화 사회에서 **이질적인 문화를 수용하는 방식에 따라** 다음과 같이 구분된다.

다문화 지도를 위한 이론적 접근	**동화주의** (assimilationism)	▶ **소수 문화를 주류 문화에 통합**시키는 것을 목적으로 하며, **이민자가 주류 언어와 문화를 받아들이도록 요구**하는 입장 • 다양한 소수 문화를 **주류 문화 속에 통합**시키는 것을 목적으로 이민자의 경우 이주한 국가에서 자국민과 같이 그 나라 언어를 사용하여야 하며 주류 문화를 받아들이는 것을 당연하게 여긴다. • 국가란 하나의 언어·문화·민족으로 구성되어야 한다는 동화주의는 국민통합 또는 사회통합을 중시하며 이민자의 문화·언어·생활습관을 포기하는 대신 직업이나 교육의 기회에서 차별금지 등의 정책을 내세워 소수 민족을 지원하고 사회참여를 유도한다. • 동화주의를 채택한 국가 : 미국, 프랑스, 네덜란드, 영국 등의 유럽 국가 • 한계 : 이민자의 **다양성을 강제로 억제**함으로써 **사회적 갈등과 분열을 초래할 수** 있다는 문제점이 제기되고 있다. 기 '동화주의'의 문제점을 1가지 쓰시오.[23] ㉠ 미국의 다문화 교육정책 : 동화주의 관점은 멜팅팟(melting pot)으로 불리며 소수민족 언어의 사용을 억압하고 영어 사용을 의무화하는 등 새로운 이주문화를 미국 사회의 주류문화로 동화시키는 정책으로 문화 간의 관계에서 타자의 권리를 인정하지 않는 관점이다.
	문화 다원주의 (cultural pluralism)	▶ **문화의 다양성을 인정**하면서도 **주류 문화의 존재를 전제**로 하는 입장 • 다문화주의와 유사한 개념으로 이 두 개념은 다양성을 인정하고 사회적 통합을 추구한다는 점에서는 같지만, 전제로 하는 조건과 실현 방법이 다르기 때문에 구분해야 할 필요가 있다. • 문화 다원주의는 문화의 다원성 및 다양성을 인정하면서도 거기에는 **주류(core)가 존재한다는 것을 전제**로 한다. 이에 반해 다문화주의적 관점에서는 주류(core)의 존재를 인정하지 않고 다양한 문화가 평등하게 인정되어야 한다는 것이다. • 즉, 다문화주의는 모두가 동등한 자격으로 인정되어야 한다는 데 반해, 문화 다원주의는 주류 문화를 형성하는 지배사회를 인정하고 문화적 다원성을 수용한다는 것이다. ㉠ 국수 대접 이론(국수와 국물[주류], 여러 가지 고명[비주류]의 공존을 주장한다.)
	다문화주의 (multi-culturalism)	▶ (주류 문화의 존재를 부정하고) **문화 간 평등**을 중시하며, 인종·민족·국적에 따른 차별 없이 **모든 개인**에게 **공평한 기회**를 보장하는 정책을 지향하는 입장 • 다문화주의는 한 국가 안에서 사회문화적 다양성을 보호하고 인종, 민족, 국적에 따른 차별과 배제 없이 모든 개인이 **공평한 기회를 보장**하는 정책을 실시한다. • 다문화주의는 민주적인 사회, 도덕적으로 고양된 사회, 이질적 집단 간 갈등을 해소하고 **사회적 단결과 통합이 실현**되는 사회를 지향한다. • 따라서 오늘날처럼 다양성이 공존하는 세계에서 다문화주의는 매우 중요한 사회적 철학이라고 볼 수 있다. 현재 우리나라를 비롯한 많은 국가에서 다문화주의를 채택하고 있다. ㉠ 우리나라는 다문화 가정 부모와 자녀를 위한 양육지원 정책뿐만 아니라, 다문화 가정 부모의 언어를 유지하는 정책(이중언어 교육 지원)도 함께 시행하고 있다. ㉠ 미국의 다문화 교육정책 : 일반적으로 샐러드 볼(salad bowl), 모자이크로 표현되는데 다양한 이주 문화가 서로의 고유성을 유지하면서 공존할 수 있도록 미국이 그릇의 역할을 하는 정책으로, 문화 간의 관계에서 각자의 정체성을 인정하는 것이 보편적인 인간의 권리를 보장하는 것이라고 보는 관점이다. 1970년대 이후 캐나다, 호주, 미국 사회는 이전까지 추구했던 동화모형을 포기하고 다문화 모형으로 이민자 통합방식을 변경하였다.

3 뱅크스(Banks, 2002)의 다문화 교육 접근방법

- 미국의 사회 교육학자인 뱅크스는 다문화 교육과정을 위한 접근법을 제시하였다. 교육전문가들은 학교에서 다문화 교육 내용을 교육과정에 통합시킬 때 이 접근법을 사용해야 한다고 하였다.
- 이 네 개의 접근법은 기여적 단계에서 사회적 행동 단계로 갈수록 다문화 교육의 논리가 강화된다. 뱅크스는 기여적 단계에서 **사회적 행동 단계로 갈수록 더욱 진보**한 **다문화 교육 접근방법**이라고 보았다. 다만, 이 네 개의 접근법이 **단계적인 발달은 아니다**.

뱅크스의 다문화 교육 접근방법	기여적 단계	▶ **소수 집단의 영웅, 축제, 기념일 등 문화 요소를 기존 교육과정 속에 포함**하여 그들의 **공헌을 부각**하는 방법 • **소수 집단이 주류 사회의 발전에 기여를 부각**함으로써 그들의 자긍심을 높이는 방법이다. 다만, **민족적·문화적 편견을 길러줄 가능성**이 있어 유의해야 하며, 자칫 **관광식 접근**이라는 비판을 받을 수도 있다. • 주류 교육과정이 변하지 않고 기본 교육과정의 구조, 목표 등은 계속 유지한다. • 민족 공동체 안에서 지니는 문화적 의미 및 중요성보다 문화의 요소를 단지 습득하는 수준이다. 즉, 다른 민족의 문화를 대표하고 있는 요소만 반영한다. ㉠ 일본인들이 일반적으로 기모노를 입지 않음에도 전형적 방법으로 접근함으로써 유아, 교사 모두 다문화적 관점을 적용하는 데 혼란을 일으킬 수 있다.
	부가적 단계	▶ **기존 교육과정의 구조를 변화시키지 않고**, 다문화 관련 내용, 개념 등을 **기존 교육과정에 추가**하는 방법 • 소수 집단 관련 내용, 개념, 주제, 관점을 **기존 교육과정에 추가**시키는 방법이다. • **전통적인 교육과정의 목표, 특성, 구성 체제를 본질적으로 변화시키지 않고** 내용, 개념, 주제, 관점을 기존 교육과정 내에 첨가하는 형태로 이루어진다. ㉠ 주제 중심의 통합교육과정에서 '세계 여러 나라'라는 주제를 다룰 때 몇 개 나라를 중심으로 옷, 음식, 인사법, 주거 형태의 소주제를 전형적인 형태(에스키모 : 이글루)로 일시적으로 다룸으로써 기여적 접근법에서 범할 수 있는 편견을 극복하지 못한다. 기 기념품을 제시하는 것만으로는 문화의 차이나 가치를 이해하기 어려울 것 같아요. '세계 여러 나라' 생활주제를 다룰 때 교육과정 목표나 내용은 그대로 두고, 우리 반 다문화 가정 아이의 나라별 전통음식과 일상용품을 추가해서 다루기로 해요.[16]
	변혁적 단계	▶ **기존 교육과정의 기본 가정, 목표, 구성 체제 등을 변화(재구성)**시켜 **새로운 관점**에서 다문화적 사건과 주제를 **비판적으로 사고**하도록 유도하는 방법 • **교육과정의 기본 가정, 목표, 구성 체제 등을 변화**시켜서 **새로운 관점에서** 다문화적 사건이나 다문화 관련 주제 등을 **비판적으로 사고**하도록 하는 방법이다. • 기여적 접근법이나 부가적 접근법과는 본질적으로 다르다. 이전 접근법은 주류 중심 교육과정의 본질과 구조를 변화시키지 않고 문화에 대한 내용을 첨가시키는 것이라면, 변혁적 접근법은 유아의 관점을 변화시키는 데에 목적이 있다. 따라서 교사들은 **교육과정을 재구성해야** 한다. • 기존 교육과정의 수정을 통해 유아들이 다양한 개념, 주제와 문제를 기존에 가지고 있던 관점이 아닌 다른 관점으로 볼 수 있어야 한다.

사회적 행동 단계	▶ 변혁적 접근법에서 다룬 개념과 문제 등을 바탕으로 **직접 의사 결정에 참여**하고, **사회적 변화를 위해 실천**하는 단계 • 변혁적 단계에서 다루어지는 주제에 포함된 개념, 관심사, 문제 등에 대해 토의하고 **의사 결정**하는 과정에 유아들이 참여하며 **생활에 실천**하도록 하는 방법이다. • 유아가 학습한 것과 관련지어 **스스로 의사 결정**을 내리고 프로젝트 및 활동을 하는 것이다. • 학습한 개념, 주제들과 관련된 것을 수행하는 과정에서 유아는 개인적, 사회적, 시민적 행동을 할 수 있다. • 사회적 행동 단계는 변혁적 접근법의 모든 요소를 포함하고 더 나아가 학생들이 학습 단원의 개념 및 문제와 관련하여 스스로 탐구할 것을 결정하고 직접 실천하게 하는 요소들을 지니고 있다.

4 뱅크스(Banks, 2002)의 다문화 교육 접근방법의 구체적 내용

뱅크스 교육 접근 방법		
	• 다문화 교육은 다양한 의미를 갖고 있지만 학자들 간 공통적인 목표는 남녀학생, 다양한 인종과 배경을 가진 학생, 특수한 학습자들 모두에게 평등한 교육의 기회를 보장한다는 것에 있다(Banks, 2006). • 유아에게도 공통으로 해당하는 다문화 교육의 목표는 학교 교육의 변화와 개혁을 전제로 한다. • 뱅크스는 타인종 및 다문화적 내용이 기존의 교육과정으로 변화되고 통합되는 변혁적 교육과정과 다양한 관점을 4수준으로 제안하고 있다.	
	제1수준 기여적 단계	• 영웅, 공휴일, **개별적인 문화적 요소에 초점**을 맞춘다. • (contribution approach)
	제2수준 부가적 단계	• **교육과정의 구조는 변화시키지 않**은 채 내용, 개념, 주제, 관점을 교육과정에 **더한다**(addictive approach).
	제3수준 변혁적 단계	• 유아들이 다양한 민족 집단 및 문화 집단의 관점에서 개념, 이슈, 사건, 주제를 바라볼 수 있도록 **교육과정의 구조를 변화**시킨다. • (the transformation approach)
	제4수준 사회적 행동 단계	• 유아들이 중요한 사회 문제와 관련하여 **의사 결정**을 내리고 문제 해결에 도움이 되는 **행동을 취한다**(the decision-making and social action approach).

	• 유아교육적 적용과 교수전략
기여적 단계	• 이 단계에서 유아 교사들은 기존의 교육과정에 **축제, 영웅, 민족적 음식, 춤과 같은 민족 및 문화 집단의 주제들을 첨가**할 수 있다. • 그러나 이 과정에서 자칫하면 **민족적·문화적 편견을 길러 줄 가능성**이 있기 때문에 조심스럽게 접근해야 한다. ㉮ 오늘날 일본인들은 일반적으로 기모노를 입지 않음에도 전형적인 방식으로 접근함으로써 유아들뿐만 아니라 교사 자신도 다문화적 관점을 적용하는 데 혼돈을 일으킬 수 있다. 자칫 관광식 접근이라는 비판을 받기 쉽다.
부가적 단계	• 이 단계는 **교육과정 변화의 첫 단계**로써 교사가 유아의 발달적 특성에 맞게 개념의 제시를 어떻게 조직하느냐가 관건이다. • 4~5세 유아들과 함께 실행할 때 활용되는 교수·학습 전략은 아래 그림2에 제시한다. • 핵심주제는 집과 학교에서 즐겨 먹는 것들이고 개념은 음식이다. 이 주제를 중심으로 문학, 사회학습, 수학, 과학 활동을 할 수 있다. • 여기에서 제시한 교수·학습 방법 및 전략들은 **현재 우리나라 유치원에서 많이 활용하는 주제 중심의 통합교육과정과 상당히 유사**하다. • 따라서 **기존의 교육과정에 다문화적 내용, 주제, 개념, 관점을 부가하는 접근**에 해당된다. 우리는 '세계 여러 나라'라는 주제를 다룰 때 일시적으로 다문화 교육을 실시하는 경향이 있다 보니 몇 개 나라를 중심으로 옷, 음식, 인사법, 주거 형태의 소주제를 전형적인 형태(에스키모는 이글루)로 펼쳐 다룸으로써 1수준 기여적 접근법에서 범할 수 있는 편견을 극복하지 못하는 제한적 다문화 교육을 하고 있는 실정이다. • 이러한 상황을 다문화 교육을 위한 교수·학습 방법 및 전략 차원에서 우리가 얻을 수 있는 아이디어들이 몇 가지 있다. 이 발견들을 근거로 교수·학습 방법을 위한 몇 가지 제안을 하면 다음과 같다. ① '세계 여러 나라'를 다룰 때만 일시적으로 다문화 교육을 하지 않는다. : 우리나라 유치원 교육과정에서도 다문화 교육은 모든 주제에서 접근할 수 있는 범교육과정으로 제안하고 있다. ② 만일 '세계 여러 나라'를 다룰 때만 다문화 교육이 가능한 상황이라면 몇 개 나라를 중심으로 다문화 교육을 하지 않는 대신, 그림2에서와 같이 문화적 개념을 풍부하게 포함하고 있는 요소(㉮ 음식, 집, 옷 등)를 주제화하여 접근한다. ③ 문화적 개념이 풍부한 주제를 활동으로 전개할 때, 현재 사라지고 없는 전통적인 내용을 중심으로 하기보다는 현재의 일상적 상황을 중심으로 전개한다. 이 예에서 보면 집과 유치원에서 즐겨 먹는 음식, 우리가 좋아하는 음식, 아침에 즐겨 먹는 음식, 학교에서 즐겨 먹는 음식을 탐구주제로 다룸으로써 자연스럽게 가정과 학교의 생활문화, 개인의 문화를 음식을 통해 탐색할 수 있는 기회를 제공하고 있다. ④ 다문화 교육에서 유아들의 발달적 적합성을 확보하기 위해서는 유아들의 일상성의 맥락을 놓치지 않아야 한다. • 이러한 제안들을 참조하여 다문화 교육을 실행한다면 현재의 유치원 교육과정을 크게 변화시키지 않고도 2수준의 부가적 접근법에 해당하는 다문화 교육을 실행할 수 있을 것이다.

변혁적
단계
	• **구체적 변화가 시작되는 단계**인 이 단계에서 교사들은 **교육과정을 재구성해야** 한다.
	• 교육 내용은 유아들이 관련되고 다룰 수 있는 사회적 정의영역으로 초점화되어야 한다.
	• 변혁적 접근에 근거한 내용은 유아들의 다양한 시각으로부터 이슈들을 탐색할 수 있도록 해야 하는 데 유아 교사들의 경우, 자원 및 자료를 선택할 때 유아들의 흥미와 발달 수준을 고려해야 한다.
	• 유아 주변 세계에 있는 실재를 고려하는 것이 **교육과정 타당도와 문화적 반응성**을 만드는 데 결정적이다.
	• **반응적**이라는 말은 유아들이 자신의 문화뿐만 아니라 친구들의 문화도 탐색할 기회를 주어야 한다는 뜻이다. 이 단계에서 교사들은 항시적 계획과 변화를 이끌 탄력성, 이 두 가지가 중요함을 명심해야 한다.
	• 이 단계는 **교사들에게 매우 어려운 단계**이므로 작은 단위에서부터 변화를 시도해야 한다.
	• 다음 그림3의 사례를 보면서 교육과정을 재구성할 때 어떤 작은 시도부터 시작할 수 있는지 탐색해 볼 수 있다.
	• 3수준 변혁적 접근법은 교육과정 재구성이 요구되는 단계이다. 그러나 그 변화는 작은 것부터 시작하라고 하였다.
	• 따라서 그림3의 사례를 통해 우리나라 유치원 교육과정의 변화를 어디서부터 시작할 수 있을지를 탐색할 때, 그림3의 장신구 사례를 그림3-2를 통해 보면 현재의 우리나라 유치원 교육과정과 유사한 것 같으면서도 다른 점이 있다.
	• 이 다른 점이 무엇인지를 분석해 내면 그것이 곧 우리가 새로운 변화를 시도할 수 있는 출발점이 될 것이다.
	• 첫째, 가장 큰 차이는 **주제의 차이**이다. 하나의 사례에 불과하지만 '장신구'라는 주제는 언뜻 보아서는 다문화적 특성이 두드러지지 않는데, 자세히 보면 다음과 같이 대단히 다양하고 다원적인 다문화적 특성을 포함하고 있다.
	  ① 장신구를 만들고 착용하는 사람, 장소, 시간, 재료, 종류, 기능, 행위, 문화와 종교를 기준으로 매우 다양한 경우들이 발생한다.
	  ② 그러면서 동시에 장신구는 모든 사람, 장소, 시간, 문화 등에 보편적으로 해당된다.
	  ③ 개인의 행위와 의미가 관련된다.
	  ④ 문화적 의례와 상징성을 갖는다.
	  ⑤ 즉, 문화적 유사성과 차이성 모두 풍부하다.
	• 둘째, '장신구'는 다원적인 주제의 힘이 풍부함과 동시에 유아 **발달수준에 적용 가능한 주제**이다.
	• 셋째, 모든 문화권의 유아와 관련되는 **포괄적인 주제**이다.
	• 넷째, 전통적 특성과 함께 **일상성과 현재성이 담보**되는 주제이다.
	• 이러한 특성들을 갖춘 '장신구'라는 주제는 현재 우리에게 익숙한 12~13개의 월별 주제(유치원과 친구, 나와 가족, 우리 동네, 동식물과 자연, 건강과 안전, 생활 도구, 교통기관, 우리나라, 세계 여러 나라, 환경과 생활, 봄·여름·가을·겨울)를 정해진 달에 기능적으로 수행하는 상황에서는 쉽게 선택하기 어려운 주제이다.
	• 따라서 현재의 교육과정을 변혁적 접근을 위해 재구성하는 단계에서 교사가 수행할 첫 번째 전략은 주제에 대한 탐색과 연구로부터 시작될 수 있을 것이다.
	• 현재 교사 자신이 수행하고 있는 주제를 아래에 제시한 주제의 특성을 기준으로 분석하고 조정하는 노력을 통해 소주제를 개발한다면 점진적으로 변혁적인 접근을 수행할 수 있을 것이다.

사회적 행동 단계	• 가장 높은 단계로써 '변혁적 접근의 모든 요소에다 유아들이 학습한 단원(주제)의 개념, 이슈, 문제들과 관련하여 의사결정과 실천을 포함하고 있다. • 이 단계에서 유아교사들은 다음의 두 가지를 염두에 두어야 한다. 　① 유아들에게 **사회적 비판력**을 준비시켜라 : 사회적 상황을 분석하고 사회적 변화과정에 참여하도록 돕는다. 　② **의사결정자**로 준비시켜라. : 의사결정 기술을 배우도록 돕는다. • 4단계 교육과정은 유아 교육적 맥락에서 볼 때 선택적일 수 있다. 이 단계는 유아들이 다룰만한 이슈 선정이 관건이다. • 유아에게 적절한 주제를 찾는 방법 중 하나는 사회 공동체, 국가 또는 국제적 수준에서의 사회적 실천과 관련된 가능한 영역의 목록을 창출하는 것이다. • 이를 위해 교사에게는 좋은 관찰력과 분석적 능력이 필요하다. • 그림4와 함께 다음과 같은 Melendez & Beck(2009)의 제안을 참고하면 4단계 교육과정을 수행하는 데 도움이 될 것이다. 　① 교실 및 학교의 상호작용 패턴으로부터 이슈 창출 : 이름 부르기(놀리는) 사건, 종교적 견해로 어떤 유아나 어른을 거부하는 것, 외모(생김새)로 어떤 어른과의 상호작용을 꺼리는 상황 　② 공동체로부터 이슈 창출 : 폭력 행동, 어른들에 대한 불공평한 상황, 놀이 장소의 부족, 노숙자의 출현 등 　③ 국가 또는 국제적 수준에서의 이슈 창출 : 빈곤문제, 사람들의 불공평한 지위, 집을 잃는 것, 가정 폭력, 자기 나라를 떠나야 하는 상황(이민, 난민), 유행성 질병, 자연재해로 인한 커뮤니티의 요구 　④ 과거로부터의 이슈 창출 : 노예제도 속에서의 아프리카 어메리컨의 생활, 자신들의 조국을 떠나온 아프리칸들의 심정, 자신들의 당과 삶의 방식을 포기할 수밖에 없는 원주민들의 저항, 정의를 수행한 영웅, 어린이와 학살, 이민자의 삶 등 • 4단계 교육과정이 유아교육 차원에서 선택적이라는 것은 교실 상황에 따라 교사가 선택할 수 있는 폭과 범주가 다양하다는 것을 뜻한다. • 따라서 교사는 교실의 일상생활에서 일어나는 유아들의 사회적 갈등을 다룰 수도 있고 쓰나미, 곤파스 등과 같은 자연재해를 나눌 수도 있고, 아이티 공화국 유아들의 삶과 그들을 도울 수 있는 방법에 대해 교육활동을 구성할 수도 있다.

• 예시 : 부가적 접근법(그림2)

사회생활
- 목적 : 식습관 알기, 다른 나라의 식사 절차 탐색, 과일과 채소 가게까지 오는 과정 토론하기, 식재료 생산지 지도화하기
- 활동 :
  - 아침과 저녁 식사로 아이들이 좋아하는 음식 차트 기록
  - 좋아하는 과일, 채소 그래프 만들기
  - 민족적 채소가게 현장 견학
  - 우리가 좋아하는 음식 재료를 생산하는 나라나 장소를 보여주기 위한 협동 지도 만들기
  - 좋아하는 음식의 이름을 다른 나라 말로 학습하기
  - 다른 나라의 식사 절차에 대해 토론하기

과학/요리
- 목적 : 음식의 변화과정 관찰(갈고, 빻고, 가열 요리), 맛보기, 향 비교, 비슷한 색깔의 과일이나 채소 탐색하기
- 활동 :
  - 사과 소스 만들기
  - 멕시칸 음식 만들기(치즈로 채워진 토르티야)
  - 아시안 채소 샐러드 만들기
  - 치즈의 다양한 형태 만들기
  - 여러 가지 빵 비교하기
  - 여러 나라 채소를 이용한 채소 수프 만들기 (뿌리식물, 호박, 고구마, 열대산 요리용 바나나)

- 우리가 좋아하는 음식
- 아침에 먹는 음식

탐구주제
음식
집과 유치원에서 즐겨 먹는 음식

- 학교에서 먹는 음식
- 일본과 멕시코 유아들이 먹는 음식

문학
- 목적 : 새 단어학습, 음식단어 학습, 다른 나라 언어 학습, 비교·대조·계열화·다시 말하기
- 활동 :
  - 책을 통해 유아들과 토론하기
  - 생각을 공유하기

미술
- 목적 : 자신의 생각을 표현하기, 보통 집에서 사용하는 물건들로 미술 활동하기, 함께 작업하기
- 활동 :
  - 사진 메뉴 준비
  - '음식 모빌' 만들기
  - 미국, 일본, 멕시코에서 유아들이 먹는 음식에 대한 협동 벽화 만들기

• 예시 : 변혁적 접근법(그림3)

장신구에 대해 이야기 나누기(집단토론)	
주제	• 우리가 입고 사용하는 물건들
이야깃거리	• 우리 모두는 개인적으로 자신만의 독특한 장신구를 사용한다.
개념	• 사람들은 여러 측면에서 비슷하면서 다르다. • 사람들은 다양한 물건들을 착용한다. • 개인적 장신구는 그 사람에게 특별한 의미를 갖고 있다.
기술	• 디테일 관찰 • 관찰과 분류 • 유사한 것과 다른 것 구분
목적	• 대부분의 사람이 입고 사용하는 개인 장신구를 이해하기 　㈎ 시계, 팔찌, 머리핀, 스카프, 목걸이 등 • 다양한 공동체에서 사용하는 장신구에 대해 알기 　㈎ 귀걸이, Hindu-dots, 반지, 아프리칸 켄테 등 • 사람들이 문화적 뿌리에 따라 다양하게 장신구를 선호한다는 것을 알기 • 장신구가 사람들에게 특별한 의미를 갖고 있음을 이해하기 • 사람들이 다양한 상황에서 장신구를 사용한다는 것을 알기 ㈎ 결혼, 생일, 축제
학습센터 활동 구성	• 소꿉놀이 영역 : 공동체에서 입는 다양한 옷 　㈎ 민족 집단에 따른 옷, 장신구 등 • 미술작업 영역 : 장신구와 공예품을 만들 수 있는 다양한 재료 　㈎ 구슬, 코코넛 껍질, 말린 꽃과 잎 • 수 · 과학 영역 : 목걸이 만드는 데 코코넛이 얼마나 필요한가 측정, 생 코코넛과 코코넛 플레이크 맛 비교하기 • 신체 영역 : 특별한 날에 듣는 음악 듣기(결혼식, 생일 등), 전통춤 배우기

출처 : Melendez & Beck(2009)

 지식 **다문화 교육 접근 방식**(1990년대 전후)

개념	• 문화적 다양성을 가치 있는 자원으로 지원하고 확장하려는 교육이다. 즉, 다른 문화를 단순히 인정해 주는 것이 아니라, 다양성이야말로 앞으로의 세계에서 가장 중요한 요소라는 인식의 변화를 의미한다.
배경	• 1990년대 전후 국가 간에, 문화권 간에 공동체 개념이 형성되면서 현대 지구촌 사회에 적응력 있는 인간을 육성하는 방안으로 접근하게 된 사회교육 방식이다. • 1960년대 소수 민족의 권리와 가치를 존중하며 이러한 정신을 공교육에 반영하기 위한 법(The Civil Rights of 1964)을 제정하여 다민족 교육프로그램을 수행하였으나 소수 민족에 대한 배려 차원에서 시작하였다는 한계점을 가졌다. 이에 보다 포괄적인 개념인 다문화 교육이 요구되었다.

• 예시 : 사회적 행동접근법(그림4)

사회적 실천접근의 교수 요소들	
1. 문제 또는 질문 결정하기 : 주의집중을 요구하는 상황 또는 이슈	• 말할 때 특이한 엑센트 때문에 친구들에게 거부당한 아이의 등원 거부 문제 • 우리가 할 수 있는 일이 무엇이 있을까? 친구의 엑센트를 놀린 사람은 옳았을까?
2. 이 문제와 관련된 자료를 갖고 유아들이 탐색하도록 할 것 : 문제의 진짜 원인 발견하기, 누가 영향을 주고받았는지…	• 문제를 갖고 있는 아이에 대해 우리가 알고 있는 것이 무엇일까? • 다르다는 것은 좋은 걸까? 나쁜 걸까? • 우리 교실이나 학교에서 그 유아만 다를까? • 그 아이가 거부당했다면 또 다른 사람도 그렇게 거부당할 수 있지 않을까?
3. 가치탐색과 도덕성 분석 : 토론, 역할극, 같은 이슈에 대한 다른 상황 제시	• 사람들에게 상처 준 내용을 담은 그림책을 읽고 토론하기

4. 사회적 실천 목록화와 결정하기	• 소그룹으로 활동하기, 유아들은 유사한 상황을 피할 수 있는 **액션 플랜**(실행 계획, Action plan)을 짠다. 슬로건을 만들 수도 있고, 교실에 '우리는 같기 때문에 누구든 환영받을 수 있다.'는 **교실 선언문**을 만들 수도 있다.
	• 다음 질문을 사용하여 행동 실천을 위한 자극을 받을 수 있다.
	  – 누군가 다른 유아에 대해 나쁜 말을 했다면 우리는 어떻게 해야 하나?
	  – 우리의 신념을 다른 사람에게 어떻게 이해시킬 수 있을까?

출처 : Banks(2006)

 지식 다문화 교육 접근 방식(1990년대 전후)

내용	• **다양성** : 누구나 멜렌데즈, 벡 및 플레처의 다양성의 8개의 각 영역에서 하나의 지위를 반드시 차지하여 이들을 통합한 자아를 형성하며, 통합된 자아는 독특성을 갖고 다른 사람(집단)과의 차이를 나타낸다. 이러한 차이는 다양성의 차원에서 서로 이해되고 존중되어야 한다는 것이 다문화교육의 입장이다. • **평등성** : 다문화 교육은 평등성을 가치화하고 있다. 모든 사람은 법 앞에 평등하며 각자의 독특성과 다양성을 존중받을 권리와 의무가 있다고 본다. • 더만 스파크스와 포스는 현대의 지구촌 사회에서 가장 중요한 능력은 사회적 적응력이며, 이는 유아기부터 다양한 사회 구조에서 효과적으로 상호작용하는 데 필요한 행동과 기술을 발달시키는 것이라고 하였다.
장점	• 서로 간의, 문화 간의 차이를 존중하고 융합하여 새로운 문화를 창출하는 힘을 기를 수 있다.
단점	• 다양한 문화적 자료나 사실들을 수집하거나, 반편견 의식만을 강조하는 데 그칠 수 있다. • 추상적인 교육이 되기 쉬우며, 때로는 다른 나라에 대한 단편적인 지식을 전달하기 쉽다. • **관광식 교육과정**이라는 비판 : 이국적 차이를 단순히 즐길 수 있을 뿐이지, 그에 깃든 다양한 삶의 가치, 방식, 신념 등을 경험하기 어렵다.

5 다문화 교육의 내용

1) 다문화 교육의 내용

문화	• 문화 간의 유사점과 차이점의 특징 알기 • 각 문화에 대한 이해 및 존중감 기르기 • 다양한 문화에 대한 긍정적 태도 발달시키기
협력	• 다양한 사람과의 상호작용 능력 증진시키기 • 다양한 사람과의 협동 능력 증진시키기
편견	• 선입견, 편견, 고정관념에 비판적 사고 형성하기 • 문제 상황에 직면했을 경우 대처 능력 기르기
정체성	• 긍정적 자아개념 기르기 • 자아 정체감 및 집단 자아 정체감 형성하기
평등성	• 국가, 민족, 성, 능력, 계층에 대한 긍정적 태도 가지기 • 인간 평등의 가치 형성하기
다양성	• 다양한 개인과 집단의 존재 인정하기 • 다양성에 대한 존중하는 마음 가지기

기 지도해야 할 **다문화 교육의 내용 요소**로 ㉠ '나 한국 사람이에요? 아니에요?'과 ㉡ '차별적 선입견에 대해 알아보고, 유아들이 이러한 문제에 대처할 수 있도록'에 해당하는 것을 각각 순서대로 쓰시오.[23]

㉠ **정체성**, ㉡ **편견(반편견)**

• 예시 : 변혁적 접근법(그림3-2)

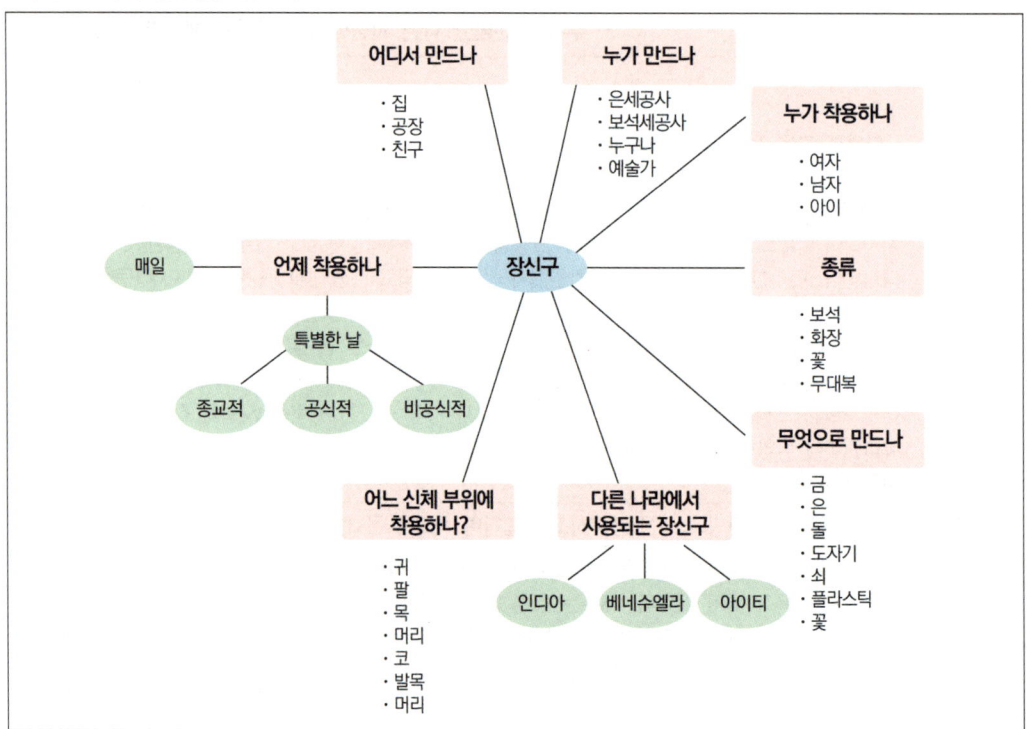

2) 학자별 다문화 교육의 내용

- 유아 다문화 교육은 초기에는 주로 반편견 교육을 중심으로 소개되어왔으나 편견을 극복하고 생각의 폭을 넓힘으로써 다양한 삶의 형태에 대한 이해의 폭을 넓히게 되므로 결국 문화의 다양성을 수용하고 세계 공동체를 위해 서로 다른 역할을 수행하는 것으로 집약된다.

학자별 다문화 교육의 내용	램지 (Ramsey, 1987)	① 정체성, ② 편견, ③ 관계 증진, ④ 문화, ⑤ 다양성 • 성, 인종, 문화, 계층, 계급, 개인의 정체성을 발달시켜 나가며 다양한 집단 내에서 구성원을 인식하고 수용하도록 돕는다. • 나와 다른 것에 대한 개방성, 흥미, 차이를 포함하여 가까이하려는 의지, 협력에 대한 사회적 관계를 형성하도록 돕는다. • 자율적이고 비판적인 분석가나 활동가가 될 수 있도록 한다.
	더만 스파크스 (Derman-Sparks, 1993)	• ① 정체성, ② 편견, ③ 협력 • 유아가 지식과 자아개념, 집단의 정체감을 형성할 수 있도록 한다. • 다양한 배경을 지닌 사람들과 편안한 상호작용을 할 수 있도록 돕는다. • 편견에 대한 비판적인 사고를 촉진하며 자신과 타인을 방어할 수 있는 능력을 기르도록 지원한다. 기 더만-스파크스가 제시한 반편견 교육 목표 중 ⓒ '다른 사람에 대한 **편견을 버리고, 서로 협력**'에서 언급되지 않은 것 1가지를 쓰시오. **정체성**[17] 기 다문화 가정의 유아는 (**정체성**) 형성에 어려움을 겪을 수 있으니 다양한 형태의 활동을 전개하는 것이 좋겠어요. **환경이나 상황이 변해도 자신이 일관되게 유지되는 존재임을 깨닫는 것**[19]
	뱅크스 (Banks, 1994)	• ④ 문화, ⑤ 평등성 • 다양한 구성원에게 교육적 평등을 확대한다. • 미래 세계에서 생존하고 능률적으로 기능하는 데 필요한 지식, 기술 및 태도를 발달시키도록 돕는다.
	멘렌데즈 와 벡과 플레처	• 멘렌데즈와 벡과 플레처(Melendez, Beck, & Fletcher, 2000)의 다양성의 요소 기 유아와 함께 점자책을 만져 보고 시니어 모델 사진을 보며'에 해당하는 문화적 다양성의 요소 3가지를 쓰시오. **예외(장애), 연령, 사회계층, 언어**[25]

	국적	• 자신과 부모의 출생 국가
	종족	• 자신의 정체성 형성에 영향을 주는 집단의 문화적 전통
	종교	• 자신의 신념 체제
	사회계층	• 자신이 속한 사회적 집단의 위치(수입, 교육, 직업, 생활방식, 가치 등)
	언어	• 모국어와 같은 자신의 근원과 관련된 언어
	성	• 남성과 여성에게 부여된 사회적 역할과 기대
	예외	• 장애 또는 영재와 같은 특별한 요구와 능력을 가진 사람
	연령	• 연령 집단에 부여된 사회적 역할과 기대

3) 다문화 교육의 내용(2)

다 문 화 교 육 의 내 용	상호 의존성 교육	• **우리 모두는 서로 함께 도움을 주고받으며** 살고 있다. 이러한 상호 의존성은 영아가 태어나서 부모와 상호 작용하기 시작하면서 경험하게 된다. • 유아는 이렇게 가정에서 상호 의존성을 경험하기 시작하고 차츰 유아교육기관에서도 상호 의존성을 경험하게 된다. • 유아교육기관에서는 다양한 활동을 통하여 유아들이 우리 사회의 모든 사람들은 서로 도움을 주고받으며 생활하고 있음을 알게 한다. • 또한 유아들이 다른 사람에게 도움을 줄 수도 있고 동시에 기꺼이 도움을 받을 수도 있는 능력을 길러 주어야 한다.
	유사점 인식을 위한 교육	• 유아교육기관에 오는 대부분의 유아들은 이미 다양한 문화에 속한 사람들이 어떻게 서로 다른지를 대해서 구별해 낼 수 있는 능력을 가지고 있다. • 유아들은 다양한 문화적·인종적 배경을 가진 사람들의 차이점에 대해서 집중해서 찾아낼 수 있는 반면에 **다양한 문화에 속한 사람들의 유사점을 잘 찾아내지 못하는 경향**이 있고 **그 결과** 서로 다른 점에 근거하여 다른 문화와 그에 속한 사람들에 관하여 **불신과 두려움을 형성**하게 된다. • 이러한 이유로 유아교육기관에서는 다양한 문화와 그에 속한 **사람들의 유사점에 초점을 맞춰 교육과정을 실시할 필요**가 있다. • 어떤 문화 집단이나 지리적 위치에 속해 있는지 사람들은 그들의 유사점으로 서로 연결될 수 있으므로 사회과학의 내용을 통하여 이러한 다양한 문화의 사람들을 서로 연결시킬 필요가 있는 것이다. • 사람들 사이의 유사점을 인식하고 있는 유아는 다른 사람들을 두려워하거나 불신하지 않는 능력을 갖게 되고 다른 문화의 사람들을 편견 어린 시선으로 보지 않게 된다. • 다양한 사회에 속한 사람들은 예술, 집단 규칙, 사회적 조직, 기본적 욕구, 의사소통의 수단 등에서 서로 공유할 수 있는 공통점을 가지고 있다.
	다양성 인식을 위한 교육	• 유아교육기관에서는 유아들이 주변 상황에서 만나게 되는 다양한 문화와 그 문화에 속한 사람들을 통하여 다양성을 이해하고 인식할 수 있도록 교육과정을 구성하고 전개할 필요가 있다. • 이 과정에서 특정 문화와 그 문화권의 사람들에 대하여 **선입견이나 편견 없이 있는 그대로 이해하고 받아들일 수 있어야** 하며 만약 이미 유아들에게 편견이 형성되어 있다는 것을 알게 된 경우에는 **반편견 교육과정을 통하여 적극적으로 대처**함으로써 올바른 시각을 가지도록 교육과정을 적절히 운영하여야 한다.
	평화로운 갈등 해결을 위한 교육	• 유아 교실에서는 다양한 갈등 상황이 수시로 일어난다. 유아들이 함께 있을 때는 언제나 다툼과 언쟁이 일어날 수 있는 가능성이 있다. • 갈등은 유아의 성장과 발달에 필요하다. 유아들은 갈등 상황에 대처하면서 개인으로서의 존재에서 집단 안에서 기능할 수 있는 사회적 존재로 변화되어 간다. • 유아 교육과정에서는 유아들이 경험하는 **갈등 상황을 해결하기 위한 다양한 방법을 교육과정을 통하여 알려줄 수 있어야** 한다.

4) 다문화 교육의 내용(3)

다문화 교육의 내용		
	다문화 인식	• 유아교육기관에서는 유아가 주변 상황에서 만나게 되는 **다양한 문화와 그 문화에 속한 사람들을 통**하여 **다양성을 이해하고 인식할 수 있도록** 교육과정을 구성하고 전개한다. • 사람마다 피부색과 머리색 등 생김새가 다를 수 있으며, 생김새가 모두 다르다는 사실 또한 인간의 특성임을 인식하도록 한다. • 이 과정에서 특정 문화와 그 문화권의 사람들에 대하여 선입견이나 편견 없이 있는 그대로 이해하고 받아들일 수 있어야 한다. • 이미 유아들에게 편견이 형성되어 있다는 것을 알게 된 경우에는 반편견 교육 과정을 통하여 적극적으로 대처함으로써 다문화에 대해 올바른 시각을 가지도록 교육과정을 적절히 운영한다.
		• 다양한 개인과 집단의 인식과 다양성 존중 [거주(가옥 등), 음식, 직업, 언어, 문학, 음악, 춤, 기념일(축제), 종교, 예식, 문화유산, 일상생활, 가족 구조 등] • 다양한 문화 간의 유사점과 차이점 인식
	평등성 이해	• 유아는 다양한 문화적·인종적 배경을 가진 사람들의 차이점에 대해 찾아내고, 나와 다르다는 이유로 다른 문화와 그에 속한 사람들에 관하여 두려움을 가질 수 있다. • 따라서 유아교육기관에서는 다양한 문화와 그에 속한 사람들의 **유사점에 초점**을 맞춰 교육활동을 실시할 필요가 있다. 즉, **눈에 보이는 국가, 민족, 인종, 성, 신체적 능력, 사회계층은 다르지만, 인간은 모두 평등하다는 가치**를 이해하도록 지도한다. • 무엇보다 모든 사람을 존중하고 소중하게 대해야 한다는 **공동선에 대한 가치**를 이해하고 모든 사람이 함께 지켜 나가는 것은 동일하다는 점을 이해시킨다. • **공동선**은 모든 사람이 **공통적으로 추구하는 바른 선(善)에 대한 인식**이다. 사람들 사이의 공동선과 유사점을 인식하고 있는 유아는 다른 사람들을 편견 어린 시선으로 보지 않게 되므로 다양한 사회에 속한 사람들을 예술, 집단 규칙, 사회적 조직, 기본적 욕구, 의사소통의 수단 등에서 서로 공유할 수 있는 공동체로 이어지도록 지도한다. • 예를 들어, 피부색이 달라 보여도 인간이 희로애락의 감정을 느끼는 상황은 유사함을 알고 **서로 평등한 상황에서 함께 행복하게 살아가야 하는 존재**임을 이해시킨다. • 다양한 개인과 집단에 대한 이해와 존중을 바탕으로 긍정적인 태도와 가치를 형성하도록 돕는다.
		• 국가, 민족, 인종, 성, 신체적 능력, 사회계층은 다르지만, 인간은 모두 평등하다는 가치 이해 • 공동선에 대한 공통 가치 존중 • 다양한 개인과 집단에 대한 이해와 존중을 바탕으로 긍정적인 태도와 가치 형성

정체성 존중	• 유아는 자신의 인종, 국적 등에 대해 알고 문화에 대한 자랑거리를 찾아보며 긍정적인 자아개념을 형성한다. • 따라서 **유아가 속한 집단에 대해 긍정적인 면을 찾아보고** 긍정적인 정체성을 형성하도록 돕는다. • 그러나 유아가 **자신의 문화 집단이 최고라는 우월주의에 빠지지 않도록** 다양성에 대한 존중과 함께 평등성의 개념을 동시에 지니도록 지도한다. • 유아의 문화 정체성에 대한 긍정적인 자아개념과 자아 정체감 형성 • 유아가 속한 집단 정체성 형성
반편견 교육	• **광의의 개념으로서 다문화 교육**은 각기 다름에 대한 선입견, 편견, 고정관념 및 차별에 대해 부당함을 인식하고 비판적인 사고를 형성하도록 돕는 것이다. • 따라서 유아들이 **문화**가 다른 경우뿐만 아니라 **개인의 외모와 능력, 성별** 등에 대해서도 편견을 갖지 않도록 다루어야 한다. 특히 **장애인**에 대한 편견이나 성별에 대한 편견 등도 다문화 교육에서 다룰 수 있다. • 편견의 문제상황이 어떠한 상황인지, 그런 상황에 직면했을 때 느끼는 부당함을 이해하고 대처할 수 있는 능력을 함양하도록 지도한다. 이는 매일의 일상생활에서 문제상황에 대한 토론 등을 통해 문제점을 인식하고, 해결 방안을 유아들 수준에서 찾아가도록 지도한다. • 무엇보다 **교사 자신이 특정 문화에 대한 편견을 갖지 않도록 유의**하고, 다양한 문화에 대해 지도할 때 관광하듯이 단편적 자료나 제시하기 등 표면적인 모습만 다루지 않는지 항상 체크하고 조심하도록 한다. [기] '3-5세 누리 과정'의 '편성' 내용을 근거로, 유아가 성별, 종교, 신체적 특성, 가족 및 민족 배경 등에 관계없이 모든 사람을 존중하고 수용하도록 **(반편견)** 교육을 범교육과정적 주제로 다뤄야겠다.[14] • 선입견, 편견, 고정관념 및 차별에 관한 비판적인 사고 형성 • 편견의 문제에 직면했을 때 대처할 수 있는 능력 함양
상호 의존성과 협력	• 효과적인 다문화 교육의 방법으로는 **사람은 모두 혼자 살 수 없으며 서로 함께 도움을 주고받으면서 살고 있다는 점**을 인식시키는 것이다. [기] '우리는 혼자 살 수 없고, 여러 나라가 서로 도움을 주고받으며 협력해야 살 수 있다는 것'에 나타난 **다문화교육의 개념**을 쓰시오.[23] • 유아교육기관에서 다양한 활동을 통하여 우리 사회의 모든 사람은 서로 도움을 주고받으면서 생활하고 있음을 알게 되고, 다양한 상호 의존성을 경험하게 된다. • 유아들이 다른 사람에게 도움을 줄 수도 있고 동시에 기꺼이 도움을 받을 수도 있는 경험을 하면서 서로 도움을 줄 수 있는 능력을 기른다. • 나아가 지구상에 사는 모두가 하나의 공동체로서 전 지구적으로 일어나는 기후 변화 등 위기 상황을 해결해 나가며, 이를 위한 사람이나 단체에 대해 알아보고 그들의 노력이 하나의 목표를 가지고 협력해 나가는 과정을 알도록 한다. • 공동체를 유지하기 위한 사람들의 노력과 일에 대한 이해 • 다양한 사람들과의 상호작용 능력과 협동 능력 함양

Ⅱ. 세계 시민교육과 민주 시민교육 - 유아 세계 시민교육 활동자료(2008)

1 세계 시민교육의 개념

- 유사어 : 국제 이해교육(Education for International Understanding), 국제교육(International Education), **세계교육**(Global Education), 비교교육(Comparative Education), **다문화 교육**(Multicultural Education), 문화 간 교육(Intercultural Education), 평화교육(Peace Education), 환경교육(Environmental Education), 인권교육(Human Right Education), 발전 또는 개발교육(Development Education) 등이다
- 이들 용어 중에서 다문화 교육, 국제이해 교육, 세계시민 교육은 함께 사는 것을 배우는 측면에서 같지만 정의하는 범위가 다르기 때문에 개념 정리가 필요하다.

세계 시민 교 육 의 개 념	다문화 교육	▶ **한 국가 내에서 존재**하는 다양한 문화적 차이와 갈등을 해소하고, **문화적 다양성을 존중**하는 교육 • 다문화 교육은 '한 국가 내'에서 존재하는 다양한 문화적 차이나 갈등에서 오는 어려움을 줄이기 위하여 다양한 문화권을 존중하는 교육을 통해 국가 내에서 더불어 잘 사는 것을 목적으로 한다. • **한계점** : 세계시민으로 자라나는 세대가 타문화에 대한 더 적극적인 인식과 세계이해 태도를 가져야 한다는 점을 고려한다면, 다문화 교육만으로는 지구촌의 세계 여러 곳에서 일어나는 다양성에 대한 인정과 지구촌 문제 해결에 대한 관심을 증가시키기엔 한계가 있다
	국제 이해교육	▶ **국가 간의 문화와 사회적 차이를 이해**하고, 인류 평화를 위한 상호 이해를 증진하는 교육 • 타지역의 사람들이나 그들의 문화에 대한 이해의 증진을 목표로 하는 교육 • '국가 간'의 경계를 인정한 상태에서 인류 평화를 위해 서로 간의 오해와 갈등을 줄이기 위한 방법으로 '이해'를 중요시한다.
	세계 시민교육	▶ **국가 간 경계를 넘어** 세계를 **하나의 공동체로 인식**하고, 세계시민으로서의 책임과 역할을 강조하는 교육 • 세계 시민교육은 세계가 공동체라는 인식과 함께 전 지구적 시각을 가지고, 세계의 안녕과 번영을 위해 다양한 사람들과 함께 협력하는 지식과 기술, 태도를 갖도록 하는 교육이라고 할 수 있다. • 다시 말하면, 세계 시민교육은 유아들이 한국 국민이면서 동시에 세계시민으로 지구촌 의식을 갖는 것이다. 유아들이 국경을 넘어선 지구촌 사회에서 인류공동체적 책임을 가지고, 문화적 다양성을 존중하며, 평화적인 갈등 해결과 환경보호, 인권 존중 등의 지식과 태도를 형성하며, 실질적으로 실천할 수 있도록 하는 것이다.

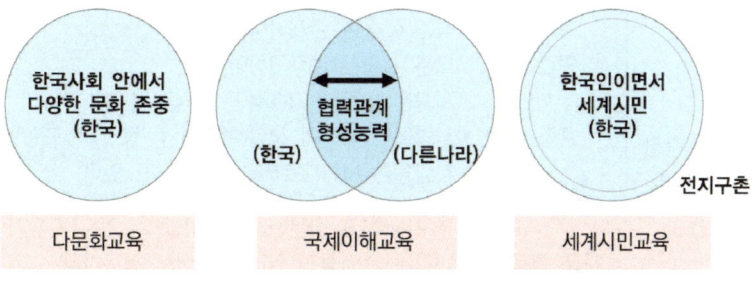

다문화교육, 국제이해교육, 세계시민교육 개념도

2 세계 시민교육의 목표

목표	• 세계시민으로서 전 세계인에 대해 공동체적인 시각을 갖고, 세계인으로 함께 살아가는 삶을 살아가도록 필요한 지식과 기술과 태도를 키우는 세계시민교육의 구체적 목표는 아래와 같다. ① 인간은 누구나 소중하며 존중하는 태도를 갖는다. ② 나는 세계의 한 구성원임을 알고 세계의 번영을 위해 노력한다. ③ 문화적 차이를 이해하고 존중하는 태도를 갖는다. ④ 갈등을 평화적으로 해결하고 평화를 실현하기 위해서 노력한다. ⑤ 세계시민으로서 지구환경을 가꾸기 위해 노력한다.

3 유아 세계 시민교육의 내용

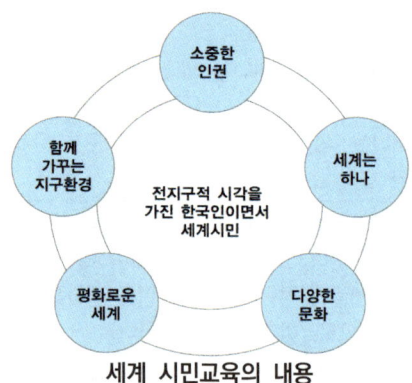

세계 시민교육의 내용

소중한 인권	• 인간의 가장 기본적인 권리인 인권은 나에 대한 소중함을 기반으로 인권의 의미를 이해하고 편견이나 차별의식을 갖지 않도록 하며, 개인·사회·국가적으로 자유와 평등을 구현하고자 한다. • 또한 나아가 세계시민으로 성장하는데 필요한 권리 의식을 함양함으로써 더불어 살아가는 태도를 기르는 것을 목적으로 한다. • 이를 통해 인간을 존중하는 태도를 기르고, 모든 사람은 자유와 평등하다는 것을 이해하며, 다른 사람과 함께 더불어 살아가기 위해 내가 할 수 있는 일을 알고 실천한다.		
	내용	**하위내용**	**개념**
	소중한 인권	인간 존중 (나와 타인)	• 나는 소중한 존재이다. • 모든 사람은 존중되어야 한다. • 사람은 누구나 기본적인 권리가 있다. • 사람들은 각각의 생각(예: 신념, 종교)과 표현방식을 가진다. • 사람들은 나름대로의 능력을 갖고 있다.
		자유 평등	• 누구나 하고 싶은 것에 참여할 수 있는 자유가 있다. • 인간은 존엄성과 권리에 있어서 평등하다. • 사람들은 누구나 차별받지 않을 권리가 있다.

	더불어 사는 세상	• 다양한 사람과 가족이 있으며 서로 도우며 살아간다. • 나와 다른 사람의 권리를 보호하기 위해 노력하는 단체와 사람들이 있다. • 사람들에 대한 편견과 차별을 갖지 않으며 더불어 살아야 한다.

세계는 하나	• 우리의 삶이 세계의 모든 나라와 밀접한 관련이 있으며 상호 교류하고 협력하고 있음을 이해함으로써 유아가 세계시민으로서 자신을 인식하도록 하는 것을 목적으로 한다. • 다양한 교통과 통신 등으로 세계는 더 이상 멀리 떨어져 있지 않으며, 다양한 교류와 협력으로 서로 돕고 살아가고 있음을 경험하고, 세계시민으로서의 자신을 이해하고 세계의 이웃을 위해 할 수 있는 일들에 관심을 갖는다.

	내용	하위내용	개념
	세계는 하나	가까운 세계	• 세계 사람들은 왕래하며 살아가고 있다. • 세계 사람들은 정보와 물건을 서로 주고받는다. • 다양한 방법으로 세계 여러 나라에서 일어나는 일들을 알 수 있다. • 세계는 교통과 통신, 인터넷으로 가깝게 연결되어 있다.
		서로 협력하는 세계	• 세계는 경제적으로 협력하며 살아가고 있다. • 세계 여러 나라는 서로 도움을 주고받는다. • 세계 여러 나라는 서로 교류하며 살아가고 있다.
		세계 속의 나	• 세계 속에서 일하는 다양한 사람들이 있다. • 우리 주변에는 세계를 위해서 일하는 사람들이 있다. • 나는 이 세계의 일원으로 세계에 대한 역할과 책임이 있다.

다양한 문화	• 우리 민족의 문화에 대한 정체성과 자긍심을 갖고 이를 기반으로 다른 나라의 문화를 이해하며 존중하는 것을 목적으로 한다. • 나라와 민족마다 문화의 다양성을 경험하며, 동시에 인간으로 가지는 공통성을 긍정적으로 경험하도록 돕는다. • 다양한 문화와 관련된 활동을 경험하면서, 유아들은 세계시민으로서 다양한 문화를 접하고, 자신의 문화를 사랑하며 다른 문화에 대한 수용적인 태도를 갖는다.

	내용	하위내용	개념
	다양한 문화	자랑스러운 우리 문화	• 자랑스러운 우리나라 전통문화가 있다. • 우리나라를 나타내는 상징들이 있다. • 우리나라를 빛낸 사람들이 있다.
		다양한 문화의 공통점과 차이점	• 의식주에는 공통점과 문화적 차이점이 있다. • 여러 나라마다 지켜야 할 예절을 가지고 있다. • 모든 사람은 기쁨과 슬픔 등의 감정을 느끼지만 표현하는 방법이 다양하다.
		다양한 문화에 대한 이해와 존중	• 나라마다 독특한 문화가 있고, 그 문화는 존중되어야 한다. • 성, 인종, 계층, 계급 등에 의해 차별되지 말아야 한다.

- 평화에 대한 지식을 알고, 다른 사람을 이해하고 존중하며, 평화적으로 문제를 해결하는 기술과 태도를 갖도록 한다.
- 더 나아가서 국가 간의 갈등·전쟁·폭력 등의 위험과 어려움이 있음을 알고 평화를 지키고자 노력하는 태도를 갖도록 한다.

내용	하위내용	개념
평화로운 세계	평화로운 우리	• 나에게 평화로운 마음이 있다. • 나와 타인은 감정과 생각이 다를 수 있다. • 갈등은 평화적인 방법으로 해결할 수 있다. • 평화는 모든 사람이 함께 누려야 하는 것이다.
평화로운 세계	평화를 위한 노력	• 평화와 비평화는 선택하는 것이다. • 평화를 위해서 내가 실천할 수 있는 일들이 있다. • 평화를 위해서 노력하는 사람들과 단체들이 있다.
평화로운 세계	전쟁과 평화	• 세계에는 전쟁과 분쟁이 일어난 곳이 있다. • 전쟁으로 고통받는 사람들이 있다. • 우리 민족은 한국전쟁의 아픔을 가지고 있다. • 평화적 통일을 이루기 위해서는 노력이 필요하다.

- 환경은 지역적인, 국가적인 경계 없이 인류 공동의 유산이므로 세계시민 교육 내용에 포함되어야 한다.
- 지구환경은 인간에 의해 파괴되어 가고 있으며 이러한 환경을 개선하고 보호하는 것은 세계시민으로서의 공통된 책임이다.
- 우리의 생활과 환경이 서로 밀접하게 연결되어 있음을 이해하고, 자연을 아끼고 사랑하는 마음을 가지며, 환경을 위해 실천할 수 있는 일에 직접 참여함으로써 지구 전체 환경에 대해 책임감을 갖도록 한다.

내용	하위내용	개념
함께 가꾸는 지구환경	우리 생활과 환경	• 모든 생물은 소중하다. • 생명체(사람, 동물, 식물)는 서로에게 의존하여 살아간다. • 우리가 살아가는 데 있어 자연환경은 중요하다.
함께 가꾸는 지구환경	자연의 보전과 보호	• 자연의 아름다움을 느끼고 소중히 여긴다. • 동물들이 사는 서식지를 보호해야 한다. • 자원은 무한한 것이 아니므로 바르게 사용해야 한다. • 환경을 보호하기 위해 내가 실천할 수 있는 일이 있다.
함께 가꾸는 지구환경	지구를 살리기 위한 노력	• 지구의 환경은 인류 공동의 유산이다. • 지구의 환경은 모든 나라가 힘을 모아 보호해야 한다. • 세계시민으로서 환경에 대한 책임감을 갖는다.

4 유아 세계 시민교육 활동 방법

토의 활동	• 어떤 주제나 일상생활에서의 갈등이 일어났을 때, 유아들이 서로 의견을 나누고 의견들 사이에 유사점과 차이점을 찾아보고, 궁극적으로 문제를 해결하는 것이다. • 유아들은 세계시민으로서 토의를 통해 문제들을 다른 사람과 함께 협상하고 협력하는 방법을 배울 수 있다. 토의 활동을 통해 유아들은 자신의 느낌이나 생각을 언어로 표현하고, 다른 사람의 느낌과 생각을 수용하게 된다. 자신과 다른 사람의 권리가 모두 존중되어야 한다는 것도 알게 된다.
협동 학습	• 세계 시민교육에 있어서 지구촌 이슈나 관심거리들을 다룰 때에 사회적 지식전달에 그치지 않고 유아 수준에서 적절한 실천으로 이어질 수 있도록 협동학습을 최대한 활용하도록 한다. • 소그룹으로 의견을 나누고 문제 해결을 하는 협동학습을 통하여 책임감을 형성할 수 있다. 이 책임감은 개인적·사회적 권리와 의무를 수행하는 능력일 뿐 아니라 세계시민으로서의 갈등의 평화적 해결, 다음 세대가 살아갈 세계자원의 보전 및 사회 정의의 실현에도 필요한 도덕적 태도이다.
견학	• 견학은 주제에 대한 흥미를 유발시키고 교실에서 배운 것들을 강화·확장시켜준다. 견학을 통해 유아들은 직접 관찰하고, 필요한 자료를 수집하고, 수집한 자료에 기초하여 추론 및 결론 내리기를 할 수 있다. • 견학은 사회현상을 바르게 이해하고 세계시민으로서 생활하는데 필요한 지식, 가치, 태도, 기술 등을 형성하는데 효과적인 방법이다.
극화놀이	• 극화놀이는 세계시민교육과 관련지어 통합적인 지도를 위한 효율적인 학습 활동으로서 다양하게 적용되고 있다. • 극화놀이는 유아들에게 교실에서 현실을 재창조하는 기회를 준다. 극화놀이는 교실 안·밖의 흥미 영역을 중심으로 계획될 수도 있고, 주제에 따라 보다 넓은 공간에서 전체 유아들이 모두 참여하는 대집단 활동으로 계획될 수 있다.
도서	• 도서 활용을 통해 유아들의 간접경험을 풍부하게 하며, 다른 사람의 생활과 경험, 느낌을 공감하고 도덕적 판단 기준을 갖게 된다. 정확한 개념과 명료한 사고, 새로운 지식을 배우게 되고, 사회적 관계의 간접 경험을 함으로써 유아들이 살고 있는 세계에 대해 더욱 친밀해질 수 있다.
다양한 영상매체	• 다양한 매체를 통해 유아들은 수많은 정보를 생생하게 접할 수 있다. 교사나 부모와 함께 인터넷을 접할 때 세계화와 관련되어 넓은 시각을 얻을 수 있으며 최신 정보 등을 접할 수 있다. • 또한 사진 자료, 동영상을 통해서 유아들이 다양한 정보와 경험 등을 공유할 수 있다.
전문인력 및 시설 활용	• 전문분야의 인사들을 교실에 초청하여 이야기를 듣고 직업에 관한 것을 듣거나 보는 것은 세계시민교육의 유용한 방법이다. 다양한 분야에서 일하고 있는 전문인력들을 초청하여 그들과의 경험을 나누어 봄으로써 유아들의 경험과 흥미를 확산시킬 수 있다.

5 시민의식

정의	▶ **공동체의 구성원**으로서 **책임, 태도, 공동 목적, 의무를 인식**하고, **권리와 소속감을 바탕**으로 **공동체 문제 해결에 적극 참여**하는 자세 • 시민의식은 영어로는 주로 'citizenship'이라고 표현한다. 이는 시민이라는 'citizen'과 자질, 조건이라는 '-ship'이 합성되어 만들어진 만큼, 그 속에는 시민으로서 요구되는 자질, 시민성이라는 뜻이 담겨 있다. • 이는 개인으로서 요구되는 자질이 아니라 **특정한 공동체의 구성원, 즉 시민이라는 지위**에서 요구되는 특성을 지니고 있는 개념이다. 이에 시민의식은 **공동체의 구성원으로서 지녀야 할 책임, 태도, 공동 목적, 의무 등을 포괄**하고 있다. • 시민의식은 인간이 누려야 할 권리와 공동체의 구성원으로서 **소속감을 인식**하고, 시민적 책임과 의무를 다하기 위하여 **공동체의 다양한 문제를 해결하도록 협력**하며 해결과정에 적극적으로 참여하는 것을 강조한다. • 이러한 시민의식의 함양을 목적으로 하는 시민교육은 구성원들이 사회의 나아갈 방향을 세우고 가치 있는 삶을 실현하는 시민으로서의 각성과 참여를 강조한다. • 그동안 규칙과 기본 질서만을 잘 지키도록 하는 도덕교육의 수준에서 시민교육을 바라보는 교육풍토에서는 올바른 시민교육이 이루어지기 힘들다. • 따라서 유아기 시민교육은 질서와 예절 수준으로 한정되기보다 자신과 다른 사람의 권리와 책임이 무엇인지를 이해하고 사회 규칙과 공정함을 이해하는 시민의 교육이 필요하다.
주요 개념	• 미국시민교육센터(Center for Civic Education)가 제시한 시민교육의 기본 개념은 **시민성, 개인의 책임, 자율, 시민다운 마음, 개방적 마음, 타협, 다양성에 대한 관용, 인내와 지구력, 정열, 관대함, 국가와 그 원칙에 대한 충성 등 11가지**이다(Quigley & Bahmueller, 1991). • 멜렌데즈 등(Melendez, Berk, 2000)은 시민의식을 형성하기 위해서는 **책임감, 자신의 권리와 책임 인식, 현재와 미래의 문제점 결정에 참여, 규칙과 법의 준수, 타인의 권리 존중, 타인이 다른 의견을 가질 권리, 비판적 사고, 사회의 복지에 대한 관심, 타인 돕기, 국가의 이념과 가치를 지지하는 애국심** 등을 제안하였다. • 여러 학자들이 제시한 개념을 토대로 유아 시민의식교육의 주요 개념을 제시하면 다음과 같다.

	규칙 수립과 준수	• 사회구성원 모두가 안정되게 생활하기 위해서 규칙이 필요하다는 것을 인식하고 지켜야 한다는 것을 이해해야 한다. • 규칙을 만드는 과정에 유아를 참여시켜 자율성을 증진시킨다. 실제 유아 스스로 만든 규칙은 주어진 규칙보다 훨씬 강력한 힘을 가진다. • 규칙은 확실하고 일관성이 있어야 하며, 위험 등에 의해 좌우되지 않아야 한다.
	기본 권리와 책임	• 모든 사람은 권리(존중받을 권리, 의견을 표현할 권리, 의사결정 권리, 일할 권리 등)를 가지고 있으며, 모든 사람의 기본 권리는 동등하게 존중되어야 한다는 것을 안다.
	의무와 역할	• 각각 집단 속에서 해야 할 일이 있음을 알고 실천하게 한다. 유아는 가정이나 기관에서 각 구성원의 역할이 있음을 인식하고, 일상생활에서 자신이 스스로 해야 하는 일들을 수행할 수 있어야 한다.

주요 개념 (2)		
	인간의 존엄성	▶ 자신과 타인의 **존엄한 가치를 인식하고 존중**한다.
	규칙	▶ 모두 함께 안정되게 살기 위해서는 **규칙이 필요함을 알고 규칙을 지킬 때**와 지키지 않았을 때 모두 우리에게 주는 영향을 안다.
	책임	▶ **내가 한 행동이 어떤 결과**로 나타났을 때 **그것에 대한 책임**을 져야 함을 안다. 기 유아 시민교육 내용에 근거하여, '우리가 토끼를 키우고 싶어서 데려온 거니까, 선생님이 토끼에게 밥 주는 건 우리가 해야 한다고 알려 주셨어'와 ⓒ '우리가 토끼를 잘 돌봐 주어야 하는 거야.'에서 공통적으로 유추할 수 있는 시민교육의 내용 1가지를 쓰시오.[24]
	권리와 의무	▶ **나에게 주어진 권리**를 누리며 각자의 사람들이 **집단 속에서 해야 할 일이 있음**을 알고 자신이 할 일을 다 할 수 있다.
	의사결정	▶ **합리적으로 의사를 결정**하여 효과적인 결과를 만들어 낼 수 있도록 한다.

6 민주 시민교육

- 우리 사회는 앞으로 더욱 세계화·정보화된 사회로 나아갈 것이며, 세계화·정보화된 사회의 전제 조건은 민주 사회이다.

정의	▶ 책임감과 공동체의 번영 참여를 바탕으로 **시민정신을 함양**하고, 민주적 태도와 가치 형성을 통해 정부의 일, **시민의 책임과 권리를 이해**하여 **유능한 시민**이 되도록 준비하는 교육이다. • 한 인간이 자신에 대한 책임감과 그가 속한 그룹의 번영에 충분히 참여하는 것은 어떤 사회에서든지 소중한 조건이며, 민주 사회에서는 시민정신을 위한 필요조건이다. • 민주적인 태도와 가치 형성은 유아기에 시작되고 유아교육 프로그램에서 유아들은 민주시민의 구성원이 되는 준비뿐만 아니라 매일의 생활 속에서 실제로 민주시민이 되어야 한다. • 민주시민교육은 인간과 인간 사이의 관계를 연구하는 사회과학 중 **시민학(Civics)** 또는 정치학과 관련된 교육으로 한 사회의 구성원인 시민들이 정부의 일, 시민의 책임과 권리를 알고 민주적 가치와 태도를 함양하여 유능한 시민이 되도록 준비시키는 교육이다.
내용	• 한 인간이 그가 속한 사회에서 구성원들과 더불어 살아가면서 공동체 발전에 기여하는 유능한 민주시민이 되기 위해서는 상호 배려와 규칙 준수 및 주어진 역할과 책임을 다하는 자세가 필요하다. • 멜렌데즈(Melendez, 2000)는 민주시민교육의 내용으로 **규칙(수립/준수), 권리와 책임, 의무와 역할, 참여, 선택, 의사결정, 리더들, 권력적 인물, 법, 정부** 등이 포함되며, 이런 내용과 관련된 경험들이 유아의 일상생활에서도 자리하고 있다고 했다. • 따라서 유아기 민주시민교육은 **규칙의 수립과 준수, 기본 권리와 책임, 의무와 역할, 정치적 개념** 등의 내용을 중심으로 유아의 일상생활 안에서 이루어져야 하며, 가정과 교실 상황은 아이들이 민주시민교육을 체험하는 장소가 될 수 있다.

내 용	규칙 수립과 준수	▶ **규칙의 필요성을 인식**하고 **자율적으로 참여**하여 **지키는** 과정 • 사회구성원 모두가 안정되게 생활하기 위해서는 **규칙의 필요성을 인식**하고, 지켜야 함을 아이들이 이해해야 한다. • **규칙 만들기에 참여시키는 것**은 자율성을 증진시키는 한 방법이 되고, 규칙은 확실하고 일관성이 있어야 하며, 위험 등의 힘에 의해 좌우되지 않아야 한다. • 교사가 특정한 규칙이 중요하다고 믿는다면 아이들 역시 그 규칙에 대한 필요성을 느낄 수 있도록 교사가 그 **규칙이 필요한 근본적인 원리와 적절한 제시 방법**을 찾아내야 한다. • 또 실제로 아이들에 의해서 만들어진 규칙이 이미 만들어져서 주어진 규칙보다 훨씬 강력한 힘을 가진다는 것을 강조했다.
	기본 권리와 책임	▶ **동등한 권리의 존중과 행동에 대한 책임**을 인식하는 것 • 자신에 대한 책임감과 집단의 복지를 위해 참여하는 것은 시민정신의 필요조건이고, 공익을 위하여 일하는 것은 이른 시기에 시작된다. • **모든 사람은 권리**(존중받을 권리, 의견을 표현할 권리, 의사결정 권리, 일할 권리 등)를 가지고 있으며, 모든 사람의 기본 권리는 **동등하게 존중**되어야 하고, 함께 살아가려면 **자신의 행동에 대해 책임을 져야 함**을 아이들이 알아야 한다. • 교사가 각 유아들을 존중하고 돌보는 것은 각 유아들에게 스스로 존중받고 있다는 것을 명백히 알게 하는 방법이고, 다른 사람을 존중하는 것을 보여주는 좋은 모델이 된다. • 모든 교육과정에서 유아들은 느끼고, 사고하고, 아는 것에 대해 다양한 방법으로 자유롭게 표현할 권리가 있다. • 누구와 어떻게, 무엇을 학습할 것인지에 대해서도 **선택할 의사결정의 권리가 있는 반면**에, 자신의 권리와 더불어 **자신이 선택하고 결정해서 행한 행동의 결과에는 항상 책임이 따른다는 것**을 일상생활을 통해 인식할 수 있어야 한다.
	의무와 역할	▶ **집단 속에서 해야 할 일을 인식**하고 **실천**하는 것 • 모든 사람들은 각각 **집단 속에서 해야 할 일이 있음을 알고 실천해야** 한다는 것을 인식해야 한다. • 유아들은 가정이나 유아교육기관에서 **각 구성원들의 역할이 있음을 인식**하고, 일상생활 안에서 **자신이 스스로 해야 하는 일들을 수행할 수** 있도록 지도되어야 한다.
	정치적 개념 교수 (Teaching Political Concepts)	▶ 유아가 **정치적 가치와 참여를 경험**을 통해 배우는 과정 • 유아들에게 정치적인 개념은 일반적으로 유아들의 경험을 토대로 간단하게 소개할 수 있다. • 유아기 아이들의 정치적인 개념은 그가 속한 사회에 대한 충성의 서약(국기에 대한 맹세, 비버스카우트 단원의 맹세 등), 애국적인 노래, 상징으로서 깃발(태극기, 단체의 깃발, 학급 상징 깃발 등) 만들기, 법 이해, 규칙 정하기, 가정과 학급의 생활 속에서 투표하기 등을 통해 가르칠 수 있다. • 민주적인 범위 내에서 다른 사람들과 상호 작용하는 것을 통해 아이들은 정치적 가치, 애국심, 민주적인 참여 등을 배우게 될 것이다.

활동	

- **규칙 수립을 위한 토의하기**
- 아이들은 규칙 만들기와 결정 내리기에 참여를 통해서 자율성을 증진시키며, 자기 규제와 협동을 연습하게 된다.
- 드브리스와 잰(DeVries & Zan)은 교사가 규칙 수립에 관한 토의를 잘 이끌기 위한 10가지 지침을 다음과 같이 제시했다.

① 처음에는 규칙이란 단어를 피한다.
② 규칙 만들기의 토의를 특정한 요구나 문제에 대한 반응으로 진행한다.
③ 규칙에 대한 이유를 강조한다.
④ 아이들의 아이디어와 단어, 그리고 조직을 수용한다.
⑤ **아이들이 '하자'라는 규칙을 정할 수 있는 방향으로 안내한다.**
 - 아이들은 규칙을 금지로 생각하기 쉽다. 교사는 '하지 말자'라는 규칙을 거부하지는 말아야 하지만, 아이들이 할 수 있는 것을 생각해 보도록 안내한다.
⑥ **아이들에게 규칙을 지시하지 않는다.**
 - 교사는 규칙을 향해 아이들을 이끌어 갈 수 있으나 구체적으로 지시해서는 안 된다.

기 유아 시민교육 내용에 근거하여, ① [A]에서 추론할 수 있는 교사의 행동 중 적절하지 <u>않은</u> 1가지를 찾아 쓰시오. **선생님이 토끼 밥 주는 순서를 정해 준 점이 부적절하다.**[24]

⑦ 규칙은 변할 수 있다는 태도를 갖게 한다.
⑧ 아이들이 수용할 수 없는 규칙을 제안할 때는 설득과 설명으로 반응한다.
⑨ 모든 사람이 규칙에 동의할 수 있는 과정을 개발한다.
⑩ 교사도 규칙을 지켜야만 한다는 것을 강조한다.

- **학급의 상징물, 기념일, 색깔 정하기**
- 학급을 상징하는 것 정하기(상징하는 물건, 색깔, 깃발, 반 노래, 응원 구호), 학급의 기념일(학급을 상징하는 색깔의 옷을 입는 날, 학급을 상징하는 물건을 착용하는 날 등) 등을 정해서 학급에 대한 애착심과 소속감을 갖도록 돕는다.

- **국가의 상징 알기**
- 태극기 모양, 태극기 관리하는 법, 국경일에 태극기 달기, 국기에 대한 맹세, 애국가 부르기, 무궁화 그리기, 무궁화 노래 배우기 등을 통해서 우리나라에 대한 관심을 갖도록 한다.

- **선거와 투표**
- 학급에서 키우는 애완동물의 이름 정하기, 다시 해 보고 싶은 활동 정하기, 간식 도우미, 놀이 진행 도우미 등을 선정하는 데 선거와 투표의 과정을 직접 경험해 본다.

Ⅲ. 경제·소비자교육 - 유치원 기본과정 내실화를 위한 경제 소비자교육 프로그램(2011)

1 경제·소비자교육의 개념 및 필요성

개념	• 경제·소비자교육은 소비자교육이 유아 경제교육의 중심적인 내용이 될 수 있다는 취지를 담고 있는 개념이다. • 광의의 경제교육은 소비자교육을 포함하지만, 경제교육이 희소성에서 시작하여 개인과 집단의 선택 모두에 관심을 두고 있다면, 소비자교육은 효율성을 중심으로 개인의 선택에 관심을 둔다는 점에서 차이를 발견할 수 있다. • 즉, 유아 경제·소비자교육이란 유아들이 주변에서 일어나는 기초적인 경제 현상에 대한 이해를 바탕으로 다양한 문제 해결을 위한 지식·기술·태도를 형성하고, 합리적인 소비를 위한 의사결정능력을 형성하도록 하는 지속적인 생활교육이라고 할 수 있다.  경제교육과 소비자교육의 관계
필요성	**발달적 측면** • 유아기는 경제·소비자교육을 하기에 발달적으로 적합하다. 유아는 비록 자신의 소득으로 직접적인 소비활동을 하는 것은 아니지만 물건을 구입하고 소비함으로써 한 가정의 경제생활에 영향을 미치고 있다. • 유아기에 일상생활 경험을 통해서 형성되는 돈, 교환, 상품과 서비스, 소비와 같은 초보적인 경제개념들은 이후에 보다 정확하고 성숙한 경제개념을 형성하는 토대가 된다. **사회적 측면** • 현대 사회는 온·오프라인을 통해 접하게 되는 세계 각국의 물건들, 신용카드나 전자화폐 등의 진화되는 소비 방법, 새롭게 쏟아지는 금융상품 등으로 인하여 선택의 범위가 넓어지고 더 많은 결정을 해야 하는 상황에 처하게 되었다. • 따라서 유아기부터 정보의 가치를 올바르게 변별하여 합리적인 경제·소비활동을 할 수 있도록 돕는 일은 매우 중요하다. • 또한 올바른 소비 습관의 형성은 환경문제에도 기여하여 우리나라의 경제 선진화에 도움이 될 수 있다.

2 경제 개념

- 유아 경제교육의 내용을 구성하는 주요 개념에 대해서는 학자마다 견해 차이를 보이고 있다.
- 셔그(Schung, 1983)는 경제적 욕구, 제한 수입, 기회비용, 자유로운 교환, 화폐, 가격제도가 유아 경제교육의 주요 개념이 된다고 하였다.
- 시펠트(Seefeldt, 1997)는 유아 경제교육의 주요 개념을 필요와 욕구, 의사 결정, 소비자, 화폐의 사용, 화폐가치, 교환가치, 기회비용, 자원과 생산, 재화와 용역, 보충과 대안 등으로 제시하고 있다.
- 한센과 그의 동료들(Hansen et al., 1977)은 희소성, 선택, 기회비용, 화폐가치, 가격, 교환의 개념을 들었으며, NCSS(1994)는 생산, 분배, 소비를 들었다.
- 레니(Laney, 1995)는 희소성, 화폐가치, 교환가치, 기회비용, 자원과 생산, 재화와 용역, 보충과 대안으로 제시하였다.

경제 개념		
	희소성 (Scarcity)	▶ 인간의 **무한한 욕구를 충족**시킬 수 있는 **자원**이 (질적이나 양적으로) **제한적이거나 부족한 상태** ▶ 사람들의 **무한한 욕망**을 충족시킬 수 있는 **재화나 서비스가 부족**한 상태 ▶ 사람들의 **무한한 욕망**에 비해 그 욕망을 충족시켜 주는 **재화나 서비스가 충분하지 않**은 것[16] ▶ 모든 사람이 욕구를 가지고 있으나 **원하는 대로 모든 것을 가질 수 없다는 것** • 사람마다 욕구가 다르고 필요로 하는 것이 다르기 때문에 희소성도 사람마다 다르게 작용하며, 사람들은 '선택'의 문제에 직면하게 됨을 이해해야 한다. • 따라서 한정된 자원을 가지고 최대의 만족을 얻으려는 경제활동의 근본 원인이 된다. • 사회구성원의 욕망은 무한한 데 비하여 욕망을 충족시켜 줄 경제자원은 상대적으로 부족하기 때문에 인간 사회는 여러 가지 복잡한 경제문제가 발생하는 것이다. 기 **(희소성)**은 경제 개념으로 사람들의 무한한 욕망에 비해 그 욕망을 충족시켜 주는 재화나 서비스가 충분하지 않은 것을 의미한다. : **공책이랑 연필 사고 싶다. 그리고 저 인형도 사고 싶어. 하지만 돈이 2장뿐이야.**[16]
	선택 (Choice)	▶ 희소한 자원을 활용할 때 **최선의 방법을 신중히 결정**하는 과정 • 희소한 자원에 대하여 신중히 생각하고 최선의 방법으로 하나를 선택해야 한다는 측면에서 희소성과 선택은 뗄 수 없는 밀접한 관계를 갖고 있다. • 어떤 하나를 선택한다는 것은 다른 것을 선택할 수 있었음에도 불구하고 이를 포기했다는 것을 뜻한다. 즉, 하나의 선택은 어떤 대가를 치르고서야 가능했던 것이다. • 보다 합리적인 선택을 위해서는 각각의 선택이 요구하는 대가가 무엇인지를 정확히 아는 것이 중요하다. • 이러한 지식 위에서 가장 작은 대가를 요구하는 선택 가능성을 취하는 것이 가장 합리적이며 경제적인 선택이 된다.
	의사 결정 (Decision Making)	▶ 희소한 자원을 활용할 때 **최선의 방법을 신중히 결정**하는 과정 • 희소한 것일수록 가격이 비싸기 때문에 자신에게 가장 필요한 것이 무엇인지를 심사숙고하여 구매하는 합리적인 의사결정을 통해 효용 극대화를 경험할 수 있어야 한다.

경제 개념	기회 비용 (Opportunity Cost)	▶ 어떤 것을 **선택**함으로써 **포기해야 하는 대가**(어떤 것을 **얻기 위해** 포기한 대가) • 실제로 지출하지는 않았다고 해도 비용의 성격을 가지고 있으면 모두 기회비용에 포함된다. • 기회비용은 선택의 상황에서 좋은 가치를 위해 자신이 원하는 것 중 어떤 것이 포기된 것으로, 우리가 선택의 문제에 부딪혔을 때 꼭 하기를 원하는 것과 그만두거나 다음 기회로 미루어야 할 때 어떤 것을 선택함으로써 포기해야 하는 것의 가치를 의미한다. • 소비자는 여러 가지 재화 혹은 기회 중에 어느 하나를 선택해야 할 경우 서로 비교하여 자신에게 최대한의 만족을 주는 것을 선택하게 된다. • 이때 소비자가 느끼는 **만족감을 효용**이라고 하며 현명한 소비에 있어 중요한 것은 효용과 기회비용을 비교해서 **효용이 기회비용보다 큰 것을 선택하는 것**이다. 기 레니(J. Laney)와 셔그(M. Schug)는 교사들이 유아에게 (**기회비용**)이라는 경제 개념을 가르칠 것을 제안하였는데, 이는 어떤 것을 얻기 위해 포기한 대가를 의미한다. : **공책 못 사서 아쉽지만, 이번엔 연필이랑 인형 사야지.**[16]
	화폐 가치 (Monetary Value)	▶ 화폐로 살 수 있는 재화와 서비스(용역)의 양 • 모든 경제활동의 기본이 되며, 화폐의 종류와 기능에 대한 기본적 이해가 선행되어야 한다. • Schug와 Birkey(1983)는 유치원 ~ 3학년 유아들을 대상으로 화폐가치를 물어본 결과를 2단계의 반응 유형으로 구분하였다. | 1단계 비인지적 경제추론 단계 | • "이 돈은 **진짜**이고, 이 돈은 **가짜**이니까요."와 같은 일차적이고 전형적인 반응을 나타낸다. | |---|---| | 2단계 현출된 경제추론 단계 | • "이 돈은 **물건을 살 수** 있지만, 이 돈은 **물건을 못 사요**."와 같이 **돈의 기능적인 측면**을 인식하고 **경제 주체의 상호관계**를 인식하는 유연한 반응 특징을 나타낸다. | • 유아들은 4~5세경이 되면 교환가치로서 화폐를 인식하고, 연령의 증가와 함께 화폐에 대한 이해의 폭을 넓혀나가게 된다. 그러나 유아들은 화폐가치 개념을 의미 있게 발달시키지 못한다. - 유아들은 동전의 개수가 서로 다른 두 가지 종류의 돈을 비교하는 데 돈의 수량적 가치보다는 동전의 개수에 의해 돈의 가치를 평가하는데, 이는 화폐의 수량적 가치에 대한 이해가 유아들에게 부족하다는 점을 보여 주는 것이다. • 유아는 부모가 물건을 구입하고 돈을 지불하는 모습을 관찰하거나 부모에게 돈을 받아 자신에게 필요한 물건을 구입하고 돈을 지불했던 경험을 토대로 화폐에 대해서 이해하게 된다. - 따라서 유아들에게 화폐란 상점에서 의례적으로 사용하는 물건으로만 인식되어 있을 뿐, 화폐의 가치나 본질 등에 대해서는 독립적으로 이해하게 되므로 다른 추상적인 개념을 습득하기 전에 유아들에게 화폐의 가치와 본질을 이해시킬 필요가 있다. • 유아들은 경제교육을 통해서 동전의 가치나 지폐의 관계에 대한 이해를 넓혀나간다. 교사는 유아들이 화폐가치 개념을 의미 있게 습득할 수 있도록 경제교육의 내용을 계획하고 전개해 나갈 수 있어야 한다. 기 [B]에 해당하는 경제개념 1가지와 그에 해당하는 동시 내용을 모두 찾아 쓰시오. **화폐가치, 오백 원으로 한 개, 이천 원으로 여러 개**[19추]

가격 (Price)	▶ 상품 1단위를 구입할 때 **지불하는 화폐의 수량**(일상 생활적 의미) ▶ 상품 간의 **교환 비율**, 즉, 어떠한 상품이 일정 비율로 다른 상품과 교환될 수 있음을 의미(넓은 의미)
교환 가치 (Exchange Value)	▶ **화폐 또는 화폐 대용 물건**이 **다른 상품**과 일정 비율로 **교환될 수 있는 가치** • 학령기 유아들은 돈의 가치에 대한 개념이 형성됨과 동시에 화폐의 거래를 이해하며 **화폐가 상품을 구매하는 데 있어 교환가치가 있다**는 것을 알게 된다. • 버티와 봄비(Berti & Bombi, 1981)는 3~8세 유아의 **교환가치에 대한 이해 정도를 6단계**로 나누어 설명하였다.

1단계	• 물건값의 지불과 **거스름돈에 대한 인식이 전혀 없**는 단계 • 물건을 사는 데 돈이 필요하다는 것을 막연히 인식하고 있으나, 돈을 상품에 대한 교환수단으로서 분명히 인식하고 있지는 않다.
2단계	• 화폐에 따른 차이를 인식하지 못하여 **모든 화폐를 똑같이 생각**하며 **무엇이든 살 수 있다**고 생각하는 단계 • 유아는 돈이 물건을 사는 데 필요하다는 것을 이해하고 있으나, 돈의 가치에 대한 수학적인 개념은 부족하다. • 또한 거스름돈을 주는 것은 의무라고 말하긴 하지만 그 이유를 설명하지 못한다.
3단계	• **화폐의 종류에 따른 차이를 인식**하여 특정한 종류의 화폐로 모든 것을 살 수 없다는 것을 인식하나 **그 이유는 모르는** 단계 • 거스름돈을 '경제 외적 이유'에 의해 정의하기 시작하는데 예를 들면 **거스름돈은** 물건 가격보다 더 많은 개수의 돈을 지불하였을 때 주는 것이 아니라 **소비자가 좀 더 많은 물건을 구입할 수 있도록 하기 위해 지불된다**는 것으로 이해한다.
4단계	• **어떤 화폐는 물건을 사는 데 충분하지 못함을 인식**하나 여전히 거스름돈의 의미를 인식하지 못한다. • 즉, 어떤 물건은 더 비싸고 다른 것은 가격이 덜 나간다는 것을 인식하지만 거스름돈은 여전히 '경제 외적 이유'에 의해 정의된다.
5단계	• **1:1대응**을 하여 화폐와 물건값이 맞지 않으면 물건을 구입할 수 없다고 생각하는 단계
6단계	• **거스름돈을 완전히 이해**하는 단계 • 즉, 유아는 물건의 가격보다 더 많은 돈을 지불하였을 때 상점 주인이 다른 형태의 돈을 손님에게 줌으로써 차액이 보상된다는 것을 깨닫게 된다.

경제개념	자원 (Resources)	▶ 인간이 **생산, 소비, 분배 등 경제활동 전반**에 활용할 수 있는 **모든 물질적·비물질적 요소**를 의미한다. ⑩ 인적자원, 천연자원, 물적자원, 금융자원, 사회적 자원, 자본재 등 • 생산에 바탕이 되는 여러 가지 물자를 의미하는 것으로 인적 자원, 천연자원, 자본재가 있다. (※ 자본재 : 생산 과정에서 사용되지만, 최종 소비재가 아닌, 다른 재화를 생산하는 데 필요한 도구나 장비로 공장, 사무실, 컴퓨터, 트럭, 화물선 등이 있다.)
	생산 (Production)	▶ 인간의 욕구를 충족시키기 위해 **재화(상품) 또는 서비스를 만드는 일** • 유아의 생산 개념은 교환과 소비의 개념보다 늦게 발달하는데 이는 매일의 일상생활에서 생산에 대한 경험보다는 교환과 소비에 관한 경험을 갖거나 관찰할 기회가 더 많기 때문이다. 기 ⑤ '유치원 텃밭에서 키운 가지', ⑥ '가지에 매일매일 물을 주면서 키웠는데'에 공통으로 나타난 유아 경제 교육의 개념 요소 1가지를 쓰시오.[25]
	소비	▶ 생산된 **재화나 서비스를 사용하거나 소비**하는 행위(Consumption) • 계획적 합리적인 소비 행위를 경험하고 소비자의 권리와 책임을 이해, 실천해야 한다.
	분배	▶ 생산된 **재화나 서비스가 사회구성원에게 귀속**되는 일 • 분배의 의미와 가치를 경험하고 이해해야 한다(Distribution).
	재화 (goods)	▶ 인간의 **욕망을 충족**시켜 주는 효용을 가진 모든 **물건** • 즉, 옷, 음식, 주택, 책, 자동차, 기계 등 생활에 필요한 모든 물건을 말한다. 기 [A]에 해당하는 경제개념 1가지와 그에 해당하는 동시 내용을 모두 찾아 쓰시오. **재화, 탐사선, 로봇**[19추]
	용역 (서비스, services)	▶ 인간의 **욕망을 충족**시켜 주는 효용을 가진 모든 **무형의 서비스** • 즉, 용역은 의사의 진료행위, 음악가의 연주, 버스의 운송, 도·소매업과 같은 유통활동 등에 이르기까지 사람들에게 필요한 행위에 해당하는 일종의 형태가 없는 또 다른 의미의 재화라고 할 수 있다.
	보충 (Substitution)	▶ **부족한 것을 채우거나 보완**하는 것 ⑩ 수업 시간에 연필이 다 닳았을 때, 새 연필을 더 가져와 사용 / 채소 수프를 만들 때 당근이 부족해서 조금 더 추가 / "과일가게에 사과가 있는데 또 다른 어떤 과일이 함께 있을 수 있을까?"라고 질문(기존의 것을 유지하면서 부족한 부분을 더하는 개념)
	대안 (Alternatives)	▶ **기존에 사용하던 것을 대신(대체)**할 수 있는 대용품 ⑩ 수업 시간에 연필이 없을 때, 볼펜을 대신 사용 / 채소 수프를 만들 때 당근이 없어서 고구마로 대체 / "과일가게에 사과가 다 팔려서 더 팔 수 없는데, 어떤 과일을 사과 대신 팔 수 있을까?"라고 질문(기존의 것을 대신할 수 있는 다른 것을 사용하는 개념)
	절제 (Moderation)	▶ **정도에 넘지 않도록 알맞게 조절하여 제한**하는 것 • 계획적인 소비생활을 위해 기초가 되는 절제의 필요성을 인식하고, 절약과 저축하는 습관을 형성해야 한다.
	재활용	▶ **제품을 다시 자원으로** 만들어, **새로운 제품의 원료로 이용**하는 일(리사이클링, Recycling) • 리사이클링, 리듀스, 리유스와 함께 3R을 실천할 수 있어야 한다.
	리듀스	▶ **자원을 절약**하여, **쓰레기 배출을 최소화**하는 것(reduce, 쓰레기 줄이기)
	리유스	▶ 사용한 물건을 **다시 사용하는 것**(reuse, 재사용)

3 경제교육의 내용

자원	▶ 인간이 **생산, 소비, 분배 등 경제활동 전반**에 활용할 수 있는 **모든 물질적·비물질적 요소**를 의미한다. 예 인적자원, 천연자원, 물적자원, 금융자원, 사회적 자원, 자본재 등 • 자원은 인간에게 유용하게 쓰이는 각종 재화와 용역을 말한다. • 기초 자원, 천연자원, 에너지 자원 등 유형 자원뿐만 아니라, 아이디어나 지식, 시간, 신용 등 무형 자원을 포함한 광범위한 차원에서의 자원을 의미한다. • 경제 사회에서 자원의 배분은 소비자의 선택에 의해 결정되므로, 유아들은 소비자의 입장에서 자원의 종류와 자원의 거래에 사용되는 화폐의 개념을 이해하고, 효율적으로 자원을 소비하고 관리하는 방법을 경험해야 한다.
시장 (Market)	▶ **재화와 서비스가 거래되는 장소** 또는 **경제활동 순환 과정**이 **이루어지는 시스템** • 시장은 거래의 대상이 존재하고 수요자와 공급자가 있어 거래가 이루어지는 곳으로 특정한 장소가 필요하지 않은 경우도 있다. • 그러나 어떤 경우라도 수요자와 공급자가 서로의 의사를 확인할 수 있는 접촉점이 필요하며 규칙과 질서가 존재하는 곳이어야 한다. • 유아들은 경제활동 순환 과정에서 나타나는 생산, 소비, 유통, 구매, 직업의 기초적인 의미를 이해하고, 간단한 경제활동에 참여해 보면서 생산자와 소비자의 관계를 이해하고, 그 과정에 필요한 소비자의 역할과 책임을 경험해야 한다.
공유 (현명한 소비)	• 자본주의 시장 경제 체제에서는 모든 사람이 경쟁을 통해 능력에 따라 부를 축적하지만 시간이 흐를수록 부익부, 빈익빈 현상이 심화되고 있다. • 따라서 이익의 재분배에 관심을 가지고, 공유를 통해 정의로운 분배를 실현할 수 있는 현명한 소비 마인드를 갖는 것이 중요하다. • 유아들은 개인의 만족을 추구하는 소비자 입장에서 한 걸음 나아가, 소비자의 역할과 책임을 알고 실천하며, 현명한 소비와 투자, 기부를 경험해 볼 수 있어야 한다.

4 프로그램 교수학습 방법

프로그램 교수학습 방법		
	• 본 경제·소비자교육 프로그램은 유아 수준에 적합하게 선정된 경제·소비자 개념 요소를 유아들이 실생활에서 다양하게 적용할 수 있는 직접적인 경험 중심의 교수학습 방법으로 구성되었다. • 이를 위하여 게임, 극놀이, 견학, 동작, 조형, 음악, 이야기 나누기, 토의, 토론, 동화, 동시, 조작, 조사 등 다양한 활동 형태로 구성하였다.	
	통합적 활동 접근	• 분리된 교과나 단위 활동으로서의 학습이 아닌, 활동과 활동 간에 경제·소비자 개념이 유기적으로 연결되는 통합적 활동으로 구성하였다.
	문제 해결 중심의 탐구적 접근	• 기초적인 경제·소비자 관련 문제를 인식하고 정보를 모으고, 자료를 분석하여 문제를 해결해 나가는 능동적 접근방법으로 구성하였다.
	일상생활을 통한 접근	• 일상생활과 밀접한 경제적 문제 상황을 통해 경제개념과 유아의 경험을 관계 지을 수 있도록 접근하였다.
	체험 중심의 접근	• 유아가 경제활동의 참여자로, 또 소비자로서 실질적인 체험할 수 있는 활동으로 구성하였다. • 직접 경험이 어려운 내용은 신문, 잡지, 인터넷 등을 활용하여 시청각적으로 생동감 있게 접근하였다.

IV. 지리 - 교사와 유아를 위한 유아 사회교육 활동자료(2007)

1 지리 교육의 개념 및 필요성

개념	• '**공간과 장소의 과학**'이라 불리는 지리 교육은 공간에 대한 감각을 발달시키고 장소의 물리적 요소와 인적 요소, 그리고 이들 요소가 어떻게 상호작용하며 장소의 특성에 영향을 미치는가에 대해 가르치는 교육이다. • 유아가 주변 환경을 탐색하기 시작하고 사물을 구별, 인식하고 경험하게 됨으로써 자신의 머릿속에 장소, 공간, 사물, 환경에 대한 개념을 형성하게 되고, 이에 대한 사람들의 대처방식 및 상호작용에 대해서도 이해할 수 있도록 가르치는 교육이다.
필요성	• 유아들은 어린 연령의 영아기부터 자신을 다른 사람이나 사물로부터 구별하면서 자신을 둘러싸고 있는 주변에 대해 인지하고 점차 성장하면서 적극적으로 자신의 주변 환경에 대해 탐색하게 되면서 지리에 관하여 학습하게 된다. • 유아들은 일상생활 속에서 많든 적든 간에 여러 사람 및 장소와 직접적으로 접하게 됨으로써 유아가 가지게 되는 경험은 지리 개념을 형성하는 중요한 요소로 작용한다. • 유아들의 생활에 필요한 정보를 얻고 환경에 대한 개인적 조절 감각을 획득하며 사물과 장소에 대한 인식과 감각을 발달시키고 환경에 대한 책임감을 증진시킬 수 있으며 세상의 아름다움에 경이감을 느끼고 지역 수준을 넘어서 세계 수준에서 다양한 문제를 해결하기 위한 소양을 갖추기 위해 필요하다.

2 학자별 지리 교육의 내용

학자별 지리교육의 내용	멜렌데스, 벡, 플레처(2000)	• 위치, 장소, 지역, 이동
	교육인적자원부 (2007)	• 방향과 위치 • 지도 • 우리가 살고 있는 지역 • 지리적 환경과 사람들의 대처 양식 • 다른 지역에 사는 사람들 간의 상호작용
	시펠트, 캐슬, 포크너 (2009)	• 방향과 위치 • 우리가 사는 곳 지구 • 지역 • 장소 안에서의 관계 • 공간적 상호작용
	전미사회교육협회 (NCSS)	• 위치(방향과 위치) • 장소 • 지역 • 장소와 인간의 상호작용(장소 내에서의 관계) • 이동(공간적인 상호작용)

3 지리 교육의 내용

방향과 위치	▶ 우리가 살고 있는 **장소에서 자신과 다른 사람, 사물과의 관계를 이해하는 것** • 유아는 공간 속에서 자신의 신체를 움직이면서 방향과 위치를 자연스럽게 익히는 경험을 통해 지리 개념이 발달된다. • 관련 활동으로는 '오른쪽과 왼쪽, 앞과 뒤'와 같은 방향을 나타내는 용어와 '위와 아래, 사이에, 다음에'와 같은 위치를 나타내는 용어를 사용하기, 거리를 측정하기, 지도를 보고 방향과 위치를 찾기 등의 내용을 포함한다. [기] 지리 교육내용 ⊙ '1층에서 계단으로 위로 올라갔던 거 기억'과 ⓒ '그림책 파는 곳 지나서 옆으로 가면 장난감도 있었어.'을 각각 쓰시오. ⊙ **방향**, ⓒ **위치**[24]
	• **사물의 방향 및 위치 알기**(자신의 위치, 사물의 위치, 상대적 위치) • **방향과 위치를 나타내는 용어 사용하기**(위, 아래, 앞, 뒤, 옆, 오른쪽, 왼쪽 등)
지도	▶ 지도는 **위치나 장소를 나타내기 위한 지도 사용에 관한 것**으로 유아가 방향과 위치를 익히는 데 활용하기 좋은 도구이다. • 또한 공간에 관한 지식을 가장 정확하게 전달해 주는 의사 수단이며 지도 그리기 활동은 방향 조망 기호 등과 같은 공간의 이해를 고려하여 유아의 주변 환경을 작은 종이에 옮기는 높은 수준의 표상 활동이라고 할 수 있다(Seefeldt,1997). • 관련 활동으로는 지도 관찰하기, 유아가 다녀온 장소를 지도에 표시하기나 지도로 표시하기 등의 내용을 포함한다.
	• 위치나 장소를 나타내기 위해 **지도 사용**하기 • **지도의 기능** 알기(지도에서 길, 건물 찾아보기, 지도를 보고 찾아가 보기) • **지도 만들어 보기**(간단한 지도 만들기, 모델을 구성하기, 거리를 추측해 보기, 단순한 지도에 친구들과 약속한 기호 사용하기, 조망 : 평면도를 그리기 위해 위에서 아래의 사물 내려다보기) • **지도를 통해 사물 간의 공간적 관계를 알기**(지도에서 멀리, 가까이 있는 것, 옆, 뒤, 앞에 있는 것, 같은 방향에 있는 것을 찾아보기)
지역	▶ 우리가 살고 있는 지역은 우리가 사는 **지역의 자연적 특성과 물리적 특성을 인식하는 것** • 유아는 자신의 사는 지역을 다양한 관찰 및 경험을 통해 땅, 물로 덮인 부분, 언덕같이 솟아오르는 부분을 인식할 수 있다. • 관련 활동으로는 우리가 사는 동네 돌아보면서 우리 동네와 지형적 특성과 자연적인 특성을 경험하고 비교하기 등의 내용을 포함한다.
	• 지역의 **자연적 물리적 특성** 인식하기 – 지형 : 땅(딱딱한 땅, 모래, 진흙 등), 물로 덮인 부분(강, 호수, 바다 등), 평평한 곳(평야, 평지), 언덕과 같이 솟아오른 부분(언덕, 분지) • 생활 장소로서의 인식 : 지역에서 나는 **동물, 채소**, 지역의 **기후**, 지역 사람들의 생활 장소(집, 학교, 놀이 공간, 시장, 회사, 공장 등) • 지역 사람들의 특성 인식하기 : **언어(사투리, 억양 등), 문화**, 사는 사람들의 삶의 패턴(이사, 주말부부)

지리적 환경과 대처방식	▶ **사람이 환경에 적응하거나 변화시키는 방법을 연구하는 것**으로 **기후와 환경에 따라 환경을 변화시키는 것** 예 **편리한 생활을 위해 댐**을 만들거나 **도로를 만드는 것**
	• 관련 활동으로는 교실의 영역을 재배치하거나 우리 동네를 견학하면서 주변 환경이 변화되는 것을 관찰하기 등의 내용을 포함한다.
	• 지리적 환경의 변화
	  – 자연적 특징의 변화(삼각주, 침식작용 등)
	  – 인공적 작용에 의한 변화(언덕, 산을 깎아 **도로 공사, 댐이나 저수지 건설**에 의한 변화)
	• **기후와 환경에 따라 사람들의 생활방식**이 다름에 대해 알기
	• 사람들은 산을 깎아 도로를 만들거나 댐이나 저수지를 만들어 지형을 변화시킴

다른 지역 간의 상호작용	▶ **교통수단을 이용하여 이동**하고 **통신과 같은 것의 정보를 교환하는 것**
	• 즉, 사람, 생산품, 정보 등이 어떻게 움직이는지 일종의 이동의 의미가 포함되는 개념으로 사람들이 멀리 떨어져 사는 사람들과 관계를 맺기 위해 교통수단과 통신수단을 사용하면서 서로 관계를 맺으며 살아가는 것을 아는 것이다.
	• 관련 활동으로는 각종 **교통수단**을 이용한 경험 이야기 나누기, **컴퓨터, 전화, 인터넷** 등과 같은 **통신수단**을 사용하는 경험하는 내용을 포함한다.
	• 다른 지역 사람들 간의 상호작용 및 방법
	  – **교통**수단(자동차, 기차, 비행기, 배 등)
	  – **통신**수단(편지, 전화, 이메일, 문자, 영상, 메신저, 트위터)
	  – **운송**수단(교통수단, 택배)
	  – **자원의 이동**
	  – **이민**
	• 멀리 떨어져 사는 사람들은 교통수단(자동차, 기차, 비행기, 배 등)을 사용하여 왕래하거나 통신수단(편지, 전화, 컴퓨터 등)을 사용하여 연락함

기출	기 유아들의 대화 속에 포함되어 있는 지리의 개념을 보기(장소, 관계, 이동, 기후, 위치, 기능)에서 찾아 쓰시오.[06] 유아2 : ① 그 과수원은 ○○동에 있었어요. **위치** 유아1 : ② 그곳은 산이 많고 사과나무가 많았어요. **장소** 유아3 : ③ 버스를 타고 갔다 왔어요. **이동**

| 지리 관련 자료 | - 지리는 우리가 살고 있는 장소의 특성과 장소의 물리적 요소와 인적 요소가 서로 어떻게 영향을 미치는지를 이해하는 데 많은 도움을 준다(Martin, 1995). 유아는 출생과 더불어 지리적 장소에서 생활하고 있고 이런 생활 경험을 통해 사물과 장소에 대한 감각과 인식을 발달시킨다(Fromboluti & Seefelt, 1999; Melendez, Beck, & Fletcher, 2000).
- 유아들이 일상생활에서 사용하는 말에서도 지리에 대한 표현이 자주 나타난다.
"선생님 어디 살아요?"**(장소)**,
"난 13층에 살아요. 선생님은 몇 층에 사세요?"**(위치)**,
"선생님, 난 배를 타고 제주도에 가봤어요."**(이동)**,
"중국에서 지진이 났대요. 우리나라도 일어날 수 있나요?"**(지역)**,
"자유 놀이 후에는 장난감을 모두 정리해야 해요"**(환경과 상호작용)** 등 유아의 말에는 지리에 대한 지식과 이해, 지적 안목을 갖고 싶어 하는 욕구가 표현되어 있다.
- 매일 그들 주변을 걸으면서 사람들이 장소와 어떻게 관련되는지, 환경을 어떻게 변화시키는지, 날씨에 따라 장소가 어떻게 변화하는지, 사람·상품·아이디어가 어떻게 이동하는지를 이해하기 시작하고 놀이와 경험을 통해서 기초적인 지리 지식을 배운다(Fromboluti & Seefelt, 1999).
- 학생이 경험하는 공간을 중심으로 하는 생활 중심 교육과 장소 중심의 지리 교육 내용으로 구성된다. 지리 교육 내용은 학습자들이 가능한 다양한 장소들을 경험할 수 있도록 구성되어야 하며, 경험을 통하여 장소와 관련을 맺음으로써 장소를 의미화 하도록 하고 있다.
- 유아들에게 자신이 살고 있는 세상과 더욱 친숙해지고 다른 장소의 사람들에 대해서 관심을 두도록 교육하기 위해 적절한 지리 교육 내용과 지리 교육 활동 경험을 안내할 지리 교육 기준에 관한 관심이 필요하다.
- **장소** : 특정한 위치를 점하고 있는 **가장 작은 단위의 지리 요소**를 장소라고 한다. 지구상에는 무수한 장소가 존재하며 **그중 단 하나도 같은 곳은 없다.** 그러나 장소는 인접한 장소와 구별되는 독립적으로 존재하면서도 인접한 장소들과는 필연적으로 유기적인 관계를 유지하고 있다.
- **지역** : 이들 **유기적인 관계를 중심으로 서로 다른 장소들이 결합**하여 새로운 개념의 지리적 **특성이 나타날 때** 이를 지역이라고 한다. 지역은 **하나 또는 그 이상의 공통점을 갖는 공간**으로서 **같거나 서로 유사한 지역**이 지구의 곳곳에 존재한다.
- **장소와 지역 비교** : 장소가 **점**적인 특징을 갖는다면 **지역은 면**적인 특징을 갖는다. 지표상에는 끊임없이 에너지(물질)이동이 일어나고 있고 장소나 지역 간에 교통과 통신, 공기와 물의 순환, 문화의 확산 등 강한 상호의존적 관계를 맺고 있다. |

위치 (location)	▶ **인간과 사물**이 **세상에서 차지하는 자리** • 지리 이해의 가장 기초적인 개념으로 특정 장소에 자리하고 있는지를 정확히 말하는 것이다. • 절대적인 위치는 위도와 경도로 표현되고, 상대적 위치는 다른 장소와 관계 속에서 결정된다. 유아기는 상대적 위치부터 접근해야 한다. | 위치 | • 인간과 사물이 세상에서 차지하는 자리가 있다. | |---|---| | 예 | • 위도, 경도, 왼쪽, 오른쪽, 위, 아래 | | 질문 | • 저기가 어디인가? |
장소 (Place)	▶ **특정한 위치를 점**하고 있는 **가장 작은 단위의 지리 요소**로, 고유한 특성을 가지며 지구상에 유일하게 존재하는 공간 • 사람처럼 장소도 많이 있지만 똑같은 장소는 없다. 무엇이 그 장소를 특별하게 만드는가? • 장소의 물리적, 인위적 특성은, 사람들이 어디에 사는지 왜 거기서 사는지, 자연 자원을 어떻게 이용하는지 등 많은 것을 알려준다. • 장소의 **물리적 특성**은 자연(기후, 땅의 형태, 고유의 동 식물, 토양 등)에 의해 결정된다. 장소의 **인위적 특성**은 문화(언어, 의상, 건축 양식, 정책방향) 등에 의해 결정된다. ※ 2007 개정 유치원 교육과정 및 다수의 유아 사회교육 전공서는 이 '장소'에 대한 내용을 삭제하고, '지도'로 대체함으로써 현 내용을 '지역'으로 넣은 것으로 보입니다. | 장소 | • 물리적, 인위적 특성에 따라 다양한 장소가 있다. | |---|---| | 예 | • 아파트, 단독주택, 동물원, 수목원 | | 질문 | • 저기에 무엇이 있는가? |
지역 (region)	▶ **지형, 기후 등 공통적 특성을 가진** 일정한 **공간적 범위** • 지역은 많은 장소를 포함한 영역이다. 지역은 **위치, 장소, 인간과 환경의 상호작용, 이동** 등을 **종합하여 유사한 특징을 보이는 장소**를 말한다. • 지리학자들은 **물리적이고 문화적인 방식으로 지역을** 범주화한다. **물리적 지역은 기후, 지형, 식물 분포**에 따라 분류된다. 문화적 지역은 **문화적, 역사적 연속성**을 갖고 있는 지역이다. • 유아들에게 지역을 알게 하려면 자기 문화의 노래, 라임, 예술, 전래동요를 소개할 수 있다. 같은 지역에 사는 사람들은 언어나 공휴일이 같고 유사한 종교를 갖는다는 것도 알려줄 수 있다. | 지역 | • 위치, 장소, 인간과 환경의 상호작용, 이동 등을 **종합하여 유사한 특징을 보이는 장소**가 있다. | |---|---| | 예 | • 기후, 지형, 식물 분포에 따른 **물리적 지역** • 문화적 역사적 연속성을 갖는 문화적 지역 | | 질문 | • 우리 지역 날씨는?, 전래동요는?, 축제는? |

인간과 환경의 상호작용 (interaction of human and environment)	▶ 인간이 **환경에 의존하거나 적응**하며, **환경을 변화**시키는 과정 • 사람들은 자신의 문화적 가치를 통해 본래의 환경에 적응하거나 수정한다.		
	상호	• 인간은 환경에 의존하거나 적응하고, 환경을 변화시킨다.	
	예	• 수상가옥, 너와집, 간척지, 환경보호 운동	
	질문	• 우리는 환경을 어떻게 보호하고 조절할 수 있을까?	
이동 (movement)	▶ **사람, 생산물, 정보**가 어떻게 **한 장소에서 다른 장소로 이동**하는지와 관련 • 사람, 생산물, 정보는 이동 패턴이 있다. 사람들은 서로 다른 지역사회에서 살면서 교통수단과 의사소통을 통해 서로 상호작용한다. 직접적인 이동을 넘어 생산품과 사고를 통해 상호작용한다. • 세상 모든 사람은 직장에 가거나 학교 가거나 친척 집을 방문하기 위해 이동을 한다. • 설탕과 커피 같은 상품이 한 나라에서 다른 나라로 배로 운반된다. • 정보는 전화, 텔레비전, 팩스, 컴퓨터를 통해 전달된다. • 이동을 이해하는 것은 유아들이 많은 물건들이 세상 사람들 모두에게 서로 필요하다는 것을 알게 해준다.		
	이동	• 사람, 생산물, 정보는 이동 패턴이 있다.	
	예	• 각종 교통수단, 컴퓨터	
	질문	• 사람, 상품, 사고는 이곳에서 저곳으로 어떻게 갈 수 있을까?	

4 지리 교육의 교수·학습 방법

지리 교육의 교수·학습 방법	① 유아에게 적합한 **지리 교육 자료**의 준비 및 제공
	   - 낯선 장소에 대한 사진이나 그림, 다양한 블록들, 동서남북의 기본적인 표시들, 다양한 측정 도구, 컴퍼스, 돋보기, 지도와 지구본 등
	② **문학책 활용** : 지리 교육 개념별로 동화책 목록 구성하여 활용하기
	③ 지리 교육을 촉진하기 위한 **교실 환경 준비**
	   - 다양한 공간과 형태를 갖춘 교실로 설계하기, 주기적으로 공간을 변화하기, 여러 가지 놀잇감과 동식물 재질을 포함하기, 교실 지도 개발하기
	④ **현장 견학**
	   - 유아들의 흥미, 지역사회 자원, 소요 시간, 운송 방법, 유아와 교사 및 자원봉사자 수, 안전, 견학의 목적 및 특성, 방법(관찰, 질문, 비교 등)에 대해 고려하기
	⑤ **지도 사용 및 제작**
	   - 지도의 5가지 요소(원근법, 축척, 위치와 방향, 기호, 내용과 목적)에 기초하여 지도를 소개하고 다양한 도구와 재료를 이용하여 지도 만들어 보기
	⑥ **지구본 사용**
	   - 가족들이 태어난 장소의 위치 찾아보기, 이야기 또는 현재 사건이 일어난 장소 찾아보기, 거리 재어보기, 특정적인 지형 찾아보고 표시하기

5 지리 탐구 기술

- 지리교육의 효율적 지도 방법은 국제적인 지리 기준(GESP : Geography for Life, 1994)에서 제시한 유치원과 초등학교에서 발달시킬 수 있는 다섯 가지 기술을 이해해야 한다. 따라서 다음 다섯 가지 기술을 먼저 살펴보자.

지리 탐구 기술	지리적 질문하기	• 아동에게 질문하기는 자연스러운 일이다. 세상에 대한 본능적 호기심이 많은 영아는 "이게 뭐예요? 저건 뭐예요?"라고 묻는다. 그리고 질문하기를 넘어서 "왜요?"의 물음이 시작되는데, 3~4세 아동은 "왜 하늘은 파래요?", "왜 그래야 해요?"와 같은 질문을 계속한다. • 이후 아동이 "호수는 무엇으로 만들어졌어요?", "언덕은 어떻게 만들어졌어요?"와 같은 실제로 **지리학과 관련된 질문**을 한다. • 이후 "옥수수는 항상 들판에서 자라지요?"와 같은 유추 질문을 한다. • 집. 교실, 학교에 있는 사물이나 지역의 위치에 대해 질문하기 • 또래, 친척, 자신들의 집에 대해 질문하기 • 이야기 안에 묘사된 장소들에 대해 질문하기 • 동물들이 사는 장소에 대해 질문하기 • 미디어에서 이야기하는 장소에 대해 질문하기 • 지형 등에 대해 흥미 보이기 • 이야기나 뉴스 속 장소들의 지리적인 특징 알기 • 먼 곳과 교통수단에 대해 질문하기 • 사람들이 사용하는 길에 대해 질문하기 • 공동체 안에서 사용하는 말에 대해 질문하기 출처 : Melendez, W. R., Beck, V., & Fietcher, M.(2000). Teaching social studies in early education.

주B8. 1) 유아들의 발화에 나타난 **지리 탐구기술** 2가지를 쓰시오.[24] 지리학적 질문하기, 지리학적 정보 얻기

유아들 : (사진을 함께 보며) 우리가 봤던 것이 사진에 다 있네!
정 은 : 꽃집이 유치원 길 건너에 있었죠? 거기에 벌레 잡아먹는 식물도 팔아요?
서 준 : 내가 아까 봤는데 거기에서 팔았어요.
재 호 : 우리가 마트에서 그림책 봤는데 몇 층이었어요?
정 은 : 2층이었잖아. 마트에서 찍은 사진 보니까 2층에 그림책이 있어.

3) 지도 만들기를 위한 교사의 인식 또는 지도 방법 중 적절하지 <u>않은</u> 2가지를 찾아 기호와 그 이유를 각각 쓰시오.[24]
 ⓔ, 기호가 많은 지도는 추상성이 커서, 처음 지도를 사용하는 유아의 발달에 부적합하기 때문이다.
 ⓐ, 유아는 사진이라는 시청각적 매체보다 직접 동네를 걸어 다니는 실제 경험이 발달적으로 더 적합하기 때문이다.

 ⓔ 유아들이 지도로 처음 놀이할 때 지도의 기능을 더 잘 보여주려고 기호가 많은 지도를 사용했어요.
 ⓐ 지도를 만들기 위해서 동네를 걸어 다니기보다 동네 사진을 유아에게 보여주면 좋겠어요.

지리탐구기술	지리적 정보 획득하기 (정보 수집)	• **지도와 같이 제시된 자료를 통해 정보를 얻고 처리하는 과정**은 일종의 기술인데, 미첼(1934)은 아동이 태어날 때부터 이러한 기술을 갖고 있다고 보았다. • 영아가 누워서 팔을 움직이는 것을 보면 마치 시작과 끝이 있는 것처럼 팔을 휘젓는다. 영아는 마치 움직임의 의미를 알아내려는 것과 같이 눈썹을 찡그리며 호기심 어린 표정으로 모빌을 응시한다. • 걸음마기 영아 때 아동은 정보를 수집하고, '이것은 의자, 이것은 소파'와 같이 차이를 분석하며, 유치원 시기 아동은 **책, 그림, 지도 등과 같은 부가적 자원을 이용**하여 지리학적 기술을 형성한다. • **다양한 출처에서 정보를 찾아내고 선택하는 것**은 기술이다. • 유아들은 보조적인 자료인 **책, 사진, 지도를 참고**하기도 한다. • 지리적 정보를 얻기 위해 주변 공간을 직접 탐색해 보고 다루어 보고 장소를 방문해 보도록 하는 것이다. • 지리적 정보란 자연적, 인문적 특징, 그런 장소에 살고 있는 사람들의 지리적 활동과 상태에 관한 정보이다. 지리적 질문에 답하기 위해서 **다양한 정보원에서 다양한 정보를 수집하는 것부터 시작해야** 한다. 유아기에 **지리적 정보를 습득하는 자원으로 견학, 책, 그림, 지도 등을 활용**할 수 있다. • 공간(집. 교실, 놀이 공간)에 대한 특성들을 발견하기 위해 탐색하기 • 한 영역 내에 있는 사물들을 조직하여 정보 모으기 • 장소(미술관. 동물원, 농장 등)를 방문하여 정보 모으기 • 특별한 지역에 관한 정보를 모으기 위해 사진이나 그림 관찰하기 • 책을 통해 정보 모으기 • 시간의 변화를 관찰하고 정보 기록하기(날씨 등) • 방문한 장소의 사진 찍기 • 그림을 그리거나 녹음하여 정보 기록하기
	지리적 정보 조직하기 (정보 조직)	• **지도를 그려** 보고, **의견을 말**하거나 쓰고, **그래프를 구성**하는 활동 등을 통해 정보를 조직하는 기술을 발달시킨다. • 유아들은 **지도를 작성하고 전시하고 말하거나 쓰고, 도표를 구성**하는 지리적 정보를 조직하는 기술을 발달시킨다. • 직접적인 경험을 통해 모은 정보를 전시하고 표현하기 위해 여러 사물을 사용하도록 하는 것이다. • 수집된 자료들은 **시각적, 그래픽 형태로 분리되고 분류되어야** 한다. 지리적 정보를 조직하는 데는 여러 가지 방법이 있지만 **그중 지도가 가장 핵심적인 역할**을 한다. • 블록이나 사물들을 사용하여 직접 경험을 통해 얻은 정보를 나타내기 • 그림을 그려 관찰했던 것 표현하기 • 장소와 관련된 정보를 묘사하기 위하여 절차나 다른 자료에서 사진 오리기 • 날씨의 변화. 도로나 건물 공사 시 경치 변화, 날씨에 따른 사람들의 의상 변화를 매일 기록하기 • 간단한 지도 준비하기 • 그림 도표를 사용하여 정보 나타내기

지리적 정보 분석하기 (정보 분석)	• 유치원 시기 아동은 **공간 내 자신의 위치를 알아내기 위해 지도를 사용**할 수 있고, **그래프를 해석하는 것을 배울 수** 있다. • 아동은 지리학적 관계를 배우기 위해 관찰하고, 참고도서, 인터넷 등을 사용한다. • 많은 종류의 **텍스트 책, 백과사전, 논문**은 지리적 **관계를 연구**하는 데 사용된다. • 사진이나 그림을 관찰하고 속성이나 관계를 파악해 보도록 하는 것이다. • 지리적 정보를 분석하는 것은 패턴, **관계성(relationships), 연결성(connections)**을 찾는 것과 관련되어 있다. 정보를 분석하고 해석함에 따라 **의미 있는 패턴과 과정**이 나타난다. 지도, 그래프, 다이어그램, 표, 기타 정보원을 통해 **지역 간의 관계와 유사성을 기록하고 패턴을 인식**하고, 추론해 내야 한다. • 장소를 방문하고, 그곳의 특징에 대한 느낌 나누기 • 책에서 예시들을 찾아 헤매기 • 사진이나 그림들을 관찰하고 그것들의 특성이나 관계에 대해 해석하기 • 교실과 다른 장소 사이의 거리를 알아보기 위해 학교 배치도 사용하기 • 유아 자신이나 친구들이 살고 있는 곳을 지도에서 찾아보기 • 그림 도표를 보고 그것의 의미 해석하기 • 거리, 나라들의 크기 등을 비교하기 위해 지구본이나 지도 관찰하기
지리적 질문에 대답하기 (답하기)	• 사고하기와 문제 해결 과정의 마지막 단계인 결론에 도달하기를 통해 아동은 지리학적 기술을 완성한다. • 아동은 자신이 발견한 것을 집단 앞에서 보여 주고, 이야기로 쓰거나 그리기, 장소 재구성을 통해 **어떻게 결론에 도달하고 일반화하게 되었는지**를 보여 준다. • 사고나 문제 해결 과정의 마지막 단계인 결론을 찾을 때 지리적 기술은 완성된다. • 유아들은 그들이 발견한 것, 즉 **어떻게 결론을 찾아내고 일반화시켰는지를 이야기, 그림, 구성물로써 나타낼 수** 있다. • 지리적 질문에 답하기 위해 글쓰기, 그림이나 조형물의 형태로 결과물을 제시하고 추론을 사용해 보도록 하는 것이다. • 이런 기능은 그래픽 형태로 조직된 정보를 근거로 추론하는 능력과 관계되며, 지역적 차원에서 적용되는 일반화와 지구적 차원에서 적용되는 일반화로 구분하는 능력과 관계된다. 이상과 같이 성공적인 지리적 탐구는 지리에 대한 **의문점에 답을 찾기 위해 정보를 수집, 조직, 분석**하고 **종합한 자료를 근거로 일반화와 결론에 이르는 것**으로 끝난다. • 유아들이 살고 있는 장소를 묘사하기 위해 참고 자료 사용하기 • 뉴스나 미디어에서 본 장소에 대한 정보 공유하기 • 사진이나 그림의 유사한 장소를 인지하기 • 사물이나 사람의 위치를 자세하게 묘사하기 • 한 공간 안의 장소나 사물들을 묘사하기 위해 블록이나 다른 사물들을 사용하여 모델 구성하기 • 장소에 대한 느낌을 공유하기 위해 그림 그리기 • 길을 찾기 위해 간단한 지도 사용하기

6 지리 탐구 기술(요약 - 기능 습득의 예)

지리 기능	내용	기능 습득의 예
지리적 질문하기	• 다양한 지리적 현상에 관한 질문	우유는 어디에서 나오나요? 산에 무엇이 살아요?
지리적 정보 수집	• 자연적, 인문적 특징, 한 장소에 살고 있는 사람들의 지리적 활동과 상태에 관한 정보를 수집하는 과정	견학, 책, 그림, 인터넷을 활용한 정보 수집
지리적 정보 조직	• 수집된 자료들을 시각적, 그래픽 형태로 분리, 분류하는 과정	정보를 정리하여 이야기하기, 그림지도 그리기, 그래프 만들기, 지형 구성하기
지리적 정보 분석	• 지리적 정보에 대한 패턴, 관계성(Relationship), 연결성(connections)을 찾는 과정	위치, 장소, 이동, 환경과의 관계, 지역 간의 관계와 유사성을 분석하고 패턴을 인식하고 추론하기
지리적 질문에 답하기	• 조직된 정보를 근거로 지리적 질문에 대한 답을 추론하고 일반화	우유는 농장에서 우유공장을 거쳐 우리 교실로 가져온다. 산에는 다양한 지형 속에서 많은 동식물이 살고 있다.

7 지리적 질문하기

지리 개념	질문의 예
위치	• 우체국은 어디에 있니? • 운동장에서 무엇을 발견하였니? • 서울에 가본 적이 있니? • 서울에 어떻게 갔니? • 서울은 얼마나 멀리 있니?
장소	• 네가 사는 곳에 관해 이야기해 볼 수 있니? • 너희 집에 누가 살고 있니? • 동물원에 가서 무엇을 보았니? • 시장에서 사람들은 무엇을 하고 있었니? • 동물(식물)은 어디에 살고 있니? • 네가 사는 집은 어떻게 생겼니?
인간과 환경의 상호작용	• 이 지역에서 땅은 어떻게 이용되었을까? • 우리는 어떻게 환경을 보호할 수 있을까?
이동	• 유치원까지 어떻게 오니? • 집으로 갈 때 버스는 어떤 길로 가니? • 가족들은 어떻게 일하러 가니? • 편지를 어떻게 멀리 보낼 수 있을까? • 먼 곳에 사는 친척과 어떻게 의사소통할 수 있니? • 밥은 어디에서 가져오니? • 음식과 옷은 어떻게 가게로 가져오게 되는 것일까?
지역	• 사람들은 왜 서로 가까이에서 살지? • 무엇 때문에 이웃이 생겼을까?" • 넌 어느 동네에 사니?" • 그들은 어디에서 자랐니?" • 그곳 사람들은 어떤 옷을 입니?"

V. 역사 - 유아를 위한 역사교육 활동자료(2005)

1 역사교육의 필요성 및 목적

필요성	• 인간은 급속한 변화나 상충적인 사회적 요구를 경험할 때 혹은 복잡한 갈등적 요소를 포함한 상황에서 선택을 해야 할 때 위기를 맞이하기 쉽다. • 우리가 살아가고 있는 오늘의 현실은 이러한 요소들을 복합적으로 포함하고 있으며 이로 인해 어린이들은 개인 정체성과 집단 정체성 확립에 어려움을 보이며 이는 매우 심각한 사회적 문제로 대두되고 있다. • 과학 기술의 발달과 급격한 변화, 그리고 국제화·세계화를 표방하는 현대 사회에서 유아가 한국인으로서의 정체성을 확고히 하고 세계 여러 나라와 조화를 이루면서 살기 위하여 역사교육이 필요하다.
목적	• 역사는 과거의 인간이 사고하고 행동하는 가운데 이루어졌던 모든 사실의 총체를 오늘의 인간이 되돌아보는 것으로 **과거의 여러 기록물이나 사건 혹은 경험 등을 통해 자신의 뿌리와 근원에 대해서 알고 현재를 이해하는데 기초적인 역할**을 한다. • **역사교육의 목적은 과거에 대한 이해를 통해 현재를 바로 인식하고 바람직한 미래를 설계**하는 것이다. 즉, **역사의 흐름을 통하여 인식의 폭을 넓히고 세상을 바로 보는 능력을 키워주는** 것이 역사교육의 궁극적인 목표이다. • 유아를 대상으로 하는 역사교육은 역사에 대한 유아의 흥미와 관심을 유발하고, 과거, 현재, 미래의 삶이 변화하는 것을 이해하는 것에서부터 출발한다. • 점차 유아가 성장하면서 시간에 따른 변화와 관계성에 대한 이해를 바탕으로 사회적 정체성 및 민족적 유대감을 형성하고 자신의 존재를 인식하는 것 즉, 역사의식을 함양하는 것을 궁극적인 목적으로 한다.

2 역사교육에 대한 입장

반대 입장	• Piaget의 인지이론에 근거하여 유아의 발달 특성상 **추상적인 시간 개념을 이해하기 어려우므로** 역사교육은 형식적 조작기에 이르러서야 가능하다는 견해(Hallam, 1970)가 있다. • 초등학교 1, 2학년 시기는 시원의식(이찬희, 1994) 단계로서 그들이 생각하는 과거는 매우 가까운 과거에 한정되므로 유아를 대상으로 하는 역사교육이 불가능하거나 필요하지 않다는 인식이 존재한다.

긍정 입장 및 역사교육의 방향	• 유아기에 정확한 시간 개념이 미숙하여 항상 이해하지는 못하더라도 직관적 시간 개념을 가지고 있으므로 효과적 교수 방법을 사용한다면 어느 정도 조작적 사고를 촉진시킬 수 있다(정선영, 2000).
	• 추상적인 시간 개념과 과거사에 대한 시대적 구분을 직접적으로 가르친다면 유아들이 이해하기 어렵고 의미가 없는 개념이 될 수 있다.
	  – 그러나 유아들은 자신의 생활과 밀접한 연관이 있는 과거에 대해서 많은 호기심과 흥미를 가지고 있으며, 자신을 포함하는 가족의 성장사, 옛사람들의 의식주, 그리고 오늘날까지 내려오는 전통 의식 등에 많은 관심을 보이고 끊임없이 의문을 제기한다.
	  – **자신과 연관성이 있는 과거에 대한 유아들의 호기심과 흥미에 입각하여 유아들이 공감할 수 있는 역사적 사건에서부터 출발하여 유아들에게 적합한 방법을 사용한다면** 역사교육은 유아기에도 매우 의미 있게 이루어질 수 있는 것이다.
	    ㉑ 옛날에 살았던 사람들의 삶의 경험이 시간 속에서 어떻게 변화되어왔으며 오늘날의 삶에 어떤 영향을 주는지에 대한 이야기를 중심으로 유아의 생활 주변 경험과 연결되는 사회생활 영역과 통합하여 역사교육을 전개한다면 유아기에도 역사교육이 가능할 뿐만 아니라 자기 정체성을 형성하고 자신과 타인의 관계성을 이해하는데 필수적인 요소가 된다. 또한 유아기에 들었던 재미있는 역사 이야기에 대한 기억은 성장한 이후 역사에 대한 흥미와 관심을 자극할 수 있다.
	• 어떤 교과든지 지적으로 올바른 형식으로 표현하면 어떤 발달 단계에 있는 아동에게도 효과적으로 가르칠 수 있다는 Bruner(1966, 1971)의 가설에 근거하면 유아의 지각 혹은 발달 수준에 맞도록 교과의 구조를 표현하고 역사 이야기나 놀이 등 유아에게 적절한 방식으로 접근할 때 역사교육이 효율적으로 이루어질 수 있다.
	    ㉑ 특정 사실이 그 시대 내의 다른 사실들에 어떻게 영향을 미쳤는지 연결을 지어보거나, 다른 상황이었을 경우의 결과를 상상해 보거나, 역사적 인물의 삶에 대해서 공감해 보거나, 과거와 현재를 비교해보는 탐구적 상호작용을 통해 역사적 사고의 발달을 도와줄 수 있다. 유아의 발달 단계에 맞추어 활동적, 영상적, 표상적 활동들을 적절히 활용한다면 유아에게도 효율적인 역사교육을 할 수 있다.
	• 유아 역사교육을 통하여 함양하고자 하는 **역사의식이나 자아정체감**은 타고나거나 우연히 길러지는 것이 아니라 **장시간에 걸친 체계적인 역사교육을 통해서만 얻을 수** 있다.
	  – 즉, 적합한 학습 내용과 접근방법을 통하여 어린 시기부터 체계적으로 교육을 시작하여 역사에 대한 친근감 및 호기심을 자극하고 유아가 성장함에 따라 지속적으로 역사의식의 함양으로 확장해 나가는 것이 필요하다.
	  – 특히 학교의 역사교육에서는 역사를 통해 우리 자신과 우리나라에 대하여 바르게 이해할 수 있으며 세계의 역사 속에서 민족적 정체성을 잃지 않고 우리가 나아가야 할 방향과 역할을 결정할 수 있도록 한다.

3 유아 역사교육의 목표

<table>
<tr><td rowspan="4">유아 역사교육의 목표</td><td colspan="2">
• 역사교육의 궁극적인 목적은 과거에 대한 이해를 통하여 현재를 바로 인식하고 미래에 대한 방향성을 정립하는 것이므로 최근 역사교육의 경향은 과거 사실의 암기나 단편적인 지식의 습득보다는 역사의식과 사고력의 배양을 중시하고 있다.
• 이러한 역사의식의 함양을 위해서는 역사를 단편적인 과거 사실 혹은 연대 암기 위주로 접근하는 것을 지양하고 유아들이 느끼고 탐구하고 경험할 수 있는 방식으로 접근해야 한다.
</td></tr>
<tr><td>인지적 측면</td><td>
① 시간의 흐름에 따른 변화와 관계성을 이해한다.
② 과거의 역사적 사실을 알고 과거와 현재, 현재와 미래의 관계를 추론한다.
③ 과거의 기록이나 문화유산, 가족사 등을 통해 옛 선인들의 생활사를 파악하고 현재 생활과의 연계성을 이해한다.
④ 과거의 사실이나 사건, 생활 등에 대해 탐구하는 경험을 통해 문제 해결 능력을 기른다.
</td></tr>
<tr><td>정의적 측면</td><td>
① 과거의 역사적 사건이나 사실, 역사적 인물과 공감해봄으로써 역사에 대한 흥미와 깊은 의미를 발견한다.
② 시간에 따른 변화, 가정과 지역사회, 국가와 세계 속에서 자신의 존재를 인식함으로써 정체감을 형성한다.
③ 시간의 흐름 속에서 자신의 뿌리, 근원을 이해함으로써 자아존중감을 발달시킨다.
</td></tr>
<tr><td>기능적 측면</td><td>
• 역사적 사실을 탐구하기 위하여 기록 찾아보기, 유적지나 박물관 방문하기, 역사적 사건 및 인물에 대한 신문 기사 활용하기 등의 방법을 활용하는 능력을 기르는 것이다.
</td></tr>
</table>

4 유아 역사교육 내용의 선정 기준

<table>
<tr><td>유아 역사교육 내용의 선정 기준</td><td>
① 유아의 흥미와 호기심을 불러일으킬 수 있는 것으로부터 출발하여 기존의 교육과정에 통합하여 전개할 수 있는 것을 선정한다.
　- 이를 위해서 유아의 삶 또는 부모, 조부모의 삶과 직접적 관계를 갖는 주제를 다루는 것이 좋다. 또한 역사를 왜곡하지 않는 범위 내에서 포함되는 가상적 요소는 유아들의 호기심을 불러일으키는 데 도움이 될 수 있다.
② 유아의 사전 경험과 배경을 고려하여 친근감을 느낄 수 있는 주제를 선정하는 것은 유아들의 탐구 방식에 중요한 영향을 준다.
③ 역사적 시간에 대해 다룰 때 일반적인 시간으로서의 시, 분, 초 개념으로 접근하기보다 **현재, 과거, 아주 오래된 과거로 구분하여 다루어주면 시간과 관련된 역사적 주제에 대한 유아들의 이해를 도울 수** 있다.
④ 유아들이 **직접 만져보거나 눈으로 볼 수 있는 역사적 자료를 활용**할 수 있는 내용을 선정하는 것이 좋다.
　- 예를 들면, 조상들의 생각과 삶의 경험을 반영하는 예술품을 통해서 역사적 내용에 접근하거나 가까운 지역의 박물관 견학이 가능한 역사 주제는 보다 구체화된 역사교육을 가능하게 한다.
⑤ 인간은 역사를 형성하고 발전시켜 온 주체이기 때문에 역사교육에서 특정 시대와 사상을 대표할 만한 인물을 선정하여 활동과 시대상을 연관하여 탐구하는 것, 즉 역사적 인물의 삶과 연관 지어 역사적 내용을 전개하면 더 생생한 역사교육이 이루어지고 유아들이 역사적 내용에 친밀감을 느끼도록 하는 데 도움이 된다.
</td></tr>
</table>

5 유아 역사교육의 개념

- 유아 역사교육의 주요 개념이란 유아를 대상으로 역사 관련 교육활동을 선정하는 데 있어서 기본이 되는 역사교육의 주제 및 개념을 의미한다.

기 사회과학 지식의 영역에서 밑줄 친 ⓒ, ⓔ, ⓜ을 포함하는 영역 1가지를 쓰시오.[18]
유아들이 ⓒ <u>시간의 흐름</u>을 이해하고, ⓔ <u>시간이 지나며 나타나는 여러 변화</u>가 있지만 ⓜ <u>여전히 지속되는 경험</u>이 있다는 것을 이해하도록 도울 수 있겠네요. **역사**

<table>
<tr>
<td rowspan="11">유
아
역
사
교
육
의
개
념</td>
<td rowspan="3">시간</td>
<td>
▶ 과거, 현재, 미래의 시간적 흐름과 사건의 순서를 이해하는 개념
• 역사교육은 시간과 관련된 교육이다. 즉, 현재와 가까운 시간이나 먼 시간에 일어난 사건을 순서 지어봄으로써 과거와 현재의 흐름을 알고 그에 따른 결과를 이해할 수 있다.
① 과거·현재·미래 구분하기
② 시간의 흐름에 대해 이해하기
③ 과거와 현재의 연계 과정 이해하기
</td>
</tr>
<tr>
<td rowspan="3">변화</td>
<td>
▶ 시간의 흐름에 따라 생활과 환경이 바뀐다는 것을 이해하는 개념
• 변화는 역사교육의 가장 기본이 되는 개념으로 생활 속에서 끊임없이 계속해서 일어나는 것이다. 즉, 변화는 삶의 일부이고 변화를 받아들이고 적응하는 것은 삶을 풍요롭게 사는 데 결정적인 역할을 한다.
• 유아 자신과 가족, 이웃의 변화 등을 통해 유아는 변화의 불가피성을 수용하고 변화에 적응하는 방법을 배울 수 있다.
① 주변의 변화 탐색하기
② 변화의 계속성 이해하기
③ 변화의 결과와 영향 알기
기 다음 ㉠ '<u>우리 모두 달라졌어.</u>'에 해당하는 역사교육의 개념을 쓰고 그 개념을 [A]에 비추어 설명하시오.[22] 변화, 유아들이 어릴 적 사진을 보며 키가 커졌다고 말하는 것처럼 변화는 시간의 흐름에 따라 달라지는 것을 말한다.
</td>
</tr>
<tr>
<td rowspan="3">인과관계</td>
<td>
▶ 과거의 사건이 발생한 원인과 결과 및 현재와 미래에 미치는 영향을 탐색하는 개념
• 과거의 모든 사실이나 사건에는 원인이 있고, 이러한 원인의 영향을 받아 현재 상황에 이르게 되는 것이다. 인과관계는 과거의 사실이 발생하게 된 원인과 현재에 이르기까지의 과정 및 영향에 대한 유아의 이해를 돕는 역사 개념이다.
① 사건(사실)의 원인과 결과 탐색하기
② 과거의 사건이 현재에 미치는 영향 이해하기
③ 현재의 사건이 미래에 미칠 영향 예측하기
</td>
</tr>
</table>

과거	▶ 유아가 **자신과 관련된 생활 등**을 통해 **시간의 흐름 속에서 이전의 삶을 이해**하는 개념 • 유아들은 '아주 오래 전에…', '옛날에…'와 같은 표현을 사용하여 자신의 과거 경험을 기억하며 말할 수 있다. 유아들에게 가장 흥미 있는 과거는 유아 자신과 관련된 생활이다. • 유아들은 조부모와 부모들을 통하여 과거를 대리 경험하기도 한다. 부모와 조부모, 유아교육기관의 교직원과 이웃은 유아들이 과거 개념을 이해할 수 있도록 도울 수 있는 중요한 인적 자원이다. • 또한 과거의 집과 과거에 사용된 물건들, 과거의 문화를 이해할 수 있는 이야기와 전설, 신화 등도 과거의 이해를 형성하도록 돕는 자원이다. • 과거 개념 형성을 위해 '옛날 사람들의 모습과 생활', '신화 속의 인물', '옛날에 사용했던 사물', '과거의 동물들'을 교육 내용으로 제시할 수 있다. 　예 '과거' 개념 형성을 위한 활동의 예 : 부모, 할머니, 교사, 이웃 등을 자원으로 활용한다. / 옛날 물건(호롱불, 인두)을 현대의 물건과 비교해 본다. / 과거에만 살았던 사라진 동물들을 알아본다./ 과거의 사람들이 살았던 환경을 알아본다. / 박물관, 도서관, 소방서, 고가, 교회 등 옛날 건물을 견학한다.
생활의 연속성	▶ **세대 간의 역사와 기념일 등**을 통해 **자신의 뿌리와 근원을 이해**하고, **과거와 현재의 생활이 연속적으로 연결**됨을 인식하는 개념 • 역사는 여러 기록물을 통해 사람들이 자신의 뿌리와 근원을 알도록 하며, 과거와 현재 생활의 연속적인 관계에 대한 이해를 돕는다. • 역사교육을 통해 유아는 과거의 사건이 현재의 생활에 주는 영향에 대해서 이해하게 된다. ① 과거의 생활과 현재의 생활 비교하기 ② 각 세대의 삶을 통하여 생활의 연속성 이해하기
리더십	▶ **역사 속 인물들의 지도력과 역할**이 **사회에 미친 영향을 탐색**하는 개념 • 인간은 역사의 주인공이다. 유아들은 자신과 관계있는 사람이나 역사적 인물, 영웅들에 대해 많은 관심을 가지며 이들에 대한 동일시를 통해 바람직한 가치관을 형성할 수 있다. ① 역사적 인물들의 배경과 존재 이해하기 ② 개인의 지도력이 역사에 미치는 영향 이해하기

6 유아 역사교육의 개념 예시

개념	내용	활동 방법
시간	일상생활의 과정	• 일상생활의 과정을 구조화한다. • 책을 통해 일상생활의 과정을 다룬다. • 유아들의 경험을 시간 용어와 연결 짓는다.
	시간의 측정	• 유아들이 겉옷을 걸거나 블록을 정리하는 데에 걸리는 시간 등을 알아보기 위해 **스톱워치**를 사용한다. • 책상을 닦을 때, 집에 갈 준비를 할 때 정해진 시간을 알아보기 위해 **모래시계**를 사용한다. • 빵이나 과자를 구울 때 또는 야채를 삶을 때 정해진 시간이 되면 울리는 **타이머**를 사용한다. • 시계 바늘을 돌릴 수 있고, 분해할 수 있고, 알람을 설정할 수 있는 **자명종 시계**를 활용한다.
	시간의 경과	• "네 생일이 지난 지 얼마나 됐니?", "우리 어제 점심에 무엇을 먹었지?", "이번 주에 유치원에서 가장 좋았던 것은 무엇이었니?" 등 **시간의 경과에 관한 이야기**를 나눈다. • 유아들이 시간의 흐름에 대한 의미를 부여할 수 있도록 유아교육기관의 1년 과정이 담겨 있는 생활 소책자를 만든다.
변화	유아 자신의 변화	• 유아들의 생일을 축하한다. • **태어났을 때와 현재의 몸무게**를 비교한다. • **아기였을 때 입었던 옷, 먹었던 음식**을 조사한다. • 유아들의 생활에 대한 그림 연표를 만든다.
	이웃의 변화	• **새로이 이웃이 이사 오는 것, 빌딩을 부수는 것**, 거리를 보수하는 것, 공원을 만드는 것 등을 관찰한다.
	유치원의 변화	• **교실 내의 가구를 재배치**하고 교실에 그림을 그려 장식한다. • **동물이나 식물의 변화**를 관찰한다. • **유치원 건물의 변화**를 관찰하고 조사한다.
	자연의 변화	• **나무, 나비의 유충, 올챙이 등 생물의 변화**를 관찰한다.
삶의 연속성	가족	• 부모들이 자녀에게 **부모의 과거**를 들려준다.
	세대 간의 접촉	• 유치원에 **할머니, 할아버지를 자원봉사자로 초대**하여 세대 간 **상호작용**을 도모한다. • 노인들이 자원봉사자로 일하고 있는 기관에서 함께 활동한다.
	공휴일	• **공휴일을 통해 과거의 문화적 유산과 삶의 연속성을 경험**한다. • 유아들의 활동과 경험을 중심으로 의미 있고 즐겁게 계획한다.
과거	사람	• 부모, 조부모, 교사, 이웃 등을 자원으로 활용한다.
	사물	• **옛날 사물을 현대의 사물과 비교**해 본다(음식, 도구, 사진 등). • 박물관, 도서관, 소방서, 교회 등 옛날 건물을 관찰한다.
	내러티브	• 이야기, 신화, 전설, 전기 등을 활용한다.

7 유아 역사교육의 접근방법

역사 이야기를 통한 접근	• 역사(history)는 잘 서술된 이야기이다. 이야기(story)를 통해서 알게 된 역사적 지식은 오랫동안 유아들의 기억에 남게 되고 역사의식을 일깨워주는 데 도움이 되며 유아의 상상력 발달에 기여할 수 있다. • **역사적인 사건이나 인물을 소재**로 하여 유아들이 이해하기에 적합하도록 구성된 **이야기를 통한 역사교육**은 유아들이 역사에 자연스럽게 다가갈 수 있도록 돕는다. • 이야기 들려주기는 유아교육 현장에서 널리 활용되고 있는 방법으로 유아들에게 매우 친숙하며 흥미를 불러일으키는 교수 방법이다. 역사 이야기에 그림을 첨가하여 유아들에게 제시하면 보다 생생하고 구체적인 역사 교육이 이루어지게 된다. • 역사 이야기가 다른 형태의 이야기들과 차별되는 특성(이윤희, 2003) ① 역사적 현상 혹은 인물 등 과거의 사건과 특별한 연계를 가진다. ② 역사적 상상력을 통하여 과거와 현재의 교감을 이끌어내며, 평이한 사건이나 인물을 통해서도 역사적 감각을 획득할 수 있도록 한다. ③ 역사 이야기는 주로 아동을 대상으로 하기 때문에 역사적 정보 전달의 측면도 중요하다. ④ 역사 이야기에는 역사적 인물의 전기, 시대적 배경, 가족사 등이 포함될 수 있으며 현장감을 높이기 위하여 과거와 현재를 중첩시키는 형식도 사용할 수 있다.
역사가의 탐구적 접근	• 유아들이 **역사와 관련된 문제를 인식**하고, **필요한 정보를 모으고, 관찰하고, 자료들을 분석·추론**하여 **결론에 도달함으로써 문제를 해결해 나가는 방법**으로 매우 능동적이고 의미 있는 학습 방법이다. • 역사가들이 주로 제기하는 질문은 어떤 사건이 어떻게, 왜 일어났는가에 대한 것이며, 이러한 질문에 대한 답을 얻기 위해서 역사가들은 박물관, 도서관, 문헌 보관 장소, 그리고 현장으로 달려간다. • 이러한 탐구적 접근방법을 통해 단순히 과거의 사실을 알게 되는데 그치는 것이 아니라 역사적 사물을 관찰하는 능력을 키우며 과거의 사건에 대해 호기심을 가질 수 있게 되고, 현존하는 증거로부터 과거의 사건을 유추할 수 있는 능력이 촉진된다. • 즉, 역사가의 탐구적 접근을 통해 유아는 인간, 문화, 역사의 관점에서 과거, 전통, 사건, 변화, 현재와의 관계에 대해 복합적이고 다각적으로 탐색해보는 경험을 갖게 된다.
멀티미디어를 통한 접근	• 역사교육을 전개하는 데 있어서 신문, 잡지, CD-ROM, 인터넷 등을 활용하는 것은 매우 효율적인 방법이다. 이러한 매체들은 과거의 사건이나 옛 문화를 그림, 사진 등을 통해 직관이고 생동감 있게 제시함으로써 유아가 역사적 사실이나 풍속, 문화 등에 쉽게 접근할 수 있도록 한다.
역사 관련 확장 활동을 통한 통합적 접근	• 통합적 접근이란 유아의 전인적 발달을 위해 여러 학문 간 혹은 발달 영역 간을 통합하여 교육적 경험을 갖게 하는 것으로(Krogh, 1990), 유아를 위한 역사교육 또한 분리된 교과나 단위로서의 학습이 아니라 전체적인 맥락에서 각 영역이 연계·통합될 수 있는 방법으로 이루어질 필요가 있다. • 따라서 다른 교과영역의 교육과정과 마찬가지로 유아역사교육도 유아교육현장에서 언어, 수, 과학, 사회, 음악, 미술 등 다양한 영역활동을 통해 전개함으로써 유아가 역사에 대한 경험을 통합하고 확장할 수 있도록 한다.

VI. 자연체험 - 유아를 위한 자연체험 활동자료(2003)

1 유아교육에서 자연체험의 중요성

자연체험의 중요성

- 유아들은 기본적으로 감각과 운동적 조작을 통해 배운다. 그러므로 자연환경은 유아들에게 가장 좋은 교육적 경험을 제공해 줄 수 있다. 자연 세계 자체가 거의 모두 유아들이 직접 경험하고 조작할 수 있는 생생한 자료이기 때문이다. 자연 세계에서의 다양한 경험은 다음과 같이 유아에게 발달의 모든 측면에서 성장을 도모해 줄 수 있다(Wilson, 1995).

① **첫째, 자연에서의 체험은 유아의 적응 행동을 돕는다.**
  - 적응 행동이란 유아가 자신이 속한 환경 안에서 독립적으로 적응하고 기능할 수 있는 능력을 말한다.
  - 자연환경은 다양성을 제공하고 도전하게 하며, 동기의 근원을 무한하게 제공한다.
  - 유아들은 보다 구조화된 상황에서 습득된 기술들을 자연환경 속에서 적용해 볼 수 있게 된다.
  - 뿐만 아니라 이처럼 습득된 기술을 연습해 볼 수 있으며 그러한 기술을 사용하고자 하는 강한 동기를 갖게 된다.
  - 자연학습 상황에서 길러줄 수 있는 적응 기술들의 예로는 도움을 요청하기(가파른 언덕에 올라가려고 하는 데 좀 도와줄래?), 균형 유지하기(눈 속을 걷거나 모래 위를 걸을 때, 바닥이 고르지 않은 땅 위를 걸을 때), 가정이나 유치원의 일상적인 환경과 다른 곳에서 독립적으로 식사하기(견학 장소에서 간식이나 식사를 먹게 될 때) 등이 있다.

② **둘째, 자연체험을 통해 심미감이 발달된다.**
  - 심미감은 자연이나 예술 속에 있는 아름다움에 대해 민감해지는 것이다. 아름다움에 대한 민감성은 아름다움에 대해 말로 설명해서 길러지기보다는 다양한 종류의 경험을 통해서 길러진다.
  - 푸른 소나무 위에 쌓인 눈을 보면서, 비 온 뒤 땅에서 나는 흙냄새를 맡으면서, 나뭇잎과 풀 냄새를 맡으면서, 새 소리를 들으면서, 나무 둥지에 있는 이끼를 만져 보면서, 또 토끼털을 만져 보면서 유아는 자연의 아름다움을 느낀다.
  - 특히 자연의 세계는 유아에게 아름다움에 대한 감상 능력을 길러줄 수 있는 훌륭한 교사이다. 3세 때 맞아본 첫눈, 하늘에 뜬 무지개를 난생처음 볼 때, 이 꽃 저 꽃으로 옮겨 다니는 나비를 쳐다볼 때, 이런 경험들이 유아에게 강한 인상으로 남아 있을지 모른다.
  - 아름다움이란 보이는 것뿐만 아니라 촉감적으로 만져지고, 느껴지고, 들려질 수 있는 것이다. 자연 세계는 이러한 광경, 소리, 촉감들로 가득 차 있기 때문에 어린 유아들에게 심미감을 발달시키기에 풍부하고 훌륭한 자원이 될 수 있다.

③ **셋째, 자연체험은 인지 발달을 도울 수 있는 많은 기회를 제공해 준다.**
  - 자연을 탐색하면서 유아는 자연 세계의 물리적 특성을 배운다. 돌의 단단함, 나무의 든든한 뿌리, 깨지기 쉬운 새알이나 망가지기 쉬운 거미줄의 연약함, 사과 껍질의 매끈함 등을 직접 만져보고 조작해 보면서 이러한 사물들의 물리적 특성을 배운다.
  - 교사는 바깥놀이 시간이나 자연학습 시간을 특별히 마련해서 유아가 스스로 주도하는 탐색의 시간을 갖게 해주어야 한다. 유아가 진정으로 학습하려면 정신적인 조작과 물리적 조작을 동시에 실천해야 한다.
  - 그러므로 교사 자신도 관찰하고, 경청하고, 질문에 답하면서 유아들의 경험을 촉진시켜 주는 역할을 적극적으로 수행해야 한다.
  - 자연 세계가 학습의 내용과 자료를 제공해 준다면 교사는 여러 가지 서로 다른 개념들을 분명히 해 주고, 관계지어 주는 언어와 사고를 가르쳐 주어야 한다.

④ 넷째, 자연체험은 의사소통기술을 발달시켜 준다.
- 의사소통은 메시지를 주고받는 관계 속에서 일어난다. 유아들이 언어를 배우려면 무언가 의사소통을 해야 할 가치를 느껴야 한다. 다시 말하면 유아는 그들이 중요하다고 생각되는 메시지에 대해 의사소통할 가치를 느끼게 된다.
- 그러므로 의사소통기술의 발달을 위해서는 동기도 매우 중요한 역할을 한다. 언어 치료사나 특수교육 교사들은 언어 발달 수업에서 유아의 주의를 끌고 이를 유지시켜 주기 위해 사용해야 할 교구나 자료에 대해 매우 세심한 주의를 기울인다. 이처럼 유아들에게 있어서 우선 말하는데 흥미를 가지게 되기 이전에 말할 거리가 있어야 하기 때문이다.
- 자연의 세계는 무궁무진하게 대화의 주제가 될 거리를 제공한다. '나무'라는 단어를 말하게 하려 할 때 유아가 나무에 직접 기대어 보거나 나무 기둥의 껍질을 만져 본다면, 그림이나 사진보다는 '나무'라는 말에 훨씬 더 관심이 생기게 되고 나무에 대해 하고 싶은 말이 많을 것이다. 세상에서 가장 훌륭한 언어발달 도구는 '자연' 그 자체인 것이다.

⑤ 다섯째, 자연체험은 감각운동발달에 도움이 된다.
- 유아는 감각과 운동을 동반한 활동에 몰두하면서 감각운동적 학습을 한다. 그러므로 모든 감각들을 활용하는 다양한 경험과, 넓은 공간에서의 움직임이 가능한 경험을 통해서 감각운동적 학습을 촉진시켜줄 수 있다.
- 자연 세계는 쳐다보고, 냄새 맡고, 소리 듣고, 촉감을 느껴 보고, 맛볼 것들로 가득 차 있다. 음식이나 꽃들은 냄새를 통해 경험하는 좋은 감각적 자극물이 되지만 신선한 공기, 시들어 가는 낙엽들, 갓 깎은 잔디들도 너무 좋은 후각적 자극물이다. 뿐만 아니라 이러한 자연의 세계는 모양이나 색깔 면에서의 다양성과 촉감과 온도 측면에서의 다양성을 제공해 준다.
- 유아는 나무 넝쿨 사이를 기어 다니면서, 잔디 위에 누워 보면서, 나무 위에 올라보면서 다양하고 새로운 방법으로 공간을 경험할 수 있다. 시냇물 위에 있는 작은 나무다리 위에 엎드려 얼굴을 대고 시냇물을 내려다보면서 공간에 대해 배우고 공간 속에서의 물체 간 관계에 대해 배울 수 있다. 땅 위에 누워 구름도 볼 수 있고 땅 위에 누워 나뭇가지를 볼 수도 있다. 오리처럼, 새처럼, 뱀처럼, 코끼리처럼 움직여 보면서 유아는 다양한 동작을 경험할 수 있다.
- 이처럼 유아들에게 자연 속에서 탐색할 수 있는 시간, 공간, 자유를 제공해 줄 때 유아의 성장과 감각운동 측면에서의 발달을 도와준다.

⑥ 여섯째, 자연체험은 사회 · 정서 발달을 돕는다.
- 인간은 자신 이외의 생명체나 사물을 돌보고자 하는 기본적 욕구를 지녔을지도 모른다. 자연 세계를 돌봄으로써 이러한 욕구가 채워질 수 있다. 야생동물과 그들의 속성에 대한 진정한 관심을 통해 개인의 삶에 대한 만족감과 타인에 대한 배려의 욕구를 충족시켜 줄 수 있다.
- 자연에서의 경험은 또한 긍정적인 자아개념을 증진시켜 준다. 많은 연구자가 실외경험이 내적 통제 신념, 개인적 · 사회적 적응력, 자아지각 등을 증진시켜 줄 수 있음을 보고하고 있다. 이 연구들은 대부분 초등학생과 성인을 대상으로 이루어졌지만 이러한 자연 경험의 효과는 유아들에게 적용될 수 있다. 애완용 동물을 기르거나 채소들을 가꾸어 보면서 유아들 자신이 큰일을 해내고 있다고 느낄 수 있게 해 줄 수 있다.
- 실외교육의 경험이 사회적 기술을 증진시킨다는 연구 결과들도 있다. 실외환경은 일반적으로 실내 교실보다 덜 구조화되어 있고 개인적 탐색의 기회가 더 많이 주어진다. 따라서 발견 위주의 학습을 즐기면서 학습에 접근하기 쉽다. 그러한 요소들이 장기적으로 유아의 사회 · 정서 발달을 촉진시키게 되는 것이다.

2 자연체험을 위한 교사의 역할

- 유아들은 누구나 타고난 자연주의자들이기 때문에 호기심에 차서 자연을 그대로 탐색하고 즐기려 한다. 자연을 즐기고 자연에 대해 배우고자 할 때 오히려 어른들이 더 부담을 느끼고, 자연에 더 느리게 적응된다.
- 유아 교사들이 자연에 대한 체험을 유아교육현장에 접목시키고자 할 때 가장 먼저 떠오르는 생각은 '내가 자연에 대해 과연 얼마나 많이 알고 있을까?, 유아들이 자연에 대해 수많은 질문을 쏟아 내면 나는 과연 대답을 잘 할 수 있을까?' 하는 것이다.
- 그러나 "이게 뭐예요?"라고 물을 때 유아들이 원하는 것은 그 모든 것의 이름을 알고 싶은 것도 아니고 설사 알려준다 해도 곧 잊어버리게 된다. 그러므로 이름을 알려주는 것보다는 유아들과 함께 탐색하고 발견해 보는 것이 더 중요하다. 이와 같은 능동적인 학습의 결과 때문에 놀이가 더 발달에 적합하다고 말하는 것이다.
- 풀이나 동물의 이름 자체를 알려주는 것보다 이름을 알고 싶게 하는 일이 이 시기에는 더 중요하다. 그러므로 교사가 두려움 없이 자연스럽게 그리고 즐겁게 유아를 자연의 세계로 안내해 주기 위한 다음의 몇 가지 기본 원칙에 대해 알아두면 도움이 될 것이다(Wilson, 1995).

① **첫째, 자연에 있는 모든 것의 이름에 대해 말해 주려고 생각하지 말자.**
  - 유아가 "저건 뭐예요?"라고 물을 때는 이름보다는 보고 있는 것에 대한 정보를 얻고 싶은 것이다.
  - 그러므로 대개는 대안적인 질문으로 되물으면서 유아의 흥미를 유지시켜주고 유아의 의식을 높여 주는 것이 더 효과적이다.
  - "살아있니? 죽었니?", "움직이니?", " 지금 무엇을 하고 있니?" 등과 같은 다양한 질문이 이름 알려주기보다 더 효과적이다. 유아에게 '가르치기'보다 '경험하게 하는 것'에 더 중점을 두어야 한다.

② **둘째, 자연에 대한 지식보다 자연의 아름다움과 호기심에 중점을 두자.**
  - 물론 유아는 자연세계에 대해 배울 것이 많다. 이용될 자원으로서의 자연에 대해서도 배울 수 있고, 공기, 물, 태양이 모든 생물체에 있어서 얼마나 중요한지도 배울 수 있으며 무생물과 생물을 분류하는 법도 배울 수 있지만 그보다 더 중요한 것은 자연세계는 아름답고 신기한 것으로 가득 차 있다는 사실을 배우는 일이다.
  - 일단 자연세계를 존중하고 사랑하도록 배우면 유아는 더욱 자기 주변 세계의 과학적 측면에 대해 열심히 배울 준비가 된 것이다.

③ **셋째, 단순한 경험부터 시작하자.**
  - 대부분의 유아가 유치원에 처음 올 때는 자연환경에 대해 그리 많은 경험을 갖고 있지 않을 것이다. 그런 유아들은 자연에 대해 이해도 많지 않고 두려움마저 느낄 수 있다. 모든 벌레는 독이 있거나 물릴 수 있다고 생각할지도 모른다.
  - 그러므로 점진적으로 경험시킬 필요가 있다. 처음부터 자연세계 속으로 데려가기보다 먼저 유치원이나 집 주변에 있는 나무나 숲에 친숙하게 한 후 진짜 숲속을 산책하게 한다. 또한 교실 안에 작은 동물을 관찰해 보고 나서 농장 견학을 계획해야 할 것이다.
  - 시냇물을 맨발로 걸어 보기 전에 맨발로 풀밭이나 모래 위를 걸어본다든지 유리장 속에 있는 새나 닭장에 있는 병아리를 밖에서 충분히 쳐다본 후에 먹이를 직접 먹여보게 한다.
  - 조금씩 가까운 주변 환경을 중심으로 단순한 경험부터 시작하여 자연세계에 익숙해지고 편안해질 수 있게 해 주어야 한다.

④ **넷째, 학습영역마다 자연과 관련된 자료들을 비치해 두자.**
  - 교실의 환경을 구성할 때 그림책이나 인형, 자료들을 될 수 있으면 자연과 관련된 자료로 구성하면 도움이 된다. 조작놀이영역에 퍼즐을 놓아준다면 주제가 자연인 것(동물, 식물, 나비 등)을 준비해 주고, 작은 동물 인형을 놓아준다.
  - 또는 감각놀이영역이나 미술작업영역에 다양한 조개껍질들, 솔방울, 나무 조각, 나뭇잎, 씨앗들을 준비해 줄 수 있다. 조금 더 신경을 쓴다면 자연 친화적인 동화책들도 제시해 줄 수 있다.

3 자연체험을 위해 교사가 기억해야 할 점

• 이와 같은 자연교육에 대한 기본 원칙을 전제로 유아와 함께 자연을 직접 탐색하고 자연이 주는 기쁨을 발견하기 위해 자연 속으로 나갈 때 교사가 기억해 두어야 할 점은 다음과 같다(Humphryes, 2000).

① **첫째, 말로 설명하기보다 많이 보여 주자.**
- 자연학습은 자기 집이나 유치원 주변에 있는 자연에 대해 의식하면서 시작된다. 아무리 자기 집이나 아파트, 유치원이 도심 복판에 있다 하더라도 주변에서 자연을 발견할 수 있다.
- 곤충이나 벌레는 어디서나 쉽게 볼 수 있다. 벌레를 보면 무조건 밟아 버리려 하는 유아들에게는 벌레를 조심스레 잡아서 빈 병에 담는 것을 보여주고, 다시 풀어주거나 먹이도 주면서 모든 생명체를 존중하고 애정을 갖도록 도와주어야 한다.
- 유아들은 감각들을 사용해서 지식을 얻기 때문에, 교사는 가능하면 매일 밖으로 데리고 나가서 주변 환경을 탐색할 시간을 주고, 감각을 사용할 수 있게 해줄 필요가 있다. 잡풀, 물, 흙, 이러한 자연과 직접 접하도록 해 주면서 될수록 적게 가르치고 많이 경험시켜 주자. 오감(五感)을 자극 시키려면 한 번에 한 가지 감각씩 사용하게 하는 것도 좋다.

교사가 기억해야 할 점	시각 자극의 예	• 자연물이나 모든 사물의 색깔, 모양, 크기, 형태 등을 주의해서 보게 한다. 새가 날아가는 모습, 개미가 떼를 지어 이동하는 모습, 바람 속에 나뭇잎이 흔들리는 모습 등을 쳐다보게 한다. • 자연에 있는 색깔과 색깔 띠(색환)에 있는 색을 비교해 보게 한다. 돋보기를 가지고 주의를 집중시켜 보게도 해 준다. 그러면서 질문을 해 보자. "뭐가 보이니? 설명해 줄래?"
	청각 자극의 예	• 시끄러운 소리와 부드러운 소리, 동물이 내는 소음, 기계가 내는 소음 등 다양한 소리를 듣게 한다. 소리를 들을 때는 눈을 감게 하거나 가리개를 쓰게 해서 소리에만 집중하게 하는 것도 좋다. • 그리고 나서 질문을 해 보자. "무슨 소리가 들리니? 무슨 소리 같아? 누가 내는 소리니? 누구에게 무엇이라고 하는 소리 같으니?"
	후각 자극의 예	• 잔디 깎는 냄새, 꽃향기, 썩은 잎 냄새, 요리할 때 나는 냄새, 동물 냄새 등 여러 가지 냄새들을 맡게 한다. 그리고 질문해 보자. "식물에서 나는 냄새는 어떠니? 동물 냄새는?"
	촉각 자극의 예	• 부드러운 것, 딱딱한 것, 매끈매끈한 것, 거친 것, 찬 것, 뜨거운 것들을 만져보게 한다. • 촉감이 재미있는 사물들을 수집해서 자루에 넣고 만지기만 하고 알아맞히기 놀이를 한다. "느낌이 다르니? 어떤 느낌이 나니? 느낌이 좋으니? 기분이 어때?"
	미각 자극의 예	• 부엌에서 미각을 발달시킬 만한 자료들을 수집해 본다. 단맛-꿀, 짠맛-소금, 쓴맛-커피, 신맛-레몬 "맛이 어떠니? 어떤 맛과 비슷하니?"와 같은 질문을 하면서, 자연에서는 아무것이나 맛을 볼 때 위험할 수 있음을 이야기한다.

② **둘째, 자연 속에서 산책하면서 관찰하게 하고 느껴보게 하자.**
- 자연 속을 산책하면서 관찰하는 일은 모든 연령층 유아들이 모두 좋아하는 일이다. 유치원 뒷마당, 놀이터 어디든 나가서 각 유아에게 한 가지씩 정해서 관찰하게 해 보자(예 마당에 유아를 중심으로 1㎡ 정도의 원을 그리게 한 후 그 안에 있는 모든 것을 관찰하게 하거나, 하늘을 보고 구름을 보게 한다). 그리고 나서 "살아 있니? 살았는지 어떻게 알 수 있니? 동물인지 식물인지? 만져보면 어떤 느낌일지?" 이야기해 보자.
- 자연을 경험하면서 산책하는 일도 아주 재미있는 일이다. 유아에게 개미가 보는 세상은 어떨지 상상하게 할 수도 있다. 걷다가 잔디 위에 누워 보기, 따뜻한 모래 위에 누워 보기, 흐르는 시냇물을 만져 보기, 뜨거운 햇볕 쬐고 그늘로 들어오기 등. 유아의 눈에 들어오는 모든 것에 주의를 기울여 주고, 놀라움을 나타내 주면서 교사 자신이 재미있어한다는 사실을 보여 주고 함께 즐기는 것이 중요하다. 자연에 자주 접할수록 유아는 더 편안하게 느끼고 많은 것을 관찰하게 된다.

- 교사도 잠시 쉬면서 자연 속에 있는 유아를 주의 깊게 관찰해 보자. 그리고 사실에 대해 설명하려고 하지 말고 교사 자신은 어떤 것을 느꼈는지 이야기해보자. 그러면 자연스럽게 교안이 떠오를 것이다. 어차피 교사가 모든 자연물의 명칭을 알 수 없고 이야기해 줄 수도 없다. 다만 교사가 관심이 있다는 것을 보여주는 것만으로도 유아에게 관찰과 탐색을 격려해 줄 수 있다.
- 유아는 자기들이 발견하는 모든 것을 집에 가져가고 싶어 한다. 이때는 자연 속의 먹이사슬과 생태 현상(예 나무 둥지에 있는 곤충들이 사는 집, 새로운 씨앗이 서식할 양분이 있는 나뭇잎)을 해칠 우려가 있으므로 채집할 때는 그런 모든 점을 고려하여 조심스럽게 계획하고 한 명이 한 가지씩만 가져가도록 해 본다.
- 소유보다는 감각을 강조한다. 그러므로 원칙적으로 찾아보고, 조사해 보고, 되돌려주는 방식을 취하는 것이 좋다.

③ **셋째, 경미한 상처나 불편을 감수하게 하고 이에 대처하게 한다.**
- 자연 친화적 활동을 할 때에는 무릎의 상처나 흙 묻은 발, 더럽혀진 옷과 같은 경미한 불편이나 상처를 감수할 수 있어야 한다. 물론 심한 상처나 사고의 위험을 말하는 것이 아니다. 주위의 위험요소에 관해 무조건 피하고 막아주기보다 사전에 경고해 주고 스스로 주의하는 책임감을 배우게 해야 한다.
- 산책을 떠나기 전에 서로서로 보이는 곳에 가까이 있어야 한다든가 길을 따라가야 한다든가 안전에 대해 항상 미리 알려주자.
- 사전에 무엇을 입을지, 산책의 목표가 무엇인지, 무엇을 가지고 갈지(준비물; 종이, 색연필, 플라스틱병, 빈 병, 핀셋, 화장지, 물병, 응급처치 약 등) 유아와 함께 의논하고 계획하자.

④ **넷째, 산책 후 느낀 경험을 평가(회고)하는 시간을 갖자.**
- 산책하면서 관찰하고 발견한 것들을 자세히 조사하고 기록해 보면서 많은 지식을 얻게 된다. 유아는 대화나 토론, 질문하면서 언어나 어휘력이 풍부해진다.
- 좀 더 높은 연령의 유아는 관찰 목록을 만들어 볼 수도 있고, 어린 유아는 관찰 목록들을 교사에게 이야기해 주고 교사는 받아 적어 줄 수도 있다.
- 이러한 방법으로 가능한 많은 형용사를 활용하여 자기가 볼 것이나 자신의 경험을 조사해 보도록 도와주어야 한다.

⑤ **다섯째, 자연을 교실 안으로 들여놓자.**
- 물고기, 달팽이, 가재, 꽃씨, 꽃나무 등과 같은 자연에서 살고 있는 것들을 교실 안에 가져다 놓고 유아와 함께 돌보도록 함으로써 자연을 아끼고 돌보는 태도를 길러 줄 수 있다. 이는 유아로 하여금 책임감을 느껴 볼 기회를 주며 나아가서는 자신감을 갖게 해줄 수도 있다.
- 이른 봄부터 정원 꾸미기를 계획해서 씨 뿌리고 가꾸어 본다던가, 마당이 없을 때는 화분이나 빈 사과 상자에 화초나 야채를 길러보게 한다. 잡초를 뽑아 주고, 물을 주고, 시든 잎사귀들을 떼어 주거나 화초나 야채를 가꿔 꽃을 피우고, 열매를 추수해 보기도 하자. 나비와 벌을 함께 관찰해 보자.

⑥ **여섯째, 우리가 아는 모든 물체나 자연물은 그 뿌리가 자연 세계에 있음을 자연스럽게 알게 해 주자.**
- 자연이야말로 모든 지식의 핵심이 되도록 할 필요가 있다. 생명에 대한 존중, 자원의 보존, 지구의 보호에 대한 인식은 유아기부터 길러지는 것이다.
- 유아가 자라서 장차 이 세계를 돌보아야 한다. 시간을 내서 자연과 자연이 제공하는 작은 신비로움을 즐기고 감상하도록 하자. 자연을 즐기게 해 주는 이 시간이 우리가 우리 유아들에게 그리고 우리 자신에게 줄 수 있는 가장 값진 선물이 될 것이다.

4 자연체험을 위한 환경

1) 실내·외 환경 구성 자료

실외 환경	운동장	• 사방으로 뚫려있는 개방된 운동장은 유아가 자연 현상을 느끼기에 매우 좋은 환경이다. 운동장에서 유아는 흙, 모래, 진흙탕과 같은 다양한 표면을 경험하고, 햇빛의 따사로움을 직접 느끼고, 시원한 바람을 맞으며 마음껏 달려볼 수 있는 자연체험을 할 수 있다. • 유치원이 아주 넓지 않더라도 한 곳을 빈 공간으로 남겨 놓아 운동장과 같은 기능을 하도록 한다. 그러나 유치원에 이러한 공간이 여의치 않을 경우 주변에 공터나 공원, 학교 운동장 등의 개방된 공간을 주기적으로 산책하고, 규모가 큰 운동 경기장이 있다면(예를 들면 월드컵 경기장이나 종합 운동장, 체육관 등) 견학 장소로 계획해도 좋다.
	잔디밭	• 잔디밭은 유아에게 땅 표면의 다양성을 경험하게 하고, 푹신한 촉감과 초록의 싱그러움은 유아에게 감각적인 경험과 심미감을 증진시킨다. • 잔디가 예쁘게 자라서 이용할 수 있을 때까지 관리가 많이 필요하지만 주위의 토사를 막아주는 역할도 하므로 실외 표면 환경을 구성할 때 일부분에 잔디를 심는 것이 좋다.
	꽃밭과 정원, 텃밭	• 꽃밭이나 텃밭은 양지바르고, 토질이 비옥한 곳이 가장 좋으며, 급수가 편리한 장소를 택한다. 꽃밭이나 텃밭에 심는 꽃과 야채류는 계절의 특성에 맞게 심는 것이 좋으며, 무엇을 심을지는 유아와 함께 의논하고 꾸며보도록 한다. • 꽃밭이나 정원에 유아 각자의 꽃과 식물을 심어도 좋고, 이름도 제각기 붙여 보기도 한다. 꽃과 함께 나무와 야생 풀 등 다양한 식물을 키우는 유치원 나름의 독특한 정원을 꾸밀 수도 있다. • 정원에서 유아는 여러 가지 다양한 식물의 모양과 색, 자라는 모습 등을 관찰하고, 다양한 감각적 경험을 할 수 있고, 식물이 잘 자라도록 보살피면서 자연과 친숙하게 되고, 친환경적인 마음가짐을 가질 수 있게 된다. • 만약 유치원에 공간이 협소해서 정원이나 꽃밭을 가꾸기가 어려우면 타이어나 나무 상자와 같은 소품을 이용해서 작은 공간을 활용한 한 줌 꽃밭을 꾸며본다.
	작은 언덕과 비탈	• 유치원 주변에 있는 다양한 땅 모양을 살펴보면 경사진 곳과 평평한 곳, 낮은 구릉이나 언덕과 같은 곳을 찾을 수 있다. 작은 언덕과 비탈을 오르고 내리면서 유아는 평지와는 다른 신체적 자세와 움직임을 경험하게 되고, 평지보다 높은 곳에서 아래를 내려다보면서 시야를 넓히는 경험을 가지기도 한다. • 유치원 실외 놀이터 한쪽에 흙으로 낮은 언덕이나 비탈과 통나무 계단 등을 만들어 유아가 작은 비탈을 체험하도록 할 수 있는데 유치원 여건이 여의치 않으면 주변의 낮은 산이나 공원 등을 산책하면서 언덕을 경험해 보도록 한다.
	동물 사육장	• 유치원에서 동물을 기르게 될 경우 대부분 사육장을 이용하게 된다. 사육장은 동물이 살기에 적합하게 만들어져야 하는데 기르는 동물이 어떤 종류인가에 따라 내부 시설을 다르게 설치한다. • 사육장은 자칫 위생 상태가 불량해지기 쉬우므로 청소가 용이한 재질로 만들어야 하며, 배수 시설을 잘 갖추도록 한다. 간혹 외부의 야생 동물 등이 사육장에 침입하는 경우도 있으므로 사육장의 망의 크기를 조절해야 하고, 출입문의 관리를 잘하도록 한다.

실내 환경		• 유아의 자연체험은 실외 환경뿐 아니라 실내에서도 많이 일어나므로 학습영역마다 자연과 관련된 자료들을 비치해서 유아의 자연체험이 통합될 수 있도록 돕는다.
	과학 영역	• 유아의 흥미와 호기심을 끌 수 있는 자연물들을 전시하고, 생물들을 기르고, 관찰하면서 보살피거나 돌볼 수 있도록 한다. • 실내에서 기를 수 있는 생물로는 물고기, 거북이, 이구아나, 달팽이, 토끼, 배추벌레, 장수풍뎅이, 개미 등이며, 물잔디와 각종 식물 등이 있다.
	언어 영역	• 자연과 관련된 그림책이나 동화책, 그림 등을 비치한다. ㉠ '개미가 날아올랐어.', '비는 어디서 왔을까?', '씨앗은 무엇이 되고 싶을까?', '세상에서 제일 힘센 수탉', '개구리가 알을 낳았어.', '코끼리가 바람에 날려요.', '아기 토끼의 시끄러운 하루', '달님 안녕.', '딸기는 빨개요.', '눈 오는 날', '비 오는 날', '사계절' 등
	조작 영역	• 자연 그림이 그려진 조각 그림 맞추기를 비치한다.
	미술 영역	• 수집 가능한 다양한 자연물은 무엇이든 좋다. ㉠ 나뭇가지, 나뭇잎 말린 것, 도토리나 솔방울, 씨앗, 꽃잎, 벚나무 열매(버찌), 조개껍질, 돌멩이 등
	음악 영역	• 자연물을 이용한 악기를 비치한다. ㉠ 작은 열매를 투명한 PET 통에 넣어 만든 마라카스, 부채에 열매를 매달아 만든 부채 악기
	소꿉 영역	• 자연물로 만든 소꿉 장난감을 비치한다. ㉠ 수확한 박으로 만든 조롱박, 길러서 만든 수세미
자료		① 여러 가지 나무, 풀, 꽃, 채소, 과일 등과 같은 식물, 씨앗류, 식물을 기르기 위한 화분, 씨앗 발아를 위한 용기, 테라리움, 스프레이, 배양토, 모종 삽, 갈고리, 식물과 관련된 도서 ② 어항, 작은 애완동물을 돌볼 수 있는 우리나 상자, 물고기, 거북이, 이구아나, 달팽이 등 기르고 싶은 생물, 생물을 기르기 위한 먹이와 먹이통, 채집망, 잠자리채, 동물과 관련된 도서 ③ 확대경, 프리즘, 온도계, 필기도구, 각종 조개껍질, 나뭇잎, 여러 종류의 깃털, 말린 꽃, 각종 열매, 여러 가지 모양의 돌멩이, 나뭇가지 등 실외나 특별한 곳에서 얻은 수집품

2) 자연체험을 위한 산책과 견학의 활용

자연체험을 위한 산책과 견학의 활용		
	① 유아의 자연체험을 위하여 자연을 접할 수 있는 환경은 매우 필수적이다. 다행히 기관에 유아가 자연을 접할 수 있는 환경이 있다면 이를 충분히 활용하여 유아가 자연을 많이 느끼고 배울 수 있도록 계획했다. 그러나 자연환경이 부족하거나 전혀 없는 경우 주변의 자연환경을 산책하거나 견학하는 기회를 마련하여 유아가 자연을 충분히 접하고 경험할 수 있도록 한다.	
	② 산책을 통해 유아는 자연환경에 매우 익숙하게 되고 친근감을 가지게 된다. 산책의 장소로 가까운 동네 공원이나 인근 학교, 고궁이나 유적지 등의 환경을 이용할 수 있으며, 유치원이 농촌이나 어촌 등에 있다면 인근 들녘이나 바닷가가 훌륭한 산책 장소가 될 수 있다.	
	③ 유치원 주변에 왕릉이 있는 S유치원에서는 주기적으로 능에 산책을 간다. 유아들은 이 시간을 매우 즐거워하고, 다양한 자연체험을 통해 유아들이 발견한 내용을 교실로 연계하여 많은 활동이 확장되기도 하였다. 이와 같이 익숙한 장소를 지속적으로 산책하는 것은 유아로 하여금 계절과 자연의 변화를 더 잘 느낄 수 있도록 하고, 자연을 마음껏 탐구할 수 있게 하는 장점이 있다.	
	④ 자연체험을 하기 위한 방안으로 좀 더 멀리 가야 한다면 산책보다는 견학을 계획하도록 한다. 견학 장소로는 자연환경이 좀 더 풍부하게 조성된 곳이나 자연에 대해 새로운 체험을 할 수 있는 장소가 적절하다.	
	⑤ 산책이나 견학 시에는 매우 세심한 준비가 필요하다. 우선 유아들의 안전 관리가 더욱더 강화되어야 하며, 견학에서 많은 경험을 잘 할 수 있도록 사전 준비와 철저한 계획을 하도록 한다. 산책 및 견학을 위한 사전 준비 및 활동, 본 활동, 사후 활동 등에 대해서 구체적으로 살펴보기로 하자.	
	사전 준비 및 활동	• 산책과 견학 시 유아들이 익숙하지 못해 여러 가지 안전사고가 발생할 염려가 있으므로 **산책 전에 안전사고에 대한 대비**를 해야 한다. • 교사가 산책이나 견학 장소를 **반드시 사전 답사하여 미리 돌아보고 위험한 장소나 요인이 있는지를 점검**한다. 산책이나 견학 시 유아들이 움직이게 되는 동선을 그려 보고, 유아에게 주의시켜야 할 점, 안내해야 할 점 등을 기록하고, 그에 대처해 준비를 한다. • 산책과 견학을 가는 동안 차도를 지나가야 한다면 **교통안전에 대한 안내와 산책 장소에서 위험한 행동을 하지 않도록 유아들과 충분한 이야기**를 나누어 준비를 시킨다. • 다음으로는 **필요한 준비물을 챙긴다.** 교사는 휴지, 작은 수건, 비상약, 물, 컵, 사진기와 확대경, 기타 계절에 따라 잠자리채나 채집통 등을 준비하고, 유아들은 작은 스케치북, 필기도구 등을 가지고 가서 산책 장소에서 본 것들을 그림으로 그리거나 나름대로 기록하도록 하는 것도 효과적이다. • 산책이나 견학을 가기 전 사전 활동으로 **산책 갈 장소 안내와 산책 가서 할 놀이나 탐색할 자연물들을 수수께끼나 재미있는 동화**로 들려주어서 산책에 대한 흥미를 유발한다. • 산책이나 견학 시 교사 혼자서 유아들을 통솔하기 어려우므로 사전에 부모님이나 실습생, 자원봉사자 등 **보조 인력을 섭외해서 도움**을 구한다. 보조 인력의 경우에는 미리 산책이나 견학 시 해야 할 일, 주의사항 등에 대한 구체적인 안내나 훈련을 하도록 한다.

자연체험을 위한 산책과 견학의 활용	본 활동	• 교사는 견학 시 **유아의 안전**에 신경을 쓰는 것과 더불어 **유아와의 적극적인 상호작용**을 하는 것이 중요하다. 산책이나 견학을 가는 길에서 접하게 되는 꽃이나 나무, 곤충, 하늘, 여러 가지 풍경들은 모두 흥미로운 관찰 대상이므로 유아들이 그냥 지나치지 않도록 주의를 환기시키고, 자연환경을 눈으로만 관찰하기보다는 만지고, 듣고, 보고, 냄새 맡는 등 오감을 충분히 활용하도록 격려한다. • 만약 숲속으로 산책을 갔다면 유아와 함께 숲에서 나는 냄새를 맡아보고, 나무껍질이나 돌멩이, 바위 표면을 손으로 만져 보고, 종이 위에 베끼기도 한다. 조용히 앉아서 자연에서 들려오는 소리에 귀 기울여보기도 하며, 여러 가지 형태의 나뭇잎을 자세히 관찰하고 비교해 보기도 한다. 견학 장소에서 발견한 자연물을 가지고 다양한 놀이를 하고, 자연물이나 흥미로운 것들을 조금씩 수집해 보고, 자연 속에서 느낀 것을 동시나 동화, 노래 짓기도 해 본다.
	사후 활동	• 산책이나 견학을 마치고 돌아와서는 **손을 깨끗이 씻고 정리한 뒤에 휴식**을 반드시 취하도록 한다. • 충분히 휴식한 후에는 견학하는 동안 유아 각자가 보고 듣고 만져보고, 느낀 것들에 대해 **이야기나 그림으로 표현하는 활동을 계획**하여 실시할 수 있으며, 산책 시 수집한 자연물들이 있으면 과학 영역에 전시하여 지속적으로 관찰하고, 활동할 수 있도록 한다.

기 동물원 현장견학 시 교사가 사전에 할 일을 4가지 기술하시오.[99]

기 유치원에서 자연체험 활동을 효과적으로 운영하기 위해서는 사전 준비와 철저한 계획이 수립되어야 한다. 자연체험 활동을 위해 유치원에서 가까운 공원으로 걸어서 산책하려고 할 때, 사전 준비 및 활동, 본 활동, 사후 활동을 위해 교사가 해야 할 일을 각각 2가지씩 제시하시오.[04]

기 '진 원감 : 이번 전통 시장 현장학습은 즐겁기도 했지만 문제점도 있었어요./송 교사 : 맞아요. ⓒ 전화로 확인했던 것보다 시장이 넓어서 떡집을 찾느라 너무 헤맸어요.'과 같은 문제가 발생하지 않도록 하기 위해 현장학습 준비단계에서 송 교사가 했어야 할 일 1가지를 쓰시오. **현장학습 장소를 사전 답사하여 유아들이 움직이는 동선을 그려 보고, 그에 대처해 준비를 한다(사전답사).**[17]

기 필요 시 현장학습 장소에 협조 공문을 발송한다, 현장학습 전 장소를 **(사전답사)**하고 안전사항을 점검한다, 학습 목표를 명확히 설정한다, 사전활동과 본 활동, 사후활동을 연계한다, 부모에게 현장학습에 대한 가정통신문을 보내고 **(현장학습 동의서)**를 받는다.[19]

Plus 지식 현장체험학습 시 교사의 준비사항

① 현장 견학의 목표를 확인한다.
  ㉠ 교사가 현장학습에서 알고자 하는 것이 무엇인지 파악한다.
  ㉡ 현장 학습지를 통해 알 수 있는 유아들의 질문거리가 무엇인지 파악한다.
  ㉢ 현장학습을 통해 유아들이 얻을 수 있는 것이 무엇인지 파악한다.
② 사전 답사를 한다.
  ㉠ 어떤 것을 볼 것인지, 누구를 만나서 안내와 설명을 들을 것인지 파악한다.
  ㉡ 안전하게 오고 갈 수 있는 길을 익힌다.
  ㉢ 위험한 장소와 시설을 파악하고 대비한다.
  ㉣ 적절히 쉴 수 있는 휴식공간이 있는지 살펴둔다.
  ㉤ 점심식사가 계획되어 있으면 식당 장소를 정한다.
③ 현장에 공문을 발송한다.
  ㉠ 방문할 현장학습지의 사전 방문이 이루어진 후 공문이 필요한 곳인지를 살펴 미리 공문을 발송한다.
  ㉡ 공문 발송(예상학습내용, 안전사항 관련 도움 요청)을 통해 보다 구체적인 도움을 받을 수 있다.
④ 안전사고에 대비하여 비상 구급 약품을 미리 준비한다.
  ㉠ 현장학습을 하게 되면 유아들도 기분이 들떠 안전사고가 날 위험성이 높아지므로 미리 안전사고 예방에 대한 지도가 있어야 한다.
  ㉡ 소화제, 요오드 액, 붕대, 암모니아수 등 응급처치할 수 있는 비상약품을 준비한다.
⑤ 오고 가는 도중 차내 안전 유지와 교통사고를 예방한다.
  ㉠ 차가 움직이면 유아들이 흥분하여 안전사고의 위험이 있다.
  ㉡ 좌석에 꼭 앉아있기, 유리창 밖으로 머리나 손 내놓지 않기 등을 교육한다.
⑥ 에스컬레이터나 회전문이 있는 시설을 이용 시, 안전사고의 위험이 있으므로 반드시 계단 및 손잡이 문을 이용하도록 교육한다.
⑦ 미아가 발생하였을 시의 요령을 교육한다.
  ㉠ 출발하기 전에 원복이나 식별하기 용이한 표지를 준비하여 부착한다.
  ㉡ 깃발, 호루라기 등을 준비하여 이탈하는 사고가 발생하지 않게 한다.
  ㉢ 조별로 인솔자를 정하여 이탈 사고가 생기지 않도록 주의한다.
  ㉣ 만약 이탈되었을 때 대비하여 행동하는 요령을 지도한다.
⑧ 원장이나 교사의 휴대폰 번호를 유아 전원의 이름표나 배지에 기록해 주고, 미아 발생 시 주변 어른께 요청하여 전화하게 한다.

Plus 지식 박물관 견학 활동(2007개정 유치원 교육과정 지도서 13. 종일반)

① 박물관 교육이 효과적으로 이루어지기 위해서는 무엇보다 박물관의 특성과 유아들의 발달 수준을 고려하여 상황에 맞는 적절한 학습 내용을 선정하고 다양한 수준의 질문을 준비하는 것이 중요하다.
② 예를 들어, 문화유산 박물관을 방문할 때, 교사는 유아들에게 관람한 문화재 이름 다시 짓기, 문화재에서 연상되는 것 말하기, 문화재의 재료 및 용도 예측하기, 문화재 감상 소감 말하기 등의 질문을 할 수 있다.
③ 박물관을 방문하기 전, 교사는 유아들과 박물관 관람 예절에 관한 이야기 나누기 시간을 갖도록 한다. 조용히 감상하기, 전시물 만지지 않기, 순서 지키기와 같은 기본적인 공공 예절 이외에도 박물관에 가면, 먼저 안내 데스크 앞에 준비해 둔 팸플릿을 보거나 전시에 대한 설명을 먼저 들은 다음, 정해진 방향과 순서에 따라 관람하는 태도를 갖도록 지도한다.
④ 박물관의 유형에 따라 견학 후 소감을 다양한 방식으로 표현해 본다. 예를 들어 그림 동화책, 역할놀이, 박물관 도록, 광고 포스터, 활동지, 안내 책자, 만화, 편지, 스티커, 그림 카드, 그림 순서도 등으로 나타낼 수 있다.

Plus 지식 박물관 현장견학 프로그램 및 관람 예절 (유아전통예술교육 프로그램, 2010)

 박물관 견학을 위한 사전 답사에서 점검해야 할 사항 3가지를 쓰시오. [05]

현장견학 프로그램		• 기관에서 이용할 수 있는 박물관을 선정하여 견학한다. • 박물관에서 특히 어떤 분야를 관람할 것인지 결정한다. • 활동 내용과 연계하여 견학이 이루어지도록 박물관과 충분히 협의한다. • 교사는 학예사나 에듀케이터가 안내하는 내용을 미리 점검하여 유아의 수준에 맞게 내용이나 어휘를 조절한다. • 사전답사를 통하여 관람 내용, 전시실과 기타 장소의 위치 등을 확인한다.
관람 예절	관람 전	• 관심 있는 주제나 유치원 활동에 도움이 되는 주제 전시이면 더 효과적이다. • 사전에 유아와 함께 팸플릿이나 인터넷 검색을 통해 무엇을 볼 것인지 알아본다. • 홈페이지를 통해 행사 일정을 알아보고 참여 프로그램이 있으면 미리 신청한다. • 걸어 다니거나 계속 서 있어야 하므로 되도록 편하고 간편한 옷과 신발을 착용한다. • 간편한 필기도구를 준비한다. • 시간에 쫓기면 감상이 되지 않으므로 여유 있게 시간을 계획하며, 피곤하면 휴식을 취하고 다시 보거나, 며칠에 나누어 관람한다.

	전시장 에서	• 되도록 소지품이 없어야 편하므로 물품 보관소에 맡긴다(귀중품은 본인이 보관).
		• 입구에서 브로슈어를 받아 전시장 지도나 간단한 정보를 읽는다.
		• 입구에서 전시 안내를 읽고 개괄적 내용을 숙지한 후에 관람한다.
		• 관람 예의
		  - 말할 것이 있으면 조용히 말한다.
		  - 알람시계 소리, 핸드폰 소리 등은 꺼놓는다.
		  - 조용히 걸어 다닌다.
		  - 사람이 많은 경우 차례를 지키며 관람한다.
		  - 작품을 손으로 만지게 되면 파손의 우려가 있고 손에 있는 염분 등으로 변질될 수 있으니 눈으로만 관찰한다.
		  - 전시장에는 음식물을 가지고 들어가지 않는다.
		• 작품 감상
		  - 전시장의 동선대로 관람하는 것이 좋다.
		  - 멀리서 작품을 전체적으로 조망하여 분위기를 익힌 후, 관심 있는 것을 집중적으로 볼 수도 있다.
		• 관람하면서 서로 의견과 느낌을 나눠본다(작은 소리로).

	관람 후	• 미술관에서 엽서, 포스터, 도록 등을 구입하면 전시 경험을 더욱 연장시킬 수 있다. • 감동이나 느낌 등을 그림으로 남기거나 이야기를 나눈다. • 전시장에서 주는 학습지 혹은 홈페이지상의 사후 학습지가 제공되면 전시 경험을 더욱 연장시켜 사고의 폭을 넓힐 수 있다.

Plus 지식 지역사회 자원의 활용

지역사회
인사
초빙학습
	• 지역사회의 어른들을 초빙하여 지역사회의 역사나 풍속에 관한 이야기를 듣기도 하고 직업에 관한 내용을 듣거나 보는 것도 유아사회교육의 유용한 방법이다.
	• 다음과 같은 자원 인사가 초빙 인사가 될 수 있다.
	 - 특별한 기술을 가진 사람 : 직공, 도공, 공예가, 화가, 서예가, 의사, 미용사 등
	 - 특별한 취미를 가진 사람 : 수석 채집가, 식물채집가, 박제수집가, 곤충채집가 등
	   지역사회 봉사자 : 환경미화원, 소방관, 경찰관, 우편배달부, 수위 등
	   특별한 직업인 : 의사, 간호사, 법관, 군인, 서비스업 종사자(미용사, 이용사 등)
	   기타 : 할아버지, 할머니, 등산가, 여행가, 운동선수, 외국인 등
	[기] ⓒ '△△다문화박물관의 관장님을 모시고 '다문화 사회와 시민교육'이라는 주제로 강연회를 개최'에 해당하는 지역사회 연계 활동의 명칭을 쓰시오. [19]

지역사회기관 자료 활용학습	• 지역사회에는 관공서, 소방서, 은행, 우체국, 경찰서, 병원, 교회, 절 등 각종 기관을 방문하면 각 기관의 현황, 조직, 역할, 임무에 관한 각종 활동모습을 게시하거나 자료, 사진, 도표, 기타 자료들을 늘 각 기관에 비치해 놓고 있다. • 이러한 자료들을 유아교육기관으로 가져와 유아사회교육 자료로 활용할 수 있다.
지역사회시설 활용 체험학습	• 지역사회에는 학생회관, 수련원, 극장, 백화점, 박물관 등 유아들의 체험학습 시설이 많다. • 유아들이 직접 이러한 시설을 체험학습장으로 활용함으로써 유아사회교육의 산교육이 될 수 있다.

 Plus 지식 견학 전 준비해야 할 점

• 견학 장소에 협조 공문을 발송한다.
• 교사는 견학할 곳을 사전에 답사하여 안전에 대해 점검한다.
• 견학 장소의 화장실 시설, 급수대의 위치, 점심 식사 장소 등을 확인한다.
• 견학에 소요되는 시간, 견학 장소까지의 이동 거리 등을 점검한다.
• 교육지원 담당자 여부를 확인하고 담당자의 연락처를 기록해 둔다.
• 견학하기에 적합한 시간과 집단 구성을 계획한다.
• 부모에게 견학에 대한 통신문과 견학 동의서를 보내고, 부모의 사인을 받는다.
• 보조 교사나 자원봉사자를 결정하고, 비상시 계획을 세우며, 응급치료에 필요한 물품을 준비하도록 한다.

Ⅶ. 인성교육 - 유치원 기본과정 내실화를 위한 인성교육 프로그램(2011)

1 인성교육의 등장 배경 및 향후 교육정책의 방향

21세기 교육의 양대 축 창의성과 인성 교육	• 미래 사회를 이끌어 갈 21세기 글로벌 인재가 갖추어야 하는 핵심 역량으로서 창의성의 중요성이 대두되고 있으나 창의적이고 유능한 능력만으로는 국가 및 사회에 기여할 수 있는 인재로서 불완전하고 불안함. • 창의적인 인재가 국가 경쟁력의 핵심이 되고 사회에 대한 영향력을 바람직한 방향으로 행사하기 위해서는 인성적 측면의 성숙이 절대로 필요하며, 올바른 인성의 틀 속에서 창의성이 발휘되어야 글로벌 인재로서 완성될 수 있음.
향후의 교육정책의 방향	• 미래 사회 글로벌 인재를 양성하기 위한 교육정책의 방향은 창의성과 인성을 길러줄 수 있는 창의·인성교육으로 전환하고, 미래형 교육과정이 추진, 활성화될 것임. ① 소질과 적성을 찾아주는 교육 　- 집어넣는 교육에서 끄집어내는 교육 　- 소질, 적성, 잠재력의 발견·계발·발휘 ② 창의·인성교육의 활성화 　- 창의력 계발과 관련된 심리적 특성 개발 　- 창의성 발휘를 돕는 인성 특징과 사회문화 환경 조성 　- 도덕적 품성을 갖춘 창의적 인재 ③ 입학사정관 제도 정착 　- 적성교육과 창의·인성을 입시에 반영 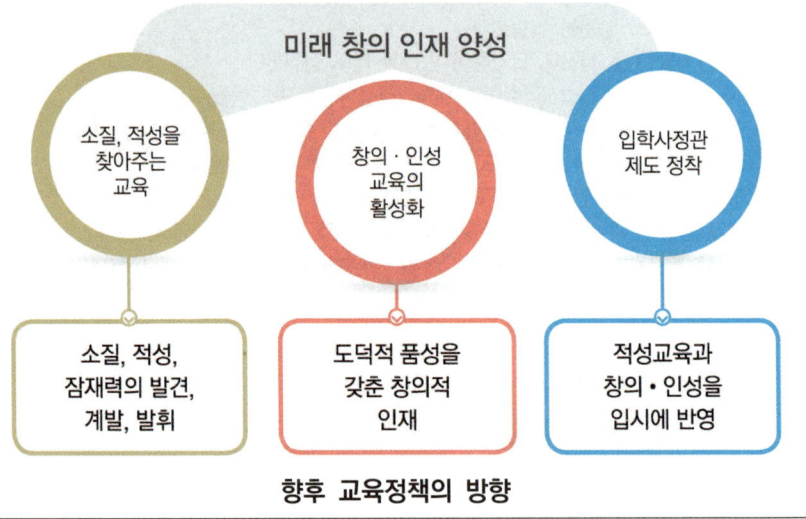

2 인성교육의 중요성

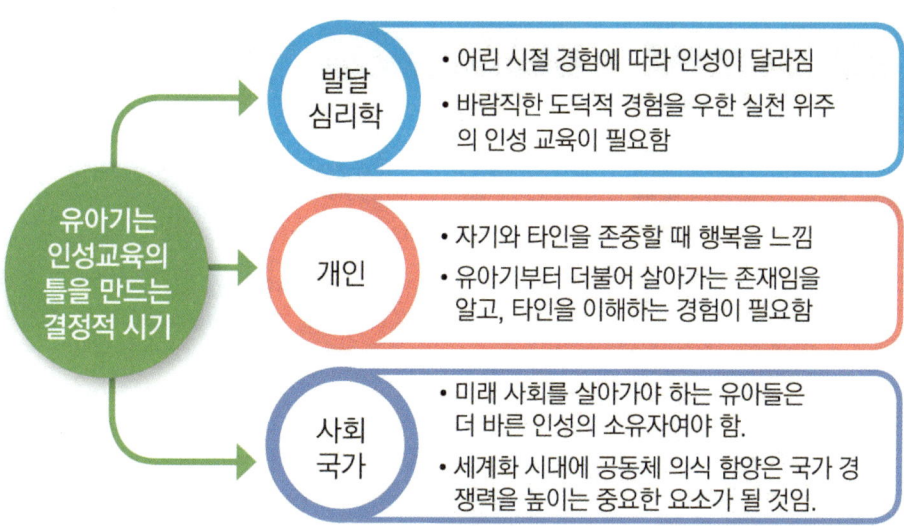

유아기 인성교육의 중요성

발달심리학적 측면	• 영유아기의 인성은 다양한 사회 환경과의 상호작용에 의해서 형성됨. 특히 유아들이 성장하는 과정에서 여러 가지 경험의 축적물이 쌓여 인성이 됨 • 인성은 어린 시절에 어떤 경험을 하느냐에 따라 달라지고 개인의 삶의 방향과 도덕적 행동의 수준을 결정하게 됨 • 따라서 유아기에는 보다 바람직한 도덕적 경험을 할 수 있도록 실천 위주의 인성교육이 필요함
개인적 측면	• 인간은 자기 스스로를 존중하고 타인을 존중할 때 행복감과 소속감을 느낄 수 있음 • 어린 시절부터 유아들에게 타인의 입장을 고려하고 예절과 질서를 지키며 서로 더불어 살아가는 존재라는 것을 가르쳐 주어야 함 • 자기 감정을 조절하고 타인의 감정을 이해하여 원만한 대인관계를 유지해 나가는 경험을 유아 수준에서 경험하도록 해야 함
사회국가적 측면	• 지식의 폭발적 증가와 국경 없는 시대에 살아가야 하는 유아들은 더욱더 바른 인성의 소유자여야 함 • 세계화와 개방화가 될수록 우리 고유의 어른에 대한 예절과 공경 정신은 우리의 공동체 의식을 높여 줄 것임 • 따라서 유아기에 인성교육을 강화하는 것은 국가경쟁력의 중요한 요소가 될 것임

3 유아 인성교육 프로그램 개발 배경

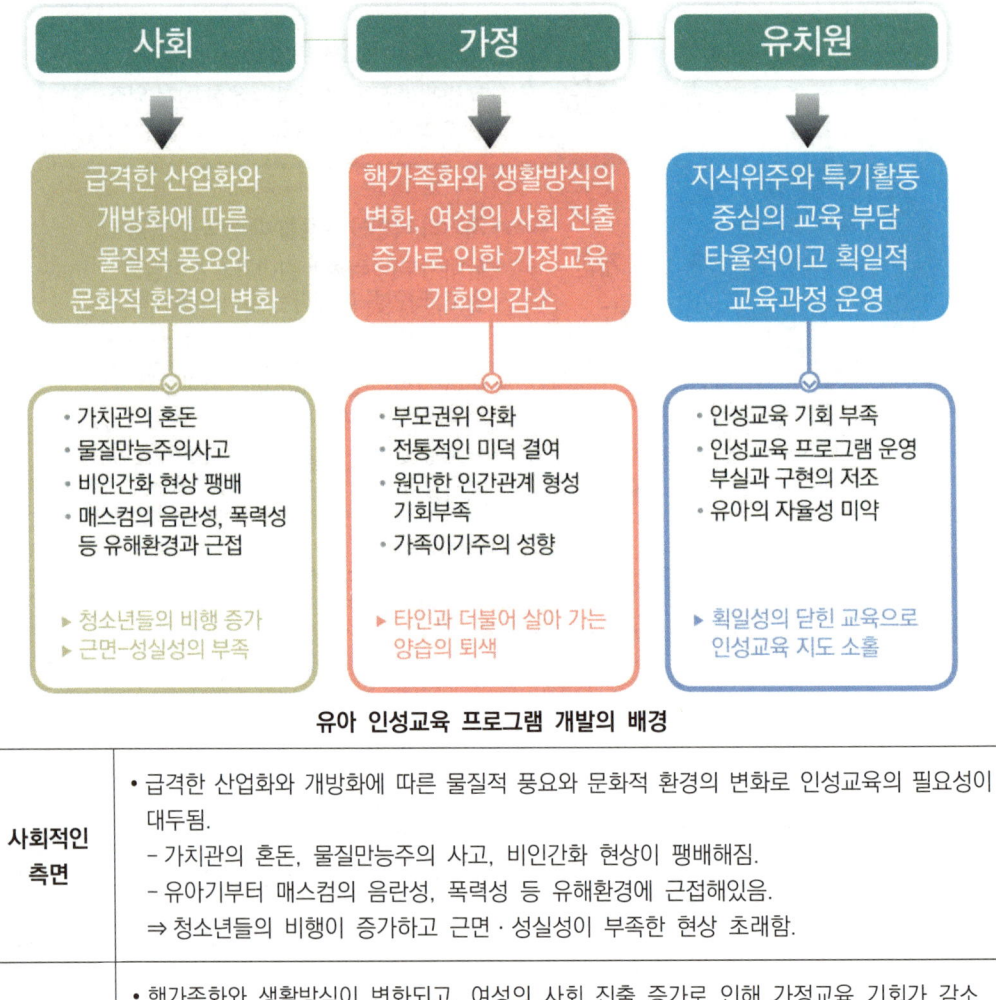

유아 인성교육 프로그램 개발의 배경

사회적인 측면	• 급격한 산업화와 개방화에 따른 물질적 풍요와 문화적 환경의 변화로 인성교육의 필요성이 대두됨. 　- 가치관의 혼돈, 물질만능주의 사고, 비인간화 현상이 팽배해짐. 　- 유아기부터 매스컴의 음란성, 폭력성 등 유해환경에 근접해있음. 　⇒ 청소년들의 비행이 증가하고 근면·성실성이 부족한 현상 초래함.
가정적인 측면	• 핵가족화와 생활방식이 변화되고, 여성의 사회 진출 증가로 인해 가정교육 기회가 감소 　- 부모의 권위가 약화되고 전통적인 미덕이 결여됨. 　- 원만한 인간관계를 형성할 수 있는 기회가 부족함. 　- 핵가족화 등으로 인한 가족이기주의 성향이 나타남. 　⇒ 다른 사람과 더불어 살아가는 양습이 퇴색됨.
유치원 측면	• 지식 위주와 특기 활동 중심의 교육 부담, 타율적이고 획일적 교육 과정 운영 　- 인성교육의 기회가 부족하며, 일부 운영되는 인성교육 프로그램은 특정 활동에 편중되어 있음. 　- 유아들의 자율성이 미흡함. 　- 현장교사들의 인성교육에 대한 신념과 교수전략 및 정보가 부족함 　⇒ 인성교육의 인식과 경험적 토대 부족으로 인성교육 지도가 소홀함.

4 인성교육의 정의

- 인성의 개념을 명확히 하나로 정의하기 어려움. 인성을 '**인격(character), 성격(personality), 도덕(morality), 인간 본성, 인간의 본연이나 인간다운 품성**'으로 볼 것이냐에 따라 인성의 의미는 다양해짐.
- 다양한 인성에 대한 정의에는 '우리 인간이 지향하고 성취해야 하는 인간다운 면모, 성질, 자질, 품성'이라는 의미가 부분적 또는 전체적으로 내포되어 있음.
- 인성의 사전적 의미는 '사람의 성품'이며, 성품은 성격과 품격이라 할 수 있음. 성격은 정신적인 바탕 혹은 본디부터 지니고 있는 독특한 바탕으로 정의되며, 품격은 물건의 좋고 나쁨의 정도, 혹은 품위, 기품이라고 정의됨(민중 실용국어사전, 2010).
- 따라서 **인성이란 개인의 독특한 특성을 바탕으로 길러지는 그 사람의 사람됨**으로 정의할 수 있음 (그림 참조).

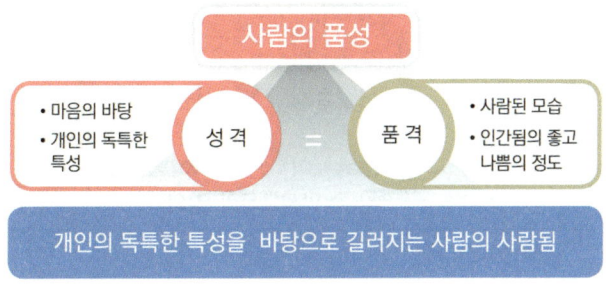

인성의 정의

- 유아들은 도덕적 앎, 도덕적 감정, 도덕적 행동이 어우러질 때 그 결과로 좋은 인성을 갖게 됨. 이러한 좋은 인성을 발달시키기 위한 의도적이고 행동지향적인 노력을 인성교육이라고 함 (Lickona, 1991, 그림 참조).

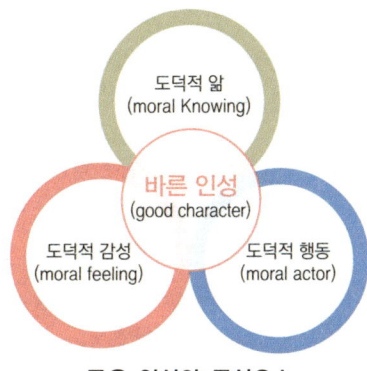

좋은 인성의 구성요소

- **인성교육이란 도덕성, 사회성, 정서를 포함한 바람직한 인간으로서의 성품을 기르는 교육**이며 (교육부, 1996), 덕성을 바탕으로 교양과 능력이 겸비한 인간으로 기르는 교육임(한국교육개발원, 1994).
- 인성교육이란 기존의 인지적으로 편중된 교육 상황에서는 별로 다루지 않는 정의적 측면 및 인간의 본성과 관련한 것으로 학습자로 하여금 건강한 전인적인 민주 시민으로 성장하고 생태적인 본성을 실현함으로써 보다 풍부하고 자유로운 삶을 살 수 있도록 하기 위한 교육적 경험을 제공해 주는 것임(한국교육학회, 2001).

- 인성교육이란 21세기 글로벌 인재 양성에 필요한 인성을 길러주기 위하여 기존의 가치교육이나 가치전수가 아닌 창의성과 인성을 유기적으로 연결 또는 통합하는 교육으로서 주로 인간관계와 관련된 덕목과 도덕적인 판단에 필요한 능력을 교육하는 것이라고 볼 수 있음(교육과학기술부, 2009).
- 인성교육은 인간다운 면모와 자질을 갖추기 위한 교육이고, 자기중심성에서 벗어나 타인 및 공동체와 바람직한 관계를 형성할 수 있도록 하는 일련의 가치교육·도덕교육·인격교육·시민성교육의 공통분모에 해당하는 교육이라 할 수 있음(그림 참조).

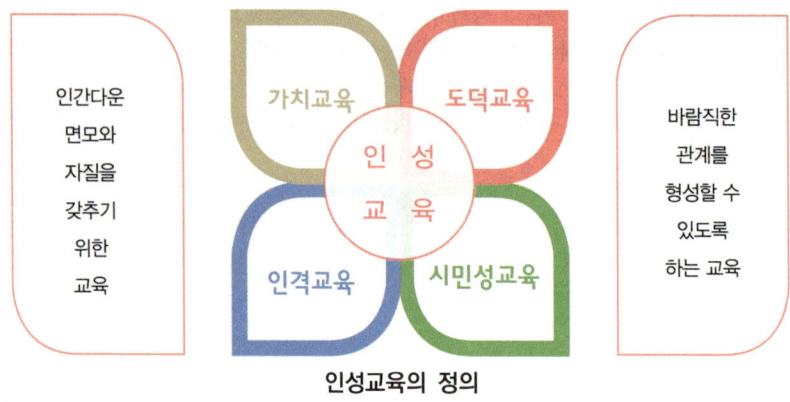

인성교육의 정의

5 인성교육의 목적

- 유아교육은 지(知)·정(情)·의(意)의 조화로운 발달이 이루어진 전인적 인간의 육성을 교육의 이상으로 삼고 있음. 인성교육은 전인적 인간 교육을 위한 필수적인 과정임.
- 인성교육의 목적은 오늘날 사회에서 요구하는 바람직한 인간상을 함양하는 것임.
- 유아기의 인성교육을 통해 유아는 긍정적인 자아감을 형성하고 남을 배려하면서 서로가 다름을 인정할 수 있는 소양을 함양함으로써 더불어 즐겁게 삶을 영위할 수 있는 품성의 기초를 형성하게 됨(교육과학기술부, 2010).
- 인성교육을 통해 유아는 자신에 대해 이해함은 물론 타인에 대해 배려하고 존중하면서 더불어 살기 위한 능력을 배양하도록 함(그림 참조).

유아 인성 교육의 목적

6 인성교육의 내용

인성교육의 내용

- 인성교육의 내용은 어떤 인간을 길러낼 것인가에 대한 숙고로부터 도출되며, 한 사회에서 소중히 여겨온 전통적인 가치와 현시대를 잘 살아가기 위한 민주적인 가치들로 구성되어질 수 있음.
- 현시대를 잘 살아가기 위해 필요한 가치에 대해 알아보기 위해 최근 개정한 2009년 개정 초·중등학교 교육과정이 추구하는 인간상에 대해 살펴보면 다음과 같음.
  - 가. 전인적 성장의 기반 위에 개성의 발달과 진로를 개척하는 사람
  - 나. 기초 능력의 바탕 위에 새로운 발상과 도전으로 창의성을 발휘하는 사람
  - 다. 문화적 소양과 다원적 가치에 대한 이해를 바탕으로 품격 있는 삶을 영위하는 사람
  - 라. 세계와 소통하는 시민으로서 배려와 나눔의 정신으로 공동체 발전에 참여하는 사람
  - ⇒ 다원적 가치에 대한 이해와 세계와 소통하는 시민으로서 배려와 나눔의 정신, 공동체 발전에 참여 등과 같이 인성교육의 내용을 보다 구체적으로 강조하고 있음.

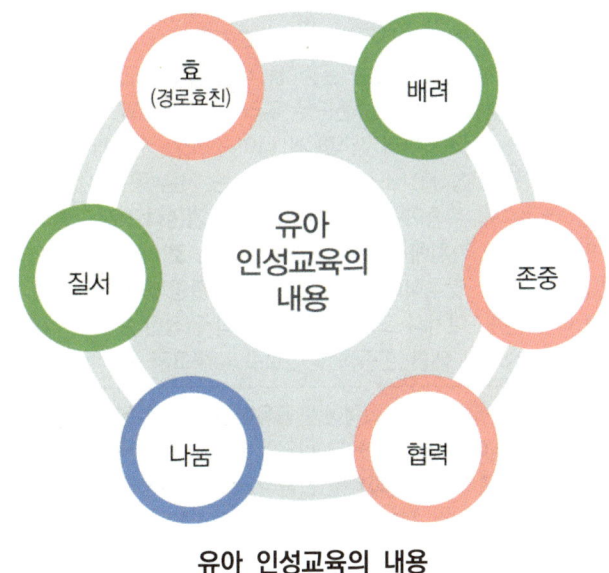

유아 인성교육의 내용

7 인성교육의 덕목

배려

- 배려의 사전적 정의를 살펴보면, '**도와주거나 보살펴 주려고 마음을 씀.**', '**관심을 가지고 생각해 줌.**' 등으로 정의됨.
- Mayeroff(1971)는 배려를 '**다른 사람이 성장할 수 있도록 도와주는 것**'이라고 정의하며, 배려에는 아버지의 자식에 대한 배려, 교사의 학생에 대한 배려, 의사의 환자에 대한 배려, 남편의 아내에 대한 배려 등이 포함된다고 하였음.
- Noddings(1992)는 배려란 **어떤 대상을 염려하고 걱정하는 정신적 상태**이고, 그 **대상을 위해 책임감을 느끼고 성장할 수 있게 돕는 행동적 태도**라고 하며 배려를 구성하는 요소로는 전념, 공감, 수용, 확언이 있다고 하였음. 그리고 배려의 내용을 세분화하여 자아에 대한 배려, 친밀한 사람에 대한 배려, 낯선 사람과 멀리 있는 사람에 대한 배려, 동·식물과 땅에 대한 배려, 인간이 만든 세상에 대한 배려, 사상에 대한 배려 등으로 나누어 설명하였음.

	• 위의 내용은 요약해서 살펴보면, 배려는 기본적으로 **타인과의 관계를 전제**로 하면서, **타인에 대한 보살핌, 관심, 이해를 기반**으로 다른 사람과의 관계를 회복시키며, 나아가 자신을 되돌아보게 하고 스스로를 성장시킬 수 있는 윤리적 기본 원리임. • 따라서 본 연구에서 '배려란 **타인의 필요와 요구에 민감하게 반응, 공감하는 마음과 태도**'라고 정의함. 그리고 배려에 대한 하위 내용으로는 친구에 대한 공감과 배려, 가족에 대한 공감과 배려, 이웃에 대한 공감과 배려, 동·식물에 대한 배려를 중심으로 다루고자 함.
존중	• 존중(尊重)의 사전적 의미를 살펴보면, '소중하게 여겨 받듦'으로 정의됨(네이버 사전), Hill(1998)은 존중이란 어떤 전망 속에서 **어떤 것(사람)의 가치나 중요성을 인정하는 것**이라고 정의하였음. 즉, 존중은 대상에 임의로 가치를 부여하는 것이 아니라 대상이 이미 가진 가치를 인정한다는 것임. • Lickona(2006)는 존중이란 어떤 **사람이나 사물의 중요성에 대하여 경의를 표하는 것**이라고 정의하고, 인간이 스스로 갖추어야 할 자기에 대한 존중에서부터 타인과 모든 사람의 권리나 그 존엄성에 대한 존중, 여기서 그치지 않고 사람과 밀접한 관계 속에 존재하는 환경에 대한 존중, 이를 포함하는 생명에 대한 존중 등 다양한 형식으로 제시될 수 있다고 하였음. • 위의 내용은 요약해서 살펴보면, 존중은 우리 인간의 삶과 밀접한 관련을 맺고 있으며, 인간이 스스로를 존중하는 것에서부터 시작해서 나아가 모든 사람과 생명체, 사물은 그들만의 가치가 있으며 그 가치를 인정하고 소중히 하고자 하는 기본 윤리임. • 따라서 본 연구에서 '존중이란 **사람이나 사물은 기본적으로 그들의 존재만으로 존중할 가치가 있음을 인식하고, 그 가치에 대하여 소중히 여기는 것**'이라고 정의함. 존중에 대한 하위 내용으로는 인간이 스스로 갖추어야 할 자기에 대한 존중에서부터 타인과 모든 사람의 권리나 그 존엄성에 대한 존중, 여기서 그치지 않고 사람과 밀접한 관계 속에 존재하는 환경에 대한 존중, 이를 포함하는 생명에 대한 존중을 중심으로 다루고자 함.
협력	• Johnson & Johnson(1994)은 협력이란 **공유하는 목표를 달성하기 위해 함께 활동하는 것**으로써 함께 협력하는 과정에서 자신은 물론 타인에게도 이익이 되는 결과를 추구할 수 있다고 하였음. • 송응식(2005)은 협력이란 공동과제를 산출하고 이를 달성하기 위하여 집단 구성원이 서로 마음과 힘을 하나로 합하여 서로 돕는 상태를 말한다고 하였음. • 따라서 본 연구에서 '협력이란 단순히 시간·공간적으로 함께 모여 있는 것 혹 함께 활동하는 것만을 뜻하는 것이 아니라, **두 명 이상의 구성원이 공동의 목표를 설정하고, 이를 달성하기 위하여 개인적 책임을 다하고 서로 조언 및 조력을 주고받는 것**'이라 정의함. • 협력에 대한 하위 내용으로는 긍정적인 상호의존성(도움 주고 받기, 의견·정보·자료를 공유하기, 친밀감 형성하기), 개인적 책임감(내 역할 인식하기, 역할 완수하기, 책임감 갖기), 집단 협력 과정(공동의 노력 평가하기) 등을 중심으로 다루고자 함.
나눔	• 나눔은 '나누다'의 명사형으로, 일반적으로 나눔이라고 하면 물질만을 나누는 경우를 생각하는데, 나눔은 자기 스스로 우러난 마음에서 남을 돕기 위해서 하는 일로, 대가를 바라지 않고 지속적으로 도와주는 의미로 이해할 수 있음. • 본 연구에서 '나눔이란 **자기 스스로 우러난 마음에서 남을 돕기 위해서 하는 일로, 대가를 바라지 않고 지속적으로 도와주는 것**'이라고 정의함. 나눔에 대한 하위 내용으로는 Bjorhovde(2002)와 아름다운 재단(2005)에서 제시한 나눔 교육의 범주를 고려하여 나눔의 의미와 필요성, 나눔의 대상, 나눔의 실천, 나눔에 참여의 내용으로 다루고자 함.

질서	• 질서의 사전적 의미는 '**순서, 정돈된 상태, (사회적) 질서, 명령, 지시, (사회) 체제**'이고(네이버 사전), 질서는 정돈된 상태, 규칙적인 상태를 나타내는 의미로, 명령이나 지시, 체제 등 사회를 안정시키고 정돈시키는 것을 통틀어서 의미함. 민주주의 사회는 민주주의 제도뿐만 아니라 사회 구성원의 민주의식과 행동까지 포함하는 것임. • 전득렬(1995)은 **민주사회 구성원으로서 필요한 시민적 자질로 준법정신과 질서의식을 강조**하고 있음. Melendez 등(2000)도 교실은 미래의 시민들이 길러지고, 유아들이 훌륭한 시민의 의미를 경험하는 첫 장소라고 강조하면서, 유치원에서부터 사회적 책임감을 기르고, 규칙과 법을 알고 따르는 시민의식을 기르도록 강조하고 있음. • 따라서 본 연구에서 '질서란 **민주주의 사회에서 책임감 있는 민주시민으로서 살아가기 위해 필요한 사회규범을 지키는 것**'으로 정의함. 질서에 대한 하위 내용으로는 기초질서(자기의 순서나 차례를 지켜야 하는 질서), 법질서(교통질서와 같이 국가의 법률이나 규칙을 지켜야 하는 질서), 사회질서(사회의 여러 요소와 집단이 조화롭게 균형을 이루는 질서) 등의 내용으로 다루고자 함.
효	• 효의 사전적 의미는 '부모를 잘 섬김(善事父母)'이고, '효도(孝道)'의 의미는 '**부모를 잘 섬기는 자식의 도리**'임(김왕규, 2003). 효도는 '효심' 또는 '효성'과 '효행'으로 나누어 볼 수 있음. '효심'은 '효도하는 마음'을 가리키며, '효행'이란 부모를 잘 섬기는 자식의 행위 즉 '효도하는 행위'를 말함(충청남도교육청, 2001). • 따라서 본 연구에서 '**효는 인간된 도리를 충실히 하는 것**'으로 정의하고, 효에 대한 학습내용으로는 자식으로서 부모님의 은혜에 감사드리고 보답하고자 하는 마음과 태도를 형성하고 다양한 방법으로 효를 실천하는 것과, 조부모님, 지역사회 어른들을 공경하는 것 등으로 다루고자 함.

8 요약 : 인성교육의 덕목

덕목	정 의	하위 내용
배려	• 타인의 필요와 요구에 **민감하게 반응, 공감**하는 것	• 친구, 가족, 이웃, 동·식물에 대한 배려
존중	• 사람이나 사물은 기본적으로 그들의 존재만으로 **존중할 가치가 있음을 인식**하고, **그 가치에 대하여 소중히** 여기는 것	• 자신과 전통문화에 대한 존중, 다른 사람들과 다른 문화에 대한 존중, 생명과 환경에 대한 존중
협력	• **두 명 이상**의 구성원이 **공동의 목표를 설정**하고, 이를 달성하기 위하여 개인적 책임을 다하고 서로 **조언 및 조력을 주고받는 것**	• 긍정적인 **상호의존성**, 개인적 책임감, 집단 협력
나눔	• 자기 스스로 우러난 마음에서 **남을 돕기 위해서** 하는 일로, **대가를 바라지 않고 지속적으로 도와주는 것**	• 나눔의 의미 알기, 나눔을 실천하기, 나눔에 참여하기
질서	• 민주주의 사회에서 **책임감 있는 민주시민으로서** 살아가기 위해 **필요한 사회규범을 지키는 것**	• 기초질서, 법질서, 사회질서
효	• **자식으로서 인간 된 도리를 충실히 하는 것**	• 부모, 조부모, 지역사회 어른에 대한 효

9 유아 인성교육의 교수학습 방법

토의	• 토의는 도덕적 문제에 대해 유아들이 서로 의견을 나누고 의견들 사이에 유사점과 차이점을 찾아보며, 궁극적으로 자율적으로 문제를 해결하는 것임. • 유아들의 인지발달 단계에 적합한 토론 주제를 제시하여 유아들끼리 토론을 해나가도록 유도함. • 가정이나 유치원에서 유아들이 경험하는 다양한 갈등 상황이 토론의 주제가 될 수 있음. 유아들끼리의 토론이 잘 진행되지 않는 경우 교사가 중간에 개입하여 토론의 진행을 도울 수 있음.
협동학습	• 유아 인성교육에 있어서 인성교육 내용이 지식 전달에 그치지 않고 유아 수준에서 적절한 실천으로 이어질 수 있도록 협동학습을 최대한 활용하도록 함. 협동학습의 과정에서 유아들은 집단구성원들과 공동의 목표를 달성하기 위하여 주어진 과제를 수행하고 지속하면서 자기가 맡은 바 역할을 끝까지 책임감 있게 완성하려는 노력을 보임으로써 능력이 향상됨. • 또한 집단구성원들과 다양한 의견들을 절충하는 가운데 타인의 권리와 요구를 존중하면서 자기의 의견, 요구, 느낌 등을 적절히 표현하는 자기주장의 능력도 증진됨.
현장학습	• 유아들이 현장을 직접 방문하여 체험해 봄으로써 사회적 규범과 질서를 습득하여 실천에 옮길 수 있음. 예를 들어 어린이 교통공원을 방문하여 실제로 교통놀이 체험을 함으로써 사회적 규범으로서의 교통법규 준수의 중요성을 습득할 수 있음. • 또한 유아들은 자신들의 발달 단계에 맞는 사회 참여적 봉사활동을 함으로써 인성을 더욱 발전시켜나갈 수 있음. 예를 들어 양로원을 방문하여 안마를 해 드리거나, 아름다운 가게 등을 방문하는 실천적인 경험을 통해 어려서부터 사회적, 도덕적 인성을 함양시킬 수 있음.
역할놀이	• 역할놀이는 유아들로 하여금 어떤 상황 또는 장면에 처해보게 하거나 특정 역할을 구체적으로 경험해 보게 함으로써 바람직한 인간관계나 가치의 문제를 보다 깊이 이해시키고 도덕적 사고력과 판단능력을 향상시키고 도덕적 행동의 성향을 증진시키는 방법임. • 도덕적 딜레마의 상황이나 사회적 질서나 예절을 지키지 않음으로써 생긴 상황의 역할놀이는 유아들의 흥미를 끌고 주의를 집중시키면서 인성교육을 할 수 있는 좋은 방법임.
도서 활용	• 도서를 활용한 방법은 유아들의 간접 경험을 풍부하게 하며, 다른 사람의 생활과 경험, 느낌을 공감하고 도덕적 판단 기준을 갖게 함. 교훈적이고 감명 깊은 이야기를 통해 인성 덕목에 관한 유아들의 이해나 사고력을 심화시키고, 감동을 통해 유아들의 실천의욕을 증진시킬 수 있음. • 예를 들어 역사적으로 실존했거나 현존하는 인물 가운데 덕행으로 본이 될 만한 사람들에 대한 문학작품을 제시할 수 있음.
스토리텔링 (story-telling)	• 교훈적이고 감명 깊은 **이야기를 통해** 인성 덕목에 관한 유아들이 이해나 사고력을 심화시키고, 감동을 통해 유아들의 실천의욕을 증진시키는 방법임. 이 방법은 교사가 준비하기 용이하고 쉽게 접근할 수 있다는 장점이 있지만 유아들의 입장에서 훈화나 교훈과 같이 지루하게 느껴질 수도 있음. • 따라서 교사는 유아들이 흥미로워할 수 있는 좋은 이야기 자료를 준비하여 유아들에게 감동, 감화를 주는 것은 물론 모범적 인물이나 훌륭한 도덕적 삶의 본보기를 제시해 줌으로써 유아들이 여러 가지 인성 덕목에 대해 배울 수 있는 기회를 제공해 줄 수 있음.
세대 간 지혜나눔 전문가 활용	• **세대 간 지혜나눔 전문가들을 교실에 초청**하여 **이야기를 듣거나 함께 활동을 해보는 것**은 인성교육의 유용한 방법임. • 인성의 덕목에 대해 알아보고 실천할 수 있는 다양한 분야에서 일하고 있는 세대 간 지혜나눔 전문가들을 초청하여 그들과의 경험을 나누어봄으로써 유아들의 경험과 흥미를 확산시킬 수 있음.

10 유아 인성교육을 위한 교사의 역할

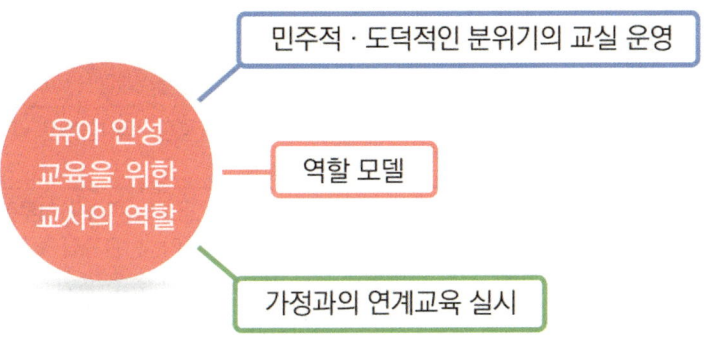

유아 인성교육을 위한 교사의 역할

민주적이고 도덕적인 분위기의 교실 운영	• 교실 분위기 자체가 민주적이며 서로 배려하는 **도덕적인 교실을 운영하는 것**이 중요함. • 예를 들어, 교실에서 필요한 규칙을 교사가 일방적으로 정하고 유아에게 지키도록 요구하는 것보다는 **유아와 함께 필요한 규칙을 정해보는 것**이 **도덕적인 교실을 운영**하는 한 가지 방법이 될 수 있음. • 이때 '○○하지 않기보다는 ○○하기'라는 **긍정적인 표현을 사용**하여 규칙을 정하는 것이 긍정적인 사고를 형성하는 데 도움이 됨.
역할 모델	• 교사의 역할 중에서 모델로서의 역할은 항상 강조되어 왔으나 **인성교육에서는 특히 중요**함. • 교사는 존중의 덕목을 가르치려고 하지 말고 교사 스스로가 유아를 존중하는 모습을 보여줌으로써 자연스럽게 유아가 보고 배울 수 있도록 해야 함. • 유아는 민주적이며 도덕적인 분위기 속에서 생활 자체를 통해 중요한 인성 덕목을 습관적으로 내면화할 수 있게 될 것임.
가정과의 연계 교육 실시	• 유아 인성교육이 **삶을 통해 지속적으로 이루어지기 위해서는** 유치원에서만 하는 것으로는 어려우므로 **가정과의 연계가 반드시 필요함.** • 최초의 교사는 유아의 부모이며 인성교육을 실천하는 일차적인 장소가 가정임을 인식하고 유치원의 인성교육에 가정을 적극적으로 끌어들일 방안을 찾아야 함. • 가정 내에서 인성교육을 실천할 수 있도록 안내하고, 부모교육을 통해 인성교육의 중요성과 구체적인 방법을 공유해야 함.

Ⅷ. 협동활동 - 유아의 사회성 발달을 돕는 협동활동 프로그램(2006)

1 협동활동의 개념

협동	• 공동목표에 도달하기 위하여 개인 간의 관계에서 생기는 행동이다. 협동은 넓은 의미로 타인의 목표 달성을 원조해 주는 의미의 협력과 혼용된다.
협동놀이	• 두 명 이상의 유아가 각자 자신의 역할과 일을 분담하여 공통의 목적을 이루어 가는 놀이이다. • Parten에 의한 놀이의 여섯 가지 구분(몰입되지 않은 놀이, 방관자적 놀이, 혼자놀이, 평행놀이, 연합놀이, 협동놀이) 중 하나로서 가장 사회성숙도가 높은 놀이 형태를 말한다.
협동학습	• 협동학습은 **공통의 목적을 성취**하기 위해 **유아들이 소집단으로 함께 학습하는 것**을 의미한다.
협동활동	• '**공동목표에 도달**하기 위하여 **둘 이상의 유아들이 소집단 및 대집단으로 함께 하는 활동**'이라 할 수 있다. • 특히, 유아교육은 모든 영역이 통합적으로 이루어지므로 협동활동은 다양한 내용과 방법으로 현장에 적용될 수 있다. • 즉, 언어활동, 사회활동, 수학활동, 과학활동, 조형활동, 물·모래활동 등을 포함하여 다양한 내용이 선정되고 조직될 수 있다. • 분만 아니라 등원에서부터 이야기 나누기, 자유선택활동, 대·소집단 활동, 실내·외 활동, 귀가에 이르기까지 일과활동 구석구석에서 형식적·비형식적 형태로 접근될 수 있다.

2 교육적 의의

| 유아의
발달적 측면 | ① 유아는 또래와의 상호작용에서 발생하는 갈등상황을 통해 자기중심적인 해결전략에서 벗어나 다른 사람의 견해에서 문제를 볼 수 있게 됨으로써 자신의 사고가 탈중심화되어 가므로 또래와의 협동이 중요함을 강조하는 연구가 진행되었다.
② 이와 더불어 유치원에서의 협동활동의 경험은 이후의 학교생활에서의 집단생활 적응과 학업성취의 가능성을 증가시킬 것이라는 협동의 지속성과 가속화가 강조되기도 하였다.
③ 협동활동의 과정에서 경험하는 또래와의 상호작용은 논리적 추론의 발달을 도모하며, 개별활동에 비해 활동을 숙달할 수 있는 기회가 많이 주어지기 때문에 이러한 연습효과로 인해 단순 정보의 습득과 같은 저급사고가 향상된다.
④ 자유로운 토론 분위기와 모험적 사고, 발표기회, 확산적 사고 그리고 즉각적인 피드백 등의 협동활동의 특징은 비판적 사고력, 창의적 사고력, 탐구력과 같은 고급사고력을 향상시킨다.
⑤ 모둠의 목표를 달성하기 위하여 유아들이 서로를 기꺼이 도우려는 마음과 봉사하는 마음을 자발적으로 갖게 되는 긍정적인 상호의존이 일어날 때 이러한 협동적인 노력은 인지와 초인지가 가장 잘 발생하는 상황을 제공한다.
　- 이러한 결과는 협동학습활동이 진행되는 모둠 안에서 유아들 간의 의견 교환을 통해 나타나는 갈등으로부터 초래된 지적인 도전이 비판적인 사고, 더 높은 수준의 추론, 초인지적인 사고를 촉진시킨다.
⑥ 협동학습은 유아로 하여금 또래와의 관계를 통하여 사회·정서발달을 초래한다.
　- 협동의 과정에서 구성원들과의 원만한 인간관계는 협동기술과 사회성을 발달시킨다.
　- 그리고 긍정적 상호의존성은 또래에 대해 매우 긍정적인 태도를 가지게 하고, 동료들 |

간에 서로의 장점을 발견해내게 하며, 서로의 기여를 기대하게 한다. 또한 서로를 지지해주는 협동학습의 구조는 유아의 자아존중감을 향상시키며, 또래들끼리 서로 돕는 경험과 활발한 의견교환은 조망수용능력을 향상시킨다.

⑦ 협동학습활동은 유아가 또래와의 활동을 하면서 사회·물리적 상호작용을 증진시키는 기회를 갖고, 심리적인 수용감을 갖게 하며, 조망능력이 발달하도록 돕는다.
- 또한 유아가 또래 활동의 협조자인 다른 유아뿐만 아니라 자기 자신에 대한 현실적인 견해와 심리적인 이해를 갖도록 하며, 성취감을 경험할 수 있게 한다.
- 더 나아가 협동학습활동에 의한 또래와의 경험을 통하여 유아는 기초적인 자기 수용감과 높은 자아존중감을 얻게 되며, 다른 유아와의 연계감을 갖고 또래와의 즐거운 경험을 하면서 심리적인 보상감을 얻게 되어 미래의 보다 즐거운 상호작용을 촉진하고 기대하게 된다.

⑧ 종합하면, 협동활동은 유아의 단순사고와 고등사고, 논리적 추론 등과 같은 인지발달은 물론이고 조망수용, 친사회성, 동료에 대한 태도, 자아존중감 등 사회, 정서의 전반적인 영역에서 긍정적인 효과를 미친다고 결론지을 수 있다.

교사의 교수 전략적 측면	① 협동활동은 유아 간의 협동적인 상호작용을 학습 과정의 통합으로 받아들이는 일련의 교수 전략을 이용하는 활동이다. ② 교실에서의 활동이 협동활동으로 구성되려면, 한 집단의 유아들은 공통의 관심사와 자료를 갖고 그 자료를 이용하여 연습과 조작의 기회를 통해 활동을 전개하여야 한다. - 따라서 협동활동은 능력이 서로 다른 유아들 간의 역할 분담 및 능력의 보완을 위한 또래학습이 포함된 상호작용이 필수적이다. ③ 협동활동은 또래학습에 의한 활동을 자극하는 교수 전략이 되며, 교사의 직접적인 지시와 주도를 상대적으로 감소하게 하여 유아중심의 학습 활동으로 이끌 수 있다. - 또래집단의 유아들은 활동에 필요한 내용을 함께 다루면서 집중하는 기회를 갖게 되고 공동의 활동을 위하여 모든 구성원이 적극적으로 상호작용에 참여하게 된다. - 그 결과 유아들의 또래학습 상황은 교사나 성인의 지시를 최소화하며 자연스럽게 전개되고 진행될 수 있다. ④ 또래학습의 교육적인 효율성에 관하여 학습은 가르치는 사람과 배우는 사람의 이해 정도와 차이가 적어야 교수 효과가 있고, 또래학습 시 가르치는 유아는 배우는 유아의 어려움에 보다 더 민감하고 감정이입이 잘 되어 교수·학습에 효율적이며, 더 나아가 유아 상호 간의 사회·정서발달에 긍정적인 효과가 있다. ⑤ 협동학습활동이 학생들의 동기를 유발하고, 집단 상호과정을 격려하며 집단에서의 사회적이고 학구적인 상호작용에 대한 태도가 증진되고, 성공적인 집단 참여에 의해 각 구성원이 모두 보상을 받도록 하는 교수 전략이라고 하였다. - 협동학습활동을 현재 환경적으로 구조화된 유아교육 현장에서 효율적으로 적용하려면, 교사는 유아가 자기중심적인 인식에서 타인중심적인 인식을 하도록 교육하여야 한다고 하였다. - 협동학습활동은 또래학습을 통한 유아의 자발적 활동을 자극하는 교수활동을 자극하는 교수 전략이므로 교사는 직접적인 지시와 주도를 상대적으로 감소하게 하여 유아 중심의 학습 활동이 되도록 격려하여야 한다. ⑥ 교사가 직면하는 실제 교육 현장의 다양한 상황에서 야기되는 문제를 해결하는 효율적인 교수 전략으로 협동학습을 제시한 Katz와 Chard(1989)는 물리적 환경인 교실의 도구 및 설비와 학습의 자료가 빈약한 상황이나 교사 대 유아의 비율이 너무 높은 상황, 혼합 연령 집단의 유아를 함께 가르쳐야 하는 상황 등에서 협동학습활동이 효과적이라고 하였다.

3 협동활동의 적용원리

협동활동의 일반적 원리	① 협동활동을 적절하게 돕기 위해서는 교사의 세심한 관찰이 필요하다.
	② 협동활동을 인정하고 격려하는 교사의 수용적 태도가 필요하다.
	③ 협동활동에서는 즐거움, 성취감 등과 같은 긍정적 정서를 발달시킬 수 있는 질적 상호작용이 필요하다
	④ 협동활동에 참여한 모든 유아가 소속감을 가지고 능동적으로 참여할 수 있도록 하는 것이 필요하다.
	  - 다수의 유아가 참여하는 집단활동의 경우 일부 유아들에 의해 활동이 독점되거나 반대로 참여하지 못하고 주변을 맴도는 유아들이 발견되곤 한다.
	  - 즉, 외향적인 유아들일 경우 협동활동에서 활동을 주도하거나 독점하는 경우가 많은 반면 내성적인 유아들은 협동활동에서 쉽게 소외될 수 있다.
	  - 따라서 모든 유아가 동등하게 참여할 수 있도록 참여기회 및 참여범위를 논의함으로써 각자의 역할을 조율할 필요가 있다.
	  - 이는 활동에 참여하는 모든 유아에게 목표달성에 따른 개별적인 책임감을 부여할 뿐만 아니라 결과적으로 유아들로 하여금 소속감을 가지고 협동활동에 보다 능동적으로 참여하도록 하는 계기가 될 수 있을 것이다.
	⑤ 협동활동의 원활한 진행을 위해서는 적절한 재료나 도구의 준비가 필요하다.
	  - 협동활동을 진행할 때에는 활동의 시작, 진행, 마무리와 같은 기본적인 계획 이외에 활동 시 사용할 재료, 도구, 소품 등에 있어서도 세심한 준비가 필요하다.
	  - 같은 재료라 하더라도 재료의 적절한 수와 양에 따라서 유아들이 서로 재료를 나누고 함께 사용하는 등 협동의 정도가 달라진다.
	  - 장소와 상황에 따라서 이와 같은 것을 제시하거나 분배하는 것에 대하여 고려할 필요가 있다.
	  - 또한, 소집단 활동의 시작과 끝을 알려주는 신호 음악, 소집단의 생각을 모으거나 나누는 데 도움을 주는 특별한 공간 및 필기도구, 어린 유아들도 소집단에서 자신의 역할을 해내는 데 도움을 줄 수 있도록 준비한 간단하고 쉬운 재료 및 도구 등은 협동활동에 함께 하는 모든 유아가 자신의 욕구와 수준에 맞추어 능동적으로 참여하도록 도울 수 있다.
	⑥ 협동활동의 시간은 시기, 활동의 목적, 유아들의 상황 등을 고려하여 결정하는 것이 필요하다.
	  - 유아들이 협동활동을 수행하기 어려운 학기 초에는 주어진 시간 내에 과제를 수행할 수 있도록 쉽고 간단한 주제, 재료, 도구 등을 제공한다.
	  - 유아들이 협동활동에 점차 익숙해짐에 따라 활동의 목적과 유아들의 상황을 고려하여 활동시간을 조절하도록 한다.
	⑦ 성공적인 협동활동을 위해서는 먼저 유아 자신을 긍정적으로 인식하고 또래를 긍정적으로 수용하는 것이 필요하다.
	⑧ 협동활동은 교육과정의 여러 영역과 통합할 수 있다.

협동활동의 전문적 원리	① 협동활동은 유아들이 함께 계획을 세우고 방법을 결정하며, 서로의 의견을 조정하는 협동적 계획 과정이 필요하다.
	② 협동활동에 있어서 소집단은 활동의 특성에 따라 다양하게 구성될 수 있다.
	③ 협동활동은 상황에 따라 선택적인 대안 제시 방법을 사용할 수 있다.
	  - 교사는 갈등이나 문제 상황이 해결될 수 있는 대안적인 활동이나 의견을 제시하는 것이 좋다.
	  - 유아가 다양한 문제해결 방안을 긍정적으로 검토하고 이를 융통성 있게 적용하여 최선의 방법으로 문제를 해결하도록 도울 수 있다.
	  - '나도 이것으로 꾸미고 싶은데 이것 대신 쓸 수 있는 것은 없을까?', '이렇게 좀 해달라고 부탁해볼까?', '자리가 좁은데 역할놀이 영역까지 넓혀볼까?'와 같이 새로운 생각을 확장시키고 가능한 최선의 방법을 찾도록 하는 일은 해결책을 사용할 경우에 생기게 될 결과를 미리 예측하게 한다.
	  - 협동활동을 계획할 때 서로 같은 부분을 꾸미고자 의견을 표시함으로써 유아들이 문제를 분명히 인식하고 함께 절충하고 협의한 후 스스로 내린 결정에 따르는 과정을 밟게 한다.
	  - 유아는 이러한 경험을 통하여 궁극적으로 문제해결을 위하여 창의적으로 사고하고 공동의 목표를 달성하기 위하여 협동의 기능을 확장시킬 수 있을 것이다.
	④ 협동활동은 환경의 재구성을 통해 유아들의 활동이 더욱 흥미롭게 확장될 수 있다.
	  - 충돌이 일어났을 때는 작업공간을 넓혀 주고 활동 자료를 충분히 제공하거나 작업 결과물의 게시를 위한 더 적절한 영역으로의 이동을 배려해 주어야 한다.
	  - 특히 유아들의 확장된 생각이 표현될 수 있도록 환경의 재구성 과정이 필요하다.
	  - 예를 들어, 꽃밭 만들기를 할 때 처음에는 각자 조그만 종이에 여러 가지 방법으로 꽃을 그린 후 오려 붙이기를 하여 친구들 것과 합하여 커다란 꽃밭을 만들게 된다.
	  - 완성된 꽃밭은 며칠을 지나는 동안 나비, 벌, 여러 가지 벌레 등이 첨가되고 나비 축제, 튤립 축제 등 여러 가지 축제로 확장되어 역할놀이 영역에 매표소, 간이식당, 기념품점 등의 공간을 만들 수 있다.
	⑤ 협동활동은 능력이 서로 다른 유아들 간의 역할 분담 및 능력의 보완을 위해 또래학습이 포함된 상호작용이 필요하다.
	⑥ 협동활동은 기본적인 생활 기능 및 사회적 기술을 가르칠 수 있다.
	⑦ 협동활동은 함께 작업할 수 있는 기회를 통하여 유발되므로 가능한 집단활동을 다양하게 계획할 필요가 있으며, 시간의 경과에 따라 함께 작업하는 경험과 과제수준을 순차적으로 높여 제공할 수 있다.

4 협동활동의 절차

- 유아의 연령과 수준 그리고 협동에 대한 사전경험의 정도에 따라 **협동활동의 난이도를 조정**할 필요가 있다.
- **조형, 언어, 게임, 음악, 신체표현 등** 여러 형태의 활동들은 이와 같이 좀 더 쉬운 형태로부터 좀 더 복잡한 형태에 이르기까지 다양하게 적용될 수 있다.

협동활동의 절차		
	1) 개인작품 모으고 합하기	• 학기 초 유아들은 아직 또래들과 친밀한 관계가 형성되지 않아 상호작용 시 빈번한 갈등이 일어나곤 한다. • 이 시기에는 또래에 대한 이해가 부족한 단계이므로 여러 가지 활동을 통해서 또래들에 대해 서로의 생각을 인정하고 나누어 보는 기회가 제공되어져야 한다. • 그 첫 단계로서 또래들의 생각과 유아 자신의 생각을 함께 모아 보는 경험이 필요하다. 예 각자 작은 종이에 여러 가지 찍기 도구를 이용하여 **물감 찍기한 것을 연결**해 보는 '꽃밭 만들기' 활동이나 각자 자기소개를 적은 종이들을 한데 모아 전시해 보는 '우리 반 소개'와 같은 활동 등이 있다. 예 언어활동에서 각자 표현한 것을 이어서 이야기를 만들거나 각자의 움직임을 이어서 하나의 줄거리가 있는 음률로 만들어 볼 수 있다.
	2) 제시된 구조물의 내용 완성하기	• 유아는 활동 내용이 너무 많거나 어려운 것일 때, 또는 다양한 경험이 부족한 경우 활동에 참여하지 않으려 하거나 수동적으로 참여하게 된다. • 때문에 유아들의 호기심을 유발하고 사전 지식을 얻을 수 있는 시간을 제공한 뒤 관련 구조물을 제시하여 내용을 완성하도록 하는 시도가 필요하다. 예 동화 '헨젤과 그레텔'을 들려준 뒤 **커다란 과자 집 모양을 제공**해 주고 각자 여러 가지 과자를 그리거나 오려 붙이는 활동이 있다. 이는 소집단으로 활동할 수도 있고 대집단으로 활동할 수도 있으나 소집단으로 활동할 때 갈등의 발생이 적고 또래들과 상호작용이 활발함을 볼 수 있다. 제시된 책이나 작품 또는 간단한 노래에 필요한 내용을 만들어 가는 과정도 같은 예이다.
	3) 결과물을 정하고 분담작업하기	• 유아들이 앞서 언급한 1)과 2)의 형태에 익숙해지거나 또래들과 친밀한 관계가 형성되면 **서로의 의견을 나누는 과정**을 통해 적절한 방법을 찾아보고 새로운 방안을 모색하는 등 보다 주도적으로 활동하게 된다. 예 이 형태는 이야기 나누기를 하거나 관심을 갖게 된 주제에 대하여 **작업하고 싶은 결과물을 정하고 서로 의논하여 작업을 분담하는 형태**로 한 칸씩 오려낸 우산 조각에 각자 색깔을 칠하거나 모자이크를 한 후 모아 붙이는 활동을 예로 들 수 있다. 노랫말에 대한 마디를 나누고 이에 적절한 그림이나 동작을 생각하고 결정하여 분담한 후 모아보면 창의적 작품이나 신체표현 또는 춤사위가 될 수 있다.
	4) 주어진 공간에 의논하여 표현하기	• 이 형태는 유아들이 함께 의논함으로써 서로의 생각을 조정해 나가는 비중이 큰 형태로 1), 2), 3)의 형태 **보다 더 많은 범위를 유아가 직접 계획·실행**해 보도록 한다. 예 '우주 도시'에 대하여 이야기 나눈 후 소집단별로 모여 앉아 우주 도시에 표현하고 싶은 것, 필요한 재료와 도구, 역할 분담 등에 대해 의논하여 꾸며 보거나, 게임을 하는 데 있어 의논을 통하여 새로운 규칙을 정해 활동해 볼 수 있다. 주어진 무대에 어울리는 춤, 적절한 시 낭송, 주어진 공간에 어울리는 극화 등 조형, 언어, 신체표현, 음악활동을 결정할 수 있다.

	• 이와 같은 형태는 유아에게 많은 부담이 될 수 있으므로 흥미를 느끼고 적절한 작업 과정을 구상해 나가도록 우선 적절한 사전활동을 통해 유아들끼리 의견을 나누는 시간이 충분히 주어져야 한다.
5) 주제와 공간을 선택하고 표상하기	• 이 형태는 유아들이 주제와 내용 그리고 전개할 재료나 장소와 같은 공간을 스스로 선택하고 의논하며 만들어 가는 **일종의 프로젝트**와 같은 형태이다. • 이 형태 또한 유아들 자신이 결정하고 실행해야 할 부분이 많아서 부담을 가질 수 있으므로 흥미를 느끼면서 내용을 계획·실행해 나갈 수 있도록 적절한 절차와 동기를 제공함과 동시에 유아들끼리 의논할 시간을 충분히 주어야 한다. • 또한 동화, 민속놀이, 축제 등 **주제의 선정에서부터 사후활동까지 유아가 주도적으로** 참여할 수 있다. • 한 주제에 본 프로그램에서 제시된 다양한 활동들이 통합적으로 이루어질 수 있다. • 또래들과 친밀한 관계가 형성되는 시기에 제공하는 것이 보다 적절하므로 학기 초에 제공할 경우 교사의 세밀한 계획과 개입이 필요하다.

요약

- 1)~5)까지의 형태를 반드시 순차적으로 제공해야 하는 것은 아니다.
- 다만 1) 또는 2) 형태가 4), 5)형태보다는 상대적으로 비교적 쉽게 접근할 수 있는 것으로 볼 수 있다.
- 이와 같은 5개의 절차를 기초로 협동활동이 다양한 장면에 적용될 수 있는 절차를 간단하게 정리하면 다음과 같다.

A. 개인작품 모으고 합하기

개인작품 모으고 합하기 ➡
- 전시나 발표공간을 선택하여 재배열 또는 재구성하기
- 결과물을 수정 또는 첨가하기

B. 제시된 구조물의 내용 완성하기

제시된 구조물의 내용 완성하기 ➡
- 각 소집단의 결과물을 모아 보다 큰 결과물 만들기
- 서로 다른 결과물을 모아 의논하고 완성하기

C. 결과물을 정하고 분담작업하기

결과물을 정하고 분담 작업하기 ➡
- 결과물을 중심으로 표현하고 확장하기
- 어울리는 배경에 대하여 의논하고 실행하기

D. 주어진 공간에 의논하여 표현하기

주어진 공간에 의논하여 표현하기 ➡
- 특별히 관심 있는 부분을 세부적으로 첨가하거나 나타내기
- 입체와 평면으로 꾸미거나 만들기

E. 주제와 공간을 선택하고 표상하기

주제와 공간을 선택하고 표상하기 ➡
- 결과물을 수정·첨가하기
- 각 공간(벽면, 천장, 바닥)을 선택하여 확장하기
- 각 소집단의 결과물에 대한 주제를 토의하고 대·소집단별로 표현하고 재구성하기

단계	특성	진행의 예
1) 개인작품 모으고 합하기	• **틀 없음**: 유아들 각각의 것을 모아서 하나로 구성 • **교사 주도**: 유아 각자의 표현을 교사가 하나로 구성 • **유아 간 협의 없음** 　　　: 개별과정으로 진행	• **조형**: 각자 그린 그림을 모아서 **하나로 만들기**(자기 얼굴 그리기, 모두 모아 우리 반 친구들로 구성하기) • **동시**: 각자 표현한 것을 모아서 이야기로 만들기(언제 슬픈지를 표현하게 한다. 모아서 동시로 만들기) • **동작**: 각자 몸으로 표현한 것을 하나로 모아서 표현하기(슬플 때 어떻게 표현하는지 표현하게 하고 이것을 이어서 표현하기)
2) 제시된 구조물 내용 완성하기	• **틀 있음**: 구조물(틀)을 제시하고 유아들이 내용 완성 • **교사 주도**: 교사가 유아 각자의 역할 제공, 하나로 구성 • **유아 간 협의 없음** 　　　: 개별과정으로 진행	• **조형**: 모아서 공동 조형구성(교사가 커다란 **사과나무 모양을 주고** 각 유아가 사과를 그려서 사과나무 완성하기, 교사가 모빌틀을 주고 그려 온 것을 붙여서 모빌 만들기 • **토의**: 모아서 **흥미 영역 규칙** 만들기(교사 주도하에 각 유아가 생각한 규칙을 모아서 하나의 규칙으로 만들기)
3) 결과물 정하고 분담 작업하기	• **틀 있음**: 구조물(틀)을 제시하고 유아들이 내용 완성 • **교사 주도-유아 주도** 　- 교사 틀 제공 　- 각 유아의 역할 제공 및 **개별 작업** • **유아 간 협의 있음** 　　　: 역할 분담 협의	• **조형**: 공동 조형(교사가 **커다란 그림틀을 주고 유아들이 협의하여 구성**하게 하기) • **동극**: 동극 배역 정하기(동극 **내용을 알려주고, 유아들이 등장인물을 정**하기) • **음률**: 동작 만들기(교사가 노래 제공하고, **유아들이 한 마디씩 동작** 만들기) • **탐색**: 관찰보고서 만들기(교사가 주제, 대상 결정해 주면, **한 가지씩 관찰**하여 보고서 만들기)
4) 주어진 공간에 의논하여 표현하기	• **주제나 활동 유형만 제공** • **교사 주도 < 유아 주도** 　- 교사 주제 제공 　- 유아는 역할 분담 및 **공동작업** • **유아 간 협의 있음** 　　　: 역할 분담 협의	• **조형**: 공동 조형(**주제, 재료를 주면** 유아들이 의논하여 표현 방법, 역할 분담 의논 및 실행하기) • **동극**: 동극 구성하기(**주어진 동화 내용에 맞는** 역할, 방법, 공간 꾸미기 등 의논 및 실행하기) • **음률**: 동작 만들기(**노래를 제공하면** 노래에 필요한 동작을 유아들이 협의하여 만들기) • **토의**: 흥미영역 규칙 만들기(**유아들이 협의하여** 특정 흥미영역의 규칙을 의논하여 작성하기) • **탐색**: 관찰보고서 만들기(**주제, 대상 결정해 주면** 관찰보고서 같이 만들기)
5) 주제와 공간을 선택하고 표상하기	• 유아들이 주제, 내용, 재료, 장소를 결정 • 모든 것을 유아들이 결정	• 어떤 활동을 할지부터 역할 방법, 재료 모두 유아가 결정하기

5 교사의 역할

긍정적· 상호의존적 분위기 조성	• 협동활동이 이루어지기 위해서는 교사와 유아 사이에서 그리고 유아와 유아 사이에서 긍정적 상호신뢰와 의존성이 전제되어야 한다. • 서로 도움을 주고받을 수 있다는 가정을 염두에 둘 때 협동의 목표가 구조화될 수 있다. • 다양성을 인정하고, 힘(power)의 균형적 사용과 도덕적·민주적 의사결정의 분위기 등이 친사회적 관계를 증진시켰다는 연구들이 직·간접적으로 이를 뒷받침해 준다.
환경적 조건 및 자원과 관리의 융통성 발휘	• 일종의 지식자원관리를 뜻하는 것으로 유아가 원하는 때에 원하는 장소에서 원하는 방식으로 교재, 교구, 시설, 설비 등의 환경적 구비와 더불어 이들을 활용하고 의존하는 정도를 의미한다. • 즉, 비언어적 신호, 교실의 규칙, 요술의 원(magic circle)과 같은 좌석 배치 및 집단 구성의 형태 등을 교사 대 유아 비율, 학급관리의 형태 및 시간적·생태학적 환경에 따라 적절하게 지원하고 관리해주어 협동의 다양한 측면이 활성화될 수 있도록 도와야 할 것이다.
상호작용의 질 향상	• 또래 간의 긍정적 상호작용은 친밀감을 형성하며 협동적 상황을 촉진시킨다. • 뿐만 아니라 교사와 유아의 상호작용 질이 유아를 동기화하며 유아교육기관의 전체적인 질과 관련이 되거나 무형의 가치 규범을 습득함으로써 다른 사람의 존재를 인식하고 책임감을 배우게 됨으로써 협동활동에 공헌한다.

IX. 유아 한국문화 정체성 교육 프로그램(2009)

1 한국문화 정체성의 개념

한국문화 정체성의 개념

① 문화 : 사회 구성원에 의하여 습득, 공유, 전달되는 행동양식, 생활양식의 과정 및 그 과정에서 이루어 낸 물질적, 정신적 소득을 통틀어 일컫는 말이다.
② 한국 문화 : 한민족이 겪어 온 생활경험의 전부를 의미하므로 어느 한 계층만의 독특한 생활양식이나 한 시대만의 문화가 아닌 즉, 오랜 세월에 걸친 한 민족의 문화발전과정에서 축적되어 온 경험과 지식의 총체라고 정의할 수 있다
③ 오늘날 민족문화와 전통의 바탕 위에 각 분야에서 세계 정상에 도전하고 있는 한국인의 모습을 통해 한국인으로서 긍지와 자부심을 느끼게 되며, 국민 각자는 세계 속의 한국인으로 도약하기 위해 노력할 필요가 있다. 문화와 전통에 대한 애착은 그것을 잘 이해할 때 생길 수 있고, 그 장점을 발견할 때 긍지를 가질 수 있다.
④ 이와 같이 자기 자신이 속한 문화의 이념과 특징, 장단점 등을 알고, 긍지를 가지면서 더욱 발전시키려고 하는 의식을 문화 정체성이라고 한다.
⑤ 한국 문화 정체성은 전통과 타 문화와의 접촉 및 반응을 통해 나타나는 변화를 모두 포함하는 것이다. 구범모(1996)는 이미 한국 사회의 전통 자체가 타 문화와 접촉하는 과정에서 전통문화의 보전할 만한 것들을 선택·수용하여 형성된 것이기 때문에 전통에 대한 이해는 정체성을 파악하기 위한 전제가 되는 것이라고 하였다.
⑥ 따라서 한국 문화 정체성 확립은 전통을 기반으로 이루어진 정체성의 재구성인 것이다. 전통의 사전적 의미는 어떤 집단이나 공동체에서 지난 시대에 이미 형성되어 계통을 이루며 전하여 내려오는 사상, 관습, 행동 따위의 양식이다. 전통문화는 전통과 문화의 공통 집합체로서 그 관계는 그림과 같다.

전통이란? 어떤 집단에서 지난 시대에 형성되어 계통을 이루어 전해 내려오는 사상이나 관습, 행동 등의 양식을 의미

전통문화

문화란? 사회 구성원에 의해 습득·공유되고 전달되는 행동 양식 및 생활 양식의 과정 그리고 그 과정에서 이루어 낸 물질적, 정신적 소득을 의미(의식주, 언어, 풍습, 종교, 학문, 예술 등)

전통과 문화의 공통 집합체로서의 전통문화

2 유아 한국문화 정체성 교육의 필요성

정체성 교육의 필요성	① 유아기는 한국문화 정체성 교육을 하기에 적절한 시기이다.
	  - 유아기는 개인과 집단생활 경험을 통해 자아개념과 정체성을 형성하고 사회와 문화에 대해 이해하기 시작하는 시기이다.
	  - 유아들은 우리나라의 다양한 전통문화를 알아가는 과정에서 우리 것에 대한 자부심을 느끼게 될 것이다.
	② 우리 전통문화에 대한 올바른 이해를 바탕으로 한국인으로서의 자긍심을 갖게 된다.
	  - 서구 문화에 동화되어 가면서 가치관과 문화적 정체성에 혼란을 겪고 있는 청소년들을 볼 때, 유아기부터 우리의 정체성을 찾아주는 것은 매우 중요한 일이다.
	  - 우리나라의 한글, 음식, 의복, 건축양식 등 전통문화에서 한국적인 것을 발견하고 그에 깃든 문화의 특성을 공감하며 한국인으로서의 자긍심을 갖게 하는 교육이 필요하다.
	③ 세계화, 국제화 시대에 살고 있는 유아들에게 다른 나라의 문화를 이해하는 능력과 존중하는 태도를 길러줄 수 있다.
	  - 생활 속에서 다양한 외국문화를 자주 접하며 살아가는 현대 사회에서 다른 나라 문화에 대한 '이해'는 중요한 덕목이 되었다.
	  - 유아 한국문화 정체성 교육은 다른 나라의 문화를 이해하는 능력과 존중하는 태도를 길러주어 세계화 시대에 자랑스러운 한국인으로 성장하도록 도울 수 있다.

3 유아 한국문화 정체성 교육의 방향

생활과의 접근성	• 생활 속에서 직접 체험을 통해 전통문화와 접할 수 있는 기회를 많이 주어 전통문화와의 친밀감을 만들어 주어야 한다. • 유아교육에서 전통의 일상화는 유아교육기관의 건축양식에서부터 우리말과 글, 우리의 음악과 미술, 예절, 음식, 놀이, 의복 등을 교육과정 전반에 반영함으로써 이루어질 수 있다.
접근기회의 확대	• 유아교육현장에 있어서 전통문화는 일회성 주제로 다루어지는 경우가 많은데 교육과정에서 일관성을 가지지 못하고 전시적인 운영을 하는 것은 문제점이 될 수 있다. • 따라서 전통문화교육은 부모참여수업 및 행사를 위한 주제가 아닌 일반적인 유치원 교육과정 내에서 다루어져야 할 것이다.
판단기준의 설정	• 국제간의 문화이동에 의해 외국문화가 무차별 도입될 경우 외국에서 마련된 준거에 따라 우리 문화를 평가하거나 저울질하게 되어 우리 문화에 대한 정당한 이해를 가로막게 될 수 있다. • 유아기는 자신의 판단기준의 기초를 형성해 가는 시기이다. 이 시기의 교육은 우리 문화에 대한 미적 기준 혹은 가치 기준을 마련하여 적절한 판단기준을 제시해야 할 것이다.

건강교육

Ⅰ. 유아 건강교육
Ⅱ. 유치원 급식 운영·영양관리 - 유치원 운영·영양관리 안내서(2021)
Ⅲ. 위생 안전관리 - 유치원 급식 운영관리 지침서(2012)
Ⅳ. 유아 질병과 감염병 관리

I. 유아 건강교육

1 건강의 개념, 목적 및 필요성

개념	• **건강(health)**의 어원을 살펴보면 영어의 '완전한' 혹은 '온전한'의 의미인 Whole에서 시작되어 '활기 있는'을 의미하는 'hale'을 거쳐 Health로 변형되었다. • 이는 건강의 의미가 단순히 질병의 유무에 국한된 것이 아니라 **전인교육에서 제시하는 신체적(physical), 정신적(mental), 사회적(social)으로 적절히 조화를 이룬 상태**로 그 의미가 확장되었다는 것을 말한다.
목적	• 영유아기는 스스로 생활환경을 조절할 수 있는 능력이 발달되지 않은 시기이다. • 따라서 영유아 건강교육의 목적은 영유아의 성장 발육과 그의 유지, 증진, 그리고 질병에 걸렸을 때 조기에 발견하여 치료함으로써 정상적인 생활을 하도록 하는 데 있다.

필요성		
	적기성	• 영유아기는 신체적, 정서적, 사회적 건강발달의 결정적 시기이다. • 결정적 시기 동안 환경적 경험에 의해 획득된 특성은 영유아의 전 생애에 걸쳐 영향을 미치기 때문에 풍부한 환경적 경험이 결정적 시기 동안 제공되어야 한다. • 영유아 건강에 따라 조기 진단과 예방에 도움을 주는 건강교육은 생애 어느 단계보다 중요하다.
	기초성	• 영유아기는 인생의 기초가 형성되는 시기이다. • 바람직한 식생활습관, 규칙적인 운동, 건전한 몸가짐 등과 같은 건강교육은 한 인간의 생애 전체 삶에 영향을 미치는 생활습관의 기초를 형성하는 만큼 모든 교육에 앞서 우선적으로 이루어져야 한다. • 성인이 된 후 건강하지 못한 행동 패턴을 변화시키는 것보다 생애 초기에 건강한 생활습관을 형성시키는 것이 효과적이며 경제적이라는 점에서도 생애 초기 영유아 건강요구의 높은 교육효과를 기대할 수 있다.
	누적성	• 영유아기 초기 결핍된 환경 경험이 성장과정 동안 누적적으로 영향을 미치어 더욱 심각한 결과를 초래하는 건강발달의 중요한 시기이다. • 이전 발달에서 결손이 생기면 다음 시기의 발달에 좋지 못한 장애가 일어날 수 있음을 의미하는 발달의 누적성 성향은 영유아기의 바람직하지 않은 건강습관이 생애 전체에 부정적 영향을 미치는 것에서도 찾아볼 수 있다. • 바람직한 건강습관을 형성시키기 위해 계획된 건강교육은 영유아기에 필수적이다.
	불가역성	• 심리적 건강과 관련하여 영유아 건강교육이 필요한 것은 발달의 최적기를 놓치게 되면 다음 시기에 이를 보완하거나 교정하기가 매우 힘든 발달의 불가역성 때문이다.

2 건강교육의 접근방법

주제에 따른 통합적 접근법	▶ **하나의 주제를 중심으로** 다양한 활동을 통해 **통합적으로** 건강교육을 하는 방법 • 유아들에게 건강에 관련된 지식이나, 기술, 태도를 가르칠 때 유아들이 항상 경험하는 일상생활의 다양한 상황과 통합하여 제시하는 것이다.
상황 중심 건강교육	▶ **실제상황을 활용**하여 유아가 직접 경험하면서 건강교육을 하는 방법 ㉠ 건강검진을 하는 날 유아들에게 건강검진을 하는 이유와 건강검진 방법에 대해 토의하거나 이야기 나눈다. / 간식과 점심시간에 이루어지는 건강교육 / 식사를 시간에 맞추어서 하는데, 그사이에 배가 고프면 약간의 간식을 챙겨 먹는 것을 알 수 있다. • 실생활에서 직접 경험하면서 이루어진다는 점에서 유아들의 동기를 유발한다.
역할놀이를 활용한 건강교육	▶ **역할놀이, 가상놀이를 활용**하여 건강교육을 하는 방법 • 다양한 역할놀이를 통해서 실생활에서 직접적으로 경험하기 어려운 일들을 간접적으로 체험할 수 있게 함으로써 관심을 가질 수 있도록 한다. ㉠ 케이크를 만드는 빵 가게 놀이를 하면서 케이크에 들어가는 재료와 방법들을 상상하고 체험하면서 다양한 재료에 관심을 가질 수 있다.
모델링을 활용한 건강교육	▶ **부모나 교사의 모범적인 일상생활 행동을 통해** 건강교육을 하는 방법 • 일상생활 습관은 유아들이 일상생활 속에서 자연스럽게 습득하는 것이 좋은 방법이다. • 이를 위해 부모나 교사는 매일 설명하면서 건강교육을 하는 것보다는 일상생활 속에서 자연스럽게 건강한 생활 습관이 형성될 수 있도록 도와야 한다. ㉠ 교사와 부모의 일상생활 습관에서 보여지는 모든 것들이 바로 모델링 효과이다.
부모를 통한 건강교육	▶ **가정통신문, 부모교육 등을 통해** 가정과 연계하여 건강교육을 하는 방법 • 기본생활습관은 반복적이고 지속적으로 이루어져야 형성된다는 점에서 가정과의 연계는 반드시 필요하다.
지역사회 연계를 통한 건강교육	▶ **건강 관련 전문가를 초빙**하거나 **지역 자원을 활용**하여 건강교육을 하는 방법 • 건강과 관련된 전문가를 유아교육기관으로 초빙하여 건강과 관련된 직업에 대해 설명을 듣거나 건강관리 방법에 대한 시범을 보면서 토의하는 기회를 갖는다. ㉠ 의사, 간호사, 영양사 등
생태학적 접근을 통한 건강교육	▶ **주변 자연환경과 상호작용**하며 건강교육을 하는 방법 ㉠ 바깥놀이, 산책, 텃밭 가꾸기, 동물 기르기 등
현장학습을 통한 건강교육	▶ 유아교육기관 밖의 장소를 방문하여 **현장경험을 통해** 건강교육을 하는 방법 • 유아의 현장학습을 효과적으로 진행하기 위해서는 사전에 현장학습 장소와 일정 및 과정에 대한 교사의 치밀한 계획이 선행되어야 하며 현장학습을 다녀온 후 현장에서의 경험을 확장시켜 보는 다양한 사후활동을 전개함으로써 현장에서 경험한 내용을 학습 주제와 통합시킬 수 있어야 한다.
매체를 활용한 건강교육	▶ **시청각 자료나 교사의 시범 등 다양한 매체를 통해** 건강교육을 하는 방법 • 교사가 **설명과 시범**(시연)을 통해 올바른 손 씻기와 이 닦기 방법, 계절에 맞는 옷차림에 대해 보여주며, 어떻게 하는지에 대한 방법을 설명해 주는 방법이다.

3 안전교육 접근법

주제 중심의 통합적 접근	▶ **하나의 주제를 중심으로** 다양한 활동을 통해 **통합적으로** 안전교육을 하는 방법 • 안전교육을 가르칠 때 신체운동·건강, 의사소통, 사회관계, 예술경험, 자연탐구 영역의 내용을 분리된 교과로 가르치는 것이 아니라 한 가지 주제를 선정하여 영유아들이 늘 경험하는 상황을 학습경험으로 활용하는 것을 말한다. • 이야기 나누기, 문학, 극놀이, 음악, 신체, 과학, 게임 활동 등의 활동을 통해 안전교육의 내용을 통합적으로 실시하는 것이다. 기 김 교사는 '생활도구와 미디어의 안전'과 같은 **(주제)**를 중심으로 안전교육을 실시하였다.[13]
상황에 근거한 안전교육	▶ **실제상황을 활용**하여 유아가 직접 경험하면서 안전교육을 하는 방법 • 일상생활 중에서 안전과 관계되는 특별한 경우가 발생했을 때 그 상황을 이용하여 또는 그 상황에 필요한 내용에 대해 안전교육을 실시하는 것이다. 예 안전사고가 발생 또는 안전사고가 발생하여 유아들이 뉴스를 통해서 소식을 듣게 된 경우 • 유아들이 직·간접적으로 경험하였거나 경험하게 될 상황을 근거로 하므로 동기유발이 쉽고 실제와 직접 연결된다는 점에서 효과적인 교육이 될 수 있다. 기 민수가 벌에 쏘인 우발적 사건을 계기로 **(상황)**을 중심으로 안전교육을 실시하였다.[13]
역할놀이를 통한 안전교육	▶ **역할놀이, 가상놀이를 활용**하여 안전교육을 하는 방법 • 즉, 유아의 안전과 관련된 주제를 역할놀이에 적용하여 이러한 놀이를 통하여 생활 주변에서 부딪치는 여러 가지 위험 상황을 경험해 봄으로써 적극적인 대처 방법을 기를 수 있다.
행동중심적 방법을 통한 안전교육	▶ 자극, 강화, 모델링 등의 **행동주의 학습 방법을 통해** 안전교육을 하는 방법 예 교사가 먼저 시범적으로 교통규칙 준수하는 방법에 대한 적절한 모델링이 되어 준 후 이를 유아들에게 연습하게 한다. 유아들이 규칙을 잘 지켰을 때 긍정적인 강화를 준다.
가정과의 연계를 통한 안전교육	▶ **가정통신문, 부모교육 등을 통해** 가정과 연계하여 안전교육을 하는 방법 • 부모교육을 통해 시기별로 적절한 안전 주제를 선정하여 안전교육을 실시하는 것이다. • 부모모임, 가정통신문 등을 통해 유아의 안전을 위협할 수 있는 여러 가지 요인들이나 안전사고의 예방방법을 알려 주어 가정에서 효과적인 안전교육을 실시할 수 있도록 한다.
전문단체를 통한 안전교육	▶ 소방서, 경찰서 등 **전문기관을 방문**하거나 **전문가의 방문을 통해** 안전교육을 하는 방법 • 유아교육기관 외의 전문단체를 방문하거나 방문을 의뢰하는 방법이다. 유아가 직접 오감을 통해 실제 경험을 할 수 있으므로 학습의 효과를 높일 수 있다. 예 소방서의 화재 안전교육, 경찰서의 교통안전교육, 보건소의 성교육 등

4 건강교육·안전교육 교수법(교수·학습방법)

설명 및 시연	▶ 교사가 유아에게 **직접 설명하거나 시범**을 보이며 안전 및 건강 지식을 전달하는 방법 • **직접적인 안전교육 방법**이다. • 행동 변화에 중점을 둔 것으로 교사가 영유아에게 직접 설명하거나, 시범 보이기, 현장견학, 예행연습, 실행연습, 반복 학습과 같은 형태로 이루어진다.
시뮬레이션	▶ **실제와 유사한 상황을 경험**하게 하여 안전 및 건강 지식을 전달하는 방법. • **실제와 가장 유사한 상황에서 직접 경험**을 하게 함으로써 현실과 근접한 모의 상황에서의 연습을 통하여 실제 현장에서 우연히 발생할 수 있는 돌발사태에 대처할 수 있도록 하는 방법이다.
역할놀이	▶ **다양한 역할을 수행**하며 문제 상황을 익히는 안전 및 건강 지식을 전달하는 방법. • 유아에게 **다양한 역할을 수행하게 하여** 구체적인 문제 상황을 경험할 수 있도록 기회를 마련해 주고, 자신과 타인의 행동과 태도를 이해할 수 있는 경험을 통하여 자신의 행동과 태도를 재조정해주는 방법이다.
모델링	▶ **모델의 행동을 관찰하고 따라** 하게 하는 안전 및 건강 지식을 전달하는 방법 • **간접적인 안전교육 방법**이다. • 영유아에게 모델의 행동에 후속되는 결과를 목격하게 하여 영유아의 태도 학습을 촉진시키며, 영유아가 실제 또는 가상 모델의 행동을 관찰하여 안전 태도를 학습하는 방법이다.
토의하기	▶ **서로 의견을 나누고 문제를 해결**하며 안전 및 건강 지식을 전달하는 방법. • **공동학습 방법**이다. • 특정 주제에 대하여 언어적 또는 비언어적으로 서로의 의견을 교환하여 문제를 해결해 나가는 방법으로 이미 제시된 것을 단순히 반복하는 것이 아니라 영유아들이 개인적인 생각을 적극적으로 표현하도록 한다.
문제 해결하기	▶ **문제를 분석하고 해결 방안을 찾으며** 안전 및 건강 지식을 전달하는 방법 • **탐구식 수업방식**이다. • 안전하게 해결해야 하는 문제 상황을 파악해 보고 해석하여 일반화하는 방법으로 영유아의 논리적 추론능력을 자극하여 안전문제를 해결할 수 있는 사고력과 능력을 길러주는 방법이다.

Ⅱ. 유치원 급식 운영·영양관리 - 유치원 운영·영양관리 안내서(2021)

1 유치원 급식 운영관리

유치원 급식의 목적	• 유아기는 성장 발달에 따른 영양소의 필요량이 증가하는 시기로 유치원 급식은 유아의 발육과 건강에 필요한 균형 있는 영양공급을 제공하여야 한다. • 유치원 급식은 식생활 지도를 통해 바람직한 식습관 형성에 도움을 줄 수 있도록 교육의 일환으로 실시된다. • 다양한 종류의 음식 제공과 섭취 기회를 마련하여 올바른 식습관을 형성하고, 균형 있는 영양을 공급하여 신체와 정신의 건전한 발달을 도모한다.
유치원 급식의 특징	• 유아기는 **성장 발달에 따른 영양소의 필요량이 증가**하나, **신체의 소화·흡수기능이 미숙**한 시기로 유치원에서 제공되는 급식은 **유아의 소화 능력과 기호를 고려하여 식단을 작성해야** 한다. • 유아들의 기호도를 고려하며 편식하지 않고 골고루 음식을 섭취할 수 있도록 식단을 작성하고 유아들이 즐겨 먹을 수 있는 조리법으로 급식을 제공해야 한다. • 유치원에서 생활하는 유아에게 충분하고 안전한 영양공급이 이루어질 수 있도록 식단을 구성하여 적정량을 배식하고, 식재료의 구매, 조리, 배식 등의 과정에서 위생적이고 안전한 급식을 제공하는 것이 중요하다.
유치원 급식 운영	• **국·공립 유치원 및 원아(현원) 수 50명 이상인 사립 유치원**은 학교급식 대상으로 「**학교급식법」 적용**을 받는다. ※ 사립유치원 '원아 수'는 「교육관련기관의 정보공개에 관한 특별법 시행령」 별표1의3에 따라 매년 10월에 공시되는 연령별 원아 수 현원의 합계를 말한다.
급식운영 계획 수립 및 심의	• 유치원 급식 운영은 해당 학년도 급식 시작 전 운영계획을 수립하고, **유치원운영위원회의 심의·자문을 받아야** 한다. • 급식운영 계획의 주요 내용은 급식계획, 영양, 위생관리, 식재료관리, 작업관리, 예산관리, 식생활 지도 및 이외 급식 운영관리에 필요한 사항을 포함해야 한다. • 매년 급식운영방식, 급식대상, 급식횟수, 시간, 경비, 완제품 사용승인, 식재료 구매 등에 대한 사항을 유치원운영위원회의 심의·자문을 받아야 한다. • 급식인원, 식단, 영양 공급량 등이 기재된 급식일지, 식재료 검수일지 및 거래 명세표를 보관한다. 관련 서류의 보존 연한은 3년이다.
집단 급식소 설치신고	• 식품위생법에 의거하여 **1회 50명 이상(유아 및 교직원 등) 식사를 제공**하는 유치원은 시설기준을 갖추고 관할 특별자치시장·특별자치도지사·시장·군수·구청장에 집단급식소 설치 신고를 하여야 한다(급식 개시 1일 전까지 신고하여야 함). • 집단급식소 신고사항 변경(운영자·소재지 변경 등) 및 운영중단 시 신고관청에 관련 서류를 제출해야 한다.
급식시설 기준	• 유치원에서 급식을 제공하기 위해서는 조리실, 설비·기구, 식품보관실 기준을 준수하여야 한다. • 「학교급식법 시행규칙」 제3조(급식시설의 세부기준) [별표1]

전문인력 배치		• 급식을 위한 시설과 설비를 갖춘 유치원은 영양교사와 조리사를 두어야 한다. • 다만, 「학교급식법」 시행 ('21.1.30.) 당시 유치원에 영양사가 배치되어 있고, 그 영양사의 고용관계가 「학교급식법」 시행 ('21.1.30.) 이후에도 유지가 되고 있다면 해당 유치원에는 영양교사를 배치한 것으로 간주한다.

	영양교사	• 원아 수(현원) **100명 이상**의 유치원에는 **영양교사를 1명 이상** 두어야 한다.
		• 다만, 원아 수(현원)가 **200명 미만**인 유치원으로서 같은 교육지원청의 관할 구역에 있는 유치원의 경우에는 **2개의 유치원마다** 공동으로 **영양교사 1명씩** 둘 수 있다.
		• 영양교사는 **상시근무**를 해야 한다.
		• 근무시간 : 2개의 유치원을 공동으로 관리 시, 영양교사 기준으로 「근로기준법」 제50조에 따라 일주간의 근무시간은 점심시간을 제외하고 **40시간**으로 하며 토요일은 휴무함을 원칙으로 한다.
		※ 영양교사가 A유치원과 B유치원에 고용되어 있는 경우 : 교육청에서 A유치원에 점검을 나갔으나 영양교사가 근무일이 아닌 경우, B유치원에 전화를 걸어 영양교사에게 내용 확인을 받을 수 있어야 함.
		• 영양교사의 직무
		  1. 식단 작성, 식재료의 선정 및 검수
		  2. 위생·안전·작업관리 및 검식
		  3. 식생활 지도, 정보 제공 및 영양상담
		  4. 조리실 종사자의 지도·감독
		  5. 그 밖에 학교급식에 관한 사항

	조리사	• 유치원(집단급식소) 운영자는 조리사를 고용해야 한다.
		• 조리사 직무
		  1. 식단에 따른 조리업무
		  2. 구매식품의 검수 지원
		  3. 급식설비 및 기구의 위생·안전 실무
		  4. 그 밖에 조리 실무에 관한 사항

위생교육		• 집단급식소 설치·운영자 대표자와 집단급식소에 종사하는 영양교사·영양사, 조리사는 위생교육을 정기적으로 받아야 한다. • **집단급식소 설치·운영자 대표자 및 식품위생책임자**는 **연 1회(3시간) 위생교육**을 받아야 한다. • **영양교사·영양사, 조리사**는 **1년마다 교육(6시간)** 받아야 한다(필요시 특별위생 교육 추가 실시). • 집단급식소에 종사하는 영양교사·영양사와 조리사가 식품위생에 관해 책임자로 지정되어 「식품위생법」 제56조제1항에 따라 교육을 받은 경우에는 동법 제41조제1항 및 제2항에 따른 해당 연도 식품위생교육을 받은 것으로 본다.

건강 확인	채용 시 건강진단	• 채용 시 일반 채용 신체검사서와 「식품위생법 시행규칙」 제49조 및 「학교급식법 시행규칙」 제6조 제1항에 의한 **건강진단을 통하여 건강 상태를 확인**한다. • 「식품위생법」 제40조제3항 및 제4항, 「식품위생법 시행규칙」 제50조에 의한 영업에 종사하지 못하는 질병의 종류는 다음과 같다. 　- 「감염병의 예방 및 관리에 관한 법률」 제2조 제3호 가목에 따른 결핵(비감염성인 경우는 제외) 　- 「감염병의 예방 및 관리에 관한 법률 시행규칙」 제33조제1항 각 호의 어느 하나에 해당하는 감염병(콜레라, 장티푸스, 파라티푸스, 세균성이질, 장출혈성 대장균감염증, A형 간염) 　- 피부병 또는 그 밖의 화농성(化膿性) 질환 • 건강문진서와 건강 이상 시 보고할 것에 대한 동의서를 받음으로써 자가 보고를 통해 조리종사자의 건강 상태를 상시로 파악할 수 있다.
	정기 건강진단	• 조리종사자는 「**학교급식법 시행규칙**」 제6조제1항 규정에 의거 검진일 기준 **6개월에 1회 건강진단**을 시행하고 **그 기록은 2년간 보관**하도록 한다. • 다만, **폐결핵검사**는 **연 1회** 실시할 수 있다. 　※ 조리종사자 외 **교직원 등은 가급적 6개월에 1회 건강진단 실시 권장** • 영양교사·영양사는 조리종사자별로 검진일, 다음 검진일, 이상 여부 등을 상시 파악할 수 있도록 건강진단 결과를 기록·관리한다. 　※ 다음 검진일은 「식품위생분야 종사자의 건강진단 규칙」을 준용하여 건강진단을 받은 날을 기준으로 결정(예 : 이번 검진일이 '20.12.1.이라면, 다음 검진은 '21. 6. 1.까지 실시)
	비정기 건강진단	• 감염병 유행 시 또는 필요시에는 비정기 건강진단을 받도록 하여 조리종사자의 건강이상 여부를 확인한다. • 일일 건강상태 확인 　- 매일 조리 작업 전에 영양교사·영양사는 조리종사자의 건강상태를 확인 　- **발열, 복통, 구토, 황달, 인후염 등의 증상이 있는 자**는 식중독이 우려되므로 조리 작업에 참여시키지 않으며, 의사의 진단을 받도록 한다. 특히, **설사자**의 경우 조리 작업에 참여하지 않도록 주의를 기울여 관리한다. 　- 본인 및 가족 중에서 **법정감염병(콜레라, 이질, 장티푸스 등)** 보균자, **노로바이러스 질환자**가 있거나, 발병한 경우에는 완쾌 시까지 조리장 출입을 금지한다. 　- **손 등에 상처나 종기가 있는 자**는 적절한 치료와 보호로 **교차오염이 발생하지 않도록 조치**한 후 작업에 참여하도록 하며, 보호할 수 없을 경우에는 작업에서 배제한다.

위탁급식 운영	• 학교급식법에 따라 학교급식(유치원급식 포함)은 직영이 원칙이다. 다만, 급식 여건상 불가피한 경우 유치원운영위원회의 심의·자문을 거쳐 위탁급식을 허용한다.
	• 식재료의 선정 및 구매·검수에 관한 업무는 학교급식 여건상 불가피한 경우를 제외하고는 위탁하지 않는다.
	• 외부운반 위탁업체 선정기준은 「학교급식법 시행령」 제11조와 관련 「식품위생법 시행령」 제21조 제1호의 규정에 따른 식품제조·가공업 신고를 한 자로, 관련 법률이 정한 시설을 갖추고 있는 자로 제한한다.
	• 유치원운영위원회의 심의·자문을 거쳐 공급업자의 자격 및 시설기준 적정 여부를 서면 평가하고 평가단의 현장 확인 후 우수업체를 선정해야 한다.
	• 공급업자 선정과정에서 객관성, 투명성을 확보하고 유치원에서는 다음 내용을 참고하여 계약을 체결해야 한다.
	  – 급식비 가격 산정 및 식단 내용의 적정성 여부를 비교 검토
	  – 영양기준, 운반·배식 시간, 배식 방법 등을 결정
	  – 공급 과정의 불성실 이행 또는 계약사항 미 이행시 변상 조치 및 해약조건 명시
	  – 위생 및 안전사고 발생 시 책임 변상 조치(행·재정적 및 민·형사상 책임 한계 명시), 차량 보험 및 영업배상책임보험, 음식물배상책임보험 가입
	• 보온·보냉 설비 장착 차량 및 보온유지 가능한 용기에 적재·운반해야 한다.
	• 급식품의 유치원 도착 시간 준수, 급식품 도착 즉시 배식을 해야 한다(당일 조리된 급식품으로 신선도 및 이상 유무 철저히 확인 후 급식).
	• 배식 직전에 소독된 보존식 전용 용기 또는 1회용 멸균봉투(일반 지퍼백 허용)에 음식 종류별로 **각각 1인 분량을 독립적으로** 담아 **-18℃ 이하에서 144시간(6일) 이상 냉동 보관**한다.
	  ※ 가볍거나 소량 제공하는 음식의 1인분 분량은 **미생물 분석 시 요구되는 시료의 양을 충족시키지 못할 수 있으므로** 가급적 용기에 채워서 보관(**150g 이상 보존 바람직**)한다.
	• 납품받은 가공완제품 중 포장을 뜯지 않고 그대로 제공하는 식품은 개봉할 경우 식중독 원인균의 출처를 확인하기 어려우므로 **포장을 뜯지 않은 원상태로 보관**해야 한다.
	  ※ 완제품 형태로 제공한 가공식품은 유통기한 내에서 해당 식품의 제조업자가 정한 보관 방법에 따라 보관할 수 있음(「식품위생법 시행규칙」 제95조)
	• 보존식 보관은 급식을 제공하는 국·공·사립 모든 유치원에서 보관하도록 합니다.

2 유치원 급식 영양관리 – 영양 관리의 필요성

신체 발달	• 유아기는 일생 중 두뇌를 비롯한 신체 기관이 빠르게 성장하는 시기로, 특히 두뇌의 성장은 4세에 75%, 6~10세에 100% 완성되며, 신체의 조절 기능 및 사회 인지 능력이 발달한다. • 그러므로 이 시기 유아의 원만한 성장·발달을 위해서는 충분한 영양소의 공급이 매우 중요하다. • 또한, 유아기는 운동량이 증가하는 시기로 성인보다 단위 체중 당 영양소요량은 많다. • 그러나 위의 용적이 작고 소화·흡수 능력이 미숙하여 필요한 영양량을 모두 섭취하기 어렵기 때문에 식사 외에 간식을 통해 영양소를 보충해야 한다.
식습관 태도 형성	• 유아기에는 식품 기호도가 형성되며, 신체 기능을 조절하고 타인과 함께 생활하는 방법과 사회적으로 예의 있게 행동하는 법 등을 익히게 되는 시기이다. • 유아기는 사회 인지 능력이 발달하므로, 유아 시기 형성된 식습관이 평생의 식습관으로 이어져 성인기 건강에까지 영향을 미칠 수 있다.
유치원 영양 관리의 특징	• 유아기의 부적절한 영양 섭취는 성장 장애와 빈혈, 그리고 비만의 원인이 될 수 있다. • 유아는 환경변화에 대한 적응력과 면역력이 낮고, 소화 흡수기능도 미숙하여 소화가 잘 안 되는 음식을 섭취하면 소화 장애가 일어나기 쉽다. • 유아는 성인보다 알레르기 유병률이 높으므로 식품 선택, 조리 방법, 식품위생 및 음식 섭취 방법에 주의해야 한다. • 유아들이 유치원에서 보내는 시간이 길어지면서 유치원급식은 유아들의 하루 영양 섭취에 중요한 의미를 지닌다.
유치원에서 영양관리의 주요 관리점	• 유치원에서의 영양관리는 바람직한 **급식 시스템의 확보**와 아울러 급식시간을 이용한 효율적인 **영양교육의 방향** 두 가지 차원에서 접근하고 있다. 　① **균형 잡힌 식단 작성과 양적으로 충분한 양의 음식을 공급해야 한다.** 　　- 유아들은 영양적으로 균형 잡힌 식사를 충분하게 제공받음으로써 성장과 발육에 필요한 적합한 영양소를 공급받을 수 있다. 　　- 그렇기 때문에 유치원에서 간식과 점심 급식을 통하여 성장과 발육 및 건강한 생활에 필요한 1일 영양 요구량의 35~50% 정도는 제공되도록 한다. 　② **유치원에서의 급식은 개인이 대상이 아닌 집단을 대상으로 한 단체급식으로 보다 강화된 식품 위생관리 체계의 확보가 요구된다.** 　　- 식단의 구성이 부실하거나 급식량이 적으면 집단적 영양불량이 초래될 수 있으며, 급식위생의 문제로 인해 대형 식중독 사고의 발생 가능성이 높아진다. 　　- 따라서 다수의 유아를 대상으로 하는 유치원에서는 급식 관리에 있어서 보다 전문적이며 엄격한 영양 및 위생안전 관리가 필요하다. 　③ **위생 및 식생활 습관에 대한 교육을 급식시간에 실생활과 연계하여 지도하도록 한다.** 　　- 급식시간을 통하여 식생활에 대한 이해와 올바른 식습관 형성을 위한 실천적 차원의 교육이 이루어질 수 있다. 　　- 올바른 식사법을 지도함으로써 유아뿐만 아니라 유아가 속해 있는 가정의 식생활 개선도 기대할 수 있다.

유치원 급식 관리의 중요성	• 유치원의 급·간식 시간은 식생활 지도를 실천적 교육과정의 일환으로 실시할 수 있는 시간으로 바람직한 식습관 형성을 위한 효율적인 영양교육 효과를 기대할 수 있다. • 유아의 심신 발달과 건강유지를 위해서는 균형 있는 영양을 충분히 섭취하는 것과 이를 위해 바람직한 식습관을 형성하는 것이 중요하다. 유아기에 형성된 식습관은 성장 후 섭취하는 음식의 종류와 음식 섭취 방법에 큰 영향을 끼칠 수 있다. • 최근 유치원에서의 유아 영양관리는 더욱 중요해지고 있다. 유아들은 기본과정의 경우 일일 4~5시간, 방과후 과정의 경우 일일 8시간 이상을 유치원에서 보내게 되며, 최근 무상급식의 보편화에 따른 현상으로 대부분의 유치원에서 점심 급식을 제공하고 있다. • 유치원에서는 유아를 위한 충분하고 안전한 영양의 공급이 이루어질 수 있도록 점심 급식과 간식 식단을 구성하여 적정량을 배식하는 일뿐만 아니라, 식자재의 구매에서부터 보관 조리 및 뒤처리에 이르는 급식준비 과정에서의 위생적이고 안전한 조리 과정의 확립도 유치원의 주요 업무로 자리매김하였다.
유치원 급·간식의 특징	• 유치원에서 생활하는 유아들은 점심과 오전, 오후 간식을 먹게 되어, 성장에 필요한 영양의 반 이상을 유치원에서 섭취함 • 유아기의 성장발달을 고려하여 유치원에서는 균형 잡힌 급·간식을 제공하여야 함 • 유아의 소화능력과 기호를 고려하여 식단을 작성하여 유아들이 즐겨 먹을 수 있는 조리방법을 통해 급식과 간식이 제공되어야 함 • 유아는 소화기능과 면역력이 약하기 때문에 식중독 발생과 식품안전사고의 발생에 취약하므로 주의가 필요함
간식 제공의 필요성	• 유아기는 **필요한 영양소 양이 많은 데 비해 소화력이 한정**되어 있으므로 급식 외에 필요한 영양소를 간식으로 제공할 필요가 있음
어린이급식관리 지원센터	• 식품의약품안전처에서 '어린이 식생활안전관리 특별법'에 의거해 어린이급식관리지원센터를 통해 **영양사 고용 의무가 없는 100인 미만의 어린이집, 유치원 등을 대상**으로 **식단, 위생 및 영양 관리를 지원**하고 있음

3 영양관리 계획

- **한국인 영양섭취 기준의 종류 및 개념**
- 질병이 없는 대부분의 사람들이 건강을 유지하고 질병을 예방하는 데 도움이 되도록 필요한 영양소 섭취 수준을 제시하는 기준이다.
- 각 성별과 연령에 따라 영양소 과다 섭취와 예방을 고려하여 기준량이 제시되어 있다.

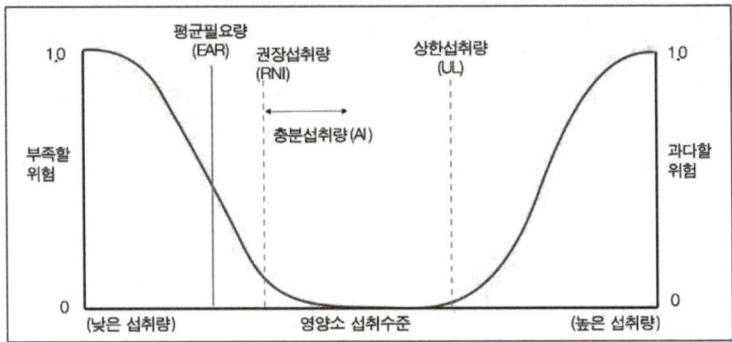

영양소 섭취기준(Dietary Reference Intakes, DRIs)의 종류(IOM, 2008)
한국영양학회(2015)

영양섭취의 기준		
	평균 필요량	• 건강한 사람들의 **일일 영양소 필요량**의 **중앙값**으로부터 산출한 수치
	권장 섭취량	• **인구 집단의 약 97~98%에 해당하는 사람들의 영양소 필요량**을 충족시키는 섭취 수준으로, **평균필요량에 표준편차** 또는 변이계수의 **2배**를 더하여 산출
	충분 섭취량	• 영양소의 필요량을 추정하기 위한 과학적 근거가 부족할 경우, 대상 인구 집단의 건강을 유지하는 데 충분한 양을 설정한 수치이다(**권장섭취량을 산출할 수 없는 경우 건강한 사람들의 영양소 섭취 수준**). • 충분 섭취량은 실험연구 또는 관찰연구에서 확인된 **건강한 사람들의 영양소 섭취량 중앙값을 기준**으로 정했다. • 따라서 충분섭취량은 대상 집단의 영양소 필요량을 어느 정도 충족시키는지 확실하지 않기 때문에, 대상 집단의 97~98%에 해당하는 사람들의 필요량을 충족시키는 양인 권장섭취량과는 차이가 있다.
	상한 섭취량	• **인체에 유해한 영향이 나타나지 않는 최대 영양소 섭취 수준**이므로, 과량을 섭취할 때 유해영향이 나타날 수 있다는 과학적 근거가 있을 때 설정할 수 있다. • 과잉섭취로 인한 위험을 예방하기 위해 설정한다.
	에너지 적정비율	• 에너지를 공급하는 **탄수화물**과 **지질**은 **적정 섭취 수준을 설정할 과학적인 근거가 부족**하기 때문에 **평균필요량**이나 **상한섭취량**을 설정하지 않았지만, **에너지 섭취비율이 건강과 관련성이 있다는 과학적 근거**가 있기 때문에, **탄수화물, 지질, 단백질의 에너지 적정비율을 설정**하였다. • 에너지 적정비율은 각 영양소를 통해 섭취하는 에너지의 양이 전체 에너지 섭취량에서 차지하는 비율의 적정범위로 제시하였다.

유아 영양관리 기준	- 식단은 유아의 영양 요구량을 충족시킬 수 있도록 구성되어야 하므로 식단을 작성할 때 유아의 **하루 영양필요량**을 우선적으로 고려해야 한다. - 한국인의 영양 섭취기준에 근거한 자료에 따른 만 3~5세 유아의 **일일 영양섭취기준**은 〈표〉와 같다. - 〈표〉에 제시된 영양 섭취기준은 **에너지는 필요 추정량**(개인의 에너지 필요량을 측정하는 것에는 기술적인 문제 등 제한점이 있으므로 에너지 필요량은 **에너지 소비량을 통해 추정**하고 있다. 따라서 평균 필요량이라는 용어 대신 필요 추정량이라는 용어를 사용한다.), 단백질을 포함한 칼슘, 철, 비타민A 등의 영양소는 권장섭취량 기준으로 정한다. 	구분	3~5세	영양 섭취기준
---	---	---
에너지	1,400Kcal	필요 추정량
단백질	20g	권장섭취량
칼슘	600mg	
철	6mg	
비타민A	350㎍ RE	
티아민	0.5mg	
리보플라민	0.6mg	
비타민C	40mg		
한국인 영양소 섭취기준	- 3세부터 취학 전 유아의 영양소 섭취기준은 다음과 같으며, 유치원에서는 3-5세의 영양기준량을 기준으로 식단을 계획함 | 영양소		연령		
---	---	---	---	---
		3-5세	6-8세 (남)	6-8세 (여)
신장(cm)		105.4	126.4	125
체중(kg)		17.4	26.5	25
에너지 (Kcal/일)		**1400**	1700	1500
단백질 (g/일)	평균필요량	15	25	20
	권장섭취량	**20**	30	25
식이섬유 (g/일)	충분섭취량	15	20	20
수분(ml/일)	충분섭취량(액체)	1100	900	900
	충분섭취량 (총수분)	1500	1800	1700
칼슘(mg/일)	평균필요량	470	580	580
	권장섭취량	**600**	700	700
	상한섭취량	2500	2500	2500
나트륨(mg/일)	충분섭취량	1000	1200	1200
철(mg/일)	평균필요량	5	7	6
	권장섭취량	**6**	9	8
	상한섭취량	40	40	40	

• 〈표 1〉 유아기에 필요한 영양기준량 [학교급식법 시행규칙 제5조 제1항 별표 3]

에너지 (kcal)	단백질 (g)	비타민A (μg RAE)		티아민 (비타민B₁) (mg)		리보플라빈 (비타민B₂) (mg)		비타민C (mg)		칼슘 (mg)		철 (mg)	
		평균 필요량	권장 섭취량	평균 필요량	권장 섭취량	평균 필요량	권장 섭취량	평균 필요량	권장 섭취량	평균 필요량	권장 섭취량	평균 필요량	권장 섭취량
400	7.1	66	85	0.12	0.15	0.15	0.17	10.0	12.8	142	170	1.5	2.0

유치원 급식의 영양 목표

- 제공되는 **간식을 제외**한 **한 끼의 기준량**을 제시함
- 학교급식의 영양관리기준은 한 끼의 기준량을 제시한 것으로 학생 집단의 성장 및 건강상태, 활동정도, 지역적 상황 등을 고려하여 탄력적으로 적용할 수 있다.
- 영양관리기준은 계절별로 연속 5일씩 1인당 평균영양공급량을 평가하되, 준수범위는 다음과 같다.
  1. 에너지는 학교급식의 **영양관리기준 에너지의 ±10%**로 하되, **탄수화물 : 단백질 : 지방**의 에너지 비율이 **각각 55~65% : 7~20% : 15~30%**가 되도록 한다.
  2. 단백질은 학교급식 영양관리기준의 **단백질량 이상으로 공급**하되, 총공급에너지 중 단백질 **에너지가 차지하는 비율이 20%를 넘지 않도록** 한다.
  3. 비타민A, 티아민, 리보플라빈, 비타민C, 칼슘, 철은 학교급식 영양관리기준의 권장섭취량 이상으로 공급하는 것을 원칙으로 하되, 최소한 평균필요량 이상이어야 한다.

영양 기준량

- 유치원의 급식과 간식 식단은 유아의 영양기준량을 충족시킬 수 있도록 계획함
- 성장기에 있는 유아에게 적정한 영양을 공급하여 건강을 유지할 수 있도록 식단을 계획함
- 3-5세 유아기의 균형 잡힌 식사의 에너지 구성은 **탄수화물 55~65%, 단백질 7~20%, 지방 15~30%** 임
- 영양소 섭취기준에는 평균필요량과 권장섭취량, 충분섭취량, 상한섭취량이 있음.
- 인체 필요량에 대한 **과학적인 근거가 있을 경우**에는 **평균필요량과 권장섭취량**을 제정하고, **근거가 충분하지 않은 경우**에는 **충분섭취량**을 제정하며, **과잉섭취로 인한 유해영향에 대한 근거가 있는 경우**에는 **상한섭취량**을 제정함

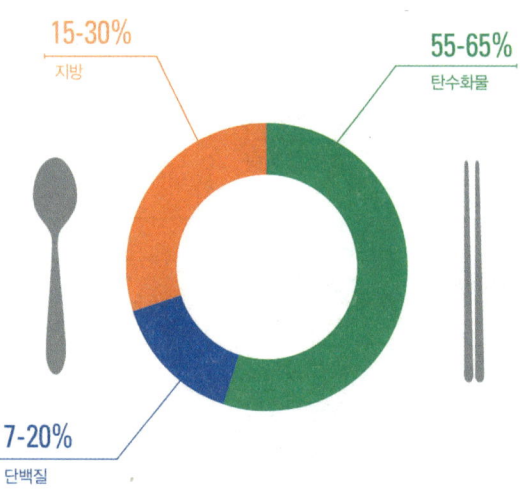

한국인 영양소 섭취기준	• 만 3~5세 유아의 영양섭취 기준 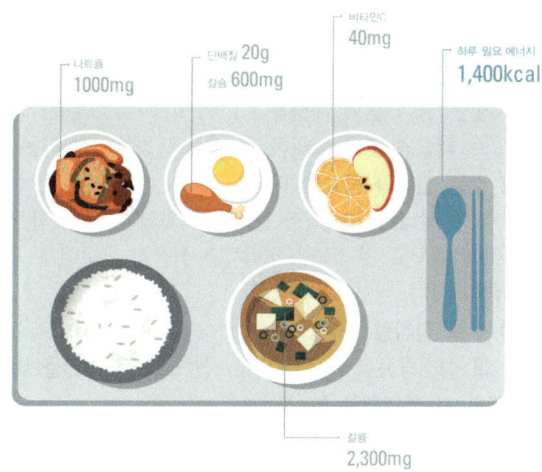
식단계획	• 유치원에서 제공하는 **급식과 간식의 총 섭취 열량은 약 500kcal(약 10% 수준인 50kcal 조정 가능)** 정도로 구성하는 것이 바람직함 • **한 번에 많은 양의 음식과 필요한 영양소를 공급할 수 없기 때문에** 급식과 간식을 **나누어 제공** • 성장기에는 신체 발육에 필요한 칼슘과 양질의 단백질을 식사를 통하여 충분히 공급받을 수 있도록 식단을 구성 • 유아는 **저장능력이 약하고 소화 흡수 기능이 미숙하여 소화 장애를 일으키기 쉬우므로 싱겁고 담백한 음식**으로 구성 • 어린이들에게 다양한 식품을 경험할 수 있게 계획하며, 어린이들이 선호하는 식품을 고려하여, **색감, 질감, 형태, 맛, 조리 방법을 다양하게 구성** • 냉동·가공식품보다는 **천연 식품과 제철 식품을 이용**하여 우수한 영양소를 제공

유아 식단의 영양 공급량 구성 원칙	• 영양 공급량은 영양 섭취기준을 중심으로 하되, 유아의 연령과 성별 및 개인차에 따른 영양 섭취 수준은 급·간식의 배식량을 조절하도록 한다.
	• 열량 영양소의 에너지 적정비율은 다음과 같다.
	  ① 즉, **3~5세 어린이의 1일 섭취해야 할 에너지는 1,400kcal**이다.
	  ② 점심 1회와 간식 2회 공급을 기준으로 유치원에서 제공하는 급·간식의 총 섭취 열량은 **약 500kcal(약 10% 수준인 50kcal는 변동 가능)** 정도로 구성하는 것이 바람직하다.
	  [기] 철수는 평소에 아침을 잘 먹지 않는다. 오늘도 반찬이 마음에 들지 않는다며 아침을 먹지 않고 유치원에 왔다. 유치원에서는 오전 간식을 제공하지 않으며 12시에 급식을 실시한다. 철수는 점심에 보리밥 반 공기와 자기가 좋아하는 어묵감자조림만 먹었고, 오후 간식은 모두 먹었다. 아래 상황을 읽고 문제점을 찾아 항목별로 1가지씩 쓰시오.
	  ① 철수의 식습관 : **음식을 골고루 먹지 않고 편식**, ② 급·간식 운영체계 : **오전간식 미제공**,
	  ③ 식단 구성 : **유치원에서 제공해야 하는 급·간식 총 섭취 열량 부족**[07]
	• 점심 식단 : 보리밥, 조개된장국, 김구이, 어묵감자조림, 깍두기; **총열량 - 278.6kcal, 단백질 - 8.40g**
	• 오후 간식 : 치즈크래커카나페 2개, 오렌지주스 1컵; **총열량 - 155kcal, 단백질 - 5.40g**

수분 섭취와 건강	**1. 수분의 기능** ① 생체에 필요한 생체 내의 화학 반응은 주로 물 안에서 행해진다. ② 영양소나 기타 물질의 운반을 맡는다. ③ 소화된 영양소는 물과 함께 흡수된다. ④ 노폐물은 물과 함께 배출된다. ⑤ 땀으로 다량의 열을 빼앗아 몸 밖으로 방출시켜 체온 조절에 관여한다. **2. 유아의 수분 섭취가 중요한 이유** • 수분 부족 상태가 계속되면 근육이 약화되며, 모든 세포가 면역력이 떨어지게 된다. • 근육이 약화되고 면역력이 떨어지면 성장기 유아에게 치명적이기 때문에 수분을 충분히 섭취해야 한다. **3. 유아의 수분 섭취량** • 하루 물 섭취량은 1.2~1.6L이고, 잔으로는 6~8잔을 마시는 것이 적절하다. **4. 수분 섭취 시 주의해야 할 점** • 식사 전, 중, 직후에는 많은 수분 섭취를 제한한다. 이는 위액의 희석으로 소화 장애를 유발할 수 있기 때문이다.
영양소의 분류	• 영양소의 분류 |	
3대 영양소	• **단백질, 탄수화물, 지방질** 기 영양소는 탄수화물, **(지방)**, 단백질, 무기질, **(비타민)**, 물 등 6가지로 분류되며, 이 중 탄수화물, **(지방)**, 단백질은 3대 영양소라 불린다.[12]
5대 영양소	• 단백질, 탄수화물, 지방질, **무기질, 비타민**
6대 영양소	• 5대 영양소 + **물** | • 영양소는 열량원, 신체조직의 구성 성분과 생리기능의 조절물질로서 중요한 기능을 한다. **체내에서의 기능을 중심으로 분류**하면 다음과 같다. |	
열량 영양소	• 생명을 유지하기 위한 체내 작용과 체온을 유지하고 활동에 사용되는 에너지를 만드는 영양소를 말하며 **단백질, 탄수화물, 지방질** 등을 말한다.
구성 영양소	• 신체의 조직을 구성하는 영양소를 말하며 **단백질, 지방질, 무기질, 물** 등을 말한다.
조절 영양소	• 체내에서 일어나는 각종 기능을 조절하고 정상적으로 유지시키는 영양소를 말하며 **단백질, 무기질, 비타민, 물** 등을 말한다.	

- **유아기 필수 영양소** - 유아보건교육프로그램(2012)

영양소		역할	함유 식품	섭취 부족 시 증상
유아기 필수 영양소	단백질	에너지원, 성장촉진, 효소·호르몬·항체 형성	육류, 콩류, 두부, 달걀, 생선	체중감소, 발육부진, 저항력 감소
	탄수화물	에너지 공급, 중추 신경계의 원활한 작용	곡류, 감자류, 당류	허약, 피로, 탈수 현상
	지방	에너지원, 체온조절, 장기보호	기름류, 버터, 치즈, 크림 견과류	피부 건조, 각질화, 탈모, 상처 회복 지연, 성장 저하, 생식기능 저하
무기질	칼슘	뼈, 치아 구성, 신경전달, 근육 이완	우유, 유제품, 두유, 브로콜리, 뼈째 먹는 생선, 시금치	근육의 수축, 경련, 구루병, 골연화증·골다공증, 성장지연, 지혈 지연
	철분	혈액 내 산소 운반	달걀노른자, 육류, 간, 녹색 채소	빈혈, 어지러움, 피로감, 학습능력 저하
	인	뼈·치아의 구성성분, 단백질 합성	우유, 유제품, 육류	근육과 혈액 세포 파괴
	아연	효소의 활성 도움, 콜라겐 합성, DNA·RNA 합성	육류, 굴, 간, 달걀	성장지연, 식욕감퇴, 우울증, 탈모, 설사
비타민	비타민 A	시각 회로, 상피조직 유지, 골격 성장, 생식	간, 당근, 풋고추, 우유, 버터, 달걀	**야맹증**, 안구건조증, 저항력 약화
	비타민 B2	동맥경화나 고혈압 예방, 식욕 증진, 저항력 강화	우유, 유제품, 간, 효모, 내장, 녹황색 채소, 콩, 두부, 생선, 된장	빈혈, 성장부진, **구내염**, **설염**, 피부 건조
	비타민 C	콜라겐 합성, 아미노산 대사, 철분 흡수 증가, 감기 증상 약화	감귤, 감자, 채소류	**괴혈병**, 저항력 약화, 회복력 저하
	비타민 D	칼슘과 인의 흡수 증대, 골격형성	참다랑어, 내장, 난황	**구루병**, 골연화증, **골다공증**, 신경과민, 설사
	물	혈액을 통해 영양소를 온몸에 운반, 노폐물 배설, 체온조절	·	체중의 60%(50~70%)를 차지 2/3 이상 잃으면 사망

		• 열량 영양소
각종 영양소의 기능	단백질	• **신체의 근육과 골격 등 신체를 구성**하는 주요 요소로 신체조직의 성장, 발달, 유지 보수에 필요한 영양소이다. • 또한, 건강과 생명현상의 유지에 필요한 각종 효소나 호르몬 및 면역항체의 구성성분으로서 중요한 역할을 담당하고 있다. 체내에서 조직을 합성한다. • **1g당 4kcal의 열량**을 발생시킨다. 1일 권장량은 총 섭취 열량의 **7~20%**이다. • 단백질은 혈관 벽을 구성하는 주요 성분으로, 부족하면 혈압 유지도 어렵고, 온몸의 조직이 쇠약해져서 조혈 작용도 떨어지고 피로와 빈혈을 일으키는 원인이 된다. (열량, 구성, 조절 영양소 - 20g / 7.1g / 20% 넘지 않도록) • 유아의 단백질량 부족 시 정상적인 성장과 발달이 저해되고, 피로, 빈혈 등의 현상이 나타난다. • 급원 식품 : 육류, 난류, 어패류, 우유와 두류, 견과류, 곡류 등
	탄수화물 (당질)	• **신체에 에너지를 공급해 주는 주요 성분**으로 탄수화물 1g이 체내에서 완전히 연소되면 **4kcal의 열량**을 낸다. 1일 권장량은 총 섭취 열량의 **55~65%** • 정상적 대사에 필수적 영양소이다. **당질의 섭취가 부족하면 단백질을 에너지원으로 사용**하게 되므로, 단백질을 절약하기 위해서 꼭 필요한 영양소이다. • 사람이나 동물의 몸에서는 합성이 되지 않는 영양성분으로 식물의 엽록소에서 광합성에 의해 생긴다. 섬유질을 공급하여 장운동을 돕는다. • 결핍 시 **피로, 체력 저하**를 일으키며, 과잉 시에는 **비만**이 생길 수 있다. • 급원 식품 : 밥, 라면, 국수, 감자류 등

	지방질 (지질)	• 가장 농축된 형태로 열량을 공급하는 영양소로서 **1g당 9kcal의 열량**을 낸다. 1일 권장량은 총 섭취 열량의 **15~30%**이다.
		• 지용성 비타민의 소화 흡수를 돕고, 식품에 고소한 냄새와 맛을 증가시켜 미각을 만족시키는 역할도 한다.
		• **뇌, 신체조직, 간, 피하조직** 등 **신체 구성** 부분이다.
		• 동물성 지방보다는 **식물성 지방을 사용**하는 것이 좋다.
		• 체내에서 사용되고 남은 에너지는 저장되었다가 필요한 경우 에너지로 사용된다.
		• 급원 식품
		  - 식물성 지방 : 식용유지(콩기름, 옥수수기름, 들기름, 참기름 등)와 일부의 과일(아보카도, 올리브 등)에 함유
		  - 동물성 지방 : 육류, 어류, 조류, 우유, 유제품, 달걀 등

각종 영양소의 기능	• 조절 영양소	
	칼슘	• 무기질로 분류되며, **신체 내 무기질의 99%를 차지**한다. **골격과 치아**를 형성하며, 근육의 수축과 이완, 혈액 응고 등에도 관여한다. • 섭취량이 부족하면 뼈의 성장이 부진하게 되고, 경련 등이 나타날 수 있다. • 주요 급원 식품 : 우유, 치즈, 계란 노른자, 뼈째 먹는 생선, 콩 등
	철분	• 신체 내 존재하는 미량 무기질로 혈색소의 구성요소이며, **산소를 운반**하고 탄산가스를 제거하는 역할을 한다. 철분 결핍 시에는 **빈혈, 창백, 무력감 등**의 증상이 나타나게 되므로 충분한 섭취가 필요하다. • 철분 급원 식품 : 육류, 계란, 녹황색 채소 등
	비타민과 기타 무기질	• 비타민과 기타 무기질은 극히 소량이지만 체내에서 영양물질 대사에 관여하고, 신체의 기능을 조절하는 등 생명현상을 유지하기 위하여 절대적으로 필요한 영양소이다. • 비타민은 **체내에서 합성되지 않으므로 음식을 통해서 공급**되어야 한다.
	물 (수분)	• 물은 인체의 구성요소로 체중의 약 50~70%를 차지하고 있다. • 물은 흡수된 영양소와 효소 등을 **필요한 조직으로 운반**하고 **노폐물을 배설하는 수송 기능**을 하며, **체온을 조절하는 역할**을 하므로 생명 유지에 필요한 요소이다. • 땀을 많이 흘리는 계절이나 심한 활동을 할 경우 갈증을 쉽게 느끼므로 항상 물을 먹을 수 있게 배려해 주어야 한다.

4 유치원 급식 식단 계획 및 관리

식단 작성의 원칙	• 유아는 소화기 발달이 미숙하므로 소화하기 쉬운 조리 방법을 선택하고 자극적인 식품 사용은 자제하도록 한다. • 가공식품이나 간편식보다는 자연식품과 제철 식품을 이용하여 우수한 영양소를 공급하도록 한다. • 유아의 기호도를 고려하여 식단을 작성하되 다양한 식품을 제공하여 유아들이 여러 식품을 경험할 수 있도록 한다. • 한 번에 많은 양의 음식과 필요한 영양소를 공급할 수 없으므로 급식과 간식으로 나누어서 제공하도록 한다.
유아의 식품군별 급식 제공 횟수 분량	• 만 3-5세(1,400kcal/1일)를 기준으로 제공 횟수를 제시함 • 곡류는 가장 많이 먹는 쌀밥을 기준으로 1인 1회 분량의 에너지 함량을 **190kcal**에 맞춤 • **고기·생선·달걀·콩류**는 **평균 에너지 함량 50kcal, 단백질 20g**으로 조정 • 채소류는 평균 에너지 함량 **7kcal**로 조정 • 과일류는 평균 에너지 함량 **25kcal**로 조정 • 우유·유제품류는 평균 에너지 함량 **60kcal**로 조정 • 유지·당류는 평균 에너지 함량 **23kcal**로 조정 | 식품군	만 3-5세(1,400kcal/1일) |||||		
		1일 제공 횟수	아침	점심	저녁	간식
	곡류	3.5	1	1	1	0.5
	고기·생선·달걀·콩류	6	2	2	2	-
	채소류	10	3	3.5	3.5	-
	과일류	2	-	-	-	2
	우유·유제품류	4	-	-	-	4
	유지·당류	4	조리 시 사용되는 양념으로 대체				
식단 작성 흐름도	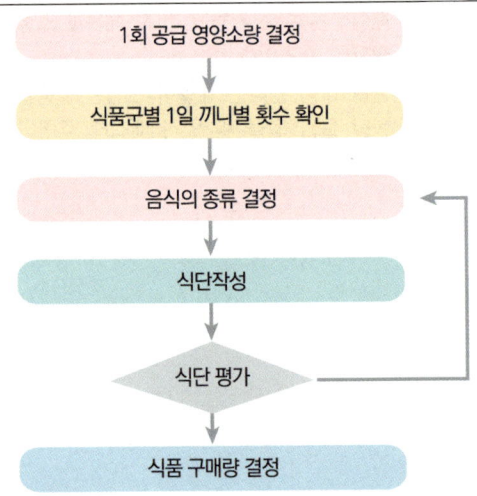

식단
작성
순서
	• 1회 공급 영양소량을 결정한다.
	  - **학교급식법 시행규칙**에 제시된 기준에 따라 **점심 1끼 400kcal±10%**를 기준으로 한다.
	• 산정된 열량의 식사 구성안의 **식품군별 1일 제공 횟수**를 확인한다.
	  - 유아의 각 식품군 1일 점심과 간식 제공 횟수를 참고하여 **점심은 곡류 1, 고기 생선 달걀 콩류 2, 채소류 3.5를 제공**한다.
	• 음식의 종류를 결정한다.
	  - 음식 품목은 주식, 국 또는 찌개, 주반찬, 부반찬, 김치류 다섯 가지로 구성하고, 주반찬은 육류, 가금류 등 동물성 식품을 재료로 하여 구이, 조림, 볶음, 튀김 등의 조리 방법으로 하며, 부반찬은 채소를 재료로 하여 나물, 무침, 샐러드 등의 형태로 제공한다.
	• 1회 공급 영양소량, 식품군별 1일 제공 횟수, 음식의 종류를 고려하여 식단을 작성한다.
	• 식단을 평가하고 수정 · 보완한다.
	• 필요한 식품 재료의 종류와 양을 파악하고 급식 인원과 재고량 폐기율을 고려한 후 식품 구매량을 결정한다.

급식
기본
계획
	• 유치원 급식은 많은 대상에게 일정한 **영양을 공급한다는 점**에서는 일반집단 급식과 동일하나, 단순한 영양 공급에만 그치지 않고 식사를 매체로 한 **올바른 음식에 대한 기호 형성**과 바르게 음식을 먹고 식품을 선택하게 하는 **식생활 교육을 위한 목적**이 있다는 점을 중시할 필요가 있다.
	① **식사 구성은 유아의 영양필요량을 충족시킬 수 있도록 다양한 식품배합을 통하여 영양적으로 적합하도록 구성**
	  ㉠ 점심 급식 식단을 작성할 때 가장 먼저 유아의 일일 영양필요량을 산정한다.
	  ㉡ 유아의 하루 영양 필요량 중에서 **2회 간식으로부터 공급되는 열량을 제외**하고 계산된 열량 중에 **최소한 1/3은 점심**을 통해 공급되어야 한다.
	  ㉢ 3~5세 유아의 경우 하루 영양필요량은 **1,400kcal**이며, **단백질은 20g** 정도 필요하다. 따라서 점심 한 끼의 식사는 열량의 면에서 **400±10%를 공급**해주고 **단백질은 약 7.1g 정도** 공급해 줄 수 있어야 한다(**고기 · 생선 · 달걀 · 콩류는 평균 에너지 함량 50kcal, 단백질 20g으로 조정**).
	  ㉣ 식단 계획 시 충분한 양의 열량, 단백질, 칼슘 공급이 가능하도록 식품 구성과 양을 정한다.
	② **신체발육에 필요한 칼슘과 단백질이 충분히 함유된 식단 구성**
	  ㉠ 성장기에는 신체 발육에 필요한 칼슘과 양질의 단백질을 식사를 통하여 충분히 공급받을 수 있도록 식단을 구성한다.
	  ㉡ 일반적으로 식단 구성 시에 단백질과 열량 중심으로 식단을 구성하게 되나 발육기의 어린이 식사는 칼슘 공급이 충분하도록 유의하며, 철분 공급도 고려하여 식품을 선택하고 식단을 구성한다.
	③ **음식을 적절히 변화시킬 수 있는 주기 식단(Cycle Menu)으로 구성**
	  ㉠ 유아는 어른에 비하여 단순한 맛을 좋아하기는 하지만 **같은 음식이 반복되면 쉽게 싫증**을 내므로 **이를 고려하여 매일 다른 식단을 구성하는 것이 바람직**하다.
	  [기] 저희는 대형 할인매장에서 과자나 야채, 우유 등을 한꺼번에 다량으로 구매하여 비용을 절감하고 있습니다. 비슷한 음식이 자주 제공될 수도 있지만 같은 예산으로 풍부한 간식과 점심을 제공할 수 있지요.[02]

급식 기본 계획	④ 조리는 유아가 소화하기 쉬운 방법으로, 자극성이 강한 조미료의 사용은 삼가

④ 조리는 유아가 소화하기 쉬운 방법으로, 자극성이 강한 조미료의 사용은 삼가
  ㉠ 유아는 성인에 비해 소화 흡수 기능이 미숙하여 소화 장애를 일으키기 쉬우므로 어린이에게 적합한 조리법의 음식을 선정할 필요가 있다. 기름을 많이 사용한 **튀김이나 볶음류** 혹은 **섬유질이 지나치게 많은 채소나 큰 덩어리로 조리된 음식**은 씹기나 소화성을 고려할 때 적절하지 않다.
  ㉡ 냄새가 강한 채소나 신맛 혹은 양념이 강하게 가미된 음식을 대체로 싫어한다. 이에 비하여 부드럽고 순한 맛을 좋아하는 것으로 알려지고 있다.
  ㉢ 향신료의 사용은 되도록 적게 하고 화학조미료의 사용을 제한한다. 조리하는 어른의 입맛에 맞추지 않도록 유의한다는 점이 중요하다.
  📝 저희 유치원에서는 유아들이 좋아하는 튀김이나 피자, 미니 햄버거를 자주 만들어 줍니다. 직접 조리를 해서 주니까 위생적이고 모든 유아들이 잘 먹어요.[02]

⑤ 유아의 기호를 고려한 식단으로 구성
  ㉠ 음식의 **질감이나 형태, 맛**에 있어서 각기 다양한 **감각적 만족**이 있어야 한다.
  ㉡ 식품의 재료를 다양하게 선택함과 동시에 선택되는 재료의 색상은 다른 음식과의 조화를 고려하면서 되도록 **색감, 질감, 형태, 맛**에 있어서 **다양하게 구성하도록 한다**. 조리 방법 면에서도 다양한 질감을 느낄 수 있도록 배려한다.
  ㉢ 여러 가지 음식으로 구성된 식단이더라도 질감이나 형태 등이 다양하지 않다면 단조롭게 느끼거나 식욕을 상실하게 된다.

⑥ 급식량과 제공 시간을 정하여 규칙적으로 적정량 배식하도록 계획
  ㉠ **필요한 영양소량이 많은 데 비하여 소화력은 한정**되어 있으므로 음식을 오전, 오후 간식과 점심 등으로 **횟수로 나누어 필요한 영양소량을 공급**할 수 있도록 구성한다.
  ㉡ 정규 식사 이외에 수회의 간식을 제공하도록 한다. 이때 간식 시간과 정규 식사시간의 간격의 조절을 통하여 정규 식사의 섭취에 지장을 주지 않도록 한다.

⑦ 간식은 세끼의 식사에서 부족할 수 있는 영양소를 보충할 수 있게 구성
  ㉠ 간식으로 당분이 지나치게 많은 것이나 자극적인 식품은 피하고 **단백질과 무기질, 비타민을 함께 공급할 수 있는 것을 선택해야** 한다.
  ㉡ 활동량이 많은 **오후 시간에 제공되는 간식은 수분을 충분히 공급**해 줄 수 있도록 구성한다.
  ㉢ 우리나라 식생활에서 부족하기 쉬운 영양소인 **칼슘이 많이 들어 있는 우유나 유제품을** 간식 식단 작성 시 적절히 반영하도록 한다.
  ㉣ 과량의 간식 공급은 정규 식사에 영향을 주므로 간식 종류와 제공량을 고려해야 한다.

급식 및 간식 관리	구분	계획
	오전 간식	• 점심식사에 영향을 주지 않는 양으로 **일일 총 열량의 약 5-10% 수준**으로 제공 • 아침을 먹지 않은 유아들을 고려하여 오전 간식 제공량을 늘려주면 점심식사의 섭취량이 줄어들 수 있으므로 유의
	점심 식사	• 점심식사로 **하루 필요 열량에서 간식을 제외한 1/3 수준**으로 제공 • 열량을 계산할 때에는 주재료 뿐 아니라 부재료 및 양념의 양도 함께 계산
	오후 간식	• 오후 간식은 **저녁식사와 시간 차이가 비교적 긴 편**이므로 **오전 간식보다 비중을 더 두도록 함** • 오후 간식이 저녁식사에 지장을 주지 않도록 항상 적정량을 제공 • **일일 총 열량의 약 10% 수준**으로 제공

간식		• 유아의 단위 체중당 필요로 하는 영양소량은 어른의 2배 이상이다. • 많은 영양소를 공급받아야 함에도 불구하고 소화 기능이 충분히 발달하지 않았다. 음식물을 씹는 능력이나 소화액의 분비 및 소화기관의 크기가 3끼 정규식사로만 필요한 영양소를 충분히 공급받을 수 없다. • 그러므로 한 번에 많은 양의 음식을 먹고 소화할 수 없고 세 끼 정규식사 외에 간식을 섭취할 필요가 있다. 또한 간식은 유아에게 간식 그 자체가 즐거움을 유발하고 기분 전환의 계기가 될 수 있다.
	바람직한 간식 시간	• 다음 식사에 영향을 주지 않기 위해서는 점심 급식 사이의 시간이 **2시간 30분 전, 후의 간격**을 두고 간식을 제공하는 것이 좋다. ⑩ 오전간식(9시 30분) → 2시간~2시간 30분 → 점심급식(12시) → 2시간 30분 → 오후간식(2시 30분)
	간식 제공 시 고려사항	• 오전 간식은 점심식사와의 간격이 짧으므로 점심식사에 무리가 되지 않을 정도의 양을 제공한다. • 점심 메뉴를 고려하여 간식 식단을 작성하고, 단백질과 열량이 편중되지 않도록 제공한다. 〈주의〉 오전 간식에 빵(주요 영양소 : 탄수화물)이 제공되었을 경우에 오후 간식으로 면류(주요 영양소 : 탄수화물)를 제공하는 것은 영양소가 편중될 수 있으므로 바람직하지 않음 • 무기질과 비타민이 간식을 통해 보충될 수 있도록 2가지 이상의 식품을 조합하여 공급한다. 〈주의〉 삶은 계란(주요 영양소 : 단백질)과 우유(다른 음료에 비하여 단백질 함량이 높은 편)를 제공하는 것보다는 삶은 계란과 오렌지주스(비타민)를 제공하는 것이 더 균형 있는 영양 간식으로 바람직함 • 수분 공급이 가능하고, 소화하기 좋은 식품을 선택한다. • 당도가 낮은 식품을 제공하며, 탄산음료나 당도가 높은 식품은 간식 식품으로 제공하는 것을 제한한다.
	주의가 필요한 간식	**파인애플**: • 생파인애플 속의 브로멜린이라는 단백질 분해효소는 혀나 구강의 단백질을 분해하여 구강염을 일으킬 수 있으므로, 유아가 빨아먹지 않게 주의해야 함. • 통조림의 경우 당 시럽에 재워져 있으므로 시럽은 되도록 주지 않도록 배려함. **인절미, 경단 등**: • 찹쌀로 만든 떡 종류는 끈적이고 형태가 유동적이므로, 삼켰을 때 기도를 막을 수 있으므로 항상 주의하며, 가급적 피하도록 함. **고구마, 백설기, 강력분으로 만든 빵, 삶은 계란 노른자**: • 수분이 적은 간식으로 퍽퍽해서 삼키기가 어렵고, 목이 메는 경우가 많으므로 반드시 음료와 함께 제공하고 급하게 먹지 않도록 교사의 세심한 주의가 필요함. **젤리, 찹쌀떡, 새알심 등**: • 형태가 유동적이어서 기도를 막을 경우 조금의 틈도 생기지 않게 되므로 항상 주의함.

- 식품군별 대표 식품 유아 1인 1회 분량

- 1/2대접, 1/2접시, 1/2조각, 1/2토막이라 함은 성인 1인 분량 (한국영양학회 1회 분량 기준)을 1로 하였을 때의 1/2을 뜻함

출처 : 어린이급식관리지침서(식품의약품안전처), 2017

5 유아 식생활 관련 영양 정보 - 급간식 운영관리 지침서(2017), 유치원 운영·영양관리 안내서(2021)

1) 유아기 식생활 지도의 중요성

일반 영양 식생활 지도	• 유아기는 좋은 식습관과 건강한 생활습관이 형성되는 중요한 시기이므로 유치원에서 급식을 통하여 유아가 올바른 식습관과 바람직한 식사 태도를 형성할 수 있도록 식생활 지도를 한다. 　- 유아의 식습관은 부모, 교사 등 주위 사람 및 주변 환경 요인의 영향을 받으므로 건강하고 바람직한 식습관에 대한 구체적인 지도가 필요하다. • 부모와 교사는 식사태도, 식사예절, 위생습관 등을 지도하며 유아가 올바르게 식습관을 형성할 수 있도록 한다. 　- 식사 전 손을 깨끗이 씻고 바르게 자리에 앉도록 지도하며 식후 식기와 수저는 스스로 정리하는 습관을 갖도록 한다. 　- 또한, 음식을 먹은 후 반드시 이를 닦는 습관을 들이도록 한다. 　- 식사 전·후에 인사하는 습관, 식사 시 다른 사람에게 소리 지르지 않기, 음식물 입에 넣고 말하지 않기 등 식사 예절을 지킬 수 있도록 한다. • 유아의 성장률, 발달 정도, 활동량, 식욕 등 식생활 관련 요소의 차이가 크기 때문에 유아의 특성을 고려한 세심한 식생활 지도가 필요하다. 　- 성인 기준의 식사요령이나 식사 예절을 강요하지 않도록 하며, 지속적인 관심과 인내로 지도하는 것이 필요하다. • 3세 유아는 활동량이 늘면서 식욕도 왕성하며, 도구의 사용이 능숙해져 타인의 도움 없이 혼자서 잘 먹는 시기이므로 젓가락 사용을 통해 소근육 발달이 이루어지도록 한다. 부드러운 음식만 먹으려 하고 씹지 않으려는 식습관을 가지지 않도록 지도한다. • 4~5세 유아는 음식을 먹는 속도가 빨라지며 또래에 대한 사회성 발달로 인해 주위 친구들과 어울리며 산만해지는 시기이므로 식사에 집중할 수 있도록 한다. 한꺼번에 많은 양을 주는 것보다 적당량을 주고 요구할 때 더 주도록 하여 음식을 남기지 않는 습관을 기를 수 있도록 한다. • 유아가 안정되고 편안한 분위기에서 식사할 수 있도록 환경을 조성하고, 식사시간이 보상이나 처벌의 수단이 아닌 영양적·교육적으로 즐거운 시간이 되도록 해야 한다. • 좋은 식습관 확립을 위한 식생활지도의 방향 　- 유아가 식품에 대한 감각적인 만족을 가지도록 한다. 　- 음식 섭취에 있어 호기심을 유발하도록 한다. 　- 음식의 양을 조절해 준다. 　- 식사를 규칙적으로 한다. 　- 식사 분위기를 유쾌하고 평온하게 만들어준다. 　- 식사지도는 참을성 있게 해야 한다. 　- 유아에 대한 적극적인 영양교육을 실시한다. 　- 스스로 음식을 선택하도록 한다.

유아기 식생활 지도의 중요성	• 유아기는 자아와 사회성의 발달로 사물을 받아들이거나 거부하는 능력이 형성되면서 음식에 대한 받아들임과 거부의 의사가 분명해져 좋아하는 음식과 싫어하는 음식을 구분하기 시작하는 시기이다. • 최근 손쉽게 접할 수 있는 패스트푸드나 인스턴트식품 등의 가공식품이 많아지고 쉽게 선택할 수 있는 환경이 만들어지면서 지방의 과다 섭취로 인해 소아비만 문제가 대두되고 있어 유아기부터 올바른 식품 선택에 대한 교육이 필요하다. • 또한, 다른 행동을 하면서 음식을 먹거나, 편식을 하는 유아의 경우 올바른 태도로 식사를 할 수 있도록 식생활 지도가 이루어져야 한다. 유아의 식생활 태도 및 식습관은 부모나 가족의 영향을 가장 많이 받으므로 유치원에서 부모대상교육도 관심을 가져야 한다.
기본적인 식생활 지도	• 기본적인 식생활 지도는 일상생활, 특히 음식을 먹는 시간을 전후하여 매일 이루어질 수 있으며, 상황에 따라 개별적으로 지도해야 한다. 특히 교사나 부모가 모범을 보이는 것이 무엇보다도 중요하다. • 대부분의 식습관은 가정에서 형성되므로 가정에서의 올바른 식생활 지도는 무엇보다 중요한 일이다. 부모교육이나 가정통신문 등을 통하여 가정에서도 효율적인 식생활 지도가 이루어질 수 있도록 한다.

식생활 지도 시기	내용
음식 먹기 전	① 식사 전에 손 씻기 ② 식탁과 의자를 바르게 놓고 주변 정리하기 ③ 식탁에 앉을 때는 바른 자세로 앉기 ④ 식사를 준비해 준 사람에게 감사하는 마음 갖기
음식 먹을 때	① 웃어른이 먼저 식사를 시작한 후 식사하기 ② 바른 자세로 먹기 ③ 수저를 바르게 사용하기 ④ 흘리지 않고, 꼭꼭 씹어 먹기 ⑤ 밥과 반찬을 골고루 먹고 편식하지 않기 ⑥ 돌아다니지 않고, 제자리 앉아서 식사하기 ⑦ 음식물을 입안에 넣고 소리를 내거나 말하지 않기 ⑧ 적당한 시간 안에 즐겁게 대화를 하면서 먹기
음식 먹은 후	① 입가에 묻은 음식물은 휴지나 수건 등으로 닦기 ② 식사 후에도 감사하는 마음 갖기 ③ 식탁과 주변의 자리를 깨끗이 치우기 ④ 자신이 사용한 식기는 정해진 장소에 갖다 놓기 ⑤ 식사 후에는 반드시 이 닦기

2) 편식하는 유아 지도

편식하는 유아 지도		
	편식의 개념	• 어떤 종류의 식품만을 좋아하고 다른 식품을 거부할 때 흔히 '편식을 한다.'라고 이야기한다. • 편식하는 유아는 **골고루 먹지 않고 특정한 식품만을 섭취**하게 됨으로써 **다양한 식품을 통한 고른 영양의 섭취가 불가능**해지고 **특정 영양소만 과다하게 섭취하는 영양장애**를 초래할 수 있다. • 유아기는 식욕과 식품의 기호가 불안정하여 식품의 성분, 조직, 맛에 대한 개인적인 차이가 크며 쉽게 변할 수 있는 시기이므로 지속적인 관심과 지도가 이루어진다면 편식 교정이 충분히 가능하다.
	편식 교정이 필요한 경우	• 유아가 일상의 식생활에서 설탕이 많이 든 음료, 과자류에 대한 기호도가 강해서 늘 이러한 음식을 많이 먹어 식사에 영향을 미쳐 **영양의 섭취가 양적으로 균형을 잃게 될 때** • 개개의 식품을 싫어하기보다 생선류는 종류 여하를 불문하고 싫어하거나, 채소류는 모두 싫어하는 등 **식품군별의 단위로 해당 식품군 전체의 음식을 먹지 않거나 싫어하는 등 섭취 식품 구성에 있어서 결함**이 있다고 판단될 때 • **식품 선호가 어느 특정 종류에만 편중**된 결과 **발육과 영양 상태가 기준에 미치지 못**한다고 판단될 때 예 육류 및 육가공품만 좋아하여 채소 종류는 전혀 먹지 않는 경우
	편식의 원인	• 이유식의 지연, 이유기 때 다양한 음식을 먹지 못한 경우, 이유기 이후의 편중된 식사를 한 경우 • 먹는 일을 강요당하거나 구토, 복통 등 식품에 관한 불쾌한 경험이나 기억이 있을 경우 • 다양한 식품을 접하지 못한 경우 • 부모와 형제들의 편식 등 가족의 식습관에 영향을 받은 경우
	편식 교정 방법	① 낯설어하는 음식은 처음에 **조금씩** 먹어보면서 경험을 하게 함 ② **싫어하는 반찬은 양을 점차 조금씩 늘려줌** ③ 음식을 지나치게 권하지 않으며, **좋아하는 조리 방법**으로 변경함 ④ 냄새, 맛, 외관 등으로 인하여 기피하는 경우에는 **좋아하는 식품에 섞어 조리함** ⑤ 식사 시간에는 **적당한 공복 상태**가 되게 함 ⑥ 식사는 **정해진 시간에 정해진 장소**에서 하도록 함 ⑦ 식사 도중에 책을 읽거나 TV 시청 등의 행동은 하지 않도록 함 ⑧ 편식을 하면 건강이 나빠진다는 것을 설득시키는 **교육**도 중요함 ⑨ 편식의 문제를 다룬 그림책이나 비디오 등을 이용하여 **교육**함 ⑩ 친구들과 같이 어울려서 식사하게 하고, **즐거운 식사 환경**을 만들어 줌 기 '유아의 편식 습관을 지도하기 위해서 유아들이 좋아하지 않는 음식을 조사하여 주로 이런 음식들로 간식이나 점심 식단을 계획합니다.'에서 문제점과 그 대안을 1가지씩 쓰시오. [02]
	편식 지도	• 식사 **환경을 즐겁게** 만든다. 가족이 편식을 하지 않도록 한다. • 음식을 강제로 주지 않는다. 식사량에 관해 지나친 관심을 보이거나 강요하지 않는다. • **다양한 조리법**을 사용하면서 유아에게 적합한 조리법을 택한다.

3) 비만 유아 지도

- 소아비만은 성인비만과 마찬가지로 고지혈증, 지방간, 고혈압과 당뇨병 같은 성인병을 조기 유발할 뿐 아니라 성인비만으로 이어질 수 있다.
- 특히 친구들의 놀림, 신체 외모에 대한 부끄러움 등으로 상당한 정신적 스트레스에 시달릴 경우 자신감의 결여 및 정서 발달 장애가 초래될 수 있으므로 비만의 원인을 파악하고 식사 섭취량과 음식 섭취 조절과 신체적 활동 등을 관리해야 한다.

비만 유아 지도	유아 비만 판정	• 유아 비만 판정 : 성별, 신장별 표준체중 활용 • 한국소아·청소년 신체발육 표준치(2007)를 근거로 성별·신장별 표준체중 활용하여 비만도를 평가할 수 있다. $$비만도(\%) = \frac{현재\ 체중}{신장별\ 표준체중} \times 100$$
	비만 평가기준	• 성별·신장별 표준체중을 이용한 비만도 평가 기준 	구분	평가기준
---	---
정상	• 성별·신장별 표준체중의 120% 미만
경도비만	• 성별·신장별 표준체중의 120-129%
중등도비만	• 성별·신장별 표준체중의 130-149%
고도비만	• 성별·신장별 표준체중의 150% 이상	
	유아기 비만관리 예방과 관리원칙	• 소아비만은 학동기 비만으로 이어질 가능성이 높다는 특징이 있으나, 대부분의 유아와 가족이 비만 치료의 필요성을 느끼지 않는 경우가 많다. 이유는 우리나라에서는 아직 일반적으로 통통한 어린이를 복스럽게 생겼다, 나중에 더 크면 살이 빠질 것이라고 인식하고 있기 때문이다. • **유아기의 체형**은 키의 성장률이 체중의 성장률보다 빠르므로 **약간 마른 체형이 정상 체형**이다. • 소아비만을 예방하기 위해서는 유아의 **식사와 간식은 정해진 시간**에, 식탁에서만 먹게 하며, **음식은 천천히 먹게 한다**. • 또한, 눈에 쉽게 띄는 곳에 특히 지방과 당 함량이 많은 과자류 등을 두지 않고, 행위에 대한 보상으로 과자나 사탕 등 먹도록 하는 것은 제한한다. 유아가 즐겁게 많이 움직일 수 있도록 유도하는 것도 매우 중요하다.
	유아기 비만관리 원칙		구분	유아기 비만관리 원칙
---	---
경도비만	• 비만도를 20%이하로 낮추는데 목표를 두지만, 신장이 자라므로 **감량보다는 체중을 유지**하는 것이 목표
중등도비만	• 식사와 운동 상담 필요
고도비만	• 합병증 동반 유무를 확인하고, 합병증이 동반되어 있으면 체중 감량을 목표로 관리	

비만아의 식사관리	① 경도비만인 경우 체중감량보다는 **체중 유지를 목표**로 한다. ② 식사를 심하게 제한하여 체중을 급속히 감량하면 안 된다. ③ 유아는 발육기에 있으므로 **당질(탄수화물)만 제한**하고, **단백질이나 지방, 무기질, 비타민 등의 영양소는 부족하지 않도록** 한다. 단, **단백질과 지방**을 필요 이상으로 많이 섭취하는 경우는 **필요량 정도로 줄일 필요**가 있다. ④ 현재 체중을 유지하면서 자연적인 키 성장에 따라 현재의 체중이 바람직한 체중이 되도록 한다. ⑤ 체중조절에는 열량 섭취량의 조절과 활동량의 증가가 필수이다. ⑥ 비만 예방 및 관리에는 어린이 급식시설 뿐 아니라 가족의 역할이 중요하므로, 부모와 유아에게 식품 선택 등의 교육이 필요하다(열량, 포화지방, 당분 및 염분 함량이 높은 고열량·저영양 식품 배제, 성장에 필요한 영양소를 골고루 함유하고 있는 식품이나 음식을 선택하는 방법 등).
비만 지도	• 비만은 유전적 요인 또는 과식, 고열량 음식의 잦은 섭취 등 잘못된 식생활 습관이 원인이 될 수 있다. • 소아비만은 성인 비만과 마찬가지로 고지혈증, 지방간, 고혈압과 당뇨병 같은 성인병을 조기 유발할 뿐 아니라 성인 비만으로 이어질 수 있으므로 유치원에서 비만 유아의 식생활 관리는 중요하다. • 비만 예방 및 관리는 유치원에서 식사 뿐 아니라 가정 내의 식사와 가족의 역할 또한 중요하므로 학부모에게도 유아의 체중조절과 음식 선택 방법에 대해 교육한다. • 교사는 비만 유아의 추가 배식량을 조절하고, 주변 사람들의 편견으로 인해 비만 유아가 마음의 상처를 입지 않도록 관심을 갖고 격려와 지지를 해주도록 한다.
비만 관리를 해야 하는 식품의 종류	<table><tr><th>과량섭취를 제한해야 하는 식품</th><th>일반적으로 먹어도 좋은 식품</th></tr><tr><td>• 빵, 국수, 마카로니, 스파게티 • 설탕, 잼 • 주스, 탄산음료 종류 • 카스테라, 찰떡, 만두, 양갱 등 기타 단맛이 강한 음식 • 튀김류 및 맛이 진하게 양념 된 음식 • 각종 과자와 사탕, 초콜릿</td><td>• 우유, 치즈, 계란, 육류, 생선 • 두부, 청국장, 유부 • 소량의 버터, 마가린, 마요네즈, 식물성기름 • 당근, 시금치, 피망 등 녹황색 채소와 오이, 무, 배추 등 기타의 채소 • 귤, 오렌지 등 감귤류와 사과, 배 등 기타 과일</td></tr></table>

Plus 지식 간식지도 및 식사지도-「6차 유치원 교육과정(1998년 6월 30일 ~ 2007년 11월 18일)」

1. 종일반 유아의 간식과 점심의 계획

① 종일반 유아들의 영양 필요량 및 칼슘과 단백질을 고려한 점심과 오전 및 오후의 간식 식단은 계절 식품과 자연식품을 이용하고, 계절별 혹은 월별 **주기 식단**으로 식사와 간식의 영양 비율에 기초하여 작성한다.

② 식사와 간식 식단은 영양사의 도움을 얻어 작성하여야 한다.

③ **종일반 유아들의 간식 및 점심 식단 계획 시 고려할 점**

㉠ 유아들의 건강에 도움이 되는 음식의 종류와 조리법을 적용하여 구성한다.
  - 종일반 유아들을 위하여 영양사는 유아들이 선호하는 **단맛의 빵이나 케이크, 구하기 쉬운 과자류보다는 유아의 성장에 도움이 되는 무기질, 비타민, 칼슘, 단백질 등이 풍부한 식품을 선정**하도록 한다.
  - 간식이나 점심의 조리법은 재료의 영양소를 파괴하지 않으면서 너무 기름지지 않고 **담백하게 조리**되도록 **삶기, 찌기, 굽기 등을 선택**하도록 한다.

㉡ 간식과 점심에 제공되는 음식들의 오전과 오후, 주간별, 월별 간의 영양소의 균형을 고려한다.
 영양사는 오전과 오후, 일주일 단위 및 월 단위로 간식 및 점심 식단을 계획하고, 종일반 유아들의 영양 필요량 및 **5대 식품군 간의 균형이 이루어지도록** 다음과 같은 점을 고려한다.
  - 일일 식단 중 하루에 한 번은 꼭 우유, 발효 요구르트 등의 유제품을 유아들이 마실 수 있도록 계획한다.
  - 일주일 식단 중 과일류, 야채류, 곡류, 고기류 등과 같은 5대 식품군이 골고루 들어가도록 계획한다.
  - 월별 식단 중에 전체적으로 영양과 열량이 알맞은지 점검하고, 같은 종류의 식품이나 조리법이 다음 날 또는 다음 주 식단에 중복되지 않도록 유의한다.

㉢ 간식과 점심의 조리과정과 제품의 선택 시 신선도를 유지할 수 있도록 시기와 구입처를 고려하여야 한다.
 영양사는 매일 신선한 상태의 식품을 섭취할 수 있도록 다음과 같은 점을 고려한다.
  - 월요일 식단은 저장 시간과 조리 시간이 필요한 음식은 선정하지 않는다.
    ㉮ 주말 동안 쉽게 상하는 식품, 전날 미리 재료를 손질해야 하는 식품은 피해야 한다.
  - **음식에 필요한 재료는 매일매일 주문하여 당일 조리할 수 있도록 한다.** 단, 당일 조리 시 시간이 너무 많이 걸리거나 제맛이 나지 않는 꼬치용 고기, 발효 요구르트 등은 미리 준비한 후, 냉장고에 신선하게 보관하여 조리할 수도 있다.
  - 사전에 시장 조사를 하여 식품의 보관 시설이 위생적이며, 신선하고 좋은 품질의 식품을 시간에 맞추어 납품할 수 있는 유통 업체를 선정하여 조리하도록 한다.
  - 식품의 유통 기간 및 제조 일자를 확인하여 가장 최근의 재료를 선정하여 조리하도록 한다.

㉣ 음식에 대한 유아의 기호나 계절, 그리고 교육과정 등을 식단 계획에 반영하여야 한다.
  - 종일반의 식단은 유아들이 간식 및 점심을 먹은 후 남은 음식의 양을 점검하거나, 유아의 간식 시간 등을 관찰하여 유아의 기호를 알아보고 다음 식단의 계획에 적용한다.
  - 덧붙여, 유아 교육과정 및 활동으로 선정된 요리하기 활동, 씨앗을 뿌리고 수확하기 활동 등을 다음의 식단계획에 반영한다. 또 계절별로 많이 생산되거나 제맛이 나는 식품을 고려하여 식단에 반영한다.

㉤ 종일반의 간식 및 점심에 대한 유치원의 예산을 고려한다.
  - 종일반 유아를 위하여 되도록 맛이 좋고 값도 저렴한 제철 식품을 선택하고, 꼭 필요하나 값이 부담스러운 경우에는 같은 영양군의 다른 식품으로 대체할 수도 있다.
  - 교사가 유치원에 들여오는 식품의 재고량을 수시로 점검하면 불필요한 음식물의 낭비를 줄일 수 있다.

2. 간식지도

① 교사는 간식을 먹기 전에 유아들이 손을 씻고 간식 운반대에서 필요한 개인 그릇을 가져오게 한다.
② 교사는 유아가 스스로 간식 판에 간식을 개인 그릇에 담도록 하고, 도움이 필요한 유아나 3세 유아는 도와줄 수 있다.
③ 유아의 연령과 개인차에 따라 간식의 양을 융통성 있게 조절하도록 한다.
④ 교사는 바른 식습관 태도를 익히도록 모범을 보이고, 편식 습관을 고치도록 도와주지만 억지로 먹이지는 않아야 한다.
⑤ 교사는 유아들이 책상이나 옷, 바닥 등에 떨어진 음식을 먹지 않도록 하고, 놀이에 열중하여 간식을 먹지 않으려는 유아를 파악하여 유아들이 모두 먹도록 지도한다.
⑥ 유아들이 간식을 먹은 후 자신이 사용한 접시와 컵 등을 간식 운반대에 놓고 행주나 휴지로 책상 위에 흘린 것을 닦도록 한다.
⑦ 교사는 유아의 손이나 입에 묻은 것을 냅킨이나 물로 닦도록 하고, 책보기나 그림 맞추기 등의 휴식 활동을 제공하고 휴식 후 활동적인 놀이를 하도록 지도한다.

기 교사가 급·간식 지도 시 유의해야 할 점을 3가지 쓰시오. [07]

3. 점심 식사 지도

① 교사는 점심 식사 시 유아들이 손을 씻고 책상에 식기와 반찬을 가져와 준비하도록 한다.
② 교사는 학기 초에는 점심 먹는 자리에 이름표를 미리 놓아두거나 정하여 주고, 혼합 연령반일 경우 3, 4, 5세 유아들이 소집단을 구성하여 함께 식사하도록 하면 5세 유아들이 3세 유아를 도와줄 수 있고 교사가 지도하기에도 용이하다.
③ 교사는 유아들이 안정된 분위기에서 점심 식사를 할 수 있도록 배려하여 국을 덜어 주거나 도움이 필요한 유아나 3세 유아의 밥 덜기, 물 따르기, 반찬 뚜껑 열기, 식기를 바른 위치에 놓기 등을 도와준다.
④ 교사는 식사 시간 동안 유아가 가족적인 분위기와 안정감을 느끼도록 대화를 나누고 올바른 식습관과 식사 예절을 지도한다.
⑤ 교사는 유아들이 식사를 마치면 후식류(과일류)를 먹고 개별로 사용한 식기를 운반대에 정리하도록 한다.
⑥ 교사는 유아들이 식사를 마친 후 개별 칫솔과 개인용 컵을 사용하여 양치질을 하도록 하고 휴식하거나 조용한 놀이를 하도록 지도한다.
⑦ 교사는 휴식 활동을 위하여 책보기, 그림 맞추기, 이야기 꾸미기 등의 개별적으로 앉아서 조용히 할 수 있는 활동을 미리 조작영역이나 카펫에 놓아둔다.
⑧ 교사는 점심 식사 후 동화나 동시 등 조용한 대·소집단 활동을 제공하기도 한다.
⑨ 교사는 유아들이 휴식 및 조용한 활동을 하는 동안 한 교사는 교실을 정리하고 낮잠을 위한 준비를 한다.

4. 간식과 점심 - 「지도서 총론」

① 유아기를 위한 식단은 다양할 뿐만 아니라 성장기에 적합한 양질의 단백질과 칼슘의 공급에 유의해야 하므로, 항상 새로운 음식으로 변화를 준다.
② 특히 유아는 음식에 대한 기호가 분명하여 싫어하는 음식은 강하게 거부하므로, 식단 작성 시 유아의 식품 기호도를 반영하되, 유아가 다양한 음식을 경험해 볼 수 있게 식단을 구성한다.
③ 간식 또는 점심을 먹기 전에 지켜야 할 사항을 유아들과 함께 이야기하고 지킬 수 있도록 한다. 즉, 간식이나 점심을 먹기 전에 손을 씻으며, 책상을 청결히 하는 등의 습관을 가지도록 한다.
④ 간식의 양은 유아의 연령과 개인차에 따라 융통성 있게 조절하도록 하고, 학기가 지남에 따라 간식의 준비나 정리도 유아들이 자발적으로 할 수 있게 계획한다.

4) 식품 알레르기 관리

- 음식을 섭취했을 때 특정인에게서만 발생하는 면역학적인 과민반응으로 여러 장기를 침범하여 구토, 복통, 설사, 두드러기, 아토피 피부염, 피부발진, 콧물, 기침, 호흡곤란 등에서 다양한 증상으로 나타나고 심지어는 쇼크의 증상까지 나타날 수 있다.
- 전 인구의 0.3-0.7%에서 식품 이상 반응의 증상을 호소하고 있으나 3세 미만에서는 4-6%의 높은 발생빈도를 나타내고 있어 영유아에게 더 흔한 문제로 알려져 있다. 출생 후 어릴수록 위장관 점막의 발달이 미숙하고 또 알레르기를 예방할 수 있는 면역기능도 미숙하여 알레르기의 발생빈도가 높다.
- 문제를 일으키는 식품들이 급성장기에 있는 영유아에게 기본적으로 자주 공급되는 우유, 계란, 두유이기 때문에 알레르기 반응으로 인한 증세의 발현은 식품섭취에 제한을 줄 수 있고 그 결과 성장에 나쁜 영향을 미칠 수 있다.

식품 알레르기 관리		
	식품 알레르기	▶ **해당 식품에** 두드러기, 가려움 등 **과도한 면역 반응이 일어나는 것** • 즉 원인이 되는 식품을 먹고 난 후 몸의 면역 체계가 식품 내 단백질 성분과 반응하여 다양한 증상을 일으키는 면역 과민반응 현상이다.
	식품 알레르기 주요 증상	• 호흡기, 소화기, 피부, 심혈관 등 모든 기관에서 발생 가능하며 그 반응의 정도는 다양하다. 또한, 식품 섭취 후 몇 분 후에 일어나기도 하고 수일 후 나타나기도 한다. • 먹지 않고 만지거나, 가루가 코로 흡입되기만 해도 알레르기 반응을 보이는 예도 있다. • 알레르기 증상 중 빠르게 **응급처치해야 하는 아나필락시스**는 알레르기 원인 식품을 섭취한 후 급격히 진행되는 전신적인 중증 알레르기 반응으로 단시간 내에 여러 장기를 침범하여 초기에 적절히 치료하지 않으면 생명을 잃을 수 있는 질환이다. • 다음에 제시된 신체 기관 증상 중 **두 가지 이상의 증상이 동시에 있을 때 아나필락시스를 의심할 수 있으며 증상 발생 시에는 에피네프린 근육 주사가 필요**하다. 기 '아나필락시스 반응'과 관련하여 호흡 곤란, 기도 막힘과 함께 나타나는 증상 1가지를 쓰시오. [24] | 신체 기관 | 증상 | |---|---| | 피부 및 점막 | 가려움, 붉어짐, 두드러기, 혈관성 부종 | | 소화기 | 구강의 이상한 느낌(가렵고 따끔), 입술부종, 구토, 설사, 복통 등 | | 호흡기 | 재채기, 콧물, 코막힘, 인·후두부종, 호흡곤란, 흉부 압박감 | | 눈 | 결막충혈, 부종, 안점부종, 눈물 흐름 | | 신경 | 두통, 어지러움 | ※ **식품 의존성 운동 유발성 아나필락시스** - 식품을 먹고 운동하였을 경우 나타나는 알레르기 반응 - 식품을 먹었을 때는 증상이 나타나지 않고, **식품 섭취 후 운동하는 경우에만** 증상이 나타나기 때문에 식품 알레르기라고 생각하지 못하는 경우가 많다. - 특정 식품을 먹고 운동을 한 후에 문제가 된 경험이 있다면 운동 6~8시간 전에 섭취를 삼가는 것이 좋다.

식품 알레르기 관리	식품 알레르기 원인 식품	• 한국인에게 알레르기를 유발할 수 있는 물질을 식품의약품안전처에서는 「식품 등의 표시기준」에 지정하여 관리하고 있다. • 「어린이 식생활안전관리 특별법」 제11조의2(알레르기유발식품표시) 식품접객영업자 중 주로 어린이 기호식품을 조리·판매하는 식품에 알레르기를 유발할 수 있는 성분·원료가 포함된 경우 그 원재료명을 식품의약품안전처장이 정하는 표시기준 및 방법 등에 따라 표시하여야 한다. ① 난류 ② 우유 ③ 메밀 ④ 땅콩 ⑤ 대두 ⑥ 밀 ⑦ 고등어 ⑧ 게 ⑨ 새우 ⑩ 돼지고기 ⑪ 복숭아 ⑫ 토마토 ⑬ 아황산류 ⑭ 호두 ⑮ 닭고기 ⑯ 소고기 ⑰ 오징어 ⑱ 조개류(굴, 전복, 홍합 포함) ⑲ 잣

	구분	식품 알레르기를 유발하기 쉬운 식품의 예
식품 알레르기를 유발하기 쉬운 식품의 예	곡류	• 메밀, 옥수수, 밀(빵, 과자, 국수 등) 제품
	두류	• 대두(두유, 두부 등)
	과일류	• 복숭아, 귤, 오렌지, 딸기, 참외
	채소류	• 죽순, 토란, 가지, 우엉, 토마토
	육류, 난류	• 돼지고기, 닭고기, 계란(어묵, 마요네즈, 케이크 내 함유)
	우유류	• 우유(요구르트, 아이스크림, 치즈, 분유)
	어류, 갑각류, 패류	• 등 푸른 생선(고등어 등), 게, 조개, 새우
	견과류	• 땅콩, 호두, 잣, 은행
	기타	• 초콜릿, 인삼, 김

	구분	피해야 할 식품	대체 식품
대체 식품의 예	우유	치즈, 아이스크림, 요구르트, 크림스프, 버터, 푸딩, 커스터드	두유
	계란	계란이 들어 있는 국수, 마요네즈	계란이 들어 있지 않은 과자류
	밀	튀김, 밀가루 든 과자, 파스타, 핫도그 소시지	쌀 빵, 떡, 옥수수, 보리쌀, 오트밀 시리얼, 당면
	대두	간장, 참치 통조림, 두유, 마가린, 대두가 포함된 시리얼,	견과류, 우유, 코코넛
	옥수수	옥수수빵, 팝콘, 팬케이크 시럽, 사탕, 베이킹파우더	설탕, 메이플 시럽, 꿀, 베이킹 소다

식품 알레르기 관리

대체식품 선택

- 식품 알레르기 증세가 있는 유아에게 어떤 식품을 제한하느냐, 몇 가지 식품을 제한하느냐 등에 따라 영양불량의 위험 정도가 달라질 수밖에 없다.
- 식품 제한에 따른 영양불량을 예방하기 위해서는 **제한하는 식품과 영양적인 가치가 비슷한 식품으로 대체**해야 한다.
- 식품군은 영양적으로 비슷한 식품을 기준으로 묶어 놓은 것이기 때문에 대체 식품을 선택할 때는 **같은 식품군 내에서 대체 식품을 선택**하면 된다.
  ㉠ 우유를 제한하는 경우 우유는 같은 식품군에 속해 있는 칼슘 강화 두유를 선택하면 된다. 칼슘이 강화된 두유의 경우 우유의 칼슘을 대체할 수 있기 때문에 영양적 가치가 비슷한 것으로 볼 수 있다.

> 곡류식품에 속하는 식품 서로 대체하기

> 어육류식품에 속하는 식품 서로 대체하기

> 우유 및 유제품에 속하는 식품 서로 대체하기

> 채소군에 속하는 식품 서로 대체하기

삼성서울병원 아토피환경보건센터 http://www.foodallergy.or.kr/

| 식품 알레르기 관리 | 식품 알레르기의 관리 | • 알레르기의 **원인이 되는 식품을 제거**하고 **사고 발생 때 즉각적인 대응**을 통해 알레르기 사고를 예방하며 더 나아가 **알레르기 유아의 심리적 소외를 예방**하는 것이 알레르기 관리의 목표이다.
• **학교급식법 시행규칙 제7조**(품질 및 안전을 위한 준수사항)
② 법 제16조제3항에 따라 학교의 장과 그 소속 학교급식관계교직원 및 학교급식 공급업자는 (중략) 알레르기 유발물질 표시 대상이 되는 식품을 사용하는 경우 다음 각 호의 방법으로 알리고 표시해야 한다. (중략) 〈2021. 1. 29.〉
  1. **공지방법**: 알레르기를 유발할 수 있는 식재료가 표시된 **월간 식단표를 가정통신문으로 안내**하고 **학교 인터넷 홈페이지에 게재**할 것
  2. **표시방법**: 알레르기를 유발할 수 있는 식재료가 표시된 **주간 식단표를 식당 및 교실에 게시**할 것
• 알레르기 관리 흐름도
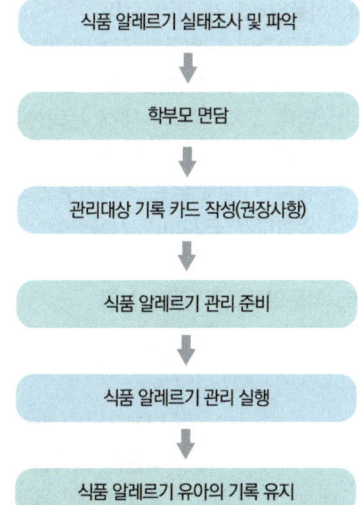
1. **식품 알레르기 실태 조사 및 파악**
  – 학기 초 또는 새로운 유아가 입학할 때 전체 유아를 대상으로 식품알레르기 반응을 조사하여 질환 유무를 파악한다.
  – **원인 식품, 식품별 알레르기 증상**과 **전문가의 진단 여부**를 반드시 확인해야 한다.
2. **학부모(보호자) 개별 면담 및 선정**
  – 학부모(보호자)와 개별 면담을 하여 식품알레르기 진단 근거가 명확한 병원 진단에 근거한 것인지와 진단 병원, 진단 의사, 진단 시기, 검사방법 등을 확인한다.
  – 과거 발생한 알레르기 사고에서 반응에 필요했던 **음식의 양과 경로**(섭취에 의한 것인지, 접촉에 의한 것인지, 흡입에 의한 것인지), **증상, 대응 방법** 그리고 **응급 의약품 처방**을 받았는지 여부를 파악한다.
  – 알레르기 유아를 위한 **대체식과 제거식에 대해 설명**하고, 필요하다면 **조리도구의 개별 사용에 대해서 논의**한다.
  – 알레르기 유아들은 자신이 다르다는 느낌으로 고립감과 우울, 불안 또는 죄책감을 느낄 수 있으므로 **식품알레르기로 인한 심리적인 문제**가 나타나는지 확인한다. |

식품 알레르기 관리	식품 알레르기의 관리	- 식품 알레르기 사고 발생 시 대응 방법에 대한 **동의서**와 **식품알레르기 관리 수준 (대체식, 제거식)에 대한 동의서**를 받는 것을 권장한다. - 동의서 작성은 식품알레르기 유아의 관리를 위한 **가정과 유치원의 역할을 분명히** 하여 **사고에 따른 분쟁을 예방하는 것을 목적**으로 한다. - 따라서 동의서에 유아의 식품알레르기 관리 원칙에 관한 결정 사항을 모두 기재하고 보호자의 서명을 받는 것을 권장한다. 3. 관리대상 기록 카드 작성(권장사항) - 식품 알레르기 조사서와 심층 상담을 통해 유아의 **원인 식품, 진단, 증상 반응 위급도, 영양 위험, 심리적 문제, 식사 관리 방법, 수업 중 관리 방법 등**을 기록한 관리대상 기록 카드를 작성을 권장한다. 4. 식품알레르기 관리 준비 - 즉각적이고 위급한 상황이 발생할 수 있으므로 원장, 교사, 영양교사, 조리사 등 **해당 관계자들은 관련 원아의 알레르기 정보를 공유**하며 식단, 행사, 수업에 따른 조치 방법에 대해 논의한다. - **소량으로도 반응이 보이는 유아**가 있는 경우 관련 유아의 가정과 논의하여 유치원 내에 **별도 조리기구 준비를 권장**하며 해당 유아를 위한 조리·배식을 명확하게 표시하여 사용한다. 5. 식품알레르기 관리 실행

메뉴 및 조리 과정 관리	• 관리 대상 기록 카드를 기반으로 **식품알레르기 현황표**를 기록한다. • 알레르기 현황표에는 유아의 **이름, 반, 알레르기 식품, 대체 식품**을 기록한다. • 유아의 영양 불균형을 막기 위해 대체식품은 같은 식품군 내에서 제공한다. • 그러나 **식품 간 교차반응이 우려되는 유아**의 경우 **제거식 혹은 다른 식품군의 식품으로 대체**하는 것을 권장한다. • **대체식의 보존식도 별도로 보관**하며 알레르기 유아의 급식 제공 내용을 기록하여 관리한다.
식사 시간 관리	• 교사는 식사 중에 해당 유아를 관찰하여 친구에게 음식을 받아먹거나 증상이 나타나지 않는지 관찰한다. • 대체식은 친구들과 유사한 식판에 제공하여 친구들과 다른 음식을 제공받는다는 느낌이 들지 않도록 한다.
수업 관리	• **식품사용 수업 중** 알레르기 유발 식품을 이용하여 수업하게 될 때는 가능하면 활동에서 배제되지 않도록 해당 유아의 가정과 함께 대체 방법(예: 비닐장갑 사용, 마스크 사용)을 모색한다. 수업 시간에 알레르기 보유 유아가 소외되지 않도록 한다.

식품 알레르기 관리		**6. 식품알레르기 유아의 정보 기록 유지** - 유아의 식품알레르기 관리를 지속적으로 모니터링하여 관리 대장을 업데이트하며 **알림장을 통하여 가정과 계속해서 의사소통**한다. - 알림장을 통해 새로운 식품에 대한 알레르기가 발생했다면 관리 대장에 해당 알레르기 식품을 추가한다.
	제거식	▶ 알레르기 **유발 식품을 식단에서 완전히 제거**하여 조리한 식단 예 견과류 멸치볶음을 제공할 때 견과류를 넣기 전에 멸치볶음을 따로 덜어 견과류 알레르기 유아에게 제공한다.
	대체식	▶ 알레르기 **유발 식품과 영양적으로 유사**한 **식품군 내 식품으로 대체**하여 제공한 식단 예 우유 알레르기가 있는 유아에게는 두유를 제공한다. • 그러나 대체 식품 선택 시 단백질의 유사성으로 인해 교차반응이 있을 수 있으므로 이를 확인해야 한다.
	알레르기 식품의 교차반응	▶ 특정 식품에 알레르기가 있는 경우, **그 식품과 유사한 단백질 구조를 가진 다른 식품에도 면역 반응**이 나타나는 현상 예 땅콩에 알레르기가 있는 유아가 완두콩, 대두, 렌즈콩에도 알레르기 반응을 일으키는 현상
	에피네프린 사용 방법	• 위급 증상이 있는 원아의 경우 의사 처방을 받은 에피네프린을 학부모로부터 전달받아 비치한다. • **위급할 때 사용해야 하므로** 원내의 교사와 해당 관계자들이 아는 곳에 **잠금장치를 하지 않고 비치**하며 **상태를 주기적으로 확인**한다. • 에피네프린의 유효기간은 약 10개월 정도이므로 유효기간이 지나기 1~2달 전 관련 원아의 학부모에게 새로운 에피네프린을 요청한다. • **15~30도 상온에서 빛을 피해 보관**하며 **냉장 보관하지 않**는다. • 원아의 증세가 심한 반응으로 발전하거나 그 정도가 확실치 않다면 에피네프린 주사를 놓도록 한다. 일회용 의약품이므로 한번 사용한 주사기는 재사용 할 수 없다. • 주사 후 호전되었다 하더라도 **2차 반응이 올 수 있으므로 반드시 의료기관으로** 이송하여 충분한 기간 동안 관찰하여야 한다. • 에피네프린 사용 방법 노란색 안전캡을 연다. → 허벅지 바깥쪽에 수직으로 '딸깍' 소리가 날 때까지 누르고 10초 유지한다. → 약물이 잘 흡수되도록 주사 부위를 10초 문지른다.

식품알레르기관리	식품 알레르기 질환아에 대한 올바른 식사관리	① 어떤 식품에 알레르기가 있는지 유치원 등록 전에 조사하여 식단 계획할 때 이를 고려하거나, 대체 식품을 제공하도록 하여야 한다. ② 유아의 경우 집에서 다양한 식품을 경험하지 못했으므로 유치원에서 처음 먹어 보는 식품들이 있다. 그 식품에 대해 처음으로 알레르기를 나타낼 수 있으므로 증세 발현 시 정보를 기록하고 부모에게도 알린다. ③ 급식재료를 상세히 기재한 식단표를 가정에 사전 배포하고, 배식할 때 대상자에 대한 식사 지도가 필요하다. ④ 식품 알레르기는 경미한 피부 증상부터 심하게는 쇼크까지 다양한 증상을 나타내므로 정확한 진단을 근거로 하여 식사관리가 이루어져야 한다. ⑤ 식품 알레르기 치료는 원인 식품의 섭취를 차단하는 방법이 유일하나 정확한 지식이 없는 상태에서의 과도한 식품제한은 오히려 영양상태 불량을 야기하여 성장지연의 위험성을 증가시킨다. ⑥ 식품제한이 병원에서의 진단에 근거하기보다는 개인적으로 얻은 정보나 신념에 바탕을 둔 경우가 많아 영양부족과 성장지연에 대한 위험을 더욱 증가시키고 있다.
	식품 알레르기 관리방법	• 올바른 진단을 통하여 원인 물질(알레르겐)을 정확히 파악하여 섭취를 피하고, 적극적인 약물치료를 통해 염증을 조절하며, 질환에 따라 면역요법을 시도 • 특정 식품에 알레르기 반응이 있는 어린이를 위해 제한 식품에 따른 피해야 할 식품과 대체 식품을 다음에 제시함
	식품 알레르기 예방과 생활습관	• **가장 최선의 예방법**은 **알레르기 반응을 일으키는 음식을 알고 피하는 것** • 위험이 예상되는 음식은 절대로 먹지 말고, **에피네프린(Epinephrine) 휴대**를 통해 응급 시 사용 • 또한 팔찌나 목걸이 등의 부착물에 자신이 약물 알레르기가 있음을 표시하는 것이 좋음
	식품 알레르기 유아 관리 사례	1. 사례1 • 부모로부터 처음 먹이는 음식에 대해 어떤 반응이 나오는지 살펴보게 한 후 원에 배부하는 급식표를 보고 표시해 주도록 요청함 • 음식 알레르기에 대한 예방 교육을 부모대상으로 실시하고 있음 • 교사 회의를 통해 다른 반 영유아의 알레르기반응 정보를 공유하고 있음 • 매월 급식 소식지를 통해 다양한 음식이나 건강에 관련된 정보를 제공하고 있음 2. 사례2 • 땅콩 알레르기가 있는 유아의 경우 심하면 땅콩을 먹었던 유아가 만진 물건을 만져서 알레르기 반응이 나타난 경우가 있었음 • 심한 알레르기 증상을 가진 유아들에게 단체생활 시 나타날 수 있는 아주 민감한 사항이므로 가정과 연계하여 부모에게 식단표를 보고 확인하도록 함 • 자녀에게 알레르기 반응이 나타나는 '계란', '우유' 등 유제품 음식이 간식으로 제공되면, 다른 간식을 보내기도 함 • 교사는 이에 대한 세밀한 체크와 부모의 반응을 확인하도록 함 • 점심 식사 시 아토피에 좋지 않은 음식이 제공되면 해당 어린이에게는 다른 음식을 배식하도록 지도함

5) 당뇨 · 설사 관리

당뇨	• 당뇨 증상이 있는 유아들은 **인슐린 주사를 통해서 혈당을 조절**한다. 이런 유아는 **음식을 많이 먹으면 혈당이 높아지며, 적게 먹으면 곧 혈당치가 떨어진다.** • 일반적으로 당뇨병이 있는 유아의 혈당량이 크게 감소될 때 나타나는 특별한 증후를 교사는 잘 관찰하여야 한다. • 혈당이 떨어지면 허약함, 졸음증, 무기력 등이 나타나며, 이때 아이에게 당질의 흡수가 용이한 음식을 제공해야 한다. 소아청소년과 전문의들은 혈당량이 정상 범위로 유지되도록 하기 위해 유아들에게 **하루 2~3회의 인슐린 주사를 주입하도록 권장**하고 있다. • 당뇨병 환자의 식사요법은 음식의 양과 종류를 잘 조절하여야 하기 때문에 보호자와 어린이 식사에 대한 주기적인 논의가 필요하다.
설사	① 설사는 **면역력이 약한 유아들에게 흔하게 나타나는 질병**이다. 그 원인으로는 유해물질에 의한 장의 자극, 환경의 변화 등에 의한 스트레스, 감염, 식중독 등을 들 수 있다. ② 설사의 치료를 위해서는 약제를 사용하거나 절식과 수분 공급을 충분히 하는 식사요법이 도움이 된다. ③ 설사와 함께 **열과 구토가 동반될 경우**와 **묽은 설사가 자주 반복**되면 **즉각적인 조치**가 필요하다. 유아의 경우 체내 수분의 손실은 매우 위험하다. ④ 전염성 질환에 의한 설사 시 손 위생을 깨끗이 하지 않으면 다른 어린이에게 음식 이외에도 장난감 등으로 인한 감염이 일어날 수 있으므로 **심한 설사를 하는 어린이는 격리**하고 상태를 지켜보도록 한다. ⑤ **심한 설사의 경우 24~48시간 동안 아무것도 먹이지 말고 병원으로 옮겨 정맥 주사로 전해질과 수분을 공급**해 준다. ⑥ **미약한 설사 시에는 24~48시간 동안만 음식을 제한**하고 설사로 인한 탈수증을 예방하기 위하여 손실된 **수분과 전해질 보충을 위한 액체를 공급**한다. 너무 **차거나 뜨거운 음료는 장을 자극**해 장운동을 증가시켜 설사를 악화시킬 수 있다. **구토가 심하면 숟가락으로** 떠먹이는 것도 좋은 방법이 된다. ⑦ 설사가 진행되면 초기에는 약간의 당이 포함된 수분을 공급하다가 점차 섭취량을 늘려간다. **초기에는 당질 또는 지방 함량이 높은 음식을 제한**해야 할 뿐만 아니라, **소화 및 흡수가 어려운 섬유소 등을 제한**하는 **저섬유소 식사**가 바람직하다. ⑧ 사과 중에 많이 들어 있는 펙틴은 수분을 흡수하여 점도 있는 변을 만드는 작용을 하므로 좋은 식품으로 권장된다. **사과, 잘 익은 바나나**는 손실된 칼륨의 급원으로 제공할 수 있다.

6) 과잉 섭취 시 위해 가능한 영양소

- 최근 당류와 지방 섭취과다로 비만 및 대사성 질환의 발병 위험이 커지고 있다. 나트륨 과다 섭취는 성인이 된 후 고혈압 등이 발병되는 원인이 될 수 있다.
- 음식을 통한 위해 요소의 섭취를 제한할 수 있도록 급식을 제공하고 관련된 식생활 지도를 한다면, 급식효과를 높일 수 있고 올바른 식습관과 건강한 음식 맛에 대한 식사기호를 형성함으로써 바람직한 식사태도를 갖게 할 수 있다.

당 저감화의 필요성		
		• 일반적으로 단순당을 주로 당이라 하며 포도당, 과당 등의 **단당류**와 설탕과 같은 **이당류**가 있다. • **총당류(total sugar)**란 식품 내에 존재하거나 또는 식품의 가공, 조리 시에 첨가되는 포도당, 과당, 갈락토스 등의 **단당류**와 맥아당, 유당, 자당 등의 **이당류의 함량을 합한 값**을 말하며, 이를 최근에는 **내재성 당**이라고 표현한다. • **첨가당(added sugars)**은 **식품의 제조과정이나 조리 시 첨가되는 당**으로 백설탕, 흑설탕, 옥수수 시럽, 고농도의 과당 시럽, 단풍밀 시럽, 꿀, 물엿 등을 포함한다. 영국 보건성은 **외재성 당**이라고 표현하였다. • 이러한 첨가당의 섭취가 증가하면 식사의 영양밀도가 감소할 가능성이 있으므로 설탕 섭취와 식이와 관련된 만성질환인 비만, 당뇨, 심혈관계질환 등과의 관련성에 대하여 많은 연구가 이루어지고 있다.
	당 과잉 섭취의 문제점	• 당류가 입안에서 박테리아에 의해 발효되면서 산이 생겨서 치아의 에나멜 층을 녹여 **충치를 유발**함 • 과다하게 섭취된 당은 체내에서 지방으로 전환되어 유아 **비만의 원인**이 될 수 있음 • 일부 연구에서는 정제당 과다 섭취 시 **주의력 결핍과 과잉행동 장애**의 원인이 될 수도 있다고 보고하고 있음
	조리 및 간식 제공 시 당 섭취량을 감소시키는 방법	① 과자, 사탕, 아이스크림 등의 단 음식을 적게 제공 ② 콜라, 사이다 대신 물을 마시게 하며, 과일 주스 대신 과일 제공 ③ 간식으로 가공식품보다는 채소나 과일 등 자연식품 제공 ④ 가공식품 구매 시 영양성분표를 확인하여 당 함량이 적은 식품 선택 ⑤ 조림이나 볶음 등 조리 시 과다한 물엿이나 설탕의 사용 자제 ⑥ 조림에 흔히 사용되는 물엿을 올리고당으로 바꾸어 사용하거나 단맛이 있는 신선한 과일이나 양파를 갈아 넣으면 첨가당을 줄이면서 맛을 향상시킬 수 있음
	당 섭취 저감화	• 2015 한국인 영양소 섭취 기준에서는 **총당류 섭취량**을 총 에너지섭취량의 **10-20%로 제한**하고, 특히 식품의 조리 및 가공 시 첨가되는 **첨가당**은 **총 에너지 섭취량의 10% 이내**로 섭취하도록 권장함 • 첨가당의 주요 급원으로는 설탕, 액상과당, 물엿, 당밀, 꿀, 시럽, 농축 과일주스 등이 있음 • 어린이의 건강증진을 위해 첨가당이 과다 포함된 식품 제공을 지양해야 함

- **나트륨의 충분섭취량**은 영아(1~2세)는 0.7g, 유아(3~5세)는 **1,000mg/일**이다.
- WHO에서 제시한 12세 이후부터 성인기까지 나트륨의 목표섭취량은 2.0g(소금으로 약 5g 정도)이다.
- 그러나 국민건강영양조사 결과 나트륨 섭취량은 4,542mg(1998년)에서 4,553mg(2008년)으로 WHO의 권고량의 2배 이상을 섭취하고 있다.
- 이는 음식의 간을 맞출 때 사용하는 소금이나 간장 등 양념분 아니라 화학조미료가 많이 함유된 각종 가공식품을 통해 알지 못하는 사이에 과량 섭취한 결과이다.

나트륨 저감화의 필요성	나트륨 과잉 섭취의 문제점	• 나트륨의 과잉섭취 시 **혈압상승, 뇌졸중, 심근경색, 심부전** 등의 심장 질환 및 신장질환의 발병 위험률을 증가시킨다. • 또한 소금 과다 섭취는 갈증을 유발시키고 이로 인하여 간접적으로 음료, 특히 **탄산음료 섭취량의 증가를 가져와 비만을 증가**시키는 것으로 알려지고 있다. • **신장결석 및 골다공증**의 위험을 증가시키는 요인으로 작용하는 것으로 보고되고 있어 전 국민을 대상으로 국가 차원의 나트륨 저감화 운동이 확대되고 있다. • 유아의 음식 간을 맞출 때, 식사준비자의 입맛에 맞추게 되면 유아는 과량의 나트륨을 섭취하게 되므로 주의해야 한다. • 또한 가공식품에는 식품 가공 공정 중에 발색제나 글루타민산 나트륨 등의 강화제, 안정제를 첨가하게 되어 나트륨의 섭취가 증가된다.
	조리 및 간식 제공 시 나트륨 섭취량을 감소시키는 방법	① 식품은 되도록 자연식품으로 섭취하는 습관을 갖도록 해야 함 ② 과일과 채소는 충분히 섭취하면 나트륨의 체내 배설을 촉진시킬 수 있음 ③ 가공식품 구매 또는 사용 전 영양표시에서 나트륨 함량을 확인함 ④ 국이나 찌개, 물김치 등의 국물을 남길 경우 다 먹도록 강요하지 않음 ⑤ 작은 국그릇을 사용하여 국물 섭취량을 조절할 수 있음 ⑥ 소금양이 많은 외식이나 인스턴트식품의 섭취를 자제함 ⑦ 식탁 위에는 추가로 간을 하지 않기 위해 소금이나 간장을 놓지 않음 ⑧ 간식은 빵이나 과자보다는 과일이나 우유로 제공함 ⑨ 라면, 어묵, 햄, 소시지, 감자 칩 등의 가공식품을 적게 먹도록 함 ⑩ 조리단계부터 소금, 간장 등을 적게 넣는 조리 습관이 필요함 ⑪ 짠맛 대신 신맛이나 과일 등을 이용함 ⑫ 국물은 나트륨 함량이 높으므로 싱거울 정도로 간을 해야 함
	나트륨 섭취 저감화	• 2015 한국인 영양소 섭취기준에서는 모든 연령층의 충분섭취량을 결정하였고, 유아 3-5세는 1,000mg/일로 결정함 • 유치원에서 급식과 간식 제공 시 간을 맞출 때 식사준비자(조리원)의 입맛에 맞출 경우 유아들은 과량의 나트륨을 섭취하게 되므로 주의가 필요함 • 나트륨 섭취 저감화를 위해 식품의약품안전처에서는 다음과 같은 자료를 제공하고 있음
	염도계 사용	• **음식에 포함된 소금의 양을 확인하기 위해** 염도계를 사용하는 것이 바람직함

- 포화지방은 일반적으로 동물성 식품에 함유되어 있는데 소고기, 돼지고기, 햄, 소시지, 베이컨 등의 육가공품 등이 주요 급원 식품으로 어린이가 좋아하는 식품군이다.
- 최근에 많은 연구에서 보고하는바 제과·제빵 제조 시 버터의 대용품으로 사용되는 마가린, 쇼트닝에 함유된 **트랜스지방이 심장순환계질병 발병에 있어 포화지방보다 더 유해**한 것으로 알려지고 있다.
- 유아는 고소한 맛이 나는 **감자튀김, 닭튀김, 오징어튀김** 등의 튀긴 음식과 트랜스지방이나 포화지방 등이 많이 함유된 **빵과 케이크, 과자류, 스낵류** 등의 음식에 대한 기호도가 높다.
- 이들 식품이 간식과 식사 대용으로 제공되는 경우가 많아짐에 따라 유아의 지방 섭취량이 증가하고 있으며 이는 향후 성인이 되었을 때 커다란 건강문제를 유발할 수 있다.

지방 저감화의 필요성	지방 과잉 섭취의 문제점	• 지방과 콜레스테롤의 과다 섭취로 동맥혈관의 안쪽 벽에 콜레스테롤이 축적되어 혈관의 내경이 좁아져 혈액 운반이 원활하지 못하게 된다. • 혈관은 탄력을 잃어 굳게 되며, 이러한 증상으로 **심장병, 심근경색증, 심부전증, 뇌출혈** 등의 순환기계(심혈관계) 질환이 유발된다. • 총 지방의 섭취도 문제이나 최근 들어 동물성 식품 내의 포화지방과 가공식품 내 첨가되는 트랜스지방이 더욱 심각한 원인 물질이다.
	조리 및 간식 제공 시 지방 섭취량을 감소시키는 방법	① 튀김, 볶음보다는 **찜 또는 삶기** 등의 방법으로 조리함 ② 일반적으로 껍질 부분에는 지방이 많으므로 닭고기, 오리고기 등은 **껍질을 벗겨냄** ③ 튀김요리는 접시에 담기 전에 일단 **기름 흡수 종이에 건져** 기름기를 충분히 제거함 ④ 생선은 기름을 두르고 굽는 대신 호일에 싸서 **석쇠나 오븐에서 굽는 것이** 좋음 ⑤ 가공식품 구매 시에는 영양 성분표에 있는 지방 함량을 확인함
	트랜스 지방	• **식물성 지방에 수소를 첨가**하면 고체 상태의 포화지방으로 만들어지는데, 경화 과정에서 트랜스 지방이 생기게 된다. **마가린이나 쇼트닝**이 대표적인 트랜스 지방이다. • 식물성 지방이 고체화되면서 독특한 질감뿐 아니라 실온에서 일정한 형태가 유지되어 특히 제과, 제빵 등의 제품에서 보기 좋게 하고 더 맛있게 하는 효과가 있어서 시중에 유통되는 가공식품에 많이 들어 있다.

		트랜스지방 섭취 저감화 필요성	• 트랜스지방은 체내에서 포화지방처럼 행동하여 체내에 꼭 필요한 필수지방산의 대사를 방해함 • 체내 해로운 콜레스테롤(LDL)은 증가시키고, 이로운 콜레스테롤(HDL)은 낮추어 포화지방보다 몸에 더 해롭다고 보고되고 있음
		트랜스지방산 섭취 저감화 방안	• 튀김용 식용유는 너무 오래, 여러 번 반복해서 사용하지 않음 • **바삭하고 고소하거나 촉촉한 빵(과자)**은 트랜스지방을 함유할 수 있으므로 영양성분표시를 반드시 확인함 • 가공식품 구매 시 영양성분표의 표시 중 트랜스지방 함량을 확인함

7) 저염 식단 관리

유아기 저염 식습관의 중요성	• 장류와 김치류, 국물을 먹는 식습관으로 인해 성인이 될수록 나트륨 섭취량이 많아지기 때문에 유아기에 나트륨을 줄이는 식습관을 형성하는 것이 중요하다. 또한, 유아기는 평생의 식습관을 좌우하는 중요한 시기이므로 유치원에서 **싱겁게 먹을 수 있도록 급식을 제공**하고 지도하여 건강한 식습관을 형성할 수 있도록 한다. • 음식의 간을 맞출 때뿐 아니라 다양한 가공식품을 통해 알지 못하는 사이에 나트륨을 과량 섭취할 가능성이 있다. • 유아들에게 제공되는 음식의 간을 맞출 때 성인인 식사 준비자의 입맛에 맞추게 되면 유아들은 과량의 나트륨을 섭취하게 되므로 주의해야 한다.

저염 식단 제공 방법	• 식재료 구매와 준비 단계부터 식단 메뉴와 조리법의 변경을 통해 저염 식단을 제공할 수 있다. 정확한 염도 측정을 위해 염도계를 사용한다.
	
	1. 식재료 구매와 준비 단계에서 나트륨 줄이기
	  – **칼륨과 마그네슘이 풍부한 식품 사용** : 칼륨과 마그네슘은 **나트륨의 배출을 돕는 영양소**이다. 칼륨과 마그네슘이 풍부한 식품을 이용하여 식단을 구성하면 나트륨을 줄이는 것과 같은 효과가 있다.
	  – 가공식품보다 신선식품 구매하기 : 가공식품, 통조림, 반조리 식품보다는 신선식품을 구매하여 조리하는 것이 나트륨 함량을 줄이는 방법이다.
	    예 토마토 100g에 나트륨 함량은 5mg, 토마토주스 100g에 나트륨 함량은 63mg, 토마토케첩 100g에 나트륨 함량은 1,997mg으로 가공이 많이 이루어질수록 나트륨 함량이 높아진다.
	  – 나트륨을 줄인 양념 재료 구매하기 : 저염 된장, 저염 고추장, 저염 쌈장 등 나트륨 함량을 줄인 양념 재료를 선택하여 구매한다.
	
	2. 조리법 변경
	  – 조리법에 따라 소금의 함량 차이가 매우 크므로, 소금 섭취를 줄이기 위해 가능한 식품 자체의 신선한 맛을 그대로 유지하는 조리법을 선택하는 것이 바람직하다.
	    예 감자 100g은 삶는 경우 나트륨 함량이 1mg으로 매우 적으나, 감자튀김을 제공할 때 소금을 첨가하게 되므로 나트륨은 258mg으로 증가한다.
	
	3. 식단 메뉴 변경
	
	|	

밥	• 짠맛의 민감도를 높여주는 현미 사용량을 늘리고 칠분도미와 찹쌀 잡곡으로만 밥을 지어 제공
찌개	• 나트륨 함량이 많은 찌개보다는 맑은 국을 이용하고 조개를 사용하여 감칠맛을 더욱 강조한 음식을 제공	

 지식 이벤트 식단

• 어린이들의 흥미를 유도할 수 있도록 즐거움을 주고 음식을 통해 문화와 사회의 중요성을 알 수 있도록 기념일, 계절별 특식, 외국 음식의 날 등 이벤트 식단을 제공

Plus 지식 식품 구성 자전거

- 운동을 권장하기 위해 자전거 이미지를 사용하였고, 자전거 바퀴 모양을 이용하여 6개의 식품군에 권장 식사 패턴의 섭취 횟수와 분량에 비례하도록 면적을 배분하였다. 앞바퀴에 물잔 이미지를 삽입함으로써 수분의 중요성을 첨가하였다.

Plus 지식 식품 신호등

① 식품의약품안전처는 어린이들이 과자 등 기호식품을 선택할 때 보다 건강한 식품을 선택할 수 있도록 '어린이 기호식품 등의 영양성분과 고카페인 함유 식품 표시기준 및 방법에 관한 규정'을 고시하였다.
② 제품의 앞면에 과잉 섭취에 대한 우려가 큰 당류, 지방, 포화지방, 나트륨의 함량에 따라 녹색(낮음), 황색(보통), 적색(높음)의 신호등표시를 자율로 실시토록 하여, 어린이 등 소비자들이 더욱 쉽게 식품을 선택할 수 있도록 하였다.
③ 그러나 신호등표시는 **비만 등이 우려되는 어린이의 영양 불균형을 해소하기 위한 제도로서, 저체중 어린이가 무조건 적색을 피하는 것은 바람직하지 않으며,** 성장기의 어린이들이 고른 영양 섭취를 위하여 하루 동안의 전체 식사를 균형 있게 하는 것이 중요하다.

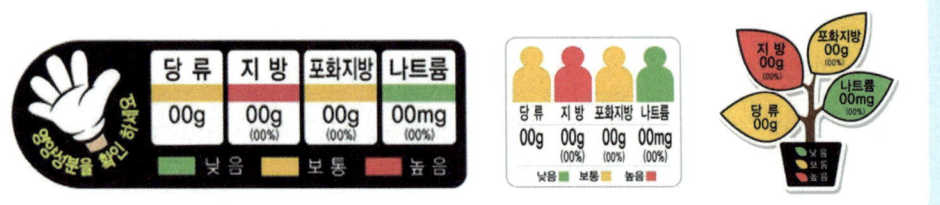

III. 위생 안전관리 - 유치원 급식 운영관리 지침서(2012)

1 위생 관리의 필요성

식품안전의 개념 및 중요성	• 유아는 **성인에 비하여 소화기능과 면역력이 약하기 때문에** 식중독 발생과 식품안전사고의 발생 위험성이 높다. • 특히 유아 음식은 부드러우며 영양소 함량이 높고, 수분함유량이 높은 음식이 많다. • 온도와 습도가 높을 경우 쉽게 변질될 수 있으므로 식자재의 선택에서부터 조리 전 과정에 각별한 주의가 요구된다.
식품안전의 개념	• 식품은 구매, 운반, 조리, 배식 등의 과정에서 비위생적인 요인에 의해 오염될 가능성이 매우 높으므로 올바른 위생관리가 중요하다. • **식품안전관리**란 식품의 구매, 운반, 조리, 배식 등의 과정을 위생적으로 관리하여 식품의 오염과 변질로 인한 개개인의 질환 발생을 막고자 하는 각종 관리 조치를 일컫는다.
식중독의 개념	• 식품의 섭취로 인하여 인체에 유해한 미생물 또는 유독 물질에 의하여 발생하였거나 발생한 것으로 판단되는 감염성 또는 독소형 질환(식품위생법 제2조 제14항)으로 사람 간 감염성이 없는 경우가 일반적이나 노로바이러스와 같이 사람 간 감염성이 있는 경우도 있음 • "집단식중독"이란 2명 이상의 사람이 동일한 식품을 섭취한 것과 관련되어 유사한 식중독 양상을 나타내는 것(WHO, 2008) • 식중독은 기온이 높은 여름철에 가장 많이 발생하나 최근에는 계절의 구분 없이 발생하고 있어 각별한 주의가 필요함
식중독 원인과 증상	• 유해한 미생물이나 유독 물질에 의하여 오염된 식품의 섭취로 인해서 발생하는 질환을 식중독이라 한다. • 식중독은 5~9월에 가장 많이 발생하나 최근에는 겨울철에도 바이러스성 식중독이 증가하는 등 계절에 구분 없이 식중독이 발생되고 있으므로 각별한 주의가 필요하다. • 식중독이 발생하면 두통, 복통, 구토, 설사, 구역질, 피로감, 탈수, 발열 등의 증상이 있을 수 있으며 심한 경우에는 사망에 이를 수도 있으므로 식중독 증상이 발생했을 경우에는 반드시 의사의 지시에 따라 조치하도록 한다.
식중독 지수 범위에 따른 지표	<table><tr><th>위험도</th><th>지수 범위</th><th>내용</th></tr><tr><td>식중독 위험</td><td>86 이상</td><td>• 기온 35℃ 이상인 날 • 음식물을 방치할 경우 3~4시간 경과하면 식중독 발생이 대단히 우려되므로 식품취급에 특별히 주의</td></tr><tr><td>식중독 경고</td><td>71 이상 86 미만</td><td>• 기온 30~35℃인 날 • 음식물을 방치할 경우 4~6시간 경과하면 식중독균이 자라기 쉬우므로 음식물을 조리하여 즉시 섭취</td></tr><tr><td>식중독 주의</td><td>55 이상 71 미만</td><td>• 기온 25~30℃인 날 • 음식물을 방치할 경우 6~11시간 경과하면 식중독이 발생할 우려가 있으므로 주의</td></tr><tr><td>식중독 관심</td><td>55 미만</td><td>• 기온 20~25℃인 날 • 식품취급에 주의</td></tr></table>

식중독 예방 3대 원칙	청결과 소독의 원칙	• 청결한 재료, 청결한 조리 장소, 청결한 조리 기구와 시설, 식품 취급자의 청결
	신속의 원칙	• 재료를 구입 후 신속히 조리, 조리 후 신속히 배식
	냉각 또는 가열의 원칙	• 식품의 냉장 보관, 조리 후 보존한 음식은 반드시 가열
식중독 예방 3대 요령	손 씻기	• 손은 **30초 이상** 세정제(비누 등)를 사용하여 손가락, 손등까지 깨끗이 씻고 흐르는 물로 헹구어야 합니다.
	익혀 먹기	• 음식물은 속까지 충분히 익혀 드셔야 합니다(중심부 온도가 **75℃**(어패류는 **85℃**)에서 1분 이상).
	끓여 먹기	• 물은 끓여서 마셔야 합니다.

식중독 예방 3대 요령

손씻기 익혀먹기 끓여먹기

6가지 식중독 예방 실천 POINT!	① **손 씻기** : 흐르는 물에 비누로 30초 이상 손 씻기 ② **익혀 먹기** : 중심온도 육류 75도, 어패류 85도 1분 이상 ③ **끓여 먹기** : 물을 끓여 먹기 ④ **소독, 세척하기** : 과일과 채소는 염소 소독(100ppm) **5분 침지, 흐르는 물 3회 세척** 후 절단 ⑤ **보관온도 지키기** : 조리 후 **60도 이상** 또는 **바로 식혀 5도 이하** 보관 ⑥ **구분 사용하기** : 조리기구는 채소용, 육류용, 어류용 구분
식중독 예방을 위한 실천 규칙	① 식품 구매 시 반드시 유통기한 확인 ② 육류는 조리 시 가장 두꺼운 부위의 **중심 온도가 75℃(어패류 85℃) 1분 이상 가열조리(1회 조리 분량마다 3회 이상 측정)** ③ 조리된 식품은 가급적 바로 섭취 ④ 배식 동안에는 적정한 온도가 이루어지도록 해야 하며, **배식 시간은 조리 후 2시간 이내** 배식함(부득이한 경우 **찬 음식 5℃이하, 따뜻한 음식 57℃이상, 냉동 음식 -18℃이하**에서 보관 후 배식). ⑤ 보관했던 식품은 다시 가열한 후 섭취 ⑥ 조리된 식품과 조리가 안 된 식품은 섞이지 않도록 주의 ⑦ 손을 자주 씻고, 손에 상처가 났을 경우에는 식품 취급을 금함 ⑧ 칼, 도마, 행주 등은 식품별(육류, 생선류, 채소류 등) 사용으로 교차 오염을 방지하고, 자주 소독한다. ⑨ 바퀴벌레, 파리, 쥐, 고양이 등이 식품에 접근하지 못하도록 금함 ⑩ 물은 가급적 끓여서 마시고, 지하수는 소독 후 음용수로 사용(지하수 사용 시 일부 항목은 1회/1년, 모든 항목은 1회/2년 수질검사 실시하고 검사 성적서를 비치해야 함) ⑪ 과일, 채소 등 세척 철저(물에 담근 후 흐르는 물에 3회 이상 헹군다)

- 유아의 경우 **구토물에 의해 기도가 막힐 수** 있으므로 **옆으로 눕힌 상태로 보살펴야** 한다.
- **식중독 역학 조사에 협조하기 위해** 급식을 중단하고 **급식 현장을 그대로 보존**한다.
- 보건소의 역학 조사에 적극 협조해야 한다.
- **조사 후** 시설과 기구를 **살균 소독**한다.

식중독 대처 요령		
	즉각 조치	• 급식을 중단하고 **급식 현장을 그대로 보존**한다. • 원인(역학) 조사 이전에 조리실 등 급식소 **소독 · 방역 금지**
	보건소 신고	• 유치원의 장은 원아 또는 교직원에게 식중독 및 전염병으로 의심되는 증상 발견 시 **즉시 시 · 군 · 구청 담당 부서 및 관할 보건소에 신고**해야 한다.

	주의 사항	• **함부로 지사제를 복용하지 말고** 의사의 지시에 따르며, 원아는 구토물에 의해 기도가 막히지 않게 **옆으로 눕히고, 탈수 예방을 위해 충분한 물**을 섭취한다.
		• 구토나 설사 등 식중독 증세를 보이는 유아에게 **임의로 약을 먹어 증상을 강제로 멎게 하는 것**은 증상과 예후를 더욱 나쁘게 할 수 있으므로 **반드시 의사의 지시**를 따르도록 한다.
		• 식중독 의심 구토자 발생 시 **토사물 채취 · 밀봉***(원인 · 역학조사반에 인계) 후 오염된 현장은 **염소계 소독제로 소독**
		  * 일회용 비닐장갑을 끼고 종이타월 등을 활용, 비닐봉지에 담아 밀봉
		  – 발생 현황 확인(파악) 사항 및 관련자료 수집(유치원 내 역할 분담 및 협조)
		  – 원인(역학) 조사 이전에 사전 확인한 사항과 관련 자료를 방역 당국에 인계

	사후 조치	• 보건소의 역학 조사에 적극 협조하며, **조사 후** 시설과 기구를 **살균, 소독**한다.

식중독 발생 보고		식품위생법 제86조제86조(식중독에 관한 조사 보고)
		① 다음 각 호의 어느 하나에 해당하는 자는 지체 없이 관할 **특별자치시장 · 시장**(「제주특별자치도 설치 및 국제자유도시 조성을 위한 특별법」에 따른 행정시장을 포함한다. 이하 이 조에서 같다) · **군수 · 구청장**에게 보고하여야 한다. 이 경우 의사나 한의사는 대통령령으로 정하는 바에 따라 식중독 환자나 식중독이 의심되는 자의 혈액 또는 배설물을 보관하는 데에 필요한 조치를 하여야 한다. 〈개정 2013. 5. 22., 2018. 12. 11.〉
		  1. 식중독 환자나 식중독이 의심되는 자를 진단하였거나 그 사체를 검안(檢案)한 의사 또는 한의사
		  2. 집단급식소에서 제공한 식품등으로 인하여 식중독 환자나 식중독으로 의심되는 증세를 보이는 자를 발견한 집단급식소의 설치 · 운영자

2 작업 위생관리

전처리 작업	• 전처리는 **식재료를 다듬고 씻고 용도에 맞게 자르는 작업**으로 교차오염이 일어나지 않도록 특히 유의해야 한다.
교차오염	• 미생물에 오염되지 않은 식재료나 음식물이 **미생물에 오염된 식재료**, 칼이나 도마 등의 기구, 종사자와의 접촉 혹은 **작업 과정 중에 오염되는** 것으로 식중독 발생의 주요 원인이 된다.
검식	• 조리가 완료되면 배식 전에 조리 책임자 및 급식 관리자(영양사가 없는 경우에는 시설장 또는 주임교사)가 **음식의 맛, 온도, 질감, 조리 상태, 이물, 이취 등을 확인하는 작업**이다.
검식 방법	• 음식을 소독된 용기에 덜어 **검식 전용 수저를 사용**하여 검식한다. • 검식을 실시하고, 결과를 "검식일지"에 기록한다. • 필요한 경우 추가 조미 혹은 조리 후 배식하며 향후 식단 개선의 자료로 활용할 수 있다. • 배식이 불가능한 음식은 즉시 폐기한다.
보존식	• 식중독 사고에 대비하여 그 원인을 규명할 수 있도록 단체급식소에서 제공하는 모든 음식을 검체용으로 냉동 보존해두는 것이다.
보존식 보관방법	<table><tr><td>전용 용기</td><td>• 스테인리스 재질의 전용 용기 또는 일회용 멸균봉투(일반 지퍼백 허용)</td></tr><tr><td>보존량</td><td>• 음식의 종류별로 **각각 150g 이상 독립 보관**, 완제품 제공하는 식재료는 원상태(포장상태)로 보관(예 : 우유 등)</td></tr><tr><td>보관 장소</td><td>• **-18℃ 이하의 전용냉동고**(또는 일반 냉동고의 전용 칸)</td></tr><tr><td>보관 기간</td><td>• 144시간 보관(6일)</td></tr><tr><td>표시 사항</td><td>• 채취 일시, 폐기 일시, 채취자, 메뉴명을 기록하여 보존식과 함께 보관</td></tr><tr><td>근거 법령</td><td>• **식품위생법 제88조(집단급식소)** ② 2. 조리·제공한 식품의 매회 1인분 분량을 총리령으로 정하는 바에 따라 **144시간 이상 보관**할 것 • 식품위생법 시행규칙 제95조(집단급식소의 설치·운영자 준수사항) ① 법 제88조 제2항 제2호에 따라 조리·제공한 식품을 보관할 때에는 **매회 1인분 분량을 섭씨 영하 18도 이하**로 보관하여야 한다. 이 경우 완제품 형태로 제공한 가공식품은 유통기한 내에서 해당 식품의 제조업자가 정한 보관방법에 따라 보관할 수 있다.</td></tr></table>
조리 완료된 음식의 배식 전 관리	• 조리 후 바로 배식하는 것이 원칙이다. • 조리 완료된 음식은 적온(**찬 음식 5℃ 이하, 더운 음식 57℃ 이상**)이 유지되도록 하고, 세척·소독된 용기에 담고 덮개를 덮어 보관한다. • 교실 또는 그 외 장소로 운반하여 배식할 경우 운반 도중에도 적정 온도가 유지되어야 한다.
올바른 배식	• 올바른 배식 복장을 갖추고 배식함(배식용 앞치마, 위생모, 위생장갑, 마스크 착용) • 조리 완료 후 보온·보냉 해야 되는 음식을 보온·보냉 이외의 장소에 보관 시에는 **2시간 이내에 배식이 완료되도록** 한다. • 배식 후 남은 음식은 전량 폐기함
배식 시 올바른 개인위생	• 배식 직전 반드시 손 세척 소독 • 배식 담당자는 위생복, 위생모, 마스크를 착용한다. • 조리 완료된 음식은 맨손으로 만지지 않고, **청결한 도구(집게, 국자 등)를 사용하여 배식**하고, 부득이하게 도구 사용이 어려운 경우 **일회용 위생장갑만 착용**하고 배식할 때에는 찢어지지 않도록 관리합니다.

3 시설·설비 기준

조리실	구획관리	• 벽과 문을 설치하여 전처리실, 조리실, 식기구 세척실로 구획하거나 작업 과정에서 교차오염이 발생하지 않도록 조치를 취해야 함
	벽, 바닥, 천장	• 내화성, 내수성 및 내구성 있는 재질로 하여, 청소와 소독이 쉽고 화재를 예방할 수 있도록 함
	방충관리	• 출입구와 창문에는 해충 및 쥐의 침입을 막을 수 있는 방충망 등의 적절한 설비를 갖추어야 함
	환기관리	• 조리실 내 증기와 불쾌한 냄새를 배출할 수 있는 환기시설을 설치해야 함
	조명관리	• 검수실 540lux 이상, 조리실 220lux 이상
	냉장고(실) · 냉동고	• 냉장고 5℃ 이하, 냉동고 -18℃ 이하 유지

- **손 세척시설과 손 소독시설의 설치**(단, 100명 미만의 유아에게 급식을 제공하는 경우에는 손 세척시설이나 손 소독시설 중 설치 가능)
- 식품 세척시설, 조리시설, 식기구 세척시설, 식기구 보관장
- 전기살균 소독기(또는 열탕 소독시설)
- 전자식 탐침 온도계, 뚜껑이 있는 페달식 쓰레기통

식품 보관실	구분 보관	• 식품과 비식품은 별도로 구분된 장소에서 보관
	유통기한 관리	• 유통기한이 경과된 원료 또는 완제품을 조리할 목적으로 보관하지 않음

급수시설	• 사용하는 물에 따라 관리기준이 다르므로 사용하는 급수시설을 확인하여 관리함

구분	관리기준
정수기 사용 시	• 필터 대장 부착 • 청결 관리 • 청소 주기 확인
지하수 사용 시	• 성적서 비치 (**일부 항목은 1회/1년, 모든 항목은 1회/2년**)
상수도 사용 시	• 식수는 끓여서 제공

- **식품위생법 시행규칙 제96조(집단급식소의 시설기준)**에 따라 상수도를 사용하는 경우 물을 끓여 마시는 것을 원칙으로 하고, 정수 장치를 설치하는 경우 정기적인 필터 교환을 해야 함, 지하수를 먹는 물 또는 식품의 조리/세척 등에 사용하는 경우에는 수질 검사를 실시하고 검사 성적서를 비치해야 함(일부 항목은 1회/1년, 모든 항목은 1회/2년)

4 개인위생

개인위생		
	건강진단	• 영양교사·영양사, 조리사, 조리원, 배식 및 운반 인력, 조리 보조 인력 채용 시 일반 채용 신체검사서와 「식품위생법 시행규칙」 제49조 및 「학교급식법 시행규칙」 제6조제1항에 의한 건강진단을 통하여 건강상태를 확인한다. • **급식 관계 종사자**(식재료 공급업체 포함)는 「**학교급식법 시행규칙**」 제6조제1항 규정에 의거 검진일 기준 **6개월에 1회 건강진단을 실시**하고 그 기록은 **2년간 보관**하도록 한다(다만, **폐결핵검사는 연1회** 실시할 수 있음). ※ 건강진단 항목 : 장티푸스, 폐결핵, 전염성 피부질환(한센병 등 세균성 피부질환) ※ 다음 검진일은 「식품위생분야 종사자의 건강진단 규칙」을 준용하여 건강진단을 받은 날을 기준으로 결정(예: 이번 검진일이 '20.12.1.이라면, 다음 검진은 '21.6.1.까지 실시) • 감염병 유행 시 또는 필요시에는 비정기 건강진단을 받도록 하여 조리종사자의 건강이상 여부를 확인한다.
	작업 중 아프거나 다친 종사자 관리	• 아프거나 다친 종사자는 즉시 관리책임자에게 보고하고, 식품이나 기구를 오염시킬 우려가 있다면 바로 작업을 중지시킨다. • **발열, 복통, 구토, 황달, 인후염** 등의 증상이 있는 자는 식중독이 우려되므로 조리작업에 참여시키지 않으며, 의사의 진단을 받도록 한다. • 특히, 설사자의 경우 조리작업에 참여 하지 않도록 주의를 기울여 관리한다. • 본인 및 가족 중에서 **법정감염병(콜레라, 이질, 장티푸스** 등) 보균자, **노로바이러스** 질환자가 있거나, 발병한 경우에는 완쾌 시까지 조리장 출입을 금지한다. • **손 등에 상처나 종기가 있는 자**는 아래와 같이 적절한 치료와 보호로 교차오염이 발생 하지 않도록 조치한 후 작업에 참여하도록 하며, 보호할 수 없을 경우에는 작업에서 배제한다.
	관계 법령	• 학급급식법 시행규칙 [별표 4] 〈개정 2021. 1. 29.〉 - 식품취급 및 조리작업자는 **6개월에 1회 건강진단**을 실시하고, 그 기록을 **2년간** 보관하여야 한다. 다만, **폐결핵검사는 연1회** 실시할 수 있다. • **식품위생법 시행규칙 제49조(건강진단 대상자)** - 조리, 저장, 운반에 종사하는 영업자 및 그 종업원은 장티푸스, 폐결핵, 전염성 피부질환에 대한 건강진단을 **연1회 실시하여야** 함 • **식품위생법 시행규칙 제50조(영업에 종사하지 못하는 질병의 종류)** - 피부병 또는 화농성 질환, 제1군감염병(콜레라, 장티푸스, 파라티푸스, 세균성 이질, 장출혈성대장균감염증, A형간염), 결핵(비감염성인 경우는 제외)에 걸린 사람은 영업에 종사할 수 없음

5 구매 및 저장

검수 절차	검수란, **납품된 식재료와 물품의 품질**, 선도, 위생, 수량, 규격 **등이 주문내용과 일치하는지** 검사하여 **수령 여부를 판단하는 과정**으로 검수 절차는 다음과 같음.  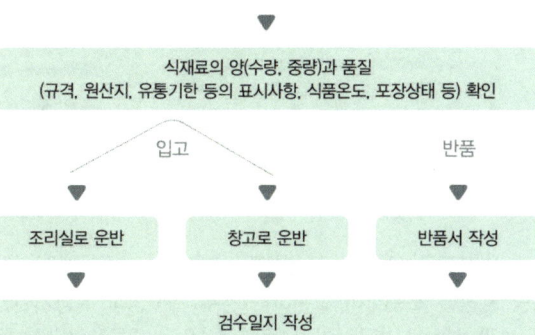
검수대와 검수도구 준비	• 검수 도구에는 검수대, 전자저울, 칼(가위), 용기, 온도계, 장갑 등이 있음. **전자식 탐침 온도계**: • 탐침 끝 1~2mm에서 온도를 감지하므로 냉장 및 냉동식품에 사용하기 적합함 • **교차오염을 예방**하기 위해 매 **사용 시마다 세척/소독 후** 사용해야 함  **적외선 비접촉식 표면 온도계**: • 식품에 접촉하지 않으므로 세척/소독이 필요 없고, 식품이나 포장에 손상을 주지 않아 사용하기 편리함 
검수 방법	**중량, 온도 확인** • **냉장식품**: 10℃ 이하(신선편의식품 5℃ 이하) • **냉동식품**: -18℃ 이하(녹은 흔적이 없이 냉동상태 유지) • **채소류**: 상온(전처리 식재료는 10℃ 이하) • **생선 및 육류**: 5℃ 이하 • **포장 식품**: 진공포장식품은 두 팩 사이에 온도계를 넣고 온도 측정 **품질, 포장상태, 표시사항 등의 확인** • 발주서와 거래명세서를 대조하여 일치여부 확인 • 유통기한, 원산지 등 표시사항 확인 **식재료별 검수 기준** • **육류**: 등급판정서 확인(날짜, 중량, 등급 확인) 및 온도 측정(냉장) 또는 냉동, 소고기는 적색, 돼지고기는 선홍색인 것, 지방은 담황색으로 탄력이 있고 향이 있으나 이취가 없는 것 • **채소류**: 원산지, 중량, 신선도 등 확인(전처리 채소는 냉장 온도 확인), 신선한 것으로 시들거나 벌레 먹지 않고 반점이 없으며 특유의 색과 향을 지니고 있는 것

저장 시 유의사항	• 검수한 식재료를 저장하는 동안 신선도나 품질 저하가 일어나지 않도록 표시된 보관기준에 따라 보관하며, 냉장·냉동 보관원칙은 다음과 같음  • 식품과 비식품은 구분 보관(세척제, 소독제는 별도 보관) • 대용량 제품을 소분하여 보관하는 경우 제품명과 유통기한을 반드시 표시 • 식품 보관 선반은 벽과 바닥으로부터 15cm 이상 거리를 둔다. • 유통기한이 지나거나, 상한 원료 또는 완제품을 조리할 목적으로 보관하거나 조리에 사용해서는 안 되며, 이미 급식에 제공된 음식물을 재사용해서는 안 된다.

6 조리

전처리 (생으로 먹는 채소·과일의 세척·소독)	• 식품을 충분히 세척하지 않은 상태에서 소독할 경우 소독 효과가 떨어지므로 세척 후 소독액의 농도와 사용법을 준수하여 소독함. • 염소소독제 뒷면에 있는 표시사항을 확인하고 용도에 맞게 소독액을 제조하여 5분 이내 **침지(액체에 담금)한 후, 흐르는 물(유수)에 3회 이상 헹굼** – 육안검사 후 깨끗하지 않으면 재세척함 – 잎채소류는 오염된 외피를 제거 후 한 장씩 세척하고, 다른 채소류는 세척 후 절단함
전처리 (냉동식품의 해동)	• **냉장 해동(5℃ 이하), 유수 해동(21℃ 이하), 전자레인지 해동의 적합 온도를 유지** • 냉장 해동 시에는 다른 식재료와의 교차오염에 주의하고, '해동 중' 임을 표시 • 전자레인지 해동 시에는 해동 후 즉시 사용 • 국거리용 고기나 생선은 해동 없이 냉동상태로 사용 가능함

온도관리	• 육류는 조리 시 가장 두꺼운 부위의 **중심 온도가 75℃(패류 85℃) 1분 이상** 가열조리 (1회 조리 분량마다 3회 이상 측정)
조리 시 유의사항	• **식품은 바닥으로부터 60cm 이상 높이**에서 작업함 • 조리에 사용하는 용기(양푼 등)는 조리된 식품(조리후), 조리되지 않은 식품(조리전)으로 구분하여 사용함 • 전처리작업과 조리작업을 병행하지 않음 • 조리된 식품을 맨손으로 취급하지 않음 • 조리된 음식을 맛을 볼 때는 별도의 도구를 사용
배식	• 배식 담당자는 배식 직전 반드시 손 세척 및 소독을 실시해야 함 • 위생모, 위생복, 마스크를 반드시 착용 • 위생장갑을 착용하더라도 반드시 도구(집게)로 배식 • 배식 동안에는 적정한 온도가 이루어지도록 해야 하며, 배식 시간은 조리 후 2시간 이내 배식함(부득이한 경우 찬 음식 5℃ 이하, 따뜻한 음식 57℃ 이상, 냉동음식 -18℃ 이하에서 보관 후 배식) • 배식 중에 남아있는 음식과 바로 조리한 음식은 섞지 않음
보존식	• 보존식은 집단급식소에서 식중독 사고가 발생했을 때 원인 규명을 위해 급식 시 제공된 모든 음식(간식 포함)을 냉장고에 **6일 이상 보관**하는 것을 말함 • 소독된 스테인리스 재질의 뚜껑이 있는 전용용기(또는 일회용 멸균백사용가능)에 음식 종류별로 **150g 이상 보관**하며, 보존식 기록표를 보존식 용기에 부착하여 **-18℃ 이하**의 냉동고에 보관함 전용용기에 담긴 보존식 그림출처: 학교급식 학부모 모니터단 운영안내서(교육부, 한국교육개발원, 2017) 사진출처: 영유아단체급식가이드라인 1인1회 적정배식량(식품의약품안전처, 어린이급식관리지원센터, 2013) • **식품위생법 제86조(식중독에 관한 조사 보고), 제88조(집단급식소)**에 따라 집단급식소에서 조리·제공한 식품의 매회 **1인분** 분량을 **-18℃ 이하**로 **144시간 이상** 보관해야 하며, 식중독 환자나 식중독으로 의심되는 증세를 보이는 자를 발견한 집단급식소의 설치 운영자는 식중독 발생을 보건소에 신고해야 함.

Ⅳ. 유아 질병과 감염병 관리

1 건강진단

건강 진단	• 키, 몸무게, 가슴둘레 등을 측정하는 **체력검사**와 건강 상태를 진단하는 **체질검사**로 나눌 수 있다.	
	체력검사	• 유아들이 정상적으로 성장, 발육하고 있는지 알 수 있다.
	체질검사	• 소아청소년과, 치과, 안과, 이비인후과 진단 및 **시력검사, 청력검사, 혈액검사, 소변검사**를 통해 질병의 유무를 조기에 찾아낼 수 있다.

2 투약 - 「유아 보건교육프로그램(2012)」, 「6차 유치원 교육과정」, 「2007년 유치원 교육과정」

1) 투약의뢰서에 포함되어야 하는 내용

• 유아명, 증상, 약의 종류와 용량, 투약 시간과 의뢰자인 부모명, 투약으로 인한 책임의 소재에 대한 내용

투약의뢰서		투약보고서(유치원 보관용)				투약보고서(학부모 보관용)			
유아명			투약시간	용량	투약자		투약시간	용량	투약자
증상		1				1			
약의 종류		2				2			
보관 방법	상온 / 냉장(기타 :)	3				3			
투약시간	식전 분 / 식후 분 / 매 시간마다								
비고									
위와 같이 투약을 해 주시기 바라며 투약으로 인한 책임은 의뢰자가 집니다. 　　　　　　년　월　일 　　의뢰자　　　(인)		비고				비고			
00 유치원 귀하						년　월　일　유아명 :			

2) 투약 절차 · 투약 규정 · 관리체계와 준비사항

투약 절차	• 유아들의 약을 별도의 약 보관함에 넣어 안전하게 보관한다. • 투약의뢰서에 의해 정확한 용량과 용법으로 투약한다. • 투약 후 유아의 상태를 객관적이고 구체적으로 투약 보고서에 기록하고, 이에 기초하여 부모에게 보고한다.
투약 규정	① 의사의 지시 하에서만 약물을 제시하여야 한다. ② 부모의 서면 동의 없이는 유아에게 어떤 약물도 결코 제공되어서는 안 된다. ③ 처방된 약인 경우에는 약을 먹게 될 유아의 이름, 약 이름, 약물의 제조 일자 및 유통 기한, 1회 투약량, 횟수 및 방법 등과 같은 기본적인 정보가 표기되어야 한다. ④ 처방전이 없는 약물의 경우에는 투약하게 될 유아의 이름, 사용상의 안전 지침, 유효 기간, 구성 성분, 제조 회사의 이름과 주소 등이 포함되어야 한다. ⑤ 저장 방법에 대한 표기 내용을 확인하고 보관한다. ⑥ 투약과 관련된 날짜와 시간, 담당 교사진의 이름과 유아 이름을 문서화된 기록으로 남긴다. 기 〈등원〉 승우 어머니 : 선생님, 오늘 저희 승우가 감기 기운이 있는 것 같아서 약을 가지고 왔어요. / 김 교사 : 알겠습니다. 투약 의뢰서 기록하셨지요? / 승우 어머니 : 예, 약과 함께 넣었습니다. 〈점심〉 김 교사 : (피아노 위에 놓아두었던 약을 들고) 승우야, 밥 다 먹었니? / 승우 : 네. / 김 교사 : 어머니가 주신 약을 먹자. 〈귀가〉 승우 어머니 : 오늘 우리 승우가 잘 지냈나요? / 김 교사 : 네, 잘 지냈습니다. 감기 기운이 조금 떨어진 것 같아요. / 승우 어머니 : 감사합니다. 1) 투약 의뢰서에 포함되어야 하는 내용을 4가지 이상 쓰시오. 2) 위 상황에서 투약 절차와 관련하여 교사의 부적절한 행동을 쓰고, 수정하시오. 3) 유아의 진료와 관련하여 유치원과 교사가 갖추어야 할 관리체계와 준비 사항을 각각 1가지씩 쓰시오. [06]
관리체계와 준비사항	**관리체계**: • **유치원의 지정 병원을 정**하여 위급 시 진료를 할 수 있도록 한다. • 유치원의 부모 자원 인사를 활용하여 유아의 치료, 치과 검진 및 예방 접종을 위한 **병원의 진료체계를 연계하여 운영**한다. **준비사항**: • **응급처치법**을 알아두고 **비상용으로 필요한 약을 준비**하여야 한다. • 가정에서 가져오는 약은 투약 의뢰서에 의하여 투약하고, 투약 보고서를 기록하여 부모에게 전달한다.

3 감염병 관리 · 감염병 예방 조치 - 건강·안전 관리 길라잡이(2015)

감염병 관리	• 감염병 관리는 예방을 우선으로 하며, 특히 감염병이 유행하는 시기에는 가정통신문으로 알려 반드시 예방접종을 할 수 있도록 돕는다. • 유아가 **감염병이 의심**되는 경우 **즉시 다른 유아들과 격리**한다. 기 '의심' 상황에서 교사가 반드시 취해야 할 행동을 쓰시오. **유아 격리**[15] • 아픈 유아가 평소와 다른 행동, 기침, 발열, 구토, 식욕 저하, 발진, 충혈, 설사, 잠만 자려고 함 등 어떤 증상을 보이는지를 잘 관찰하여 건강기록지에 기록한다. • 유아가 법정 감염병이 의심되면 관할 보건소에 보고하고 보건소 또는 유치원 협력병원 의사 지시에 따른다. 기 [A]에서 ① **잘못된 행동**을 찾아 쓰고, ② 잘못됐다고 생각 되는 **이유**를 쓰시오.[23] ① 유빈이를 안고 일시적 관찰실로 데려가서 격리함. ② 감염병 의심 유아와 밀접 접촉을 하는 경우 교사 또한 감염병에 감염될 수 있어, 감염병 의심 유아와 적정 거리를 유지해야 하기 때문이다.

감염병 예방 조치	• 유치원장은 감염병에 감염 혹은 감염이 의심된다고 의사가 판단한 경우, **등원을 중지**시킬 수 있음
	  - 등원 중지 시에는 이에 따른 사유와 등원중지기간을 명확하게 밝혀야 함
	  - **학교보건법 제8조(등교 중지)** 학교의 장은 제7조에 따른 건강검사의 결과나 의사의 진단 결과 감염병에 **감염**되었거나 **감염**된 것으로 의심되거나 감염될 우려가 있는 학생 및 교직원에 대하여 대통령령으로 정하는 바에 따라 등교를 중지시킬 수 있다.
	• 유치원장은 유아의 콜레라, 장티푸스, 파라티푸스, 세균성 이질, 장출혈성대장균감염증, A형 간염 등 법정 감염병에 감염 혹은 의심 증상이 있을 시에는 즉각 관할 보건소장에게 신고해야 함
	• 유아의 건강 및 감염병 등에 관련된 업무를 담당한 자는 업무상 알게 된 사실의 비밀을 보장해야 함
	• 유치원장은 교직원의 감염병 감염 혹은 감염이 의심되는 경우에도 보건소 신고 및 격리, 출근 중지를 명할 수 있음

특주A7. 1) [A]와 관련된 2019 개정 유치원 교육과정 '신체운동·건강' 영역의 내용 범주를 쓰시오.[특21]

건강하게 생활하기

민 교사 : 선생님, 내일 우리 반 유아들과 함께 독감과 코로나-19 예방을 위해 '마스크 쓰기'와 '비누로 손 깨끗하게 씻기'를 알아보려고 해요. 그런데 윤아는 마스크 쓰기를 싫어해서 벗고 있을 때가 많고, 비누를 사용하지 않으려고 해요. 윤아도 질병을 예방하는 방법을 알고 꼭 실천하게 해 주고 싶어요. ⟩ A

Chapter 06

안전교육

Ⅰ. 안전교육의 기초
Ⅱ. 안전교육의 내용

Ⅰ. 안전교육의 기초

1 안전교육의 개념

안전	• 정신적·신체적 상해나 사고의 위험 가능성을 줄이기 위해 인적·물리적 환경을 수정하여 편안하고 안정된 위험이 없는 상태를 유지할 수 있도록 노력하는 총체적인 활동이다.
좁은 의미의 안전	• 영유아들이 **신체·정신적 상해나 사고가 없이 건강하게 자랄 수 있도록 환경을 조성**하는 것을 의미한다.
넓은 의미의 안전	• 유아들이 신체적·정신적·정서적으로 상해나 사고 또는 학대를 받지 않도록 **인적·물적 환경을 조성**하는 것뿐 아니라 영유아들이 **모든 환경에서 안전하게 자랄 수 있도록 예방하는 총체적인 활동도 포함**한다.
안전교육	• 안전을 위협하는 여러 가지 요소로부터 건강한 생활을 유지하기 위한 적극적인 방법으로써 사고의 위험을 사전에 방지하여 사고율을 낮추고 사고에 대한 대책을 마련하여 그 피해를 줄이기 위한 방법을 주된 내용으로 하는 교육을 말한다.

2 안전교육의 필요성

연수(장학) 자료	① 유아기는 **신체 조정 능력과 운동 기능이 미숙**하고, **자기중심적이며 지각의 지배**를 받는 유아적 사고를 하기 때문에 **돌발 사태를 명확히 파악할 수 없**다. 또한 한 종류의 **흥미 있는 일에 몰입하면 주변 상황을 헤아리지 못하여 민첩하게 대응하지 못**한다. ② 유아의 미성숙한 인지 발달은 주변 환경의 위험과 안전을 정확하게 판단토록 이끌지 못하고, 자신이 한 행동이 어떤 위험한 결과를 초래할지에 대한 원인과 결과의 관계를 예측하지 못하게 한다. 따라서 유아는 자신이 생활하는 환경의 위험을 통제하거나 바꿀 수 있는 능력이 매우 미비하다. ③ 유아들은 자신의 감정과 정서를 통제하고 관리하는 능력이 부족하므로 안전사고의 위험이 높다. ④ 유아들은 발달의 속도가 빠르고 미미한 자극에도 민감하게 반응하며 하찮은 상해라 하더라도 일생을 살아가는 데 치명적인 장애로 확대될 수 있다는 점에서 유아기는 무엇보다도 발달단계에 맞는 안전 교육과 세심한 사고 예방 대책이 절실히 요구되는 시기이다. ⑤ 과거에는 유아들을 사고의 위험에서 보호하는 것이 부모의 절대적 책임이고 의무였으나 유아들의 유치원 생활시간이 증대함에 따라 교사의 안전 보호 및 책임의 비중이 더욱 커졌으며 중요성도 강조되고 있다.
전남련 외 (2014)	• 영유아기는 안전교육에 대한 기초적인 지식, 태도, 기능을 학습하기에 가장 최적의 시기이다. • 영유아기에 안전교육에 대한 기초적인 지식과 태도, 기능을 형성하는 경험을 많이 갖게 되면 안전교육에 대한 중요성의 인식과 더불어 위험 상황에 대한 대처할 수 있는 능력과 태도가 증진되기 때문이다. • 영유아기에 안전교육에 대한 교육적 경험은 사후처리보다는 예방적 기능을 강조하므로 이후의 생활에 사고 발생률을 줄일 수 있기 때문이다. • 영유아기에 안전교육에 대한 기초를 형성하게 되면 자신의 생명과 재산뿐 아니라 타인의 생명과 재산도 소중하게 생각할 수 있는 이타심과 생명존중의 사상을 어린 시기에 갖게 되기 때문에 중요하다.

3 아동복지법 : 아동의 안전에 대한 교육

> **아동복지법 제31조(아동의 안전에 대한 교육)**
> ① 아동복지시설의 장, 「영유아보육법」에 따른 어린이집의 원장, 「유아교육법」에 따른 유치원의 원장 및 「초·중등교육법」에 따른 학교의 장은 교육대상 아동의 **연령을 고려**하여 대통령령으로 정하는 바에 따라 **매년** 다음 각 호의 사항에 관한 **교육계획을** 수립하여 교육을 실시하여야 한다. 이 경우 그 대상이 「영유아보육법」 제2조제1호에 따른 영유아인 경우 아동복지시설의 장, 같은 법에 따른 어린이집의 원장 및 「유아교육법」에 따른 유치원의 원장은 보건복지부령으로 정하는 자격을 갖춘 **외부전문가**로 하여금 제1호의2에 따른 아동학대 예방교육을 하게 할 수 있다.
> 1. 성폭력 예방
> 1의2. 아동학대 예방
> 2. 실종·유괴의 예방과 방지
> 3. 감염병 및 약물의 오남용 예방 등 보건위생관리
> 4. 재난대비 안전
> 5. 교통안전
> ③ 「유아교육법」에 따른 **유치원의 원장** 및 「초·중등교육법」에 따른 학교의 장은 제1항에 따른 교육 **계획** 및 교육실시 **결과**를 대통령령으로 정하는 바에 따라 **관할 교육감에게 매년 1회 보고**하여야 한다.
>
> **아동복지법 시행령 제28조(아동의 안전에 대한 교육)**
> ① 아동복지시설의 장, 「영유아보육법」에 따른 어린이집의 원장, 「유아교육법」에 따른 **유치원의 원장** 및 「초·중등교육법」에 따른 학교의 장은 법 제31조 제1항에 따라 교육계획을 수립하여 교육을 실시할 때에는 **별표 6의 교육기준**에 따라야 한다. 〈개정 2018. 3. 6.〉
> ② 법 제31조 제2항 및 제3항에 따라 아동복지시설의 장 및 「영유아보육법」에 따른 어린이집의 원장은 시장·군수·구청장에게, 「유아교육법」에 따른 **유치원의 원장** 및 「초·중등교육법」 제2조에 따른 학교의 장은 **교육감**에게, 각각 교육**계획** 및 교육실**시 결과를 매년 3월 31일까지 보고**하여야 한다.
> 🗝 교통안전 교육에 대한 내용이다. ① 실시 주기(총 시간)의 내용 중 **잘못된** 것을 찾아 바르게 고쳐 쓰고, ② 초등학교 취학 전 단계에 해당하지 <u>않는</u> 교육내용을 1가지 찾아 쓰시오.[19]

4 아동복지법 시행령 별표 6 : 교육기준

안전교육	법적 교육 시간	교육 내용
교통안전 교육	**2개월**에 1회 이상 (연간 **10시간** 이상)	1. 차도, 보도 및 신호등의 의미 알기 2. 안전한 도로 횡단법 3. 안전한 통학버스 이용법 4. 바퀴 달린 탈것의 안전한 이용법 5. 날씨와 보행안전 6. 어른과 손잡고 걷기
실종·유괴의 예방·방지 교육	**3개월**에 1회 이상 (연간 **10시간** 이상)	1. 길을 잃을 수 있는 상황 이해하기 2. 미아 및 유괴 발생 시 대처방법 3. 유괴범에 대한 개념 4. 유인·유괴 행동에 대한 이해 및 유괴 예방법

감염병 및 약물의 오용·남용 예방 등 보건위생관리 교육	3개월에 1회 이상 (연간 **10시간** 이상)	1. 감염병 예방을 위한 개인위생 실천 습관 2. 예방접종의 이해 3. 몸에 해로운 약물 위험성 알기 4. 생활 주변의 해로운 약물·화학제품 그림으로 구별하기 5. 모르면 먼저 어른에게 물어보기 6. 가정용 화학제품 만지거나 먹지 않기 7. 어린이 약도 함부로 많이 먹지 않기
성폭력 예방 교육	6개월에 1회 이상 (연간 **4시간** 이상)	1. 내 몸의 소중함 2. 내 몸의 정확한 명칭 3. 좋은 느낌과 싫은 느낌 4. 성폭력 예방법과 대처법 5. 성폭력의 개념 및 성폭력의 주체에 대한 교육
아동학대 예방 교육	6개월에 1회 이상 (연간 **4시간** 이상)	1. 나의 권리 찾기(소중한 나) 2. 아동학대 및 아동학대행위자 개념 3. 자기감정 표현하기 및 도움 요청하기 4. 신고 이후 도움 받는 방법
재난대비 안전 교육	6개월에 1회 이상 (연간 **6시간** 이상)	1. 화재의 원인과 예방법 2. 뜨거운 물건 이해하기 3. 옷에 불이 붙었을 때 대처법 4. 화재 시 대처법 5. 자연재난의 개념과 안전한 행동 알기 기 「아동복지법 시행령」[별표 6]에 근거해 ① (가)의 내용이 해당되는 교육의 명칭과 그 교육의 연간 최소 실시 시간을 쓰시오. [19추]

5 아동복지법 시행령 별표 6 : 교육방법

구분	교통안전 교육	실종·유괴의 예방·방지 교육	(생략) 보건위생관리 교육	성폭력 예방 교육	아동학대 예방 교육	재난대비 안전 교육
교육 방법	① <u>전문가</u> 또는 담당자 강의 ② <u>시청각</u> 교육 ③ 실습교육 또는 현장학습 ④ 일상생활을 통한 반복 지도 및 부모 교육	① <u>전문가</u> 또는 담당자 강의 ② 장소·상황 별 **역할극** 실시 ③ <u>시청각</u> 교육 ④ 사례 분석	① <u>전문가</u> 또는 담당자 강의 ② <u>시청각</u> 교육 ③ 사례 분석	① <u>전문가</u> 또는 담당자 강의 ② 장소·상황 별 **역할극** 실시 ③ <u>시청각</u> 교육 ④ 사례 분석	① <u>전문가</u> 또는 담당자 강의 ② 장소·상황 별 **역할극** 실시 ③ <u>시청각</u> 교육 ④ 사례 분석	① <u>전문가</u> 또는 담당자 강의 ② <u>시청각</u> 교육 ③ 실습교육 또는 현장학습 ④ 사례 분석

6 학교안전교육 실시 기준 등에 관한 고시 [시행 2023. 10. 16.]

제1조 (목적)	이 고시는 「학교안전사고 예방 및 보상에 관한 법률 시행규칙」(이하 "규칙"이라 한다) 제2조 제1항에서 교육부장관에게 위임한 학교안전교육의 실시 기준 등에 관한 사항을 규정함을 목적으로 한다.
제2조 (적용범위)	이 고시는 「학교안전사고 예방 및 보상에 관한 법률」(이하 "법"이라 한다) 제2조제1호에서 "학교"로 정의하고 있는 다음 각 호의 기관 또는 시설에 적용한다. 1. 「유아교육법」 제2조 제2호의 규정에 따른 유치원
제3조 (학생 안전교육)	① 학교의 장은 규칙 제2조 제1항에서 규정하고 있는 **학교안전교육 7대 영역**에 해당하는 안전교육을 【별표 1】과 【별표 2】에 따라 계획을 수립·시행하여야 한다. 이 경우 학교의 장은 「아동복지법」, 「학교폭력예방 및 대책에 관한 법률」, 「성폭력방지 및 피해자보호 등에 관한 법률」, 「성매매방지 및 피해자보호 등에 관한 법률」 등 관련 법령에서 규정하는 안전 관련 교육 및 학교 교육과정과 연계·통합 실시할 수 있다. ② **안전교육은 이론과 실습교육으로 병행**하되 다음 **각 호 중 어느 하나에 해당하는 자가 실시**하는 것으로 하여야 한다. 1. 「**유아교육법」 제20조 제1항**(※교직원의 구분), 「초·중등교육법」 제19조 제1항, 「평생교육법」 제31조 제3항, 「재외국민의 교육지원 등에 관한 법률」 제23조 제1항 및 제2항에 따른 교원 2. 규칙 제2조 제5항 각호에 의하여 안전교육을 위탁할 수 있는 전문교육기관·단체 소속 직원 3. **의사, 간호사, 응급구조사 등** 해당 안전 영역과 관련된 자격증을 보유한 자 4. 그 밖에 교육감이 영역별 전문 지식을 갖춘 것으로 인정하는 기준에 부합하는 자
제4조 (교직원 등 안전교육)	① 법 제2조 제3호에 따른 교직원은 안전교육을 **3년마다 15시간 이상**을 이수하여야 한다. ※ 법 제2조 제3호. "교직원"이라 함은 고용형태 및 명칭을 불문하고 학교에서 학생의 교육 또는 학교의 행정을 담당하거나 보조하는 교원 및 직원 등을 말한다. ② **3년 미만의 계약을 체결하여 종사하는 자**는 매 학기 2시간 이상을 이수하여야 한다. ③ 법 제2조 제5호에 따른 **교육활동참여자는 매 학년도 1회 이상의 안전교육을 이수**하여야 하며, 학교의 장은 교육활동참여자의 안전교육을 위한 계획을 수립·실시하여야 한다. ※ 법 제2조 제5호. "**교육활동참여자**"란 **학생 또는 교직원이 아닌 사람**으로서 다음 각 목의 어느 하나에 해당하는 사람을 말한다. 가. 학교장의 승인 또는 학교장의 요청에 따라 **교직원의 교육활동을 보조**하거나 **학생 또는 교직원과 함께 교육활동**을 하는 사람 나. 「비영리민간단체 지원법」 제4조 제1항에 따라 등록된 비영리민간단체에서 학생의 등교·하교 시 교통지도활동 참여에 관하여 미리 서면으로 학교장에게 통지하여 학교장의 승인을 받거나 학교장의 요청에 따라 그 단체의 회원으로서 교통지도활동에 참여하는 사람 ④ 제1항에서 제3항까지에도 불구하고 학교안전관련 국가자격이 신설되어 **국가자격을 취득·유지할 경우**에는 안전교육을 이수한 것으로 본다.
제4조의2 (재난대비 훈련)	학교의 장은 **매 학년도 2종류 이상의 각종 재난 대비 훈련을 실시하여야** 한다.

제5조 (실적보고)	법 제8조제1항에 따라 학교는 학기별 안전교육 실시결과를 〈서식1-1〉과 〈서식1-2〉, 〈서식1-3〉을 활용하여 **매년 8월과 12월에 교육감에게 보고하여야** 한다. 다만, 국립학교와 재외 한국학교는 교육부장관에게 보고하여야 한다.

[별표 1] 학년별 학생 안전교육의 시간 및 횟수   (단위 : 단위활동, 차시)

구분		생활 안전 교육	교통 안전 교육	폭력 예방 및 신변 보호교육	약물 및 사이버 중독 예방 교육		재난 안전 교육	직업 안전 교육	응급 처치 교육
					약물 중독 예방	사이버 중독 예방			
교육 시간	유치 원	13	10	8	5	5	6	2	2
횟수		학기당 2회 이상	학기당 3회 이상	학기당 2회 이상	학기당 2회 이상		학기당 2회 이상	학기당 1회 이상	학기당 1회 이상

참고 :
1. 학력이 인정되는 평생교육시설 및 「재외국민의 교육지원 등에 관한 법률」 제2조 제3호에 따른 재외 한국학교와 「초 · 중등교육법」 제2조 제4호에 따른 특수학교의 경우는 인정되는 학력에 해당하는 학교급에 맞추어 실시한다.
2. **학교안전교육 실시 시간의 단위는 유치원은 교육과정 고시에 따른 단위활동**이며, 초 · 중등학교는 교육과정 고시에 따른 차시이다.
3. **학교급별 제시하는 안전교육 시간은 학년별(유치원은 연령별) 실시해야 할 시간**을 말하며, **횟수는 영역별 안전교육 시간을 학기당 제시된 횟수 이상으로 분산 · 실시해야 함**을 말한다.
4. 학교(유치원 포함) 운영 성격 및 지역적 특성에 따라 **총 이수시간의 범위** 내에서 안전영역별 이수 시간을 자율적으로 **조정 · 운영(20% 범위 내**, 소수점은 올림처리)할 수 있다.
5. **재난안전교육은 재난 대비 훈련을 포함하여 실시**하여야 하며, **각종 재난 유형별 대비 훈련을 달리하여 매 학년도 2종류 이상을 포함하여 운영하여야** 한다(수정).
6. 1단위활동 및 1시간(차시)의 수업 시간은 교육과정을 따르되, 기후 및 계절, 학생의 발달정도, 학습 내용의 성격, 학교 실정 등을 고려하여 탄력적으로 편성 · 운영할 수 있다.
7. 「재난 및 안전관리 기본법」 제38조에 따른 **위기경보 단계 '심각'단계의 재난상황으로 인해** 안전교육 및 재난대비훈련의 정상적인 실시가 어려울 것으로 예상되는 경우 교육부 장관이 정하는 바에 따라 안전교육 및 재난대비훈련의 시수, 방법 등을 **변경하여 실시할 수 있다.** [신설]

기 '학교안전 교육 7대 영역'의 [별표2] 중 ⓒ '손 씻기와 소독하기 등 청결 유지하기'의 내용이 들어 있는 **영역 이름을 쓰시오.**[23] 응급처치교육

[별표 2]

구분		생활안전 교육[20] [기]	교통안전 교육	폭력 예방 및 신변보호 교육[21] [기]	약물 및 사이버 중독 예방 교육	재난안전 교육	직업안전 교육	응급처치 교육[23] [기]
교육 내용	유치원	1. 교실, 가정, 등하굣길에서 안전하게 생활하기	1. 표지판 및 신호등의 의미 등 교통안전 규칙 알고 지키기	1. 내 몸의 소중함과 정확한 명칭 알기	1. 올바른 약물 사용법 알기	1. 화재의 원인과 예방법 알기	1. 일터 안전의 중요성 및 안전을 위해 지켜야 할 일 알기	1. [기] 응급상황 알기 및 도움 요청하기[21]
		2. 안전한 장소를 알고 안전하게 놀이하기	2. 안전한 도로 횡단법 알기	2. 좋은 느낌과 싫은 느낌 알기	2. 생활주변의 해로운 약물·화학제품 만지거나 먹지 않기	2. 화재 발생 시 유의사항 및 대처법 알기	2. 일터 안전시설 현장 체험하기	2. 119신고와 주변에 알리기
		3. 놀이기구나 놀잇감, 도구의 바른 사용법을 알고 안전하게 사용하기	3. 어른과 손잡고 걷기	3. 성폭력 예방 및 대처방법 알기	3. T.V, 인터넷, 통신기기(스마트폰 등) 등의 중독 위해성을 알고 바르게 사용하기	3. 각종 자연재난 및 사고 적절하게 대처하는 방법 알기		3. [기] 손씻기와 소독하기 등 청결유지하기[23]
		4. 실종, 유괴, 미아 상황 알고 도움 요청하기	4. 교통수단(자전거, 통학버스 등) 안전하게 이용하기	4. 나와 내 주변 사람(가족, 친구 등)의 소중함을 알고 사이좋게 지내기		4. 각종 재난 유형별 대비 훈련 실시		4. 상황별 응급처치 방법 알기
		5. 몸에 좋은 음식, 나쁜 음식 알기		5. 아동학대 신고 및 대처방법 알기				
교육 방법		1. 학생 발달 수준을 고려한 전문가 또는 교원 설명 2. 학생 참여 수업 방법 연계 적용 (예시 : 역할극, 프로젝트 학습, 플립러닝 등) 3. 교내외 체험교육 또는 현장학습 4. 일상생활을 통한 반복 지도 및 부모 교육 연계 [기] '학교안전교육 7대 영역' 중 ① 밑줄 친 안전교육은 무엇인지 쓰고, ② 그 교육내용 중 2가지를 쓰시오. **생활안전교육**[20] [기] 「학교안전교육 실시 기준 등에 관한 고시」[별표 2]는 '학생 안전 교육 내용 및 방법'이다. 이에 근거하여 ① ⓒ <u>'선우가 뭔가 귀에 들어간 상황이 위험하다고 인지하고, 빨리 도와달라고 해서 응급 처치가 신속하게 이루어진 것 같아요. 지난번에 했던 학교안전교육 7대 영역에 해당하는 안전 교육 중 응급처치교육</u>'에 해당하는 '응급처치교육'의 내용 1가지를 쓰고, ② ⓔ <u>"아동 학대 신고 및 대처 방법 알기"</u>가 해당되는 안전 교육의 명칭을 쓰시오. ① 응급상황 알기 및 도움 요청하기, ② 폭력예방 및 신변보호 교육[21]							

II. 안전교육의 내용

1 유치원 시설 안전 - 유치원시설안전관리메뉴얼(2015)

1) 안전점검 계획에 포함되어야 할 내용과 점검시기

관리내용	점검시기	관련기관
실내외 시설 및 설비 점검	매월 4일 / 6개월	자체점검 / 안전보건공단
전기 및 가스 점검	1년	전기안전공사 / 가스안전공사
재해대비시설	분기별	소방서
냉·난방용품	수시 점검	해당 제조업체
통학버스	수시/정기 점검	자체점검/정비기관 점검
어린이 놀이터	수시 / 2년 정기점검, 안전교육	자체점검 / 안전검사기관 / 어린이놀이시설 안전관리지원기관
정기방역	매월	구청(보건소) 및 전문방역업체
응급처치	수시 점검	소방서
안전관리 인적조직 구성	수시 점검	자체점검
관련 보험 가입	원아 입학 시 수시 등록	학교안전공제회, 교육시설재난공제회, 해당 보험사
안전교육 실시 (유아/학부모/교직원)	수시 교육	안전교육기관

2) 유치원 시설 점검 내용 및 설명

점검 내용	설명
• 실내온도는 18도 이상 28도 이하, 실내습도는 30% 이상 80% 이하를 유지하고 있다.	• 교실에 온도계를 비치하여 적정온도를 유지하도록 하며 유아들이 활동하기에 너무 덥거나(춥거나) 습(건조)하지 않은지 확인함.
• 모든 놀잇감에는 날카로운 부분이나 모서리, 가시, 갈라진 곳, 삼킬 우려가 있는 작은 부속품이 없다.	• 안전한 놀잇감을 유아들에게 제공하기 위해 놀잇감의 날카로운 부분이나 모서리, 가시, 갈라진 곳, 삼킬 우려가 있는 작은 부속품이 없는지 확인해야 함. **삼킬 수 없는 안전한 크기(3.2 cm 이상)의 놀잇감**을 제공함.
• 놀잇감은 유아가 꺼내고 수납하기 알맞은 높이에 있으며 **크거나 무거운 놀잇감은 교구장 아래에** 위치해 있다.	• 놀잇감의 위치는 유아가 쉽게 꺼내고 정리할 수 있어야 하며 크고 무거운 나무블록 같은 놀잇감은 아래쪽에 위치해 있어야 함.

점검 내용	설명
• 놀잇감을 구입할 때 안전성이 검증된 것인지 확인한 후 구입하고 있다.	• 유아들이 사용하는 **완구는 "KC" 마크**가 있는 것을 구입하여 제공해야 함.
• 실외 놀이시설물은 안전검사를 필한 제품을 사용하고 있다.	• 2004년 12월 9일 이후 설치되는 모든 놀이기구는 안전검사를 필한 제품을 설치하여 사용해야 함. • 해당되는 놀이시설물에 대해서는 **안전검사 필증**을 확인함.
• 실외놀이 시설물은 설치검사를 받아 안전하게 고정 및 설치되어 있다.	• 어린이놀이시설안전관리법에 의해 2015년 1월 26일까지 모든 실외놀이터는 **설치검사**를 받아 안전성이 입증되어야 함.
• 놀이시설물은 정기시설검사를 받고 있다.	• 놀이시설물은 설치검사 후 **2년에 1회** 정기 시설검사를 받아야 함.
• 정기적으로 안전교육을 받고 있다.	• **어린이놀이시설 안전관리교육은 2년마다 4시간씩** 어린이놀이시설 안전관리지원기관에서 받아야 함.
• 유아가 추락할 가능성이 있는 놀이시설물 아래와 주변의 공간(안전지대)은 충격을 흡수할 수 있도록 되어 있다. (30cm 이상의 모래, 우레탄, 고무매트, 나뭇조각 등)	• 추락할 가능성이 있는 놀이시설물 아래와 주변 공간에는 충격을 흡수할 수 있는 충격흡수제를 설치해야 함. • 놀이터 바닥은 최소 **30cm 이상의 충격흡수제** (모래 등)가 설치되어야 함.
• 모래가 유실되거나 딱딱하게 굳어있지 않다.	• 모래는 쉽게 유실될 수 있으므로 유실된 모래는 주기적으로 채워 넣어주고, 최소 **3년에 1번**은 **모래를 교체**해 주도록 함. • 모래 관리 시 **정기적**으로 아래쪽에 있는 모래가 위쪽으로 올 수 있도록 **뒤집어 주거나 세척**하도록 함.
• 사고에 대비하여 유아에 대한 응급처치 동의서를 받아 비치하고 있다.	• 유아 입소 시 응급처치에 대한 동의서를 받아 비치해 두도록 함. • **응급처치 동의서**에는 비상연락처, 의료보험카드 번호를 기록해 두도록 함.
• 안전사고 발생 시 사고일지에 기록하고 있다.	• 안전사고가 발생했을 시에는 크건 작건 간에 사고 발생 **24시간 이내에 사고보고서**를 작성하도록 함. • 사고보고서에는 사고 발생 장소, 사고 이유, 사고 처리에 대한 것을 기록하도록 함.
• 안전사고 발생 시 일어난 사고에 대해 부모에게 알리고 있다.	• **사고보고서 1부를 부모**에게 전달하도록 함
• 사고일지 기록을 분석하여 향후 년도의 안전관리 대책 수립 시 반영한다.	• **1년 사고보고서를 토대**로 유치원에서 자주 발생하는 사고유형 및 원인을 분석하여 향후 년도 안전관리 및 안전교육 계획 시 반영하도록 함.

3) 교재·교구 - 건강·안전 관리 길라잡이(2020) 수정

교재·교구	• 유치원장은 유아들이 사용하는 교재교구가 유아 연령대에 적절하고 **KC마크**를 획득한 제품인지 확인하고, 제품안전정보센터를 통해 유해물질이 포함된 불량제품여부를 반드시 점검해야 한다. • 만 13세 이하의 어린이가 사용하거나 만 13세 이하의 어린이를 위하여 사용되는 물품 등은 안전인증, 안전확인, 공급자적합성확인 등을 받은 제품이어야 한다. {표} | 안전인증 | • **제품검사 및 공장심사** 모두 거치거나 제품검사만 거쳐 어린이 제품의 안전성을 증명하는 것 | | 안전확인 | • **제품검사**를 통해 안정성을 증명하는 것 | | 공급자적합성확인 | • 제조업자 및 수입업자가 안전기준에 적합한 것임을 **스스로 확인**하는 것 | • 안전인증이나 자율안전확인 등을 받은 어린이용품에는 제품을 사용할 수 있는 어린이의 연령이 표시되어 있으므로 이를 확인해 아이의 **연령대에 맞는 용품**을 선택해야 한다.
법령	「어린이제품 안전 특별법」 제2조(정의) 이 법에서 사용하는 용어의 뜻은 다음과 같다. [시행일: 2025. 8. 28.] [기] 8. **"안전인증"**이란 **제품검사**(어린이제품을 시험·검사하는 것을 말한다. 이하 같다)와 **공장심사**(제조설비·자체검사설비·기술능력 및 제조체제를 심사하는 것을 말한다. 이하 같다)를 **모두** 거치거나 **제품검사만**을 거쳐 어린이제품의 안전성을 증명하는 것을 말한다.[17] 9. **"안전인증대상어린이제품"**이란 구조·재질 및 사용방법 등으로 인하여 어린이의 **생명·신체에 대한 위해** 또는 **재산상 피해에 대한 우려가 크다**고 인정되는 어린이 제품 중에서 안전인증을 통하여 그 위해를 방지할 수 있다고 인정되는 어린이제품으로서 산업통상자원부령으로 정하는 것을 말한다. 10. **"안전확인"**이란 **제품검사를 통하여** 안전성을 증명하는 것을 말한다. 11. **"안전확인대상어린이제품"**이란 구조·재질 및 사용방법 등으로 인하여 어린이의 **생명·신체에 위해를 초래할 우려**가 있는 어린이제품 중에서 제품검사로 그 위해를 방지할 수 있다고 인정되는 어린이제품으로서 산업통상자원부령으로 정하는 것을 말한다. 12. **"공급자적합성확인대상어린이제품"**이란 **안전인증대상어린이제품 및 안전확인대상 어린이제품을 제외**한 어린이제품을 말한다. 13. **"안전관리대상어린이제품"**이란 다음 각 목의 어느 하나에 해당하는 어린이제품을 말한다. 　가. 안전인증대상어린이제품 　나. 안전확인대상어린이제품 　다. 공급자적합성확인대상어린이제품

안전인증 KC 안전인증번호 :	• 어린이 등 소비자의 **생명, 신체**에 위해가 가해지거나 재산상 피해 또는 자연환경의 훼손에 대한 **우려가 크다**고 인정되는 공산품 중에 **제품검사와 공장심사 모두**를 거치거나 **제품검사만을 통해** 그 위해를 방지할 수 있다고 인정하게 되면 안전인증을 다음과 같이 표시한다. • 어린이용 물놀이기구, 어린이 놀이기구, 자동차용 어린이 보호장치, 어린이용 비비탄총
자율안전확인 KC 자율안전확인 신고확인증 번호 :	• 어린이 등 소비자의 **신체에 대해 위해**를 초래할 **우려**가 있는 공산품 중에서 **제품검사만**으로도 그 위해를 방지할 수 있다고 인정하는 것을 말하며 이러한 확인을 받은 제품은 다음의 표시로 확인가능하다. • 예 : 유아용 섬유제품, 합성수지제 어린이제품, 완구, 유아용 삼륜차, 이륜자전거, 학용품, 유아용 침대 등
안전품질 표시 KC	• 소비자가 취급·사용·운반 등을 하는 과정에서 **사고가 발생하거나 위해를 입을 가능성**이 있는 공산품과 소비자가 성분·성능·규격 등을 구별하기 곤란한 공산품으로서 제조 및 수입업자, 제3자 기관에서 **자체적으로 확인했음을 증명**하는 것이다. • 예 : 어린이 장신구
안전인증대상 어린이제품의 종류	1. 어린이용 물놀이기구 2. 어린이 놀이기구 3. 자동차용 어린이 보호장치 4. 어린이용 비비탄총
안전확인대상 어린이제품의 종류	1. 유아용 섬유제품　　　　　　9. 어린이용 자전거 2. 합성수지제 어린이제품　　　10. (삭제) 3. 어린이용 스포츠 보호용품(보호 장구 및 안전모)　11. 학용품 　　　　　　　　　　　　　　12. 보행기 4. 어린이용 스케이트보드　　　13. 유모차 5. 아동용 이단침대　　　　　　14. 유아용 침대 6. 완구　　　　　　　　　　　　15. 어린이용 온열팩 (주머니난로 포함) 7. 유아용 삼륜차　　　　　　　16. 유아용 캐리어 8. 유아용 의자　　　　　　　　17. 어린이용 스포츠용 구명복
공급자적합성 확인대상 어린이제품의 종류	가. 어린이용 가죽제품　　　　　자. 어린이용 스노보드 다. 어린이용 안경테(선글라스를 포함한다)　차. 쇼핑카트 부속품 라. 어린이용 물안경　　　　　　카. 어린이용 장신구 마. 어린이용 우산 및 양산　　　타. 어린이용 킥보드 바. 어린이용 바퀴달린 운동화　파. 어린이용 인라인 롤러스케이트 사. 어린이용 롤러스케이트　　　하. 어린이용 가구 아. 어린이용 스키용구　　　　　거. 아동용 섬유제품

4) 어린이 놀이시설 - 건강·안전 관리 길라잡이(2020)

- 유치원장은 놀이시설의 안전관리에 관련된 업무 담당자를 지정하고, 업무 담당자로 하여금 어린이놀이시설안전관리지원기관에서 실시하는 어린이놀이시설의 안전관리에 관한 교육을 이수하도록 해야 한다.
- 2015년 7월 1일부터 업무담당자의 인적사항을 관리감독기관에 통보하여야 한다.

놀이시설 설치	1. 놀이시설은 **안전인증(KC안전인증마크)**을 받은 제품이어야 함. 2. 유치원장(놀이시설 설치자)은 안전인증을 받은 제품을 설치하기 위해 각 지자체가 지정한 어린이놀이시설 안전검사기관으로부터 **설치검사**를 받아 합격해야 함. 3. 유치원장(관리주체)은 어린이놀이시설의 사고로 인하여 어린이의 생명, 신체 또는 재산상의 손해를 발생하게 하는 경우 그 손해에 대한 배상을 보장하기 위해 어린이놀이시설 사고배상책임보험이나 사고배상책임보험과 같은 내용이 포함된 보험에 어린이놀이시설을 인도받은 날로부터 **30일 이내에 가입**해야 함.
놀이시설 관리를 위한 검사	1. 시설기준 및 기술기준의 적합성 유지를 확인하기 위해 유치원장(관리주체)은 안전 검사기관으로부터 **2년에 1회 이상 정기시설검사**를 받아야 함. 2. 정기시설검사에 이의가 있는 경우 유치원장(관리주체)은 **15일 이내에 재검사** 신청해야 함. 3. 유치원장(관리주체)은 설치검사 및 정기시설검사에 합격된 어린이놀이시설에 대해서는 사용자가 알 수 있도록 설치검사 및 정기시설검사에 합격되었음을 나타내는 표시를 하여야 함. 4. 유치원장(관리주체)은 불합격한 놀이기구는 이용하지 못하도록 하며 주변에 빨간색 테이프 등을 두르고, 위험 또는 이용금지 표지판을 부착하여 어린이 등이 출입하지 못하도록 조치하고 교육장에게 보고해야 함. 5. 유치원장(관리주체)은 안전점검 및 안전진단을 실시한 결과를 기록, 보관하여야 함.
놀이 시설물의 유지	1. 유치원장은 놀이시설의 연결상태, 노후 정도, 변형, 청결, 안전수칙 등의 표시여부, 부대시설의 파손 및 위험물질 상태에 관한 **안전점검을 월 1회 이상 실시**하여야 함 2. 시설물은 녹이 슬거나 금이 가거나 도료(페인트 등)가 벗겨지지 않게 관리하여야 함. 3. 시설에 사용되는 도료, 마감재료, 목재는 규정하는 기준(「환경보건법 시행령」 별표2)에 부합해야 함. 4. 바닥의 모래 등 토양은 납, 카드뮴, 가크롬, 수은 및 비소는 정하는 기준(「환경보건법 시행규칙」 별표2)에 적합해야 하며 기생충란이 검출되지 않도록 관리함.
사고 발생 시	• 어린이놀이시설로 인해 **중대한 사고**(사망, 3명 이상 동시에 부상, 사고발생일로부터 7일 이내에 48시간 이상의 입원치료가 필요한 부상, 골절상, 심한 출혈, 신경·근육 또는 힘줄의 손상, 2도 이상의 화상, 부상면적이 신체 표면의 5% 이상, 내장이 손상)가 발생한 때에, **즉시 사용중지** 등 필요한 조치를 취하고 **관할 교육지원청 교육장에게 통보**해야 함.

5) 어린이놀이시설 안전관리법 제2조(정의)

관리주체	• 어린이놀이시설의 소유자로서 관리책임이 있는 자, 다른 법령에 의하여 어린이놀이시설의 관리자로 규정된 자 또는 그밖에 계약에 의하여 어린이놀이시설의 관리책임을 진 자를 말한다.
설치검사	• 어린이놀이시설의 안전성 유지를 위하여 행정안전부 장관이 정하여 고시하는 어린이놀이시설의 시설기준 및 기술기준에 따라 **설치한 후에 안전검사기관으로부터 받아야 하는 검사**를 말한다.
안전점검	• 어린이놀이시설의 관리주체 또는 관리주체로부터 어린이놀이시설의 **안전관리를 위임받은 자가 육안 또는 점검기구 등에 의하여 검사**를 하여 어린이놀이시설의 위험요인을 조사하는 행위를 말한다.
안전진단	• **제4조의 안전검사기관이** 어린이놀이시설에 대하여 조사 · 측정 · 안전성 평가 등을 하여 해당 어린이놀이시설의 물리적 · 기능적 결함을 발견하고 그에 대한 신속하고 적절한 조치를 하기 위하여 수리 · 개선 등의 방법을 제시하는 행위를 말한다.
유지관리	• 설치된 어린이놀이시설이 **기능 및 안전성을 유지할 수 있도록 정비 · 보수 및 개량 등을 행하는 것**을 말한다.

6) 야외놀이 시설

모래놀이 시설	• 모래놀이 시설은 곰팡이 등 세균 번식을 막기 위해 **양지바른 곳에 설치**하는 것이 좋으며 여름철 더운 날씨에 강한 햇빛을 막아주기 위해서는 **그늘 시설을 만들어** 주는 것이 좋다. • 모래에 이물질이 들어가는 것을 막기 위해 **뚜껑을 덮어**주는 것이 좋다. • 모래는 수시로 체를 쳐서 유리 조각이나 돌멩이 등의 위험물질을 골라내도록 한다. • 비가 온 후에 배수가 잘되도록 모래 놀이터의 맨 아래 **바닥에는 자갈과 벽돌을 깔고** 그 위에 모래를 넣어준다. • 모래 세척 방법 ① 모래밭 10㎡를 세척할 경우 표백 용액 22㎖와 물 18ℓ를 준비한다. ② 표백 용액 11㎖와 물 9ℓ를 잘 섞어서 모래밭에 골고루 뿌린다. ③ 잠시 후에 남은 용액을 모래밭에 골고루 뿌린다. ④ 속에 있는 모래와 골고루 뒤섞고 물을 부려 용액이 밑으로 흘러가게 한다. ⑤ 모래를 다시 섞은 후 다시 한번 물을 부려서 용액이 완전히 제거되도록 한다.
목공놀이 시설	① 목공놀이 작업대는 다른 놀이 영역과 조금 떨어진 곳에 설치해야 한다. 교사가 관찰, 감독하기 어렵거나 목공놀이를 하고 있는 유아가 격리된 느낌이 들게 하면 안 된다. ② 목공놀이 작업대는 유아의 키에 적당한 높이로 한다. ③ 목공놀이는 위험성이 따르므로 안전한 놀이를 위해 충분한 공간이 필요하며 작업할 수 있는 인원수를 제한하고 반드시 성인의 감독하에 놀이한다. ④ 유아들과 함께 목공놀이 규칙을 만들어 적용해 본다.

2 교통안전

보행자 안전	등·하원길의 보행안전	• 도보로 등원하는 경우 **가장 안전한 코스**, 즉 신호등과 건널목이 가장 적고 공사장 등 위험한 장소가 없거나 적은 곳을 선택하여 **그 길만을 이용**하도록 한다. • 왜 그 길이 안전한지, 그 길에서 일어날 수 있는 위험이 무엇인지에 대해서도 자세히 알려준다. • 항상 보도 안쪽으로 걷도록 하고 마주 오는 차량을 살핀다.
	골목길·주차장에서의 보행안전	• 좁은 골목에서 차도로 나올 때는 앞·뒤 좌우를 살펴보며 천천히 걸어 나오고 골목에서 차도로 나올 때 뛰지 않는다. • 차가 다니는 좁은 골목길이나 주차장에서 공놀이를 하거나 자전거, 롤러스케이트를 타지 않도록 한다.
	시간·상황의 변화에 따른 보행안전	• 비가 올 때는 모퉁이 길을 조심하고 **우산보다는 노란색 비옷**을 입도록 한다. • **우산을 들 경우 가방은 시야 확보를 위해 등에 멘다.** • **눈이 올 때는 우산**을 사용한다. **우산은 높이 들고**, 차도 가까이로 걷지 않는다. • **귀마개**는 추운 날씨라도 주변의 소리를 들을 수 없으므로 착용하지 않는다. • **눈이 올 때는 운동화**를 신는다(구두는 바닥이 미끄럽다). • 멈춰 있는 차도 움직일 수 있다는 것을 이해하고 **항상 차 앞쪽으로 걷도록** 한다. • 보도에서는 **밝은 곳**으로 다니며, **밝은 색(흰색, 노란색, 형광색)의 옷**을 입는다.
	신호등이 있는 횡단보도에서의 보행안전	• 길을 건널 때는 될 수 있는 대로 육교나 지하도, 신호등이 있는 횡단보도를 이용한다. • 횡단할 때는 **차의 바로 앞이나 뒤, 횡단보도가 아닌 도로**, 장애물 때문에 앞을 잘 볼 수 없는 곳, **정지한 자동차 사이 등을 피하여 횡단하도록 한다.** ① **자동차가 멈추는 곳에서 먼 화살표**가 있는 도로 경계석 앞에 멈추어 선다. ② 녹색불이 켜지더라도 왼쪽을 보고 차가 멈춘 것을 확인한 후 건넌다. ③ 손에 물건을 들지 않았으면 **왼손을 들고 차가 오는 방향**을 바라보면서 걷다가 **중앙선의 위치를 넘**으면 **오른손을 들고 오른쪽을 보면서** 천천히 걷도록 한다. ④ 차의 움직임을 확인하여 **빠른 걸음으로** 건넌다, 길을 건널 때에는 **뛰지 않는다.** ⑤ 횡단보도를 건너가는 도중에 **신호등이 깜박거리면** 되돌아오지 않고 **건너가던 길을 얼른 건넌다.** ⑥ **안전한 길 건너기 3원칙**을 반드시 지킨다. 　- 보도 경계석에 **멈추고**(STOP), 차가 오는지 **살펴보고**(LOOK), 길을 **건넌다**(GO). ⑦ **녹색 점멸 신호에서는 기다렸다가** 다음 신호에 길을 건너도록 한다.

보행자 안전	신호등이 없는 횡단보도에서의 보행안전	① 교통 정리하는 사람의 신호에 따라 건넌다. ② 운전자의 얼굴을 보면서 **차와 가까운 쪽의 손을 들고** 건넌다. ③ 도로를 건널 때는 손을 들고 차를 계속 보면서 건넌다. ④ 신호등 없는 횡단보도는 혼자 건너기 위험하므로 **가급적 어른과 같이** 길을 건넌다. ⑤ 유아는 달려오는 차의 속도나 정지거리에 대한 판단력이 부족하기 때문에 차의 멈춤을 확인하거나 차를 먼저 보내고 길을 건너도록 한다. ⑥ 제동이 늦은 차에 대비해 **횡단보도는 반드시 오른쪽**으로 건넌다. ⑦ 손을 들어 길을 건너겠다는 의사를 밝히고 운전자와 눈을 마주친 후 횡단보도 선을 벗어나지 않게 건넌다. ⑧ 차의 움직임을 확인하며 **빠른 걸음으로 건넌다.** [기] 미진 : 횡단보도에 차가 멈춰 있어 차 사이로 건너야 할 때도 있어요. 정호 : 차가 멈춰 있지만 다시 한번 확인하고 재빨리 건너야 해요. **정지한 자동차 사이 등을 피하여 횡단하며, 어른과 함께 건너야 한다.**[15]
	보행안전 - 학교안전교육 7대 표준안 (2016)	• **차도와 보도가 구분되어 있지 않은 도로**에서의 길 걷기 ① 차도와 보도가 구분이 없는 길에서는 **길 가장자리 좌측통행을 원칙**으로 한다. ② **[이유]** 차와 같은 방향인 **우측통행을 할 경우** 보행자는 **차를 등지고 있기 때문에 차의 진행방향을 알 수 없다.** ③ 교차로, 경사로, 굽은 도로에서는 차가 오는 것을 잘 볼 수 없으므로 반드시 멈춘 다음 좌우 확인하고 걷는다. • **공**을 가지고 길을 걷게 되는 경우 **가방에 넣어 다니는 것**이 안전하다. • **반려견**을 데리고 길을 갈 때는 **꼭 줄을 매어야** 한다. • **자동차의 사각지대** ① 운전석에 앉아 앞·뒤나 옆을 볼 때 자동차의 바로 앞부분이나 옆 창문 가까운 부분은 운전자의 눈에 잘 보이지 않는다. ② 사각지대는 차량이 클수록 넓어지며, 상대적으로 몸집이 작은 유아는 사각지대에 들어가기 쉽다. ③ 사각지대의 위험을 예방하려면 운전자는 후사경뿐만 아니라 보조 거울을 사용하고, 몸이나 고개를 돌려서 직접 확인해야 한다.
	길을 건너는 방법 - 도로 횡단 5원칙	1. **멈춘다.** : 어린이가 움직이는 상태에서는 교통상황을 확인하기 어렵다. 2. **좌우를 본다.** : 도로 좌측과 우측을 보고 차가 멈춘 것을 확인한다. 3. **손을 든다.** : 내가 건널 것임을 운전자에게 알리고 준비할 시간을 준다. 4. **운전자를 본다.** : **운전자와 눈을 맞추며** 차가 멈춰 있는 것을 다시 확인한다. 5. **건넌다.** : 손을 들고 운전자나 차를 보면서 안전하게 건넌다.

자전거 안전	안전한 자전거 타기	① 안전한 장소에서 안전장구를 착용하고 자전거를 타도록 한다. ② 운전자의 눈에 띄기 좋도록 밝은 옷을 입고 **야광등과 같은 반사재**를 부착한다. ③ **횡단보도**에서는 **자전거에서 내린 후 끌고 가도록** 한다. ④ **자전거 횡단도**로 길을 건널 때는 **자전거를 타고 주의하며 길을 건넌다.** ⑤ 길을 걸을 때와 마찬가지로 자전거를 타고 옆으로 길에 늘어서서 주행하는 것은 위험하므로 **한 줄로 지나간다.** ⑥ 추돌을 방지하기 위해 자동차 후면에 **반사기**를 부착하거나 신체에 반사기를 착용한다. ⑦ 밤에는 자전거를 타지 않는다. ⑧ 차도나 사람의 통행이 잦은 장소를 피한다. 가능한 자전거 전용도로를 이용한다.
	안전하게 자전거를 타기 위한 복장	• **안전모**를 착용(법률로 정해짐)하고, 핸들은 항상 두 손으로 잡고 조정한다. • **밝은색의 옷**을 입고, **긴 바지**를 입는 것이 좋다. • **슬리퍼**를 신은 채 타지 않는다.
	반사재 (반사기)	• 반사체로 쓰이는 물질인 **반사재가 사용된 부품**으로 일상생활에서 안전모, 안전 조끼, 표시판 등 야간안전을 돕는 도구로 사용되는 것을 흔히 볼 수 있다. • 야간이나 흐린 날 자전거 이용자의 안전을 위한 부속품으로 자전거에 부착하거나 자전거 이용자에게 부착할 수 있다. ① **안장 뒤쪽** : 자동차 불빛이 반사되어 뒤에 오는 차로부터 자전거를 보호 ② **바퀴 쪽** : 자동차 불빛이 반사되어 자전거를 보호 ③ **자전거 운전자** : 야간이나 흐린 날 다른 도로 이용자가 쉽게 발견하여 자전거 이용자와 보행자를 보호
킥보드 안전		① 타기 전에 고장이 없는지 확인한다. ② 내리막길은 가속이 되어 위험하므로 **내리막길**로 달리지 않는다. ③ 차들이 다니지 않는 장소나 포장이 잘 된 **평지에서 탄다.** ④ **물건을 손에 들고** 타지 않는다. ⑤ 킥보드의 **손잡이는 항상 양손으로** 잡고 탄다. ⑥ **횡단보도**를 건널 때는 반드시 **킥보드에서 내린 채** 들고 건넌다. ⑦ 여럿이 손을 잡고 타거나 앞사람을 잡고 타지 않는다. ⑧ **모터가 달린 킥보드**는 타지 않는다.
바퀴 달린 신발 안전		① 반드시 헬멧과 무릎, 팔꿈치 보호대를 착용한다. ② **차가 다니는 자동차 도로나 골목길**에서는 타지 않는다. ③ **주·정차된 자동차 주변**에서 타지 않는다. ④ 인라인스케이트를 신고 **계단**을 오르내리지 않는다. ⑤ 내리막길은 가속이 되어 위험하므로 **내리막길**로 달리지 않는다. ⑥ **손에 무엇을 들고** 타지 않는다. ⑦ 트럭이나 자전거 등을 따라가며 타지 않는다. ⑧ **비 오는 날**에는 타지 않는다. ⑨ **물웅덩이 모래가 있는 곳**에서는 타지 않는다.

버스 안전	① 차도로 내려서지 않고 보도에서 차례로 줄을 서서 기다리며, 다가오는 버스를 향해 뛰어가지 않는다. ② **긴 치마**를 입었을 경우 본인이나 뒷사람이 걸려 넘어지지 않도록 **한 손으로 치마를 잡고** 내린다. ③ 버스에서 내린 후 길을 건너야 할 경우 버스가 완전히 지나간 다음에 왼쪽-오른쪽을 확인한 후 안전하게 길을 건넌다. ④ 통학버스가 완전히 정차한 후, 교사가 타도 좋다는 신호를 보내면 승차하기 ⑤ 옷자락이나 신발 끈이 끼이지 않도록 잘 여미고 가방이 문이나 손잡이에 걸리지 않게 조심하기 ⑥ 통학버스서 내리면 빨리 안전한 보도 위로 올라서게 하기 ⑦ 통학버스 가까이에 물건을 떨어뜨린 경우, **절대로 유아가 줍지 못**하게 한다. **반드시 운전자에게 말한 후 보호자가 줍는다.** 기 승현 : 자동차의 밑으로 공이 굴러 들어가면 자동차가 멈춰있는지 다시 잘 보고 꺼내 와야 해요. → **자동차 밑으로 절대 들어가지 않으며, 성인에게 도움을 요청한다.**[15]
승용차 안전	• 유아는 조수석에 앉지 않고 뒷좌석에 앉는다. • 차 안에서 장난하거나 팔이나 얼굴을 밖으로 내밀지 않는다.

교통
사고
대처
	① 부상자를 옮길 때는 가능한 **팔, 다리, 목이 움직이지 않도록 하여 움직인다.**
	  - 머리, 척추나 팔, 다리 등을 다치는 일이 많기 때문에 부상자를 함부로 옮기게 되면 더욱 충격이 커질 수 있다.
	  - 부상자를 옮겨야 할 경우에는 유아의 몸을 수평으로 유지하고 될 수 있는 대로 몸이 움직이지 않도록 고정해서 안전한 장소로 옮기도록 한다.
	② 구급차는 119번을 통해서 부른다.
	③ 유아의 상태를 안전하게 유지시킨다.
	  - **의식이 있는 경우 유아를 안심시킨다.**
	  - **의식이 없을 때**에도 **흔들어 움직이거나 일으키려고** 해서는 안 된다.
	  - 불러도 반응이 없을 때는 기도를 열어 주고 호흡이나 맥박 상태를 살펴보아야 한다.
	④ 후유증을 방지하기 위하여 가벼운 부상이라도 의사의 진단을 받는다.
	⑤ 사고를 일으킨 운전자의 주소나 성명을 파악한다.
	⑥ 교통사고를 경찰관에게 신고한다.

교통 표지판	• 교통안전표지는 기본적으로 도로 이용자에게 필요한 정보를 사전에 정확하게 전달하고, 통일되고 균일한 행동이 이루어지도록 함으로써 교통의 소통을 증진시키는 역할을 한다. 기 (**파란색 바탕**에 흰 선으로 자전거가 표시되어 있는 **둥근 표지판**을 보여 주며) 이 표지판은 (**자전거 전용도로**)라는 뜻이에요.[14] | 지시표지 (파란색) | • '하세요' 표지판. 예) 보행자 전용도로, 횡단보도, 자전거 전용도로 등 • 도로 교통의 **안전과 소통을 위해 요구되는 사항을 지시**하는 것 | | 규제표지 (빨간색) | • '하지 마세요' 표지판 예) 보행자 보행 금지, 통행금지, 일시 정지 등 • 도로 교통 안전을 위한 **제한과 금지 등 규제**를 알리는 표지 • 모두 빨간색 테두리를 가지며, **대부분 빨간색 빗금**이 그어져 있음 | | 주의표지 (노란색) | • '조심하세요' 표지판 예) 어린이 보호, 횡단보도, 철길건널목 등 • 도로 상태가 위험하거나 도로 인근에 도로 이용자의 안전을 위협하는 위험물이 있을 때 **미리 안전조치를 취할 수 있도록** 알리는 표지 • **빨간색 테두리와 세모 모양의 표지판**으로 이루어져 있음 |

	번호	종류	만드는 방식	표시의 뜻·설치기준 및 장소
주의 표지	110	철길건널목		• 철길 건널목이 있음을 알리는 것
	125	신호기		• **신호기가 있음**을 알리는 것
	132	횡단보도		• **횡단보도가 있음**을 알리는 것 • 횡단보도 전 50미터 내지 120미터의 도로 우측에 설치
	133	어린이보호		• 어린이 또는 **영유아의 통행로나 횡단보도가 있음**을 알리는 것 • 학교, **유치원 등의 통학, 통원로** 및 **어린이 놀이터가 부근에 있음**을 알리는 것 • 어린이 또는 **영유아의 보호가 특별히 요청**되는 통행로나 횡단보도가 있는 경우에 설치 • 학교 및 통행로에 있어서는 학교의 출입구로부터 1킬로미터 이내의 구역에 설치 • 어린이 보호지점 또는 구역 전 50미터 내지 200미터의 도로 우측에 설치
	134	자전거		• **자전거 통행이 많은 지점**이 있음을 알리는 것 • 자전거 통행이 빈번한 경우에 설치 • 자전거 통행이 빈번한 지점 및 구역 전 50미터~200미터 사이의 도로 우측에 설치
규제 표지	210	자전거 통행금지		• **자전거의 통행을 금지**하는 것 • 자전거의 통행을 금지하는 구역, 도로의 구간 또는 장소의 전면이나 도로의 중앙 또는 우측에 설치
	230	보행자 보행금지		• **보행자의 보행을 금지**하는 것 • 보행자의 보행을 금지하는 도로의 구간 및 장소 내에 필요한 지점 양측에 설치 • 구간의 시작 및 끝의 보조표지를 부착·설치

	번호	명칭	표지	설명
지시 표지	301	자동차 전용도로		• **자동차 전용도로 또는 전용구역임을 지시**하는 것 • 자동차 전용도로의 입구 그 밖에 필요한 구간의 도로 우측에 설치 • 구간의 시작 및 끝에 보조표지를 부착·설치 • 구간 내에 교차하는 도로가 있을 경우에는 교차로 부근의 도로 우측에 설치
	302	자전거 전용도로		• **자전거 전용도로 또는 전용구간임을 지시**하는 것 • 자전거 전용도로의 구간 또는 장소 내의 필요한 지점 양측에 설치 • 구간의 시작 및 끝의 보조표지를 부착·설치 • 구간 내에 교차하는 도로가 있을 경우에는 교차로 부근의 도로 우측에 설치
	303	자전거 및 보행자 겸용도로		• **자전거 및 보행자 겸용도로임을 지시**하는 것 • 자전거 및 보행자 겸용도로의 구간 또는 장소 내의 필요한 지점 양측에 설치 • 구간의 시작 및 끝의 보조표지 부착·설치 • 구간 내에 교차하는 도로가 있는 경우에는 교차로 부근 도로 우측에 설치
	317	자전거 및 보행자통행 구분도로		• **자전거 및 보행자 겸용도로에서 자전거와 보행자를 구분하여 통행하도록 지시**하는 것 • 자전거 및 보행자 겸용도로에서 자전거와 보행자의 통행을 구분할 필요가 있고, 노면에 자전거와 보행자의 통행로가 안전표지, 경계석, 그 밖에 이와 유사한 시설 등으로 구분된 도로에 설치 • 자전거와 보행자의 통행구분방법에 따라 자전거 및 보행자 도안의 위치를 변경하여 설치
	318	자전거 전용차로		• **자전거만 통행하도록 지시**하는 것 • 자전거만 통행할 수 있도록 지정된 차로의 위에 설치 • 자전거전용차로를 예고하는 보조표지를 50미터~100미터 앞에 설치할 수 있다
	320	자전거 주차장		• **자전거 주차장이 있음을 알리고 자전거 주차장에 주차하도록 지시**하는 것

제6장 안전교육

321	보행자 전용도로	(보행자전용도로 표지)	• **보행자 전용도로임을 지시**하는 것 • 보행자 전용도로의 입구 기타 필요한 구간의 도로우측 또는 중앙에 설치 • 구간의 시작 및 끝의 보조표지를 부착·설치
322	횡단보도	(횡단보도 표지)	• **보행자가 횡단보도로 통행할 것을 지시**하는 것 • 횡단보도를 설치한 장소의 필요한 지점의 도로 양측에 설치
323	노인보호 (노인 보호구역안)	(노인보호 표지)	• **노인보호구역 안에서 노인의 보호를 지시**하는 것 • 노인보호구역이 시작되는 지점에 설치 • 노인보호구역의 도로 양측에 설치 • [기존에 있던 어린이 보호 삭제]
324	어린이보호 (어린이 보호구역안)	(어린이보호 표지)	• **어린이보호구역 안에서 어린이 또는 영유아의 보호를 지시**하는 것 • 어린이보호구역이 시작되는 지점에 설치 • 어린이보호구역의 도로 양측에 설치
325	자전거 횡단도	(자전거횡단 표지)	• **자전거의 횡단도임을 지시**하는 것 • 자전거횡단도를 설치한 장소의 필요한 지점의 도로 양측에 설치

3 실종·유괴의 예방·방지

1) 실종·유괴의 예방·방지 – 유아 재난대비·생활안전교육 프로그램(2012)

실 종 · 유 괴 의 예 방 · 방 지		• 실종 안전에 대한 정보를 단순히 전달하는 것이 아니라, 유아가 관심을 가지고 안전에 대한 정보를 자연스럽게 인식할 수 있도록 게임이나 신체활동 등 구체적이고 직접적인 활동을 제공한다.
	길을 잃었을 때 안전한 행동	• **길을 잃었을 때는 그 자리에 있어야** 한다. [이유] **함께 온 사람** 역시 유아가 사라지면 **왔던 길을 되짚어가게 되므로** 자리에 잘 있으면 함께 온 사람을 쉽게 찾을 수 있다. • 한참 기다렸다가 함께 온 사람을 찾지 못하면 **믿을 수 있는 사람을 찾아** 도움을 요청한다. • 길을 잃었을 때 도움을 받을 수 있는 믿을만한 사람에 대한 유아의 이해를 돕기 위해서 일반적인 원칙을 제시할 뿐 아니라 장소와 상황에 따라 도움을 요청할 수 있는 믿을만한 사람의 구체적인 사례를 제시하도록 한다. • **믿을 수 있는 사람은 물건을 파는 사람, 또래의 유아와 함께 있는 어른, 경찰관 등**이라는 것을 알려준다. 그리고 반드시 믿을 수 있는 사람에게 도움을 청하도록 당부한다. • 더불어 **길을 지나가는 어른**보다는 **신분이 확인될 수 있는 건물 안 가게**에 들어가 도움을 구하는 것이 좋다.
	길을 잃었을 때 도움 요청하는 방법	• 부모와 바로 만나지 못했을 경우 유아로 하여금 **가장 가까이에 있는 아주머니 (아이와 함께 있는)**에게 도움을 구하도록 한다. • **경찰복, 가게 및 기관의 유니폼, 명찰 착용을 한 신분이 확실한 사람**에게 도움을 요청한다.
	아동안전 지킴이집	• **동네의 문구점, 편의점, 약국 등을 아동안전지킴이집으로 지정**하여 위험에 처한 아동을 임시 보호하고 경찰에 인계하는 곳으로 유아가 위험한 상황에서 도움을 요청할 수 있다.
	아동안전 수호천사	• **신뢰성 있는 업체의 외근사원을 수호천사로 위촉**하여 외근활동 중 아동보호 활동을 하며, 현재 **야쿠르트 아줌마, 집배원, 태권도 사범, 모범택시운전자회, 학원차량기사 등**이 활동 중입니다. ※ 출처 : 안전 Dream 아동·여성·장애인 경찰지원센터

• **실종 예방 3단계 구호 연습하기 (미아 상황에서의 대처 방법)**

1단계 **멈추기**	• 아이가 길을 잃거나 부모와 헤어지면 **제자리에 서서 부모를 기다리게** 한다. • 가족이 나를 찾기 위해 길이 엇갈릴 수도 있으니 길을 그 자리에서 서서 기다리기
2단계 **생각하기**	• **자신의 이름과 연락처 등을 생각**하며 기다리게 한다. • 가족의 이름과 전화번호를 반복해서 생각해 보기
3단계 **도와 주세요**	• 자녀가 길을 잃었을 때 주위에 있는 **아이와 함께 있는 아주머니에게 도움**을 요청하도록 한다. 가까운 공중전화에 들어가 **112번을 눌러 경찰에게 도움**을 요청한다. • 미아 상황 대비하여 우리 가족의 이름과 전화번호를 외울 수 있도록 지도하기

- 유아가 다양한 유괴 상황에 대해 인식할 수 있도록 하여, 위험상황을 인지하고 상황에 대처하는 능력을 신장시키도록 한다. 역할극을 통해 유아들이 올바른 대처방법에 대해 훈련할 수 있도록 한다.
- 유괴범이 주로 사용하는 유인방법과 그에 따른 대처방법을 알려준다.

도움을 이용한 유인	• 유아에게 길을 가르쳐 달라고 하거나, 잃어버린 애완동물을 찾아 달라고 하거나, 차나 집에까지 짐을 들어 달라고 하는 요청을 한다. 범죄자는 무능력하고 **도움이 필요한 것처럼 꾸며 유아의 선의를 악용**한다. • 일반적으로 **어른은 다른 어른에게 도움을 청해야 한다는 것**을 유아에게 알려준다. 누군가가 차를 세우고 길을 물으면 어린이는 차에서 큰 걸음으로 두 걸음 떨어져서 반대 방향으로 달아날 준비를 해야 한다. • 잃어버린 애완동물을 찾아 달라는 요구는 거절하고 즉시 부모에게 알린다.
뇌물을 이용한 유인	• 뇌물을 이용하는 유인은 오래전부터 사용되어 오고 있으며 지금도 여전히 사용되고 있다. 유아들은 사탕, 장난감, 돈, 선물에 의해 성적으로 이용되거나 학대 상황에 빠지기 쉽다. • **이유 없이 주는 선물에 대해서는 부모님의 허락하에 받도록** 해야 한다.
위급상황을 이용한 유인	• 유괴범죄자들은 유아에게 가족이 심하게 다치거나 위험에 빠졌다고 말함으로써 어린이들을 걱정이나 공포에 휩싸이게 하여 유인하기도 한다. • **위급상황을 확인하지 않고서는 절대로 다른 사람을 따라가지 않도록** 한다.
이름의 인지를 이용한 유인	• 보통의 부모들은 옷, 가방, 기타 소지품에 유아의 이름을 새겨주는 경우가 있다. 이는 유아를 전혀 모르는 사람이 거짓으로 친밀감과 안전감을 표시해서 어린이의 이름을 부를 수 있게 해준다. • 유아는 **자신의 이름을 아는 사람일지라도 절대 그 사람을 믿거나 따라가지 않아야 한다는 것**을 강조한다. 꼭 이름표가 필요할 때는 다른 사람에게 보이지 않는 곳에 단다.

- 유괴 예방 수칙 등

유괴 예방 안전수칙	• 낯선 사람이 아는 사람임을 가장하여 접근할 수 있으므로 **이름이 새겨진 옷을 입거나 가방을 휴대하지 않도록** 한다. • **낯선 사람을 따라가거나 낯선 사람의 차를 절대로 타지 않도록** 지도한다. • 유아에게 나쁜 사람들도 옷을 잘 차려입고 친절하게 접근할 수 있음을 설명해 준다. 이런 사람들이 남자일 수도 있으나 여자일 수도 있으며, 전혀 모르는 사람일 수도 있지만 아는 사람일 수도 있음을 알려준다. 부모나 교사의 허락 없이 다른 사람을 따라가지 않도록 지도한다. • 유아에게 **자신의 이름과 집 주소, 집 전화번호와 지역번호를 분명하게 외우게** 한다. 가능하다면 부모의 이름과 직장, 휴대번호도 외우게 한다. • 낯선 사람에게 강제로 납치되었을 때 도움을 청하는 방법을 가르쳐준다. • 유아에게 공중전화를 걸 수 있는 방법과 비상시에 신고나 도움을 요청하기 위한 전화번호를 알고 있는지 확인한다. • 부모나 교사는 만약의 경우에 대비하여 **6개월 이내에 찍은 유아의 사진**을 가지고 있고, 구체적인 신상명세(나이, 키, 몸무게, 혈액형, 점, 상처 등)를 기록해 준다. • **견학이나 소풍 등으로 사람이 많이 모이는 곳에 갈 경우 이름표**를 달아주고 만약의 경우 **비상시에 서로 만날 장소를 미리 정해**둔다. 다른 유아들과 떨어져 혼자 다니지 않도록 또래끼리 **짝을 정해주고 함께 다니도록** 한다.

유괴 예방 어린이 수칙	• 누군가 강제로 데려가려 하면 **"안 돼요! 싫어요!"**라고 소리치며 발버둥 쳐요. 그리고 아는 사람이 있는지, 안전한 곳인지, 살펴보고 밝고 사람이 많은 곳으로 뛰어가서 큰 소리로 도움을 청해요. • 밝고 환한 곳에서 친구들과 함께 놀아요. • 낯선 사람이 이름, 사는 곳, 전화번호를 물어보면 절대 알려주면 안 돼요. • 아는 사람이 같이 가자고 해도 따라가지 말고 부모님께 먼저 말씀드리고 허락을 받으세요. • 만약 집에 혼자 있을 때에는 문과 창문을 꼭 잠그고 있어요. • 만약 **집에 혼자 있을 때 누군가 찾아오면 "쉿!"하고 없는 척**을 해요. • 만약 말을 하게 되면 부모님이 바쁘시니 나중에 오시라고 전해요. • 하루에 어떤 일들이 있었는지 엄마, 아빠와 이야기해 보세요.
유괴 예방 부모 수칙	• 비상시를 대비하여 자녀의 친구나 그 가족, 주변 사람들을 미리 알아두세요. • **자녀의 이름, 주소, 전화번호 등은 눈에 띄는 곳**에 적어놓지 마시고 **옷 안, 신발 안, 가방 안 등 보이지 않는 곳**에 써주세요. • 부모의 허락 없이는 낯선 차를 타거나, 아는 사람의 차라도 타지 않도록 교육하세요. • 혼자 있게 하지 마세요. (자동차 안, 유모차, 공중화장실 갈 때 등) • 낯선 차가 접근하면 차량 근처로 가지 않게 하세요. • 누군가 억지로 데려가려고 할 때 **"안 돼요! 싫어요!"**라고 외치게 하세요. • 자녀들이 어디에 있는지 항상 관심을 가지고 지켜보세요. • 자녀들이 자신을 스스로 보호할 수 있도록 수칙들을 반복해서 연습시키세요.
유괴 예방 교육 팁	• 유괴범들의 접근방식에 대해 상황을 재연하여 **역할놀이를 통한 교육**이 필요합니다. • 유괴범들은 험상궂게 생기거나 행동하기보다는 오히려 친절하게 접근한다는 점을 강조하여야 합니다. • 낯선 사람이든, 아는 사람이든 부모의 허락 없이 따라가지 않도록 교육해야 합니다. • 강제로 데려가려 하면 분명하게 **완강하게 저항하도록** 평소에 **훈련**시켜야 합니다. **그러나 소리치는 것이 생명에 위협이 될지도 모르는 상황인지를 분별**하는 것이 필요합니다.
만약 유괴를 당했을 시 대처방법	• 격리된 공간에 유괴범과 단둘이 있을 때는 **울음을 참고 고분고분**할 것 • 고개를 숙이고, 유괴범의 **얼굴을 가급적 보지 말 것** • 음식을 주면 먹기 싫더라도 **꼭 먹을 것** • 묻는 말에 대답을 잘하고 **대화에 적극적으로 참여할 것**
유괴상황 에서의 대처방법	1. 누가 강제로 데려가려고 한다면 **큰 소리로 싫다고** 이야기하기 2. 억지로 데려가려는 것을 예방하기 위해 유아는 몸을 **그 자리에 엎드려서 3가지 구호**를 외치기 3. **안돼요! - 싫어요! - 하지마세요!** • 지도상 유의점 : 유괴 상황이라는 것은 다양한 상황이 있을 수 있기 때문에 지나치게 3가지 구호만을 강조하지 않도록 합니다. 아이의 도움이 필요한 어른은 없고, 부모님의 허락 없이는 누구에게도 따라가지 않아야 한다는 것을 지도합니다.

2) 실종·유괴의 예방·방지 - 7대 안전자료(2016), 건강·안전 관리 길라잡이(2015) 등

지문 등 사전등록제 이용하기	• 실종 예방을 위한 '지문 등 사전등록제' • 사전에 안전 Dream 사이트, 경찰서 지구대, 파출소에 유아의 지문, 사진, 보호자 인적 사항 등을 등록했을 경우 아이가 길을 잃었을 때 신속히 찾을 수 있다. • 아동의 실종 예방을 위해 경찰청 안전Dream(www.safe182.go.kr)을 통한 사전 등록 서비스를 제공한다. • 등록방법 | 보호자 직접 등록	• 보호자가 안전Dream홈페이지(또는 스마트폰 App)에서 본인 인증 후, 사진 등 정보(지문제외) 직접 등록하며, 지문 등록 희망 시, 가까운 경찰관서(지구대, 파출소) 방문하여 추가 등록함.
경찰관서 방문 등록	• 보호자가 등록 대상 아동을 데리고 경찰관서 방문, 신청서 작성 후 사진 촬영 및 지문 등 정보 등록함.
현장방문 단체 등록	• 경찰 또는 등록 인력(민간)이 유치원을 직접 방문하여 사전 등록 하며, 이때 ① 등록 대상 아동의 보호자 신청서를 바탕으로 ② 보호자가 신청서에 기재한 사항, 사진 촬영 및 지문정보 등을 등록함. | • **법적 근거** : 실종아동 등의 보호 및 지원에 관한 법률(실종아동법) 제7조의2(실종아동 등의 조기발견을 위한 **사전신고증** 발급 등) ① **경찰청장**은 실종아동 등의 조속한 발견과 복귀를 위하여 아동 등의 보호자가 신청하는 경우 아동 등의 **지문 및 얼굴** 등에 관한 정보(이하 "지문 등 정보"라 한다)를 제8조의2에 따른 **정보시스템**에 등록하고 아동 등의 보호자에게 **사전신고증**을 발급할 수 있다. 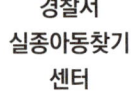 관할 경찰서에 의뢰해서 「실종 아동 등의 보호 및 지원에 관한 법률」에 따라 유아의 (**지문**) 및 얼굴 등에 관한 정보를 등록해야 할 것 같아요. 보호자의 동의를 받아서요.[17]
경찰에 유전자 검사를 요청하기	• 시설에서 성장하고 있는 보호자가 확인되지 않은 아동, 장애인의 유전정보와 부모의 유전정보를 대조하여 실종아동 등을 찾을 수 있다.
경찰서 실종아동찾기 센터	• **국번 없이 182** • 알려야 할 사안 ① 유아의 이름, 유아의 나이(생년월일) ② 잃어버린 일시와 장소, 잃어버리게 된 자세한 경위 ③ 실종발생 당시 유아가 입고 있던 옷차림과 신발, 소품, 그리고 신체 특징(얼굴 모양, 머리 모양, 흉터나 점 등의 여부, 안경 착용 여부, 키와 몸무게 등) ④ 유아의 최근 사진(가능한 다른 모습이 담긴 최근 사진으로 여러 매 준비) ⑤ 부모 이름 및 언제라도 연락이 가능한 연락처, 주소  경찰청 실종아동찾기센터는 국내 유일의 실종아동수사기관입니다. 소중한 가족을 잃어버리셨을 때, 지체없이 국번없이 182로 신고하세요.

유아가 귀가하지 않았다는 전화를 받은 경우	1단계 주변을 샅샅이 찾아보기	• **하원 시 상황**을 자세히 알아본다. – 통학버스에서 승·하차는 잘했는지, 누구와 하원 했는지 등 • 유아들은 숨는 것을 좋아하므로 유치원이나 유치원 근처 유아가 있을 만한 곳을 구석구석 찾아본다. • **비상 연락망**을 통해 유아의 상황을 알아본다. • 교사가 하지 말아야 할 말 : 책임 회피적 멘트(저희는 차 태워 하원 시켰는데요.)
	2단계 신고하기	• **국번 없이 182(경찰청 실종아동찾기센터)** 또는 **119**에 **신고**한다.
안전 Dream	 **안전Dream 이란?** 경찰청 안전Dream은 24시간 여러분을 지키는 든든한 버팀목이 되겠습니다. 경찰청은 해마다 증가하는 사회적 약자 대상 범죄에 대한 피해신고접수와 신속한 구조활동을 지원하기 위해, 기존 **실종아동찾기센터, 117학교·여성폭력 및 성매매피해자 긴급지원센터(117센터)** 등 관련 홈페이지를 「**안전Dream**」이라는 명칭으로 통합하였습니다.	

4 약물 오용·남용 예방

약물 오용·남용 예방	약물 오용	• 의도적인 것은 아니지만 **잘못 사용하여 피해를 보는 경우**이다. • 예를 들어 소화불량 치료를 위해 항생제를 사용하여 오히려 증상을 악화시키는 경우이다.
	약물 남용	• **의도적으로 약물을 다른 목적을 위해 사용하는 것**으로 원래의 목적이 아닌 부작용을 경험하기 위해 사용되는 것을 말한다. • 예를 들어 접착제인 본드, 연료인 부탄가스 또는 감기약을 일시적으로 기분 좋게 하기 위해 사용하는 경우이다.
	\multicolumn{2}{l}{• 처방약은 반드시 날짜와 이름을 명기하여 유아들이 쉽게 열 수 없는 안전한 용기에 넣어 보관한다. • 유아가 보는 앞에서 약을 먹거나, **약을 사탕이라고 하면서 먹이지 않아야** 한다. 유아들은 이 '사탕'을 찾아내어 때로는 치사량까지 먹을 수 있다. • 약을 먹인 것을 놓친 경우, 다음에 2배를 먹이지 않도록 한다. **반드시 정량을 투약**한다. • 약을 먹기 힘들어할 경우 **설탕이나 꿀**을 타기도 하지만, **주스나 우유**와는 섞어 먹이지 않는다.}

5 성교육 및 성폭력 예방

1) 유아를 위한 성교육 프로그램(2006)

성폭력의 정의	사전적 정의	• 성(性)을 매개로 가해지는 신체적·언어적·심리적 폭력 • 상대방의 동의 없이 강제적으로 성적 행위(언어포함)를 하거나 성적 행동을 강요, 위압하는 행위
	법률적 정의	• 어린이 성폭력이란 만 13세 미만 미성년자에 대한 강간, 강제 추행행위
	관계기관 정의	• 교육인적자원부(2001) 어린이 성폭력이란 13세 미만의 어린이를 대상으로 가슴, 엉덩이, 성기 부위 등을 만지거나 어린이 성기에 자신의 손가락, 성기 등을 삽입하는 행위 • 세계보건기구(WHO : World Health Organization) 어린이 성 학대는 어린이가 성행위에 동의를 할 만큼 충분히 발달하지 않은 상태 등에서 성적 활동에 어린이가 노출된 경우
	최영해 (1998)	• 어린이 성폭력이란 만 13세 미만의 어린이에게 가해지는 성폭력으로, 어린이 성 학대(Child Sexual Abuse)라는 전문용어로 사용기도 함
유아가 성폭력에 취약한 이유	_	① **유아는 힘이 없다.** 　- 유아가 기본적인 욕구를 충족하기 위해서는 성인에게 의존할 수밖에 없다. 유아 성폭력범은 자신의 성적 만족을 위해 약하고 무지한 유아를 이용한다. 　- 특히 유아가 개인적 안전과 성교육에 관한 지식이 없을 때 이러한 취약성은 더 커진다. ② **정보가 없는 유아는 모든 성인을 믿는다.** 　- 특별한 교육을 받지 않는 8세 이하의 유아는 **친절하게 행동하는 모든 성인을 믿는다.** 　- 특히 아버지가 근친상간이나 가정 폭력으로 감옥에 있다 할지라도 유아는 아버지를 유일한 보호자라고 생각한다. ③ **유아는 성인에게 복종하는 것이 좋은 것이라고 배운다.** 　- 일반적으로 유아는 모든 성인에게 복종해야 한다고 배운다. 　- 이러한 규칙은 성인이 하는 일이나 요구가 잘못된 것이라고 생각되는 경우에도 마찬가지로 적용된다. ④ **유아는 자신의 신체에 대해 호기심이 많으나 성에 관한 지식 및 개념은 부족하다.** 　- 남자아이들은 여자아이들보다 성에 대해 관심이 더 많아 일찍부터 자위행위를 하기도 하고, 성에 관계된 말을 배우기 시작한다. 특히 주변에서 TV나 영화를 통해 성에 관한 장면도 보게 된다. 　- 그러나 이런 경험이 유아로 하여금 성에 대한 올바른 지식을 갖게 하지는 못하므로 성인이 유아에게 올바른 성교육을 시키지 않고 무관심하면 유아는 성에 대한 무지 때문에 위험에 빠질 수도 있다. ⑤ **성 안전에 대해 배우지 못한 유아들은 성폭력이 잘못된 행동이란 것을 모른다.** 　- 상식적으로 용납되는 행동과 그렇지 않은 행동을 구분하는 것을 배우지 못하면 성폭력에 해당하는 행동도 정상적인 행동으로 생각할 수 있다.

⑥ **일반적으로 유아는 외모로 판단한다.**
- 유아들은 수상한 사람은 항상 남자로 험상궂은 인상을 하고, 가면을 쓰고, 심한 폭력을 행사한다고 생각한다.

⑦ **유아들은 비밀은 반드시 지켜야 한다고 생각한다.**
- 유아들은 자신이 당한 폭력을 다른 사람에게 이야기하면 벌을 받게 될 것이라고 생각한다.
- 자신을 가해한 사람이 비밀을 지키라고 강요했는데 그 약속을 지키지 못하면 결국 자신이 나쁜 행동을 저지른 것이며, 부모도 자신보다 범행을 저지른 사람의 말을 더 믿을 것으로 생각한다.

기 유아의 발달 특성상 민서가 성폭력에 노출되기 쉬운 이유를 2가지 쓰시오. [08]

유아기에 형성해야 할 성폭력 예방의 지식, 태도 및 기술

지식	• 어떤 것이 성폭력인지를 안다. • 위험한 상황에서 자신을 보호하는 방법을 안다. • 위험한 상황에서 자신을 보호해야 할 필요성을 안다. • 기분 좋은 접촉과 나쁜 접촉을 구별한다.
태도	• 자신의 몸이나 타인의 몸을 소중하게 여긴다. • 위험한 상황에 대처하는 바른 태도를 기른다. • 위험한 상황에서 자신을 보호하려는 적극적인 태도를 기른다. • 위험에 처했을 때 침착하게 대처하는 행동을 기른다. • 위험 상황이 있음을 알고, 위험에 처한 사람을 돕는 태도를 기른다. • 위험한 상황을 인식하고 대처하는 태도를 기른다.
기술	• 위험한 상황으로부터 도움을 요청할 수 있다. • 성폭력 가능성을 인식하고 올바른 방법으로 대처할 수 있다. • 성폭력을 당했을 때 도움을 구하거나 대처할 수 있다.

기 유아의 발달 특성을 고려하여 교사가 민서에게 가르쳐야 할 교육 내용을 2가지 쓰시오. [08]

유아 성폭력 예방교육 내용 구성

구분		신체	감정	내용
나 (피해 예방)	성교육 차원	• 신체 부위의 명칭 알기 • 신체 부위의 기능 알기 • 신체 부위의 중요성 알기	• 일반적인 내 기분 인식하기 • 일반적인 내 기분 표현하기	
	성폭력 예방 차원	• 내 몸의 소중함 인식하기 • 내 몸 보호하기	• 신체 접촉 시 내 기분 인식하기 • 신체 접촉 시 내 기분 표현하기	• 성폭력 상황 인식하기 • 성폭력 상황 대처하기 (즉각 및 사후대처) • 성폭력 유발 요인 이해하기

타인 (가해 예방)	성교육 차원	• 남자와 여자의 신체 특징 이해하기 • 어른과 유아의 신체 특징 이해하기	• 일반적인 타인의 기분 인정하기 • 일반적인 타인의 기분 존중하기	
	성폭력 예방 차원	• 타인의 몸 소중함 인식하기 • 타인의 몸 보호하기	• 신체 접촉 시 타인의 기분 인정하기 • 신체 접촉 시 타인의 기분 존중하기	• 타인에 대한 좋지 않은 성적 행동 인식하기 • 자신의 행동 조절하기 (즉각적 멈춤과 사과)

『The Touch Continuum』 프로그램의 교사를 위한 지침	• 유아를 신체적으로 접촉하기 전에 유아에게 직접 허락을 구하는 것이 필요하다. 예를 들어, "내가 너를 안아줘도 될까?"라고 물었을 때, 유아가 "아니오."라고 하면 안지 않도록 한다. • **어깨, 등, 팔, 손과 같이 취약하지 않은 신체 부분을 접촉**하도록 한다. 가슴, 머리카락, 성기와 같이 민감한 신체 부위를 접촉하는 것은 가능한 피하도록 한다. • 만약 유아의 민감한 부분을 접촉해야 한다면(예 : 기저귀 갈 때), **유아에게 신체를 만지는 이유를 설명**한다. 유아에게 설명할 때에는 신체 부위의 정확한 명칭을 사용하는 것이 좋다.
성교육 시 필요한 태도	① **먼저 유아에 대한 이해가 필요하다.** - 유아의 연령, 호기심 정도, 발달 수준 등을 잘 알고 있어야 어떠한 내용의 성교육이 적절한지 알 수 있다. - 그리고 개별 유아의 성 지식 수준에 맞게 교육을 할 때 긍정적인 효과를 가져올 수 있다. ② **자연스럽게 반응한다.** - 유아가 성에 대한 질문이나 성적 행동을 보였을 때 **당황하거나 야단치지 말아야** 한다. - 만약 성인이 당황하거나 야단을 치게 되면 **유아는 성에 대해 부정적인 생각을 갖기 쉽다.** 따라서 성인은 **자연스럽고 긍정적인 태도를 보여주어야** 한다. ③ **사실적이고 간단하게 알려준다.** - 유아의 질문에 대답할 때는 유아가 이해할 수 있는 범위에서 설명한다. - 과학적인 내용을 차분히 전달하면, 유아 스스로 성에 대해 중요하다는 의식을 갖게 된다. ④ **다르지만 모두 소중함을 알려준다.** - 유아에게 성기는 생명을 만들어 내는 중요한 곳이므로 소중히 다루어야 하며, 자신의 생명뿐 아니라 다른 사람의 생명도 소중한 것임을 일깨워 주어야 한다. - 유아들에게 남자다움과 여자다움을 강조하지 않도록 평소에 양성평등 의식을 생활화 하는 것도 타인에 대한 배려와 존중을 알게 하는 유익한 습관이 된다.

유아가 성폭력을 당했는지 알 수 있는 지표	의료적 지표	• 생식기, 항문, 구강 등 신체에 나타나는 상처 및 손상이 있다.
	심리·사회적 지표 - 성적 지표	• 유아 수준에 맞지 않는 성숙한 성 지식을 나타내는 말을 한다. • 명백한 성행위를 묘사한 그림을 그린다. • 또래나 동생, 애완동물에게 성적인 행위를 한다. • 과도한 자위행위를 한다.
	심리·사회적 지표 - 비 성적 지표	• 지나치게 짜증을 내고, 두려워하며, 분노하는 등 정서적 불안을 보인다. • 손가락을 빨거나, 오줌을 싸며, 부모에게 지나친 의존을 보이는 등 퇴행 행동을 보인다. • 갑자기 목욕을 자주 하거나, 속옷을 자주 갈아입는 등 갑작스럽게 눈에 띄는 행동의 변화가 있다.

유아의 성폭력 피해를 알게 되었을 때 대처 방법	① 평소처럼 담담하게 대한다.
	  - 매우 놀라고 당황스러워하는 성인의 반응은 유아에게 뭔가 크게 잘못한 일이라는 느낌이 들게 할 수 있다.
	② "네 잘못이 아니야."
	  - 유아가 잘못한 일이 아니므로 크게 걱정할 필요가 없다고 위로하고, 안심시켜 준다. 그리고 **남의 몸을 함부로 대한 사람에게 잘못이 있음을 알려 준다.**
	③ 너무 자세히 물어보지 않는다.
	  - 유아가 겪은 일을 자세히 아는 것도 중요하지만, 너무 꼬치꼬치 묻게 되면 유아는 사실이 아닌 거짓으로 대답할 수 있다.
	  - **유아를 안정시킨 후 편안하게 이야기할 수 있도록 기다려** 준다.
	④ 가능한 증거를 보존한다.
	  - **몸은 씻지 않고, 옷도 그대로 보존**하여 병원에 간다.
	  - 피해 후 **48시간 이내 여아는 산부인과나 외과를, 남아는 항문외과나 비뇨기과**를 가서 처치를 받는다.
	⑤ 필요한 도움과 치료를 받는다.
	  - 관련기관을 찾아 의료적·법률적 지원과 치료를 받는다.
	  - 심리적으로 겪는 두려움과 무서움, 나쁜 기분 등은 소아정신과에 가면 약물이나 대화, 놀이를 통해 치료받을 수 있다.
	[기] 성폭력 관련 사건이 발생했을 때, 교사가 대처해야 할 방안을 2가지 쓰시오. [08]
	[기] 교사가 유아의 성폭력 피해를 알게 되면 즉시 유아가 겪은 일을 구체적으로 물어보아야 한다. [09]	

2) 성폭력 안전(유아 재난대비·생활안전교육 프로그램, 2012)

성폭력 예방교육 시 유의점	① 유아는 어른의 말에 무조건 따라야 한다고 생각할 수 있으므로 **어른이 몸을 만질 때 싫으면 거절해야** 한다는 것을 분명하게 알려주어야 한다. ② **성폭력 안전교육**을 할 때는 **진지한 분위기에서 하도록** 하며 성이라는 것은 진지한 것이라는 것을 유아들에게 인식시켜주도록 한다. ③ 유아기 성폭력 안전교육은 단순한 지식전달뿐만 아니라 성에 대한 기본적인 태도를 길러줄 수 있는 중요한 시기라는 것을 항상 염두에 두어야 한다. ④ 성폭력 안전교육에서는 내 몸이 소중한 만큼 다른 사람의 몸도 소중하다는 **성도덕 교육이 반드시 병행**되어야 한다. ⑤ 유아가 성폭력의 위험을 인지하고 적절하게 대처하는 것이 쉬운 일은 아니다. 유아 성폭력 사고를 예방하기 위해서는 가정과의 연계를 통해 유아가 성폭력 상황에 노출되지 않도록 보호자의 관심과 보호가 필요하다.
3단계 대처기술 익히기	• **1단계 : "안 돼요, 하지마세요."** 라고 큰 소리로 말한다. – 싫은 느낌이 들었을 때는 즉각적으로 **"안 돼요, 싫어요."** 라고 거절할 수 있다는 것을 알려 준다. – 사람은 위험한 상황에 직면하면 말을 할 수 없는 상태가 될 수 있으므로 **평상시에 충분한 연습**을 하도록 한다. • **2단계 : 그 자리를 피한다.** – 소리를 지른 후에 즉시 그 자리를 피해 **안전한 장소로 가야 한다**는 것을 알려 준다. – 유아의 경우 대부분 안전한 장소를 집이라고 생각하기 때문에 집으로 가야 한다고 생각한다. – 그러나 **집으로 가는 동안 위험한 상황에 빠질 수 있다는 것을 충분히 설명**하고 약국, 편의점 등 가게, 큰 도로, 대문이 열린 집 등 **다른 성인의 도움을 받을 수 있는 곳으로** 가야 한다는 것을 알려 준다. • **3단계 : 일어난 일에 대해 부모님 등 믿을 수 있는 사람에게 말한다.** – 유아를 대상으로 한 성폭력은 주로 아는 사람에 의해 일어나고 신체적 징후가 잘 드러나지 않기 때문에 모르고 지나치는 경우가 많다. – 따라서 유아들에게 일어난 일에 대해 **반드시 부모님이나 믿을 수 있는 사람에게 이야기해야** 한다는 것을 강조한다.

지식 화장실 문을 함부로 열거나 아래로 들여다보기 - 유치원 교사 교육프로그램(2001)

사람이 있는지 모르고 문을 연 경우	원인	• 화장실에 들어갈 때에는 사람이 있는지 없는지 확인하기 위해 노크를 해야 한다는 사실을 모르거나 잊었다.
	해결 방안	• **화장실에 들어가기 전에 해야 할 행동에 대해 다시 한번 상기**시킨다.
단순히 장난을 치고 싶어서 문을 연 경우	원인	• 여자아이가 놀라는 것을 보고 싶어서 재미로 문을 열었다.
	해결 방안	• 그런 장난을 한 유아는 재미로 그런 행동을 했지만, 그것을 **당하고 있는 여자아이의 기분은 그렇지 않다는 것**을 그림 자료를 통해 **이야기**를 나눈다. • 또한 자신이 화장실 안에 있을 때 다른 사람이 문을 열면 어떨지에 대해 생각해 보는 시간을 갖고 다른 사람을 배려해 그런 행동을 하지 않도록 유도한다.
성적인 호기심으로 문을 연 경우	원인	• 여자아이가 어떻게 용변을 보는지 궁금해서 문을 열었다.
	해결 방안	• **성교육의 차원에서 남아와 여아의 신체적 차이를 이야기**하고 이러한 차이로 인해 달라질 수 있는 점들을 생각해본다.

기 '영희가 화장실에 들어가서 소변을 보고 있었다. 그때 갑자기 철수가 화장실 문을 열었다. 영희는 놀라서 소리를 질렀다.' 유아들이 철수와 같은 행동을 하게 되는 원인을 3가지 쓰고, 각각의 경우에 해당되는 지도 방법을 제시하시오. [04]

6 아동학대 예방교육

1) 아동복지법

제3조 (정의)	이 법에서 사용하는 용어의 뜻은 다음과 같다. 〈개정 2014. 1. 28.〉 7. "**아동학대**"란 보호자를 포함한 성인이 아동의 건강 또는 복지를 해치거나 정상적 발달을 저해할 수 있는 **신체적·정신적·성적 폭력**이나 **가혹행위**를 하는 것과 아동의 보호자가 아동을 **유기**하거나 **방임**하는 것을 말한다.
제10조의 2(아동권리보장원의 설립 및 운영)	① 보건복지부장관은 **아동정책에 대한 종합적인 수행**과 아동복지 관련 사업의 효과적인 추진을 위하여 필요한 정책의 수립을 지원하고 사업평가 등의 업무를 수행할 수 있도록 **아동권리보장원**(이하 "보장원"이라 한다)을 설립한다. ② 보장원은 다음 각 호의 업무를 수행한다. 〈개정 2023. 7. 18.〉 1. 아동정책 수립을 위한 자료 개발 및 정책 분석[하략] 기 국가에서는 2019년에 아동학대 예방과 피해 아동을 돕기 위하여 **아동학대와 관련된 전반적인 업무를 수행**하는 **(아동권리보장원)**을 설립하였죠. 이 기관은 아동 정책에 대한 종합적인 수행과 아동 복지 관련 사업의 효과적인 추진을 위하여 필요한 정책의 수립을 지원하고 사업평가 등의 업무를 수행해요.[22]
제17조 (금지행위)	누구든지 다음 각 호의 어느 하나에 해당하는 행위를 하여서는 아니 된다. 〈개정 2024. 1. 2.〉 1. 아동을 **매매**하는 행위 2. 아동에게 **음란한 행위**를 시키거나 이를 **매개**하는 행위 또는 아동을 대상으로 하는 **성희롱** 등의 **성적 학대**행위 3. 아동의 **신체**에 손상을 주거나 신체의 **건강 및 발달**을 해치는 **신체적 학대**행위 기 5. 아동의 **정신건강 및 발달**에 해를 끼치는 **정서적 학대**행위(「가정폭력범죄의 처벌 등에 관한 특례법」 제2조제1호에 따른 **가정폭력에 아동을 노출**시키는 행위로 인한 경우를 포함한다)[15] 기 6. 자신의 보호·감독을 받는 아동을 **유기**하거나 의식주를 포함한 기본적 보호·양육·치료 및 교육을 소홀히 하는 **방임**행위[15] 7. 장애를 가진 아동을 공중에 관람시키는 행위 8. 아동에게 구걸을 시키거나 아동을 이용하여 구걸하는 행위 9. 공중의 오락 또는 흥행을 목적으로 아동의 건강 또는 안전에 유해한 곡예를 시키는 행위 또는 이를 위하여 아동을 제3자에게 인도하는 행위 10. 정당한 권한을 가진 알선기관 외의 자가 아동의 양육을 알선하고 금품을 취득하거나 금품을 요구 또는 약속하는 행위 11. 아동을 위하여 증여 또는 급여된 금품을 그 목적 외의 용도로 사용하는 행위
제18조 (친권상실 선고의 청구 등)	① 시·도지사, 시장·군수·구청장 또는 검사는 아동의 친권자가 그 **친권을 남용**하거나 **현저한 비행**이나 아동학대, 그 밖에 친권을 행사할 수 없는 중대한 사유가 있는 것을 발견한 경우 아동의 복지를 위하여 필요하다고 인정할 때에는 법원에 **친권행사의 제한** 또는 **친권상실의 선고**를 청구하여야 한다. ② 아동복지시설의 장 및 「초·중등교육법」에 따른 **학교의 장**(이하 "학교의 장"이라 한다)은 제1항의 사유에 해당하는 경우 시·도지사, 시장·군수·구청장 또는 검사에게 **법원에 친권행사의 제한 또는 친권상실의 선고를 청구하도록 요청**할 수 있다.
제19조 (아동의 후견인의 선임 청구 등)	① 시·도지사, 시장·군수·구청장, 아동복지시설의 장 및 학교의 장은 **친권자 또는 후견인이 없는 아동을 발견한 경우** 그 복지를 위하여 필요하다고 인정할 때에는 법원에 **후견인의 선임**을 청구하여야 한다.

제22조의2 (학생 등에 대한 학대 예방 및 지원 등)	① 국가와 지방자치단체는 「유아교육법」에 따른 유치원의 유아 및 「초·중등교육법」에 따른 학교의 학생(이하 이 조에서 "학생등"이라 한다)에 대한 **아동학대의 조기 발견 체계** 및 **아동보호전문기관** 등 관련 기관과의 **연계 체계**를 구축하고, 학대피해 학생 등이 유치원 또는 학교에 안정적으로 적응할 수 있도록 지원하여야 한다. 〈개정 2019. 1. 15.〉 ② **교육부장관 또는 교육감**은 아동학대의 조기 발견과 신속한 보호조치를 위하여 대통령령으로 정하는 바에 따라 **장기결석 학생등의 정보** 등을 보건복지부장관과 공유하여야 한다. 〈개정 2020. 12. 29.〉 ★ 시행령 제25조(**학생등에 대한 학대 예방 및 지원 등**) ① **교육부장관 또는 교육감**은 법 제22조의2제2항에 따라 다음 각 호의 정보를 보건복지부장관과 공유해야 한다. 〈개정 2021. 6. 29.〉 1. 「유아교육법」 제7조 각 호의 유치원에서 교육을 받고 있는 유아 중 **월별 교육일이 6일 미만인 유아의 정보** ③ 교육부장관·교육감 및 보건복지부장관은 제1항 및 제2항에 따른 정보를 공유하기 위해 **「유아교육법」 제19조의2에 따른 유아교육정보시스템**, 「초·중등교육법」 제30조의4에 따른 교육정보시스템 및 「사회보장기본법」 제37조제2항에 따른 사회보장정보시스템을 상호 연계하여 운영해야 하고, 필요한 경우 문서나 전자메일 등의 방식으로 해당 정보를 공유할 수 있다. 〈신설 2021. 6. 29.〉	
제23조 (아동학대 예방의 날)	① 아동의 건강한 성장을 도모하고, 범국민적으로 아동학대의 예방과 방지에 관한 관심을 높이기 위하여 **매년 11월 19일을 아동학대예방의 날**로 지정하고, **아동학대예방의 날부터 1주일**을 **아동학대예방주간**으로 한다.	

제26조 (아동학대 신고 의무자에 대한 교육)	[기] ① **관계 중앙행정기관의 장**은 「아동학대범죄의 처벌 등에 관한 특례법」 제10조제2항 각 호의 어느 하나에 해당하는 사람(이하 "**아동학대 신고의무자**"라 한다)의 **자격 취득 과정**이나 **보수교육 과정**에 아동학대 예방 및 신고의무와 관련된 교육 내용을 포함하도록 하여야 하며, 그 결과를 보건복지부장관에게 제출하여야 한다.[18] 〈개정 2021. 12. 21.〉
	② 관계 중앙행정기관의 장 **및 시·도지사**는 **아동학대 신고의무자**에게 본인이 아동학대 신고의무자라는 **사실을 고지**할 수 있고, 아동학대 예방 및 신고의무와 관련한 **교육**(이하 이 조에서 "**신고의무 교육**"이라 한다)을 실시할 수 있다.
	③ 아동학대 신고의무자가 소속된 기관·시설 등의 **장**은 소속 아동학대 신고의무자에게 **신고의무 교육을 실시**하고, 그 결과를 관계 중앙행정기관의 장에게 제출하여야 한다.
	④ 제1항부터 제3항까지에 따른 교육 내용·시간 및 방법 등 그 밖에 필요한 사항은 대통령령으로 정한다.
	★ 시행령 제26조(**아동학대 신고의무자에 대한 교육**)
	① 법 제26조 제1항부터 제3항까지의 규정에 따른 아동학대 예방 및 신고의무와 관련한 교육에는 다음 각 호의 사항이 포함되어야 한다.
	  1. **아동학대 예방 및 신고의무에 관한 법령**
	  2. 아동학대 발견 시 **신고 방법**
	  3. 피해아동 보호 절차
	② 관계 중앙행정기관의 장은 법 제26조 제1항에 따라 아동학대 신고의무자의 **자격 취득 과정**이나 **보수교육 과정**에 **아동학대 예방 및 신고의무와 관련된 교육**을 1시간 이상 포함시켜야 한다.
	[기] ③ 아동학대 신고의무자가 소속된 기관·시설 등의 **장**은 법 제26조 제3항에 따라 소속 신고의무자에게 **아동학대 예방 및 신고의무와 관련된 교육을 매년 1시간 이상** 실시하여야 한다.[18]
	⑤ 법 제26조 제1항부터 제3항까지의 규정에 따른 교육은 **집합 교육, 시청각 교육 또는 인터넷 강의 등**의 방법으로 할 수 있다.	

제26조의2 (아동학대 예방교육의 실시)	① 국가기관과 지방자치단체의 장, 「공공기관의 운영에 관한 법률」에 따른 **공공기관**과 대통령령으로 정하는 **공공단체의 장**은 아동학대의 예방과 방지를 위하여 필요한 교육을 **연 1회 이상** 실시하고, 그 결과를 보건복지부장관에게 제출하여야 한다. ② **아동의 보호자 등 제1항에 따른 교육 대상이 아닌 사람**은 아동보호전문기관 또는 대통령령으로 정하는 교육기관에서 아동학대의 예방과 방지에 필요한 교육을 받을 수 있다. 〈개정 2020. 12. 29.〉 ③ 보건복지부장관은 제1항 및 제2항에 따른 교육을 위하여 전문인력을 양성하고, 교육 프로그램을 개발·보급하여야 한다. ④ 제1항 및 제2항에 따른 교육 내용·시간 및 방법, 그 밖에 필요한 사항은 대통령령으로 정한다.
29조의3 (아동관련 기관의 취업제한 등)	① 법원은 아동학대관련범죄로 형 또는 치료감호를 선고하는 경우에는 판결(약식명령을 포함한다. 이하 같다)로 그 형 또는 치료감호의 전부 또는 일부의 집행을 종료하거나 집행이 유예·면제된 날(벌금형을 선고받은 경우에는 그 형이 확정된 날을 말한다)부터 일정기간 (이하 "**취업제한기간**"이라 한다) 동안 다음 각 호에 따른 시설 또는 기관(이하 "**아동관련 기관**"이라 한다)을 운영하거나 아동관련기관에 **취업 또는 사실상 노무를 제공할 수 없도록** 하는 명령(이하 "**취업제한명령**"이라 한다)을 아동학대관련범죄 사건의 판결과 **동시에 선고** (약식명령의 경우에는 고지를 말한다)하여야 한다. **다만, 재범의 위험성이 현저히 낮은 경우**나 그 밖에 취업을 제한하여서는 아니 되는 **특별한 사정이 있다고 판단하는 경우**에는 그러하지 아니하다. 〈개정 2021. 12. 21.〉 7. 「영유아보육법」 제2조제3호의 어린이집, 같은 법 제7조에 따른 육아종합지원센터 및 같은 법 제26조의2에 따른 시간제보육서비스지정기관 **8. 「유아교육법」 제2조제2호의 유치원** ⑤ **아동관련기관의 장**은 그 기관에 **취업 중**이거나 사실상 노무를 제공 중인 사람 또는 취업하려 하거나 사실상 노무를 제공하려는 사람(이하 "취업자등"이라 한다)에 대하여 **아동학대관련 범죄 전력을 확인하여야** 하며, 이 경우 **본인의 동의를 받아** 관계 기관의 장에게 아동학대 관련범죄 전력 조회를 요청하여야 한다. 다만, 취업자등이 아동학대관련범죄 전력 조회 회신서를 아동관련기관의 장에게 **직접 제출한 경우에는** 아동학대관련범죄 전력 조회를 한 것으로 본다.

2) 아동학대범죄의 처벌 등에 관한 특례법(약칭 : 아동학대처벌법)

제10조 (아동학대 범죄 신고의무와 절차)	① 누구든지 아동학대범죄를 알게 된 경우나 그 의심이 있는 경우에는 **특별시·광역시·특별자치시·도·특별자치도**(이하 "**시·도**"라 한다), **시·군·구**(자치구를 말한다. 이하 같다) **또는 수사기관에 신고할 수** 있다. 〈개정 2020. 3. 24.〉 기 ② 다음 각 호의 어느 하나에 해당하는 사람이 직무를 수행하면서 아동학대범죄를 알게 된 경우나 그 의심이 있는 경우에는 **시·도, 시·군·구 또는 수사기관에 즉시 신고하여야** 한다. 〈개정 2020. 3. 24.〉[18] 　13.「유아교육법」제2조제2호에 따른 유치원의 장과 그 종사자 ③ 누구든지 제1항 및 제2항에 따른 신고인의 인적 사항 또는 신고인임을 미루어 알 수 있는 사실을 **다른 사람에게 알려주거나 공개 또는 보도하여서는 아니 된다.** ④ 제2항에 따른 신고가 있는 경우 시·도, 시·군·구 또는 수사기관은 정당한 사유가 없으면 **즉시 조사 또는 수사에 착수하여야** 한다. 〈신설 2021. 1. 26.〉 기 유아가 성폭력을 당한 사실을 알게 되었다. 이때 김 교사가 아동복지법에 따라 의무적으로 즉시 취해야만 하는 행동은?[12]
제10조의2 (불이익 조치의 금지)	누구든지 아동학대범죄신고자등에게 아동학대범죄신고등을 이유로 **불이익조치**를 하여서는 아니 된다. 기 그런데 주변에 아동학대로 의심되는 경우가 있어 112에 신고하려고 해도 혹시나 자신에게 **불이익**이 있을까 봐 부담스러워해요. 그래서 **(불이익 금지)** 조치가 있나 봐요. 그리고 교사는 아동학대 신고의무자로서 아동학대 신고절차도 알고 있어야 하죠.[22]
제10조의3 (아동학대 범죄신고자 등에 대한 보호조치)	아동학대범죄신고자등에 대하여는「특정범죄신고자 등 보호법」제7조부터 제13조까지의 규정을 준용한다. 기 그런데 주변에 아동학대로 의심되는 경우가 있어 112에 신고하려고 해도 혹시나 자신에게 **불이익**이 있을까 봐 부담스러워해요. 그래서 **(신고자 보호)** 조치가 있나 봐요. 그리고 교사는 아동학대 신고의무자로서 아동학대 신고절차도 알고 있어야 하죠.[22]
아동학대 신고의무	1. 유치원장, 교직원 및 그 외 관련 종사자는 아동학대범죄를 알게 된 경우나 그 의심이 있는 경우에는 시·도, 시·군·구 또는 수사기관에 즉시 신고하여야 함(아동학대범죄의 처벌 등에 관한 특례법 제10조). 2. **신고 시 신고인의 인적사항, 또는 신고인임을 알 수 있는 사실에 대한 비밀**이 아동학대범죄의 처벌 등에 관한 특례법 제10조 제3항에 의해 보장받음. 3. **유치원장, 교직원** 및 그 외 관련 종사자는 **아동학대 예방 및 신고의무와 관련된 교육**을 **1시간 이상** 받아야 함(자격취득과정이나 보수교육과정). 4. 교육의 내용에는 아동학대 예방 및 신고의무에 관련한 법령, 신고요령, 피해아동보호 절차의 내용을 포함해야 함. 5. 유치원장은 유아의 친권자에게서 친권남용, 현저한 비행, 아동학대, 그 밖에 친권을 행사할 수 없는 중대한 사유가 있는 것을 발견한 경우 지방자치단체장(시·도지사, 시장·군수·구청장 또는 검사)에게 법원에 **친권행사의 제한 또는 친권상실의 선고를 청구하도록 요청**할 수 있으며 **후견인의 선임, 변경 청구도 할 수** 있음(아동복지법 제18조, 제19조).

3) 아동학대 발생 시 대처 요령

<table>
<tr><td rowspan="2">아동학대 발생 시 대처 요령</td><td colspan="2">
• 아동학대 신고 전화 : 112, 119, 129(보건복지상담센터), 시·군·구(아동학대전담공무원) 긴급전화
• 2020년 10월부터 실시된 아동학대 조사 공공화*에 따라 2018년 아동학대 의심사례 건수와 지자체 수요 등을 고려하여 올해 말까지 전국 229개 시군구에 아동학대전담공무원 664명 배치
  * 아동보호전문기관(민간)에서 수행하던 학대조사 업무를 시군구로 이관하여 공무원이 직접 아동학대 조사를 실시하고, 아동보호전문기관은 사례관리에 집중
• 아동학대전담공무원 배치 등 아동학대 조사 공공화 전환기에는 그간 아동학대 조사업무를 수행하던 아동보호전문기관의 인력 지원이 이루어질 수 있도록 함
  * 아동보호전문기관의 업무 지원은 아동복지법에 따라 '23년 9월 30일까지 가능
• 야간·휴일에는 경찰 우선 출동을 권고하는 등 유관 기관과의 협업을 통해서도 업무 부담을 완화하고 있음
• 아동권리보장원 : https://www.ncrc.or.kr/
</td></tr>
<tr>
<td>1단계
아동학대
의심 및 발견</td>
<td>• 아동학대 유형 및 징후 인지
• 아동 및 보호자를 관찰, 면담하여 아동학대 가능성 파악
• 응급상황 시 아동 안전 우선확보(긴급 시 아동을 병원에 데려간 이후에 신고)</td>
</tr>
<tr><td></td>
<td>2단계
아동학대 신고(112)</td>
<td>• 가능한 많은 정보를 파악, 즉시 신고
• 신고 시 학대의심내용, 아동 및 학대행위자, 신고자 정보전달</td>
</tr>
<tr><td></td>
<td>3단계
아동학대전담공무원
협력 유지</td>
<td>• 피해 아동에 대한 재학대 여부 지속관찰
• 의심스런 상황 발생 시 신속하게 아동학대전담공무원에 연락</td>
</tr>
</table>

4) 아동학대 신고 방법

언제?	• 아동의 울음소리, 비명, 신음 소리가 계속되는 경우 • 아동의 상처에 대한 보호자의 설명이 모순되는 경우 • 계절에 맞지 않거나 깨끗하지 않은 옷을 계속 입고 다니는 경우 • 뚜렷한 이유 없이 지각이나 결석이 잦은 경우 • 나이에 맞지 않는 성적 행동을 보이는 경우
무엇을?	• 신고자의 이름, 연락처 • 아동의 이름, 성별, 나이, 주소 • 학대 행위자로 의심되는 사람의 이름, 성별, 나이, 주소 • 아동이 위험에 처해있거나 학대를 받고 있다고 믿는 이유 • 아동이나 학대 행위자의 정보를 파악하지 못해도 신고는 가능하며, 가능한 많은 정보를 제공하도록 합니다.
어떻게?	• 전화 : 국번없이 112 • 모바일 앱 : 아이지킴콜(App Store와 Google Play에서 다운로드) • 방문 : 관할 경찰서, 시·군·구 • 신고자의 신분은 아동학대범죄의 처벌 등에 관한 특례법 제10조, 제 62조에 의해 보장됩니다.

5) 아동학대 개입절차

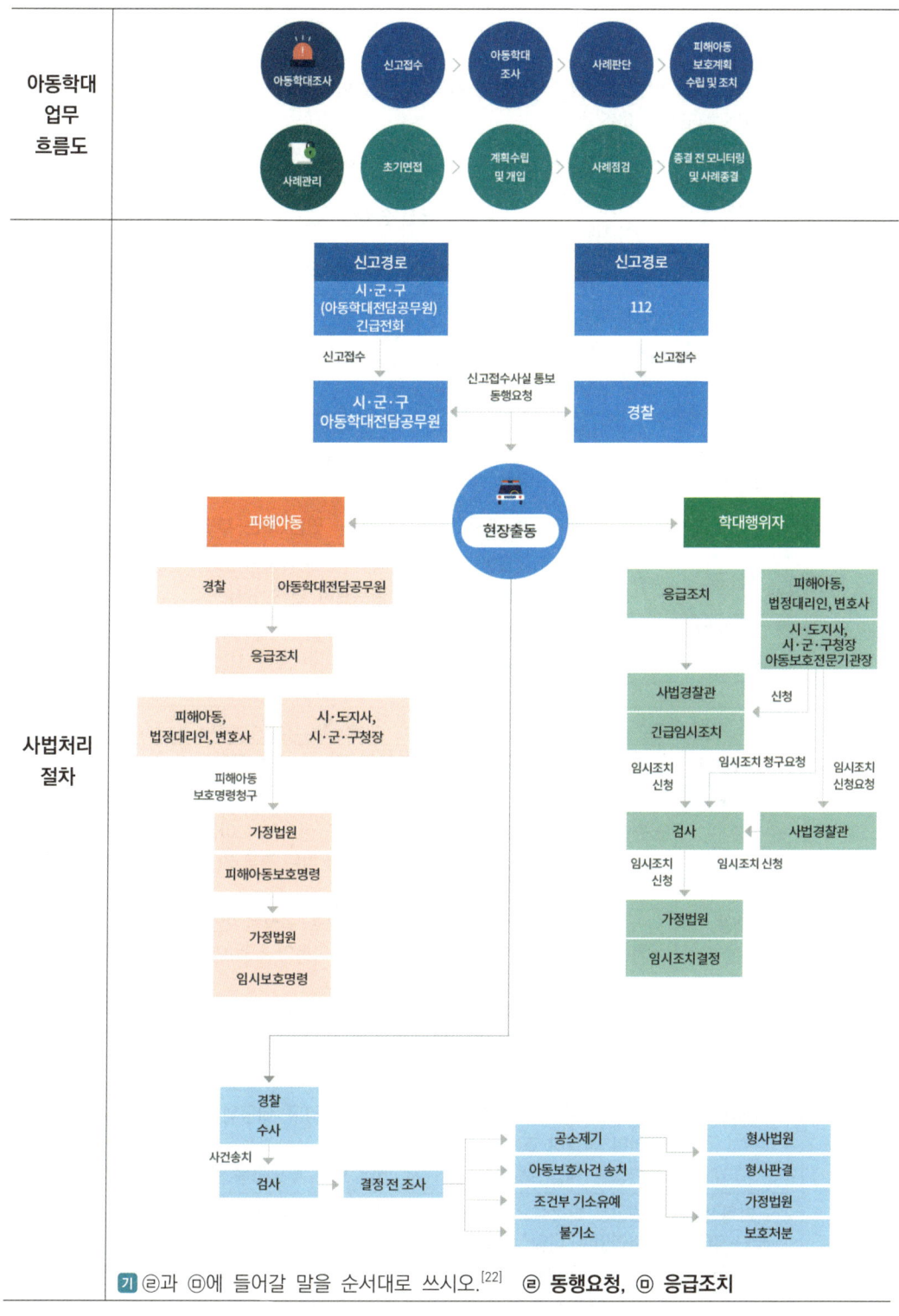

기 ㉣과 ㉤에 들어갈 말을 순서대로 쓰시오.[22] ㉣ **동행요청**, ㉤ **응급조치**

6) 무단결석 아동에 대한 관리·대응

- 정당한 사유 없이 무단결석한 아동에 대해서는 지속적으로 보호자와 연락을 취하고 소재 미파악 시 수사기관(112)에 신고합니다.
- 기 유아가 **(2)일 이상** 유치원을 **무단으로 결석**하여 유아의 안전과 소재가 파악되지 않을 경우에는 112에 신고해야 하죠.[22]

	시기	주요 점검사항	조치 필요사항	행정사항
관리·대응 흐름도	결석당일 (1일)	• 결석 아동의 **결석 사유 확인**	• **지속적 유선 연락**을 통한 확인	• 무단결석 아동에 대한 조치 결과 관리대장 작성
	(2일)	• 결석 아동의 출석 여부 확인 및 소재·안전 확인	• **결석 아동에 대한 가정방문** 실시 • **가정방문 결과** 아동학대가 의심되거나 아동의 소재·안전이 확인되지 않는 경우 **수사기관(112)에 신고**	• 무단결석 아동에 대한 조치 결과 관리대장 작성 • 무단결석 아동 중 아동학대 신고 현황 교육청/시군구 보고
	사후관리		• (유관기관 연계) 수사기관에서 협조 요청 시 요청 사항에 대해 적극 협조 • (무단결석 아동 관리) 무단결석 아동이 재등원하였을 경우, 아동의 상태에 따라 적절히 조치 • (보호자 관리) 해당 보호자에 대해서는 **면담 또는 부모교육 등을 실시**	
	비 고		• 전화 연락 시 필요한 경우 아동과 직접 통화하여 소재·안전 확인 • 가정방문 시 **교직원 및 읍면동 공무원이 함께 실시**	
	반복적 무단결석 관리		• 학비 지원 규정에 의한 수업일수 미달 시 학비 지원이 제한됨을 안내 • 유치원의 경우에는 유치원 규칙에 의한 퇴학 처리 규정 안내	

	결석 기간	할 일
관리·대응 매뉴얼	결석당일 (1일)	• 담임교사는 유선으로 결석 사유와 아동의 안전을 확인하고 다음 출석일을 확인 • 유선 연락이 되지 않는 경우 원장·원감에게 보고하고, 유선 연락 지속 실시
	2일	• 원장은 수시로 보호자에게 유선 연락을 실시하여 아동의 안전을 확인 • 원장은 유선으로 **아동의 안전이 확인되지 않은 경우 가정방문을 실시**하여 아동의 안전을 직접 확인 　- 가정방문은 **교직원, 읍면동 공무원으로 구성된 2인이 함께 실시** • 가정 방문 결과 아동학대가 의심되거나 아동의 소재·안전이 확인되지 않는 경우 원장은 **수사기관(112)에 신고** ※ 출석하기로 한 기일이 지나도 출석하지 않는 경우에도 이에 따라 관리·대응
	사후관리	• 수사기관에서 협조 요청 시 담임교사 또는 원장은 평상 시 아동의 상태 등에 대해 안내하고 기타 요청 사항에 대해서 적극 협조 • 교사는 무단결석한 아동이 재등원하였을 경우, 아동의 심리, 정서적 상태를 고려하여 적절히 조치 • 원장은 해당 보호자에 대해서 **면담 또는 부모교육 등을 실시**
	반복적 무단 결석 관리	• 원장은 반복적으로 무단결석을 하는 보호자에 대해서는 학비 지원 규정에 의한 수업일수 미달 시 학비 지원이 제한됨을 안내 • 유치원 규칙에 의해 일정 기간 이상 무단결석 시 퇴학 처리 될 수 있음을 안내

7) 아동학대 유형 및 징후

신체적 학대	• 보호자를 포함한 성인이 아동의 건강 또는 복지를 해치거나 정상적 발달을 저해할 수 있는 신체적 폭력이나 가혹행위를 하는 것. ① **정의** : 보호자를 포함한 성인이 아동에게 우발적인 사고가 아닌 상황에서 **신체적 손상을 입히거나 또는 신체손상을 입도록 허용한 모든 행위**를 말한다. ② **구체적인 신체학대 행위 예** • 직접적으로 신체에 가해지는 행위(손,발 등으로 때림, 꼬집고 물어뜯는 행위, 조르고 비트는 행위, 할퀴는 행위 등) • 도구를 사용하여 신체를 가해하는 행위(도구로 때림, 흉기 및 뾰족한 도구로 찌름 등) • 완력을 사용하여 신체를 위협하는 행위(강하게 흔듬, 신체부위 묶음, 벽에 밀어붙임, 떠밀고 잡음, 아동 던짐, 거꾸로 매담, 물에 빠트림 등) • 신체에 유해한 물질로 신체에 가해지는 행위(화학물질 혹은 약물 등으로 신체에 상해를 입히는 행위, 화상을 입힘 등) ③ **신체적 징후** • 설명하기 어려운 신체적 상흔 • 발생 및 회복에 시간차가 있는 상처 • 비슷한 크기의 반복적으로 긁힌 상처 • 사용된 도구의 모양이 그대로 나타나는 상처 • 담배 불 자국, 뜨거운 물에 잠겨 생긴 화상자국,회음부에 있는 화상자국, 알고 있는 물체 모양(다리미 등)의 화상 자국, 회복 속도가 다양한 화상자국 • 입, 입술, 치은, 눈, 외음부 상처 • 긁히거나 물린 자국에 의한 상처 • 손목이나 발목에 긁힌 상처, 영유아에게 발견된 붉게 긁힌 상처 • 성인에 의해 물린 상처 • 겨드랑이, 팔뚝 안쪽, 허벅지 안쪽 등 다치기 어려운 부위의 상처 • 대뇌 출혈, 망막출혈, 양쪽 안구 손상, 머리카락이 뜯겨나간 두피 혈종 등을 동반한 복잡한 두부 손상 • 고막 천공이나 귓불이 찢겨진 상처와 같은 귀 손상 • 골격계 손상, 시간차가 있는 골절, 치유 단계가 다른 여러 부위의 골절, 복합 및 나선형 골절, 척추 손상(특히, 여러 군데의 골절), 영·유아의 긴 뼈에서 나타나는 간단 골절, 회전상 골절, 걷지 못하는 아이에게서 나타나는 대퇴골절, 골막하 출혈의 방사선 사진, 골단 분리, 골막 변형, 골막 석회화 • 간혈종, 간열상, 십이지장 천공, 궤양 등과 같은 복부손상 • 폐 좌상, 기흉, 흉막삼출과 같은 흉부손상 ④ **행동적 징후** • 어른과의 접촉회피 • 다른 아동이 울 때 공포를 나타냄 • 공격적이거나 위축된 극단적 행동 • 부모에 대한 두려움 • 집에 가는 것을 두려워함 • 위험에 대한 지속적인 경계

정서적 학대	• 보호자를 포함한 성인이 아동의 건강 또는 복지를 해치거나 정상적 발달을 저해할 수 있는 정신적 폭력이나 가혹행위를 하는 것
	① **정의** : 보호자를 포함한 성인이 아동에게 행하는 **언어적 모욕, 정서적 위협, 감금이나 억제, 기타 가학적인 행위**를 말하며 **언어적, 정신적, 심리적 학대**라고도 한다.
	② **구체적인 정서학대 행위 예**
	  • 원망적/거부적/적대적 또는 경멸적인 언어폭력 등
	  • 잠을 재우지 않는 것
	  • 벌거벗겨 내쫓는 행위
	  • 형제나 친구 등과 비교, 차별, 편애하는 행위
	  • 가족 내에서 왕따 시키는 행위
	  • 아동이 가정폭력을 목격하도록 하는 행위
	  • 아동을 시설 등에 버리겠다고 위협하거나 짐을 싸서 쫓아내는 행위
	  • 미성년자 출입금지 업소에 아동을 데리고 다니는 행위
	  • 아동의 정서 발달 및 연령상 감당하기 어려운 것을 강요하는 행위(감금,약취 및 유인, 아동 노동 착취)
	  • 다른 아동을 학대하도록 강요하는 행위
	③ **신체적 징후**
	  • 발달지연 및 성장장애
	  • 신체발달저하
	④ **행동적 징후**
	  • 특정물건을 계속 빨고 있거나 물어뜯음
	  • 행동장애(반사회적, 파괴적 행동장애)
	  • 신경성 기질 장애(놀이장애)
	  • 정신신경성 반응(히스테리, 강박, 공포)
	  • 언어장애
	  • 극단행동, 과잉행동, 자살시도
	  • 실수에 대한 과잉 반응
	  • 부모와의 접촉에 대한 두려움

성적 학대	• 보호자를 포함한 성인이 아동의 건강 또는 복지를 해치거나 정상적 발달을 저해할 수 있는 성적 폭력이나 가혹행위를 하는 것 ① **정의** : 보호자를 포함한 성인이 **자신의 성적 충족을 목적으로 18세 미만의 아동과 함께 하는 모든 성적 행위** ② **구체적인 성학대 행위 예** • 자신의 성적만족을 위해 아동을 관찰하거나 아동에게 성적인 노출을 하는 행위 (옷을 벗기거나 벗겨서 관찰하는 등의 관음적 행위, 성관계 장면을 노출, 나체 및 성기 노출, 자위행위 노출 및 강요, 음란물을 노출하는 행위 등) • 아동을 성적으로 추행하는 행위(구강추행, 성기추행, 항문추행, 기타 신체부위를 성적으로 추행하는 행위 등) • 아동에게 유사성행위를 하는 행위(드라이성교 등) • 성교를 하는 행위(성기삽입, 구강성교, 항문성교) • 성매매를 시키거나 성매매를 매개하는 행위 ③ **신체적 징후** • 신체적 지표 : 학령 전 아동의 성병감염, 임신 • 생식기의 증거 : 아동의 질에 있는 정액, 찢기거나 손실된 처녀막, 질에 생긴 상처나 긁힌 자국, 질의 홍진(紅疹), 배뇨곤란, 요도염, 생식기의 대상포진 • 항문증후 : 항문 괄약근의 손상, 항문주변의 멍이나 찰과상, 항문 내장이 짧아지거나 뒤집힘, 항문 입구에 생긴 열창, 항문이 좁아짐, 회음부의 동통과 가려움, 변비, 대변에 혈액이 나옴 • 구강증후 : 입천장의 손상, 인두(咽頭)임질(pharyngeal gonorrhea) ④ **행동적 징후** • 성적 행동지표 - 나이에 맞지 않는 성적행동 - 해박하고 조숙한 성지식 - 명백하게 성적인 묘사를 한 그림들 - 타인과의 성적인 상호관계 - 동물이나 장난감을 대상으로 하는 성적인 상호관계 • 비(非)성적인 행동지표 - 위축, 환상, 유아적 행동(퇴행행동) - 자기 파괴적 또는 위험을 무릅쓴 모험적인 행동 - 충동성, 산만함 및 주의집중장애 - 혼자 남아 있기를 거부 또는 외톨이 - 특정 유형의 사람들 또는 성에 대한 두려움 - 방화/동물에게 잔혹함(주로 남아의 특징) - 비행, 가출 - 약물 및 알콜 남용 - 자기 파괴적 행동(자살시도) - 범죄행위 - 우울, 불안, 사회관계의 단절 - 수면장애 - 유뇨증/유분증 - 섭식장애(폭식증/거식증) - 야뇨증 - 외상 후 스트레스 장애 - 저조한 학업수행

방임	▶ **방임** : 보호자가 **아동에게 위험한 환경에** 처하게 하거나 아동에게 **필요한 의식주, 의무교육, 의료적 조치 등을 제공하지 않는** 행위
	▶ **유기** : 보호자가 아동을 **보호하지 않고 버리는** 행위
	① 아동의 보호자가 아동을 유기하거나 방임하는 것
	② **물리적 방임**
	• 기본적인 의식주를 제공하지 않는 행위
	• 불결한 환경이나 위험한 상태에 아동을 방치하는 행위
	• 아동의 출생신고를 하지 않는 행위, 보호자가 아동들을 가정 내 두고 가출한 경우
	• 보호자가 친족에게 연락하지 않고 무작정 아동을 친족 집 근처에 두고 사라진 경우 등
	• 아동을 병원에 입원시키고 사라진 경우
	③ **교육적 방임**
	• 보호자가 아동을 특별한 사유 없이 학교(의무교육)에 보내지 않거나 아동의 무단결석을 방치하는 행위
	  * 의무교육은 6년의 초등교육 및 3년의 중학교를 의미함 (교육기본법 제8조 제1항)
	• 초등학교 및 중학교의 장은 해당 학교에 취학할 예정인 아동이나 취학 중인 학생이
	  ① 입학·재취학·전학 또는 편입학 기일 이후 2일 이내에 입학·재취학·전학 또는 편입학 하지 아니한 경우,
	  ② 정당한 사유 없이 계속하여 2일 이상 결석하는 경우,
	  ③ 학생의 고용자에 의하여 의무교육을 받는 것이 방해당하는 때 지체 없이 그 보호자 또는 고용자에게 해당 아동이나 학생의 취학 또는 출석을 독촉하거나 의무교육을 받는 것을 방해하지 아니하도록 경고하여야 함(초·중등교육법 시행령 제25조)
	④ **의료적 방임**
	• 아동에게 필요한 의료적 처치 및 개입을 하지 않는 행위
	⑤ **유기**
	• 아동을 **보호하지 않고 버리는** 행위
	• **시설 근처에 버리고** 가는 행위
	⑥ **신체적 징후**
	• 발달지연 및 성장장애
	• 비위생적인 신체상태
	• 예방접종과 의학적 치료 불이행으로 인한 건강상태 불량
	• 아동에게 악취가 지속적으로 나는 경우
	⑦ **행동적 징후**
	• 계절에 맞지 않는 부적절한 옷차림
	• 음식을 구걸하거나 훔침
	• 비행 또는 도벽
	• 학교에 일찍 등교하고 집에 늦게 귀가함
	• 지속적인 피로 또는 불안정감 호소
	• 수업 중 조는 태도
	• 잦은 결석

7 재난대비 교육

1) 화재 안전 - 유아를 위한 안전교육 지도자료(2000), 유아 재난대비·생활안전교육 프로그램(2012) 등

대피 사전준비	① 교사 회의를 통해 훈련 일정 및 화재 시 **담당해야 할 역할을 정**한다. ② 훈련 **시간**, 모의 화재 발생 **장소**를 정한다. ③ 비상구, 소화기, 화재경보기의 **작동이 잘 되는지 점검**한다. ④ 불이 났을 때 함께 모일 장소를 정한다. ⑤ 응급처치를 위한 **간단한 약품을 준비**한다. ⑥ 화재 대피 **훈련일지**를 준비한다. 기 유아들을 대피시키기 전 취해야 할 조치 2가지를 쓰시오.[05]
대피	① 건물 안에 갇혔을 때는 물건을 흔들거나 소리를 질러 사람들에게 **구조를 요청**한다. ② 대피가 어려운 상황에서는 안전조치를 취하고 외부로 알려(소리 지르기, 물건을 던지거나 흔들기 등) 구조를 기다린다. ③ 대피할 때는 **질식이나 추락의 위험이 있는 엘리베이터**를 타지 않고 **계단을 이용**한다. 기 [B]에서 **잘못된 행동 요령** 1가지를 찾아 **바르게 고쳐 쓰시오**.[23] '엘리베이터를 이용해 빠르게 대피'한다는 점이 잘못되었다. '계단을 이용해 빠르게 대피'로 수정해야 한다. ④ 문의 손잡이가 뜨거우면 문을 열지 않고 문틈을 옷 또는 이불, 젖은 수건으로 막는다. ⑤ **연기**가 가득 차 있을 때는 **손과 무릎을 이용**해서 **기어** 나온다. ⑥ **수건 등을 물에 적셔서 입과 코를 막**는다. ⑦ 물건을 가지러 **집안으로 다시 들어가지 않**는다. ⑧ 옷에 불이 붙으면 **뛰지 말고 멈춘 후 바닥에 엎드려**서 두 손으로 **얼굴을 가리고** 불이 꺼질 때까지 **계속 뒹군다**. ⑨ **옷장, 침대, 책상 밑, 화장실 등 보이지 않는 곳에 숨는 것**은 위험하다. 기 유아들을 대피시키는 과정에서 취해야 할 조치 2가지를 쓰시오.[05]
대피 후	• 소방서에 전화해 **불이 난 곳의 위치**를 정확히 말한다. • 모든 유아가 대피하였는지 **인원을 점검**한다. • 부상을 당한 유아가 없는지 확인하고 **신속히 치료**한다. • 물건을 가지러 **다시 들어가지 않**도록 한다. 기 유아들을 안전하게 대피시킨 후 취해야 할 조치 2가지를 쓰시오.[05]
대피 훈련	① 유아들과 화재 **대피 훈련을 해야 하는 이유**를 이야기한다. ② 불이 났을 때 어떻게 대피해야 하는지 알아본다. ③ 화재경보기 또는 '불이야' 소리를 듣고 빨리 밖으로 나가 함께 모이기로 **약속한 장소로 모인다** (신발이나 소지품은 챙기지 않고, 놀이하던 장난감이나 물건은 정리하지 않는다). ④ 교사는 가장 끝으로 구석진 곳이나 화장실에 유아가 없는지 확인하고 교실 전등을 끄고 문을 닫고 밖으로 나온다. ⑤ 함께 모인 장소에서 유아의 이름을 불러 **인원을 확인**한다. ⑥ 최종 인원을 점검자에게 보고한다. ⑦ 훈련이 끝나면 각 반별로 교실에 들어가 **평가하는 시간**을 갖는다.

대피 훈련 유의점	① 화재 대피 훈련은 유아에게 **사전에 알려주고 실시하는 훈련**과 **불시에 실시하는 훈련**이 혼합되어야 하며 **월 1회 정도** 실시해야 한다. ② 화재 대피 훈련을 **처음 할 때는** 가정통신문을 통해 사전에 부모님께 알린다. ③ 화재 대피 훈련은 **정기적으로 실시**하며 **익숙해지면 점차로 불시**에 실시한다. ④ **비상문의 위치와 비상 대피 경로**는 항상 **유아들과 함께 살펴보고 확인**해 둔다. ⑤ **비상계단은 차단**해서는 안 되며 **항상 대피할 수 있는 공간을 확보**해 둔다. ⑥ 대피에 소요되는 시간을 측정하여 가능한 신속하게 대피할 수 있도록 한다. ⑦ 대피 훈련 시 나타난 문제점을 평가하고 개선한다. 기 소방 대피 훈련을 할 때는 되도록 가정통신문을 통해 대피 훈련이 있음을 알립니다.[09] 기 비상대비훈련 활동 시 지도상의 유의점으로 적절한 것은?[10]
대피 훈련의 담당 및 역할		유아 대피 담당	• 교실, 화장실, 복도 등에 있는 유아들을 모아서 **안전한 경로를 통하여** 건물 밖으로 대피시킨다. • 화재 발생 위치에 따른 다양한 대피경로를 잘 알고 있어야 한다. • 어두운 곳을 나와야 하는 경우나 정전을 대비하여 손전등을 준비한다.
교실 확인 담당	• 대피하는 유아의 마지막에 따라 나오면서 교실, 화장실, 복도 등에 남아 있는 유아가 없는지 확인한 후 전등을 끄고 문을 닫고 나온다.
최종 인원 점검 담당	• 함께 모이는 장소에서 학급 인원수를 확인하고 훈련 도중에 다친 유아가 없는지 살펴본다.
화재 신고 담당	• 소방서에 신고하여 불이 난 곳, 상황을 신속하고 정확하게 이야기한다.
다친 유아 치료 담당	• 대피 시 부상당한 유아를 돌볼 수 있도록 비상약품을 가지고 대피한다. 건물 밖에서 다친 유아를 응급처치하고 돌본다.
소요 시간 측정 담당	• 초시계를 준비해 대피 훈련에 소요되는 시간을 정확하게 측정한다.	
몸에 불이 붙었을 때	• 옷에 불이 붙었을 때 **옷을 벗는 것**은 위험하다. • 몸에 불이 붙었을 때 **뛰면 산소와 결합하여 불길이 더 커지므로 뛰지 않는다.** • 멈춘 뒤 바닥에 엎드려 손으로 얼굴을 가리고 바닥에서 뒹군다. 	교육내용	① 제자리에 **멈춘다**. ② **엎드린다**. ③ **얼굴을 손으로 감싸고 뒹군다**.
배에 불이 붙었을 때	• **배를 땅에 대고 비벼**서 끈다.
머리에 불이 붙었을 때	• **옷을 머리 위로 올려** 끄거나 **타인이 옷을 벗어 머리를 감싸** 주거나 털어준다.	
대피동작 유의점	• 한 손으로 바닥을 짚고 무릎으로 기어서 이동하며, 다른 손으로 코와 입을 막는다. • 기어가는 동작은 **바닥 면에 납작 엎드리**지 않도록 하고, 손으로 코와 입을 막는 동작은 **코와 입을 동시에 막도록** 한다. • 유아가 동작을 익숙하게 할 때까지 세부 동작으로 나누어 정확하게 연습하도록 지도한다.

화재 발생 시 행동요령	• 화재 시 발생하는 연기는 천장부에서 확산되어 벽에 도달하면 하강하게 되고, 비교적 **깨끗한 공기는 바닥 면으로부터 30~60cm 사이**에 있다. • 따라서 유아들에게 연기가 보이면 한 손으로 코와 입을 가리고 **기어서 신속히 밖으로 나가야** 함을 숙지시켜야 한다. • **코와 입을 막을 때에는 물에 적신 수건**을 이용하는 것이 효과적이며, **급한 상황**에서 찾기 힘든 경우 **긴팔 소매**로 가리거나 반팔인 경우 **목 부분을 당겨 코와 입을 막고** 대피해야 한다.
화재 시 대처요령	• 유아 재난대비·생활안전교육 프로그램(2012) 1. 화재 시 대피계획을 세워요 ① 가족 모두 모여서 간단한 집 평면도를 그립니다. ② 각 방에서 나갈 수 있는 비상통로를 2개 이상 정하여 평면도에 표시합니다. ③ 탈출 후, 밖에서 만날 장소를 정하여 평면도에 표시합니다. 2. 화재 시 해로운 연기가 나올 땐 이렇게 대처하세요. ① 화재 시 연기는 천장에서 아래로 내려오고 깨끗한 공기는 바닥 면으로부터 30~60cm 사이에 있습니다. 따라서 **연기가 보이면** 손으로 입을 막고 **무릎으로 기어서** 밖으로 나가야 합니다. ② **연기가 많지 않을** 경우에는 옷이나 수건 등을 사용하여 **코와 입을 막고 빨리 뛰어나갑니다**.
유의점	• 불이 난 것을 보거나 실수로 불이 난 경우, **유아가 직접 끄지 않도록** 당부한다. • 유아들도 화재 신고 방법에 대해 알아둘 필요는 있지만, 모든 연령의 유아들에게 화재 신고보다 **먼저 취해야 할 행동은 대피**하는 것임을 알려준다.
소화기 설치 및 관리요령	• 소화기는 눈에 잘 띄고 통행에 지장을 주지 않도록 설치한다. • 습기가 적고 건조하며 서늘한 곳에 설치한다. • 유사시에 대비하여 수시로 점검하여 파손, 부식 등을 확인한다. • 분말소화기 축압식은 압력 게이지를 살펴보고 이상 여부를 판단해야 한다. 압력 게이지의 바늘이 초록색 부분에 있어야 정상 상태를 의미한다. **분말소화기**는 내부의 분말이 굳지 않도록 **월 2~3회 소화기를 거꾸로 들고 흔들어 주어야** 한다. • 화재 시 사용했거나, 실수로 터뜨린 소화기가 아니라면 정상적으로 보관 중이던 소화기를 충약할 필요는 없다. 사용한 소화기는 전문 허가업체에 의뢰하여 약제를 재충약한다.
감지기	• 감지기는 화재가 발생했을 때 **열이나 연기를 감지하여 신호를 보내** 화재가 일어났음을 알리는 기구이다.
발신기	• 발신기는 화재 발견자가 **수동으로 누름 버튼을 눌러 수신기에 화재 신호를 보내는 기구**이다.
유도등	• 유도등은 화재나 기타 비상시에 **대피할 수 있는 방향을 알려 주는 표시등**이다. • 정전 등 전원이 끊어진 경우 유도등 안에 있는 자체 축전지에 의해 20분 이상 작동한다. 다만, 지하상가 및 11층 이상인 고층 건물과 많은 사람들이 이용하는 건축물에는 60분 이상 작동시킬 수 있다.

유도등의 종류		• **피난구 유도등** : 피난구 또는 피난 경로로 사용되는 **출입구를 표시**하여 피난을 유도하는 등으로 직접 지상으로 통하는 출입구와 직통 계단의 계단실에 설치한다.
		• **통로 유도등** : **피난 통로를 안내하기 위한 유도등**으로 복도에 설치하는 복도 통로 유도등, 거실이나 주차장 등 개방된 통로에 설치하는 거실 통로 유도등, 계단이나 경사로에 설치해서 바닥 면을 비추어 주는 계단 통로 유도등이 있다.

화재의 연소특징 분류와 소화법	• 유아 재난대비·생활안전교육 프로그램(2012), 학교현장 재난유형별 교육훈련 매뉴얼(2021) • 화재의 종류(소화 적응성 분류)	

구분	분류색	세부 내용
A급 화재 (일반화재)	백색	• 나무, 솜, 종이, 고무 등 **일반 가연성 물질에 의한 화재** • 타고 난 후 재가 남으며 **물로 소화** 가능 • 연소 후 재를 남기는 화재로 목재, 종이, 섬유 등의 화재를 말하며, 소화 방법으로 물에 의한 냉각 소화를 주로 하거나 분말 약재를 사용할 수 있다.
B급 화재 (유류화재)	황색	• 석유류 등 **인화성 물질 및 이에 준하는 물질의 화재** • 타고난 후 재가 남지 않으며 **토사나 소화기로 소화** 가능 • 가연성 액체나 가연성 가스 등의 화재를 말하며, 소화 방법으로 **공기를 차단하는 방법을 이용**하는데, 화학 포, 증발성 액체(할로겐 화물), 탄산가스, 소화 분말 등을 사용한다.
C급 화재 (전기화재)	청색	• 전기기계·기구 등의 화재로서 변압기·배전반 등 전기설비의 화재 • **전기적 절연성을 가진 소화기**로 소화 가능 • 전기기계, 기구 등의 화재로써 전기적 절연성을 가진 소화기로 불을 꺼야 하는 화재를 말한다. • 소화를 위해 탄산가스, 증발성 액체, 소화 분말 등을 사용한다.
D급 화재 (금속화재)	무색	• 나트륨, 칼륨, 마그네슘과 같은 가연성 금속의 화재 • **분말소화기로 소화** 가능 • 칼륨, 나트륨, 마그네슘 등과 같은 가연성 금속류가 가연물이 되는 화재가 이에 속한다. • 물과 반응하여 강한 수소를 발생시키는 것이 대부분이므로 물을 사용하면 안 된다. 소화를 위해 **건조사(마른 모래)등을 사용**한다.

플래시 오버 (flash over)	• 건축물의 실내에서 화재가 발생하였을 때 발화로부터 화재가 서서히 진행하다가 어느 정도 시간이 경과함에 따라 대류와 복사 현상에 의해 일정 공간 안에 열과 가연성가스가 축적되고 발화온도에 이르게 되어 **일순간에 폭발적으로 전체가 화염에 휩싸이는 화재 현상**

8 전자미디어 교육

전자미디어 교육의 필요성 및 목적	① 현대사회에는 다양한 전자미디어가 공존하고 있으며, 현대인들은 실시간으로 전자미디어를 통해 정보를 수집하고, 그 정보를 바탕으로 일상생활을 유지하고 있다. 이제 전자미디어를 활용하는 능력은 정보를 활용하는 능력과 더불어 개인의 사회 적응력, 더 나아가 사회의 발전 능력과 동일시되고 있다. ② 그러나 학습이라는 명분 아래 유아들이 전자미디어에 노출되는 시간이 많아지고, 일방적인 정보수용이 습관화되었으며, 발달에 적합하지 않은 정보를 접하게 되는 경우도 빈번해졌다. ③ 유아는 현실과 환상을 구별하지 못하고, 도덕적 가치판단능력이 부족하여 전자미디어를 사용하기보다 예속되는 현상이 일어나고 있다. ④ 그렇다고 극단적 보호주의 교육을 실시하는 것도 바람직하지 않다. 무엇보다 중요한 것은 **사용자의 미디어 능력을 키우는 것**이다. ⑤ **미디어 능력**이란 미디어에 대한 기초적인 이해를 바탕으로 **전자미디어를 사용할 수 있는 능력**과 전자미디어를 통해 얻은 정보를 **분석, 평가**할 뿐 아니라 **자신의 의견이나 사고를 표현할 수 있는 능력**을 말한다. ⑥ 즉, 전자미디어가 어떻게 구조화되었으며 기능하는지, 어떻게 활용할 수 있는지를 알 수 있는 전자미디어에 대한 교육이 필요하다.

	변화과정	내용	문제점
전자미디어 교육의 변화과정	보호주의적 접근	• 전자미디어의 부정적인 측면으로부터 **학생을 보호하고 방어**	• 전자미디어 **사회에 적절한 대처 능력**을 갖추기 어려움
	미디어 변별 능력	• **좋은 정보만**을 선택할 수 있는 **변별 능력을 키워 순기능적 접근**	• 정보의 양적, 질적 팽창과 함께 **정보를 평가**할 수 있는 **기준 확립**의 어려움
	학습 도구적 접근	• 정보와 경험의 확대를 위해 **전자미디어를 교수 자료로 적극적 활용**	• 유아나 청소년들의 미디어 **사용방법**과 정보 **수용과정**에 부정적인 문제가 발생
	비판적 해석 능력	• 전자미디어 자체에 대한 이해와 **비판적인 시각에서** 정보를 해석할 수 있는 능력	• **적절한 교수 자료와 교수 방법의 부족**

활동자료의 내용 범주	전자미디어의 기능과 역할 인식하기	• 일상생활에서 활용되는 다양한 미디어의 종류 인식 • 미디어의 색, 모양, 구조, 기호 등 미디어를 구성하고 있는 외부적 요소 탐색 • 미디어의 요소가 가지고 있는 기능과 역할에 대한 탐색과 경험
	전자미디어의 사용법 익히기	• 일상생활에서 미디어의 필요성을 인식하고 사용법 학습에 대한 동기유발 • 미디어의 각 기능에 대한 반복적, 직접적 경험을 통한 숙련 • 능동적인 미디어 활용을 준비하는 자유로운 사용 능력의 획득
	전자미디어를 통해 정보를 활용하기	• 일상생활에서 미디어 활용의 장점 탐색 • 다양한 활동을 통해 정보수집, 정보와 경험의 공유, 타인과 관계 맺기 등과 같은 미디어의 긍정적 활용 방법에 대한 직접 경험 • 미디어와 일상생활(On-Off line)과의 상호교류 활동과제 수행을 통한 시너지 효과 경험
	전자미디어에 대한 자기 조절력 형성하기	• 미디어를 통해 경험하는 정보의 적절한 선택 능력 형성 • 문제 상황과 관련된 스스로의 행동(시간, 태도, 사용 방법 등)에 대한 결과와 원인 분석을 통해 문제 상황에 대한 대처 능력 형성 • 일상생활의 현실과 미디어의 세상을 분리하여 즐기는 태도 형성
	전자미디어와 관련된 윤리의식 기르기	• 일상생활에서 미디어 사용의 과오에 의해 발생하는 문제 인식 • 나-미디어, 미디어-타인, 나-타인과의 올바른 관계 맺기를 위한 방법 모색 • 미디어에 대한 자기 조절력과 자신감을 바탕으로 하는 윤리의식의 내면화

기 유아를 위한 전자 미디어 교육의 내용을 범주로 나눈 것이다. 각 범주와 활동을 바르게 짝지은 것은?[09]

	순기능	역기능
전자미디어의 순기능과 역기능	• 다양한 시청각 정보를 수집 • 검색을 통한 일상생활의 문제 해결 • 학습의 도구로 활용 • 개인의 정보 축적 • 타인과의 관계 형성	• 지속적으로 접하고자 하는 중독 현상 • 현실과 환상의 혼동에 따른 문제 상황 야기 • 사회적 관계의 단절 • 기초체력의 저하와 신체적, 정신적 증상의 발현

VDT 증후군	▶ VDT(영상 표시 단말기)인 **컴퓨터, 스마트폰, TV 등을 장시간 사용**하면서 발생하는 눈의 피로, 목과 어깨 통증, 두통, 피로감 등 **다양한 건강 문제를 총칭**하는 용어 • VDT(Visual Display Terminal)
거북목 증후군	▶ **잘못된 자세**로 인해 **목, 어깨의 근육과 인대가 늘어나 통증**이 생기는 증상 • Turtle neck syndrome • 평소 컴퓨터 모니터를 많이 보는 사람, 특히 낮은 위치에 있는 모니터를 내려다보는 사람에게 많이 발생한다. • 증상 : 어깨의 통증, 목의 통증, 눈의 피로, 불면증, 어지러움 • 관련 질환 : 섬유근육통, 만성 피로 증후군, 복합 부위 통증 증후군, 경추 추간판 탈출증 • 동의어 : 거북목, 일자목, 일자목 증후군, 일자목 증후군
스마트폰 과의존	▶ **과도한 스마트폰 이용**으로 스마트폰에 대한 **현저성이 증가**하고, 이용 **조절력이 감소**하여 **문제적 결과를 경험**하는 상태

현저성 (salience)	▶ **개인의 삶에서 스마트폰을 이용하는 생활패턴**이 **다른 행태보다 두드러**지고 **가장 중요한 활동**이 되는 것
조절실패	▶ **이용자의 주관적 목표 대비** 스마트폰 이용에 대한 **자율적 조절 능력이 떨어지는 것**(self-control failure)
문제적 결과 (serious consequences)	▶ 스마트폰 이용으로 인해 **신체적·심리적·사회적으로 부정적인 결과를 경험함에도 불구**하고 스마트폰을 **지속적으로 이용**하는 것

주A5. 1) [A]에서 준재의 현저성과 조절실패를 줄이기 위해 부모가 시도한 행동을 찾아 각각 쓰시오.[22]
　　　다른 놀잇감을 가지고 함께 놀자고 하였다, 스마트폰을 1시간만 사용하기로 약속하였다.

주A5. 2) [B]에서 준재의 현저성과 조절실패의 문제를 해결하기 위해 박 교사가 제안한 방법을 찾아 각각 쓰시오.[22]
　　　공놀이를 함께 하도록 제안하였다, 스마트폰 사용시간을 설정해 놓는 앱을 이용하도록 하였다.

9 응급처치

1) 응급처치

응급처치	▶ **위급한 상황**에서 **전문적인 의료서비스 이전**에 **적절한 처치와 보호를 제공**함으로써 **고통을 완화**하고 **생명을 구하는** 데 필요한 지식과 기술
응급처치의 필요성	• 응급상황은 언제 어디서나 발생할 수 있으며, 유치원에서도 예외가 아니다. • 처치자의 신속하고 정확한 행동은 부상자의 생명, 회복, 장애 여부에 큰 영향을 미친다. • 유치원 교사는 응급처치에 대한 정확한 지식과 실습을 통해 대처 능력을 갖추어야 하며, 침착한 대응과 주변의 위험 요소를 주의 깊게 살피는 태도가 중요하다.

응급상황에 대한 일반적인 준비	① **사고 상황에서의 역할을 분담**해 두어야 한다.
	   – 사고 상황이 발생하였을 때에는 사고당한 유아를 보살피고 응급처치하는 역할, 부모와 구조대 또는 응급실에 연락하는 역할, 남은 유아를 돌보는 역할, 경우에 따라서는 대피를 주도하는 역할 등으로 **교사의 역할이 미리 분담되어 있어야 신속하고 정확하게 대처**할 수 있다.
	② 응급상황이나 안전사고 발생 시 **도움을 구할 수 있는 곳의 전화번호를 쉽게 찾을 수 있도록** 준비해 둔다.
	   – 가까운 병원의 응급실이나 구급차를 부를 수 있는 전화번호, 119구조대 등의 전화번호나 유아와 관련된 부모의 연락처, 유아 주치의 전화번호 등도 손쉽게 찾을 수 있도록 준비해 두어야 하는데 이런 번호는 전화기에 스티커로 붙여 두는 것이 좋다.
	③ 응급상황이나 안전사고 발생 시 교사가 취할 수 있는 **응급처치법을 알아두고** 상황에 따라 참고할 수 있는 **응급처치 매뉴얼을 쉽게 꺼낼 수 있는 곳에 비치**하도록 한다.
	④ 응급상황이나 안전사고 발생 시 사용할 수 있는 **상비 의약품과 기구를 준비**해 두어야 한다.
	   – 상비 의약품은 유아의 손이 닿지 않는 시원한 곳에 보관하고 정기적으로 확인하여 보충하여야 한다.
	   – 그리고 소풍이나 견학 등 야외활동에 필요한 휴대용 구급상자를 준비해 두면 손쉽게 활용할 수 있다.
	⑤ **치료 시 알아두어야 할 유아에 대한 개인 정보를 미리 수집하여 기록·보관**해 두고 응급상황의 대처 과정에 필요한 부모의 동의를 미리 받아두고 필요한 정보를 준비해 둔다.
	   – **비상연락처 및 응급처치 동의서**는 응급상황에 필요한 다른 서류들과 함께 손쉽게 볼 수 있는 곳에 보관하고 야외활동 시 휴대용 구급상자와 함께 반드시 가지고 간다.
	⑥ 유치원에서는 **사고 발생 24시간 이내에 사고보고서를 작성**하여 **1부는 부모에 전달**하고 **1부는 유아 개인 파일에 보관**하며 작성된 사고보고서를 토대로 **위험물 제거 및 교정 활동 계획을 수립**한다.
	⑦ 장기간에 걸친 의료 치료를 받아오거나 특이체질인 경우에는 응급상황에서 특별한 보호가 필요하다.
	   – 교사는 특별한 도움이 필요한 유아마다 어떤 도움이 필요한지 사전에 숙지하고 있어야 하며 이들을 위한 구급상자를 마련하도록 한다.

	의료용 재료	바르는 약(외용제)	먹는 약(내용제)
응급처치를 위한 준비물	• 붕대 · 거즈 · 소독솜 • 삼각 붕대 · 탄력 붕대 • 칼 · 가위 · 핀셋 · 족집게 • 면봉 · 반창고 • 체온계(고막 체온계) • 일회용 장갑, 밴드 • 각종 부목	• 베타딘, 포비돈, 생리식염수 • 상처용 외용연고 • 스테로이드계의 피부연고 • 근육용 마사지 연고 • 화상용 바셀린 거즈 • 벌레 물린 데 바르는 연고 　(항히스타민 연고)나 파스	• 어린이용 설사약 • 멀미약 • 진통제 • 해열제 • 소화제
응급상황 및 사고 발생 시 대처방법	① **즉시 행동하고 침착한 상태를 유지한다** : 다친 유아를 안심시키고, 다른 유아들도 현장에서 벗어나도록 하여 안심시킨다. 　기 사고 상황을 목격한 유아들이 불안해할 수 있으므로 사고에 대한 언급을 하지 않고 유아들도 말하지 않도록 주의를 준다.[11] ② **다친 유아를 함부로 움직이지 말고, 신속하게 상황을 판단하여 움직인다.** : 추가적인 사고 발생이 예측되면 다친 아동을 조심스럽게 안전한 장소로 옮기고, 추가적 사고 발생 위험이 **없다면 다친 유아를 함부로 옮기지 않는다. 특히 목이나 척추손상이 의심**되는 유아는 절대 몸을 움직이지 않는다. 　기 교통사고로 유아의 의식이 없을 때에는 흔들어 깨워 일으키고, 출혈이 심할 때는 지혈 조치를 해야 합니다.[09] ③ 응급처치를 할 수 있다면 도움을 받을 수 있을 때까지 사전에 계획한 응급조치 절차 계획에 따라 신속하게 행동한다. **응급처치와 동시에 119에 구조를 요청**한다. 　기 유아가 의식이 없고 호흡을 제대로 못할 경우 교사는 해당 유아의 보호자에게 먼저 알린 후 119 구조대에 연락한다.[11] ④ 간단하게 처치할 수 없는 경우라면 섣불리 접근하기보다는, 119구급 상황관리센터에 연락하여 상황을 명확하게 전달하고 도움을 받는다. ⑤ **가능하다면 전화로 도움을 청한다. 전화를 할 때에는 중요한 정보에 대하여 천천히 그리고 명료하게 설명한다.** : 반드시 필요한 모든 정보가 다 전달되었는지를 확인하고 상대방이 전화를 끊을 때까지 기다린다. 필요시에는 구급차나 기타 긴급차량을 이용하여 환자를 후송할 수 있는 방안을 강구한다. ⑥ 응급처치법을 모른다면, 응급상황을 다룰 수 있는 사람이 올 때까지 그 자리에 머문다. ⑦ 응급처치할 사람이 오면 상황을 설명하고, 상황을 평가하도록 한다. ⑧ **상해 유아의 부모에게 연락**하고 **응급처치 절차에 대한 부모의 동의**를 받는다. 학기 초에 **비상연락처 및 응급처치 동의서**를 받아두어 처리가 신속하게 이루어질 수 있도록 한다. 　기 유아에게 응급처치가 필요한 상황에 대비하여 병원으로 갈 때에는 동행한 교직원이 부모 동의서, 상해보험 등의 서류를 가지고 간다.[11] ⑨ 부모가 도착할 때까지 교사는 유아와 함께 있도록 한다. ⑩ **24시간 이내에 사고보고서를 작성**한다. 유아의 기록철에 해당 보고서를 철하고 가능하다면 사본 1부를 당일 부모에게 준다.

도움을 요청해야 하는 응급상황	• 의식이 없거나 희미한 상황, 경련이나 마비증세, 머리나 척추의 손상으로 구토증세가 나타나거나 의식이 희미한 상황 • 심정지 또는 호흡곤란, 심장질환으로 인한 급성 흉통, 심장박동 이상 • 극심한 통증을 호소하는 상황(통증으로 인해 움직일 수조차 없는 상황) • 독성물질을 삼킨 상황 • 갑작스러운 시력 소실 • 갑자기 배가 아픈 증상 • 부위가 큰 화상 • 개방성 골절, 다발성 골절, 다발성 외상 • 지혈이 안 되는 출혈 • 교통사고로 상태가 위중한 상황, 알레르기 반응, 전기손상, 익수
119구급상황 관리센터 신고내용	• 전화 통화 시 당황하지 말고 천천히 분명하게 말하는 것이 중요하다. • 전화를 할 때는 다음의 내용을 전달한다. ① 사고의 내용, 사고 발생 장소("유치원에서 아이가 떡을 먹다가 목에 걸렸어요.") ② 부상자의 상태("아이가 숨을 잘 쉬지 못하고 있어요.") ③ 부상자 수, 성별, 연령("7세 남자아이 한 명입니다.") ④ 신고하는 사람의 이름과 전화번호, 주소를 정확하게 알려준다.("제 이름은 ○○이고, 전화번호는 000-0000번이에요. 위치는 ○○구 ○○동 ○○번지 ○○유치원입니다.") : 번지를 잘 모르면 주변의 잘 알려진 건물을 알려준다. ⑤ 구급차가 도착하기 전까지는 119로부터 부상자에 대한 도움을 받을 수도 있으므로 전화를 끊지 않는다.
점검 내용	**사고에 대비하여 유아에 대한 응급처치 동의서를 받아 비치하고 있다.** • 유아 입소 시 응급처치에 대한 동의서를 받아 비치해 두도록 함. • 응급처치 동의서에는 비상연락처, 의료보험카드 번호를 기록해 두도록 함. **안전사고 발생 시 사고일지에 기록하고 있다.** • 안전사고가 발생했을 시에는 크건 작건 간에 사고발생 24시간 이내에 사고보고서를 작성하도록 함. 기 유아에게 특별한 외상이 없더라도 교사는 사고 보고서를 작성한다.[11] • 사고보고서에는 사고발생장소, 사고이유, 사고처리에 대한 것을 기록하도록 함. **안전사고 발생 시 일어난 사고에 대해 부모에게 알리고 있다.** • 사고보고서 1부를 부모에게 전달하도록 함 **사고일지 기록을 분석하여 향후 년도의 안전관리 대책 수립 시 반영한다.** • 1년 사고보고서를 토대로 유치원에서 자주 발생하는 사고유형 및 원인을 분석하여 향후 년도 안전관리 및 안전교육 계획 시 반영하도록 함.

사고보고서 작성 및 활용방안	① 사고보고서에는 기관명, 전화번호, 기관주소, 상해원아 인적사항(원아명, 성별, 연령), 사고일자, 사고시간, 목격자명, 부모에게 연락한 사항, 연락시간, 119신고 여부(신고여부, 신고시간), 사고발생 장소, 사고당시 활동내용, 사고원인, 사고유형, 상해를 입은 시설설비, 사고부위, 응급처치, 진료여부, 원아보호를 위한 추후 계획, 재발방지에 필요한 교정활동, 교사서명, 부모서명 등이 포함되어야 한다. ② 유치원에서는 사고 발생 24시간 이내에 사고보고서를 작성하여 부모에게 전달하며 작성된 **사고보고서를 토대로 위험물 제거 및 교정 활동 계획을 수립**한다. ③ 또한 연말에는 **1년간의 사고보고서를 분석**하여 유치원 내 **자주 발생하는 사고 유형 및 원인을 내년도 안전관리 및 안전교육 계획 수립 시 반영**하도록 한다. 이와 더불어 신임교사 훈련 시 교육내용에 포함시키도록 한다. 기 ⓜ '응급처치가 필요할 경우를 대비해 보호자에게 받은 서류'의 서류명 1가지를 쓰시오.[14] 기 ⓗ에 들어갈 말을 쓰시오. 유치원에서는 매년 유아 입학 시 안전사고에 대비하여 유아에 대한 **(응급처치)** 동의서를 받아 비치해 두고 있다. (다) : 유치원에서 안전사고 발생 시 대처 방안의 일부이다.[18] 기 ① ㉠ '이런 상황에 대비해서 학기 초에 받아 놓은 서류'에 해당하는 서류 1가지를 쓰시오.[21] | 1. 상황에 맞는 (응급처치)하기	유아의 상황을 신속히 파악한 후 필요한 **(응급처치)**를 한다.
2. 사고 알리기	… (생략) …
3. 학급 안정시키기	다른 유아들이 동요하지 않도록 차분히 안내하고 다른 교사에게 학급 관리를 인계한다.
4. 필요한 의료조치 받기	… (생략) …
5. 사고 후 처리하기	사고 발생 24시간 이내에 **(사고보고서)**를 작성하여 부모에게 전달한다.	

2) 응급처치 동의서 및 사고보고서

(1) 응급처치 동의서

성 명		유아 주민등록번호	
성 별	남, 여	반	

귀 기관에서 다음의 절차에 따라 응급처치를 하는 경우, 그 권한을 귀 기관에 위임할 것에 동의합니다.
20 . .
부 모 :   (서명 또는 인)

〈응급처치 절차〉

1. 사고 발생 시 가장 먼저 부모님께 연락합니다.

	연락처		
	집	휴대폰	직 장
아버지			
어머니			

2. 부모님과 신속하게 연락되지 않을 경우, 부모님이 정해주신 다음의 연락처로 연락드립니다.

성명	유아와의 관계	연락처		
		집	휴대폰	직 장

3. 필요한 경우 119 구조대에 연락할 것이며 (기관에서 지정하는 의료기관이나, 부모님이 정하신 의료기관)으로 응급수송할 것입니다.(비용은 보호자 부담으로 합니다)

4. 의료기관 수송 후에는 다음의 의료보험 관련 정보를 주어 신속하게 치료받을 수 있도록 합니다.
   의료보험 종류 _____, 번호 _____, 기관 _____

5. 알레르기 및 특이 체질에 의하여 진료에 영향을 미치는 기타 정보(약물 부작용 여부 등)

○○유치원장

(2) 사고 보고서

1. 영유아 이름 : 성별 : 생년월일 년 월 일	
2. 사고일시 : 년 월 일 시 분	
3. 사고발견자 :	
4. 부모에게 연락한 시간 :	연락한 사람 :

5. 사고가 일어난 장소 • 실외 : 시설물☐   잔디☐   땅바닥☐   자전거길☐   계단☐ • 실내 : 교실☐   복도☐   현관☐   화장실☐   계단☐   주방☐   놀이실☐ • 기타_____
6. 사고 관련 시설·설비 • 종합놀이터☐   정글짐☐   미끄럼틀☐   오르기 기구☐   실외 수돗가☐   모래☐ • 놀잇감(구체적으로)_____ • 교재☐   교구장☐   선풍기☐   난로☐   교실문☐   창문☐   현관문☐ • 전기☐   수도☐ (더운물___ 찬물___)
7. 사고의 원인 • 유아의 부주의   ☐   • 시설·설비 문제   ☐ • 다른 유아의 부주의   ☐   • 동물의 가해   ☐ • 성인의 부주의   ☐   • 기타_____
8. 다친 부위 • 눈☐   귀☐   코☐   입☐   치아☐   얼굴의 다른 부위☐ • 머리의 다른 부분☐   목☐ 팔/손목/손☐   다리/발목/발☐   몸통☐ • 기타_____
9. 상해 형태 • 찰과상☐   타박상☐   베임☐(깊이___, 길이___), 자상(찔려서 난 상처)☐ • 삠☐   골절☐   탈구☐   압박/눌린 상해☐   화상☐ • 기타_____ • 출혈 상태_____ • 의식 여부 : 의식 있음☐   의식 없음☐
10. 사고 상황(사고에 대해 '언제, 어디서, 누가, 무엇을, 어떻게, 왜'에 관련된 내용을 구체적으로 서술)
11. 사고 대처내용   (사고 대처내용에 대해 '언제, 어디서, 누가, 무엇을, 어떻게'의 요인을 구체적으로 서술)

12. 처치
    1) 유아교육기관
        - 응급처치를 한 사람_____
        - 응급처치 내용_____
    2) 병원 처치
        - 후송자_____
        - 후송병원_____
        - 처치 의사명_____
        - 처치내용 _____
          _____
          _____
    3) 입원 여부 및 기간
        - 입원 여부 : 입원 치료☐   통원 치료☐
        - 입원 기간 : _____박 _____일
    4) 상해 아동의 추후 진단 및 치료계획
        - 전문의 소견(진단명)_____
        - 전문의에 의한 치료계획_____
          _____
          _____

13. 기타 사항

14. 확인
    - 기록자(담임교사) _____(인)   - 목격자 _____(인)
    - 응급처치자 _____(인)   - 부모의 서명 _____(인)
    - 기관장 _____(인)

3) 상황별 응급처치 방법

① 머리를 부딪쳤을 때	머리에 피가 나는 경우	① 119에 구급차를 요청한다. ② 소독한 거즈로 상처 부위를 덮는다. ③ **머리와 어깨를 약간 위로 올린 자세**로 눕힌다. ④ 상처 주변을 **약간 강하게 압박**하여 지혈한다. ※ ③ 중력으로 인해 심장으로부터 상처 부위까지 혈압을 낮추어 출혈을 줄이는 데 도움을 준다. 기도 확보로 호흡이 원활해진다.
	혹이 생긴 경우	① 유아를 안정시킨다. ② 차가운 수건이나 냉찜질팩으로 **냉찜질**을 한다. ③ 병원으로 이송한다. ※ ② 혈관을 수축시켜 부기와 염증을 완화해 준다. 차가운 온도는 신경 말단을 둔감하게 만들어 통증을 줄여준다.
	즉시 병원에 이송해야 하는 경우	① 의식이 희미하거나 없는 경우 ② 두통과 구토가 반복되는 경우 ③ 호흡이 이상하거나 하품이나 딸꾹질을 자주 하는 경우 ④ 손발의 동작이 이상하거나 좌우 눈동자의 크기가 다른 경우 ⑤ **귀나 코에서 혈액이나 맑은 액체가 흘러나오는 경우** – 머리를 다친 후에 **48~72시간 이내**에 이러한 증세가 나타나면 **기도를 확보**할 수 있도록 **옆으로 눕히고**, **혈압이 올라가지 않도록 머리를 약간 올려준다.** – 119에 구급차를 요청한다. ※ 머리를 너무 높이 올리지 않도록 주의해야. 머리를 너무 높이 올리면 뇌로 가는 혈류량이 감소하여 오히려 상태를 악화시킬 수 있다.
	외부에 손상이 없는 경우	• 머리를 부딪친 후 평소와 다른 모습을 보이지 않는다면 크게 걱정하지 않아도 된다. • 그러나 시간이 지나서 증상이 나타나는 경우가 있으므로 머리를 강하게 부딪친 때에는 **가능한 안정을 시키고 상태를 관찰**하도록 한다. 하원 후에도 집에서도 **지속적으로 관찰하도록 보호자에게 설명**해 준다. 기 유아의 머리에 경미한 상처만 있고 정상적으로 잘 놀면 상처 난 부위를 소독한 후 반창고나 거즈를 붙이고 해당 유아의 보호자에게 알린다.[11] **주의사항** • **귀나 코에서 혈액이나 맑은 액체가 흘러나오면 막지 않는다.** • 꼭 이동해야 하는 상황이 아니라면 **유아를 함부로 움직이게 하지 않는다.** • 머리에 상처가 난 경우에는 다른 부위보다 피가 많이 나므로 침착하게 행동한다. ※ 뇌척수액이나 혈액이 귀나 코를 통해 밖으로 흘러나올 경우 두개골 내부 압력이 낮아진다. 이를 막으면, 뇌압 상승으로 뇌 손상 초래할 수 있다.

② 눈을 다쳤을 때	눈에 모래나 먼지가 들어간 경우	① 눈물을 흘리게 하여 자연적으로 빠지게 한다. ② **이물질이 들어간 눈을 아래쪽**으로 한다. ③ **생리식염수나 깨끗한 물**을 눈에 부어 씻어 낸다. - 작은 이물질은 흐르는 물로 씻고, 제거하기 힘든 **큰 이물질**이 들어간 경우 **이물질을 종이컵** 등의 덮개로 덮고 **양쪽 눈은 가급적 모두 감싸서** 눈이 움직이지 않도록 한 뒤 병원으로 이송한다. - **물로 씻어지지 않을 경우, 면봉** 등으로 **제거**한다. - **젖은 거즈**나 **깨끗한 천**으로 제거한다. ※ 생리식염수가 눈의 자연적인 화학 성분과 유사한 염도를 가지고 있기 때문이다. 이에 따라 눈을 자극하지 않으면서 모래나 이물질을 효과적으로 씻어낼 수 있다. ※ 눈은 동시 운동 특징이 있다. 한쪽 눈만 감싸면 반대쪽 눈은 계속 움직일 수 있고, 이물질이 더 깊이 들어갈 수 있는 위험을 증가시킨다.
	눈을 부딪친 경우	① **냉찜질**한다. ② 119에 구급차를 요청한다.
	눈을 찔린 경우	① **이물질을 제거하지 않는다.** ② 찔린 눈을 **종이컵**이나 **붕대로 도넛 모양**을 만들어 **보호**한다. ③ 눈을 보호하면서 **이물질이 움직이지 않도록 붕대**를 감는다. **양쪽 눈을 가린다.** ④ 119에 구급차를 요청한다.
	눈에 화학약품과 세제가 들어간 경우	① 손가락으로 **눈을 가능한 한 크게** 벌린 후 **유아의 시선을 아래로** 하고 즉시 **물**이나 **생리식염수**로 눈을 씻어낸다. ※ 눈의 나머지 부분으로 퍼지는 것 최소화 ② **눈 안쪽에서 바깥쪽 방향으로 흐르듯이 세척**하여 화학약품이 **다른 쪽 눈으로 들어가는 것을 막**는다. ③ 5분 이상 생리식염수로 충분히 씻어내며 **양쪽 눈에 차갑게 적신 드레싱**을 대고 **느슨하게 붕대**로 감은 후 병원으로 이송한다. ※ 차갑게 적신 드레싱 : 혈관 수축 유도하여 염증, 통증, 부기 완화 ※ 느슨한 붕대 : 충분한 공기 순환, 추가 압박으로 인한 손상 방지
	주의 사항	• 유아들이 눈에 이물질이 들어가거나 아플 때 눈을 비비지 않도록 사전에 교육한다. • 눈에 화학약품이 들어간 경우에는 119에 전화하여 전문가의 지시에 따라 처치한다.

③ 코나 귀에 이물질이 들어갔을 때	코에 이물질이 들어간 경우	① **입과** 이물질이 **없는** 쪽의 **콧구멍을 막아주며 코를 세게 풀어보게** 한다. ② 이물질이 빠지지 않으면 **무리하게 빼내려 하지 말고, 병원**에 간다. – 유아를 **평평한 바닥에 눕**힌 후 **손전등으로 콧속을 비춰본다.** 이물질이 코 입구에 걸려있거나 **제거하기 쉬울 때는 핀셋**으로 집어낸다. – 이물질이 **기도를 막고 있거나 빼낼 수 없을 경우 억지로 빼려고 하면** 잘못 하여 **허파로 들어갈 수 있으므로 빼지 않고, 병원**으로 간다.
	귀에 작은 벌레가 들어간 경우	① 어두운 곳에서 **손전등**을 비춘다. ※ 벌레는 몸의 기공 통해 호흡, 오일 묻으면 질식. ② **베이비오일**을 한두 방울 귓속에 떨어뜨린 후 가볍게 마사지한다. ③ **귀를 아래쪽**으로 향하게 하여 이물질이 밖으로 나오게 한다. – 귀에 들어간 이물질이 **작고 부드러운 경우**에는 **핀셋**으로 집어낸다. – 그래도 이물질이 나오지 않으면 **미지근한 물을 귓구멍으로 넣어 세척**해 낸다. 안 될 경우, 병원으로 간다. [기] ② ⓒ '선우 귀에 작은 벌레가 들어간 것 같아요.'에 해당하는 응급처치 방법 중 유치원에서 교사가 처치할 수 있는 방법 2가지를 쓰시오.[21]
		주의 사항: • **곤충의 종류를 모르는 경우**에는 **오일**을 이용하는 방법을 쓴다(바퀴 벌레는 빛을 피해 도망간다). • **고막에 염증** 등으로 구멍이 있는 경우에는 **오일을 사용하지 않는다.** • 절대로 **면봉**이나 **귀 후비게** 등으로 이물질을 **억지로 빼내려** 하지 않는다.
④ 코피가 나거나 치아가 다쳤을 때	코피가 나는 경우	① **의자에 앉게 하고 고개를 약간 앞으로 숙이게** 한다. ※ 질식, 구토, 설사 막기 위함 ② **코뼈 바로 밑의 코 부분을 두 손가락으로 5~10분간 꼭 누른다**(이때 호흡은 입으로 한다). ※ 혈관을 압박하여 출혈을 멈추게 할 수 있음 ③ 코피가 나오는 쪽의 콧구멍에 **거즈를 둥글게 말아** 너무 깊지 않게 막는다. 이런 경우 **끝이 조금 밖에 나오게 해 둔다.** ④ **냉찜질**한다(코의 콧날에 얼음주머니를 대면 지혈이 빨리 된다).
		주의 사항: • 코피가 20분 이상 멈추지 않으면 빨리 병원으로 옮긴다. • **외상 때문에 코피가 나는 경우라면 지혈을 하지 않는다.** • 코를 풀거나 코피를 삼키지 않도록 한다.
	이가 부러지거나 빠진 경우	① **거즈를 도톰하고 둥글게 말아 다친 부분에 물게** 한다. ※ 지혈, 통증 완화 ② 차가운 수건이나 냉찜질팩을 이용하여 **냉찜질**을 한다(상처 주위가 부어오를 수 있음). ③ 빠진 치아나 부러진 치아는 **생리식염수**나 **우유**에 담가 상태를 **보존**한다. ④ 30분 이내 병원으로 이송 ※ 우유 : 체액의 농도와 비슷, 수분 유지, 살균, 치아 오염을 방지 – 치아는 부상당한 후 30분 이내에 원래 있었던 자리에 다시 넣어주면 대체로 잘 붙기 때문에 치아의 모양을 보고 빠진 치아를 원래 있었던 자리에 넣은 후 치아의 윗부분을 눌러서 인접한 치아와 배열이 고르게 한다. – **반쪽 빠진 치아는 빼지 말고 제자리에 붙이고** 치과에 데리고 간다. – **턱뼈 골절이 의심되는 경우** : 턱 아래에서 머리 위까지 붕대로 감아서 **턱뼈를 고정시킨 후** 치과에 데리고 간다.

	주의 사항	• 빠진 치아의 **뿌리 부분을 절대로 만지지 않는다.** • 치아가 더럽다고 **뿌리 부분을 문질러 닦지 않는다.** • 포크같이 뾰족한 것을 입에 물고 있다가 **찔렸을 경우에는 움직이거나 빼지 말아야** 한다.
⑤ 이물질이 목에 걸렸을 때	의식이 있는 경우	① 119에 전화하도록 요청한다. ② 혼자서도 기침을 할 수 있는 경우에는 **스스로 기침을 하도록 유도**한다. 이때, 처치자는 **기침을 세게 하는 모습을 보여주어 따라 하도록** 한다. ③ **말을 하지 못하거나 숨을 쉬지 못하거나 기침을 하지 못하면 즉시 복부 밀쳐 올리기를 시행**한다(하임리히법, 복부 밀쳐 올리기). • 유아의 등 뒤에 서서 한 손으로 주먹을 쥐고, 엄지를 유아의 [기] '**배꼽 위와 흉골의 바로 아래**'에 둔다.[24] • [기] **다른 한 손으로 주먹 쥔 손을 감싼다.**[24] • **팔꿈치를 구부리면서 주먹을 5번 빠르게 복부를 빨리 위로 밀어** 올린다. ④ **5회 실시 후 유아의 상태를 확인**한다. 이물질이 제거되거나 유아가 의식을 잃기 전까지 복부 밀쳐 올리기를 계속 실시한다. [기] '**복부**'의 부위를 구체적으로 쓰고, ② ㉡에서 해야 할 교사의 행동을 쓰시오.[24]
	의식이 없는 경우	① 119에 구급차를 요청한다. ② 유아를 **단단한 바닥에 얼굴이 위로 향**하게 눕힌다. ③ **심폐소생술**을 실시한다. ④ **인공호흡 시마다 환자의 입을 열어 이물질이 나왔는지 확인**하고 이물질이 보이면 제거한다.
	숨을 쉬지 않는 경우	① 119에 구급차를 요청한다. ② 유아의 등 뒤에 서서 한 손으로 주먹을 쥐고 유아의 **배꼽과 명치 사이**에 댄다. ③ 다른 한 손으로 주먹 쥔 손을 감싼다. ④ 주먹으로 유아의 배를 누르면서 빨리 위로 밀어 올린다. ⑤ 이물질이 빠지면 유아를 눕히고 기도를 확보한다. 주의 사항: • 유아가 삼킨 물질을 뱉어내거나 호흡 또는 기침을 힘차게 시작할 때까지 동작을 분명하게 반복한다. 매 5회마다 유아의 상태를 점검한다. • **스스로 기침**을 하고 있는 동안에는 **방해하지 말아야** 한다. – 아주 작은 아이인 경우 **양쪽 견갑골 사이를 손바닥으로 친다.**

⑥ 독극물을 마셨을 때	의식이 있는 경우	① **삼킨 물질을 확인**한다. ② 119에 전화하여 전문가의 지시를 따른다. ③ 유아를 **옆으로 눕혀** 안정을 취하게 한다. ※ 바로 눕히면 구토물, 독극물이 기도로 넘어갈 수 있음. 옆으로 누이면 몸 밖으로 잘 배출되어 기도가 확보됨.
	의식이 없는 경우	① 119에 구급차를 요청한다. ② 유아를 **옆으로 눕혀** 안정을 취하게 한다. ③ 이는 **독극물의 흡수 시간을 늦추고 폐로 들어가는 것을 지연**시킬 수 있다. 이때 유아들의 **기도, 호흡, 순환**을 자주 점검한다. ※ Airway-breathing-circulation (ABC) : 기도 확보 - 호흡 확인 - 순환 상태(맥박) 확인
	주의 사항	• 병원에 갈 때에는 유아가 삼킨 물질이나 그 용기를 가져간다. • 물질을 발견하지 못한 경우에는 구토물을 가져간다. • 유아가 **삼킨 물질이 무엇인지 모를 때는 함부로 토하게 해서는 안 된다.** - 특히 **강한 산성 물질**(세척제, 녹제거제, 황산 등), **강한 알칼리성**(양잿물, 가정용 표백제, 세탁소다 등), **석유제품일 때**는 토하지 말아야 한다.
⑦ 가슴이나 배를 부딪쳤을 때	외부에 손상이 없는 경우	• 큰 소리로 울고 나서 그 후 안색도 좋고 기분도 좋고 평소와 다른 모습도 보이지 않는다면 크게 걱정할 것은 없다. • 그러나 부딪친 직후에는 전혀 이상이 보이지 않다가 시간이 지나고 증상이 나타나는 경우가 있으므로 가슴이나 배를 강하게 부딪친 후에는 가능한 한 안정시키고 상태를 관찰할 필요가 있다.

	병원에 가야 하는 경우	① 의식이 희미하거나 없는 경우
		② 심한 통증이 있는 경우
		③ 얼굴이 파랗고 식은땀을 흘리는 경우
		④ 소변에 피가 섞여 나오는 경우
		⑤ 호흡이 이상하거나 구토, 딸꾹질을 하는 경우
		  - 119에 구급차를 요청한다.
		  - 유아를 **옆으로 눕힌다.**
		  - 몸을 **따뜻하게** 해 준다.
		    주의사항 • 절대로 **음식물을 주지 않는다.**

⑧ 팔이나 다리를 다쳤을 때	피가 나지 않는 경우	① **부목**을 사용하여 가볍게 붕대를 감는다. ② 부목이 없다면 **골판지**나 **잡지**를 활용한다. ③ 부목으로 고정시킨 후 병원에 간다.
	피가 나는 경우	① 일회용 장갑을 낀다. ② 상처 부위를 **생리식염수**나 **흐르는 물**로 씻어낸다. ③ 상처 부위를 소독한 거즈로 덮고 지혈한 뒤 압박붕대로 감는다. ④ 부목으로 고정시킨 후 병원에 간다.

	염좌인 경우 (삐었을 경우)	① 다친 곳을 움직이지 않게 한다.
		② 냉찜질팩을 이용하여 **냉찜질**한다.
		③ 다친 곳을 **압박붕대**로 감아준다.
		④ 다친 곳을 **올려준다**.
		  - 기도 및 호흡과 순환을 확인한다, 부상자를 안정시킨다.
		  - 통증 부위에 **직접 압박**을 가하여 국소적 종창을 줄인다.
		  - 손상 부위를 **심장보다 높게** 올려서 부종을 감소시킨다.

	강직의 경우 (쥐가 난 경우)	① 몸의 힘을 빼고 **발바닥 오목 부분**을 가볍게 누르면서 주무른다. ② 무릎을 누르고 다리를 쭉 뻗은 후 발뒤꿈치 아킬레스건 부분을 잡고 당기면서 엄지발가락 부분을 몸 안쪽으로 민다. ③ **더운물**의 마사지도 효과가 있다.
	골절의 경우	• 골절이란 **뼈가 부러졌거나 금이 간 상태**를 말한다. 골절의 증세는 심한 통증이 있고, 붓고 멍이 들며 형태가 변한다. • 골절된 곳의 밑 부분을 움직일 수 없으며 출혈이 있고 뼈가 튀어나오기도 한다. • **단순골절**은 뼈가 부러졌거나 금이 간 상태를 말하며, **복합골절**은 부러진 뼈에 의해 다른 신체조직의 손상을 겸하고 있는 상태를 말한다. ① 기도-호흡-순환을 확인하여 필요한 응급처치를 한다, 쇼크에 대비한 응급처치를 한다. ② 보고-만지기 방법을 이용하여 팔과 다리를 검사한다, 순환·감각·운동기능을 평가한다. ③ 골절환자를 함부로 옮기거나 다친 곳을 건드려서 부러진 뼈끝의 신경, 혈관 또는 근육을 손상시키거나 피부를 뚫어 복합 골절이 되지 않도록 한다. ④ 뼈가 부러져서 피부 바깥으로 나온 경우에는 **손상된 부분을 소독된 거즈로 넓게 덮**거나 **붕대로 느슨**하게 감아 넓게 **부목**을 대어 빨리 병원으로 데리고 간다. 기 ㉢ '골절'에 적절한 응급처치 방법 1가지를 쓰시오.[14] ⑤ 골절이 의심되어 병원으로 데리고 갈 때는 **몸을 따뜻하게** 보온해 주고 **먹을 것을 주지 않는다**. ⑥ 골절 부위에 출혈이 있으면 **직접 압박**으로 출혈을 방지하고 부목을 대기 전에 드레싱을 먼저 한다. ⑦ 병원으로 이송하는 중에는 골절된 부위가 더 이상 움직이지 않도록 **무거운 모래주머니**나 **베개** 등을 이용하여, 양쪽 목 옆, 머리 주변, 몸의 양쪽을 잘 받쳐 유아의 전신이 움직이지 않도록 고정한다.

	⑧ 유아가 **목**이나 **등**을 잘 움직이지 못하고 아파하거나 **머리, 목** 등에 부상을 당했다고 의심되면 머리부터 발끝까지 **일직선이 되도록 똑바로** 누워있게 하고 더 이상 움직이지 못하게 한 후 구급차를 불러서 응급처치 전문가에 의해 응급처치가 이루어지도록 한다. [기] ⊙~② 중 적절하지 않은 응급처치 2가지를 찾아 기호를 쓰고, 각각 바르게 고쳐 쓰시오. 손가락 골절로 생각이 되어 즉시 ⊙ <u>손톱이 보이도록</u> ⓒ <u>손에 부목을 대고</u> 붕대를 감아 고정하였다. 바로 병원으로 가면서, 차 안에서 ⓒ <u>몸을 따뜻하게 해 주었고</u>, 태훈이가 불안해지 않도록 이야기를 나누며 ② <u>우유를 먹였다.</u>[17]
주의 사항	• 골절이나 탈구, 염좌가 의심되는 경우, 상처 부위를 주무르거나 자세를 함부로 바꾸지 않는다. • 목이나 척추에 이상이 의심되는 경우에는 유아를 그대로 둔다. • 의식이 없는 경우에는 119에 연락하고 가능한 한 빨리 병원으로 이송한다. • 부목이 없는 경우에는 **부목 대용품(쿠션, 담요, 신문지, 잡지 등)**을 활용한다.
부상 부위에 따라 부목을 대는 방법 (전남련 외, 2014)	① **손가락이나 손의 뼈**가 골절이 될 경우 **손가락, 손, 팔목까지 부목**을 대며 손톱을 보이게 하여 혈액순환을 돕는다. ② **손목의 뼈**가 골절되었을 경우 **손, 손목과 팔꿈치를 포함한 부위에 부목**을 대준다. ③ **손목에서 팔꿈치** 부근의 뼈가 골절되면 **손, 손목, 팔꿈치를 지나서 팔의 윗부분까지** 부목을 대준다. ④ **상박 골절**이 의심되어서 판자를 이용해서 부목을 댄 경우에는 **겨드랑이에 보호대**를 넣어준다. ⑤ **대퇴골**에 골절이 되면 **겨드랑이 밑에서 발목까지** 부목을 댄다. ⑥ **무릎, 종아리** 부근에 골절이 되면 **넓적다리 중간에서 발끝까지** 부목을 댄다. 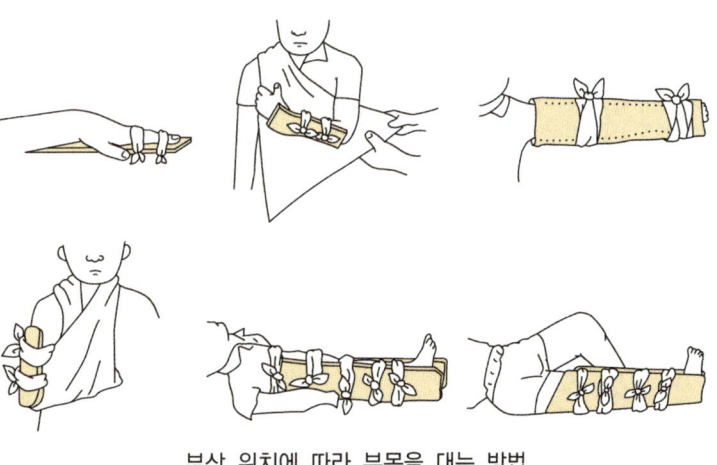 부상 위치에 따라 부목을 대는 방법

⑨ 손가락이 잘렸을 때	손가락의 잘린 부분	① 손가락의 **잘린 부분**에 **소독한 거즈를 두껍게** 댄다. ② 지혈한 뒤 압박붕대로 감는다. ③ 절단 부위를 심장보다 높게 한 상태로 병원으로 이송한다.
	잘린 손가락 (절단 부분) 보존하기	① **잘린 손가락을 생리식염수로 적신 거즈에 싼다.** ② 절단 부위를 감싼 거즈를 비닐봉지에 넣어 물이 들어가지 않도록 **봉합**한다. ③ **얼음물**이 든 비닐봉지나 용기에 봉합한 비닐봉지를 넣는다. ④ 얼음물이 든 비닐봉지를 묶는다.
	주의 사항	• 절단 부위를 세게 만지거나 소독약 등을 바르지 않는다. • 모든 병원에서 접합 수술이 가능한 것은 아니므로 119의 도움을 받도록 한다.
⑩ 피부에 상처가 났을 때	긁히거나 까진 경우 (찰과상)	① 생리식염수나 흐르는 물에 **비누로** 상처 부위를 씻어준다. ② 연고를 바르고 일회용 밴드나 거즈를 붙여준다. ③ 심할 경우 병원에 가서 치료를 받도록 한다.
	멍든 경우 (타박상)	① 차가운 수건이나 냉찜질팩으로 **냉찜질**한다. ② 상처 부위를 **심장보다 높게** 해 준다. ③ 24시간 후에는 더운 찜질을 해 준다. ④ 심하게 멍들거나 변형이 보이면 병원에 가서 치료를 받도록 한다.
	베인 경우 (절창, 열상)	① 생리식염수나 흐르는 물에 비누로 상처 부위를 씻어준다. ② **소독한 거즈로 덮어 지혈한다.** ③ **병원에 간다.** – 거즈를 덮고 꼭 누른 다음 반창고를 붙인다. 이때 공기가 잘 통하도록 **너무 조여서 붙이지 않도록** 한다. – 지혈할 때 상처 부위를 심장보다 높여준다.
	주의 사항	• 상처 부위를 함부로 소독하지 않는다. • 포비돈 등은 얼굴에 바르지 않는다. • **깊게 베인 경우** 병원에서 봉합수술을 받아야 하는 경우가 있으므로, **연고를 바르지 않는다.**

⑪ 뾰족한 것에 찔렸을 때 (자창, 자상)	이물질에 찔린 경우	① 생리식염수나 흐르는 물에 비누로 상처 부위를 씻어준다. ② 소독한 거즈로 덮어 지혈한 후 병원에 간다.
	가시에 찔린 경우	① **소독한 핀셋**이나 **족집게**로 가시를 빼낸다. ② 상처 부위를 살짝 눌러 **피를 뺀다.** ③ 생리식염수나 흐르는 물에 **비누**로 상처 부위를 씻어준다. ④ **상처용 외용연고**를 발라준다.
	이물질이 박힌 경우	① 이물질이 압정이나 못 등의 금속성 물질인 경우에는 한두 차례 뽑는 것을 시도한다. ② **너무 깊게 박힌 경우** 뽑아내려고 하지 말고 **그대로 고정**한다. ③ 119에 구급차를 요청한다. **주의사항** • 나무나 가시 등 부서지기 쉬운 물질은 억지로 뽑아내지 않는다. • 녹이 슨 못이나 압정에 찔린 경우 반드시 병원에 간다. • 깊게 박힌 것은 빼지 말고 바로 병원에 간다.
⑫ 피가 날 때	상처 부위가 작은 경우	① 일회용 장갑을 낀다. ② 소독한 거즈나 깨끗한 천으로 상처 부위를 완전히 덮고, 거즈에 손가락이나 손바닥을 대고 직접 압박한다. ③ 거즈가 피로 젖으면 거즈를 제거하지 않고 **거즈를 덧대어 압박**한다. ④ 상처에 댄 거즈 위에 **붕대를 세게** 감는다. ⑤ 상처 부위를 심장보다 높은 위치에 유지한다.
	상처가 넓거나 출혈이 심한 경우	① 출혈 부위보다 **심장에 가까운 쪽의 동맥**을 강하게 압박한다. ② 피부 위에서 박동이 쉽게 감지되는 동맥을 안에 있는 뼈를 향해 강하고 정확하게 압박한다.
	드레싱 방법	① 처치자는 먼저 손을 씻는다. ② 상처 부위를 모두 덮을 수 있을 만큼 크며 소독된 것, 소독 드레싱이 없다면 **깨끗한 천**을 사용한다(예를 들면 손수건, 세탁한 천, 수건). ③ 드레싱의 한쪽 끝을 잡고 직접 상처에 댄다. ④ 드레싱 위에 피가 배일 때에는 드레싱을 떼어내지 말고 **그 위에 붕대를 맨다.** **주의사항** • 유아는 한 컵(100~200㎖) 이상 출혈하게 되면 생명이 위험해진다. • 상처나 드레싱 위에서 기침하거나 숨 쉬거나 말하지 않는다. • 출혈 부위를 심장보다 높게 하고 가능한 한 빨리 병원으로 이송한다. • 상처를 만지거나 상처에 닿는 부분의 드레싱은 손에 닿지 않도록 하여야 한다.

- 화상의 정도는 '깊이'와 '너비'로 판단한다.
- **특히 '너비'가 문제** 되는데, 성인의 경우는 전신의 20%, 영유아인 경우 10% 이상인 경우 생명이 위험하기 때문에 구급차를 불러야 한다. 자신의 손바닥의 크기를 대략 1%로 너비를 측정한다.

1도 화상	• 햇볕에 피부를 장시간 노출시키거나, 뜨거운 물이나 증기에 약간 데인 경우 • 피부가 발개지고, 얼얼하지만, 보통 유아교육기관에서 **시원한 물**로 식히면 수일 내로 낫는다.
2도 화상	• 피부가 빨갛게 붓고, 물집이 생기고, 진물이 나고 심한 통증이 따른다. • 이 경우에는 **물로 식히고 거즈를 댄 후** 병원에 가서 치료를 받으면 2~4주 정도면 낫는다.
3도 화상	• 피부가 타서 말라 쪼그라진 상태로 하얗게 보이거나 검게 탄 경우이며, 화상 부위는 신경이 파괴되어 화상 부위는 심한 통증을 느끼지 못하지만 주변 부위의 통증이 매우 심하다. • 외피와 피하층은 물론이고 피하조직까지 화상을 입은 상태로 물집은 생기지 않는다. • 피부 이식 등의 치료가 필요하며, 생명이 위험할 수도 있다.

⑬ 화상을 입었을 때	열에 의한 가벼운 화상의 경우	① **흐르는 차가운 물로 15분** 정도 식혀준다. 유아가 심하게 떨거나 저체온이 의심될 경우는 멈추도록 한다. ② 상처에 **항생제 연고**나 **화상용 연고**를 발라준다. ③ 상처 부위를 소독한 거즈로 덮어 준다. - 화상 부위를 찬물에 10분 이상 담그지 않는다. 체온 손실로 인한 저체온증에 빠질 수 있다. - 화상 부위를 즉시 찬물로 식힌다. 3도 화상인 경우에는 감염위험이 있으므로 찬물에 담그지 않는다. - 세균감염 위험이 있기 때문에 작은 화상은 축축한 드레싱을 하지만 손바닥의 5배 정도로 크면 소독된 거즈 등으로 화상 부위를 덮어 감염을 최소화한다.
	화학 약품에 의한 화상인 경우	① 가루 형태인 경우 가루를 털어내고, 액체 형태인 경우 생리식염수나 물로 씻어낸다. ② 화학약품이 눈에 들어간 경우에는 응급처치를 받을 때까지 계속 물로 씻는다. ③ 가능한 한 빨리 병원에 간다. - **손, 발, 관절 등의 화상**은 48시간이 지나면 수축의 힘으로 구축성 변형을 방지하기 위해서 **부목을 사용**하여 관절을 적절한 위치로 고정하여야 한다. - **옷은 제거**하고 통증이 사라진 후에도 10번 이상 씻어 준다. - 안전을 위해 장갑을 착용한다. 화학물질이 눈에 들어간 경우 실명을 가져오므로 15분 이상 물로 씻고 눈을 만지지 못하게 한다.
	화상 부위가 5~10cm 이상인 경우	① 119에 구급차를 요청한다. ② 흐르는 차가운 물로 15분 정도 식혀준다. ③ 상처 부위를 소독한 거즈로 덮어 준다. ④ 화상 부위를 제외하고 담요를 덮어 체온을 유지한다. ⑤ 가능한 한 빨리 병원으로 이송한다.

화상에 대한 기본적인 응급처치		① 가벼운 화상의 경우 바로 깨끗한 찬물에 화상 부위를 담가 식힌다. ② **물집은 터뜨리지 않도록** 한다. 터뜨리면 감염되기 쉽고, 치유가 그만큼 지연되기 때문이다. ③ 냉각시킨 후에는 청결한 거즈와 천으로 가볍게 덮고 병원에 간다. 이때 붕대 등으로 **세게 감아서는 안 된다.** ④ 기름, 된장, 알로에를 바르는 등의 민간치료는 절대 금물이다(감염 우려). ⑤ 상처에 **크림, 로션, 바셀린 등의 연고도 바르지 않는다.** ⑥ 3도 이상인 경우에는 환자가 **물**을 찾더라도 절대 주어서는 **안 된다.** ⑦ 옷을 입은 채로 화상을 당했다면, **옷을 입은 채로 물로 식히고**, 억지로 벗기지 않는다. 기 ① 화상에 대한 부적절한 응급 처치 1가지를 찾아 쓰고, ② 그 이유 1가지를 쓰시오. (가) 예진이가 그만 물을 엎질러 허벅지에 화상을 입었다. 먼저 **예진이의 청바지를 벗기고** 화상 부위를 찬물로 식혔다. 예진이 어머니는 연고를 발라야 한다고 했지만 섣불리 약을 바르는 것이 부적절할 수 있다고 설명하였다. 물집이 생겼으나 화상이 심해 보이지는 않아, 화기를 뺀 후 수건으로 예진이의 몸을 느슨하게 가려서 병원으로 데리고 갔다.[15]
	주의사항	• 화상 부위의 물집을 터뜨리지 않는다. • 화상 부위에 밀착된 의복은 억지로 벗기지 않는다.
⑭ 감전 되었을 때		① 전류를 차단한다. 단, 전기와 접촉된 사람을 만져서는 안 된다. ② 119에 구급차를 요청한다. ③ 의식이 있는지 확인한다. ④ 의식이 있는 경우 유아의 몸을 담요 등으로 덮어 따뜻하고 편안하게 눕힌다.
	주의사항	• 전원차단이 어려우면 막대나 고무장갑 등 비전도체를 이용하여 유아를 전기로부터 떼어 놓는다. • 의식이 없는 경우 가능한 한 빨리 병원으로 이송한다. 구급차를 기다리면서 기도를 확보하고, 심폐소생술을 실시한다.
⑮ 물에 빠졌을 때	의식이 있는 경우	① 젖은 옷은 벗긴다. ② 유아의 몸을 담요 등으로 덮어 체온을 유지한다. ③ 옆으로 눕힌다. ④ 119에 구급차를 요청한다.
	의식이 없는 경우	① 119에 구급차를 요청한다. 가능한 한 빨리 병원으로 이송한다. – 기도를 확보하고 담요 등을 이용하여 **몸을 따뜻하게** 하면서 병원으로 이송한다. ② 구급차를 기다리면서 심폐소생술을 실시한다.
	주의사항	• 물에 급하게 뛰어들기보다는 튜브나 막대기를 활용하여 유아를 건져낸다. • 배를 누른다거나 억지로 구토를 시키지 않는다. • 골절이나 척추손상이 의심되는 경우에는 함부로 옮기지 않는다.

⑯ 물렸을 때	다른 유아에게 물린 경우	① 깨물고 있는 유아의 **코를 잡아 스스로 놓게** 만든다. ② 피가 나면 지혈한다. ③ 생리식염수나 흐르는 물에 비누로 씻는다. ④ 냉찜질한다.
	개나 고양이 에게 물린 경우	① 119에 구급차를 요청한다. ② **소독한 거즈**로 상처 부위를 **압박**하여 **지혈**한다. ③ 출혈이 멈추면 **흐르는 물에 씻는다.** ④ 소독한 거즈를 덮어 준다. - 유아를 안정시키고 활동을 최소화한다. - 기도유지 후 호흡과 순환을 확인한다. - 피가 날 경우 **지혈**시키고 **비눗물로** 상처 부위를 깨끗이 씻는다. - 부위를 **심장보다 낮게** 하고, 상처 부위 위쪽을 넓은 천으로 가볍게 묶는다. - 부목으로 고정 후 병원으로 이송한다.
	뱀에 물린 경우	① 119에 구급차를 요청한다. ② 유아를 **옆으로 눕히고** 진정시킨다. ③ 상처 부위를 생리식염수나 흐르는 물에 **비누로** 부드럽게 씻어준다. ④ 독이 퍼지지 않도록 물린 부위의 위(심장 방향)로 5cm 부분을 손가락 한 개가 드나들 수 있을 정도로 탄력 붕대를 감아준다. ⑤ 상처 부위를 **심장보다 낮게** 하고 병원으로 이송한다. - 독사에 물린 경우 우선 유아의 활동을 최소화시키고 안정되게 눕힌다. 움직이면 혈액순환이 좋아져서 독소가 빨리 퍼지기 때문이다. - 기도유지 후 호흡과 순환을 확인한다. - 상처 부위의 옷과 장신구를 제거한다.
	주의 사항	• 개를 관찰하여 광견병 유무를 확인한다. • 뱀에게 물린 경우 절대 음식이나 약물을 주지 않는다.

⑰ 곤충에 쏘였을 때	벌에 쏘인 경우	① **벌침은 짜지 말고, 얇은 카드로** 밀어서 제거한다. ② 생리식염수나 흐르는 물에 비누로 씻는다. ③ **항히스타민 연고**를 바른다. ④ 냉찜질한다. 　- 벌이 날아오면 음식을 그 자리에 내려놓고 **조용히 자리를 피하게 한다.** 　기 벌이 나타났을 때, 벌을 만지면 안 된다는 것 외에 교사가 벌의 특성을 고려하여 유아들에게 가르쳐야 할 교육 내용으로 ⓔ '다른 대처 행동'에 해당하는 1가지를 쓰시오.[13] 　- 실수로 벌집을 건드렸을 때는 **가능한 낮은 자세**를 취하고 벌이 스스로 물러갈 때까지 **기다린다.** 　- 벌에 쏘인 경우 유아를 안정시키고 기도유지 후 호흡과 순환을 확인한다. 　- **신용카드**나 **핀셋** 등으로 벌침을 제거한다(**집게**나 **손톱**으로 벌침을 잡으면 독을 짜주는 효과가 있어 **위험**하다). 　- 국소 반응 시 상처 부위에 얼음찜질을 시행하여 부종을 감소시키고, 부종이 심할 때 물린 부위를 높게 한 후 안정시킨다. 　- 알레르기 반응 등이 나타나면 신속하게 병원으로 이송한다.	
		주의 사항	• 유아를 관찰하면서 호흡이 이상하거나 식은땀을 흘리거나 창백해지거나 무기력해지거나 주위가 심하게 붓는 경우 신속하게 병원으로 이송한다.
⑱ 추위나 햇볕에 오래 노출되었을 때	추위에 노출된 경우	① 젖은 옷이나 신발, 양말, 장갑은 벗긴다. ② 따뜻한 물이나 담요로 몸을 따뜻하게 해준다. ③ 심각한 경우에는 병원에 가서 치료를 받도록 한다.	
	더위에 노출된 경우	의식이 있는 경우	① 통풍이 잘되며 그늘진 곳으로 옮긴다. ② **옷을 벗기고** 너무 차갑지 않은 **물수건**으로 머리, 얼굴, 겨드랑이를 식혀 주고 다리를 올린 자세로 눕힌다. ③ 의식이 회복되면 **차가운 이온 음료**를 주고 안정을 취하게 한다. ④ 의식이 희미해지거나 고열이 지속되는 경우에는 응급실로 가서 치료를 받도록 한다.
		의식이 없는 경우	① 119에 구급차를 요청한다. ② 호흡을 확인하고 심폐소생술을 실시한다.
		일사병에 걸렸을 때	① 일사병은 햇볕에 심하게 노출된 경우를 말한다. 견학이나 소풍 등으로 더운 곳에서 직사광선을 쏘였을 때 일어난다. ② 증상은 몸이 나른해지고 두통과 현기증을 동반하여 맥박이 빨라진다. 이는 체온을 조절하는 뇌의 중추가 잘 활동하지 못하여 심장으로부터 혈액 송출이 따라가지 못하기 때문이다. ③ 따라서 시원한 곳으로 옮긴 후 의복을 헐겁게 하고 물을 먹이고 냉찜질을 하여 몸의 열을 식혀 준다.

	열사병에 걸렸을 때	① 열사병은 땡볕 아래가 아니더라도 몹시 더운 곳에서 일을 하거나 운동을 할 때 일어난다. ② 증상은 불충분한 방한, 열의 축적, 산소 결핍 등으로 40℃ 이상의 체온상승, 동공의 확대, 의식 상태의 악화, 전신경련 등이 나타난다. ③ 열사병은 고도의 치료가 필요하므로 즉시 병원에 데려가야 한다. ④ 구급차가 오기 전까지 **30℃ 정도의 미지근한 물**을 끼얹으면서 몸의 열을 식혀주되, 체온을 체크해서 너무 식히지 않도록 주의해야 한다.

	주의 사항	① **추위**에 노출된 경우 **피부를 직접 문지르지 않는다.**
		② **더위**에 노출된 경우 차가운 생수를 주게 되면 근육경련이 일어날 수 있으므로 주의한다.
		  - **맹물만 주면 근육경련**이 일어날 수 있으므로 이온 음료수를 자주 준다.
		  - 음료는 반드시 의식이 회복된 상태에서 주어야 한다. 의식이 혼미한 상태의 환자에게 음료수를 주면 기도 폐쇄로 응급 상황에 빠질 수 있다.
		  - 눕힌 후 옷을 벗기거나 풀어주고 **미지근한 물수건**으로 몸을 닦아준다.

⑲ 경련을 일으킬 때	\<colspan=2\> • 경련은 질병의 징조이며 병은 아니다. 경련을 유발하는 가장 일반적인 원인은 인플루엔자와 같은 바이러스 감염에 의한 체온상승이며 뇌막염, 뇌염, 혈액 내 화학 성분의 변화, 감정적 변화 등도 원인이 될 수 있다. ① 유아를 바닥에 눕히고 주변에 있는 물건에 부딪히지 않도록 하고 경련 중에 혀를 깨물기 쉬우므로 **치아 사이에 수건**을 말아 끼워준다(강제로 입을 열지는 않는다). ② 아동의 목과 허리 부분의 **옷을 느슨하게** 풀어 주어 숨쉬기 좋게 해준다. ③ 유아를 눕힌 상태에서 머리 밑에 베개나 이불 등을 말아놓아 충격에서 머리를 보호한다. ④ 경련을 하는 동안에 오래 붙잡는다든지, 행동을 강제로 억제하지 말아야 하며, 마실 것을 주지 않는다. ⑤ **열**이 심해서 경련을 일으킨 경우에는 **찬물 수건**으로 몸을 닦아준다. ⑥ 경련이 가라앉은 경우에는 침대에 눕힌다. 운동이나 소음은 또 다른 발작을 유발할 수 있으므로 가능한 한 유아를 조용하고 안정된 곳에 있게 한다.	
	열성경련	• 5세 이하의 유아에게서 고열이 나면서 경련을 일으킬 수 있다. • 열만 떨어져도 대부분 경련을 멈춘다. **옷을 벗기고 시원**하게 해준다. • 전신을 골고루 **미지근한 물**로 닦아준다. 경련이 10분 이상 계속된다면 응급구조대에 도움을 요청해야 한다.
	분노경련 (호흡 정지 발작)	• 영유아가 심하게 울다가 파랗게 변하면서 경련을 일으킬 수 있다. • 경련을 멈추면 대부분 이상은 없다.

기본
소생술

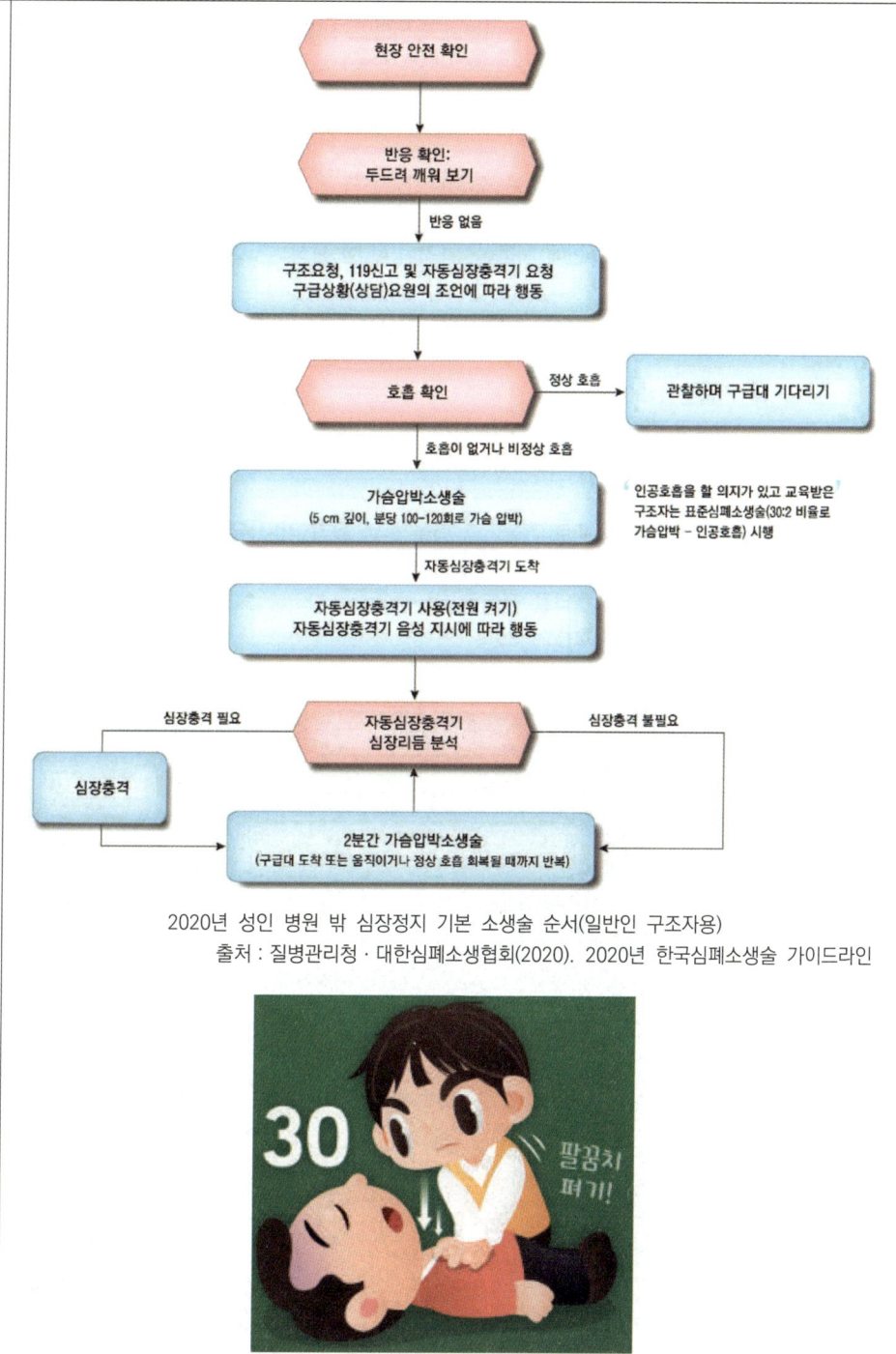

2020년 성인 병원 밖 심장정지 기본 소생술 순서(일반인 구조자용)
출처 : 질병관리청·대한심폐소생협회(2020). 2020년 한국심폐소생술 가이드라인

심폐소생술	**4분의 골든타임 심폐소생술(CPR)** 심정지 후, 골든타임은 단 4분! 초기 4분 이내 심폐소생술을 실시해요! 출처 : 질병관리청·소방청(2023. 6. 15) ① 반응 확인 - 양쪽 어깨를 두드리며 큰 소리로 괜찮은지 **환자의 의식과 반응 확인** ② 신고 및 도움 요청 - 119 신고 및 주변에 **자동심장충격기(AED) 요청** ③ 호흡 확인 - 환자의 얼굴과 가슴을 **10초 내로 관찰해 호흡 확인** - 호흡이 없거나 비정상적이면 즉시 심폐소생술 준비 ④ 가슴압박 30회 - 환자의 가슴 압박점을 찾아 **깍지 낀 두 손의 손바닥 뒤꿈치**로 압박 실시 - **분당 100~120회 속도, 약 5cm 깊이** ⑤ 인공 호흡 2회 - 환자의 **머리를 뒤로 기울**이고 **턱을 들어 올려 기도 유지** - 환자의 코를 막고 구조자의 입을 환자 입에 밀착 - 환자의 **가슴이 올라올 정도로 1초 동안** 숨 불어넣기 - 가슴압박 : 인공호흡 = 30:2 "119구급대가 도착할 때까지 심폐소생술 지속하기"
가슴 압박점	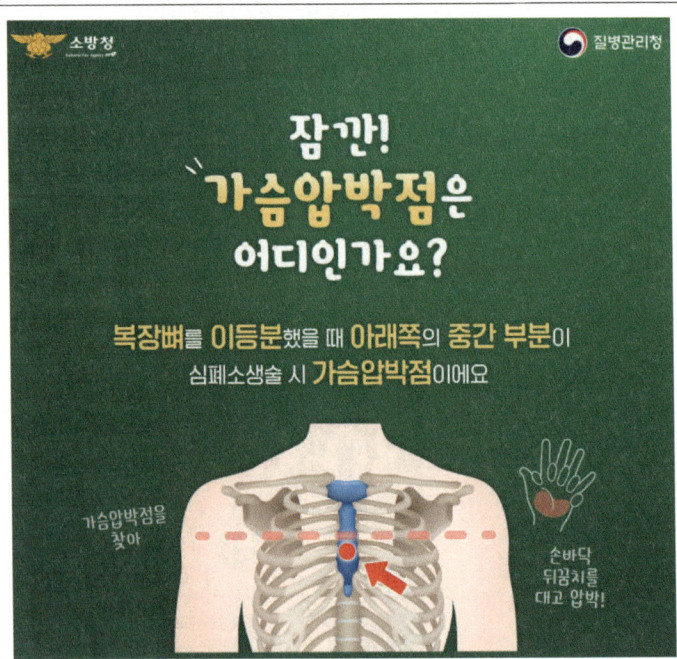 • 환자를 딱딱한 바닥에 눕히고 환자 가슴 옆에 무릎 꿇는 자세를 취한다. • 기 '**양측 유두를 이은 가상의 선 바로 아래 흉골과 만나는 지점**'에 한 손(손꿈치)을 이용해 최소 분당 100회의 속도로, **가슴 전후 두께의 최소 1/3 깊이(약 5cm)로 압박**한다.[24] • 기 심폐소생술에서 ① 압박의 부위를 구체적으로 쓰고, ② 압박의 깊이 유지가 중요한 이유를 쓰시오. ② **압박의 깊이가 유지되어야 심장을 충분히 압박하여 혈액이 전신에 퍼질 수 있기 때문이다.**[24]

심폐
소생술
(CPR
순서)

1 확인

양쪽 어깨 두드리기 + 큰 소리로 괜찮은지 의식 확인

2 신고

119 신고
→ 주변에 심장전기충격기(AED) 요청
→ 호흡 확인(10초 이내)

3 압박

30회 가슴압박(분당 100~120회 속도 / 5cm 깊이)
복장뼈 아래쪽 1/2지점

4 호흡

2회 인공호흡
(이마 젖히고 코잡기 / 호흡 중간에는 코 잡은 손 놓기)
※ 단, 인공호흡은 교육을 받았고 시행의지가 있다면 실시

가슴압박 30회 + 인공호흡 2회 반복 (환자가 의식을 찾을 때까지)

자동
심장
충격기

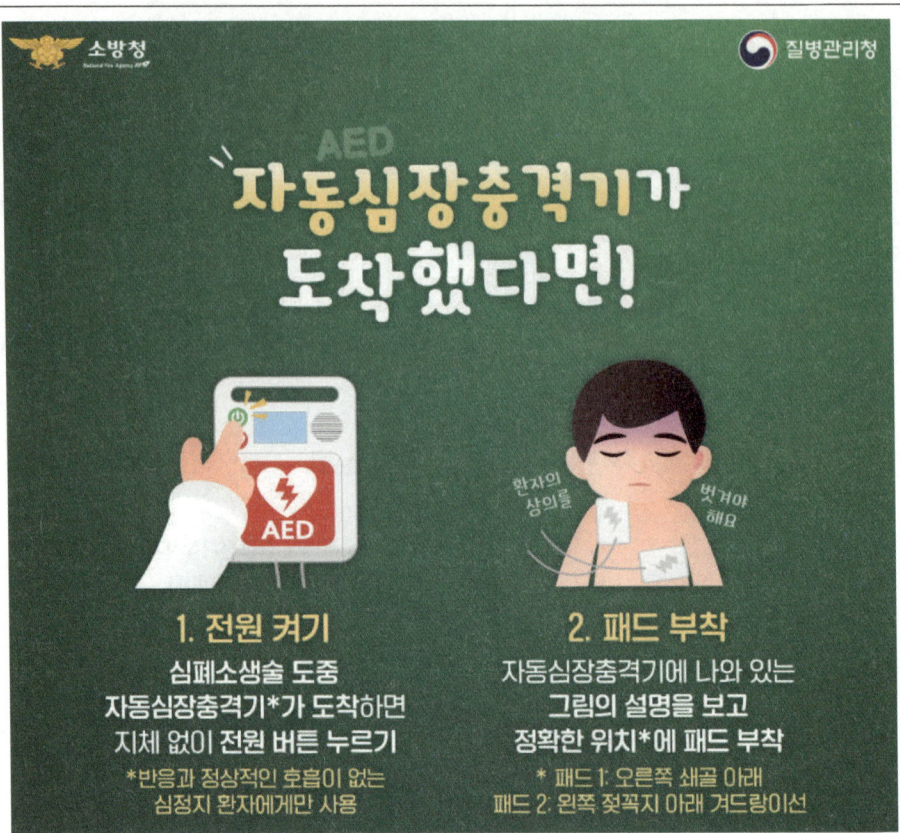
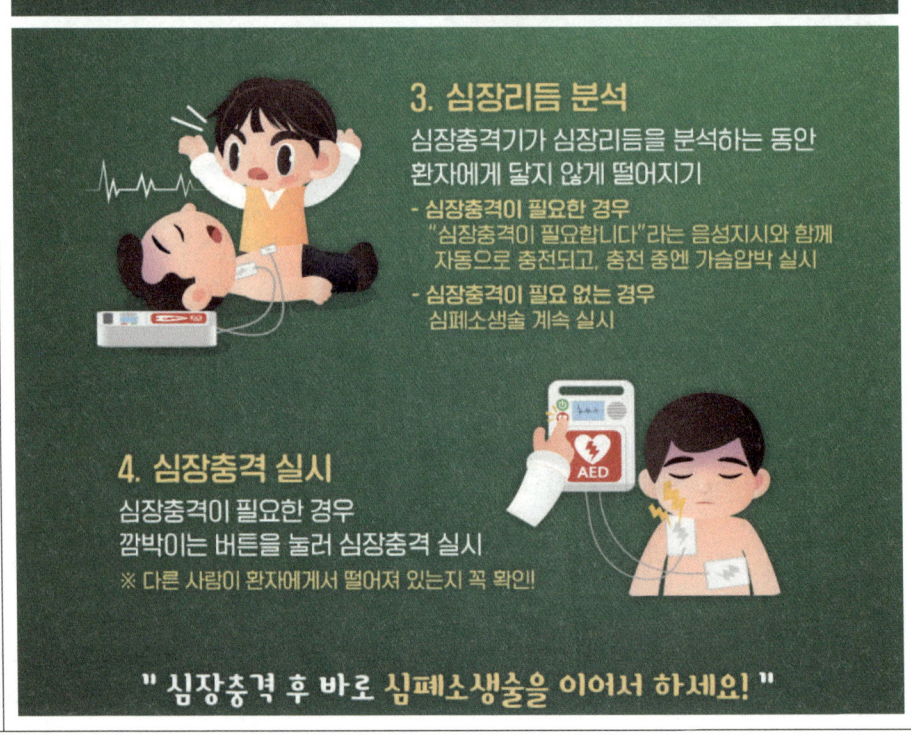

자동 심장 충격기 (AED) 순서

① 전원켜고 패드부착

전원 켜기 + 상의를 벗긴 후 안내에 따라 패드 부착

※ 물기가 있는 경우 물기 제거

② 심장리듬 자동분석

"모두 물러나세요" 소리치기
→ 환자 접촉 금지

③ 심장 전기충격

"모두 물러나세요" 소리치기
→ 환자 접촉 금지
→ 충격버튼 누르기

④ 심폐소생술 재시행

지체없이 가슴압박 실시
→ 심폐소생술(CPR) 5주기와
   심장충격기(AED) 반복

- 자동 심장 충격기(AED, Automated External Defibrillator
  - 심정지 발생 시 전기충격을 통해 심장의 기능을 회복시키는 기계

심폐소생술의 순서와 방법	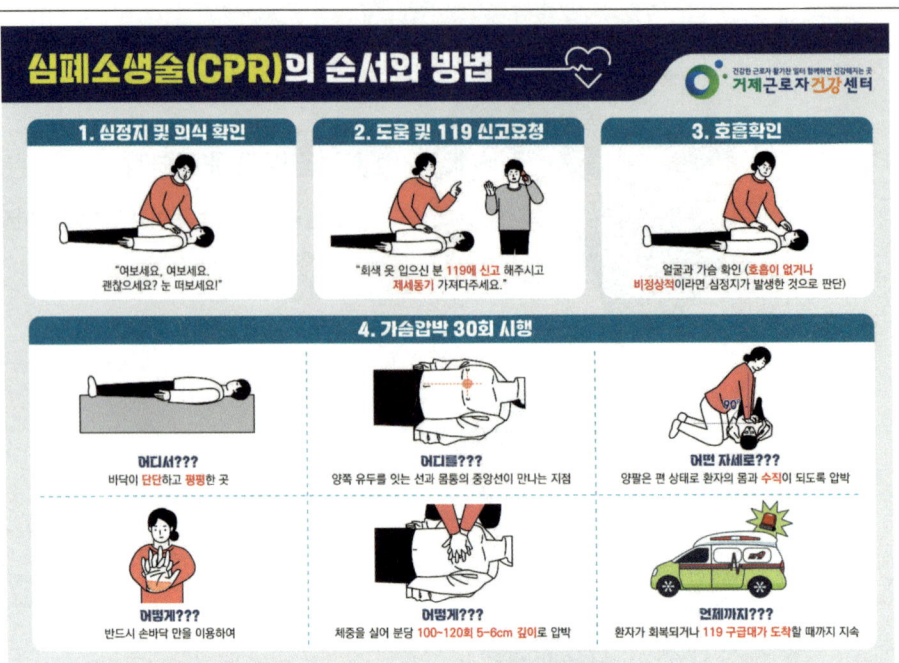 **주의 사항** • 자동심장충격기가 오면 연결하여 바로 사용하고 **흉부 압박**을 한다. • 의료종사자가 도착할 때까지 계속해서 **흉부 압박만** 한다. • 흉부 압박 시에 내부 손상 방지를 위해 흉골의 가장 아랫부분에 있는 칼 돌기를 압박하지 않도록 주의한다. • 환자를 발견한 장소가 위험하지 않다면 그 자리에서 심폐소생술을 시행한다. • 전문적인 교육을 받지 않은 일반인은 가슴압박 소생술만 실시한다.
학교 보건법	**제9조의2(보건교육 등)** ① **교육부장관은 「유아교육법」 제2조 제2호에 따른 유치원** 및 「초·중등교육법」 제2조에 따른 학교에서 **모든 학생들을 대상으로 심폐소생술** 등 **응급처치에 관한 교육**을 포함한 **보건교육**을 체계적으로 실시하여야 한다. 이 경우 보건교육의 실시 시간, 도서 등 그 운영에 필요한 사항은 교육부장관이 정한다. 기 ② 「유아교육법」 제2조 제2호에 따른 유치원의 장 및 「초·중등교육법」 제2조에 따른 학교의 장은 교육부령으로 정하는 바에 따라 매년 교직원을 대상으로 심폐소생술 등 응급처치에 관한 교육을 실시하여야 한다.[19] 기 유치원 교사 자격증을 받기 위해 응급처치 및 (**심폐소생술**) 실습을 왜 꼭 받아야만 하나 싶었는데, 유치원 교사가 되고 보니 반드시 필요 하다는 생각이 들더라고요. 그리고 안전사고 대처 요령도 숙지해야겠어요. 며칠 전에 저희 반 현우가 놀이를 하다가 넘어졌는데 그만 이가 부러졌어요. 처음에는 저도 너무 당황해서 무엇을 해야 할지, 누구에게 도움을 요청해야 할지 아무 생각도 안 나더라고요. 홍 교사 : 아이구, 그런 일이 있으셨군요. 그래서 교무실에 비상사태를 대비하여 (**비상대응계획 및 교직원 업무분장계획**)이 붙어 있잖아요. 원장님이 자신의 역할을 숙지하라고 당부도 하셨고요. 유치원 평가 지표에도 교직원의 (**비상대응계획 및 교직원 업무분장계획**) 작성 및 역할 숙지에 대한 내용이 있어요.[20]

참고문헌

신체운동

김두범, 김현희, 안수정(2012). 영유아를 위한 동작교육. 양서원.
김성재(2010). 유아 동작교육의 이해. 이담.
김은심(2007). 유아-교사를 위한 창의적 동작교육. 파란마음.
김은심(2015). 유아 동작교육의 이론과 실제. 창지사.
김지영, 황혜경, 이영애, 김선희, 성연승(2015). 영유아 동작교육. 양서원.
류경화, 이경희(2011). 유아동작교육. 태영출판사.
방은영(2015). 누리과정에 기초한 유아동작교육. 공동체.
배인자, 한규령(2003). 유아를 위한 동작교육의 이론과 실제. 양서원.
배인자, 한규령(2013). 유아를 위한 동작교육의 이론과 실제. 양서원.
송주승, 김민은(2013). 영유아 동작교육의 이론과 실제. 동문사.
심성경, 이선경, 변길희, 김나림, 박주희(2009). 유아를 위한 동작교육의 이론과 실제. 학지사.
심성경, 이선경, 변길희, 김나림, 박주희(2015). 유아를 위한 동작교육의 이론과 실제. 학지사.
안을섭, 현일환, 박종혁, 신현경, 임영규, 안상현, 김수경(2007). 유아체육교육. 창지사.
오연주, 김혜옥, 이경실, 권명희(2016). 유아 동작교육의 이론과 실제. 창지사.
오연주, 이경실, 김현지, 박경애(2004). 유아 동작교육의 이론과 실제. 창지사.
윤애희, 박정민(2003). 유아체육교육의 이론과 실제. 창지사.
이경희(2017). 누리과정에 따른 유아 동작교육. 학지사.
이영, 전인옥, 김온기(2008). 유아를 위한 창의적 동작교육. 교문사.
이영심(2017). 유아 동작교육 프로그램. 양서원.
이춘희(2007). 제6차 교육과정에 준한 창의적 유아동작교육. 동문사.
이희자, 김경의, 이효숙, 함은숙, 허은주, 안연경(2007). 영유아를 위한 동작교육. 공동체.
이희자, 김경의, 이효숙, 함은숙, 허은주, 안연경(2016). 영유아를 위한 동작교육. 공동체.
전가일, 이세라피나, 김진욱(2015). 영유아 동작교육. 학지사.
전인옥, 이영(2013). 유아동작교육. 한국방송통신대학교출판문화원.
최종문, 김계중, 김정숙, 문수영, 조영주(2015). 영유아를 위한 동작교육의 이론과 실제. 공동체.
홍용희, 이한영, 최혜로, 원영신(1999). 유아를 위한 동작교육의 이론과 실제. 다음세대.

건강 · 안전

구경선, 김태임, 서영희, 홍은숙(2015). **아동안전관리**. 정민사.
김경화, 신혜경, 이임복(2005). **아동건강 및 안전**. 공동체.
김수향, 이승하, 이인숙, 진성량(2015). **아동영양**. 공동체.
김숙이, 손수민, 고선옥, 신리행(2017). **아동건강교육**. 정민사.
김영실, 윤진주, 김정주(2011). **영유아 안전관리**. 공동체.
김영심, 강영욱, 조남숙, 한국선, 이춘희, 이숙희, 김진아, 김현옥(2014). **영유아 건강교육**. 창지사.
김일옥, 이정은, 박현정(2016). **아동안전관리**. 양서원.
김일옥(2009). **아동안전관리**. 양서원.
문혁준, 권희경, 김명애, 김상희, 김정희, 김혜금, 김혜연, 안효진, 이경옥, 이윤경, 이희선(2016). **영유아 건강교육**. 창지사.
신동주, 이상은, 김현경, 박영선(2015). **영유아 안전관리**. 정민사.
오경숙, 강영식, 박창옥, 김영분, 이정민(2015). **아동영양학**. 공동체.
이기숙, 장영희, 정미라, 윤선화(2016). **영유아 안전교육**. 양서원.
이수재(2016). **아동안전관리교육**. 정민사.
전남련, 권인양, 한혜선, 송영선, 황연옥, 김경신, 홍은미, 김선애, 엄영숙(2014). **아동건강교육**. 정민사.
전남련, 한혜선, 황연옥, 백향기, 김경신, 홍은미, 권인양, 장유정(2014). **아동안전관리**. 정민사.
정미라, 배소연, 이영미(2006). **유아건강교육**. 양서원.
정아란(2011). **아동건강 및 안전**. 공동체.
조미환(2017). **영유아 건강교육**. 정민사.
조윤득, 김미영(2009). **아동간호학**. 공동체.
채혜선, 임미혜, 김종배, 이순자, 안경일(2016). **아동 안전관리**. 양서원.

의사소통

고문숙, 권도하, 권민균, 김수향, 임영심, 정정희(2012). 영유아를 위한 언어지도. 양서원.
김숙이, 김연진, 유준호, 전정민, 오승아, 성숙향(2017). 유아 언어지도. 태영출판사.
김영실, 김진영, 김소양(2011). 영유아를 위한 언어지도. 공동체.
김영실, 윤진주, 곽경화(2016). 영유아를 위한 언어교육. 공동체.
김은심, 조정숙(2016). 영유아 언어교육의 이론과 실제. 정민사.
김인순, 박순호, 손영숙, 홍순옥(2015). 유아교사를 위한 유아 언어 교육. 동문사.
노영희, 김창복, 전유영(2016). 영유아 언어교육. 양서원.
박선희, 박찬옥(2014). 유아 언어교육. 한국방송통신대학교출판부.
박혜경, 김영실, 김진영, 김소양(2007). 유아언어교육의 이론과 실제. 양서원.
박홍자, 김연진, 권세경(2006). 영유아 언어교육. 태영출판사.
서동미, 엄은나, 박성희, 이혜경(2017). 영유아 언어교육. 정민사.
오선영, 최영해(2017). 영유아 언어지도. 정민사.
오성숙, 유민임(2016). 유아 언어교육. 양서원.
이경화, 이성숙, 김경화(2010). 유아 언어교육. 공동체.
이민정, 황현숙, 김정희, 이해정, 차영숙, 박주연, 이혜경(2014). 유아언어교육. 공동체.
이순희, 윤복희, 박혜경, 최일선(2004). 유아언어교육의 이론과 실제. 양서원.
이연섭, 강문희(2005). 유아의 언어 교육. 창지사.
이영자(2014). 유아 언어발달과 지도. 양서원.
이지현, 마송희, 김수영, 정정희(2016). 영유아를 위한 언어교육.
이차숙(2006). 유아언어교육의 이론과 실제. 학지사.
이차숙(2011). 유아언어교육의 이론적 탐구. 학지사.
정남미(2016). 유아 언어 교육. 창지사.
조정숙, 김은심(2005). 유아 언어교육. 정민사.
조정숙, 유향선, 김은심(2010). 유아 언어교육의 이론과 실제. 파란마음.
최국남, 박순이(2006). 교사를 위한 유아언어교육. 양서원.
최은숙, 윤성운, 이경옥, 김도형(2016). 영유아 언어교육. 양서원.
한유미, 김혜선, 권희경, 양연숙, 박수진(2006). 영유아 언어교육의 이해 이론과 실제. 학지사.

문학

고문숙, 임영심, 김수향, 손혜숙(2017). 아동문학교육. 양서원.
공인숙, 김영주, 최나야, 한유진(2016). 아동문학. 양서원.
김덕희, 류진순, 이상은(2013). 유아문학교육의 이론과 실제. 동문사.
김민진(2016). 유아문학교육. 아동문학교육. 정민사.
김영애, 박선주(2016). 유아문학과 전달매체. 양서원.
김정원, 전선옥, 이연규(2014). 유아문학교육. 학지사.
노운서, 노명희, 김명화, 백미열(2016). 아동문학. 양서원.
박선희, 김현희(2015). 아동문학. 한국방송통신대학교출판문화원.
장영희, 정미라(2015). 아동문학교육의 이론과 실제. 공동체.
정현숙(2014). 유아문학교육. 태영출판사.
황은순, 김현경, 이보영, 오미경, 이지영(2015). 유아문학교육. 공동체.

사회관계

고정곤, 김의석, 김운삼, 류혜원(2011). 유아사회교육. 양서원.
고정곤, 이영희, 김의석, 김운삼, 류혜원, 김지영(2014). 유아사회교육. 양서원.
구경선, 김혜경(2011). 유아사회교육. 교육아카데미.
구광현, 이희경, 김보현(2014). 유아사회교육의 이해. 동문사.
김규수, 안연경, 이종향(2015). 영유아 사회교육. 공동체.
김승희(2017). 교육과정 현장 적용을 위한 유아사회교육. 양성원.
김영옥(2016). 유아사회교육. 양서원.
김혜금, 송영주, 임양미, 김현자, 김진숙, 박진옥(2013). 유아사회교육. 학지사.
마지순, 안라리, 고지민, 곽정인(2013). 예비교사를 위한 유아사회교육. 공동체.
문혁준, 이희경, 권희경, 김정희, 김혜연, 이성복, 강인숙(2016). 유아사회교육. 창지사.
민성혜, 김경은, 김리진, 이화영(2011). 영유아 사회교육. 신정.
민혜영, 김영희, 유은석, 임경령(2017). 유아사회교육. 공동체.
박찬옥, 서동미, 엄은나(2016). 유아사회교육. 정민사.
박찬옥, 서동미, 엄은마(2010). 유아사회교육. 정민사.
안영진, 이숙정(2009). 새로운 유아교육과정에 따른 유아사회교육. 양서원.
양옥승, 이옥주, 이정란, 손복영(2017). 유아사회교육. 신정.
윤기영 외(2010). 현장교사들이 풀어 쓴 유아사회교육. 양서원.
이순형, 김진경, 서주현, 김정민, 이정현, 순진이, 정현심, 최은정, 정하나, 김태연(2016). 유아사회교육. 학지사.
이영자, 유효순, 이정욱(2001). 주제중심의 통합적 접근방법에 의한 유아사회교육. 교문사.
이은화, 김영옥(2011). 유아사회교육. 양서원.
임명희, 성영화, 윤수진(2016). 영유아사회교육. 양서원.
장선철, 김수영, 윤성운(2011). 유아사회교육의 이론과 실제. 태영출판사.
장혜순(2017). 유아사회교육의 이론과 실제. 창지사.
전예화, 최미현, 천희영, 서현아, 황해익, 오경녀(2010). 유아사회교육의 이해. 양서원.
정옥분(2017). 사회정서발달. 학지사.
정옥분, 정순화, 임정화(2008). 정서발달과 정서 지능. 학지사.
조경자(2013). 유아사회교육의 이론과 실제. 동문사.
조순옥, 이경화, 배인자, 이정숙, 김정원, 민혜영(2007). 유아사회교육. 창지사.
조순옥, 이경화, 배인자, 이정숙, 김정원, 민혜영(2013). 유아사회교육. 창지사.
조운주, 최일선(2017). 유아사회교육. 창지사.
지성애, 김미경(2003). 유아사회교육의 이론과 실제. 학지사.
최기영, 우수경, 양진희, 이학선, 이인원(2008). 유아사회교육. 교문사.
하수연, 신현경, 이해정, 정재은, 김보경, 서영민(2015). 유아사회교육. 공동체.
한영자, 곽은복, 김민정, 장승옥(2007). 활동중심 유아사회교육. 교육아카데미.
홍순정, 김희태(2013). 유아사회교육. 한국방송통신대학교출판부.
홍순정, 김희태(2014). 유아사회교육. 공동체.
황해익, 최미현, 천희영, 서현아, 최혜진, 오경녀. 유아사회교육. 양서원.

저자소개

이 동 건

약력
- 중앙대학교 유아교육학과 석사 졸업 및 박사과정
- 現 희소/쌤플러스 전공유아 전임강사
- 백석예술대학교 외 다수 강의
- 국가고시 유아교육학과 출제편집위원
- 영유아 교원교육학회 놀이상담사 2급 자격증
- 유치원 교사 및 보육교사 자격증
- 어린이집 원장 사전 직무교육 강의
- 어린이집 교사 1급 승급교육 강의
- 중앙대학교, 부산대학교, 방송통신대학교, 공주대학교, 동의대학교, 동양대학교, 백석예술대학교, 경동대학교, 거제대학교, 순천제일대학교 특강 강사

저서
- 제4판 유아교육 개론
- 제4판 유아교육 각론 1
- 제4판 유아교육 각론 2
- 제5판 29년간 기출의 구조화
- 제1판 2019 개정 누리과정 해설서 · 놀이실행자료 · 이해자료(해실이)
- 제1판 연도별 기출문제집

이동건의 유아임용

유아교육각론 1 4판

3판 1쇄 발행 / 2022년 3월 15일
3판 2쇄 발행 / 2023년 3월 15일
4판 1쇄 발행 / 2025년 3월 5일

편저자 / 이 동 건
발행인 / 이 중 수
발행처 / **동 문 사**

서울특별시 서대문구 홍제원 1길 12
(홍제동 137-8)
Tel: 02)736-3718(대), 736-3710, 3720
Fax: 02)736-3719
등록번호: 1974.04.27 제9-17호
정가: 40,000원

ISBN: 979-11-6328-655-4 (93370)
E-mail: dong736@naver.com
www.dongmunsa.com

저자와의 합의하에 인지는 생략합니다.